Carl Friedrich von Weizsäcker

Zeit und Wissen

Carl Hanser Verlag

1 2 3 4 5   96 95 94 93 92

ISBN 3-446-16367-0
© 1992 Carl Hanser Verlag München Wien
Satz: Fotosatz Reinhard Amann, Aichstetten
Druck und Bindung: Franz Spiegel Buch GmbH, Ulm
Printed in Germany

Inhaltsübersicht

Teil I: Rundgang

Teil II: Lehrer, Partner, Reflexionen

Inhaltsverzeichnis

Teil I: Rundgang

Teil II: Lehrer, Partner, Reflexionen

Vorwort

Das Buch, das ich hier vorlege, stellt der Absicht nach einen einheitlichen philosophischen Gedankengang dar. Der Gedankengang ist jedoch in doppelter Hinsicht unvollendet: unvollendet im Inhalt und in der literarischen Form. Insofern er inhaltlich unvollendet ist, hat er den Charakter einer Fragestellung, die zu weiterer Arbeit auffordert. In diesem Sinne unvollendet waren in Wirklichkeit wohl alle Entwürfe in der bisherigen Geschichte der Philosophie. Diese Tatsache wird im Ersten und im Zwölften Kapitel des ersten Teiles selbst thematisch erörtert.

Die unvollendete literarische Form spiegelt zwar auch den inhaltlich offenen, fragenden Charakter des Gedankengangs, hat aber zudem spezielle Ursachen in der Entstehungsgeschichte des Buchs. Es mag der Orientierung des Lesers dienen, wenn ich diesen Zusammenhang hier skizziere.

1985 habe ich meine Überlegungen über die Grundlagen der Physik, soweit ich sie hatte führen können, publiziert in dem Buch *Aufbau der Physik*. Die zweite Hälfte jenes Buchs sollte die philosophische Reflexion auf den vorgeführten »Aufbau« enthalten. Der Aufbau selbst aber wurde ein sehr umfangreicher Text und sollte rechtzeitig zur Publikation abgeschlossen werden. Deshalb habe ich dort den philosophischen Teil in einem zweiten Band unter dem Titel *Zeit und Wissen* angekündigt. Ein erheblicher Teil hiervon lag damals schon vor; im Text des damaligen Bandes habe ich zahlreiche Verweise auf schon mit Nummern versehene Kapitel des Buchs *Zeit und Wissen* eingestreut, die ich jetzt, anschließend an dieses Vorwort, korrigiere. Der Abschluß des neuen Buchs hat sich dann aber um sieben Jahre verzögert. Das lag teils an der Weiterarbeit in den physikalischen Fragen, die ich für nötig hielt, teils an politischen und kirchlichen Verpflichtungen, zumal im »konziliaren Prozeß für Gerechtigkeit, Frieden und Bewahrung der Schöpfung«, teils schließlich an einigen Publikationen, zu denen diese Verpflichtungen mich veranlaßten (*Die Zeit drängt* 1986, *Bewußtseinswandel* 1988, *Bedingungen der Freiheit* 1990).

Ein weiterer Zwischenschritt war die Veröffentlichung des

Buchs *Der Mensch in seiner Geschichte* 1991. Das Buch *Zeit und Wissen* war von vorneherein als eine Sammlung von Aufsätzen angelegt, die etwa seit 1970 im Blick auf die verschiedenen Aspekte des einheitlichen Gedankengangs spontan entstanden und meist nicht publiziert worden waren; also jetzt Aufsätze aus etwa zwanzig Jahren. Es blieb das Bedürfnis nach einem Überblick über das Ganze. Einen ersten »Rundblick« hatte ich schon 1983 verfaßt in Gestalt eines Vortrags unter dem Titel »Zeit, Physik, Metaphysik«, gleichsam ein Rundblick vom Aussichtsturm. Später nahm ich mir vor, als Einleitung in die Aufsatzsammlung einen etwas ausführlicheren »Rundritt« zu verfassen, der jede für *Zeit und Wissen* wichtige Station wenigstens einmal berührt. Ich folgte dann aber einem Vorschlag des Carl Hanser Verlags, diesen Rundritt zugänglich genug zu formulieren, um ihn auch Lesern anzubieten, die den vielfach spezialisierten Text von *Zeit und Wissen* nicht würden durcharbeiten wollen oder können. Das Ergebnis ist eben das Buch *Der Mensch in seiner Geschichte*, in dessen Vorwort ich diese Entstehungsgeschichte ebenfalls erwähne. In dieses Buch wurde der »Rundblick« von 1983 als ein Kapitel aufgenommen.

Für die Möglichkeit, eine solche Arbeit zu beginnen, durchzuhalten und zu Ende zu bringen, schulde ich mehr Menschen Dank, als ich hier aussprechen kann. Ich nenne meine physikalischen und philosophischen Lehrer und Partner. Vorweg Niels Bohr, Werner Heisenberg, Georg Picht. Ich danke den Mitarbeitern am Max-Planck-Institut zur Erforschung der Lebensbedingungen der wissenschaftlich-technischen Welt (1970–1980), mit denen neben der politisch-ökonomisch-sozialen Forschung ständig grundsätzliche Gesprächskreise stattfanden (vgl. II 6.6 und II 8.4–6). Am meisten zu danken habe ich Frau Ruth Grosse, die seit 1971 meine Arbeiten betreut hat und die jetzt, da unsere Zusammenarbeit nach 22 Jahren zu Ende geht, mit der Schlußredaktion dieses Buchs wohl die größte Mühe dieser Zusammenarbeit auf sich genommen hat. Ich danke Frau Gisela Kluge und Frau Meike Loth-Kraemer für ihren aktiven Anteil an der Arbeit. Ich danke der Gruppe von Physikern, die ich im Vorwort zum *Aufbau der Physik* namentlich genannt habe; für den Anfang zumal Michael Drieschner und Lutz Castell, für die letzten zwölf Jahre Thomas Görnitz. Ich danke dem Carl Hanser Verlag für seine Treue, in Erinnerung an Carl Hanser und Christoph Schlotterer, heute Michael Krüger und, in steter detaillierter Hilfe, Eginhard Hora. Ich danke meiner Frau.

Ich ende mit einem Gedicht von Theodor Fontane, das mir unlängst in die Hand fiel:

Als ich zwei dicke Bände herausgab

»Zwölfhundert Seiten auf einmal,
und mit achtundsiebzig! beinah ein Skandal.
Konntest es doch auf viermal verteilen!«
Ihr könnt es, – aber bei mir heißt es eilen.
Allerorten umklingt mich wie Rauschen im Wald:
›Was du tun willst, tue bald!‹

Starnberg, Mai 1992   C. F. v. Weizsäcker

Vorbemerkung für den Leser

Das Buch ist sehr umfangreich geworden. Wie könnte man in ihm lesen?

Es sei empfohlen, zunächst einen Blick auf das ausführliche Inhaltsverzeichnis (S. 6 ff.) zu werfen. Es zeigt, daß das Buch aus zwei Teilen besteht, mit den Überschriften:

I. Rundgang
II. Lehrer, Partner, Reflexionen.

Die Teile hatte ich ursprünglich als zwei Bände geplant. Ihre enge Beziehung aufeinander veranlaßte den Verlag zu dem Vorschlag, beide Teile in einem Band zu vereinen.

Teil I ist ein systematisch fortschreitender Rundgang in zwölf Kapiteln. Er führt durch die philosophischen Probleme; zuerst, knapp, der Erkenntnistheorie, dann der Wissenschaften von Struktur, Natur und dem Menschen, bis zum Blick auf die Erfahrung der Religion und einem thematischen Kapitel über Philosophie.

Teil II ist streng parallel zum Teil I gebaut, ebenfalls in zwölf Kapiteln über dieselben Themen. Einige der Kapitel in Teil II tragen wörtlich denselben Titel wie das Parallelkapitel in Teil I. Teil II enthält Reflexionen über die Themen von Teil I. Insbesondere enthält er einen »personalisierten Rundgang« des Blicks auf Personen, die für mich, als Autoren oder im persönlichen Umgang, Lehrer und Partner waren.

Ich kann mir drei Weisen vorstellen, in dem Buch zu lesen.

1. Der Leser kann im Inhaltsverzeichnis die Texte heraussuchen, die seinen Interessen und seiner Vorbildung entsprechen. Ich habe im Inhaltsverzeichnis die Entstehungsjahre der Texte angegeben. Die früher, etwa seit 1970, entstandenen Texte waren schon im Blick auf ihren systematischen Ort im Buch geschrieben, aber doch so, daß sie jeweils für sich lesbar sein sollten. Nur die Abschnitte, die kein Entstehungsjahr tragen, sind bei der Endredaktion im Zusammenhang niedergeschrieben und damit auch in der Formulierung direkt aufeinander bezogen.

2. Der Rundgang, Teil I, kann fortlaufend gelesen werden. Er enthält den Gedankengang des Buchs.

3. Jedes Kapitel in Teil II kann in direktem Zusammenhang mit seinem Parallelkapitel in Teil I gelesen werden. In dieser Anordnung liegt eine systematische Absicht. Der Gedankenfortschritt philosophischer Reflexion ist nicht linear, sondern eher ein Wandern durch einen mehrdimensionalen »Garten«, mit seitlichen Verknüpfungen.

Technische Bemerkungen

Als 1985 der *Aufbau der Physik* veröffentlicht wurde, lag ein vollständiges Manuskript der Kapitel 2 bis 6 des damals auf *einen* Band geplanten Buchs *Zeit und Wissen* schon vor. Im *Aufbau der Physik* zitiere ich aus diesem Manuskript mit den Nummern von Kapitel und Abschnitt. Jetzt erscheint *Zeit und Wissen* in zwei Teilen, auf deren Kapitel 4 bis 6 sich die in den alten Kapiteln 4 bis 6 enthaltenen Abschnitte verteilen. Im folgenden gebe ich die jetzigen Stellen der damals vorliegenden Abschnitte an.

Alt	Neu	Alt	Neu	Alt	Neu
2	I 2	5.1	I 5.1	6.1	I 6.1
3	I 3	5.2	I 5.2	6.2	I 6.2
4.1	II 4.1	5.3	I 5.3	6.3	II 6.2
4.2	I 4.2	5.4	II 5.2	6.4	II 6.3
4.3	II 4.2	5.5	II 5.3	6.5	II 6.4
4.4	II 4.3	5.6	I 5.5	6.6	I 6.3
4.5	II 4.4			6.7	I 6.4
4.6	I 4.3			6.8	II 6.6
				6.9.1	I 6.5
				6.9.2–8	II 6.7.1–7

Im *Aufbau der Physik*, S. 593–4, verweise ich auf das damals nur geplante abschließende Kapitel von *Zeit und Wissen*, »das sich thematisch der philosophischen Theologie zuwenden soll«. Dies ist jetzt in I 11.C versucht.

Titel-Abkürzungen

Mehrfach zitiere ich aus meinen früheren Büchern und benütze dafür gelegentlich Abkürzungen der Titel. Eine vollständige Liste dieser Abkürzungen steht in II 11.1, S. 1075. Ich lasse sie dort stehen, weil sie nur dort vollständig gebraucht wird und dem Leser leicht zur Hand sein soll. Hier die wenigen im Buch vielfach vorkommenden Abkürzungen:

AP: *Aufbau der Physik*, 1985
Bw: *Bewußtseinswandel*, 1988
EN: *Die Einheit der Natur*, 1971
GM: *Der Garten des Menschlichen*, 1977
MsG: *Der Mensch in seiner Geschichte*, 1991
WN: *Wahrnehmung der Neuzeit*, 1983
ZW: *Zeit und Wissen*, 1992

Teil I
Rundgang

Erstes Kapitel
Einleitung

Tò γὰρ αὐτὸ νοεῖν ἔστιν τε καὶ εἶναι
Dasselbe nämlich ist Wissen und Sein.
Parmenides

Offenbart sich die Zeit selbst
als Horizont des Seins?
Heidegger

Wenn die beiden Philosophen, am Anfang und am bisherigen Ende der Metaphysik, recht haben, so offenbart sich die Zeit wohl auch als Horizont des Wissens. Dies erläutert den Titel des Buchs.

Was aber heißt Sein? Was heißt Wissen? Was heißt Zeit?

Für die Metaphysik in ihrem höchsten Anspruch gibt es nur *ein* Seiendes, dieses ist dasselbe wie das *eine* Bewußtsein; wir aber, Himmel und Erde, Menschen, Tiere, Pflanzen, sind Erscheinungen des Einen im Medium der Vielheit, im Medium des Werdens und Vergehens, im Medium der Zeit.

Für die biblische Religion ist die Zeit das Feld der Heilsgeschichte, von der Schöpfung über die Sünde bis zur Erlösung der Welt.

Für die abendländische Wissenschaft, welche die Vielheit der Dinge in der Welt betrachtet, kennzeichnet reales Sein die Objekte des Wissens, Wissen aber seine Subjekte, praktisch die Menschen. Das Wissen schreitet fort in der Zeit der menschlichen Geschichte, und diese ist eingebettet in die Geschichte der Natur.

Verstehen wir eine dieser Positionen? Verstehen wir ihren Zusammenhang?

Der Antrieb zum jetzigen Buch ging von der Frage nach dem Zusammenhang der drei Positionen aus. Die konkrete Arbeit aber ging aus von der spätesten Position, derjenigen der Wissenschaft.

Im Vorwort habe ich den Werdegang des Buchs geschildert. Ein »Rundblick« entstand in Gestalt eines Vortrags über »Zeit,

Physik, Metaphysik«, dann ein »Rundritt« in Gestalt des Buchs
Der Mensch in seiner Geschichte (MsG). Die jetzige Einleitung
wirft zuerst einen Blick auf die Absicht jenes vorangegangenen
Buchs, das auch eine Einleitung zum jetzigen »Rundgang« von
Zeit und Wissen sein wollte; danach auf den Plan dieses Rund-
gangs.

Die Kette der Fragen nach dem Menschen in seiner Geschichte beginnt in *MsG* mit der Frage: »Wer sind wir?« Wie
kennen wir uns selbst? Die Antwort soll nicht zuerst aus der
Theorie gegeben werden, sondern aus der Erfahrung, aus der
Erinnerung. Deshalb wagt der Verfasser, mit dem Ziel der »Öffnung des Blicks«, zuerst von sich selbst zu sprechen: »Wer bin
ich?« Wie habe ich mich selbst kennengelernt?

Der Zufall meiner Herkunft und der Zeit meiner Geburt ließ
mich im Krieg zum Bewußtsein erwachen. Der Zufall meiner
Anlagen machte, daß ich mich sechsjährig als »Naturforscher«
verstand, bald danach als Astronom, schließlich als Physiker:
die Selbstverständlichkeit des wissenschaftlichen Fragens. Die
Bibel in Gestalt der Bergpredigt setzte einen tiefen bleibenden
Schrecken über eine von uns allen unerfüllte Pflicht. Aber Gott
war auch im Sternenhimmel tröstlich anwesend. Zwischen Wissenschaft, Religion, Politik lernte ich schließlich, die Frage
ihres Zusammenhangs als Philosophie zu bezeichnen. Die
Atombombe enthüllte die politische Verantwortung der Wissenschaft. Eigene astrophysikalische Arbeiten und die Unter-
richtung durch Biologen über Evolution hatten mich gelehrt,
die menschliche Geschichte im Rahmen der Geschichte der
Natur zu sehen. So begann ich die neue Arbeit nach dem Ende
des Zweiten Weltkriegs, in der Hoffnung auf einen neuen
Schritt unserer politischen Welt, mit einer Vorlesung über »Die
Geschichte der Natur«.

Die Themen unserer Frage nach Sein und Wissen im Horizont der Zeit sind in diesem Bericht so unsystematisch angedeutet, wie sie sich einem Kind des wissenschaftlichen Zeitalters als subjektive Erfahrung zu präsentieren begannen. Die
Weise, in der ich diese Themen schließlich in *MsG* und, etwas
abweichend, im jetzigen Buch angeordnet habe, erfordert jedoch eine Vorbemerkung zur systematischen Philosophie.
Auch dies sei als persönliche Erfahrung angedeutet. Im Grunde

waren die Fragen, die man die philosophischen nennt, wohl schon vom frühesten Anfang in mir, wie vielleicht in jedem wachen Kind. Ich studierte Physik, aber schon mit Blick auf die unausweichlichen Fragen der Philosophie. Die Antworten der zeitgenössischen Philosophen konnte ich freilich zunächst nicht verstehen. Ich mußte bis zu den Griechen zurückgehen, um die Sprache begreifen zu lernen, in der die philosophischen Debatten unseres Jahrhunderts (einschließlich der Wissenschaftstheorie) ausgetragen wurden.

Dies führte mich zu bewundernder Skepsis gegenüber dem zweieinhalb Jahrtausende fortwirkenden Gedanken des philosophischen Systems. Ich lernte, daß identische Vokabeln und damit scheinbar identische Fragestellungen in jeder ernstzunehmenden Philosophie etwas Verschiedenes bedeuten. Ich verstand, daß dies nicht anders sein kann, da Philosophie das Ganze zu denken versucht und daher jeder neue Entwurf des Ganzen den Sinn jedes Begriffs leise oder ausdrücklich verändert. Ich lernte den paradigmatischen Charakter der griechischen deduktiven Mathematik für den späteren Begriff des philosophischen Systems verstehen. Dies veranlaßte mich einerseits zu einem interessierten und nicht unkritischen Studium der modernen Bemühungen um die Grundlagen der Mathematik. Es veranlaßte mich andererseits aber eben zur Skepsis gegen die im Systembegriff liegende Hoffnung, die legitime Frage der Philosophie nach dem Ganzen könne in der Gestalt logischer Folgerungen aus evidenten Grundaussagen beantwortet werden. Als angemessene Form der Frage nach dem Ganzen erschien mir nun der *Kreisgang*: der »Rundgang im Garten«, der mehrfach und nicht auf einer vorweg bestimmten Route zu durchlaufen wäre.

Dieser methodischen Absicht entstammt seitdem die Form meiner philosophischen Schriften. Meist waren sie Aufsatzsammlungen, deren methodische Anordnung vielleicht im Inhaltsverzeichnis am sichtbarsten war. Das präzise Programm eines Rundgangs präsentierten die beiden Vorlesungsreihen »Die Geschichte der Natur« (1946 gehalten, 1948 gedruckt) und »Die Tragweite der Wissenschaft« (1959–61 gehalten, 1964 und 1990 gedruckt). Die Zentralthese dieses Rundgangs, die ich seitdem oft wiederholt habe, lautete: »Die Natur ist älter als der

Mensch; der Mensch ist älter als die Naturwissenschaft.« Also: Das Sein der Natur geht dem Wissen des Menschen voraus, das Sein des Menschen aber dem Wissen, das der Mensch von der Natur erwirbt. »Vorausgehen« ist wesentlich geschichtlich, also steht unser Wissen im Horizont der Zeit.

Da der Kreisgang, der »Zirkel der Erkenntnis«, mehrmals durchlaufen werden muß, um uns über den Zusammenhang des Ganzen zu belehren, ist es nicht entscheidend, wo wir in ihn einsteigen; und auch Variationen der Route werden lehrreich sein. So beginnen die drei Texte, von denen ich soeben rede, in jeweils verschiedener Weise. Der »Rundblick« des Vortrags »Zeit, Physik, Metaphysik« beginnt, abweichend von der Reihenfolge in seinem Titel, bei der klassischen Metaphysik, geht über die heutige Physik zur Geschichte der Natur, dann zur Geschichte der menschlichen Kultur, um mit einem erneuten Blick auf die Metaphysik in der Kultur zu enden. Er geht also von der klassischen Lehre vom *Sein*, über das moderne *Wissen* zur *Zeit*, in der auch die *Lehre vom Sein* entstand. Der »Rundritt« von *MsG* beginnt bei der Geschichte der Natur und der abendländischen Kultur, führt über den in das Buch aufgenommenen Rundblick-Vortrag, also über die Lehre vom Sein, in die moderne Wissenschaft: so zunächst *Zeit-Sein-Wissen*. Er fährt dann fort in der Reflexion auf das Wissen in der Philosophie und der Theologie und endet mit dem Blick auf die Zukunft: *Wissen-Sein-Zeit*. Das jetzige Buch beginnt mit der Erkenntnistheorie, als Lehre vom Wissen, fährt fort mit dem Wissen der Mathematik und Logik (von den abstrakten Strukturen) und der Physik (den realen Strukturen), geht dann in die Geschichte der Natur und des Menschen bis zu Religion und Philosophie: *Wissen-Zeit-Lehre vom Sein*.

Will der Leser den Rundgang vorweg überblicken, so schaue er auf das Inhaltsverzeichnis. Ich erläutere hier die Absicht seiner Stationen im Teil I, mit Blicken auf den Teil II.

Das *Vorwort* schildert die Entstehung des Buchs. Ihm folgt ein Blick auf mögliche Formen der Lektüre.

Das *Inhaltsverzeichnis* ist gleichsam eine Landkarte des Bereichs, durch den der Weg führen soll.

Das *1. Kapitel* erläutert den Gedanken des Kreisgangs. In beiden Teilen des Buchs spricht es persönliche Motive des Verfassers aus.

Das *2. Kapitel*, eine Vorlesung von 1948, führt die fundamentale Unterscheidung schlichter und reflektierter Erkenntnis ein: »Bewußtsein ist ein unbewußter Akt«.

Das *3. Kapitel* tritt in die erkenntnistheoretische Debatte ein, die seit der griechischen Antike fortdauert. Platon tritt als der früheste Lehrer auf. Hume führt, wenn ich mich nicht täusche, schon über die moderne Wissenschaftstheorie hinaus.

Das *4. Kapitel* behandelt den für die Physik in der statistischen Thermodynamik und in der Quantentheorie fundamentalen Begriff der Wahrscheinlichkeit, als Vorhersage einer relativen Häufigkeit, also in der Zeit, im Blick auf die Zukunft.

Mit dem *5. Kapitel* beginnt der eigentliche Rundgang durch die Wissenschaften. Die Mathematik habe ich in keinem meiner früheren Bücher thematisiert. Sie ist aber Voraussetzung der Naturwissenschaft; so mußte sie in der Reflexion auf den Aufbau der Physik, also im jetzigen Buch eine zentrale Rolle spielen. Daher ist das Kapitel breit. Es enthält mehrere aufeinander bezogene Texte aus den siebziger Jahren, in beiden Teilen I und II. Diese hier beginnende notwendige Breite ließ mich aber einen knapperen *»kleinen Durchgang«* wünschen, der in jedem der Kapitel die mutmaßlichen philosophischen Konsequenzen ohne das Detail der Argumente ausspricht. Dies geschieht in den Schlußabschnitten der Kapitel. Ich nenne sie hier ausdrücklich:

I 5.5: Vier Variationen zum Thema »Was ist Mathematik?«

I 6.7: Zur gemeinsamen Philosophie von Logik, Mathematik und Physik

I 7.D6: Entwurf zur Physik

I 8.4: Leben und Mensch vor dem Hintergrund der heutigen Physik

I 9.5: Kunst als Wahrnehmung

I 10.8: Der Weg

Wesentlich aus dem 5. Kapitel mag die Vierte Variation (I 5.5.4) übrigbleiben, mit in I 11.B2 wieder aufgenommenen Definitionen: Mathematik ist Theorie der Strukturen, Theorie ist die Kunst des Wahren und Falschen, Kunst ist Wahrnehmung von Gestalt durch Schaffung von Gestalt.

Das *6. Kapitel*, über Logik, ist, nur mit dem nachfolgenden 7. Kapitel wetteifernd, das breiteste Kapitel des Buchs. Zentral ist

I 6.4, der Aufriß der zeitlichen Logik: Zeit als Voraussetzung und als Gegenstand der Logik, die Rechtfertigung des Titels *Zeit und Wissen*. In Teil II sind die traditionellen Deutungen der Logik erörtert, Frege und der moderne Ansatz von Lorenzen, sowie Details zur zeitlichen Logik. Der Schlußabschnitt I 6.7 ist die breiteste Partie des »kleinen Rundgangs«, da er traditionelle Ansätze zur Philosophie von Logik, Mathematik und Physik zusammenfaßt; aber nicht als Resultat, sondern als Problemstellung für das Folgende.

Das *7. Kapitel*, über Physik, nimmt die Überlegungen des Buchs *Aufbau der Physik* von 1985 wieder auf, führt aber wesentlich über sie hinaus. Es wird nachgewiesen, daß die Schreibweise der Quantentheorie in der Sprache der »Uralternativen« (fundamentale Ja-Nein-Entscheidungen) immer möglich ist (I 7.C7). Damit ergibt sich der dreidimensionale Ortsraum als Folgerung aus der Quantentheorie. Zur Deutung der Quantentheorie wird der Begriff des Ereignisses ausführlich diskutiert (I 7.D3), sowie der Holismus, der Begriff des Ganzen (I 7.D2 und 5). Die Quantentheorie erweist sich so als eine fundamentale Theorie über Information in der Zeit. Teilchen bzw. Felder sind nicht »Substanzen«, sondern zeitabhängige Attribute eines Ganzen. Die cartesische Unterscheidung von res cogitans und res extensa ist, von der Quantentheorie her gesehen, nicht notwendig. Für den »kleinen Rundgang« faßt der kurze Schlußabschnitt I 7.D6 »Entwurf« diese Ergebnisse zusammen, wieder als Anfrage an eine weiterführende Philosophie. In Teil II konnte ich einen Abschnitt über vier Physiker einfügen, die ich persönlich gekannt habe.

Mit dem *8. Kapitel* treten wir erkennbar in den Kreisgang ein. Wir reden vom Leben und vom Menschen. Um das Leben zu verstehen, muß man sich am Leben beteiligen. Einerseits beschreiben wir die Evolution des Lebens in der Sprache der Physik. Andererseits reden wir von Wesen, die der Wahrnehmung fähig sind. Wahrnehmung ist die Basis des Wissens. Wir beschreiben so wissende Wesen als gewußte. Wir beschreiben uns selbst. Das Kapitel ist kürzer als die vorangehenden, obwohl sein Stoff viel umfangreicher ist; der Grund liegt darin, daß ich in früheren Büchern schon sehr ausführlich vom Leben und vom Menschen gehandelt habe. Für das dafür zentrale Buch

Der Garten des Menschlichen (*GM*, 1977) gibt der Aufsatz I 8.3 den Anfang einer Reflexion über die Grundbegriffe. Wichtig sind mir personal die drei Texte II 8.1–3 über V. v. Weizsäcker, Freud und Jung. Diese weisen auf das Thema der Religion voraus. Im »kleinen Rundgang« erwägt der Schlußabschnitt I 8.4 den Übergang dieses Kapitels in den Kreisschritt.

Das *9. Kapitel*, über Kunst, ist kürzer, als der Wichtigkeit seines Themas entspräche, zumal in Teil II, über Künstler. Ich stoße hier an Grenzen meiner Leistungsfähigkeit. Wichtig ist mir der Beitrag über Goethes Farbentheologie, der das Entscheidende Albrecht Schöne verdankt. Die philosophische These in Teil I ist die Erklärung der Kunst als Wahrnehmung von Gestalt durch Schaffung von Gestalt, eine Figur, die sich bis in die Mathematik hinein als anwendbar erwiesen hat. Was heißt dann »Gestalt«? Dazu I 11.B8 und C. Ich wage schließlich, ohne literarischen Anspruch, einige Verse aus meinen jungen Jahren anzufügen, Dokumente damaliger Wahrnehmungen.

Das *10. Kapitel*, über Religion, trägt das Wort »Erfahrung« im Titel. Es spricht alsbald von der Vielzahl der Religionen in ihrer Geschichte. Aber der persönliche Hintergrund sollte genannt werden. Seit der Kindheit war mir die Erfahrung gegenwärtig: als das Gebet mit der Mutter, als das stille Gebet, dann die elementare Frömmigkeit des werdenden Naturwissenschaftlers, die Gewalt der Worte Jesu, dann der offene Blick auf die Erfahrung derjenigen Religionen, in deren Überlieferung ich nicht aufgewachsen bin, die meditative Tradition. Und die Gemeinschaft der Glaubenden. In der Geschichte der Religion erweist sich freilich der Versuch, den Grund ihrer Erfahrung rational und fordernd auszusprechen, die Theologie, als ein Herd der Konflikte. Die Geschichte des Abendlandes wäre ohne diese Konflikte unverständlich (II 10.1–2). Aber eben in den Konflikten stellt sich der Ernst der Aufgabe dar (I 10.3). Heute geht es auf der Erde um Gerechtigkeit, Frieden und die Bewahrung der Natur (II 10.3–4). Sind wir dazu fähig? Für die Grunderfahrungen zitiere ich aus den Reden Buddhas und aus der Bergpredigt Jesu. Der Buddhismus enthält nicht nur eine der großen meditativen Traditionen; er zeigt auch eine andere Sprache des Aufstiegs zu den Prinzipien als die abendländische Metaphysik

(I 10.6). Die christliche Tradition ist gefordert, sich der durch sie eröffneten Aufgabe der Gegenwart zu stellen (I 10.7–8).

Auf das *11. Kapitel*, über Philosophie, laufen die Fragen des Buches offenkundig zu. Um zuerst von Belehrung durch Personen zu sprechen: Unter den Lehrern der Vergangenheit wurde mir Platon der wichtigste (II 11.2–4), auch wenn seine Philosophie nicht, wie wir es heute tun, die Zeit in den Mittelpunkt stellt. Kant blieb mir in der Neuzeit der überzeugendste. Heidegger war mir eher ein Lehrer als ein Partner; die Kraft hat mir gefehlt, für dieses Buch noch einen Text über ihn zu schreiben. Picht war der philosophische Partner (II 11.8–9). Zur Sache: Der Abschnitt I 11.B1–9 versucht, die Fragen des ganzen Buchs knapp noch einmal aufzuarbeiten. Der Vorgang erweist sich als ein platonischer Aufstieg, aber nicht zu einer aussprechbaren Gewißheit – auch Platon lehrt, daß man vom Einen nicht widerspruchsfrei reden kann –, sondern zu einem Gewebe von Krisen. Nun müßte ein eigentlich philosophisches Buch beginnen. Dieses zu schreiben habe ich nicht vermocht. Ein Entwurf ist der Abschnitt C.

Das *12. Kapitel* soll in beiden Teilen einen Ausblick bieten. In Teil I fragt es, was wir wahrnehmen können und sollen. In Teil II fragt es nach der Aufgabe unseres Handelns. Die Ambivalenz des Fortschritts wird nicht verschwiegen. Aber das Ziel ist nicht Resignation, sondern aktive Hoffnung.

Zweites Kapitel
Erkenntnistheoretische Vorüberlegungen

Dieses Kapitel entstammt der Einleitung zu einer Vorlesung *Der begriffliche Aufbau der theoretischen Physik*, die ich im Sommersemester 1948 in Göttingen gehalten habe. Die Fragestellung der Vorlesung war grundsätzlich schon die des jetzigen Buchs. Adressaten der Vorlesung waren in erster Linie Naturwissenschaftler, insbesondere Physiker. Die hier abgedruckten einleitenden Abschnitte sprechen im wesentlichen, in lockerer Redeweise, dieselbe grundsätzliche Einstellung zu den »phänomenalen Vorgaben« des Aufbaus der Physik aus, auf die sich auch das heutige Buch stützt. Sie können daher hier als eine – wie ich hoffe – leicht zugängliche Einführung in diese Denkweise dienen. Präzisierungen werden sich in den nachfolgenden Kapiteln anhand der jeweiligen Sachprobleme ergeben.

In der grundsätzlichen Einstellung greifen die hier entwickelten Gedanken übrigens auf eine Notiz von 1932 zurück, die ich in dem Buch *Wahrnehmung der Neuzeit* (1983) im Auszug abgedruckt habe. Vgl. dort die Abschnitte *Bohr und Heisenberg. Eine Erinnerung aus dem Jahr 1932* und *Begriffe. Bewußtsein als unbewußter Akt.*

1. Gleichnisse für den Aufbau der Physik

Die Vorlesung ist in drei Teile gegliedert.

Der erste Teil handelt von den »elementaren Gegebenheiten«. Darunter will ich alles das verstehen, was methodisch und begrifflich als allgemeine Voraussetzung der Wissenschaft, insbesondere der Physik, zu gelten hat. Der Weg, der zu den allgemeinen Begriffen wie Ding, Raum, Zeit, Allgemeines führt, nimmt seinen Ausgang von Phänomenen. Phänomenologie ist das Unternehmen, auf das Gegebensein der Phänomene zu reflektieren. Ein großer Teil meiner Betrachtungen wird in

diesem Sinne phänomenologischer Natur sein. Die Schwierigkeiten der Phänomenologie sind andere als die der Physik.
Während die Physik vor allem mit der Kompliziertheit ihrer
Gegenstände ringt, bedeutet gerade die Einfachheit der Phänomene die größte Schwierigkeit für das auf sie reflektierende Bewußtsein, dessen natürliche Richtung gar nicht die Reflexion
auf das Gegebene ist.

Der zweite Teil ist überschrieben mit »regionale Disziplinen«. Damit sind die einzelnen Gebiete der klassischen Physik
wie auch die Nachbarwissenschaften gemeint. Dieser Abschnitt darf als am relativ gesichertsten gelten.

Der dritte Teil handelt von den »elementaren Gegenständen«. Als solche habe ich die Gegenstände der Relativitätstheorie und Atomphysik bezeichnet. Den phänomenalen Gegebenheiten liegen ganz andersartige Gegenstände zugrunde. Erst die
Gegenstände ermöglichen das wirkliche Verstehen der Phänomene, aber sie erschließen sich nur einer hohen Stufe der Begrifflichkeit. Im folgenden wird ausführlich dargelegt werden,
wie beide Richtungen des Fragens zueinander stehen.

Unsere Wissenschaft ist stark beeinflußt durch die *deduktiven* Disziplinen der Mathematik. Hier werden wenige Sätze,
die Axiome, vorausgesetzt, alle anderen sollen aus ihnen folgen.
Die Axiome sah man früher als evident an, in jüngster Zeit
behandelt man sie oft als Voraussetzungen, über deren Wahrheit nichts angenommen wird, das ganze System dann als ein
Gebilde der logischen Struktur »wenn-so«.

Die Physik entsteht aber offenbar nicht so. Näher kommt ihrem Wesen der Begriff der *induktiven* Wissenschaft. Das unmittelbar Gegebene sind Einzelaussagen der Erfahrung, aus denen
die wenigen, einfachen Grundsätze durch systematische Verallgemeinerung gewonnen werden. Der vollzogene induktive
Aufbau könnte dann etwa am Ende in deduktive Form umge-
gossen werden.

Dieses Bild kommt der Wirklichkeit unserer Wissenschaft
näher, aber es enthält entscheidende Züge noch nicht. Die
Worte Deduktion und Induktion lassen beide für die Wissenschaft das Bild einer Pyramide entstehen, die entweder auf einer
Spitze ruht oder in einer Spitze mündet. Erinnern Sie sich
demgegenüber an unsere Disposition mit der Dreiteilung: Ele-

mentare Gegebenheiten, Regionale Disziplinen, Elementare Gegenstände. In diesem Bild hat die Wissenschaft *zwei* Spitzen. Die Physik läßt in der Tat einen doppelten Aufbau zu.

Man kann vom elementar Gegebenen ausgehen, von Begriffen wie Zahl, Zeit, Raum, Ding, Ursache, Bewegung. Dieser Aufbau führt schließlich zum Atom wie zu einem äußersten Zweig eines verästelten Baumes. Man mag dies den *phänomenologischen* Aufbau der Physik nennen.

Man entdeckt aber, daß Begriffe wie Atom, Feld, Wellenfunktion eine neue sachliche Einheit geben, von der aus die phänomenologischen Begriffe sogar eine Kritik erfahren. Der wahre Zusammenhang der Phänomene enthüllt sich erst, wenn man hinter die Phänomene vordringt. Es deutet sich ein andersartiger *gegenständlicher* Aufbau der Physik an.

Welcher Aufbau ist der wahre? Wir können keinen von beiden entbehren. Der einzige Weg zu den Gegenständen führt über die Phänomene, das Verständnis der Phänomene erschließt sich erst durch die Gegenstände. Es besteht eine *gegenseitige Abhängigkeit* beider Aufbauweisen.

Dazu kommt, daß die beiden Spitzen nicht der gewisseste, sondern der ungewisseste Teil des Systems sind; sie sind wie Berggipfel, die in die Wolken stechen. Für die gegenständliche Spitze ist dies klar. Sie ist jenseits unmittelbarer sinnlicher Wahrnehmung. Sie ist nur ein gedachter oder erhoffter Punkt; in Wirklichkeit gibt es nach der gegenständlichen Seite nur eine *Front* der *Forschung*, ja man hat ausgesprochen, daß die gegenständliche Spitze unvollendbar sein könnte. Aber um die phänomenale Spitze steht es nicht besser. Ihre einfachsten Begriffe wie Raum, Ding, Kausalität ragen ins Gebiet der Philosophie hinein, und die Philosophie ist, welches auch sonst ihre Verdienste sein mögen, berühmt als die Wissenschaft mit den ausdauerndsten und unlösbarsten Streitigkeiten. Man wäre froh, wenn man in ihr auch nur eine allgemein anerkannte Front der Forschung vorfände. Frei vom Streit ist nur gerade die Mitte der Doppelpyramide, der Bauch der Wissenschaft, die klassische Mathematik und Physik: Euklidische Geometrie, Arithmetik und Analysis, Mechanik, Thermodynamik, Elektrik, Optik usf.

Auf ähnliche Schwierigkeiten stößt jeder Versuch der Erkenntnis von Wirklichem. Wie stellt man sich zu ihnen ein? Die philosophische Wissenschaftstheorie hat bisher keine Begriffe zur Verfügung gestellt, mit deren Hilfe wir diese Lage adäquat denken könnten. Fixieren wir sie daher lieber zunächst in *Gleichnissen*. Heisenberg sagt, daß die abgeschlossenen Disziplinen der exakten Wissenschaft gleichsam über einer allseits unergründeten Tiefe schweben. Man könnte die Wissenschaft auch mit einem Schiff vergleichen, das zwischen der unerforschten Höhe des Himmels und der unergründeten Tiefe des Meeres »in der Mitte ist«. Und wenn wir den Fortschritt der Forschung noch in das Bild aufnehmen wollen, so können wir ein weniger poetisches Gleichnis wählen: Die Wissenschaft gleicht der Aufgabe, ein Garnknäuel zu entwirren, von dem nur in der Mitte einige Fäden freiliegen, während wir keins der Enden in der Hand halten.

Das Gleichnis vom Garnknäuel läßt noch eine weitere Anwendung zu: Vielleicht hängen die beiden Enden miteinander zusammen. Ich sprach von der gegenseitigen Abhängigkeit beider Aufbauweisen. Sie zeigt sich am deutlichsten in der jeweiligen Front der Forschung. Gerade die modernste Physik der sinnlich nicht mehr wahrnehmbaren Gegenstände hat das Nachdenken über die Grundlagen sinnlicher Erfahrung sowohl angeregt wie gebraucht. Denken Sie an die Begriffe der Gleichzeitigkeit in der speziellen Relativitätstheorie, der Dinglichkeit und Kausalität in der Atomphysik. Wie auch der letzte Aufbau der Physik, wenn es einen solchen je geben wird, aussehen mag, ihre Entstehung verdankt sie dem immer wiederholten Durchlaufen des *Zirkels* der gegenseitigen Abhängigkeit unserer phänomenalen und gegenständlichen Begriffe. Die Doppelpyramide schließt sich, gleichnishaft gesprochen, immer wieder einmal zum Ring.

Das Bisherige ist gesagt, um bestimmte Probleme ins Bewußtsein zu rufen. Es ist aber selbst noch kein Teil des begrifflichen Aufbaus, wie schon die Verwendung von Gleichnissen zeigt. Was uns diese Gleichnisse über das beim begrifflichen Aufbau nötige Verfahren lehren, will ich selbst noch einmal in einem Gleichnis ausdrücken. Es ist eine Anekdote.

Niels Bohr ist der Mann, von dem alle Atomphysiker die Art des Denkens gelernt haben, die ich versucht habe in den Gleichnissen anzudeuten. Er versteht, vielleicht nicht ganz mit Recht, unter dem Namen »Philosophen« vor allem Leute, die diesen schwebenden Charakter der Erkenntnis nicht begriffen haben und die von einem festen Punkt aus alle Erkenntnis aufbauen wollen. Einmal waren wir miteinander auf einer Skihütte und wuschen nach einer selbstbereiteten Mahlzeit Teller und Gläser ab. Bohr trocknete mit besonderer Liebe die Gläser ab und betrachtete nachher mit Stolz, wie sauber sie unter seiner Hand geworden waren. Dann sagte er nachdenklich: »Daß man mit schmutzigem Wasser und einem schmutzigen Tuch schmutzige Gläser sauber machen kann – wenn man das einem Philosophen sagen würde, er würde es nicht glauben.«

Wir müssen in der Tat mit den unsauberen Begriffen, wie sie uns die Praxis bietet, anfangen und sie mit der Zeit immer weiter reinigen, indem wir sie gleichsam aneinander reiben, ohne doch ein Ende dieser Reinigung vorherzusehen. Ich bin nur in dem einen Punkt mit Bohrs Formulierung vielleicht nicht ganz einig, daß mir gerade das Bewußtsein dieser Vorläufigkeit, dieses andeutenden Charakters jedes Begriffs das eigentlich philosophische Bewußtsein zu sein scheint.

Ich beginne damit, daß ich versuche, den wesentlichen Gehalt dessen, was ich soeben in Gleichnissen gesagt habe, noch einmal in erkenntnistheoretischer Schärfe zu sagen. Ich bemühe mich nunmehr also um strenge Begrifflichkeit. Die Sachlage bringt es mit sich, daß auch diese Begriffe, um unmittelbar verständlich zu sein, einen Charakter der Vorläufigkeit und Unschärfe tragen werden. Sie werden eingeführt, um die Basis für ihre eigene Überwindung zu legen.

2. Erkenntnis

Die Ansicht, die ich bezweifeln möchte, meint, es könne in der Wissenschaft irgendwo absolute, in sich selbst ruhende Gewißheit geben. Absolute Gewißheit könnte auch mit den Worten umschrieben werden: Erkenntnis, die keinem Zweifel unterworfen ist. Damit werden die Begriffe *Erkenntnis* und *Zweifel* zum Gegenstand der Prüfung.

Betrachten wir eine einfache physikalische Erkenntnis, z. B.
»Blei ist schwerer als Wasser«.

Dieser Satz ist richtig. Was bedeutet das?

Der Satz *behauptet* etwas. Das, was er behauptet, ist ein
Sachverhalt, nämlich daß Blei schwerer ist als Wasser. Der Satz
ist richtig, wenn der Sachverhalt *besteht*, d. h. wenn Blei wirklich schwerer ist als Wasser. Nun ist Blei in der Tat schwerer als
Wasser, und das meine ich zunächst, wenn ich sage, der Satz sei
richtig.

Der Sachverhalt bestünde auch, wenn ich ihn nicht behauptet
hätte. Ich habe ihn aber nun behauptet, weil ich ihn *erkannt*
habe. Was ich erkannt habe, *weiß* ich. Diese Erkenntnis oder
dieses Wissen wird durch den Satz *ausgedrückt*.

Der Satz bezieht sich also auf zweierlei: auf einen Vorgang
oder Zustand in meinem *Bewußtsein*, den ich Erkenntnis oder
Wissen nenne, und auf das, *wovon* ich ein Bewußtsein *habe*,
den Sachverhalt. Bewußtsein ist *Bewußtsein von etwas*. Den
einzelnen Erkenntnisvorgang oder Wissenszustand nenne ich
einen Bewußtseins*akt*. Den Sachverhalt nenne ich den *Inhalt*
der Erkenntnis oder des Wissens. Ich sage, daß der Satz den Bewußtseinsakt *ausdrückt* und den Bewußtseins*inhalt behauptet*.

Ich sage, daß mir im einzelnen Akt sein jeweiliger Inhalt *gegeben* ist. Ich drücke damit zugleich auch aus, daß mir im Akt
zunächst auch nur sein Inhalt gegeben ist, nicht aber oder jedenfalls nicht ausdrücklich der Erkenntnisakt selbst. Wenn ich
sage »Blei ist schwerer als Wasser«, so meine ich, daß Blei
schwerer ist als Wasser, und sonst nichts. Ich meine nicht, daß
ich jetzt gerade denke und weiß, daß Blei schwerer ist als Wasser. Andererseits bin ich, sowie ich die Frage stelle, ob ich das
gerade denke und weiß, gewiß, daß ich es gerade denke und
weiß. Das Bewußtsein ist sich selbst als Bewußtsein nicht unbekannt, aber es ist sich von Natur nicht Thema. Das Bewußtsein
kennt seinen Inhalt *ausdrücklich*, sich selbst aber *unausdrücklich*. Bewußtsein ist im allgemeinen *selbstvergessen*. Es »denkt
an« den Inhalt, nicht an sich.

Will ich das Bewußtsein ausdrücklich erkennen, so muß ich
einen Erkenntnisakt vollziehen, der das Bestehen dessen *behauptet*, was im ursprünglichen Satz *ausgedrückt* war: der Erkenntnis. Diesen neuen Erkenntnisakt nenne ich einen Akt der

Reflexion. Das Bewußtsein wird in ihm auf sich »zurückgebogen«. Ich nenne diesen neuen Erkenntnisakt eine *reflektierende Erkenntnis*. Den ursprünglichen Akt nenne ich eine *schlichte* Erkenntnis. Ein Wissen oder eine Erkenntnis, welche Inhalt einer reflektierenden Erkenntnis geworden sind, kurz: auf welche ich reflektiert habe, nenne ich ein *reflektiertes Wissen* oder eine *reflektierte Erkenntnis*. Verstehe ich unter »Erkenntnis« einen jeweils neuen Vorgang, so wäre jede Erkenntnis immer wieder schlicht. Indem ich aber erkenne, daß sie einen schon bekannten Sachverhalt »wiedererkennt«, kann sie Anteil haben an reflektiertem Wissen. Eine reflektierende Erkenntnis ist im allgemeinen schlicht, es sei denn, es werde nochmals auf sie reflektiert.

Solange ich nur an den ursprünglichen Inhalt denke, daß Blei schwerer ist als Wasser, kann ich sagen, der Satz »Blei ist schwerer als Wasser« *sei* die Erkenntnis. Wenn ich reflektiere, stelle ich fest, daß der Satz diese Erkenntnis eigentlich nur ausdrückt. D.h. ich unterscheide nun zwischen dem *Satzkörper* (diesem Schall, diesen Kreidestrichen an der Tafel) und dem *Sinn* des Satzes. Das Wort »Sinn« ist zweideutig, da es den Akt oder den Inhalt meinen kann. Ich werde es daher nur dort gebrauchen, wo es auf den Unterschied von Akt und Inhalt, von Ausdruck und Behauptung nicht ankommt.

Die Unterscheidung zwischen dem Satzkörper und seinem Sinn ist ein Akt der Reflexion. Gewöhnlich *dient* der Satz selbstvergessen als *Ausdruck* des Akts oder, was nach unseren Definitionen gleichbedeutend ist, als *Behauptung* seines Inhalts. Den Satz, der so dient, nenne ich einen *schlichten Ausdruck*, eine *schlichte Behauptung* oder kurz einen *schlichten Satz*. Einen Satz, auf dessen Sinn reflektiert worden ist, nenne ich entsprechend einen *reflektierten Satz*. Ebenso kann man einzelne *Worte* schlicht oder reflektiert gebrauchen. Die Einzelheiten dieser Möglichkeiten erörtere ich hier nicht; sie würden uns tief in die Logik hineinführen.

Ein Erkenntnisakt braucht nicht ausgedrückt zu werden. Ich kann einen Sachverhalt schweigend, aber bewußt zur Kenntnis nehmen. Ich lasse ein Stück Blei in Wasser fallen und sehe es untergehen; nun stelle ich fest oder erinnere mich daran, daß Blei schwerer ist als Wasser, aber es lohnt nicht, davon zu reden. Der Gedanke kann auch, indem ich etwas anderes tue, nebenher auftauchen oder anklingen. Ich kann einen Sack mit Blei beschweren, damit er untergeht. Hier ist mir der Sachverhalt in einem Zusammenhang *unausdrücklich mitgegeben*. Ich mache von ihm Gebrauch, ohne ihn ausdrücklich zu denken. Tatsächlich berücksichtigen wir im täglichen Leben immerfort eine unübersehbare Menge von Sachverhalten, auf die wir gar nicht besonders achten. Erkenntnis haftet also nicht am Ausdruck.

Wo ist in dieser Reihe von Phänomenen die Grenze, jenseits derer man nicht mehr von Erkenntnis reden darf? Eine derartige Grenze wird nicht ohne Willkür bestimmt werden können. Ich sehe darin keine Schwäche des Erkenntnisbegriffs. Dieses Verblassen der Erkenntnis, des Bewußtseins in einer Stufenfolge abnehmender Ausdrücklichkeit ist ein Phänomen, das wir ins Auge fassen müssen.

Jeder Akt ausdrücklichen Bewußtseins ist umgeben von einem *Hof unausdrücklichen Bewußtseins*, der sich im völlig Unbewußten verliert. (So hat z. B. das Gesichtsfeld ein Zentrum der Aufmerksamkeit, den jeweils fixierten Sachverhalt, um den herum ein Hof von Mannigfaltigem ist, der nach den Grenzen des Gesichtsfelds zu an Bewußtseinscharakter in der Wahrnehmung verliert. Die Grenzen des Gesichtsfelds sind unscharf und können bei gesteigerter Sensibilität erstaunlich erweitert werden.) Bezeichnet man als Erkenntnis nur das Ausdrückliche, so ist dieser Hof nicht Erkenntnis. Bezeichnet man als Erkenntnis das *Erfassen von Sachverhalten,* so gibt es *unausdrückliche Erkenntnis*, ja ich würde mich anheischig machen, die Rede von *unbewußter Erkenntnis* zu rechtfertigen. Ich will im folgenden die Ausdrucksweise wählen, nach der jedes Erfassen von Sachverhalten Erkenntnis ist, und ausdrückliche Erkenntnis durch dieses Beiwort auszeichnen.

Jede ausdrückliche Erkenntnis setzt eine Fülle unausdrücklicher Erkenntnis voraus. Stelle ich fest: »Dies Stück Blei geht in Wasser unter«, so habe ich unausdrücklich mitgedacht: »dies Stück Materie ist Blei«, »in diesem Topf ist Wasser«; ich habe das Blei ins Wasser geworfen, dabei die physikalischen Tatsachen des freien Falls, die physiologischen der zum Tragen nötigen Kraftanstrengung, die Bewußtseinstatsache, daß und wozu

ich einen Versuch machen will, usw. stillschweigend angewandt. Und woher weiß ich, daß diese Materie Blei ist? Weil
man sie mir als Blei gegeben hat, weil sie grau, schwer, weich ist.
Jede dieser Tatsachen weiß ich, und dieses Wissen hat eine Vorgeschichte. Es könnte ein anderes, selteneres Element sein.
Aber mein Gewährsmann betrügt mich nicht. Ich denke nach:
nein, er hat mich noch nie betrogen. So ist jeder ausdrückliche
Akt *eingebettet* in eine unübersehbare Schar unausdrücklicher
Akte.

Jede unausdrückliche Erkenntnis ist schlicht. Man kann also
auch sagen: jede ausdrückliche Erkenntnis setzt eine Fülle
schlichter Erkenntnisse voraus, ohne die sie unmöglich wäre.

3. Zweifel

Ich weiß nicht alles. Es gibt Sachverhalte, die ich nicht weiß.
Nur deshalb sind besondere Erkenntnisakte notwendig. Ich
muß Erkenntnis *suchen.*

Dieses Suchen kann *mißlingen.* Es kann entweder so mißlingen, daß ich weiß, das Gesuchte nicht gefunden zu haben. Dann
weiß ich wenigstens einen Sachverhalt: den, daß ich nicht weiß.
Oder es kann so mißlingen, daß ich nicht weiß, daß es mißlungen ist. Dann *meine* ich, aber zu Unrecht, etwas erkannt zu haben. Mein Akt ist dann als Erkenntnis gemeint, aber er ist ein
Irrtum.

Jeden Akt, der als Erkenntnis gemeint ist, nenne ich eine
Erkenntnisintention oder *intendierte Erkenntnis.* Eine Erkenntnisintention, die wirklich eine Erkenntnis ist, nenne ich
wahr. Eine Erkenntnisintention, die ein Irrtum ist, nenne ich *irrig.* Den Satz, der eine Erkenntnis ausdrückt, nenne ich *richtig.*
Den Satz, der einen Irrtum ausdrückt, nenne ich *falsch.*

Wer irrt, weiß nicht, daß er irrt. Wie sollen wir da Erkenntnis
und Irrtum unterscheiden? Diese Frage stellt mich vor die
dritte Möglichkeit: der intendierte Erkenntnisakt kann so ausgehen, daß ich nicht weiß, ob er gelungen oder mißlungen ist.
Sie stellt mich vor die Möglichkeit des *Zweifels.*

Wahre und irrige Erkenntnisintentionen können schlicht
sein. Eine Erkenntnisintention, die angezweifelt wird, muß da-

mit selbst zum Gegenstand von Erkenntnis werden. Sie wird entweder aufgehoben, oder, wenn sie fortbesteht, wird sie nunmehr von der Erkenntnisintention begleitet: »diese Erkenntnisintention ist wahr« und ist insofern reflektiert.

Einen Satz, der einen Sachverhalt behauptet, über dessen Bestehen Zweifel obwaltet, nenne ich *angezweifelt.* Auf einen angezweifelten Satz können sich verschiedene Akte richten: Zweifel, Frage, Vermutung, Fiktion usw. Erst der Zweifel gibt Anlaß, den durch einen Satz behaupteten Sachverhalt getrennt von der auf ihn gerichteten Erkenntnisintention zu betrachten, d.h. einen Satz als etwas anzusehen, was richtig oder falsch sein kann. Auf dieser Auffassung des Satzes beruht die Logik. Logik ist Lehre von *Bezweifelbarem.* (Ein allwissendes Wesen braucht keine Logik.) Die Logik, als Erkenntnis über Erkenntnis, hat naturgemäß ihre Begriffe an reflektierten Erkenntnissen gebildet. Auf diese Probleme wollen wir hier nicht eingehen. Wir wollen uns nur daran erinnern, daß eine schlichte Erkenntnisintention, zumal wenn sie unausdrücklich ist, nicht als etwas gemeint ist, was wahr oder irrig sein könnte, sondern daß in ihr ein Sachverhalt einfach gegeben ist.

An dieser Stelle kann deutlicher werden, warum ich Erkenntnis so definiert habe, daß jedes Erfassen von Sachverhalten darunter verstanden ist. Am Bestehen eines Sachverhalts kann man zweifeln, einerlei, wie ausdrücklich er vorher erfaßt worden ist. War das Erfassen unausdrücklich, so wird es durch den Zweifel selbst in die Ebene der Ausdrücklichkeit gehoben. Es ist erwünscht, den Begriff der Erkenntnis so weit zu fassen, daß er alles Bezweifelbare umfaßt; so daß jedem Akt des Zweifels ein Akt der Erkenntnisintention entspricht, den er anzweifelt.

Wie wird nun der Zweifel behoben?

Es zweifle etwa jemand an, daß Blei schwerer ist als Wasser. Ich nehme ein Stück Blei und werfe es ins Wasser. Es sinkt hinunter, also ist Blei schwerer als Wasser.

Dies ist überzeugend, aber nur für den, der eine Fülle schlichter Erkenntnisintentionen als Erkenntnisse gelten läßt. Er muß glauben, was er sieht. Er muß gewiß sein, daß dies Blei, jenes Wasser ist. Ein Taschenspieler könnte ihn täuschen. Er könnte träumen. Die Behebung des Zweifels ist also wie jeder Akt der Reflexion an schlichte Erkenntnis geknüpft.

Ein Sonderfall ist der Zweifel, der eine Unklarheit des Ausdrucks enthüllt. Ein kleines Stück Blei ist leichter als ein großer Topf Wasser. Man muß genauer sagen, was »schwerer« in dem Satz heißt: »spezifisch schwerer«. Es wird eine *Definition* gegeben. D.h. eine reflektierende Herstellung eines Ausdrucks durch die Angabe des Sinnes, den ein Wortkörper haben soll. Dieser Sinn aber muß durch andere Worte bezeichnet werden können. Er setzt also schlichte Ausdrücke schon voraus, z.B. hier »Volumen«, »gleich«, usw.

Aller Zweifel, von dem bisher die Rede war, bezog sich auf eine *einzelne* Erkenntnisintention oder allenfalls auf einen einzelnen Bereich von Erkenntnisintentionen. Er wird auch im allgemeinen aus einem bestimmten einzelnen *Zweifelsmotiv* hervorgehen. Dieses Bezogensein auf bestimmte Erkenntnisintentionen und Zweifelsmotive drücken wir aus, indem wir ihn einen *relativen Zweifel* nennen. Seine Behebung führt zu einer *relativen Gewißheit*. Sie ist einerseits Gewißheit eines einzelnen Sachverhalts oder Bereichs von Sachverhalten, andererseits Gewißheit nur gegenüber dem bestimmten einzelnen Zweifelsmotiv, das behoben worden ist. Die den Zweifel behebende reflektierende Erkenntnis kann nicht mehr Gewißheit geben, als den schlichten Erkenntnissen innewohnt, aus denen sie besteht oder deren sie sich bedient.

Der Ausgangspunkt unserer ganzen Betrachtung war, daß wir Begriffe gewinnen wollten, die geeignet seien, um ein bestimmtes Erkenntnisideal zu beurteilen, dasjenige der *absoluten Gewißheit*. Der Begriff von Wissenschaft, der uns in den einleitenden Überlegungen fragwürdig wurde, wollte wenigstens einige Erkenntnisse gegen *jeden möglichen* Zweifel gesichert sehen. Gibt es das? Gibt es Erkenntnisintentionen, an deren Wahrheit, Sätze, an deren Sinn überhaupt nicht mehr gezweifelt werden kann?

Diese Frage ist weit davon entfernt, uns zur absoluten Gewißheit zu führen. Sie eröffnet uns umgekehrt die Möglichkeit des *absoluten Zweifels*.

Wer irrt, weiß nicht, daß er irrt. Im Grunde liegt in diesem einzigen Satz die Unmöglichkeit der absoluten Gewißheit. Wir haben uns aber auf das Problem der Gewißheit nunmehr zu tief eingelassen, als daß wir uns mit einem einzigen Satz als Ant-

wort begnügen könnten. Wir fragen, ob es nicht doch irgendwo
absolute Gewißheit gebe. Diese Frage ist uns der Leitfaden, um
die *Kunst des Zweifelns* zu lernen. Wir müssen etwas von ihr
verstehen, um nicht unvermutet von dem *Schicksal des Zweifels*
überrannt zu werden.

Man kann von einer Kunst des Zweifels reden, denn der normale, unreflektiert dahinlebende Mensch versteht sich aufs
Zweifeln nicht. Sein Verhältnis zur Welt beruht auf einem
schlichten Erfassen von Sachverhalten, schlichten Erkenntnissen im weiten Sinn des Wortes »Erkenntnis«. Wenn er einmal an
etwas zweifelt, so ist er dazu angestoßen durch ein Zweifelsmotiv, das selbst eine schlichte Erkenntnis ist. Auf der Straße
kommt mir Herr Meier entgegen. Aber er hat ja einen braunen
Hut auf. Solche Hüte trägt Herr Meier nicht. Vielleicht ist es
gar nicht Herr Meier. Hier ist ein schlichtes Erfassen eines Sachverhalts, nämlich der braunen Färbung des Huts, das Zweifelsmotiv. Zweifelte ich von vornherein an allem, so müßte ich auch
daran zweifeln, ob der Hut braun ist; das Zweifelsmotiv selbst
wäre nicht schlicht gegeben. Im normalen Leben ist der Zweifel
ein Einzelereignis, das so, wie es sich abspielt, nur wegen des
schlichten Gegebenseins von Unangezweifeltem möglich ist.

Man kann die Weise des Gegebenseins von Unangezweifeltem *schlichte Evidenz* nennen. Daß die schlichte Evidenz keine
absolute Gewißheit bietet, weiß jeder. Der Schein trügt, und die
Schwierigkeit ist, daß man nicht weiß, wo man es mit Schein zu
tun hat. Aber in der Praxis bringt man es meist zu der fürs Leben nötigen Gewißheit, die man, wenn Zweifel vorangegangen
ist, *reflektierte Evidenz* nennen kann. Philosophen meinen
manchmal, reflektierte Evidenz könne bis zur *absoluten Evidenz* gesteigert werden. Aber wie verteidigen sie sich gegen den
Satz, daß, wer irrt, nicht weiß, daß er irrt? Klassische Beispiele
beweisen, daß das Evidenzerlebnis trügerisch sein kann.

Es ist sinnlich evident, daß die Sonne um die Erde läuft. Aber
das Gegenteil ist wahr. Es ist der reinen Anschauung evident,
daß Parallelen sich nicht schneiden. Aber redet man nicht von
Nichteuklidischer Geometrie? Neulich träumte mir, zwei mal
zwei sei fünf. Jetzt, im Wachen, weiß ich zwar wieder, daß zwei
mal zwei gleich vier ist. Aber damals wußte ich das Gegenteil.
Worauf beruht die Gewißheit, daß ich jetzt recht habe? Der

Traum ist das große Beispiel, an dem den Menschen die Fragwürdigkeit der Evidenz aufgegangen ist. Wie, wenn das ganze
Leben ein Traum wäre? Wenn ein Gott uns systematisch
täuschte?

Ist diese Frage schon der absolute Zweifel? Descartes versuchte, gerade aus ihr die absolute Gewißheit herauszuwickeln.
Ich zweifle an allem. Ich zweifle. Ich. Das eine ist gewiß, daß ich
zweifle. Zweifeln ist eine Weise des Denkens. Man kann nicht
denken, wenn man gar nicht existiert. An meiner Existenz also
kann ich nicht zweifeln. Cogito ergo sum.

Dieser Gedankengang ist außerordentlich wichtig, denn er
lenkt den Blick auf das, was man das reine Bewußtsein genannt
hat. Er ist ein erster Ansatz zu dem Unternehmen, das bis zu
der sogenannten phänomenologischen Reduktion Husserls in
unserem Jahrhundert fortgeführt worden ist, dem Versuch, das
Bewußtsein von seinen Gegenständen begrifflich scharf zu unterscheiden. Aber hier geht er uns nur im Zusammenhang des
Zweifels an. Und da ist zu sagen: er bietet keine absolute Gewißheit, denn er setzt keinen absoluten Zweifel voraus. Descartes war noch ein Anfänger in der Kunst des Zweifels.

Descartes zweifelt z. B. an der *Richtigkeit* von Sätzen, aber
nicht am *Sinn* seiner Sätze. Er fragt: »Existiert die Welt?« und
wagt, zu zweifeln, ob die Antwort »ja« lauten muß. Er fragt
nicht: »Was bedeutet das Wort ›existieren‹?« »Bedeutet es verbunden mit dem Wort ›die Welt‹ überhaupt etwas?« Ist vielleicht »existieren« ein Begriff, der nur relativ auf einen bestimmten Zusammenhang einen Sinn hat? Wenn *Romeo und
Julia* aufgeführt wird, so existiert Julia so gewiß wie Romeo.
Aber sie existieren nur »für das Theaterstück«; »in Wirklichkeit« ist Julia Fräulein Müller. Für Homer existiert Zeus und tut
Wunder, für den modernen Physiker existiert das Atom und tut
Wunder. Ist das Atom weniger ein Mythos als Zeus? Gibt es ein
anderes Existieren als ein »existieren für«? Dann wäre vielleicht
die vorgebliche Gewißheit von Descartes Unsinn, denn sie
wäre eine Antwort auf eine sinnlose Frage.

Vielleicht meine ich nicht alles im Ernst, was ich eben gesagt
habe? Woher wissen Sie das? Sie müssen sich jedenfalls einmal
klarmachen, daß man so fragen kann.

Descartes zweifelt nicht am Sinn seiner Sätze. Er verhält sich

damit auf höherer Ebene genau wie der unreflektiert dahinlebende Mensch. Gewisse Erkenntniselemente sind ihm schlicht
gegeben, so daß er gar nicht darauf verfällt, an ihnen zu zweifeln, und gerade sie werden ihm zum Motiv des Zweifels an
anderen Erkenntniselementen. Gerade weil er glaubt, der
Satz »die Welt existiert« habe einen Sinn, glaubt er, man könne
daran zweifeln, ob dieser Satz richtig sei. Wenn ein Satz keinen Sinn hat, so fragt man nicht mehr, ob er richtig oder falsch
sei. Es liegt mir aber ganz fern, positiv zu behaupten, der Satz
»die Welt existiert« habe keinen Sinn. Das wäre schlecht gezweifelt. Ich sage nur, man könne daran zweifeln, ob er einen
Sinn habe.

Alles, was ich gesagt habe, spricht den absoluten Zweifel
nicht aus. Man kann den absoluten Zweifel nicht aussprechen.
Wer spricht, setzt den schlichten Sinn der Worte noch voraus.
Der absolute Zweifel kann nur schweigen. Eben darum kann
man gegen ihn nicht argumentieren. Deshalb kann man gegen
ihn auch nicht recht behalten.

Man könnte aber sagen, der absolute Zweifel sei einem lebenden Menschen unerreichbar. Das ist richtig. Das Erfassen von
Sachverhalten ist ja nicht nur ein theoretischer Vorgang. Es ist
ständig zum Leben nötig, und es steht, wie wir uns auch intellektuell wenden mögen, aus dem animalischen Leben heraus
stets zur Verfügung. Der zweifelnde Philosoph, der durch einen
Wespenstich oder eine Ohrfeige in die Wirklichkeit zurückge-
rufen wird, ist ein beliebtes Komödienmotiv. Ein Satz, der fast
das Umgekehrte des cartesischen Satzes ist, gilt: *Wer lebt, zweifelt nicht an allem.* Man bringt ihn der cartesischen Form nahe,
wenn man speziell sagt: Um zweifeln zu können, darf man
nicht an allem zweifeln.

Sie würden mich völlig mißverstehen, wenn Sie meinten, ich
wollte mit diesen letzten Überlegungen doch noch gegen den
absoluten Zweifel recht behalten. Wer noch lebt, zweifelt noch
nicht absolut; aber wer sagt, daß der Lebende recht habe? Die
Kunst des Zweifels ist hier freilich zu Ende. Man kann sich
nicht vornehmen, absolut zu zweifeln. Aber man kann auf einen Weg getrieben werden, auf dem es vor dem absoluten Zweifel keinen Halt gibt. Gegen das Schicksal des Zweifels gilt kein
Argument.

Dieser Zweifel ist kein intellektuelles Unternehmen mehr.*
Er ist eine Form der Verzweiflung. Bei Kierkegaard, in Dosto-
jewskis Iwan Karamasow, in Hofmannsthals Brief des Lord
Chandos werden Sie mehr davon finden als bei allen Philosophen. Sein äußerster Punkt aber wird nie aufgeschrieben werden. Ihm gegenüber recht behalten zu wollen, ist nicht nur unmöglich, es ist auch unrecht. Die verzweifelnde Seele wird nie
mehr vom Recht, sondern nur noch vielleicht von der Liebe erreicht.

4. Glaube

Die Erörterung über den Zweifel ist eingeschlossen zwischen
die zwei Sätze: Wer irrt, weiß nicht, daß er irrt, und: Wer lebt,
zweifelt nicht an allem. So gibt es für uns, da wir leben, weder
absolute Gewißheit noch absoluten Zweifel. *Daß* wir uns in
dieser Lage befinden, läßt sich wohl nicht leugnen. Wir befinden uns aber in ihr sogar mit einem verhältnismäßig guten Gewissen. Wir haben zu dem, was wir wissen, ein beträchtliches
Vertrauen und meinen damit nicht schlecht zu fahren, trotz des
Abgrundes möglichen Zweifels, neben dem wir stehen. Wir
müssen versuchen, Begriffe zu finden, die diese Haltung deutlich bezeichnen.

Ich möchte für die Haltung, die wir gegenüber den Inhalten
unseres Wissens angesichts der beiden Unmöglichkeiten der absoluten Gewißheit und des absoluten Zweifels haben, das Wort
Glaube wählen. Wir müssen uns über den Sinn, in dem dieses
Wort hier gebraucht werden soll, genau verständigen.

* Anmerkung 1983: Als ich meinem Onkel Viktor v. Weizsäcker 1948 den
Satz zitierte: »Wer irrt, weiß nicht, daß er irrt«, antwortete er spontan: »Das
stimmt gar nicht. Er weiß es wohl, aber er will es nicht wissen.« Damit war eine
Diskussion eröffnet, die in der Vorlesung nicht vorkam; man kann sagen: der
moralische Aspekt der Erkenntnistheorie. Der Schlußpassus des Abschnitts
über den Zweifel wird dadurch wohl eher erläutert. Verzweiflung ist nicht nur
Verzweiflung an meinem Wissen und der gewußten Wirklichkeit, sondern auch
an meinem Wollen und dem gewollten Guten. Iwan Karamasow zweifelt nicht
an der Existenz, sondern an der Güte Gottes; Dostojewski sah das als den tieferen Atheismus an.

Im allgemeinen versteht man unter Glauben das Fürwahrhalten von etwas, was man nicht weiß. Man betrachtet dann Glauben und Wissen als Gegensätze und teilt ihnen etwa gar Religion und Wissenschaft als getrennte Gebiete zu. Ich halte diese ganze Gegenüberstellung für falsch und habe die Terminologie, die ich soeben erläutere, vor allem gewählt, um schon durch den Gebrauch der Worte das Abgleiten in diese Auffassung unmöglich zu machen.

Glauben ist kein intellektueller Akt, sondern eine Weise zu leben. An etwas glauben, heißt, sich in jeder Lage so verhalten, wie man sich verhalten muß, wenn es das, woran man glaubt, wirklich gibt. Das Fürwahrhalten ist nur die der Reflexion zugängliche intellektuelle Spitze des glaubenden Verhaltens. Um es in einem Gleichnis auszudrücken: Der Fußballspieler muß den Ball ab und zu einem andern Spieler seiner Mannschaft zuspielen. Das ist nur sinnvoll, wenn er damit rechnen kann, daß der Partner den Ball übernimmt und gegebenenfalls zurückspielt. Gewißheit hierfür gibt es nicht, denn der andere könnte durch den Gegner gehindert sein oder den Ball verfehlen. Trotzdem muß man ihm zuspielen. Dies mit dem Gegenüber trotz der Ungewißheit rechnende Zuspielen und Zurückerwarten des Balls ist Glauben.

Glauben ist ebenso wie Erkennen ein Verhalten zu einem Sachverhalt. Ist Erkennen das Ansprechen des Sachverhalts als eines gegebenen, so ist Glauben das Ansprechen des Sachverhalts unabhängig davon, ob er aktuell gegeben ist. Die Tatsache, daß uns weder absolute Gewißheit noch absoluter Zweifel möglich ist, kann man auch so ausdrücken: *Man kann nicht erkennen, ohne zu glauben.* Dies mag deutlicher werden, wenn wir, so wie wir es beim Erkennen getan haben, *unausdrückliches und ausdrückliches* Glauben unterscheiden.

Je tiefer wir in die Sphäre der Unausdrücklichkeit hinabsteigen, desto unmöglicher wird es, zwischen Wissen und Erkennen einerseits, Glauben andererseits überhaupt zu unterscheiden. Um festzustellen, daß Blei schwerer ist als Wasser, lasse ich ein Stück Blei in Wasser fallen. Indem ich es loslasse, rechne ich damit, daß es fallen wird. Ich kann das nicht mit Sicherheit vorauswissen. Wäre es Papier, so könnte es ein Windzug, wäre es Eisen, so könnte ein Magnet es zur Seite ziehen; vielleicht hat es in Teer gelegen und wird an meiner Hand kleben bleiben. Vielleicht wird ein neuer Effekt auftreten, den die Physiker noch nicht kennen. Aber ich kann mich mit solchen Skrupeln nicht aufhalten. Ich lasse es los und rechne damit, daß es fallen wird; und fast immer wird der Erfolg mir recht geben. Dieses »rechnen mit« ist das Zuspielen des Balles und insofern Glauben. Es geschieht aber mit so großer Erfolgschance, daß es gar keiner Konzentration der Aufmerksamkeit bedarf. Gerade weil es fast ein Wissen ist, kann es unausdrücklich bleiben. Den Satz: »In der Sphäre der Unausdrücklichkeit kann man Wissen und Glauben nicht deutlich unterscheiden« kann man also auch umgekehrt lesen: »Wo es nicht notwendig wird, Wissen und Glauben zu unterscheiden, kann das Verhalten zum Sachverhalt unausdrücklich bleiben.«

Reflektiere ich darauf, ob ich einen Sachverhalt weiß oder »nur« glaube, so bin ich in die Sphäre der Ausdrücklichkeit eingetreten. Ich begegne dem Irrtum. D. h. ich sehe ein, daß ich vieles, was ich unausdrücklich glaubte, in Wahrheit nicht wußte, daß es falsch war. Das Streben nach absoluter Gewißheit war der Versuch, den Glauben überflüssig zu machen. Dies hat sich als unmöglich erwiesen. Indem wir leben, glauben wir. Da wir dies wissen, handelt es sich nun um einen ausdrücklichen Glauben. *Wie* oder *woran* glauben wir nun?

Es wäre wiederum ein aus der Reflexion stammendes Mißverständnis, wenn man versuchen wollte, nun einen »berechtigten Glaubensinhalt« zu formulieren. Könnte man die »Berechtigung« eines Glaubensinhaltes erweisen, so würde man wohl besser von Wissen reden. Wir haben nur den Sachverhalt als Ausgangspunkt, der in dem Satz zusammengefaßt ist: »Wer lebt, glaubt.« Wir fragen nicht, was er glauben *darf* oder *soll*, sondern was oder wie er *tatsächlich* glaubt. Dies ist nun aber bei verschiedenen Menschen verschieden.

Den Menschen, der sich über diese Fragen nicht viel Gedanken macht, will ich den *natürlichen Menschen* nennen. Er begegnet ab und zu dem relativen Zweifel und begnügt sich mit seiner Behebung in der relativen Gewißheit. Er bemerkt, daß man mit grundsätzlichem Zweifel nicht weit kommt, und läßt dergleichen bleiben. Sein Glauben ist ein *unausdrückliches Geltenlassen* des schlicht Gegebenen.

Auch wer sich tief auf den Zweifel eingelassen und vielleicht sogar die Verzweiflung erfahren hat, findet sich schließlich, wenn er weiterlebt, derselben Welt gegenüber, die ihm als natürlichem Menschen gegeben war. Er wird nun an vielen Stellen Vorsicht und relativen Zweifel gelernt haben, vielleicht ist ihm der schwebende Charakter aller Erkenntnis deutlich geworden, die Möglichkeit, alles anzuzweifeln. Aber indem er lebt, läßt er die Welt gelten. Dies ist ein *ausdrückliches schlichtes Geltenlassen*. Man kann dies kaum deutlicher sagen als Faust in dem Augenblick, in dem er aus der Verzweiflung zurückkehrt: »Die Träne quillt, die Erde hat mich wieder.« Die Träne ist das Wirkliche, das er schlicht gelten läßt, und mit ihr die Welt, denn weinen heißt leben.

Wer überhaupt aus der wirklichen Verzweiflung zurückkehrt, wird dabei wohl immer eine Erfahrung des Bereiches gemacht haben, den man den religiösen nennt. Die Möglichkeit des Weiterlebens wird für ihn meist mit dieser Erfahrung zusammenhängen. Sein weiteres Leben wird also ein Verhalten sein, das mit der Wirklichkeit, die sich ihm in dieser Erfahrung gezeigt hat, in der Weise des Glaubens rechnet, auch wenn diese Wirklichkeit sich nicht oder nicht mehr unmittelbar zeigt. Der *religiöse Glaube*, wo er echt ist, ist also in besonderer Weise nicht ein bloßes Fürwahrhalten, sondern eine Art des Lebens. Er ist aber nicht ein bloßes Geltenlassen eines sich ohnehin Zeigenden, sondern ein aktives ständiges Ansprechen oder Anrufen eines sich nicht ohne weiteres Zeigenden.

Ich habe versucht, einige Weisen des Glaubens zu *beschreiben*. Ich habe nicht versucht, über ihren Wert zu argumentieren, denn das kann man nur, indem man selbst glaubt, also nicht von einem Ort jenseits der in jedem bewußten Glauben liegenden Entscheidung. Man könnte diese meine Enthaltung gar nicht mehr mißverstehen, als wenn man sie für den Ausdruck eines Relativismus in bezug auf die Wahrheit des jeweils Geglaubten hielte. Ich habe ja den Glauben so definiert, daß Erkennen ohne Glauben nicht möglich ist. Glauben ist also der Weg zur Wahrheit, und gerade weil er der einzige Weg zur Wahrheit ist, muß man sich auf den Glauben einlassen, wenn man über Wahrheit urteilen will. Dies gilt in den einfachsten Schichten: wer das Urteil der Sinne nicht gelten läßt, mit dem kann man nicht über die Materie reden. Es gilt aber ebenso in der Religion selbst; Christus sagt: Wer Gottes Willen tut, wird erfahren, ob meine Lehre von Gott ist (Joh. 7, 17). Es ist daher, wenn man aufs Ganze der Wahrheit geht, unmöglich, eine von der religiösen Entscheidung unabhängige Philosophie zu machen. Eine Philosophie, die behauptet, vom Glauben unabhängig zu sein, ist sich in Wahrheit nur des ihr eigentümlichen Glaubens nicht bewußt.

Der Gegenstand dieser Vorlesung, die Physik, zwingt uns nicht in vordergründlich erkennbarer Weise zu einer Entscheidung in den letzten Glaubensfragen. Denn der Glaube, den die Physik zur Voraussetzung hat, der Glaube an die Anwendbarkeit des rationalen Denkens auf die sinnliche Erfahrung, ist Gemeingut der Menschen unserer Zeit. (Ich brauche nur auf die Technik hinzuweisen. Sie ist seine vielleicht augenfälligste Manifestation.) Fast möchte man sagen, der Glaube der Physiker sei der einzige Glaube, der alle Menschen unserer Zeit verbindet.* Wir brauchen daher diesen Glauben nicht zu erzeugen, sondern können gleich damit beginnen, die Inhalte zu untersuchen, die uns durch ihn gegeben werden. Anders ist es, wenn wir fragen, was es bedeutet, daß dieser Glaube möglich und allgemein herrschend geworden ist. Als lebendige Menschen können wir uns auch dieser Frage nicht entziehen. Ich stelle sie aber nicht an den Anfang, sondern an das Ende der Vorlesung.

5. Methodische Folgerungen

Wir legen jetzt unsere *methodischen Prinzipien* fest. Ein Ausgangspunkt von absoluter Gewißheit ist nicht vorhanden. Wir müssen einen Glauben voraussetzen. Wir wollen von Physik reden. Also setzen wir den Glauben der Physiker voraus: Worin besteht dieser Glaube, und was heißt »ihn voraussetzen?«

Unter dem Glauben der Physiker verstehe ich das Zutrauen zu den Methoden und Ergebnissen der Physik, das notwendig ist, wenn man Physik betreiben will. Ich wiederhole, daß Glau-

---

* Diese Überlegung habe ich später zum Ausgangspunkt der Vorlesung *Die Tragweite der Wissenschaft* (1964) genommen.

ben nicht (oder nicht nur) ein Fürwahrhalten, sondern eine
Weise des Lebens ist. Den Glauben der Physiker voraussetzen,
heißt also, menschlich gesprochen, die Physiker gelten lassen.
Man braucht sie vielleicht nicht gelten zu lassen in dem, was sie
außerhalb der Physik tun und meinen. Aber ihren Glauben voraussetzen, heißt, ihnen zubilligen, daß sie es in ihrem eigenen
Gebiet so ungefähr richtig machen. Man muß das, was sie zu sagen haben, ernst nehmen, denn sonst kann man ja mit ihnen gar
nicht ins Gespräch kommen.

Ich habe mich absichtlich zunächst sehr vage ausgedrückt.
Wir wollen aber dazu kommen, Meinungen zu formulieren,
müssen also begriffliche Strenge anstreben. Dazu ist notwendig, daß wir den Begriff »voraussetzen« präzisieren. Ich könnte
diesen Akt auch umschreiben als ein *reflektiertes Geltenlassen*.
Was heißt das?

Wir haben uns durch das Nachdenken über Methode und
Gewißheit der Physik in ein Gebiet begeben, das man selbst
nicht mehr Physik, sondern Philosophie nennen wird. Indem
wir uns einmal auf den Weg des Zweifels begaben, haben wir
den schlichten Glauben des natürlichen Menschen an seine
Umwelt, den schlichten Glauben des Physikers an Gegenstand
und Methode verlassen. Indem wir dann erkannten, daß keine
Erkenntnis ohne einen Glauben möglich ist, prägten wir den
Begriff des Glaubens der Physiker. Wir *reflektierten* auf diesen
Glauben. Diese Reflexion ist etwas anderes als das schlichte,
wenn auch ausdrückliche Geltenlassen des Glaubens, auf dem
unser Leben beruht. Dieser letztere Glaube macht zwar möglich, daß wir etwas untersuchen, aber er wird nicht selbst zum
Gegenstand der Untersuchung; wir haben ja schon gesehen,
daß wir sonst zu keiner Einigung kommen könnten, da wir, die
wir hier versammelt sind, in vielen entscheidenden Dingen
nicht denselben Glauben haben. Wir wollen vielmehr, einerlei,
woher jeder von uns die Kraft zu leben hat, den Glauben der
Physiker als etwas, was es gibt, gelten lassen, um ihn zu untersuchen.

Erlauben Sie mir ein Gleichnis, von dem ich von vornherein
sage, daß es in einer Hinsicht übertreibt. Die Frösche unter
dem winterlichen Eis eines Teiches versprachen, wenn sie wieder befreit würden, wie Nachtigallen zu singen. Als der Früh-

ling kam, saßen sie am Ufer und quakten wie vor alter Zeit.*
Das Quaken ist der schlichte Glaube der Frösche. Sie können
nur leben und quaken oder nicht leben. Wir aber wollen nicht
quaken wie vor alters. Wir wollen nur gelten lassen, daß es Frösche gibt und daß sie quaken, und wollen zusehen, wie weit
man es mit dem Quaken bringen kann.

Die Physiker entsprechen den Fröschen, und unser Ent-
schluß, den Glauben der Physiker gelten zu lassen, entspricht
dem Geltenlassen des Quakens. Aber das Gleichnis übertreibt
die Distanz des Geltenlassenden von dem, was er gelten läßt.
Der Glaube der Physiker ist ein Teil des Glaubens aller Menschen unserer Zeit. Wer einmal das elektrische Licht einschal-
tet, gibt in der Weise des unausdrücklichen Glaubens zu, daß er
erwartet, die Physik habe mit ihrer Beurteilung der praktischen
Aufgaben des Lebens recht. Insofern analysieren wir im Glauben der Physiker unseren eigenen Glauben, den wir gar nicht
aufgeben können. Wir alle sind »Frösche«. Andererseits werden wir nicht bereit sein, diesem Glauben vorbehaltlos wie einer absoluten Wahrheit zu folgen. Wir reservieren uns in jedem
Einzelfall die Möglichkeit des Zweifels.

Dieser Zweifel kann nur als relativer Zweifel gemeint sein.
Denn als absoluter Zweifel würde er die Sache selbst aufheben,
die wir gelten lassen wollen. Die Grenze zwischen dem relativen und dem absoluten Zweifel ist aber selbst nicht absolut zu
ziehen. Es läßt sich keine Schranke angeben, über die hinaus der
relative Zweifel nicht ausgedehnt werden dürfte. Es bleibt uns
nichts übrig, als uns an der denkerischen Bewegung der Physik
zu beteiligen und mit ihr die Erfahrung zu machen, wie jeder relative Zweifel die Begriffe letztlich nicht umstürzt, sondern weiter klärt. Nichts anderes war in dem Bohrschen Gleichnis vom
Gläserwaschen gemeint.

Ich nenne dieses reflektierte Geltenlassen gelegentlich auch
eine *Hypothesis* der Physik. Wir unterstellen, daß Physik Erkenntnis ist, und sehen zu, was dabei herauskommt. Wie ist nun
das praktische Verfahren, das dabei eingeschlagen werden muß?

Was wir gelten lassen, ist nicht ein kleiner, scharf umrissener
Bereich von Lehrsätzen, nicht die Spitze einer Pyramide, son-

---

* Goethe: »Ein großer Teich war zugefroren…«

dern eine *Weise* des *Erkennens* und die *Breite* des *Erfahrungs-schatzes*, den diese Erkenntnisweise vermittelt. Dieser Erfahrungsschatz ist nicht scharf abgegrenzt und begrifflich nicht voll durchgegliedert. Er läßt zwei Richtungen des Weiterfragens zu, die ich die *gegenständliche* und die *reflexive* nennen will. Die gegenständliche Frage sucht den Wissensschatz zu *erweitern*, die reflexive sucht ihn zu analysieren, zu *klären*. Die Wissenschaft schreitet nur im Wechselspiel beider Frageweisen fort. Wir müssen sie aber hier methodisch getrennt betrachten.

Die gegenständliche Frage kann den Glauben der Physiker schlicht, ja unausdrücklich voraussetzen und in seinem Sinne weiterfragen: »Dies weiß ich schon über die Natur. Was kann ich weiter erfahren?« Sie bedarf insofern keiner besonderen methodischen Besinnung. Die reflexive Frage hingegen vollzieht die Hypothesis ausdrücklich. Sie fragt: »Wenn man Physik als Erkenntnis gelten läßt, was hat man damit bereits zugegeben? Welche Voraussetzungen stecken in der Physik?« Sie macht also nicht die Gegenstände der physikalischen Erkenntnis, sondern die physikalische Erkenntnis selbst zum Gegenstand neuer Erkenntnis. Sie ist Reflexion.

Die reflexive Frage ist nahezu das, was Kant die transzendentale Frage nennt: »Wie ist Physik überhaupt möglich?« Das, was man schon zugibt, wenn man Physik als Erkenntnis gelten läßt, ist das *Apriori* der Physik, die Bedingung der Möglichkeit physikalischer Erfahrung. Ich vermeide aber die Kantschen Ausdrücke, weil sie geprägt sind von einer Denkweise der absoluten Gewißheit, die wir nicht voraussetzen können. Wir werden im Verlauf der Vorlesung unsere Vorstellungen mit denen Kants vergleichen.

Sie erkennen die Beziehung der beiden Frageweisen zur Disposition der Vorlesung. Die regionalen Disziplinen sind der Kern desjenigen Bestands der Physik, den wir im Sinne der Hypothesis gelten lassen. Der schlichte Glaube des Physikers führt ihn auf dem gegenständlichen Frageweg weiter bis zu dem, was er als die elementarsten der bisher bekannten Gegenstände ansieht. Die Reflexion umgekehrt führt ihn zur Ergründung dessen in seiner eigenen Erkenntnis, was ihm als die elementarste, ihm bekannte Gegebenheit gelten muß. Diese beiden Bewegungen sind die Pfeile, welche die beiden »Spitzen« der Physik bezeichnen, von denen wir eingangs sprachen; sie konstituieren die beiden Fronten der Forschung.

Es bedarf noch einer Vergewisserung, daß auch die Reflexion eine Front der Forschung schafft. Man könnte sagen: »Das Gegebene ist eben gegeben. Man braucht sich nur darauf zu besinnen, und dann weiß man es.« Dabei übersieht man aber die Selbstvergessenheit der Erkenntnis. Das Auge sieht die Dinge, aber nicht sich selbst. Das Bewußtsein ist ausdrücklich Bewußtsein von einem Inhalt, und nur in einer unausdrücklichen, sich selbst kaum bekannten Weise Bewußtsein von sich selbst. Die Reflexion besteht zunächst einfach darin, festzustellen, was uns eigentlich gegeben ist und wie es uns gegeben ist, also das in der Erkenntnis liegende »Phänomen« bewußt zu machen. Insofern ist die Basis der reflexiven Methode als *Phänomenologie* zu bezeichnen.

Die Phänomenologie ist mindestens so schwer und so unvollendbar wie die Physik, denn die Reflexion ist eine dem ursprünglichen Bewußtsein unnatürliche Fragerichtung. Wäre Phänomenologie für uns hier Selbstzweck, so müßten wir sie, von den regionalen Disziplinen ausgehend, durch ansteigende Reflexion entwickeln. Wir wollen hier aber die Physik aufbauen. Die Phänomenologie ist uns nur Hilfswissenschaft. Wenn wir nach dem in der normalen physikalischen Erkenntnis Gegebenen fragen, so ist unser Ziel nicht, die Erkenntnis, sondern das in ihr Gegebene zu untersuchen. Daher setze ich die phänomenologischen Kapitel an den Anfang.

Das bedeutet aber nicht, daß ich mit einfachsten, von allem Nachfolgenden unabhängigen Gegebenheiten anfangen könnte. Es heißt nur, daß ich mich an einer Stelle in den kreisenden Strom werfe und dann von ihm forttragen lasse. Um die ersten Gegebenheiten, von denen ich spreche, verständlich zu machen, benütze ich eine Sprache, die daran appelliert, daß Sie den Glauben der Physiker schon haben und in gewissem Maße auch schon auf ihn reflektiert haben; andernfalls bliebe diese Sprache unverständlich. Das äußert sich darin, daß in der Beschreibung der ersten Phänomene Vokabeln gebraucht werden, welche Phänomene bezeichnen, die ihrerseits erst später beschrieben werden. Hierin äußert sich der *Zirkel*, in dem jede Erkenntnis gewonnen wird.

Wir müssen nun versuchen, auch diesen Zirkel begrifflich schärfer zu fassen. Jeden Sachverhalt, der Inhalt eines Wissens ist, das ich tatsächlich habe, nenne ich *gegeben*. Jeden Sachverhalt, der besteht, er mag mir nun gegeben sein oder nicht, nenne ich *tatsächlich*. Es ist mir bewußt, daß auch diese Kennzeichnungen vielen Zweifelsfragen ausgesetzt sind; sie sollen mir aber im Augenblick zu einer kurzen Ausdrucksweise für den ersten Hinweis auf ein Phänomen dienen. Vom Standpunkt strengen methodischen Zweifels aus darf ich nur das Gegebene behaupten. Der Glaube aber setzt stets Tatsächliches voraus, das mir nicht gegeben ist: Wer lebt, glaubt; also ist das Voraussetzen von nicht gegebenem Tatsächlichem Voraussetzung des Lebens. Die gegenständliche Fragerichtung hält sich innerhalb dieses Glaubens und sucht auch das Verständnis des Gegebenen in der Gesamtheit des Tatsächlichen. Andererseits kann ich vom Tatsächlichen nur wirklich wissen, sofern es mir gegeben wird; der relative Zweifel ist ja immer zulässig. Also ist das Tatsächliche methodisch nur zu charakterisieren als das, was mir gegeben werden *kann*. In diesem »kann« tritt der Begriff der *Möglichkeit* auf, der uns alsbald zu einem Hauptgegenstand der Reflexion werden wird. Wir haben also einen zirkelhaften Zusammenhang: das Gegebene ist ein Ausschnitt aus dem Tatsächlichen, das Tatsächliche ist das, was gegeben werden kann. Anders gesagt: das Einzelne ist nur vom Ganzen her verständlich, das Ganze nur auf dem Weg über das Einzelne zu erschöpfen. Daher die methodische Notwendigkeit, in den kreisenden Strom zu springen.

De facto habe ich das schon in dieser methodischen Vorbetrachtung getan. Ich habe daran appelliert, daß Sie Erkenntnis, Zweifel und Glauben schon oft vollzogen haben und wissen, was das ist, und habe nun versucht, den Schärfegrad der Fragestellung, mit dem ich begann, beim Durchlaufen dieses Kreises durchzuhalten. Ich habe deshalb auch zuerst mit dem summarischen Überblick und den Gleichnissen einen ersten, bewußt unscharfen Kreis durchlaufen. Die dort verwendeten Begriffe gewannen einen schärferen Sinn durch die methodische Besinnung, aus der wir soeben herauskommen, dem zweiten Kreis. Der erste Kreis war nur möglich, weil die Sachverhalte bestehen, die im zweiten Kreis ins Auge gefaßt wurden. Das im zweiten Kreis Gegebene war im ersten Kreis nicht gegebenes Tatsächliches, das aber tatsächliche Bedingung des im ersten Kreis Gegebenen war. Nun treten wir in einen dritten Kreis ein, der die ganze übrige Vorlesung umfassen wird. Er wird uns wiederum tatsächliche Bedingungen des im zweiten Kreis Gegebenen kennen lehren und so den zweiten Kreis in gewissem Sinne erst verständlich machen. Aber wir hätten das Verfahren, das wir im dritten Kreis einschlagen, schwerlich verstehen und darum korrekt handhaben können, ohne den zweiten Kreis vorher durchlaufen zu haben.

Es bedarf keines Kommentars, daß diese Kreise nicht den Weg zeigen, auf dem diese Erkenntnisse zuerst gewonnen wurden, sondern nur die kürzeste Form sind, die mir zur Darstellung der Erkenntnisse eingefallen ist. Gewonnen wird alle Erkenntnis, indem man sich durchkämpft, durch Versuch und Irrtum.

Aber genug des Methodologischen. Wir wenden uns den Sachen zu.

Drittes Kapitel
Empirismus

Wir treten nun für vier Kapitel in eine planmäßige Rückfrage ein. Im *Aufbau der Physik* waren uns Erfahrung und Wahrscheinlichkeit, Mathematik und Logik die Voraussetzungen, deren wir nur gewiß genug zu werden suchten, um, von ihnen ausgehend, die Theorien – speziell die Quantentheorie – zu rekonstruieren. Jetzt reflektieren wir darauf, was wir damit schon vorausgesetzt haben. Wir sind damit zugleich genötigt, uns mit der historischen Gestalt dieser Reflexion, den philosophischen Lehren über Erkenntnis und Wissenschaft, ein Stück weit auseinanderzusetzen.

1. Was ist Induktion?*

Physik beruht auf Erfahrung. Welche Rolle hat der Begriff der Erfahrung in der überlieferten Philosophie gespielt?

Die Methode, Wissenschaft aus Erfahrung zu gewinnen, nennt man traditionell die induktive Methode. Die Meinung, alles reale Wissen sei induktiv zu begründen, nennt man meist Empirismus.

Der Empirismus kann also locker definiert werden als die Meinung, daß wir alles, was wir wissen, durch Erfahrung wissen. Erfahrung wird dabei manchmal noch als Sinneserfahrung spezifiziert. Nun gibt es aber Tatsachen, die wir bisher nicht sinnlich wahrgenommen haben und die wir doch zu wissen meinen. Beispiele waren die Kugelgestalt der Erde vor der Reise

---

* Die Abschnitte 1 bis 3 dieses Kapitels entstammen einem zunächst in englischer Sprache abgefaßten Vorentwurf dieses Buchs. Sie wenden sich zunächst an Leser aus der englisch-amerikanischen Wissenschaftstradition und der ihr verwandten Philosophie.

Magellans; die Existenz einer festen Rückseite des Mondes vor der Raumschiffahrt; die wohl für immer unbeobachtbare Temperatur von rund 15 Millionen Grad nahe dem Sonnenmittelpunkt; allgemein die Geltung universaler Gesetze und die aus ihnen erfließenden faktischen Konsequenzen.

Das Problem des Empirismus ist, wie dieses nicht direkt sinnlich gewonnene Wissen gleichwohl auf Erfahrung gegründet sein kann. Im nachfolgenden Kapitel werden wir unter dem Titel einer logischen Theorie der Wahrscheinlichkeit den Versuch einer ausgearbeiteten Antwort auf diese Frage kennenlernen. Der Klassiker dieser Theorie ist John Maynard Keynes mit seinem *Treatise on probability.* Jetzt beschränken wir uns auf die philosophische Motivation des Empirismus.

»Part of our knowledge we obtain direct; and part by argument.« Mit diesem Satz beginnt das Buch von Keynes. Der erste Satz eines originellen philosophischen Textes ist im Idealfall so geschrieben, daß er einerseits dem unvorbereiteten Leser klar verständlich scheint und andererseits erst nach Lektüre des ganzen Textes seinen eigentlichen, vollen Sinn enthüllt. Der Satz von Keynes kommt diesem Ideal nahe. Wir können die Struktur des Empirismus und, nachher, auch unsere Kritik an ihm an diesem knappen Satz erläutern.

Die harte, dogmatisch-empiristische Behauptung steckt in der ersten Hälfte des Satzes. Es ist die Behauptung, es gebe einen Teil unseres Wissens, den wir direkt erlangen. Wir werden später kritisch fragen müssen, was dabei die Worte »erlangen« (obtain) und »direkt« bedeuten. Für den Empiristen drückt dieser erste Halbsatz eine Selbstverständlichkeit aus: es gibt sinnliche Gewißheit von Fakten. Das Schwergewicht der bewußten empiristischen Fragestellung liegt im zweiten Halbsatz: was für Argumente können uns zum Wissen führen? Die Antwort des Empirismus heißt: induktive Argumente oder, für Keynes, spezifischer: induktive Logik. Wir folgen zunächst dieser These.

Die übliche Ansicht des Empirismus ist: nicht nur gibt es sinnliche Gewißheit von Fakten der Welt um uns, sondern es gibt auch keine andere direkte Gewißheit von Fakten der Welt um uns als durch die Sinne. Wissen über solche Fakten, das nicht sinnlich direkt ist, muß also aus solchen Fakten (»by argument«) gefolgert werden. Für Folgerungen aber ist die Logik zuständig. Also darf »knowledge by argument« außer sinnlichen Fakten nur die Logik benützen. Der traditionelle Name einer solchen Folgerung aus Erfahrung aber ist *Induktion*. Was also ist Induktion?

Zur Einführung in diese Frage betrachten wir einen Satz von Carnap aus seiner Darstellung der induktiven Logik (Carnap 1962, S. V): »Alles induktive Folgern [reasoning], im weitesten Sinne eines nicht-deduktiven oder nicht-demonstrativen Folgerns, ist Folgern in Begriffen von Wahrscheinlichkeit.« Die ausdrückliche Behauptung dieses Satzes, nämlich die Einführung von Wahrscheinlichkeit als Instrument der Induktion, lassen wir vorerst beiseite. Uns interessiert vorerst Carnaps Präzisierung von »induktiv« als »nicht-deduktiv oder nicht-demonstrativ«. Mit sicherem logischen Instinkt weist Carnap hier darauf hin, daß die Polarität Deduktion-Induktion (wie übrigens sehr viele gängige Polaritäten) aus zwei nicht gleichgewichtigen Termen besteht: Deduktion wird als verständlich vorausgesetzt, Induktion wird erklärt als dasjenige Folgern (»reasoning«), das nicht deduktiv ist.

Tatsächlich stammen beide Termini aus der aristotelischen Logik. Es wird der Klarheit dienen, wenn wir zunächst beschreiben, was sie dort bedeuten. Die englischen Wörter *reason* und *reasoning* ebenso wie das gemeineuropäische Wort *rational* stammen von dem lateinischen Wort *ratio*, was eine Übersetzung des griechischen *logos* ist. In der klassischen griechischen Philosophie hat *logos* zwei verschiedene Bedeutungen. Es bedeutet einerseits *sinnvolle Rede*, andererseits eine *Relation*, wie z. B. das Verhältnis zwischen zwei ganzen Zahlen (weshalb Brüche als *rationale* Zahlen bezeichnet werden). Ein (kategorisches) Urteil ist ein *logos* aus zwei Begriffen, der zugleich ein sinnvoller Satz und eine Relation zwischen diesen Begriffen ist. Ein gültiger *Syllogismus* ist die formal korrekte Kombination solcher Urteile (*logoi*), so, daß aus wahren Prämissen nur eine wahre Konklusion gezogen werden kann. Folgern (reasoning) bedeutet insofern die Kunst, gültige Syllogismen zu bilden.

Logik ist die Wissenschaft von den Regeln dieser Kunst. Einen Syllogismus kann man auch eine *Deduktion* nennen (griechisch: apagogē, Hinunterführung). Aber ein vernünftiges Argument (»reasoning«) braucht keine deduktive Folgerung zu sein. Statt zu gegebenen Prämissen die Konklusion zu finden, kann man nach solchen Prämissen suchen, die ein vorweg angegebenes Urteil als ihre Konklusion zur Folge hätten. Das nennt man logisch *Induktion* (griechisch: epagogē, Hinaufführung).

Dies ist die traditionelle Gegenüberstellung von Deduktion und Induktion innerhalb der »deduktiven« Logik. Wir gingen aber von der heute verbreiteten Gegenüberstellung von *deduktiven* und *induktiven Wissenschaften* aus. Sowohl für die Griechen wie für uns ist die axiomatische Mathematik das große Beispiel einer deduktiven Wissenschaft. In ihr genügen ein paar Prämissen, um eine unbegrenzte Anzahl von Konklusionen herzuleiten. Das ist möglich, weil die Prämissen universelle Sätze sind, während sich die Folgerungen auf speziellere Fälle beziehen. In der induktiven Wissenschaft hingegen beobachten wir viele einzelne Fakten und suchen universelle Sätze (»Gesetze«), aus denen diese folgen sollen. Dies ist ein Beispiel für logische Induktion im soeben beschriebenen Sinn.

Aber in der Logik besteht ein fundamentaler Unterschied zwischen Deduktion und Induktion. Die Konklusion folgt logisch aus den Prämissen, aber die Prämissen folgen im allgemeinen nicht logisch aus der Konklusion. Sind die Prämissen gegeben, so ist die Konklusion notwendig; ist die Konklusion gegeben und nur sie, so sind die Prämissen möglich. Die Schlußregel, auf die sich der Gedanke einer induktiven Wissenschaft stützt, kann schematisch so geschrieben werden:

(1) : Alle A sind B
(2) : X ist A
_____
(3) : X ist B

Ist (1) ein Naturgesetz, (2) eine beobachtete Tatsache, so kann man (3) vorhersagen. Aber wenn (2) und (3) beobachtete Tatsachen sind, so kann man noch nicht auf (1) schließen; (1) ist nur gerade eines der einfachsten unter einer unendlichen Menge möglicher Gesetze, mit denen das gleichzeitige Bestehen von (2) und (3) vereinbar wäre. Jede beobachtete, also endliche, Menge von Fakten ist noch mit beliebig vielen allgemeinen Gesetzen vereinbar. Wir aber suchen Gesetze, die auch die praktisch unbeschränkte Menge unbekannter Fakten der Vergangenheit und möglicher Ereignisse der Zukunft beherrschen sollen. Wir setzen voraus, daß solche Gesetze bestehen, und suchen nach den richtigen. Dies ist der einfache, schon dem Aristoteles bekannte und von Popper aufs neue hervorgehobene Sachverhalt.

Carnap glaubt offenbar, daß eine Hypothese aus empirischen Fakten *logisch* in gewissem Grade verifiziert werden kann, wenn wir den Begriff der Wahrscheinlichkeit in die Logik aufnehmen. Diese Verifikation ist nur »in gewissem Grade« möglich; sie kann die Hypothese wahrscheinlich, aber nicht gewiß machen. Aber mehr beansprucht die empirische Wissenschaft auch nicht; genau dies ist von jeher das Geschäft der Statistiker. Wir werden uns den Schwierigkeiten der Carnapschen induktiven Logik später im einzelnen zuwenden (Kap. II 4.3).

Zunächst aber stellen wir, angesichts der logischen Probleme des Empirismus, die Frage, welche Motive sein Wiederaufleben in der neuzeitlichen Wissenschaft und Philosophie begründet haben. Denn schon der antiken Philosophie waren die Gründe gegen ihn durchsichtig. Wir brauchen eine historische Erinnerung an diese antike Diskussion, die uns auch in den späteren Überlegungen zur Logik und Mathematik nützlich sein wird.

2. Antike Kritik am Empirismus

Platon diskutiert im *Theätet*, was Wissen (epistēmē) bedeutet (vgl. hierzu die Abschnitte II 11.2–3). Der erste Versuch einer Antwort lautet: »Wissen ist Wahrnehmung (aisthesis).« Dabei wird Wahrnehmung wenigstens im vordergründigen Text als Sinneswahrnehmung erläutert. Platon schreibt diese Theorie dem großen Sophisten Protagoras zu. Er interpretiert damit den berühmten Satz des Protagoras: »Der Mensch ist das Maß aller Dinge; der seienden, daß sie sind; der nichtseienden, daß sie nicht sind.« Die philosophische Stoßrichtung dieses Satzes geht gegen die Religion, in der Gott oder die Götter das Maß aller Dinge sind.

Die Theorie, welche Platon dem Protagoras zuschreibt, steht bereits jenseits der realistischen Version des Empirismus. Der realistische Empirist denkt, wie die meisten Naturwissenschaftler, daß es wirkliche Dinge unabhängig von unserer Wahrnehmung gibt, aber daß wir sie nur durch die Sinne kennen. Platons Protagoras hat hingegen eine Theorie ähnlich dem Phänomenalismus von Ernst Mach. In ihr wird nur den Empfindungen* selbst Wirklichkeit zugeschrieben, während »Dinge« bloß Bündel langsam veränderlicher Empfindungen sind. Platons Fragestellung wäre völlig mißverstanden, wenn wir seine Protagoreische Hypothese »realistisch« dahingehend deuten wollten, als sei die Sinnesempfindung die einzige *Quelle* unseres Wissens über »Dinge«. In dieser »realistischen« Deutung meint man, was »Wissen« heiße, sei schon verstanden, und Sinnesempfindung sei etwas anderes als das Wissen, auf welches andere sich jedoch das Wissen stützt. So haben Leute später und wohl auch schon damals gedacht. Aber Platon stellt die viel fundamentalere Frage, was das Wort »Wissen« denn eigentlich bedeute.** In der Protagoreischen Antwort ist »Wissen« das

---

* Eine Anmerkung für den Kenner der traditionellen philosophischen Terminologie: Ich erlaube mir manchmal, insbesondere aber in diesem einleitenden Text, zwischen dem Gebrauch von Wörtern hin- und herzuschwanken, die in einer konsistenten Terminologie unterschieden werden könnten und müßten. So hier zwischen »Wahrnehmung« und »Empfindung«, nachher (vorübergehend) zwischen »richtig« und »wahr« etc. Die Wortwahl ist dabei von der Absicht bestimmt, dem Leser den jeweiligen Satz ohne die bei strenger Erörterung unvermeidlichen Komplikationen zunächst einmal zugänglich zu machen. Auf das Problem jeder philosophischen Rede, zugleich in vorläufiger Weise zugänglich und in der Reflexion verteidigbar sein zu müssen, habe ich schon anläßlich des ersten Satzes von Keynes hingewiesen. Platon selbst schwankt in seinen bewußt umgangssprachlichen Dialogen vielfach in der Terminologie; es ist eine der Aufgaben des Interpreten, die wohl immer bewußt in diesen Schwankungen angedeuteten Probleme durch Reflexion explizit werden zu lassen. Für uns ist die Schwierigkeit dadurch noch vergrößert, daß jeder philosophische Terminus zwangsläufig in jeder ausgearbeiteten Philosophie eine nur dieser Philosophie eigene Bedeutung erhält. So ist »Empfindung« ein Terminus von Mach, auf den ich hier zurückgreifen mußte, wenn ich meine Bezugnahme auf Mach verständlich machen wollte.

** Eine anekdotische Anmerkung: Die Lehre, die Platon dem Protagoras zuschreibt, enthält starke pragmatische Elemente. Georg Picht nannte den *Theätet* schon vor dreißig Jahren gesprächsweise »Platons Schrift gegen William James«. Eines Tages kam Picht triumphierend zu mir: »Aus einer Biographie von William James habe ich gelernt, daß sein Vater, ein gebildeter Pfarrer, ihm, der eine Art Wunderkind war, als Achtjährigem Platons *Theätet* vorgelesen hat. Also hat er aus dem, was er als Achtjähriger schon verstehen konnte, seine Philosophie gemacht; Platons Widerlegung hat er nie verstanden.«

Explikandum und »Sinneswahrnehmung« das Prinzip der Erklärung: »Wissen *ist* Wahrnehmung«.

Der Zweck dieser Hypothese wird klar, wenn Platon sagt,
daß die Sinneswahrnehmung unfehlbar ist. Wenn ich Rot sehe,
so kann ich nicht daran zweifeln, daß ich Rot sehe. Könnte sich
die Wahrnehmung täuschen, so würde sie den Namen des Wissens nicht verdienen; sie wäre dann bestenfalls eine Meinung
(doxa). Hier sieht man, warum die Hypothese phänomenali-
stisch sein muß. Der »Realist«, der meint, »hinter« der Empfindung »rot« müsse ein rotes Ding stecken (oder ein Ding, das
elektromagnetische Wellen emittiert, die wir als rot empfinden), dieser »Realist« muß zugeben, daß die Behauptung »ich
sehe ein rotes Ding« irrig sein kann; vielleicht habe ich nur meinen Sehnerv mechanisch gereizt. Aber an der Existenz meiner
Empfindung selbst kann ich nicht zweifeln. In diesem Sinne ist
es korrekt, den Menschen als das »Maß« (das Kriterium) der
Existenz dessen aufzufassen, was gemäß dieser Hypothese
überhaupt nur existieren kann, nämlich der Phänomene.*

Es ist klar, daß dies nicht Platons eigene volle Lehre ist. Aber
in der Platon-Lektüre gibt es eine nützliche Interpretationsre-
gel: man sollte immer erwarten, daß jede von einem Dialogpartner geäußerte Meinung eine Deutung zuläßt, in der Platon selbst
sie als wahr ansieht. Nur der soeben im Dialog Sprechende kann
den Sinn, in dem diese Meinung wahr ist, nicht von dem Sinn unterscheiden, in dem sie falsch ist; die Aufklärung seines jeweiligen Fehlers hält die Bewegung des Dialogs in Gang.

Platon hat hier die Sinneswahrnehmung als ein Beispiel für
Wissen eingeführt und hält daran fest. Er zeigt dann aber, daß
sie nicht den vollen Begriff des Wissens erfüllt. Sie zeigt, als Beispiel, daß wir unfehlbares Wissen besitzen können. Also werden wir weiterhin die Unfehlbarkeit versuchsweise als Kriterium für Wissen ansetzen können.

---

* Wie verhält sich dies zu der These im Abschnitt 3 über Zweifel im 2. Kapitel,
daß es keine absolute Gewißheit gebe? Eine erste Antwort ist, daß der Zweifel
dort an *sprachlich* gegebenen intendierten Erkenntnissen eingeführt wird. Für
Platon ist alles Sagbare bezweifelbar; zweifellose Erkenntnis ist ein »Sehen«.
Darauf kommen wir alsbald. Zur Frage, wie sich dies in unserer eigenen Philosophie darstellt, können wir vorläufig im 6. Kapitel (Logik) und dann erst wieder in der Interpretation der Quantentheorie (7. Kapitel) zurückkehren.

Platon widerlegt nun die Hypothese, Wissen *sei* Sinneswahrnehmung; d. h. *alles* Wissen sei Sinneswahrnehmung. Er weist zu diesem Zweck auf Meinungen über Sinneswahrnehmungen hin, welche wahr, also Wissen, sein können, welche aber selbst nicht Sinneswahrnehmungen sind, und welche auch irrig sein können, also fehlbar sind. Sein Beispiel ist die Vorhersage einer Sinnesempfindung. »Wein schmeckt süß« mag meine gegenwärtige Empfindung von diesem Wein ausdrücken. Aber morgen werde ich vielleicht krank sein, und der Wein wird mir vielleicht bitter schmecken. Es ist also genau Humes Problem, daß man die Zukunft nicht durch Erfahrung kennen kann, von dem Platon und mit ihm alle klassische Erkenntnistheorie ihren Ausgangspunkt nehmen.

Der zweite Versuch einer Antwort ist, Wissen sei richtige Meinung (orthē doxa). Eine Meinung (doxa) kann richtig (orthē) oder irrig (pseudēs) sein. Die Logiker beschreiben, Aristoteles folgend, eine Aussage als einen Logos, der wahr oder falsch sein kann; man kann also sagen, eine Aussage drücke eine mögliche Meinung aus. Die Meinung gehört, in Platons Terminologie, zur *dianoia*, zum diskursiven Denken. Er definiert die dianoia als einen Dialog der Seele mit sich selbst. So definiert also Platon, nicht unähnlich modernen linguistischen Philosophen, nicht die Sprache als Ausdruck des Denkens, sondern Denkakte durch den sozialen Vorgang des Sprechens, in der speziellen Form des Selbstgesprächs.

Aber richtige Meinung kann nicht dasselbe sein wie Wissen. Denn wir können eine richtige Meinung aus falschen Gründen hegen, z. B. wenn wir einem begabten Advokaten zugehört haben; eine solche Meinung drückt, obwohl sie zutrifft, kein adäquates Wissen aus.

Der dritte Versuch einer Antwort ist, Wissen sei richtige Meinung mit vernünftigen Gründen (orthē doxa meta logū). Diese Erklärung wird als zirkelhaft verworfen. Denn eine Begründung ist nur dann vernünftig, wenn sie auf Wissen beruht. Wie üblich in platonischen Dialogen ist der Schluß aporetisch: wir haben nicht herausgefunden, was Wissen ist.

Platons aporetische Dialogschlüsse sollen den Leser veranlassen, die Konsequenzen aus dem Gesprächsgang selbst zu ziehen. Versuchen wir es! Wissen kann in Worten nicht ohne einen

Zirkel definiert werden, denn jede verstandene Definition wäre selbst ein Fall von Wissen. So haben wir an Beispielen den Unterschied zwischen Wissen und Meinung verstanden. Dieses Verständnis hatten wir in dem Kriterium der Unfehlbarkeit schon vorweggenommen. Die richtige Reihenfolge der Definitionen würde die Meinung als einen Logos definieren, der Wissen sein will. Es hat sich also am Ende gezeigt, daß wir den ganzen Gedankengang gar nicht hätten durchlaufen können, wenn wir nicht schon ein Verständnis dafür gehabt hätten, was Wissen ist oder sein sollte. Das sokratische »Bewußtsein des Nichtwissens« drückt genau das damit erreichte Verständnis aus. Daß ich »nichts weiß«, kann ich nur erkennen, wenn ich schon weiß, was Wissen sein müßte. Das Wort, das ich hier mit »Bewußtsein« übersetzt habe, heißt griechisch syngnōsis, Mitwissen oder begleitendes Wissen; ins Lateinische wurde es als *conscientia* übersetzt, wovon *consciousness* und *conscience*, deutsch *Bewußtsein* und *Gewissen* abgeleitet sind.

Das »was Wissen sein müßte« kann man gut mit dem englischen Wort *awareness* wiedergeben. Ich erlaube mir, dafür in meinem jetzigen deutschen Text terminologisch *Wahrnehmung* zu sagen. Dann ist »Wissen ist Wahrnehmung« ein sinnvoller Satz, englisch »knowledge is awareness«. Die Frage ist nun, ob wir irgendeine unfehlbare Wahrnehmung besitzen, die nicht sinnliche Wahrnehmung ist. Hier bestand das große Paradigma für die griechische Philosophie in der deduktiven Mathematik. Wenn wir einen mathematischen Satz mit seinem Beweis verstanden haben, dann sind wir so unfähig, aufrichtig an ihm zu zweifeln, wie wenn wir sinnlich eine Farbe oder eine Gestalt gesehen haben. Aber was haben wir im mathematischen Fall wahrgenommen? Ein moderner Mathematiker könnte sagen: wir haben eine *Struktur* verstanden. Das der Struktur am besten entsprechende griechische Wort ist *eidos* oder, in spezifisch platonischer Terminologie, *idea*, was heute, zumal in der englischsprachigen Literatur, meist als *Form* übersetzt wird. Der neuzeitliche und wieder vorwiegend englische subjektive Sprachgebrauch von *Idee* (idea) für *Gedanke* oder *Bewußtseinsinhalt* ist von Platons objektivem Sinn des Wortes erst auf dem langen Weg über die christliche Philosophie abgeleitet. In dieser Philosophie werden die platonischen Strukturen als Gottes Schöpfungsgedanken gedeutet; und der Mensch, nach Gottes Bilde geschaffen, versteht die Welt, indem er Gottes Gedanken nachdenkt; so wird der Name der ewigen Struktur Platons am Ende zum Namen des subjektiven Gedankens der Neuzeit.*

Die griechische Philosophie aber beschreibt unser Verständnis von Strukturen als eine noetische Wahrnehmung, eine Wahrnehmung durch den nūs, die vernünftige Seele, im Unterschied zur empirischen Wahrnehmung durch die Sinne. Wenn wir so weit gelangt sind, beginnen wir zu verstehen, daß unsere Wahrnehmung der empirischen Dinge von unserer noetischen Fähigkeit der Strukturwahrnehmung (Konrad Lorenz sagt: Fähigkeit der Gestaltwahrnehmung) abhängt. »Wein schmeckt süß« hat nur einen Sinn, wenn wir das gemeinsame Element in allen Beispielen von Wein erfaßt haben, und ebenso für Schmecken und Süß. Bei optischem und akustischem Wiedererkennen ist dies noch deutlicher.

Aristoteles ist empirischer als Platon und gewiß empirischer als Galilei, Kepler und Newton.** Aber auch seine Theorie der Induktion ist nur auf der Basis der Eidos-Theorie sinnvoll. Er lehrt, daß bei der Induktion *ein* Beispiel genügen kann, um das allgemeine Gesetz zu erkennen. Denn einerseits drückt das Gesetz die Konsequenzen der Struktur aus, die in dem Beispiel gegenwärtig ist; und wir mußten diese Struktur in ihm wahrnehmen, um das Beispiel überhaupt als Beispiel dieser Struktur anzusprechen: dieses Glas Wein *als* Wein, dieses gezeichnete Dreieck *als* Dreieck. Und andererseits folgt, was aus einem Beispiel nicht logisch folgt, ebensowenig aus einer Million von Beispielen.***

---

* So wird das Wirklichste zum Unwirklichsten, Flüchtigsten: »Diese Suppe braucht noch eine Idee Salz.«
** Vgl. *Die Tragweite der Wissenschaft* (1964, 6. Vorlesung).
*** Ironisiert von Ludwig Wittgenstein: »Wenn ich eine Nachricht in der heutigen Morgenzeitung nicht glauben kann, kaufe ich hundert Exemplare der Zeitung; dann glaube ich.«

3. Neuzeitlicher Empirismus

Der neuzeitliche Empirismus entstand als Revolte gegen eben diese griechische Tradition in der Philosophie. Die Philosophen verwechselten in der Tat ihre noetische Wahrnehmung mit Gewißheit. Das Beispiel der Mathematik war verführerisch. Schon im Kriterium der Unfehlbarkeit der Wahrnehmung lag das Problem. Platon wußte, daß jede sprachlich geäußerte Erkenntnis fehlbar ist; sie gehört der dianoia, nicht der episteme an. Aber Platons subtile Kritik am aussprechbaren Wissen hielt sich in der Tradition nicht durch. Descartes eröffnet die rationalistische Philosophie der Neuzeit mit der Gleichsetzung von Wissen und Gewißheit.

Hiergegen nun war der Empirismus die Ideologie der siegreichen positiven Wissenschaft. Verglichen mit den fruchtlosen Debatten der Philosophen, erwies sich die Sinneswahrnehmung, der aktive Umgang mit der Realität, als unermeßlich fruchtbar. Nicht nur war die empirische Wissenschaft gedanklich schöpferisch, wo die Philosophie steril erschien. Die empirische Wissenschaft widerlegte sogar Ansichten, welche die traditionelle Philosophie als evident akzeptiert hatte. So im 17. Jahrhundert das geozentrische Weltbild mit dem qualitativen Unterschied zwischen irdischer und himmlischer Materie und Bewegung; im 19. Jahrhundert die biologische Sonderstellung des Menschen; in unserem Jahrhundert, unter dem Einfluß vorangegangener mathematischer Erkenntnis, die Apriori-Gewißheit der euklidischen Geometrie (vgl. hierzu im 5. Kapitel den Abschnitt über Geometrie und Physik). Nachträglich konnten die Philosophen jedesmal darauf hinweisen, daß die widerlegten Ansichten keine streng logischen Konsequenzen der Philosophie gewesen waren. Aber der Umsturz allgemein akzeptierter Ansichten warf berechtigten Zweifel auf die noch nicht widerlegten Prinzipien. Vielleicht würde es der empiristischen Philosophie besser glücken?

Ich verfolge hier nicht die Details der Geschichte des neuzeitlichen Empirismus, sondern weise nur hin auf seine unausweichlichen Probleme. Dazu sei zwischen *pragmatischem* und *striktem* Empirismus unterschieden.

Es ist eine Erfahrung, daß die Wissenschaft aus der Erfahrung lernt. Dies anzuerkennen, möchte ich pragmatischen Empirismus nennen. Es gibt keinen Naturwissenschaftler, der nicht in diesem Sinne pragmatischer Empirist wäre. Das gegenwärtige Buch ist eine Analyse dessen, was mit dem pragmatischen Empirismus schon vorausgesetzt ist. Ein wichtiger Punkt ist dabei, daß wir aus Erfahrung lernen, was »Erfahrung« bedeutet. Als scholastischen oder strikten Empirismus bezeichnen wir demgegenüber eine Philosophie, wie wir sie vorhin im Anschluß an zwei ihrer modernen Vertreter, Keynes und Carnap, charakterisiert haben. Das Wort *scholastisch* soll hier die Meinung einer Schule (*schola*) bezeichnen. Hätte dieses Wort nicht im durchschnittlichen Sprachgebrauch heute einen abschätzigen Klang, so würden wir es dem Wort *strikt* vorziehen; denn philosophisch erscheint uns unsere Version des pragmatischen Empirismus als »strikter«, insofern er eben selbst den Sinn von Erfahrung erst aus Erfahrung zu lernen unternimmt.

Eine Voraussetzung des scholastisch-strikten Empirismus hat eine schon mittelalterliche Wurzel: sein *Nominalismus*. Die Eidos-Philosophie lehrt, daß nur das Eidos erkennbar und daß es – bei Aristoteles etwas anders interpretiert als bei Platon – das Wesen auch der sinnlich wahrgenommenen Dinge ist. Gegenüber den vielen Einzeldingen, z. B. Pfefferkörnern oder Schuhen, ist ihr Eidos, Pfeffer oder Schuh, ein Allgemeines, das *Universale*. Der Nominalismus hingegen sah die Einzeldinge als das direkt Erkennbare an; in extremer Fassung bezeichnete er dann das Eidos nur als einen Namen, den wir ihnen gemeinsam geben, ein *nomen* (daher Nominalismus), einen flatus vocis, einen Hauch der Stimme des redenden Menschen.

Das einzelne nun wird durch die Sinne wahrgenommen. So formuliert Locke die empiristische These: »nihil est in intellectu, quod non fuerit in sensu«, nichts ist im Intellekt, ehe es in den Sinnen gewesen ist. Diese Ansicht ist traditioneller, als sie selbst weiß, insofern sie die platonische Unterscheidung von Intellekt und Sinnen als gegeben akzeptiert; nur das ganze Gewicht der ursprünglichen Information verlegt sie in die Sinne. Wenn man diese Ansicht ernsthaft durchdachte, so war der Phänomenalismus des platonischen *Protagoras* wahrscheinlich die einzig mögliche Konsequenz; so wurde sie von Berkeley und

Mach gezogen. Denn wie soll rein sinnliche Information
uns befähigen, zwischen den Sinnesdaten und den Eigenschaften der »wirklichen Dinge« zu unterscheiden, welche
der traditionelle Realismus »hinter« den Sinnesdaten vermutet? Jede andere Konsequenz erforderte einen positiven
Beitrag des Intellekts, wie ihn Leibniz in der Polemik gegen
Locke vorsichtig in der Formel einführte: »nihil est in intellectu, quod non fuerit in sensu, nisi intellectus ipse«, nichts
ist im Intellekt, ehe es in den Sinnen war, außer dem Intellekt
selbst.

Die Kritik, die wir hier am scholastischen Empirismus üben
wollen, hat den Ehrgeiz, immanent empiristisch zu bleiben. Sie
erhebt nicht den Anspruch, eine Gegenposition wie den Kantschen oder Husserlschen Apriorismus oder den Popperschen
Realismus als glaubwürdig oder gar evident zu postulieren; sie
bleibt vielmehr gegen diese Positionen, auch wo sie von ihnen
lernt, prinzipiell skeptisch. Sie übergeht deshalb auch die Diskussion zwischen diesen Schulen.

Sie sieht die Schwäche des »strikten« Empirismus in einer unhaltbaren Kontamination zwischen dem Pragmatismus, der
allein der Erfahrung angemessen ist, und dem Gewißheitsanspruch, zu dem das Paradigma der Mathematik verführt. Keynes und Carnap sehen dieses Problem, bleiben aber vom Gewißheitsanspruch insofern fasziniert, als sie nun wenigstens
den Prinzipien der Wahrscheinlichkeit eine logische Notwendigkeit gewähren wollen. Unsere Aufgabe wird sein, das
Berechtigte und Unberechtigte in solchen Ansprüchen – den
empiristischen, realistischen und aprioristischen – möglichst
sauber auseinanderzulegen. Wir können dies nur leisten am
Leitfaden oder Modell des wirklich durchgeführten Aufbaus
der Physik; die Trennung von Wissenschaft und Wissenschaftstheorie erweist sich selbst als eine Quelle der Unklarheiten.
Deshalb wird die gegenwärtige philosophische Analyse des
Aufbaus der Physik nachträglich in einem zweiten Buch vorgelegt.

Der erste Schritt muß die Durchführung der immanent empiristischen Kritik des empiristischen Gewißheitsanspruches
sein. Diese ist schon von David Hume vorbildlich geleistet worden. Seinem Argument wenden wir uns jetzt zu. Wir werden se-

hen, daß es uns unmittelbar, ohne Umwege über andere philosophische Positionen, in den Fragenkreis der zeitlichen Logik führt.

4. Das Humesche Problem*

Hume** unterscheidet alle Objekte menschlicher Forschung in Beziehungen zwischen Vorstellungen (relations of ideas) und Tatsachen (matters of fact). Über erstere gibt es notwendige Erkenntnis, deren Negation einen Widerspruch implizieren würde; als Beispiel dienen ihm die Sätze der Mathematik. Die Negation der letzteren impliziert keinen Widerspruch; es ist ebenso widerspruchsfrei denkbar, daß morgen die Sonne nicht aufgehen werde, wie, daß sie aufgehen werde. Worauf beruhen dann unsere Urteile über Tatsachen? Sie beruhen auf der Beziehung zwischen Ursache und Wirkung (relation of cause and effect). Die Grundlage aller unserer Schlüsse über diese Beziehung ist die Erfahrung (experience). Denn die Wirkung ist logisch von der Ursache verschieden, und die Behauptung der Ursache bei Leugnung der Wirkung impliziert nie einen Widerspruch. Was aber ist die Grundlage (foundation) aller unserer Schlüsse aus der Erfahrung? Diese Grundlage kann selbst wiederum nicht logische Notwendigkeit sein, denn daraus, daß gewisse Bedingungen in der Vergangenheit gewisse Folgen nach sich zogen, folgt logisch nicht, daß sie es auch in Zukunft tun werden. Die Grundlage kann ebensowenig Erfahrung sein, denn das wäre zirkelhaft. Die Erfahrung mag uns lehren, daß die Schlüsse aus Erfahrung sich in der Vergangenheit bewährt haben; daraus folgt nichts darüber, daß sie sich in der Zukunft bewähren werden. Die Schwierigkeit wird »skeptisch« aufgelöst: Wir haben keinerlei Einsicht in die Notwendigkeit unserer Schlüsse auf die Zukunft. Was wir haben, ist »belief«, ein Wort,

* Dieser Abschnitt entstammt, wie die Kapitel 2 und 4 im *Aufbau der Physik*, der Vorlesung *Zeit und Wahrscheinlichkeit* (1965). Eine parallele Lektüre des dortigen Kapitels 2, »Logik zeitlicher Aussagen«, mag zur Erläuterung des knappen jetzigen Gedankengangs beitragen.
** David Hume, *An enquiry concerning human understanding*, 1748.

das zu definieren Hume selbst sich weigert und das für unseren
jetzigen Zweck deutsch vielleicht am besten mit Zutrauen wiedergegeben wird. Der psychologische Grund dieses Zutrauens
ist die Gewohnheit (custom oder habit). Diese psychologische
Erklärung macht, wie Hume voll bewußt ist, selbst vom Zusammenhang zwischen Ursache und Wirkung Gebrauch. Der
skeptische Philosoph teilt in der Praxis das allgemeine Zutrauen, er weiß nur, daß er es nicht auf Einsicht in die Notwendigkeit der Zusammenhänge stützen kann. Die Natur hat uns
durch Gewohnheit eben den Zusammenhängen trauen gelehrt,
die in der Natur aus einem uns verborgenen Grund tatsächlich
immer wiederkehren. So besteht hier eine Art prästabilierter
Harmonie zwischen dem Lauf der Natur und der Folge unserer
Vorstellungen (a kind of pre-established harmony between the
course of nature and the succession of our ideas), und diese prä-
stabilierte Harmonie ist wohl notwendig, damit wir leben können.

Die Pointe, auf die Hume in seiner eigenen Forschung hin-
auswollte, war (noch viel deutlicher in seinem Erstlingswerk*)
die psychologische Analyse des Erkenntnisvorgangs. Diese
Analyse geht uns hier nichts an. Sie ist empirisch-psychologi-
scher Kritik zu unterwerfen, und sie setzt, wie bemerkt, praktisch das voraus, woran Hume prinzipiell so scharfsinnig zu
zweifeln unternommen hat. Vor ihrem Hintergrund reduziert
sich die praktische Relevanz seines Zweifels auf die Kritik an
Metaphysik und Religion, wiederum ein Thema, auf das wir
uns hier nicht einlassen. Hingegen versuchen wir, seinen Zweifel an der theoretischen Stringenz der Erfahrung mit unseren
Begriffen auszulegen, zu verschärfen und nutzbar zu machen.

Humes Kritik läßt sich in dem Satz zusammenfassen: Von
vergangenen Ereignissen läßt sich nicht rein logisch auf zukünftige Ereignisse schließen. Dieser Satz ist bedeutungsvoll, weil
ein zweiter, von Hume überhaupt nicht formulierter, sondern
als selbstverständlich bekannt vorausgesetzter Sachverhalt besteht: Zukünftige Ereignisse sind uns nicht als Fakten bekannt.
Von vergangenen Ereignissen führt ja auch kein rein logischer
Schluß zu anderen vergangenen Ereignissen; aber dieses Schlus-

* David Hume, *Treatise on human nature*, 1739.

ses bedürfen wir auch nicht, wo wir die vergangenen Fakten kennen. Wir kommen auf die Untersuchungen des 2. Kapitels im *Aufbau der Physik** zurück: Aussagen über die Zukunft sind weder phänomenal aufweisbar, noch faktisch nachweisbar. Hume fügt nun hinzu: ihre Notwendigkeit ist niemals eine logische Notwendigkeit. Eine andere Notwendigkeit als die logische und eine andere nicht-logische Begründung als die empirische besitzen wir aber nach Hume nicht, und so bleiben die Aussagen über die Zukunft ohne jede theoretische Gewißheit.

So zugespitzt, erweckt die Humesche Behauptung jene verwirrend ambivalente Reaktion, die von philosophischen Sätzen, welche in radikaler Konsequenz, aber isoliert, ausgesprochen werden, so leicht und mit so gutem Grund ausgeht. Wir spüren unwiderstehlich, daß er etwas irgendwie Wahres sagt, und zugleich empfinden wir, daß diese Wahrheit nicht so ausgesprochen ist, daß sie wirklich verständlich wird. Manchmal gewinnt man in solchen Fällen die Balance zurück, wenn man der Versuchung zum Widerspruch nicht nachgibt, sondern die These weiter verschärft. Dazu bieten uns unsere bisherigen Überlegungen die Instrumente.

Wir geben zunächst zu, daß die Behauptung der Notwendigkeit einer Aussage über die Zukunft keine logische Gewißheit mit sich führt. Sie setzt stets das Wahrsein einer naturgesetzlichen Implikation voraus.** Diese aber besitzen wir nur als einen Schluß aus der Erfahrung oder als eine vorwegentworfene Hypothese, die sich empirischer Kontrolle unterwirft. Rein logische Implikationen reichen für die praktisch vorkommenden Vorhersagen nicht aus. Die jeweils verfügbare empirische Begründung oder Bewährung einer naturgesetzlichen Implikation liegt aber stets in der Vergangenheit, und von da aus führt, wie Hume völlig richtig bemerkt, kein logischer Schluß in das, was soeben Zukunft ist.

Nun verschärfen wir über Hume hinaus. Was ihn so tief be-

---

* Der Verfasser wäre gerne bereit, über die Genesis dieser Untersuchungen wie Kant zu sagen: »Ich gestehe frei: die Erinnerung des David Hume war eben dasjenige, was mir vor vielen Jahren zuerst den dogmatischen Schlummer unterbrach.« (Kant, *Vorrede zu den Prolegomena*).
** Vgl. *Aufbau der Physik* 2.4, S. 86.

eindruckt, ist das Fehlen einer *logischen* Verknüpfung zwischen
vergangenen und zukünftigen Ereignissen. Warum das? Doch
weil nur die logische Verknüpfung nach seiner Meinung die
Einsicht in die Notwendigkeit mit sich führt. Wir haben das
Recht, zu fragen, woher er das weiß. Wir fragen nicht, ob es
auch andere Quellen solcher Einsicht gibt; deren Fehlen konze-
dieren wir ihm im jetzigen Arbeitsgang, dem es um die Verschärfung der Skepsis über Hume hinaus geht. Mit welchem
Recht aber nimmt er die logische Verknüpfung von seiner Skepsis aus? Wie er nach der Grundlage der Erkenntnis von Tatsachen gefragt hat, fragen wir nach der Grundlage der logischen
Erkenntnis.

Hume gibt als Gegenstand der Mathematik – die er in seinem
Text nicht von der Logik abhebt – Beziehungen zwischen Vorstellungen an. Er steht hier in der Tradition derer, welche die erstaunliche Gewißheit logischer Schlüsse und mathematischer
Einsichten darauf zurückführen, daß es sich hier nicht um
Schlüsse oder Einsichten über die von uns unabhängigen Tatsachen, sondern über den Zusammenhang unserer eigenen Gedanken handle. Diese Auffassung erweckt den Eindruck, die
Gewißheit der Logik und Mathematik habe als Grund die Gewißheit, mit der das Bewußtsein sich selbst kenne. Wir haben
schon im 2. Kapitel die Fragwürdigkeit des Selbstvertrauens
der neuzeitlichen, zumal cartesischen Bewußtseinsphilosophie
hervorgehoben und werden im 5. und 6. Kapitel dem Begründungsproblem für Mathematik und Logik im einzelnen
nachgehen. Ein möglicher Versuch, die »ontologiefreie« Rechtfertigung logischer Schlüsse, die Hume offenbar im Auge hat,
kontrollierbar zu machen, ist z. B. Lorenzens operative oder
dialogische Begründung der Logik und Mathematik. Diese Methode haben wir im *Aufbau der Physik*, 2. Kapitel, selbst benützt. Wir haben dort gesehen, daß zum mindesten eine Logik
zeitlicher Aussagen faktisch unmöglich wäre ohne die faktischen ontologischen Vorbedingungen, die durch den Titel
»Ständigkeit der Natur« angedeutet wurden. Ohne diese Vorbedingungen wäre also sogar auf Grund rein logischer Sätze
keine naturgesetzliche Implikation möglich. Selbst $A \rightarrow A$
hätte nicht den Sinn »wer A phänomenal aufgewiesen hat, kann
A phänomenal aufweisen«; und ebensowenig ließe sich an

Hand eines dokumentarischen Aufweises A → A für perfektische Aussagen verteidigen. Von hier aus können wir sofort auf die Logik zeitloser Aussagen weiterschließen, wenn nur an unserer, d.h. der Lorenzenschen Begründungsweise festgehalten wird. Der Beweis, den der Opponent für eine zeitlose Aussage geliefert hat, könnte vom Proponenten faktisch nicht wieder aufgegriffen werden, wenn es keine Erinnerung und keine materiellen Dokumente gäbe. Kurz: wer einmal erkannt hat, daß die Frage nach einer Begründung der Logik sinnvoll ist, der wird zu der weiteren Einsicht geführt, daß die Grundlagen der Logik ebensowenig selbstverständlich sind wie das von Hume skeptisch gemusterte Kausalgesetz.

Damit sehen wir zunächst nur, daß auch die Humesche Skepsis noch hinkt. Wie alle in Worten aussprechbare Skepsis ist sie nicht totale Skepsis. Die totale Skepsis ist hier aber nicht unser Ziel und nicht unser Thema.* Wer lebt, zweifelt nicht total, und wer Wissenschaft treibt, erst recht nicht; wir aber leben durch Gottes Gnade und treiben Wissenschaft. Unsere reflexive philosophische Methode besteht nur darin, zuzusehen, was wir schon zuzugeben genötigt werden können, wenn wir zugeben, daß wir sinnvoll Wissenschaft treiben. In diesem Sinne fragen wir nach den »Grundlagen« sowohl der Logik wie der Erfahrung. Wir haben nun gesehen, daß beide Grundlagen nicht so weit voneinander entfernt sind, wie auch Hume gemeint zu haben scheint. Wenigstens die Ständigkeit der Natur liegt beiden zugrunde. Ehe wir den Unterschied beider analysieren, prüfen wir noch, was diese gemeinsame Grundlage vom reflexiven Standpunkt aus angesichts der fortdauernden Anerkennung der Kraft der Humeschen Argumente bedeutet.

Wenn ich sage, die Ständigkeit der Natur sei Vorbedingung sowohl der Logik wie der Erfahrung, so sage ich damit nicht, die Fortdauer dieser Ständigkeit in der Zukunft sei einsehbar gewiß. Nicht einmal daß es Zukunft geben wird, daß also die Struktur der Zeit fortdauern wird, kann ich als einen gewissen Satz aussprechen. Die Zukunft liegt in Gottes Hand. Zum zweitenmal auf einer Druckseite muß ich hier den vielen meiner Leser als mythisch anstößigen Namen Gottes aussprechen, um

---

* Vgl. dazu 2.2.

in knapper Weise zu sagen, wie ich diesen Zusammenhang sehe. Andere mögen eine andere Ausdrucksweise wählen; sie werden aber hinter der erreichbaren Einsicht zurückbleiben, wenn sie dabei die Unverfügbarkeit der Zukunft, nicht nur für unsere Macht, sondern auch für unser Wissen, nicht mit aussprechen. Die Ständigkeit der Natur ist für das logisch artikulierte menschliche Wissen, wie Hume richtig erkannt hat, ein Glaube. Was wir reflexiv analysieren, sind die Folgerungen, zu denen wir gelangen, wenn wir diesen Glauben festhalten.

Diese Folgerungen sind nun zunächst für Logik und Erfahrung verschieden. Die Logik, die von dem besonderen Inhalt der betrachteten Aussagen absieht, setzt nur allgemein eine Ständigkeit dessen voraus, was wir durch Begriffe bezeichnen. Sie kann sich damit auf sehr sicherem Grund fühlen, denn ohne diese Ständigkeit wäre es nicht einmal möglich, auszusprechen, daß diese Ständigkeit nicht bestehe. So erscheint die Logik als ein Teil jener Einsicht in zeitlose Strukturen, welche die Grundlage der griechischen Philosophie geworden ist. Von diesem Standpunkt aus ist die Humesche Skepsis bezüglich der Erfahrung nur die fast triviale Formulierung der platonischen Einsicht, daß das Werdende und Vergehende an den zeitlosen Strukturen (Platons »Ideen«) nur unvollkommen partizipiert und darum nie mit Gewißheit vorhersagbar ist. So gesehen hat Hume lediglich die Bodenlosigkeit der empiristischen Tradition durchschaut, in der er philosophisch erzogen ist: es gibt keine strenge Wissenschaft auf der Grundlage der Erfahrung.

Der Versuch der Empiristen, den Gedanken einer strengen Erfahrungswissenschaft zu retten, ist die induktive Logik des Wahrscheinlichkeitsbegriffs von Keynes und Carnap, der wir uns im 4. Kapitel zuwenden werden.

5. Vorläufige Schlußbemerkung zum Empirismus

Wir versuchen einige Folgerungen festzuhalten. Dazu kann die in der neueren Wissenschaftstheorie benützte Unterscheidung des »context of discovery« und des »context of justification« dienen. Es ist zweierlei, wie man Erkenntnisse über die Natur findet und wie man sie rechtfertigt. Platons und Humes Kritik zeigt zunächst, daß Erfahrung nicht ausreicht, allgemeine Gesetze zu *rechtfertigen*, wenn darunter ein logisch zwingendes Argument verstanden werden soll. Eben darum ist es für uns jetzt noch wichtiger, zu verstehen, ob und in welchem Sinne wir Sachverhalte in der Natur durch Erfahrung *finden*.

Der Unterschied von Finden und Rechtfertigen erinnert an den Unterschied, den wir im 2. Kapitel zwischen *schlichter* und *reflektierter* Erkenntnis gemacht haben. Finden, Gewahrwerden, ist zunächst stets schlichte Erkenntnis. Rechtfertigung ist ein Akt der Reflexion, eine Antwort auf den Zweifel.

Im Abschnitt 1 bezeichneten wir, anschließend an den Anfangssatz des Buches von Keynes, als die harte, dogmatische Behauptung des Empirismus seine selbstverständliche Überzeugung, daß es sinnliche Gewißheit von Fakten gibt. Der Nominalismus versteht unter solcher Gewißheit das Wissen vom Einzelnen; das Allgemeine ist ihm das Bezweifelbare.

Wir haben zunächst strukturell den radikalen Unterschied der platonischen von der nominalistischen Einteilung der Erkenntnisse klarzustellen. Auch Platon erkennt sinnliche Gewißheit an. Sie ist ihm aber nicht Gewißheit über einzelne Dinge, sondern nur über einzelne Phänomene; insofern ist er der konsequentere Empirist. Die sinnliche Gewißheit aber ist ihm nur ein Beispiel der Gewißheit der Wahrnehmung. Das große Paradigma geistiger Wahrnehmung ist ihm die Strukturwahrnehmung der Mathematik. Eine Struktur aber ist, von den sinnlichen Daten her gesehen, etwas Allgemeines. Also ist Wahrnehmung ihrer Natur nach Wahrnehmung des Allgemeinen; wie sie Wahrnehmung des Einzelnen sein kann, ist das Problem der »Teilhabe« des Sinnlich-Vergänglichen am Unvergänglich-Allgemeinen, ein Problem, das im platonischen Kontext erst die Philosophie des Abstiegs angreifen kann (vgl. II 11.2–4).

Wir stehen vor der Frage, wie wir in unserer eigenen heutigen Denkweise die sinnliche Wahrnehmung beschreiben sollen. Hier ist zunächst zu bemerken, daß die schlichte Wahrnehmung das Einzelne und das Allgemeine nicht trennt. Sie nimmt dieses Stück Blei »als Blei« wahr, diesen süßen Wein »als Wein«. Die Trennung des Einzelnen vom Allgemeinen ist ein Akt der Reflexion.

Diese phänomenologische Beschreibung der menschlichen

Wahrnehmung hat in unserer Zeit eine überraschende Stütze
erhalten durch die Biologie der Evolution und durch die empirische Verhaltensforschung an Tieren. Ich bin in früheren
Schriften mehrfach auf diese Erfahrungen eingegangen.* Im
6. Kapitel des jetzigen Buchs werden sie noch einmal thematisch aufgenommen. Hier bestätigt der methodische Kreisgang
die platonische Phänomenologie der Wahrnehmung. In der
Biologie des wahrnehmenden und handelnden Subjekts erweist
es sich als sehr viel leichter, eine gesetzmäßige Reaktion des Lebewesens auf einen Geschehenstypus durch ein kybernetisches
Modell zu beschreiben als die Identifizierung eines Einzelfalls.
Was der Nominalismus und der strikte Empirismus als das
zweifellos Gegebene ansehen, ist gerade eine sehr späte Leistung der Evolution. Wissenschaftsgeschichtlich gesehen ist die
aussprechbare Einzelerfahrung stets schon die Interpretation
der Fakten durch das gerade herrschende theoretische Paradigma. Fakten anders als in einem vorgegebenen kulturellen
Kontext auszusprechen, ist unmöglich.

Im Zusammenhang des Findens mag diese Bemerkung vorerst genügen. Daß wir einen Teil unseres Wissens »direkt erlangen«, ist eine unhistorisch denkende Ideologie. Was wir direkt
erlangen, ist kein aussprechbares Wissen. Was wir wissen und
aussprechen können, ist durch Kultur vermittelt. Kultur heißt
in unserem gegenwärtigen Zusammenhang insbesondere Wissenschaft.

Aber auch im Zusammenhang der Rechtfertigung verfehlt
der strikte Empirismus die wichtigeren Pointen, weil er von einem a priori konstruierten Begriff von Erfahrung ausgeht. Die
wissenschaftshistorische Erfahrung, die wir hier zugrunde legen, ist der erstaunliche Erfolg der abgeschlossenen Theorien.
Wir stilisieren ihn am Beispiel der Quantentheorie durch den
Vergleich einer knappen Druckseite von Axiomen mit etwa einer Milliarde bestätigenden Erfahrungen. Dieses Phänomen
folgt keineswegs aus irgendeinem dem traditionellen Erfah-

---

* Z.B. »Parmenides und die Graugans« in: *Die Einheit der Natur* (1957).
»Zur Biologie des Subjekts«, speziell »Biologische Präliminarien zur Logik«
in: *Der Garten des Menschlichen* (1977); »Information und Evolution« in: *Aufbau der Physik* (1985).

rungsbegriff entstammenden Ansatz. Es ist spezifisch für die Physik. Daß Erfahrungen sehr viel komplizierter, sehr viel sperriger gegen begriffliche Erfassung und Verallgemeinerung sein können, zeigen die Beispiele der Meteorologie, der Biologie, der Soziologie, der interpretierenden Geisteswissenschaft. Andererseits ist das Phänomen fundamental; es ist wahrscheinlich der Grund dafür, daß sich die Physik immer mehr als die fundamentale Naturwissenschaft erweist. Wer Erfahrung deuten (und so erst letztlich rechtfertigen) will, muß dieses Phänomen deuten.

Methodologisch hat Popper das Problem bezeichnet, indem er daran erinnerte, daß Einzelerfahrungen, auch in beliebig großer Anzahl, ein allgemeines Gesetz nur falsifizieren, aber nicht verifizieren können. Wissenschaft ist nach diesem Konzept das Aufstellen und Erproben von Hypothesen. Das Konzept reicht aber nicht aus, um verständlich zu machen, daß es so erfolgreiche Hypothesen überhaupt geben kann. Die speziellen Vorstellungen, welche die »Realisten« dafür angeboten haben, sind gerade in der erfolgreichsten Theorie der Physik, der Quantentheorie, unanwendbar.

So führt uns eine immanente Kritik des Empirismus zu der Fragestellung, der wir in diesem Buche nachgehen.

6. Gespräch zwischen Einstein und Carnap über das Jetzt

Dieser abschließende Abschnitt des Kapitels hat nicht unmittelbar mit Empirismus oder Wahrscheinlichkeit zu tun, sondern mit dem Grundphänomen der Zeitlichkeit, dem jeweiligen Jetzt.

Carnap berichtet in seiner intellektuellen Autobiographie* über seine Gespräche mit Einstein in den Jahren 1952–54, also in Einsteins letzter Lebenszeit.

»Einmal sagte Einstein, das Problem des Jetzt beunruhige

---

* P. A. Schilpp (ed.), *The Philosophy of Rudolf Carnap. The Library of Living Philosophers*, vol. XI. La Salle, Illinois, Open Court u. London, Cambridge University Press, 1963. Meine Übersetzung aus dem Englischen.

ihn ernstlich. Er erklärte, die Erfahrung des Jetzt bedeute
etwas Besonderes für den Menschen, etwas von Vergangenheit und Zukunft wesentlich Verschiedenes, aber dieser wichtige Unterschied komme in der Physik nicht vor und könne
dort nicht vorkommen. Daß die Wissenschaft diese Erfahrung
nicht erfassen könne, schien ihm ein Gegenstand schmerz-
licher, aber unvermeidlicher Resignation zu sein. Ich bemerkte, daß alles, was objektiv geschieht, von der Wissenschaft beschrieben werden kann; einerseits wird die zeitliche
Reihenfolge der Ereignisse in der Physik beschrieben; und andererseits können die Eigentümlichkeiten der menschlichen
Erfahrungen mit der Zeit, einschließlich seiner verschiedenen
Einstellung zu Vergangenheit, Gegenwart und Zukunft, in der
Psychologie beschrieben und (im Prinzip) erklärt werden.
Aber Einstein meinte, diese wissenschaftlichen Beschreibungen könnten keinesfalls unsere menschlichen Bedürfnisse be-
friedigen; es gebe etwas Wesentliches bezüglich des Jetzt, das
schlicht außerhalb des Bereichs der Wissenschaft liege. Wir
waren beide einig, daß es sich dabei nicht um einen Defekt
handle, den man der Wissenschaft vorwerfen könnte, wie
Bergson meinte. Ich wünschte nicht meine Meinung durchzusetzen [to press the point], weil mir mehr daran lag, seine persönliche Haltung zu dem Problem zu verstehen, als die theoretische Sachlage zu klären. Aber ich hatte den entschiedenen
Eindruck, daß Einsteins Gedanken über die Frage eine unzureichende Unterscheidung zwischen Erfahrung und Wissen
[experience and knowledge] enthielten. Da die Wissenschaft
im Prinzip alles sagen kann, was sagbar ist, bleibt keine unbeantwortbare Frage übrig. Aber obwohl keine theoretische
Frage zurückbleibt, gibt es immer noch die gemeinsame
menschliche emotionale Erfahrung, die manchmal aus speziellen psychologischen Gründen verwirrend [disturbing] ist.«
(S. 37–38)

Dies ist das Gespräch eines wohlmeinenden und einseitigen
großen Talents mit einem Genie. Offensichtlich versteht Carnap überhaupt nicht, wovon Einstein redet. Ebenso offensichtlich hat Einstein hier ein fundamentales philosophisches
Problem gesehen, das er nicht zu lösen vermochte. Wenig später, 1955, vier Wochen vor seinem Tode, schreibt er den Satz,

den ich schon an anderen Stellen* zitiert habe: »Für uns gläubige Physiker hat der Unterschied von Vergangenheit, Gegenwart und Zukunft nur den Charakter einer, wenngleich hartnäckigen, Illusion.« Dies als Trost angesichts des Todes macht deutlich, warum Carnap auf den Irrtum verfiel, der Ursprung von Einsteins Problem sei emotional. Biographisch mag der Anlaß für Einstein, über das Problem nachzudenken, sogar der Blick auf den Tod gewesen sein. Aber das Problem selbst ist theoretisch.

Carnaps Behauptung, es könne kein theoretisches Problem sein, da die Wissenschaft alles Sagbare sagen könne, ist eine petitio principii. Carnap macht keinen Versuch, anzudeuten, wie er sich die psychologische Erklärung des Jetzt und der Zeitmodi denkt, und ich würde jeden Anhänger seiner Meinung herausfordern, die Erklärung ohne Voraussetzung der »Realität« der Zeitmodi zu leisten. Wenn Carnap von der »verschiedenen Einstellung zu Vergangenheit, Gegenwart und Zukunft« als Gegenstand der Psychologie spricht, so scheint er vorauszusetzen, daß Vergangenheit, Gegenwart und Zukunft etwas sind, »was objektiv geschieht« und wozu wir eben deshalb verschiedene psychische Einstellungen haben können. Vorher aber sagt er nur, »die zeitliche Reihenfolge der Ereignisse« werde in der Physik beschrieben. Gewöhnlich verstehen Physiker unter dieser Reihenfolge nur den Unterschied relativ früherer von relativ späteren Ereignissen, eine Ordnungsrelation zwischen »Zeitpunkten«, also gerade nicht die Angabe, welches Ereignis jetzt stattfindet, also was Gegenwart (und folglich Vergangenheit und Zukunft) bedeutet. In der Tat waren Einstein und Carnap einig, daß das Jetzt in der Physik nicht vorkommt. Also gibt es weder in der Physik noch in der Psychologie einen theoretischen Ort für das Jetzt; in der Physik, laut Übereinstimmung der beiden Forscher, überhaupt nicht; in der Psychologie, nach Carnaps Wortwahl, nur für die (emotionale) Einstellung zu ihm. Diese begriffliche Unklarheit teilt Carnap mit den meisten Physikern. Einstein durchschaute die Unklarheit und war darüber beunruhigt; Carnap aber verstand gar nicht, was Einstein beunruhigte.

---

* Z. B. *Wahrnehmung der Neuzeit*, S. 131, *Aufbau der Physik* II 3.

Ich habe »Realität« in Anführungsstriche gesetzt, weil dieser Begriff m. E. selbst nur temporal zu erklären ist. Was die »Realisten« unter Realität verstehen, ist nach meinem Empfinden die Übertragung des perfektischen Begriffs der Faktizität auf alle, auch die futurischen Ereignisse, setzt also das unausdrückliche Verständnis der Zeitmodi schon voraus. Ich bemerke, daß Popper in seiner Autobiographie ebenfalls von Gesprächen mit Einstein über dieselben Fragen berichtet. Popper, der sich als »Realist« mit Einstein einig fühlte, erklärt dort, die »Realität der Zeit« sei der fundamentale Gedanke des Realismus.

Nach meiner Auffassung ist das Jetzt, im Rahmen der Struktur der Zeitlichkeit, Voraussetzung des begrifflichen Sprechens und so auch der Wissenschaft. Die Wissenschaft kann Fakten und Möglichkeiten begrifflich beschreiben; dabei setzt sie das Jetzt stets implizite voraus. Sie formuliert allgemeine Sätze, die eigens so gemacht sind, daß in ihnen das Jetzt, in dem sie gesagt werden, nicht genannt wird; sie sollen ja immer gelten. Einstein weiß, daß Begriffe nur im Rahmen einer Theorie, also allgemeiner Sätze, einen klaren Sinn haben. Er kommt ferner von einer Fassung der Physik her, in der die Zeit durch eine reelle Koordinate beschrieben wird. So stößt er auf die Grundtatsache aller Erkenntnis, auf das Jetzt, wie auf einen Fremdkörper. Er hat den Mut, darüber zu staunen. Sein Satz über die gläubigen Physiker ist, wohl ohne klares historisches Wissen davon, der Rückgriff auf die Metaphysik der ewigen Gegenwart (um Picht zu zitieren) in physikalischer Version (*AP* II 3).

Die beiden sprachen ferner über Positivismus und Machs Phänomenalismus. Carnaps »tolerante« Erklärung, die phänomenalistische und die physikalische Sprache seien gleicherweise zulässig, hat vermutlich Einstein nicht befriedigt. Einstein sprach ferner über physikalische Probleme, die er als ungelöst empfand, so die Existenz kontinuierlicher und diskreter Größen nebeneinander und die Ladungsasymmetrie der wirklichen Welt. Schließlich waren sie einig über den amerikanischen Zwang zur Konformität. Ein ihm ganz fremder Mensch hatte Einstein geschrieben, er müsse sein Haar schneiden lassen: »Don't forget, that you now live in America.«

Viertes Kapitel
Wahrscheinlichkeit

1. Vorbemerkung

Im *Aufbau der Physik*, Kapitel 3, habe ich die von M. Drieschner und mir entworfene Auffassung des Wahrscheinlichkeitsbegriffs direkt dargestellt. Der nur an dieser Auffassung interessierte Leser sei auf das dortige Kapitel verwiesen. Dort wurde aber angekündigt, im jetzigen Buch *Zeit und Wissen* solle eine Diskussion der damit verbundenen begrifflichen Probleme folgen, insbesondere der drei in der Literatur vor allem diskutierten Deutungen der Wahrscheinlichkeit: der »logischen«, der »objektiven« (oder Häufigkeitsdeutung) und der »subjektiven« Deutung. Im Überblick und in der Darstellung der »logischen« und der »subjektiven« Deutung lag diese Diskussion in den Materialien für ein von Drieschner und mir geplantes englisches Buch über Wahrscheinlichkeit vor, das dann wegen anderweitigen Arbeiten nicht fertiggestellt wurde. Ich drucke diese Texte jetzt in deutscher Sprache ab; im jetzigen Teil I die grundsätzlichen Überlegungen als Abschnitte 2 und 3; im Teil II die speziellen Überlegungen als Abschnitte 2, 3 und 4.

Teil II enthält außerdem einen Abschnitt 1 über die Entstehung unserer Arbeiten zum Wahrscheinlichkeitsbegriff. Wie dort gesagt, kann man diesen abstrakten Begriff vermutlich erst dann recht verstehen, wenn man die konkrete Fülle seiner Anwendungen in verschiedenen Wissenschaftsbereichen vor Augen hat. Die fünf verschiedenen Anlässe, die uns zur Beschäftigung mit ihm veranlaßt haben, seien hier daher wenigstens genannt:

1. die statistische Erklärung der thermodynamischen Irreversibilität,

2. die Gestaltentstehung als geschichtlich gerichteter Vorgang (vgl. dazu *MsG*, Kap. 2,2 A),

3. die Deutung der essentiell probabilistischen Quantentheorie,

4. der Begriff der Information,

5. der ökonomische Begriff des »Nutzens« (dazu *Aufbau der Physik*, Kap. 5, Abschnitt 6).

2. Was ist Wahrscheinlichkeit?

Es gibt eine unbeendete Debatte über den Sinn des Begriffs der Wahrscheinlichkeit. Sie betrifft nicht die Wissenschaft, sondern die Philosophie. Wir kennen die Wahrscheinlichkeitstheorie als mathematische Struktur, und wir wissen sie recht gut in der Praxis anzuwenden. Aber wir bleiben uneinig über den genauen Sinn ihrer Begriffe, die wir doch so erfolgreich benützen. Wir bleiben folglich uneinig über die Rechtfertigung unseres Zutrauens zu dem, was wir tun, wenn wir sie benützen. Könnte es sein, daß nicht dem Explicandum, dem Wahrscheinlichkeitsbegriff, die Klarheit fehlt, sondern dem Explicans, dem Feld der philosophischen Begriffe, mit deren Hilfe wir ihn erklären wollen?

Diese Situation sollte uns nicht überraschen. In der Diskussion des Kuhnschen Modells der Wissenschaftsentwicklung sehen wir, daß »normale Wissenschaft« ihrem leitenden Paradigma gerade deshalb ungestört folgen kann, weil sie die Grundfrage nach seiner Rechtfertigung nicht stellt. In der Geschichte der Wissenschaft gehört die Philosophie zu den Phasen des Paradigmenwechsels, den wissenschaftlichen Revolutionen. Sie gehört zu ihnen als ihre kritische Vorbereitung, als eines ihrer intellektuellen Werkzeuge, und als Mittel, ihr Ergebnis auszusprechen. Uns hat zur Philosophie des Wahrscheinlichkeitsbegriffs vorzugsweise der Versuch geführt, die Revolution der Quantentheorie zu verstehen; der Ausgangspunkt war freilich das damals (1939) faktisch ungelöste Problem, die viel ältere Revolution der statistischen Erklärung der thermodynamischen Irreversibilität verständlich zu machen.

In der Literatur findet man heute im wesentlichen drei konkurrierende Theorien über den Sinn des Wahrscheinlichkeitsbegriffs: die logische, die empirische und die subjektive oder personalistische Theorie. Ein neuerer Autor (Kyburg 1974) beschreibt sie wie folgt:

»Personalistische Deutungen der Wahrscheinlichkeit fassen

Wahrscheinlichkeitsbehauptungen auf als Aussagen über den Grad des Glaubens [degree of belief] einer besonderen Person zu einer besonderen Zeit [a particular person at a particular time]. ... Ein Grad des Glaubens wiederum wird gedeutet als eine Neigung [propensity], bestimmte Handlungen auszuführen, bestimmte Wahlen zu treffen oder bestimmte Wetten anzunehmen. ... Eine Wahrscheinlichkeitsaussage ist dann eine empirische psychologische Aussage, die wahr oder falsch ist je nach dem tatsächlichen oder idealisierten Zustand der Meinungen dieser Person zu einer gewissen Zeit.« (S. 1)

»Logische Deutungen fassen die Wahrscheinlichkeit einer Aussage [statement] oder eines Zustandes als Funktion eines möglichen Wissens [body of evidence] auf.« (S. 1) »Zwischen diesen beiden Deutungen der Wahrscheinlichkeit besteht ein enger Zusammenhang, da das relevante Wissen im allgemeinen das einer besonderen Person zu einer besonderen Zeit verfügbare Wissen ist. Gleichwohl sind sie fundamental verschieden: Gegeben ein Wissen und eine Aussage, so bestimmen die logischen Regeln der Sprache die logische Wahrscheinlichkeit dieser Aussage bezüglich dieses Wissens, einerlei, ob dieses Wissen das Wissen irgendeiner wirklichen Person darstellt.« (S. 2)

»Empirische Deutungen der Wahrscheinlichkeit, die der klassischen Auffassung statistischer Schlußweisen [statistical inference] zugrunde liegen, fassen Wahrscheinlichkeitsaussagen als Darstellungen statistischer Wahrheiten über die Welt auf. Eine statistische Aussage ist eine Aussage über die Welt, und ihre Wahrheit oder Falschheit hat nichts zu tun mit den Meinungen irgendeiner Person, oder mit irgendeinem Wissen, sondern nur mit dem Zustand des Universums. Wer sagt, die Wahrscheinlichkeit der Geburt eines Knaben sei 0,51, der sagt nicht mehr und nicht weniger ..., als daß menschliche Geburten eine gewisse Neigung [propensity] haben, Knabengeburten zu sein, eine Neigung, die man durch die Zahl 0,51 messen und in Häufigkeiten in langen Versuchsreihen bestätigen kann.« (S. 2, Übersetzung von mir.)

Wir versuchen diesen Theorienstreit zu verstehen durch eine etwas systematischere, aber noch immer heuristische Aufzählung der Bedeutungen, die den Aussagen von Wahrscheinlichkeiten in der Praxis zugeschrieben werden.

Eine Wahrscheinlichkeit wird gewöhnlich einem x (einer Aussage, einem Ereignis) zugesprochen. Logisch erscheint die Wahrscheinlichkeit so als ein Prädikat:

$$p\,(x) = {}_{Def} »x \text{ hat die Wahrscheinlichkeit } p«$$

oder

$$p(y, x) = {}_{Def} »\text{wenn } y, \text{ so hat } x \text{ die Wahrscheinlichkeit } p«.$$

Wir können wenigstens vier allgemeine Fragen über den Sinn dieser Sätze stellen:

1. Was ist die Natur der möglichen logischen *Subjekte* x und y?
2. Was bedeutet dann das *Prädikat* p?
3. Welche möglichen *Wahrheitswerte* haben die Aussagen $p\,(x)$ bzw. $p\,(y, x)$?
4. Welche *Gründe* rechtfertigen uns, solche Aussagen zu machen?

Wir klassifizieren die üblichsten Antworten auf diese Fragen.

1. Das Subjekt x bzw. y kann sein
   a. eine Aussage
   b. ein Ereignis (oder eine Ereignisklasse)
   c. eine menschliche Verhaltensweise.

2. Das Prädikat p kann sein
   a. eine logische Relation
   b. eine relative Häufigkeit
   c. eine Verhaltensregel.

3. Der Wert von $p\,(x)$ oder $p\,(y, x)$ kann sein
   a. Wahrheit oder Falschheit
   b. eine Wahrscheinlichkeit
   c. ein Nutzen.

4. Der Grund, $p\,(x)$ oder $p\,(y, x)$ zu behaupten, kann sein
   a. logisch
   b. physikalisch
   c. psychologisch.

Wir sollten uns durch die scheinbare Einfachheit dieser Aufzählung nicht dazu verführen lassen, zu glauben, die verwendeten Wörter hätten einfache oder klar unterschiedene Bedeutungen. Unsere Analyse strebt im Gegenteil den Nachweis an, daß der Schein einer klaren Unterschiedenheit der zur Wahl gestellten Auffassungen trügt. Der vernünftige Gebrauch des Wahrscheinlichkeitsbegriffs in der Praxis kombiniert vielmehr, so wollen wir zeigen, alle diese Elemente und ändert dadurch ihre anfänglich entgegengesetzt erscheinenden Bedeutungen. Hier stehen tatsächlich nicht die Begriffe der Wahrscheinlichkeit vor Gericht, sondern die üblichen wissenschaftstheoretischen Unterscheidungen.

Wir betrachten zunächst den inneren Zusammenhang der Aufzählung. Zu allen vier Fragen haben wir die drei Antworten etwa gemäß den drei oben zitierten Theorien angeordnet. Es ist nützlich, sich zu erinnern, daß diese Theorien historisch von unterschiedlichem Alter sind und ganz verschiedenen Ursprung haben. Um dies zu sehen, betrachten wir zunächst die beiden Fragen 1. und 2. gemeinsam.

1a. und 2a. In der scholastischen Philosophie des Mittelalters bezieht sich das lateinische Wort *probabilitas* auf Urteile, oder, wie heutige Autoren lieber sagen, auf Aussagen. Das Adjektiv *probabilis* kommt von *probare*, und dieses Verbum kommt von dem Adjektiv *probus*, das *gut* oder *ehrlich* bedeutet. *Probare* bedeutet, etwas, z. B. ein Urteil, durch eine *Probe* (einen Test) *gut* oder *gültig* zu machen. *Probe* kommt also von *probare*, so wie die englischen Verben *to prove* und *to probe*. Ein Urteil ist *probabilis*, wenn wir Grund zu dem *Glauben* haben, es werde eine Probe bestehen. Dies ist der alte Ursprung der logischen Theorie, daß die Wahrscheinlichkeit einen Grad rationalen Glaubens (rational belief) ausdrückt. In der einfachen Form $p(x)$ nennt man das Prädikat p dann gewöhnlich einen Grad des Glaubens (Fürwahrhaltens) oder, um subjektivistische Deutungen auszuschließen, des rationalen Fürwahrhaltens. Aber die Schule der logischen Deutung besteht konsequenterweise darauf, daß eine Wahrscheinlichkeit eigentlich stets eine logische Relation $p(y, x)$ ist zwischen einem möglichen Wissen y und einer Vermutung (Aussage) x.

1b. und 2b. Während die logische Deutung ihre Wurzeln im
Mittelalter, wenn nicht schon in der Antike hat, können wir den
Ursprung der Auffassung der Wahrscheinlichkeit als Ausdruck
einer Häufigkeit von Ereignissen präzise ins 17. Jahrhundert
datieren. Sie geht aus der Theorie der Glücksspiele und der Ver-
sicherungen (Assekuranzgeschäfte) hervor. In der Geschichte
unserer Wissenschaft war die Häufigkeitsdeutung nicht immer
zugleich eine empirische Deutung. Zwar fand der Chevalier de
Meré seine ihn verblüffenden Ergebnisse beim Würfelspiel empirisch. Aber das Ziel der theoretischen Erklärung dieser Ergebnisse durch Pascal war gerade, daß man sie hätte *a priori*
erwarten müssen. Die empirische Interpretation der Häufigkeitsdeutung entstand später, anschließend an das Bayessche
Verfahren. Umgekehrt scheint jedoch niemals eine empirische
Deutung aufgetaucht zu sein, die sich nicht auf Häufigkeiten
bezogen hätte.

1c. und 2c. Die subjektive Deutung hatte einige Vorläufer (de
Morgan 1847), aber als unabhängige Theorie wurde sie erst in
unserem Jahrhundert entwickelt, als Kritik an den beiden anderen Deutungen. Sie braucht das logische Subjekt x nicht
notwendig als eine Verhaltensweise zu interpretieren. Ursprünglich verstand sie x als eine Aussage, z. B. die Aussage, ein
bestimmtes Ereignis werde stattfinden; dann war das Prädikat
p der Grad des Glaubens einer Person an die Wahrheit dieser
Aussage. Wollte man aber einen subjektiven Glauben objektiv
messen, so mußte man ihn wohl als eine Verhaltensweise, z. B.
eine Wettbereitschaft, ansehen. Ramsey führte 1931 unter dem
Einfluß von Peirce die Denkweise des Pragmatismus in diese
Frage ein. Ein Pragmatist kann behaupten, das wahre logische
Subjekt einer Wahrscheinlichkeit sei diese Verhaltensweise
selbst, eine »nützliche Gewohnheit« (useful habit), wie Ramsey sagte. Dann wäre die Wahrscheinlichkeit ein objektiver Ausdruck für die Regel, der die betreffende Person in ihrer nützlichen Gewohnheit folgt. Der Satz, der diese Regel ausspricht, ist
dann für den Träger der Gewohnheit primär nicht assertorisch,
sondern normativ. Erst ein Beobachter kann assertorisch darüber urteilen, ob der Betreffende seiner Norm folgt; Selbstbeobachtung nicht ausgeschlossen.

3. Solange die drei Deutungen *p (x)* oder *p (y, x)* als eine assertorische Aussage verstehen, wird es ihnen zunächst natürlich erscheinen, mit der logischen Tradition anzunehmen, diese sei *an sich* wahr oder falsch (*3a.*). Aber gerade die logische Deutung der Wahrscheinlichkeit erlaubt es, ein Paar von Aussagen durch eine Wahrscheinlichkeitsrelation zu verknüpfen. Dann muß es als logisch zulässig erscheinen, ein Paar von Aussagen probabilistisch zu verknüpfen, deren eine selbst das Bestehen einer Wahrscheinlichkeitsrelation behauptet: *P (z, p (y, x))*. Das bedeutet: das Wissen *z* impliziert mit der Wahrscheinlichkeit *P*, daß das Wissen *y* mit der Wahrscheinlichkeit *p* die Aussage *x* impliziert. Dann könnte *p (y, x)* eine Wahrscheinlichkeit als Wahrheitswert haben (*3b.*). Wir werden freilich in den nächsten Abschnitten sehen, daß diese Beschreibung noch nicht logisch präzise ist. Wir mußten sie hier nennen, weil der Ausdruck »Wahrscheinlichkeit einer Wahrscheinlichkeit« gelegentlich gebraucht wird. Schließlich ist in der subjektivistischen Deutung die Behauptung, jemand habe die Neigung *p (x)*, auf *x* zu wetten, eine deskriptive Aussage und wird darum als wahr oder falsch angesehen werden. Aber der Subjektivist wird (s. Abschnitt 3) legitim an mehr als dieser Beschreibung interessiert sein. Eine Gewohnheit kann nützlicher sein als eine andere. Man kann den Nutzen einer Verhaltensregel zu messen suchen (*3c.*). Vgl. dazu *Aufbau der Physik* 5.6 über Information als Nutzen.

4. Die Meinung, man könne eine Wahrscheinlichkeit präzise angeben, mit einer wohldefinierten reellen Zahl als Wert, ist wohl erst mit der Häufigkeitsdeutung aufgekommen. Andererseits kann die strikte Genauigkeit einer solchen Angabe nur durch Mathematik, also a priori, gewährleistet werden. Deshalb versuchten die alten Häufigkeitstheorien die Werte von Wahrscheinlichkeiten a priori zu deduzieren, durch Gleichwahrscheinlichkeitsannahmen und Zählung möglicher und günstiger Fälle. Die neueren logischen Theorien suchen ihre Annahmen durch streng logische Betrachtungen zu rechtfertigen (*4a.*). Die anderen Deutungen suchen nur die *Gesetze* der Wahrscheinlichkeitsrechnung a priori zu begründen, interpretieren hingegen die *Werte* der Wahrscheinlichkeiten ($p = 0,1$) als entweder empirisch (*4b.*) oder subjektiv (*4c.*).

3. Schlußbemerkung zur klassischen Wahrscheinlichkeitstheorie

Die detaillierte Kritik der drei Deutungen ist in den Teil II verschoben, um den Fortgang unserer grundsätzlichen Fragestellung nicht aufzuhalten. Das Ergebnis der Musterung der drei Deutungen läßt sich vielleicht so zusammenfassen: Die empirische Deutung läßt sich durchführen, wenn der Fehler des strikten Empirismus vermieden wird, Gewißheit garantieren zu wollen. Die subjektive Deutung ist eine nicht ganz adäquate Art, die Offenheit der Zukunft auszudrücken; Ramseys pragmatische Deutung ist soweit befriedigend, als ein pragmatischer Wahrheitsbegriff durchführbar ist (dazu das 6. Kapitel). Die logische Deutung hat darin recht, daß jede begründbare Wahrscheinlichkeit eine bedingte Wahrscheinlichkeit ist. Auch trifft zu, daß bedingte Wahrscheinlichkeiten nicht empirisch gefunden, sondern theoretisch angesetzt werden; die Empirie überprüft dann die Annahmen über das Erfülltsein der Bedingungen. Man kann vielleicht sagen, daß unsere eigene, im *Aufbau der Physik*, 3, vorgetragene Deutung diese Stärken der drei Deutungen in sich zu vereinen sucht: empirische Deutung im Blick auf die offene Zukunft und nur für bedingte Wahrscheinlichkeiten.

Alle klassischen Wahrscheinlichkeitsdeutungen werden aber vor eine neue Situation durch die Entdeckung gestellt, daß gerade die allgemeinen Gesetze der Wahrscheinlichkeitstheorie durch die Quantentheorie eine Änderung erleiden, für welche die zeitliche Logik die logische Freiheit bietet.

Wir dürfen uns eben darum nicht darüber täuschen, daß wir in den bisherigen Überlegungen nur die verschiedenen Auffassungen in einer gewissen Harmonie angeordnet, aber den Grund des Erfolgs des Wahrscheinlichkeitsbegriffs nicht verstanden haben. Er ist uns eher rätselhafter geworden. Jede der drei konkurrierenden Deutungen bezog ihre Überzeugungskraft für ihre Anhänger aus dem Empfinden, sie *erkläre* den Sinn und Erfolg dieses Begriffes. Die logische Deutung schrieb ihm dieselbe Evidenz zu wie der Logik. Die empirische Deutung hielt ihn für ebenso zwingend wie die Erfahrung. Die subjektive Deutung versuchte, die ihr fragwürdigen objektiven Ansprüche der beiden anderen Deutungen als überflüssig nachzuweisen. Man wird sagen müssen, daß alle drei mit ihren Ansprüchen gescheitert sind, und zwar, wenn wir genau zusehen, jede in zwei untereinander liegenden Stockwerken der Fundierung. Erstens konnte keine aus dem von ihr angenommenen Grund den Wahrscheinlichkeitsbegriff mit seinem Erfolg erklären; und zweitens zeigt genaueres Zusehen, daß der Grund selbst nicht eine Gewißheit, sondern ein philosophisches Rätsel bezeichnet. Sie haben auf Sand gebaut.

Wir vergegenwärtigen uns das in einer vorläufigen Weise, indem wir die drei Positionen hin und her, also zweimal, durchlaufen.

Die *logische* Deutung mußte zugeben, daß die *Werte* der bedingten Wahrscheinlichkeiten nicht logisch begründet sind. Sie hielt am Anspruch fest, die *Gesetze* logisch einsichtig zu machen.

Die *empirische* Deutung muß zugeben, daß im Bayesschen Verfahren die Aprioriwahrscheinlichkeiten willkürlich und somit in keinem endlichen Schritt die gewonnenen Werte empirisch voll begründet sind.

Die *subjektive* Deutung muß zugeben, daß der *Erfolg oder Mißerfolg* eines Wettsystems ein historisches Faktum ist, insofern also nicht subjektiv. Die Uneinsehbarkeit der beiden konkurrierenden objektiven Deutungen macht die zu erklärenden Phänomene, kurz die Gesetzmäßigkeit der Natur nicht zu einem bloß psychologischen Phänomen.

Nun der Rückweg durch das tiefere Stockwerk.

Die *subjektive* Deutung, am besten in der *pragmatischen* Auffassung Ramseys repräsentiert, *beschreibt* das Verfahren, hinterläßt uns aber mit dem Rätsel, ob *Erfolg* und *Wahrheit* identifiziert werden dürfen; ob Erfolg nicht erklärungsbedürftig ist.

Die *empirische* Deutung verlegt die Erklärung des Erfolgs in den *Glauben* an eine Realität, die sich uns in der Erfahrung zeigt. Im Kapitel über den Empirismus haben wir gesehen, wie wenig die strikt empiristische Beschreibung der historischen Empirie der Wissenschaftsgeschichte und dem realen Vorgang menschlicher Erfahrung entspricht. Und die geglaubte Realität zeigt in der Quantentheorie ein völlig unerwartetes Gesicht.

Die *logische* Deutung schließlich wird spätestens durch die Quantentheorie darauf verwiesen, daß nicht einmal der Aufbau des Aussagenkatalogs, also die logische Prämisse der klassischen Wahrscheinlichkeitsrechnung, evident war. Wir werden hier zur Frage geführt, warum überhaupt die Logik wahr sei, ja was Wahrheit im Sinne der Logik bedeute.

Wir werden am Beispiel der drei Wahrheitsbegriffe des Erfolgs, der Erfahrung und der Logik selbst in den Anfang der Philosophie, die Anerkennung des Nichtwissens geführt.

Fünftes Kapitel
Was ist Mathematik?

1. Fragestellung im geschichtlichen Horizont*

Die Frage nach dem Wesen der Mathematik ist ein zentrales philosophisches Problem. Es sei erlaubt, auf dem Wege über eine kulturhistorische Betrachtung zu ihm hinzuführen. Diese einleitende Betrachtung erkauft freilich ihre vielleicht leichtere Zugänglichkeit um den Preis geringerer Möglichkeit, das Behauptete streng nachzuweisen.

Heute erobert die sogenannte westliche Zivilisation den Erdball. Diesen Sieg verdankt sie in erster Linie der Macht, die ihr die Technik gibt. Begleitet wird dieser Sieg von einer Durchsetzung dessen, was man in der westlichen Tradition Aufklärung oder Rationalität nennt. Beide Elemente der westlichen Zivilisation entspringen derselben Quelle. Die Vervollkommnung der Technik ist der mathematisch-experimentellen Naturwissenschaft zu verdanken. Naturwissenschaft und Aufklärung entstammen einer Denkbewegung des späten Mittelalters und der frühen Neuzeit. Für diese Bewegung bildete die naturwissenschaftliche Erkenntnis nicht das stärkste Motiv, aber sie erwies sich als ihre unbestreitbarste Frucht, als die gewisseste in dieser Bewegung gefundene Wahrheit. Woher stammt diese Gewißheit?

Die experimentelle Methode hat eine ihrer Wurzeln in der handwerklichen Technik, welche gelernt hat, die vorgefundene Wirklichkeit, die natürliche Umwelt zu verändern. Solche Technik hat es in allen Hochkulturen gegeben. In der europäischen Erfindung der systematisch fortschreitenden, umfassenden mathematisch-experimentellen Naturwissenschaft ist das Entscheidende die zur Technik hinzukommende mathematische Denkweise. Ein Experiment im Sinne dieser Wissenschaft ist die Erprobung eines vermuteten Gesetzes, eine gezielte »Frage

---

* Dieser Abschnitt ist eine unveröffentlichte Aufzeichnung aus dem Jahr 1977.

an die Natur«. Die Frage, das vermutete Gesetz, muß begrifflich formuliert sein, wenn das Ergebnis des Experiments inter-
pretierbar sein soll. Ein Begriff – vermutlich jeder Begriff, gewiß aber ein naturwissenschaftlicher Begriff – gewinnt einen
klaren Sinn nur im Rahmen einer Theorie oder wenigstens des
Ansatzes zu einer Theorie. Das stärkste begriffliche Hilfsmittel
der naturwissenschaftlichen Theorie aber ist die Mathematik.
Insofern ist die Mathematik der ermöglichende Kern der Naturwissenschaft und, so vermittelt, der westlichen Zivilisation,
also der heutigen Weltverwandlung.

Man könnte einwenden, neben der Technik und der Mathematik sei eine, und zwar die wichtigste Quelle der Naturwissenschaft die Philosophie. Die Philosophie war zugleich der bedeutendste Träger der Denkbewegung, die zur Aufklärung
führte. Beides soll nicht bestritten werden. Es soll aber behauptet werden, daß die Mathematik eine Schlüsselrolle auch für die
Entstehung der abendländischen Philosophie hatte. Dies läßt
sich leicht zeigen für diejenige Philosophie, die mit der Entstehung der Naturwissenschaft historisch und sachlich verbunden
war. Galileo Galilei und Johannes Kepler beriefen sich, im Gegensatz zum aristotelischen Empirismus, auf die pythago-
reisch-platonische Tradition einer mathematischen Philosophie. Descartes orientierte seinen Begriff gewisser Erkenntnis
am mathematischen Intuitus (Regulae), entwarf die Bewußtseinsphilosophie als Relativierung, Überbietung und Rechtfertigung der mathematischen Gewißheit und die Philosophie der
res extensa als eine apriorische mathematische Physik. Spinoza
benützte das architektonische Schema der demonstratio more
geometrico; Leibniz, der größte Mathematiker unter den Philosophen, orientierte auch seine Philosophie an den Ansätzen zur
mathematischen Logik und an der Mathematik des Kontinuums; Kant demonstrierte die für die Metaphysik unerläßliche
Existenz synthetischer Urteile a priori am Faktum der Mathematik und der mathematischen Naturwissenschaft.

Aber der Zusammenhang von Philosophie und Mathematik
geht weiter zurück. Alle abendländische Philosophie verdankt
ihre Fragen und ihr begriffliches Material letztlich der griechischen Philosophie, und innerhalb dieser in erster Linie der
Eidos-Philosophie von Platon und Aristoteles. Sucht man bei

diesen beiden Philosophen nach demjenigen Feld positiven Wissens, in dem ihre jeweilige Interpretation des Eidos am einleuchtendsten durch Beispiele belegt werden kann, so findet man bei Platon die Mathematik, bei Aristoteles die Biologie. Bei Platon nun steht die Biologie am Rande des Interesses (wenngleich der *Timaios* in eine medizinische Theorie mündet), für Aristoteles aber bleibt das Vorbild der Mathematik wenigstens methodisch unvermeidlich. Seine Syllogistik kann als die erste mathematisierte Logik gelten. Seine Theorie der deduktiven Wissenschaft (*Analytica posteriora*) paßt realiter nur auf die Mathematik, war aber faszinierend genug, um Jahrhunderte zu der Fehlinterpretation zu veranlassen, er habe auch seine Philosophie als eine deduktive Wissenschaft entworfen. Eine präzise Widerlegung dieser Fehlinterpretation, etwa durch eine Analyse der zentralen Bedeutung der Analogie in den Grundlagen seiner Philosophie, kann ihrerseits den ständigen Blick auf die deduktive Wissenschaft als das einzige konkurrierende Modell nicht entbehren.

Mustert man die außer der Mathematik in die griechische Philosophie eingegangenen Elemente, wie etwa die kosmologische Spekulation, die Überhöhung der Religion in der Metaphysik des Einen, die politische Aufklärung, den moralischen Rigorismus und die radikale Skepsis, so findet man alle diese, jeweils anders gemischt, auch in den Denktraditionen des Orients, zumal Indiens und Ostasiens. Für das Auge des Abendländers fehlt allen diesen Traditionen* ein Element, das uns für Philosophie konstitutiv erscheint, eine bestimmte, im systematischen Anspruch durchgehaltene logische Härte; es ist nicht völlig abwegig, zu sagen, Philosophie im prägnanten Sinn – unterschieden von Mythologie, Weisheit, Mystik oder Einzelwissenschaft – habe es überhaupt nur in der griechischen Tradition gegeben. Ein Empfinden für diesen Unterschied findet man gerade auch in den heutigen Bemühungen um Selbstbehauptung der großen asiatischen Traditionen. Sowohl in Indien wie in Japan wurde mir von den höchstgebildeten Vertretern der dort klassischen Lehren als Wurzel sowohl der Stärke der

---

* Mit der Ausnahme der arabischen Philosophie des Mittelalters, die selbst in die griechische Tradition gehört.

Weltbemeisterung wie der Schwäche der tieferen Einsicht des Westens die Dominanz der Logik in unserem westlichen Denken bezeichnet, oft ausdrücklich unter dem Namen der aristotelischen Logik. Die von Indern der Vedanta-Tradition empfundene Nähe zu Plotin und Meister Eckart, die starke Rezeption von Hegel und Heidegger in Japan hängt mit der kritischen Distanz ebendieser Denker zu einer logisch folgernden Philosophie zusammen.

Ich lasse die Frage der positiven oder negativen Bewertung dieses Unterschieds vorerst beiseite, möchte aber behaupten, daß das Eigentümliche der griechischen Philosophie gerade dem ständigen und unausweichlichen Hinblick auf eine schon vorhandene oder doch damals soeben entstehende Wissenschaft, eben auf die Mathematik, entsprungen ist. Mathematik diente einerseits als Modell möglicher Gewißheit, andererseits eben darum als Gegenstand einer exemplarischen Frage nach dem Wesen der gewissen Erkenntnis. Mathematik bewies durch ihre bloße Existenz, daß ein großer systematischer und zwingender Denkzusammenhang möglich ist. Insofern war die Frage nach dem Wesen der Mathematik für die entstehende Philosophie eine zentrale Frage.

Worin bestand nun die Mathematik, welche die griechischen Philosophen vor Augen hatten?

Die Anfänge mathematischer Praxis – Zählen, Rechnen, Messen – verlieren sich für unseren Blick in der Vorgeschichte der Kulturen. Die Erfindung der Mathematik als einer hochdifferenzierten, praktisch (einschließlich der astrologischen Verwendung) unentbehrlichen Kunstlehre dürfen wir wohl dem mesopotamischen Kulturkreis zuschreiben.* Der pythagoreische Lehrsatz wurde tausend Jahre vor Pythagoras von den Babyloniern benützt, algebraische Gleichungen bis zum dritten Grade wurden gelöst. Den Griechen schreiben unsere Mathematikhistoriker die Entdeckung zu, daß mathematische Erkenntnisse, als Sätze formuliert, aus wenigen Ausgangssätzen – Axiomen – zwingend hergeleitet werden können. Arithmetik, Geometrie, Astronomie und Musiktheorie wurden von

---

* Vgl. jedoch v. d. Waerdens neuere Arbeiten über vorbabylonische Mathematik (1980).

den pythagoreischen Mathematikern axiomatisch aufgebaut, die ersten beiden wurden von Euklid in einer für zwei Jahrtausende wirksamen Form als deduktive Wissenschaften kodifiziert. Die Regeln des zwingenden Schließens mußten so ihrerseits in den Blick der Analyse rücken. Von der sophistischen Beweis- und Widerlegekunst über das Diskussionsspiel der platonischen Akademie kam es zur Formulierung der Schlußlehre – der Syllogistik – nach dem Vorbild der Mathematik bei Aristoteles, zur Formulierung der Aussagenlogik in der megarisch-stoischen Schule. Mathematisierte Logik ist schon eine Art Iteration der axiomatischen Mathematik: sie baut die Regeln, nach denen die axiomatische Mathematik schließt (wenngleich sie diese, wie wir spätestens seit Frege wissen, damals nicht vollständig umfaßte), selbst als Sätze einer axiomatischen Wissenschaft auf.

Worauf beruht nun die Gewißheit dieser mathematischen Disziplinen? Lassen wir zunächst das historisch erst später entfaltete Problem des Grundes der Gewißheit der Logik weg. Worauf beruht die Gewißheit der vier pythagoreischen Disziplinen, die noch im Mittelalter als Quadrivium gelehrt wurden und die historisch früher als das Trivium von Logik, Grammatik und Rhetorik sind? Wir stellen uns damit etwa diejenige Frage, die Platon sich zunächst (vor seinen eigenen Ansätzen zur Logik) stellen mußte. Der heutige Wissenschaftstheoretiker wird die vier Disziplinen alsbald in zwei Gruppen spalten: die eigentlich mathematischen Wissenschaften der Arithmetik und der Geometrie, und die empirischen der Astronomie und der musikalischen Harmonielehre. Mit dieser Einteilung stößt er freilich auf weitere Schwierigkeiten. Die Geometrie wird seit Einstein auch von der Physik in Anspruch genommen, und der Physiker kann sich darauf berufen, daß die Geometrie Euklids als Lehre von ebenen und körperlichen Figuren gerade nicht abstrakte Geometrie allgemeiner »Räume«, sondern Wissenschaft von Körpern des physischen Raumes gewesen sei, von dem die Physik ausgeht. Die Harmonielehre kann auch als eine nichtempirische, nämlich normative Wissenschaft aufgefaßt werden, oder, soweit sie deskriptiv bleibt, als eine Kulturwissenschaft. Die Griechen freilich, auf der pythagoreischen Entdeckung der rationalen Längenverhältnisse konsonanter Saiten

fußend, sahen in ihr eine Naturwissenschaft und verbanden sie
gerade in ihrem normativen Charakter mit der Astronomie, wie
es in der Neuzeit noch einmal bei Kepler geschah: beide Wissenschaften beschreiben Normen des Schönen, eben des Harmonischen, die der Natur selbst innewohnen.

Platon faßte alle vier Wissenschaften nach einem einheitlichen Schema auf. Alle vier gelten in der Welt der sinnlichen
Wahrnehmung, die wir Modernen die Natur nennen, aber sie
gelten in ihr nur genähert, weil diese Welt selbst eine Welt des
nur Genäherten, Ungenauen ist. Alle vier beziehen sich eigentlich auf Eide, auf reine Gestalten, denn nur von diesen kann es
strenge Wissenschaft geben. Auf die sinnliche Welt beziehen sie
sich nur deshalb, weil diese Welt selbst eigentlich eine Welt des
Eidos ist oder, wie wir gleichnishaft sagen, an der Welt des Eidos teilhat wie das Abbild am Urbild. Diese Gleichnisrede
durch eine strenge Interpretation der platonischen Spätphilosophie (der Philosophie des »Abstiegs«) aufzulösen, ist nicht
Aufgabe dieses Kapitels. Wir illustrieren sie in ihrer propädeutischen Funktion, ihrem Hinweis auf allbekannte Phänomene,
also ihrer Rolle in der Phase des Aufstiegs.

Der Kreis, von dem der Mathematiker strenggültige Sätze beweist, verhält sich zu den Kreisen, die er in den Sand des Schulraums zeichnet, wie der Kreis selbst zu Bildern des Kreises. Er
ist der eine, gute, seiende, wahre Kreis. Der eine Kreis: so sprechen die Mathematiker, wenn sie etwa sagen, *der* Kreis sei die
Kurve von kleinstem Umfang bei gegebenem Inhalt. Der gute
Kreis: der einzige, der die Norm, die den Kreis definiert (z. B.
überall gleichen Abstand von einem festen Punkt zu haben),
wirklich erfüllt. Der seiende Kreis: der einzige, der das, was zu
sein er beansprucht, eben Kreis, in der Tat ist. Der wahre Kreis:
derjenige, der als Kreis erkennbar (unverborgen = wahr) ist.
Man sieht hier, wie die Transzendentalien, die Merkmale der
platonischen Idee, ihre natürliche Erläuterung im ungezwungenen Sprachgebrauch der Mathematiker haben. Die Mathematik
erläutert so den Sinn der Ideenlehre. Aber Platons eigene Denkbewegung kehrt das Verhältnis nachher um. In aller Strenge
kommen die Transzendentalien den mathematischen Gestalten
gar nicht zu. Es gibt ja viele mathematische Kreise, so schon in
einer Figur, in welcher der Geometer fordern kann: schlage

zwei sich schneidende Kreise. Die mathematischen Gestalten sind nicht mit Gewißheit als seiend erkennbar; sie sind noch Unterstellungen (hypothéseis), die der Mathematiker voraussetzt, ohne das Recht dazu weiter begründen zu können. Das Ziel der platonischen Philosophie ist der Aufstieg zur Idee selbst und von dort absteigend als erster Schritt die Begründung auch der mathematischen Voraussetzungen.

Indem wir Platon in diesem letzten, uns hier zu schweren Schritt noch nicht folgen, stellen wir doch fest, daß Platon die Gewißheit der Mathematik in ihrem Gegenstand begründet sieht. Phänomenologisch gesagt: wir haben ein Vermögen, reine Gestalten zu sehen. Dieses Vermögen ist nicht weiter reduzierbar. Wir sehen die Gestalten, weil sie *sind* und weil das Seiende seiner Natur nach wahr, d. h. sichtbar ist. Empirische Naturwissenschaft ist möglich auf dem Grunde der Mathematik, weil die Gegenstände der Naturwissenschaft, die »Dinge« der sinnlichen Wahrnehmung, selbst möglich sind auf dem Grunde der reinen Gestalten, der Ideen, deren in die Vielheit entlassene Bilder sie sind.

In dieser platonischen Phänomenologie der mathematischen Erkenntnis ist diejenige Schwierigkeit ausgesprochen, vor der sich jede empiristische oder nominalistische Erkenntnistheorie findet. Gegenüber den Sinnendingen ist die mathematische Gestalt das Allgemeine, das Eine, für eine unabgrenzbare Vielfalt von Einzelfällen Gültige. Nominalismus und Empirismus halten das sinnlich Einzelne für das unmittelbar Gegebene und das Allgemeine für eine durch Abstraktion aus den vielen Einzelfällen gewonnene Bezeichnung (nomen) oder Regel. Für diese Auffassung spricht die Beobachtung, wie wir Menschen Erfahrung akkumulieren. Gegen sie spricht die überlegene Evidenz mathematischer Erkenntnis verglichen mit empirischer. Diese Evidenz ist ein früh an Kindern beobachtbares Faktum. Ich meine, an mathematisch begabten Kindern im sechsten Lebensjahr wahrgenommen zu haben, daß es ihnen leichter war, einzusehen, daß zwei mal drei sechs ist, als daß zwei mal drei Stück Kuchen sechs Stück Kuchen sind; in letzterem Falle kommt zur Evidenz der Zahlen die Undurchsichtigkeit des faktischen Verhaltens von Kuchenstücken hinzu.

Durch die platonische Phänomenologie ist diese Schwierigkeit freilich nur bezeichnet und nicht gelöst. Seit Aristoteles wirft man Platon vor, im Begriff der Idee habe er die Gestalten – logisch allgemeiner, die Prädikate – hypostasiert, also zu Substanzen gemacht. Nun kann freilich ein begrifflich formulierter Vorwurf nur im Rahmen einer Theorie diskutiert werden, die den verwendeten Begriffen einen Sinn gibt. Für Aristoteles bezeichnet Substanz (usia) das durch ein Eidos bestimmte Einzelding als das eigentlich Seiende (on). Eben dies leugnet Platon. Die Idee ist ihm so viel mehr wirklich Seiendes (ontōs on) als das Sinnending, als sie, gemäß seiner Phänomenologie, erkennbarer ist als dieses. Freilich ist ihm die unermeßliche pädagogische Schwierigkeit geläufig, Menschen, die sich zunächst nur der sinnlichen Wahrnehmung bewußt sind, zur Bewußtheit ihrer eigentlichen Wahrnehmung, deren Inhalt die Idee ist, zu führen. Und sein empiristischer Gegner wird ihm erwidern, in dieser scheinbar pädagogischen Schwierigkeit verberge sich tatsächlich die Undurchführbarkeit der platonischen Theorie. Platon kann hierauf argumentativ nur noch antworten, indem er seine Theorie, also die Erklärung der Sinnenwelt von der Idee her, den »Abstieg«, wirklich durchführt. Wir werden damit von neuem auf diese, im *Parmenides* und *Sophistes* angesetzte, im *Timaios* skizzierte, wohl weitgehend der »ungeschriebenen Lehre« angehörige Spätphilosophie Platons verwiesen. Das soeben skizzierte Argument für ihre Notwendigkeit zeigt, wie die Philosophie durch die Begegnung mit der Mathematik genötigt wird, ein einheitlich strenger Denkzusammenhang, ein »System« zu werden.*

Dabei übt die Mathematik hier diese Wirkung keineswegs als Vorbild, sondern nur als Thema, als Aufgabe der Philosophie

---

* Man darf Platons Schriften insofern »systematisch« lesen, als man die Querverbindungen zwischen ihnen, sei es durch das Auftauchen bestimmter Probleme, sei es insbesondere durch das Auftauchen bestimmter Formulierungen, stets als beabsichtigt ansieht. Wer das für eine alexandrinische Unterstellung hält, einen Gedanken, der erst dem Leser einer kompletten Ausgabe, aber nicht dem schreibenden Philosophen selbst kommen konnte, der bedenke, daß Platon ein gutes Gedächtnis als wesentliche Eigenschaft fordert. Und er war nicht bescheiden genug, vom Philosophen eine wichtige Eigenschaft zu fordern, die er selbst nicht besaß. (Ich weiß, wovon ich bei den Querverbindungen spreche, denn ich selbst schreibe auch so.)

aus. Daß ich die Abstiegsphilosophie Platons hier gleichwohl ausklammere, liegt daran, daß sie in der zu uns führenden Tradition praktisch wirkungslos, ja unbekannt geblieben, allenfalls durch neuplatonische Emanationslehren interpretiert worden ist, die selbst nach der mittelalterlichen Aristotelesrezeption fast verschollen sind.

In der Tat wird man kaum zu behaupten wagen, Platon habe sein Problem, eine der Evidenz der Mathematik Rechnung tragende strenge Philosophie zu entwerfen, gelöst. Ich wage aber die Behauptung, daß die Philosophien, die sein Programm verwarfen oder nicht kannten, bis heute das Problem ebensowenig gelöst haben. Dies sei skizziert durch einen Blick auf Aristoteles, auf Kant und auf die moderne mathematische Grundlagenforschung.

Unter dem speziellen Gesichtspunkt der Beweisbarkeit bringt die aristotelische Analyse der deduktiven Wissenschaft die Evidenz der Mathematik dem Verständnis näher. Nicht mehr als die Evidenz der Axiome und der Regeln der Logik scheint nun erforderlich. In dieser Gestalt ist das Problem, die Wahrheit der Mathematik zu verstehen, bis in unsere Tage überliefert worden. Darin sind jedoch drei Probleme verborgen: die beiden naheliegenden Fragen nach der Rechtfertigung der Axiome und der logischen Regeln selbst, und als dritte die Frage, ob die mathematische Erkenntnisweise eigentlich durch das Schema der deduktiven Wissenschaft richtig wiedergegeben ist.

Die Axiome müssen nach Aristoteles durch sich selbst einsichtig, eines deduktiven Beweises weder fähig noch bedürftig sein. Aristoteles weist mit Recht darauf hin, daß in einer als System von Sätzen verstandenen Wissenschaft nicht alle Sätze deduziert werden können, sondern daß gewisse Sätze einen nicht deduzierten Anfang bilden müssen. Die daraus folgende Forderung der des Beweises nicht bedürfenden Evidenz der Axiome bleibt aber eine petitio principii. Es ist ja denkbar, daß derart evidente Axiome gar nicht gefunden werden können. Diese Kritik ist in der neuzeitlichen Mathematik zunächst am Parallelenpostulat der euklidischen Geometrie geübt worden. In der von David Hilbert inaugurierten formalistischen Auffassung der Mathematik bedürfen die Axiome sämtlich nicht nur keiner

Evidenz, sondern auch keiner inhaltlichen Sinnerfüllung, vielmehr nur einer der logischen Behandlung zugänglichen Gestalt. Die deduktive Mathematik ist dann lediglich eine Analyse
konditionaler logischer Zusammenhänge: »Wenn A behauptet
wird, kann auch B behauptet werden.« Diese Auffassung ist die
totale Opferung der Intention des Aristoteles, überhaupt der
Intention der griechischen Mathematik. Sie stellt zudem den
Philosophen der Mathematik vor das »Anwendungsproblem«:
was hat die so verstandene Mathematik mit der Wirklichkeit zu
tun? Gleichwohl muß heutige Philosophie der Mathematik die
Möglichkeit der formalistischen Auffassung als eines ihrer zentralen Themen behandeln. Wir kommen darauf in den späteren
Abschnitten zurück. Hier sei nur festgehalten, daß eben die
axiomatische Methode der Griechen und ihre aristotelische Interpretation zwangsläufig zu diesem Problem geführt hat.

Genau so unverstanden bleibt die Evidenz der logischen Regeln. In der Syllogistik von Aristoteles (*Analytica priora*) wurden diese Regeln schlicht behauptet. Eine Reflexion auf den
Grund der Glaubwürdigkeit eines Satzes, den die spätere Tradition der Logik zugerechnet hat (Aristoteles freilich der »ersten
Philosophie«), nämlich des Satzes vom Widerspruch, findet
sich im 4. Buch der *Metaphysik*. Aristoteles fragt dort ausdrücklich nach dem gewissesten aller Sätze und nennt als solchen den Satz vom Widerspruch. Es ist ihm klar, daß für den gewissesten Satz nicht mehr aus anderen Sätzen argumentiert
werden kann; es ist ihm aber auch bekannt, daß der Satz bezweifelt werden kann, ja bestritten worden ist. Aristoteles weist
nun darauf hin, daß derjenige, der argumentiert, dieser Satz sei
falsch, darunter zugleich versteht, der Satz sei nicht wahr. Wer
so argumentiert, der setzt also bei seiner Argumentation eben
den Satz vom Widerspruch – wenigstens auf diesen selbst angewandt – stillschweigend voraus. Damit wird einleuchtend
gemacht, daß man gegen den Satz vom Widerspruch nicht argumentieren kann. Der Satz wird damit freilich – so scheint mir –
nicht als wahr, sondern nur als Vorbedingung sinnvollen Argu-
mentierens erkannt. Wer ihn nicht glaubt, wird eben darum
vermutlich auch nicht argumentieren. Argumentieren ist
sprachliches Handeln. Wir werden also weitergeführt zu der
Frage, ob wir verstehen, was Sprechen und Handeln eigentlich

ist. Abgesehen davon, daß dies offenbleibt, ist auch die Reduktion aller logischen Regeln auf den Satz vom Widerspruch (und etwa den Satz vom ausgeschlossenen Dritten) nicht geleistet. Diese Regeln bleiben bloße einleuchtende Vorschriften, nicht mehr.

Einiges Licht fällt auf diese beiden Fragen durch die dritte Frage. Was wird in der mathematischen Erkenntnis eigentlich erkannt? Auch nach Aristoteles das Eidos, ein Zusammenhang von Eide. Es ist nützlich, sich zu erinnern, was das für Aristoteles genauer heißt. Die eigentliche theoretische Wissenschaft (im Unterschied zur praktischen und poietischen) ist für Aristoteles die Physik, die Lehre von den beweglichen (veränderlichen) Dingen, näher gegen die Technik abgegrenzt als die Wissenschaft von den Dingen, die einen Ursprung der Bewegung in sich haben. Jedes Ding ist durch sein Eidos charakterisiert, und das Kernproblem der Physik ist das Wesen der Bewegung, der Änderung der dem Ding zukommenden Eide. Neben der Physik gibt es aber zwei Wissenschaften von Unbewegtem: die Mathematik und die Metaphysik (erste Philosophie). Metaphysik gibt es, weil die Bewegung ihren letzten Grund in Unbewegtem hat; diese Frage verfolgen wir hier nicht. Mathematik aber handelt nicht von Eide, so wie sie wirklich sind, denn die Eide der Zahl und Figur sind in Wirklichkeit Eide von Bewegtem und insofern der Physik zugehörig; sehr deutlich wird dies in Aristoteles' Lehre vom Kontinuum.* Mathematik handelt von diesen Eide unter Absehung (Abstraktion) von der Bewegung.

Diese Ansicht des Aristoteles wirft das neue Problem auf, was Abstraktion (aphairesis) ist, ein Problem, das er m. E. nicht gelöst, vielleicht nicht einmal voll gestellt hat. Sicher ist aber, daß für Aristoteles die Mathematik durch die Natur ihrer Gegenstände definiert ist; ihre Methode folgt der Natur ihrer Gegenstände. Diese Gegenstände sind ihrem Wesen nach Eide. Mathematik beruht auf der (intellektuellen) Anschauung des Eidos. Nun ist nicht evident, daß die natürliche Ordnung der Eide diejenige der deduktiven Wissenschaft sein muß. Ich finde dieses Problem bei Aristoteles nicht diskutiert, aber dem späteren Beurteiler muß es sich aufdrängen. Neuere Mathematik-

---

*   Vgl. Kapitel II 7.C.

historiker haben bemerkt, daß im euklidischen Lehrbuch die unbewiesenen Axiome und Postulate nicht ohne Künstlichkeit evidenter genannt werden können als einige der einfachsten Folgesätze; ihre Auszeichnung liegt nicht in ihrer immanenten Evidenz, sondern in der Sparsamkeit der logischen Anordnung, die möglichst wenig, aber doch genau so viel, als zur Ableitung des Rests nötig ist, unbewiesen an die Spitze stellt. Der Verdacht liegt nahe, daß die Form der deduktiven Wissenschaft nicht die wahre Struktur der mathematischen Gegenstände ausdrückt, sondern dieser wie ein Netz übergeworfen ist; sie drückt allenfalls eine zusätzliche mathematische Struktur der mathematischen Gegenstände, eben ihre logische Verknüpfbarkeit aus.

Kants Auffassung von Mathematik läßt sich am besten im Gegensatz zu derjenigen von Leibniz verstehen. Ich habe Leibniz nicht gründlich studiert und werde ihm mit den folgenden knappen Bemerkungen nicht gerecht, welche an die Darstellung anlehnen, die Bertrand Russell in seinem frühen Leibniz-Buch gegeben hat. Die Mathematik ist nach dieser Darstellung für Leibniz die Wissenschaft vom Möglichen. Möglich ist dabei das logisch Mögliche, d. h. das, was sich nicht selbst widerspricht. Hierin ist das doppelte Programm angedeutet, die Mathematik aus der Logik und die Logik aus dem Satz vom Widerspruch zu entwickeln. Beides war für Leibniz in der Durchführung zu schwer. Ersteres haben später Frege und Russell von neuem unternommen, letzteres ist in Strenge nicht ausführbar, lebt aber in der Fundamentalrolle der zweiwertigen Aussagenlogik fort. Die grundsätzliche Auffassung von Leibniz ist jedoch im 18. Jahrhundert herrschend; Kant findet sie bei Hume vor in der Form, die Mathematik bestehe aus analytischen Urteilen. Die Wissenschaft vom Wirklichen ist bei Leibniz von der Mathematik unterschieden durch einen weiteren Grundsatz, dem Satz vom zureichenden Grunde. Das Wirkliche erscheint so als eine Auswahl aus dem Möglichen. Das ist das in der Theodizee vorausgesetzte Schema.

Kant beginnt seine ganze Argumentation in der *Kritik der reinen Vernunft* mit der These, daß die Mathematik auf synthetischen Urteilen a priori aufbaut. Urteile a priori: hierin ist die für Platon fundamentale, der Erfahrung überlegene Gewißheit der Mathematik wieder aufgenommen. Sie gewinnt deshalb für Kant eine so wichtige Rolle, weil Kant – anders als Descartes und Leibniz – für unsere Wissenschaft von der Wirklichkeit eine unaufhebbare, strukturell notwendige Angewiesenheit auf Erfahrung behauptet. Ist Anschauung für Leibniz – so sagt Kant – nur verworrenes Denken, so ist sie für Kant eine vom Denken völlig unabhängige Erkenntnisquelle. Erfahrungssätze sind notwendigerweise synthetische Sätze a posteriori. Aber entscheidend für die Möglichkeit von Erfahrung ist, daß es auch synthetische Urteile a priori gibt, und hierfür ist die Mathematik Kants erstes und leitendes Beispiel. Kants gesamte theoretische Philosophie hängt von der Richtigkeit seiner Auffassung der Mathematik ab.

Die Mathematik bildet nach Kant ihre Begriffe durch Konstruktion in der reinen Anschauung. Kant übernimmt hier historisch die Zweiheit der im engeren Sinne mathematischen Disziplinen des pythagoreisch-mittelalterlichen Quadriviums und ordnet sie den zwei von ihm statuierten reinen Formen der Anschauung zu: die Geometrie dem Raume, die Arithmetik der Zeit. Diese Bemerkung zeigt den Grad, in dem Kant, der die Grenzen der Vernunft a priori auszumessen glaubt, von den nach unserem Bild von der Geschichte wohl eher kontingenten Zügen der historischen Überlieferung abhängt. Gleichwohl werden wir den Grundgedanken seiner Auffassung von Mathematik im folgenden systematischen Teil dieses Kapitels nicht entbehren können.

Mathematik beruht nach Kant zunächst auf Anschauung. Daß ihre grundlegenden Urteile synthetisch und nicht analytisch sind, hat Kant nirgends argumentativ erhärtet; er scheint es als eine evidente Tatsache betrachtet zu haben, auf die man nur aufmerksam werden muß, um sie einzusehen. Man wird zugeben müssen, daß für die entgegengesetzte, logizistische Auffassung vor Frege nicht einmal ein plausibler Ansatz vorlag. Kant ist so der Stammvater des Intuitionismus in der Mathematik. Sehr deutlich ist das an seinem Verhältnis zum Parallelenproblem. Als Zeitgenosse Lamberts weiß er, daß das Parallelenaxiom aus den anderen Axiomen der Geometrie nicht logisch folgt; in diesem Sinne steht ihm die logische Möglichkeit einer nichteuklidischen Geometrie vor Augen. Er ist aber anschei-

nend nie auf den Gedanken verfallen, man könne oder solle eine
solche Geometrie ausarbeiten. Die euklidische Geometrie
bleibt für ihn *die* Geometrie, denn das Parallelenaxiom wurzelt
gar nicht in der Logik, sondern in der Anschauung – so wie die
gesamte Mathematik.

Die Anschauung, die der Mathematik zugrunde liegt, muß
aber reine Anschauung, sie muß a priori sein, sonst ginge die
unerschütterliche Gewißheit der Mathematik verloren. Nun ist
Anschauung für Kant Rezeptivität und insofern a posteriori.
Anschauung a priori kann nur das sein, was Anschauung überhaupt als Anschauung konstituiert, die Bedingung der Möglichkeit von Anschauung. Daß es dergleichen gibt, nimmt Kant
wiederum als evident hin, nämlich die Formen aller Anschauung: Raum und Zeit. Diese Zweiheit wird noch erklärt als Form
der äußeren und der inneren Anschauung. Äußere Anschauung
schaut Gegenstände an, die das Subjekt als von sich verschieden
beurteilen kann (hier bietet der eigene Körper ein Problem), in
der inneren Anschauung wird das Subjekt sich selbst zum Gegenstand. Da alle Anschauung vom Subjekt vollzogen wird, ist
innere Anschauung auch Anschauung aller Anschauung, und
in dieser iterierten Fassung ist die Form der inneren Anschauung eine Form aller Anschauung.

Begriffe – auch Begriffe a priori – sind nach Kant nicht angeboren, sondern gemacht. Die Begriffe der Mathematik werden
vom Verstand, dem Vermögen der Spontaneität, gemacht durch
Konstruktion in der reinen Anschauung. Daß ebendiese Begriffe Erfahrung, also Physik ermöglichen, beruht darauf, daß
die reine Anschauung die Form der empirischen Anschauung
ist. Jede Erfahrung muß in diesen Formen erscheinen, also in
diesen Begriffen beschrieben werden können.

Wer die Entwicklung der Mathematik seit dem 19. Jahrhundert kennt, weiß, wie fern sie der Kantschen Architektonik
gerückt ist. Wir werden nirgends in Versuchung sein, heutige
Mathematik ins Ganze des Kantschen Entwurfs einzuordnen.
Aber wir werden die Erinnerung an seine Begriffe zur Selbst-
verständigung brauchen können.

Die Entwicklung der neueren mathematischen Grundlagenforschung darf man wohl mit der innermathematischen Reflexion beginnen lassen, die zur Mengenlehre Cantors führte. Die

Ontologie der mathematischen Gegenstände, zumal der unendlichen Mengen, wird diesen Mathematikern zum Problem. Was heißt:»es gibt ein Dreieck, das...« oder »es gibt unendlich viele natürliche Zahlen«? Die Antworten sind völlig heterogen und spiegeln eine Ratlosigkeit gegenüber dem Problem. Für Kronecker, den Früh-Intuitionisten, hat»die ganzen Zahlen Gott gemacht, alles andere ist Menschenwerk«; die Invokation Gottes ist hier wie oft bei Mathematikern und Physikern eine Metapher des Realismus und zugleich, in der bewußten Metaphorik, eine Anerkennung der Schwierigkeit des Problems. Dedekind hält alle Zahlen für »freie Schöpfungen des menschlichen Geistes«. Die Verwirrung hängt gewiß damit zusammen, daß die gesuchte Ontologie der mathematischen Gegenstände nicht direkt mit diesen anfangen kann, sondern schon eine meist naiv realistische oder materialistische Ontologie der physischen Gegenstände voraussetzt.»Was physische Körper sind, ist uns geläufig, was aber sind Zahlen?« Die platonische (und, in Variation, kantische) Einsicht, daß ohne eine Ontologie der Mathematik die Ontologie der Physik völlig in der Luft hängt, bleibt dem späteren 19. Jahrhundert merkwürdig fremd.

Eine interessante Präzisierung gewinnt dieses Problem in Cantors Verteidigung der Existenz aktual unendlicher Mengen. Die vor Cantor herrschende potentiale Auffassung des Unendlichen meint, die Unendlichkeit der Zahlenreihe oder der auf einer Strecke liegenden Punktmenge bedeute nur, zu jeder angegebenen endlichen Menge von Zahlen oder Punkten lasse sich stets eine weitere Zahl bzw. ein weiterer Punkt angeben. Am präzisesten hat dies Aristoteles durchdacht (dazu mein Aufsatz *Einheit der Natur* IV, 4), und Cantor macht sich die Mühe einer ausdrücklichen Auseinandersetzung mit Aristoteles. Er meint, die potentiale Auffassung des Unendlichen setze die aktuale Auffassung stillschweigend voraus. Wer sagt, man könne noch eine Zahl angeben, setzt voraus, daß es diese Zahl in der Form der Möglichkeit gibt; so auch die Punkte des Kontinuums. Also sind, so Cantor, wenigstens die möglichen Zahlen und die möglichen Punkte aktual unendliche Mengen. Hiermit ist nun der Begriff der Möglichkeit in die mathematische Ontologie eingeführt. Was ist die Existenz einer Möglichkeit?

Die spätere konstruktivistische Auffassung iteriert hier gleichsam den aristotelischen Potentialismus. Auch die Existenz einer Möglichkeit darf man nur behaupten, wenn einsehbar ist, daß diese Möglichkeit konstruktiv eindeutig bezeichnet werden kann. Dies ist ein ganz anderer Möglichkeitsbegriff als der Leibnizsche, wohl auch bei Cantor vorauszusetzende, wonach möglich alles ist, was sich nicht selbst widerspricht. Dieses Sich-nicht-Widersprechen ist dann »an sich« gemeint; der strenge Konstruktivist würde hingegen den konstruktiven Nachweis der Widerspruchsfreiheit fordern. Mir scheint, daß nur eine ausdrückliche Erklärung von Möglichkeit diesen Problemen beikommt und daß dies nur eine zeitliche Logik leisten kann. Davon weiter unten.

In einsamer Höhe über diesen Erörterungen steht der Ansatz von Frege. Frege will die faktische Gewißheit der Mathematik durch einen Schritt für Schritt durchsichtig gewordenen Aufbau rechtfertigen. Er muß also die Mathematik a priori rechtfertigen, und er sieht kein anderes fragloses Apriori als das der Logik. So unternimmt er, die Mathematik aus der Logik heraus durch eine Kette expliziter Definitionen zu errichten. Ich werde seinen Gedanken in den nächsten Kapiteln ein Stück weit folgen und stelle dies vorerst zurück. Hier sei nur bemerkt, daß die Mengenlehre für Frege, soweit sie überhaupt gerechtfertigt werden kann, als Logik zu rechtfertigen ist; die einfachen mengentheoretischen Operationen sind eigentlich aussagenlogische Operationen. Eben darum haben die Paradoxien der Mengenlehre auch Freges System vernichtet; sie sind im Kern logische Paradoxien. Russells Rettungsversuch durch die Typentheorie macht den Rückgang auf die Ontologie explizit. Er setzt eine völlig ungeklärte Ontologie elementarer Gegenstände voraus und konnte darum nicht überzeugen.

Brouwer gibt demgegenüber den Versuch einer Reduktion der Mathematik auf Logik radikal auf. Er kehrt damit zu Kants Auffassung zurück, in einer Version, die dem Problembewußtsein der Mathematik zu Anfang des 20. Jahrhunderts entspricht. Die Reduktion der Geometrie auf Arithmetik, etwa in den Widerspruchsfreiheitsbeweisen Hilberts für verschiedene geometrische Axiomensysteme durch Angabe arithmetischer Modelle, ist akzeptiert; die Usurpation der Geometrie für die

Physik durch Einstein hingegen ist für Brouwer, wie für die meisten Mathematiker unseres Jahrhunderts, ein außermathematisches, sie nicht betreffendes Problem. Arithmetik aber ist für Brouwer irreduktibel; sie beruht auf der Urintuition des Zählens. Brouwers erste Abhandlung über diese Fragen beginnt mit der Zeile:

»1, 2, 3, 4, 5, 6, 7, ...«

Dann erst folgt, auf neuer Zeile, das erste Wort des Textes. Dies ist eine methodisch saubere Präsentation des Sachverhalts, wie Brouwer ihn sieht. Die Urintuition des Zählens ist klarer und gewisser als jeder mögliche sprachliche Ausdruck. Sie muß dem Leser in Erinnerung gerufen sein, ehe der Autor zu reden beginnt.

Am interessantesten erscheint mir Brouwer in denjenigen seiner Gedanken, mit denen er sich auch in der konstruktivistischen Schule nicht durchgesetzt hat. Er behauptet nicht, die Logik sei analytisch, die Arithmetik synthetisch. In der Tat ist die Meinung, die Regeln der Logik seien analytisch, dann nicht aufrechtzuerhalten, wenn diese Regeln nicht aus den Sätzen von Widerspruch und vom ausgeschlossenen Dritten allein, ohne zusätzliche Annahmen, abgeleitet werden können, und dies mag Leibniz erhofft und Kant als möglich unterstellt haben, hat aber nie jemand leisten können. Heute nennt man Sätze (eigentlich Aussageformen) analytisch (genauer dann: analytisch wahr), die gemäß den Regeln der Logik immer wahr (durch ihre bloße Form wahr) sind. Es wäre dann eine petitio principii, die Regeln der Logik selbst für analytisch zu halten. Brouwer behauptet aber auch nicht, wie z. B. später Lorenzen, eine unabhängige, aber gleichermaßen einsichtige (operative) Gewißheit der Regeln der Logik und der Arithmetik. Für ihn ist vielmehr die Logik ein Teil der Grammatik, also der Regulierung der Sprache, und hat an der prinzipiellen Unschärfe aller sprachlichen Äußerungen teil. Es ist für ihn bereits ein Mißverständnis der Logik, ihr die scharfe Gestalt einer mathematischen Disziplin geben zu wollen; diese Schärfe würde mehr ausdrücken, als wir wissen können, würde also – wie in seinen Augen auch Hilberts Formalismus – der für die Mathematik charakteristischen Evidenz entbehren und ein bloßes Aufstellen grundloser Hypothesen sein.

Auf die Frage nach dem letzten Grund der mathematischen Evidenz antwortet Brouwer im Anschluß an die tiefste und am schwersten verständliche Lehre Kants. Das Zählen entspringt eben derjenigen Selbstunterscheidung des Ich, der Unterscheidung des wissenden und des gewußten Ich, die als die erste aller Unterscheidungen auch erst die Zeit erzeugt. Dies ist selbst nicht mehr sprachlich aussagbar, denn Aussage setzt Kommunikation zwischen mehreren Subjekten voraus, bewegt sich also bereits innerhalb der Anschauungsformen. Ich gehe dieser, dem Vedanta nahestehenden Metaphysik der Mathematik hier nicht nach. Es muß uns nur klar sein, daß, falls Brouwer hier etwas Richtiges gesehen haben sollte, keiner der üblichen Versuche einer Letztbegründung der Logik und der formalistischen Mathematik eine Chance hat, richtig zu sein. Man soll sich wenigstens nicht wundern, falls diese Versuche, gerade wenn man sie streng durchführen will, scheitern.

Als Alltagsphilosophie der in der Forschung tätigen Mathematiker durchgesetzt hat sich weder der Logizismus noch der Intuitionismus, sondern der Formalismus, der etwa durch die Namen Hilbert und Bourbaki bezeichnet ist. Offenbar verträgt sich diese Auffassung am mühelosesten mit der Arbeit des kreativen Mathematikers; sie belästigt ihn am wenigsten mit Fragen, die er als von außen herangebrachte, nicht aus der von ihm studierten Sache selbst hervorgehende, »philosophische« Fragen empfindet. Wir haben keine Aussicht auf eine Philosophie der Wissenschaft, wenn wir nicht dieser aller Wissenschaft innewohnenden abweisenden Tendenz gegen die Philosophie selbst zu einer adäquaten philosophischen Formulierung verhelfen. Ein Philosoph der Mathematik, eben Russell, hat das zugrundeliegende Problem in dem Satz angedeutet, die Mathematik sei eine absolut gewisse Wissenschaft, von der kein Mensch sagen kann, was ihr Gegenstand ist. Der Fortschritt der Wissenschaftstheorie bringt an den Tag, daß dies mutatis mutandis für alle Wissenschaft behauptet werden kann. Die antiphilosophische Tendenz der Wissenschaft ist die Tendenz, dieses Faktum als unabänderlich zu akzeptieren und sich nicht durch die philosophische Frage nach Gegenstand und Wesen der Wissenschaft am wissenschaftlichen Fortschritt hindern zu lassen. Der Wissenschaftler verhält sich hier zum Philosophen wie in vielen

Fällen der Praktiker zum Wissenschaftler, überhaupt wie die gegenständliche Einstellung des Denkens zur reflektierenden.

Im Fortschritt der Naturwissenschaft kommt nun freilich die gegenständliche und die reflektierende Einstellung abwechselnd zum Zug. Thomas Kuhn nennt die gegenständlichen Phasen normale Wissenschaft, die reflektierenden wissenschaftliche Revolutionen. Es ist eine interessante Frage zur Philosophie der Mathematik, ob es in der Mathematik Revolutionen gibt. Ein Mathematiker, dem ich die Frage vorlegte, antwortete: nein, es gibt nur die ständige Schaffung neuer Begriffe. Man könnte als Beispiele von mathematischen Revolutionen aufzählen: die axiomatische Mathematik der Griechen, die analytische Geometrie, die Infinitesimalrechnung, die nichteuklidische Geometrie, Hilberts Axiomatik, die Einführung der abstrakten Auffassung. Man könnte erwidern, alle diese Revolutionen gehörten näher oder ferner der Geometrie zu, und eben die Geometrie sei eigentlich Physik. Wir kommen auf die sachliche Frage an späterer Stelle zurück. Hier sei vorerst nur eine hypothetische Erklärung des selbst noch hypothetisch behaupteten Fehlens der Revolutionen in der Mathematik genannt. Die Revolutionen der Physik bedeuten jeweils den Übergang von einer in Heisenbergs Sinne abgeschlossenen Theorie zur anderen. Eine abgeschlossene Theorie läßt sich jeweils durch ein einfaches Axiomensystem charakterisieren. Mathematik aber besteht überhaupt nicht darin, bestimmte Axiome als wahr zu charakterisieren. Sie studiert Strukturen *als* Strukturen, nicht im Hinblick darauf, ob die Wirklichkeit Modelle solcher Strukturen bietet. Als Revolutionen in der Mathematik könnte man allenfalls die Entdeckung neuer Strukturen bezeichnen. Aber diese geschieht, gerade seit die Mathematik sich als Strukturwissenschaft verstehen gelernt hat, in vielen kleinen Schritten.

Dieses Argument basiert auf der formalistischen Auffassung der Mathematik. Mathematik studiert Strukturen als solche. Auszeichnung spezieller Strukturen entspringt im allgemeinen einer außermathematischen Fragestellung, nämlich stets dann, wenn diese Strukturen nicht selbst strukturell ausgezeichnet sind. Die philosophische Kernfrage ist hier, was das Wort »Struktur« heißen soll. Vermutlich ist Struktur etwas sehr Ähnliches wie Eidos. Der Name Formalismus selbst benutzt das Wort Form, das mit Eidos fast gleichbedeutend ist. Demnach scheint es, als lenke uns die Frage nach dem Wesen der heutigen Mathematik zum Ausgangspunkt, zur platonischen Philosophie zurück.

Wir haben hiermit einen historisch angebotenen Fragenkreis abgeschritten. Es scheint, daß man die Frage nach dem Wesen der Mathematik nicht einmal scharf stellen kann, ohne schon selbst, in gegenständlicher Einstellung, Mathematik zu treiben. Dies ist nur ein Beispiel für die Untrennbarkeit der Philosophie der Wissenschaft von den inhaltlichen Fragen der Wissenschaft.

2. Geometrie und Physik*

Der Aufbau des gegenwärtigen Kapitels ist reflektierend. Er beginnt mit den historisch bekannteren Deutungsproblemen der Mathematik und schreitet zu den modernen abstrakteren Grundlagenfragen fort, um schließlich zum nächsten Kapitel, über Logik, zu führen. Deshalb kommt hier die Geometrie zuerst.

Behauptung: Die Geometrie ist ein Teil der Physik. Frage: Was ist der Sinn dieser Behauptung? Vermutung: Es gibt ein System geometrischer Axiome, die dasjenige korrekt beschreiben, was in der Physik der Raum genannt wird. Rückfrage: Wie entscheidet man, ob diese Beschreibung korrekt ist? Weitere Vermutung: durch Erfahrung. Erneute Rückfrage: Kann man durch Erfahrung über geometrische Sätze entscheiden? Gegenfrage: Wie entscheidet man denn über irgendwelche physikalischen Sätze durch Erfahrung?

Der vorliegende Aufsatz präsentiert eine erkenntnistheoretische Hypothese über diesen Fragenkreis (Abschnitt 7).

1. Axiomatik. In der älteren Tradition der abendländischen Wissenschaft erscheinen Geometrie und Physik als streng getrennte Disziplinen. Geometrie ist in dieser Auffassung ein Teil

---

* Dies ist der erste Teil eines 1974 in der Erinnerungsschrift für Joseph Jauch veröffentlichten Aufsatzes. Die Fortsetzung ist z. T. ins 6. Kapitel vom *Aufbau der Physik* aufgenommen worden.

der Mathematik, deren Erkenntnisse von der Erfahrung unabhängig sind, Physik hingegen eine Wissenschaft, deren fundamentale Sätze durch Erfahrung bewiesen werden müssen und können. Wir sind heute skeptisch genug, keine dieser Meinungen für selbstverständlich zu halten. Eben dadurch sind wir dafür vorbereitet, die Entstehung dieser Meinungen als wissenschaftsgeschichtlichen Vorgang zu würdigen.

Die Babylonier besaßen den Inhalt des Lehrsatzes des Pythagoras tausend Jahre vor Pythagoras. Man kann vermuten, daß das Selbstverständnis des geometrischen Wissens, das die Griechen vom Orient übernahmen, durch den Wortsinn des griechischen Wortes geo-metria angedeutet ist: Erdvermessung. Es scheint die Entdeckung der griechischen Mathematiker gewesen zu sein, daß die geometrischen Sachverhalte in Lehrsätzen formuliert werden können, die sich logisch aus einer kleinen Zahl von Ausgangssätzen herleiten lassen. Mit einer Vergröberung griechischer Distinktionen nennen wir heute alle diese Ausgangssätze Axiome. Wenn man von den immanenten Problemen der Logik absieht, reduziert sich die Frage nach der Wahrheit der Geometrie dann auf die Frage nach der Wahrheit (oder dem Sinn) ihrer Axiome.

Die vorherrschende Meinung der älteren neuzeitlichen Wissenschaft war, daß die geometrischen Axiome evident, also unabhängig von der Erfahrung als wahr einleuchtend sind, daß sie aber mit der Welt der Erfahrung den Zusammenhang haben, sich in ihr stets zu bewähren. Im Beispiel: Man kann aus evidenten Axiomen logisch folgern, daß die Winkelsumme im Dreieck gleich zwei rechten ist; und wenn man ein physisches Dreieck vermißt, so wird man (innerhalb der Fehlergrenzen der Messung) stets zwei rechte als seine Winkelsumme finden. Diese Beschreibung fordert zu der erkenntnistheoretischen Frage heraus, wie denn diese Harmonie zwischen Evidenz und Erfahrung garantiert ist. Man darf wohl den allgemeinen Konsens der heutigen Wissenschaftstheoretiker dafür voraussetzen, daß schon diese Beschreibung selbst zu naiv ist, als daß sie eine Beantwortung der Frage zuließe; man muß die in ihr implizierten Auffassungen sowohl von Evidenz wie von Erfahrung zunächst auflösen.

Nur als historische Randbemerkung sei gesagt, daß die Griechen an dieser Naivität unschuldig sind. Platon wußte, daß geometrische Sätze in der Erfahrung niemals in Strenge überprüft werden können und daß dasselbe für die Sätze der Physik gilt, d. h. er kritisierte die Naivität des Empirismus. Er wußte ferner, daß die Mathematiker vom Sinn ihrer Grundbegriffe nicht Rechenschaft geben können, sondern daß sie diesen Sinn schlicht unterstellen (ihre Grundbegriffe sind »hypotheseis« = Unter-Stellungen), d. h. er kritisierte die Naivität des Evidenzbegriffs. Platons eigener Versuch eines Aufbaus der mathematischen Physik im *Timaios* kann nur dann in seiner begrifflichen Struktur verstanden werden, wenn man sieht, daß in ihm aus für Platon zwingenden systematischen Gründen der Unterschied zwischen Mathematik und Physik von vornherein gar nicht gemacht wird. Ferner hat Imre Toth sehr starke Gründe für die These vorgebracht, daß die Auffassung der Geometrie durch Aristoteles einen Wissensstand der ihm zeitgenössischen Mathematiker voraussetzt, dem die Möglichkeit einer Axiomatisierung der Geometrie ohne das »euklidische« Parallelenpostulat geläufig war. Das methodologische Niveau der griechischen Wissenschaft und Philosophie war offenbar so viel höher als das ihrer neuzeitlichen Nachfolger, daß wir bis in unsere Tage haben warten müssen, um einige der Fragen wieder zu entdecken, welche die Griechen mit ihren uns überlieferten Lehren zu lösen versucht haben. Im folgenden will ich aber die neuzeitlichen Probleme nur im neuzeitlichen Kontext behandeln.

In der Geschichte der Geometrie wurde die Naivität des Evidenzbegriffs am Beispiel des euklidischen Parallelenpostulats aufgelöst. Schon der Versuch, dieses Postulat aus anderen Axiomen zu beweisen, zeigt, daß man es faktisch nicht als evident empfand. Die Unmöglichkeit dieses Beweises wurde durch den positiven Aufbau einer nichteuklidischen Geometrie demonstriert. Dieser Nachweis verlangte aber, um streng zu sein, den Beweis der Widerspruchsfreiheit der nichteuklidischen Geometrie. Dieser wurde zuerst erbracht durch die Konstruktion euklidischer Modelle nichteuklidischer Räume (populärstes Beispiel: die Kugelfläche als Modell der »Ebene« der sphärischen Geometrie). Methodisch wichtig ist hieran u. a. die »konventionalistische« Verwendung der Vokabeln der Geometrie wie »Gerade« und »Ebene«, um Gegenstände zu bezeichnen, die nach dem »evidenten« anschaulichen Verständnis der bisherigen Geometrie die Eigenschaften, »gerade« bzw. »eben« zu sein, gar nicht haben. Thematisiert wird diese Methode in der von Hilbert eingeführten und heute unter Mathematikern herrschenden Auffassung von Axiomatik. Nach ihr ist weder die Wahrheit der Axiome noch auch nur die Bedeutung der in ihnen verwendeten Worte ein Thema der Mathematik (Hilbert: Statt »Punkt«, »Gerade«, »Ebene« hätte ich genausogut sagen können »Liebe«, »Gesetz«, »Schornsteinfeger«); die axiomatische Mathematik in diesem Sinne des Wortes befaßt sich nur mit den logischen Beziehungen zwischen formal präzisierten Sätzen.

Die mit der Gabel der Axiomatik ausgetriebenen inhaltlichen Probleme der Mathematik kehren bekanntlich durch das Fenster der Meta-Mathematik zurück (Horaz, *Epistel* I, 10, 24). Die Widerspruchsfreiheit der Geometrie wird durch Reduktion auf die Arithmetik bewiesen. Die Widerspruchsfreiheit der Arithmetik verlangt zu ihrem Nachweis inhaltliche metamathematische Überlegungen, welche de facto ein Stück geometrischer Anschauung von Zeichenreihen etc. enthalten dürften. Doch ist auch die Metamathematik nicht Gegenstand dieses Aufsatzes. Ich will mich im folgenden auf den Standpunkt stellen, daß uns die mathematische Analyse der Grundlagen der Geometrie eine beliebige Menge möglicher geometrischer Axiomensysteme zur Verfügung stellt. Die Frage ist dann, ob eines von ihnen, wenn ja welches, oder ob vielleicht mehrere von ihnen das zu beschreiben geeignet sind, was wir in der Physik den Raum nennen.

2. Empirismus. Gauß hat im Zug der Hannoverschen Landesvermessung das große Dreieck zwischen den Bergen Brocken-Inselsberg-Hoher Hagen vermessen. Er wußte, daß in der nichteuklidischen Geometrie die Winkelsumme eines Dreiecks um so weiter von zwei rechten abweicht, je größer das Dreieck ist. Er registrierte, daß er innerhalb der Fehlergrenzen keine Abweichung fand. Er hat also die Möglichkeit in Betracht gezogen, daß in der Wirklichkeit eine nichteuklidische Geometrie gelten könnte und daß hierüber empirisch entschieden werden könnte. Diese Denkmöglichkeit war den Mathematikern des späteren 19. Jahrhunderts geläufig. Einstein hat auf Grund theoretisch-physikalischer Überlegungen die Hypothese der Geltung einer bestimmten, nämlich der Riemannschen Geometrie in der Wirklichkeit aufgestellt. Er hat versucht, die Konsequenzen der diese Hypothese enthaltenden Allgemeinen Relativitätstheorie einer empirischen Prüfung zugänglich zu machen. Seit Einstein glauben fast alle Physiker, daß über die in der Wirklichkeit geltende Geometrie eine empirische Entscheidung möglich sei. Diese These sei im folgenden als Empirismus (genauer: geometrischer Empirismus) bezeichnet.

Dieser Empirismus ist nun in seiner schlichten Form ebenso naiv wie der Glaube an die Evidenz der geometrischen Axiome. Ich werde im Abschnitt 7 eine präzisierte Fassung des Empirismus vorschlagen, in der er m. E. aufrechterhalten werden kann. Dazu ist es aber zunächst nötig, seine naive Fassung aufzulösen. Wir wollen diese als direkten geometrischen Empirismus bezeichnen, d. h. als den Glauben an die direkte empirische Entscheidbarkeit von Sätzen der physikalischen Geometrie.

Nehmen wir an, Gauß oder irgendein heutiger Beobachter hätte empirisch in einem Lichtstrahlendreieck eine Abweichung der Winkelsumme von zwei rechten gefunden und diese Beobachtung sei als reproduzierbar anerkannt. Spätestens seit Poincaré wird nun gegen den Empirismus so argumentiert: In diesem Falle hätte der Beobachter nicht die Gültigkeit einer nichteuklidischen Geometrie empirisch bewiesen. Wenigstens müßte er Gründe dafür angeben, daß er die physikalisch näherliegende Deutung vermeidet, die Lichtstrahlen seien keine geraden Linien. (Die übliche Ausdrucksweise für die Lichtablenkung am Sonnenrand, die als eine empirische Bestätigung der Relativitätstheorie gilt, ist »Krümmung der Lichtstrahlen im Schwerefeld«.) Dieser Einwand zeigt jedenfalls, daß der Empirist ohne eine Theorie des gemessenen Vorgangs nichts beweisen kann.

Ich möchte zunächst zwei Thesen betrachten, die in der Kritik am Empirismus weiter gehen und sogar behaupten, man könne durch rein erkenntnistheoretische Überlegung einsehen, daß man grundsätzlich keine empirische Entscheidung über die Geometrie treffen kann. Sie sollen hier als Hierarchismus und als Konventionalismus bezeichnet werden. Ich halte beide für falsch, glaube aber, daß vor allem der Konventionalismus eine sehr starke Position ist, ohne deren volles Verständnis unser Problem nicht gelöst werden kann.

3. Hierarchismus. Hierarchismus ist kein üblicher Terminus der Wissenschaftstheorie. Ich verwende dieses Wort, um eine Ansicht zu bezeichnen, die dort, wo man sie für wahr hält, gewöhnlich als so selbstverständlich erscheint, daß man vergißt, sie als besondere Voraussetzung auszusprechen. Es ist die Ansicht, daß es eine Hierarchie der Wissenschaften gebe, in der die jeweils niedrigeren die jeweils höheren zur methodischen Voraussetzung haben, aber nicht umgekehrt. Z.B. gilt die Logik als die hierarchisch höchste der Wissenschaften: alle Wissenschaften haben die Logik zur methodischen Voraussetzung, denn sie müssen gemäß den Regeln der Logik verfahren; die Logik aber hat keine von ihnen zur methodischen Voraussetzung, denn (so meint man) logische Wahrheiten können nicht von den Ergebnissen von Einzelwissenschaften abhängen. Die Leugnung dieses hierarchischen Verhältnisses zwischen der Logik und den anderen Wissenschaften erweckt unmittelbar den Verdacht des Circulus vitiosus. Analog sieht man auch das Verhältnis zwischen der Mathematik und den empirischen Wissenschaften: zur Aufstellung und Prüfung empirischer Gesetze braucht man Mathematik, und schon darum erscheint es methodisch unsauber, eine Abhängigkeit der inhaltlichen Wahrheit der Mathematik von der Erfahrung anzunehmen.

Ich möchte die Vermutung aussprechen, daß der Hierarchismus grundsätzlich und in allen Fällen falsch ist, daß vielmehr sowohl zwischen der Logik und den Wissenschaften wie zwischen der Mathematik und den empirischen Wissenschaften ein Verhältnis gegenseitiger methodischer Abhängigkeit besteht. Diese allgemeine wissenschaftstheoretische These wird, soweit hier notwendig, im Abschnitt 7 besprochen werden. Im Augenblick sei nur zweierlei hervorgehoben: die historische Herkunft des Hierarchismus und seine Bedeutung für die Geometrie.

Der Hierarchismus ist eine Folge der griechischen Entdekkung der Möglichkeit einer axiomatischen Mathematik. In einem fest vorgegebenen axiomatischen System werden die Theoreme aus den Axiomen logisch hergeleitet. Die Wahrheit der Theoreme hat also die Logik und die Wahrheit der Axiome zur (hinreichenden) Bedingung. Die Logik und die Axiome müssen als evident vorausgesetzt oder von noch höheren Voraussetzungen her begründet werden. Aristoteles hat in den *Analytica posteriora* den Begriff der deduktiven Wissenschaft gemäß diesem Schema entworfen. Tatsächlich hat es aber außer der Mathematik und der mathematischen Logik nie eine deduktive Wissenschaft gegeben. Gleichwohl hat man in der europäischen Tradition sowohl die Philosophie wie die empirischen Wissenschaften an diesem Ideal gemessen. Der Hierarchismus ist gleichsam der regulative Gebrauch dieser Idee von Wissenschaft. Dabei hat man de facto die hierarchische Überordnung der Logik und Mathematik über die empirischen Wissenschaften nicht im Sinne einer Deduzierbarkeit dieser aus jener interpretiert, sondern einer Unabhängigkeit jener von diesen. Das ist aber nicht etwa eine schwächere, sondern eine stärkere Behauptung. Ist B aus A deduzierbar, so ist eine Widerlegung von B zugleich eine Widerlegung von A. Der Hierarchismus übernimmt gerade nicht die einwandfreie logische Struktur der deduktiven Wissenschaft, sondern ihre fragwürdige Annahme evidenter Axiome.

Die Geometrie ist der Ort, an dem der Hierarchismus zuerst erschüttert worden ist. Die Geometrie galt seit den Griechen als Teil der Mathematik. Also mußte sie der Physik hierarchisch übergeordnet sein. Wenn zuerst Mathematiker und dann Physiker die empirische Entscheidung über die Geltung gewisser geometrischer Axiome in der Wirklichkeit für möglich hielten, so verletzten sie diese Vorstellung. Es gab aber zwei Möglichkeiten, das Problem der empirischen Geltung der Geometrie so zu beurteilen, daß das Prinzip des Hierachismus unangetastet blieb.

Die moderne (Hilbertsche) Auffassung der Axiomatik ist der eine Ausweg, und zwar der weichere von den beiden. Man schränkt den hierarchischen Anspruch der Mathematik in der Geometrie auf den logischen Zusammenhang zwischen Axiomen und Theoremen ein. Damit ist die eigentliche Substanz dessen, was man seit den Griechen unter Geometrie verstanden hat, nämlich der inhaltliche Sinn ihrer Begriffe und die Wahrheit ihrer Axiome, aus der Mathematik und damit aus dem Anspruch hierarchischer Überordnung ausgeschlossen. Man kann dies, im Gegensatz zum inhaltlichen Hierarchismus der älteren Auffassung, als formalen Hierarchismus bezeichnen.

Nun ist aber auch der inhaltliche Hierarchismus nicht eine unsinnige Ansicht, sondern nur die dogmatische Verfestigung wirklicher Unsymmetrien zwischen den Wissenschaften; niemand wird z.B. die Arithmetik im selben Sinne für empirisch halten wie die Botanik. Ich möchte daher zunächst auch im Fall der Geometrie die Argumentationsstrategie verfolgen, dem inhaltlichen Hierarchismus soweit wie möglich entgegenzukommen. Hier bietet sich der zweite, harte Ausweg, nämlich das strikte Festhalten an der überlieferten Geometrie. Man sagt etwa: Die euklidische Geometrie ist a priori gewiß. Wenn in einem empirisch hergestellten Dreieck die Winkelsumme nicht den aus der euklidischen Geometrie folgenden Wert hat, so ist a priori gewiß, daß die Seiten dieses Dreiecks keine Geraden sind. Im Beispiel des Lichtstrahlendreiecks führt also gerade die Gewißheit der euklidischen Geometrie zu einer eindeutigen Folgerung für die Optik: die Lichtstrahlen, welche durch ein Schwerefeld gehen, sind keine Geraden.

Wenn der Empirist diese These widerlegen wollte, müßte er zeigen, daß es keine Interpretation der bekannten Erfahrung geben kann, die mit einer euklidischen Beschreibung der Phänomene verträglich wäre. Dieser Beweis läßt sich, wie alle Unmöglichkeitsbeweise im empirischen Bereich, voraussichtlich überhaupt nicht in Strenge führen. Der Empirist wird daher zum Gegenangriff übergehen und fragen, womit sein Gegner die Apriori-Gewißheit der euklidischen Geometrie begründen will, nachdem die logische Möglichkeit nichteuklidischer Geometrien bekannt geworden ist. In den nächsten drei Abschnitten verfolgen wir u.a. Argumentationen über dieses Problem.

4. Kants Fragestellung. Kants Auffassung der Geometrie ist insofern überholt, als sie vor der expliziten Aufstellung nichteuklidischer Geometrien entworfen wurde. Andererseits bleibt sie auch heute lehrreich, weil Kant zwar am inhaltlichen Hierarchismus streng festhielt, ihn aber nicht schlicht behauptete, sondern die Notwendigkeit betonte, ihn detailliert zu begründen. Hier sei nur so viel von seiner Auffassung skizziert, als wir im folgenden brauchen werden.

Kant kannte das Ergebnis von Saccheri und Lambert, daß das Parallelenpostulat nicht aus den anderen Axiomen der Geometrie logisch hergeleitet werden kann. In diesem eingeschränkten Sinne war ihm die logische Möglichkeit einer nichteuklidischen Geometrie vertraut. Damit stand für ihn das Parallelenpostulat aber in einer Linie mit allen anderen fundamentalen Einsichten der Mathematik. Sie waren nicht aus höheren Prinzipien logisch herleitbar und gleichwohl a priori gewiß; sie waren, um seinen Ausdruck zu gebrauchen, synthetische Urteile a priori. Die Grundfrage seiner Erkenntnistheorie war daher: wie sind synthetische Urteile a priori möglich?

Diese Auffassung steht in der Mitte zwischen zwei bequemeren, aber nach Kants Überzeugung unhaltbaren Ansichten. Nach dem Logizismus sind die Urteile der Mathematik, einschließlich der Axiome, a priori, aber analytisch; sie sind a priori, weil sie logisch notwendig sind. Dies kann für die Axiome der Geometrie mit Sicherheit bestritten werden; Kant bestreitet es auch für die Grundlagen der Arithmetik. Nach dem radikalen Empirismus müßten umgekehrt die Urteile der Mathematik synthetisch, aber a posteriori, also auf Erfahrung gegründet sein. Für die inhaltlich gedeuteten Axiome der Geometrie ist dies heute die herrschende Ansicht der Physiker. Für die Arithmetik aber erscheint der radikale Empirismus schwer durchführbar. Kant jedenfalls verwarf ihn für beide Zweige der ihm bekannten Mathematik mit der Begründung, daß Erfahrung die ihnen eignende Notwendigkeit und Gewißheit grundsätzlich nicht garantieren kann.

Soweit ist aber nur Kants Problem formuliert. Wie ist Mathematik möglich, wenn sie weder analytisch noch a posteriori ist? Kants Antwort beruht auf seiner Unterscheidung von Anschauung und Denken. Anschauung ist Rezeptivität, Denken ist Spontaneität des menschlichen (d.h. endlichen) Bewußtseins. Synthetische Erkenntnis muß auf Anschauung beruhen, denn sie fügt zu den Begriffen etwas hinzu, was in ihnen nicht schon enthalten war. Erkenntnis a priori aber kann nicht auf Erfahrung beruhen; das ist ihre Definition. Synthetische Erkenntnis a priori muß also auf Anschauung beruhen, die nicht Erfahrung ist. Solche Anschauung nennt Kant reine Anschauung. Er findet sie in den Formen aller Anschauung, d. h. in der Zeit und im Raum. Mathematik beruht auf der Konstruktion der Begriffe in der reinen Anschauung, Arithmetik in der Zeit, Geometrie im Raum.

Wir können uns auf die Details dieser sehr voraussetzungsvollen Theorie hier nicht einlassen. Für die Arithmetik sei nur bemerkt, daß sie eng verwandt ist mit dem Intuitionismus Brouwers und dem Konstruktivismus, wie ihn z. B. Lorenzen vertritt. Sie ist also von aktuellem Interesse. Für die Geometrie freilich würden fast alle heutigen Mathematiker ihre Begründung auf Konstruktion in der reinen Anschauung Raum verwerfen (für Lorenzen vgl. jedoch Abschnitt 6). Gerade sie muß uns aber hier interessieren.

Kant beansprucht, mit seiner Theorie der Mathematik, zugleich ein Problem zu lösen, das die Mathematiker meist nicht beschäftigt, das aber für die Erkenntnistheorie der Physik fundamental ist: das Problem der Geltung mathematischer Gesetze in der Erfahrung. Wer mit Hume erkannt hat, daß aus der empirischen Geltung von Gesetzen in der Vergangenheit ihre allgemeine Geltung und damit ihre Geltung in der Zukunft logisch schlechterdings nicht abgeleitet werden kann, der steht vor diesem Problem. Es scheint, daß die moderne empiristische Wissenschaftstheorie erst jetzt zu realisieren beginnt, daß sie dieses Problem nie gelöst hat und grundsätzlich nicht lösen kann. Kants Lösungsvorschlag ist: Die reine Anschauung (Zeit und Raum) ist zugleich die Form aller empirischen Anschauung. Deshalb müssen Sätze, die durch Konstruktion in der reinen Anschauung begründet sind, in jeder empirischen Anschauung gelten. Ich übergehe wieder die sehr schwierige Frage, was die Gleichsetzung von reiner Anschauung und Form aller Anschauung bedeuten soll und hebe nur das erkenntnistheoretische Ziel dieses Lösungsvorschlags hervor. Er ist ein Spezialfall der allgemeinen These Kants zur Lösung des Humeschen Problems. Sätze, die in jeder Erfahrung gelten sollen, können sich weder durch spezielle Erfahrung begründen lassen, noch können sie eine Begründung haben, die mit Erfahrung gar nichts zu tun hat. Sie müssen vielmehr aus den Bedingungen jeder möglichen Erfahrung folgen. Dann haben sie ei-

nen Bezug auf jede mögliche Erfahrung, und man kann doch
a priori wissen, daß sie nicht durch Erfahrung widerlegt werden können. Von dieser These werde ich (Abschnitt 7) die
Vermutung übernehmen, daß allgemein empirisch gültige Gesetze Bedingungen aller Erfahrung formulieren, aber nicht ihre
hierarchistische Verengung, daß unsere Formulierungen solcher Gesetze nicht durch Erfahrung korrigiert werden könnten.

Eine Anwendung dieser Gedanken auf die physikalische
Geometrie liegt in der Meßtheorie. Bohrs These, daß ein physisches Gebilde nur als Meßapparat geeignet ist, wenn wir es in
Raum und Zeit der Anschauung kausal beschreiben können, ist
gut kantisch. Hier stellt sich aber die Frage, ob der Raum unserer Anschauung denn euklidisch ist. Die Antwort der empirischen Psychologie muß wahrscheinlich lauten, daß der Raum
unseres Anschauungsvermögens und unserer Phantasie weder
euklidisch noch nichteuklidisch, sondern unpräzise ist. In der
anschaulichen Vorstellung können wir zwischen einem Tau-
sendeck und einem Zehntausendeck, zwischen einer Million
und einer Milliarde Kilometern, zwischen 10^{-8} und 10^{-12} cm
nicht unterscheiden. Ein Kantianer würde vielleicht einwenden, dies gelte zwar für die empirische, nicht aber für die reine
Anschauung. Dieser Einwand fordert aber die Frage heraus, in
welchem Sinne es eine reine Anschauung gibt. In den metaphysischen Anfangsgründen der Naturwissenschaft nennt Kant
den Raum eine Idee. Dort geht es um die Absolutheit des
Raums, die nicht der Anschauung, sondern der Vernunft zugehört. Für unser Problem wird man sagen: die scheinbar anschauliche Evidenz der präzisierten Geometrie beruht darauf,
daß wir uns erlauben, extreme Größen ähnlich verkleinert oder
vergrößert vorzustellen. Die Existenz ähnlicher Figuren ist
aber bereits ein dem Parallelenpostulat äquivalentes Postulat
der euklidischen Geometrie. Die reine Anschauung Kants ist
also selbst schon ein Produkt des Denkens (vgl. *Kritik der reinen Vernunft*, 2. Auflage, S. 161, Fußnote).

Wir werden keine der speziellen Thesen Kants übernehmen,
sondern nur seine Fragestellung, ob Geometrie Bedingungen
der Möglichkeit von Erfahrung formuliere.

5. Konventionalismus. Ehe wir den letzten Versuch besprechen, die Apriori-Gewißheit der euklidischen Geometrie zu begründen, nämlich den Versuch von Dingler und Lorenzen, müssen wir den von ihm methodisch vorausgesetzten Konventionalismus erörtern.

Betrachten wir als Beispiel noch einmal den fiktiven Fall, Gauß hätte im großen optischen Dreieck eine Winkelsumme ungleich zwei rechten gefunden. Der geometrische Empirismus in naiver Fassung hätte gefolgert, in der Natur gelte eine nichteuklidische Geometrie; der Hierarchismus hätte gefolgert, Lichtstrahlen seien keine Geraden. Der Konventionalismus würde sagen, beide Beschreibungsweisen seien zulässig. Es sei ein Mißverständnis des konventionellen Charakters unserer Sprache, eine von beiden als die empirisch richtige auszeichnen zu wollen.

Ein zweites Beispiel: Vor etwa vierzig und noch einmal vor etwa zwanzig Jahren* konnte man in Bahnhofskiosken Schriften über die sogenannte Hohlwelttheorie kaufen. Nach dieser Theorie ist die Erde eine Hohlkugel, auf deren innerer Oberfläche wir leben. Die Gestirne sind sehr kleine leuchtende Körper nahe der Mitte der Kugel. Der Eindruck eines Himmelsgewölbes entsteht nur, weil alle Lichtstrahlen nicht gerade Linien, sondern Kreise durch den Mittelpunkt der Hohlkugel sind. Die Theorie verschwand aus den Kiosken, nachdem sie irrig prophezeit hatte, ein in Rußland abgeschossener Sputnik müsse nach einem Flug von höchstens 13 600 Kilometern auf der anderen Seite der Erde, also z. B. in Amerika, wieder herunterfallen. Den Verfassern war wohl entgangen, daß ihre Theorie empirisch unwiderlegbar gewesen wäre, wenn sie nicht nur (wie sie es taten) die Optik, sondern auch die Kinematik materieller Körper und überhaupt die ganze physikalische Geometrie der Transformation $r \to R^2/r$ (R = Erdradius, r = laufender Radius in Polarkoordinaten um den Erdmittelpunkt) unterworfen hätten. Aber vermutlich wollten sie das auch nicht, denn ihre Theorie wäre damit zugleich empirisch unbeweisbar, nämlich von der herrschenden Theorie überhaupt empirisch ununterscheidbar geworden.

* Geschrieben 1974.

Als drittes Beispiel kann die Allgemeine Relativitätstheorie dienen. Einstein forderte die allgemeine Kovarianz der Grundgleichungen gegen beliebige topologische Koordinatentransformationen. Die beiden ersten Beispiele stützen sich auf solche Transformationen (das zweite freilich auf eine Transformation mit einer Singularität, die in der Allgemeinen Relativitätstheorie wohl nicht zulässig ist). Man muß also fragen, wie Konventionalismus und allgemeine Kovarianz zusammenhängen.

Ein viertes Beispiel bietet die Hamilton-Jacobische Fassung der klassischen Punktmechanik an. Da die Newtonsche Bewegungsgleichung, in der die Ortskoordinaten und die Zeit als Variable vorkommen, eine Differentialgleichung zweiter Ordnung nach der Zeit ist, kann man neben den $3n$ Ortskoordinaten noch $3n$ unabhängige Impulskoordinaten einführen. Die dynamischen Gesetze sind dann in »kanonischer« Schreibweise invariant gegen gewisse »kanonische« Transformationen der $6n$ Orts- und Impulskoordinaten untereinander. Insbesondere ist bei beliebiger Hamiltonfunktion die Transformation auf »zyklische« Variable möglich. Sie führt $3n$ konstante Impulse und $3n$ linear mit der Zeit wachsende Ortskoordinaten ein. D.h. sie bildet eine Bewegung mit beliebigem Wechselwirkungsgesetz auf eine reine Trägheitsbewegung ab.

Diese dem Physiker wohlbekannten Fakten müssen erkenntnistheoretisch beim ersten Blick verwirrend wirken. Was ist nun in unserer Physik Beschreibung realer Erfahrungen, und was ist Konvention?

Der heutige Physiker würde hierauf wohl antworten: Die Naturgesetze lassen gewisse Transformationsgruppen zu. Beschreibungsweisen der Natur, die bei diesen Transformationen ineinander übergehen, sind gleichberechtigt; das ist der Wahrheitsgehalt des Konventionalismus. Eine Größe, die von verschiedenen Standpunkten aus verschieden zu beschreiben ist, ist dann eine wohldefinierte physikalische Größe, wenn bekannt ist, wie sie sich bei der Gruppe transformiert. Naturgesetze sind dann nicht Konventionen, wenn sie sich formal invariant bei allen Transformationen der Gruppe (»allgemein kovariant«) ausdrücken lassen.

Vielleicht darf ich diese Auffassung, ehe ich sie abstrakt im Detail erörtere, durch eine anekdotische Erinnerung erläutern.

Eines Sommerabends saß ich als Gast Martin Heideggers mit ihm vor seiner Hütte im Schwarzwald. Wir betrachteten den Sonnenuntergang, während sich im Osten soeben der fast volle Mond über die Tannen des Berghangs hob. Heidegger sagte zu mir: »Herr von Weizsäcker, Sie dürfen doch eigentlich gar nicht sagen, die Sonne gehe unter. Sie müssen doch sagen, der Erdhorizont hebe sich.« Ich antwortete, im Sinn der soeben geschilderten Auffassung: »Ich sage völlig unbefangen, die Sonne gehe unter. Denn ich weiß, daß ich damit dasselbe meine, wie wenn ich sagte, die Erde drehe meinen Horizont über die Sonne herauf. Wenn ich auf dem Atlantik, von Amerika kommend, am Heck meines Schiffs einem Schiff nachsehe, das, von Europa kommend, uns vor kurzem passiert hat, so sage ich, das andere Schiff tauche langsam hinter dem Horizont unter, wissend, daß ein Passagier am Heck jenes Schiffs ebenso über unser Schiff reden wird und daß wir beide recht haben.« Hatte Heidegger recht oder ich?

Die Schärfe des Problems kommt zum Vorschein, wenn man fragt, welche Transformationen zulässig sind. Nach Felix Kleins Erlanger Programm definiert die Auswahl einer Gruppe jeweils eine Geometrie. Die Mathematiker pflegen einen Raum zunächst als eine Mannigfaltigkeit von Elementen, die »Punkte« genannt werden, aufzufassen. Man pflegt ferner vorauszusetzen, daß alle Punkte einer Geometrie gleichberechtigt sind. D. h. die definierende Gruppe muß jeden Punkt in einen beliebig gewählten Punkt desselben Raumes überführen können; nur gewisse Relationen zwischen zwei oder mehr Punkten sollen invariant bleiben.

Für den Erkenntnistheoretiker der Physik entsteht schon hier ein Problem. Wenn alle Punkte gleichberechtigt sind, wie kann man sie dann überhaupt voneinander unterscheiden? Wenn man sie nicht durch jedem von ihnen individuell anhaftende Eigenschaften unterscheiden kann, wie kann man *sagen*, welcher Punkt durch eine Transformation in welchen überführt wird? Der Mathematiker macht sich diese Sache leicht; er »denkt sich« die Punkte irgendwie unterschieden und bezeichnet.* Die Be-

---

* Alter Kalauer: Der Unterschied zwischen dem experimentellen Physiker, dem theoretischen Physiker und dem Mathematiker ist an der Aufgabe des Öffnens einer Sardinenbüchse zu erläutern. Antwort: Der Experimentator macht die Büchse einfach auf. Der theoretische Physiker gibt ein zum Öffnen der Büchse geeignetes Verfahren an. Der Mathematiker denkt sich die Büchse geöffnet.

zeichnung, der »Name« eines Punkts, ist ein Merkmal, das ihm »von außen« angeheftet wird, das also weder eine »innere« noch eine durch die Raumstruktur ausgezeichnete Eigenschaft des Punktes, somit nicht Gegenstand der Geometrie ist. Wie aber soll der Physiker eine solche gedachte Geometrie real anwenden? Wenn er einem Gegenstand der Erfahrung, den er als Punkt im Sinne der Geometrie auffassen will, einen Namen gibt, wie kann er feststellen, ob dieser Name an dem Punkt haftet, also ob der Punkt, den er kurz darauf mit ebendiesem Namen bezeichnet, derselbe Punkt ist wie zuvor?

Das Problem ist ein Sonderfall der Frage, wie man individuelle Gegenstände unterscheiden kann, die unter denselben Begriff fallen. Für Gegenstände des täglichen Lebens ist eine hinreichende Antwort: sie haben stets auch noch andere Eigenschaften, die durch ihren gemeinsamen Begriff nicht determiniert sind, m. a. W. sie fallen stets auch noch unter andere, und zwar verschiedene Begriffe. Hier sind zwei Katzen, aber eine weiße und eine schwarze. Hier sind zwei schwarze Katzen, aber eine größere und eine kleinere, usw. Fingiert man jedoch zwei begrifflich ununterscheidbare Gegenstände, so besagt eine Denktradition (von der Leibniz und Kant in verschiedener Weise Gebrauch gemacht haben), sie könnten nicht zur selben Zeit am selben Ort sein, seien also wenigstens stets durch ihren Ort unterschieden. Wenn nun aber begrifflich strukturlos gedachte Orte selbst, eben die Punkte, die Gegenstände sind, die man unterscheiden will, so wäre es zirkelhaft, sie durch den Ort zu unterscheiden, an dem sie sich befinden.

Die übliche Antwort ist wohl: Begrifflich gleichartige Gegenstände, im Idealfall also Punkte, kann man nur demonstrativ, durch Hinzeigen unterscheiden. Dadurch wird nunmehr das zeigende Subjekt als unerläßliche Voraussetzung des Sinns der verwendeten Begriffe in die Erkenntnistheorie der Physik eingeführt. Ich halte diesen Schritt in der Tat für fundamental und für unvermeidlich. Dies ist hier zunächst eine bloße Behauptung. Die folgenden Abschnitte sollen die semantisch konsistente Einführung der physikalischen Geometrie schrittweise diskutieren, geleitet von der progressiven Erkenntnis der konventionalistischen Freiheit.

6. Dinglers operative Begründung der euklidischen Geometrie.
Hugo Dingler hat in Kenntnis der Kraft der konventionalistischen Argumente Poincarés versucht, die hierarchische Überordnung genau der euklidischen Geometrie über die empirische Physik zu retten. Er behauptet nicht mehr eine ontologische Wahrheit dieser Geometrie für einen physikalischen Gegenstand »Raum«, sondern ihre operative Notwendigkeit für einen methodisch eindeutigen Aufbau der Physik. In diesem Sinne meint er Kants Gedanken zu verwirklichen, Geometrie gehöre zu den Bedingungen der Möglichkeit der empirischen Physik. Lorenzen hat diese fast verschollenen Gedanken Dinglers wiederaufgenommen und zum Programm einer »Protophysik« ausgebaut. Diesen Thesen Lorenzens könnten adäquat nur im Zusammenhang mit seinem Entwurf einer Protologik, also allgemein einer Wiederherstellung des Hierarchismus auf operativer oder diskursiver Grundlage erörtert werden. Das kann im gegenwärtigen Aufsatz nicht geschehen. Daher sei hier nur ein m. E. entscheidender Grundgedanke Dinglers besprochen.

Eine Geometrie im Sinne des Erlanger Programms wird definiert durch eine Gruppe von Abbildungen der zugrundegelegten Punktmannigfaltigkeit auf sich. Dabei fordert man zwar, daß jeder Punkt in jeden anderen überführt werden kann (Homogenität des Raumes). Aber eine Teilmannigfaltigkeit von Punkten (eine »Figur«) soll nicht in jede gleichmächtige Teilmannigfaltigkeit überführt werden können. Figuren, die durch die Gruppe ineinander überführt werden können, heißen gleich im Sinne der betreffenden Geometrie. Die engsten Gruppen und damit die Einteilung in die kleinsten Klassen, die in der Geometrie betrachtet zu werden pflegen, halten eine Metrik invariant, speziell die euklidische Gruppe.

Man kann sagen, daß die euklidische Gruppe den klassischen Schnitt zwischen Geometrie und Physik (s. Abschnitt 1) überhaupt erst definiert hat. Sie überführt »kongruente« Körper ineinander ohne Rücksicht auf ihren Ort und ihre Orientierung. Physikalisch hingegen lehrt die elementare Erfahrung den Wesensunterschied von Richtungen wie z. B. oben und unten. Die griechische Wissenschaft kannte die Denkmöglichkeit, die Auszeichnung von Orten und Richtungen auf die Relation

zu bestimmten Körpern (z. B. zur Erde) oder zum Weltall zurückzuführen. Einerlei, welches Modell der Physik und Kosmologie man wählte, dies modifizierte jedenfalls nicht die Geometrie, insofern diese kongruente, aber verschieden situierte
und vielleicht qualitativ verschieden beschaffene Körper als
äquivalent behandelt. Aus dieser Erfahrung der Existenz von
Eigenschaften aller Körper, die von allen ihren übrigen empirischen Unterschieden unabhängig waren, erwuchs die Vorstellung einer hierarchisch übergeordneten Wissenschaft von
Körpern überhaupt, die nunmehr auch nicht auf Erfahrung gegründet schien, eben der Geometrie.

Der Empirismus des 19. Jahrhunderts mußte demgegenüber
die Angabe derjenigen Erfahrung verlangen, die diese Überordnung rechtfertigte. Helmholtz fand sie in der Existenz frei ver-
schieblicher starrer Körper. Diese Forderung reichte aber nur
aus, um eine metrische Geometrie mit konstantem Krüm-
mungsmaß zu begründen. Dingler verwendete eine gruppentheoretisch weitergehende Forderung, die am bequemsten in
der für ihn ohnehin zentralen operativen Fassung dargestellt
wird. Wenn Glas- oder Metallschleifer eine präzise (euklidische) Ebene herstellen wollen, so schleifen sie drei Körper
wechselweise aneinander ab. Zwei Körper, aneinander abgeschliffen, würden kongruente Grenzflächen konstanter Krümmung erzeugen. Wenn beide kongruent auf eine dritte Grenz-
fläche passen sollen, so muß die Krümmung Null sein.

Dingler argumentierte nun im wesentlichen so: Wenn wir geometrische Messungen ausführen wollen, müssen wir zunächst
die geometrischen Eigenschaften der Meßgeräte festlegen. Dies
muß in eindeutiger und darum unstreitig wiedererkennbarer
Weise geschehen und wird durch eine Reihe von real ausführbaren Operationen erreicht, von denen die soeben geschilderte
Herstellung einer Ebene wohl die wichtigste ist. Diese Operationen garantieren, daß die Meßinstrumente mit derjenigen
Genauigkeit, mit der die eindeutigen Vorschriften bei ihrer
Herstellung befolgt wurden – prinzipiell also mit beliebiger
Genauigkeit –, einer ganz bestimmten Geometrie genügen, und
zwar der euklidischen. Folglich müssen auch alle Objekte, die
man mit diesen Geräten ausmißt, kraft dieser Messungen geometrisch durch Eigenschaften charakterisiert werden, die not-

wendigerweise nur innerhalb dieser Geometrie scharf definiert sind und darum den Gesetzen ebendieser Geometrie genügen. Also ist durch eine reine Operationsvorschrift a priori gewiß, daß jeder in der Erfahrung mögliche geometrische Sachverhalt der euklidischen Geometrie genügen wird. Wenn jemand nun z. B. in Lichtstrahlendreiecken Winkelsummen ungleich zwei rechten findet, so ist a priori gewiß, daß dies nur die Deutung zuläßt, daß Lichtstrahlen keine Geraden sind. Man sieht sofort, daß keines unserer vier konventionalistischen Argumente, so wie es bisher vorgebracht ist, diesem Einwand standhält. In keinem von ihnen ist erwogen, wie man es macht, geometrische Meßinstrumente herzustellen (zum dritten Beispiel, der Allgemeinen Relativitätstheorie, vgl. *AP* Kap. 6.10). Das am Ende des Abschnitts 5 erörterte Problem der Bezeichnung von individuellen Punkten ergänzt Dingler somit durch eine Erwägung der operativen Kennzeichnung geometrischer Begriffe, also von Figurenklassen. Nur in Bohrs Diskussion des Meßprozesses (Abschnitt 4, Ende) findet sich eine Analogie, und Bohr ist ja in der Tat zu dem Resultat gekommen, daß jede Messung klassisch (also vermutlich, obwohl Bohr meines Wissens darüber nichts behauptet hat, auch euklidisch) beschrieben werden muß.

Als ich Dinglers Gedanken um 1935 kennenlernte, sah ich sofort ihre Kraft und reagierte auf sie doch so, wie fast alle Physiker zuvor und danach auf sie reagiert haben: Einsteins Einführung der Riemannschen Geometrie in die Physik kann doch durch solche methodologischen Argumente nicht als falsch erwiesen werden. Also mußte Dinglers Argument auch methodologisch einen Fehler enthalten. Als ich diesen Fehler (wie ich auch heute meine, zutreffend) lokalisiert hatte, schrieb ich darüber einen Aufsatz und besuchte Dingler zu einer achtstündigen, natürlich ergebnislosen Diskussion, deren Hauptargumente ich hier nach meiner (vermutlich subjektiv gefärbten) Erinnerung schildere.

Die Analogie mit Bohr gab mir einen Wink. Bohr argumentierte, wenn auch sehr viel weniger präzisiert als Dingler, ein Meßinstrument müsse raumzeitlich beschreibbar sein (sonst kann man es nicht wahrnehmen) und streng kausal funktionieren (sonst kann man aus der Ablesung nicht auf das Meßobjekt schließen); nur in der klassischen Physik seien de facto aber

Raum-Zeit-Beschreibung und Kausalforderung vereinbar, und darum müsse man ein Meßinstrument klassisch beschreiben. Die oft erörterten Probleme, die dieses Argument aufwirft, bespreche ich hier nicht. Ich unterscheide nur, zum Vergleich mit Dingler, zwei denkbare Interpretationen der Intention Bohrs, eine falsche und eine richtige. Bohr argumentiert *nicht* so: »Jedes Meßinstrument genügt der klassischen Physik. Also definiert es alle physikalischen Eigenschaften der Meßobjekte im Einklang mit der klassischen Physik. Also gilt die klassische Physik für alle meßbaren Objekte.« Er argumentiert vielmehr so: »Jedes Meßinstrument ist nur so weit zur Messung tauglich, als man es klassisch beschreiben kann. Nun gilt aber für die Meßobjekte, jedenfalls im atomaren Bereich, nicht die klassische Physik, sondern die Quantentheorie. Deshalb lassen sich diese Objekte nicht wie makroskopische Körper genähert objektivieren; das ist die Komplementarität. Die Meßgeräte also müssen makroskopische Körper sein, und wo die Näherung, in der wir sie mit den klassischen Begriffen beschreiben, zusammenbricht, sind sie eben nicht mehr als (ideale) Meßinstrumente tauglich.«

Analog argumentierte ich nun gegen Dingler. Dingler behauptet, sein Argument gelte a priori im Sinne Kants, d. h. unabhängig von jeder speziellen Erfahrung, abhängig nur davon, daß überhaupt Erfahrung (räumlicher Art) möglich ist. Dann müßte es aber auch gelten, wenn man die Hypothese machte, die speziellen Erfahrungen seien so, daß alle Körper und das Licht sich verhalten wie Körper und Strahlen einer bestimmten nichteuklidischen Geometrie, die nur im Kleinen (praktisch: im täglichen Erfahrungsbereich der Menschen) in hinreichender Näherung euklidisch approximiert werden kann. Unter dieser Voraussetzung müßte aber Dinglers operative Herstellung euklidischer Ebenen für hinreichend große Werkstücke (oder hinreichend genaue Realisierung) physisch in vorhersagbarer und reproduzierbarer Weise mißraten. Ich nahm z. B. an, sie müßten sich bei den zum Anpassen und Schleifen nötigen Bewegungen so deformieren, daß sie total abgeschliffen würden, ohne je zur Deckung zu kommen. Vielleicht läge noch eher eine Annahme nahe, nach der das Schleifen zwar gelingt, aber ein auf einer so hergestellten Ebene euklidisch gezeichnetes Dreieck bei

der Bewegung seine (durch Messungen im Kleinen an drei verschiedenen Orten meßbare) Winkelsumme ändert. Als die Diskussion so weit fortgeschritten war, antwortete Dingler meiner
Erinnerung nach nur, das von mir unterstellte Verhalten der
Körper sei »eine phantastische Behauptung«, für die ich die Beweislast trage. Damit glaubte (und glaube) ich die Debatte definitiv gewonnen zu haben. Denn mein Argument bedarf nicht
der empirischen Richtigkeit, sondern nur der Denkbarkeit dieser Annahme über das Verhalten physischer Körper. Damit ist
eine spezielle Erfahrung denkbar, die Dinglers Forderung in einer exakt angebbaren Größenordnung unerfüllbar macht. Also
kann man nicht a priori einsehen, daß Dinglers Annahme von
jeder speziellen Erfahrung unabhängig sein muß, entgegen seinem Anspruch. Etwas unfreundlicher formuliert: Eine physikalische Hypothese ist nicht deshalb unmöglich, weil sie vom
Standpunkt einer zum Zweck ihrer Vermeidung eingeführten
Methodologie aus phantastisch erscheint.

7. *Semantische Konsistenz.* Wir schalten einen Abschnitt wissenschaftstheoretischer Besinnung ein und vergegenwärtigen
uns zunächst den bis hierher erreichten Stand in der Frage nach
den Grundlagen der physikalischen Geometrie. Wir befinden
uns im Versuch einer gruppentheoretischen Präzisierung der
durch den Konventionalismus erzeugten Fragestellung. Wir haben zunächst die Annahme akzeptiert, es gebe eine Mannigfaltigkeit von Punkten, genannt »der Raum«, die untereinander
naturgesetzlich äquivalent, aber durch Aufweisung unterscheidbar sind. Wir wissen schon, daß wir diese Mannigfaltigkeit, wenn wir die Relativitätstheorie übernehmen, durch die
raumzeitliche Mannigfaltigkeit von punktuellen Ereignissen
werden ersetzen müssen, die Minkowski »die Welt« nannte.
Ferner sollten wir darauf vorbereitet sein, die Annahme einer
solchen Punktmannigfaltigkeit quantentheoretisch zu kritisieren und vielleicht zu begründen. Unsere gegenwärtige Frage
ist, ob und, wenn ja, wodurch eine Gruppe von Abbildungen
des Raumes auf sich ausgezeichnet ist, welche eine physikalische Geometrie, also eine Äquivalenzrelation von Figuren, definieren würde.
Historisch haben wir eine solche Auszeichnung in Gestalt

der euklidischen Geometrie schon vorgefunden. Wir haben die kritische Rückfrage nach der Rechtfertigung einer solchen Auszeichnung (sei es der euklidischen, sei es einer anderen Geometrie) gestellt und drei sukzessive Antworten, die wir erhielten, als unzureichend befunden: die Rechtfertigung durch Evidenz, durch direkte Erfahrung und durch hierarchistische Festlegung von Bedingungen der Möglichkeit von Erfahrung. Damit haben wir aber auch am Beispiel der Geometrie ein Stück Geschichte der Wissenschaftstheorie nachvollzogen. Wie kann man überhaupt der Wahrheit eines allgemeingültigen Satzes gewiß sein? Die Geschichte der Reflexion auf diese Frage bietet uns, roh gesprochen, gerade die vier Antworttypen: naive Selbstverständlichkeit, Berufung auf Evidenz, Bestätigung durch Erfahrung, Reflexion auf die Bedingungen der Möglichkeit von Erfahrung. Man wird sagen dürfen, daß alle vier Verifikationsweisen, jedenfalls so, wie sie bisher präsentiert worden sind, aus allgemein einsichtigen Gründen scheitern müssen. Naive Selbstverständlichkeit einer Meinung ist überhaupt kein Argument für diese, sondern sie ist der Zustand, ehe das Bedürfnis nach Argumenten gefühlt wird. Ihre Selbstverteidigung gegen kritische Rückfragen ist die Berufung auf Evidenz. Berufung auf Evidenz ist aber dort kein Argument, wo jemand da ist, der diese Evidenz nicht in sich erlebt. Das mag daran liegen, daß er etwas nicht sieht, was ihm, wenn er es sähe, evident wäre; es kann aber auch daran liegen, daß er ein Gegenargument oder Gegenbeispiel sieht. Der im Wort Evidenz steckende Begriff des Sehens erscheint nun der empiristischen oder sensualistischen Reflexion als eine Metapher. Sie sucht Evidenz auf sinnliche Evidenz einzuschränken und die Realwissenschaften wie die Physik auf diese zu begründen. Der von Popper wieder hervorgehobene Einwand hiergegen ist, daß die Gesetze der Physik allgemeingültig sein sollen und daß sie als allgemeine nicht durch eine ihrem Wesen nach unvollständige Aufzählung von Fakten begründet werden können. Kants Begründung allgemeiner Gesetze als notwendige Bedingungen der Erfahrung bleibt von diesem Einwand nur dann unbetroffen, wenn die Notwendigkeit dieser Bedingungen selbst evident ist. Daß ihr diese Evidenz jedenfalls in der von Kant oder Dingler gewählten hierarchistischen Fassung fehlt, haben wir am Ende der Abschnitte 3 und 6 wohl gesehen. Wir lassen dabei, wie überhaupt in diesem Aufsatz, das Problem logischer oder struktureller Evidenz beiseite.

Wir könnten soweit der Popperschen These folgen, daß allgemeine, für die Erfahrung gültige Gesetze nicht verifiziert werden können. Nicht so klar ist, ob sie wenigstens falsifiziert werden können. Unsere Gegenbeispiele gegen Kant und Dingler standen auf einer höheren Abstraktionsstufe als derjenigen der empirischen Falsifikation. Es wurde nicht behauptet, eine Erfahrung liege vor, die mit dem euklidischen Charakter der reinen Anschauung oder der Herstellbarkeit euklidischer Ebenen unvereinbar sei, sondern nur, Hypothesen über die Anschauung oder über das Verhalten von Körpern seien möglich, welche, wenn sie wahr wären, die Realisierung der Erwartungen Kants und Dinglers faktisch ausschließen würden. Im übrigen widersteht weder der Verifikations- noch der Falsifikationsglaube der Kritik, die der Konventionalismus an den Prämissen beider übt.

Die durch Th. S. Kuhn eingeleitete neuere Entwicklung der Wissenschaftstheorie läßt diese bisher ungelösten Probleme mehr oder weniger auf sich beruhen und studiert zunächst die geschichtliche Entwicklung der Wissenschaft. Diese Wendung kann man als eine legitime Kritik der Wissenschaftstheorie an ihrem eigenen Hierarchismus verstehen. Auch die Wissenschaftstheorie ist der Wissenschaft, deren Theorie sie ist, nicht hierarchisch vorgeordnet; sie ist durch den historischen Gang der Wissenschaft korrigierbar. Anders gesagt: Wenn Erfahrung die Grundlage unseres Wissens genannt wird, so wird man wohl erst durch Erfahrung wissen können, was Erfahrung ist; und der hierfür relevante Erfahrungsbereich ist zunächst einmal die Geschichte der Wissenschaft. Kuhn beschreibt diese Geschichte als eine Abfolge von Paradigmen, deren jedes eine Phase normaler Wissenschaft beherrscht und in einer wissenschaftlichen Revolution durch ein neues abgelöst wird. Heisenberg hatte schon vor Kuhn denselben historischen Hergang als eine Abfolge abgeschlossener Theorien beschrieben, deren jede die früheren umfaßt und sie auf einen Bereich genäherter Geltung einschränkt.

Uns hat der Unterschied zwischen Kuhn und Heisenberg zu

interessieren, also der Unterschied zwischen einem zur Problemlösung brauchbaren paradigmatischen Verfahren und einer einen Erfahrungsbereich in hinreichend guter Näherung beschreibenden Theorie. Für Kuhns These, daß paradigmatische Verfahren allgemeiner verwendet werden als die zu ihrer Interpretation benützten theoretischen Regelsysteme, gibt es zahlreiche historische Beispiele. Aber sind unsere hauptsächlichen Beispiele physikalischer Geometrie, nämlich die in der klassischen Physik benutzte euklidische, die in der Speziellen Relativitätstheorie eingeführte Minkowskische und die in der Allgemeinen Relativitätstheorie verwendete Riemannsche, nicht abgeschlossene Theorien im Sinne Heisenbergs? Sie sind wohldefinierte mathematische Theorien. Aber ihre Anwendung auf die empirische, technische Wirklichkeit setzt voraus, daß man weiß, mit welchen Phänomenen dieser Wirklichkeit man die in ihnen verwendeten mathematischen Begriffe, beginnend mit Begriffen wie Punkt, Gerade, Abstand, identifizieren soll. D.h. sie setzt gerade voraus, daß man nicht im Problem des Konventionalismus steckt.

Ich schlage nun vor, auch dieses Problem bis auf weiteres geschichtlich zu betrachten. Auch die Deutungen der mathematischen Theorien geschehen durch Paradigmen, und ebendiese Paradigmen sind im allgemeinen die Rechtfertigung der Einführung der Theorien. Eine Theorie eines Phänomenbereichs geht stets von einem Vorverständnis der Phänomene aus. Wenn die Theorie volle mathematische Gestalt angenommen hat, so kann man in ihr den mathematischen Formalismus unterscheiden von der physikalischen Deutung der im Formalismus benutzten Begriffe. Die Deutung bedient sich des Vorverständnisses, z.B.:

Seien $x_1 y_1 z_1$ und $x_2 y_2 z_2$ die cartesischen Koordinaten zweier Punkte an Körpern, so sei $r = \sqrt{(x_1 - x_2)^2 + (y_1 - y_2)^2 + (z_1 - z_2)^2}$ ihr Abstand. Was Abstand ist, wissen wir alle schon.

Hier tritt nun ein zentrales wissenschaftstheoretisches Problem auf, das ich als das Problem der semantischen Konsistenz bezeichnen möchte. Das Vorverständnis liefert die Semantik, die physikalische Bedeutungserfüllung der mathematischen Theorie. Die so gedeutete Theorie aber beschreibt, wenigstens in gewissen Aspekten, ebendieselben Phänomene, in denen sich das Vorverständnis bewegt. Ist diese theoretische Beschreibung der Phänomene mit dem Vorverständnis vereinbar? D. h. ist die Theorie, deren mathematische Konsistenz vorausgesetzt sei, in dem Sinne auch semantisch konsistent, daß der Gesamtkomplex der gedeuteten Theorie, also die mathematische Theorie zusammen mit dem Vorverständnis, widerspruchsfrei ist? Diese Frage läßt sich oft nicht unmittelbar entscheiden, jedenfalls dann nicht, wenn das Vorverständnis selbst nicht theoretisch formuliert war. Es kann vorkommen, daß die Theorie nunmehr das Vorverständnis präzisiert. D. h. man gewöhnt sich an, das Vorverständnis im Einklang mit der Theorie auszusprechen und alle dazu nicht passenden Sprech- und Vorstellungsweisen zu verbannen. In diesem Sinne hat die euklidische Geometrie das Vorverständnis der räumlichen Anschauung präzisiert (vgl. Ende von Abschnitt 4). Es kann aber auch vorkommen, daß die Theorie das Vorverständnis explizit korrigiert. Das klassische Beispiel dafür ist Einsteins Kritik des Begriffs der Gleichzeitigkeit entfernter Ereignisse. Jedenfalls aber wird man die semantische Konsistenz für eine abgeschlossene Theorie fordern.

Diese Forderung erweist sich jedoch als zweideutig. Sie läßt eine engere und eine weitere Fassung zu. Dies hängt damit zusammen, daß Theorien Phänomene nicht nur historisch beschreiben, sondern erklären. Die sehr komplexe wissenschaftstheoretische Debatte über den Erklärungsbegriff soll hier nicht aufgerollt werden. Der Unterschied von Beschreiben und Erklären werde vielmehr nur am Beispiel der euklidischen Geometrie erläutert. Wenn die babylonische Geometrie den pythagoreischen Lehrsatz wie ein faktisch geltendes Naturgesetz kannte, so wollen wir sagen, daß sie die Natur mit Hilfe dieses Gesetzes beschrieb. Wenn ein griechischer Mathematiker, etwa Pythagoras, diesen Lehrsatz aus wenigen Axiomen herleitete und in diesem Sinne bewies, so sagen wir, er habe die von den Babyloniern beobachteten Phänomene erklärt. Beschreiben und Erklären sind, so gefaßt, Relativbegriffe. Man kann auch sagen, daß die Babylonier die Phänomene, die sie im einzelnen beschrieben, durch den empirisch fundierten, aber als allgemeingültig postulierten Lehrsatz erklärten. Andererseits kann man sagen, daß die Griechen mit den Prinzipien, aus denen heraus sie erklärten, also z. B. mit den Axiomen der euklidischen Geometrie, wieder nur gewisse sehr allgemein verbreitete Phänomene beschrieben. In dieser Verschieblichkeit der Terminologie verbergen sich die Probleme des Sinns der Begriffe »Begriff« und »Gesetz«. Jedenfalls aber statuiert eine Erklärung, so wie wir hier das Wort gebrauchen, stets die Notwendigkeit eines Zusammenhangs, der ohne sie nur beschrieben werden könnte; und Notwendigkeit ist selbst nur relativ auf andere, selbst letzten Endes entweder als evident erlebte oder nur beschriebene Zusammenhänge. Fassen wir nun das Vorverständnis einer Theorie als die Beschreibung eines Phänomenbereichs auf, so kann die Theorie einen Teil dieser Beschreibung erklären (wie der pythagoreische Beweis die allgemeine Gültigkeit des pythagoreischen Lehrsatzes erklärt), einen Teil wird sie selbst lediglich beschreiben, eventuell mit präziseren Begriffen (z. B. indem sie die Existenz der Fundamentalgebilde, wie Punkte, Geraden, Körper, postuliert), einen dritten Teil wird sie als außerhalb ihres Gegenstandsbereichs liegend auf sich beruhen lassen (z. B. den physischen Unterschied zwischen den Raumrichtungen).

Als semantisch konsistent im engen Sinne kann man nun eine Theorie bezeichnen, deren Vorverständnis, soweit es von der Theorie selbst erklärt wird, mit dieser Erklärung verträglich ist. Z. B. dürfen im Vorverständnis der euklidischen Geometrie keine Dreiecke vorkommen, für welche empirisch die Verletzung des Satzes des Pythagoras oder des Winkelsummensatzes behauptet wird. Wir wollen sagen, eine Theorie sei semantisch konsistent im engeren Sinne, wenn in ihr keine semantischen Inkonsistenzen bekannt geworden sind.

Semantisch konsistent im weiteren Sinne werden wir eine Theorie nennen wollen, in der gar keine semantischen Inkonsistenzen auftreten können. Diese Forderung läßt wieder zwei Interpretationen zu. Die erste Interpretation entspricht Heisenbergs Begriff der abgeschlossenen Theorie. Die Theorie sei als mathematisch widerspruchsfrei vorausgesetzt, und es sei verfügt, daß das Vorverständnis nur im Einklang mit der Theorie interpretiert werden darf. Dann ist die semantische Konsistenz durch Verfügung gesichert. Damit ist aber vom eigentlichen Problem der semantischen Konsistenz abgesehen. Man kann ja nicht durch Verfügung sichern, daß die Phänomene eine Beschreibung gemäß dieser Theorie überhaupt unbegrenzt zulassen. Dies verfügen zu wollen, war Dinglers Fehler. Heisenberg spricht daher konsequent vom Geltungsbereich einer abgeschlossenen Theorie. Dieser umfaßt gerade die Phänomene, die sich der Verfügung fügen. An welcher Stelle der Geltungsbereich aufhört, das kann nur weitere Erfahrung lehren oder die Erklärung dieser weiteren Erfahrung in einer umfassenden abgeschlossenen Theorie. Dabei ist die nun nicht mehr mit der Theorie vereinbare Erfahrung eine Art Erweiterung des Vorverständnisses über die bisherige Theorie hinaus. Die neue Erfahrung wird im allgemeinen mit Hilfe der Begriffe der bisherigen Theorie formuliert und führt gerade dann auf Widersprüche. Erst die neue Theorie verändert mit den neuen Gesetzen, in denen die Begriffe vorkommen, den Sinn der Begriffe so, daß die Widersprüche verschwinden (»sich als scheinbar erweisen«). In diesem Sinne ist die alte Theorie Vorverständnis der neuen. Im allgemeinen wird die neue Theorie einen Teil dessen erklären, was die alte nur beschreibt. Heisenbergs abgeschlossene Theorien erweisen sich damit als semantisch konsistent im engeren Sinne, solange sie als wahr gelten, und, wenn sie überholt sind, als semantisch konstistent im weiteren Sinne nur bezüglich ihres Geltungsbereichs, außerhalb davon als semantisch inkonsistent.

Die zweite und eigentliche Interpretation der semantischen Konsistenz im weiteren Sinne müßte eine Theorie bezeichnen, in der solche Widersprüche nicht mehr auftreten können. Dies könnte höchstens in einer letzten, endgültigen Theorie der Fall sein. Gegenüber einer historischen Abfolge von Theorien bleibt es eine regulative Idee, deren Diskussion den Rahmen dieses Aufsatzes überschreitet.

Wir können in der jetzt eingeführten Sprechweise unsere bisherigen Probleme beschreiben. Der naive Empirismus übersieht, daß jede Erfahrung ein Vorverständnis benutzt, das selbst schon Begriffe, also Theorieelemente enthält und entsprechend kritisierbar ist. Der Hierarchismus erkennt dieses Vorverständnis als solches und versucht, es ein für allemal festzulegen. Er übersieht die Möglichkeit seiner nachträglichen Korrektur. Diejenigen Züge des Vorverständnisses, deren Abänderung man für unmöglich hält, sofern überhaupt Erfahrung stattfinden soll, nennt man Bedingungen der Möglichkeit von Erfahrung. Unsere Auffassung besagt, daß man von solchen Bedingungen sinnvoll sprechen kann, daß aber ihre Formulierung, ja ihr gesamter Inhalt durch nachträgliche Prüfung der semantischen Konsistenz verändert werden kann. Der Konventionalismus schließlich hebt das Problem aus seinem geschichtlichen Zusammenhang heraus und wäre daher vielleicht erst in einer im weiteren Sinne semantisch konsistenten endgültigen Theorie vollständig diskutierbar. Wir beschränken uns hier auf die Beispiele aus Abschnitt 5.

Das erste Beispiel (Gauß' Dreiecksmessung) formuliert nur eine Aufgabe. Es unterstellt, innerhalb des kombinierten Vorverständnisses der euklidischen Geometrie und der Theorie geradliniger Lichtausbreitung werde ein empirischer Widerspruch konstatiert. Nach unserer jetzigen Auffassung muß erst eine Theorie gefunden werden, die diese Phänomene widerspruchsfrei beschreibt, und diese Theorie wird dann das Vorverständnis korrigieren. Ohne solche Theorie ist das Beispiel nicht diskutierbar.

Das zweite Beispiel (Hohlwelt) ist umgekehrt innerhalb einer Theorie (z. B. der klassischen Physik) formuliert. Hält man an dem Vorverständnis fest, daß ein Abstand die Anzahl von Malen mißt, in der ein Einheitsmaßstab angelegt werden muß, um ihn auszumessen, so ist gemäß dieser Definition die Beschreibung der Welt als Hohlwelt semantisch inkonsistent, denn sie fordert, daß sich auch die Maßstäbe gemäß der Transformation $r \rightarrow R^2/r$ ändern. Im übrigen zeigt das Beispiel nur, daß in einer im engeren Sinne semantisch konsistenten Theorie Umbenennungen möglich sind, die gerade deshalb empirisch unwiderlegbar sind, weil die neuen Namen durch explizite Definition aus den alten hervorgehen.

Der Widerstand, den wir gegen solche Umbenennungen empfinden, hängt damit zusammen, daß Sprache und Vorverständnis innerhalb unserer Geschichte nie in ihrem Beitrag zu einer einzigen, wenn auch noch so umfassenden Theorie aufgegangen sind. Dies wird deutlich an Heideggers Äußerung über den Sonnenuntergang. Meine relativistische Antwort war ungenau. Die beiden Schiffe zwar sind auch mechanisch äquivalent, da ihre Bewegungen durch eine Raumspiegelung auseinander hervorgehen. Für die klassische Dynamik ist jedoch die kopernikanische Beschreibung des Sonnenuntergangs, die Heidegger mir imputierte, in der Tat ausgezeichnet, da in rotierenden Bezugssystemen »Scheinkräfte« auftreten; das Wort »Schein« bezeichnet hier das Empfinden semantischer Inkonsistenz. Freilich kann die sprachliche Freiheit in der Formulierung des Vorverständnisses so erweitert werden, daß auch die Folgen solcher Übergänge zu beschleunigten Bezugssystemen korrekt mitgedacht werden. Auf der anderen Seite umfaßt die übliche Sprechweise, die Heidegger für sich in Anspruch nahm, die volle Beziehung des wahrnehmenden Subjekts zum sogenannten physischen Vorgang, also das eigentliche Phänomen. Auf diese Trennung des physikalisch objektivierten Vorgangs vom Phänomen wies Heidegger hin. Aber gerade auf diese seine Intention zielte meine Antwort. Ich war der Meinung, daß das Subjekt sich anderen Subjekten gegenüber relativieren kann und soll. Deshalb sprach ich von einem Passagier auf dem anderen Schiff, der vielleicht – was ich nicht sagte – mein Freund ist. Mit veränderter Bewußtseinslage verändern sich auch die Phänomene. Doch gehört der Bewußtseinswandel durch die Wissenschaft (die Zusammengehörigkeit von »Du« und »Gestalt«) zu den vielen in diesem Aufsatz nicht mehr erörterten Problemen.

Das dritte Beispiel ist in *AP* 7.10 schon besprochen.

Das vierte Beispiel (Hamilton-Jacobi-Theorie) ist ähnlich gebaut wie das zweite, aber physikalisch sinnvoller. Der Übergang zu den zyklischen Koordinaten ist gleichbedeutend der Lösung der Bewegungsgleichungen. Es charakterisiert jede Lösung durch ihre Integrationskonstanten. Die klassische Punktmechanik bedarf also eines Vorverständnisses, um freie von Wechselwirkungsvorgängen zu unterscheiden, und ihre Invarianz gegen kanonische Transformationen zeigt, daß sie, für sich genommen, dieses Vorverständnis selbst nicht erklären kann.

Dieses Vorverständnis hat mit der Zerlegbarkeit in Einzelobjekte (hier Massenpunkte) zu tun.

Zusammenfassend kann man vielleicht sagen, daß der Konventionalismus zwei ziemlich verschiedene Problemklassen andeutet. Im Bereich des Vorverständnisses weist er auf den konventionellen oder historisch relativen Charakter der Sprache, auf die Möglichkeit verschiedener Sprachspiele hin. Dies gehört in die Sprachphilosophie und kann vielleicht überhaupt nicht mit mathematischer Strenge erörtert werden. Wenn man lange genug über solche Fragen redet und sensibel und guten Willens ist, versteht man einander am Ende ein Stück weit und kann eine Sprache entwickeln, in der dieses Verständnis wirksam wird. Im Bereich der mathematischen Theorie reduziert sich der Konventionalismus auf die Invarianz der Gesetze gegen Transformationsgruppen. Welche Gruppen das sind, müssen wir nunmehr mit Hilfe des Vorverständnisses der heutigen Physik zu formulieren suchen.

3. Mathematische Jugenderinnerungen*

In der Schule fiel mir Mathematik leichter als den Mitschülern, aber, wie ich bald bemerkte, schwerer als mathematisch wirklich begabten Leuten. Sie war mir kein starkes spontanes Interesse, so wie zuerst Astronomie und später Physik, Philosophie, Geschichte und Politik, kein existentielles Problem wie die Religion. Vierzehnjährig realisierte ich, wieviel Mathematik ich zur Physik brauchen würde; ich verglich mein mühsames Studium des »Nernst-Schönflies« (einer Einführung in die Differential- und Integralrechnung) mit Anekdoten über Gauß und dachte: »Wäre es nicht besser, ich wäre mit weniger Nebentalenten (z. B. Schönheitssinn, Fähigkeit zu schreiben) ausgestattet und könnte dafür so viel Mathematik wie Gauß!« Hier wollte ich aber die Mathematik als Dienstmagd. Ihre eigene Schönheit ging mir nur langsam auf. Viele Jahrzehnte später, nach langem Werben, legte ich mir die Redensart zurecht, mein Verhältnis zur Mathematik sei meine einzige Erfahrung unerwiderter Liebe.

---

*   Unveröffentlichte Aufzeichnung, 1980. Wenn es sich darum handelt, die Wahrnehmung für mathematische Probleme zum Zweck der philosophischen Reflexion bewußt zu machen, darf vielleicht auch eine private, unbefangen autobiographische Aufzeichnung darüber, wie dem Verfasser diese Probleme zuerst entgegengetreten sind, als Beitrag abgedruckt werden.

Meine Erinnerung an intensives Nachdenken über Mathematik in der Schule betrifft vor allem gedankliche Schwierigkeiten des *Unendlichen* und des *Kontinuums*. Ich war etwa zwölf Jahre alt. Der Lehrer erklärte die Deutung des periodischen Dezimalbruchs als Bruch:

$$x = 0,786786\ldots$$
$$1000 \ \ x = 786,786786\ldots$$
$$\overline{999 \ \ x = 786}$$
$$x = \frac{786}{999}$$

Ich fand: hinten wird doch offenbar betrogen. Der Lehrer sagte: »Der Fehler macht so wenig aus, wie du willst.« Ich blieb unbefriedigt, aber machtlos.

Analog in der *Geometrie*. Ich lernte in der Schule, die Gerade sei die kürzeste Verbindung zweier Punkte. Zu Hause zeichnete ich zwei Punkte aufs Papier und zwischen ihnen eine Gerade. Nun suchte ich eine kürzere Verbindung der Punkte als diese Gerade, fand aber keine. Ich war also in meinem Widerlegungsversuch gescheitert, hatte aber nicht begriffen, warum. Später, in der Prima, als ich sechzehn Jahre alt war, lernten wir *Differentialrechnung*. Ich wußte, daß ich nicht verstand, was da geschah. Meine Reaktion: »Das Unendliche ist dort, wo der Unsinn vernünftig wird.«

Auf der Universität lernte ich viel zu wenig Mathematik. Ich war, von anderem absorbiert, in Mathematik schlicht faul. Ich täuschte mich darüber, wie wenig ich konnte und wie unfähig mich dies machte, die theoretische Physik nachzuvollziehen. Werner Heisenberg merkte das, mahnte mich, aber fast erfolglos. Von seiner »Kochrezept-Mathematik«, die er seinem darin virtuosen Lehrer Sommerfeld verdankte, lernte ich gerade genug, um die leichteren Übungsaufgaben zu lösen. Edward Teller, der damals Korrekturassistent war, sagte mir später: »Deine Aufgaben waren besonders unangenehm zu korrigieren. Weder waren sie fehlerlos, noch machtest du dieselben Fehler wie alle anderen, die voneinander abschrieben.« Van der Waerden fragte mich im Doktorexamen, Mathematik als Nebenfach, nach einem Satz aus der Potentialtheorie, den ich nicht wußte. Er: »Ich dachte, Sie als Physiker würden den Satz kennen. Aber vielleicht können Sie ihn jetzt beweisen.« Mit ein paar Winken von ihm brachte ich den Beweis zustande. Das war der Inhalt der Prüfungsstunde, und er gab mir die Note »sehr gut«. Das war nobel. Aber es hat doch auch dazu beigetragen, mich für weitere Jahrzehnte über mein mangelndes mathematisches Wissen zu täuschen.

Freilich hatte van der Waerden recht, daß ich im Notfall mathematisch denken konnte. Ein Haupthemmnis, wohl die eigentliche Ursache meiner anfänglichen »Faulheit« in Mathematik, war, daß ich nicht konsistent mit Begriffen hantieren konnte, die ich im Grunde nicht verstand – wenn auch eine größere Leichtigkeit des mathematischen Denkens mich, wie alle geborenen Mathematiker, über diese Abgründe fortgetragen hätte. Die einzige Disziplin der Mathematik, die ich auf der Universität spontan las, war *Mengenlehre*. Als Heisenberg mich einmal fragte: »Was lernst du eigentlich gerade in Mathematik?« und ich antwortete: »Mengenlehre«, sagte er: »Das mußt du nicht tun. Das ist alles Unsinn. Laß dir von den Mathematikern nicht einreden, daß es so etwas gibt wie eine Funktion, die an jedem rationalen Punkt Eins, an jedem irrationalen Punkt Null ist. Das ist Schwindel.« Ich habe das in meinem Aufsatz *Heisenbergs Begriff der Physik* (1976, hier im Kapitel II 7) geschildert.* Er wies mich auch auf den Intuitionismus hin. Aber das alles studierte ich damals nicht sorgfältig. Es war mir zu schwer.

Ich las damals auch *Anfangsgründe* der *mathematischen Logik* (Hilbert-Ackermann). Naiv versuchte ich, Spinozas *Ethik* zu formalisieren. Mein Scheitern an der Definition »per substantiam intelligo id, quod in se est et per se concipitur« war mir philosophisch sehr lehrreich bezüglich des Unterschieds philosophischer und mathematischer Vorgehensweise, also auch des Selbstmißverständnisses in Spinozas Anspruch, »more geometrico« zu beweisen. Die Begegnung mit Heinrich Scholz im Jahr 1939 förderte dieses Interesse, das aber doch sehr dilettantisch blieb. Im *Begrifflichen Aufbau der theoretischen Physik*

---

*   Dort habe ich einen anderen, von ihm verworfenen Satz der mengentheoretischen Auffassung der Mathematik zitiert. Er hat beide verworfen und, wenn ich mich recht erinnere, zuerst das hier zitierte Beispiel gebraucht.

(1948) versuchte ich einiges hierüber zu notieren. Das Wesentliche dort war die Theorie der schlichten und reflektierten Erkenntnis (hier im 2. Kapitel abgedruckt). In dieser Sprache ist die klassische Mathematik rein reflektiertes Denken. Was das heißt, bleibt ein Problem.

Ein ernsthafter Versuch, an die Grundlagen der Mathematik heranzugehen, war das Unternehmen, das *Kontinuum potentiell* und die hier benutzte *Möglichkeit quantentheoretisch* zu deuten. Darüber berichte ich in *AP* 7.7. Dies führte mich dann ins Problem der quantentheoretischen Logik und ihrer Deutung als zeitliche Logik. Die Reflexion hierauf führte schließlich in die Themen dieses und der folgenden Kapitel. Zum Studium der eigentlichen Mathematik brachte mich aber erst die Nötigung, mich für die Fragen der Grundlagen der Quantentheorie über die Theorie der Lie-Gruppen zu orientieren.

4. Zahlbegriffe und Physik*

Vorbemerkung

Den systematischen Aufbau der Mathematik beginnt man heute normalerweise von der Logik und Mengenlehre aus. In Teil II werden die Probleme dieses Aufbaus in zwei Aufsätzen des 5. Kapitels besprochen, und die hieraus folgenden Probleme der Grundlagen der Logik im 6. Kapitel. Hier, in Teil I, wollen wir uns nur knapp die Zahlbegriffe vor Augen führen, die sich für den Aufbau der Physik strukturbildend erweisen. Der Aufsatz beginnt daher mit einer Fragestellung über die mathematische Struktur der Physik, skizziert dann die Zahlbegriffe und schließlich ihre Anwendung in der Erfahrung.

Danach freilich gehen wir nicht direkt zur Physik über, sondern wenden uns der Reflexion auf das Wesen der Mathematik (Abschnitt 5) und der Logik (6. Kapitel) zu.

* Dies ist ein Aufsatz von Th. Görnitz und mir von 1990. Er wurde, wesentlich erweitert, veröffentlicht: Th. Görnitz, E. Ruhnau, C.F. v. Weizsäcker, »Temporal Asymmetry as Precondition of Experience – the Foundation of the Arrow of Time«, in: *Int. Journal of Theoretical Physics*, 1992.

1. Fragestellung

Die nachstehenden Überlegungen sind durch die Diskussion von zwei Fragen ausgelöst:

A. Reversibilität. Warum sind trotz der empirischen Irreversibilität der meisten beobachtbaren Naturvorgänge alle uns bekannten Grundgleichungen reversibel, d. h. invariant unter Bewegungsumkehr?

B. Komplexität. Warum ist, obwohl wir nur reelle Größen zu messen pflegen, die Quantentheorie in einem komplexen Vektorraum definiert?

Die beiden Fragen dürften miteinander zusammenhängen. Die Grundgleichungen der klassischen Mechanik sind reversibel, weil sie Differentialgleichungen zweiter Ordnung nach der Zeit sind. Die Schrödingergleichung ist eine Differentialgleichung erster Ordnung nach der Zeit, aber für eine komplexwertige Funktion. Beide Typen lassen sich auch als jeweils ein Paar von Differentialgleichungen erster Ordnung für ein Paar reeller Funktionen schreiben.

Das »Warum?« in beiden Fragen entstammt einer Denkweise, welche die historisch an Hand der Erfahrung entstandenen Theorien nicht bloß akzeptieren, sondern aus möglichst einfachen Postulaten begründen möchte. Unsere Vermutung ist, daß die in den beiden Fragen genannten Strukturen ihren Grund in der zentralen Rolle des *Gruppenbegriffs* schon im Aufbau der in der Physik verwendeten mathematischen Zahlbegriffe haben. Wir fassen unsere Vermutung zusammen in eine *These:* Beim Aufbau der Zahlbegriffe von der Mengenlehre bis zu den komplexen Zahlen treten immer wieder Operationen auf, welche eine Halbgruppe definieren, die durch Einführung des Begriffs der inversen Operation zu einer Gruppe erweitert werden kann; in der Physik braucht man genau diese Operationen.

Wir führen die These in zwei Abschnitten durch:

Im Abschnitt 2 erinnern wir an die Rolle der Erweiterung der Halbgruppe zur Gruppe im mathematischen Aufbau der Zahlbegriffe (vgl. dazu II 5.2).

Im Abschnitt 3 schildern wir, wie in der klassischen Physik und in der historisch entstandenen Quantentheorie ebendiese Strukturen empirische Bedeutung hatten.

2. *Aufbau der Zahlbegriffe*

Wir skizzieren den bekannten Aufbau in fünf Schritten. Die Reihenfolge der Schritte kann in einigen Fällen vertauscht werden, scheint uns aber in der von uns gewählten Abfolge inhaltlich sinnvoll.

1. Schritt: Natürliche Zahlen. Man kann die natürlichen Zahlen im Sinne des logischen Aufbaus (Frege, Russell) als Klassen äquivalenter Klassen erklären. Dabei entsteht eine natürliche Reihenfolge. Zuerst die Nullmenge als die Menge aller Objekte mit selbstwidersprechenden Eigenschaften, dann beim Schritt von n zu $n + 1$ die Klasse aller Mengen, die zur Menge der bis n definierten Zahlen äquivalent sind.

2. Schritt: Ganze Zahlen. Über den natürlichen Zahlen ist eine Operation definiert: das Weiterschreiten um n Stellen. Sie wird auch als Addition bezeichnet: $p + n = q$. Dabei sind p und q natürliche Zahlen, »$+ n$« ist die Operation des Weiterschreitens, die durch die natürliche Zahl n gekennzeichnet wird. Diese Operationen bilden eine Halbgruppe, die, als geordnete Menge aufgefaßt, zur Menge der natürlichen Zahlen isomorph ist. Diese Halbgruppe wird durch Einführung der zu $+n$ inversen Operation $-n$ abstrakt zur Gruppe erweitert. $-n$ ist nicht auf alle natürlichen Zahlen anwendbar. Es gibt aber zu jedem $-n$ eine natürliche Zahl, nämlich eben n, von der an aufwärts $-n$ auf alle folgenden natürlichen Zahlen anwendbar ist.

Es ist üblich, die Elemente der so entstandenen Gruppe als »ganze Zahlen« zu bezeichnen. Für unsere Überlegungen ist es aber wesentlich, daß die ganzen Zahlen nicht eine Erweiterungsmenge der natürlichen Zahlen, sondern eine auf den natürlichen Zahlen unvollständig operierende Gruppe sind. Diese operiert dann wie jede Gruppe auf sich selbst vollständig.

3. Schritt: Rationale Zahlen. Über der Halbgruppe der Addition der natürlichen Zahlen ist die Automorphismen-Halbgruppe der Multiplikation definiert. Ihre Elemente »*xn*« (»*x*« als Multiplikationssymbol) sind wiederum durch natürliche Zahlen bezeichnet. Wieder kann man die inverse Operation der Division »:*n*« einführen und so eine neue Gruppe abstrakt definieren. Diese ist auf den natürlichen Zahlen nur sehr unvollständig anwendbar. Eine Zahl, auf welche »:*n*« anwendbar ist, heißt durch *n* teilbar. Division durch Null ist nie anwendbar; Null gehört nicht zu dieser Gruppe. Man nennt die Elemente dieser Gruppe rationale (d. h. aussprechbare) Zahlen, und zwar so, wie sie hier eingeführt wurden, positive rationale Zahlen.

Die Reihenfolge der Einführung der ganzen und der rationalen Zahlen ist im Prinzip gleichgültig. Gewöhnlich beginnt man mit den ganzen Zahlen und erhält dadurch alsbald die negativen ganzen Zahlen. Es sei bemerkt, daß die Griechen alle diese Neueinführungen nicht Zahlen nannten. Z.B. heißt bei ihnen das, was wir eine rationale Zahl nennen, ein aussprechbares Verhältnis. Diese größere terminologische Sorgfalt der Griechen dient dem Verständnis der Rolle der Mathematik in der Erfahrung. Andererseits ist unsere weite Verwendung des Zahlbegriffs ein Verweis auf in allen Schritten wiederkehrende formale Strukturen.

4. Schritt: Algebraische komplexe Zahlen. Über der Halbgruppe der Multiplikation der natürlichen Zahlen ist die Automorphismen-Halbgruppe der Potenzierung zu jeweils fester Basis (m^n) definiert. Auch sie läßt sich durch Einführung des Inversen ($m^{1/n}$) zur Gruppe erweitern. Daß dies eine Erweiterung ist, d. h. daß z. B. $\sqrt{2}$ nicht rational (»aussprechbar«) ist, war wohl die damals erschütterndste Entdeckung der griechischen Mathematik.

Durch die gleichzeitige Anwendung von Addition, Multiplikation und Potenzierung mit ihren Inversen Subtraktion, Division, Radizierung wird die Menge der komplexen algebraischen Zahlen definiert. In ihnen gilt der Fundamentalsatz der Algebra.

5. Schritt: Transzendente Zahlen. Diese Zahlen sind anders als die vorigen nicht durch Gruppen endlicher Operationen, sondern durch unendliche Grenzprozesse definiert. Auf ihre Theorie lassen wir uns in der jetzigen Betrachtung nicht näher ein.

3. Anwendungen in der historischen Physik

Die strukturierende Wirkung der Mathematik auf die Physik beruht darauf, daß es in der empirischen Welt Gegenstände, Prädikate und Ereignisse gibt, die in praktisch nutzbarer Näherung durch mathematische Begriffe, speziell durch Zahlen im oben erläuterten Sinne, bezeichnet und dadurch unterschieden werden können. Wir verfolgen dies durch die fünf Schritte.

1. Natürliche Zahlen. Im Begriff der Klasse oder Menge ist vorausgesetzt, daß die so zusammengefaßten Elemente individuell wiedererkennbar und unterscheidbar sind. Dies ist in der Welt unserer Erfahrung nicht selbstverständlich, aber in weitem Umfang der Fall. Die Anwendung des Zahlbegriffs auf die Erfahrung beruht auf der stillschweigenden Voraussetzung, »an sich« sei diese Unterscheidbarkeit von Elementen eine Eigenschaft alles Wirklichen. Damit ergibt sich die Möglichkeit, Gegenstände oder Ereignisse zu zählen.

Das Fortschreiten des Zählens und damit der Halbgruppencharakter der Addition hat eine natürliche Beziehung zur Zeit mit ihren Modi. Hat man bis 5 gezählt, so ist dies ein Faktum; man kann weiterzählen: das ist eine Möglichkeit. Kant und ihm folgend Brouwer sahen die Gewißheit der Arithmetik darin begründet, daß sie auf Operationen in der reinen Anschauung der Zeit, a priori, ohne Abhängigkeit vom besonderen Inhalt der Erfahrung gegründet sei. Die logizistische, auf Leibniz zurückgehende Schule, der wir oben gefolgt sind, sieht in Klassen, Zahlen etc. zeitlose Strukturen; aber im konkreten Aufbau der Mathematik wird eine Zeitfolge eingehalten, z. B. im Aufbau der natürlichen Zahlen analog zur vollständigen Induktion.

Unsere Eingangsfrage A setzt die Irreversibilität des meisten Geschehens als empirisch bekannt voraus. Im *Aufbau der Physik*, Kapitel 2 bis 4, wird versucht, diesen empirischen Befund als Vorbedingung möglicher Erfahrung zu verstehen. In dieser

Weise des Aufbaus erscheint das irreversible Fortschreiten der
Zeit, die Unvertauschbarkeit der Reihenfolge von Faktum und
Möglichkeit, als das eigentliche Apriori aller Physik. Dort
wird, S. 250–251, Einsteins späte Äußerung über die klassische
Thermodynamik (also im wesentlichen über ihre beiden
Hauptsätze) zitiert: »Es ist die einzige physikalische Theorie
allgemeinen Inhaltes, von der ich überzeugt bin, daß sie im
Rahmen der Anwendbarkeit ihrer Grundbegriffe niemals um-
gestoßen werden wird (zur besonderen Beachtung der grundsätzlichen Skeptiker).« (Schilpp 1949, S. 32) Wir kommen im
7. Kapitel hierauf zurück.

2. Ganze Zahlen. Die meisten heutigen Physiker glauben nicht
an diese fundamentale Rolle der irreversiblen Zeit. Sie sehen
vielmehr in der Irreversibilität gemäß dem von uns erlebten
Fortschreiten der Zeit (metaphorisch gesagt, im »Zeitpfeil«)
eher ein ungelöstes Problem der Physik. Der Grund dafür liegt
in der Reversibilität aller uns bekannten Grundgleichungen der
Physik. Reversibilität heißt hier Invarianz gegen Bewegungsumkehr. In der eingangs zitierten Schreibweise der Newtonschen Bewegungsgleichung als zwei Differentialgleichungen
erster Ordnung für Ort und Impuls soll dabei nicht nur das
Vorzeichen der Zeitkoordinate t, sondern zugleich das Vorzeichen des Impulses umgekehrt werden; in der Schrödingergleichung zugleich mit dem Vorzeichen von t das Vorzeichen von i.
Wir finden den Anfang der empirischen Grundlage dieser
Reversibilität zunächst im elementaren Vorgang des Zählens
unterscheidbarer, zeitlich aufeinander folgender Ereignisse
(klassisches Beispiel: jeden Tag geht die Sonne wieder auf). Das
Zählen mit natürlichen Zahlen schreitet in die Zukunft prinzipiell unbeschränkt fort. Aber alle Erfahrung ist zunächst Erfahrung von vergangenen Ereignissen, von Fakten. (Es war Humes
Problem, daß aus den vergangenen Sonnenaufgängen nicht *logisch* gefolgert werden kann, die Sonne werde morgen wieder
aufgehen.) Soweit menschliche Erinnerung reicht, ist die Sonne
schon immer wieder aufgegangen. Die Sonnenaufgänge sind
eine geordnete Klasse von Ereignissen, die beidseitig unbegrenzt scheint und die daher bequem mit ganzen Zahlen numeriert wird.

Dieselbe Struktur finden wir bei anordenbaren Körpern im Raum. Räumliche und zeitliche Anordnung sind die ersten natürlichen Anwendungsbereiche ganzer Zahlen.

3. Rationale und reelle Zahlen. Ausgedehnte Körper erweisen sich als teilbar. Solange keine kleinsten, als unteilbar vermuteten Teile bekannt sind, liegt es nahe, die Teile durch rationale Zahlen (»gebrochene« Zahlen) zu kennzeichnen. Schon Aristoteles definiert das Kontinuum als das unbegrenzt in Gleichartiges Teilbare. Die allgemeine Struktur unbegrenzter Teilbarkeit und Erweiterbarkeit wird als »der Raum« beschrieben. Seine Analyse durch die mathematische Disziplin der Geometrie führt zur sinnvollen Einführung algebraischer und transzendenter reeller Zahlen, wie oben geschildert. Indem auch die mit Uhren meßbare Zeit als reelles Kontinuum beschrieben wird, sind mathematische Instrumente für die Formulierung von Naturgesetzen durch Differentialgleichungen verfügbar. Die Symmetrien dieser Gleichungen studiert dann die Gruppentheorie. Symmetrieoperationen wie z. B. die Bewegungsumkehr führen die Gleichungen in sich, Lösungen im allgemeinen in andere Lösungen über. Irreversible Vorgänge erscheinen dann als spezielle Lösungen, die empirisch bekannte Irreversibilität als eine Auszeichnung spezieller Lösungstypen. Es erscheint dann naheliegend, die Reversibilität als fundamentales Gesetz und die Auszeichnung bestimmter Lösungstypen als erklärungsbedürftig anzusehen. Hierauf kommen wir im 7. Kapitel zurück.

4. Komplexe Zahlen. Unsere Frage B, warum die Quantentheorie in einem komplexen Raum definiert ist, war schon Gegenstand eines Meinungsaustausches zwischen Ehrenfest (1932) und Pauli (1933). Unsere Vermutung (Drieschner, Görnitz, Weizsäcker, 1987) ist, daß dies mit der Auszeichung einer sehr umfassenden Symmetriegruppe für die Wahrscheinlichkeiten zusammenhängt, welche die Wahrscheinlichkeitsmetrik invariant läßt (I 7.C).

Die bei weitem am leichtesten handhabbare Theorie von Gruppendarstellungen bedient sich linearer Darstellungen in komplexen Vektorräumen. In diesen lassen sich wegen des Fun-

damentalsatzes der Algebra die Darstellungsoperatoren diago-
nalisieren. Das erlaubt eine Basis *ein*dimensionaler invarianter
Teilräume als stationäre *Zustände* unter der Symmetrie auszuzeichnen. Die Erzeugenden solcher Transformationen können
als »Observable«, d.h. als mathematische Repräsentanten beobachtbarer Größen aufgefaßt werden und ihre Eigenwerte als
mögliche Meßwerte. Die Quantentheorie erscheint so als eine
sehr allgemeine Theorie der Verknüpfung meßbarer und mit
Wahrscheinlichkeit prognostizierbarer Größen.

Schlußbemerkung

So weit können wir im Rahmen der heutigen Mathematik des
Kontinuums und der heute bekannten Theorien der Physik
kommen. Die grundsätzlichen Fragen, die sich hieraus ergeben,
werden wir im 7. Kapitel aufnehmen.

Wenn mathematische Strukturen wie die soeben besprochenen Zahlbegriffe für die Gestalt unserer wissenschaftlichen Beschreibung der Wirklichkeit so maßgebend sind, dann werden
wir auf die Ausgangsfrage nach dem Wesen dieser Strukturen
zurückgeführt, auf die Frage: Was ist Mathematik?

5. Vier Variationen zum Thema: »Was ist Mathematik?«

Vorbemerkung. Wir haben uns nun in vielfältiger Weise mit mathematischen Inhalten beschäftigt. Die Frage: »Was ist Mathematik?« haben wir nicht in der Gestalt einer Definition beantwortet. Wir haben uns zunächst daran zu erinnern, warum eine
isolierbare Definition nicht zu erwarten war.

Ein Begriff hat einen Sinn nur im Kontext; als alltäglicher Begriff in der Umgangssprache, als wissenschaftlicher Begriff in
einem theoretischen Rahmen. Fragen der Form »Was ist...?«
sind nur im jeweiligen Kontext zu beantworten. »Mathematik«
ist ein wissenschaftlicher Begriff. Wir haben uns an Hand der
Kuhnschen Unterscheidung zwischen normaler Wissenschaft
und Revolution klargemacht, daß normale Wissenschaft die
Frage nach dem Wesen der für ihr jeweiliges Paradigma funda-

mentalen Begriffe gerade nicht stellt. Mathematik ist in der täglichen Arbeit eine normale Wissenschaft. Eben darum ist die Frage: »Was ist Mathematik?« keine normale mathematische Frage. Sie ist eine philosophische Frage.

Auch eine philosophische Frage kann aber nur in einem Kontext beantwortet werden; nun im Kontext einer Philosophie. Wer Philosophien historisch kennt, wird auf die Frage nach dem Wesen der Mathematik daher antworten: »Sage mir, welche Philosophie du zugrunde legen willst, und ich werde dir sagen, wie du dann das Wesen der Mathematik erklären mußt.« Dieser Sachverhalt spiegelt sich im Streit der Schulen bezüglich der Grundlagen der Mathematik, den wir in diesem Kapitel in verschiedenen Beleuchtungen betrachtet haben. Ob man Logizist, Intuitionist, Formalist oder was immer sonst »ist«, hängt an – oft nicht explizit werdenden – philosophischen Vorentscheidungen.

Philosophische Schulen aber wehren sich mit Recht dagegen, historisch relativiert zu werden. Ihr Anspruch ist der Anspruch der Wahrheit. Ihr Streit ist ein Streit um die Wahrheit. Er ist ein Teil des einen großen geschichtlichen Prozesses, den man eben die Philosophie nennt. Dieser Prozeß aber ist schwer. Wir philosophieren heute, mitten im Prozeß. In dieser Lage ist die historische Relativierung der Schulen wenigstens eine Denkhilfe: Wie mußt du reden, wenn du gewisse Voraussetzungen machst?

Dieser Lage entspricht die der Musik entlehnte Darstellungsform des »Thema mit Variationen«. Der Schlußabschnitt dieses Kapitels besteht aus vier Versuchen, die ich in den letzten Jahren gemacht habe, die Frage: »Was ist Mathematik?« zu beantworten. Jedesmal setzt das Thema, also die Frage, direkt ein. Wir fragen nicht nach dieser oder jener Philosophie, sondern direkt, vom heutigen Selbstverständnis des Mathematikers oder mathematischen Physikers aus, nach dem Wesen der Mathematik. Die Frage artikuliert sich jeweils sofort im Versuch einer naheliegenden Antwort. Die Antwort aber erweist sich alsbald selbst als Problem, und dieses Problem führt auf einen oder mehrere der traditionellen oder neu versuchten Wege der Philosophie.

Wir haben alle diese Wege in den früheren Abschnitten dieses

Kapitels und seines Parallelkapitels II 5 schon einige Schritte
weit betreten, und wir wollen jetzt nur jeweils kurz an sie erinnern. Wir können sie roh unter vier Titeln klassifizieren. Es sei
sofort bemerkt, daß die vier Titel nicht den folgenden vier Variationen entsprechen. Jede der Variationen mischt Elemente
mehrerer der vier Philosophien.

Als philosophische Titel wählen wir:

1. Eidos-Philosophie,
2. das pragmatische Selbstverständnis der neueren Mathematik,
3. Handlungstheorie,
4. zeitliche Logik.

Die Reihenfolge der Titel entspricht der Zeitfolge des Auftretens dieser Philosophien. Die griechische Eidos-Philosophie
haben wir vorerst zu Genüge erläutert. Unter dem pragmatischen Selbstverständnis der neueren Mathematik subsumieren
wir auch die selbst in mathematischer Gestalt auftretenden
Theorien über die Grundlagen der Mathematik; der Versuch,
ihnen mathematische Gestalt zu geben, ist eben schon eine Anerkennung dieses Selbstverständnisses. Das Wort »Handlungstheorie«, dessen Handlungsbegriff in der zweiten Variation ein
Stück weit erläutert wird, soll insbesondere auch auf den prag-
matistischen Wahrheitsbegriff und dessen biologischen Hintergrund vorausweisen, welche im nachfolgenden Kapitel über
Logik wichtig sein werden. Zeitliche Logik schließlich ist das
Interpretationsschema des vorliegenden Buches.

1. Erste Variation: Begriff, Struktur und Idee (1980)

Die Gegenstände der Mathematik sind Begriffe, also Prädikate.
Ein Prädikat ist allgemein: verschiedene Subjekte können dasselbe Prädikat haben. »Können«: man kann ein Prädikat als
eine Möglichkeit bezeichnen.

Die Subjekte der mathematischen Prädikate sind in der reinen Mathematik wieder mathematische Begriffe, sollten also
selbst als Prädikate aufgefaßt werden. Sollte es nicht erste
Subjekte geben, die nicht mehr Prädikate sind? Ruht dem-

nach die Mathematik auf Voraussetzungen jenseits der Mathematik?

Mathematische Erkenntnis ist mit dem Erlebnis verbunden, daß ihre Notwendigkeit nicht auf Erfahrung beruht. Dieser Satz hat die Struktur: es ist eine Erfahrung des Mathematikers, daß seine Erkenntnis a priori ist. Hier ist die Unabhängigkeit von der Erfahrung zu unterscheiden von der Gewißheit. Es gibt nicht nur banale Irrtümer. Es gibt auch die Paradoxien: widerspruchsvolle Folgen aus ebenjenen Annahmen, die für die gewissesten galten. Aber auch die Korrektur der Paradoxien wird stets durch Annahmen versucht, die nicht auf Erfahrung beruhen. Einfachstes Argument für diese These: Es gibt keine Erfahrung über unendliche Mengen (das Wort »Menge« ist hier unterminologisch gebraucht; auch über unendliche Folgen gibt es keine Erfahrung).

Das soeben benutzte Argument verwies auf einen Inhalt der Mathematik. Allgemein wird man sagen können: es wird schwerlich glücken, eine externe Philosophie der Mathematik aufzubauen. Die Philosophie der Mathematik ist vielmehr der Mathematik zunächst immanent; sie muß aus inhaltlichen Erkenntnissen der Mathematik selbst durch Reflexion herausgehoben werden.

Wir erinnern zunächst daran, wie die Eingangsthesen unserer Betrachtung durch Reflexion aus den klassischen Inhalten der Mathematik hervorgehen. Die griechische Tradition kannte *Zahl* und *Figur* als Gegenstände der Mathematik. Unentbehrliches Hilfsmittel und, durch die Formalisierung, dann auch ein Gegenstand der Mathematik ist die *Logik*. Die moderne Mathematik ist in wachsendem Maß *abstrakte* Mathematik. Wie hängen diese vier Komponenten der Mathematik untereinander zusammen?

Das Wort *Figur* kennzeichnet den Gegenstand der Geometrie. Historisch hat man sich die mathematische Erkenntnis a priori vorzugsweise an der Geometrie verdeutlicht (demonstratio more geometrico). In der Neuzeit bezeichnet man als den Gegenstand der Geometrie den *Raum*. Der dreidimensionale Raum der Anschauung erweist sich in der Mathematik als ein schwer auszuzeichnender Spezialfall, in der Physik als Datum der Erfahrung. Die Erkenntnis a priori von Raum reduziert sich in der Mathematik des 19. Jahrhunderts auf die Struktur des *Kontinuums* und auf die *Invarianzgruppen* im Sinne des Erlanger Programms. Die Theorie des Kontinuums verweist auf die *Mengenlehre*, die Gruppentheorie auf die *abstrakte Mathematik*.

Die *Zahl* ist zunächst die Anzahl der Elemente einer *Menge*. Die Ausweitung des Zahlbegriffs erweist sich mengentheoretisch als Konstruktion von *Strukturen*. Struktur läßt sich selbst mengentheoretisch definieren.

Die *abstrakte* Mathematik behandelt Gegenstände, unabhängig davon, wie sie ursprünglich definiert sind, unter dem Gesichtspunkt, daß sie bestimmten »formalen« Gesetzen genügen. Auch diese Gesetze beschreiben *Strukturen*. Ein abstrakter Gegenstand wie etwa eine Gruppe, ein topologischer Raum etc. wird stets eingeführt als eine *Menge mit einer Struktur*.

Ein formales System der *Logik* ist selbst eine Menge mit einer Struktur. Formale Logik entsteht aber inhaltlich aus der Reflexion darauf, wie Mathematik verfährt, speziell: schließt. So tritt der logische Begriff des Prädikats als Grundbegriff zur Bezeichnung aller Gegenstände der Mathematik auf. Eine Menge »ist« ein Prädikat; der inhaltlichen Vorstellung näher: sie ist die gedankliche Zusammenfassung der Gegenstände, die ein bestimmtes Prädikat haben. So sind wir zu den Eingangsbehauptungen zurückgekehrt.

Woher bezieht nun die Mathematik ihre Prädikate? Alle Mengen, die uns in der gegenwärtigen Betrachtung interessieren werden, lassen sich als Mengen natürlicher Zahlen, Mengen solcher Mengen etc. definieren. Die natürlichen Zahlen lassen sich als Mengen äquivalenter Mengen definieren. Mathematik, so wie sie heute in Lehrbüchern gelehrt wird, hat die Mengenlehre nicht nur als ihre Sprache, sondern (zusammen mit der Logik) als das vollständige Reservoir ihrer Grundbegriffe, aus denen alle anderen definiert werden können.

Die heutige Mathematik folgt damit de facto dem logizistischen Aufbau. Die Schuldifferenzen bezüglich der Grundlagen der Mathematik betreffen nur die freilich ungelösten Fragen der überzeugenden Vermeidung der Paradoxien. Der *Formalismus* hat lediglich gezeigt, daß außer der Mengenlehre und Logik keine anderen Einsichten a priori vorausgesetzt werden müssen. *Logizismus* und *Konstruktivismus* unterscheiden sich in der Deutung des Grundbegriffs Prädikat, entweder als *Menge* oder als *Rezept*. Die Frage: was ist Mathematik? spitzt sich zu in die Frage: was ist ein mathematisches Prädikat?

Hier ist eine philosophische Reminiszenz unvermeidlich. Die Prädikate der Logik sind, platonisch gesagt, *Ideen*. In unseren einleitenden Sätzen haben wir sie als *Begriffe* bezeichnet. Das Verhältnis beider Deutungen ist – um eine lange philosophische Erörterung abgekürzt auszudrücken –, daß der Begriff dasjenige ist, was *wir* von der Idee wissen. Die Unterscheidung wurzelt schon in der platonischen These, daß die Idee das *wahrhaft Seiende* ist. Die übliche Vorstellung vom Wissen, abgekürzt in der Formel »jemand weiß etwas«, unterscheidet den Gegenstand des Wissens von unserem Wissen. Die platonische These ist aber nicht, wie ihre Kritiker meinen, eine naive oder willkürliche »Hypostasierung« des eigentlich Gewußten, d. h., wie die Kritiker meinen, des Begriffs. Die platonische These geht von der Unterscheidung der Meinung und des Wissens aus. »Jemand *weiß* etwas« heißt, daß es so *ist*, wie er weiß. Erst in Absetzung von diesem Verständnis des Wissens läßt sich sagen, was Meinung, ja selbst richtige Meinung ist: ein beanspruchtes Wissen, das eben die Berechtigung (oder Unberechtigtheit) seines Anspruchs, Wissen zu sein, nicht durchschaut. Idee ist demnach genau das, was man wissen kann; modern gesagt, wovon ein Begriff möglich ist. Und was man wissen kann, ist. Genau das *meint* man mit den Ausdrücken *Wissen* und *Sein*.

Die skeptische Rückfrage, ob es solches Wissen denn gebe, wird von Platon und der platonischen Tradition durch den Hinweis auf die Mathematik zum Schweigen gebracht. Insofern ist die griechische Mathematik paradigmatisch für die griechische Philosophie. In der Tat beruft sich der Philosoph hier zurecht auf die Erfahrung des Mathematikers. Der Mathematiker erlebt, daß er die von ihm studierten Strukturen nicht erfindet, sondern *entdeckt*. Er erfindet sie, indem er sie als mögliche entdeckt. Die *präexistente Möglichkeit* ist sein eigentlicher Gegenstand.

Wir sind daher für das Verständnis des Seinsbegriffs der klassischen Philosophie auf ein Verständnis der immanenten Philosophie der Mathematik angewiesen: historisch der griechischen Mathematik; aktuell, d. h. kritisch, der heutigen.

Hier ist *historisch* zunächst die Unterscheidung von *Idee* und *Erscheinung* zu klären. Gemäß der Anamnesis-Lehre *erinnert* uns die Erscheinung an die Idee. Im mathematischen Paradigma wird der im Sand gezeichnete Kreis dadurch *als* Kreis erkannt, daß er die Erkenntnis a priori des mathematischen Kreises wachruft. Ebendiese Erkenntnis aber lehrt uns den mathematischen Kreis vom gezeichneten Kreis unterscheiden. Hier ist die faktische Abweichung des gezeichneten Kreises vom idealen Kreis nur eine Folge, nicht der Kern des Phänomens. Denn zwei Steine oder zwei Menschen unterscheiden sich ebenso von der Zahl Zwei, ohne daß sie »um die Zweizahl streuten«. Der Kern des Unterschieds läßt sich vielmehr logisch so ausdrücken, daß der mathematische Kreis ein *Prädikat* ist, das auf die vielen gezeichneten oder natürlich entstandenen Kreise als Subjekte zutrifft. Für Gegenstände im Kontinuum ist dieses Zutreffen dann aus alsbald näher zu erörternden Gründen notwendigerweise ungenau.

Diese Erwägung führt uns auf unsere Ausgangsfrage zurück, ob es *letzte Subjekte* der mathematischen Prädikate gebe. Die Lehre von Idee und Erscheinung scheint letztere in der Erscheinung zu suchen. Hier trennen sich die Wege von Platon und Aristoteles.

Platonisch gesehen, kann die Gewißheit der Erkenntnis mathematischer Ideen nicht auf einer Erkenntnis sinnlicher Gegenstände beruhen, deren Prädikate sie sind. Von den sinnlichen Gegenständen gibt es vielmehr nur genau *soweit* gewisse Erkenntnis, *als* Ideen ihre Prädikate sind und ihnen damit ihre eigene Evidenz »leihen«. Sinnliche Gegenstände können jenseits ihrer Teilhabe an Ideen *deshalb* nicht erkannt werden, weil sie jenseits dieser Teilhabe nicht *sind*. Diese These wird im *Timaios* erläutert durch den Unterschied dessen, was immer ist, ohne zu werden und zu vergehen, von dem, was immer wird und vergeht, ohne jemals zu sein. Es ist also die Zeitlichkeit, welche die Erscheinung von der Idee abhebt.

Aber ich glaube nicht, daß dies Platons letzte Überzeugung ist. Es ist vielmehr das Sprungbrett seiner Propädeutik, das einen Absprung in die philosophische Bewegung des Aufstiegs erlaubt. Es ist eine Frage, noch keine Antwort. Als Anregung zur Antwort können wir in der Sprache moderner Mathematik sagen, daß mathematische Prädikate nur dann Erkenntnis a priori erlauben, wenn ihre Subjekte immer wieder selbst Prädikate sind. Dies scheint die hinter dem *Timaios* stehende, im *Parmenides* und *Sophistes* angedeutete Philosophie des Abstiegs zu intendieren. Die mathematischen Ideen erweisen sich im Aufstieg als gewiß kraft ihrer Teilhabe an den eigentlichen Ideen, und diese kraft ihrer Teilhabe am Einen (Höhlen- und Liniengleichnis der *Politeia*). Die Gewißheit des Einen bleibt entweder unaussprechbar jenseits der Seiendheit, oder sie erfordert einen grenzenlosen Abstieg. Dieser Abstieg selbst ist die Bewegung, kraft derer in einer der Ebenen des Abstiegs Werden und Vergehen einsetzt. Die Sinnendinge sind dann selbst Ideen in der Vielheit und kraft des nichtendenden Abstiegs unerkennbar und nicht »seiend«. Ich sage nicht, dies sei die von uns zu übernehmende Philosophie. Aber es ist eine Philosophie, die das Problem der mathematischen Erkenntnis a priori verstanden und einer umfassenden Lehre von Sein und Erkenntnis eingefügt hat.

Aristoteles umgekehrt postuliert das Sein und damit eine begrenzte Gewißheit der Erscheinung durch seinen Begriff der Substanz. Die mathematischen Prädikate, für sich gedacht, haben nun gerade kein eigentliches Sein; sie sind durch Abstraktion von der bewegten Substanz gedacht und sind gerade kein Modell des überzeitlichen Seins. Die Gewißheit der Mathematik bleibt nur erkenntnistheoretisch ein Modell der Gewißheit des Wissens der kraft der Logik möglichen *deduktiven Wissenschaft*.

Von dieser historischen Erinnerung gehen wir zum *aktuellen* Problem über. Die durch Platon und Aristoteles symbolisierte Wahl spiegelt sich in der Frage, ob die Subjekte der mathematischen Prädikate stets wieder mathematische Prädikate oder aber physische Daten sind. Letzteres hat Russell erwogen, ersteres ist in gewissen modernen Axiomatiken der Mengenlehre wenigstens verbal angedeutet, in denen als begriffliche Elemente der Theorie nur Mengen und die Mengen-Element-Beziehung zwischen Mengen eingeführt werden. In der konstruktivistischen Sprache würde dem entsprechen, daß die

Gegenstände, auf welche die Operationsregeln anzuwenden sind, selbst entweder wieder mathematische Operationsregeln sind oder aber z. B. experimentelle Handlungsweisen.

Diese Frage sei hier nicht immanent in den bestehenden Philosophien der Mathematik, sondern alsbald in der Sprache der zeitlichen Logik erörtert. Der Anspruch der *Identifizierbarkeit* zeitlicher Vorgänge oder Gegenstände beruht darauf, daß sie unter einen operationalen Begriff fallen. *Operational* ist ein Begriff, wenn er ein seinerseits identifizierbares Verfahren bezeichnet. Physikalisch wird das Verfahren die zwei Komponenten der *Präparation* und der *Beobachtung* enthalten. Mit den hierin liegenden Problemen gehen wir auf die Quantentheorie zu. Hier soll uns nur beschäftigen, wie und wieweit die klassische (d. h. heutige) Mathematik diesen Problemen *entgeht*. Ich wähle dabei die mengentheoretische Sprechweise und überlasse die Übertragung auf die konstruktivistische Sprechweise einem besonderen Arbeitsgang.

Ein Prädikat kann eine Menge jedenfalls dann eindeutig definieren, wenn die Elemente der so ausgesonderten Menge unabhängig von ihr schon eindeutig bestimmt sind, z. B. durch ein Verfahren, das jedes erzeugt, oder, mengentheoretisch gesagt, als Elemente einer vorweg gegebenen Menge. Die Praxis der heutigen Mathematik nun scheint hier *hypothetisch-abstrakt* zu verfahren. Sie setzt voraus, die Elemente seien identifizierbar, und studiert die unter dieser Voraussetzung entstehende Struktur. Auf die Frage, ob es solche identifizierbaren Elemente gebe, hat sie jedenfalls dann eine Antwort, wenn sie diese über den natürlichen Zahlen, Mengen von diesen, etc. definieren kann; das nennt sie den Nachweis der »Existenz« solcher Elemente und der zugehörigen Strukturen.

Wie aber werden die natürlichen Zahlen begründet? Operativ durch das Zählen. Daß dies in der Realität glücke, wird z. B. von Lorenzen m. E. unbegründet als evident vorausgesetzt; dies ist an einer tieferliegenden Stelle derselbe gedankliche Fehler wie Dingler-Lorenzens Postulat der Ausführbarkeit der Herstellungsforderungen der Objekte der euklidischen Geometrie. In der Sprache der Begründung der Physik durch zeitliche Logik muß man sagen, daß das Zählen die Strukturen von Faktizität und Möglichkeit voraussetzt, einschließlich der Irreversibilität der statistischen Thermodynamik. Es ist kein Circulus vitiosus, sondern ein Nachweis semantischer Konsistenz, daß die statistische Thermodynamik nur mit Hilfe der Mathematik, also des Zählens, aufgebaut werden kann. Sie zeigt dabei nicht nur ihre eigene semantische Konsistenz, sondern auch ihre eigene, nur genäherte Gültigkeit. Dies aber hat noch nie jemand im Detail studiert; ich habe die Aufgabe seit langem gesehen, aber noch nie die Kraft dazu gehabt.

Die mengentheoretische Begründung der natürlichen Zahlen ist vermutlich einerseits tiefer, weil sie eben eine logische Voraussetzung des Zählens enthüllt, andererseits noch reicher an nur hypothetischen Voraussetzungen; eben darum wird sie von den Konstruktivisten, die sich selbst für streng halten, verworfen. Ist die natürliche Zahl die Menge *aller* äquivalenten Mengen, so ist damit auf die paradoxe Menge aller Mengen rekurriert. Die Russellschen und sonstigen mengenaxiomatischen Einschränkungen erscheinen nicht evident; sie sind nur Ausdruck des Wunsches, die erkennbaren Paradoxien zu vermeiden. Hier eben scheint mir die Beschreibung des realen Verfahrens der Mathematiker als hypothetisch-abstrakt zuzutreffen. Die natürliche Zahl ist die Menge aller derer äquivalenten Mengen, die man jeweils angeben kann. Mehr als diese konstruktivistische Einschränkung wird m. E. nicht gebraucht. Aber dabei wird auf die Struktur von Faktizität und Möglichkeit ausdrücklich rekurriert: was man angeben kann, ist ein heute mögliches Faktum.

In der Logik der Reflexion läßt sich sagen: Mathematik hält sich im Bereich reflektierter Aussagen. Daß es diese geben kann, beweist sie nicht, sie setzt es voraus.

Daß es unendlich viele mögliche wahre mathematische Sätze gibt, ist durch solche Erwägungen nicht einsichtig zu machen. Es ist eben selbst eine mathematische Einsicht.

Unser Ergebnis muß, für sich genommen, relativ trivial erscheinen. Die klassische Mathematik ist, wie ihr Erfolg erwarten läßt, pragmatisch gerechtfertigt, ohne dazu einer absoluten Rechtfertigung zu bedürfen. Dies aber gewährt uns gerade die Freiheit, die für das Verständnis der Quantentheorie erforderlich ist.

2. Zweite Variation: *Apriori und Handlung (1977)*

Man kann den Aufbau der Mathematik mit der Logik beginnen. Die Theorien der Mengen, Abbildungen, Kategorien etc. werden dann als Zweige der Logik aufgefaßt. Man kann dann den Begriff der natürlichen Zahl gemäß der logizistischen Tradition aufbauen. An ihn knüpfen die weiteren Zahlbegriffe* und damit Analysis und Geometrie an. Algebra und Topologie werden im Rahmen einer allgemeinen Strukturtheorie behandelt, wie sie der Begriff der Kategorie ermöglicht.

Die Reflexion fragt nun: Was sind eigentlich Begriffe, Urteile, Mengen, Relationen, Abbildungen, Strukturen, Zahlen, Kontinua...? Wir reflektieren alsbald auf die Reflexion. Es ist bekannt, daß man die Lehre von allem, durch diese Wörter Angedeuteten, also eben die Logik und die Mathematik, in einer für den Lernenden Schritt für Schritt überzeugenden Weise aufbauen kann. Was kann die Reflexion zu dem Verständnis, das diese Überzeugung hervorbringt, hinzutun? Sie kann es beobachten, beschreiben, vielleicht erklären.

Betrachten wir Beispiele. Ein Kind im sechsten Lebensjahr – ich kenne mehrere Fälle aus eigener Beobachtung – kann verstanden haben, was man wissen möchte, wenn man fragt, was drei und zwei ist. Es reduziert etwa die Aufgabe auf: »Zähle auf drei, dann zähle weiter und noch einmal weiter; wie weit hast du dann gezählt?« Dies verbal auszudrücken, mag ihm schwerfallen, aber an Fingern, Steinchen, Wäscheklammern die Aufgabe auszuführen, mag ihm nach kurzem leicht sein. Die eigentliche Erkenntnis scheint ihm aufzuleuchten, wenn ihm klar ist, daß eben »drei und zwei fünf ist« und die Finger, Steinchen, Wäscheklammern nur eine Hilfe sind, das herauszubringen. Jetzt gibt es keinen Zweifel mehr, daß jeder Versuch an Fingern, Steinchen, Wäscheklammern dieses Resultat von neuem ergeben wird, »denn drei und zwei ist doch eben fünf«; selbst an so willkürlich aus einem Ganzen herausgeschnittenen, zerbröselnden, kurz, physisch undurchsichtigen Gebilden wie Kuchenstücken wird es wohl nicht anders herauskommen. Wir sagen in der Sprechweise der älteren Erkenntnistheorie: An

---

* Vgl. II 5.2.

Hand der Erfahrung ist dem Kind die Erkenntnis a priori aufgegangen, die der Erfahrung zur Rechtfertigung nicht bedarf. Sie bezieht sich nicht auf physische Gegenstände, sondern auf die Zahlen selbst, bewährt sich aber stets in der Erfahrung, wo physische Gegenstände die durch die Zahlen bezeichneten Strukturen haben. Unsere Reflexion aber fragt weiter: Was sind »Zahlen selbst«? Was sind »Strukturen«? Wie ist Erkenntnis a priori möglich? D. h. erstens: wie kommt solche Erkenntnis zustande?, zweitens: woher hat sie ihre Gewißheit?

Ein weiteres Beispiel aus der Logik. Das Argument des Aristoteles für den Satz vom Widerspruch hat dieselbe Struktur. Wer den Satz vom Widerspruch argumentativ bestreitet, wendet diesen Satz wenigstens eben auf ihn selbst an: daß dasselbe nicht zugleich wahr und falsch sein kann – so sagt er –, ist falsch; nun kann dasselbe nicht zugleich wahr und falsch sein, also ist es nicht wahr, daß dasselbe nicht zugleich wahr und falsch sein kann. Indem der Gegner argumentierte, hat er den Satz benützt, und der Nachweis, daß er sich in einen Widerspruch verstrickt hat, schwächt seine Position, sofern er insistiert, er wolle durch Argumente überzeugen. Wer argumentiert, entdeckt an jedem Beispiel die Struktur von Wahrheit und Falschheit, ohne die das Argumentieren sinnlos wäre. Hat er sie einmal verstanden, so ist er a priori überzeugt, daß ihm nie ein Gegenbeispiel wird begegnen können. Er weiß, wie er es machen muß, das angebliche Gegenbeispiel zu entlarven; er wird im Prinzip stets diejenige Reflexion vornehmen, die ich soeben vorgeführt habe. Daß er dies immer können wird, ist ihm unzweifelhaft – jedenfalls wird er es können, so weiß er, wenn er bei Sinnen sein wird.

John Locke hat die Behauptung, die Erkenntnis des Satzes vom Widerspruch sei angeboren, lächerlich machen wollen. Sagen die Kinder, kaum können sie sprechen, alsbald: »Demselben kann dasselbe nicht zugleich zukommen und nicht zukommen«? Der Spott zeigt nur, wie man den Innatismus nie hat verstehen sollen. Nicht der Satz, nicht die Begriffe sind angeboren, aber die Fähigkeit, die Begriffe an Beispielen zu bilden, und die Fähigkeit, einzusehen, daß der Satz, einmal verstanden, nicht sinnvoll bestritten werden kann. Angeboren sind, so lehrt schon die Verhaltensforschung an Tieren, Fähigkeiten, die erst unsere Reflexion durch »Urteile a priori« beschreibt. Die Reflexion, die wir jetzt vornehmen, wird, zu der »transzendentalen« Rückfrage nach den Bedingungen der Möglichkeit von Erkenntnis, die Biologie des Subjekts (*Der Garten des Menschlichen*, 2. Kapitel), d. h. das empirische Studium der Erkenntnisvorgänge in gegenständlicher Einstellung hinzufügen.

Ein drittes Beispiel, die Geometrie, zeigt historisch die Schwierigkeiten, in die diese Reflexion geführt werden wird. Auch die Geometrie gilt unserer Tradition als Erkenntnis a priori. Die Psychologie der kognitiven Entwicklung des Kindes (Piaget) kann die Stufen der Entfaltung dieses Wissens a priori verfolgen. Die Deszendenzlehre (Lorenz) macht uns klar, warum wir mit angeborener Raumanschauung ausgestattet sind: ohne diese wären unsere Vorfahren, die Affen, bei ihren Sprüngen von den Bäumen gefallen. Aber rechtfertigt unsere angeborene Raumanschauung die volle euklidische Geometrie? Ist unsere Raumanschauung euklidisch? Oder ist schon die Frage, ob sie euklidisch oder nichteuklidisch sei, verfehlt? Diese Frage setzt eine Präzision der Anschauung voraus, die in Wahrheit nur der begrifflich entwickelten Mathematik zukommt. Die Mathematik hat zuerst die Evidenz des euklidischen Parallelenpostulats aufgegeben und später überhaupt für geometrische Axiome keine Evidenz mehr gefordert. Die Physik hat das Problem der realen Geometrie als empirisch angesehen. Die einzigen mathematischen Philosophen unseres Jahrhunderts, die eine Apriori-Gültigkeit der euklidischen Geometrie wieder herzustellen suchten, Dingler und Lorenzen, haben operative Postulate gefordert, über deren Rechtfertigung in der Anschauung ein – wie die bisherige Erfahrung zeigt – unbeendbarer Streit entsteht und deren Unerfüllbarkeit anzunehmen die Physiker keine Mühe kostet. Wenn aber die Berufung auf Einsicht a priori auch nur ein einziges Mal scheitert, welchen Grund haben wir, ihr dort zu trauen, wo uns noch nicht eingefallen ist, wie man sie gescheit bezweifeln könnte?

Der Zweifel am geometrischen Apriori kann als empiristisch motiviert gelten. Einen aprioristisch motivierten Zweifel inmitten der Logik stellt uns das vierte Beispiel vor Augen: die intuitionistische Kritik am Tertium non datur. »Dasselbe kann demselben nicht weder zukommen noch nicht zukommen« erschien Aristoteles und der ihm folgenden Tradition evident; er selbst freilich meldete bezüglich futurischer Aussagen einen Zweifel an. Brouwer bestritt die Evidenz des Satzes in der Anwendung auf unendliche Mengen. Er sah in dem Satz eine sprachliche Regel, aber keine mathematische Einsicht. Setzt man mathematische Wahrheit als Beweisbarkeit, mathematische Falschheit als Widerlegbarkeit an, so ist das Tertium non datur in der Tat nicht evident. Die These, Wahrheit und Falschheit seien etwas anderes als Beweisbarkeit und Widerlegbarkeit, erscheint zwar vielleicht plausibel, verlangt aber mehr Erläuterung, als in ihrer schlichten Behauptung investiert ist. Offenbar ist für die aprioristische Denkweise selbst nicht klar, welche Erkenntnisse a priori sind und warum. Die Reflexion führt zur Kritik, und die Kritik wird der Reflexion bedürfen.

Was also ist mathematische Erkenntnis a priori? Sie wird durch Erfahrung angeregt, ist von der Erfahrung in ihrer Überzeugungskraft nicht abhängig, bewährt sich millionenfach in der Erfahrung und ist gleichwohl weder nach empirischen noch nach ihren eigenen Kriterien unfehlbar. Wir versuchen eine zunächst verbale Definition; die in dieser Definition benützten Ausdrücke sollen dann selbst einer weiteren Erläuterung unterzogen werden.

Mathematische Erkenntnis a priori – so wollen wir sagen – ist eine Vorstellung möglicher Handlungen. Die Definition ist nicht erschöpfend: nicht jede Vorstellung möglicher Handlungen ist mathematische Erkenntnis a priori. Wir haben zunächst nur einen Oberbegriff angegeben. Die spezifische Differenz werden wir erst dadurch klarmachen können, daß wir die Mathematik konkret aufbauen.

Was soll Vorstellung hier heißen? Handlungen werden vorgestellt, aber nicht ausgeführt. Wie kann man das? Man kann es in der Phantasie und in der Sprache. Beide – Phantasie und Sprache – kann man selbst wieder als Handlungen verstehen, die zudem innig miteinander verschränkt sind. Sie sind Handlungen, die anderes, z. B. andere Handlungen, bedeuten. Wie dies zugeht, ist Thema einer Philosophie oder Psychologie des Vorstellens – ein weites Feld. Für die Frage nach dem Wesen der Mathematik genügt es uns zunächst, daß die Vorstellung von Handlungen dem Menschen möglich ist. Wir benützen den

Vorstellungsbegriff hier reflexiv, wir studieren ihn nicht gegenständlich. Wir appellieren daran, daß jeder, der bis hierher gelesen hat, sich unter der Vorstellung einer Handlung wohl etwas vorstellen kann. Sollte der Fortgang unserer Überlegungen uns nötigen, uns auf das Wesen des Vorstellens tiefer einzulassen, so werden wir dazu bereit sein.

Ebenso vage bleiben wir zunächst gegenüber dem Begriff der Handlung. Sie mag das Aussondern guter Körner aus schlechten (Klassenbildung), das Zählen von Kieseln oder Münzen (Arithmetik), das Messen von Längen, Zeiten, Temperaturen (Physik), das Argumentieren im Seminar oder vor Gericht (Logik, Wissenschaft, Recht) sein. Wir sind bereit, jede dieser Handlungen auf gewisse, in ihr enthaltene Strukturen zu analysieren, die wir eben mathematisch nennen.

Was aber sind mögliche Handlungen? Der hier verwendete Begriff des Möglichen muß konstitutiv für die Mathematik sein. Er verlangt sorgfältige Abgrenzung gegen andere Möglichkeitsbegriffe. In ihm rücken wir an den Kern des Problems heran.

In der hier gewählten Sprechweise ist der Begriff des Möglichen letztlich stets auf die Zukunft bezogen. Er bedeutet die Art, wie das Zukünftige gegenwärtig ist. Diese Sprechweise bedeutet *nicht*: »Das Zukünftige existiert an sich, und in der Gegenwart nehmen wir es in der Form der Möglichkeit wahr«, *sondern*: »Wenn wir von einem zukünftigen Ereignis sprechen, so ist dies eine uneigentliche Ausdrucksweise, weil sie ein Ereignis als Subjekt unterstellt, dem das zusätzliche Prädikat ›zukünftig‹ zugeschrieben wird; es ist eine uneigentliche Ausdrucksweise für die Möglichkeit eines Ereignisses.« Alle weiteren Begriffe von Möglichkeit lassen sich schrittweise aufbauen, wenn wir fragen, unter welchen *Bedingungen* wir ein Ereignis für möglich halten.

Formal möglich möchte ich ein Ereignis nennen, das so charakterisiert ist, daß im Prinzip festgestellt werden könnte, ob es vorliegt oder nicht, wobei die Mittel dieser Feststellung völlig offenbleiben. Formal möglich ist ein begrifflich charakterisiertes Ereignis, kurz eines, über das man sinnvoll sprechen kann, das einen verständlichen Namen trägt. Von hier aus kann man zum Leibnizschen Begriff des Möglichen als des *Nicht-Selbst-*

widersprechenden weitergehen. Wenn man voraussetzt, man verstehe den begrifflichen Sinn der Negation, so wird man es als unmöglich, weil selbstwidersprechend ansehen, daß ein formal mögliches Ereignis zugleich geschieht und nicht geschieht. Was nicht in diesem Sinne unmöglich ist, ist im Leibnizschen Sinne möglich. Diese beiden Begriffe von Möglichkeit sind nicht auf Zukünftiges eingeschränkt. Jedes Faktum muß, wenn es angebbar ist, formal möglich und nicht-selbstwidersprechend sein. Die beiden Möglichkeitsbegriffe kennzeichnen das begrifflich als möglich Denkbare.

Die Tradition hat eben darum den Begriff der Möglichkeit einer zeitlosen Logik oder Ontologie zugeschrieben und die futurische Möglichkeit als eine Einschränkung des Möglichkeitsbegriffs auf eine spezielle Ereignisklasse, eben die zukünftigen Ereignisse, verstanden. Ich wähle die entgegengesetzte Rangfolge, weil ich auch den Begriff selbst als die Vorstellung einer Regel möglichen Verhaltens interpretiere. Hier ist dann »mögliches Verhalten« zukünftiges Verhalten. Man macht sich Regeln nur für das, was man noch wird tun können. Diesen Ansatz von der Zeit her habe ich anderswo erläutert und setze ihn hier voraus. Um der Vollständigkeit willen sind noch zwei scheinbar perfektische Verwendungen des Möglichkeitsbegriffs aufzulösen. »Es ist möglich, daß es gestern geregnet hat« heißt: »es hat gestern geregnet oder nicht, und es ist nach meiner Kenntnis für jedes von beiden noch möglich, daß es sich als zutreffend herausstellen wird«. »Es war möglich, daß es gestern regnen würde« heißt: »Als der gestrige Tag noch Zukunft war, war der gestrige Regen im futurischen Sinne möglich.«

Wir kehren zur futurischen Möglichkeit von formal möglichen, nicht-selbstwidersprechenden Ereignissen zurück. Alles futurisch Mögliche ist *unter* bestimmten Bedingungen möglich. Die einfachste Form eines Naturgesetzes ist »wenn A faktisch ist, ist B möglich«, oder »wenn A faktisch ist, ist B notwendig«. Physik im weitesten Sinne ist die Auffindung solcher Gesetze. Man findet sie empirisch in folgendem Sinne: Man setzt voraus, daß irgendein Gesetz gilt, und errät an Hand von Erfahrung dessen mutmaßliche Gestalt. Diese Hypothesen werden, wie Popper es beschreibt, bis zur Falsifizierung benutzt, wobei freilich die Falsifizierung, wie anderwärts dargestellt, selbst schon Theorie voraussetzt. Schwierig ist es, die Mathematik von der Physik abzugrenzen. Es sei erlaubt, dafür zunächst an den Scherz über den Unterschied zwischen dem Experimentalphysiker, dem theoretischen Physiker und dem Mathematiker zu erinnern (vgl. S. 127). Der Mathematiker denkt sich die Büchse geöffnet.

Dieser Scherz deutet zweierlei an: wonach der Mathematiker nicht fragt und wonach er fragt. Er fragt, was geschieht, wenn eine Bedingung erfüllt ist. Er fragt nicht, wie man es macht, diese Bedingung zu erfüllen. 3 + 2 = 5 heißt: fügt man zu drei Gegenständen zwei Gegenstände hinzu, so sind es fünf Gegenstände. Wie man das Hinzufügen macht, ist keine mathematische Frage. Mathematik ist eine Vorstellung möglicher Handlungen, nicht in dem Sinn, daß gefragt würde, wie sie möglich sind, sondern daß gefragt wird, was möglich oder notwendig wird, wenn sie möglich sind. So geschieht es im Aufbau. Die Reflexion fragt dann freilich, was mit solchen Annahmen der Möglichkeit eigentlich angenommen ist, und die Kritik modifiziert den Aufbau durch veränderte Möglichkeitsannahmen.

Weiter können wir in einer allgemeinen Sprechweise nicht gelangen. Wir müssen uns dem Aufbau zuwenden. Der Aufbau kann, wie oben gesagt, in einem knappen Aufsatz nicht ausgeführt, sondern nur programmatisch skizziert werden.

3. Dritte Variation:
Subjektives und Objektives (1979)

Mathematik ist insofern ein Apriori sehr hoher Stufe, als sie Möglichkeiten hohen Allgemeinheitsgrades erkennt. Hier die Rolle der Logik bzw. Mengenlehre. *Daß* hieraus allein so komplizierte Gestalten entfaltet werden können, das eben erkennt die Mathematik. Man kann sie als Fortführung der Gestaltenerzeugung durch die Evolution verstehen. Insofern sie Reflexion auf Gestaltenerzeugung, auf Möglichkeit ist, ist sie zunächst nicht weiter hinterfragbar. Meine bisherigen Aussagen hinterfragen sie nicht, sondern ordnen sie nur ein. Ihre Basis ist die Unterscheidung, Identität und Diversität. Dies hinterfragt dann aber die Quantenlogik.

Das Problem der Objektivität des Subjektiven und der Subjektivität des Objektiven läßt sich an der Mathematik erläutern. Die bekannte Konfrontation: Dedekind nannte die Zahlen freie Schöpfungen des menschlichen Geistes. Kronecker soll gesagt haben: »Die ganzen Zahlen hat Gott gemacht, alles andere ist Menschenwerk.« Die »ganzen« Zahlen in diesem Satz sind die eben wegen dieser Denkweise als die »natürlichen« bezeichneten Zahlen, beginnend mit Null. Gott hat gemacht, daß der Mensch die Zahlen schaffen konnte. Die Schöpfung ist frei nur in dem Sinne, daß der Mensch sie unterlassen könnte, aber nicht, daß er sie anders machen könnte. Aber unter Prämissen: *Wenn* Identität und Diversität zugrunde gelegt werden, entsteht die klassische Mathematik. Kroneckers Bemerkung zielte auf die Mengenlehre. In Cantors »naiver« Form war sie in der Tat Menschenwerk, nämlich falsch. Das Subjektive ist objektiv, d. h. Erkenntnis von Möglichkeiten, etwas zu machen; ist Erkenntnis, nicht Willkür. Das Objektive ist subjektiv, d. h. wir erkennen, was wir machen können.

Wie steht dies zur Ideenlehre? Das Subjektive ist objektiv, d. h. der einzelne Mensch denkt durch Teilhabe am Geist (nus). Das Objektive ist subjektiv, d. h. es ist nicht ein Anderes als der Geist, sondern selbst das Werk (ergon) des Geistes, das, was zu machen die Natur (physis) des Geistes ist.

Wir aber sehen dies, verglichen mit Platon, in einer doppelten Brechung. Der Mensch als endlicher Geist kann nicht sein Wissen als das göttliche, selbst kreative Wissen ausgeben; so Kant. Kant aber schränkte den Menschen auf zeitlose Bedingungen seiner Endlichkeit ein. Verschieden von Platon und von Kant sehen wir den Menschen als Glied in der Kette der Evolution. Wie aber ist die Idee in der Geschichte?

Goethe sagt: »Was ist das Allgemeine? Der einzelne Fall. Was ist das Besondere? Millionen Fälle.« Ich lege mir das so aus: Die Idee *wird* im einzelnen Fall, der als »Fall von...« erkennbar ist. In einem abstrakten Sinn ist die Idee ewig, aber real möglich wird sie jeweils in einer Geschichtsphase. Induktion ist nach Aristoteles Sehen der Idee im Einzelfall.

Diese Betrachtungsweise setzt zunächst die lineare Zeit als Träger der Unterscheidung des jeweils gegenwärtig Faktischen und Möglichen voraus. Die lineare Zeit ist selbst eine klassische

Objektivierung der Zeit. Hier ist wieder bei der Quantentheorie anzufragen, aber jenseits ihrer heutigen Fassung.

»In einem abstrakten Sinn ist die Idee ewig«, d. h. ihre Ewigkeit ist, in der Welt der linearen Zeit ausgesprochen, nur ein Gedanke, nicht eine Gestaltwahrnehmung. Aber die Gestaltwahrnehmung ist genetisch früher als das Weltbild der linearen Zeit, und sie bleibt diesem Weltbild gegenüber, das durch eine ihrer Spezialisierungen ermöglicht ist, fundamental. Ihre andere Entfaltung ist die meditative Wahrnehmung. Eine dritte die künstlerische Gestaltung.

Die jeweiligen Gestalten werden in der Naturwissenschaft aus Gesetzen erklärt. Die Gesetze sind zeitliche Gestalten, bisher im Weltbild der linearen Zeit formuliert. Diese ihre Einschränkung auf ein Weltbild kennzeichnet sie als subjektiv im Sinne Kants, als endliches Wissen. In diesem Weltbild gibt es den Menschen als Individuum.

4. Vierte Variation: Mathematik und Logik (1983)

Die erste und die dritte Variation enden in unlösbar erscheinenden philosophischen Fragen. Die Frage der ersten Variation ist der Ringschluß, in dem einerseits die Mathematik die Physik, andererseits die Physik die mathematische Handlungstheorie begründet. Die Frage der dritten Variation ist die der klassischen Metaphysik. Beiden Fragen werden wir uns im Fortgang dieses Buches noch einmal zuwenden. Aber in der jetzigen Phase handelt es sich darum, die Überleitung zu den *logischen* Voraussetzungen der Mathematik möglichst kontrollierbar, aber doch philosophisch zu vollziehen. Wir knüpfen dazu an die Handlungstheorie der zweiten Variation an.

In diesem ganzen Kapitel haben wir Mathematik und Logik so wenig wie möglich voneinander getrennt. Dies drückte sich einerseits in der Bevorzugung des vereinheitlichenden logizistischen Aufbaus der Mathematik aus, andererseits in der Einordnung der Logik in die Mathematik als einer ihrer vier fundamentalen Gegenstände, die man vielleicht so anordnen kann: Logik, Zahl, Kontinuum, Struktur. Aber schon diese Aufzählung muß ein Erlebnis des Drehschwindels erzeugen, solange wir auf einen hierarchischen Aufbau der Wissenschaft hoffen. Was ist nun Grundlage und was ist abgeleitet?

In einer älteren Aufzeichnung* habe ich dieses Verhältnis gegenseitiger Abhängigkeit sehr stilisiert so beschrieben:

»Logik ist eine Wissenschaft über Wahrheit. Mathematik ist eine Wissenschaft über Strukturen.

Logik ist die mathematisch vorgehende Wissenschaft über Wahrheit. Mathematik ist die logisch vorgehende Wissenschaft über Strukturen. Noch stenographischer: Logik ist die Mathematik der Wahrheit. Mathematik ist die Logik der Strukturen.

Logik studiert die mit dem Begriff der Wahrheit gesetzten Strukturen. Sie muß von sich verlangen, ihre Erkenntnis dieser Strukturen, also ihre eigene Wahrheit, gemäß den aus dieser Erkenntnis folgenden Gesetzen strukturell durchsichtig zu machen. Logik ist logische Analyse der Logik. Mathematik studiert Strukturen so, wie sie sich zeigen, wenn man ihre Erkenntnis gemäß den Regeln der Struktur der Wahrheit selbst darstellt. Mathematik enthält die Mathematik ihrer eigenen Struktur.

Wahrheit und Struktur sind in diesen Erklärungen undefiniert geblieben. Wir müssen dem Sinn dieser Begriffe an Beispielen nachgehen.«

Diese Sätze bezeichnen offensichtlich nur ein Problem. Die Selbstbezüglichkeit der Mathematik (»sie enthält die Mathematik ihrer eigenen Struktur«) ist uns in diesem Kapitel entgegengetreten, am meisten explizit vielleicht in derjenigen Version der logizistischen oder axiomatischen Mengenlehre, nach welcher auch die Subjekte mathematischer Prädikate stets wieder mathematische Prädikate sein sollen (II 5.3). Die Frage blieb offen, ob die letzte Begründung eines derartigen Aufbaus logisch oder physikalisch zu denken sei. Die Selbstbezüglichkeit der Logik ist im gängigen Verständnis dieser Wissenschaft vorausgesetzt: sie ist selbst eine logisch vorgehende Wissenschaft. Wiederum bleibt die Frage, ob hier eine zirkelhafte Begründung vermieden werden kann; Lorenzen führt eben darum eine »Protologik« ein. Wir werden uns dem im nächsten Kapitel zu-

* Stenographische Notizen über Logik und Mathematik (1978); geschrieben 1972. Der Hauptteil ist hier als Abschnitt II 6.7 abgedruckt.

wenden. Gegenwärtig hat uns vor allem die gegenseitige Abhängigkeit beider Wissenschaften zu beschäftigen.

Wir greifen hierzu nochmals auf die vier fundamentalen Gegenstände der Mathematik zurück und ersetzen dabei vorerst den Begriff der Logik durch den innermathematischen Begriff der Menge. Warum soll es genau diese vier Gegenstandsklassen *einer* Wissenschaft geben: Mengen, Zahlen, das Kontinuum, Strukturen? Phänomenal und damit historisch sind die vier ganz verschiedener Herkunft. Der natürlichen Zahl entspricht die Handlung des Zählens. Das Kontinuum, antik gesagt, die Figur, ist gerade was man nicht durch Zählen erschöpfen kann; wir werden im 7. Kapitel ausführlich erörtern, inwiefern nicht bloß die Geometrie, sondern das der Analysis zugrundeliegende Kontinuum selbst phänomenologisch der Physik zuzuordnen ist. Struktur ist ein Reflexionsbegriff, der Mengen, Zahlen, Kontinua ... umfaßt; seine Herkunft aus der Eidos-Philosophie weist ihn als ursprünglich philosophisch aus. Menge schließlich ist phänomenal der Umfang eines Begriffs; es war die logische Analyse der Mathematik, die zur Reflexion auf Mengen führte. Mit Wissenschaftsnamen bezeichnet, wären die vier Gegenstandsklassen also vier verschiedenen Wissenschaften zuzuordnen: Logik, Arithmetik, Physik, Philosophie. Was eint diese vier zur umfassenden Wissenschaft der Mathematik?

Die Antwort ist einfach. Das einende Moment ist die Möglichkeit des einheitlichen logischen Aufbaus, wie wir ihn hier im 4. Abschnitt skizziert, in II 5.2 ausgeführt haben. Wenn es Mengen, d. h. Begriffsumfänge, gibt, so kann man zeigen, daß es Strukturen und unter diesen speziell auch Anzahlen und Kontinua geben muß. Es ist die Logik, aus welcher die Mathematik hervorgeht. Mathematik ist die Logik der Strukturen. Dies hat Leibniz geahnt, Frege gezeigt. Was in Freges Aufbau falsch war, muß nicht durch Auflösung dieser Einheit, sondern – wenn meine Vermutung zutrifft – durch zeitliche Logik korrigiert werden. Hierin ist dann das Wahre von Kants und Brouwers Auffassung bewahrt: nicht nur die Arithmetik, sondern die Logik selbst wurzelt in der Zeit.

Um solche Behauptungen zu überprüfen, müssen wir uns nun der Logik thematisch zuwenden. Von ihren fundamentalen Gegenständen haben wir bisher stets nur den Begriff, das Prädi-

kat, genannt. Wir können deren aber fünf aufzählen, vier thematische und einen charakteristischen Reflexionsbegriff (zum
Vergleich: wir können Menge, Zahl, Kontinuum als thematische Gegenstände und Struktur als den charakteristischen
Reflexionsbegriff der Mathematik bezeichnen). Die fünf sind:
Schluß, Satz, Begriff, Gegenstand, Wahrheit. Diese seien zunächst andeutend erläutert.

Historisch ist die Logik als die Lehre von den richtigen und
falschen *Schlüssen* entstanden (vgl. Kapp 1942).

Schlüsse (Syllogismen) verknüpfen *Sätze* (Urteile, Aussagen). Eine Aussage (logos apophantikós) ist eine Äußerung, die
wahr oder falsch sein kann. Ein richtiger Schluß führt von wahren Sätzen immer zu einem wahren Satz.

Der wichtigste Typ von Sätzen, der prädikative Satz (das
kategorische Urteil), schreibt einem Gegenstand (logischen
Subjekt) ein Prädikat zu, eventuell quantifiziert oder / und ne-
giert: »S ist P«, »einige S sind nicht P« etc. Das Prädikat nennt
man einen *Begriff*.

Zum Prädikat gehört das logische Subjekt, der *Gegenstand*,
auf den der Begriff zutrifft oder nicht zutrifft. Daß »Gegenstand« hier sprachlich als einer der fünf »fundamentalen
Gegenstände« der Logik bezeichnet wird, zeigt nur die Selbstbezüglichkeit der Logik: »Gegenstand« ist eines der logischen
Subjekte, von welchen die Logik spricht, also etwas prädiziert.

Wahrheit und Falschheit bezeichnen das, wodurch Aussagen
überhaupt als Aussagen definiert sind; sie bezeichnen das
Thema der Bedingungen der Möglichkeit der Logik. Insofern
ist Logik eine Wissenschaft über Wahrheit, und, sofern sie mit
mathematischer Präzision vorgeht, die Mathematik der Wahrheit.

Die polare Gegenüberstellung von Wahrheit und Falschheit
ist für die Logik wesentlich. Sie ist keineswegs selbstverständlich. Im 2. Kapitel haben wir gesehen, daß schlichte Erkenntnisse »als wahr gegeben« sind. Erst der Zweifel, die Reflexion,
zeigt, daß intendierte Erkenntnisse, logisch gesagt, Aussagen,
wahr oder falsch sein können. Die Logik ist in diesem Sinne die
Theorie der Reflexion, und Mathematik ist, insofern sie sich
(drittletzter Absatz der ersten Variation) im Bereich reflektierter Aussagen hält, die Logik der Strukturen. Die Prävalenz der

Wahrheit vor der Falschheit im schlicht Gegebenen ist auch für Platon und Aristoteles (*Metaphysik* Θ 10) selbstverständlich; hierauf hat Heidegger mit seiner Übersetzung des griechischen Worts für Wahrheit, alētheia, als Unverborgenheit wieder aufmerksam gemacht. (Dazu *Der Garten des Menschlichen* II 6.3, S. 303.)

Man kann also fragen, wodurch es überhaupt zur Zweiwertigkeit der Logik kommt. Historisch ist dies ihre Herkunft aus der Diskussion. Kapp hat darauf hingewiesen, daß die völlige Psychologiefreiheit, der nicht-deskriptive Charakter der griechischen Logik, ihrer Entstehung als Regelsystem für Gewinnstrategien in einem fairen Diskussionsspiel zu verdanken ist. Diskussion aber gibt es nur, wo die Möglichkeit des Zweifels entdeckt ist. Diese Herkunft der Logik haben wir weiter zu verfolgen.

Am Schluß sei der Entwurf einer Antwort auf die Frage nach dem Wesen der Mathematik, im Rahmen einer umfassenderen Fragestellung, programmatisch in vier aufsteigenden Sätzen charakterisiert:

1. Logik ist die Mathematik von Wahrheit und Falschheit.
2. Mathematik ist die Theorie der Strukturen.
3. Theorie ist die Kunst des Wahren und Falschen.
4. Kunst ist die Wahrnehmung von Gestalten durch die Schaffung von Gestalten.

Diese Sätze sind hier bloße Gleichnisreden, die erst in einer ausgeführten Philosophie voll erklärt werden könnten. Wir kommen vom 7. Kapitel an auf sie zurück. Jetzt können wir nur wenige erläuternde Bemerkungen machen.

1. Die Logik wird als ein Zweig der Mathematik betrachtet, und zwar als die Theorie derjenigen Strukturen, die durch das Begriffspaar der Wahrheit und Falschheit bedingt sind.

2. Struktur wird als der Grundbegriff der Mathematik angesehen. Der Unterschied zwischen Mathematik und Physik ist, daß die Mathematik die Strukturen *als* Strukturen, »abstrakt«, studiert, die Physik hingegen die Ereignisse mit Hilfe der Strukturen beschreibt, die an ihnen vorkommen.

3. Theorie wird als ein Spezialfall von Kunst beschrieben, nämlich als die Wahrnehmung derjenigen Gestalten, die durch

die Bedingung eingeschränkt sind, daß über sie Aussagen möglich sind, die als wahr oder falsch charakterisierbar und im Idealfall entscheidbar sind. Theorie kann metaphorisch als die »Kunst gemäß der Tanzschule der Logik« bezeichnet werden. Logik studiert mathematisch diejenigen Strukturen, die vorkommen, wenn man über wirkliche oder mögliche Ereignisse Wahres oder Falsches aussagen kann. Strukturen sind hier eben diejenigen Gestalten genannt, die in der Theorie auftreten können.

4. Der Begriff von Kunst, der hier eingeführt wird, soll alle traditionellen Künste wie Musik, bildende Kunst, Dichtung, aber mit einer Gewichtsverschiebung von »Wahrnehmung« zu »Schaffung« auch das Handwerk und die Technik, also die volle griechische Poiesis umfassen. Die These 3 besagt, daß auch die Theorie unter diesen Begriff falle. Strukturen sind dann »intellektuelle Gestalten«. »Gestalt« ist also als ein sehr weiter, hier zunächst nicht näher definierter Begriff zu nehmen. Für die Deutung der Logik und Mathematik trägt diese These zweierlei aus. Einerseits ist Gestalt dem griechischen Eidos sehr nahe; die Eidos-Philosophie erhält eine moderne Deutung und, in dieser Deutung, Rechtfertigung. Andererseits ist der Gesichtspunkt des Pragmatismus aufgenommen, indem Erkenntnis als Handlungserfolg interpretiert wird: durch das Schaffen von Gestalten, also durch ein Handeln, erkennen wir Gestalten.

Diese vier Thesen sind ein der Analyse vorausgeschossener Pfeil, den wir allenfalls hoffen können am Ende eines langen Wegs wiederzufinden.

Sechstes Kapitel
Logik

1. Ort der Logik*

Die Frage: »Womit soll der Anfang der Philosophie gemacht werden?« wird erst gestellt, wenn der Anfang der Philosophie *geschichtlich* schon gemacht ist. Was kann sie dann bedeuten? Sie soll den *systematischen* Anfang der Philosophie betreffen. Also setzt sie schon voraus, daß es einen systematischen Anfang der Philosophie geben sollte. Das entnimmt sie aus einem geschichtlich gegebenen Vorwissen. Aus welchem? Ich behaupte: aus dem Vorbild der deduktiven Wissenschaften. Deren gibt es aber geschichtlich gesehen zunächst nur eine, nämlich die *Mathematik*.

Lassen wir offen, wieviel die Übertragung der Struktur der Mathematik auf die Philosophie wert ist, und fragen wir statt dessen nach dem Grund dieser Struktur. Deduktive Mathematik erscheint als ein System von Axiomen und Theoremen; die Theoreme werden mit Hilfe der *Logik* auseinander und letztlich aus den Axiomen gefolgert. Die Struktur der deduktiven Mathematik ist also durch die Logik bestimmt. Was ist Logik? Sie ist Lehre vom *Schluß*, vom *Urteil*, vom *Begriff*. Die Reihenfolge dieser Aufzählung beginnt mit dem, was zuerst als der Zweck der Logik bewußt wird, dem richtigen Schließen, und schreitet fort zu dem, was als Bestandteil des richtigen Schlusses bei fortschreitender Reflexion sichtbar wird.

Die weitere Rückfrage muß lauten: wieso gibt es eigentlich Begriffe, ihre Verknüpfung in Urteilen und deren Verknüpfung in Schlüssen? Die »metaphysische« Antwort ist die Ideenlehre. Eine »positivistische« Antwort, die zunächst das fraglos Gegebene ins Auge faßt, findet Begriffe vor in Gestalt von Worten,

---

* Diese Notiz war die Einleitung zu einer Reihe von Aufzeichnungen im Jahr 1972, aus denen schließlich dieses und das vorige Kapitel hervorgegangen sind. Sie kann auch jetzt als erinnernde Einführung in das Problem dieses Kapitels dienen.

Urteile in Gestalt von Sätzen der Sprache, Schlüsse als Teile von Texten. Logik ist dann ein Regelsystem über *Sprache*, ein Ausschnitt aus der *Grammatik*.

Die Linguistik ist eine heute aufblühende Wissenschaft. Sie entdeckt auf ihre Weise das Apriori in der Gestalt derjenigen Regeln, ohne die gar nicht sinnvoll gesprochen werden könnte. Wenn die Logik einen Teil dieser Regeln formuliert, wodurch ist sie dann – wenn überhaupt – innerhalb des Systems der Grammatik ausgezeichnet?

An dieser Stelle der Reflexion stellt sich die Frage, was denn die *Einfachheit der Logik* ausmacht? Bei der Rückfrage nach dem Anfang der Philosophie erschien es natürlich, in dem, was diesen Anfang als Anfang bestimmt, zugleich das Einfachste zu vermuten. Nun aber hat uns die weitere Reflexion in das unübersehbare Feld der Linguistik geführt. Zwischen der Unübersehbarkeit der mit Hilfe der Logik aufzubauenden inhaltlichen Wissenschaften und der Unübersehbarkeit der hinter der Logik stehenden grammatischen Strukturen erscheint die Logik als ein »Flaschenhals« von Einfachheit. Woher diese Einfachheit?

Ich vermute, sie kommt vom Bezug der Logik auf *Wahrheit*. Jeder Aussagesatz soll Wahres aussagen. Aber ob er wahr ist, liegt nicht an seiner grammatischen Form. Die Logik hingegen formuliert Bedingungen, die an die Form sprachlicher Äußerungen gestellt werden müssen, damit sie überhaupt wahr sein können.

Eine Theorie der Logik bedarf also einer Theorie der Wahrheit.

2. Überblick

Die »vierte Variation« am Ende des vorigen Kapitels gibt schon einen detaillierten Überblick über das geplante Studium der Logik. Dort werden vier »thematische Gegenstände« der Logik genannt: Schluß, Satz, Begriff, Gegenstand; und ein »charakteristischer Reflexionsbegriff«: Wahrheit, oder präziser: Wahrheit und Falschheit. Die vier thematischen Gegenstände scheinen einen glatteren Zusammenhang untereinander zu haben als die phänomenal so verschiedenen vier Themen der Mathematik (Menge, Zahl, Kontinuum, Struktur). Aber die scheinbar glatte Struktur der Logik läßt zum mindesten einen Aufbau von zwei entgegengesetzten Enden her zu, und beim Vergleich treten ihre Themen ins Licht.

In der »vierten Variation« und im 1. Abschnitt dieses Kapitels haben wir eine *historische* Anordnung gewählt und daher mit dem *Schluß* (Syllogismus) begonnen. Der Schluß ist in der Tat der »Sitz im Leben« der Logik. Vor Gericht und in mathematischen Lehrbüchern kommt es auf korrekte Schlußweisen an. Wie alles, was man im Leben brauchen kann, ist der Schluß eine komplexe Struktur. Die fortschreitende Analyse löst den Schluß in Sätze (Urteile) auf, den Satz in Begriffe. So weit geht, gemäß der logischen Tradition, die in der *Eidos-Philosophie* wurzelt, der obige Abschnitt über den Ort der Logik. In der »vierten Variation« ist noch als viertes Element der Gegenstand genannt. Die aristotelische Logik bezeichnet Gegenstände durch Begriffe; noch Kant charakterisiert analytische Urteile als solche, in denen der Begriff des Prädikats im Begriff des Subjekts enthalten ist. Mit der Thematisierung von Eigennamen der Gegenstände setzt sich der Nominalismus in der Logik durch, d. h. das Ausgehen vom Einzelgegenstand als dem »Realen«.

Hiermit legt sich ein *realistisch-ontologischer* Aufbau nahe. Er geht vom *Gegenstand* aus, betrachtet Begriffe zunächst als Eigenschaften von Gegenständen, kategorische Urteile als das Zu- oder Absprechen solcher Eigenschaften und endet bei der Erklärung des Schlusses. Dieses Schema wird auch heute vielfach ausdrücklich oder stillschweigend vorausgesetzt. Es dürfte dem durchschnittlichen *Selbstverständnis heutiger Mathematiker und Physiker* entsprechen. Einige seiner immanenten Probleme haben wir im Kapitel II 5.3, im Abschnitt über Russells Paradoxon, besprochen.

Es gibt aber eine Denkweise, die den Aufbau noch einmal umdreht. Sie möchte die Logik von »ontologischen Voraussetzungen«, also de facto von der klassischen Ontologie des Gegenstands, unabhängig machen. Wenn sie zu diesem Zweck nicht zur Eidos-Philosophie, also zu so etwas wie einer Ontologie der Begriffe zurückkehrt, kann sie mathematisches Denken als ein *Handeln* auffassen und einen *operativen* Aufbau wählen. Sie beginnt also mit einem Begriff der *Handlung*, der im traditionellen Aufbau der Logik gar nicht vorkommt. In den beiden Formen des Aufbaus, die Paul Lorenzen vorgelegt hat, gelangt sie dann zuerst zu *Aussagen* und ihrer Rolle in Schlüssen; im operativen Aufbau (1955) als »Konsequenzlogik«, im dialogischen Aufbau, der über das faire Diskussionsspiel (vgl. *AP*, 2. Kapitel) direkt den Begriff der wahren Aussage ansteuert, in einer direkten Reflexion auf die zentrale Rolle von Wahrheit und Falschheit in der speziellen Form der Beweisbarkeit. Sie führt so auf natürliche Weise zuerst zur Aussagenlogik und definiert dann erst über Quantoren den jeweiligen Unterschied des (logischen) Gegenstands vom Prädikat.

Der *zeitlichen Logik* schließlich entspricht ein vierter Aufbau, der, von der *präsentischen Aussage* ausgehend, den Unterschied von Begriff und Aussage selbst erst entwickelt.

Das jetzige Kapitel, auf die Teile I und II verteilt, folgt dieser Anordnung der Aufbauweisen.

Eine ausdrückliche Diskussion der *Eidos-Logik* ist nicht aufgenommen. Sie findet sich, eingeschränkt auf Platons Logik, andeutungsweise im Kapitel II 11.

Die Abschnitte II 6.2 und II 6.3 befassen sich mit der Ontologie des Gegenstands. Abschnitt 2 stellt ihre Problematik dar. Abschnitt 3 arbeitet diese Ontologie soweit heraus, wie sie im Rahmen zeitlicher Logik und klassischer Physik sinnvoll bleibt; der Titel »Faktische Ontologie« zielt auf die Faktizität der Vergangenheit, die im Weltbild der klassischen Physik auf alles physische Geschehen übertragen wird.

Abschnitt II 6.4 ist eine Skizze des *operativen* Aufbaus von Lorenzen in vorwiegend referierender Absicht.

Im hier folgenden Abschnitt I 6.3 setzt die eigene Arbeit des Verfassers an den Grundlagen der Logik ein, mit der Erörterung von *Wahrheit* und *Falschheit*.

Abschnitt I 6.4 schildert den Aufbau der *zeitlichen Logik* nicht mehr, wie das aus dem Jahr 1965 stammende Kapitel 2 im *Aufbau der Physik*, in Abhängigkeit von Lorenzens dialogischer Methode, sondern, wie ich es erst zwölf Jahre später versuchen konnte, in direkter Weise. Der Aufbau ist nicht zu Ende geführt; in seinen Rahmen gehört aber der Aufbau der mathematischen Grundbegriffe in II 5.2.

Abschnitt II 6.6 ist, an zwei Beispielen, eine Auseinandersetzung mit der sprachanalytischen Begründung der Logik.

Die Abschnitte I 6.5 und II 6.7 bieten eine andeutende Reflexion auf klassische Lehrstücke der Logik vom Standpunkt der zeitlichen Logik aus.

Abschnitt I 6.6 ist ein kurzer Rückblick.

Abschnitt II 6.5 ist eine unbeendete Betrachtung zu Freges Logik.

Abschnitt I 6.7 ist eine Reflexion auf die Kapitel über Mathematik und Logik, welche zur Physik und Philosophie überleitet.

3. Wahrheit und Falschheit

1. Die Frage

Die drei Abschnitte II 6.2 – 4 referieren bestehende Auffassungen, z. T. kritisch oder wenigstens reflektierend. Hier streben wir nun der Einlösung des Anspruchs zu, den wir am Schluß des 5. Kapitels, in der »vierten Variation«, angemeldet haben. Wir haben dort die Logik als Mathematik der Wahrheit und Falschheit definiert, d. h. als Theorie der durch Wahrheit und Falschheit bedingten Strukturen. Wahrheit und Falschheit erschienen uns als die für die Logik charakteristischen Reflexionsbegriffe, d. h. eben als die Begriffe, die man nennen muß, wenn man die reflektierende Frage nach dem Wesen der Logik beantworten will. Sie treten zunächst in der Definition der Aussage auf als einer Rede, die wahr oder falsch sein kann. Die weitere Reflexion führt zu der Frage ob wir *sagen* können, was Wahrheit und Falschheit sind, zur Frage nach dem Wesen der Wahrheit und Falschheit.

Die Schwierigkeit solcher Wesensfragen haben wir in der Vorbemerkung zum 5. Abschnitt (»Vier Variationen«) des 5. Kapitels besprochen. Die Antwort, die ein Philosoph auf die Frage nach dem Wesen der Wahrheit gibt, ist zunächst weniger eine Auskunft über das Wesen der Wahrheit als über die von ihm vertretene Philosophie. Es scheint richtig, sich dieser Pluralität der Philosophien direkt zu stellen. Ich gebe daher hier zunächst eine Aufzeichnung wieder, die einem Versuch der Orientierung über verschiedene »Wahrheitstheorien« entstammt. Erst danach soll die Reflexion im Rahmen der hier versuchten Philosophie weitergeführt werden.

2. Notiz über Wahrheitstheorien*

In einer Diskussion blieben vier verschiedene Definitionen von Wahrheit nebeneinander stehen:

1. adaequatio intellectus et rei,
2. derjenige Irrtum, ohne den eine bestimmte Art von Lebewesen nicht leben kann,
3. regulatives Prinzip eines herrschaftsfreien Diskurses,
4. Unverborgenheit.

Zur Vergnügung läßt sich die Behauptung aufstellen, jede dieser Definitionen sei wahr. Daraus würde folgen, daß jede von ihnen im Sinne jeder von ihnen wahr ist. Das gäbe 16 wahre Sätze über die Wahrheit. Von diesen nenne ich hier nur 4 ausgewählte, die sich im Kreis schließen:

2. ist im Sinne von 1. wahr: Der Gedanke, Wahrheit sei derjenige Irrtum, ohne den wir Menschen nicht leben können, entspricht den Tatsachen.
1. ist im Sinne von 4. wahr: Daß Wahrheit Übereinstimmung von Gedanke und Sachverhalt ist, ist demjenigen offenbar (»unverborgen«), der überhaupt versteht, was ein Gedanke und ein Sachverhalt ist.
4. ist im Sinne von 3. wahr: Die gemeinsame Orientierung an dem, was sich zeigt, ist das Prinzip jedes echten Dialogs.
3. ist im Sinne von 2. wahr: Die Meinung, herrschaftsfreier Diskurs sei möglich, ist derjenige Irrtum, ohne den wir Menschen nicht leben können.

---

* 1972 anläßlich eines Kolloquiums über Wahrheitstheorie niedergeschrieben (Vgl. dazu die Einleitung zum Abschnitt II 5).

Will man seriös werden, so ist zunächst der Sinn der in 1. ange-deuteten Übereinstimmungstheorie zu verdeutlichen. Nach Platons *Sophistes* ist Wahrheit einer Rede die Identität zweier Eide, nämlich desjenigen, das dem Gegenstand der Rede in der Rede zugesprochen wird, mit demjenigen, das ihm wirklich zu-kommt. Von hier aus läßt sich sofort die Brücke zu 3. schlagen: Konsensus ist ebenfalls die Identität zweier Eide, nämlich der dem Gegenstand in den Reden der beiden Gesprächspartner zugesprochenen. Diese Formulierung deckt aber auch die Mög-lichkeit gemeinsamen Irrtums. Genau deshalb kann Wahrheit nur regulatives Prinzip des Konsensus sein. Konsens soll dau-ern, und es ist das Prinzip des Diskurses, daß der Konsens nur dauert, wenn er in Wahrheit gegründet ist. Man könnte einwen-den, dies sei eine zirkelhafte, also keine Definition von Wahr-heit. Man muß aber sehen, daß jede Wahrheitsdefinition dieses Problem an sich trägt. Jede der vier Definitionen kann als eine Beschreibung eines menschlichen Verhaltens gelesen werden, das die Kennzeichnung als »wahr« oder »wahrheitsgemäß« ver-dient. Keines dieser Verhalten besitzt ein Kriterium seiner Wahrheit. Fraglich gewordene Wahrheit kann nur mit Hilfe nicht fraglich gewordener Wahrheit überprüft werden. Die bei-den typisch »modernen« Definitionen 2. und 3. reflektieren diese Tatsache, die eine durch den herausfordernden Begriff »Irrtum«, die andere durch den Terminus »regulatives Prin-zip«. Daß der Konsens dauert, bedeutet so, daß er der Überprü-fung durch weiteren Diskurs, ob er eigentlich Konsens sei, standhält.

Die Brücke von 1. zu 2. habe ich in dem Aufsatz über Mo-delle* zu schlagen versucht durch eine Umdeutung der ad-aequatio als Anpassung. Wahrheit ist dann Angepaßtheit des Handelns an die Umstände. Diese Übereinstimmung ist also die korrelative Übereinstimmung des zueinander passenden Verschiedenen, des Schlüssels mit dem Schloß. Erkennen ist nun als Handeln zu deuten. Das Kriterium der Anpassung ist der Erfolg. Dies hängt zusammen mit der selektionistischen Deutung des Eidos-Begriffs. Das Eidos erscheint unter diesem Aspekt zunächst als eine den Umständen angepaßte Verhaltens-

---

* *Einheit der Natur* II.4, vgl. *AP* 5.8c.

weise. Daß *wir* eine Identität des Eidos in der Rede (oder der mit sich selbst redenden Seele) mit dem Eidos in den Umständen konstatieren, heißt gar nichts anderes, als daß wir das Eidos in den Umständen *definiert* haben als die den Erfolg unseres Verhaltens garantierenden Umstände. Der Dauer des Konsensus entspricht in diesem Bild die Dauer des Erfolgs.

Der Begriff des Erfolgs ist hier zunächst unkritisch hingenommen. Dem vernünftigen Menschen bleibt nicht erspart, zwischen dem Erfolg seiner jeweiligen Absichten und wahrem Erfolg zu unterscheiden. Der Selektionismus objektiviert diese Unterscheidung durch den Überlebenswert für die Spezies. Diese Objektivierung ist nicht zu verwechseln mit einer Rechtfertigung des Überlebens; sie besagt nur, eine Spezies, der der Erfolg des Überlebens soeben fehle, werde man im geschichtlichen Mittelwert nur selten antreffen. Der so objektivierte Erfolgsbegriff ist zunächst auf konstante Spezies, also auf die aristotelische Interpretation des Eidos, beschränkt.

Wie in einem echt geschichtlichen Prozeß Wahrheit überhaupt definiert werden soll, hat noch niemand angegeben. Vermutlich ist schon das Streben nach einer geschichtsunabhängigen Definition geschichtlicher Wahrheit ein Irrtum. Hegel hat die Frage durch die petitio finis des Absoluten als Resultat abgeschnitten. Andere, insbesondere die beiden großen progressistischen politischen Bewegungen, der Liberalismus und der Sozialismus, haben sich an aufgeraffte, mehr oder weniger einleuchtende Werte gehalten, auch Marx, wenn ich ihn richtig verstehe. Dies ist, wo man weiß, was man tut, nicht einmal ein Vorwurf, sondern eine Aufforderung zur Fortführung der geschichtlichen Arbeit. Aber zweierlei ist dazu näher zu sagen.

Erstens: Es gibt im geschichtlichen Progreß das, was man Plateaus nennen könnte. Eine biologische Spezies, eine Kultur, eine Theorie, ein Begriff ist ein solches Plateau (Über physikalische Begriffe in der Geschichte vgl. den Vortrag »Die Sprache der Physik«, in: *Einheit der Natur* I.3). Das Plateau ist der in der Geschichte festhaltbare Sinn des Eidos. Relativ auf ein Plateau läßt sich Erfolg und mithin Wahrheit objektivieren. Aber Geschichte ist Kampf zwischen den Plateaus und darum notwendig Kampf zwischen Wahrheiten. Es ist ein Mißverständnis der Geschichte, einen Übereinstimmungsbegriff der Wahrheit (sei es als Identität, als Anpassung oder als Konsens) definieren zu wollen, der dem Kampf der Wahrheiten enthoben wäre. Es ist aber sinnvoll, einen solchen Begriff so zu definieren, daß er ein jetzt möglich werdendes Plateau bezeichnet. Das ist der legitime Sinn von Scheineschatologien wie der Gedanke der Weltregierung, der klassenlosen Gesellschaft oder der Einheit der Physik. Weil sie ein vorentworfenes Plateau bezeichnen, sind sie nicht nur bezüglich ihrer Erreichbarkeit, sondern auch ihrer Wünschbarkeit legitim umstreitbar.

Zweitens: Die Wahrheit als Unverborgenheit steht sinngebend hinter all diesen Überlegungen. Jede Übereinstimmungswahrheit ist für ihre Überprüfung auf einen unendlichen Rekurs angewiesen. Fraglich werdende Wahrheit wird durch nicht fraglich gewordene kritisiert oder gestützt. Unverborgenheit bezeichnet zunächst das simple Faktum, daß wir Wahrheit nur überprüfen können, weil wir immer schon in ihr leben. Nur die reflektierte, durch den Zweifel gegangene Wahrheit ist zweiwertig und somit durch Übereinstimmung definierbar und auf diese hin überprüfbar. Die unreflektierte Wahrheit »kann nicht falsch sein«, denn wenn sie daraufhin betrachtet wird, ist sie nicht mehr unreflektiert. Aber es scheint, daß im Prinzip jede unreflektierte Wahrheit reflektiert und vielleicht dabei widerlegt oder doch korrigiert werden kann, nur nicht alle zugleich. Die Berufung auf Unverborgenheit ist darum kein Argument für irgendeine These; Berufung auf Evidenz schafft nicht Evidenz, sondern verrät eher den erwachenden Zweifel. Wahrheit als Unverborgenheit meint auch nicht den Oberbegriff, unter den dann einzelne Wahrheiten fallen könnten. Diese »Definition« sucht nur das Phänomen, daß wir »in der Wahrheit leben«, uns vor die Augen zu führen. Sie enthüllt damit die essentielle Zirkelhaftigkeit aller anderen Wahrheitsdefinitionen, sofern diese wirklich sauber per genus proximum et differentiam specificam unternommen werden.

Die Logik muß als ein besonders weitreichendes Plateau gelten, das durch seine Beziehung auf den Wahrheitsbegriff selbst definiert ist.

Diese Notiz besteht eigentlich nur aus stenographischen Andeutungen eines Programms.

3. Diskussion

Die obige Aufzeichnung hat einen tastenden Charakter. Ich habe nicht versucht, sie für das jetzige Buch umzuschreiben; es mag günstiger sein, mehrere Einstiege in den Wald zu suchen. Sie sei nun vom jetzigen Standpunkt aus diskutiert. Dabei wählen wir eine andere Reihenfolge der Definitionen.

a. Unverborgenheit. Die Philosophie, der dieser Terminus entstammt, ist die Heideggersche; genauer: die Heideggersche Interpretation der griechischen Philosophie. »Unverborgenheit« ist Heideggers etymologische Übersetzung des Worts alētheia, das gewöhnlich mit veritas, Wahrheit, übersetzt wird. Georg Picht bemerkte als Philologe, daß »Unvergessenheit« noch genauer und zudem der platonischen Anamnesislehre angepaßt sei. Jedenfalls führt uns der Ausdruck zunächst in die Eidos-Philosophie. Eidos oder idea übersetzt Heidegger mit »Aussehen«. Das Eidos ist das, was sich zeigt, Heideggersch gesagt, was sich von ihm selbst her als das zeigt, was es ist.

Diesem einfachen und fundamentalen Begriff von Wahrheit steht zunächst kein Begriff von Falschheit gegenüber. Aristoteles hebt in *Metaphysik* Θ 10 hervor, daß Aussagen wahr oder falsch sein können, daß aber die schlichte Wahrnehmung des Einfachen nur geschehen oder nicht geschehen kann.

In der obigen Aufzeichnung ist die Unverborgenheit mit der schlichten Erkenntnis im Sinne unseres 2. Kapitels zusammengebracht. Dieser Versuch einer Phänomenologie der Erkenntnis geht zunächst nicht von einer Eidos-Theorie aus. Hinter ihr steht vielmehr zunächst ein schon in der Verhaltenslehre der Tiere brauchbarer Begriff der »Orientiertheit« (vgl. *MsG*, 5.3). Wo die Erkenntnis sprachlich (oder auch anschaulich) explizit wird, speziell also in der Aussage, erweist sich dann das, was unmittelbar erkannt oder wiedererkannt wird, als Allgemeines; in der zeitlichen Logik wird es als Begriff bezeichnet. Insofern wird hier die Eidoslehre als Verhaltensbeschreibung wieder eingeführt. Unverborgenheit darf hier aber nicht mit Gewißheit gleichgesetzt werden. Der Gewißheitsanspruch entstammt dem mathematischen Paradigma. Daß in der Geschichte kohärente Begriffssysteme auftauchen, in deren Rahmen dann auch einzelne Begriffe feste Bedeutungen gewinnen (so in Heisenbergs »abgeschlossenen Theorien«), hat mit dem Phänomen zu tun, daß sich die Geschichte in Abfolgen von »Ebenen« und »Krisen« vollzieht (*Der Garten des Menschlichen*, I 3.4, speziell S. 86). In der obigen Notiz habe ich für »Ebene« »Plateau« gesagt.

Die Beziehung zu Heidegger ist hier enger als die zur traditionellen Metaphysik. Wenn Heidegger die Zeit als Horizont des Seins anspricht oder in der späten Aufzeichnung »Zeit und Sein« von dem »Ereignis« spricht, das die Zeit und das Sein »gibt«, und wenn Unverborgenheit oder später »Lichtung« für ihn eben die »Wahrheit des Seins« bezeichnen soll, so ist damit, von freilich ganz anderer Fragestellung aus, eben das anvisiert, was hier als »Orientiertheit« in einer Denkweise der Geschichte der Natur eingeführt wird. Ganz andere Fragestellung: Heidegger fragt »von oben«, geschichtlich vom Menschen oder vom Sein selbst her, wir »von unten«, geschichtlich vom Tier oder von der Natur her. Aber in einer Philosophie des Kreisgangs gehört beides zusammen.

Gehen wir nun auf die Logik zu, so müssen wir fragen, ob Unverborgenheit als Wahrheit einer Aussage gedeutet werden kann. Die obige Notiz tut dies für die schlichte Aussage. In der reflektierten Logik tritt eine analoge Auffassung als »Redundanztheorie« der Wahrheit auf. Sei p eine schlichte Aussage, etwa »Blei ist schwerer als Wasser«. »p ist wahr« wäre nach der Redundanztheorie keine andere Aussage als p. Frege behauptet ausdrücklich, beide Aussagen seien äquivalent, denn sie seien notwendigerweise stets zugleich wahr und zugleich falsch. Ich verstehe die Redundanztheorie (die ich nicht literarisch studiert habe) so, daß p, »p ist wahr«, »ich behaupte p« dieselbe Handlung sind, eben die des Aussagens, also Behauptens. Ich möchte mich aber von dieser Auffassung distanzieren. Im Sinne des 2. Kapitels kann p eine schlichte Aussage sein, »p ist wahr« oder »ich behaupte p« ist hingegen eine Reflexion auf p. Diese Reflexion kann ihrerseits wieder schlicht vollzogen werden, aber »p ist wahr« hat eine andere *Bedeutung* als das schlicht gesagte p. Frege bezeichnet konsequenterweise als die Bedeutung eines Satzes seinen Wahrheitswert; damit hat er vorentschieden, daß p und »p ist wahr« gleiche Bedeutung haben, *weil* sie zugleich

wahr oder falsch sein müssen. In der nicht-binären zeitlichen
Logik wird Freges Konstruktion undurchführbar.

b. Übereinstimmung. Die Reflexion führt in die Polarität von
Wahrheit und Falschheit. »*p* ist wahr« setzt voraus, daß *p* falsch
sein kann. Nun entsteht die Frage, wie Falschheit zu definieren
ist. Platon hat hier ein großes, legitimes Problem. Wenn Wahrheit bedeutet, daß sich ein Eidos als das zeigt, was es ist, was
kann dann Falschheit sein? Sie muß darin bestehen, daß sich etwas (also ein Eidos) als etwas zeigt, das es nicht ist. Wie kann das
aber geschehen? Zur platonischen Lösung vgl. Kapitel II 11. In
der biologischen Annäherung, die in *MsG*, 5.3 und 5.5.1 angedeutet ist, gibt es die Auffassung von Krankheit als »falscher Gesundheit« und von Falschheit als »falscher Wahrheit«. Das ist
dort kybernetisch als unangepaßter Sollwert erläutert; darauf
kommen wir zurück. In der Sprache des Eidos ist das, was ausgesagt wird, eben etwas, das sich zeigt (logos apophantikós).
Wie kann es sich anders zeigen, als es ist?

Aristoteles erklärt Wahrheit und Falschheit durch die zusammengesetzte Struktur der Aussage. Sein Beispiel ist stets die prädikative Aussage (das kategorische Urteil) »*S* ist *P*«. In *Metaphysik* Θ 10 erklärt er die Aussage als wahr, wenn in ihr das verbunden ist, was auch in den Sachen (pragmata) verbunden ist, und
das getrennt, was auch in den Sachen getrennt ist. »Verbunden«
und »getrennt« heißt hier durch die Prädikation verbunden oder
getrennt: »*S* ist *P*« verbindet die beiden Eide *S* und *P*; »*S* ist nicht
P« trennt sie. Es ist wesentlich für diese Auffassung, daß auch
das Subjekt durch ein Eidos bezeichnet ist. Dann läßt sich
Falschheit mühelos definieren. In der falschen Aussage ist verbunden, was in den Sachen getrennt ist, und vice versa. Man
sieht: das Paar Wahrheit-Falschheit bezieht sich auf eine zusammengesetzte Struktur, Unverborgenheit auf etwas Einfaches
(das Eidos). Wir werden die ursprüngliche Zusammengehörigkeit beider in der zeitlichen Logik unter dem Titel der präsentischen Aussage näher studieren.

Die Übereinstimmung im Sinne der traditionellen Definition
ist hier also eine Übereinstimmung der Eide (genauer der Relation zwischen zwei Eide) in der Rede und in den Sachen. Hier
entsteht die Frage, wieso »dieselben« Eide in etwas so Verschie-

denem wie einer Rede und den »Sachen« vorkommen können.
Tarski löst dieses Problem, indem er es durchaus in die Sprache
verschiebt. In einer »Objektsprache«, also einem gedeuteten
Kalkül, läßt sich die Wahrheit einer Aussage definieren als die
Übereinstimmung mit einem in der »Metasprache«, also der
Sprache, ausgesprochenen Sachverhalt. Heinrich Scholz stilisierte das als: »Der Satz ›es gibt Marsbewohner‹ ist wahr genau
dann, wenn es Marsbewohner gibt.« Von hier aus ist es konsequent, mit Strawson den möglichen Sachverhalt zu *definieren*
durch das, was in einer Aussage behauptet werden kann. Wahrheit in der Metasprache, d. h. der menschlichen Sprache, bleibt
dann undefiniert; d. h. das Problem, von dem man ausgegangen
ist, ist zugunsten eines anderen Problems (der Wahrheit in der
Objektsprache) der Unlösbarkeit anheimgegeben. Die oben zitierte Redundanztheorie ist dann ein Mittel, es als Scheinproblem zu »entlarven«.

Dieser an das Hornberger Schießen erinnernde Ausgang der
Frage nach dem Wesen der Wahrheit darf nicht überraschen; er
ist im gegebenen Rahmen vernünftig. Die Antwort auf die
Frage hängt von der Philosophie ab, in welcher die Frage gestellt wird. Wir haben den Ansatz der Übereinstimmungsdefinition soeben durch drei Philosophien hindurchverfolgt, die
eine deutliche Verwandtschaft miteinander haben: die aristotelische Version der Eidos-Philosophie, das Selbstverständnis der
mathematischen Logik bei Tarski, die sprachanalytische Philosophie bei Strawson. Allen drei ist gemeinsam eine Tendenz
zum »gesunden Menschenverstand«. Aristoteles legt klar, was
wir eigentlich immer schon wissen; der mathematische Logiker
reflektiert auf das, was jeder mathematisch Arbeitende versteht; die sprachanalytische Philosophie geht davon aus, daß
wir uns sprechend verstehen, und fragt, *was* wir dabei verstehen. Die bloße Tatsache, *daß* wir schon wissen oder schon verstehen, ist aber gerade das, worauf wir deuten, wenn wir von
Wahrheit sprechen. Die wahre Aussage ist diejenige, die zu diesem Wissen paßt oder gehört, die falsche ist diejenige, die aus
ihm ausgeschieden werden muß. Ebendieses schon Erschlossene ist es, was Heidegger als Unverborgenheit oder Lichtung
andeutet; freilich hätte er die Wahrheit der mathematischen
Zunft oder des »kompetenten Sprechers« in der Welt des eng-

lischsprachigen Alltags wohl als »vulgär« eingeschränkt, als eine »abkünftige« Weise der Wahrheit. Diese Einschränkung braucht uns bei der gegenwärtigen Überlegung nicht zu bekümmern: wir fragen ja ausdrücklich nur nach der Basis der *Logik*. Es sollte uns dann nicht überraschen, daß man im Bereich des schon verfügbaren Verstehens nicht auch noch definieren kann, was Verstehen ist. Dies ist schließlich nichts anderes, als was, um ein Beispiel zu nennen, die Beobachtung lehrt, daß normale Wissenschaft nach einem Paradigma ebendieses Paradigma nicht mehr erklärt und nicht mehr zum Thema der wissenschaftlichen Frage macht. Oder daß im hierarchischen Aufbau einer Philosophie die obersten Begriffe – hier eben der Begriff der Wahrheit – notwendigerweise undefiniert bleiben müssen; andernfalls sind sie nicht die obersten.

Unser Verfahren des Kreisgangs aber bedeutet ein essentiell anderes philosophisches Paradigma als das hierarchische. Im Kreisgang ist es legitim, eben die Strukturen wenigstens partiell gegenständlich zu beschreiben, die durch die »transzendentale« Reflexion auf das in allem Wissen schon Vorausgesetzte sichtbar geworden sind. Wir können das in einer handlungstheoretischen und einer zeitlogischen Version unternehmen.

Wesentlich für die Übereinstimmungstheorie ist, daß zweierlei vorliegt, das eben »übereinstimmen« soll: res und intellectus, Sachverhalt und Aussage, Metasprache und Objektsprache. Im Aufsatz »Die Einheit von Wahrnehmen und Bewegen« (*Der Garten des Menschlichen*, II 3), habe ich das Wahrnehmen und das Sprechen als erlebte Bewegungen thematisiert, die andere Bewegungen bedeuten, als »symbolische Bewegungen«. Hier bietet sich die Übereinstimmungsthese sofort an: die symbolische Bewegung soll eben eine andere Bewegung bedeuten und in diesem Sinne mit ihr »übereinstimmen«. In der Sprache der Handlungstheorie ist die symbolische Bewegung eine Handlung, die eine andere Handlung bedeutet. Nun ist dies bei nicht-assertorischen Sprachhandlungen, bei Illokutionen (vgl. II 6.6.2), leicht zu sehen, z. B. bei Imperativen. Aber gerade der assertorische Satz, die Aussage, bedeutet unmittelbar keine Handlung, sondern eben einen Sachverhalt. Die pragmatische Auffassung wird den Sachverhalt als einen Inbegriff von *Handlungsmöglichkeiten* deuten.

Hiermit aber ist das Begriffspaar Faktizität-Möglichkeit (wirkliche Handlung – mögliche Handlung) eingeführt. Dieses Begriffspaar thematisiert die zeitliche Logik. Das Mögliche ist das, was faktisch werden *kann*. Die pragmatische Wahrheitstheorie sieht den *Sinn* einer Aussage in ihren Bestätigungsmöglichkeiten. Die Übereinstimmung wird hier selbst als eine ausführbare Handlung interpretiert, welche das Mögliche faktisch werden läßt. Ein Sachverhalt ist aber stets ein *Inbegriff*, eine Menge, von Möglichkeiten. Er kann nicht durch eine einzige Handlung, sondern nur durch eine Vielzahl von verschiedenen Handlungen bestätigt oder ausgeschlossen werden. Nun verändert die erprobende Handlung im allgemeinen den Sachverhalt. Also kann der Sachverhalt meist nur bestätigt oder ausgeschlossen werden, sofern er begrifflich, also allgemein beschrieben ist. »Derselbe« Sachverhalt muß oft vorkommen können und wiedererkennbar sein; erst so ist die Aussage, die ihn beschreibt, überprüfbar. Ebendies ist die fundamentale Situation in der statistischen Physik, in der ein Zustand durch eine Wahrscheinlichkeitsfunktion definiert ist. Er kann nur durch viele Messungen getestet werden. Daß man in ihnen allen jeweils denselben Zustand vor sich hat, muß dann durch das Verfahren seiner Herstellung, seine »Präparation« garantiert werden. In der Rekonstruktion der Quantentheorie (*AP* 8) haben wir genau von diesen Begriffen Gebrauch gemacht.

c. Prinzip des Dialogs. Wie dies mit der Unverborgenheit zusammenhängt, ist in der obigen Notiz schon besprochen. Wenn die dialogische Denkweise hinreichend radikal durchgeführt wird, handelt es sich beim Sprechen nicht um einen »nachträglichen« Kontakt mehrerer Individuen, deren jedes sein eigenes Bewußtsein hat, sondern um einen primär sozialen Prozeß, in dem sich das individuelle Bewußtsein erst herausbildet. Der Mensch ist das Tier, das sprechen *lernen* kann; aber er lernt es nur durch Sprechen, von anderen Menschen, mit denen er kommuniziert. Das individuelle Bewußtsein hat eine leibliche Basis: die physische Getrenntheit der Individuen. Als Wissen von seiner Individualität, als Selbstbewußtsein aber ist es ein Produkt der höheren Kultur. Descartes konnte sich erst an seinen Ofen setzen und an allem zweifeln, nachdem er von seiner Mutter sprechen und von den Jesuiten Philosophie gelernt hatte. Platon definiert das diskursive Denken (dianoia) als Dialog der Seele mit sich selbst – erst eine Leistung der reifen Person.

Die Intention von Habermas in seiner Erklärung der Wahrheit drückt sich im Beiwort »herrschaftsfrei« aus. Es ist ein moralisch-politisches Anliegen. Dies ist im jetzigen Buch nicht Thema (vgl. *Wahrnehmung der Neuzeit*). Um der Anknüpfung willen zitiere ich wörtlich eine wieder nur »stenographische« Notiz von 1972, die ich hier nicht voll auslegen kann:

»Dialog ein Lebensvollzug des geselligen Wesens Mensch. Sein Gelingen ein Friede. Friede Leib einer Wahrheit, Wahrheit ›Seele‹ eines Friedens. Seele ist hier Eidos, aber, auf der höheren Stufe, sich wissendes Eidos. Nach den Neuplatonikern wissen die Ideen sich selbst. Der Friede betrifft das Zusammensein der Menschen: ›Wahrheitsfähigkeit des Normativen‹. Die Aussagewahrheit ist eine herausgelöste Form eines Friedens: eine *als* Möglichkeit festgestellte Möglichkeit.«

Ein paar erläuternde Sätze: Zur Definition des Friedens als Leib einer Wahrheit vgl. z. B. *Der Garten des Menschlichen* I 1 (S. 40) und II 4.4 (S. 235–241). Zur Wahrheitsfähigkeit des Normativen im zweiten Teil, Abschnitt 6.6.2. Die Aussagewahrheit als Form eines Friedens: sie ist vom Handeln entlastet. Der Dialog mit sich ist eine Form eines Friedens mit sich. Meditation ist eine Thematisierung des Friedens mit sich, des inneren Friedens der Seele; vgl. »Meditation und Wahrnehmung« in Teil I, Kapitel 10.

d. Handlungserfolg. Das Wesentliche hierzu ist schon unter b. gesagt. Ich füge wieder nur ein Zitat aus derselben Notiz wie unter c. an:

»Die Dialogtheorie der Wahrheit versteht einen Satz als eine Handlung, den Aussagesatz als die Handlung des Verfügbarmachens (Feststellens) einer Möglichkeit. Dies ›theoretisch‹, d. h. in einem Gefüge von Aussagesätzen betrachtet, ist, wenn der Fundamentalbegriff der Physik ›Information‹ ist, eine Informationserzeugung. Der Mensch, so begrifflich betrachtet, ist eine Teilform, ein ›Seiendes‹ im Sein. Der Grundbegriff ›Information‹ hat selbst die Form der festgestellten Möglichkeit. Die Physik bildet alles Seiende, in ihm den Menschen, in die Form der festgestellten Möglichkeit ab, die ihrerseits dem Menschen als zeitlich Seiendem eigen ist. Abbildung des Ganzen auf eine Teilmenge ist nur im mathematisch Unendlichen möglich. Dieses Unendliche ist die mathematisch gefaßte offene Zukunft. Die Abbildung ist die Reflexion als Handlung in der Zeit.«

Diese Notiz weist auf das Thema des 12. Kapitels im *Aufbau der Physik*, den Informationsstrom; und weiter auf unsere Deutung der Quantentheorie. Der Satz von der »Form der festgestellten Möglichkeit, die ihrerseits dem Menschen als zeitlich Seiendem eigen ist«, spricht das Prinzip des Kreisgangs aus. Unsere Weise, das Seiende zu sehen, eben als festgestellte Möglichkeit, ist eine Weise, wie wir selbst uns so verhalten, wie wir den zeitlichen Prozeß der Welt beschreiben.

4. Aufriß der zeitlichen Logik

Dieser Text ist der Kern des Kapitels über Logik. Er wurde im Winter 1977/78 zunächst zur Diskussion im Institutskolloquium geschrieben (vgl. dazu die Vorbemerkung zum Abschnitt II 6.6). Er sollte nach der Besprechung im Kolloquium neu redigiert werden und dann als Anfang eines Buches dienen, das etwa den Inhalt des jetzigen Buchs umfassen sollte, aber damals nicht geschrieben wurde. Eine 1965 verfaßte Ausarbeitung der zeitlichen Logik wurde 1985 als Kapitel 2 von *AP* veröffentlicht; ein Kurzreferat über den hier abgedruckten Aufriß unter dem Titel »Deskriptive zeitliche Logik« in: *Philosophische Rundschau*, und E. Rudolph, H. Wissmann (Hrsg.), *Sagen, was die Zeit ist*, Stuttgart 1992.

1. Methodisches

Wir philosophieren *heute*. Wir kennen also die klassische Logik und Mathematik, die klassische Physik und die Quantentheorie, die Evolutionstheorie, die Verhaltensforschung, die Linguistik. Wir benützen eine Sprache, deren Grammatik durch die Logik seit der griechischen Antike mitgeprägt ist und deren Redewendungen und Beispielschatz durch die Naturwissenschaft bereichert sind. Unter reflektierender Verwendung dieses Besitzes an Verhaltensweisen und Kenntnissen suchen wir die Grundlagen der klassischen Logik und Mathematik zu rekonstruieren, eine noch nicht ausgearbeitete zeitliche Logik zu entwerfen und aus ihr den Ansatz der klassischen und der quantentheoretischen Wahrscheinlichkeitstheorie plausibel zu machen. Unsere Methode ist also nicht der hierarchische Aufbau einer Wissenschaft aus ersten Begriffen und Sätzen, für deren Sinn bzw. Wahrheit Evidenz beansprucht würde. Unsere Methode ist vielmehr als *fortschreitende hypothetische Reflexion* zu bezeichnen. Wir vergegenwärtigen uns, was wir bei dem, was wir heute tun können und zu wissen meinen, an Grundstrukturen des Handelns und Aussagens schon benützen. Wir setzen diese Strukturen gerade dadurch, daß wir sie so hervorheben, auch der Möglichkeit der Kritik aus. Wenn wir uns zu solcher Kritik veranlaßt sehen, so werden wir als einen nächsten Schritt die Reflexion darauf versuchen, welche Handlungsstrukturen und Erkenntnisse zu den Bedingungen der Möglichkeit solcher Kritik gehören. Erst auf dem Wege werden wir sehen, wohin der Weg uns führen wird. Wir werden unter anderem sehen, daß ebendieses Verfahren angemessen ist, sofern sich der Erkenntnisprozeß selbst in denjenigen Strukturen der Zeit vollzieht, die formal zu beschreiben ein Ziel unserer Untersuchung ist.

Diesem Unternehmen erscheint bei seinem jetzigen Stande die hier gewählte Darstellungsweise angepaßt. Ein *Haupttext*, eben der hier vorliegende, gibt in raschem, thetischen Fortschreiten einen Aufriß der gesuchten Wissenschaft. Jeder Schritt dieses Fortschreitens kann ausführliche Rückfragen, Rechtfertigungen, Erläuterungen auslösen. Für diese kommentierende Reflexion wird teils auf schon gedruckte Texte verwiesen*, teils sollen erläuternde Aufsätze diesem Haupttext beigelegt werden.

2. Präsentische Aussagen

Beispiele präsentischer Aussagen sind: »Es brennt«, »diese Katze trägt eine Maus zwischen den Zähnen«, »Mars steht auf 118° Rektaszension und 21° Deklination«. Wir suchen schritt-

---

* Insbesondere in: *Die Einheit der Natur*, 1971, und *Der Garten des Menschlichen*, 1977, weiterhin als *EN* und *GM* zitiert.

weise die Strukturmerkmale auf, die wir für den Begriff »präsentische Aussage« als kennzeichnend ansehen wollen. Jede
präsentische Aussage ist ein *Satz*, also eine *Sprachhandlung*, also
eine *Handlung*, also ein *Verhalten*, also ein *Vorgang*. Vom umfassenden Begriff des Vorgangs her gewinnen wir den Begriff
der präsentischen Aussage, indem wir ihn durch eine Kumulation von Merkmalen einengen. Dieses Unternehmen kann
so, wie es hier vorgetragen wird, keinen Anspruch auf Lücken-
losigkeit erheben; es bleibt bei einer Skizze. (Vgl. dazu *GM*,
II 6, S. 294–314; auch *MsG*, Kap. 4.3.)

Jeder *Vorgang* geschieht in der *Zeit*. Zeit ist, so sagen wir, der
Horizont, innerhalb dessen der Begriff des Vorgangs allein einen Sinn hat. Die Struktur der Zeit ein Stück weit zu beschreiben, ist ein Ziel dieses Aufrisses. Wir wollen also dasjenige
studieren, was wir schon voraussetzen müssen, um mit seinem
Studium beginnen zu können. Schon diese Ausdrucksweise
setzt Zeit voraus und charakterisiert unsere eigene Arbeit als einen Vorgang.

Wir *sprechen* von Vorgängen, wir versuchen sogar wissenschaftlich von ihnen zu sprechen. Ein Vorgang kann nur dann
mit den Mitteln einer vor ihm schon verfügbaren Sprache bezeichnet werden, wenn etwas an ihm nicht zum erstenmal
geschieht, wenn also, wie man zu sagen pflegt, Vorgänge sich
wiederholen. Wir unterscheiden das Einmalige an einem Vorgang, das wir das *Ereignis* nennen wollen, von dem an ihm, was
öfter vorkommen kann, dem *Vorgangsschema*. Ein mit der
Sprache beschriebener Vorgang wird stets unter Verwendung eines ihm zukommenden Schemas beschrieben. Da wir, wenn wir
von einem Vorgang sprechen, von einem ihm zukommenden
Schema zu sprechen pflegen, nennen wir das Schema selbst oft
den Vorgang: »es regnet«, hier ist der Regen oder das Regnen
der Vorgang, von dem die Rede ist. Wie diese Aussagen über
Vorgänge beschaffen sind, wollen wir erst beschreiben lernen;
hier dient diese Erwägung nur dazu, begreiflich zu machen,
warum das Wort »Vorgang« häufig (auch im hier folgenden
Text) gleichbedeutend mit »Vorgangsschema« benützt wird.

Wir wollen die Typen von Vorgängen, die wir im folgenden
studieren werden, jeweils unter vier Titeln näher charakterisieren:

Allgemeinheit, Ja-Nein-Prinzip, Prävalenz des Positiven, Anpassung. Wir erläutern die vier Titel zunächst an *schlichten Vorgängen*, d.h. solchen Vorgängen, die nicht als Verhalten von Lebewesen zu bezeichnen sind.

Jedes Vorgangsschema ist *allgemein.* D.h. »derselbe« Vorgang kann in verschiedenen Situationen ablaufen. Nur deshalb können wir von Vorgängen verständlich sprechen. Für das schlechthin Einmalige »fehlen uns die Worte«. Gleichwohl gilt, daß sich kein Vorgang in Strenge wiederholt. Das Vorgangsschema ist ein Schema, das *wir* anwenden, um eben von Vorgängen sprechen zu können. »Ein Herbstblatt fällt vom Baum« ist ein Vorgangsschema; Leibniz ließ aber die Hofdamen im Park von Herrenhausen einen Tag lang zwei gleiche Herbstblätter suchen. Wie er vorausgesagt hatte, fanden sie keine. Wenn wir von der Wirklichkeit *sprechen*, treffen wir sie nie genau. Aber es ist konstitutiv für *unser* Wissen von der Wirklichkeit, daß gemäß diesem Wissen das zwei Ereignissen gemeinsame Vorgangsschema etwas ihnen wirklich gemeinsam Zukommendes trifft. »Fallendes Herbstblatt« ist etwas in vielen Ereignissen objektiv Wiedererkennbares. Wir sehen an dieser Stelle den notwendigen *Kreisgang* der Erkenntnistheorie. *Wir* setzen die objektive Allgemeinheit der Vorgangsschemata voraus und werden aus ihr, Schritt für Schritt, das menschliche Sprachhandeln als einen speziellen Vorgang erklären, der eben so beschaffen ist, allgemeine Schemata bezeichnen und damit Vorgänge als Realisierungen allgemeiner Vorgangsschemata auffassen zu können.

Das Vorgangsschema hat ein *Ja-Nein-Prinzip.* Ein Ereignis ist entweder ein Vorgang gemäß dem betreffenden Schema, oder es ist das nicht. Dies hier ist ein fallendes Herbstblatt, oder es ist keines. Man kann hier von den Sätzen vom Widerspruch und vom ausgeschlossenen Dritten für Vorgänge reden: ein Vorgang kann nicht zugleich einem Schema entsprechen und demselben nicht entsprechen, und er kann nicht ihm weder entsprechen noch nicht entsprechen. Es ist aber klar, daß diese Sätze hier *Folgen* der gleichnamigen logischen Sätze sind. Soweit *wir* Vorgänge durch sprachlich bezeichenbare Vorgangsschemata beschreiben können, steht diese Bezeichnung unter den Bedingungen sinnvollen eindeutigen Sprechens. In Wirklichkeit, wie oben gesagt, erschöpft sich kein Ereignis in einem allgemeinen Vorgangsschema, und in vielen Fällen bleibt unklar, ob ein gegebenes Schema auf das Ereignis paßt oder nicht. Das Ja-Nein-Prinzip charakterisiert *unsere* Schemata. Wenn wir freilich *sagen*, es charakterisiere *nur* unsere Schemata und nicht die Wirklichkeit, so machen wir *in* der Sprache den Unterschied zwischen unseren sprachlichen Schemata und der Wirklichkeit. Wir können dies rechtfertigen, weil wir selbst stets einige Unterschiede der Wirklichkeit von einem gegebenen Schema durch andere Schemata bezeichnen können. Wir kennzeichnen das Einmalige als »Schnittpunkt« mehrerer allgemeiner Schemata. Wenn wir von demjenigen sprechen, wovon wir nicht sprechen können, so rechtfertigen wir diese paradoxe Sprachfigur durch den Hinweis auf die unbegrenzte Wiederholbarkeit dieser Verfeinerung der Anpassung unserer sprachlichen Schemata an die Wirklichkeit. Wir sprechen jeweils von einem Zug der Wirklichkeit, von dem wir zuvor noch nicht gesprochen hatten; und wir beschreiben diesen Vorgang selbst durch sein Vorgangsschema, in dem – so wie wir es beschreiben – der Unterschied von Schema und Wirklichkeit schon vorausgesetzt und thematisiert wird. Es sei schließlich bemerkt, daß diese ganze Erwägung nur das sprachliche Verhalten unter dem kulturellen Paradigma der Wissenschaftlichkeit betrifft. Andere Paradigmata, etwa das der Dichtung, der politischen Sprache, des Geplauders, wären wesentlich anders zu analysieren. Die gegenwärtige Erwägung zielt aber nicht darauf, zu erläutern, was Sprache ist, sondern was wir im Aufbau der Logik meinen, wenn wir von Vorgängen sprechen; nicht Sprache, sondern Vorgang ist hier der zu erläuternde Begriff.

Die *Prävalenz des Positiven* bezeichnet eine Asymmetrie des Ja-Nein-Prinzips, einen Vorrang des Ja vor dem Nein. Wir lesen das wieder zunächst am sprachlichen Ausdruck ab. »Hier fällt ein Herbstblatt« bezeichnet einen bestimmten Vorgang. »Hier fällt kein Herbstblatt« bezeichnet keinen bestimmten Vorgang; es ist nur eine mögliche Antwort auf die Frage: »fällt ein Herbstblatt?«. Die positive Aussage kann spontan, mitten im Handeln, geäußert werden; die negative Aussage ist Antwort auf eine Rückfrage, sie ist ein Produkt der Reflexion. Spiegelt sich hierin, für *unser* Verständnis, ein Zug der Wirklichkeit? Es gibt

Gegenbeispiele. Tag und Nacht sind eine symmetrische Alternative; »es ist Tag« und »es ist Nacht« sind gleich häufig anwendbar, und für den, der diese Symmetrie im Auge hat, kann es dann als äquivalent gelten, zu sagen: »es ist Tag« und »es ist nicht Nacht« bzw. »es ist Nacht« und »es ist nicht Tag«. Aber erstens gebraucht man die negative Fassung auch hier faktisch nur auf eine Rückfrage hin, und zweitens sind fast alle Vorgänge so, daß ihr Stattfinden viel seltener und darum auffallender ist als ihr Nichtstattfinden. »Die Welt ist voll von Nichtelefanten« (Bocheński), und man muß einen Elefanten erwartet haben, um zu sagen, hier sei kein Elefant.

Anpassung ist ein biologischer Terminus, der erst für Verhalten seinen eigentlichen Sinn bekommt. Ein Vorgang ist jedoch, wiederum gemäß *unserem* Weltbild, kausal mit anderen Vorgängen verknüpft, sei es nun deterministisch oder statistisch. Ein Vorgang *paßt* in gewisse *Situationen*, in andere paßt er nicht. Er kann insofern als Indikator einer Situation dienen. Als Indikatoren werden z. B. im biologischen Verhaltensschema unter dem Titel des Reizes gewisse objektive Vorgänge auftreten. Das Wort »Situation« ist hier als ein möglichst allgemeiner Ausdruck gebraucht für den Komplex von Bedingungen, unter denen Vorgänge stattfinden können.

Verhalten schreiben wir beweglichen Lebewesen, also im wesentlichen Tieren zu. Wir unterscheiden wieder das Ereignis einmaligen Verhaltens vom *Verhaltensschema*. Ein Verhaltensschema ist eine durch Reiz auslösbare, angeborene oder erlernte Abfolge koordinierter Vorgänge in einem tierischen Organismus. Wir können sagen, ein Verhalten sei ein Vorgang; schon deshalb kommen dem Verhalten die vier Merkmale zu. Sie kommen ihm aber in prägnanter Weise zu.

Ein Verhaltensschema ist *allgemein* nicht nur wie jedes Vorgangsschema, sondern, insofern es eigens darauf angelegt ist, in bestimmten Situationen zuverlässig abzulaufen. Eben dies macht das Verhalten zum Thema einer besonderen Wissenschaft, der Ethologie, welche ein Verhalten in verschiedenen Einzelfällen als dasselbe wiedererkennt und begrifflich bezeichnet. Soweit wir einem Tier eine Wahrnehmung seines eigenen Verhaltens zuschreiben dürfen, dürfen wir annehmen, daß auch das Tier selbst vielfach sein gleiches Verhalten in verschie-

denen Fällen *als* gleiches Verhalten wahrnimmt. Wir sprechen
aber auch von gleichem oder vergleichbarem Verhalten bei verschiedenen Individuen, ja bei verschiedenen Spezies. Notwendig für die Möglichkeit eines allgemeinen Verhaltensschemas ist
die Allgemeinheit des auslösenden Reizes. Man kann unter
Umständen den Reiz geradezu durch das von ihm ausgelöste
Verhalten aus der Gesamtheit möglicher Situationen herausheben. Ein Spezialfall dieser Charakterisierung des Reizes durch
die ihm folgende Reaktion ist unsere sprachliche Reaktion auf
Vorgänge, durch die wir diese Vorgänge charakterisieren.

Für Verhalten läßt sich das *Ja-Nein-Prinzip* zu einem *Alles-
oder-Nichts-Prinzip* verschärfen. Wenigstens in den einfachsten
Fällen läuft ein Verhalten gemäß einem Schema entweder als
Ganzes ab oder als Ganzes nicht ab. Die »Sätze vom Widerspruch und vom ausgeschlossenen Dritten für Verhalten« sind,
anders als bei schlichten Vorgängen, nicht einfach Folgen der
gleichstrukturierten logischen Sätze, sondern gewinnen eine
prägnante Bedeutung. Das Alles-oder-Nichts gehört zum biologischen Sinn des Verhaltensschemas. Biologische Mechanismen regeln ein, daß ein Verhaltensschema nicht einer aus einem
quasi kontinuierlichen Spektrum von möglichen Vorgängen
bleibt, sondern entweder in eindeutiger Weise abläuft oder ganz
unterbleibt. Diese Schärfe ist eine hohe kybernetische Leistung. Die Schärfe kann dann nach zwei Seiten abgeschwächt
sein: durch Mißlingen oder durch Verfeinerung. Beides setzt
aber die Schärfe des elementaren Verhaltensschemas voraus.
Gelingt die Leistung nicht vollständig, so können *wir* sie gerade
durch den Unterschied des Gelingens und Mißlingens aus dem
Kontinuum möglicher Vorgänge herausheben, und der Erfolg
im Daseinskampf unterscheidet ebenso objektiv geglückte und
mißglückte Leistung. Ist die Leistung aber Teil eines komplexe-
ren Verhaltenszusammenhangs, unter Umständen selbst differenziert in verschiedene mögliche, nach einem Parameter abge-
stufte Leistungen (Springen, x Meter weit Springen), so vermögen *wir* das komplexe Verhalten gerade dadurch zu analysieren,
daß wir es gedanklich in einfache, ganz oder gar nicht ablau-
fende Schemata zerlegen.*

---

* Diese simple Darstellung wird in *AP* 5.8 d und *MsG* 5.3 etwas modifiziert.

Entsprechend kennzeichnet nun die *Prävalenz des Positiven* den asymmetrischen Unterschied zwischen einer Leistung und dem Nichtstattfinden der betreffenden Leistung. Wir sehen hier wieder, wie die Positivität von Vorgängen charakterisiert ist durch ihre Fähigkeit, als Reiz für die Auslösung einer positiven Leistung zu fungieren.

Angepaßt an die Situation, in der es geschieht, ist Verhalten in mehrfachem Sinne. Gäbe es nicht die Reize, auf die das Verhalten reagiert, so hätte es sich nie herausgebildet. Wäre das Verhalten nicht lebenserhaltend für Individuum oder Spezies, so hätte es sich selbst nicht erhalten. In diesem Sinne sagten wir, der Erfolg im Daseinskampf unterscheide geglückte und mißglückte Leistung. Dies freilich *sagen wir; wir* konstatieren das Überleben des Verhaltens, des Tiers, der Spezies. Dabei ist die Probe auf die Angepaßtheit des Verhaltens im Einzelereignis, ja auf die Angepaßtheit eines einzelnen Verhaltensschemas oft nicht objektiv zu machen. Eigentlich ist eine Spezies im ganzen einer ökologischen Nische angepaßt. D. h. Anpassung ist eher Merkmal eines *Allgemeinen* als eines Einmaligen.

Handlungen schreiben wir im allgemeinen nur Menschen zu. Handlung verstehen wir als ein *willentliches* Verhalten; Handlung kann gewollt oder nicht gewollt werden. Dabei ist das Wollen nur als Phänomen vorausgesetzt, ohne kausale Theorien über seine Determiniertheit oder Undeterminiertheit. Damit ein Verhalten willentlich, also eine Handlung sein kann, müssen wir fähig sein, seine Einleitung als unsere Entscheidung zu erfahren. Das schließt nicht aus, daß die meisten Handlungen ohne ausdrückliche Entscheidung, wie wir sagen, spontan, geschehen. Wir sind dann aber wenigstens nach der Handlung grundsätzlich fähig, reflektierend Rechenschaft davon zu geben, daß und warum wir sie gewollt haben. Moralisch gesagt: Spontaneität hebt Verantwortung nicht auf. Dieses der Reflexion fähige Verhältnis zu unseren Handlungen sei hier charakterisiert durch den Begriff der *Vorstellung*. Wir können uns nicht oder noch nicht getane Handlungen als *mögliche* Handlungen vorstellen. Die Weise, wie wir das Vorstellen zuwegebringen, ist hier nicht Thema; sie kann in optischer oder motorischer Phantasie, in faktischer oder wiederum nur in der Phantasie vorgestellter Sprache liegen oder in irgendeiner Kombination dieser Faktoren. Nicht nur Handlungen können vorgestellt werden, sondern Vorgänge, Situationen, Gegenstände, Sachverhalte, Erlebnisse in einem sehr allgemeinen, schwer abgrenzbaren Sinn. Dem gegenwärtigen Aufriß liegt die Vermutung zugrunde, daß jede begrifflich präzisierbare Vorstellung letztlich auf die Vorstellung von Handlungen reduziert werden kann. Aber diese Vermutung soll nirgends als Argument in den Aufbau eingehen; sie erläutert nur ein Motiv, ihn gerade so anzulegen, wie er hier vorgeführt wird.

Die Vorstellbarkeit des Handlungsschemas akzentuiert nochmals die vier Merkmale. Das Handlungsschema wird als allgemeines, wiederholbares vorgestellt, das ausgeführt oder unterlassen werden kann. Die Vorstellung des Handelns ist direkt: »dies könnte ich tun«; die des Nichthandelns ist reflektiert: »ich könnte es ja auch unterlassen«. Die Angepaßtheit des Handelns wird vorgestellt als sein Zweck.

Wir gehen weiter zu *Sprachhandlungen*, Sprechakten. Jedes Sprechen ist ein Handeln, und zwar ein *symbolisches* Handeln. Es stellt etwas vor, im soeben angedeuteten Sinne von Vorstellung. Indem wir hier das Sprechen so einführen, setzen wir einerseits das Phänomen der Lautsprache als wesentliches Beispiel des Gemeinten voraus. Andererseits verweist uns die Möglichkeit, die lautlich gesprochene Sprache durch Schrift, bei Taubstumm-Blinden (Helen Keller!) durch Tastsymbole zu ersetzen, darauf, daß nicht die Lautlichkeit, sondern eben der symbolische Charakter das Wesentliche der Sprache ist. Wir wollen also grundsätzlich alles symbolische Handeln zur Sprache rechnen, werden aber unsere Beispiele vorwiegend der gesprochenen und geschriebenen Sprache entnehmen. Wir gliedern nun die Sprachhandlungen danach auf, wie in ihnen die Vorstellung auf das Vorgestellte bezogen ist.

Als *Satz* bezeichnen wir eine vollständige sprachliche Handlung. Der Satz ist also ein willentliches Verhaltensschema. Ein solches ist eine Abfolge koordinierter Vorgänge. Die einzelnen Vorgänge, Teile des Satzes, werden im allgemeinen selbst keine vollständigen Handlungen sein. Ihr Verständnis ist nur möglich von der Handlungseinheit her, deren Komponenten sie sind. Deshalb beginnen wir mit dem Satz, nicht mit dem Wort.

Als sprachliche Handlung stellt jeder Satz etwas vor. Im

einfachsten Fall stellt er selbst eine Handlung vor. Als *direkt handelnden Satz* bezeichnen wir einen Satz, dessen Handlung sich nicht darin erschöpft, etwas vorzustellen, sondern der selbst, freilich vermittels der in ihm enthaltenen Vorstellung, wesentlich eine Handlung im Lebenszusammenhang ist. »Wesentlich« heißt, daß er nur *als* diese Handlung verstanden werden kann. Auch rein assertorische Sätze, wie wir sie später behandeln werden, können in der konkreten Situation ausgesprochen werden, um etwas zu bewirken, etwa wenn ich sage: »da ist die Tür«, um jemanden zum Fortgehen aufzufordern; aber der assertorische Satz wird seinem Inhalt nach unabhängig von solcher handelnden Verwendung verstanden. Hingegen etwa »hör zu!« kann als das, was gemeint ist, nur verstanden werden, wenn man versteht, daß durch den Satz selbst gehandelt werden, nämlich ein Zuhören hervorgerufen werden soll. Der direkt handelnde Satz ist im Regelfall eine Handlung in der Kommunikation zwischen Menschen. Als solche ist er genetisch früher und vermutlich seinem Wesen nach einfacher als der von der Logik historisch zuerst studierte assertorische Satz.

Der direkt handelnde Satz stellt im allgemeinen nicht die Handlung vor, die er ist, sondern er handelt, indem er eine andere Handlung vorstellt; im Beispiel »hör zu!« die Handlung, zu der er einen Partner auffordert, im Fall eines Versprechens (»ich werde kommen«) eine andere Handlung des Sprechenden. Es gibt freilich auch einen rituellen Gebrauch direkt handelnder Sätze, zumal im juristischen und religiösen Bereich, in dem der Satz die Handlung, die er vorstellt, dadurch vollzieht, daß er ausgesprochen wird (»Hiermit ernenne ich Sie zum Botschafter der Bundesrepublik Deutschland in der Volksrepublik China«); dies ist eine offensichtlich hochreflektierte Form der Sprachhandlung. Verschieden von dem Handeln durch das Aussprechen des Satzes ist die Handlung, die darin besteht, den Satz nur *anzuführen*, zu zitieren; so etwa, wenn ich nicht sage: »hör zu!«, sondern erzähle: »da habe ich ihm gesagt: hör zu!«. Der angeführte Satz ist die bloße Vorstellung der Handlung, die der Satz wäre, wenn er handelnd oder, wie man sagen kann, in direkter Intention gesagt würde. Wir verzichten darauf, die vier Merkmale, die dem direkt handelnden Satz wie jeder Handlung zukommen, einzeln durchzugehen. Es sei nur bemerkt, daß das

Ja-Nein-Prinzip des handelnden Satzes als solchen die bloße Anführung des Satzes natürlich nicht als das mit ihm gemeinte Handeln, sondern als eine völlig andere Handlung ansehen muß.

Wir gehen nun zum Ziel des gegenwärtigen Abschnitts über, dem *situationsbezogenen assertorischen Satz**. Statt »assertorischer Satz« sagen wir im folgenden auch *Aussagesatz, Aussage* oder *Urteil*; vorerst stets mit dem Adjektiv *situationsbezogen* verbunden. Hier begegnet uns zum erstenmal thematisch das Phänomen, auf dem die Logik beruht, nämlich die Möglichkeit, *Sachverhalte* vorzustellen. »Vorstellung eines Sachverhalts« ist jedoch nicht etwa eine Definition von »Aussage«, denn wir können umgekehrt einen Sachverhalt nur als dasjenige definieren, was durch eine Aussage vorgestellt werden kann. Die Anknüpfung an das Bisherige gelingt, wenn wir einen anderen, zunächst undefinierten Begriff benützen, den Begriff der *Bedingung*. Fragen wir, wiederum ein undefiniertes Wort benützend, nach dem *Sinn* eines Aussagesatzes, und verbieten wir uns die zirkuläre Erklärung, dieser Sinn sei der vorgestellte Sachverhalt, so ist eine mögliche, heute gern gegebene Antwort, dieser Sinn bestehe in den Bedingungen der Verifikation des Satzes. Diese Antwort erscheint insofern unbefriedigend, als sie mit dem Begriff der Verifikation den Begriff der Wahrheit voraussetzt, den wir in unserem Aufbau erst zu erläutern hoffen. Man kann freilich sagen, *für uns*, die wir schon über das logische Denken und über die als Logik bezeichnete Reflexion auf dieses Denken verfügen, bestehe der Sinn der Aussage in den Bedingungen der Verifikation; diese Erklärung gehört in die Verhaltensweise der Reflexion. Aber man könnte sich dann am Ende auch damit zufriedengeben, zu sagen, der Sinn der Aussage sei der in ihr behauptete Sachverhalt, denn wir leugnen ja nicht, daß man sinnvoll von Sachverhalten spricht und daß das Bestehen eines Sachverhalts eben eine notwendige Bedingung der Verifizierbarkeit der ihn behauptenden Aussage ist. Unsere Frage ist vielmehr, was *für den Sprecher*, vor aller logischen Re-

---

* Von hier an verdanke ich Wesentliches Ernst Tugendhat, *Vorlesungen zur Einführung in die sprachanalytische Philosophie*, Frankfurt/M. 1976, der freilich für keine meiner Simplifizierungen oder Fehldeutungen verantwortlich ist.

flexion, der Sinn der situationsbezogenen Aussage ist. Die Verwendung der Präposition »für« in dieser Frage dürfte legitim sein, da wir dem Sprecher die Fähigkeit der Vorstellung zuschreiben. »Für ihn« nennen wir, als was das Vorgestellte in seiner Vorstellung erscheint, die entweder direkt die Form der Sprache hat oder auf Rückfrage von ihm sprachlich erläutert werden könnte.

Wir sagen nun, für den Sprecher stelle die situationsbezogene Aussage eine *gegenwärtige Bedingung möglicher Handlungen* vor. Die einfachsten Beispiele sind dabei die deutlichsten, nämlich die am wenigsten durch weiterführende Reflexion veränderten. Etwa »es brennt« oder in einem Wort »Feuer!«. Wir schränken uns hiermit vorerst auf die einfachste Form der situationsbezogenen Aussage ein, die wir den *präsentischen Satz* nennen. Er stellt, so wollen wir, vorerst ohne Erläuterung, sagen, eine gegenwärtig bestehende Bedingung möglicher Handlungen *als gegenwärtig* vor; erst im 4. Abschnitt gehen wir auf andere situationsbezogene Aussagen ein. Der bloßen sprachlichen Form ist nicht immer anzusehen, ob es sich dabei um einen direkt handelnden Satz oder um eine situationsbezogene Aussage handelt. »Feuer!« kann auch heißen »rette dich!«. Dies dürfte keine Schwäche unserer Erklärung bedeuten, sondern auf den genetischen Zusammenhang beider Satzformen hinweisen. Erst durch den viel weiter vom Handeln fortentwickelten, nachher zu besprechenden freien Aussagesatz ist der Unterschied zwischen direktem Sprachhandeln und Aussagen hinreichend deutlich geworden, um nun, in der Reflexion, die situationsbezogene Aussage durch ihre Intention vom direkt handelnden Satz unterscheidbar zu machen. In der Tat stellt der einfachste präsentische Satz wie »Feuer!« zwar eine Bedingung möglicher Handlungen vor, aber er legt nicht fest, welche Handlung die daraus herzuleitende wäre. Der Satz mag je nach der Situation implizieren: »rette dich!«, »lösche!«, »hol Nachbarn!«, »rette die Kinder!«, und eben darum ist er von jeder dieser Implikationen typusmäßig verschieden.

Auch der präsentische Satz hat die vier Merkmale des Verhaltensschemas. Er ist allgemein: ein gleichartiger Sachverhalt, charakterisierbar als dieselbe Handlungsbedingung, kann in verschiedenen Situationen auftreten und erkannt werden. Er hat ein Ja-Nein-Prinzip. Hier machen wir wieder den Unterschied zwischen handelndem und bloß anführendem Aussprechen. Eine Aussage handelnd aussprechen, heißt sie *behaupten*. In einer Behauptung sage ich, es sei so, wie ich behaupte. Ich stelle also die Handlungsbedingung, welche den Sinn des behaupteten Satzes ausmacht, als bestehend (im präsentischen Fall als gegenwärtig) vor. Auch für das Behaupten gilt die Prävalenz des Positiven. Ich kann eine Aussage *p* behaupten oder die Behauptung unterlassen. Letzteres ist etwas anderes, als zu behaupten »ich behaupte *p* nicht« und noch etwas anderes als die Behauptung »nicht *p*«. Die Prävalenz des Positiven gewinnt bei Aussagen daher einen mehrstufigen Sinn. Die Aussagen, die faktisch behauptet werden, sind stets eine kleine Minderheit gegenüber denjenigen, die behauptet werden *könnten*. Letztere lassen sich ihrerseits in drei Stufen einteilen: 1. diejenigen wahren Aussagen, die dem behauptenden Menschen in der Vorstellung zur Verfügung stehen, die er aber faktisch nicht ausspricht, 2. diejenigen, die zwar wahr sind, ihm aber nicht als mögliche einfallen, 3. diejenigen, die nicht wahr sind. Die Grenze zwischen 1. und 2. ist unscharf; wir können die vorgestellten, aber nicht behaupteten und die nicht vorgestellten präsentischen Aussagen, die für einen Menschen in einer Situation wahr wären, zur Gruppe der unausgedrückten präsentischen Wahrheiten zusammenfassen. Jede der Gruppen ist an Fülle weit größer als die in unserer Aufzählung vorhergehenden. Hieraus ergibt sich für die mittlere Gruppe eine neue Art der Prävalenz des Positiven. Gerade insofern die unausgedrückten präsentischen Wahrheiten nicht behauptet, z. T. nicht einmal deutlich vorgestellt werden, sind sie der Vorstellung in ihrer Positivität wenigstens irgendwie präsent, während die Reflexion, welche ihre mögliche Negation mitdenkt, nicht stattfindet. Sie sind gleichsam logisch einwertig, sie treten nur als wahre auf, sie werden nicht, wie die ausgesprochenen, als möglicherweise wahr, möglicherweise falsch vorgestellt. Sie sind aber die Basis, ohne welche die ausgesprochenen Sätze unverständlich, sinnlos wären.* In diesem Sinne ist die »Unverborgenheit des Seienden« Bedingung der Möglichkeit einer zweiwertigen Logik von Aussagen (*GM*, S. 302, 424).

---

* Vgl. 2. Kapitel.

Wir haben soeben schon vom Begriff der Wahrheit Gebrauch gemacht. In der Tat nimmt hier, bei der Aussage, die Anpassung die Form der *Wahrheit* an. Von einer Handlung, auch einer Sprachhandlung, die der Situation im zuvor erläuterten Sinne angepaßt ist, können wir sagen, sie sei *richtig*. Ob sie richtig ist oder nicht, beurteilen *wir* nach ihrem Erfolg; auch der Handelnde, ja schon das seine Verhaltensweise durch »Versuch und Irrtum« lernende Tier »beurteilt« sie objektiv so. (Diese Richtigkeit im Sinne der Anpassung ist natürlich scharf zu unterscheiden von der Richtigkeit im Sinne der Regelgemäßheit einer Handlung, auch etwa einer auf korrekte oder inkorrekte syntaktische Fügung beurteilten Sprachhandlung.) Eine präsentische Aussage wird dann der Situation angepaßt sein, wenn die in ihr vorgestellte Bedingung von Handlungen wirklich besteht. Dies kann erprobt werden, indem wir solche Handlungen ausführen. Eine in diesem Sinne der Situation angepaßte präsentische Aussage dürfen wir *wahr* nennen. Die ihre Wahrheit erprobenden Handlungen kann man verifizierende Handlungen nennen. So erhalten wir die oben als Definition des Aussagesinns zurückgewiesene These, dieser bestehe in den Verifikationsbedingungen der Aussage, nunmehr als Resultat.

Eine nicht behauptete, sondern bloß angeführte präsentische Aussage kann man einen *Begriff* nennen. Tugendhat nennt solche Begriffe Quasiprädikate, quasi -, weil sie nicht als Prädikate von Gegenständen verwendet, sondern der jeweiligen Situation zugeschrieben werden. Beispiele sind dann Sätze wie »Feuer!« oder »es regnet«. Wir nennen das in der Anführung der möglichen präsentischen Aussage gemeinte, die mögliche Aussage*, allgemein den Begriff. Wenn über einen Begriff gesprochen wird, so braucht er nicht in der Form des wörtlichen Zitats angeführt zu werden, sondern tritt meist als ein Substantiv oder Infinitiv auf: »das Feuer«, »der Regen«, »das Regnen«. Wir gehen dann so weit, jede mögliche präsentische Aussage als einen Begriff zu bezeichnen, auch wenn diese die Gestalt eines deiktischen prädikativen Satzes hat (den wir alsbald thematisieren werden). Etwa die angeführte mögliche Aussage »diese Katze ist weiß« wird als der Begriff »Katze, die weiß ist«, kurz »weiße

---

* Kant würde sagen: das problematische Urteil.

Katze«, aufgefaßt werden. Der Begriff bahnt den Weg zur nächsten Stufe, der Ablösung von der jeweiligen Situation im freien assertorischen Satz.

3. Prädikative und freie Aussagen

Wir wenden uns nun den in der Logik als einfach geltenden Aussagetypen zu. Unter dem Titel *prädikative Aussage* oder *kategorisches Urteil* wird eine Vielzahl von Satzformen zusammengefaßt, deren Gemeinsamkeit wir tiefer als durch eine rein formale Definition nur dann verstehen können, wenn wir ebenso von vorneherein ihre Unterschiede ins Auge fassen. Zunächst seien ein paar Beispiele gegeben:

1 a	Der Löwe ist ein Raubtier.
1 b	Der Löwe ist gelb.
1 c	Der Löwe brüllt.
2 a	Alle Löwen sind gelb.
2 b	Einige Löwen sind gelb.
2 c	Der Löwe Hassan ist gelb.
3 a	Löwen brüllen.
3 b	Dieser Löwe brüllt.
3 c	Hassan brüllt.

Einige der angeführten Sätze sind gemäß dem Sprachgebrauch sogar verschiedener Deutungen fähig. Wir beschränken uns zunächst auf das vermutlich Eindeutige in ihrem jeweiligen Sinn. Die Beispielgruppe 1 bezeichnet einen in der Logik vernachlässigten, für die Grammatik und die Ontologie fundamentalen Unterschied (vgl. *GM*, S. 306, 309). Alle drei Sätze haben die gemeinsame elementare »prädikative« Gestalt: einem Subjekt wird ein Prädikat zugesprochen. Das Prädikat aber kann, grammatisch gesagt, Substantiv, Adjektiv oder Verb sein, ontologisch gesagt, Genus, Eigenschaft oder Aktion. Im gegenwärtigen Aufriß suchen wir die Sprachformen gerade vom Ernstnehmen solcher Unterschiede her zu verstehen. Wir glauben, daß die Logik bisher aus der differenzierten Fülle grammatisch faßbarer Unterscheidungen einseitig einige wenige herausgegriffen hat und daß man die historischen Gründe dieser Einseitigkeit sehr wohl bezeichnen kann; sie liegen in den klugen, aber nicht selbstverständlichen Grundentscheidungen der griechischen Eidos-Philosophie, die man kennen muß, um sich von ihnen unabhängig machen zu können. Die Beispielgruppe 2 führt den der Logik geläufigen Unterschied universaler, partikularer und singulärer Urteile vor. Die Beispielgruppe 3 verweist auf einen dritten Unterschied, der nun in der Natur des Subjekts gemacht wird, das selbst durch einen Begriff, einen Hinweis oder einen Eigennamen gekennzeichnet sein kann; wir wollen hier von spezifischen, deiktischen und individuellen Aussagen sprechen.

Alle unsere Beispiele sind Aussagen, assertorische Sätze. Welche von ihnen sind präsentische Aussagen, also situationsbezogen? Jedenfalls 3 b: »dieser Löwe brüllt«. Ist »Hassan« der Eigenname eines uns bekannten Löwen, so wird man auch 3 c: »Hassan brüllt« normalerweise präsentisch gebrauchen, etwa im Kontext: »der Löwe, der da brüllt, ist Hassan«, oder »Hassan hat Hunger, er brüllt«. 2 c gelte hinsichtlich des Subjekts als von 3 c nur sprachlich verschieden; um den unbekannten Hassan einzuführen, haben wir zunächst von dem Löwen Hassan gesprochen. 1 c: »der Löwe brüllt« ist aber, im Zusammenhang der drei Beispiele 1, vermutlich nicht situationsbezogen gemeint; diese drei Beispiele geben eher allgemeine Prädikate der Spezies »Löwe« an. Die spezifische Aussage 3 a »Löwen brüllen« kann man je nach Lage in beiderlei Sinn gebrauchen; entweder »es liegt in der Natur des Löwen, gelegentlich zu brüllen« oder »so ist diese heutige Nacht: Löwen brüllen, Hyänen lachen, die Gazelle duckt sich ins Gras«. Die nicht situationsgebundene Aussage wie »der Löwe ist ein Raubtier«, »alle Löwen sind gelb«, »Löwen brüllen gelegentlich« nennen wir eine *freie Aussage*, frei von der Situationsbindung. Die freie Aussage ist das, was die Logik üblicherweise unter einer Aussage versteht. Aber ehe wir uns ihr zuwenden, müssen wir nachsehen, ob die präsentischen Beispiele eigentlich noch situationsgebunden sind.

Betrachten wir die drei Beispiele eines subjektlosen, eines deiktisch prädikativen und eines individuell prädikativen Satzes, »es brüllt« (analog zu »es regnet«), »dieser Löwe brüllt«, »Hassan brüllt«. Im Abschnitt über präsentische Sätze haben wir mit Absicht den Unterschied dieser Satztypen nicht erörtert, da uns dort nur an ihrem gemeinsamen Merkmal lag, eine gegenwärtige Handlungsbedingung als gegenwärtig vorzustellen. Tugendhat sieht nun den Sinn der Einführung des Subjekts, also der Schaffung der prädikativen Satzform, gerade darin, den Satz aus der Situationsbindung zu lösen. Dazu dient die Einführung dessen, was die logisch ontologische Tradition den *Gegenstand* nennt. Sage ich »es regnet«, »es brüllt«, so ist das nur dort und dann so zu verstehen, wie es gemeint ist, wo und wann ich mich faktisch gerade befinde. Sage ich etwas über Hassan aus, so kann man das auch in Abwesenheit von Hassan verstehen. Aus demselben Grunde liebt die Logik freilich auch nicht die Verben als Prädikate. »Hassan brüllt« hat vielleicht nicht mehr räumlich, aber sicher zeitlich den Gegenwartsbezug festgehalten.* Die traditionelle Sprachlogik hat deshalb dazu tendiert, den Unterschied von Verb und Adjektiv zu unterdrücken und verbale Prädikate durch »ist« mit dem Partizip wiederzugeben (»der Löwe ist Raubtier, gelb, brüllend«), wodurch der ontologische Hintergrund unklar wurde und nebenbei das in dieser Allgemeinheit sinnlose Problem der Bedeutung der Kopula entstand. Eine zeitliche Logik muß umgekehrt gerade an der verbalen Prädikation mit ihrer Fähigkeit, zeitliche Verhältnisse zu bezeichnen, festhalten; man müßte sie erfinden, wenn es sie nicht gäbe, sie ist eine den indogermanischen Sprachen immanente Erkenntnisform.

»Hassan brüllt« ist also eine präsentische Aussage, die je nach Situation einmal wahr, einmal falsch sein kann. Aber die freie Aussage, die – wie wir unten näher erörtern werden – so gemeint ist, daß sie ein für allemal entweder wahr oder falsch ist, bedient sich zum grammatischen Ausdruck ebenfalls des Verbums im Präsens: »der Löwe brüllt«, d. h. er brüllt gelegentlich oder er kann brüllen, oder »der Löwe *ist* gelb«, »zwei mal zwei *ist* vier«. Hier liegt nun also ein Mangel an Differenzierung in unserer Sprache vor. Wir wollen im ersten Fall vom *eigentlichen* oder *temporalen Präsens* sprechen, im zweiten Fall vom *freien* oder *generellen Präsens*. Hiervon werden wir später drittens das *neutrale* oder *anführende Präsens* unterscheiden, das be-

---

* Ich gebrauche das Wort »Gegenwart« gern im Sinne zugleich räumlicher und zeitlicher Präsenz.

nützt wird, um einen zeitlich gemeinten Satz anzuführen, ohne daß man sich auf präsentischen Gebrauch festlegen will, z. B.: »Es schneit am 1. 1. 1978«, was man als mögliche Aussage vor, an und nach diesem Datum möchte diskutieren können.

Wir wenden uns nun zu der Frage, was man sich eigentlich unter einem *Gegenstand* vorstellen soll. Wir bezeichnen zunächst zwei sprachliche Zweideutigkeiten an Hand dreier Beispiele:

4 a   Löwe ist ein zoologischer Begriff.
4 b   Der Löwe ist ein Raubtier.
4 c   Hassan ist ein Raubtier.

Man kann das grammatische Subjekt eines Satzes seinen *logischen Gegenstand* nennen; in diesem Sinne bezeichnen »Löwe«, »der Löwe« und »Hassan« drei logische Gegenstände. Von diesen ist nur Hassan ein *realer Gegenstand*; der Löwe, mit oder ohne Artikel, ist ein *Begriff* und kann, als Gegenstand, ein *formaler Gegenstand* heißen. Dieser Begriff ist aber in 4 a und 4 b in verschiedenem Sinne Gegenstand. 4 b (1 a) läßt sich erläutern durch 2 a: »alle Löwen sind Raubtiere«. Man kann auch direkter sagen »was Löwe ist, ist Raubtier« oder, mit dem Begriff der Bedingung: »das Prädikat Löwe ist hinreichende Bedingung für das Prädikat Raubtier«; mathematisch: »die Klasse der Löwen ist Teilklasse der Klasse der Raubtiere«. 4 a aber sagt etwas über den Begriff »Löwe« aus, den man deshalb zur Unterscheidung gegen seinen Gebrauch als Prädikat, nun, wo er selbst Gegenstand ist, gern kursiv oder in Anführungsstrichen schreibt: »*Löwe* ist ein zoologischer Begriff« oder »›Löwe‹ ist ein zoologischer Begriff«. Mathematisch: »die Klasse der Löwen ist Element der Klasse zoologischer Klassen«. Man kann in gewissem Sinne sagen, nur in 4 a sei der Begriff »Löwe« (oder: der Begriff des Löwen) Gegenstand, in 4 b sei er ein engeres Prädikat eines ungenannten realen Gegenstands; doch ist gerade 4 b die Formel der klassischen Eidos-Philosophie.

Was ist nun aber ein Gegenstand, sei es ein logischer oder ein realer? Wenn unser bisheriger Aufbau gerechtfertigt werden kann, so ist der Begriff genetisch früher als der Gegenstand. Wir haben oben eine Definition des Begriffs gegeben, die von Gegenständen überhaupt nicht sprach. Das, worauf solche Begriffe angewandt werden, sind zunächst nicht Gegenstände, sondern Situationen. Wenn wir dann der These zugestimmt haben, der Gegenstand werde eingeführt, um situationsunabhängige Aussagen zu ermöglichen, so haben wir damit noch nicht gezeigt, wie diese Ermöglichung zugeht, und wir haben die Zustimmung relativiert durch den Hinweis, daß auch prädikative Aussagen über reale Gegenstände sehr wohl präsentisch sein können.

Unter unseren Beispielen für prädikative Aussagen ist nun ein Typ, in dem strenggenommen gar keine Gegenstände vorkommen, nämlich die Beispielgruppe 1. Den Satz »der Löwe ist ein Raubtier« haben wir soeben als die Angabe eines Bedingungszusammenhanges zwischen zwei Begriffen gedeutet. Diese Deutung können wir unmittelbar an unsere Auffassung des präsentischen Satzes anknüpfen. Die präsentische Aussage, also der in einer Situation behauptete Begriff, stellt einen Sachverhalt vor, den wir als eine Bedingung möglichen Handelns interpretieren. Dieser Bedingungszusammenhang läßt sich in der Reflexion ein Stück weit sprachlich ausdrücken. Z.B. sei die präsentische Aussage: »es brennt«; eine Handlungsimplikation sei: »man muß löschen«. Die Allgemeinheit des Sinnes des Begriffs »es brennt« gestattet die Behauptung eines *implikativen Satzes*: »wenn es brennt, muß man löschen«. Der implikative Satz ist eine freie Aussage, er kann situationsunabhängig behauptet werden. Der implikative Satz stellt einen Bedingungszusammenhang als allgemeinen vor. In unserem Beispiel, dem wohl einfachsten Fall, ist dies ein Zusammenhang zwischen einem Begriff (einem möglichen präsentischen Satz) und einem direkt handelnden Satz. Hier werden also zwei situationsgebundene Sätze so verknüpft, daß die Verknüpfung nicht mehr situationsgebunden ist. Wir wollen im folgenden alle freien Aussagen stufenweise durch implikative Verknüpfungen zwischen situationsgebundenen Sätzen rechtfertigen. Dafür ist der erste Schritt die Auffassung des prädikativen Satzes »der Löwe ist ein Raubtier« als Implikation zwischen zwei Begriffen. Wir analysieren den implikativen Satz, indem wir die Bedeutung der vier Handlungsmerkmale für ihn durchprüfen.

Die *Allgemeinheit* besteht noch beim präsentischen Satz in seiner Anwendbarkeit auf viele verschiedene Situationen. Der implikative Satz hingegen stellt die Allgemeinheit selbst vor. Eben darum wird in ihm die Allgemeinheit, die im angeführten präsentischen Satz formal durch eine Variable beschrieben werden kann, durch Bindung der Variablen thematisiert. (Beispiel: »In der Situation x brennt es« = b(x); »in der Situation x muß man löschen« = l(x); »wenn es brennt, muß man löschen« = »für alle x: wenn b(x), so l(x)«.) Dies führt alsbald auf die fundamentale Frage der Erkenntnistheorie: wie sind allgemeine Erkenntnisse überhaupt möglich? Wir kommen auf diese Frage zurück, wenn wir die übrigen Merkmale durchgegangen sind.

Das Ja-Nein-Prinzip und die Positivität für den implikativen Satz beziehen diesen Satz nicht wie den präsentischen Satz auf die Situation, sondern auf seine *Wahrheit*; man versteht den Satz so, daß man ihn, wenn man ihn behauptet, ein für allemal behauptet. Was aber meinen wir mit seiner Wahrheit? Wir können Wahrheit wieder formal als Anpassung an den Sachverhalt definieren. Aber was meinen wir hier mit dem Sachverhalt? Beim präsentischen Satz erläuterten wir den Begriff des Sachverhalts als die in der Situation bestehenden Handlungsmöglichkeiten; wir beschrieben diese näher als die Verifikationsmöglichkeiten des Satzes. Dabei machten wir von einem allvertrauten Faktum Gebrauch, das wir nicht weiter erklärten: daß nämlich ein kurzer Satz wie »es brennt«, »Hassan brüllt« in leicht wiedererkennbarer Weise einen Sachverhalt kennzeichnet, der eine unabgrenzbare Fülle von Handlungsmöglichkeiten erschließt. *Wir* können uns dies nicht anders zurechtlegen, als indem wir vom *gesetzmäßigen Zusammenhang* der Ereignisse reden, ohne den es keine Vorgangsschemata und folglich keine Handlungsschemata und Sätze geben könnte. Diesen Zusammenhang setzt die Logik in einer vagen, unerklärten Weise voraus; wir dürfen hoffen, daß die in reflektierendem Fortschreiten aufzubauende Wissenschaft, die Physik, ihn präzisiert. Ein erster Schritt dazu ist das Aussprechen einzelner gesetzmäßiger Zusammenhänge in implikativen Sätzen. Das formale Hilfsmittel dazu ist die Verknüpfung eines Begriffs mit einer vorgestellten direkten sprachlichen Handlung oder mit einem anderen Begriff durch die Figur »wenn-so«, also eben durch den oben als undefiniert eingeführten Begriff (höherer Stufe, nämlich Begriff über Begriffe) der *Bedingung*. Diese gesetzmäßige Bedingung ist das Allgemeine, das der implikative Satz vorstellt. Wir kommen zur angekündigten Frage zurück: wie ist allgemeine Erkenntnis, also wahres Vorstellen eines Gesetzes, überhaupt möglich?

Der Sachverhalt in einer Situation sollte Handlungsmöglichkeiten implizieren, und diese sollten die Verifikationsbedingungen des präsentischen Satzes sein, der den Sachverhalt vorstellt. Analog versteht man ein Gesetz als einen »allgemeinen Sachverhalt«, der Handlungsbedingungen als die Verifikationsbedingungen des allgemeinen Urteils impliziert, welches das Gesetz ausspricht. Beim Gesetz stoßen wir nun auf die von Platon bis Popper bekannte Schwierigkeit, daß ein allgemeines Urteil nicht durch Beispiele verifiziert werden kann. Die Frage der Verifikation empirisch gemeinter allgemeiner Urteile kommt für unseren Aufriß hier zu früh. Es genügt uns hier, zu sagen, daß wir allgemeine Urteile an Hand von Beispielen aussprechen und sie, im methodischen Rang von Hypothesen, zukünftiger Kontrolle (»Falsifikation«) unterwerfen. Bemerkt sei nur, daß schon die Verifikation eines behaupteten präsentischen Sachverhalts unter ähnlichen Problemen steht, insofern man auch hier eine unabgrenzbare Fülle von implizierten Handlungsmöglichkeiten zu überprüfen hätte. Ohne das Bestehen gesetzmäßiger Zusammenhänge gäbe es gar keine aussprechbaren präsentischen Sachverhalte.

Was uns im jetzigen Stadium des Aufrisses, d. h. in der Logik (und dann der Mathematik), beschäftigen muß, ist der Geltungsgrund derjenigen allgemeinen Aussagen, die wir nicht als empirisch ansehen, sondern in der Diskussion der empirischen Erkenntnis immer schon verwenden. Wir halten sie für notwendig und schlechthin allgemein, also nach der Ausdrucksweise Kants für a priori gewiß. Unsere Frage ist also die Kantische Frage: wie ist Erkenntnis a priori möglich? Unsere Einführung der Logik basiert auf den empirischen Disziplinen der Ethologie und der Linguistik. Sie zeigt, wie Tiere sich verhalten, wie Menschen handeln und reden; wie kann sie die Notwendigkeit der Handlungs- und Sprachschemata zeigen?

Wir unterscheiden die Notwendigkeit *für uns*, für die ethologisch-linguistischen Logiker, von der Notwendigkeit *für den Handelnden und Sprechenden*. Was der Sprechende in seinen

Sätzen vorstellt, sind nach unserer Analyse letztlich Handlungsschemata. Als Schemata sind diese ihrem Wesen nach allgemein. Der linguistische Phänomenologe stellt diese Allgemeinheit schlicht fest, der Kybernetiker würde sagen, sie sei eine Folge der gegebenen Struktur des Nervensystems des Sprechenden. In implikativen Sätzen stellt nun der Sprechende diese Allgemeinheit selbst vor. Es ist zum mindesten denkbar, daß die bloße Vorstellung zweier Handlungen A und B genügt, um die Vorstellung zu rechtfertigen, daß die Ausführbarkeit von A stets die Ausführbarkeit von B zur Folge habe; dies ist dann freilich im Aufbau der Logik und Mathematik im einzelnen zu rechtfertigen. Das mag uns wenigstens in dem Grade gelingen, das mit einer solchen Vorstellung der Notwendigkeit verbundene Evidenzerlebnis begreiflich zu machen als eine Folge der Möglichkeit, Handlungsschemata überhaupt vorzustellen.

Die aprioristische Philosophie hat aber im allgemeinen nicht gesehen, daß daraus keine Nötigung *für uns* folgt, uns dem Evidenzerlebnis des Sprechenden anzuschließen. Gewiß sind *wir* als Wissenschaftler, als Philosophen selbst Sprechende. Indem wir sprechen, also vorstellen, unterliegen wir demselben Evidenzerlebnis. Aber gerade indem wir mit einem Begriff wie Anpassung eine Rechtfertigung solcher Erlebnisse geben, denken wir wenigstens die Möglichkeit, daß sie nicht gerechtfertigt seien. Die reflexiv fortschreitende Wissenschaft lernt ihre eigenen Voraussetzungen kennen und lernt sie damit dem methodischen Zweifel auszusetzen. In der jetzigen Phase des Aufbaus rekonstruieren wir freilich zunächst die klassische Logik und Mathematik und sparen uns die Kritik ihrer Voraussetzungen auf einen Zustand auf, in dem diese Voraussetzungen uns im vollzogenen Aufbau deutlich vor Augen stehen.

Die hier erklärte implikative Aussage ist zu unterscheiden von der Aussagenverknüpfung, die in der Aussagenlogik den traditionellen Namen der *Implikation* (bei Lorenzen: Subjunktion) trägt. In der hier gewählten Sprache bezeichnet die implikative Aussage einen Bedingungszusammenhang zwischen Begriffen (möglichen präsentischen Aussagen), die Implikation der Aussagenlogik aber zwischen freien Aussagen. Eine freie Aussage ist ein für allemal wahr oder falsch, oder allenfalls, in einer konstruktivistischen Logik, unentschieden. Deshalb kann man eine Verbindung zwischen dem Wahrheitswert einer Implikation und den Wahrheitswerten ihrer Teilaussagen herstellen. In der klassischen binären Aussagenlogik definiert man die Implikation geradezu als Wahrheitsfunktion ihrer Teilaussagen ($a \rightarrow b$ ist dann und nur dann falsch, wenn a wahr, b falsch). In einer konstruktivistischen Logik kann man wenigstens am Ex Falso Quodlibet festhalten ($a \rightarrow b$ ist jedenfalls wahr, wenn a falsch ist). All dies ist für unsere implikative Aussage unmöglich, da ihre Teilaussagen präsentisch und daher je nach Situation wahr oder falsch sind.

Ein formales Modell* einer binären Logik präsentischer Aussagen läßt sich errichten über einer Mannigfaltigkeit möglicher präsentischer Aussagen, die man eine *n-fache Alternative* nennen kann. Sie bestehe aus n Begriffen (möglichen präsentischen Aussagen) a_i, zwischen denen die Bedingung gilt: wenn eine der Aussagen a_i wahr ist, so sind alle anderen falsch; wenn alle bis auf eine falsch sind, so ist die letzte wahr. Über ihnen kann man durch die Verknüpfung mit »oder« einen Booleschen Verband errichten. Die Elemente (A, B, ...) dieses Verbandes sind präsentische Aussagen. Zwischen ihnen ist eine Ordnungsbeziehung A c B definiert. Die Aussage »A c B« ist eine implikative Aussage in unserem Sinne. Für den Verband gibt es n verschiedene mögliche Belegungen mit den Werten »wahr« und »falsch«, je nachdem, welches a_i wahr ist. Wenn A c B wahr ist, so gilt bei jeder Belegung: wenn A wahr ist, so ist auch B wahr; wenn B falsch ist, so ist auch A falsch. Das Null-Element des Verbandes ist immer falsch und impliziert alle Elemente, das Eins-Element ist immer wahr und wird von allen impliziert. Das logische Verhältnis der Ausgangsbegriffe a_i zueinander ist dasjenige, welches in der Sprache der Physik die möglichen Werte einer Größe zueinander haben. Gemäß dem expliziten Aufbau der Verbandselemente aus den »Atomen« a_i hat jedes A die Form $a_{k1} \vee a_{k2} \ldots \vee a_{k\gamma}$. $\vee$ heißt »oder«, γ ist die Anzahl der Atome, die in A »enthalten« sind, $k_1, k_2 \ldots k_\gamma$ ist eine Auswahl aus den Indizes $1, 2 \ldots n$. Es gilt A c B dann und nur dann, wenn alle in A enthaltenen Atome auch in B enthalten sind.

Man kann dieses Modell zur Formalisierung unserer Be-

---

* Vgl. den Abschnitt II 6.7.2, sowie *AP* 2.5 und 8.

schreibung präsentischer Aussagen im allgemeinen benützen. Die a_i seien alle unter gewissen Umständen alternativ möglichen Situationen. Im Fall der Messung einer physikalischen Größe sind sie, wie oben gesagt, die möglichen Werte dieser Größe. In allgemeineren Fällen wird die Abgrenzung Schwierigkeiten machen. Um auf das Löwen-Beispiel zurückzukommen, könnte jedes a_i z. B. genau ein Tier bezeichnen, das man in einem Augenblick in einem bestimmten Zoo sehen kann. Eines davon, z. B. a_1, sei der Löwe Hassan. Ein A, genannt »Löwe«, ist die Klasse aller im Zoo anwesenden Tiere, die Löwen sind; ein B, genannt »Raubtier«, ist die Klasse aller dieser Tiere, die Raubtiere sind. A c B heißt »wenn Löwe, dann Raubtier«, deutlicher: »alle Löwen sind Raubtiere«.

Wir kehren nun zu der Frage zurück, was ein *Gegenstand* ist. Man pflegt zu sagen, der Gegenstand sei dasjenige, *worüber* der prädikative Satz etwas aussagt, also *wovon* das Prädikat prädiziert wird. Wir halten die präsentische Aussage für elementarer als die freie und fragen daher zunächst, worüber die präsentische Aussage etwas aussagt. Wir wählen wiederum zunächst nicht die gegenwartsbezogene prädikative Aussage, in welcher schon ein Gegenstand benannt ist (»dieser Löwe«, »Hassan«), sondern die subjektlose Aussage (»es regnet«). Wovon wird das Quasiprädikat »es regnet« prädiziert? Wir können nur sagen: von der Situation. Wir verstehen dann, wie die prädikative Aussage die Unabhängigkeit von der je gegenwärtigen Situation zuwege bringt: sie benennt diejenige Situation, auf welche sie sich bezieht. Jede Situation ist *einmalig.* Wenn es möglich ist, sie *wiedererkennbar* zu benennen, so kann die Aussage über sie situationsunabhängig ausgesprochen werden. Das Problem des Gegenstandsbegriffs läßt sich durch die nicht in voller Strenge erfüllbare Forderung kennzeichnen, man solle etwas Einmaliges wiedererkennbar benennen.

Die traditionelle Logik setzt freilich die Benennbarkeit des Einmaligen schlicht voraus. Sie behauptet, Gegenstände könnten durch *Eigennamen* bezeichnet werden. Aber es zeigt sich, daß solche Gegenstände jedenfalls nicht das sind oder auszeichnen, was wir einmalige Situationen nennen. »Hassan« ist der Eigenname eines realen Gegenstands, eines Löwen; »Löwe« oder »der Löwe« ist der Eigenname eines formalen Gegenstands, eines Begriffs. Der Begriff »Löwe« ist freilich einmalig, es gibt keinen zweiten gleichbedeutenden Begriff; jeder Begriff ist einmalig. Aber der Begriff bezeichnet nicht eine Situation, sondern er bezieht sich auf unabgrenzbar viele Situationen; er bezeichnet, wenn man so sagen darf, eine *Gesetzmäßigkeit*. In etwas anderem Sinne bezeichnet aber auch jeder Eigenname, wie »Hassan«, eine Gesetzmäßigkeit. Zwar ist dieser Löwe einmalig. Aber er kommt in sehr vielen sukzessiven Situationen vor. Es ist wiederum eine Folge der Gesetzmäßigkeit des Naturgeschehens, daß es reale Gegenstände gibt, die sich durch den Wechsel der Situationen hindurch wiedererkennbar durchhalten. Wir werden die Wissenschaft der Physik aufbauen müssen, um näher zu beschreiben, wie das zugeht. Wir werden dabei lernen, daß gerade diejenige Ontologie, welche die Logiker meist als selbstverständlich voraussetzen, nicht in Strenge gilt, sondern nur einen Oberflächenaspekt der Wirklichkeit beschreibt. Das ist die Ontologie, nach der es »an sich« zeitüberdauernde Gegenstände, Substanzen im Sinne von Aristoteles, gibt. Gerade der Konflikt zwischen dieser Prämisse der traditionellen Logik und den Ereignissen der modernen Physik hat uns zur Frage nach einer zeitlichen Logik veranlaßt. Wir stellen daher mit einer gewissen abstrakten Schärfe die Frage: läßt sich eine einmalige Situation wiedererkennbar bezeichnen?

Es kann offensichtlich nicht so viele verbale Eigennamen wie Situationen geben. Man kann also sicher nicht *alle* Situationen ausdrücklich durch Eigennamen benennen. Kann man aber wenigstens *eine* Situation durch einen Namen bezeichnen? Sie soll wiedererkennbar bezeichnet sein. Nehmen wir als einfachsten Fall, daß ein Vorgang in dieser Situation abläuft und daß wir das Schema dieses Vorgangs sprachlich bezeichnen, so daß wir »denselben« Vorgang in einer anderen Situation wiedererkennen. Offensichtlich haben wir jetzt etwas an der Situation wiedererkennbar bezeichnet, aber durch einen Begriff, d. h. gerade nicht als etwas Einmaliges. Wollen wir eine einmalige Situation durch Begriffe als einmalige kennzeichnen, so müssen wir so viele Begriffe auf sie anwenden, daß wir Grund zu der Annahme haben, diese Kombination komme nur einmal vor. Mehrere Begriffe zugleich kann man einen komplexen Begriff nennen. Was wir so leisten, ist also, was die Logiker eine *Kenn-*

zeichnung nennen: wir finden einen Begriff, unter den nur ein einziger Gegenstand (hier: eine einzige Situation) fällt, und benutzen diesen Begriff als Namen des Gegenstands (der Situation). Wir wagen die Behauptung, daß keine Benennung eines realen Gegenstands (wie Hassan) ohne Kennzeichnungen erfolgreich, nämlich wiedererkennbar sein kann, denn wir erkennen den Gegenstand durch Merkmale, also durch Begriffe. (Die Frage sei hier nicht verfolgt, ob dies auch für den singulären Gegenstand »Ich« gilt.)

Wie kann man aber wissen, daß unter einen Begriff nur *eine* Situation fällt? *Wissen* kann man dies nur, wenn man ein Wissen über *alle möglichen* Situationen, ein allgemeines Wissen hat. Das Wissen, das die neuzeitliche Physik zu diesem Zweck verwendet, folgt aus dem Bild, das sie sich von Raum und Zeit gemacht hat. Sie unterscheidet die Situationen durch ihre *Koordinaten in Raum und Zeit.* Ob und unter welchen Bedingungen eine solche Koordinatisierung möglich ist, werden wir freilich unter den Gesichtspunkten der Relativitätstheorie und der Quantentheorie überprüfen müssen. Wir unterstellen zunächst die Möglichkeit. Nach so vielen Zugeständnissen finden wir uns erst vor das eigentliche Problem gestellt. Jede Situation ist einmalig in dem Sinne, daß sie nicht wiederholbar ist. Sie ist, sofern ich sie selbst erleben kann, entweder meine gegenwärtige Situation, schon verflogen, indem ich von ihr spreche, oder eine vergangene, nicht real zurückrufbare, oder eine zukünftige, auf die ich nur warten kann. Wir werden die *zeitliche Logik* entwickeln müssen, um zu verstehen, wie man überhaupt von Situationen sprechen kann.

Vorerst kehren wir aber zur *klassischen Logik* zurück. Man kann diese als eine *Mathematik der freien Aussagen* bezeichnen. Die freie Aussage wird in ihr als *an sich wahr oder falsch* behandelt; man kann die klassische Logik auch als eine *Mathematik der Wahrheit* bezeichnen, insofern die Strukturen, die sie studiert, Folgen dieses Ansatzes sind. Mathematik definieren wir hier als *Theorie der Strukturen.* Was eine Struktur ist, werden wir erst in der Mathematik selbst zu definieren suchen; diese, wie jede andere Wissenschaft muß man schon ein Stück weit kennen, um eine auf sie passende Definition zu verstehen. Im jetzigen Augenblick ist für uns nur wichtig, daß wir eine Struktur als eine *formale Möglichkeit* auffassen, d. h. als etwas,

was begrifflich bezeichnet werden kann, ohne daß man es in der Wirklichkeit beobachtet haben müßte.*

Die klassische Struktur des prädikativen Satzes läßt sich sprachlich andeuten, indem wir sagen, dieser Satz sage ein Prädikat (einen Begriff) von Gegenständen aus. Dies ist entweder ein einzelner Gegenstand (im singulären Urteil) oder mehrere, die selbst durch einen Begriff charakterisiert sind (im universalen und partikularen Urteil). Vom Gegenstand wird vorausgesetzt, daß er eindeutig gekennzeichnet werden kann. Es ist formal sinnvoll, alle Eigennamen als singuläre Begriffe (Kennzeichnungen) zu verstehen. So aufgefaßt, ist jede singuläre oder universale prädikative Aussage eine Folgerung aus einer implikativen Aussage: »wenn Löwe, so Raubtier«, also »alle Löwen sind Raubtiere«, »Hassan ist ein Raubtier«. Das partikuläre Urteil der aristotelischen Logik (»einige Löwen sind Menschenfresser«) ist ein Sonderfall. Russell deutete es als Existenzaussage (»es gibt Löwen, die Menschenfresser sind«). Konsequenter aristotelisch muß man sagen, das Urteil basiere ebenfalls auf einer Beziehung zwischen zwei Begriffen, aber nicht einer direkt implikativen, nämlich: es gibt einen Begriff, der beide Begriffe impliziert. Ich lasse mich auf die für unser Ziel jetzt nicht notwendige Erörterung der hierin vorausgesetzten Eidos-Ontologie nicht ein.

Die prädikative Aussage *ist* also nicht die ihr zugeordnete implikative Aussage, aber sie folgt aus dieser unter der Voraussetzung, daß es »Gegenstände« gibt, die unter die benützten Begriffe fallen durch Vermittlung singulärer Begriffe. Diese Voraussetzung wird in der klassischen Logik schlicht gemacht. Unsere Beispiele zeigen das relative Recht dieser Annahme.

---

* Dies wird (vgl. 5. Kap., Abschnitt 2.5, Fußnote S. 127) durch den alten Scherz erläutert, der fordert, den Unterschied zwischen dem Experimentalphysiker, dem theoretischen Physiker und dem Mathematiker zu erläutern an Hand der Aufgabe, eine Ölsardinenbüchse zu öffnen. Antwort: Der Experimentalphysiker macht die Büchse auf. Der theoretische Physiker gibt eine Methode an, die geeignet ist, die Büchse zu öffnen. Der Mathematiker denkt sich die Büchse geöffnet. D. h. der Experimentator handelt, der theoretische Physiker beschreibt Strukturen real möglichen Handelns, der Mathematiker studiert formal mögliche Strukturen, ohne nach ihrer realen Möglichkeit zu fragen. Das philosophische Problem daran ist natürlich, was »real«, »formal«, »möglich« hier heißt. Eben davon wird die zeitliche Logik handeln.

Weder reale noch formale Gegenstände sind einmalig in dem Sinne, in dem Ereignisse einmalig sind; ihre Existenz ist ein Ausdruck von Gesetzmäßigkeiten.

4. Perfektische Aussagen

Wir tun den Schritt in die zeitliche Logik, indem wir zusätzlich zu den präsentischen Aussagen zwei weitere situationsgebundene Aussagetypen einführen: die perfektischen und die futurischen. Damit bleiben wir noch weit zurück hinter dem Reichtum zeitlicher Ausdrucksmöglichkeiten in den indogermanischen Sprachen, also auch hinter der Vielzahl von Strukturen, die eine entwickelte zeitliche Logik beschreiben müßte. Wir konzentrieren uns auf die Grundzüge unserer Vorstellung von Vergangenheit und Zukunft, welche notwendig sind für das Verständnis des Konstruktionsbegriffs der konstruktiven Mathematik, für das Verständnis der zeitlichen Asymmetrie der statistischen Thermodynamik und für das Verständnis der logischen Struktur der Quantentheorie.

Wir wollen die fünf nachfolgenden Sätze als Beispiele perfektischer Aussagen ansehen:

1. Ich bin angekommen.
2. Gestern hat es hier geregnet.
3. Mars stand am 27. April 1977 auf 0° Rektaszension.
4. Napoleon ist im Jahre 1769 geboren.
5. Zur Zeit t traf an der Stelle x, y des Szintillationsschirms ein α-Teilchen ein.

Wir behaupten, alle fünf seien, wenngleich in verschiedenem Grade, nach Inhalt und Form situationsgebunden. Für präsentische Aussagen hatten wir, schon im Vorblick auf das jetzt zu behandelnde Problem, die etwas komplizierte Behauptung aufgestellt, sie stellten einen gegenwärtigen Sachverhalt *als* gegenwärtigen vor. Wir sagen nun, etwas pointiert: eine perfektische Aussage stellt einen gegenwärtigen Sachverhalt als Resultat eines vergangenen vor. Die Erläuterung dieser Behauptung diene uns als Einstieg in die Analyse der Beispiele.

Der Satz »ich bin angekommen« zeigt in seiner sprachlichen Gestalt den präsentischen Sinn der grammatischen Form des

Perfekts*. In derselben Situation, in der ich sage »ich bin angekommen«, kann ich fast gleichbedeutend sagen »ich bin da«
oder »ich bin jetzt da«. Sage ich »ich bin angekommen«, so sage
ich nur hinzu, durch welchen jetzt vergangenen Vorgang es zu
dem gegenwärtigen Sachverhalt meines Hierseins gekommen
ist. »Ich bin angekommen« stellt ein *Faktum* vor. Ein Faktum
ist ein gegenwärtiger Sachverhalt, der als Folge oder als Ausdruck eines vergangenen Vorgangs verstanden wird. »Factum«
ist ja seiner sprachlichen Herkunft nach selbst ein participium
perfecti, es bezeichnet das Gemachte, Getane, Geschehene;
»per-fectum« ist nur das vollendete »factum«.

Wir stellen alsbald die Frage, in welcher Weise diese situationsgebundene Aussage ihre Verifikationsbedingungen vorstellt. »Ich bin da« ist leicht zu verifizieren: schaut nur her, da
bin ich. »Ich bin angekommen« erfordert zweierlei zur Verifikation. Man muß erstens sehen, daß ich da bin, und zweitens
wissen, daß ich vorher nicht da war. Wo ich vorher war, ist *jetzt*
überhaupt nicht mehr durch schlichtes Hinsehen festzustellen.
Das Vergangene ist eben, wie die Sprache andeutet, ver-gangen,
es ist »weggegangen«. Das ist selbst eine sprachlich im Perfekt
formulierte Metapher; was mit »Vergangenheit« gemeint ist,
kann nur in der Vergangenheitsform ausgedrückt werden. Aber
man wird in einem Beispiel wie dem jetzt besprochenen kaum
in Schwierigkeiten kommen. »Ihr wißt ja, daß ich verreist war;
und ihr habt mich hier ja nicht gesehen.« Hier wird an die Erinnerung appelliert. Vergangenes ist im einfachsten Fall als Erin-
nertes gegenwärtig. Erinnerung ist selbst ein gegenwärtiger
Sachverhalt »in meinem Innern«.** Sie ist die gegenwärtige

---

*   Es ist bekannt, daß auch in der altgriechischen Sprache das Perfekt eine präsentische Flexionsform ist. Vgl. *GM* S. 491 zur Übersetzung von ἤγγικεν in
Matth. 3, 2 und 4, 17.
** Es ist nicht zufällig, daß wir hier in einer an Heidegger gemahnenden Weise
die Sprachformen als Indikatoren benützen. Die Sprache, vermutlich überhaupt,
aber gewiß die indogermanische Sprache, ist, wie schon mehrfach hervorgehoben,
gerade im Ausdruck zeitlicher Verhältnisse sehr viel subtiler als unsere gesamte
traditionelle Philosophie und Wissenschaft. Der Wissenschaftler, der sich an dem
metaphorischen Charakter dieser Sprachform stößt, sei daran erinnert, daß fast
alle wissenschaftlichen Termini aus sprachlichen Metaphern hervorgegangen sind.
Es handelt sich für uns nur darum, die in diesen Metaphern vorgestellte Struktur
ins Auge zu fassen und einen ihr entsprechenden Sprachgebrauch festzulegen.

Vorstellung eines vergangenen Vorgangs. In diesem Sinne kann Vergangenes gegenwärtig sein. Es ist aber auch gegenwärtig in vielen »äußeren« Sachverhalten, welche Folgen der vergangenen Vorgänge sind und als deren Spuren, Indikatoren, Dokumente dienen können. Ich bringe selbst als Dokument meiner Reise einen Granatstein vom Timmeltal oder den Datumstempel auf einem Bonner S-Bahn-Fahrschein mit.

Jedenfalls vom Standpunkt der Verifikationsbedingungen aus gesehen, »gibt es« das jeweils Vergangene nur in der Gestalt gegenwärtiger Sachverhalte, die uns einen vergangenen Vorgang als Bedingung ihres eigenen Entstandenseins vorstellen. Ist so die Möglichkeit, von Vergangenem sinnvoll zu sprechen, in der Struktur der Gegenwart fundiert, so andererseits auch die Möglichkeit, von Gegenwärtigem sinnvoll zu sprechen, in der Struktur der Vergangenheit. Wir sehen das in der genaueren Rückfrage nach den Verifikationsbedingungen präsentischer Aussagen. Wenn ich eine präsentische Aussage mache, etwa »es regnet«, »da sitzt eine Katze« oder auch »ich bin da«, so kann der Hörer durch Hinsehen überprüfen, ob ich recht hatte. Aber das Hinschauen geschieht hinterher, *nach* der Aussage. Und es muß rasch genug geschehen, sonst hat es vielleicht wieder aufgehört zu regnen, oder die Katze oder ich mag weggegangen sein. Die Straße ist noch naß, ein Hund wird den Geruch der Katze oder seines Herrn noch wittern. D. h. strenggenommen verifizieren wir jede präsentische Aussage nur im nachhinein, wenn sie so, wie sie vorher gemeint war, nicht mehr mit Gewißheit gilt. Wir verifizieren sie gleichwohl an den neuen Sachverhalten, welche den vergangenen Sachverhalt vorstellen, sei es in der schlichten Form der Kontinuität: es regnet noch, Katze und ich sind noch da, sei es in der Form der Kausalität, also der Spur, des Dokuments: nasse Straße, ungewöhnlicher Duft stellen das Jüngstvergangene durch seine Folgen vor. Wir sehen, ohne die Struktur schon zu durchschauen, daß die Zeit ein Zusammenhang, eine Einheit ist. Nochmals in sprachlichen Metaphern gesagt: Die Vergangenheit wäre für uns nicht »das Weggegangene«, wenn ihre Gegenwart als Faktum uns nicht bewußthielte, *was* da weggegangen ist; die Gegenwart würde uns nicht »entge-

gen warten«,* wenn sie nicht aus der Vergangenheit noch bewahrt wäre.

Ein Satz wie »gestern hat es geregnet« setzt den ersten Schritt
der präzisen Trennung des Vergangenen vom Gegenwärtigen
voraus, durch den Gegensatz des gestern geschehenen Vorgangs zur heutigen Aussage über ihn. »Gestern« ist aber noch
eine situationsbezogene Zeitbestimmung. Dieser Satz mag
heute wahr sein und ist morgen falsch; er hat noch die Allge-
meinheitsform eines präsentischen Satzes. Er ist, insofern er
nur angeführt wird, ein Begriff: »der gestrige Regen«. Er läßt
sinnvolle implikative Aussagen der Form zu: »wenn es gestern
geregnet hat, kann man heute säen«. Demgegenüber geben die
beiden nächsten Beispiele jeweils eine objektive Zeitbestimmung. Sie machen gleichsam den Zeitpunkt, von dem sie sprechen, zum Gegenstand. Ihr Verhältnis zur Wahrheit ist daher so
wie dasjenige freier Aussagen. Jede der beiden ist ein für allemal
wahr oder falsch. Gleichwohl bleibt ihnen eine Bezogenheit auf
die Situation, in der sie ausgesprochen werden. Sie sind in der
hier gegebenen Form nur sinnvoll *nach* dem Vorgang, von dem
sie handeln. Vor dem 27. April 1977 hätte man nur sagen können: »Mars wird am 27. April 1977 auf 0° Rektaszension stehen«, vor 1769** konnte man, wenn man kein Prophet war,
nicht einmal sinnvoll von Napoleon sprechen.

Wegen dieser Situationsbezogenheit müssen wir auch die Behauptung korrigieren, jede dieser Aussagen sei ein für allemal
wahr oder falsch. Das gilt nur *nach* dem Vorgang. Jedenfalls ist
es unsere übliche Vorstellung, ein mögliches Ereignis der Ver-

---

* Nur diese Deutung der Endsilbe -wart in »Gegenwart« ist eine etymologisch nicht gerechtfertigte Spielerei. Nach F. Kluge, *Etymologisches Wörterbuch der deutschen Sprache*, 18. Aufl. (bearb. W. Mitzka), Berlin 1960, ist Gegenwart Abstraktum zum Adjektiv gegenwärtig, gegenwärts, und die Endsilbe
-wärts ist mit werden und vertere (drehen) verwandt, also der Sinn etwa: entge-
gengewendet. Auch nach dieser Etymologie enthält das Wort gegenwärtig den
Ausdruck des in der Bewegung (Wendung) Bleibenden.
** Oder 1767, wenn die Vermutung zutrifft, Napoleon habe sein Geburtsda-
tum um 2 Jahre gefälscht. Ich habe absichtlich dieses Beispiel eines umstreit-
baren historischen Satzes gewählt. Man sieht daran das Tertium non datur für
perfektische Sätze. Wir sind überzeugt: Mag er nun 1769 geboren sein oder
nicht, sicher ist der Satz »Napoleon ist 1769 geboren« entweder wahr oder
falsch; es gibt keine dritte Möglichkeit.

gangenheit habe entweder stattgefunden oder nicht; wir wenden die Sätze vom Widerspruch und vom ausgeschlossenen Dritten unbedenklich auf perfektische Aussagen an. Hingegen ist es eine schwierige Frage, ob es überhaupt einen Sinn hat, zu behaupten, ein perfektischer Satz sei schon vor dem in ihm behaupteten Ereignis wahr bzw. falsch gewesen. Gewiß nicht in der perfektischen Form. Und ob die Prognose des Ereignisses überhaupt als »derselbe Satz« gelten kann wie die nachträgliche perfektische Behauptung, das Ereignis habe stattgefunden, ist dunkel. Die klassische Physik, welche durch die Verwendung der objektivierten Zeitkoordinate den Unterschied von Vergangenheit und Zukunft vergißt, hat die Vorstellung erzeugt, ein Ereignis am Ort x, y, z zur Zeit t sei ein an sich seiendes Faktum. Aber dies ist eine metaphysische Hypothese, die weder durch die Sprachanalyse noch durch die experimentelle Praxis gerechtfertigt werden kann. Wir bleiben hier näher an der Sprache, schreiben den perfektischen Aussagen erst nach dem Ereignis einen Sinn zu und werden die futurischen Aussagen später für sich studieren.

Das fünfte Beispiel haben wir schließlich eingeführt, um eine weitere Vorsicht gegenüber der Parallelisierung datierter perfektischer Aussagen mit freien Aussagen anzumelden. Wenn der Sinn perfektischer Aussagen ebenfalls mit ihren Verifikationsbedingungen gleichgesetzt werden soll, so ist zu fragen, wie die Verifikation der Datierungsmethode geschieht. Eine Aussage wie »Napoleon wurde 1769 geboren« oder auch »dieses Uranmineral ist $3,5.10^9$ Jahre alt« ist durch das Gefüge von Dokumenten und Naturgesetzen, mit dem wir die Geschichte der Menschheit und der Natur buchstabieren, hinreichend plausibel zu machen. Die Behauptung, daß es überhaupt stets eine datierbare Zeit gegeben habe, ist dabei nicht weniger eine naturgesetzliche Hypothese als alle weiteren, dies schon voraussetzenden Vermutungen. Sie bestätigt sich im Geltungsbereich der klassischen Physik gemeinsam mit den Gesetzen der klassischen Physik, in denen sie vorausgesetzt ist. Das Detail des Verfahrens solcher Bestätigungen ist nicht Thema dieses Aufrisses. Evident scheint aber, daß zu den Verifikationsbedingungen einer datierten perfektischen Aussage eine Möglichkeit der *Zeitmessung* gehört. »Zeitmessung« ist nun ein Ausdruck, der eine Analogie zu anderen Messungen vermuten läßt, für welche bei näherem Zusehen die Basis zu verschwinden scheint. Man kann, so scheint es, die Temperatur eines Wärmebads, die Länge eines Stabs, die Position eines Zeigers *jetzt* messen. Wie mißt man die Länge einer Zeitspanne? Ist ihr Ende jetzt, so ist ihr Anfang notgedrungen vergangen; solange sie zukünftige Teile enthält, ist sie überhaupt nicht zu messen. Faktisch setzen wir Naturgesetze voraus, welche gestatten, gewisse Bewegungsvorgänge als gleichförmig oder periodisch anzusehen und so ein Dokument eines vergangenen Zustands, sagen wir, einer Uhr und eines Abreißkalenders, als Dokument des Zeitpunkts dieses Zustands zu lesen. Das ist letztlich nicht verschieden von der Messung von Zustandsgrößen, die räumlich außerhalb unserer Gegenwart sind, etwa sehr großer Distanzen, der Temperatur der Sonnenoberfläche etc. All dies aber setzt die Geltung gewisser Gesetze voraus.

Nun ist in der Quantentheorie genau dieses Problem bis heute ungelöst. Während für jede andere physikalische Größe, der wir Werte zuschreiben, im Prinzip die Existenz einer quantentheoretischen *Observablen* (eines linearen selbstadjungierten Operators im Hilbertraum) gefordert wird, spielt die Zeit in der Quantentheorie die Rolle eines reellen Parameters, dessen Messung unerörtert bleibt. Dies war nicht die Absicht der Väter der Quantenmechanik*, aber die Einführung einer Zeitobservablen ist ihnen mathematisch nicht möglich gewesen.** Das bedeutet physikalisch, daß man die Zeit grundsätzlich als »klassische Größe« behandelt, deren Meßbarkeit schlicht vorausgesetzt wird. Es ist eines der Fernziele der gegenwärtigen Studie, ebendiese Inkonsequenz der Quantentheorie zu überwinden, also auch eine Theorie der Zeitmessung zu entwikkeln.*** Das bedeutet aber, daß man die *Existenz von Zeitpunkten*, formal gesagt, die Meßbarkeit der Zeit durch reelle Zahlen, nicht voraussetzen darf. Unser fünftes Beispiel sollte also auf ein *ungelöstes* Problem verweisen.

*   Vgl. z. B. M. Born und P. Jordan, *Elementare Quantenmechanik*, Berlin 1930, S. 120 f., 327.
**   W. Pauli, »Die allgemeinen Prinzipien der Wellenmechanik«, S. 140, in: Geiger-Scheel, *Handbuch der Physik*², Band XXIV, I, Quantentheorie, 1933.
*** Vgl. zu dieser 1978 gemachten Bemerkung jetzt Kap. I 7.C12.

Am Ende mustern wir die vier Merkmale der Verhaltensschemata in ihrer Anwendung auf perfektische Aussagen.

Man kann *datierte perfektische Aussagen* den ersten Aussagetyp nennen, der *nicht allgemein* ist. Wir hatten bisher zwei Arten der Allgemeinheit gefunden: präsentische Aussagen sind allgemein anwendbar und stellen dabei je anderes vor; freie Aussagen stellen ihre eigene Allgemeinheit vor. Als Handlungsschema ist natürlich jede, auch die perfektische Aussage allgemein verwendbar, aber, wenn sie datiert ist, stellt sie ein einzelnes Ereignis vor. So spät kommen wir in einem systematischen Aufbau (der nicht auf die Vertrautheit des Gegenstandsbegriffs vorgreift) zur *Vorstellung des Einzelnen*.

Auch das *Ja-Nein-Prinzip* erörtern wir für Aussagen nicht mehr unter dem trivialen Aspekt, daß jede Aussage als Handlungsschema dem Alles-oder-Nichts-Gesetz der Handlungsschemata unterliegt, sondern in Verbindung mit der Frage der *Angepaßtheit* unter dem Gesichtspunkt der *Wahrheit und Falschheit*. Die Sätze der *Zweiwertigkeit*, also der Satz vom Widerspruch und der Satz vom ausgeschlossenen Dritten, erscheinen dort a priori, d. h. aus der Vorstellung möglicher Handlungen heraus, evident, wo ein *Entscheidungsverfahren* bezüglich der Wahrheit der jeweiligen Aussage bekannt ist. Wir haben oben gesehen, daß dies nicht einmal für präsentische Aussagen problemlos ist; für freie Aussagen müßten wir unter dem Titel der konstruktiven Mathematik darauf zurückkommen. Wir haben uns bisher darauf zurückgezogen, mit der traditionellen Logik die Zweiwertigkeitssätze für diese beiden Aussagetypen schlicht zu akzeptieren, im Sinne einer ersten Näherung in einer reflektierend fortschreitenden Wissenschaft. Dasselbe werden wir nun auch für perfektische Aussagen tun. Wir bleiben damit im Einklang mit der üblichen Vorstellung von der Vergangenheit. Diese läßt sich durch die Redeweise erläutern: was geschehen ist, ist geschehen. Wie tief diese Vorstellung wurzelt, zeigt eine Reflexion auf den Begriff der Allmacht. Man würde bei einer Frage, ob ein allmächtiger Gott machen kann, daß ich etwas, was ich getan habe, nicht getan habe, leicht die Antwort bekommen: er kann alle Folgen rückgängig machen (d. h. doch: den zukünftigen Zustand so machen, daß in ihm keine auf jene

Tat verweisenden Spuren zurückbleiben), aber er kann nicht machen, daß ich es nicht getan habe.

Gleichwohl sei noch ein Blick auf die Verifikationsbedingungen perfektischer Aussagen geworfen. Wir verifizieren eine perfektische Aussage, indem wir sie als Aussage über ein Faktum verstehen, wie oben erläutert. Das Faktum besteht heute. Die Zweiwertigkeitssätze für perfektische Aussagen würden dann implizieren, daß zu jeder perfektischen Aussage p entweder ein Faktum besteht, das p verifiziert, oder eines, das non-p verifiziert. Eine so weitgehende Behauptung wird man kaum aufzustellen wagen. Die Zweiwertigkeitssätze bekommen statt dessen eine hypothetisch-normative Funktion: man solle jede perfektische Aussage so behandeln, *als ob* eines dieser beiden Fakten bei hinreichendem Suchen im Prinzip aufgefunden werden könnte. Jedenfalls sollen keine Behauptungen zugelassen werden, die das ausschließen. Dies ist die methodische Position, die wir vorerst einnehmen werden.

5. Futurische Aussagen

Eine *futurische Aussage* stellt die gegenwärtige Möglichkeit eines zukünftigen Vorgangs vor. Wir erläutern diese These, indem wir analog zu den fünf Beispielen perfektischer Aussagen fünf Beispiele futurischer Aussagen konstruieren und diese dann analysieren.

1. Ich komme!
2. Morgen regnet es.
3. Mars wird am 7. April 1979 auf 0° Rektaszension stehen.[*]
4. Im Jahr 2069 wird ein Weltmonarch herrschen.
5. Die Wahrscheinlichkeitsdichte, daß zur Zeit t am Ort xy des Szintillationsschirms ein α-Teilchen auftreffen wird, ist 1 pro Sekunde und Quadratzentimeter.

In den beiden ersten Beispielen haben wir zugunsten der umgangssprachlichen Ausdrucksweise auf die von der Schulgrammatik angebotene futurische Flexionsform verzichtet. Die in-

---

[*] So geschrieben 1978.

dogermanische Sprachgeschichte* lehrt, daß, im Unterschied zu den relativ stabilen, auf Gegenwart und Vergangenheit in den verschiedenen Aktionsformen verweisenden Flexionsformen, das Futurum eine spät entstehende, leicht wieder vergehende Form ist, die z. T. mit dem Konjunktiv alterniert. Auch die Hilfsverben, die in neueren germanischen Sprachen das Futurum ausdrücken, fluktuieren. Der deutschen Konstruktion mit »werden« (also doch wörtlich: in der Gegenwart im Entstehen sein) stehen die »moralischen« englischen Konstruktionen mit »wollen« und »sollen« gegenüber. In all diesem, so scheint uns, drückt sich das aus, was wir den Möglichkeitscharakter der futurischen Aussage nennen. Die deutsche Umgangssprache, die ein Präsens für einen vergangenen Vorgang überhaupt nicht zuläßt, gebraucht das Präsens für das Futurum gleichsam nonchalant, nicht in einem eigentlich präsentischen, sondern in einem eher neutralen Sinne.

»Ich komme!« drückt, wörtlich genommen, aus, daß ich mich bereits in einer Bewegung befinde, die binnen kurzer Frist dazu führen wird, daß ich angekommen bin. Hier wird die Zukunft als kausale Folge eines gegenwärtigen Vorgangs wie eine Gewißheit dargestellt. Aber jeder weiß, daß, wer ruft: »Ich komme!«, sich oft noch keineswegs in Bewegung befindet und vielleicht auch gar nicht kommen wird. »Ich komme!« ist eigentlich kein assertorischer Satz, sondern ein Versprechen. Es ist insofern ein direkt handelnder Satz. Wohl alle direkt handelnden Sätze haben eine futurische Funktion, denn sie sind Handlungen, welche andere Handlungen auslösen oder doch deren Bedingungen schaffen sollen. Faßt man »ich komme!« aber assertorisch, also als Vorstellung eines Sachverhalts auf, so ist dieser Sachverhalt eine bloße Möglichkeit, freilich in diesem Fall eine Möglichkeit, deren Gewißheit behauptet wird.

»Morgen regnet es.« Ganz im Gegensatz zu »gestern hat es geregnet« wird – außer in gewissen tropischen oder ozeanischen Klimaten – kaum jemals jemand dies als Gewißheit ausgeben können. Im Präsens gesagt, hat der Satz etwas Herausforderndes, er ist eigentlich, trotz der mitausgesprochenen

---

* Vgl. J. Wackernagel, *Vorlesungen über Syntax I*², Basel 1926 (Neudruck Basel 1950), S. 192–210.

Zeitdistanz, noch ein direkt handelnder Satz. Er meint etwa »zieh dich richtig an!«, »unterlaß den Ausflug!« oder »ich mag nicht kommen«. In der »korrekten« Form »morgen wird es regnen« hört man demgegenüber das Werden, die Tendenz, die Vermutung durch: »es wird schon so (entwickelt sich so), daß es dann morgen regnet«, was überleitet zu »es wird ja wohl regnen«. Wir halten fest: die futurische Aussage *meint die Möglichkeit*.

Die Voraussage der Position des Planeten Mars müßte gegenüber den vorigen Beispielen das bevorzugte Beispiel des klassischen Physikers sein. Selbst hier liegt im realen Leben noch die präsentische Formulierung nahe. Ich sehe in der Ephemeride nach und finde dort: Mars steht am 27. April 1977 und am 7. April 1979 auf 0° Rektaszension. So, im neutralen Präsens, liest man eine prognostische Tafel oder eine entsprechende graphische Darstellung, in der »die Zeit« als eine Koordinate aufgetragen wird. Was man so beschreibt, ist in Wirklichkeit eine theoretische Konstruktion. Auch die Ephemeride für die Vergangenheit wird ja aus Bahnelementen berechnet und nicht aus Beobachtungsfolgen gewonnen; nur an ein paar Stellen wird die Übereinstimmung mit der Erfahrung kontrolliert. So entsteht die Illusion von der Zeit als der »vierten Koordinate« objektiv festliegender Ereignisse. Wer aber den empirischen Charakter der Wissenschaft ernst nimmt, muß den Unterschied machen: die vergangenen Positionen des Planeten sind im Prinzip heute überprüfbare Fakten, auch wenn sie durch Rechnung gewonnen sind, die zukünftigen aber sind Möglichkeiten, denen wir freilich den Charakter als Notwendigkeiten zuschreiben. Letzteres setzt aber voraus, daß die angenommenen Naturgesetze die richtigen sind und daß keine störenden Faktoren (etwa das Eindringen eines fremden, bis jetzt unbeobachteten gravitierenden Himmelskörpers) die Bahn des Planeten von der Berechnung abweichen lassen. Und selbst wenn wir das voraussetzen, werden wir sagen müssen: die künftigen Positionen sind notwendig, die vergangenen sind notwendig und zugleich faktisch. Diese Unterscheidung ist sinnvoll, völlig unabhängig davon, ob wir an einen strikten Determinismus kraft der Naturgesetze glauben; sie drückt jedenfalls die Weise aus, wie *wir* vergangene und zukünftige Positionen kennen.

Die Vorhersage eines Weltmonarchen für das Jahr, in welches Napoleons 300. Geburtstag fallen wird, ist natürlich freie Phantasie. Man kann für eine solche Prognose nur konditional argumentieren, etwa: wenn es bis zur Mitte des 21. Jahrhunderts zu einem Weltkrieg gekommen sein wird, und wenn die Friedenssicherung nach diesem Krieg in den Händen einer straff geführten Organisation liegen wird, so kann an der Spitze dieser Organisation eine einzelne Person stehen, deren Rolle man funktional durch den Namen eines Weltmonarchen wird bezeichnen können; die historischen Parallelen für eine solche Rolle kann man von Sargon über Augustus bis Stalin suchen. Was man hier gedanklich entwirft, sind Möglichkeiten, die sich strukturell an vergangene Erfahrungen anschließen, auch wenn sie diese neu kombinieren und auch wenn man auf die Nennung der die Phantasie leitenden Erfahrungen verzichtet. Diese Möglichkeiten basieren außerdem auf heutigen Sachverhalten; eine Weltentwicklung ist denkbar, nach welcher sich das, was heute möglich erscheint, in zwanzig oder fünfzig Jahren als von dann gesehen unmöglich erweisen wird.

Das fünfte Beispiel zeigt eine Form der nach der Quantentheorie zulässigen atomphysikalischen Prognosen. Das gedachte zukünftige Ereignis ist begrifflich präzise genug beschrieben, um zu dem vorweg ins Auge gefaßten Zeitpunkt die empirische Entscheidung zuzulassen, ob es eingetreten sein wird (Futurum exactum als Ausdrucksform für die Prognose einer Messung!). Es ist insofern als ein *formal mögliches* Ereignis beschrieben. Seine reale Möglichkeit wird quantifiziert zur numerischen Angabe einer Wahrscheinlichkeit. Indem wir statt der Wahrscheinlichkeit eines einmaligen Ereignisses eine Wahrscheinlichkeitsdichte angeben, haben wir übrigens das Problem der Kontinuität von Raum und Zeit schon in die Präsentation durch das Beispiel einbezogen.

Wir wenden uns den Verhaltensmerkmalen zu. Hinsichtlich der Allgemeinheit dürfte für die futurischen Aussagen dasselbe gelten wie für die perfektischen. Sie stellen ein jeweils einmaliges Ereignis vor; in allgemeiner Form, also mit wechselndem Inhalt, soweit sie gegenwartsbezogen formuliert sind; in singulärer Form, sofern sie datiert sind. Aber auch hier bleibt den datierten Aussagen ein Gegenwartsbezug: *Als* futurische Aus-

sagen sind sie sinnvoll, nur *ehe* der bezeichnete Augenblick eingetreten ist.* Die Prävalenz des Positiven gilt für sie wie für andere Aussagen. Entscheidend anders als sonst ist für sie die
Frage der *Angepaßtheit* zu beantworten, was dann auch Folgen
für das Ja-Nein-Prinzip hat. Was sind die Verifikationsbedingungen einer futurischen Aussage?

Zunächst eine scheinbar formale Beobachtung. Eine ausdrücklich futurisch formulierte Aussage (»Es *wird* morgen regnen«, »Mars *wird* zur Zeit *t* am Ort *x* stehen«) kann so lange
überhaupt nicht empirisch verifiziert (oder falsifiziert) werden,
als sie in dieser Form sinnvoll ist. Wenn ich morgen feststelle,
daß es regnet, so bestätige ich den in der heutigen Aussage »es
wird morgen regnen« gemeinten, jetzt zukünftigen Sachverhalt
als einen dann gegenwärtigen (oder vergangenen) und sage »es
regnet heute« oder »es hat heute geregnet«. Datierung löst dieses Problem nicht. Am oder nach dem 7. April 1979 werde ich
sagen können »Mars steht (oder: stand) am 7. April 1979 auf 0°
Rektaszension«; es wäre widersinnig, dann noch zu sagen
»Mars wird am 7. April 1979 auf 0° Rektaszension stehen«.
Dieses Phänomen mag formal den Sprachen eigentümlich
sein, welche Tempora nach indogermanischer Manier bezeichnen. Aber offenkundig bedeutet dies bloß eine höhere Aus-
drucksgenauigkeit dieser Sprachen für einen wohl jedermann
grundsätzlich verständlichen Tatbestand: was man vorhersagt,
kann man so lange nicht durch Hinsehen überprüfen, als es
noch als Vorhersage eines später Kommenden gemeint ist. Wir
folgern hieraus für die Terminologie, die wir in der zeitlichen
Logik wählen wollen, eine Entscheidung: *wir werden keine
schlicht futurische Aussage*, d.h. keine Aussage, welche das
Eintreten eines Ereignisses schlicht vorhersagt, *als wahr oder
falsch bezeichnen*. Dies gilt für unsere Beispiele 1 bis 4. Das Beispiel 5 sagt nicht ein Ereignis voraus, sondern gibt die heutige
Wahrscheinlichkeit eines Ereignisses an; diesen Fall werden wir
später erörtern.

---

* Ein im hier diskutierten Zusammenhang irrelevanter Beitrag zur Datierung
der jeweiligen Gegenwart: ein transatlantisches Telephongespräch zweier Zeit-
logiker, deren jeder sich in die Lage des anderen versetzen kann (kommunika-
tive Kompetenz!), könnte beginnen: »Good morning, Fred!«, »Good after-
noon, Fritz!«

Wir haben diese Entscheidung als terminologisch bezeichnet. In der Tat kann man auch eine Terminologie nicht verbieten, welche behauptet, die drei an aufeinanderfolgenden Tagen gemachten Aussagen »es wird morgen regnen«, »es regnet heute«, »es hat gestern geregnet« sprächen von demselben Sachverhalt und seien insofern eigentlich dieselbe Aussage. Sind dann die zwei letztgenannten verifiziert worden, so weiß man nachträglich, daß auch die erste wahr war. Sicher aber läßt diese Terminologie einen Unterschied unter den Tisch fallen, den unsere Terminologie hervorhebt; wir schreiben unserer Terminologie also zunächst die höhere Differenziertheit zu. Paradoxien wie die bekannte »Seeschlacht« des Aristoteles* können in ihr überhaupt nicht auftreten. Wir haben aber nun positiv zu fragen, worin denn dann die Angepaßtheit der futurischen Aussagen besteht.

Wir behaupten, eine futurische Aussage stelle eine *Möglichkeit* vor. Eine schlicht futurische Aussage aber stellt die Möglichkeit nicht *als* Möglichkeit vor. Sie präsentiert die Möglichkeit durch eine Ausdrucksweise, welche wie die Behauptung einer Gewißheit klingt. Auch die Gewißheit wird aber nicht *als* Gewißheit ausgesprochen; das künftige Eintreten des Ereignisses wird eben schlicht behauptet, und oft meint man die Vorhersage ja eigentlich gar nicht so ernst, sondern will bloß darauf hinweisen, was passieren könnte (»paß auf, es wird noch regnen!«). Wie sie auch gemeint sein mag, die Behauptung kann jedenfalls zur bezeichneten Zeit überprüft, also, wie man in der Kunstsprache sagt, verifiziert oder falsifiziert werden. In unserer Terminologie drücken wir das so aus, die Veri-fikation *mache* aus der futurischen Aussage eine präsentische und dann eine perfektische, die wahr oder falsch sein kann und, bei geglückter Verifikation, wahr ist. Die futurische Aussage selbst wird dadurch sinnlos, denn sie hat etwas ganz anderes besagt als die übrigbleibende perfektische, nicht ein Faktum, sondern allenfalls eine Notwendigkeit, also eben eine Modalität der Möglichkeit. Wir wollen also, wiederum terminologisch, festlegen, eine schlicht futurische Aussage könne zwar niemals die

---

* Aristoteles, *De Interpretatione* 9; vgl. Dorothea Frede, *Aristoteles und die »Seeschlacht«*, Hypomnemata 27, Göttingen 1970.

Werte »wahr« oder »falsch«, wohl aber *Modalitäten* haben wie
»möglich«, »unmöglich«, »notwendig«, »unnotwendig«. Später werden wir diese Modalitäten zu Wahrscheinlichkeiten
quantifizieren.

Dies führt nun weiter zu *modalen futurischen Aussagen*, wie
»es ist möglich, daß es morgen regnen wird«, »es ist gewiß
(oder: notwendig), daß es morgen regnen wird«, »es kann morgen nicht regnen«, etc. Eine wissenschaftlich kunstgerecht
gebildete modale futurische Aussage ist unser Beispiel 5. Die
modale futurische Aussage kann insofern auch als präsentisch
bezeichnet werden, als sie die *jetzt* bestehende Modalität einer
schlicht futurischen Aussage angibt. Die formale Logik der futurischen Modalitäten werden wir in diesem Aufriß nicht im
Detail entwickeln. Die Quantenlogik ist ein Modell einer solchen formalen Logik. Wir weisen hier nur alsbald auf eine Abweichung von der traditionellen Modallogik hin. In dieser impliziert die Notwendigkeit einer Aussage ihre Wahrheit, und
ihre Wahrheit impliziert ihre Möglichkeit. Unter den futurischen Modalitäten kommt die Wahrheit nicht vor, und die Notwendigkeit impliziert bloß direkt die Möglichkeit.

Worin besteht aber die Angepaßtheit der modalen futurischen Aussage? Wenn wir es ernst meinen, daß einer schlicht futurischen Aussage (»es wird regnen«) die Modalitäten »möglich«, »notwendig« etc. zukommen, so müssen wir meinen, daß
eine eben eine solche Modalität von ihr behauptende modale futurische Aussage (»möglicherweise wird es regnen«) wahr oder
falsch sein kann. Wie aber kann man die modalen futurischen
Aussagen verifizieren oder falsifizieren? Man überlegt leicht,
daß die Vorhersage einer Notwendigkeit durch Beobachtung
zum vorhergesagten Zeitpunkt nur falsifiziert, aber nicht verifiziert werden kann. Habe ich gestern gesagt, »morgen wird es
notwendigerweise (mit Gewißheit) regnen«, und regnet es
heute nicht, so war diese Prognose falsch. Regnet es aber heute,
so habe ich zwar richtig prognostiziert, aber es ist nicht gezeigt,
daß diese Prognose *notwendigerweise* richtig war, oder ob ich
nur zufällig das Richtige getroffen habe. Ebenso läßt sich die
Vorhersage einer Unmöglichkeit empirisch nur falsifizieren,
nicht verifizieren. Die Vorhersage einer bloßen Möglichkeit
schließlich ist verifiziert, wenn das Ereignis eingetreten ist, aber

nicht falsifiziert, wenn es nicht eingetreten ist; analog die einer Unnotwendigkeit.

Wir meinen aber offensichtlich mehr mit unseren modalen Prognosen, als was durch die einmalige Beobachtung nur falsifiziert oder nur verifiziert werden kann. Wählen wir als drei Beispiele, ich hätte die Notwendigkeit des morgigen Regenfalls vorhergesagt a) im tropischen Regenwald, b) im mitteleuropäischen Sommer, c) in der Wüste. Im Regenwald habe ich ein spezielles Naturgesetz erkannt und angewandt; hier regnet es zuverlässig jeden Tag zur selben Stunde. In Mitteleuropa habe ich vermutlich mit meiner Prognose schlicht Glück gehabt; mag heutzutage der Wetterdienst gelegentlich eine hinreichende Prognose für 24 Stunden gestatten, so bleibt das Beispiel relevant, wenn ich statt dessen den notwendigen Regen auf eine Woche vorhersage. In der Wüste schließlich wird, wenn meine Prognose wirklich zutreffen sollte, jedermann vermuten, daß ich einen weiteren, den andern unbekannten Sachverhalt gewußt habe, aus dem dieses unwahrscheinliche Ereignis vorhersagbar wurde; gerade die Seltenheit des Ereignisses läßt vermuten, daß die geglückte Prognose einer Notwendigkeitseinsicht entsprang.

Wir bewegen uns mit diesen Beispielen in dem Fragenkreis, der in der Wahrscheinlichkeitsrechnung unter dem Titel der empirischen Bestimmung von Wahrscheinlichkeiten (Bayessches Problem) bekannt ist. Uns geht hier zunächst nur die qualitative Struktur der modalen Prognosen an. Wir behaupten: Jede modale futurische Aussage setzt ausdrücklich oder unausdrücklich eine *Gesetzesaussage* voraus, aus der sie nach dem modus ponens folgt. Sei A eine angeführte präsentische Aussage (ein Begriff), B eine angeführte schlicht futurische Aussage, so hat die Gesetzesaussage die Form »wenn A, so ist B möglich (oder: notwendig…)« und die modale futurische Aussage folgt nach dem Schluß: »Nun ist A wahr, also ist B möglich (oder: notwendig…)«. Was in den obigen Beispielen eigentlich verifiziert oder falsifiziert wird, ist dann entweder die Gesetzesaussage oder die Annahme, A sei wahr. Die Gesetzesaussage ihrerseits setzt die Existenz der beiden Begriffe A und B voraus. Wir wählen gelegentlich den Ausdruck, A und B seien *formal möglich*. »Formal« ist hier dasselbe wie »der Form nach«, d. h.

griechisch, »dem Eidos nach«. »B ist formal möglich« heißt, so sehen wir, in unserer Ausdrucksweise dasselbe wie »B ist ein Begriff«.

Die Gesetzesaussage ist ein implikativer Satz. Ebenso wie die freie prädikative Aussage ist also die modale futurische Aussage begründet durch einen implikativen Satz. Wie aber können wir der Wahrheit oder Falschheit der Gesetzesaussage und der modalen Prognose gewiß werden? Hierfür ist dreierlei nötig. Wir müssen erstens über die Begriffe A und B verfügen. Wir müssen also wissen, daß die situationsbezogenen Aussagen A und B formal möglich sind. Wir werden darunter u. a. verstehen, daß sie mögliche Aussagen sind, d. h. daß wir ihre Verifikationsbedingungen kennen oder doch zu kennen für möglich halten. Von dieser formalen Möglichkeit unterscheiden wir dann ihre *futurische* oder *reale Möglichkeit*. Letztere setzt nun zweitens voraus, daß wir die Gesetzesaussage als wahr kennen, und drittens, daß wir die als Vorderglied der implikativ formulierten Gesetzesaussage dienende präsentische Aussage A als wahr kennen. Zusammengefaßt: Futurische Modalitäten setzen dreierlei voraus, nämlich formale Möglichkeiten, Gesetze und wahre präsentische Aussagen. Zu jeder der drei Bedingungen können wir hier nur noch kommentierende Bemerkungen machen, denn die Erklärung ihrer Verifikation übersteigt die hier zunächst entworfene formale zeitliche Logik.

Zunächst die dritte Bedingung: präsentische Aussagen. Die schlichte futurische Aussage ist in präsentischen Aussagen fundiert, die modale futurische Aussage ist selbst präsentisch: die von ihr behauptete Modalität des zukünftigen Ereignisses besteht *jetzt*. Die Zukunft, soweit sie in futurischen Aussagen zur Sprache kommen kann, ist, wie eingangs behauptet, gegenwärtige Möglichkeit. Aber so wie präsentische und perfektische Aussagen sich gegenseitig fundieren, tun es auch präsentische und futurische. Das zeigt schon die weiter oben gegebene Erläuterung der Verifikation präsentischer Aussagen. Verifiziere ich empirisch einen präsentischen Satz, so beobachte ich etwas, was, als er ausgesprochen wurde, noch Zukunft, also Möglichkeit war. Alle Adjektive, die mit der Silbe -bar enden, bezeichnen Möglichkeiten, so insbesondere die Adjektive »verifizierbar« und »falsifizierbar«. In diesem Sinne kann man verkürzt sagen, die Gegenwart sei in der Zukunft fundiert, wie die Zukunft in der Gegenwart.

Dies führt zur ersten Bedingung. Reale Möglichkeit kann, wie wir gesehen haben, nur behauptet werden, wenn sie in formaler Möglichkeit fundiert ist. Das ist die klassische Auffassung. Formale Möglichkeit aber besagt nach unserer Auslegung das Bestehen eines Begriffs, also einer möglichen präsentischen Aussage, deren Möglichkeit im allgemeinen bedeutet, daß diese auch in Zukunft wird behauptet werden können. In diesem Sinne ist formale Möglichkeit in futurischer fundiert. Genauer: der Begriff des Begriffs setzt die Zeitstruktur, in der die Zukunft futurische Möglichkeit bedeutet, schon voraus. Diese zirkulären Abhängigkeiten müssen einer hierarchischen Auffassung der Philosophie anstößig sein. Wir werden sie erst in der vollen, die Physik einschließenden Theorie der Wissenschaft weiter aufklären können.

Die zweite Bedingung, die Gesetze, haben wir schon im 3. Abschnitt vorläufig besprochen. Wir haben auch jetzt noch nicht die Stelle erreicht, wo wir eine adäquate Theorie der empirischen Gesetzeserkenntnis versuchen könnten. Wir werden zunächst die als a priori interpretierten Gesetze ein Stück weiter verfolgen müssen.

6. Nachtrag zum Sinn futurischer Modalitäten: ein Gedicht von Friedrich Rückert

Wir haben im Abschnitt über futurische Aussagen gesehen, wie fluktuierend ihr umgangssprachlicher Sinn ist. Ihre Festlegung auf die assertorische Form führt ziemlich zwingend zur Theorie der Wahrscheinlichkeiten. Es mag der Vergegenwärtigung ihres praktischen Sinns dienen, sechs Interpretationen dieses Sinns durch Hilfszeitwörter in einem flüssigen Gedicht aus der Zeit des deutschen Idealismus vorgeführt zu bekommen:

»Sechs Wörtchen nehmen mich in Anspruch jeden Tag:
Ich soll, ich muß, ich kann, ich will, ich darf, ich mag.
Ich *soll* ist das Gesetz, von Gott ins Herz geschrieben,
Das Ziel, nach welchem ich bin von mir selbst getrieben.
Ich *muß*, das ist die Schrank', in welcher mich die Welt

Von einer, die Natur von andrer Seite hält.
Ich *kann*, das ist das Maß der mir verliehnen Kraft,
Der Tat, der Fertigkeit, der Kunst und Wissenschaft.
Ich *will*, die höchste Kron' ist dieses, die mich schmückt,
Der Freiheit Siegel, das mein Geist sich aufgedrückt.
Ich *darf*, das ist zugleich die Inschrift bei dem Siegel,
Beim aufgetanen Tor der Freiheit auch ein Riegel.
Ich *mag*, das endlich ist, was zwischen allen schwimmt,
Ein Unbestimmtes, das der Augenblick bestimmt.
Ich soll, ich muß, ich kann, ich will, ich darf, ich mag,
Die sechse nehmen mich in Anspruch jeden Tag.
Nur wenn du stets mich lehrst, weiß ich, was jeden Tag
Ich soll, ich muß, ich kann, ich will, ich darf, ich mag.«

Friedrich Rückert
(Weisheit des Brahmanen)

5. Überblick über die Notizen
zur Durchführung der zeitlichen Logik

In Teil II, Abschnitt 7, sind Notizen zur Durchführung von zeitlicher Logik (1972) abgedruckt. Ein Überblick über diese Notizen (1973 geschrieben) soll hier ihren wesentlichen Inhalt andeuten.

Die Notizen begannen mit einem kurzen Abschnitt, »Verbale Definitionen«, der hier im 5. Kapitel, Abschnitt 5, im Anfang der »vierten Variation« vollständig abgedruckt ist. Der für das Folgende wesentliche Satz dort ist: »Logik ist die mathematisch vorgehende Wissenschaft über Wahrheit.« Der zweite Abschnitt über »Inhalte der Mathematik« ist hier durch das 5. Kapitel in Breite ausgeführt. Wir führen nur ein paar Sätze aus ihm als Abschnitt II 7.1 an. Der (nach II 7.1) folgende Abschnitt 2 über temporale binäre Aussagenlogik ist das Kernstück der »Notizen«, ein »kleines Probestück von Logik«. Formal entwickelt es die übliche Aussagenlogik am Modell eines endlichen Booleschen Verbandes. Das Wesentliche ist die *Interpretation* dieses mathematischen Modells.

Als Grundbegriff wird der Ausdruck *zeitliche Aussage* eingeführt.

Er bezeichnet dasselbe, was im »Aufriß« (Abschnitt 4.2) als präsentische Aussage bezeichnet ist: »es regnet«, »vor der Tür steht ein Pferd«, »die Milch ist sauer«. Die zeitliche Aussage kann mit gleichem Wortlaut in verschiedenen *Situationen* angewandt werden und kann je nach Situation wahr oder falsch sein. Im Sinne Freges ist eine solche Aussage ein *Begriff*, nämlich eine ungesättigte Funktion, die, gesättigt durch Angabe der Situation, etwas Wahres oder Falsches ergibt. Der moderne Logiker würde sie eine Aussageform nennen. Durch die Bezugnahme auf Freges Definition des Begriffs als ungesättigte Funktion sind zwei Anknüpfungen gegeben: 1. an die im »Aufriß« durchgeführte Parallelisierung von präsentischer Aussage und Begriff, 2. an die Fregesche Begründung der Logik. Beide seien hier je einen Schritt weit verfolgt.

1. Frege geht von der klassischen Überzeugung aus, daß eine Aussage an sich, zeitlos, wahr oder falsch sein muß. Deshalb könnte für ihn das, was hier zeitliche oder präsentische Aussage genannt wird, nicht den Namen »Aussage« verdienen. Er muß sie als ungesättigte Funktion, d. h. als Begriff, auffassen, der erst durch Situationsangabe zur an sich wahren oder falschen Aussage wird. »Es regnet«, als Aussage verstanden, ist in Freges Denkweise ein elliptischer Ausdruck, der das Gemeinte, etwa: »es regnet am Morgen des 14. September 1983 in Prägraten« für den in dieser Situation gerade Anwesenden zur Genüge andeutet. Unsere Auffassung im »Aufriß« ist umgekehrt. Dort wird die präsentische Aussage als das genetisch Frühere, als die ursprüngliche oder eigentliche Form des Aussagens aufgefaßt. Die Aussage im Sinne der klassischen Logik wird dann als ein erst infolge der gesetzlichen Struktur der Wirklichkeit mögliches Konstrukt, als die »freie Aussage« *erklärt*. Von der freien Aussage her gesehen, sind dann Aussage und Begriff etwas Verschiedenes und ist die präsentische Aussage entweder ein Begriff oder eine elliptische Aussage. Für die Einordnung des logischen Verfahrens, das in der »vierten Variation« des 5. Kapitels *Theorie* genannt wird, in die umfassendere Weise der Wahrnehmung, die dort den Namen *Kunst* trägt, ist die Betrachtungsweise des »Aufrisses« wesentlich. Die »Notizen« von 1972, die hier skizziert werden, sprechen aber im wesentlichen die Sprache der klassischen Logik. Für sie sind die zeitlichen Aussagen,

logisch gesehen, Begriffe, welche formal-mögliche Sachverhalte bezeichnen. Vgl. S. 746: »Wir reden ›autonym‹. Wir sprechen also promiscue von der Aussage Y_1, dem Sachverhalt Y_1,
dem Begriff Y_1.« Alle drei, Aussage, Sachverhalt, Begriff, sind
Teile derselben mathematischen Struktur am selben Platz in der
Struktur. Die präsentische Aussage sagt aus, daß der Begriff in
der jeweiligen Situation zutrifft, und damit sagt sie den Sachverhalt aus.

2. Die »Notizen« *verallgemeinern* Freges Unterscheidung
von *Sinn* und *Bedeutung*. Frege macht diese Unterscheidung
zunächst für die Bezeichnung von *Gegenständen*. »Der Morgenstern« und »der Abendstern« sind derselbe Gegenstand, der
Planet, den die Astronomen Venus nennen. Der Sinn einer Bezeichnung ist die Weise, in der uns in ihr der Gegenstand gegeben ist; die Bedeutung der Bezeichnung ist der bezeichnete
Gegenstand selbst. Der Sinn von »Morgenstern« ist »der Stern,
der häufig morgens der Sonne vorangeht«; die Bedeutung von
»Morgenstern« ist eben der Planet Venus. So haben »Morgenstern« und »Abendstern« verschiedenen Sinn, aber gleiche Bedeutung. Frege führt dann Sinn und Bedeutung auch für *Aussagen* ein. Ihr Sinn ist das in der Aussage Gemeinte. Hingegen
kennt Frege für Aussagen nur zweierlei mögliche Bedeutungen:
das Wahre und das Falsche. Dies hat Leser Freges vielfach
verwundert. In der Tat ist nicht vorweg klar, ob die Unterscheidung zwischen der Weise des Gegebenseins und dem so Gegebenen auf Aussagen ebenso wie auf Gegenstände angewandt
werden kann. Wenn man den Unterschied schon machen will,
liegt es zunächst näher, den formal-möglichen Sachverhalt als
die Bedeutung der Aussage anzusehen. Ein Beispiel wären:
»Caesar starb an den Iden des März« und »Caesar wurde an den
Iden des März ermordet«. Beide Aussagen haben verschiedenen begrifflichen Sinn, denn man kann sterben, ohne ermordet
zu werden; aber es ist ein historisches Faktum, daß beide Aussagen denselben Sachverhalt bezeichnen, denn Caesar wurde ermordet. Dies ist dem Venus-Beispiel analog: es ist begrifflich
möglich, daß *ein* heller Stern morgens der Sonne vorausgeht,
ein anderer ihr abends nachfolgt; es ist ein astronomisches Faktum, daß beide derselbe Stern sind.

Die »Notizen« versuchen, diese naheliegende Denkweise

mit derjenigen von Frege durch die Unterscheidung *zeitlicher* und *analytischer* (d. h. analytisch wahrer oder analytisch falscher) Aussagen zu vereinbaren. Für zeitliche Aussagen (auch für »freie« zeitliche Aussagen im Sinne des »Aufrisses«, 4.3, z. B. perfektische wie »Caesar starb an den Iden des März«) soll der gemeinte Sachverhalt die Bedeutung der Aussage sein, für analytische aber das Wahre oder das Falsche. Dies wird am Beispiel des aussagenlogischen Verbandes erläutert. Ich definiere dort als Sinn einer im Verband vorkommenden zeitlichen Aussage (bzw. des ihr entsprechenden Begriffs) ihre Darstellung durch eine Aussagefunktion elementarer Aussagen des Verbands, als ihre Bedeutung aber das durch sie bezeichnete Verbandselement. Sind x und y zwei elementare Aussagen, so haben die Aussagen $x \vee y$ und $\overline{x} \wedge \overline{y}$ verschiedenen Sinn, aber dieselbe Bedeutung, eben das Wahre; analog für die analytisch falschen Aussagen.

Im Abschnitt 6 wird durch eine etwas komplizierte Überlegung dieser Gedanke aus dem Modell gelöst und allgemein diskutiert. Die Überlegung geht insofern über Frege hinaus, als sie auch für *Begriffe* zwischen Sinn und Bedeutung unterscheidet. Es handelt sich hier um den Unterschied intensionaler und extensionaler Auffassung eines Begriffs. »›Sinn‹ ist eine begrifflich (intensional) definierte Klasse. ›Bedeutung‹ ist ebendiese Klasse, extensional verstanden. Man kann sagen: ›Sinn‹ ist ein Begriff, ›Bedeutung‹ sind die unter ihn fallenden Gegenstände.«

Hier sei daran erinnert, daß die in der mathematischen Logik herrschend gewordene extensionale Auffassung des Begriffs in der zeitlichen Logik undurchführbar ist, da für empirische Begriffe die Klasse der unter den Begriff fallenden Gegenstände schon wegen der Offenheit der Zukunft so gut wie nie aufgezählt werden kann. Eben darum ist die Anwendung der üblichen logischen Kategorien auf zeitliche Aussagen häufig inadäquat. Noch Einsteins Problem des »Jetzt« (3.6) ist eine indirekte Folge dieser Inadäquatheit. Freges Beispiele für Sinn und Bedeutung, wie eben »Morgenstern« und »Abendstern«, stammen charakteristischerweise meist aus dem empirischen, zeitlichen Bereich. Dort wurzelt m. E. die Unterscheidung von Sinn und Bedeutung.

Die Abweichung unserer Betrachtungsweise von derjenigen Freges, der mathematisch-logischen Tradition und der sprachanalytischen Philosophie ist die Kritik an der schlichten Hinnahme des Begriffs des *Gegenstands*, logisch gewendet, des *Eigennamens* (vgl. »Aufriß«, 3. Prädikation und freie Aussagen). Frege nimmt seine logischen Beispiele unbefangen aus der Welt empirischer Gegenstände; dasselbe tun die Sprachanalytiker. Freges und Russells »Platonismus« besteht nur darin, auch Begriffe wie Gegenstände zu behandeln, von denen höhere Begriffe (im Sinne von Russells Typentheorie) prädiziert werden können. Das ist (vgl. Kap. II 11) das Gegenteil der Philosophie Platons, welcher die empirischen Gegenstände als Basis strenger Aussagen überhaupt verwarf und sie erst im Abstieg als Ideen in der Vielheit zu konstruieren unternahm. Wir tun einen Schritt in der Richtung auf die platonische Denkweise, indem wir Eigennamen grundsätzlich als *Kennzeichnungen* (Klassen mit nur einem Element) auffassen. Hier ist der intensionale Begriff genau der Sinn in Freges Wortgebrauch (»Morgenstern«), das eine Element der Klasse (der Planet Venus) die Bedeutung. Die Inkongruenz in Freges Art der Übertragung des Begriffspaars Sinn-Bedeutung auf Aussagen rührt daher, daß er das an zeitlichen Gegenständen abgelesene Begriffspaar primär nicht auf zeitliche, sondern auf mathematische, also in seinem Sinn analytische Aussagen anwendet.

Nr. 3, »Das Problem der logischen Einsicht«, stellt dieselben Fragen, die wir in den Kapiteln 2, 5 und 6 erörtert haben. Nr. 4, »Operativer Aufbau der Logik«, läßt sich an den Abschnitt II 6.3 anknüpfen. Dort war die Absicht vorwiegend referierend; hier wird Lorenzens Aufbau mit den jetzt eingeführten Begriffen erörtert. Die Nummern 5 und 6 beziehen sich auf perfektische bzw. futurische Aussagen. 5, »Faktizität und Reflexion«, beschreibt *Reflexion als zeitlichen Vorgang*, der ohne die Faktizität der Vergangenheit, auf die jeweils reflektiert wird, unmöglich wäre. Ich bemerke, daß ich in dem Aufsatz über Hegels Dialektik (*Der Garten des Menschlichen*) in den dortigen Abschnitten 4 und 7 eben diesen Zusammenhang im Auge hatte, als ich gegen Hegel den essentiell zeitlichen Charakter der Reflexion betonte. Das Ende der Überlegung über Faktizität und Reflexion stellt unter Anknüpfung an Husserls Zeit-Abhandlung den Fluß der Zeit, subjektiv die Retention als Möglichkeit der Reflexion, dar. Hierauf kommen wir in der Quantentheorie zurück.

6. Eine Reflexion auf Logik und Mathematik

Der Ausgangspunkt des Kapitels über Logik waren die vier Thesen vom Ende des vorangehenden Kapitels:

1. Logik ist die Mathematik von Wahrheit und Falschheit.
2. Mathematik ist die Theorie der Strukturen.
3. Theorie ist die Kunst des Wahren und Falschen.
4. Kunst ist die Wahrnehmung von Gestalten durch die Schaffung von Gestalten.

Wie weit haben wir den Anspruch dieser Thesen eingelöst?

Logik ist die Mathematik von Wahrheit und Falschheit. Das Modell der binären Aussagenlogik im Abschnitt II 6.7.2 kann für den einfachsten Fall, eben die Aussagenlogik, als Beispiel dieser These gelten. Es wird vorausgesetzt: »Je nach Situation kann dieselbe zeitliche Aussage *wahr* oder *falsch* sein.« (S. 744). Wie man es macht, das zu wissen, wird nicht gefragt. Vielmehr wird die Aufgabe präzisiert durch den Satz: »Wir behandeln unsere zeitlichen Aussagen zunächst als entscheidungsdefinit, d. h. es soll grundsätzlich möglich sein, zu entscheiden, ob sie in der jeweiligen Situation wahr oder falsch sind. Die so entstehende Logik heißt *binär*.« Die so entstehende binäre Logik ist eine mathematische Struktur, für die es, mathematisch betrachtet, völlig gleichgültig ist, ob man die Elemente des Verbandes als Aussagen, Begriffe oder mögliche Sachverhalte bezeichnet, und was jeweils die Bezeichnung eines Elements als wahr oder falsch inhaltlich bedeuten soll.

Als Logik freilich setzt sie ein inhaltliches Verständnis hiervon voraus; sonst wüßte man nicht, wie oder wo man sie anwenden soll. Die operative Betrachtungsweise sucht für die jeweils betrachteten Aussagen klarzumachen, wie über ihre Wahrheit entschieden wird. Hieraus entstehen Begriffe wie »entscheidungsdefinit«, »beweisdefinit« etc. In der Anwendung auf Erfahrung sind wieder andere Entscheidungsver-

fahren als in der Mathematik zu betrachten. Aus solchen
Überlegungen entsteht die zeitliche Logik, die schließlich für
futurische Aussagen nur noch Modalitäten als Bewertung zuläßt. Die Regeln für diese Modalitäten ergeben sich erst in der
inhaltlichen Theorie des Entscheidungsprozesses (Meßtheorie). In diesem Sinne gilt, daß die Begründung der Logik des
Durchgangs durch die ganze Wissenschaft bedarf (Abschnitt
II 7.1). Jedoch wird auch in der Quantentheorie die Forderung
der Entscheidbarkeit für Fakten aufrechterhalten; das drückt
Bohrs Forderung der Beschreibung von Messungen durch klassische Begriffe aus.

Mathematik ist die Theorie der Strukturen. Innermathema-
tisch kann man eine Struktur als eine mit mengentheoretischen,
also logischen Grundoperationen erklärbare Menge definieren.
Insofern hängt die Mathematik von der Logik ab. Dieselbe
Abhängigkeit von der Logik schreibt die These 3. auch dem
umfassenden Begriff der *Theorie* zu. Wenn Theorie als eine
Kunst und Kunst zunächst als Wahrnehmung von Gestalten
gilt, so sind diejenigen Gestalten, die nach den Regeln des Wahren und Falschen, also der Logik beurteilt werden können, eben
die Strukturen. Wie S. 174 erläutert, sollte Mathematik als
Theorie der Strukturen *als* Strukturen, der reinen Strukturen
verstanden werden, im Unterschied zur Naturwissenschaft,
speziell der Physik, welche die den realen Gegenständen zukommenden Strukturen studiert. All dies ist im Rahmen der
klassischen Logik, Mathematik und Physik gesagt; in der
Quantentheorie werden wir uns noch vorsichtiger ausdrücken
müssen.

Nur gestreift haben wir, in der Anwendung auf Theorie, die
Doppeldefinition der *Kunst* als Wahrnehmung von Gestalten
durch die Schaffung von Gestalten. In der pragmatischen Wahrheitstheorie war entscheidend, daß die Rede eine Handlung
ist, die eine andere Handlung oder, als Aussage, die Möglichkeit
anderer Handlungen *bedeutet*. Eben hierauf zielt die Doppeldefinition der Kunst. Die geschaffene Kunst *bedeutet* oder *stellt
dar* etwas anderes, was eben durch diese Schaffung wahrgenommen wird. Es dürfte nicht ganz zufällig sein, daß eine mathematische Grunddisziplin der heutigen Physik die Darstel-
lungstheorie der Gruppen durch Transformationen ist. Eine

Transformation ist eine Abbildung, also eine Handlung, die eine Gestalt auf eine andere abbildet; eine abstrakte Gruppe aber ist eine Struktur, die durch Gesamtheiten von Transformationen dargestellt wird. Darstellung dürfte ein Grundphänomen der Wirklichkeit sein. Diese philosophische Frage überschreitet, wie schon in der »vierten Variation« gesagt, die Grenzen dieses Buches. Wir werden ihr aber unter dem Aspekt des Informationsstroms im nächsten Kapitel wieder begegnen.

7. Zur gemeinsamen Philosophie von Logik, Mathematik und Physik

1. Geschichte und Pragmatik der mathematischen Wissenschaften

Im Rückblick auf die zwei methodischen Kapitel über Erkenntnistheorie und auf die drei Sachkapitel über Wahrscheinlichkeit, Mathematik und Logik, zugleich im Vorblick auf das Kapitel über Physik suchen wir die bisher erreichte philosophische Position und die weiteren Fragen zu formulieren. Wir beginnen mit einem Blick darauf, wie alle diese Wissenschaften, die wohl gemeinsam als mathematisch vorgehende Wissenschaften bezeichnet werden können, im Lauf ihrer historischen Entwicklung mit ihren Grundsatzproblemen pragmatisch umgegangen sind. Wir fassen dabei manches in den bisherigen Kapiteln, z. T. auch im *Aufbau der Physik* schon Gesagte, in einem durchlaufenden Gedankengang knapp zusammen.

Logik, reine Mathematik und mathematische Naturwissenschaft, wie wir sie kennen, haben ihren Ursprung bei den Griechen. Arithmetik, Geometrie und wenigstens Astronomie haben ihre Vorstufen schon in vorgriechischer Zeit. Die spezifisch griechische Leistung sehen wir im Aufbau der Mathematik, zumal der Geometrie, als deduktive Wissenschaft. Erforderlich wird damit die Angabe von Axiomen und von Regeln des logischen Folgerns. Was uns davon überliefert ist, hat »positiven« Charakter: Axiome, logische Schlußregeln und gefolgerte Theoreme stehen in den Lehrbüchern. Die schwierigen Fragen des Geltungsgrundes der Axiome und Schlußregeln muß man durch Studium philosophischer Schriften bis zu Antworten hin verfolgen, die nicht leicht zu fassen sind und auf den späteren Leser unzulässig assertorisch oder / und schwer verständlich wirken. Die entstehenden Wissenschaften zeigen so von früh an den Charakter einer erfolgreichen Pragmatik, die Thomas Kuhn unter dem Titel der »normalen Wissenschaft«, des puzzle-solving unter erfolgreichen Paradigmen (Vorbildern) beschreibt. Wer heute noch einen tüchtigen Mathematiker oder theoretischen Physiker nach dem Grund des Erfolgs seiner Wissenschaft befragt, bekommt entweder eine philosophisch-laienhafte naive Antwort oder, auf höherem Reflexionsniveau, die pragmatisch-abweisende Reaktion: »Die Sache funktioniert doch; was willst du mehr?«

Wissenschaftliche Revolutionen (um Kuhns Sprache weiter zu benutzen) setzen aber genau umgekehrt die bohrende Rückfrage nach dem Grunde des Erfolgs des jeweiligen Paradigmas voraus; anders als die »Ebenen« der normalen Wissenschaft können somit »Krisen« die bergsteigerische Kunst der Philosophie nicht entbehren. Die Entstehung der deduktiven Mathematik bei den Griechen war eine solche Revolution. Sie setzte die Frage nach dem gemeinsamen Geltungsgrund so vieler arithmetischer, geometrischer, astronomischer, musikalischer Sachverhalte voraus (nach dem »Quadrivium« der Pythagoreer), und sie entstand schwesterlich mit der griechischen Philosophie. Die aristotelische Logik aber ist bereits das Ergebnis einer schon vor Aristoteles beginnenden Rückfrage nach dem Geltungsgrund der deduktiven Mathematik selbst; einer Rückfrage, die in der sophistischen Erwägung des Erfolgs forensischer Argumentationen eine nützliche Ergänzung fand. Die nochmalige Rückfrage nach dem Geltungsgrund der Logik aber führt in die Eidos-Philosophie.

Was hat die europäische Neuzeit hinzugefügt? Der sensationellste Durchbruch geschah in der Astronomie, bei Kopernikus, Kepler, Galilei, in ein neues, mathematisch darstellbares Modell des physischen Universums, das später zur Astronomie der Milchstraße und den heutigen Spekulationen der Kosmologie weiterführte. Das wichtigste begriffliche Hilfsmittel wurde in der Physik entwickelt: die klassische Mechanik, die ihrerseits nicht ohne die mathematische Revolution der neuen Mathematik des Kontinuums, die Analysis, möglich geworden wäre. Der klassischen Mechanik entsprach ein quasi-philosophisches Weltbild, das wir im Abschnitt 3 unter dem Titel »Klassisches Weltbild« besprechen werden. Es gibt nach Newton zwei Aspekte der äußeren Wirklichkeit, einerseits Körper und Kräfte, andererseits Raum und Zeit. Die materielle Wirklichkeit der Körper und Kräfte beschreibt die Physik, deren Rahmen aber, den Raum (und doch auch die Zeit), beschreibt die Mathematik, speziell Geometrie und Analysis. Die Zeitabhängigkeit der materiellen Wirklichkeit wird durch deterministische Kausalität bestimmt, deren mathematische Fassung unter dem Namen der Naturgesetze beschrieben wird.

Die Revolutionen der Mathematik seit dem 19., der Physik im 20. Jahrhundert sind, neben ständig wachsendem positivem Wissen, von neuem durch Rückfragen nach dem Geltungsgrund der bisherigen Erfolge eingeleitet. Die Mathematik problematisierte den axiomatischen Geltungsgrund der Geometrie zuerst in der Erkenntnis der logischen Unableitbarkeit des euklidischen Parallelenpostulats. Die Möglichkeit nicht-euklidischer Geometrien führte zu einer Spaltung in der Verwendung der Geometrie. Sollten ihre Axiome empirisch gedeutet werden, so wurde sie zu einem Zweig der Physik, endgültig in Einsteins Relativitätstheorien. Ließ man beliebige Axiome zu, so wurde sie, endgültig in Hilberts *Grundlagen der Geometrie*, eine Analyse logisch möglicher deduktiver Systeme. Der Geltungsgrund dieser mathematischen Geometrie wurde in der Arithmetik, der Geltungsgrund der Arithmetik in der Mengenlehre (Cantor), der Geltungsgrund dieses Gerüsts in der Logik (Frege, Russell) gesucht. Den so sichtbar gewordenen philosophischen Problemen der »Grundlagen der Mathematik« werden wir uns alsbald im jetzigen Rückblick zuwenden. Neben ihnen aber ist in unserem Jahrhundert eine »positive« Mathematik reicher gewachsen, die sich von der Last der Grundlagenproblematik eher freihielt. Ihre grundsätzlichen Studien lassen sich wohl am ehesten als Theorie von Strukturen kennzeichnen.

In der Physik modifizierten zunächst die Relativitätstheorien das klassische Weltbild, indem sie die scharfe Trennung der zwei Aspekte der Körper und Kräfte einerseits, von Raum und Zeit andererseits aufhoben. Die spezielle Relativitätstheorie machte die Unterscheidung von Raum und Zeit von der Bewegung des materiellen Bezugssystems abhängig. Die allgemeine Relativitätstheorie identifizierte die Metrik von Raum und Zeit mit dem Kraftfeld der Gravitation. Einen radikalen Bruch mit dem klassischen Weltbild brachte die Quantentheorie, mit der Folge einer trotz des durchschlagenden pragmatischen Erfolges der Theorie seit wenigstens sechs Jahrzehnten nicht abbrechenden Deutungsdebatte. Das sichtbarste Symptom dieses Bruches war die Ersetzung der deterministischen Kausalität durch den Begriff der Wahrscheinlichkeit, dem wir eben darum im jetzigen Buch ein Kapitel gewidmet haben. Aber der Bruch ist tiefer als dieses Symptom; er betrifft die ontologischen Voraussetzungen des klassischen Weltbildes. Einer der wichtigsten Erfolge der Quantentheorie sind die durch sie ermöglichten Schritte zu einem einheitlichen naturwissenschaftlichen Weltbild. Ihre Theorie des Atoms hat Physik und Chemie vereint. Von da gehen zwei Wege weiter: eine einheitliche Theorie der Elementarteilchen wird erhofft, und andererseits öffnet sich über die Molekularbiologie die Aussicht auf eine volle Einbeziehung der Biologie. Kosmologie und Theorie der Evolution fügen sich zu einem einheitlichen Blick auf die Geschichte der Natur zusammen. Und die Quantentheorie rechtfertigt nicht mehr, wie es das klassische Weltbild tat, die cartesische Spaltung von denkender und ausgedehnter Substanz.

2. Philosophische Ansätze

Wir versuchen nun einen knappen, aber Systematik anstrebenden Durchgang durch die philosophischen Ansätze, die uns bis hierher begegnet sind. In Abschnitt 5.5, »Vier Variationen zum Thema: ›Was ist Mathematik?‹« haben wir einleitend vier »Philosophien« aufgezählt: Eidos-Philosophie, Pragmatismus der Mathematiker, Handlungstheorie, zeitliche Logik. Die Pragmatik der positiven Wissenschaft haben wir soeben schon skizziert. Des weiteren wollen wir nun fünf philosophische Ansätze in systematischer Folge besprechen:

Klassisches Weltbild,
Logischer Positivismus,
Eidos-Philosophie,
Apriorismus der Zeit,
zeitliche Logik als Handlungstheorie.

Unsere grundsätzliche Haltung zu diesen Ansätzen wird sein, daß jeder von ihnen eine wesentliche Wahrheit enthält, aber auch jeder, wenn er absolut gesetzt wird, wesentliche Aspekte der Wirklichkeit verfehlt, was sich in der Erzeugung unlösbarer Probleme manifestiert. Diese Probleme führen dann jeweils weiter zum nächsten Ansatz.

Wir erinnern zuvor an einige Unterscheidungen, die uns in den bisherigen Kapiteln begegnet sind und die uns in der Diskussion der Ansätze von neuem begegnen werden.

Das *2. Kapitel* unterschied
schlichte Erkenntnis,
reflektierte Erkenntnis.

Die Unterscheidung ist für alles Weitere fundamental. Erst die Reflexion schafft die Gegenüberstellung von Wahr und Falsch, die für die Logik und alle mathematischen Wissenschaften fundamental ist. Eben darum ist es notwendig, die Einbettung jeder reflektierten Erkenntnis in ein Kontinuum schlichter Erkenntnis nicht zu vergessen. »Bewußtsein ist ein unbewußter Akt.«

Das *3. Kapitel* konfrontierte unter dem Thema des Empirismus:
Induktion,
Eidos-Philosophie,
Verwechslung noetischer Wahrnehmung mit Gewißheit,
Pragmatischer und scholastischer Empirismus,
Humes Problem, auf Skepsis an der Logik erweitert,
das Jetzt.

Das *4. Kapitel* stellte drei Deutungen der Wahrscheinlichkeit einander gegenüber:
logische Deutung,
empirische Deutung,
subjektive Deutung.

Das *5. Kapitel* konfrontierte am Beispiel der Geometrie zunächst Axiomatik und Empirismus, dann in einem mehr systematischen Gang, dessen Reihenfolge ich hier verändere:

Hierarchismus,
Konventionalismus,
Kant: Vorbedingungen möglicher Erfahrung,
deren Deutung durch Dingler und Lorenzen,
Semantische Konsistenz als Ziel.

Das Kapitel diskutiert weiterhin die drei Schulen in der mathematischen Grundlagendebatte:

Logizismus,
Intuitionismus,
Formalismus,

im Blick auf vier mathematische Gegenstandsbereiche:

Logik,
Zahl,
Kontinuum,
Struktur.

Das *6. Kapitel* unterscheidet analog vier logische Grundbegriffe:

Schluß,
Satz,
Begriff,
Gegenstand,

sowie Wahrheit und Falschheit als Reflexionsbegriffe.

Wir gehen nun die fünf philosophischen Ansätze durch, jeweils in drei Schritten:

A. Charakterisierung des Ansatzes,
B. Wahrheitsgehalt des Ansatzes,
C. im Ansatz ungelöste Probleme.

3. Klassisches Weltbild

A. *Charakterisierung*

Das Wort »klassisch« soll hier die Denkweise der klassischen Physik bezeichnen, insbesondere ihres Paradigmas, der klassischen Mechanik. Also steht in diesem Ansatz einerseits die *Physik* im Vordergrund; wir finden Mathematik und Logik in einer zwar wichtigen, aber eher dienenden Rolle. Andererseits ist es eben eine *historische Phase* der Polarisierung der Schulen in »Materialisten« und »Idealisten«. Materialismus: Warum soll ausgedehnte Materie nicht denken können? (so Hobbes in seiner Antwort an Descartes). Idealismus: die Materie ist definierbar als meine Vorstellung. In der realen historischen Entwicklung der Naturwissenschaft blieb der Dualismus unaufgelöst: man studierte die ausgedehnte Materie, in Biologie und Medizin die belebte Materie, seit der Evolutionslehre und Molekularbiologie zunehmend im physikalistischen Schema – und man anerkannte die Ungelöstheit des »Leib-Seele-Problems«.

In der philosophischen Reflexion entwickelte sich die Gegenüberstellung von *Ontologie* und *Epistemologie*. Fragen wie: »Was ist?« oder »Was wissen wir?«. In diesem simplen Schema läßt sich dann vermutungsweise das Verhältnis der Logik und Mathematik zur Physik bestimmen. Körper und Kräfte, Raum und Zeit sind Gestalten des Seienden; »es gibt sie objektiv«. Logik aber, als Kunst des Schließens, ist eine Schulung des Wissens; sie gibt mögliche Gestalten des Wissens an. Nicht ganz leicht ist in diesem Schema die Mathematik zu lokalisieren. Anzahlen und räumliche Figuren können als mögliche Eigenschaften der »äußeren Wirklichkeit« aufgefaßt werden. Die abstrakte Mathematik scheint eher eine Ausformung logischer Möglichkeiten zu sein.

B. *Wahrheitsgehalt*
Es ist offenkundig, daß das klassische Weltbild die alltägliche Erfahrung, zumal in der technischen Zivilisation, vortrefflich beschreibt. Es bietet sich damit als natürliche Sprache der wissenschaftlichen Pragmatik in dieser Zivilisation an. Um die Genauigkeit dieser Anpassung an unser Erfahren und Handeln zu prüfen, fragen wir, wie sich das klassische Weltbild zu den im vorigen Abschnitt aufgezählten Fragenkatalogen der bisherigen Kapitel verhält.

2. Kapitel: Das klassische Weltbild stützt sich auf überprüfte Aussagen der Wissenschaft. Es setzt mit Selbstverständlichkeit *reflektierte* Erkenntnis als Inhalt der Wissenschaft voraus. Mit Selbstverständlichkeit: das klassische Weltbild ist gleichsam die *schlichte* Anerkennung *einfach reflektierter* Erkenntnis.

3. Kapitel: Als philosophischer Ansatz nötigt das klassische Weltbild aber zu der Frage: Woher wissen wir seinen Inhalt? Die unmittelbare Antwort lautet: durch *Erfahrung*. Reflexion auf die Erfahrung führt zum Begriff der Induktion, mit einem zumeist pragmatischen Empirismus. Dieses Zutrauen zur Erfahrung wird nicht, wie später im Positivismus, an die Spitze gestellt; es rechtfertigt sich »realistisch« aus dem täglichen Umgang mit konstanten Dingen und wiederkehrenden Sachverhalten.

4. Kapitel: Das klassische Weltbild setzt den *Determinismus* schlicht voraus. Wahrscheinlichkeit ist in ihm daher stets nur Ausdruck unzureichenden Wissens; eine epistemische, keine ontische Kategorie. Dies erweckt den Eindruck, alle drei Deutungen zuzulassen: subjektiv im täglichen Umgang mit den Ereignissen; logisch im Fortschritt der Forschung; empirisch-statistisch, indem man aus unzureichendem Wissen das Beste herausholt.

5. Kapitel: Von den vier Gegenstandsbereichen weist man hier epistemologisch die Logik und Strukturtheorie den Formen des Wissens zu; das wird meist nicht tiefer reflektiert und läßt alle drei Schulen der Grundlagendebatte pragmatisch zu. Die Zahl erscheint als Merkmal der Vielheit der Gegenstände. Unter dem Titel des Kontinuums wird u. a. die Geometrie geführt, die wir, sofern sie als Lehre vom Raum der Physik gilt, alsbald noch näher betrachten müssen. Die Analysis wird durch die Mengenlehre ebenfalls als eine Lehre von der Vielheit möglicher Gegenstände aufgefaßt, im Kontinuum heißen die Gegenstände dann »Punkte«.

Die Axiome der *Geometrie* wurden in der Tradition zweitausend Jahre lang als evident geführt, seit Newton von der Physik auch auf den »realen« Raum bezogen. Die nichteuklidische Geometrie zerbrach den Hierarchismus dieser Evidenz. Für den pragmatischen Physiker waren danach Kantscher Apriorismus oder auch Konventionalismus und seine neoaprioristischen Gegner keine Versuchung. Das Programm der semantischen Konsistenz dürfte die pragmatische Praxis in guter Näherung beschreiben.

6. Kapitel: Logik ist seit den Griechen pragmatische Lehre von richtigen Schlüssen und hat im klassischen Weltbild so eine schlicht anerkannt dienende Rolle. Ihre kritische Diskussion setzt die Kenntnis der Zweifelsmotive voraus, denen wir uns nun zuwenden.

C. *Ungelöste Probleme*

Fundamental erschüttert wurde das klassische Weltbild erst durch die Quantentheorie; noch heute blicken viele Physiker nostalgisch zu ihm zurück, und die meisten Naturwissenschaftler haben seine Erschütterung in ihrer Praxis noch nicht wahrgenommen. Für uns ist es wichtig, die Kritiken an ihm zu vollziehen, die durch philosophische Reflexion seit langem möglich waren. Wir folgen wieder den Kapiteln.

2. Kapitel: Wir sagten: das klassische Weltbild erkennt *schlicht* die *einfach reflektierten* Erkenntnisse an. »Einfach reflektiert« wollen wir eine Aussage nennen, wenn ihre Wahrheit mit den üblichen wissenschaftlichen Methoden überprüft ist. Reflexion haben wir im 2. Kapitel als Reaktion auf den Zweifel gedeutet. Die zweite Stufe der Reflexion begänne hier mit dem Zweifel an den üblichen wissenschaftlichen Methoden.

3. Kapitel: Unsere Wissenschaft versteht sich als *induktiv*, als empirisch. *Humes Zweifel* zeigt, daß Induktion, als Folgerung allgemeiner Gesetze aus einzelnen Beobachtungen verstanden, niemals zwingend ist. *Popper* wendete dieses Argument gegen den »scholastischen Empirismus«, den wir im folgenden Abschnitt besprechen werden. Er suchte aber das klassische Weltbild im Prinzip zu retten durch einen postulierten »prinzipiellen Realismus« und das Verfahren der »falsifikatorischen Empirie«*. D. h. man stelle als Hypothesen über die Realität allgemeine Gesetze auf und benutze sie, solange sie nicht durch empirische Gegenbeispiele falsifiziert sind. Das Vertrauen in dieses Verfahren ist selbst eine allgemeine Regel, die bisher durch kein Versagen überzeugend falsifiziert worden ist. Freilich bedarf jede einzelne Falsifikation schon des Zutrauens in diejenigen Hypothesen, ohne welche die jeweils verwendeten Begriffe keinen empirisch überprüfbaren Sinn hätten; aber das ist, pragmatisch gesehen, nur eine Komplikation, nicht eine Wi-

---

* Diese beiden Termini stammen, soweit ich sehe, nicht von Popper selbst, scheinen mir aber sein Verfahren zu beschreiben.

derlegung des Grundgedankens. Jedoch rettet Poppers Ansatz allem Anschein nach nicht das klassische Weltbild, denn keine physikalische Hypothese hat bisher so vielen Falsifikationsversuchen erfolgreich widerstanden wie die essentiell nichtklassische Quantentheorie. Wir werden an ihr die hier diskutierten Ansätze überprüfen müssen.

4. Kapitel: Die Quantentheorie verwendet erfolgreich einen als prinzipiell vermuteten *Indeterminismus*, also Wahrscheinlichkeit wie einen »ontologischen« Begriff. Dies erinnert uns daran, daß gerade die historisch primäre empirisch-statistische Deutung der Wahrscheinlichkeit im Determinismus nie in voller Strenge begründet worden ist. Laplace mit dem Begriff der »Gleichmöglichkeit« von Ereignissen als Grundlage gleicher Wahrscheinlichkeit, Popper mit dem Begriff der »Propensität« benutzen Begriffe von Möglichkeiten, deren genaue inhaltliche Bedeutung, soweit ich sehe, stets auf die offene Zukunft bezogen ist und in der zeitlichen Logik behandelt werden muß.

5. und 6. Kapitel: Das klassische Weltbild thematisiert den Geltungsgrund von Logik und Mathematik nicht hinreichend, um eine Entscheidung dort offen gebliebener Fragen zu erzwingen. Die nachfolgenden Ansätze sind hier fruchtbarer.

4. Logischer Positivismus

A. *Charakterisierung*
Auch dieser Ansatz ist durch ein Substantiv mit einem spezialisierenden Adjektiv charakterisiert. »Positivismus« ist ein von Auguste Comte stammender Name, den die durch Ernst Mach entscheidend bestimmte Wiener Schule ihrem philosophischen Ansatz gegeben hat. Zur Erläuterung soll an die juristische Herkunft der Vokabel erinnert werden. Die griechische Rechtsphilosophie unterschied, ob eine Norm »physei«, von Natur, also allgemein, oder »thesei«, durch Setzung, lateinisch: Position, also im historisch gegebenen Einzelfall eines speziellen Staates gilt. Die »Naturrechtslehre« des späten 17. Jahrhunderts (Grotius) suchte allgemeingültige Normen, um den tödlichen Streit obrigkeitlicher Setzungen – damals im Streit der christlichen Konfessionen – zu überwinden. Der spätere »Rechtspositivismus« suchte hingegen im Staat ordnungsga-

rantierende Normen, da Berufung auf Naturrecht seitens streitender Parteien politisch oft unentscheidbar blieb. Der erkenntnistheoretische »Positivismus« unseres Jahrhunderts wendet sich gegen den »Realismus« des klassischen Weltbildes als gegen einen unbeweisbaren Dogmatismus. Der Realismus sucht allgemeine Aussagen über die res, über die Dinge selbst zu machen; er ist eine ontologische Glaubenslehre. Diese allgemeinen Aussagen werden im Fortschritt der Wissenschaft immer wieder durch einzelne Erfahrungen widerlegt. »Positiv« sind einzelne Sinneserfahrungen, an denen man nicht zweifeln kann. Also stützt sich die Wissenschaft auf das Positive.

Das Adjektiv »logisch« wurde erst später hinzugefügt. Der Positivismus wandte sich gegen alle Allgemeinaussagen, welche Geltung a priori, vor aller Erfahrung, beanspruchten. Man soll allgemeine Gesetze durch Induktion aus der Erfahrung folgern. Aber die Induktion setzt Logik, und de facto auch Mathematik voraus. Logik und wohl auch Mathematik müssen demnach gelten, damit Induktion überhaupt möglich wird. Der Positivismus geriet hier in ein Problem. Er war mit dem Pathos der wissenschaftlichen Strenge ausgezogen: positives Wissen gegen unbegründete, ja vielleicht, als unüberprüfbar, sinnlose Thesen der »Schulphilosophie«. Wodurch ist nun die Geltung der Logik und Mathematik begründet? Einige Autoren versuchten zu sagen: auch die Logik, Arithmetik, Geometrie sind empirisch begründet; sie bewähren sich ständig in der Erfahrung. Es war jedoch nicht einsichtig zu machen, daß dies eine wissenschaftlich strenge Begründung sei. Der andere Ausweg war: die Logik und vielleicht auch die Mathematik sagt nur Selbstverständliches aus. Genauer: sie sind tautologisch. Eine logische Folgerung sagt nur dasjenige ausdrücklich, was in den Prämissen in Wahrheit schon mitbehauptet war. Ein Positivismus, der die Geltung der Logik in dieser Weise begründete, durfte sich »logischer Positivismus« nennen.

Mach wandte sich gegen die cartesische Zwei-Substanzen-Lehre. Er verwarf den Begriff der »Substanz« als eines permanent mit sich identisch bleibendem »Seienden«. Darüber hinaus gab er ein Modell für die konkrete Überwindung des Dualismus. Es gibt weder »Objekte« noch »Subjekte«, weder das Ding noch das Ich. Es gibt »Elemente«, anschaulicher auch

»Empfindungen« genannt. Ein »Ding« ist nichts als ein zeitweiliger Ausgangspunkt von Empfindungen, ein »Ich« nur ein zeitweiliger Konvergenzpunkt von Empfindungen.

Der spätere Positivismus übernahm diesen speziellen Entwurf nicht. Er studierte die Bedingungen empirischer Erkenntnis und führte so zur Entstehung einer neuen philosophischen
Disziplin, der *Wissenschaftstheorie.*

B. *Wahrheitsgehalt*
Die wissenschafts- und philosophiehistorische Wirkung des
Positivismus ist unverkennbar. Zumal in der Naturwissenschaft
hat er der sokratischen Frage: »Weißt du eigentlich, was du mit
deinen Worten meinst?« neue Geltung verschafft. Der junge
Einstein und der junge Heisenberg waren von Mach zu ihren
kritischen Rückfragen nicht nur gegen klassische Aussagen,
sondern schon gegen klassische Begriffe angeregt; beide freilich
haben sich später ausdrücklich vom Positivismus distanziert,
Einstein zugunsten des klassischen Weltbilds, Heisenberg in
Richtung auf Platon.

Wir gehen wieder mehr ins einzelne:

2. Kapitel: Der logische Aspekt des Positivismus hält an der
Konzentration auf die reflektierte Erkenntnis fest. Die Sinneswahrnehmung aber, die fundamental gesetzt wird, ist de facto
weitgehend als schlichte Erkenntnis gegeben. Die Stilisierung
dafür, die sich mir früh aufgedrängt hat: »Bewußtsein ist ein unbewußter Akt«, geht auf den Pragmatismus von William James
zurück, der mit der Lehre Machs in historischem Zusammenhang steht.

3. Kapitel: Der Positivismus ist essentiell empiristisch. Anschließend an die legitime Kritik an der Verwechslung noetischer Wahrnehmung mit Gewißheit habe ich versucht, die
immense Fruchtbarkeit der empiristischen Wendung für die
neuzeitliche Wissenschaft zu kennzeichnen. Die moderne Wissenschaftstheorie kann weitgehend als verfeinerte Analyse des
Begriffs der Induktion charakterisiert werden.

4. Kapitel: Die sorgfältige Analyse der Deutungen des Wahrscheinlichkeitsbegriffs ist eine Auswirkung des logischen Positivismus. Es geht hier um die Grundlagen einer Erkenntnis, die
ohne den Wahrscheinlichkeitsbegriff nicht auskommt. Für den

logischen Aspekt ist vor allem Carnap zu nennen; der empirische Aspekt kann als Gemeingut der Positivisten gelten.

5. Kapitel: Mit den Problemen der Mathematik treten wir in die schwierige Deutung des Adjektivs »logisch« im Namen dieser Schule ein. Der Logizismus von Russell hat historisch eine nahe Beziehung dazu; er eröffnet die Hoffnung, die ganze Mathematik aus der Logik herzuleiten. Mit einem mehr pragmatischen Positivismus mag auch die formalistische Mathematik vereinbar erscheinen.

6. Kapitel: Mit der Deutung der Logik gerät der Positivismus in ein Schlachtfeld der Selbstkritik. Vielleicht darf sich die deskriptive Auffassung der Logik, die ich unter dem Titel des Kreisgangs in diesem Buch versuche, auf Anregungen durch den Gedanken einer empirischen Begründung der Logik selbst berufen, einen Gedanken, der sich freilich in der Schule des logischen Positivismus nicht durchgesetzt hat.

C. Ungelöste Probleme

2. Kapitel: Die Fundiertheit der reflektierten in der schlichten Erkenntnis wurde von der neueren empiristischen Philosophie zwar wohl wahrgenommen, aber kaum als philosophisch zentral reflektiert. Pragmatisten wie James oder Dewey mögen hier eine Ausnahme bilden.

3. Kapitel: Dieses ganze Kapitel ist letztlich der Kritik am »scholastischen« Empirismus gewidmet, was hier nicht wiederholt sei. Das Humesche Problem widerlegt den Anspruch der wissenschaftlichen Gewißheit dieser Schule, stellt freilich die Aufgabe, das Berechtigte in ihr präziser zu formulieren. Eine Grundthese drängt sich auf: Erst die Ergebnisse der Wissenschaft belehren uns über die adäquaten Methoden; Wissenschaftstheorie ist so lange unzureichend, als sie von einem vorgefaßten Begriff von Methode ausgeht.

4. Kapitel: Die subjektive Deutung der Wahrscheinlichkeit beruht bereits auf der Einsicht, daß die logische und die empirische Deutung ihren Anspruch strenger Wissenschaftlichkeit nicht rechtfertigen können.

5. Kapitel: Die empiristische Deutung der Geometrie, die sich mit Recht vom klassischen Hierarchismus freigemacht hat, gerät, wenn sie den Anspruch strenger Wissenschaftlichkeit erhebt, in die unlösbaren Probleme des Konventionalismus. Die Pragmatik der Naturwissenschaft, die sich mit Recht vom Konventionalismus nicht tief beeindrucken läßt, beruht auf der schlichten Übernahme der umgangssprachlichen Semantik für ihre mathematisch formulierten Naturgesetze. Diese schlichte Erkenntnis muß aber dann philosophisch reflektiert werden. Pragmatisch führt dies zum Streben nach »semantischer Konsistenz«. Grundsätzlich fordert es zu der Kantschen Frage nach Bedingungen a priori für Erfahrungen heraus. Dies führt insbesondere in das Begründungsproblem der Logik und Mathematik.

6. *Kapitel:* Die Meinung, logische Schlüsse seien inhaltlich tautologisch, erweist sich als schlicht falsch, wenn man einmal die logischen Regeln mustert. In Kenntnis dieser Regeln kann man einen Satz »analytisch wahr« nennen, wenn seine Wahrheit aus seiner Form folgt. Diese Folgerung aber setzt die logischen Regeln voraus, und diese selbst sind dann nicht nach ebendiesem Kriterium analytisch wahr. Im Text »Faktische Ontologie« (II 6.3) habe ich die Regeln der klassischen Logik als Ausdruck der Ontologie des klassischen Weltbildes dargestellt, aber nur, um in jedem relevanten Detail auf die nicht selbstverständlichen Voraussetzungen dieses Aufbaus hinzuweisen; in der Sprache der zeitlichen Logik ist dies die Ontologie perfektischer Fakten. Eine strengere, systematisch nicht-ontologische Begründung hat Lorenzen unternommen (II 6.4). Hier werden die Operationsregeln für Kalküle in einem Kalkül formuliert, der die von ihm bezeichneten Regeln selbst erfüllt. Dies ist offenkundig nicht empirisch und wohl nicht »inhaltlich tautologisch«; es zu beurteilen, erfordert, die Frage nach möglicher Erkenntnis a priori zu stellen.

5. Eidos-Philosophie

Die ungelösten Probleme der zwei bisher betrachteten Ansätze führen unmittelbar zu der Frage, ob es so etwas wie eine direkte noetische Wahrnehmung logischer und mathematischer Strukturen gibt. Daß es sie gebe, ist eine zentrale These der griechischen Eidos-Philosophie. Der gesamte Duktus des gegenwärtigen Buches zeigt, daß sein Verfasser die Probleme heutiger

Wissenschaft sich selbst nicht zu vergegenwärtigen vermag ohne ständigen Rückgriff auf diese Tradition. Ich habe mir erlaubt, dies gelegentlich autobiographisch so zu charakterisieren: Ich habe Physik studiert um der Quantentheorie willen. Die Quantentheorie hat das klassische Weltbild widerlegt. Der Positivismus erkannte die moderne Physik als empirisch an, vermochte aber nicht, sie inhaltlich auszulegen. Was ist denn Erfahrung? Wie ist sie möglich? Diese Fragen führten mich zu Kant. Kant aber konnte ich nicht verstehen, wenn ich die Herkunft seiner Begriffe nicht verstand. Dies führte über Leibniz, Descartes und die Scholastik zu Aristoteles und Platon zurück. Hier zum erstenmal hatte ich den Eindruck: das ist eine Philosophie, die man verstehen kann, denn sie schöpft ihre Begriffe aus der täglichen Erfahrung, nicht aus dem verworrenen Streit der Schulen.

Eine thematisch-historische Darstellung dieser Philosophie ist nicht der Gegenstand dieses Buchs, auch nicht meine Kompetenz. Sie wird da und dort gestreift, im 11. Kapitel einmal ernstlich, aber kurz angefaßt, ist in einigen frühen Texten angedeutet. Im jetzigen Abschnitt geht es darum, ihre Bedeutung für die heutigen Fragen der mathematischen Wissenschaften, so wie die der übrigen philosophischen Ansätze, knapp und hypothetisch auszusprechen.

A. *Charakterisierung*

Ich gehe aus von der mathematisch-physikalischen Deutung des platonischen Höhlengleichnisses (*MsG*, Kap. 6, »Skizze zur Philosophie«). Die Schatten auf der Höhlenwand symbolisieren unsere Sinneseindrücke, also die Basis des Empirismus. Sie sind Schatten der hinter unserem Rücken vorbeigetragenen Figuren. Diese symbolisieren die Gegenstände der Physik, also für uns z. B. Körper und Kräfte, kurz, die Basis des klassischen Weltbildes. Diese Figuren sind Abbilder der Schatten und Spiegelbilder außerhalb der Höhle: das sind die Gestalten der Mathematik. Diese ihrerseits sind Abbilder der wahrhaft seienden Gegenstände im Licht der Sonne: das sind die Urgestalten, die Platon Ideen (das dem Geist Sichtbare) nennt. Im mathematischen Schema sind das Einheit und Vielheit und die ursprünglichen Zahlen, verstanden als Quelle aller aus ihnen durch den

Wiederabstieg sich enthüllenden Bedeutungen. Die Ideen sind ewig in sich bewegt, aber sie entstehen und vergehen nicht. Ihre Abbilder in der Höhle aber, physische Gegenstände und erst recht deren sinnliche Wahrnehmungsbilder, entstehen und vergehen.

Hier ist also die Hierarchie gegenüber den beiden vorigen Ansätzen umgedreht. Nicht die Sinneseindrücke, auch nicht die physischen Gegenstände sind das wahrhaft Seiende, welches die mathematischen Gestalten nur als Eigenschaften an sich trägt. Sondern die Gestalten sind das wahrhaft Seiende, das nicht vergeht, und zu dem sich Gegenstände und Empfindungen nur als Abbilder in einer absteigenden Leiter verhalten. Ich werde freilich im 11. Kapitel hervorheben, daß auch diese »Abbilder« nach Platon in Wahrheit Ideen, nur im Status der bewegten Vielheitlichkeit sind. Platons Philosophie ist nicht, wie man oft meint, ein Dualismus von Idee und Erscheinung, sondern letztlich ein Monismus der bewegten Gestalten.

Aristoteles nuanciert anders. Das Sinnending ist »zusammengewachsen« (con-cretum; griechisch synholon, d. h. zum Ganzen geeint) aus Gestalt, von ihm Eidos oder Morphe (Form) genannt, und Stoff (hyle, was wörtlich Holz heißt). Das Eidos ist ewig, weil es sich in immer neuen Einzeldingen manifestiert. (Dazu *MsG*, Kap. 2.3, »Das Leben«.) Die mathematischen Gestalten behandeln wir als unbewegt, aber nur, weil wir von der Bewegung, an der sie teilhaben, abstrahieren. Der Stoff (z. B. eben ein Stück Holz) aber ist wieder ein Konkretum aus der Form Holz und dem Stoff, z. B. der Elemente. Reinen, formlosen Stoff gibt es nicht.

Die philosophischen Rückfragen nach diesen Ansätzen an anderem Ort. Was ist ihre Rolle in unseren Wissenschaften?

B. *Wahrheitsgehalt*
2. Kapitel: Wenn uns schlichte Erkenntnis »als wahr gegeben«, reflektierte Erkenntnis »auf wahr oder falsch beurteilt« ist, so erinnert dies an Aristoteles' Erklärung der Wahrheit (*Metaphysik* Θ, hier Kap. 6.3.3 b). Eine Aussage ist zusammengesetzt aus Eide (wir sagen dazu: aus Begriffen), z. B. »S ist P«. Sie ist wahr, wenn in ihr Eide verbunden sind, die auch im Sachverhalt verbunden sind; sie ist falsch, wenn in ihr Eide verbunden sind,

die im Sachverhalt getrennt sind. Ein einfaches Eidos aber kann nicht falsch sein. Es zeigt sich uns; das heißt wahr (»unverborgen«); oder es zeigt sich eben nicht. Dies ist nicht identisch mit unserer Unterscheidung von schlichter und reflektierter Erkenntnis, aber es hat etwas zu tun mit der »Prävalenz des Positiven« (Kap. 6.4.1), die der schlichten Erkenntnis zugrunde liegt.

3. Kapitel: Die Eidos-Philosophie baut auf der Kritik am Empirismus auf. Es gibt nicht nur sinnliche, sondern noetische Wahrnehmung. Im »Aufriß der zeitlichen Logik« entdecken wir, von der Verhaltensforschung belehrt, daß die Tiere primär die Gestalt, also das Eidos wahrnehmen. Die bewußte Unterscheidung von Eidos und Einzelfall ist eine evolutiv späte, eigentlich erst menschliche Leistung. Und so enthüllt sich die sinnliche Wahrnehmung, die im Lebenszusammenhang wirksam wird, als eigentlich noetische Wahrnehmung; »Gestaltwahrnehmung« nennt es Konrad Lorenz. Also ist die Anerkennung noetischer Wahrnehmung nicht ein Gegensatz empirischer Wissenschaft, sondern ihre durch die Empirie der Verhaltensforschung legitimierte Erklärung. Aristoteles: Induktion, also Rückschluß von der sinnlichen Wahrnehmung auf das Eidos, ist anhand eines einzelnen Beispiels möglich.

4. Kapitel: Die letzte Bemerkung über Induktion mag eine Brücke von der subjektiven zur empirischen Deutung der Wahrscheinlichkeit schlagen. Probabilitas heißt scholastisch »Erprobbarkeit«. Doch ist quantitative Wahrscheinlichkeitstheorie kein klassisches Thema der Eidos-Philosophie.

5. Kapitel: Erst die Eidos-Philosophie macht die zentrale Rolle der Mathematik für antike Philosophie und moderne Naturwissenschaft verständlich. Was ist dann der Gegenstand der Mathematik? Ausdruck der eidos-philosophischen Antwort sind die Thesen 2. und 3. am Ende der »vierten Variation« (Kap. 5.5.4):

>   2. Mathematik ist die Theorie der Strukturen,
>   3. Theorie ist die Kunst des Wahren und Falschen.

Struktur wird hier zum zentralen Gegenstandsbegriff der Mathematik. Logik, Zahl und Kontinuum erscheinen als spezielle Strukturen. Der Terminus »Kunst« erklärt die Weise der Erkenntnis des Eidos:

4. Kunst ist die Wahrnehmung von Gestalten durch die Schaffung von Gestalten.

Dies führt schon wieder in die Fragestellung des »Aufrisses der zeitlichen Logik«, in den Kreisgang.

Unter den Schulen der Grundlagendebatte ist der Formalismus der Auffassung der Mathematik als Theorie, d. h. als Wahrnehmung, von Strukturen am nächsten. »Form« ist ja das lateinische Wort für Idee oder Gestalt.

6. *Kapitel:* In der griechischen Logik ist zwar der Schluß der historische Ausgangspunkt, das Eidos aber, für das wir unseren Namen des jeweiligen Eidos, den Begriff, einsetzen, der Grund ihrer einsichtigen Wahrheit. Es gilt dann auch:

1. Logik ist die Mathematik von Wahrheit und Falschheit.

C. *Ungelöste Probleme*

»Zeit und Wissen« lautet unser Thema. »Sein und Wissen« ist das Thema der Eidos-Philosophie. Die *Zeit*, wie wir sie heute sehen, tritt dort nicht vollständig auf. Zwar ist *Bewegung* (kinesis, d. h. jede Veränderung) ein Zentralbegriff des platonischen Abstiegs und der aristotelischen Philosophie. Die Zeit ist »die Zahl der Bewegung« (Aristoteles), »des ewig im Einen Verharrenden ewigliches, nach der Zahl fortschreitendes Abbild« (Platon). Evolution oder Geschichte, wie wir sie sehen, bleibt ein partieller Vorgang in der Ewigkeit der Bewegung. Hier ist die Schranke für die Anwendbarkeit der klassischen Eidos-Lehre auf unsere Probleme.

2. *Kapitel:* Im Lichte der ewig anschaubaren Ideen versinkt die Unermeßlichkeit des sich schlicht Zeigenden in den Hintergrund. Wo bleibt, um Psychologen zu zitieren, Jungs »kollektives Unbewußtes«?

3. *Kapitel:* Die empirische Wissenschaft schreitet historisch noch ständig fort. Die Evolution erweist sich unserer Reflexion als »erkenntnisförmig« (Konrad Lorenz). War die Idee des Brüllaffen schon da, als die ersten Nukleinsäuren und Eiweiße entstanden? Oder heißt »Bewegung der Idee«, daß die Ideen selbst Geschichte haben? Wie wäre das zu denken?

4. *Kapitel:* Wahrscheinlichkeiten sind Möglichkeiten. Möglichkeiten sind ein futurisches Kontinuum. Das Eidos bezeich-

net die Möglichkeit von Fakten. Aber wie verhält sich dieser Möglichkeitsbegriff zum futurischen?

5. Kapitel: Das Zählen schreitet nach der Zeit fort: Was ist der Zusammenhang von Zeit und Zahl? Kontinuum wird von Aristoteles durch Teilbarkeit, also durch eine Möglichkeit definiert. Was ist die Rolle der Zeit in der Deutung der mathematischen Begriffe?

Wir wählen das Beispiel der Geometrie noch einmal zum Vorblick auf die Probleme der Physik. Im klassischen Weltbild sind Raum und Zeit der feste Rahmen, in dem die Materie sich bewegt. So kann es eine zeitlose Geometrie, auch eine Geometrie des Raum-Zeit-Kontinuums geben. Descartes beschrieb Materie als ausgedehnte, also geometrisch beschreibbare Substanz. Es war konsequent (und, vgl. *MsG* 6.6, Skizze zur Philosophie, gut platonisch), daß er Raum und Materie nicht unterschied. Die Metrik ist selbst als Gegenstand der Geometrie definiert. *Ist* die Materie selbst Eidos? Der nach-newtonischen Physik lag dieser Gedanke meilenfern. Die Quantentheorie (Kap. 7.D4) macht ihn von neuem denkbar. Aber dann eben Eidos, das Geschichte hat. Kann es das geben?

6. Kapitel: Die Logik ist primär eine Theorie des Schließens, also von Handlungen. Die Wahrheitstheorien haben uns auf die Adäquation von Aussage und Sachverhalt nicht wie Abbild zum Urbild, sondern wie Schlüssel zum Schloß geführt.

Konklusion: Wie verhält sich das Eidos zur Zeit? Und somit: Was ist Eidos? Wie begegnet es uns im Kreisgang? Was ist das Eidos des Kreisgangs?

6. Apriorismus von Raum und Zeit: Kant

A. *Charakterisierung*

Zu Kants Buchtitel *Kritik der reinen Vernunft* wurde bemerkt, man solle in ihm den Genitiv sowohl als Genitivus objectivus wie subjectivus lesen: Kritik an der reinen Vernunft durch die reine Vernunft. De facto beginnt Kant mit der Kritik am Empirismus: Es gibt zweifellos Erkenntnisse, die nicht durch Erfahrung begründet werden können, sondern umgekehrt die Erfahrung erst möglich machen. Sie werden in synthetischen Urteilen a priori ausgesprochen. A priori: logisch der Erfahrung vorausgehend. Synthetisch: nicht analytisch im Sinne logischer Notwendigkeit. Das fundamentale Beispiel dafür sind ihm die Urteile der Mathematik.

Kant steht insofern in der Tradition der Eidos-Philosophie, von der er sich jedoch in doppelter Hinsicht absetzt. Einerseits bleibt Kant bei der empiristischen Grundauffassung, daß wir Wissen über die Dinge nur soweit gewinnen können, als die Dinge auf uns einwirken; gerade die Apriorität eines Urteils beweist dann, daß es zwar stets im Felde der Erscheinungen gelten wird, aber sich nicht auf »Dinge wie sie an sich selbst sein mögen« erstrecken kann. Andererseits beziehen sich nach Kants Überzeugung synthetische Urteile a priori nicht nur auf Begriffe (die unsere Weise sind, das zu erkennen, was traditionell Eidos heißt), sondern auch auf Anschauungen, also auf die Art, wie Dinge uns in der Erfahrung gegeben werden. Dies geschieht, weil es nach Kant zwei Formen a priori aller Anschauung gibt: Raum und Zeit. Mathematik erzeugt ihre Begriffe a priori durch Konstruktion in den Formen aller Anschauung, Formen, die Kant dann auch die »reine Anschauung« nennt. Kant kennt zwei Grundgebiete der Mathematik: Geometrie und Arithmetik. Die Geometrie konstruiert ihre Begriffe offenkundig in der reinen Anschauung des Raumes, die Arithmetik – auf die Kant weniger spezielle Aufmerksamkeit wendet – wohl wesentlich in der Zeit.

Unter diesen zwei Abweichungen von der traditionellen Philosophie wirkte die erste sensationeller, die zweite aber war für die Beurteilung der mathematischen Wissenschaften strukturell folgenreicher. Die Einsicht, daß Wissenschaft sich nur auf das bezieht, was wir wahrnehmen oder auf Grund von Wahrnehmung erschließen können, ändert zunächst nichts an den Inhalten und Strukturen der wissenschaftlichen Erkenntnis. Diese Einsicht hat historisch in Bezug auf die Wissenschaft nicht zur Resignation geführt, sondern eher zu einem zeitweilig übertriebenen Vertrauen auf Erkenntnis a priori; in der Philosophie führte sie zur kritischen Erwägung der Metaphysik, die aber historisch, charakteristischerweise, rasch den Sturm des deutschen Idealismus zur Folge hatte; dazu im Kapitel 11. Die zweite Abweichung hingegen machte das Problem der Gewißheit von Urteilen a priori erst, unter den heutigen Entwicklungen der Wissenschaft, diskutierbar. Historisch wurde die Auszeichnung von Raum und Zeit als Formen der Anschauung erst durch das klassische Weltbild, erst nach Newton möglich.

B., C. *Wahrheitsgehalt und ungelöste Probleme*
Wir folgen wieder den Kapiteln.

2. Kapitel: Die Unterscheidung der Anschauung vom Verstand als dem Vermögen der Begriffe läßt sich mit der Unterscheidung der schlichten von der reflektierten Erkenntnis vergleichen. Diese Analogie wird noch deutlicher durch Kants Fußnote, *Kr.d.r.V.* B 161. Er unterscheidet dort den »Raum, als Gegenstand vorgestellt (wie man es wirklich in der Geometrie bedarf)«, als »formale Anschauung« von der »Form der Anschauung«, die »bloß Mannigfaltiges gibt«. Diese formale Anschauung ist schon »eine Synthesis, die nicht den Sinnen angehört«. In der Sprache des jetzigen Buches heißt das: Der Raum als Form der Anschauung ist ein Rahmen schlichter Erkenntnis; der Raum als Gegenstand der Geometrie aber ist ein Produkt der Reflexion.

3. Kapitel: Kant übernahm historisch Humes Kritik am Gewißheitsglauben des Empirismus. Er war überzeugt, die Gewißheit durch die Anerkennung der synthetischen Urteile a priori erst herzustellen. Wir gehen alsbald zu seinen Resultaten:

5. Kapitel (speziell 5.2): Kant wußte bereits, daß Euklids Parallelenpostulat nicht aus den anderen Prinzipien der Geometrie logisch hergeleitet werden kann (Lambert, Saccheri). Er war aber nicht bereit, die Gewißheit des Postulats aufzugeben. Hierin liegt dann eine Pointe seines Begriffs der Anschauungsformen a priori: Das Postulat folgt nicht aus den Kategorien, sondern aus der Form unserer äußeren Anschauung.

Dieser Versuch, die Apriori-Gewißheit der euklidischen Geometrie zu retten, ist im 19. Jahrhundert zusammengebrochen. Es ist aber interessant zu sehen, wie Kants Dualität von Anschauung und Denken dies überlebt hat. Der Neukantianismus der Marburger Schule, vor und noch nach 1900, setzte auf die Anschauung keine Gewißheitshoffnung mehr und zog sich auf das Apriori des Verstandes zurück, ohne doch damit die Mathematiker und Physiker zu überzeugen; der einzige Neukantianer, der die Physik verstand, Ernst Cassirer, ging in seiner *Philosophie der symbolischen Formen* einen historisierenden Weg. Heidegger umgekehrt, kritisch gegen den Apriorismus der Begriffe, sah in der Einführung der Anschauung Kants großen, entscheidenden Schritt. Schließlich zeigte Konrad Lorenz, daß die vermutlich unscharfe, aber eben darum auch euklidisch formalisierbare Raumanschauung als Erbe einer evolutionären Anpassung der Lebewesen an die makroskopische Geometrie unserer Umwelt verstanden werden kann. Dies ist Kants »Form der äußeren Anschauung«, aber nicht die begrifflich präzisierte »formale Anschauung«; umgekehrt als Kant es gewünscht hatte, ist die Raumanschauung angeboren, aber nicht a priori gewiß.*

Die Begründung der Geometrie hat so den Weg zu dem Kreisgang genommen, der methodisch unserem ganzen Buch zugrunde liegt. Als Form der Anschauung kommt der Raum dem Menschen empirisch infolge der Evolution zu, die ihrerseits an den makroskopischen klassischen Grenzfall der Physik angepaßt ist. Diese Physik werden wir im 7. Kapitel aus der abstrakten Quantentheorie und der binären Alternative entwickeln. Dabei sind dann nur Zeit, Eidos und Logik vorausgesetzt. Als mathematische Theorie aber ist die Geometrie auf beliebige Dimensionszahlen und Metriken verallgemeinbar. Die Widerspruchsfreiheit dieses Verfahrens stützt sich auf die Grundlagen der Mathematik, die ihrerseits durch Operationen in der Zeit beschrieben werden.

Wir kommen damit zum Apriorismus der Zeit. Zeit ist für Kant die Form der inneren Anschauung und damit aller Anschauung. Er begründete auf die Analyse der Zeit u. a. die »Analogien der Erfahrung«: Substanz, Kausalität, Wechselwirkung, also die Prinzipien der klassischen Physik. Die fundamentale Rolle der Zeit in der Mathematik und Logik wurde ein Thema des 20. Jahrhunderts in den Händen des Intuitionismus.

---

* Dazu »Die Rückseite des Spiegels, gespiegelt«, in: *Der Garten des Menschlichen* II 2.

7. Apriorismus der Zeit: Brouwer

Auf Grund welcher Einsicht erkennen wir mathematische Sachverhalte, die wir als a priori gewiß erleben?

Vor dieser Frage stehen wir. Erst langsam hat sie sich auf dem historischen Weg, dem wir gefolgt sind, herausgearbeitet.

Im Pragmatismus der Wissenschaft begegnet uns das Erlebnis des Erfolgs. Wie aber ist solcher Erfolg möglich?

Das klassische Weltbild postulierte eine Realität, deren schlichtes Vorhandensein den Erfolg der Physik erklären sollte. Der Erfolg der Mathematik und Logik wurde einfach pragmatisch benützt.

Der Positivismus stellt die Frage nach dem Grund des Erfolgs dieser drei Wissenschaften. Aber Erfahrung reicht zur streng logischen Begründung der Physik nicht aus. Und die Mathematik beweist durch die Tat, daß Erkenntnisse »a priori« möglich sind. Das Rätsel bleibt ungelöst.

Die Eidos-Philosophie unterlegt der Mathematik eine postulierte Wirklichkeit, wie es das klassische Weltbild für die Physik tat. Die Wirklichkeit der klassischen Physik besteht aus physischen Objekten. Die Wirklichkeit der Eidos-Philosophie besteht aus reinen Gestalten. Wir werden im 7. Kapitel sehen, daß dies sogar für die Physik die tiefere Einsicht ist.

Spätestens seit Kant sehen wir aber, daß die Eidos-Philosophie unser Eingangsproblem nur statuiert, aber durch ihren bloßen Ansatz noch nicht gelöst hat. Wie machen wir es denn, reine Formen mit Gewißheit zu erkennen? Kant postuliert jedoch wiederum nur, daß es durch die Formen der Anschauung und des Verstandes Gewißheit a priori gibt. Und was er postulierte, entsprach dem mathematischen, logischen und physikalischen Wissen seiner Zeit. Geometrie ist, so sehen wir heute, keine fraglose Grundlage. Mathematisch bedarf sie selbst einer Grundlage, physikalisch bedarf sie einer Anwendungsrechtfertigung.

Aber auch für die mathematischen Grundlagenforscher unseres Jahrhunderts gibt es die mathematische Einsicht, die Kant »a priori« nannte. In den »vier Variationen« des 5. Kapitels haben wir nach ihrem Wesen und Gegenstand gefragt. Im »Rundritt« des Buchs *Der Mensch in seiner Geschichte*, Kap. 5.2, habe ich die drei großen Entwürfe knapp skizziert und erörtert: Formalismus, Logizismus, Intuitionismus. Die beiden ersten weisen, ernstgenommen, über sich hinaus. Der Formalismus bedarf des Widerspruchsbeweises für seine sonst willkürlichen Ansätze. Der Logizismus war der Entwurf, Mathematik durchaus auf Logik aufzubauen; eben so aber geriet er selbst in das nicht definitiv gelöste Problem der Widerspruchsfreiheit. Die Widersprüche haben stets mit aktual unendlichen Mengen zu tun. Wir müssen folgern, daß Aussagen über aktual unendliche Mengen die direkt einsichtige Gewißheit a priori schlicht nicht besitzen.

An Russells Paradoxon knüpfte Brouwers Intuitionismus an. Er forderte Beschränkung auf die einsichtige Gewißheit, auf das intuitiv Klare. Was aber ist intuitiv klar? Jedenfalls das Zählen. Doch was heißt hier »Intuition«? Brouwer bezog sich ausdrücklich auf Kant. Das deutsche Wort für »Intuition« ist, sprachlich genau, »Anschauung« (intueri = anschauen). Die Form der Anschauung, in der wir zählen, ist die Zeit. Die mathematische Gewißheit a priori gründet für Brouwer in der Form aller Anschauung, in der Zeit.

A. *Charakterisierung*

Brouwer hat später seinen mathematischen Ansatz mit einem tiefdringenden philosophischen Entwurf verbunden. Diesen Entwurf können wir erst im 11. Kapitel besprechen. Hier sei nur der mathematische Ansatz besprochen. Dabei ist zu unterscheiden zwischen Brouwers persönlichem Ansatz und der intuitionistischen oder konstruktivistischen Schule, die an ihn anschließt und die im jetzigen Buch durch P. Lorenzen repräsentiert ist. Auch dies ist hier nur knapp zu beschreiben.

Ich erläutere das Problem gern an dem von Cantor eingeführten Begriff der aktualen Unendlichkeit: »Es gibt unendlich viele natürliche Zahlen.« Nach aristotelischer Tradition, in der noch Gauß stand, ist diese Unendlichkeit nur potential zu verstehen: Über jede erreichte natürliche Zahl hinaus kann man noch weiterzählen. Cantor, darin Kant folgend, faßt die Zahl als einen Begriff und einen Begriff als Ausdruck einer Möglichkeit auf: Es gibt aktual unendlich viele mögliche Zahlen. Diese »abzählbare« Unendlichkeit ist die einzige, welche dann der Intuitionismus noch zuläßt. Jede angebbare natürliche Zahl charakterisiert einen im Prinzip ausführbaren und insofern möglichen Zählprozeß. Cantor hatte aber gezeigt, daß die Menge der Punkte auf einer Strecke nicht abzählbar ist. Nach strengem Konstruktivismus existiert diese »Menge« daher nicht. Nach Brouwer gilt für Aussagen über eine solche Menge das logische Prinzip vom ausgeschlossenen Dritten nicht.

An diesen Problemen läßt sich der Unterschied zwischen Brouwer und Lorenzen erläutern. Für Brouwer ist zentral, daß die evidente Urintuition des Zählens in der fundamentalen Anschauung der Zeit geschieht. Deshalb ist die Mathematik der natürlichen Zahlen und alles, was konstruktiv auf sie aufgebaut werden kann, a priori einsichtig und gewiß. Die Logik hingegen ist nur ein System sprachlicher Regeln und teilt die grundsätzliche Unschärfe der Sprache. Lorenzen hingegen baut auch die Logik konstruktiv auf und unterscheidet die effektive Logik, in welcher der Satz vom ausgeschlossenen Dritten dort, wo die zugehörige Konstruktion nicht möglich ist, keine allgemeine Geltung hat, von der fiktiven Logik, die diesen Satz, der nicht logisch evident ist, so einführt, daß Widersprüche vermieden werden. Lorenzen versteht seinen Aufbau der Logik »operativ« oder »dialogisch«. Auch Operation und Dialog geschehen in der Zeit. Lorenzen hat jedoch im Gespräch Wert darauf gelegt, daß hiermit nicht die »empirische Zeit« gemeint sei, da ja der Aufbau von Logik und Mathematik schon jenseits der Erfahrung evident sein müsse. Für einen konsequenten Kantianer wäre das freilich kein Einwand, da für ihn die Zeit selbst Bedingung der Möglichkeit von Erfahrung und eben darum in der Erfahrung wiederfindbar ist.

B. Wahrheitsgehalt

Wir müssen die Fragen, die wir im Abschnitt über Kant vorwiegend am Beispiel des Raumes erörtert haben, nun im Blick auf die Zeit stellen. Hier erweist sich der Ansatz von Kant oder Brouwer als sehr viel stabiler als bezüglich des Raumes.

2. Kapitel: Wir finden zunächst die Zeit als den Rahmen jeder Anschauung oder, in der Sprache des 2. Kapitels, jeder Erkenntnis. Dabei ist Kants Unterscheidung der Form der Anschauung von der formalen Anschauung auch für die Zeit zu machen. Jede schlichte Erkenntnis geschieht in der Zeit, und jede Reflexion ist nachträglich, geschieht also in der Zeitfolge. Diese Feststellung gilt für die Zeit als Form jeder Anschauung. Zeit als formale Anschauung ist hingegen die mathematisch beschriebene Zeit. Wir werden im 7. Kapitel sehen, daß die übliche mathematische Beschreibung der Zeit durch eine Variable, deren mögliche Werte reelle Zahlen sind, physikalisch weder ausreichend, noch – vermutlich – allgemeingültig ist (dazu I 7. C12).

D.h. die »Geometrie der Zeit« erweist sich als ebenso speziell dem klassischen Weltbild angepaßt wie die Geometrie des Raumes.

3. Kapitel: Alle Erfahrung geschieht in der Zeit. Wir sehen also die Zeit als das Grundbeispiel für Kants Apriori als Bedingung der Möglichkeit von Erfahrung. Hiervon geht das Buch *Aufbau der Physik* aus.

4. Kapitel: Auch der Begriff der Wahrscheinlichkeit als Vorhersage einer relativen Häufigkeit setzt das Verständnis von Zeit schon voraus.

5. Kapitel: Die Gültigkeit a priori der mathematischen Einsichten wird in dem Maße evident, indem es gelingt, sie auf die Operation des Zählens, also auf Eidos in der Zeit, zu begründen. Ebendies ist das Ziel unseres 5. Kapitels in beiden Bänden.

6. Kapitel: Wesentlich ist hier, daß Logik nicht nur, wie bei Lorenzen, auf Operationen in der Zeit begründet, sondern auch inhaltlich auf zeitliche Vorgänge bezogen wird. Das ist die »zeitliche Logik« dieses Kapitels. Freilich erweist es sich gerade hierbei als notwendig und möglich, die Zeit aus ihrer Einengung auf die »formale Anschauung« der reellen Zahlenfolge zu befreien, sie also selbst inhaltlich sehr viel differenzierter zu beschreiben.

C. *Ungelöste Probleme*

Diese Probleme sind soeben beim Durchgang durch die Aspekte des Wahrheitsgehalts im wesentlichen schon genannt. Wenn man Zeit als Anschauungsform oder Rahmen aller Wahrnehmungen und Erkenntnisse voraussetzt, so muß man ihre eigene Struktur differenzierter beschreiben, als dies in der Mathematik des Zählens vorausgesetzt oder in der Abbildung auf das Kontinuum der reellen Zahlen geleistet ist. Methodologisch hängt dies wesentlich mit dem Begriff des Kreisgangs zusammen. Die deduktive Mathematik war das Paradigma der klassischen Philosophie und, später, auch der klassischen Physik. Sie lieferte das Modell eines hierarchischen Aufbaus. Diesem Modell haben sich noch fast alle Versuche über die Grundlagen der Mathematik in unserem Jahrhundert unterworfen. Freges und Cantors Ansätze sind völlig von ihm bestimmt, Russells großer Entwurf sucht ihm zu folgen, schließlich auch die konstruktivistischen Entwürfe. Ich vermute aber (kurz gestreift in *MsG*, S. 121), daß auch die Mathematik letztlich nicht ein »System«, sondern ein »Garten« von Strukturen ist.

8. Zeitliche Logik als Handlungstheorie

Dieser Titel soll das bezeichnen, was im jetzigen Kapitel unter der Überschrift »Aufriß der zeitlichen Logik« beschrieben ist. Zeitliche Logik als Theorie des Urteilens über zeitliche Verhältnisse; Urteilen als Sprachhandlung; Sprechen als menschliches Verhalten; Verhalten als organischer Vorgang in der Zeit. Es handelt sich um eine deskriptive Logik: wir suchen zu beschreiben, wie wir tatsächlich in der Zeit zu urteilen pflegen. Solche Urteile liegen aller Erfahrung zugrunde, also auch der zentralen Erfahrungswissenschaft, der Physik. Dies führt uns nun weiter ins 7. Kapitel, das eine Reflexion bedeutet auf das Buch *Aufbau der Physik*, welches seinerseits mit einem Kapitel über zeitliche Logik begann. Die Schlußabschnitte des 7. und der folgenden Kapitel nehmen dann die Deutungsfragen von Physik, Biologie und Humanwissenschaft, von Kunst und von Religion auf, um sie einzubringen in die Reflexion der Philosophie, im 11. Kapitel.

Siebentes Kapitel
Physik

A. Vorbemerkung

Hier, in der Mitte des Buches, wird eine Änderung der Darstellungsweise nötig. Das Buch *Zeit und Wissen* war angekündigt als eine philosophische Reflexion im Anschluß an die Darstellung der Physik im *Aufbau der Physik*. Die erste Hälfte des jetzigen Buchs war erkenntnistheoretischen Erwägungen und dann den Grundlagen der Mathematik und Logik gewidmet. Diese drei Themen betreffen methodische Voraussetzungen der Physik, die im *Aufbau der Physik* nicht ausführlich behandelt waren. So mußten die ersten sechs Kapitel hier ihre Themen in einer gewissen Breite darstellen. Jetzt kommen wir zur Physik selbst, die im *Aufbau* ausführlich beschrieben ist. Danach folgen Kapitel über andere Wissenschaften, über klassische Philosophie und über Religion, die ich alle in früheren Büchern schon unter manchen Gesichtspunkten behandelt habe. Hier wird es nötig, im ersten Teil einen grundsätzlichen Gedankengang durchzuführen, mit vielfachen Verweisen auf die in den anderen Büchern gegebenen Details; im zweiten Teil werden dann spezielle, begründende oder weiterführende Aufsätze zu den Themen dieses Gedankengangs gegeben.

Das jetzige Kapitel »Physik« dieses ersten Teils zerfällt nach der Vorbemerkung (A.) in drei Abteilungen: B. Der historische Weg, C. Rekonstruktion, D. Deutung. Die beiden Teile B. und C. sind gegenläufig zueinander. Der »historische Weg« referiert knapp, was in zwei Kapiteln des *Aufbaus* beschrieben ist: *AP* 6, Das Gefüge der Theorien. *AP* 7, Vorüberlegungen zur Quantentheorie. Über das Referat hinaus geht der Abschnitt 3, »Die Zeit in der Physik«. Dazu gehören im Parallelkapitel des zweiten Teils zuerst (A.) Aufsätze über vier theoretische Physiker unseres Jahrhunderts: Bohr, Sommerfeld, Heisenberg, Dirac, und (B.) ein paar teils ältere Texte, die Reflexionen über den Weg zur Quantentheorie und ihre Deutung enthalten.

Die Quantentheorie hat sich auf dem historischen Weg der

neuzeitlichen Physik bisher als die zentrale Theorie der Physik überhaupt erwiesen. Die Abteilung C. Rekonstruktion geht nun, entgegengesetzt zur historischen Entwicklung, von einigen abstrakten Postulaten aus, die in der hier verwendeten Einfachheit erst am Ende der bisherigen Analyse der Quantentheorie zutage treten konnten. Es handelt sich im jetzigen Kapitel vor allem um eine Neufassung des Gedankengangs zweier Kapitel im *Aufbau*: *AP* 8, Rekonstruktion der abstrakten Quantentheorie, und *AP* 9, Spezielle Relativitätstheorie, mit einem Vorblick auf das Kapitel *AP* 10, Teilchen, Felder, Wechselwirkung. Dazu im zweiten Teil nur ein älterer philosophischer Text über den zentralen Begriff des Kontinuums.

Die Abteilung D. Deutung schließlich knüpft an die Kapitel des *Aufbaus, AP* 11, Das Deutungsproblem der Quantentheorie, und *AP* 14, In der Sprache der Philosophen, an und leitet über zu den späteren Kapiteln des jetzigen Buchs.

Eine knappe Darstellung und Reflexion dessen, was hier vorgetragen wird, enthält schon das Kapitel 5, »Die Wissenschaften«, des Buchs *Der Mensch in seiner Geschichte*, im Abschnitt 3, »Physik«. Dies wird hier vorausgesetzt und, z. T. wiederholend, kommentiert.

B. Der historische Weg

1. Das Gefüge der Theorien

Was ist Physik? Ist sie der Gehorsam des Denkens gegenüber der Wirklichkeit? Ist sie der Entwurf einer intellektuellen Weltbeherrschung?

Wir betrachten zuerst inhaltlich den Weg, den sie in ihrer Geschichte gegangen ist. Im *Aufbau* – und kurz referierend in *Der Mensch in seiner Geschichte* – habe ich diesen Weg unter dem Titel »Das Gefüge der Theorien« beschrieben.

Was ist Theorie? Mehrfach (z. B. *Der Mensch in seiner Geschichte*, Kap. 4.4) habe ich »Theorie« als die leitende der drei europäisch-neuzeitlichen kulturellen Pointierungen bezeichnet: Theorie, Praxis, Kunst. Als einen »kulturellen Eiffelturm«, breit auf dem Boden stehend, spitz in der Höhe zulaufend. Erst später, im Kapitel 11 des jetzigen Buches, unter dem Titel »Philosophie«, werde ich versuchen, diese Frage grundsätzlich zu stellen. Im jetzigen Augenblick bleiben wir historisch-deskriptiv.

Ist Physik *eine* Theorie, vielleicht sogar der Entwurf der Theorie überhaupt? Oder ist sie, wie der gegenwärtige Titel andeutet, ein Gefüge von mehreren Theorien? Wie ist, bei letzterer Annahme, der Plural des Worts »Theorie« zu verstehen? Wie sind Theorien gegeneinander abgegrenzt? Und wie können sie, als so abgegrenzte, ein »Gefüge« bilden? Oder sind sie nur eine »Abfolge« wechselnder »Paradigmen«?

In *AP* 6.2 wird als Modell einer physikalischen Theorie die *klassische Punktmechanik* analysiert. Als Beispiel wird zunächst (S. 223, Gl. (1)) eine Formelzeile hingeschrieben. Diese Zeichenfolge wird in einer dreistufigen *Semantik* gedeutet. *Logisch* bezeichnet sie eine Aussage. *Mathematisch* meint sie ein System von Differentialgleichungen. *Physikalisch* bedeutet sie das Bewegungsgesetz der klassischen Punktmechanik.

Physik unterwirft sich der Logik. Sie bedient sich mathematischer Strukturen zur Beschreibung der Wirklichkeit. In *AP* 6.3 werden vier historisch aufeinanderfolgende Klassen solcher Strukturen aufgezählt:

    a) Morphologie
    b) Differentialgleichungen nach der Zeit
    c) Extremalprinzipien
    d) Symmetriegruppen.

Die Abfolge ist mathematisch konsequent. Morphologie beschreibt hier Orts- und Zeitfunktionen, welche Lösungen einer Differentialgleichung sind. Die Differentialgleichungen der Physik treten als »Eulersche Gleichungen«, als Lösbarkeitsbedingungen eines jeweiligen Extremalprinzips auf. Die Extremalprinzipien aber charakterisieren Darstellungen einer jeweiligen Symmetriegruppe.

Eine physikalische Theorie ist, mathematisch gesehen, im Idealfall eine Anzahl mathematisch präzisierter Axiome oder Postulate mit allen aus ihnen logisch möglichen Folgerungen. Die reale, physikalische Bedeutung der in den Axiomen versuchten Begriffe stützt sich auf Erfahrung, die zunächst nur in der schon vorher verfügbaren Sprache mitgeteilt werden kann, also in der Alltagssprache der jeweilig herrschenden Zivilisation, und dann, im Fortschritt der Physik, in der Sprache der schon vorhandenen, älteren Theorien. Insofern bilden die Theorien eine historische Abfolge. Aber sie sind auch zu einem Gefüge verbunden. Die ältere Theorie muß verstanden sein, um der neueren Theorie zur Sprache zu verhelfen. Die neue Theorie aber wird auch auf die Themen des Alltags und der älteren Theorien angewandt und rückt nachträglich den strukturellen Rahmen ihrer eigenen Vorläufer in ein neues Licht. Das Ziel ist die *semantische Konsistenz*: die Rechtfertigung der Semantik im Lichte der durch sie gedeuteten Strukturen (s. Kapitel I 5.2.7).

In der historischen Abfolge der Theorien hat der Glaube an die *Einheit der Natur* (dazu die Einleitung zum Buch dieses Namens, 1971) immer wieder eine leitende Rolle gespielt. Ein neuer theoretischer Entwurf steht immer wieder vor der Frage, ob er imstande sei, die Physik in *eine* einheitliche Theorie zusammenzufassen. Platons *Timaios*, die Entwürfe der antiken Atomisten, die umfassende empirische Denkweise von Aristoteles enthalten solche Gedanken. Die klassische Mechanik trat erneut mit diesem Anspruch auf; daher das in Kap. I 6.7.3 besprochene »klassische Weltbild«. Das endende 19. Jahrhundert kannte diesen Entwurf, nach Maxwells Feldtheorie, unter den Stichworten der Materie und des Äthers. Einstein strebte ihn, anschließend an seine Gravitationstheorie, als einheitliche Feldtheorie an. Fast am bescheidensten im Blick auf Endgültigkeit trat zunächst die Quantentheorie auf, begreiflich, wenn man die Fremdartigkeit ihrer Postulate gegenüber dem klassischen Weltbild bedenkt; gerade sie aber scheint heute dem Ideal der »einen Theorie« am nächsten zu kommen. Darüber unten, unter C.

Der historische Fortschritt, über jeden der bisherigen Einheitsentwürfe hinaus, wird in gängigen Darstellungen mit gutem Recht jeweils neuen experimentellen Resultaten zugeschrieben. Aber neue Erfahrungen können häufig doch mühelos in das bisherige Gefüge der Theorie eingeordnet werden. Sprengend wirken sie, wenn ihre Deutung offenlegt, daß die bisherige Theorie das Ideal der semantischen Konsistenz gar nicht erreicht hatte. Aus dieser Beobachtung entspringt dann freilich oft, zumal im gedanklichen Zusammenhang des Pragmatismus, eine grundsätzliche Skepsis gegen den Konsistenzanspruch im Begriff von »Theorie«. Thomas Kuhn nennt die von ihm zutreffend beobachteten wissenschaftlichen Revolutionen Übergänge zu einem neuen »paradigma«, d. h. »Beispiel«, also einer Methode, spezielle Probleme (»puzzles«) zu lösen. Ich folge statt dessen Heisenbergs Beschreibung der Revolutionen als Übergänge von einer »abgeschlossenen Theorie« zu einer anderen. »Abgeschlossen« bedeutet dabei nicht »endgültig«, sondern »sich auf einen Bereich beschränkend und in diesem soweit als möglich semantisch konsistent«; »closed«, nicht »final«.

Historisch geht daher eine neue Theorie oft daraus hervor, daß die Inkonsistenzen der früheren Theorie wieder ernst genommen werden, wozu neue Empirie dann nur verdeutlichendes Material liefert. Ein Beispiel bietet das *Trägheitsgesetz*, das in II 7 B1 ausführlich besprochen ist:

Die *klassische Mechanik* ist aus einem doppelten Übergang entstanden: von der geozentrischen zur heliozentrischen Astronomie und von der Mathematik himmlischer Bewegungen auf die Mathematik irdischer Bewegungen. In beiden Fällen spielt die Trägheit eine Rolle. Aristarch fühlte schon eine Inkonsistenz der Geozentrik, da er die Sonne, aus guter Entfernungsbestimmung, als größer als die Erde erkannte. Aber im hipparchisch-ptolemäischen System war ein starkes Argument für die Ruhe der Erde, daß sie bei der Drehung um ihre Achse die Atmosphäre nicht mitnehmen könne; die Lösung brachte, erst in Galileis Zeit, die Trägheit der rotierenden Atmosphäre. Und die irdische Dynamik hatte in aristotelischer Version eine Schwierigkeit, die Wurfbewegung konsistent zu beschreiben; auch hier brachte erst die Trägheit die Lösung.

Indem man nun aber in der klassischen Mechanik die Trägheit als Problemlösung akzeptierte, unterdrückte man eben dadurch das in der Antike wach gewesene Verständnis für die kausale Paradoxie der Trägheitsbewegung: Zustandsänderung ohne wirkende Kraft. Ernst Mach wies in seiner Kritik an Newton auf die hier liegenden Inkonsistenzen hin und bereitete damit die zweite große Revolution vor: Einsteins Übergang zur *Relativitätstheorie*. Die spezielle Relativitätstheorie ist, mathematisch gesprochen, der Sieg des gruppentheoretischen Denkens in *Symmetrien der Naturgesetze* über die vorangegangenen morphologischen, kausalen und finalen Spezialitäten. Trägheitsbewegung folgt hiermit aus der Invarianz gegen die Poincaré-Gruppe.

Der Sieg der gruppentheoretischen Denkweise läßt aber wiederum zwei Fragen unbeantwortet:

1. Warum überhaupt Symmetrien?
2. Warum die speziellen, bisher schlicht postulierten Symmetrien, wie z. B. die Galilei- oder die Poincaré-Gruppe?

Die dritte große Revolution der neuzeitlichen Physik, der Übergang zur *Quantentheorie*, bringt in der Abstraktheit der Theorie zunächst die gruppentheoretische Denkweise voll zur Geltung. Sie macht aber, soll sie selbst nicht nur postuliert, sondern gedanklich begründet werden, die beiden obigen Fragen brennend. Die abstrakte Quantentheorie im Hilbertraum fordert eine unendlichdimensionale unitäre Gruppe. Warum solche Symmetrie? Die konkrete Physik benutzt außerdem die von der Quantentheorie scheinbar völlig unabhängige Existenz eines Raum-Zeit-Kontinuums mit lokaler Poincaré-Gruppe, und heute die zusätzlichen »inneren Symmetrien« der Elementarteilchen-Physik. Woher kommen diese Gruppen?

Es ist die Absicht der unter C. zu erörternden *Rekonstruktion der Quantentheorie*, genau diese Fragen zu thematisieren und teilweise zu beantworten.

Das »Gefüge der Theorien« in *AP* 6 enthält außer den jetzt schon aufgezählten Theorien noch Chemie und Thermodynamik. Die *Chemie* ist, durch die Quantentheorie, der Physik in ihren theoretischen Grundlagen eingefügt. Die *Thermodynamik* ist in ihrem *1. Hauptsatz* schlicht die Verallgemeinerung eines Grundbegriffs der Mechanik, der Energie, auf die ganze Physik, so also ein Beitrag zur Schaffung *einer* Theorie der Physik. Der *2. Hauptsatz* aber lehrt in Gestalt der *Irreversibilität* einen Zug der *Zeit* kennen, der sonst in der Physik nicht betrachtet wurde und der gerade für das moderne Denken in Symmetriegruppen höchst fremdartig wirkt. Wir werden ihm den ganzen Abschnitt 3 unserer historischen Betrachtung widmen und ihn dann in der Rekonstruktion der Quantentheorie als fundamental benutzen.

2. Zur Ontologie der klassischen Physik

»Klassisch« nennen wir hier die vor-quantentheoretische Physik. Ihr eignet eine spezifische ontologische Denkweise, eben die des »klassischen Weltbildes«.

»Ontologie« ist ein erst in der frühen Neuzeit aufgekommener philosophischer Terminus, der aber die Grundfrage schon der griechischen Philosophie anzeigt: »to on« ist »das Seiende«. Ontologie fragt, was schon daraus folgt, daß etwas überhaupt »ist«, und nicht erst daraus, daß es »so oder so beschaffen« ist. Doch wird dann auch die Unterscheidung fundamentaler Weisen des Seins der Ontologie zugerechnet, so z. B. nach Descartes »ausgedehnt sein« und »denkend sein«. Was allem Seienden oder doch allem Seienden von bestimmter Seinsweise zugrunde liegt oder steht, wird dann »Sub-stanz« genannt. Die cartesische Ontologie ist historisch wohl vor allem aus der Absicht zu erklären (vgl. I 11 und II 11), die klassische Mechanik als Lehre von der ausgedehnten Substanz soweit als möglich a priori zu begründen.

Die Rückfrage nach dem Wesen der Ontologie können wir erst im 11. Kapitel stellen. Hier soll die in der klassischen Physik faktisch benutzte Ontologie historisch-deskriptiv besprochen werden. Wir beginnen mit der *klassischen Mechanik*. Im Buch *Die Einheit der Natur*, II.2a, S. 138, unterscheide ich eine »Vierheit objektiver Realitäten«, mit denen die klassische Mechanik arbeitet:

α) Körper
β) Kräfte
γ) Raum
δ) Zeit.

In *AP* 6.2a, S. 229, wird dies, zunächst im punktmechanischen Rahmen, wieder aufgenommen; dann gilt der Unterabschnitt 6.2b den Körpern, 6.2c den Kräften, 6.2d dem Raum, 6.2e der Zeit. An das in beiden Texten ausführlich Dargelegte sei hier nur erinnert.

Descartes *definiert* den *Körper* als die ausgedehnte Substanz. Das bedeutet für ihn eine Substanz, deren Eigenschaften durch die Wissenschaft der Geometrie *vollständig* beschrieben werden können. Da ihm die Geometrie ein Wissen a priori bedeutet, ist für ihn hiermit auch eine Grundlage a priori der Physik gegeben. Hierdurch wird er genötigt, den Körpern die Eigenschaft des »Denkens« völlig abzusprechen; er ist zum Dualismus der Substanzen genötigt. Der systematische Aufbau der Mechanik durch und seit Newton hat diese Apriori-Gewißheit nicht in Anspruch genommen, aber den Körpern die Ausgedehntheit als eine evidente Eigenschaft zugeschrieben. Newton versteht die Körper als ausgedehnt im *Raum* und als bewegt im Raum im Lauf der *Zeit* und definiert Raum und Zeit als vorweg gegebene objektive »absolute« Realitäten. Die Bewegung der Körper wurde kausal durch ihre Einwirkung aufeinander (»Wechselwirkung«) erklärt. Diese hoffte man auf ihre Ausgedehntheit (»Druck und Stoß«) zurückzuführen, doch mußte Newton die Gravitation als eine von ihm nicht mehr erklärte Fernkraft anerkennen. Damit waren neben den Körpern die *Kräfte* als objektive Realitäten in die Physik jedenfalls deskriptiv eingeführt.

Im wesentlichen operiert dann die ganze klassische Physik im Quadrupel dieser vier Realitäten. Werden die Körper als »Massenpunkte« stilisiert, so sind sie im Raum zwar nicht ausgedehnt, aber lokalisiert. Die Chemie sieht die Atome als kleine Körper an. Die Feldtheorien studieren die innere Dynamik der Kräfte als durch den ganzen Raum verbreitete Realitäten. Die spezielle Relativitätstheorie betrachtet eine gemeinsame Symmetrie von Raum und Zeit; doch bleibt der Unterschied zwischen »raumartigen« und »zeitartigen« Abständen zweier Ereignisse wohldefiniert. Die allgemeine Relativitätstheorie führte zur Hoffnung, die metrischen Eigenschaften des Raum-Zeit-Kontinuums zugleich als das wahre Wesen der Kräfte und letztlich auch der Körper zu erkennen. Das Programm erwies sich aber außerhalb der Quantentheorie nicht als ausführbar.

Kennzeichnend für diese Ontologie ist, was sie ausschließt. Die sinnlichen Qualitäten der Naturgegenstände: Bild, Farbe, Ton, Duft ... werden als »subjektive« Reaktionen des menschlichen Empfindens zu »sekundären« Qualitäten der Körper herabgestuft. Man hat das unlösbare Leib-Seele-Problem durch den ontologischen Ansatz selbst erzeugt. Man wird es nicht lösen, wenn man auf diesen Ansatz nicht verzichtet.

Wo im bekannten Problembereich der klassischen Physik finden wir einen Hinweis auf ihre semantische Inkonsistenz? Wir fragen zuerst nach der Rolle der *Zeit*.

3. Die Zeit in der Physik

Sowohl der *Aufbau der Physik* wie jetzt *Zeit und Wissen* führen die Zeit in einer Weise ein, die von der Ontologie der Zeit in der klassischen Physik völlig verschieden ist. In *AP* 2 und ebenso in *ZW* 6 geht es zunächst um die *Logik zeitlicher Aussagen*. Der Titel »Zeit und Wissen« deutet die Fragerichtung an: es geht um die *Zeit als Voraussetzung des Wissens*. Es geht daher zuerst um die *Zeitmodi*. Jetzt wissen wir das Vergangene in Gestalt von Fakten, jetzt wissen wir das Zukünftige in Gestalt von Möglichkeiten. Das Jetzt verrinnt unablässig. Die seit einem bestimmten vergangenen Ereignis verflossene Zeit, z. B. seit dem Schlag der Mitternacht auf einer Uhr, können wir als Faktum messen, eben mit Uhren. Die zukünftige Zeit erwarten wir. Von diesem Reichtum kommt in der Ontologie der klassischen Physik und auch in der traditionellen Quantentheorie nichts anderes vor als die auf Uhren meßbaren Zeitdistanzen, idealisiert als gemessen im Kontinuum der reellen Zahlen.

In den »Erkenntnistheoretischen Vorüberlegungen« des 2. Kapitels haben wir die Fülle der Physik als eingeschlossen betrachtet zwischen der Einfachheit der elementaren Gegebenheiten und der Einfachheit der elementaren Gegenstände. Nur die Fülle der Mitte aber ist der konkret heute lehrbare Inhalt der Physik, der Bereich ihrer Resultate. Die beiden Enden definieren Fronten der Forschung: In dieser Einteilung gehört die zeitliche Logik und damit das Studium der Zeitmodi in die phänomenologische Forschung, also in die Voraussetzungen für die Semantik der Physik. Der Wunschtraum des Kreisgangs ist jedoch die semantische Konsistenz: die gefundenen und interpretierten Gesetze der Physik sollen dann eben die in ihr schon vorausgesetzten Phänomene wieder zur Folge haben. Hier aber läßt uns die Physik in ihrer heutigen Gestalt im Stich. Die Naturgesetze, die wir kennen, sind, mit der einzigen Ausnahme des 2. Hauptsatzes der Thermodynamik, invariant unter Zeitumkehr (genauer, vgl. *AP* 4.1, Bewegungsumkehr: $x(t) \rightarrow x(-t)$;

$p(t) \rightarrow -p(-t)$. Wie soll aus ihnen der fundamentale Unterschied von Faktum und Möglichkeit erklärt werden? Physiker neigen daher dazu, in Debatten oft mit emotionaler Leidenschaft, diesen Unterschied als »bloß subjektiv« anzusehen.

Nun läßt sich aber zeigen, daß Boltzmanns statistische Begründung des 2. Hauptsatzes überhaupt nur widerspruchsfrei möglich ist, wenn man den Wahrscheinlichkeitsbegriff auf jeweils zukünftige Ereignisse, d. h. auf Möglichkeiten, einschränkt (meine Arbeit von 1939, abgedruckt in *Einheit der Natur* II.2; dazu *MsG* 4.2 und *AP* 4.2). Es fragt sich daher, welche Elemente der phänomenologischen Analyse der Zeit auch in der ausgearbeiteten Physik ausdrücklich benützt werden müssen, um Selbstwidersprüche zu vermeiden; und es fragt sich dann zweitens, warum diese fundamentale Struktur der Zeit im üblichen Aufbau der Physik so bis zur Unkenntlichkeit verschwindet. Im jetzigen Abschnitt sollen beide Fragen in möglichst einfacher Form assertorisch beantwortet werden. Die hierüber entstehenden Debatten werden im Parallelabschnitt des zweiten Teils besprochen.

Zunächst sei das oben genannte Argument knapp wiederholt. Boltzmanns H-Theorem besagt: Ist in einem abgeschlossenen System zu einer Zeit t_0 die Entropie deutlich vom Maximalwert entfernt, so sollte ihr Wert zu einer von t_0 hinreichend entfernten Zeit t mit erdrückender Wahrscheinlichkeit größer sein als zur Zeit t_0. Dies gilt, wenn das System strikt abgeschlossen ist, für die Vergangenheit wie für die Zukunft (*AP* 4.2). D. h. in der Zukunft wird die Entropie mit erdrückender Wahrscheinlichkeit größer sein als jetzt, im Einklang mit der *Vorhersage* des 2. Hauptsatzes. In der Vergangenheit aber müßte die Entropie mit erdrückender Wahrscheinlichkeit ebenfalls größer gewesen sein als jetzt, im krassen Gegensatz gegen das, was uns die vergangene *Erfahrung* gelehrt hat. Die Lösung des Paradoxons ist, daß der hier verwendete Begriff der Wahrscheinlichkeit sinnvoll auf die jeweilige Zukunft, nicht aber auf die jeweilige Vergangenheit anzuwenden ist. In derjenigen Vergangenheit, an die ich mich erinnere, war die Entropie niedriger als heute. Z. B. war die vor mir stehende Tasse Kaffee meßbar wärmer als ihre Umgebung. Ich erwartete damals das Wachstum der Entropie: der Kaffee werde sich abkühlen bei leichter Erwärmung der

Umgebung. Die Vorhersage hat sich bewährt. Ich weiß also aus Erfahrung, daß in diesem Fall die Entropie auch in der Vergangenheit mit dem Fortschreiten der Zeit gewachsen ist.

Die Phänomenologie der Zeitmodi ist einfach eine begriffliche Präzisierung und damit Verallgemeinerung dieser Art von Erfahrungen. Die Vergangenheit ist *faktisch*. Ein spezielles Faktum ist stets etwas a priori (d. h. ohne näheres faktisches Wissen von der Vergangenheit) Unwahrscheinliches: es hat eine niedrige Entropie. Die Zukunft ist *möglich*. Wahrscheinlichkeit ist die *Vorhersage* einer relativen Häufigkeit (Drieschner, *AP* 3, S. 102). In der Mehrzahl der Fälle wird sich der Kaffee weiter abkühlen, es sei denn, ich greife ein und trinke ihn vorher.

Nun folgt die Frage nach der *semantischen Konsistenz*. Sie läßt sich in eine spezielle und eine allgemeinere Frage aufspalten:

1. Folgen die hier benützten Eigenschaften der phänomenalen Zeitmodi wieder aus dem 2. Hauptsatz?

2. Folgt der 2. Hauptsatz aus den übrigen Gesetzen der Physik?

Die vermuteten Antworten lauten:

1. Ja.

2. In bisheriger Fassung der Physik: nein.

Zu 1.: Benützt haben wir *Faktizität* und *Möglichkeit* als Merkmale der Vergangenheit und Zukunft. Ein vergangenes Faktum kann ich kennen durch *Erinnerung* oder erschließen aus einem *Dokument*. Eine Erinnerung kann als ein Dokument in meinem Gedächtnis aufgefaßt werden. Ein Dokument ist selbst ein gegenwärtiges Faktum, ein a priori unwahrscheinlicher Zustand, ein Zustand niedriger Entropie. Gemäß dem 2. Hauptsatz muß ihm etwas noch Unwahrscheinlicheres vorangegangen sein, daher kann man aus ihm Fakten der Vergangenheit folgern: so aus dem heißen Kaffee den vorangegangenen Prozeß des Kaffeekochens. Hingegen folgt aus dem 2. Hauptsatz für die Zukunft nur das Wahrscheinlichere: der Kaffee wird herumstehen, bis jemand ihn getrunken oder fortgegossen hat; wann und wie das geschehen wird, weiß man vorher oft nicht. Abstrakter gesagt: Der 2. Hauptsatz behauptet die *Irreversibilität* des Geschehens. Fakten sind, phänomenologisch gesagt, irreversibel geschehen. Möglichkeiten lassen offen, *welche* Fakten geschehen werden. Faktizität, Möglichkeit und Irreversibilität bilden so in einer *indeterministischen* Auffassung der Physik ein konsistentes Begriffsgefüge.

Zu 2.: Die *klassische Physik* glaubt an den *Determinismus*, und auch die *traditionelle Quantentheorie* wird zeitlich *reversibel* formuliert. In einer deterministischen Physik bedeutet Irreversibilität beschriebener Ereignisse lediglich mikroskopischen Informationsverlust unserer makroskopischen Beschreibung. So wird die klassische statistische Thermodynamik begründet: die Entropie ist hier ein Maß des Nichtwissens. Was man schwer kennen und insofern schwer wissen kann, nennt man oft Unordnung. Daher die nicht sehr glückliche Bezeichnung der Entropie als Maß der Unordnung. In der traditionellen Auffassung der Quantentheorie hängt die Reversibilität damit zusammen, daß gemäß der Schrödingergleichung die zeitliche Entwicklung der Wellenfunktion ebenfalls deterministisch ist. Wie sich dies mit der Wahrscheinlichkeitsdeutung von ψ verträgt, besprechen wir erst im Abschnitt D3.

Es liegt nahe, daß traditionell denkende Physiker den Wunsch haben, die in der Irreversibilität gemäß dem 2. Hauptsatz liegende empirische »Asymmetrie der Zeit« mit strenger Reversibilität der fundamentalen Naturgesetze zu vereinbaren. Dies erscheint aussichtsreich, wenn man in die *Kosmologie* übergeht. Wenn eine Differentialgleichung unter einer Gruppe symmetrisch ist, so brauchen ihre Lösungen doch nicht in sich symmetrisch zu sein. Betrachtet man die kosmologische Entwicklung als eine einzelne Lösung der physikalischen Grundgleichungen (z. B. der allgemeinen Relativitätstheorie), so kann die Lösung für heute oder auch für immer »eine Zeitrichtung auszeichnen«. Man setzt z. B. für einen Zeitpunkt, der heute in der fernen Vergangenheit liegt, eine einfache Anfangsbedingung mit niedriger Entropie voraus, etwa einen genähert punktförmigen Kosmos mit resultierendem »Urknall«. Für die Zeit danach hat man dann die mit dem Entropiewachstum vereinbare Expansion. Hier ist die »Faktizität der Vergangenheit« nur für einen einzigen Zeitpunkt explizit vorausgesetzt und scheint dann für den Rest der Zeit zu folgen. Dieser Gedanke wird, als eine Spezialfrage, im zweiten Teil, Abschnitt II 7. B2, besprochen. Er erscheint mir als diskussionswürdig, aber noch nicht als hinreichend.

Bis hierher habe ich nur referiert, was im *Aufbau der Physik* und in früheren Texten schon besprochen war. Zwei *Ergänzungen* sind aber hinzuzufügen:

a. Die *Phänomenologie der Zeit* ist durch Faktizität und Möglichkeit, also die zwei Modi von Vergangenheit und Zukunft, unzureichend beschrieben. Das *Jetzt*, die *jeweilige Gegenwart*, muß ausdrücklich betrachtet werden.

b. Die *Reversibilität* ist mathematisch als *sekundäre Struktur* zu erkennen.

a. Das Jetzt. Im Abschnitt I 3.6 war die Rede von Einsteins Gesprächen mit Carnap und Popper über das Jetzt. Dieses Thema sei hier inhaltlich aufgenommen.

Die fundamentale Struktur der Zeit ist ihr objektives Fortschreiten. Hierzu sei zunächst der Unterschied der phänomenalen Gegebenheit des *Jetzt* in der Zeit von derjenigen des *Hier* im Raum betrachtet.

Ich befinde mich *jetzt hier*. Ich war schon früher hier, ich kann auch später wieder hierher kommen. Es steht in gewissem Umfang in meinem freien Willen, das Hier zu ändern. Hingegen das Jetzt kann ich überhaupt nicht ändern. Das Jetzt »vergeht« ständig und wird so zur »Vergangenheit«; es wird nie wiederkommen. Ständig »kommt« ein neues Jetzt »auf mich zu«; die »Zu-kunft« kann ich nicht abwehren, es sei denn, indem ich nicht das objektive künftige Jetzt, aber mein »Dasein« ausschalte, indem ich sterbe*. D.h. die Zeitmodi in ihrem strukturellen Unterschied sind nicht das ursprünglichste Phänomen, sondern schon begreiflich zu machen durch den »Lauf der Zeit«, das Kommen und Gehen des Jetzt.

Nun wird der klassische Physiker sagen, all dies sei doch nur meine subjektive Wahrnehmung, mein zufälliger Standort im

---

* Das sind nicht bloß deutsche Sprachfiguren. Französisch und englisch: passé, past: weggegangen; französisch avenir: herkommen. Lateinisch futurum: das, dem zu sein (fui) bestimmt ist; perfectum: das Vollbrachte, das factum.

vierdimensionalen Raum-Zeit-Kontinuum. Ich antworte zunächst mit dem Hinweis auf die »Subjektivität des Objektiven«
und die »Objektivität des Subjektiven« (Kap. 5.5.3). Es ist
zutreffend, daß ich das Jetzt so erlebe; wie kann das aber physi-
kalisch-biologisch zustande kommen? Die »semantische Konsistenz« ist, wenn sie glückt, gerade die »objektive« Rechtfertigung der »subjektiven« Wahrnehmung der Phänomene. Dies
aber führt uns zur zweiten Ergänzung: Wie geht es zu, daß es
heutigen Physikern noch immer so schwer fällt, den Lauf der
Zeit in der »objektiven«, nämlich *mathematischen* Beschreibung der Natur wiederzuerkennen?

b. Die Zeit in der Mathematik. Hier erinnere ich an die in
Kap. 5.4 abgedruckte Analyse der Zahlbegriffe durch Th. Görnitz, E. Ruhnau und mich. Die *natürlichen Zahlen* werden intuitionistisch durch das Zählen, also in direktem Bezug zur Zeit
definiert; Zukunft ist hier Möglichkeit des Weiterzählens. Logizistisch werden sie definiert durch ein de facto ebenfalls in der
Zeit vollzogenes Verfahren des Übergangs von n auf $n + 1$. Die
»Zeitlosigkeit« der Mathematik besteht nur darin, daß die in ihr
beweisbaren Sätze durch den Beweis als »immer gültig« erkannt sind, also z. B. Sätze über natürliche Zahlen für jeden Akt
des Zählens, einerlei, wann wir zu zählen beginnen.

  Über den *natürlichen Zahlen* ist die *Addition* als *Halbgruppe*
definiert. Im Fehlen der inversen Elemente kennzeichnet die
Halbgruppe ihre Operationen als zukunftsbezogen. Auch in
der Physik ist Zählen eine direkte Handlung. Die *ganzen Zahlen* sind die Ergänzung dieser Halbgruppe zur *Gruppe*. Sie sind
nicht eine Erweiterung der Klasse der natürlichen Zahlen, sondern eine Klasse von *Operationen* auf den natürlichen Zahlen.
Die höhere Symmetrie des Gruppenbegriffs, die sich dann im
Aufbau der rationalen, reellen, komplexen »Zahlen« bewährt,
hängt damit zusammen, daß das inverse Element eine Operation bezeichnet, die zwar ebenfalls in der Zeit vollzogen wird,
die aber das *Ergebnis* der vorigen Operation, das »erzeugte
Faktum«, durch ein neues Faktum formal als anulliert darstellt.
Über das *Kontinuum* als Bereich von *Möglichkeiten* sprechen
wir in I 7. C11 und II 7.C.

  Diese Erinnerung an den Aufbau der Mathematik sollte uns

nur mahnen, in der Physik nicht bezüglich der Zeit auf der Stufe des »klassischen Weltbildes« stehenzubleiben, die in Mathematik und Logik schon veraltet ist.

4. Relativitätstheorie

Einsteins beide Relativitätstheorien (*AP* 6.9 und 6.10) bedeuten noch nicht den völligen Bruch mit der Ontologie der klassischen Physik, aber eine tiefe Modifikation. Sie sei hier nur kurz in Erinnerung gerufen.

Die *spezielle Relativitätstheorie* vereint die beiden klassischen Realitäten Raum und Zeit mathematisch in ein vierdimensionales Kontinuum. Das ist der Beginn des Siegeszugs der Gruppentheorie. Dabei bleibt die indefinite (3×1)-Metrik fundamental. Zeitartige Abstände können nicht in raumartige transformiert werden. Die Unumkehrbarkeit der Zeit bleibt unter dem physikalischen Namen der »relativistischen Kausalität« erhalten: Kann ein Ereignis *A* auf ein Ereignis *B* einwirken, so kann *B* nicht auf *A* einwirken. Damit stellt sich die Frage, warum Raum und Zeit, wenn sie in ihrem Wesen so verschieden bleiben, doch einer so einfachen gemeinsamen Struktur eingefügt werden können. Die traditionelle Quantentheorie hat diese Struktur schlicht übernommen. Wir kommen auf die Frage erst im Rahmen der Rekonstruktion zurück (C9).

Die *allgemeine Relativitätstheorie* nimmt in Gestalt der Riemannschen Geometrie zunächst die mathematische Revolution des frühen 19. Jahrhunderts wieder auf. Durch die Verknüpfung von Metrik und Gravitation tut sie einen weiteren Schritt zur Vereinheitlichung der physikalischen Ontologie: zum erstenmal erscheint Metrik als ein Feld, oder erscheint eine Kraft als Eigenschaft des Raumes. Es zeigte sich, daß vor der Quantentheorie kein weiterer Schritt in dieser Richtung gelang. Heute kann man die Eichfelder der Elementarteilchentheorie als eine tiefere Verknüpfung der Theorie der Kräfte mit der Geometrie ansehen. Doch eben damit wird die schon oben unter dem Titel »Gefüge« zitierte ungelöste Frage brennend: Läßt sich verstehen, warum gerade ein dreidimensionaler Ortsraum mit solcher Geometrie für die Gegenstände der Physik ausgezeichnet ist?

Eine weitere Frage wirft die Beziehung zur *Kosmologie* auf, die wir schon im vorigen Abschnitt berührt haben. Verschiedene Lösungen der Einsteinschen Grundgleichungen lassen verschiedene Weltmodelle zu. Angenommen, eine spezielle dieser Lösungen beschriebe die wirkliche Welt: welchen Sinn haben dann die anderen Lösungen; welchen Sinn haben allgemeine Gleichungen, wenn wir nur eine ihrer Lösungen benützen? Die allgemeinen Gleichungen sollen, ihrer empirischen Herkunft nach, lokal gelten, und, wenn sie korrekt sind, immer und überall lokal gelten. In einer universal gültigen deterministischen Theorie sollten die lokalen Lösungen nur lokale Annäherungen an die eine universale Lösung sein. Der Begriff der lokal variierenden Lösungen erscheint also wieder (wie im Determinismus die Irreversibilität) nur als Ausdruck unseres unvollständigen Wissens. Welchen Sinn aber hat dann der Anspruch auf exakte Geltung der allgemein formulierten Gesetze, wenn sie lokal nie genau erfüllt sind und universell nur eine einzige Lösung haben? Ist auch dies ein Hinweis auf Indeterminismus?

5. Traditionelle Quantentheorie

Auch die Quantentheorie hatte ihren Ursprung in den Inkonsistenzen ihrer Vorgänger. Das Problem war das *Kontinuum*. Dabei erschien nicht die mathematische Darstellung des Kontinuums als das Problem, sondern seine Anwendung in den Grundlagen der Physik. Philosophen erkannten die Schwierigkeiten des Atombegriffs, so z. B. Kant in der 2. Antinomie der *Kritik der reinen Vernunft* (A 434, B 462; dazu meine Aufsätze »Die Atomlehre der modernen Physik«, 1942, »Das Verhältnis der Quantenmechanik zur Philosophie Kants«, 1941, beide in: *Zum Weltbild der Physik*): das ausgedehnte Atom bestünde aus Teilen, welche die Teile des von ihm erfüllten Raums ausfüllen; es ist also nicht »atomon«, d. h. teil-los. Für die Physiker fühlbar wurde das Problem in der Dynamik: Klassische Mechanik eines Kontinuums ist thermodynamisch nicht durchführbar (*AP* 7.1). Planck stieß auf die Schwierigkeit in der ersten konsistent beschriebenen Kontinuums-Thermodynamik, der Maxwell-Kirchhoffschen Strahlungstheorie. Das klassische Strahlungsfeld hat unendlich viele Freiheitsgrade und müßte daher im thermodynamischen Gleichgewicht wegen des Gleichverteilungssatzes bei endlicher Temperatur unendliche Energie haben.

Die empirisch erfolgreichen Ansätze der ersten zweieinhalb Jahrzehnte der Quantentheorie lassen sich durch die These beschreiben: *Fakten sind stets diskret.* So die Energiestufen des Planckschen Oszillators, die Einsteinschen Lichtquanten, die stationären Zustände des Bohrschen Atoms, die Drehimpulskomponenten im Stern-Gerlach-Versuch. In der soeben zitierten Schärfe wurde die These damals nicht ausgesprochen. Aber die Schrödingersche Theorie lieferte scharfe Eigenwerte selbstadjungierter Operatoren als Folge der Normierungsbedingung der Wellenfunktion. In der Neumannschen Fassung bilden die zulässigen (quadratintegrierbaren) Eigenfunktionen solcher Operatoren einen zwar unendlich-dimensionalen, aber separablen Hilbertraum; ebendies bedeutet diskrete Eigenwerte zu den zulässigen Eigenfunktionen. Die Eigenfunktionen der Operatoren mit kontinuierlichem Spektrum wie Ort oder Impuls liegen nicht im Hilbertraum, definieren also keine endlichen Wahrscheinlichkeiten für scharfe Eigenwerte.

Der empirische Erfolg der Quantentheorie war durchschlagend. In neun Jahrzehnten wurde kein überprüfbares experimentelles Resultat gefunden, das ihr widersprach. Was aber lehrt sie, so wie sie historisch aufgetreten ist und darum hier als »traditionelle Quantentheorie« bezeichnet wird?

Sie hat einen wohldefinierten Ort im Gefüge der Theorien. Ihn zu charakterisieren, seien hier ein paar Sätze wiederholt aus *Der Mensch in seiner Geschichte*, Kap. 5.3 A.b: »Die Quantentheorie, so wie sie heute vorliegt, ist eine allgemeine Theorie über das gesetzmäßige Verhalten von Gegenständen der Erfahrung. Welche Gegenstände der Erfahrung es aber gibt oder geben kann, deduziert sie bisher nicht aus allgemeinen Prinzipien. Sie übernimmt die Begriffe von ihren Gegenständen vielmehr aus der klassischen Physik oder aus einer noch immer im wesentlichen klassischen Beschreibung neuer, instrumentell gewonnener Erfahrung. Es gibt für sie Teilchen und Felder, es gibt den dreidimensionalen Raum, der mit der Zeit gemäß der Relativitätstheorie verbunden ist. Es gibt im kosmischen Raum die

Gestirne. Es scheint eine Geschichte des Kosmos von nur endlicher Dauer gegeben zu haben. All dies ist der Quantentheorie schon vorgegeben.«

Ist eine klassische Theorie gegeben, z. B. Punktmechanik oder die Maxwellsche Theorie des elektromagnetischen Feldes, so übernimmt die Quantentheorie deren Begriffe von beobachtbaren Größen, z. B. Ort und Impuls des Massenpunkts oder elektrische und magnetische Feldstärke; sie übernimmt auch die Bewegungsgleichungen bzw. Extremalprinzipien und damit die Symmetriegruppe der klassischen Theorie. Aber sie interpretiert nun die beobachtbaren Größen, die »Observablen«, als Operatoren in einem Hilbertraum. Dieses Verfahren, traditionell »Quantelung« oder »Quantisierung« genannt, präzisierte Bohrs »Korrespondenzprinzip«, das für die neu zu entwerfende Quantentheorie eine »Korrespondenz« zur schon bekannten klassischen Theorie forderte. Ausführlich wird die historische Bedeutung dieses Verfahrens im 7. Kapitel des zweiten Teils besprochen, vor allem in den Texten über Bohr, Sommerfeld und Heisenberg, sowie in dem 1941 geschriebenen Aufsatz (II 7 B3) zur Deutung der Quantenmechanik. So wie die Quantentheorie bis heute gelehrt wird, ist sie über diese »korrespondenzmäßige« Einordnung in das Gefüge der Theorien nicht hinausgegangen. Zwar sucht und findet man neue, fundamentalere Sorten von Teilchen bzw. Feldern, aber die Begriffe von Teilchen und Feld sind im Prinzip unverändert. Für den über diese historische Rolle hinausgehenden Versuch der »Rekonstruktion« werden wir die begriffliche Struktur des Verfahrens der »Quantelung« studieren müssen.

Die Debatte zur *Deutung* der Quantentheorie ist so alt wie die Theorie selbst und bis heute nicht beendet. Das ist gerade angesichts ihrer Korrespondenz zur klassischen Physik nicht überraschend. Man muß Begriffe der klassischen Physik benützen, um überhaupt sagen zu können, wovon die Quantentheorie redet. Begriffe aber gewinnen einen präzisen Sinn erst im jeweiligen theoretischen Kontext. Die Quantisierung ändert diesen Kontext bezüglich seiner mathematischen Struktur radikal. Welchen Sinn bewahren oder gewinnen dann die überlieferten Begriffe?

Die bisherige Unbeendbarkeit der Deutungsdebatte hat ei-

nen ihrer wesentlichen Gründe in der Fremdheit der quantentheoretischen Begriffe gegenüber der Ontologie der klassischen Physik. Ich habe diese Debatte im *Aufbau*, 11.3.a, S. 539,
als eine »Trauerarbeit« im Sinne von Freud bezeichnet: Worauf
müssen wir verzichten, und warum? Im vorhin zitierten Aufsatz II 7.B3 zur Deutung der Quantenmechanik habe ich den
Verzicht auf die drei Begriffe der Anschaulichkeit, Kausalität
und Objektivierbarkeit diskutiert. Dort komme ich zu dem
Ergebnis, daß Anschaulichkeit und Kausalität im Bereich der
direkten Erfahrung nicht verlorengehen, weil die direkte Erfahrung nach Bohr stets klassisch beschrieben wird. Nur die Objektivierbarkeit in einem klassischen Modell *alles* Geschehens
muß geopfert werden: das aber ist eben die Ontologie der klassischen Physik.

Die wahre Aufgabe einer Trauerarbeit ist, die Verdrängung
des Schmerzes aufzuheben, des Schmerzes, den der Verzicht
auf Vertrautes notwendigerweise mit sich bringt. Der verdrängte Schmerz hindert das Bewußtsein daran, sich für das
Geschenk zu öffnen, dessen Annahme eben an die Bedingung
geknüpft ist, auf jene vertrauten Beruhigungen zu verzichten.
Quantentheorie bedeutet, verglichen mit der klassischen Physik, nicht einen Wissensverlust, sondern ein *Mehrwissen*
(*AP* 11.3 f. S. 561–563; dazu jetzt das Nachwort zu II 7.B3).
Man sieht dies schon an einer einfachen mathematischen Überlegung: der klassische Phasenraum eines Massenpunkts ist reell
sechsdimensional, der quantentheoretische Zustandsraum aber
komplex abzählbar-unendlich-dimensional. Es kommt nur
darauf an, diesem Mehrwissen eine direkte, nicht primär durch
Verzicht beschriebene Deutung zu geben. Ebendies wird die
Rekonstruktion anstreben.

Es ist hierfür lehrreich, die inhaltlichen Themen der Trauerarbeit zu verfolgen. Im Mittelpunkt stand historisch der quantentheoretische *Indeterminismus*, also der durch den Zentralbegriff der *Wahrscheinlichkeit* implizierte Verzicht auf eine
deterministische Ontologie des zeitlichen Geschehens. In der
klassischen statistischen Thermodynamik erscheint Wahrscheinlichkeit nur als Ausdruck unserer Unkenntnis der objektiven Mikrozustände. Ebendies erhofften die Theorien *verborgener Parameter* angesichts der Quantentheorie. Es war das

Verdienst von John Bell (1964), quantitativ klarzustellen, inwiefern die strenge Geltung der Quantentheorie mit *lokalen* verborgenen Parametern unvereinbar ist.* Die neueren Experimente von Aspect und anderen (1982) zeigen, daß hier die Quantentheorie im Recht ist. Die Verletzung der Bellschen Ungleichung ist eine Folge der quantentheoretischen Phasenbeziehungen, d.h. genau des quantentheoretischen Mehrwissens. Was also weiß die Quantentheorie mehr?

Wahrscheinlichkeit als Zentralbegriff verweist uns auf Zukunft, also auf die *Zeitmodi. Möglichkeit* und *Faktizität* stehen sich hier gegenüber. Mathematisch stellen sich in der Quantentheorie Möglichkeiten als *Kontinua* dar, Fakten hingegen sind in verblüffender Weise diskret erschienen. Von dieser Beobachtung werden wir in der Rekonstruktion ausgehen.

C. Rekonstruktion

1. Die Absicht

Die Rekonstruktion hat eine doppelte Absicht, eine methodische und eine inhaltliche.

Methodisch soll die Quantentheorie, unter Verzicht auf Herleitung durch inhaltliche Korrespondenz zur klassischen Physik, aus abstrakten Postulaten begründet werden. Das Ergebnis wird *abstrakte Quantentheorie* genannt. Es ist im wesentlichen der Neumannsche Formalismus für endlich- oder abzählbar unendlich-dimensionale Zustandsräume, unter Verzicht auf die physikalische Semantik der Operatoren, die erst durch »klassische« Begriffe wie Ortsraum, Teilchen, Feld etc. gegeben wird. Die Postulate sollen *Vorbedingungen menschlichen Wissens in der Zeit* ausdrücken. Sie operieren im wesentlichen mit den für die Zeitmodi eingeführten Begriffen des *Faktums* und der *Möglichkeit*, sowie mit dem Begriff des *Zeitlaufs*. Als heuristische Prinzipien werden dabei zwei *Thesen* benutzt, die später in der Diskussion (Abschnitt 5) einer kritischen Interpretation unterworfen werden:

---

* Über nichtlokale verborgene Parameter eine Bemerkung im Abschnitt I 7.D3.

1. Fakten sind diskret.

2. Kontinua bezeichnen Möglichkeiten.

Dabei werden zwei später ebenfalls zu kritisierende, in der bisherigen Physik konventionell gebräuchliche mathematische Vereinfachungen benutzt:

    a. Der Lauf der Zeit wird durch einen reellen Parameter t beschrieben.

    b. Das Kontinuum der reellen bzw. komplexen Zahlen wird mengentheoretisch als Punktmenge beschrieben.

Philosophisch gesehen, erscheint dieses Verfahren als eine Anwendung des Gedankens von Kant, daß die Grundgesetze der Natur, so wie wir sie kennenlernen können, deshalb überall in der Erfahrung gelten, weil sie Bedingungen jeder möglichen Erfahrung aussprechen. Begriffe und Postulate, die auf diese Weise begründet werden, nennen wir (*AP* 8.1a, S. 330) *epistemisch*; solche aber, die auf spezielle Erfahrung begründet werden, haben wir *realistisch* genannt. Für die epistemische Begründung nehmen wir aber, anders als Kant, keine Gewißheit a priori in Anspruch. Die Begründung soll nur, wo möglich, der Reflexion plausibel sein; dazu tritt die Hoffnung, sie in der voll ausgebauten Theorie im Sinne semantischer Konsistenz bestätigt zu finden.

Im *Aufbau* ist die Rekonstruktion der abstrakten Quantentheorie der Gegenstand des zentralen 8. Kapitels. Die Arbeit Drieschner, Görnitz, Weizsäcker von 1988 (DGW 88) führt diese Rekonstruktion noch um einige Schritte weiter. Im folgenden bringt Abschnitt 3 eine detailliertere Fassung der Postulate und Abschnitt 5 eine weitergehende Begründung.

Inhaltlich ist die Absicht, die *konkrete Quantentheorie*, d.h. die historisch vorgegebene klassische Semantik der Quantentheorie (vgl. oben B5) und damit die in der konkreten Erfahrung heute benutzte Quantentheorie, möglichst vollständig direkt aus der abstrakten Quantentheorie herzuleiten. Dies wäre ein grundsätzlicher Schritt über die bisher historisch gegebene Quantentheorie hinaus. Die Quantentheorie wäre damit nicht mehr nur die bisher letzte der »abgeschlossenen Theorien«, sondern die heutige Fassung einer vollständigen Theorie der Physik.

Im *Aufbau* wird dieser Versuch im 9. und 10. Kapitel unternommen. Der erste Schritt ist dabei die Herleitung des dreidimensionalen *Ortsraums* einschließlich seiner Verbindung mit der *Zeit* in der *speziellen Relativitätstheorie*. Der Weg dazu ist die *Urhypothese*, d.h. die Zerlegung aller Alternativen der abstrakten Quantentheorie in binäre Alternativen, also *Ja-Nein-Entscheidungen*. Der Ortsraum wird hier begründet als Darstellungsraum der Symmetriegruppe SU(2) der Quantentheorie der binären Alternative. In *AP* 9.2b (S. 390–393) wird gezeigt, daß die Urhypothese für momentane Zustände mathematisch trivial ist. Im jetzigen Text, Abschnitt 7, soll gezeigt werden, daß dies auch für zeitabhängige Zustände gilt.

Der zweite Schritt ist dann die der heutigen relativistischen Quantentheorie geläufige Begründung der Begriffe von *Teilchen* und *Feldern* durch Darstellungen der fundamentalen Symmetriegruppe der speziellen Relativitätstheorie, der Poincaré-Gruppe. Dies ist im 9. Kapitel des *Aufbaus* beschrieben und wird hier in den Abschnitten 8 und 9 unter dem methodischen Begriff der *Iteration* (Abschnitt 6), d.h. der »mehrfachen Quantelung«, neu dargestellt. Hier wird das *Trägheitsgesetz* und damit die Theorie freier Teilchen im relativistischen Minkowskiraum rekonstruiert.

Der dritte Schritt ist der Versuch, die Gesetze der Wechselwirkung der Teilchen bzw. Felder ebenfalls theoretisch herzuleiten. Das ist im 10. Kapitel des *Aufbaus* als Programm skizziert. Mit dieser Arbeit sind wir auch heute noch beschäftigt. Im jetzigen Buch kann das heutige Bild dieses Programms nur kurz im Abschnitt 10 angedeutet werden. Viele Fragen sind noch offen, aber das Unternehmen scheint nicht aussichtslos.

Schließlich gewähren uns die Überlegungen begriffliches Material zu einer kritischen Reflexion auf die eingangs genannten konventionellen Vereinfachungen des *Kontinuums* (Abschnitt 11) und der *Zeit* (Abschnitt 12).

Philosophisch bedeutet dieses inhaltliche Programm die Zurückführung der Ontologie der klassischen Physik auf den Begriff der *Information*. Die Rekonstruktion der abstrakten Quantentheorie basiert auf dem Begriff der endlichen oder abzählbar unendlichen *Alternative möglicher Fakten*. Die Entscheidung einer Alternative liefert eine bestimmte Menge von Information; eine binäre Uralternative liefert ein *bit*, hier terminologisch ein *Ur* genannt. Man vermutet seit langem, daß Information ontologisch weder als Bewußtsein noch als Materie definiert werden kann; in *AP* 5.2 (S. 167) wählen wir die Definition »Information ist das Maß einer Menge von *Form*«. Im jetzigen Buch wird statt »Form« meist »Gestalt« gesagt. Philosophisch kommen wir auf den Sinn dieser Definition im jetzigen Kapitel unter D.3 und dann im 11. Kapitel zurück. Jetzt seien nur die logischen Abhängigkeiten zwischen den Begriffen angedeutet. In der Ontologie der klassischen Physik würde man »Form« als ein logisches Prädikat auffassen, das einer fundamentalen Realität zukommen kann: Form eines Körpers oder einer Kraft, Form im Raum, vielleicht auch in der Zeit. In der Herleitung der konkreten Quantentheorie wird jedoch der (Orts-)Raum als mathematischer Zustandsraum des »Urs«, also als ein Kontinuum von Möglichkeiten für Ja-Nein-Entscheidungen eingeführt, und Teilchen und Felder, also klassisch gesagt, Körper und Kräfte als Darstellungen der Symmetriegruppe dieses Kontinuums. Information ist dann der Grundbegriff, aus dem der traditionelle Begriff der Materie (res extensa) erst hergeleitet wird. Wir müssen den Aufbau näher betrachten, wenn wir ihn genauer philosophisch beurteilen wollen.

2. Zeitliche Definitionen

In diesem Abschnitt soll nur an die logischen Zusammenhänge zwischen einigen in zeitlichen Aussagen vorkommenden Begriffen erinnert werden, die wir nachher gebrauchen. Vgl. dazu das Kapitel *AP* 2, »Logik zeitlicher Aussagen«, und im jetzigen Buch I 6.4, »Aufriß der zeitlichen Logik«. Das Thema ist jetzt aber nicht die zeitliche Logik überhaupt, sondern nur die Erläuterung einiger sprachlicher Wendungen in der Rekonstruktion der Quantentheorie.

Wir betrachten zunächst *präsentische* Aussagen, wie z. B. »es regnet«. Wie nennen wir den Typus von Sachverhalten, welche solche Aussagen behaupten? Man nennt den Sachverhalt im Beispiel den »Regen«. Allgemein ist der Regen ein Beispiel für einen *Zustand* oder für ein *Ereignis*. Diese beiden Begriffe haben umgangssprachlich einen verschiedenen Klang. Von einem Zustand reden wir, wenn er länger andauert, von einem Ereignis, wenn es zu einer Zeit eintritt. Zustand: »Wie ist das Wetter? – Es regnet.« Ereignis: »Gerade fängt es an zu regnen.« Ein Ereignis kann oft als eine Änderung des Zustands beschrieben werden.

Nun erinnern wir an den Sprachgebrauch der historisch entstandenen Quantentheorie. Das, was man über ein bestimmtes individuelles Objekt zu einer bestimmten Zeit t wissen kann, nennt man seinen *Zustand zur Zeit t*. Ist es das maximal mögliche Wissen, so nennt man den Zustand auch einen »reinen Fall«. Im nachfolgenden Text gebrauche ich das Wort »Zustand«, wenn nichts anderes erläuternd gesagt wird, im Sinne von »reiner Fall«. Daß es überhaupt maximal mögliches Wissen über ein Objekt geben kann, ist selbst eine (mit der Diskretheit der Fakten zusammenhängende) spezifisch quantentheoretische Behauptung, deren Sinn und Grund wir im folgenden zu verstehen suchen werden. Man bezeichnet einen solchen Zustand gern mit dem Buchstaben ψ, den Zustand der Zeit t mit $\psi(t)$. Wie ändert sich nun ψ mit der Zeit, wie sieht also die Zeitfunktion $\psi(t)$ aus?

Auf diese Frage gibt die traditionelle Quantentheorie zwei Antworten, über deren Verhältnis zueinander in der Deutungsdebatte bis heute gestritten wird:

1. An einem unbeobachteten Objekt ändert sich ψ stetig mit der Zeit, gemäß der Schrödingerschen Differentialgleichung.

2. Bei Beobachtung ändert sich ψ unstetig; der neue Zustand kann nur mit einer aus ψ berechenbaren Wahrscheinlichkeit vorhergesagt werden.

Die Antwort 1. bezeichnet den Determinismus der unbeobachteten Zustandsänderung, die Antwort 2. das Ereignis einer Wahrnehmung.

Auf das grundsätzliche Deutungsproblem, das durch diese Doppelantwort erzwungen wird, gehen wir in D3 ein. Hier sei zunächst der pragmatisch erfolgreiche Sprachgebrauch benützt und erläutert, zu dem diese Antworten führen.

Wir gehen vom Zentralbegriff der *Wahrscheinlichkeit* aus, den wir als *Vorhersage einer relativen Häufigkeit* definieren (*AP* 3; *ZW* I 4). Wir erinnern uns zunächst an den Wahrscheinlichkeitsbegriff in der klassischen Physik, z. B. in der statistischen Mechanik, die der Thermodynamik zugrunde gelegt wird. Dort wird ein prinzipieller Determinismus vorausgesetzt; die Beschränkung auf Wahrscheinlichkeitsprognosen ist dann nur eine Folge unserer Unkenntnis der vollen kausal determinierenden Fakten. In dieser Theorie sind beide obigen Antworten legitim. Die Antwort 2. gibt an, was mit Wahrscheinlichkeit gemeint ist: neues Wissen führt zu neuen, veränderten Wahrscheinlichkeitsprognosen. Da sich aber der objektive, uns unbekannte Zustand des Objekts gemäß den Grundgleichungen der Mechanik stetig mit der Zeit ändert, werden sich im allgemeinen auch ohne Beobachtung die Wahrscheinlichkeiten stetig mit der Zeit ändern; nicht mehr als das besagt dann die Antwort 1. Sofern nun die Quantentheorie pragmatisch oder grundsätzlich auf die Forderung des verborgenen Determinismus verzichtet, ändert sich dadurch nichts an den beiden Antworten; nur muß dann, in Ermangelung der Voraussetzung verborgener strenger Kausalgesetze, die stetige Änderung der Wahrscheinlichkeiten einem neuen Gesetz, hier der millionenfach empirisch bewährten Schrödingergleichung, unterworfen werden.

Wir werden daher im folgenden die mit dem Begriff der Wahrscheinlichkeit gegebenen Strukturen des zeitlichen Geschehens als »epistemisch« voraussetzen und zusehen, welche Folgerungen schon aus ihnen gezogen werden können. Diese werden dann im Abschnitt 5 und nochmals im Teil D. Deutung diskutiert.

Zunächst sei an die Zeitmodi erinnert. Wahrscheinlichkeit ist die *Voraussage* der relativen Häufigkeit eines Ereignistyps. *Faktum* nennen wir ein vergangenes Ereignis, *Möglichkeit* die legitime Form der Erwartung eines zukünftigen Ereignisses. Wahrscheinlichkeit ist quantifizierte Möglichkeit. *Ereignis* ist Übergang einer Möglichkeit in ein Faktum. Wir diskutieren hier die Ereignisse zunächst nur am Beispiel *beobachtbarer Vorgänge*, in quantentheoretischer Sprache ausgedrückt, also im *Meßprozeß*. In D3 kommen wir jedoch auf den Begriff der unbeobachteten Ereignisse zurück.

Wir definieren nun noch ein paar nachher zu verwendende Begriffe. Zunächst den Begriff der *Alternative* (*AP* 8.3a.1, S. 344), erst in zeitlogischer, dann in inhaltlicher Ausdrucksweise.

Logische Definition. Eine n-fache Alternative A_n ist eine Menge von n Aussagen, die einander logisch ausschließen und von denen genau eine sich als wahr erweisen wird, wenn das Ereignis einer Überprüfung genau dieser Alternative real stattfindet.

Inhaltliche Definition. Eine n-fache Alternative A_n ist eine Menge von n einander ausschließenden Zuständen, von denen sich genau einer als gegenwärtig herausstellen wird, wenn das Ereignis einer Überprüfung genau dieser Alternative real stattfindet.

Die weiteren Definitionen geben wir nur in inhaltlicher Sprache (dazu z. B. DGW 88).

Bedingte Wahrscheinlichkeit. Seien x und y zwei formal mögliche Zustände. $p(x, y)$ heiße die Wahrscheinlichkeit, bei einer Messung y zu finden, wenn vorher x vorliegt.

Zusammengehörigkeit. Zwei Zustände x und y sollen zusammengehörig heißen, wenn ihre bedingten Wahrscheinlichkeiten $p(x, y)$ und $p(y, x)$ *naturgesetzlich* festgelegt sind.

Trennbarkeit. Zwei Zustände heißen trennbar, wenn sie nicht zusammengehörig sind. Zwei Alternativen heißen voneinander trennbar, wenn ihre Zustände voneinander trennbar sind. Eine Alternative heißt »trennbar« in der Näherung, in der sie von allen anderen Alternativen trennbar ist.

3. Postulate

Wir stellen nun die Postulate zunächst als Arbeitshypothesen auf, um ihre formale Struktur deutlich zu machen; ihre Begründung wird im Abschnitt 5 besprochen werden.

In den früheren Arbeiten (*AP* 8.3; DGW 1988; Görnitz, Ruhnau, Weizsäcker 1992) haben wir jeweils nur drei Postulate aufgestellt: 1. Existenz von Alternativen, 2. Erweiterung zum Zustandsraum, 3. Kinematik. Dabei wurden aber ungeklärte Deutungsprobleme in die Diskussion der Folgerungen aus den Postulaten verlagert. Daher sollen jetzt die Annahmen deutlicher voneinander getrennt werden. Das führt zunächst zu sieben Postulaten:

1. Alternativen. Zu jeder natürlichen Zahl n gibt es empirisch entscheidbare Alternativen A_n.

2. *Zustandsraum*. Zu jeder Alternative A_n gibt es einen kontinuierlichen Raum S_n von mit ihr zusammengehörigen Zuständen.

3. *Allgemeinheit*. Alle S_n zum gleichen n sind isomorph.

4. *Wahrscheinlichkeit*. Jeder Zustand $z \in S_n$ ist mit jedem Zustand $x_i \in A_n$ ($i = 1, 2 \ldots n$) durch bedingte Wahrscheinlichkeiten $p(z, x_i)$ verknüpft. Zu jedem Wahrscheinlichkeitsvektor $p_n = \{p(z, x_i) \ldots p(z, x_n)\}$ gibt es wenigstens einen Zustand $z \in S_n$.

5. *Symmetrie*. Alle Zustände in S_n sind »immanent ununterscheidbar«. D. h. es gibt eine Symmetriegruppe G_n von Abbildungen von S_n auf sich, welche ein beliebig gewähltes $y \in S_n$ in ein beliebig gewähltes $y' \in S_n$ so transformiert, daß alle bedingten Wahrscheinlichkeiten invariant bleiben: $p(z', x_i') = p(z, x_i)$.

6. *Kinematik*. Der real vorliegende Zustand ändert sich stetig mit der Zeit. Dabei bleiben die bedingten Wahrscheinlichkeiten in jedem S_n invariant.

7. *Variable Alternativen*. Welche Alternative zu einer Zeit t meßbar ist, hängt vom Zustand zur Zeit t ab.

4. Folgerungen

Wir suchen die mathematische Struktur des Raums S_n und der Gruppe G_n sowie die mit den beiden kinematischen Postulaten 6. und 7. vereinbaren Prinzipien der Dynamik.

Das Postulat 3. fordert, daß es nur *eine* mathematische Struktur von S_n zu gegebenem n gibt. Im *Aufbau*, S. 344, wurde dies als »unschädliche Allgemeinheit« bezeichnet. Die gesuchte Struktur für S_n ist die allgemeinste mit den Postulaten vereinbare. Spezielle Gesetze der Dynamik oder spezielle Anfangsbedingungen können bewirken, daß im Einzelfall nicht vom ganzen Raum S_n Gebrauch gemacht wird (z. B. Superauswahlregeln).

Für die Gruppe G_n beschränken wir uns auf lineare Darstellungen; die Möglichkeit nichtlinearer Darstellungen wurde auch im *Aufbau* nicht studiert. Wir suchen somit einen Vektorraum, in dem die Wirkung von G_n auf S_n dargestellt werden kann. Ein natürlicher Ansatz hierfür ist ein n-dimensionaler Vektorraum V_n, errichtet über den n Zuständen von A_n als Basisvektoren. In V_n definieren die bedingten Wahrscheinlichkeiten gemäß Postulat 4. eine gemäß der Symmetrieforderung des Postulats 5. für alle Zustände erklärte reelle nichtnegativ-definite Metrik. Die allgemeine Gruppe, welche diese Metrik gemäß Postulat 5. invariant läßt, ist, sofern V_n reell gewählt wird, die orthogonale Gruppe $O(n)$, sofern V_n aber komplex gewählt wird, die unitäre Gruppe $U(n)$.

Die Entscheidung für den komplexen Raum wird im *Aufbau* anders begründet als in DGW 88. In beiden Fällen spielt aber das Postulat der Kinematik die entscheidende Rolle. *AP* 8.3c3, S. 350–352: Es werde zuerst ein reeller Vektorraum doppelter Dimensionszahl V^R_{2n} angenommen. In ihm sei die Dynamik eine einparametrige orthogonale Gruppe. Ihr Generator kann nicht voll diagonalisiert, sondern nur auf 2×2-Kästchen längs der Diagonale reduziert werden. Dies ist äquivalent dem Generator einer einparametrigen unitären Gruppe im komplexen Vektorraum von n Dimensionen: V^C_n. Da die Energie bestimmt, was meßbar ist, wird alles in V^R_{2n} Meßbare in V^C_n beschrieben werden können.

DGW 88: Meßbare Größen müssen durch diagonalisierbare Operatoren beschrieben werden. Dies führt unmittelbar zum V^C_n.

Beide Begründungen beruhen auf demselben Gedanken der Meßbarkeit. Wir haben dies gelegentlich den »Darwinismus der Zustände« genannt: ein Zustand, der nicht zeitlich konstant bleiben kann, wird schwerlich beobachtet werden können.

Das Postulat der Kinematik, 6., gibt an, welche »Bewegungen«, also welche zeitlichen Änderungen des Zustands überhaupt möglich sein sollen. Ein Gesetz der Dynamik zeichnet dann, bei gegebenem Anfangszustand, eine eindimensionale Bewegung aus. Hier fragt sich nun, ob der Zustand in einem festen Raum S_n bleibt, oder ob er durch Räume mit verschiedenen n wandern kann. Die letztere Möglichkeit wird durch das Postulat 7. angeboten.

In *AP* 8 wurde ein fester Raum S_n vorausgesetzt. Bei konstanter Kraft wird die Bewegungsgruppe dann eine einparametrige Untergruppe von $U(n)$ sein. In *AP* 9 werden variable Alternativen eingeführt. Dann kann die eindimensionale Bewegungsgruppe nichtkompakt sein, also z. B. auch eine Trägheitsbewegung im euklidischen Raum darstellen.

5. Diskussion

Die Postulate scheinen geeignet, die abstrakte Quantentheorie herzuleiten. Was ist nun in ihnen tatsächlich vorausgesetzt? In welchem Umfang nähern sie sich dem Ziel einer epistemischen Begründung der Quantentheorie?

Die in *AP* 8.3 und den nachfolgenden Abhandlungen benutzten drei Postulate wurden dort (*AP*, S. 345–347) wie folgt beurteilt: Das erste Postulat, das der Existenz endlicher, trennbarer Alternativen, ist epistemisch, denn wir können nie mehr als endlich viele Fakten unterscheiden. Freilich ist die Trennbarkeit in Strenge falsch, denn alles hängt in Wahrheit mit allem zusammen. Das Postulat scheint so die Näherung zu bezeichnen, in welcher begriffliches Denken der Wirklichkeit gemäß sein kann. Das dritte Postulat, das der Kinematik, darf als epistemisch gelten, mit dem oben zitierten Argument des »Darwinismus der Zustände«, in der Version: nur ein Zustand, der die Wahrscheinlichkeitsbeziehungen zu den anderen Zuständen konstant hält, ist wiedererkennbar. Das zweite Postulat, das der Erweiterung zum kontinuierlichen Zustandsraum, auch Postulat des Indeterminismus genannt, muß hingegen als realistische Hypothese anerkannt werden.

Die neue Aufgliederung in sieben Postulate wurde vorgenommen, um diese Fragen genauer diskutieren zu können.

Oben, im Abschnitt 1., wurden zwei heuristische Thesen an die Spitze gestellt: Fakten seien diskret, Kontinua aber bezeichneten Möglichkeiten. Die vier ersten Postulate nehmen diese beiden Gedanken wieder auf. Die Entscheidung einer Alternative A_n ist ein Ereignis. Das Ergebnis der Entscheidung ist ein Faktum. Die möglichen Ergebnisse aber sind diskret zählbar: es gibt n mögliche Fakten als Resultate. Die Zustände in S_n sind durch Wahrscheinlichkeiten charakterisiert. Sie bilden ein Kontinuum, und Wahrscheinlichkeit ist quantifizierte Möglichkeit.

So lassen sich die vier ersten Postulate schon im Rahmen einer deterministischen klassischen Physik deuten. Die Wahrscheinlichkeiten p_n bezeichnen dann nur verschiedene unvollständige Kenntnisse des an sich zu jeder Zeit festliegenden Zustands x_i in A_n. Wir bleiben zunächst bei dieser klassischen Interpretation, denn in ihrem Rahmen treten Fragen auf, die uns in veränderter Form auch in der Quantentheorie wieder begegnen.

Die klassische Physik geht davon aus, daß die Wirklichkeit an sich kontinuierlich ist. Dies diskutiert in vielen Details der Aufsatz »Das Kontinuum«, den ich im zweiten Teil (II 7.C) abdrucke. Klassisch ist nur unser Wissen von der Wirklichkeit jeweils endlich und insofern, wenn man es voll aussprechen könnte, vielleicht in endlich viele Sätze zu fassen, die zählbar und in diesem Sinne diskret wären. Ich folge hier dem »unbeendeten Reigentanz« jenes Aufsatzes nicht, auf den wir später in den philosophischen Erwägungen zurückkommen werden, sondern formuliere die Konklusionen, zu denen er mich führt, jetzt nur in der Sprache des Physikers.

Aus dem Glauben an die Kontinuität der Wirklichkeit lassen sich klassisch zwei Argumente gegen die »zwei Thesen« folgern.

Erstens: Wahrscheinlichkeiten sind meßbar. Sie aber bilden ein Kontinuum. Eine gemessene Wahrscheinlichkeit ist ein Faktum. Also gibt es Kontinua von Fakten.

Die Antwort: Real meßbar sind nur relative Häufigkeiten bei endlich vielen Wiederholungen eines Versuches. Diese sind diskret. Der Raum S_n kann klassisch aufgefaßt werden als das ideale Ensemble von unendlich vielen Wiederholungen, das die Grenzwerte angibt, denen nach dem Gesetz der großen Zahl sich die relativen Häufigkeiten in den realen endlichen Ensembles mit überwiegender Wahrscheinlichkeit annähern werden. (Zur iterierten Verwendung des Wahrscheinlichkeitsbegriffs in dieser Definition vgl. *AP* 3, speziell S. 104–105 und S. 110–111). Strenggenommen also bleiben die Fakten diskret; Grenzwerte sind auch mathematisch als Möglichkeiten definiert. Wir werden aber im Abschnitt 6 genau auf diese Iteration zurückkommen.

Zweitens: Das obige Argument hat immerhin gezeigt, daß es bei Messungen in einem Kontinuum keine Schranke für die Annäherung der diskreten Meßwerte aneinander gibt. Dort also wird es keine Alternative A_n mit festem n geben. Das 1. Postulat erscheint demnach ungeeignet als Basis einer Theorie allgemeiner Naturgesetze.

Antwort: Spezielle Fälle endlicher, fixierter Alternativen gibt es auch in der klassischen Physik bei geeigneter Anordnung der Körper, z. B. A_6 für jeden guten Würfel. Aber in der Tat ist die Fassung des 1. Postulats angeregt durch die Ausgangserfahrungen der Quantentheorie (vgl. B.5). Wir können das Postulat insofern nicht als a priori epistemisch bezeichnen. Seiner Einführung im *Aufbau* ging die Analyse der thermodynamischen Unmöglichkeit einer klassischen Kontinuumsdynamik voraus (*AP* 7.1), also die Forderung nach Systemen mit diskreten Eigenwerten der meßbaren Variablen. Ferner werden wir im Abschnitt 9 eine Begründung kleiner Anzahlen n für fundamentale Alternativen finden; dies wäre ein Argument für die semantische Konsistenz des 1. Postulats.

Ein drittes Argument besprechen wir alsbald im Zusammenhang mit dem entscheidenden 5. Postulat, dem Postulat der Symmetrie von S_n, und damit im Rahmen der Quantentheorie. In der bisher besprochenen klassischen Deutung sind die Zustände in S_n außerhalb der Basis A_n Ausdruck eines Nichtwissens über den vorliegenden Basiszustand x_i. Die Symmetriegruppe G_n erlaubt, A_n in eine beliebige andere Basis in S_n zu transformieren. Damit bezeichnen alle Zustände in S_n gleichberechtigtes mögliches Wissen. Das ist das quantentheoretische »Mehrwissen« (B5).

Wir ziehen hieraus zunächst eine mathematische Konsequenz. Zwar definiert jeder Zustand in S_n einen Wahrscheinlichkeitsvektor p_n. Aber p_n legt den Zustand in S_n nicht eindeutig fest. Dies sei am einfachsten Beispiel eines Spins, also einer binären Alternative erläutert. Sei A_2 hier zunächst definiert als Messung der Spinkomponente in der z-Richtung, mit den möglichen Ergebnissen $\pm \hbar/2$. Nun geben alle Spinorientierungen, die in der x-y-Ebene liegen, $p = 1/2$ für beide möglichen Werte der z-Komponente. Es gibt also ein Kontinuum möglicher Zustände in S_n zum selben Wahrscheinlichkeitsvektor p. Wir werden dies im Abschnitt 6. näher beschreiben.

Vor diesem Hintergrund stellt sich nun die Frage, ob wir die »zwei Thesen« wenigstens im Sinne semantischer Konsistenz als epistemisch ansehen dürfen. Der Abschnitt 2 des Aufsatzes »Das Kontinuum« geht aus von der Gegenüberstellung zweier »Triaden« von je drei zusammengehörigen Begriffen:

Wirklichkeit – Kontinuität – Möglichkeit
Begrifflichkeit – Zahl – Aktualität.

Hiervon können wir jetzt Gebrauch machen.

Dem 1. Postulat entspricht die untere Triade. Die natürliche Zahl n charakterisiert eine Alternative zwischen begrifflich bezeichenbaren Zuständen, deren einer sich durch die Messung als Faktum ergeben wird. (Hier wäre »Faktizität« unserer jetzigen Sprechweise besser angepaßt als »Aktualität«, wie schon im Abschnitt 4 des Aufsatzes bemerkt.) Nun haben wir eingangs bemerkt, daß alles mit allem, trotz begrifflicher Trennung, in Wirklichkeit zusammenhängt. Also darf man eine Alternative A_n nicht in Strenge als trennbar ansehen. Es stellt sich die Frage, ob die Quantentheorie ein *Verfahren sukzessiver Selbstkorrektur* dieser Ansätze getrennter Alternativen anbietet. Dem werden wir von Abschnitt 6 an nachgehen, der eben darum den Titel »Iteration« trägt. Vorerst finden wir eine erste Selbstkorrektur eben im 2. bis 5. Postulat. S_n ist dann gleichsam die Wirklichkeit, in welche A_n eingebettet ist. Aber die Elemente von S_n sind ein Kontinuum von Möglichkeiten: die obere Triade.

Reden wir so, dann müssen wir »Wirklichkeit« scharf von »Faktizität« unterscheiden. Ebendiesen Unterschied hat die klassische Physik nicht gemacht; und der Wunsch nach Wiederherstellung dieser Gleichsetzung ist der Grund der unvollendeten »Trauerarbeit« in der Deutung der Quantentheorie. Fakten sind vergangen und unabänderlich; die Prognose künftiger Fakten aber bedient sich des Feldes der realen Möglichkeiten, die durch die bisherigen Fakten bestimmt sind. Fragen wir, warum Fakten diskret sind, so ist in der entwickelten Physik die Antwort: weil sie irreversibel sind. Irreversibilität aber ist Verlust der Kenntnis des Kontinuums der Möglichkeiten, quantentheoretisch gesagt, der Phasenbeziehungen zwischen den Zuständen. Hierauf kommen wir in D3 zurück.

Die Diskretheit der Fakten, als eine Voraussetzung des 1. Postulats, erscheint als Voraussetzung des begrifflichen Denkens und insofern als epistemisch; doch werden wir hierfür den Begriff des Kontinuums selbst noch kritisch betrachten müssen (Abschnitt 11). Ist nun aber das 5. Postulat, welches das Kontinuum fordert, epistemisch im Sinne eines adäquaten Denkens der Möglichkeiten?

Es scheint nicht ganz so. Die im 5. Postulat geforderte Symmetrie besagt, daß die Zustände von S_n immanent ununterscheidbar sind. Von außen her sind sie unterscheidbar (vgl. das analoge Phänomen in der Geometrie und Relativitätstheorie, I 5.2). D.h. die Symmetrie ist eine Folge der Behandlung aller in S_n enthaltenen Alternativen A_n als trennbar von der Außenwelt; insofern drückt sie wiederum ein Nichtwissen aus. Das Problem, das wir unter dem Titel »Iteration« angreifen werden, ist gerade, ob wir ein systematisches Verfahren zur weiterführenden Selbstkorrektur der Theorie entwickeln können. Wir finden also das 5. Postulat epistemisch nur im selben Sinne wie das 1. Postulat: als Ausdruck einer zur endlichen begrifflichen Beschreibung notwendigen zeitweiligen Selbstbeschränkung.

Wir kommen zu den beiden letzten Postulaten.

Das 6. Postulat, das der Kinematik, drückt zunächst nur die Zeitabhängigkeit allen Geschehens aus; das scheint epistemisch. Die Stetigkeit ist eine naheliegende Forderung. Unstetigkeit würde eine starke Einwirkung von außen bedeuten, also eine Verletzung der Trennbarkeit. In den nachfolgenden Abschnitten werden wir von der einfachsten Zeitänderung, der Trägheitsbewegung, ausgehen. Schließlich erscheint die Konstanz der Wahrscheinlichkeitsrelationen, wie vorher schon gesagt, als eine Vorbedingung der Wohldefiniertheit der Zustände. In allen Überlegungen dieser Art ist eine auch bei Kant notwendige Voraussetzung gemacht. *Ob* Erfahrung möglich ist, ist nicht a priori gewiß; Bedingungen der Möglichkeit von Erfahrung sind eben vorauszusetzen, wenn wir schon wissen, *daß* Erfahrung möglich ist.

Das 7. Postulat ist im *Aufbau* erst im 9. Kapitel erörtert, eben unter dem Titel »Variable Alternativen«. Das Prinzip der Kausalität in der Fassung der heutigen Physik besagt, daß der Zustand zu einer Zeit seine eigene Änderung determiniert. Nun gehört zu einem Zustand zu einer Zeit auch, welche Alternativen er als entscheidbar voraussetzt. Somit werden diese sich mit dem Zustand ändern können.

Zusammenfassend werden wir sagen dürfen: Wir haben die

Postulate nicht als zwingend epistemisch nachweisen können, aber sie dürften den Vorteil der Einfachheit für sich haben. Wir können uns also auf ihre Bewährungsprobe einlassen.

6. Iteration

Der Begriff der Iteration, der in den nun folgenden Abschnitten verwendet werden soll, kann definiert werden als *Anwendung eines wissenschaftlichen Verfahrens auf seine eigenen Resultate.*

Er hat einen ersten natürlichen Ort in der *Logik*. Logik ist die Wissenschaft über Begriffe, Aussagen, Schlüsse. Insofern sie Wissenschaft ist, operiert sie selbst mit Begriffen, Aussagen und Schlüssen. Kurz gesagt: Die Wissenschaft über Aussagen besteht selbst aus Aussagen: Also muß die Logik selbst den Gesetzen der Logik folgen (Kap. 5).

Analoges gilt für die Theorie der *Wahrscheinlichkeit*, wenn man sie als Erwartungswert einer relativen Häufigkeit definiert. Der Erwartungswert einer Größe ist ihr mit Wahrscheinlichkeit zu erwartender Wert. Definiert man relative Häufigkeit eines Ereignisses in einem Ensemble solcher Ereignisse, so ist deren Erwartungswert in einem Ensemble solcher Ensembles zu definieren. Dies ist, wie in *AP* 3.1–2 ausgeführt, kein Circulus vitiosus, sondern eine Folge des Verständnisses von Wahrscheinlichkeit als empirisch überprüfbare Größe.

Die Deutung der *Quantentheorie* in den Arbeiten über »Komplementarität und Logik« (*KL* I 1955, *KL* III 1958) lief formal auf das Ergebnis hinaus, das im vorigen Abschnitt geschildert ist. Es wurde damals als eine »nichtklassische Logik« beschrieben: Die möglichen Aussagen einer Alternative A_n bekommen »komplexe Wahrheitswerte« und definieren so einen komplexen Vektorraum V_n. Dann wurde damals gefolgert: Wenn Logik auf Logik anwendbar ist, dann müssen auch alle Aussagen, welche die komplexen Wahrheitswerte der Aussagen von A_n angeben, also alle Vektoren in V_n, wieder komplexe Wahrheitswerte erhalten können. Dies erwies sich als eine »naive« Version des Verfahrens der »zweiten Quantelung« (vgl. *AP* 7.4). Das Verfahren sollte dann weiter iterierbar sein als »*mehrfache Quantelung*«. Angewandt auf eine binäre Ausgangsalternative A_2, die später »Uralternative« genannt wurde, gestattete dieses Verfahren, in *KL* III den relativistischen Ortsraum (*AP* 9) und die kräftefreien Quantenfeldtheorien (*AP* 10.5) herzuleiten.

Die begriffliche Schwäche des Verfahrens lag damals in der logisch ungeklärten Bedeutung der »komplexen Wahrheitswerte«. Formal definierten sie den Vektorraum, in dem auch die algebraisch formulierte »Quantenlogik« (Birkhoff und v. Neumann, 1936; Mittelstaedt 1978; und zahlreiche weitere Autoren und Arbeiten) operiert. Gegenüber dem Einwand, daß alle diese algebraischen Strukturen mit Hilfe der klassischen Logik entwickelt sind und daher diese nicht durch eine neue Logik ersetzen könnten (z. B. Lorenzen 1955), habe ich versucht, die zeitliche Logik zu entwickeln. Die Aussagen der Logik, welche die algebraische Struktur beschreibt, sind zeitlose Aussagen und unterliegen der klassischen Logik. Die physikalischen Aussagen über konkrete Ereignisse aber sind zeitliche Aussagen, ihre Prognosen also futurische Aussagen. Diese haben Möglichkeiten (»Modalitäten«) als Wahrheitswerte, und in der Quantentheorie werden die Möglichkeiten durch komplexe Wahrscheinlichkeitsamplituden beschrieben. Die Iteration dieser futurischen Logik liegt dann in der Annahme, daß auch Wahrscheinlichkeiten durch relative Häufigkeiten meßbar sind und so von neuem diskrete Alternativen definieren, auf welche von neuem die Postulate 2.–5. angewandt werden können. Dieses Verfahren sei hier erläutert.

Wir gehen aus von einer *R*-fachen Alternative A_R mit den Zuständen $x_r (r = 1 \ldots R)$. (Der Buchstabe *n* soll für die nächsthöhere Stufe der Iteration vorbehalten bleiben.) Um einfacher argumentieren zu können, setzen wir zuerst voraus, der Vektorraum V_R sei *reell* (*R* bedeutet aber hier *nicht* die reellen Zahlen, sondern ist eine natürliche Zahl). Wir beschränken uns auf die Vektoren, die auf Eins normiert sind; ihre Komponenten sollen u_r heißen. Dann ist die Wahrscheinlichkeit, den Zustand x_r zu finden,

$$p_r = (u_r)^2 \qquad (6.1)$$

Der Betrag von u_r gilt als meßbar durch die relative Häufigkeit, mit der x_r in einem endlichen Ensemble von n Messungen vorkommt. x_r komme n_r-mal vor; dann gilt

$$n = \sum_r n_r \qquad (6.2)$$

p_r wird also repräsentiert durch den Erwartungswert

$$p_r = \text{Erw} \left[\frac{n_r}{n} \right] \qquad (6.3)$$

Vom Vektor u_r ist aber durch p_r nur der Betrag bestimmt; dazu kommt ein Vorzeichen $\text{sign}(r)$. Also ist das u_r, soweit es als meßbar gelten darf, definiert als

$$u_r = \text{sign}(r) \, \text{Erw} \sqrt{\frac{n_r}{n}} \qquad (6.4)$$

Das Vorzeichen $\text{sign}(r)$ wird hier als meßbar vorausgesetzt. Die Unterscheidbarkeit von $u_r = +\sqrt{p_r}$ und $u_r = -\sqrt{p_r}$ ist genau das durch das 5. Postulat eingeführte quantentheoretische »Mehrwissen«. Man bestimmt das Vorzeichen, indem man eine gegen A_R in V_R gedrehte Alternative entscheidet. Sei z. B. $R = 2$, so liegen im reellen Vektorraum alle auf Eins normierten Vektoren n auf dem Einheitskreis einer Ebene. Man schreibe

$$u = \begin{bmatrix} u_1 \\ u_2 \end{bmatrix} \qquad (6.5)$$

Die Alternative A_r unterscheide die Basisvektoren

$$u^{(1)} = \begin{bmatrix} 1 \\ 0 \end{bmatrix} \qquad\qquad u^{(2)} = \begin{bmatrix} 0 \\ 1 \end{bmatrix} \qquad (6.6)$$

Ein Vektor, der den Winkel zwischen beiden halbiert, Eigenvektor der zu A_r gedrehten Alternative $A_{r'}$, kann lauten

$$u^{(1)'} = \frac{1}{2} \begin{bmatrix} \sqrt{2} \\ \sqrt{2} \end{bmatrix} \text{ oder } u^{(2)'} = \frac{1}{2} \begin{bmatrix} \sqrt{2} \\ -\sqrt{2} \end{bmatrix} \qquad \begin{matrix} (6.7) \\ (6.8) \end{matrix}$$

Bemerkt sei, daß die absolute Phase in der Quantentheorie nicht als meßbar gilt, also $u^{(1)}$ und $-u^{(1)}$ nicht unterschieden werden, und ebenso nicht $u^{(1)'}$ und $-u^{(1)'}$ bzw. $u^{(2)'}$ und $u^{(2)}$. Es gelten also nicht beide sign(1) und sign(2) als meßbar, sondern nur ihr Quotient. Real wird das Vorzeichen bestimmt, indem man z. B. durch Präparation ein Ensemble von lauter Zuständen $u^{(1)'}$ erzeugt und dann die relativen Häufigkeiten n_1 und n_2 mißt; dann steht fest, daß sign(1) und sign(2) gleich sind.

Nun gehen wir zum *komplexen* Vektorraum über. Wir schreiben

$$u_r = x_r + iy_r \tag{6.9}$$

und stellen x_r und y_r gemäß (6.4) dar. Dazu führen wir formal eine zweite diskrete Variable $k = 1,2$ ein und schreiben

$$u_r = \text{sign}(r, 1)\, \text{Erw} \sqrt{\frac{n_r(1)}{n(1)}} + i\,\text{sign}(r, 2)\, \text{Erw} \sqrt{\frac{n_r(2)}{n(2)}} \tag{6.10}$$

mit

$$n_r(1) + n_r(2) = n \tag{6.11}$$

Die Basisvektoren $u^{(S)}$, $(S = 1, \ldots, R)$ im komplexen V_R sind dann gegeben durch

$$u_r^{(S)}(1) = \delta_{rS} n(1) \qquad u_r^{(S)}(2) = 0 \tag{6.12}$$

Hiermit ist für jedes n eine Alternative A_n definiert, welche das endliche Ensemble beschreibt. Wie hierauf dann die Postulate 2. bis 7. anzuwenden sind, besprechen wir im Abschnitt 8.

7. Uralternativen

Die Iteration bietet uns nun die mathematischen Mittel, die konkrete Quantentheorie inhaltlich aus der abstrakten Theorie zu rekonstruieren (*KL* III, *AP* 9). Als Ausgangspunkt wählen wir eine binäre Alternative A_2, die wir die Uralternative nennen. Das »Subobjekt«, dessen Zustände im zugehörigen V_2 dargestellt werden, nennen wir das Ur. Die Theorie des Urs ist also die Quantentheorie eines bits, der Ausgangspunkt einer Quantentheorie der Information. Schon der zweite Quantelungsschritt, also die erste Iteration der Quantentheorie, führt uns dann in den abzählbar unendlich-dimensionalen Hilbertraum, dessen Basis die endlichen Ensembles von Uren sind.

Zuerst stellen wir die Frage, ob wir damit ein neues Postulat, die »*Urhypothese*«, eingeführt haben. Im *Aufbau* wird die Vermutung ausgesprochen, daß die Urhypothese mathematisch trivial, d. h. eine aus der abstrakten Quantentheorie herleitbare Aussage sei. Letzteres würde bedeuten, daß jede beliebige Aussage der Quantentheorie in der Sprache der Urhypothese ausgedrückt werden könne. Die Urhypothese würde dann möglicherweise genau diejenige Semantik zur abstrakten Quantentheorie hinzufügen, welche geeignet wäre, die konkrete Quantentheorie auszusprechen. In *AP* 9.2b, S. 390–393, wird diese Frage aufgegriffen. Die Urhypothese müßte in drei Ebenen mathematisch trivial sein: in der Ebene der Logik, des Zustandsraums und der Kinematik. Für die ersten beiden Ebenen wird die Trivialität dort gezeigt; für die Kinematik konnte ich sie dort vermuten, aber nicht beweisen. Der Beweis soll hier nachgeliefert und interpretiert werden.

In der *Logik* erscheint die Trivialität evident. Jede n-fache Alternative kann durch k Ja-Nein-Entscheidungen entschieden werden, wenn $2^k \geq n$ ist. Wir werden aber im folgenden von einer speziellen, ebenfalls trivial möglichen Zerlegung der A_n Gebrauch machen, nämlich in genau $n-1$ *inhaltlich identische* Ja-Nein-Entscheidungen. Hier ist schon rein logisch von einem Sachverhalt Gebrauch gemacht, den wir die *Relativität der Ure* (*AP* 9.3) nennen werden: man kann für dieselbe Alternative A_n sehr viele A_2-Zerlegungen wählen, die mathematisch aufeinander abbildbar sind.

Dies sei am einfachen Beispiel der Zerlegung einer A_4 erläutert. Ihre vier logisch möglichen Antworten sollen a_1, a_2, a_3, $a_4 : a_i$ ($i = 1, 2, 3, 4$) heißen. Wir zerlegen sie auf drei verschiedene Weisen in je zwei binäre Alternativen:

$b_1: i$ ist klein   ($i = 1, 2$); $b_2: i$ ist groß   ($i = 3, 4$)

$c_1: i$ ist ungerade ($i = 1, 3$); $c_2: i$ ist gerade   ($i = 2, 4$)

$d_1: i$ liegt außen ($i = 1, 4$); $d_2: i$ liegt innen ($i = 2, 3$).   (7.1)

Es folgt

$$a_1 = b_1c_1 = b_1d_1 = c_1d_1$$
$$a_2 = b_1c_2 = b_1d_2 = c_2d_2$$
$$a_3 = b_2c_1 = b_2d_2 = c_1d_2 \qquad (7.2)$$
$$a_4 = b_2c_2 = b_2d_1 = c_2d_1$$

Bei diesen sparsamen Zerlegungen sind alle drei binären Alternativen verschieden; in der Sprache der Quantentheorie vorausgenommen: die so definierten Ure sind unterscheidbar. Wir können aber auch identische Ja-Nein-Entscheidungen, also ununterscheidbare Ure wählen. Es bedeute

$$e_1: i \text{ bleibt gleich;} \quad e_2: i \text{ wird um 1 vergrößert} \qquad (7.3)$$

Dreimal angewandt bedeutet dies:

$$a_1 = e_1e_1e_1, a_2 = e_1e_1e_2, a_3 = e_1e_2e_2, a_4 = e_2e_2e_2 \qquad (7.4)$$

Sowohl die b, c, d wie die e sind jeweils kommutative Operatoren:

$$b_1c_1 = c_1b_1 \text{ etc. } e_1e_1e_2 = e_1e_2e_1 = e_2e_1e_1 \qquad (7.5)$$

Auch im *Zustandsraum* ist die Trivialität evident. Ein n-dimensionaler komplexer Vektorraum läßt sich so in das Tensorprodukt von k zweidimensionalen Vektorräumen mit $2^k \geq n$ abbilden, daß seine lineare und metrische Struktur erhalten bleibt. Aus k unterscheidbaren Uren läßt sich ein 2^k-dimensionaler Tensorraum T_k aufbauen. Dabei bezeichnet die Stelle eines Urs im Tensor seinen Typ. Im obigen Beispiel: Man hebt etwa die Kommutativität von b_r und c_r ($r = 1, 2$) auf; man schreibt statt dessen vor, daß in einem Basistensor rs die erste Stelle den Index von b, die zweite Stelle den Index von c bezeichnen soll. Damit wird

$$a_1 = 11, a_2 = 12, a_3 = 21, a_4 = 22 \qquad (7.6)$$

Man kann dies die Boltzmann-Statistik der Ure nennen. Der Operator e hingegen bezeichnet Bose-Statistik der Ure. Hier ist die Dimensionszahl des Tensorraums $n = k+1$, und man pflegt die Tensoren symmetrisiert zu schreiben:

$$a_1 = 111, a_2 = 112 + 121 + 211,$$
$$a_3 = 122 + 212 + 221, a_4 = 222 \qquad (7.7)$$

Im *Aufbau* machen wir zunächst nur von ununterscheidbaren Uren Gebrauch, also von Bose-Statistik der Ure. Hierfür lassen sich zwei Gründe angeben, ein innertheoretischer und ein anwendungsbezogener.* Innertheoretisch: Die Unterscheidung der Ure ist jeweils auf die Alternative A_n bezogen, der sie angehören. Nun führt das 7. Postulat zu variablen Alternativen. Es erscheint schwer, zu erkennen, wie die auf ein A_n bezogenen speziellen Ure mit solchen aus A_{n+x} bei beliebigen x identifiziert werden sollen. Anwendungsbezogen: Im vollen Tensorraum

$$T = \sum_k T_k \qquad (7.8)$$

wird die Gruppe SU(2) als Symmetriegruppe des einzelnen Urs dargestellt (nachher, mit Anti-Uren, SU(2,2)). Ebendies führt zur Herleitung des relativistischen Ortsraums. Dies ist keineswegs die volle Gruppe SU(2^k) des T_k mit unterscheidbaren Uren. Wenigstens im Transformationsverhalten also werden die Ure nicht unterschieden. Es ist kaum zu sehen, welchen Sinn dies für zwei Ure wie b und c im obigen Beispiel haben könnte, wohl aber für die e.

Nun folgt die Frage, ob die Urhypothese auch in der *Kinematik*, also der Zeitabhängigkeit mathematisch trivial sein kann. Dies scheint zunächst unplausibel, da die abstrakte Quantentheorie beliebige dynamische Gesetze zuläßt. Doch ist

---

* Das Argument in *AP*, S. 393, für die Ununterscheidbarkeit der Ure ist nicht zwingend. Dort wird zur Begründung gesagt, »daß eine Unterscheidung zweier Ure wieder eine Alternative wäre, die ihrerseits auf Ure zurückführbar sein sollte«. Im Fall der Parabose-Statistik für Ure (*AP* 10.2d, S. 424–429) werden Ure zwar nicht individuell unterschieden, aber es gilt als entscheidbar, wie viele Ure eines Zustands in jeweils einem Teilchen enthalten sind. Dazu unten Abschnitt 10.

auch hier die Relativität der Ure zu berücksichtigen. Zunächst sei an die Hamilton-Jacobische Theorie der klassischen Punktmechanik erinnert. Es gibt dort, bei gegebener Hamilton-Funktion von Ort und Impuls, stets eine kanonische Transformation auf Wirkungs- und Winkel-Variable, d. h. auf eine Trägheitsbahn. Dabei wird freilich meist die Topologie im Großen verändert; sonst könnte ja z. B. eine geschlossene Bahn nicht auf die Trägheitsgerade projiziert werden. Läßt man diese Veränderung zu, so ist klassisch jedes differenzierbare dynamische Gesetz auf jedes andere abbildbar. Zur empirischen Deutung läßt man dann nur diejenige Topologie im Großen zu, die unserem Anschauungsraum entspricht; in ihm bleiben dann noch die üblichen Transformationen der Galilei-Gruppe zulässig.

Analog können wir in der Quantentheorie vorgehen. Der momentane Zustand in einem separablen Hilbertraum läßt sich stets in abzählbar unendlich viele ununterscheidbare Ure zerlegen. Sei nun im Hilbertraum ein Hamiltonoperator H angesetzt, der alle Vektoren mit e^{-iHt} transformiert. Dann wählen wir im Sinne der Relativität der Ure eine willkürliche Transformation aller Vektoren mit e^{iHt}. Sie transformiert den zeitabhängigen Hilbertraum auf Ruhe. So lassen sich alle Dynamiken ineinander transformieren. Dabei kann eine noch viel wildere Transformation der Variablen als in der klassischen Mechanik eintreten: jedes Ur in irgendwelche anderen. Nun fragen wir wieder, wie eine Dynamik aussieht, die unserer üblichen Beschreibung im Ortsraum entspricht.

Der Weg, den wir hierzu faktisch gehen werden, rekonstruiert zunächst, ausgehend vom Ur, durch Iteration den Minkowski-Raum (Abschnitt 9). Wir sehen also, daß uns die Urhypothese unmittelbar eine Darstellung des empirisch gegebenen Ortsraums liefert. Ihre mathematisch trivial mögliche Einführung scheint also in der Tat zugleich »naturgemäß« zu sein.

8. Erste Stufe

Wir betrachten nun in drei Stufen, also mit zweimaliger Iteration, die Rekonstruktion der konkreten Quantentheorie, ausgehend von einem *einzelnen Ur* als erster Stufe. Mathematisch ist dies im *Aufbau* dargestellt, soweit es uns bisher gelungen ist:

die erste Iteration, also die ersten beiden Stufen, in *AP* 9, die zweite Iteration, also die dritte Stufe, ansatzweise in *AP* 10. Dies zu wiederholen oder nach jetziger Einsicht weiterzuführen, ist nicht die Absicht des gegenwärtigen philosophischen Buchs; der Leser muß hierfür auf die beiden zitierten Kapitel im *Aufbau* verwiesen werden. Dort war aber der Gesichtspunkt der *Iteration* nicht konsequent benützt. Das soll hier nachgeholt werden.

Wir beginnen also mit einer binären Alternative A_2 und deren Quantentheorie. Das ist eine quantentheoretisch wohlbekannte Theorie, formal als die Paulische und, relativistisch, die Diracsche Theorie des Spins. Diese Theorie, im V_2, habe ich in *KL* II (1958) im Detail dargestellt und auf mehrere Beispiele binärer Alternativen angewandt: das Elektron, die Polarisation des Photons, die Entscheidung in der Fermi-Statistik, ob ein Zustand besetzt oder unbesetzt ist. Dort wurde dann die Hypothese (aus *KL* I, 1955) diskutiert, es gebe eine ausgezeichnete A_2, die später als *Uralternative* bezeichnet wurde, deren Zustandsraum den Ortsraum der traditionellen Physik begründet. Ihre Symmetriegruppe SU(2) wurde als zweifache Überlagerung der Drehgruppe SO(3) im dreidimensionalen Raum aufgefaßt. Der Darstellungsraum der SO(3) wurde in *KL* III (1958) von Scheibe, Süssmann und mir als Impulsraum beschrieben, in dem – der affinen Gruppe des $V_2 = C^2$ entsprechend – auch die homogene Lorentzgruppe SO(3,1) natürlich dargestellt werden kann* (dazu *AP* 10.5).

Wir folgen jetzt aber der von Castell (1975) eingeführten Version der Theorie (*AP* 9.3e, S. 404–409). Hier ist wesentlich die Einführung des *Anti-Urs*. Die Quantentheorie im V_2 läßt außer der U(2) auch die Komplexkonjugation als Symmetrie zu. Analog zur Antimaterie postulierte Castell ein dem Ur durch Komplexkonjugation zugeordnetes Anti-Ur. Diese antilineare Transformation läßt sich linear darstellen, wenn man dem Ur nicht zwei, sondern vier Zustände zuschreibt, deren zwei letztere das Anti-Ur darstellen. Dies läßt sich im Sinne des hier vorgeführten Aufbaus wie folgt kinematisch ausdrücken:

---

* Analog, aber verschieden und unabhängig von uns, hat D. Finkelstein (1968), von einer A_2 ausgehend, ihren Darstellungsraum als Ortsraum beschrieben.

Wir müssen entscheiden, ob wir eine bestimmte Dynamik für das Ur als natürlich ansehen und daher als Arbeitshypothese voraussetzen können. Hierzu diene eine grundsätzliche Erwägung über *Formen der Dynamik*. In der klassischen Physik kann man vier Stufen der Beschreibung von Kräften unterscheiden, die auf einen Körper wirken und im Prinzip als verschiedene Näherungen der Wechselwirkung zwischen Körpern gelten können:

a) Trägheitsbewegung
b) konstante äußere Kraft
c) zeitlich variable äußere Kraft
d) den Körper auflösende oder umgestaltende äußere Kraft.

Für ein Ur würde dies wohl bedeuten

a) Bewegung gemäß der in der U(2) enthaltenen U(1),
b) Bewegung längs einer Untergruppe der SU(2),
c) zeitlich differentielle Bewegung längs solcher Untergruppen,
d) Erzeugung oder Vernichtung von Uren.

Gehen wir nun von einem als isoliert gedachten Ur aus, so kommt nur die Trägheitsbewegung in Betracht, also mit $e^{\pm i\omega t}$. Sei $\omega > 0$ so definiert, so bedeutet dies zwei mögliche Bewegungen, mit $e^{+i\omega t}$ und $e^{-i\omega t}$. Wir nennen, gemäß der üblichen Konvention, das mit $e^{-i\omega t}$ bewegte bit ein Ur, das mit $e^{+i\omega t}$ bewegte ein Anti-Ur.

9. Zweite Stufe

Wir führen nun die erste Iteration aus. Dies ist genau der in *AP* 9.3e ausgeführte Aufbau. Wir beginnen mit einem Ur, dem wir die vier möglichen Zustände, zwei des Urs und zwei des Anti-Urs, zuschreiben; wir nennen dies auch das Vierer-Ur. Wir setzen die im Abschnitt 6 als R bezeichnete Dimensionszahl des Vektorraums V_R als $R = 4$. Die Wahrscheinlichkeiten, welche durch die vier Komponenten n_r ($r = 1, 2, 3, 4$) definiert sind, betrachten wir als meßbar als relative Häufigkeiten in den endlichen Ensembles aus n Vierer-Uren. Die Viererure gelten hier als ununterscheidbar. Das Ur ist vom Anti-Ur unterschieden durch das Vorzeichen seiner Frequenz; andere kennzeichnende Unterschiede sind durch die gewählte Uralternative nicht gegeben.

Jedes endliche Ensemble ist eine Alternative. Wir bilden zu ihr wieder einen Zustandsraum. Er kann als der Raum symmetrischer Tensoren zu den Räumen der n in ihm enthaltenen Viererure geschrieben werden; in AP 9 heißt er $\overline{T}_n$. Jeder Basistensor in $\overline{T}_n$ ist charakterisiert durch vier natürliche Zahlen n_r ($r = 1, 2, 3, 4$) mit

$$n_1 + n_2 + n_3 + n_4 = n \qquad (9.0)$$

Die n_r geben an, wie viele Basisvektoren zum Index r in dem betreffenden Basistensor vorkommen. Die Gesamtheit aller endlichen Ensembles erfüllt den vollen symmetrischen Tensorraum

$$\overline{T} = \sum_n \overline{T}_n \qquad (9.2)$$

Wie Castell gezeigt hat (AP, S. 407), läßt sich in $\overline{T}$ die Gruppe SU(2,2) und damit die konforme Gruppe der speziellen Relativitätstheorie SO(4,2) darstellen. Es ist die »realistische Hypothese« (AP 9.3a, S. 396–399), daß diese so formal gefundene Gruppe mit der empirisch bekannten nicht nur isomorph, sondern inhaltlich identisch ist. Hierbei ist das Energievorzeichen des Anti-Urs positiv zu wählen. Die nichtlineare Komplexkonjugation wird nämlich linear dargestellt, indem der Zustandsvektor

$$u = \begin{bmatrix} u_3 \\ u_4 \end{bmatrix} \qquad (9.3)$$

des Anti-Urs ersetzt wird durch einen Vektor, der durch einen selbst die Komplexkonjugation enthaltenden Operator K definiert ist (AP, S. 405, Gl. (4)):

$$K \begin{bmatrix} u_3 \\ u_4 \end{bmatrix} = \begin{bmatrix} -\overline{u}_4 \\ +\overline{u}_3 \end{bmatrix} \qquad (9.4)$$

Die Operation entspricht der Einführung der Antimaterie in der Quantenfeldtheorie; wie die Anti-Teilchen hat das Anti-Ur »negative Frequenz«, aber in der zweiten Quantelungsstufe »positive Energie«. Die Gesamtenergie eines Ensembles aus n Viereruren ist (S. 407, Gl. (7))

$$E = \omega \, (n+2) \tag{9.5}$$

wenn jedes Viererur die Energie ω hat; der Summand 2 ist die Nullpunktsenergie beider Arten von Uren.

Dieser Formalismus der Iteration läuft nahezu auf die oben im Abschnitt 6 geschilderte »naive mehrfache Quantelung« von *KL* III und *AP* 10.5 hinaus, in welcher jedem komplexen Vektor wieder eine komplexe Zahl als »Wahrheitswert« zugeordnet wird. Die relativen Häufigkeiten, die als meßbar aufgefaßt werden, sind zwar nur rationale Zahlen zwischen Null und Eins. Aber außerdem gelten die Vorzeichen als meßbar. Diese werden faktisch gemessen durch die Entscheidung einer gedrehten Alternative $A_n{}'$. Dabei wird, in der noch etwas schlampigen Beschreibung des Verfahrens, auf die wir uns hier beschränken, das jeweilige Vorzeichen durch ein hinreichend großes Ensemble genau gleich präparierter Zustände ψ, an denen $A_n{}'$ gemessen wird, mit hinreichend guter Wahrscheinlichkeit bestimmt.

Eine weitere Deutungsfrage, die wir hier offenlassen, betrifft die Bedeutung der absoluten Häufigkeiten. Es mögen zwei konkrete Ensembles verschiedener Größe gegeben sein, z. B. eines von n Fällen, eines von $2n$ Fällen. Die binäre Alternative A_2 habe bei einer Messung im ersten Ensemble die absoluten Häufigkeiten n_1 und n_2 mit

$$n_1 + n_2 = n \tag{9.6}$$

ergeben, die Messung im zweiten Ensemble genau $2n_1$ und $2n_2$:

$$2n_1 + 2n_2 = 2n \tag{9.7}$$

Die relativen Häufigkeiten sind also in beiden Fällen dieselben. Also wird man denselben Zustand der ersten Stufe gefunden haben. Es wäre aber sinnvoll für die nochmalige Iteration in die dritte Stufe hinein, diese beiden Ensembles der zweiten Stufe zu unterscheiden. Das würde, in der ersten Stufe ausgesprochen, unnormierte Wellenfunktionen bedeuten. Genau das war das Verfahren der Arbeit *KL* III. Im *Aufbau* ist es als »dritter Weg« der Rekonstruktion (*AP* 8.4–5) beschrieben; die Zustände werden dann nicht als »stationär«, sondern als Ströme beschrieben.

Schließlich die Frage der Dynamik. Von einem statistischen
Ensemble freier Teilchen wird man voraussetzen wollen, daß es
sich ebenfalls nach den Bewegungsgesetzen freier Teilchen bewegt. Gleichwohl kann ein Term zur Energie hinzutreten infolge des 7. Postulats, der variablen Alternativen, die in unserer
ersten Stufe, als einer festen Alternative, nicht berücksichtigt
werden konnten; das entspricht dem obigen Kräftetyp d.
Hierzu müssen wir nun die mit der konformen Gruppe vereinbaren »Weltmodelle« betrachten. In *AP*, S. 408–409, werden
drei solche Modelle genannt: die beiden de Sitter-Welten mit
den Gruppen O(3,2) bzw. O(4,1), und der Minkowski-Raum
mit der Poincaré-Gruppe E(3,1). Wir bleiben zunächst beim
Minkowski-Raum. Seine Symmetrie hat sich fast automatisch
aus der einmaligen Iteration einer Uralternative ergeben. Wenigstens für freie Objekte scheint also die naive Fassung der
Urhypothese der Erfahrung angemessen; ein Rekurs auf die
»Relativität der Ure« erscheint hier nicht nötig. In der Poincaré-
Gruppe ist nun aber die Zeittranslation nichtkompakt, kann
also durch den Generator E aus (9.5) nicht erzeugt werden. Ein
nichtkompakter Summand tritt hinzu (*AP*, S. 408, Gl. (11)).
Dieser Summand erzeugt und vernichtet Ure und konnte
darum in der ersten Stufe nicht auftreten. Analoges wird in allen Weltmodellen mit offener Zeit geschehen.

Wir sehen, daß unsere zweite Stufe das Weltmodell nicht festlegt. Auch eine sphärische Welt wäre möglich. Es liegt nahe, als
Darstellungsraum des Orts-Teils der Symmetrie des Urs, also
von SU(2), diese Gruppe selbst, als metrischer Raum betrachtet, zu wählen; dies ist eine dreidimensionale Kugeloberfläche
S^3, die man in einem vierdimensional euklidischen Raum ein-
betten kann. Dies ist Einsteins Weltmodell (*AP* 9.3b, S. 399–
402); dazu Görnitz (1986, 1988[1], 1988[2])).

Hier ist es natürlich, die Anzahl der Ure als wesentlich endlich anzusehen. Die offene Zeit in diesem Modell wird dann, gemäß obiger Überlegung, zur Erzeugung und Vernichtung von
Uren führen, voraussichtlich zum Wachstum ihrer Anzahl, was
einer Weltexpansion entspräche.

Hier seien drei Bemerkungen zur empirischen Überprüfung
der Annahmen gemacht.

1. In der Diskussion (oben, Abschnitt 5) trat die Schwierig-

keit auf, daß zwar endliche Messungen stets diskrete Resultate erzeugen, daß aber damit noch keine endlichen Alternativen A_n zu festen, vielfach empirisch (z. B. beim Spin) sogar kleinen n ausgezeichnet sind. Das Ur liefert sofort solche Alternativen, auch für Teilchen, die aus sehr vielen Uren bestehen. Z. B. unterscheidet sich im Castellschen Modell des Neutrinos (*AP* 10.4b, S. 442–445) ein Neutrino von einem Antineutrino nur dadurch, daß die Differenz der Anzahlen der Ure von derjenigen der Anti-Ure (2*s* in Gl. (8), S. 407) im Neutrino +1, im Antineutrino −1 ist.

2. Im Einstein-Raum mit dem heute plausiblen Radius müßte es gemäß *AP* 10.6d (S. 474–475) etwa 10^{120} Ure und etwa 10^{80} Nukleonen geben, im Einklang mit der heute abschätzbaren Größenordnung.

3. Görnitz (1986, 1988[1]) hat gezeigt, daß der von Bekenstein (1973) und Hawking (1975) berechnete Entropiegewinn eines schwarzen Loches durch den Sturz eines Nukleons in es maximal gerade die 10^{40} bits, also Ure beträgt, die nach der obigen Abschätzung in einem Nukleon enthalten sein sollten.

Wie Castell gezeigt hat, sind jedoch im Minkowski-Raum gemäß seiner bisher durch unsere Iteration entstandenen Darstellung der SO(4,2) nur einzelne masselose Teilchen als irreduzible Darstellungen der Poincaré-Gruppe möglich. Die zweite Stufe reicht also sicher nicht zur Beschreibung der bekannten Teilchen und Felder aus.

10. Dritte Stufe

Der Tensorraum $\bar{T}$ ist abzählbar unendlichdimensional. Seine hier betrachtete Basis wird gebildet durch alle endlichen Quadrupel $\{n_r\}$ (*r*=1, 2, 3, 4). Für die nächste Iterationsstufe brauchen wir alle endlichen Ensembles solcher Quadrupel. Jedes solche Ensemble sei durch eine natürliche Zahl *p* gekennzeichnet, welche nun Funktion der unendlich vielen Quadrupel ist:

$$p(\{n_r\}) \tag{10.1}$$

Was für Strukturen hierdurch erzeugt werden, vergegenwärtigen wir uns zunächst an einem einfachen Beispiel: *p* soll eine universelle Konstante sein, z. B. *p* = 2 für alle Quadrupel. Dann gibt es jedes Quadrupel genau zweimal. Ein Tensor, der ein solches Doppelquadrupel darstellt, darf natürlich nicht mehr symmetrisch sein; sonst wäre er ja einfach das Quadrupel $\{2n_r\}$. Die Ure der beiden Quadrupel eines solchen Paars müssen also unterscheidbar sein und sich gegenseitig ausschließen. Es liegt nahe, ihnen Fermi-Statistik zuzuschreiben. Ein Modell dieser Struktur ist die Parabose-Statistik (*AP* 10.2d, S. 424–429). *p* heißt dort die »Parabose-Ordnung«. Diese von Green (1953) erfundene und von Castell und seinen Mitarbeitern[*] auf die Urtheorie angewandte Statistik gestattet, eine Mehrzahl von masselosen Teilchen und auch massive Teilchen, jedoch ohne Wechselwirkung, als Darstellungen der Poincaré-Gruppe zu beschreiben. Eine weitere Verallgemeinerung sind die »Heidenreich-Produkte« (Heidenreich 1981, *AP* 10.3, S. 431–436). Hier geht man von Teilchen als irreduziblen Darstellungen der Poincaré-Gruppe aus. Eine Anzahl *k* solcher Teilchen soll kombiniert werden. Zu jedem Teilchen gehöre eine Parabose-Ordnung p_i ($i = 1,2 \ldots k$), so daß

$$\sum_{i=1}^{k} p_i = p \qquad (10.2)$$

eine fest gewählte Parabose-Ordnung ist. Man hat also *k* Funktionen

$$p_i(\{n_r\}) \qquad (10.3)$$

Diese Produkte stellen wechselwirkende Teilchen dar. Dies widerspricht dem Ausgangspunkt freier Ure in der ersten Stufe nicht, weil die Energie auch den nichtkompakten Anteil (vgl. 2. Stufe) enthält. Unsere Arbeitsgruppe ist noch mit dem Studium dieser Produkte beschäftigt; ein Resultat kann ich noch nicht vorlegen.

Ein mathematisches Problem scheint sich zu stellen, weil nach dem Cantorschen Diagonalverfahren die Menge der möglichen Funktionen *p* gemäß (10.1) überabzählbar werden

[*]   Jacob (1977), Heidenreich (1981), Künemund (1982).

müßte, während wir Quantentheorie hier höchstens in abzählbar unendlichdimensionalen Räumen betrachten. Die soeben beschriebenen Einschränkungen auf ein konstantes p schließen die Überabzählbarkeit aus. Man kann ferner zeigen, daß Parabose-Zustände für $p>R$ (hier also $p>4$) von denen für $p\leq R$ linear abhängig werden; dies liegt an der Darstellbarkeit der Zustände durch Young-Diagramme. Schließlich würde ein expandierender Einstein-Raum vermutlich zu jeder endlichen Zeit mit seinem endlichen Volumen auch nur eine endliche Anzahl von Uren enthalten (AP 10.6d, S. 470–475).*

Wir haben es mit einer unvollendeten, aber, wie mir scheint, aussichtsreichen Theorie zu tun. Ihr Fortschritt wäre rascher gewesen, wenn es mir gelungen wäre, mehr von den heute lebenden theoretischen Physikern für ihre Fragestellung zu interessieren. Sie versucht nicht, wie es häufig vor einer Kuhnschen Revolution und in der Elementarteilchenphysik auch heute geschieht, die ungelösten Probleme im Rahmen der alten Begriffe durch Modelle von zunehmender Kompliziertheit zu lösen. Sie versucht auch nicht, ein neues Paradigma durch Phantasie zu erraten. Sie versucht vielmehr, die prinzipiellen Probleme der Quantentheorie so konsequent wie möglich zu behandeln und die Lösungsansätze für spezielle Probleme hieraus zu gewinnen. »Nur der wahre Konservative kann ein wahrer Revolutionär sein«. (Heisenberg)

11. Kontinuum

Wir fügen zwei hypothetische Bemerkungen an, die erst systematisch werden beurteilt werden können, wenn die Rekonstruktion abgeschlossen sein wird. Sie betreffen die Kritik der zwei im Abschnitt 1 unter a) und b) genannten konventionell gebräuchlichen mathematischen Vereinfachungen der Zeit und des Kontinuums. Zuerst das *Kontinuum*.

Das Kontinuum wird *mathematisch* seit Cantor als Punktmenge betrachtet. Ist dies *physikalisch* adäquat? In dem älteren Aufsatz »Das Kontinuum«, der jetzt im zweiten Teil (II 7.C) noch einmal abgedruckt ist, habe ich das Problem in unabge-

---

* D. Graudenz wird eine präzise Beschreibung vorlegen.

schlossener Weise *philosophisch* erörtert; darauf ist hier im Abschnitt 5 unter dem Titel der »zwei Triaden« Bezug genommen. Jetzt streben wir eine physikalisch adäquate mathematische Beschreibung an.

Mathematikhistorisch entstammt der Begriff des Kontinuums der *Geometrie*. Im Abschnitt I 5.2 »Geometrie und Physik« gehen wir von der Frage aus, inwieweit Geometrie als Zweig der Physik betrachtet werden kann. Historisch war den Schöpfern der nichteuklidischen Geometrien die Frage nach der geometrischen Struktur des physischen Raumes präsent. Einstein hat in der allgemeinen Relativitätstheorie den Gedanken Riemanns aufgenommen, freilich in modernerer Fassung. Man unterscheidet heute die abstrakte Mathematik beliebiger Geometrien vom »Anwendungsproblem« der adäquaten Auswahl einer speziellen Geometrie für die Physik.

Die allgemeine Relativitätstheorie benützt aber lokal die Minkowskische pseudoeuklidische Geometrie und in ihr die klassische Analysis, also die heute traditionelle Vorstellung vom Kontinuum. Sie ändert die euklidische Geometrie insofern nur »im Großen« ab. Heisenbergs (1938) Vorschlag einer »kleinsten Länge« führte mich nun 1943 (vgl. *AP* 7.7) zum Versuch, die Geometrie »im Kleinen«, also die Analysis, quantentheoretisch abzuändern. Diesen Versuch vermochte ich aber nicht auszuführen. Er führte mich jedoch zum Programm der Rekonstruktion der Quantentheorie. Es fragt sich, wie das Kontinuum in einer vollendeten Rekonstruktion darzustellen wäre.

In der ersten Stufe der Rekonstruktion (Abschnitt 3–4, und nochmals 8) wird der diskreten Alternative A_n ein komplexer Vektorraum V_n zugeordnet, der als klassisches Kontinuum beschrieben ist. In der Iteration aber (Abschnitt 6 und 9) wird dieses Kontinuum als meßbar behandelt. Die in seiner formalen Definition enthaltenen reellen Zahlen werden nun durch die rationalen Zahlen der relativen Häufigkeiten ersetzt. Dedekindsche Schnitte zwischen diesen rationalen Zahlen gelten nicht als beobachtbar. Die Quantentheorie definiert dann aber in der zweiten Stufe wiederum Wahrscheinlichkeitsamplituden. Dieses Verfahren läßt sich, so scheint es, unbegrenzt iterieren.

Eine mathematische Theorie des Kontinuums müßte dieses

Verfahren wohl zunächst mit den konstruktivistischen Modellen des Kontinuums (Lorenzen) vergleichen. Das soll hier nicht mehr unternommen werden. Im Aufsatz über Russells Paradoxon und zeitliche Logik, II 5.3, ist im letzten Abschnitt, 5. »Quantenlogik und Mengenlehre«, erwogen, den Begriff disjunkter Elemente einer Menge quantentheoretisch durch Wahrscheinlichkeitsamplituden für die Unterscheidbarkeit der Elemente zu ersetzen. Auch dies sei aber jetzt nicht verfolgt.

12. Zeit

Den Lauf der Zeit erleben wir als kontinuierlich. In der klassischen Physik wird das Kontinuum von Raum und Zeit durch reelle Zahlen als Koordinaten beschrieben. Die Quantenmechanik betrachtete Orte eines Teilchens im Raum als meßbar und beschrieb den Ort demgemäß als Operator im Hilbertraum. Zeitspannen sind ebenfalls meßbar. Gleichwohl beschreibt die Quantenmechanik die Zeit als reellen Parameter. Dies wurde von Anbeginn als ein ungelöstes Problem empfunden. Born und Jordan (*Elementare Quantenmechanik*, 1930, S. 120–122) haben die Frage sorgfältig erwogen und eine Lösung im zweiten Band ihres Buches angekündigt, der aber nie erschienen ist.* Pauli (*Handbuch der Physik* XXIV, 1 (1933), Ziffer 8) erklärte einen Zeitoperator, der die kanonische Vertauschungsrelation mit der Energie hat:

$$HT - TH = \frac{\hbar}{i} I \qquad (12.1)$$

als unmöglich, weil diese Relation für beide Operatoren ein kontinuierliches Spektrum von $-\infty$ bis $+\infty$ zur Folge hätte. Dazu ist zu bemerken: Die scharfen Energiewerte, z. B. in Atomspektren, gelten nur genähert; das Atom liegt real im elektromagnetischen Feld, die Linien sind verbreitert, und $\Psi(E)$ wird zwischen den Linien nie genau Null. Aber die einseitige Beschränktheit der Energie ist empirisch gefunden und er-

---

* Ich habe Jordan etwa 1970 gefragt: »Wußten Sie damals, was Sie dazu im zweiten Band sagen wollten?« Er lächelte und sagte: »Ich glaube nicht.«

scheint unerläßlich, wenn z. B. statistische Thermodynamik möglich sein soll.

Das Problem stellt sich etwas anders dar in der relativistischen Quantentheorie. Einerseits erscheint relativistisch die Relation (12.1) als unerläßliche Ergänzung der Vertauschungsrelationen zwischen Ort und Impuls. Andererseits wird in der relativistischen Quantenfeldtheorie auch der Ort nur als Parameter, als Index der Feldstärke beschrieben. Für freie Felder kann man den Zustandsraum dann aber in Sektoren zu jeweils fester Teilchenzahl beschreiben. Für diese Teilchen ist der Ortsoperator als Operator einer Teilcheneigenschaft definiert, während die Zeit wieder ein bloßer Parameter bleibt. Man kann das damit erläutern, daß die Zeit nicht Eigenschaft eines Teilchens, sondern eines Ereignisses ist. Den Ereignisbegriff werden wir in D 3 diskutieren. Doch bieten diese Erwägungen keinen zwingenden Grund, der Zeit den Rang als Operator zu verweigern.

Man hat gesagt, was wir auf einer Uhr messen, sei nicht die Zeit, sondern der Zeigerstand; abstrakt geredet, eine zeitabhängige Phase. Strenggenommen braucht man zur Zeitmessung nicht nur die Phase eines periodischen Vorgangs, sondern außerdem eine Zählung der durchlaufenen Perioden. Man braucht »eine Uhr und einen Abreißkalender«. Mathematisch entspricht dem, daß Zeiten periodisch durch Kreisbewegung und aperiodisch durch geradlinige Trägheitsbewegung gemessen werden können, also (s. oben Abschnitt 9) durch eine kompakte und eine nichtkompakte Darstellung der additiven Gruppe der reellen Zahlen. Aber real ist der »Abreißkalender« meist eine Zählung irreversibler Vorgänge durch natürliche Zahlen.

Paulis Einwand, der (12.1) der Energie ein bis $-\infty$ reichendes Spektrum gewährt, läßt sich durch einen Vorschlag von Castell ausräumen. Hierfür muß mathematisch auf AP 9.3e, S. 308, verwiesen werden. Dort sind in Gl. (11) Impulse P_i ($i = 1, 2, 3$) und P_4 (also Energie) definiert, und in Gl. (12) Generatoren von vier speziellen konformen Transformationen K_i ($i = 1, 2, 3$) und K_4.

Castell schlägt vor, die K_i als Ortsoperatoren und K_4 als Zeitoperator aufzufassen. An die Stelle von (12.1) treten dann vier Vertauschungsrelationen

$$P_\mu K_\mu - K_\mu P_\mu = N_{56} \qquad (\mu = 1, 2, 3, 4) \qquad (12.2)$$

wobei N_{56} der Generator einer Expansion des Minkowskiraumes ist. Es zeigt sich (da P_4 den positiv definiten Summanden M_{46}, definiert S. 407, enthält), daß die P_i und K_i zwar Eigenwerte von $-\infty$ bis $+\infty$ haben, P_4 und K_4 aber nur von 0 bis $+\infty$. Dem entspräche positiv definite Energie *und* Zeit, also die positive Energie mit einem Anfang der Welt in der Zeit. Dies ist vermutlich nur ein Denkmodell, zeigt aber, daß ein Zeitoperator sehr wohl möglich ist.

Auch in diesem Modell hat die Zeit reelle Zahlen als Eigenwerte. Es steht aber nichts im Wege, das Kontinuum der Zeit nach dem Verfahren zu behandeln, das im vorigen Abschnitt besprochen wurde. Hieran ließe sich nach dem Muster der Quantentheorie der Messung ein konkretes Modell der Zeitmessung anknüpfen, das hier aber nicht ausgeführt werden soll.

Wesentlich für die Deutung der Quantentheorie ist dabei, daß durch die Einführung eines Zeitoperators Zustände möglich werden, für welche die Zeit keinen wohldefinierten Wert hat. Schon (12.1) hat den Autoren Anlaß zu der Erwägung gegeben, daß danach eine Unbestimmtheitsrelation zwischen Energie und Zeit auftritt, welche einer mit einer begrenzten Genauigkeit meßbaren Energie eine nur mit begrenzter Genauigkeit definierte Zeit zuordnet. Wir werden in I 7.D5 und II 7.D.3 von dem Gedankenexperiment von Einstein, Podolsky, Rosen (1935) sprechen, das raumüberbrückende Vorgänge beschreibt. Analog würde ein Zeitoperator zeitüberbrückende Vorgänge zulassen. Dies ist auch für den Begriff des Ereignisses (D3) von Belang.

D. Deutung

1. Deutungsprobleme der Quantentheorie

Die traditionelle Deutungsdebatte der Quantentheorie wurde in B5 als eine »Trauerarbeit« beschrieben, als Diskussion des erzwungenen Verzichts auf vertraute klassische Vorstellungen. Die Rekonstruktion setzte diesen Verzicht als vollzogen voraus. Sie machte gleichsam eine Kehrtwendung. Sie suchte das quantentheoretische »Mehrwissen« als einziges fundamentales Wissen aus einfachen mathematisch-logischen Voraussetzungen herzuleiten, nur im Rahmen des Zeitbegriffs, ohne jedes vorausgesetzte räumlich-materielle Modell. Dabei ergab sich der Ortsraum der speziellen Relativitätstheorie und mit ihm der Teilchen- und Feld-Begriff genau im quantentheoretischen Rahmen als Resultat. Auch die Wechselwirkung, also die Kräfte herzuleiten, blieb bislang eine aussichtsreiche Hoffnung. Hiernach können wir uns in einer erneuten Kehrtwendung den Deutungsfragen wieder zuwenden, nun aber nicht mehr als Deutung eines Verzichts, sondern als Ausbau des in der Rekonstruktion Gelernten im Gelände der überlieferten Formen unseres Naturverständnisses.

Das geschieht einleitend in dem Aufsatz »Quantentheorie als Physik der Ganzheit«, den ich 1989 zur subjektiven Vorbereitung auf das jetzige Kapitel dieses Buchs geschrieben habe. Er diskutiert zuerst kurz, und vorwiegend kritisch, die heute angebotenen wissenschaftstheoretisch-philosophischen Positionen, die ebenfalls weitgehend am »klassischen Weltbild« orientiert waren. Dann deutet er das positive Wissen der Quantentheorie an unter dem Titel der Überwindung einerseits des cartesischen Dualismus der Substanzen, andererseits des Glaubens an die Getrenntheit der Objekte. Damit ist das Feld der nachfolgenden Fragen eröffnet. Im zweiten Teil wird ein noch etwas späterer, ähnlich zusammenfassender Aufsatz, gleichsam als Resümee der Deutung, unter dem Titel »Endliches Wissen« abgedruckt.

Die Deutung wird dann, soweit ich mich heute zu ihr fähig fühle, vollzogen unter drei Leitbegriffen: *Ereignis, Form, Ganzheit*. Ihnen entsprechen drei Abschnitte dieses Kapitels. Ein älterer Aufsatz, der dieselben Fragen in einer jetzt um zwanzig Jahre zurückliegenden Sichtweise problematisiert, ist auszugsweise in den zweiten Teil aufgenommen; es mag sein, daß diese inhaltliche Wiederholung in traditionellerer Sprache die schwierigen Gedankengänge etwas zugänglicher macht. Schließlich bringt der zweite Teil eine Diskussion heute verfügbarer Literatur zum Thema der quantentheoretischen Ganzheit.

2. Quantentheorie als Physik der Ganzheit*

Die Quantentheorie ist die Grunddisziplin der heutigen Physik. Physik ist die Grunddisziplin der mathematischen Naturwissenschaft. Mathematik ist die Kunst der Strukturen. Kunst ist Wahrnehmung von Gestalt durch Schaffung von Gestalt. »Gestalt« ist ein Terminus, den ich hier undefiniert benütze; unter dem griechischen Namen »Idee« oder »Eidos« ist sie das Grundthema der Philosophie seit Platon. Struktur nenne ich die unter Kriterien von Wahrheit und Falschheit von Aussagen beurteilbare Gestalt. Logik ist die Mathematik des Wahren und Falschen. Mathematik könnte auch als die Kunst gemäß der Tanzschule der Logik bezeichnet werden.

Dieser Eingangsabschnitt nimmt Bezug auf anderswo ausführlicher erläuterte Begriffe, vor allem auf die Kapitel »Was ist Mathematik?« und »Logik« des jetzigen Buchs. Diese Begriffe sollen in diesem Aufsatz als verwendbar vorausgesetzt werden. Das Thema des Aufsatzes ist die Quantentheorie. Er knüpft an das Buch *Aufbau der Physik* (1985) an, im folgenden abgekürzt *AP*, mit Angabe der Seitenzahlen.

Inwiefern kann Quantentheorie Physik der Ganzheit sein? Ist Ganzheit der Physik überhaupt zugänglich? Ich nenne, in der Tradition der deutschen Philosophie seit Kant redend, Vernunft die Wahrnehmung eines Ganzen. Kant definiert Verstand als das Vermögen der Begriffe. Begriffe sind Gegenstand der Logik. Sie sind Bestandteile der Urteile, und Urteile sind Redeweisen, die wahr oder falsch sein können. Verstandesurteile beziehen sich jeweils auf beschränkte Fragen und Fragenbereiche. Der Verstand ist ein Vermögen endlicher Erkenntnis. Kann ein Ganzes jemals durch endliche Urteile erschöpfend beschrieben werden? Wie anders aber können wir ein Ganzes wahrnehmen?

Im kulturellen Denkschema des »Baugerüsts« (z. B. *Bewußtseinswandel*, 1988, S. 167 ff.) unterscheide ich drei abendländisch-neuzeitliche »kulturelle Pointierungen«: Moral, Theorie, Kunst. Statt »Moral« kann umfassender auch »Praxis« gesagt werden, im aristotelischen Sinn eines Handelns, das seinen Zweck in sich selbst trägt. Physik ist Theorie. Die drei Pointie-

---

* Geschrieben 1989.

rungen nenne ich auch »Eiffeltürme«. Sie wurzeln relativ breit im gemeinsamen Boden menschlichen Wahrnehmungs- und Handlungsvermögens; sie sind aber kulturell »zugespitzt« und dadurch voneinander getrennt. Mythos und Religion waren Weisen, früher als diese Pointierungen das Ganze unseres Lebens wahrzunehmen. Das begriffliche Denken schränkt unsere Wahrnehmung auf Beweisbares und Widerlegbares, also auf endliche Urteile ein. Die Kunst ist angesichts der Doppelpointierung von Theorie und Praxis (Theorie: wahr und falsch; praktische Moral: gut und böse) die Zuflucht der in diese Entgegensetzungen nicht auflösbaren affektiven Wahrnehmung. Die Philosophie war der Versuch, das Ganze noch begrifflich auszusprechen. Diese Hoffnung bezeichnete in der an Kant anschließenden Philosophie der Name »Vernunft«.

Die überlieferten philosophischen Erkenntnistheorien haben sich gegenüber der Physik des 20. Jahrhunderts alle als unzureichend erwiesen. Ihre Probleme seien hier nochmals skizziert (vgl. *AP* 14.1).

Der *Realismus* der klassischen Physik ist primär eine *Ontologie*, eine Lehre vom Seienden: es gibt einzelne, je an sich vorhandene Gegenstände im Raum. Sie sind nach Descartes res extensa, ausgedehnte Substanz, Materie. Wir, die wir von diesen Gegenständen wissen, sind als Wissende res cogitans, denkende Substanz, Bewußtsein. Dunkel bleibt, wie beide Substanzen zusammenwirken. Es gibt eben Subjekte und Objekte.

Der *Empirismus* oder *Positivismus* ist demgegenüber primär eine *Epistemologie*, eine Lehre vom Wissen. »Positiv« ist ihm, was wir durch sinnliche Erfahrung wissen, und nur positives Wissen begründet für ihn Wissenschaft. Ernst Mach wagt es in der »Analyse der Empfindungen«, von hier aus in eine neue Ontologie überzugehen. Es gibt weder Objekte noch Subjekte als Substanzen, sondern nur gerichtete »Elemente«, um der leichteren Verständlichkeit willen als »Empfindungen« bezeichnet. Ein Objekt ist nur ein Ausgangspunkt von Empfindungen, ein Subjekt nur ein Zielpunkt von Empfindungen. Naturgesetze sind für die positivistische Tradition logische Zusammenfassungen von Erfahrungen.

Der *Apriorismus* geht von der Überzeugung aus, daß Erfahrung allein keine Gesetze begründen kann. Rein mathematische

Einsicht übersteigt alles, was Erfahrung uns lehren kann. Und Naturgesetze, als logisch universale Urteile, können nicht durch Aufzählung einiger unter sie fallender Erfahrungen verifiziert werden. Man kann den platonischen vom kantischen Apriorismus unterscheiden. Nach Platon ist die Gestalt das eigentlich Seiende, das wir in nichtsinnlicher Wahrnehmung erkennen. Nach Kant sind Anschauungs- und Denkformen a priori die Formen, in denen unser Erkenntnisvermögen allein seine Gegenstände aufnehmen kann.

Eine neuere Kombination dieser drei Entwürfe ist die *evolutionistische Erkenntnistheorie*, die an Konrad Lorenz anschließt. Die Anschauungs- und Denkformen sind uns angeboren (insofern a priori), weil sie unseren Vorfahren als im Kampf ums Dasein nützliche Mutationsergebnisse gedient haben (insofern nicht »subjektive« Erfahrung des Individuums, sondern »objektive« Erfahrung der Spezies), gedient, um sich an die reale Umwelt (insofern realistisch) anzupassen.

Alle vier Entwürfe sind partiell nützlich, aber nicht ausreichend, um die Quantentheorie zu interpretieren. Ich verfolge dies in veränderter Reihenfolge.

Die Physik unseres Jahrhunderts, beginnend mit der speziellen und allgemeinen Relativitätstheorie, widerlegte den starren Apriorismus der Raum-Zeit-Lehre kantischer Tradition und in der Quantentheorie auch den von Kant vorausgesetzten Objektbegriff.

So schien diese Physik den Sieg des Positivismus zu bedeuten. Dagegen lassen sich aber zwei Einwände erheben, ein einfacherer methodischer und ein tieferliegender inhaltlicher Einwand.

Methodisch hat Popper der alten Erkenntnis wieder zur Geltung verholfen, daß universale Urteile nicht aus speziellen Erfahrungen logisch gefolgert werden können. Da Popper aber den kantischen Apriorismus nicht wiederbeleben konnte, stützte er die universalen Urteile, als zur Falsifikation angebotene Hypothesen, auf ein essentiell realistisches Weltbild. Dieses Weltbild ist jedoch mit der Quantentheorie nicht mehr vereinbar; darüber nachher mehr.

Die heutige Wissenschaftstheorie, welche diese Probleme im Licht heutigen Wissens intelligent diskutiert, hat eine tiefer liegende inhaltliche Schwäche. Sie diskutiert die Methode, mit der wir unsere Theorien begründen, aber nicht den Inhalt der Theorien. Der Inhalt aber ist es, welcher den kreativen Physiker interessiert, und die philosophische Wirkung der Physik, sowohl der klassischen des 17. Jahrhunderts wie der modernen des 20. Jahrhunderts, beruht auf ihren zur Zeit der Entdeckung überraschenden Inhalten.

Die evolutionistische Erkenntnistheorie vermeidet mehrere dieser Schwächen. Sie vermeidet die methodische Schwäche des Empirismus durch ihre evolutionistische Rechtfertigung angeborener Verhaltensformen. Hier gerät sie aber in ein Dilemma. Diese Verhaltensformen haben sich in der Evolution durchgesetzt, weil sie der realen Welt angepaßt waren. Wenn nun aber die Theorien der modernen Physik der vom klassischen Apriorismus angenommenen Anschauungsform des euklidischen Raumes und den Kategorien der Substanz und Kausalität widersprechen, sind dann diese Theorien zu verwerfen? Wenn nicht, was beweist dann das mutmaßliche Angeborensein dieser Formen? Vielleicht ist unsere angeborene Raumanschauung weder euklidisch noch nichteuklidisch, sondern unscharf, und vielleicht ist ihre euklidische Interpretation eine kulturhistorisch entstandene Stilisierung, der nur 2000 Jahre durchgehaltene Sieg einer nur genähert richtigen Theorie. Dann wäre das »realistische« Bild der Natur, wie die heutigen Physiker sagen, nur eine makroskopische Annäherung, an welche angepaßt zu sein für, vom Atom aus gesehen, »makroskopische« Lebewesen wie unsere Vorfahren gerade zum Überleben ausgereicht hat.

Wir bekommen also von keiner dieser philosophischen Doktrinen die Auskunft, die wir brauchen, um die moderne Physik zu interpretieren. Wie müssen vom Inhalt der heutigen Physik ausgehen und ihn dann mit den Voraussetzungen der älteren Doktrinen vergleichen. Philosophie ist wesentlich nachträglich. Sokrates: »Verstehe ich denn, was ich soeben getan und gesagt habe?«

In *AP* 8.3, S. 343 ff. (»Zweiter Weg«) habe ich die abstrakte Quantentheorie aus drei einfachen Postulaten rekonstruiert; eine Arbeit von Drieschner, Görnitz und mir (1988) hat die Rekonstruktion noch verbessert. Die Postulate seien hier in Erinnerung gerufen:

1. Es gibt voneinander trennbare, empirisch entscheidbare Alternativen.

2. Zu jedem Paar x und y von einander ausschließenden Antworten auf eine Alternativfrage gibt es wenigstens einen Zustand z, der bedingte Wahrscheinlichkeiten p (z, x) und p (z, y) naturgesetzlich bestimmt, so daß beide p weder Eins noch Null sind.

3. Diese Wahrscheinlichkeiten bleiben bei zeitlichen Änderungen der durch x, y, z bezeichneten Zustände invariant.

Hieran knüpfe ich zwei Bemerkungen, die sich beide kritisch auf die Ontologie des »Realismus« beziehen: zum Dualismus der Substanzen und zur Trennbarkeit der Objekte.

Zum *Dualismus der Substanzen:* Die so rekonstruierte Quantentheorie ist »abstrakt«, d. h. sie setzt weder den Begriff des Raumes noch den von Objekten im Raum (res extensae oder Massenpunkte) voraus. Sie setzt voraus die Logik und Mathematik (bis zur Theorie der Lie-Gruppen und Hilberträume), den Begriff der Zeit und den Begriff der Wahrscheinlichkeit als Vorhersage relativer Häufigkeiten. Hieraus folgt nun, daß als *Gegenstände* solcher empirisch entscheidbaren Alternativen Zustände eines räumlichen Objekts und Zustände eines denkenden Bewußtseins gleichermaßen zulässig sind (*AP* 11.2e, S. 535 ff., »Quantentheorie des Subjekts«). Die abstrakte Quantentheorie als solche statuiert also keinen Unterschied zwischen zwei Substanzen. Der Unterschied von Beobachter und Beobachtetem ist uns auch in der Selbstbeobachtung bekannt; er ist ein Unterschied zwischen zwei *Rollen* im Beobachtungsvorgang. Dieser Unterschied ist zwar wesentlich für eine Betrachtung des Bewußtseins; für Kant ist es der Unterschied des transzendentalen vom empirischen Subjekt. Jedenfalls aber folgt aus ihm nicht, daß der Beobachter, als Substanz betrachtet, nur wissend, das Beobachtete aber essentiell nicht wissend, wohl aber der mathematischen Disziplin der Geometrie zugänglich (»ausgedehnt«) sein muß.

Aus dieser Überlegung folgt natürlich nicht, daß die Zweiheit von Substanzen unmöglich wäre, sondern nur, daß sie keine Konsequenz der abstrakten Quantentheorie ist. Der Übergang zur »konkreten« Quantentheorie (*AP* 9) zeigt aber, daß der

Dualismus auch im Rahmen einer Theorie von Objekten im Raum keinen Anlaß hat aufzutreten. Wenn die Urhypothese (*AP*, S. 390 ff.) zutrifft, so ist die Darstellbarkeit aller Alternativen der abstrakten Quantentheorie in einem dreidimensionalen Ortsraum eine notwendige Folge der abstrakten Quantentheorie. Dann müßten also alle Alternativen über Bewußtseinszustände, sofern sie nur den obigen drei Postulaten genügen, zugleich eine Darstellung im Ortsraum zulassen. Cartesisch gesprochen: eine denkende Substanz müßte dann *notwendigerweise* auch ausgedehnt sein.

Zur Trennbarkeit der Objekte: Nach der heutigen Physik bestehen alle physikalischen Objekte aus Teilchen, die zugleich als Felder in Erscheinung treten können. Von der Finesse, daß für Fermionen das Teilchenbild, für Bosonen das Feldbild näherliegend ist, sei in der jetzigen allgemeinen Betrachtung abgesehen; ich spreche weiterhin von Teilchen. Aus der Urhypothese folgt, daß quantentheoretische Objekte als *Teilchen* erscheinen können; die in den drei Postulaten vorausgesetzten *Alternativen* sind *Observable* gewisser Teilchen oder aus Teilchen zusammengesetzter Körper. Die Trennbarkeit der Objekte hängt dann an der Trennbarkeit der ihnen zugeordneten Alternativen. Streng trennbar sind solche Alternativen, also Observable, aber nur für miteinander nicht wechselwirkende Objekte.

In *AP*, S. 345, habe ich im Kommentar zum 1. Postulat darauf hingewiesen, daß die im Postulat behauptete Trennbarkeit der Alternativen stets nur eine Näherung ist. In der vollständigen abstrakten Quantentheorie gilt das Gesetz der Komposition: Seien A und B zwei Objekte und C das aus A und B zusammengesetzte Objekt, so ist der Zustandsraum H_C von C das tensorielle Produkt der Zustandsräume von A und von B: $H_C = H_A \times H_B$. In H_C ist aber die Menge derjenigen Zustände von C, in denen zugleich A und B einen scharfen Zustand haben, eine Menge vom Maß Null. Dies ist mathematisch eine Folge der Erweiterung des Zustandsraums jedes einzelnen Objekts durch das 2. Postulat.

Nimmt man also die Quantentheorie mathematisch ernst, so gibt es nach ihr in Strenge überhaupt keine getrennten Objekte, sondern nur *ein* Ganzes. Betrachtet man einen Ausschnitt aus der Welt, z. B. einen Atomkern, ein Molekül, einen Planeten, eine Galaxie, so ist jeweils dieser betrachtete Ausschnitt das Ganze. Sofern es ein Objekt »das Universum« gibt, auf das man noch die Quantentheorie anwenden kann, so ist nur das Universum das Ganze. In diesem Sinne ist Quantentheorie essentiell eine Physik der Ganzheit.

Diese Physik der Ganzheit aber können wir Menschen unserer Natur nach nicht konkret ausarbeiten. Unser Wissen ist wesentlich endlich, und wir entscheiden de facto stets nur endliche Alternativen, die wir als genähert trennbar voraussetzen. Damit kehrt sich die grundsätzliche Frage um. Sie lautet nun nicht: »Kann es Physik der Ganzheit geben?«, sondern: »Wie kann es denn Physik trennbarer Alternativen geben?« Im Rahmen unserer physikalischen und kosmologischen Kenntnisse lautet die Antwort: weil der Weltraum nahezu leer ist. Es ist daher möglich, Teilchen als nahezu freie Objekte zu beobachten.

Methodisch hat dieser Gedankengang etwas mit dem Begriff der semantischen Konsistenz zu tun (*AP* 6.7, S. 253–255). Wir gehen von einem nur genähert zutreffenden Postulat, dem der Existenz trennbarer Alternativen, aus. Wir bauen von da aus eine demnach auch höchstens genähert richtige Theorie auf, eben die abstrakte und, aus ihr folgend, die konkrete Quantentheorie. In der Näherung, in der wir diese Theorie als richtig ansehen dürfen, folgern wir dann aus ihr die genäherte Leerheit des Raums (z. B. *AP*, S. 471–475), und diese zeigt, daß das 1. Postulat mit den Folgerungen aus der Theorie in hinreichender Näherung vereinbar ist.

Eine noch genauere Analyse würde vermutlich zeigen, daß die präzise mathematische Fassung des 2. Postulats die Quantentheorie als ein Verfahren sukzessiver Näherungen zur Korrektur des 1. Postulats einführt. Diese Frage verfolge ich aber in der jetzigen Betrachtung nicht.

Warum aber haben wir überhaupt mit dem 1. Postulat angefangen? Was wir dort vorausgesetzt haben, ist die »Tanzschule der Logik«, die Möglichkeit von auf Wahr und Falsch beurteilbaren Urteilen. Die Quantentheorie sieht unter diesem Aspekt aus wie die maximal mögliche Selbstkorrektur des Ansatzes einer mathematischen Naturwissenschaft.

Wir fassen nun die beiden letzten Betrachtungen zusammen: die Überwindung des Dualismus der Substanzen und der Getrenntheit der Objekte. Daß ein ausgedehntes Objekt zugleich denkend sein müsse, zeigt die Quantentheorie nicht. Daß aber ein denkendes Wesen sich selbst (und wohl auch anderen denkenden Wesen) in derjenigen Näherung, in der es sich selbst zum Gegenstand der Beobachtung macht, als ausgedehnt erscheinen muß, scheint aus den obigen Überlegungen zu folgen. Ich habe gelegentlich gesagt, die Quantentheorie sei mit einer Philosophie des spiritualistischen Monismus vereinbar.

Nun ist jedenfalls für uns Menschen bewußtes Denken nur *eine* psychische Funktion, eingebettet in ein reiches Feld anderer Wahrnehmungen, Affekte, Handlungen, in ein Meer des Unbewußten. »Bewußtsein ist ein unbewußter Akt.« (*Wahrnehmung der Neuzeit*, S. 141, 359–362; ich verdanke Michiko Franklin den Hinweis, daß dieser Gedanke nicht nur auf William James, sondern wenigstens auf Eduard v. Hartmann [1869] zurückgeht.) Bewußtes Denken setzt ohne Zweifel eine sehr komplexe Basis psychischer Prozesse voraus. Sich als bewußt zu kennen, ist also eine Wahrnehmung eines schon recht komplexen Ganzen. Es ist unmittelbar plausibel, daß man durch eine Zerlegung dieses Ganzen in Teile, seien es nun spezielle psychische Vorgänge, körperliche Organe oder gar Zellen, in diesen Teilen diesen speziellen integralen Vorgang des Bewußtseins nicht mehr vorfinden wird. Die einzelne Nervenzelle, die einzelne psychische Regung, die einzelne psychische Verhaltensweise »weiß nicht«, daß sie Teil eines größeren, »geistigen« Vorgangs ist, ohne den sie das, was sie ist, doch nicht wäre.

Aber auch das Bewußtsein eines einzelnen Menschen ist kein letztes, größtes Ganzes. Wir wissen dies sehr wohl, wenn wir uns als Glieder einer Gesellschaft erkennen. Was wäre unser Denken ohne Sprachvermögen? Das Entscheidende ist dabei nicht die akustische Äußerung. Das Beispiel der taub-stummblinden Helen Keller zeigt, daß Sprachverhalten auch taktil vermittelt werden kann. Wesentlich ist: der Mensch ist ein Lebewesen, das erblich darauf angelegt ist, sprechen zu lernen. Sprechen lernen wir als Glieder einer Gesellschaft. Einer Gesellschaft, einer Kultur, der uns bekannten Menschheit unter-

stellen wir zwar kein subjektives zusammenfassendes Ichbewußtsein. Das Ich selbst ist nur eine Gestalt geistiger Vorgänge.
Hegel hat sehr sinnvoll die Kultur als »objektiven Geist« beschrieben. Wir Individuen sind nicht nur durch individuelle
unbewußte Antriebe, sondern ebensosehr durch den objektiven Geist unserer Gesellschaft und Kultur weit über das uns individuell bewußte Maß hinaus gelenkt.

Soweit kann ich die Argumentation im Rahmen des der heutigen säkularen Zivilisation immanenten Denkens führen. Die
überlieferte Religion ging weiter. In mythischen Bildern sah sie
die uns bestimmenden Mächte selbst als Träger eines höheren
Bewußtseins, als Götter. Die Vorstellung *eines* Gottes ist die
Konsequenz einer Wahrnehmung der Ganzheit. Der Streit zwischen Pantheismus und personalem Theismus erscheint mir
hier aber als ein Mißverständnis großer Gleichnisreden. Als Teil
der Wirklichkeit bin ich Teil Gottes und zugleich, eben als Teil,
von seiner Ganzheit verschieden. Es ist natürlich, mein Verhältnis zu ihm im Bild des Verhältnisses einer Person zu einer
Person zu erleben, einer kleinen Person zu einer großen. Göttliches Bewußtsein sich nach dem Bilde des partiellen menschlichen Bewußtseins auszumalen, ist ein natürliches Bedürfnis;
nehmen wir es wörtlich, so ist es ein Mißverständnis. »Man
kann die Bibel nur entweder ernst oder wörtlich nehmen.«

Die Frage endet hier nicht. Sie würde hier beginnen.

3. Ereignis

*So wie die Quantentheorie in der Rekonstruktion dargestellt
worden ist, ist sie eine Theorie möglichen menschlichen Wissens.*
Schon die Definition der Alternative (C2) zeigt das. Das Eintreten eines der Zustände zur Alternative A_n ist an die Bedingung geknüpft, »daß das Ereignis einer Überprüfung genau
dieser Alternative real stattfindet«. Dies charakterisiert auch
die historisch entstandene Interpretation der Quantentheorie,
die Kopenhagener Deutung oder die Neumannsche Kodifikation, mit dem Zentralbegriff der Observablen, der beobachtbaren Größe. In allen Zuständen des zur Alternative A_n gehören-
den Raums S_n mit Ausnahme der in A_n zusammengefaßten
Basiszustände ist vorweg unbekannt, was man bei der Entschei-

dung von A_n finden würde. Insofern ist die Quantentheorie indeterministisch: wir wissen das Ereignis, das bei der Entscheidung eintreten würde, nicht voraus. Unser prognostisches Wissen ist auf quantifizierte Möglichkeiten beschränkt, nämlich auf bedingte Wahrscheinlichkeiten. Bedingt ist die mir bekannte Wahrscheinlichkeit durch die mir bekannten Fakten. Ein Ereignis, das ich wahrnehme oder über dessen Geschehensein ich unterrichtet werde, macht mir ein neues Faktum bekannt: eben das Faktum, daß dieses Ereignis eingetreten ist. Also werden sich auch die von mir prognostizierten Wahrscheinlichkeiten ändern, denn ich kenne nun neue Bedingungen für sie. Hieraus folgt die in C2 zitierte »zweite Antwort« auf die Frage nach der Änderung des Zustandes ψ mit der Zeit: bei Beobachtung ändert sich ψ, d.h. mein optimales Wissen über das Objekt, unstetig. »Unstetig« natürlich nur, verglichen mit der in der »ersten Antwort« beschriebenen stetigen Änderung des unbeobachteten Zustands, gemäß der Schrödingergleichung; daß die Beobachtung selbst eine Zeit dauert, ist dabei nicht berücksichtigt.

Naturgemäß steht die Deutung der Quantentheorie nun vor zwei Fragen:

a. Wie ist der Meßprozeß selbst zu beschreiben?

b. Wie sind Ereignisse zu beurteilen, die wir nicht beobachten?

Über diese Fragen gibt es eine unermeßliche Literatur, die hier nicht besprochen werden soll.* Ich versuche, meine Auffassung kurz darzustellen.

---

* Vgl. dazu u.a.: Bell, J.S. (1987), *Speakable and unspeakable in quantum mechanics*, Cambridge University Press, Cambridge. Bohm, D., Hiley, B.J. (1984), Measurement Understood Through the Quantum Potential Approach, *Found. Phys. 14*, 255–274. Deutsch, D. (1985), *Int. Jour. Theoret. Phys. 24*, 1. Everett, H. (1957), *Rev. Mod. Phys. 29*, 454. Ghirardi, G.C., Rimini, A., Weber, T. (1986), Unified dynamics for microscopic and macroscopic systems, *Phys. Rev. D34*, 470–491. Kochen, S., Specker, E.P. (1967), The Problem of Hidden Variables in Quantum mechanics, *Journ. of Mathematics and Mechanics, 17*, 59–87. Kochen, S. (1985), A new interpretation of quantum physics, in: *Symp. on the foundations of modern physics*, P. Lahti and P. Mittelstaedt (eds.), World Scientific. Penrose, R. (1990), *The Emperors New Mind*. Primas, H. (1981), *Chemistry, Quantum Mechanics and Reductionism*, Berlin.

a. Der Meßprozeß. Zunächst ein Wort über die »Kopenhagener Deutung« der Quantentheorie. Ich verstehe* sie als die »minimale Semantik« der Quantentheorie, d. h. als dasjenige, was mindestens vorausgesetzt werden muß, wenn man die mathematisch formulierte Theorie auf die Erfahrung anwenden will. Weitergehende Interpretationen sind nicht ausgeschlossen, aber begründungsbedürftig.

Bohrs Version der Kopenhagener Deutung, angewandt auf den Meßprozeß, enthält als zentrale These: »Das Meßgerät wird klassisch beschrieben.« Bohrs Argument beruht auf der geforderten Interpersonalität des Meßresultats: es ist nicht der Bewußtseinsinhalt eines einzelnen Beobachters, sondern könnte von jedem anderen Beobachter ebenso abgelesen werden. Dazu ist nötig, daß das Meßresultat in Raum und Zeit unserer Anschauung beschrieben und daß aus ihm mit kausaler Notwendigkeit auf den Zustand des Meßobjekts geschlossen werden kann. Diese (»Kantischen«) Forderungen sind nach Bohr nur in der klassischen Physik vereinbar. Ich habe jedoch übereinstimmend mit Teller (*AP* 11.2cβ, S. 523) nur gefordert, daß das Meßresultat ein irreversibles Faktum sein muß.

In dieser Darstellung des Meßvorgangs werden offenbar drei Wirklichkeitsbereiche in verschiedener, jeweils »minimaler« Semantik beschrieben: das Meßobjekt X gemäß der Quantentheorie, der Meßapparat Y klassisch, der Beobachter Z nur durch die sprachliche Mitteilung dessen, was er weiß (*AP* 11. 2cγ, S. 526–531; dort, S. 532 und 535, wird das Objekt X_1, der Apparat X_2, der Beobachter Y genannt). Nun stellt sich aber die Frage, ob man über diese minimale Beschreibung nicht hinausgehen darf und sollte, wenn man an die Einheit der Natur

---

* Ich erläutere diesen Satz, weil ein Leser ihn mißverstanden hat. Das »Ich verstehe« heißt »Ich schränke sie ein auf die Bedeutung«, die dann als »minimale Semantik« bezeichnet wird. Wenigstens so viel, wie die Kopenhagener Deutung explizit ausspricht, muß benutzt werden: Observable bezeichnen Größen, die man im Prinzip beobachten könnte, $|\psi(x)|^2$ bedeutet z. B. bei realer Ortsmessung die Wahrscheinlichkeitsdichte an der Stelle x, etc. Hingegen behaupte ich hier *nicht*, daß Ereignisse, die nicht beobachtet werden, nicht stattfinden oder daß verborgene Parameter unmöglich seien. Das sind »weitergehende« Interpretationen, die nicht ausgeschlossen, aber begründungsbedürftig sind.

glaubt. X muß quantentheoretisch beschrieben werden, denn es ist unser Beispiel für ein Objekt des Wissens gemäß der Quantentheorie. Aber Y ist, als materielles Gerät, an dem wir sogar, indem wir es bauen, verwenden und ablesen, ständig Beobachtungen anstellen, doch auch ein Objekt im Sinne der Quantentheorie. Als Meßgerät ist Y schon gerechtfertigt, wenn es der »Goldenen Kopenhagener Regel« genügt, daß es für die Glaubwürdigkeit des Meßresultats »keinen Schaden tut«, Y im klassischen Grenzfall zu beschreiben. Ob auch der Beobachter Z der Quantentheorie unterworfen werden kann (*AP* 11.2e, S. 535–538), erörtern wir nachher.

In der Quantentheorie des Meßprozesses, die X und Y umfaßt, tritt nun aber die Frage auf, »wann« die ψ-Funktion von X »kollabiert«. Anfangs lag ein ψ von X vor, am Ende der Messung weiß der Beobachter Z, daß X nun in einem Zustand ψ' vorliegt, dem Eigenzustand zum beobachteten Eigenwert der gemessenen Observablen. Wann ist ψ in ψ' übergegangen? Wenn ψ ein Wissen der Person Z ausdrückt, so liegt kein Problem darin, ψ genau dann zu ändern, wenn sich dieses Wissen ändert. Wie diese Änderung kausal zustande kommt, bleibt offen, weil ja keine kausale Theorie über das Bewußtsein des Beobachters benützt wird. Aber Bohr hat mit Recht darauf hingewiesen, daß Beobachtungsergebnisse objektive Fakten sind. Also müßte ψ' schon am Ende der Meßwechselwirkung zwischen X und Y vorliegen und aus einem in Y irreversibel eingetretenen Faktum (etwa einem Schwärzungspunkt auf einer photographischen Platte) eindeutig zu erschließen sein.

Ebendies folgt nun aber (wie die Theoretiker des Meßprozesses seit langem erkannt haben) nicht aus der traditionellen Quantentheorie, wenn man sie streng interpretiert. Während des Ablaufs der Wechselwirkung zwischen X und Y wird der Vorgang von keinem Beobachter betrachtet (andernfalls wäre er durch ebendiese Zwischenbeobachtung gestört und nicht mehr als Meßvorgang für ψ geeignet). Also gibt es in diesem Ablauf kein Ergebnis, das ψ unstetig ändern kann. Kurz gesagt: Die Schrödingergleichung ist deterministisch; der Indeterminismus der Quantentheorie, den die Kopenhagener Deutung voraussetzt, verlangt also eine gelegentliche Verletzung der Schrödingergleichung durch ein nur statistisch voraussagbares Ereignis.

Ebendieses Problem hat R. Haag in zwei kürzlich erschienenen Arbeiten (1990[1,2]) zutreffend beschrieben. Er sagt, die Quantentheorie müsse durch ein Postulat ergänzt werden, nach dem in der Natur real »Ereignisse« (»events«) geschehen, die den Zustand ändern. Ein Ereignis in diesem Sinne ist eben die Umwandlung einer Möglichkeit in ein Faktum. Das Postulat macht lediglich explizit, was in der Semantik des Wahrscheinlichkeitsbegriffs immer schon stillschweigend vorausgesetzt ist. Wir stoßen hiermit auf die obige Frage b): Wie beschreiben wir Ereignisse, die wir nicht beobachtet haben?

Vorher sei aber die Rolle der Irreversibilität beim Meßprozeß besprochen. Fakten entstehen durch irreversible Vorgänge. Irreversibel ist ein Vorgang, in dem die Entropie wächst. Entropie ist diejenige objektiv verstandene Information, also Gestaltenmenge, die ein Beobachter, der nur den Makrozustand wahrnehmen kann, nicht kennt. Hier könnte ein in B3 nicht ausdrücklich diskutierter Einwand einsetzen: Also würde es für einen »Laplaceschen Geist«, der den Mikrozustand genau kennt, gar keine Entropie und folglich keine Irreversibilität geben. Im Determinismus der klassischen Physik könnte der Laplacesche Geist Vergangenheit und Zukunft gleichermaßen aus dem gegenwärtigen Mikrozustand berechnen. In der Quantentheorie könnte er wenigstens aus der Schrödingergleichung die ψ-Funktion für Vergangenheit und Zukunft berechnen, wenn er ψ für die Gegenwart kennt, und wenn es keine unstetige Änderung von ψ gemäß der »zweiten Antwort«, keinen »Kollaps der ψ-Funktion«, gibt. Er müßte aber freilich auch fähig sein, eine Beschreibung der Zustände anzugeben, welche definiert, was ein endlicher, menschlicher Geist als »Makrozustand« kennen kann und was der Mensch infolgedessen nicht kennt; er müßte damit beweisen können, daß für die so definierten Makrozustände eine Entropie definiert ist, die im statistischen Mittel mit der Zeit wächst. Im Rahmen der deterministischen Entwicklung von ψ wird er analog »Makrozustände in ψ« definieren, für die es wieder eine im Mittel wachsende Entropie gibt. Diese Entropie beschreibt quantentheoretische »Gemische«, deren Wahrscheinlichkeitsbewertung nicht der quantentheoretischen Wahrscheinlichkeit entspringt, sondern der Unkenntnis des »reinen Falls« durch den Beobachter.

Die heutigen konsequenten Versuche einer Quantentheorie des Meßprozesses bemühen sich, soweit ich sehen kann, genau hierum. Als »inkonsequent« würde ich jedoch die Versuche beschreiben, das Eintreten des Meßergebnisses (den »Kollaps«) durch Abweichungen von der Schrödingergleichung zu beschreiben, also durch eine Vermischung beider Wahrscheinlichkeitstypen. Dies wäre allenfalls in einer Theorie verborgener Parameter sinnvoll, welche auch die quantentheoretische Wahrscheinlichkeit als Nichtwissen des Beobachters deutet. Ich vermute, daß schon die unabgeänderte Quantentheorie eine konsequente Meßtheorie als »minimale Semantik« zuläßt:

Schematisch wird der Prozeß in drei Phasen aufgeteilt. Phase 1: das Objekt X ist in einem reinen Zustand im Sinne der Quantentheorie, das Gerät Y ist noch ohne Wechselwirkung mit X. Phase 2: Wechselwirkung von X mit Y. Phase 3: X und Y sind wieder getrennt; der Zustand von X ist aber jetzt ein »Gemisch« (Dichtematrix), d.h. alle den möglichen Meßresultaten z entsprechenden Zustände von X sind, ohne Superposition, durch klassische Wahrscheinlichkeiten $w(z)$ charakterisiert, mit $w = |\psi(z)|^2$, wobei $\psi(z)$ die Amplitude zum Zustand z in einer Entwicklung des ursprünglichen ψ nach der durch die z definierten Basis ist. Mathematisch kommt dieses Ergebnis dadurch zustande, daß Y vor der Wechselwirkung nur als makroskopisch bekannt vorausgesetzt ist, also selbst nicht in einem reinen Zustand, sondern einem Gemisch. Die Wechselwirkungen der anfänglichen Amplituden $\psi(z)$ mit den ihnen jeweils entsprechenden Komponenten der möglichen Zustände von Y (»Polare Zerlegung« nach E. Schmidt; S. Kochen [1985], Görnitz u. Weizsäcker [1987[1]]) verlieren sich in dem sehr großen Hilbertraum von Y und seiner Umgebung praktisch irreversibel (Mundanität, B3).

Hiermit aber ist in Y am Ende der Phase 3 eben nur eine klassische Wahrscheinlichkeitsverteilung entstanden. D.h. der Meßapparat hat bestimmt, *welche Alternative* entschieden wird. Unentschieden aber bleibt durch die $w(z)$ weiterhin, *wie* diese Alternative entschieden wird. Hierzu ist eine weitere, klassische Beobachtung am Meßapparat notwendig. Nach Bohrs Überlegung aber muß am Ende des Meßprozesses schon *objektiv entschieden* sein, welcher Wert der gemessenen Größe vorlag; die Beobachtung durch Z dient nur, um ihm die Kenntnis dieses objektiven Sachverhalts zu vermitteln. D. h. die hier diskutierten Meßtheorien haben das Meßproblem zwar mathematisch handhabbar gemacht, sie haben es aber nicht gelöst. Der »Kollaps« bleibt weiterhin unvermeidlich.

b. Unbeobachtete Ereignisse. Wir entgehen also nicht der Anerkennung objektiver Ereignisse, die nicht deterministisch aus der Schrödingergleichung folgen und die auch nicht durch einen menschlichen Beobachtungsakt erzeugt sind. Im obigen Fall entstehen sie zwar in einem von Menschen gebauten Apparat, aber ehe ein Mensch das Resultat betrachtet hat. Erkennen wir dies an, so haben wir keinen Grund, Ereignisse auf Beobachtungen zu beschränken. Im Grunde geschieht mit dieser Anerkennung nichts anderes als die Anerkennung des allgemeingültigen *Indeterminismus* der Quantentheorie. Was aber bedeutet das?

Es gibt noch den Ausweg des Determinismus verborgener Parameter. Die Quantentheorie würde nach dieser Ansicht nur deshalb die Ereignisse nicht determinieren, weil sie ihre Ursachen nicht kennt. Lokale verborgene Parameter sind nach heutiger Kenntnis freilich durch die Experimente von Aspect u. a. ausgeschlossen (B5). Nichtlokale verborgene Parameter (Bohm 1952) sind schwerlich auszuschließen. Ich diskutiere solche, recht komplizierten Ansätze hier nicht. Es scheint lohnender, den phänomenologisch unausweichlichen Indeterminismus quantentheoretischer Prognosen in seiner Struktur zu untersuchen, die ja selbst ein verborgener Determinismus zu erklären verpflichtet wäre.

Zunächst sei gefragt, wie weit wir den Geltungsbereich der Quantentheorie dabei fassen wollen. Es gibt heute kaum Gründe, ihre Anwendbarkeit auf die gesamte *anorganische* Natur zu bezweifeln. Zur allgemeinen Relativitätstheorie vgl. *AP* 10.7; auch wenn diese sich der Quantentheorie entzöge, wäre doch wenigstens für irdische Vorgänge keine nennenswerte Einschränkung impliziert. Daß auch die *organische* Natur der Quantentheorie genügt, wird im 8. Kapitel noch einmal als plausibel erörtert werden. Schließlich ist soeben im Abschnitt D2 argumentiert worden, daß es keinen der Quan-

tentheorie immanenten Grund gibt, sie von der Geltung für
psychische Vorgänge auszuschließen; in den nachfolgenden Abschnitten 4 und 5 kommen wir darauf zurück. Doch sollen die
Erwägungen um der Konkretheit des Beispiels willen zunächst
weiter anhand der Meßtheorie fortgeführt werden.

Die Frage lautet nun: *wann* finden Ereignisse statt? In der
traditionellen Sprache: *wann* wird die Änderung von ψ gemäß
der Schrödingergleichung durch eine Reduktion (einen »Kollaps«) unterbrochen? Ich habe in einem Vortrag in Triest 1972
(1973; dazu *AP* 13.3, S. 603–612) darauf zu antworten versucht
und nenne den dortigen Vorschlag seitdem gesprächsweise
gerne die Triestiner Theorie.

Es gibt eigentlich nur zwei wirklich einfache Antworten auf
die gestellte Frage; diese Antworten haben wir daher zunächst
zu erwägen:

1. ψ wird nie reduziert.

2. Es geschehen ständig Ereignisse.

Die Triestiner Theorie besteht in der versuchten Antwort:
Richtig interpretiert, sind *beide* Antworten zutreffend. Dazu
müssen wir uns zunächst an den Sinn der benutzten Begriffe
erinnern. Dies geschieht in zwei ergänzenden Aussagen:

1a. ψ bezeichnet quantifizierte *Möglichkeiten*.

2a. Ereignisse erzeugen *Fakten*.

Die Begriffe Möglichkeit und Faktum sind uns aus der Rekonstruktion geläufig. Wir werden aber zulernen, wenn wir auf
ihre Verwendung in der *Umgangssprache* der Quantentheoretiker achten.

Wenn ein Zustand *z* mit einer von Null und Eins verschiedenen Amplitude in einer Darstellung des soeben real vorliegenden Zustands vorkommt, so spricht man gern von *virtuellem*
Vorliegen (virtueller Existenz) dieses Zustands *z*. Das Wort
»virtuell« ist abgeleitet von virtus, was sprachlich zunächst
Männlichkeit (von vir = Mann), dann aber allgemeiner Können,
Vermögen bedeutet. Virtuell ist, was zwar nicht real ist, aber als
möglich unterstellt wird. Virtuelle Zustände sind Zustände, die
bei realem Vorliegen eines Zustands gefunden werden könnten,
falls ein dafür geeigneter Meßapparat angewandt würde. Die
Umgangssprache der Quantentheoretiker nennt $|\psi(z)|^2$ auch
die »Übereinstimmungswahrscheinlichkeit« der beiden Zu-

stände, nämlich des real vorliegenden, der durch ψ beschrieben wird, und des gesuchten, der hier als z bezeichnet ist.

Unsere normale logische Schulung tendiert dazu, die Ausdrücke »virtuelle Existenz« oder »Übereinstimmungswahrscheinlichkeit« als unscharf zu verbieten. Zwei Zustände sind, so denken wir, entweder identisch oder verschieden; sie haben keine »Wahrscheinlichkeit, identisch zu sein«. Häufig aber drückt die Umgangssprache Sachverhalte aus, die uns in der täglichen Arbeit ständig begegnen, auch wenn wir keine präzise theoretische Reflexion auf sie zuwege bringen. So steht es mit dem Begriff der Menge der möglichen Zustände eines Objekts (also der Vektoren eines Hilbertraums und ihrer linearen Teilmengen). Mathematisch besteht diese Menge aus disjunkten, d. h. z. B. durch ihre Komponenten eindeutig unterscheidbaren Elementen. Physikalisch aber ist sie zunächst eine Menge von Möglichkeiten, die einander im allgemeinen nicht ausschließen. In der Rekonstruktion ist uns diese Zweiheit begegnet. Die Vektoren der ersten Stufe sind vereinbare Möglichkeiten; in der zweiten Stufe vermutet man in ihnen trennbare Fakten. Die erste Stufe bezieht sich auf den Einzelfall, die zweite Stufe auf das Ensemble. Ich schlage also vor, zu sagen: Ein durch ein ψ beschriebener Zustand ist ein Inbegriff von Möglichkeiten. Es sind die Möglichkeiten, irgendeinen auf ψ nicht orthogonalen Zustand zu finden; mit der Gewißheit, genau ψ zu finden, wenn eine Observable gemessen wird, zu deren Eigenvektoren ψ gehört.

Möglichkeiten *wovon* sind nun die Quantenzustände? Hier zunächst Möglichkeiten von Meßresultaten. Allgemein müssen sie, nach unseren bisherigen Überlegungen, Möglichkeiten von *Ereignissen* sein. Dem Begriff der virtuellen Existenz eines Zustands entspricht dann der Begriff des *virtuellen Ereignisses*. Für *virtuelle* Ereignisse gilt nun die obige Antwort 2: Ständig geschehen virtuelle Ereignisse. *Reale* Ereignisse treten ein, wenn ein *Faktum* geschaffen wird. Ein Faktum tritt ein, wenn ein *irreversibler* Vorgang geschieht. Dies führt zu einer dritten These:

3. Notwendige Vorbedingung für die Entstehung eines Faktums ist ein in hinreichender Näherung irreversibler Prozeß.

Hierbei werde an der 1. Antwort festgehalten: ψ wird auch während des Prozesses nicht reduziert. Der irreversible Vorgang braucht nun nicht in einem von Menschen durchgeführten Meßprozeß zu geschehen. Er kann (vgl. B3) die Entstehung eines beliebigen »Dokuments« bedeuten. Aber die Beschreibung mit unreduzierten ψ entscheidet wiederum nur, *welche Alternative* das Dokument dokumentiert, aber *nicht, welche Antwort*. Hierfür verwenden wir nun die obige 2. These: Ständig geschehen Ereignisse. Aber wenn kein irreversibler Vorgang abläuft, bleiben sie virtuelle Ereignisse; sie entstehen und verschwinden undokumentiert. Wenn jedoch durch einen irreversiblen Prozeß der reine Zustand in ein Gemisch übergeht, so bedeutet dies, daß die Übergangswahrscheinlichkeiten zwischen den möglichen entstehenden Fakten z gegen Null gehen. Dann bleibt eines von ihnen übrig. Welches von ihnen übrigbleibt, ist aber durch die Quantentheorie nicht bestimmt: das ist der realistische Indeterminismus dieser Deutung. Sie erscheint mir nicht als Gegenvorschlag zur Kopenhagener Deutung, sondern als deren konsequente Fortsetzung, ebenfalls als minimale Semantik.

Am Ende sei nochmals überprüft, in welchem Sinne die Antworten 1. und 2. verstanden werden müssen, um verträglich zu sein und beide als zutreffend gelten zu dürfen. Antwort 2.: Die Ereignisse, die ständig geschehen, bleiben bei reversiblen Prozessen virtuell, bei irreversiblen aber werden sie aktuell. Antwort 1.: In Strenge braucht man ψ nie zu reduzieren. ψ drückt dann die durch das anfängliche Wissen bedingten Wahrscheinlichkeiten aus. Wer aber ein später eingetretenes reales Ereignis kennt, darf ohne Schaden das durch dieses Ereignis reduzierte ψ, also die durch das neue Wissen bedingten Wahrscheinlichkeiten benützen. Das diesen neuen Wahrscheinlichkeiten zugrundeliegende Ensemble ist ein Teilensemble der ursprünglichen Ensembles, ausgesondert durch das neue Wissen. Das ist wahrscheinlichkeitstheoretisch nicht anders als in dem simplen Beispiel des Würfelns mit zwei Würfeln: Die Wahrscheinlichkeit, zwei Sechsen zu werfen, ist 1/36. Wenn der erste Würfel gefallen ist, spaltet sich das Ensemble auf in 6 Ensembles. In einem von ihnen ist die Wahrscheinlichkeit für zwei Sechsen nun 1/6, in den fünf anderen ist sie Null.

4. Information

Quantentheorie stellt sich uns in der Rekonstruktion dar als *Theorie der Information*. Dies führt zu zwei Fragen:
1. Was ist Information?
2. Was ist die Bedeutung der Information in der Physik, also in der Natur?

Am Ende des Abschnitts C1, der die Absicht der Rekonstruktion erklärt, werden diese Fragen kurz besprochen; es wird aber dann darauf verwiesen, wir müßten den Aufbau der Theorie näher betrachten, ehe wir ihn philosophisch genauer zu beurteilen versuchen. Nun liegt die Rekonstruktion als Entwurf vor. Wie stellen sich jetzt die Fragen?

In drei älteren Texten bin ich ausführlich auf diese Fragen eingegangen: Im Aufsatz »Materie, Energie, Information« (*Die Einheit der Natur*, 1971; weiterhin als *MEI* zitiert) und im 5. und 12. Kapitel des *Aufbaus der Physik*. Wie oben im Teil B des jetzigen Kapitels muß ich den Leser auf diese Texte verweisen; *Zeit und Wissen* ist ja als zweiter, philosophischer Teil zum *Aufbau der Physik* konzipiert, setzt diesen also voraus. *MEI* wirft beide obigen Fragen auf, ist in *AP* 5.7 und in *AP* 12 ausführlich zitiert. Das 5. Kapitel des *Aufbaus* ist weitgehend der ersten Frage gewidmet, das 12. Kapitel der zweiten. Wir greifen die Fragen jetzt so auf, wie sie uns dort hinterlassen sind.

Die erste Frage ist in *AP* 5.2 verbal beantwortet durch die Definition: *»Information ist das Maß einer Menge von Form.«* Wie diese Menge, »unter einem Begriff«, »zwischen zwei semantischen Ebenen«, »syntaktisch, semantisch, pragmatisch« definiert und gemessen wird, ist das hauptsächliche Thema von *MEI* und *AP* 5. Jetzt kommt es uns darauf an, was *Form* oder *Gestalt* in der Physik bedeutet. Dies leitet unmittelbar zur zweiten Frage über.

Im Abschnitt C1 wird die Rekonstruktion der konkreten Quantentheorie gedeutet als *Zurückführung der Ontologie der klassischen Physik auf den Begriff der Information*. Es geht also um Ontologie und um deren zentralen Begriff der *Substanz*. So setzt auch das 12. Kapitel des *Aufbaus* ein, *AP* 12.1, »Die Suche nach der Substanz«. Wir erinnern zunächst an den Inhalt der Ontologie der klassischen Physik (B2). Diese Physik betrachtet Körper und Kräfte in Raum und Zeit. Körper und Kräfte, also modern, Teilchen und Felder, werden cartesisch als res extensa, als ausgedehnte Substanz verstanden. In der klassischen Ontologie *hat* diese Substanz Form. In der rekonstruierten Quantentheorie aber *ist* sie Form: Teilchen und Felder sind Kombinationen von Uralternativen. Die Form selbst erscheint als die Substanz. Was kann ein solcher Satz bedeuten? Was meinen wir denn mit dem Wort »Substanz«? Das ist die Frage des 12. Kapitels im *Aufbau*.

Substanz wird dort erklärt als das *Zugrundeliegende* oder als das *Beharrende*. Wenn die Form selbst die Substanz ist, so scheinen wir in die *Eidos-Philosophie* zurückzukehren. In *Der Mensch in seiner Geschichte* (*MsG*, Kapitel 6.7) wird die Quantentheorie so im Rahmen des platonischen Höhlen- und Liniengleichnisses und deren Anwendung im *Timaios* skizziert. Den Entwurf Platons werden wir erst im 11. Kapitel betrachten. Jetzt stellen wir die Fragen nur vorläufig, und im Rahmen der modernen Naturwissenschaft. Zwei Fragen drängen sich auf: Wie verhält sich die Form zur *Zeit*, und wie verhält sie sich zum *Bewußtsein*? Also offenbar: wie verhält sich die Form zu unserem Thema, zu *Zeit und Wissen*?

Zuerst die *Zeit*. Auf die Frage: »Kehren wir in die Eidos-Philosophie zurück?« wird im Anfang von *AP* 12.3 (S. 580) die Antwort gegeben: »Ja und Nein«. Ja: die Quantentheorie nötigt uns, auf die hohe Abstraktionsstufe der Eidos-Philosophie zurückzukehren, hinter der die mechanischen Modelle der Physik seit dem 17. Jahrhundert zurückgeblieben sind. Nein: In der Zeit ist für uns das Zugrundeliegende nicht mehr zugleich das Beharrende. Neue Formen entstehen ständig in der Evolution. Ure werden ständig erzeugt und vernichtet. Freilich sind in der Platon-Interpretation, die ich für die richtige halte, auch die Ideen bewegt (*MsG* 6; II.11). Aber diese Bewegung ist ewig; sie ist nicht »historisch« im modernen Sinne. Wollen wir »Form« oder »Gestalt« als Fundamentalbegriff benutzen, so müssen wir bewegte, reifende, werdende und vergehende Gestalt wählen. So dachte Goethe, so deuteten Schelling und Hegel ihren »Idealismus«. Dies ist die Aufgabe, welche die Physik unserer Philosophie stellt.

Nun das *Bewußtsein*. Im cartesischen Dualismus konnte

man noch sagen: Die Materie *hat* die Form, das Bewußtsein *erkennt* die Form. Die Materie wird für uns nun zu einer Erscheinungsweise der Form. Wie aber verhält sich die Form zum Bewußtsein? Ist Bewußtsein eine Substanz und Form der Gedanke, den das Bewußtsein denkt? Oder ist Form das Zugrundeliegende und Bewußtsein eine ihrer Ausprägungen? Verstehen wir die Worte noch, in denen wir solche Fragen stellen? Der Abschnitt *AP* 12.3 endet angesichts dieser Fragen in Gleichnissen; er trägt als Motto Pascals Wort »Feuer!«.

Die Physik kann diese Fragen nicht beantworten, aber sie liefert noch Material zum Nachdenken.

Zuerst: Ist Form der Gedanke, den das Bewußtsein denkt? Wir verstehen die Quantentheorie als eine Theorie menschlichen Wissens. Hier müssen wir, so scheint es zunächst, die Wahl zwischen Kant und Platon treffen. Bohr (vgl. II 7.A1, B.3) fragt kantisch: Was können wir wissen? Wir sehen die Dinge in Raum und Zeit unserer Anschauung, beurteilen sie gemäß den Kategorien unseres Denkens. »Form« ist dann ein genereller Name für das kategorial Denkbare. »Dinge, wie sie an sich selbst sein mögen« sind kein Gegenstand der Physik. Aber dieser letzte Satz, der den »transzendentalen Idealismus« Kants ausspricht, ist für Bohrs kritische Rückfrage selbst ein Dogma mit fragwürdigem Sinn. »Ding an sich« ist als Begriff selbst noch ein Relikt der klassischen Ontologie. Wir bewegen uns in einem unvollendeten und vermutlich unvollendbaren Feld von niemals völlig scharfen Begriffen. Bohr, der so dachte, hätte wohl keinen Einwand gegen eine Philosophie des Kreisgangs erhoben.

Im Kreisgang aber erweisen sich unsere Anschauungs- und Denkformen als ein Produkt der Evolution (vgl. »Biologische Präliminarien zur Logik«, *AP* 5.8). Die Evolution denken wir im Rahmen der Physik, also heute auf der Basis des Formbegriffs. Das Bewußtsein taucht in der Evolution aus dem Meer des Unbewußten auf. Ist also doch Form das Zugrundeliegende und Bewußtsein eine ihrer Ausprägungen? Aber wie kann Form Bewußtsein erzeugen? Ist sie selbst geistig? Was könnte man damit meinen?

Ich habe oft darauf hingewiesen, daß es keinen der Quantentheorie immanenten Grund gibt, sie nicht auf das Bewußtsein anzuwenden. Die Quantentheorie wäre mit einem »spiritualistischen Monismus« vereinbar. Dies wird in *MsG*, Kap. 4.2 erörtert. Aber dort fahre ich fort: »Wenn wir Philosophen sind, muß unsere erste Frage freilich nicht sein, ob wir eine solche Metaphysik glauben wollen. Die Frage muß vielmehr sein, ob wir wissen, was wir meinen, wenn wir eine solche Metaphysik als denkbar behaupten.« (*MsG*, S. 98)

Eine solche Metaphysik ist nun der Platonismus (*MsG*, Kap. 6). Es ist freilich in der Interpretation nicht leicht zu sagen, wie Platon das Verhältnis von Geist und Form gedacht hat. Das »Logistikon«, der vernünftige Teil meiner Seele, ist selbst ein Teil des göttlichen Nus, des ewigen Geistes, der ewig das Reich der Ideen schaut. Wir kommen im Kapitel 11 auf diese Fragen zurück.

Um zu sehen, was die heutige Physik zu solchen Konzeptionen beizutragen hätte, müssen wir die Quantentheorie als Physik der Ganzheit betrachten. Das führt zum nächsten Abschnitt dieses Kapitels.

5. Offene Fragen zur Ganzheit

Das Programm, die Quantentheorie als Physik der Ganzheit zu verstehen, ist im oben als Abschnitt 2 abgedruckten Aufsatz entwickelt. Wie nahe sind wir seiner Ausführung gekommen?

Wir bleiben im jetzigen Kapitel im Rahmen der Physik. Was Biologie und Anthropologie dazu zu sagen haben, wird im 8. Kapitel gefragt, was Kunst und Religion uns lehren, im 9. und 10. Kapitel. Erst danach kann die philosophische Frage im 11. Kapitel voll entfaltet werden.

Blicke ich auf das jetzige Kapitel zurück, so treten mir etwa sechs Deutungsprobleme vor Augen, die ich hier (wie Kant sagt) »rhapsodistisch zusammengerafft« aufzähle:

1. Ereignis,
2. Materie, Bewußtsein, Form,
3. Individueller Prozeß,
4. Zeit als Observable,
5. Allgemeine Relativitätstheorie,
6. Holismus.

Von diesen Problemen halte ich die drei ersten für prinzipiell gelöst. 1. ist im Abschnitt 3, 2. im Abschnitt 4, soweit ich vermochte, beschrieben. Auf 3. gehe ich im folgenden näher ein. 4. und 5. sind anerkanntermaßen ungelöst, 6. wird erst adäquat zu beschreiben sein, wenn 4. und 5. quantentheoretisch durchsichtig geworden sind. Auch 1., 2. und 3. sind gelöst nur unter der Voraussetzung des Zeitparameters und des Minkowski-Raums, also unter Verzicht auf das Stellen der Fragen 4., 5. und 6.

Ich erörtere hier noch einmal die sechs Probleme.

1. Ereignis. Dies ist im wesentlichen im Abschnitt 3 besprochen. Kurz zusammengefaßt: die Interpretation der Quantentheorie fordert ein Postulat des Inhalts, daß reale Ereignisse geschehen, welche die Wahrscheinlichkeiten ändern. Dies ist in der Meßtheorie unerläßlich. Ich nehme die Universalität der Quantentheorie an, als methodische Voraussetzung der jetzigen Überlegungen. Sie soll gelten:

auch im Meßgerät (hier gebraucht),

auch im Bewußtsein (unter 2. gebraucht).

Wenn die Quantentheorie auch im Meßgerät gilt und wenn, wie Bohr mit Recht fordert, das Meßresultat am Ende des Meßprozesses schon objektiv im Gerät vorliegt, wo ein beliebiger Beobachter es dann ablesen kann, so ist im Meßgerät ein Ereignis eingetreten (hierzu im zweiten Teil, Schluß von D3). Die Universalität der Quantentheorie fordert dann, daß Ereignisse überall und immer in der Welt eintreten. Dies ist im Abschnitt 3 durch den Begriff »virtuelles Ereignis« kommentiert, das erst durch einen irreversiblen Vorgang – in der Näherung, in welcher er irreversibel ist – in ein faktisches »reales Ereignis« übergeht.

Dies ist nichts anderes als das Ernstnehmen des Indeterminismus, d. h. des Begriffs der Wahrscheinlichkeit. Es ist insofern zunächst nur eine minimale Semantik der Quantentheorie, eine Phänomenologie der Art, wie Quantentheorie in der Erfahrung bis heute real angewandt wird. Es wäre vereinbar mit

α) einem realistischen Indeterminismus,

β) einem bloß kognitiven Indeterminismus.

Der realistische Indeterminismus nimmt an, daß Ereignisse

real kausal unbestimmt und daher nur mit Wahrscheinlichkeit vorhersagbar sind. Der kognitive Indeterminismus ist bereit, einen objektiven Determinismus hinter den uns bekannten Phänomenen, also »verborgene Parameter« anzunehmen; die bloße Wahrscheinlichkeit der Prognose ist dann nur Ausdruck unseres Nichtwissens.

Im weiteren Text dieses Buches benütze ich für die Quantentheorie die Sprache des realistischen Indeterminismus, ohne jedoch die bloß kognitive Auffassung auszuschließen. Über Modelle verborgener Parameter spreche ich im zweiten Teil, II 7.D3. Philosophisch erscheint mir der Wunsch, in den kausalen Determinismus zurückzukehren, als Ausdruck einer nichtgeleisteten Trauerarbeit. Als plausibler empfinde ich die Erwartung, man werde in der Überwindung der klassischen Ontologie noch über die heute bekannte Quantentheorie hinausgehen müssen, so wie es vielleicht die Probleme 4., 5., 6. anbieten.

Keineswegs ausgeschlossen ist jedoch, daß hinter den quantentheoretischen Wahrscheinlichkeiten noch Bestimmtheiten liegen, die nicht aus zeitlicher Kausalität folgen. Dazu die Probleme 3. und 4.

2. Materie, Bewußtsein, Form. Wie im Abschnitt 4 diskutiert, führt die Quantentheorie »Materie« auf »Form« zurück. Offen blieb, wie Form, also Eidos, sich zu Geist, unbewußter Seele, Bewußtsein verhält. Dazu im 11. Kapitel.

3. Individueller Prozeß. In *AP* 7.2, S. 295–299, habe ich, anschließend an K. M. Meyer-Abich (1965), Bohrs Einführung des Begriffs der Individualität des Prozesses geschildert. Bohr hat 1925 den Begriff gleichzeitig mit, aber unabhängig von Heisenbergs Erfindung der Quantenmechanik geprägt. Wesentliches Motiv für beide Schritte war die Entdeckung der empirisch strengen Gültigkeit des Energiesatzes im atomaren Einzelprozeß (Bothe-Geiger, Compton-Simon). Dies nötigt, nach der Absorption eines Photons an einem Ort, deren Wahrscheinlichkeit durch die Intensität der Welle gegeben war, das Wellenfeld zu reduzieren: das erste Beispiel des »Kollapses der Wellenfunktion«, also des »Ereignisses« im oben geschilderten

Sinne. Die Ausbreitung der ungestörten Welle ist ein »individueller Prozeß«. »Individuell« heißt hier, sprachlich genau, »unteilbar«. Durch eine Beobachtung unterwegs, während des Prozesses, würde er geteilt und dadurch zerstört. Dies wäre in der klassischen Physik keine notwendige Konsequenz gewesen, da in ihr die Wechselwirkung bei der Beobachtung beliebig klein sein dürfte. Bohr sprach in diesem Zusammenhang gern von der »endlichen Größe des Wirkungsquantums«. In unserer Rekonstruktion tritt dies als die Diskretheit der Fakten auf. Der »Kollaps« von ψ wurde nur in der Schrödingerschen Auffassung ein Problem, weil Schrödinger ψ nicht als Ausdruck von Möglichkeiten, sondern als Kontinuum von Fakten beschrieb, ψ nicht als ein »Wissen«, sondern als eine »Meereswelle«.

Soviel zur Geschichte des Begriffs. Wesentlich ist in der Deutung das durch die ungestörte Welle ψ repräsentierte »Mehrwissen«. Ein ungestörtes ψ vermittelt Beziehungen zwischen räumlich und zeitlich voneinander entfernten möglichen Ereignissen, die nicht durch zeitliche Kausalität erklärt werden können. Das klassische Beispiel ist das Einstein-Podolsky-Rosen-Experiment (EPR); dazu *AP* 11.3d, S. 544–560.

In der Rekonstruktion wird diese Struktur durch das Postulat der Symmetrie eingeführt (C3, Postulat 5.). Die Äquivalenz aller im Vektorraum V_n als Basis möglichen Alternativen A_n ist der Ursprung des »Mehrwissens«; die Postulate 1.–4. hätten noch die Deutung der Wahrscheinlichkeiten durch bloße Unkenntnis der Entschiedenheit der Ausgangsalternative A_n zugelassen. Der Determinismus von ψ gemäß der Schrödingergleichung bedeutet dann nur die durch einen Hamilton-Operator bestimmte Auswahl einer einparametrigen Untergruppe der Symmetrie, mit der Zeit t als Gruppenparameter. »Delayed choice« (verzögerte Wahl, Wheeler 1978, vgl. *AP*, S. 546–550) bedeutet, daß durch äußere Manipulationen *nach* dem Ereignis ausgewählt wird, als Antwort auf welche im Zustandsraum zulässige Alternative das Faktum dieses Ereignisses benützt werden soll.

Akzeptieren wir die abstrakte Quantentheorie, so enthält EPR kein Paradoxon. Einstein sah die Paradoxie in der Verletzung des von ihm gewählten Begriffs der Realität. In der Sprache des jetzigen Buchs gesagt, ist Einsteins Realität ein Kontinuum von Fakten. Auch wir glauben (C5, dazu II 7.C »Das Kontinuum«), daß die Wirklichkeit kontinuierlich ist, unterscheiden aber scharf »Wirklichkeit« und »Faktizität«. Kontinuierliche Wirklichkeit eröffnet sich uns nur im Kontinuum der Möglichkeiten. Diskrete Alternativen sind Vorbedingungen begrifflichen Denkens über Fakten. Sie sind aber stets eine winzige Auswahl aus der Fülle der Möglichkeiten. Die Quantentheorie wird dann als ein Verfahren schrittweiser Selbstkorrektur der Einschränkung auf diskrete Alternativen interpretiert. Dabei erscheint die jeweilige Beschränkung auf einen von der Umwelt in hinreichender Näherung trennbaren Zustandsraum S_n zu einer gegebenen Alternative A_n als ein zulässiger Näherungsschritt. Er aber hat die Symmetrie von S_n zur Folge; jede Asymmetrie wäre eine nur durch Bezug auf die Umwelt belegbare Aussage. Die Individualität der Prozesse ist dann die durch Beobachtung ungestörte Kontinuität der Möglichkeiten, insofern Ausdruck der Wirklichkeit. Es ist wohl klar, daß die hier gewählte Sprache später einer nochmaligen philosophischen Reflexion bedürfen wird.

Für die Empirie ist die wesentliche Frage, unter welchen konkreten Umständen es individuelle Prozesse geben kann. Dazu ist nötig, daß kein äußerer Einfluß den Quantenzustand durch ein irreversibles Ereignis zerstören kann.

Im atomaren Bereich ist dafür gesorgt; dies ist gewissermaßen die Definition des »atomaren« (= »individuellen«, »teillosen«) Bereichs. Es sollte möglich sein, die hier auftretenden Strukturen (Elementarteilchen) urtheoretisch zu begründen. Nun haben wir die Vermutung (*AP* 10.6d, S. 470–476), daß z. B. Ruhemassen erst kosmologisch bestimmt werden können. Dies spricht dafür, daß gewisse kosmologische Sachverhalte nur quantentheoretisch zu begründen sind (Görnitz 1988). »Klein« sind hier nicht die Distanzen, sondern, fundamentaler, die Informationsmengen. Erst wenn sich – vermutlich eben urtheoretisch-kosmologisch – ergeben hat, daß es stabile Elementarteilchen gibt, werden sich Gebilde aus wenigen Elementarteilchen »kleiner im Informationsmaß« und daher weiter entfernt vom klassischen Grenzfall darstellen als makroskopische Körper, welche viele Elementarteilchen enthalten.

Nun gibt es aber auch makroskopische Quanteneffekte wie

Supraleitung und Superfluidität. Die energetische Bedingung der Störungsfreiheit ist hier niedrige Temperatur. Wie niedrig sie sein muß, ist durch Berechnung der möglichen Störungen zu überprüfen. Dann stellt sich die Frage, ob Lebensvorgänge, vielleicht gerade psychische Vorgänge Quanteneffekte enthalten. Dazu Kapitel I 8.4.

4. Zeit als Observable. Die Frage ist am Ende der Rekonstruktion, C12, angeschnitten, kann aber noch um eine möglicherweise wichtige Strecke weitergeführt werden.*

Heisenberg benutzt in seiner Arbeit über die Unbestimmtheitsrelation (1927) die kanonische Vertauschungsrelation (VR) zwischen Energie und Zeit (C12.1) als »bekannte Gleichung« und Spezialfall der VR zwischen Wirkungs- und Winkelvariablen (S. 177 seiner Arbeit). Pauli (1.c., C12) erläutert diese Relation als Konsequenz der allgemeinen Gleichung

$$\frac{\hbar}{i}\,\dot{F} = HF - FH, \tag{5.4.1}$$

wenn man für den beliebigen Operator F die Zeit t als Operator einsetzt. Beide Argumente besagen, daß, *wenn* es einen Zeitoperator gibt, dieser wohl die kanonische VR mit der Energie haben sollte. Pauli verbietet die Einführung des Zeitoperators mit dem Argument, daß dann die Energie ein Spektrum von $-\infty$ bis $+\infty$ haben müßte.

Nun führt aber, wie Dirac an seiner Wellengleichung des Elektrons erkannte, die relativistische Quantentheorie zunächst notwendigerweise zu negativen Energien. Diese gibt es formal schon in der klassischen speziellen Relativitätstheorie. Dort können sie für massive Teilchen ausgeschlossen werden, weil sie nicht kontinuierlich von den positiven Energien aus erreicht werden können. In der Quantentheorie sind aber die Übergänge im Prinzip möglich. Diracs Löchertheorie, in der Form, die sie in der Quantenfeldtheorie angenommen hat (zuerst wohl Pauli und Weißkopf 1934), führt zu der Lösung, daß nicht die Energie, sondern die Frequenz das beiderseits unbe-

---

* Dies verdanke ich dem Gespräch mit Th. Görnitz.

schränkte Spektrum hat; die stets positive Energie ist dann der Betrag von $h\gamma$. Das bedeutet die unerläßliche Einführung von Antiteilchen. Sind die Teilchen geladen, so ist das »Frequenzvorzeichen« physikalisch das Vorzeichen der *Ladung*. Für die Ure, die von vorneherein zur Relativitätstheorie führen, gibt es analog notwendigerweise die Anti-Ure (C8). Das Vorzeichen der Differenz der Anzahlen von Uren und Anti-Uren

$$2_s = n_1 + n_2 - n_3 - n_4 \qquad (5.4.2)$$

(*AP*, S. 407, Gl. (8)) ist dann, wenn Ladung auftritt, mit dem Ladungsvorzeichen gleichzusetzen. Dies ist ein Programmpunkt für die Ur-Theorie der Elementarteilchen.

In dieser Interpretation ist die kanonische VR (C12.1) eine Relation zwischen Frequenz und Zeit, in welcher der Zeitoperator ein beidseitig unbeschränktes kontinuierliches Spektrum hat. Diese Deutung der Ur-Theorie der Teilchen (C9, 10) ist im Minkowski-Raum definiert, in dem die Zeit in der Tat von $-\infty$ bis $+\infty$ läuft. Wie Heisenberg in der Arbeit von 1927 ausführlich diskutiert, muß in der Tat zwischen Frequenz und Zeit eine Unbestimmtheitsrelation bestehen: scharfe Frequenz und scharfe Festlegung eines Zeitpunkts sind unvereinbar. Dies erläutert noch einmal den Bohrschen Begriff des individuellen Prozesses: läuft er bei fester Energie, also Frequenz ab, so hat er keine »innere Uhr«; mißt man aber seinen zeitlichen Verlauf von außen, so zerstört man seine Frequenz, also die ihn definierende Gestalt.

Der Zeitoperator in diesem Sinne mißt also nicht eine universale, kosmische Zeit. So wie der Ortsoperator jeweils eine Zustandsgröße eines bestimmten Teilchens mißt, so bezieht sich der Zeitoperator jeweils auf einen bestimmten Prozeß, relativistisch gesagt, auf eine quantentheoretisch beschriebene zeitartige Weltlinie.

Man kann fragen, ob hiermit lediglich eine unübliche Sprechweise in die Semantik einer mathematisch und empirisch unveränderten Quantentheorie eingeführt würde oder aber eine strukturelle Änderung der Theorie. Speziell gefragt: Es würde bei einer Zeitobservablen zeitliche EPR-Phänomene geben analog denen, die im Raum der Eigenwerte der Ortsobservablen beschrieben werden. Ist dies nur eine andere Ausdrucksweise für die nichtklassischen Voraussagen, welche die Quantentheorie ermöglicht, oder bedeutet es eine Abweichung von diesen Voraussagen? Vielleicht sind wir heute noch nicht imstande, diese Frage zu beantworten. Zeitmessung beruht wie jede Messung auf Wechselwirkung. Die Ur-Theorie ist wesentlich relativistisch. Eine strenge relativistische Theorie der Wechselwirkung, ohne Divergenzen, gibt es noch nicht; es ist nicht klar, ob durch Renormierung nicht wesentliche endliche Effekte weggestrichen werden. Also sind wir auch hier auf die unvollendete Theorie der Elementarteilchen verwiesen.

5. *Allgemeine Relativitätstheorie (ARth)*. Die Quantisierung der ARth stößt noch immer auf Schwierigkeiten. Von der Urtheorie aus gesehen, ist dies nicht überraschend. Freie Bewegung führt zum Minkowski-Raum. In der ARth ist dies nur ein Tangentialraum. Die Raumkrümmung wird in der ARth mit einer speziellen Wechselwirkung, eben der Gravitation verknüpft. Falls es Operatoren für Raumkrümmung gibt, so auch für Zeitkrümmung. So dürften die Probleme 4. und 5. zusammenhängen.

In der Urtheorie liegt hier eine spezielle »Umkehrung der Reihenfolge der Argumente« nahe (*AP* 10.7). Die klassische ARth hat begonnen, das Problem der *Kosmologie* behandelbar zu machen. Man entwirft Weltmodelle als Lösungen der Einsteinschen Gleichungen. Urtheoretisch ist, wie oben unter 3. gesagt, gerade Kosmologie durch geringe Information, also geringe Uranzahl in erster Näherung zu beschreiben. Der geschlossene Einstein-Raum kann aufgefaßt werden als die Gruppe SU(2), insofern sie nur als metrischer Raum beschrieben wird, also im Prinzip schon durch ein einziges Ur, oder jedenfalls eine endliche Anzahl N von Uren (*AP* 9.3b, S. 399– 400; 10.4a, S. 440–442; 10.6d, S. 470–476). Da die Anzahl der Ure nicht zeitlich konstant ist (C9), ist durch $N(t)$ auch ein expandierender Kosmos zu beschreiben. Die Krümmung eines solchen Kosmos hängt (gemessen z.B. in ElementarteilchenRadien) von der Anzahl N bzw. von der »Dichte« der Ure ab. Dann liegt es nahe, die lokale Krümmung als von der lokalen

Materiedichte abhängig aufzufassen: Gravitationsfeld als »lokale Kosmologie«.

Auch hier enden wir mit offenen Fragen.

6. *Holismus.* Das Wort »Holismus«, von H. C. Smuts (1928) in die Philosophie eingeführt, von Adolf Meyer-Abich (1934) übernommen, vom griechischen Wort »holon«, das Ganze, hergeleitet, bezeichnete eine zunächst im biologischen Fragenkreis angewandte Sicht auf Ganzheit. Heute ist es, wohl durch D. Bohm (1952), in die Philosophie der Physik übernommen. Im Abschnitt D2 ist die Thematik angedeutet.

Die Ontologie der klassischen Physik beschreibt ein Ganzes als aus wechselwirkenden Teilen bestehend. So denkt im Durchschnitt auch die moderne »Systemtheorie«. »Systema« heißt im Griechischen wörtlich das »Zusammenstehen«. Auch in der Quantentheorie gebrauchen wir noch dasselbe Vokabular, aber mit wesentlich veränderter Bedeutung. Das 1. Postulat der Rekonstruktion ist stets nur eine Näherung. Das Ganze »besteht« nicht aus seinen Teilen; es kann nur so zerstört werden, daß die Teile, wieder nur genähert, übrigbleiben. So ist das Wasserstoffatom ein Ganzes, das nur durch Zerstörung (Ionisation) in Proton und Elektron zerlegt werden kann.

Wenn es erlaubt ist, die Quantentheorie als Theorie der Information auch auf Information über seelische Vorgänge anzuwenden, so folgt aus der Urtheorie, daß die »denkende Substanz« zugleich als »ausgedehnte Substanz« in Erscheinung treten muß. Der cartesische Dualismus ist dann theoretisch in Strenge widerlegbar. Durch die Verknüpfung dieser beiden Holismen – einerseits dem Ganzen der Dinge im Raum, andererseits der Einheit von Seele und Leib – stellt sich dann unmittelbar die Frage nach der Weltseele. Dies im Zusammenhang von Seele und Gestalt.

6. *Entwurf*

Wir blicken noch einmal zurück. Wir rekapitulieren.

Was ist Physik? Ist sie der Gehorsam des Denkens gegenüber der Wirklichkeit? Ist sie der Entwurf einer intellektuellen Weltbeherrschung?

Erst wenn wir vom Menschen reden werden, werden wir versuchen können, diese Fragen ernstlich zu beantworten. Aber wir erfahren schon, daß sich uns beide Antworten immer wieder abwechselnd aufdrängen, wenn wir den Physikern bei ihrer Tätigkeit zuschauen; zumal wenn wir als Physiker uns selbst bei unserer Tätigkeit kritisch zuschauen.

Die Physik der Neuzeit hat eine Eigenschaft, welche beide Antworten nahelegt: Ihre Prinzipien sind in unbegreiflicher Weise einfach.

Das gilt von der klassischen Mechanik. Der Dichter Alexander Pope sagte im 18. Jahrhundert:

Nature and nature's law lay hid in night.
God said: »Let Newton be«, and all was light.

Newtons Axiome kann man in drei Sätzen, fast auf drei Zeilen niederschreiben; das Gravitationsgesetz steht in einer knappen Formel da; die Bewegung der Planeten läßt sich über Jahrtausende aus diesen Gesetzen exakt berechnen. Das klassische Weltbild schließt an diese Offenbarung von Einfachheit an. Aber die Einfachheit bleibt unbegreiflich. Das Trägheitsgesetz ist paradox. Und was sind Kräfte? Es gelang nicht, sie auf Druck und Stoß zurückzuführen. Gravitation, Elektrizität, Magnetismus erscheinen als Fernkräfte. Wenn sie aber der Dynamik von Feldern entstammen: Feldern wovon? Die Vorstellung des mechanischen Äthers ist gescheitert. Und wie hängen Materie und Bewußtsein zusammen? Wie erklären wir, daß eine Schwingungsfrequenz als Farbe oder Ton erlebt wird? Und schließlich entstammen die großen Theorien des 20. Jahrhunderts dem Mangel an semantischer Konsistenz in der klassischen Physik. Die Relativitätstheorie war durch Machs Kritik an Newton angelegt. Die Quantentheorie entstammt der Unmöglichkeit einer Thermodynamik des klassischen Kontinuums.

Die Quantentheorie ist wiederum von unbegreiflicher Einfachheit. Für einen mathematisch gebildeten Leser lassen sich die Prinzipien der abstrakten Quantentheorie auf einer halben Druckseite aussprechen. Auf Teilchen und Felder angewandt, ist diese Theorie von beispiellosem Erfolg. Und wenn unsere Rekonstruktion korrekt ist, so folgen der Ortsraum gemäß der

speziellen Relativitätstheorie und damit Teilchen und Felder
mathematisch aus der abstrakten Quantentheorie. Aber ihre
Einfachheit erscheint unbegreiflich. Ihre Abweichung vom
klassischen Weltbild hatte eine seit siebzig Jahren nicht beendete Trauerarbeit zur Folge. Der große Quantentheoretiker
R. P. Feynman sagte: »Heute lebt niemand, der die Quantentheorie versteht.«

Können wir wagen, die Einfachheit der Quantentheorie begreiflich auszusprechen? Ein Entwurf der Begreiflichkeit?

Ich habe in dieses 7. Kapitel zwei kleine Aufsätze aufgenommen, die ich kurz vor seiner Abfassung geschrieben hatte,
gleichsam um mir Mut zu machen. Im ersten Teil, als Programm, D2 »Quantentheorie als Physik der Ganzheit«, im
zweiten Teil, als Reflexion, D1 »Endliches Wissen«. Ist Quantentheorie endliches Wissen von der Ganzheit? Was bedeuten
diese Vokabeln?

Die Ontologie der klassischen Physik kannte vier Realitäten:
Zeit, Raum, Körper, Kräfte. Die beiden letzteren wurden später als Teilchen und Felder formalisiert. Die Beziehung dieser
Realitäten zu den Realitäten der Seele, des Bewußtseins bleibt
unbekannt. Das Bewußtsein findet sich freilich in der Zeit vor,
und mit einem Körper verbunden.

Die Quantentheorie, in der rekonstruierten Gestalt, setzt
von diesen vier Realitäten nur eine voraus: die Zeit; und zwar
als Rahmen des Bewußtseins, also als Bedingung des Wissens.
Vorausgesetzt sind die Modi der Zeit: Jetzt kann ich vergangene
Fakten wissen, zukünftige Möglichkeiten erwägen. Vorausgesetzt ist der Lauf der Zeit: das Jetzt entrinnt und kehrt nie wieder, ein immer neues Jetzt kommt heran. All dies wird nicht mit
dogmatischer Ontologie behauptet, sondern nur phänomenologisch beschrieben. Die Zeit ist Voraussetzung des Zählens, also der Mathematik. Wir erleben die Zeit als kontinuierlich; vor diesem Hintergrund erfinden wir als genäherte
Beschreibung auch des Zeitlaufs die »reellen Zahlen«. In der
Zeit argumentieren wir und regeln die Argumente durch Logik; Argumente über zukünftige Ereignisse bedürfen zeitlicher
Logik.

Die Erfahrung lehrt uns, einzelne Gegenstände, auch einzelne Ereignisse vereinfacht begrifflich zu unterscheiden.

So beziehen sich unsere aussprechbaren Vorhersagen auf endliche Alternativen: »es wird Tag oder Nacht sein«, »der Würfel wird eine Zahl zwischen 1 und 6 zeigen«. Quantentheorie ist die Theorie über Prognosen für endliche Alternativen, insofern Theorie endlichen Wissens. Als fundamentale ontologische Hypothese der Physik setzen wir aber an: Die Wirklichkeit ist kontinuierlich. Richtig verstanden, gilt dieser Satz auch in der Quantentheorie. Wißbare Fakten sind endlich und insofern diskret. Das Kontinuum tritt in der Quantentheorie als das Feld der Möglichkeiten auf. Diese Möglichkeiten beschreiben wir zunächst als Wahrscheinlichkeiten. Eine Wahrscheinlichkeit ist der im Kontinuum definierte Erwartungswert relativer Häufigkeiten, also per definitionem diskret meßbarer Zahlen.

Hier tritt nun im Symmetriepostulat die »unbegreifliche Einfachheit« der Quantentheorie auf: Jeder Alternative A_n ist ein Raum S_n von untereinander gleichberechtigten möglichen Zuständen zugeordnet, welche die Wahrscheinlichkeiten für die gegebene Alternative A_n und für jede in S_n definierbare, ihr äquivalente Alternative bestimmen. Hier wird zweierlei postuliert: der Raum S_n ist *erfüllt*, d. h. zu jeder Wahrscheinlichkeitsverteilung für A_n ist wenigstens ein Zustand in S_n definiert, und er ist *symmetrisch*, d. h. seine Elemente sind immanent ununterscheidbar und insofern gleichberechtigt; nur äußere Messungen, welche in S_n definierte Alternativen entscheiden, unterscheiden die Elemente von S_n.

Diese Einfachheit wird vielleicht etwas begreiflicher, wenn wir sie als Folge der zwei vorher eingeführten Thesen verstehen: der Kontinuität des Wirklichen und der Endlichkeit des faktischen Wissens. Der Raum S_n ist erfüllt, weil er das Kontinuum des sich als möglich präsentierenden Wirklichen bezeichnet. Er ist aber trennbar vom Rest der Wirklichkeit durch die endliche Alternative A_n, auf die er bezogen ist; dadurch ist es möglich, ihn isoliert zu beschreiben, ohne Kennzeichnung seiner Elemente von außen, und in dieser Beschreibung ist er symmetrisch. Das quantentheoretische »Mehrwissen« ist so der Grad, in dem wir der Kontinuität des Wirklichen nahekommen können.

Nun glaubte aber auch die klassische Physik an die Kontinuität des Wirklichen, das sie sich, in der jetzigen Sprache gesagt, wie ein Kontinuum wißbarer Fakten vorstellte. Dieser Glaube scheiterte an der statistischen Thermodynamik, also an der konsequenten Anwendung des Wahrscheinlichkeitsbegriffs auf ein Kontinuum von Fakten. Er scheiterte an der konsequenten Beschreibung zeitlicher Vorgänge und Zustände wie Irreversibilität und Gleichgewicht. So ist die Kontinuität des Wirklichen nur in der Zeit, eben als Möglichkeit, konsistent zu beschreiben, im Einklang mit der aristotelischen Definition des Kontinuums durch den Möglichkeitsbegriff der Teilbarkeit. Kurz gesagt: Wirklichkeit zeigt sich uns in der Zeit.

Die »Trauerarbeit« bezog sich darauf, daß Wissen, Jetzt, Möglichkeit, kurz, unsere phänomenale Erfahrung der Zeit, als bloß »subjektiv« empfunden wurde, im Unterschied zu den »objektiven« Realitäten des Raums, dem die Zeit als vierte Koordinate hinzugefügt wurde, der Körper und der Kräfte. In der Tat verlangt die semantische Konsistenz der Quantentheorie, daß Zeitlauf, Möglichkeit und Faktizität als objektive Eigenschaften der physikalischen Wirklichkeit erkannt werden, aufgrund deren erst möglich wird, daß bewußte Wesen, die selbst Teile dieser Wirklichkeit sind, diese Eigenschaften auch subjektiv erleben. Der Nachweis dieser semantischen Konsistenz setzt aber die Rekonstruktion der konkreten Quantentheorie voraus, also der in der Quantentheorie verbleibenden Bedeutung der vier Realitäten der klassischen Ontologie. Dabei ist die Rekonstruktion der abstrakten Quantentheorie im soeben beschriebenen Sinne vorausgesetzt.

Die »Abstraktheit« dieser fundamentalen Quantentheorie bedeutet, daß sie von Raum, Körper, Kräften »abstrahiert«. Ihr einziger Gegenstand ist die *Information in der Zeit*. Es läßt sich mathematisch zeigen, daß diese Information aus einer Quantentheorie binärer »Uralternativen«, also »bits«, aufgebaut werden kann. Als natürliche Darstellung dieser Theorie erweist sich ihre Beschreibung im quantentheoretischen Symmetrieraum der Uralternative, einem reell dreidimensionalen Raum, der mit der als Koordinate geschriebenen Zeit durch die Poincaré-Gruppe verknüpft ist. In diesem Raum, dem Minkoswki-Raum, sind Teilchen die irreduziblen Darstellungen der Symmetriegruppe und Felder die Amplituden der Gesamtheiten von Teilchen. Also sind Raum, Körper und Kräfte Erscheinungsweisen der Information, d. h. der Form. Ein seelisches oder bewußtes Wesen, dessen Verhalten empirisch in Alternativen beschrieben werden kann, wird dieselbe Darstellung zulassen. »Die denkende Substanz ist wesentlich auch ausgedehnt.«

Die semantische Konsistenz der ursprünglichen Phänomenologie der Zeitmodi stellt sich in der so beschriebenen physikalischen Realität wie folgt dar. Der Zeitlauf wird auf jeder Weltlinie vorausgesetzt; in der Sprache der Physiker drückt sich das im Begriff der relativistischen Kausalität aus. Ereignisse sind nicht nur menschliche Erlebnisse, sondern geschehen ständig und überall. Ein reales Ereignis ist der Übergang einer Möglichkeit in ein Faktum. Ereignisse bleiben virtuell, solange kein irreversibler Vorgang geschieht. Die Faktizität der kennbaren Vergangenheit ist daher die Folge irreversibler Vorgänge. Begrenzte Vorgänge in der Welt können irreversibel werden, weil ihre Wirkungen in die offene Umwelt ausstrahlen (Mundanität). Für die Welt als ganze, sofern es ein sinnvolles Modell für diesen hypothetischen Begriff gibt, ist vermutlich die Expansion die Vorbedingung der Irreversibilität.

Endliches Wissen von der Ganzheit ist die so beschriebene Quantentheorie in doppeltem Sinn. Sie ist einerseits in iterierter Rekonstruktion die Selbstkorrektur der Einschränkung auf endliche Alternativen in einem fortschreitenden Näherungsverfahren. Schon die dritte Stufe dieses Verfahrens durchschauen wir bisher mathematisch nicht. Wenn wir ein Objekt als zusammengesetzt beschreiben, so ist die Beziehung zwischen seinen Teilen gemäß der Urtheorie keineswegs als gegenseitige Lage im Raum zu beschreiben, wie es im Konfigurationsraum der Schrödingergleichung noch geschieht. Der Raum ist in dieser Theorie wesentlich das Medium, in welchem Teilchen erscheinen, die in hinreichender Näherung als frei erscheinen. Ferner scheint das Verfahren nicht vor dem bisher nur fiktiv vorgestellten Ziel einer Quantentheorie des Universums ans Ende zu kommen. Dabei umfaßt die gesuchte Wirklichkeit wesentlich auch das Ganze der Zeit. Es ist ungeklärt, ob dies ohne eine Zeitobservable zu beschreiben wäre.

Andererseits läßt die Theorie die substantielle Einheit, also wohl letztlich Identität von Gestalt, Seele und räumlichem Körper zu, einen »spirituellen Monismus«.

Die Theorie ist für weitere Fragen offen, wiederum in doppeltem Sinn. Einerseits ist keineswegs klar, daß sie physikalisch endgültig wäre. Ich vermute, daß weitere Schritte nicht die Rückkehr zur klassischen Ontologie, sondern eher eine noch abstraktere Einfachheit zur Folge hätten. Andererseits ist eben die Deutung schon ihrer jetzigen abstrakten Einfachheit ein philosophisches Problem, auf das wir weiterhin zurückkommen werden.

Achtes Kapitel
Leben und Mensch

1. Was ist Leben?

Der Rundgang erreicht im jetzigen Kapitel den Ausgangspunkt und das Hauptthema des vorausgeschickten Buchs *Der Mensch in seiner Geschichte* (*MsG*), zugleich das Thema des Buchs *Der Garten des Menschlichen* und vieler anderer älterer Texte. Das Kapitel kann und soll daher kürzer sein als die vorangehenden; es darf auf jene Darstellungen verweisen.

Das hauptsächliche Thema dort ist der Mensch. Er ist von vorneherein im Rahmen seiner fortdauernden Geschichte gesehen und diese Geschichte vor dem Hintergrund der Geschichte des Lebens, der sie entstammt. Kommen wir nun von der Physik, so stellt sich uns als erstes die Frage: Was ist Leben? Für diese Frage darf ich vielleicht auf eine frühe und eine späte Darstellung verweisen: *Die Geschichte der Natur* (1948), Kap. 9, und *MsG* (1991), Kap. 2.2 und 5.4. Jetzt aber möchte ich noch einmal die direkte Naivität der Frage in Anspruch nehmen.

Was ist Leben?

»Um Lebendes zu erforschen, muß man sich am Leben beteiligen.« Mit diesem Satz beginnt das Buch *Der Gestaltkreis* von Viktor v. Weizsäcker, der im zweiten Teil als erster unter den Forschern über Leben und Menschen dargestellt wird. Was sagt der Satz?

Der Satz stellt eine Forderung auf. Aber ist das nicht selbstverständlich? Habe ich mich jemals nicht am Leben beteiligt? Bin ich nicht Teil des Lebens, ob ich will oder nicht? Mitten im Leben habe ich mich als Kind vorgefunden (*MsG* 1.2), bei der Mutter, bei der Großmutter, mit den anderen Kindern, im Wald unter den Bäumen.

Aber freilich, eben als so Beteiligter habe ich das Leben nicht erforscht. Forschen ist Wissenschaft. Die Wissenschaft trennt das Urteil vom Handeln und trennt das bewußte Fragen von naiven Urteilen (*MsG* 6.1). Sie wählt die Distanz und gewinnt das Wissen und die Macht.

So aber – ebendas sagt der Satz meines Onkels – wirst du nie erfahren, was das Leben ist. Kannst du als Arzt Leiden heilen, wenn du nie gelitten hast? Kannst du als Historiker politische Geschichte begreifen, wenn du nie politisch engagiert warst? Habe ich nicht als Kind das Leben der Bäume im Sonnenlicht wahrgenommen, wenn ich sagte: »Das Wegle freut sich ganz.« Habe ich damals vielleicht mehr vom Leben wahrgenommen, als Physik und Biologie mich später lehren konnten?

Aber zur Erkenntnis gehört doch auch die Distanz. Könnte der Arzt heilen, wenn er die Ursachen des Leidens nicht sorgfältig gesucht hätte? Der Historiker wird immer, oft schrecklich, irren, wenn er den handelnden Personen die Welt seiner eigenen Motive unterstellt, und wenn er sie tadelt, sobald er sich in ihnen nicht wiederfinden kann. Und ich habe als Kind dann spontan das Ferne gesucht: die Landschaft, bald die fernen Kontinente, dann die Sterne, die Atome.

Erst durch die geleistete Distanz kommt im Mitleben das bewußte Handeln zu seinem Recht. Das erst heißt »Sich Beteiligen«. Den nicht mehr naiv selbstverständlichen Anteil nun bewußt nehmen: das ist Bedingung einer wahrheitsuchenden Erforschung des Lebens. Partner der lebenden Wesen sein – wie sonst wollen wir erfahren, was ihr Leben ist?

Zur Partnerschaft gehört auch die Distanz zu mir selbst. Nicht nur die schmerzhafte Distanz, auch die Distanz als Geschenk. Ein solches Geschenk ist das Staunen. Staunen – das Geschenk des Verlustes der Selbstverständlichkeit.

Dort fliegt ein Schwarm Vögel auf. Hier, über mir, fliegen Schwalben. Dort fliegen Stare auf, vielleicht ein andermal Krähen, wieder einmal Möwen. Der Vogel schwingt sich mit wenigen Flügelschlägen in die Luft. Er schmiegt sich dann mit kleinen Flügelwendungen der Luft an. Sicher, selbstverständlich, mühelos. Er kann es. Da der zweite. Er schwingt sich auf, schmiegt sich in die Luft. Er kann es auch. So der dritte, so alle. Wer hat es sie gelehrt? Die Eltern? Sie fliegen verschieden, Schwalben anders als Krähen oder Möwen. Haben sie Tradition? Vielleicht ein wenig. Aber im Grunde ist es ihnen angeboren. Und dabei ist jedes Individuum vom anderen ein wenig verschieden. Dieser führt, jener folgt. Dieser ist mutig, jener ängstlich. Wie haben sie es gelernt?

Bäume, Blumen, Gräser können auch das Ihre. Und alle sind verschieden. Leibniz ließ im Herbst Hofdamen im Park von Herrenhausen bei Hannover einen Nachmittag lang gefallene Herbstblätter suchen, um zwei genau gleiche zu finden. Wie er voraussagte, fanden sie nicht zwei, die einander genau glichen. Die unermeßliche Gestaltenfülle im Kontinuum, ein Kerngedanke der Leibnizschen Philosophie.

Das ist eben Leben. Nun fällt Schnee, unbelebt, so lernen wir. Alle Schneeflocken glitzern im Licht. Die Flocke ist ein kompliziertes Gefüge kleiner Eiskristalle. Milliarden Schneeflocken, wo immer sie fallen, sind so gebaut. Und nicht zwei Schneeflocken sind genau gleich.

Wollt ihr das mit einfachen ewigen Naturgesetzen erklären? Aber wir kommen soeben aus dem Kapitel über Physik. Die heute zugrunde gelegten Naturgesetze sind Symmetrien, mathematisch als Transformationsgruppen formuliert. Eine solche Gruppe, etwa die der Drehungen im euklidischen Raum, hat unendlich viele verschiedene Darstellungen. Eine Differentialgleichung nach der Zeit hat unendlich viele verschiedene Lösungen. Die Gestaltenvielfalt ist das Grundphänomen der Mathematik.

Wollen wir also doch das Verständnis des Lebens und des Menschen mit den Wissenschaften versuchen? In selbstkritischer Zuversicht?

Es sei erlaubt, persönlich zu reden. Ich habe es in meinem Leben versucht, und von solchen Versuchen berichtet das jetzige Buch. Ich habe mit Physik begonnen. Nach den ersten Lehrjahren die Kernphysik. Dann, aus alter Liebe zu den Sternen, die Astrophysik. Später, aus philosophischem Interesse, die Deutung der Quantentheorie. Dann habe ich zwölf Jahre Philosophie unterrichtet, mit Sorgfalt Geschichte der Philosophie: Kant, Platon, Aristoteles. Aber die Kernphysik hat die Atombombe hervorgebracht. Ich mußte mich um Politik kümmern. Im Max-Planck-Institut zur Erforschung der Lebensbedingungen der wissenschaftlich-technischen Welt wurden Militär- und Außenpolitik, soziale und ökonomische Strukturen, ökologische Lebensbedingungen studiert. In vielen dieser Wissenschaften blieb ich Dilettant. Aber »Dilettant« (von delectari, sich erfreuen) heißt Liebhaber.

Das jetzige Kapitel berichtet von drei Fragenkreisen.

Der Abschnitt 2, »Evolution«, ist ein Vortrag vor Biologen, der sich treu an die Sprache des Physikalismus der Biologie unserer Jahrzehnte hält. Er tut dies mit spontaner Freude. Meine physikalischen Lehrer Bohr und Heisenberg glaubten seinerzeit nicht, daß die Physik ausreichen könne, Lebensphänomene zu erklären. Der frühe Kontakt mit Biologen machte mir jedoch wahrscheinlich, daß Gene, Pflanzen, Tiere und Menschen dem platonischen Reichtum mathematischer Gestalten nicht so viel fremder seien als Atome, Schneekristalle und Sterne. Das Thema ist auch hier »Zeit und Wissen«: Geschichte der Gestalten.

Der Abschnitt 3, »Anthropologische Begriffe«, entstammt meinem Bemühen, für die pragmatisch zielende Arbeit des Instituts über Lebensbedingungen in unserer Zeit eine grundsätzliche Orientierung im Felde der Humanwissenschaften zu finden. Der Aufsatz blieb damals unvollendet, charakteristisch für Versuche des Menschen, sich selbst rational zu verstehen.

Der Abschnitt 4, »Leben und Mensch vor dem Hintergrund der heutigen Physik«, nimmt den abschließenden »Entwurf« des vorangegangenen Kapitels (7. D6) wieder auf. Was bedeutet »Physikalismus« in der Biologie, wenn die heutige Grunddisziplin der Physik, die Quantentheorie, ein »endliches Wissen von der Ganzheit« ist? Hier wird die philosophische Frage des Buchs eine Station weiter geführt.

Im zweiten Teil bespreche ich drei anthropologisch wichtige Denker, V. v. Weizsäcker, S. Freud, C. G. Jung, und berichte noch ein wenig aus den unerfüllten anthropologischen Programmen meiner Institutsarbeit. Auch dies führt die philosophische Frage weiter.

2. Evolution

Diesen Vortrag habe ich 1979 auf englisch unter dem Titel *Ageing as a Process of Evolution* zur Eröffnung einer internationalen gerontologischen Tagung in Freiburg im Breisgau gehalten; für das jetzige Buch habe ich ihn ins Deutsche übersetzt. Gedruckt in: Deutsche Forschungsgemeinschaft, Conference on Structural Pathology in DNA and the Biology of Ageing. Jahreskonferenz 1979, Zentrallaboratorium für Mutagenitätsprüfung. Boppard 1980. Der Vortrag faßt, in einer an Biologen und Mediziner gerichteten Sprache, meine Vorstellungen zur Evolution zusammen.

Diese einleitenden Bemerkungen zur Tagung legen nicht mehr vor als eine, nicht neue, These und ein wenig philosophischen Hintergrund, um zu erläutern, warum die These sinnvoll sein mag. Ich kann nicht mehr bieten, denn ich bin Physiker durch Ausbildung, Philosoph aus Temperament, ich habe wenig Biologie und keine Medizin gelernt.

These: Altern ist ein programmierter Prozeß. Der Prozeß ist programmiert, denn er nützt der Spezies. Und weil er nützlich, vielleicht sogar notwendig ist für die Spezies und, allgemeiner gesagt, für die Evolution, tut die Natur was sie kann, um diesen Prozeß möglich und unentrinnbar zu machen.

Warum sollte diese im Prinzip wohlbekannte These Beachtung und womöglich empirische Prüfung verdienen? Diese Frage sollte, so scheint mir, vor dem Hintergrund einer Philosophie der Evolution erörtert werden.

Was bedeutet in dieser Aussage das Wort »Philosophie«? Ich definiere Philosophie gerne simpel als Weiterfragen. Genauer wäre Philosophie der Versuch, sogar diejenigen Fragen zu stellen, welche, wie wir wissen, unsere positive Wissenschaft wenigstens zur Zeit nicht beantworten kann, welche wir aber als wichtig und hoffentlich als sinnvoll ansehen. Ob diese Fragen sinnvoll sind oder nicht, können wir nur herausbringen, wenn wir sie wirklich stellen.

Dieser philosophische Versuch, mehr zu tun, als nur lösbare Probleme zu lösen, kann er der Wissenschaft nützlich werden? Ich glaube, er kann es, wenigstens in den Schritten, die Thomas Kuhn in seiner Philosophie der Wissenschaftsgeschichte die wissenschaftlichen Revolutionen nennt. Kuhn unterscheidet bekanntlich in der Geschichte einer Wissenschaft Phasen, die er normale Wissenschaft nennt, welche unter einem bekannten Paradigma spezielle Probleme (puzzles) löst, von anderen Phasen, in denen das Paradigma geändert wird, und die er wissenschaftliche Revolutionen nennt. Solange wir unsere Spezialprobleme unter einem gegebenen Paradigma lösen, wird Philosophie leicht als bloße Belästigung empfunden; sie könnte uns von lösbaren Problemen ablenken zu für uns unlösbaren Problemen. Aber in der Krise, in der wissenschaftlichen Revolution, ist der nötige Paradigmenwechsel vermutlich nur dadurch erreichbar, daß wir genau die Grundfragen stellen, die wir gewöhnlich beiseite gelassen haben. Ich würde also sagen: Nicht-Philosophieren ist eine Erfolgsbedingung in der normalen Wissenschaft, Philosophieren ist eine Erfolgsbedingung in einer wissenschaftlichen Revolution.

Ich lasse offen, ob wir heute in den Bereichen von Biologie und Medizin von normaler Wissenschaft oder von Revolutionen reden sollten. Ich möchte nur sagen, welche philosophischen Fragen wir im Zusammenhang des Phänomens des Alterns stellen sollten. Dies ist eine kurze Darstellung des ersten von drei Teilen eines Textes über den Tod.*

Ich stelle also die Frage nach der evolutionären Bedeutung des Alterns im Rahmen der umfassenderen Frage nach dem evolutionären Sinn des Todes. Ich erweitere die Eingangsthese und sage: Der Tod ist ein wesentlicher Bestandteil der Evolution. Spezifischer: Individualität und Tod erscheinen als zwei »Erfindungen der Natur«, zwei große zusammengehörige Stufen der Evolution, deren keine sinnvoll ist ohne die andere. Als Individualität bezeichne ich in diesem Zusammenhang die Struktur des organischen Lebens, die wir in ihrer höchsten subjektiven Form als das Ich kennen. In dieser subjektiven Sprache sind Ich und Tod Geschwister. Aber ich spreche von der Individualität als einer objektiven Struktur seit den frühesten Organismen, lange ehe wir etwas wie individuelles Bewußtsein erwarten können. Um die sehr abstrakte und allgemeine Natur dieses Begriffs zu erklären, gehe ich zunächst über den Bereich des organischen Lebens hinaus in die Beschreibung individueller Prozesse im allgemeinen, auch in anorganischen Systemen.

* *Der Garten des Menschlichen* I.9, »Der Tod«, S. 146–154. Jetzt auch englisch in: *The Ambivalence of Progress*, New York 1988, S. 104–109. Eine frühere Darstellung der Fragen zum Altern: *Die Geschichte der Natur*, Ende des 8. Kapitels. Englisch: *The History of Nature*, Chicago 1950. Zur Evolution jetzt auch *Der Mensch in seiner Geschichte* 2.2 B.

Alles was wir in der Natur kennen, sind Prozesse (Vorgänge) in der Zeit. Auch um nur sagen zu können, daß die Zeit fortschreitet, daß eine Zeitspanne vergangen ist, muß Änderung, also ein Prozeß geschehen sein. Ohne Prozeß gibt es keine beobachtbare Zeit und keinen Menschen, der die Zeit beobachten kann. Prozeß bedeutet Änderung, und Änderung bedeutet, daß etwas entsteht und etwas vergeht.

Wo immer wir ein Ereignis, ein Ding als individuell gegenwärtig unterscheiden können – und hier tritt der Begriff »individuell« auf die Szene –, da folgt daraus, daß ein anderes individuelles Ereignis oder Ding verschwunden ist, dem neuen seinen Platz geräumt hat. Und das gegenwärtige Ereignis oder Ding wird seinerseits wieder verschwinden und einem neuen Platz machen. In diesem allgemeinen und abstrakten Sinn ist die Individualität von Dingen oder Ereignissen eng mit dem Ende verbunden, mit der vergänglichen Natur der Individuen selbst.

Ich füge ein Paar von Begriffen hinzu, die man schon auf dieser einfachen Stufe anwenden kann: den Unterschied zwischen einer Ebene (Plateau) und einer Krise. Eine Ebene ist eine Situation der Stabilität. Ich spreche von einer Ebene, wenn eine Struktur oder ein Ding lange fortdauert, für lange Zeit stabil ist. In kausal denkender Wissenschaft suchen wir die Stabilität solcher Plateaus zu erklären. Diese Erklärungen werden in verschiedenen Fällen selbst von verschiedener Natur sein. Aber das Phänomen der Ebenen ist sehr allgemein, viel allgemeiner als seine jeweiligen kausalen Erklärungen in verschiedenen Fällen. Man muß also das Phänomen der Ebenen auf einer höheren Stufe der Allgemeinheit verstehen als das Phänomen spezifischer Ursachen für spezifische Ebenen. Seine Deutung gehört auf die Stufe einer allgemeinen Systemtheorie. Roh können wir sagen: Wann immer ein spezieller kausaler Mechanismus eine Ebene ermöglicht, gibt es eine gute Chance, daß wir diese Ebene wahrnehmen, einfach weil sie so lange fortdauert; oder, noch schärfer, wir werden sie vielleicht gerade nicht als etwas Besonderes wahrnehmen, weil wir gar keinen Fall kennen, in dem sie nicht vorliegt. Eine Ebene zu sein, bedeutet für eine Struktur oder ein Ding gerade, objektiv erfolgreich gewesen zu sein, in jenem »Kampf ums Fortdauern«, den wir die Kette der Ereignisse nennen.

Ich gebe ein Beispiel aus der Astrophysik, in der ich selbst gearbeitet habe, als ich jünger war. Ein Stern wie unsere Sonne ist ein Plateau, eine »Ebene«. Ihre physikalischen Eigenschaften sind stabil geblieben durch mindestens 5 Milliarden Jahre. In diesen 5 Jahrmilliarden (genauer vielleicht 4½ Milliarden) hat nun unser Planet Erde existiert. Wir wissen aus der Geologie, daß die von der Sonne kommende Strahlung, welche das Klima auf der Erde bestimmt, in diesem ganzen Zeitraum ziemlich konstant geblieben sein muß; einem Zeitraum, der in der Größenordnung schon mit demjenigen vergleichbar ist, den wir das Alter des Universums nennen. Wir kennen auch die kausale Erklärung dieser Ebene. In all diesen 5 Milliarden Jahren ist der Prozeß der Wasserstoff-Fusion im Sonneninneren in nahezu konstantem Tempo abgelaufen. Durch Lösung der Differentialgleichungen für das Innere der Sonne können wir beweisen, daß diese Ebene selbststabilisierend sein muß. Aber die Entstehung eines so stabilen Sterns aus kosmischem Gas dauert selbst nur wenige Millionen Jahre, also ein Tausendstel des jetzigen Alters der Sonne, und wenn der Wasserstoff verbraucht ist, findet eine rasche Weiterentwicklung (z. B. zu einem weißen Zwerg oder Neutronenstern) statt; beide Ereignistypen sind heute empirisch recht gut bekannt an verschiedenen Sternen und sind theoretisch erklärt. So ist die Ebene eingeschlossen zwischen zwei Krisen: eine anfängliche Krise, in der sie entstand, und eine abschließende Krise, in der sie verschwindet.

Dieses anorganische Beispiel ist schon das zweite Beispiel für eine Abfolge von Krisen und Ebenen, das ich in diesem Vortrag gebe. Das erste Beispiel war die Kuhnsche Abfolge von wissenschaftlichen Revolutionen, welche neue Paradigmen erzeugen, und von Phasen normaler Wissenschaft, welche diese Paradigmen in Ruhe anwenden. Die Sonne, als physische Vorbedingung des Lebens auf der Erde, und die Wissenschaft, als kulturelle Leistung des Menschen, stehen sichtlich an entgegengesetzten Enden des Evolutionsprozesses. Die kausalen Erklärungen der solaren Ebenen und Krisen sind äußerst verschieden von den kausalen Erklärungen der Phasen der Stabilität und des Wechsels wissenschaftlicher Paradigmen. Aber die Struktur der Abfolge von Ebenen und Krisen ist ihnen gemeinsam: sie ist ein allgemeines Schema von Vorgängen in der Zeit.

Ich wende mich jetzt den spezifischeren Strukturen der organischen Evolution zu. Das organische Leben ist selbst als eine
neue Ebene in der Geschichte der Natur entstanden. Das organische Leben ist so selbst – ich werde weiterhin diese bequeme
anthropomorphe Sprache benutzen – eine »Erfindung der Natur«, die, einmal entstanden, fähig war, sich zu stabilisieren und
zu wachsen. Welche Eigentümlichkeiten des organischen Lebens befähigen es, in diesem Sinne als Ebene zu existieren? Üblicherweise nennt man drei Charakteristika:

1. Die Erhaltung der Individuen. Es gibt Individuen, die eine
Weile leben und die für ihre vorgeschriebenen Lebenszyklen
gut stabilisiert sind. Sie sind selbst so etwas wie einzelne Ebenen.

2. Die Erhaltung der Arten, also jeweils spezifischer Muster,
denen gemäß ein Individuum andere, ihm ähnliche Individuen
erzeugt.[*]

3. Evolution, also die Entstehung neuer Muster.

In der Erklärung dieser Charakteristika des Lebens werde
ich keinerlei neue Begriffe verwenden. Ich werde mich fest an
die Darwinsche Erklärung durch Selektion im »Kampf ums
Überleben« halten. Ich werde nur einige besondere Züge dieser
Erklärung in einer für den jetzigen Zweck passenden Art anordnen, und ich werde sie locker verknüpfen mit einigen Begriffen der abendländischen Philosophie.

Vermutlich werden die meisten Evolutionstheoretiker übereinstimmen, daß das fundamentale der drei Charakteristika des
Lebens die Bewahrung des Musters (der Spezies) ist, nicht die
Erhaltung des Individuums und nicht die Evolution. Es ist fundamental in dem Sinne, daß es die Vorbedingung der beiden anderen ist. Wir können diese Behauptung mit der Geschichte unserer Philosophie verknüpfen, indem wir das lateinische Wort
»species« ins Griechische zurückübersetzen. Griechisch heißt
es »eidos« oder »idea« und ist der zentrale Begriff der Philosophien von Platon und Aristoteles. Man kann diesen Zentralbe-

---

[*] In dieser Vorlesung erörtere ich nicht, ob wir das selbsterhaltende Muster
korrekt durch den traditionellen Namen »Art« (»Spezies«) beschreiben oder
besser als »Gen-Pool«. Für meinen gegenwärtigen Zweck genügt der Name
»Art« oder »Spezies«.

griff mit verschiedenen modernen Namen bezeichnen: Muster (pattern), Form, Struktur, Aussehen (letzteres ist die korrekte wörtliche Übersetzung des ursprünglichen Sinns von »eidos«). Aristoteles, den ich in dieser Vorlesung als den Stammvater der wissenschaftlichen Biologie auffasse, hatte das spezielle Problem, daß sein großer Lehrer Platon das Eidos als ewig bezeichnet hatte. Platons Grund für diese Aussage kam aus drei Erfahrungsbereichen: aus der Mathematik, aus der politischen Ethik und aus der mystischen Erfahrung. Hier spreche ich nur von dem ersten dieser Bereiche, von der Mathematik.

Mathematische Wahrheit ändert sich nicht. Daher scheinen mathematische Strukturen nicht in der Zeit zu sein. Traditionell nennen wir sie zeitlos, ewig. So ist die mathematische Struktur Platons Beispiel für die ewigen Formen. Aber dann ist es das zentrale Problem der Philosophie, wie individuelle Dinge, welche an der Form »teilhaben«, welche, wie wir tastend sagen, die Form »tragen« oder »haben«, dazu faktisch fähig sein können, da sie doch in Wahrheit nichtendender Veränderung unterworfen sind. Aristoteles suchte dieses Problem durch ein anderes Beispiel (paradigma) zu lösen, nicht das mathematische, sondern das biologische: durch die Konstanz der organischen Arten (species). Ein Mensch bringt wieder Menschen hervor, eine Blume neue, ihr gleichende Blumen; jede Art reproduziert sich in immer neuen Individuen. Diese empirische Tatsache, die er als Sohn eines Arztes genau kannte, ist, so scheint mir, das grundlegende Paradigma seiner Philosophie. Die ewige Existenz einer Form ist garantiert durch die Tatsache, daß diejenigen Individuen, welche Träger dieser Form sind, andere Individuen produzieren, welche genau dieselbe Form tragen. Auf diesem Weg ist unsere traditionelle Philosophie eng mit den Tatsachen der Biologie verbunden.

In der modernen Biologie haben wir denn auch begonnen, die zwei anderen Charakteristika zu verstehen: die Erhaltung der Individuen und die Evolution. Wir vermochten das, indem zuerst die Konstanz der Arten durch die DNA-Doppel-Helix kausal erklärt wurde. So besitzen wir nun für diese Tatsache ein spezielles chemisches Modell. Aber die Tatsache selbst war seit 2000 Jahren bekannt, und ich halte es für sehr wichtig, einzusehen, daß es keineswegs naiv war, die Arten als konstant zu bezeichnen. Das erweckte nur in der Neuzeit den Eindruck, naiv gewesen zu sein, als die Biologen ein neues Problem ins Auge gefaßt hatten: das Problem der Evolution. Aber diese beiden Charakteristika des Lebens sind verbunden, denn die Evolution kann nur erklärt werden als die langsame Veränderung von nahezu konstanten Arten. Für die Evolution ist es nur notwendig, daß die Reproduktion nicht ganz präzise ist und daß zufällige Änderungen, Mutationen, neue wiederum erbliche Formen erzeugen, die im Kampf ums Überleben erprobt werden können.

In diesem Zusammenhang hat es ein traditionelles Mißverständnis gegeben. Die Aristoteliker meinten, wir müßten organische Strukturen durch ihren Zweck, ihren Nutzen, ihr »telos« erklären, »final«, wie man sagt. Die moderne Wissenschaft versucht sie »kausal«, durch die Art ihrer Entstehung zu erklären. Aber ich meine, der Darwinismus sei genau die Theorie, welche die finalistische Beschreibung als phänomenologische Ausdrucksweise rechtfertigt. Der Nutzen einer Struktur, z.B. eines Organs, für einen organischen Körper ist genau ihr Wert fürs Überleben. So kann man erklären, warum gewisse Formen überleben und andere nicht, indem man nur von zufälliger Entstehung von Formen spricht und niemals ein Bewußtsein zu fordern braucht, das diese Zwecke denkt. Die einfachste phänomenologische Beschreibung dieser Tatsachen ist eben genau ihre Beschreibung durch Teleologie, durch »finale Ursachen«, wie die traditionelle Philosophie sagt. Und unsere Ausgangsthese über das Altern meint gerade, daß Altern ein solcher Prozeß mit einem objektiven Nutzen ist.

Ehe ich zu der These zurückkehre, möchte ich einen weiteren Punkt erwähnen, den ich leider in diesem Vortrag nicht im Detail besprechen kann. Er kommt aus der skeptischen Frage: Wie kann Zufall eine Zunahme der Information erzeugen? Wie können zufällige Ereignisse höhere und immer höhere Komplexität erzeugen? Natürlich glauben wir alle, daß sie das leisten. Wir glauben es, soweit wir unseren biologischen Theorien glauben. Aber es scheint schwer zu erklären, wie das möglich ist. Die Physiker erzählen uns, daß Zufallsereignisse ein Wachstum der Entropie erzeugen. Und wir pflegen Entropie als ein Maß der Unordnung anzusehen. So erscheint es sonderbar, warum dieselben Zufallseffekte im Leben Ordnung, in der anorganischen Materie aber Unordnung erzeugen sollen. Ich kann hier nicht ins Detail gehen und sage nur, daß dies nur ein Problem der Klärung der Begriffe ist.* Man hat Konfusion bezüglich des relativen Vorzeichens von Information und Entropie gemacht. Die Information einer Nachricht wurde von Shannon ursprünglich zu Recht als ihre Entropie definiert; es ist die mögliche Information, die wir empfangen werden, wenn wir die Nachricht lesen. Die Komplexität eines Systems (z. B. eines Organismus) ist die mögliche Information, die wir empfangen werden, wenn wir seine Botschaft lesen, d. h. wenn wir seine Struktur analysieren. Man kann zeigen, daß in diesem Sinne der Komplexitätsgrad eines Systems gelesen werden kann als ein positiver Term im Ausdruck für seine Entropie und daß folglich Entropiewachstum unter gewissen Bedingungen ein Wachstum der Komplexität bedeuten wird. So bedeutet Evolution ein objektives Wachstum der Information. Ich stimme Autoren wie Konrad Lorenz und Karl Popper zu, welche die Evolution mit einem Lernprozeß vergleichen, der auch ein Informationswachstum bedeutet. Man kann von der Gnoseomorphie (Erkenntnisförmigkeit) der Evolution sprechen.

Wir kehren zu unserem speziellen Problem zurück: Altern und Tod. Wir haben bisher nur von der Konstanz der Arten und von der Evolution gesprochen. Wir müssen nun von einer der größten »Erfindungen« der Evolution sprechen, nämlich dem Individuum. Rede ich so, dann benütze ich natürlich den Begriff »Individuum« nicht mehr in dem abstrakten, allumfassenden Sinn, in dem ich von individuellen Ereignissen oder Dingen sprach. Ich spreche jetzt vom biologischen Individuum als einem selbsterhaltenden System. Es ist eine relativ späte Erfindung der Evolution. In den modernen Hypothesen über den zeitlichen Anfang der Evolution sind die ursprünglichen Träger der Form höhere organische Moleküle, die zu Mutationen und daher zum Aufstieg zu höherer Komplexität fähig sind. Aber ihre Stabilität ist einfach die chemische Stabilität von Molekülen, welche durch die Quantentheorie erklärt wird. Das heißt noch nicht, daß das Molekül sich selbst beschützt. Aber in späte-

---

* Vgl. meinen Beitrag »Evolution und Entropiewachstum«, in: E. v. Weizsäcker (ed.), *Offene Systeme I*, Stuttgart 1974; dazu jetzt *AP* 5.5.

ren Stufen der Evolution zeigt es sich, daß ein großer evolutiver
Vorteil in solchen Verhaltensweisen liegt, durch welche das Individuum aktiv seine eigene Existenz bewahrt: Verhaltensweisen,
die nur durch Metabolismus, d. h. Energieverbrauch, möglich
sind, durch Wachstum, Aggressivität und Selbstverteidigung.

Der Tod ist in spezifischem Sinn eine Erfindung der Evolution,
welche systematisch zusammengehört mit der Erfindung des Individuums. Der Tod als das Versagen der Selbsterhaltung des
Individuums ist deutlich verschieden von der allgemeinen Tatsache, daß Dinge eine Weile existieren und dann verschwinden. Ein
Stein wird aufgelöst und ist dann nicht mehr da, ein Stern verbraucht seinen Wasserstoff und kann seine Strahlung nicht mehr
aufrechterhalten. Aber das ist nicht Tod im strengen Sinne.

Wir können die Verknüpfung zwischen Individualität und Tod
gut verstehen, weil wir selbst biologische Individuen sind, und
wir wissen, daß unser Ende vorprogrammiert ist. Wir wissen,
daß wir sterben werden. Objektiv betrachtet, ist das Ich das mentale Organ des Menschen für die Selbstbewahrung, und deshalb
erfährt das Ich den Tod als tragische Notwendigkeit. Aber die
These, die ich hier vorbringe, besagt, daß das unermeßliche Geschenk, ein Ich zu haben, nur möglich ist durch das zusätzliche
Geschenk, daß wir sterben müssen. Wäre das eine nicht, so wäre
auch das andere nicht. Die Frage ist, warum das so sein muß.

Wir können uns leicht vorstellen, daß es immanent unsterbliche Individuen gäbe. In vielen traditionellen Ansichten über
den Menschen wurde dies als das reale Endziel eines sinnvollen
Lebens betrachtet, und wenn es in diesem Leben nicht möglich
war, mußte es in einem kommenden Leben erreicht werden.
Aber in der Biologie halte ich dies für strikt unmöglich. Nicht,
daß es aus chemischen Gründen unmöglich wäre.* Ich sehe

---

* In der Vorlesung habe ich die verbale Zweideutigkeit des Ausdrucks der
»Unsterblichkeit« einzelliger Organismen nicht besprochen. Der funktionale
»Zweck« der Sterblichkeit nach meiner Auffassung ist, für neue Generationen
Raum zu schaffen. In der exponentiellen Phase des Wachstums einer Popula-
tion von Einzellern ist dieser Raum schon durch das Faktum des Populations-
wachstums als verfügbar erwiesen. Der Kampf ums Dasein für Einzeller kann
nur beurteilt werden, wenn man die Phasen einbezieht, in denen das exponen-
tielle Wachstum aus äußeren Gründen unmöglich wird und die »unsterblichen«
Zellen unter äußerem Einfluß sterben. Sie haben nicht nötig, »immanent sterblich« zu sein, weil ihr Tod aus äußeren Gründen garantiert ist.

nicht, warum es nicht physisch möglich sein sollte, immanent unsterbliche Individuen zu haben, so wie immanent unsterbliche Spezies tatsächlich möglich sind. Unsere Arten sind mehr oder weniger unsterblich, und wenn sie sich ändern oder verschwinden, so geschieht dies unter äußeren Einflüssen. Im Prinzip ist es möglich, eine über Hunderte von Millionen Jahren konstante Spezies zu haben. Warum sollte es dem Leben unmöglich gewesen sein, auch Individuen zu »konstruieren«, die ebenso unbegrenzt dauern? In dieser Tagung werden Sie über molekulare Reparatur (molecular repair) sprechen. Warum, z. B., sollte solche Reparatur nicht in dem Umfang möglich sein, daß das Individuum unbegrenzt fortleben kann? Ich sehe keinen physischen Grund, warum dies unmöglich sein sollte. Aber es geschieht nicht. Wir werden, so erwarte ich, am Ende als Notwendigkeit für die Evolution verstehen, daß dies nicht geschehen darf.

Man vergleiche z. B. zwei konkurrierende Arten. Die eine sei hochstabil, während die andere unablässig wechselnde Mutationen ausprobiert. Die Aussicht ist groß, daß die variablere Art am Ende in der Evolution erfolgreicher sein wird. Sie wird Strukturen erfinden, die vorher nicht erfunden waren. Dann wird die stabile Art verschwinden, weil sie in eine neue Umwelt mit vorher nicht dagewesenen Konkurrenten gekommen sein wird. So werden nach einiger Zeit gerade die Arten übrigbleiben, die eine angeborene Tendenz zur Änderung haben.

Um es allgemeiner auszudrücken: in der Evolution wird ein Selektionsvorteil bestehen für Tendenzen, die Evolution zu beschleunigen. Eine Struktur, welche die Evolution beschleunigt, wird einen Vorteil in der Evolution haben. Lassen Sie mich hier eine Bemerkung einschieben über eine Schwierigkeit, welche manche Leute mit der Zeitskala der Evolution haben. Im Versuch, die notwendige Zeitdauer für so viele Evolutionsschritte zu berechnen, finden sie, daß ein paar Milliarden Jahre keine lange Zeit sind, und sie zweifeln daher, ob die Selektionstheorie korrekt ist. Wenn man aber alle möglichen Pfade vergleicht, auf denen die Evolution von einer früheren Stufe zu einer späteren Stufe führen kann – z. B. von Tieren ohne Augen zu Tieren mit Augen –, so wird der Pfad, der den kürzesten statistischen Erwartungswert für seine Dauer hat, derjenige sein, auf dem sich die tatsächliche Evolution vollzogen haben wird. Daher: wenn der Forscher nicht den richtigen Einfall über den kürzest möglichen Weg der betreffenden Evolution gehabt haben wird, so wird er notwendigerweise, gerade wenn er dann richtig rechnet, ausrechnen, daß die notwendige Dauer dieses Evolutionspfads zu lang sein wird; und wahrscheinlich um eine hohe Größenordnung zu lang. Speziell – und das ist jetzt meine Notiz – müssen wir bedenken, daß die Evolution unter Bedingungen stattgefunden hat, unter denen es eine Prämie für Mechanismen ihrer Beschleunigung gibt. Diese Beschleunigungsprämie muß verstanden sein, ehe wir die geringste Chance haben können, die korrekte Zeitskala der Evolution zu berechnen.

Nun ist der Tod, oder genauer die Kurzlebigkeit der Individuen, vermutlich ein effektives Mittel zur Beschleunigung der Evolution. Man vergleiche wieder zwei konkurrierende Arten, eine mit, ceteris paribus, langlebigen Individuen, eine mit kurzlebigen. Die langlebige Art kann in einer gegebenen Zeitdauer weniger Mutanten ausprobieren als die kurzlebige. Die untere Grenze für die Lebensdauer von Individuen wird die Zeit sein, die sie brauchen, um ihre Nachkommen zu erzeugen, vielleicht noch zu beschützen und – auf hoher Stufe – zu erziehen. Die ältere Generation wird dann Raum geben müssen für die Experimente der Evolution in der jüngeren Generation. Daher neige ich zu der Meinung, daß das Altern ein »sorgfältig« geplanter Prozeß ist, so geplant, daß er uns die kürzeste Lebensdauer gewährt, die im Blick auf die Erhaltung der Art noch zulässig ist.

Der Mensch ist z. B. extrem langlebig. Warum? Weil unsere Kinder eine so lange Jugend haben und fünfzehn oder zwanzig Jahre beschützt und erzogen werden müssen. Für uns muß also der Prozeß des Alterns in einem Lebensalter beginnen, wenn unsere Kinder schon erwachsen sind. Andere Tiere haben kürzere Lebensdauer, weil ihre jüngeren Generationen keine so lange Dauer für das Wachstum ihres Gehirns und die Übernahme von Traditionen brauchen.

Notiz bei der Korrektur. Christine von Weizsäcker, die den Text dieses Vortrags gelesen hat, fügte einen Gedanken hinzu, den sie in quantitativem Detail studiert, aber bisher nicht publiziert hat. Die Evolution kann gleichzeitig auf der Ebene der Zellen und vielzelligen Organismen stattfinden. Die Evolution der Zellen in einem Organismus kann unter Umständen vorteilhaft für die Zellen, aber schädlich für den Organismus sein; Krebs ist ein Beispiel. Die strenge Trennung der genetischen und somatischen Zellen im Organismus ist ein Schutz gegen solche Vorgänge; die somatischen Zellen werden das Individuum nicht überleben, in dem sie sich entwickelt haben. Aber dies kann sehr wohl eine obere Grenze für die zulässige Lebensdauer des Individuums setzen. Dies könnte ein Grund sein, warum Langlebigkeit der Individuen vermieden wird, zusätzlich, aber nicht im Gegensatz zu dem von mir im Vortrag genannten.

3. Anthropologische Begriffe*

1. Methodisches

Dieser Aufsatz ist als Teil eines geplanten Buchs über Zeit und Wissen geschrieben. Deshalb werde zuerst seine Funktion in dem Buch erläutert.

Das Buch beginnt** mit einem Aufriß der zeitlichen Logik. Dieser verfolgt die Logik einerseits rückwärts in ihre sprachlichen Wurzeln, andererseits vorwärts in ihre Funktion in der Mathematik und Physik. Die jeweils thetisch knapp formulierten Behauptungen des Aufrisses werden in Begleitkapiteln im einzelnen begründet und erläutert. Der vorliegende Aufsatz gehört zur Erläuterung der sprachlichen Wurzeln der Logik. Sprache wird in dem Aufriß als eine Form menschlichen Handelns betrachtet, Handeln aber wird als eine menschliche Verhaltensweise in den Rahmen einer allgemeinen, die Tiere umfassenden Verhaltenslehre gestellt. Dies verlangt zwei kommentierende Kapitel: über Verhalten überhaupt und über den Menschen. Zu letzterem gehört der gegenwärtige Aufsatz.

Methodisch stellt sich damit das Problem, das Reden vom Menschen angemessen zu vereinfachen. Zwischen der Fülle menschlichen Lebens, in der auch die Logik wurzelt, und der

---

* Geschrieben 1978.
** So war damals der Plan (Anmerkung 1992).

Fülle wissenschaftlicher Erkenntnis, die durch die spontan gebrauchte Logik ermöglicht wird, ist die Wissenschaft der Logik selbst ein »Flaschenhals von Einfachheit«. Es ist eine zentrale Frage des Buchs, wie diese Einfachheit überhaupt möglich ist. Eine Formel zur Antwort lautet, Logik sei die Mathematik der Wahrheit. Diese – hier nicht nochmals zu interpretierende – Formel benützt zwei weitere erläuterungsbedürftige Begriffe: Mathematik und Wahrheit. Von diesen weist der Begriff der Mathematik eher in die durch Logik ermöglichte Wissenschaft voraus, der Begriff der Wahrheit eher in die menschlichen Wurzeln aller Wissenschaft zurück. Was meinen wir, wenn wir »Wahrheit« sagen?

Die meisten sogenannten Wahrheitstheorien (denen ein besonderes Kapitel im Buch gewidmet wird*) placieren die logische Wahrheit im menschlichen Leben durch ein Verfahren, das man unangemessene Vereinfachung nennen muß. Man hat die formale Einfachheit der Logik vor Augen und sucht nach einer begrifflichen Formel, die diese Einfachheit einfach ausspricht, ja begründet. Damit ist man genötigt, aus der Fülle des Menschlichen eine Struktur auszuschneiden, deren Zusammenhang mit dem Rest des menschlichen Daseins um so dunkler bleibt, je näher sie selbst dem Ideal der Einfachheit kommt. Jeder Versuch, diesen Zusammenhang einen Schritt weiter aufzuklären, führt dann zu einer zunehmenden Komplikation der Wahrheitstheorie.

Wie der Aufriß der zeitlichen Logik beginnt daher der gegenwärtige Aufsatz am anderen Ende. Er nimmt nicht, wie die übliche Wissenschaftstheorie, die Logik als etwas Gegebenes, zu dem nur noch die Gründe in der Sprachanalyse aufgewiesen werden müssen, sondern als ein völlig ungelöstes Problem. Im Sinne des Kreisgangs und der Devise »wir philosophieren *heute*« nimmt er zwar die Logik in doppelter Hinsicht methodisch hin. Erstens nimmt er sie hin als etwas geschichtlich Entstandenes und fragt nun nach den Strukturen geschichtlichen Menschseins, aus denen so etwas wie die Logik sich sinnvollerweise entwickelt hat. Zweitens benützt er sie technisch als ein Instrument, schon indem er versucht, im Rahmen heutiger Wis-

---

* Jetzt I 6.3.

senschaftsbegriffe wissenschaftlich – oder doch kontrolliert philosophisch – vorzugehen; diese Verwendung, wie stets im Kreisgang, für nachträgliche Kritik offenhaltend.

Das abstrakte Ideal wäre also, ein angemessenes Bild vom Menschen zu zeichnen, aus dem sich dann das Denken als ein Element seines Wesens und die Logik als ein von ihm geschaffenes Organ dieses Denkens sinnvoll und zwanglos ablesen ließe. Ein solches Bild bietet uns unser heutiges Wissen vom Menschen nicht. Wir haben sogar Grund zu der Vermutung, der geschichtliche Mensch, so wie wir ihn kennen, könne wesentlich ein angemessenes Bild von sich nicht haben; sein angemessenes Verhältnis zu sich habe wesentlich nicht die Form, daß er ein wahres Bild von sich besitze.

Dies bedeutet nun aber nicht, daß wir gegenüber der gestellten Aufgabe kapitulieren müßten. Nicht ein angemessenes Bild des Menschen haben wir vorhin gefordert, sondern eine angemessene Vereinfachung des Redens vom Menschen. Angemessen sollte also weder ein Bild noch eine Redeweise sein – nämlich angemessen an das Wesen des Menschen. Angemessen sollte vielmehr die Vereinfachung unseres unausschöpfbar komplexen Redens vom Menschen sein – nämlich angemessen an die Aufgabe, den Ort des Denkens im menschlichen Leben so zu bezeichnen, daß sich daraus die Logik als ein vom Menschen in seiner Geschichte geschaffenes Organ des Denkens sinnvoll und zwanglos verstehen läßt. Hierfür bietet die vielfach gefächerte heutige Anthropologie eine Reihe von Gesichtspunkten, aber keinen einheitlichen Ansatz. Es sei dem Autor daher erlaubt, dafür auf seinen eigenen Versuch zur geschichtlichen Anthropologie zurückzugreifen. Er ist in einem Buch unter dem Titel *Der Garten des Menschlichen* dargestellt.*

Diese Anthropologie bezeichnet sich selbst metaphorisch als Garten, d. h. nicht als System (*GM* 15). Geschichtliche Anthropologie soll nicht einen Zweig, sondern eine Auffassungsweise der Anthropologie bezeichnen, eben das Verständnis des Menschen als geschichtliches Wesen. Geschichte schafft kein System, sondern eine Vielzahl von Gestalten, die miteinander le-

---

* Weiterhin als *GM* mit Seitenzahl zitiert.

ben. Gleichwohl versucht das Gartenbuch, diese Vielzahl von
Gestalten nach gewissen Begriffen zu gliedern. Diese Begriffe
werden dort in einer bewußt lockeren Weise eingeführt. Die der
Gliederung dienenden Passagen seiner Teile, und für das ganze
Buch das ausführliche Inhaltsverzeichnis und die Einleitung,
zählen die jeweils zur Gliederung benutzten Begriffe ohne nähere Begründung einfach auf. Meist werden die Begriffe aus unserem gängigen Verständnis der menschlichen Geschichte, etwa
auch aus den Selbstinterpretationen geschichtlicher Bewegungen und Positionen, abgelesen. Die Begriffe werden dann auf
die jeweils erörterten Fragen angewandt, stets nur gleichsam
mit dem Appell an die guten Kenner des jeweiligen Bereichs, zu
bestätigen oder zu leugnen, daß die gebotene Darstellung ihrer
Kenntnis des Bereichs entspricht. Das Buch folgt darin der Methode geisteswissenschaftlich orientierter Philosophie, daß es
menschliche Gestalten, Handlungen, Äußerungen zu verstehen sucht und dieses Verständnis ausspricht. Die wissenschaftstheoretisch wünschbare Falsifizierbarkeit müßte sich jeweils in
einem Dialog mit einem Sprecher oder Fürsprecher der betreffenden menschlichen Wirklichkeit ergeben, der zu bekunden
hätte, ob ebendiese Wirklichkeit sich in dem beanspruchten
Verständnis wiedererkennt. Daß sich diese Anerkennung des
Verstandenseins nicht ohne weiteres einstellen kann, ist dabei
freilich noch kein Einwand, denn dieses Verstehen ist fast immer zugleich kritisch, also eine Herausforderung an den verstandenen Partner, sich selbst besser zu verstehen, als er sich
bisher verstanden hat. Daß Verstehen gar nicht anders möglich
ist als in dieser implizite fordernden Weise, gehört zu dem Geschichtsverständnis, also zur stillschweigend vorausgesetzten
hermeneutischen Theorie dieser geschichtlichen Anthropologie. Eben darum haben eigentlich alle Beiträge des Gartenbuchs
die Form begonnener, aber nicht beendeter Dialoge mit immer
wieder anderen Partnern.

Diese notwendig breit dialogische Struktur des Buchs macht
nun aber, daß ihm die für unser jetziges Ziel erwünschte angemessene Vereinfachung der Redeweise nicht ohne weiteres entnommen werden kann. In der Tat bezeichnet das Buch sich
selbst mehrfach (z. B. *GM* 20) im Blick auf die Aufgabe der Philosophie als eine bloße Propädeutik. Die gliedernden Begriffe

werden bei ihrer Einführung nicht aus höheren Prinzipien begründet, sondern aus dem geschichtlich gegebenen Wortschatz
»rhapsodistisch aufgerafft«*; ihre Bewährung ist ihrem dialogischen Erfolg überlassen. Natürlich steht hinter ihnen mehr System, als der Verfasser jeweils ausdrücklich sagt. Systematische
Zurückhaltung ist ratsam für ihn, wenn er Partner sehr verschiedener Überzeugungen dazu verführen will, sich auf den Dialog
wenigstens einmal einzulassen. Der systematische Hintergrund
beim Verfasser selbst besteht zum mindesten darin, daß sich
ihm diese Redeweisen in jahrzehntelangem Gebrauch aneinander abgewetzt haben und so für ihn selbst miteinander vereinbar geworden sind. Für den Verfasser besteht die jetzt angestrebte »angemessene Vereinfachung« in dem Versuch, für sich
selbst den Grund dieser erlebten Vereinbarkeit heterogener, ja
scheinbar inkompatibler Weisen des Redens von Menschen in
die Reflexion zu heben. Dabei ist es legitim, ja notwendig, das
Ziel einer Begründung der Logik zeitweise scheinbar aus dem
Auge zu verlieren. Wir wollen den Menschen verstehen, und
erst als eines seiner instrumentalen Werke am Ende auch die
Logik. Wir wählen dafür mit Absicht nicht vorweg eine systematische, sondern eine epagogische, hinführende Darstellungsweise. Der Verfasser jenes Buchs folgt in seinem gegenwärtigen,
auf die gedankliche Struktur des Buchs reflektierenden Aufsatz
zunächst derjenigen Anordnung der Themen, die sich ihm bei
der Redaktion des vielgestaltigen Materials als eine einigermaßen sinnvolle Abfolge aufgedrängt hat.

2. Einleitung in die geschichtliche Anthropologie

Anthropologie heißt wissenschaftliches Reden vom Menschen
(anthropos: Mensch, logos: Rede, -logia: geordnete Rede, Wissenschaft). Das Buch beginnt (*GM* 15) mit der Frage, warum
wir so vom Menschen reden wollen. Die erste Antwort: Wir
wollen nicht in der selbstsicheren Weise des Alltags über uns reden, sondern suchen Distanz zu uns selbst um der Wahrheit
willen. D. h. wir Menschen haben aus Erfahrung Anlaß, unserer alltäglichen Selbstauslegung zu mißtrauen. Mißtrauen ist

---

* Kant, *Kritik der reinen Vernunft*, A 81, B 106–7.

ein Phänomen zwischenmenschlicher Beziehungen. Mißtrauen zerstört die naive Verbundenheit der Personen, es schafft gewußte Distanz. Wissenschaft nun wird in diesem Buch nicht schlicht vorausgesetzt, sondern sie wird in Anspruch genommen als ein Mittel der Unterscheidung des Menschen von sich selbst, der Selbsterkenntnis durch Distanz zu sich selbst. Und diese Selbstunterscheidung wird von Anfang an nicht bloß als Faktum konstatiert. Sie wird gewünscht, bejaht. Sie wird aber nicht gefordert, d. h. normativ anderen auferlegt. Im Wir-Ton, der den Leser einbezieht, wird sie vom Autor als unser Bedürfnis ausgesprochen.

Geschichtliche Anthropologie wird dann, wie schon beschrieben, als »Garten« charakterisiert. (Natürlich stand neben dem Gegensatz zum Begriff des Systems bei diesem Namen auch der Anklang an den Garten Eden Pate und an die Gärten Epikurs, die Jardins de Touraine, den Garten des Candide. Ich wollte zeigen, daß die Schrecken der »Wege in der Gefahr« nicht einem Wunsch nach Schrecklichem entstammen, sondern als reale Gefahren für den geliebten Garten zu verstehen sind.) Alsbald stellt sich die Frage, ob die geschichtliche Anthropologie Philosophie oder positive, empirische Wissenschaft sein soll (*GM* 16). Die Frage provoziert die Rückfrage nach dem Sinn der Begriffe Wissenschaft und Philosophie. Diese Rückfrage *ist* bereits Philosophie, ein Beispiel des philosophischen Prozesses (vgl. Sokrates und Hegel *GM* 358), in den wir mit unserer ersten Frage nach dem Reden vom Menschen bereits eingetreten sind. Der philosophische Prozeß hat in der Geschichte unserer Kultur in allerhand gesellschaftlichen Gestalten einen Leib gefunden. Was immer Philosophie und Wissenschaft ihrem uns noch unverständlichen Wesen nach sein mögen, jedenfalls kennen wir sie als gesellschaftlich organisierte Vorgänge, die sich selbst als Formen der Erkenntnissuche interpretieren. Wir verstehen diese Vorgänge im Rahmen einer uns im Umriß bekannten Geschichte. Damit treiben wir bereits geschichtliche Anthropologie. Auch diese Wissenschaft ist wesentlich selbstbezogen; sie fragt mit ihren eigenen Mitteln nach ihrem eigenen Wesen.

Ein erstes Beispiel bieten Kuhns wissenschaftshistorische Kategorien der normalen Wissenschaft und der Revolutionen.

Sie werden, ohne das hier schon explizit zu machen, im Lichte des Heisenbergschen Begriffs der Abfolge abgeschlossener Theorien gelesen (dazu übrigens eine geschichtstheoretische Anwendung im Luther-Aufsatz, *GM* 479). Das bietet die Chance einer Verknüpfung von Wissenschaft und Philosophie: der philosophische Prozeß ist in der normalen Wissenschaft störend, in den Revolutionen unentbehrlich. Zugleich sind Kuhns Kategorien ein erstes Beispiel des evolutionstheoretischen Kategorienpaars der Ebenen und Krisen (*GM* 86–90), auf das wir ausführlich zurückkommen müssen.

Für den Kenner der gesellschaftlich organisierten heutigen Trägergruppen des geschichtlichen Phänomens »Philosophie« enthält diese Heranführung an das gesuchte Problem bereits die Verweigerung anderer Zugangsarten, insbesondere einer schlichten Übernahme solcher Begriffe wie Wissenschaft, Erfahrung, Rationalität, Logik. Alle diese sollen zwar praktiziert, aber zugleich verstanden, also in Distanzierung von ihnen selbst angeschaut und vielleicht begründet werden. So ist der Gegensatz von fact und value, von assertorischem und normativem Reden von Anfang an bewußt überspielt, indem der menschliche Wert der Wissenschaft in der Schaffung von Distanz gesehen und bejaht wird. Distanz ist ein Modus der Kommunikation. Es gibt keine erwachsene Identität ohne Distanz zu sich selbst. So also soll Wissenschaft in diesem Buch betrieben werden; ich hoffe, daß das Buch den Ton selbstkritisch engagierter Analyse bis zuletzt durchgehalten hat. Wir werden aus dem Buch selbst – insbesondere aus dem anthropologisch am weitesten vorstoßenden Beitrag, dem über das Schöne (I.8) – zu erheben haben, daß die in ihm entworfene Anthropologie ebendies als die ursprüngliche Art des Wissens sehen lehrt. Wertneutralität nicht als unbedingter, unhinterfragbarer Wert, sondern als bedingter, erklärbarer Wert, als Organ menschlicher Reifung.

3. Gliederung

Die Einleitung wendet sich nun (*GM* 17) der Gliederung des Buchs zu: in biologische, gesellschaftskritisch-geschichtliche, religiöse Art, den Menschen zu sehen, und dazu die Philosophie als Versuch, die Einheit der drei Sichtweisen zu begreifen. Die private Herkunft dieses unüblichen Gliederungsprinzips sei nicht verhehlt. Der Gedanke, so zu gliedern, kam mir, als ich am Schluß der Selbstdarstellung (1974 geschrieben) skizzierte, was ich künftig noch arbeiten wollte. Neben die Philosophie der Physik, die jetzt im Buch über Zeit und Wissen dargestellt werden soll, trat die pragmatische Forderung der Äußerung zur Politik (*GM* 596–7). Neben die pragmatisch gegenwartsbezogene Äußerung, die ich seitdem in den *Wegen in der Gefahr* versucht habe, trat das Verlangen, eine eigentlich kritische und darum eigentlich aufbauende politische Theorie noch wenigstens zu umreißen, und als deren Fundament der Entwurf einer geschichtlichen Anthropologie – also diese so engagiert analytisch gemeint, wie soeben erläutert. Als ich dann den Umfang des Verständnisses des Menschen andeuten wollte, der zu diesem Unternehmen nötig wäre, floß mir gleichsam spontan in die Feder, den Mitarbeitern das Fehlen der Scheuklappen gegen naturwissenschaftliche Biologie, linke Gesellschaftstheorie und religiöse Erfahrung zu wünschen. Hierin spiegelt sich meine Selbstbeschreibung (*GM* 577), nach der ich mich spontan in den vier Bereichen Physik, Politik, Religion, klassische Philosophie bewegt habe; diese vier auch zu charakterisieren als Struktur, Geschichte, Selbstwahrnehmung, und viertens das platonische Unternehmen, die Einheit dieser drei zu denken.

Ich stelle diese persönliche Herkunft von Gliederungsprinzipien mit methodischer Absicht heraus. Was mir »spontan in die Feder floß«, entstammte meiner affektiven Wahrnehmung. Wir alle nehmen in dieser Form Strukturen wahr,* welche die uns verfügbaren Begriffe übersteigen. Es kommt dann nur darauf an, die Wahrnehmung nicht durch Einordnung in die vorbereiteten Begriffsschubladen zu denaturieren, sondern in der Reflexion (Spiegelung) der Wahrnehmung ihr adäquate Begriffe zu geben. Diese geschieht freilich auch stets unvollkommen.

Die Einleitung des Gartenbuchs enthält nun den Versuch einer solchen Reflexion auf den begrifflichen Sinn der vier Be-

---

* Vgl. Konrad Lorenz, *Gestaltwahrnehmung als Quelle wissenschaftlicher Erkenntnis* (1959), in: ders., *Über tierisches und menschliches Verhalten*, Gesammelte Abhandlungen II, München 1965.

reiche, und zwar auf dem Wege über ihre geschichtliche Genesis: geschichtliche Anthropologie als Mittel, die Einteilung der
geschichtlichen Anthropologie zu erklären; selbstbezogene
Wissenschaft.

Die geschichtlich früheste, uns noch erkennbare Anthropologie ist die der *Religion*. Ehe es Menschen gab, gab es Götter.
Dies ist nicht bloß die Meinung des Mythos; vielleicht ist es
eine historisch korrekte Beschreibung der Selbstentdeckung
des Menschen.* Hier entsteht nun für den gegenwärtigen Aufsatz eine erste anthropologische Frage: *Was ist Religion?* Wir
zählen zunächst solche Fragen auf, ehe wir sie verfolgen.

Der Religion wird nun die *Aufklärung* gegenübergestellt, und
zwar zunächst die Aufklärung der griechischen Antike. Die
Frage: »Was ist Aufklärung?« und Kants Antwort, Aufklärung
sei der Ausgang des Menschen aus seiner selbstverschuldeten
Unmündigkeit, wird im Buch mehrmals erörtert (*GM* 246−9,
474); dabei liegt, im Zusammenhang mit der Ambivalenz der
Moral, der Ton meist auf dem »selbstverschuldet«. Wir haben
hier zunächst die simpler Frage nach dem wichtigsten Wesens-
zug der Aufklärung zu stellen, den man wohl als Rationalität
bezeichnen kann. Also: *Was ist Rationalität?*

Die Rationalität der antiken Aufklärung wird im Text durch
die zwei Paradigmata der Mathematik und der säkular betriebe-
nen Politik erläutert. In dieser Auswahl aus der reichen griechischen Kultur liegt eine Willkür, die durch den Vorblick auf die
neuzeitlichen Paradigmata der Naturwissenschaft und der Gesellschaftskritik bedingt ist. Immerhin ist der heutigen, sozio-
logisch geschulten Geschichtsschreibung die gesellschaftspoliti-
sche Funktion der griechischen Aufklärung nicht fremd. Und
die paradigmatische Rolle der Mathematik, nicht bloß für die
neuzeitliche Naturwissenschaft, sondern für die griechische
Philosophie, versuche ich deutlicher zu machen, als die geisteswissenschaftlichen Philosophen sie gesehen haben (*GM* 96).

Wollen wir die Rationalität der Aufklärung anthropologisch
verstehen, so werden wir uns wenigstens den zwei Fragen nicht
entziehen können: *Was ist Mathematik?* und: *Was ist Politik?*

---

* Vgl. Bruno Snell, *Die Entdeckung des Geistes*, Hamburg ¹1952, Göttingen
⁴1975.

Hier heißt »Politik« natürlich nicht »politische Wissenschaft«, sondern Politik als selbstgeschaffenes menschliches Schicksal.

Aus der griechischen Aufklärung geht der Versuch hervor, das Ganze zu denken, die *Philosophie*. Wir werden im Unbestimmten hängenbleiben, wenn wir die geschichtliche Einmaligkeit des Phänomens der Philosophie nicht wahrnehmen. Etwas pointiert kann man sagen: Philosophie ist griechische Philosophie; griechische Philosophie ist Philosophie des Eidos. Gerade zur biologischen Anthropologie läßt sich nur über diesen Gedanken ein Weg bahnen. Gerade die Tiere leben in der Welt des Eidos. Dies als Wegzehrung zur Frage: *Was ist Philosophie?*

Wollen wir die vier Bereiche herausfordernd charakterisieren, so also, daß die Weiterfrage nach ihrem Wesen nicht in bloßen Einteilungen steckenbleibt, so sagen wir jetzt, es handle sich in ihnen um die Wirklichkeit der Götter, um die mathematischen Gestalten, um die moralische Geschichte der Herrschaft, und um das Eidos.

4. Politik

Wir folgen zunächst dem Text des Gartenbuches. Das erste Kapitel schließt an die praktische Politik, an die Wege in der Gefahr* an. Aus der Frage nach dem anthropologischen Hintergrund der Politik entwickelt es die für das Buch grundlegenden anthropologischen Fragen. Wir beschränken uns jetzt auf die gliedernden politischen Begriffe, die in den ersten drei Beiträgen des Kapitels benützt werden (*GM* 35–80). Auch diese Begriffe sind »rhapsodistisch aufgerafft« und seien hier zunächst zitiert.

Der Aufsatz über das Friedensproblem (I,1) hat eine Schalenstruktur. Die vier Schalen sind von außen nach innen bezeichnet durch die Begriffe Militär, Außenpolitik, Gesellschaft, menschliches Verhalten. Den Kern bildet ein Abschnitt über Frieden und Wahrheit, der auf die Problematik der Macht und von Verstand und Vernunft vorausweist. Eine ähnlich lose Einteilung gliedert die drei Durchgänge des zweiten Aufsatzes (I,2) nach den fünf Begriffen Wirtschaft, Gesellschaft, Politik, Kul-

---

* Das Buch mit diesem Titel weiterhin als *WG* zitiert.

tur, Bewußtsein. Der Anfang des dritten Aufsatzes (GM 63–
64) gliedert das Umweltproblem in die drei Schichten der na-
turwissenschaftlich-technischen Kausalitäten, der unmittelbaren Maßnahmen in der gegebenen Gesellschaftsordnung und
der Dynamik und Statik der Gesellschaft selbst. Es ist sichtlich
schwer, die Bereiche, in denen praktische Politik sich abspielt,
in theoretisch einleuchtender Weise aufzugliedern. Die Heutig-
keit der Philosophie zeigt sich hier penetrant im Aufgreifen eines gängigen Vokabulars, sei es auch nur, um die Leser dieser
praktisch gemeinten Aufsätze anzusprechen. Ich versuche nun
die Reflexion auf die Gründe, die mir gerade diese Auswahl aus
dem Vokabular nahegelegt haben.

Die drei zitierten Begriffsketten suchen vom Äußeren zum
Inneren, von den sichtbaren Vorgängen zu deren wahren Gründen zu leiten. Schon die damit angedeutete Begründungskette
ist kontrovers. Ich rede hier freilich so, als sei das Militär in der
Außenpolitik verwurzelt, die Außenpolitik in der Gesell-
schaftsstruktur, die Gesellschaft im menschlichen Verhalten,
und dieses, wenn es ihm glückt, den Frieden zu erhalten, in der
Wahrheit. Ich glaube in der Tat, daß – soweit man überhaupt
solche Vereinfachungen benützen darf – dies das Abhängig-
keitsverhältnis ist, wie es sein sollte; eben deshalb bevorzuge
ich instinktiv so gebaute Gliederungen. Aber jedes dieser Ket-
tenglieder wirkt auch in entgegengesetzter Richtung: Militäri-
sches Interesse bestimmt die Außenpolitik, auswärtige Macht-
politik die Gesellschaftsordnung, gesellschaftliche Zwänge das
menschliche Verhalten, psychische Bedürfnisse das Bild, das
wir uns von der Wahrheit machen. Ich unterlasse weitere Wan-
derungen durch das Netz dieser Kausalitäten. Wichtiger ist die
Frage, welche anthropologischen Strukturen Einteilungen wie
die zitierten überhaupt möglich machen.

Wir wählen als Leitfaden die Unterscheidung von Außen und
Innen, die bei Verfolgung einer solchen Kette ihre Bedeutung
wandelt. Außen und Innen sind räumliche Begriffe, die man
aber auch in einem systemtheoretischen Sinn verwenden kann.
Beides fällt zusammen, wenn das selbsterhaltende System, von
dem jeweils gerade die Rede ist, selbst räumlich kohärent ist
und raumerfüllend gedacht wird. Ein Mensch sieht die anderen
Menschen außerhalb seines Leibs, oft auch außerhalb seines

Besitzes (*GM* 227–9), eine Gesellschaft sieht andere Gesellschaften im Systemsinn und, bei geschlossener Siedlungsweise, auch territorial außerhalb ihrer selbst; rückblendend kann ein wahrnehmender, bewußter Mensch dann sogar seinen Körper als außerhalb seines Bewußtseins erleben. *Raum* und *System* sind also die beiden Begriffe, denen wir bei diesen Einteilungen verpflichtet sind. Für den herrschenden Systembegriff ist wesentlich die zeitliche Kohärenz des System; so setzt er die *Zeit* voraus.

Daß überhaupt Systeme entstehen und fortbestehen, ist Thema der Evolutionstheorie und unter diesem Titel abzuhandeln (dazu vor allem *GM* 146–154, wo das Ich und der Tod als zusammengehörige Produkte der Evolution besprochen werden). Hier nehmen wir die zwei für das menschliche Dasein wesentlichen Systemstufen noch als gegeben hin. Diese Stufen sind: einerseits ein scharf umrissenes System, der einzelne Mensch, das Individuum (das Unteilbare), wie unsere Tradition treffend sagt; und andererseits eine Gesamtheit meist unscharf gegeneinander abgegrenzter Systeme von Individuen, die Gesellschaften, von der Kleinfamilie bis zur Nation und zur Weltgesellschaft. Wiederum nehmen wir das schwerer Durchschaubare, das Individuum, zunächst unanalysiert als gegeben hin und fragen nach der *Struktur der Gesellschaften*. Daß das Individuum schwerer durchschaubar ist, hängt übrigens nicht nur mit seinem beim Aufbau aus den nächstniederen Einheiten, den vielen Milliarden von Zellen, höheren Komplikationsgrad zusammen, verglichen mit den meist relativ geringen Individuenzahlen, die eine Gesellschaft ausmachen. Man darf auch genetisch erwarten, daß ein System wie das Individuum, das aufs Überleben in einer Gesellschaft gleichartiger Systeme angewiesen ist, differenziertere Wahrnehmungsorgane für das Äußere, für die Mit-Glieder seiner Gesellschaft entwickelt haben wird als für sich selbst. Descartes' Meinung, das Ich kenne direkt nur sich selbst, ist ein Paradox; in Wirklichkeit ist das Ich, das sich so statuieren kann, ein spätes Produkt der Kulturentwicklung, das wir mit den bisher erörterten anthropologischen Begriffen noch gar nicht plausibel machen können. Platon setzt methodisch plausibler an, indem er das Ich (die Seele) nach dem Strukturvorbild der Gesellschaft konstruiert (»Politeia«, der übliche

Titel seines größten populären Buchs, bedeutet nicht Staat, sondern Gesellschaft). Aber das sind Randbemerkungen. Jedenfalls fragen wir nach den Konstituentien der Gesellschaft.

Diese sind historisch so vielgestaltig, daß wir uns auf keine allgemeine Charakterisierung einzulassen wagen. Die vorhin zitierten Begriffsrhapsodien bieten die Begriffe Militär, Außenpolitik, Wirtschaft, Kultur als einige gesellschaftliche Figuren. Wir wenden uns für einen Augenblick dem Begriff der *Wirtschaft* zu. Dieser fällt aus allen anderen sozialen Bereichen dadurch heraus, daß von ihm allein eine quantitative, nach dem Muster der Naturwissenschaft theoriefähige Wissenschaft hat entwickelt werden können. Das zentrale Problem der Möglichkeit einer solchen Wissenschaft steckt in dem Maß, das sie quantifizierbar macht, also in der Frage: *Was ist Geld?* Ich neige dazu, den Begriff des Geldes mit dem der Information zusammenzubringen (dazu *EN*** 356–60, *GM* 265–69, und der Aufsatz »Information als Nutzen«, *AP* 189–200). Information gibt es nur unter einem Begriff (*GM* 200–205). Daß überhaupt ein Bereich »Wirtschaft« definierbar ist und sich zu einem großen Kulturphänomen entwickelt hat, dürfte demnach anthropologisch am begrifflichen Denken hängen, an dem Phänomen, das wir als *Verstand* thematisieren werden. Man sieht an diesem Beispiel wie an mehreren vorausgegangenen und nachfolgenden, wie wenig die wirklich wichtigen Begriffe aus einer a priori entworfenen formalen Gliederung hergeleitet werden können. Eine solche würde die Wirtschaft, an sich nicht unzutreffend, etwa als den Umgang mit knappen Gütern charakterisieren. Aber wodurch wird etwas zum begehrenswerten Gut? Das sogenannte Eigeninteresse in der kapitalistischen Entwicklung gehört zu jenen geheimnisvollen Selbstzwecken, die sich das geistige Wesen Mensch setzen kann, wie Macht, künstlerische Produktion, Erkenntnis, Mode, Sexualriten (*GM* 73). Wie viele hochgetriebene Stilisierungen mag auch diese sich am Ende ihr eigenes Grab schaufeln; aber wir werden auch die sozialistische Kritik an ihr nur beurteilen können, wenn wir die dieser zugrundeliegende moralische Stilisierung verstanden haben.

Wie *stabilisiert* sich eine Gesellschaft? Sie muß intern ihre

---

* *EN = Die Einheit der Natur.*

Struktur in einer gewissen Kontinuität bewahren (ein darwini-
stisches Argument: tut sie es nicht, so gibt es eine so strukturierte Gesellschaft vermutlich nach einiger Zeit nicht mehr);
extern muß sie gegenüber konkurrierenden Gesellschaften
überleben. Ersteres geschieht, roh gesagt, durch *Moral* und
Herrschaft, letzteres, etwas roh gesagt, durch *Außenpolitik*. Ich
wiederhole hier nicht meine mehrfach dargestellte Analyse des
Zusammenhangs der Herrschaft und der Außenpolitik mit
dem Grundphänomen der *Macht* (vgl. *WG*, 7. u. 12. Kapitel;
GM 41–42 f. u. II 5). Macht verweist wiederum auf den Verstand, also den Begriff. Was wir des weiteren zu thematisieren
haben, ist die Moral.

Wir zitieren zunächst weitere Listen gliedernder Begriffe,
jetzt von sogenannten Gesellschaftssystemen, also Weisen der
Stabilisierung einer Gesellschaft. In *GM* 38 werden vier angeführt: Feudalismus, Liberalismus, Sozialismus, Technokratie.
Im Abschnitt über die Ambivalenz der politischen Ideale der
europäischen Neuzeit (*GM* 66–80) werden deren wieder vier
besprochen: Feudalismus, Absolutismus, Liberalismus, Sozialismus. In nicht geklärter Weise schmiegt sich der Begriff der
Demokratie diesen Schemata ein. Man sieht auch in diesen Begriffsrhapsodien, daß auf bestimmte geschichtliche Entwicklungen Bezug genommen wird, und zwar mit Hilfe der Namen,
durch die sie sich selbst (oder ihre Gegner) interpretieren.

Historisch gesehen sind diese Gliederungen neuzeitlich. Zu
ihrer Deutung bietet sich der spezifisch neuzeitliche Begriff des
Fortschritts an. Jedenfalls die zweite der beiden Viererreihen ist
so gemeint, daß sie eine geschichtliche Abfolge gesellschaftlicher Prinzipien bezeichnet, so daß sich jeweils das frühere gegenüber dem späteren als konservativ, das spätere gegenüber
dem früheren als progressiv versteht.

Hier steht am Anfang die Gesellschaftsordnung, die man
heute meist mit dem vage verwendeten Namen des *Feudalismus*
bezeichnet; eine deutlichere Skizze ihrer inneren Vielfalt ist in
GM 66–67 gegeben. Einer Periodisierung der neueren Geschichte, die mit dem Feudalismus beginnt, kann dieser nur als
konservativ in den Blick treten. Es gibt aber nicht nur die Bin-
senwahrheit, daß auch der Feudalismus gegenüber älteren Ge-
sellschaftsformen, die er abgelöst hat, neu und in diesem bana-

len Sinne ein Fortschritt war. Vielmehr ist er eigentlich weder konservativ noch progressiv im neuzeitlichen Sinne, da er die Geschichte noch nicht aus dem Blickpunkt des Fortschritts (oder der konservativen Gegenwehr gegen einen irrigen Fortschrittsglauben) sieht. Fortschritt ist noch nicht sein Thema, wenngleich, im nachhinein gesehen, seine Realität: die faktischen Fortschritte jener Zeit wurden von den Zeitgenossen als Renaissancen oder Reformationen, also als Wiederherstellungen verlorengegangener Güter verstanden. Verfall ist Thema traditionellen Denkens, Fortschritt nicht; eben insofern ist dieses Denken dann doch konservativ – ohne Gegenbegriff.

Demgegenüber haben alle nachfolgenden Gesellschaftsprinzipien ein fortschrittliches Pathos. Seine Substanz läßt sich unter den zwei konkurrierenden Gesichtspunkten der Effizienz und der politischen Moral beschreiben.

Effizienz ist ein Begriff der Willens- und Verstandeswelt. Effizient ist, wer kann und durchführt, was er will. Unter dem Gesichtspunkt der Effizienz läßt sich die Abfolge Absolutismus – Liberalismus – Sozialismus durch die Frage nach der Systemstufe gliedern, der die Effizienz in erster Linie dienen soll: Gesellschaft oder Individuum. Dies bietet eine vorläufige Interpretation der im Abschnitt über die Ambivalenz der politischen Ideale der europäischen Neuzeit (*GM* 66–80) den drei einander zeitlich folgenden Idealen zugeordneten drei leitenden Werte: Einheit, Freiheit, Solidarität. Die *Einheit* als leitender Wert des *Absolutismus* meint Effizienz der ganzen Gesellschaft, der Nation. Die *Freiheit* als leitender Wert des *Liberalismus* meint Effizienz des Individuums. Dies ist die spätere Stufe: die Effizienz des Ganzen muß schon garantiert sein, damit die Individuen den garantierten Lebensraum als Raum ihrer Freiheit ausgestalten können. Unter dem Gesichtspunkt der Effizienz ist aber die Pointe des Liberalismus – des ökonomischen wie des politischen –, daß die Effizienz der freien Individuen auch die Effizienz der Gesellschaft steigert. Dies setzt aber voraus, daß die Individuen nicht die Gesellschaft zerstören (oder, marxistisch analysiert, die Klasse der Kapitalisten, die durch ihr funktionales Freiheitsprinzip zum Individualismus verdammt sind). Eine Variante der Korrektur, die rein aus dem Gesichtspunkt der Effizienz zu verstehen ist,

ist die *Technokratie*: *Herrschaft der Effizienten*. Eine konkurrierende Variante ist der *Sozialismus*, dessen leitenden Wert, die
Solidarität, ich (*GM* 74) als Einheit in Freiheit zu erläutern suche. Im Ideal des Sozialismus wird versucht, die Effizienz der
Gesellschaft mit der Effizienz der Individuen explizit zu vereinbaren. Die Ambivalenz des Fortschritts zeigt sich hier in der
Repristination des Absolutismus in der Form einer Bürokratie,
deren Effizienz hinter derjenigen des liberalen Systems dort zurückbleibt, wo überhaupt schon die gesellschaftliche Reife zum
Liberalismus besteht.

Effizienz gesellschaftlicher Leistung setzt Willigkeit der die
Leistung vollbringenden Individuen voraus. Diese Willigkeit
ist nicht selbstverständlich. Sie basiert auf *politischer Moral*.
Der Glaube an die Möglichkeit politisch-gesellschaftlichen
Fortschritts versteht sich darum fast stets zugleich als ein
Glaube an die Möglichkeit *moralischen Fortschritts*, umgekehrt
begründet sich die Skepsis gegenüber dem politischen Fortschrittsglauben meist als Skepsis gegenüber der Möglichkeit
moralischen Fortschritts. Hinter diesem Gegensatz verbirgt
sich aber ein substantieller Gegensatz zweier moralischer Überzeugungen. In der europäischen Neuzeit sind zwei Prinzipien
politischer Moral miteinander im Konflikt: die uralte *Moral des
Herrschens und Dienens* und die neuerfundene *Moral der Freiheit und Gleichheit*. Der die Neuzeit durchziehende politische
Konflikt bezieht seine Schärfe nicht bloß aus einander entge-
genstehenden partikularen Interessen. Interessenkonflikte lassen sich in einer Gesellschaft, deren politische Moral – bis auf
den stets unvermeidlichen Kampf gegen die Unmoral – uner-
schüttert, nämlich unkontrovers ist, fast stets ohne Systemver-
änderung regeln. Stehen einander aber ernsthafte moralische
Prinzipien gegenüber, so kann jedes das andere eigentlich nur
für etwas Schlimmeres als die alltäglich beobachtete Unmoral
halten; sie muß sie als Antimoral, religiös formuliert als ein ge-
tarntes Prinzip des Bösen, als teuflisch empfinden. Die Moral
des Herrschens und Dienens erscheint der progressiven Kritik,
jedenfalls so wie diese Moral historisch praktiziert worden ist,
als ein Mittel der Herrschenden, die Beherrschten dumm zu
halten. Die Moral der Freiheit und Gleichheit erscheint der
konservativen Ideologiekritik als Tarnung eines Konkurrenten

um die Herrschaft, welche, als Prinzip angewandt, letztlich alle moralischen Bande zerreißen würde.

Im Detail ordnen sich die vier sukzessiven politischen Ideale den zwei moralischen Prinzipien in komplexer Weise zu. Einfach steht es für den Feudalismus. Er lebt, auch soweit er heute noch besteht, in seiner Bewußtseinslage vor der Erfindung des neuen Prinzips. Seine Moral ist, da wo er noch an sich selbst glaubt, die selbstverständliche Moral des Herrschens und Dienens. Fast so einfach steht es mit dem Liberalismus. Er hat eine Vorgeschichte in England, in welcher die Gentry, die Kaufleute und schließlich die Industriellen Freiheitsrechte erwerben, unterbrochen vom Paukenschlag der christlichen Gleichheitsmoral der puritanischen Revolution, später mit der intellektuellen Begleitmusik der Toleranztheorie. Zur politischen Großmacht in Europa und Amerika wird der Liberalismus mit der Verkündigung der Menschenrechte, der Prinzipien von Freiheit und Gleichheit in den beiden Revolutionen von 1776 und 1789. Die Moral von Freiheit und Gleichheit ist im Prinzip die Moral des Liberalismus. Der Absolutismus hingegen treibt die Moral des Herrschens und Dienens zum formalen Extrem im Verhältnis zum Monarchen und beginnt sie damit im Verhältnis der Untertanen zueinander gerade aufzulösen; er folgt einem mächtiger werdenden Gleichheitsprinzip, dem zuletzt der Monarch selbst zum Opfer fällt (*GM* 68). Die Technokratie sucht in der Welt des offiziellen Bekenntnisses zur Moral der Freiheit und Gleichheit die von ihr als unerläßlich wahrgenommenen Elemente der Moral des Herrschens und Dienens funktional zu rechtfertigen und so zu retten. Der Sozialismus schließlich treibt in seiner Theorie die Moral der Gleichheit zum formalen Extrem, und er kann darauf hinweisen, wie eingeschränkt Freiheit ohne ökonomische Gleichheit bleibt. Auch hier involviert das Extrem den dialektischen Umschlag. Die Verwirklichung der Gleichheit ist bisher nur entweder in revisionistischer Unvollständigkeit vollzogen, oder aber ihre vorgebliche Vorbereitung geschieht in politischen Systemen, die für sich, als Träger der Wahrheit und der Zukunft, heute ein Extrem der Moral des Herrschens und Dienens in Anspruch nehmen.

Erst an den Krankheiten erkennt man die sonst in ihrer Selbstverständlichkeit unwahrnehmbare Struktur der Gesundheit. Erst die unauflösbaren moralischen Konflikte zeigen die fundamentale Rolle der Moral für die Politik. Die Frage: was ist Politik? bleibt ungelöst, solange wir nicht der Frage nachgegangen sind: *was ist Moral?*

5. Ebenen

Moral ist eine Ebene, in dem Sinne, in dem das Buch von Plateaus oder Ebenen menschlichen Verhaltens spricht. Dieser Begriff muß vorweg erklärt werden. Ich versuche zunächst wieder, Rechenschaft zu geben von der Art, wie er sich mir aufgedrängt hat. Dies geschah in der Gegenüberstellung der Kuhnschen Wissenschaftstheorie mit dem Darwinismus unter dem Titel: *The Evolution of Science – The Science of Evolution.*[*] Hier interessierte mich das Beispiel für den »Zirkel der Erkenntnis«: Für die Theorie der Wissenschaft ist die Geschichte der Wissenschaft konstitutiv, die von uns mit eben den Begriffen der Evolutionstheorie interpretiert wird, welche unsere Wissenschaft für das Verständnis des organischen Lebens entwickelt hat. Um diesen Gedanken durchzuführen, ist eine in allen Bereichen anwendbare Abstraktheit der Grundbegriffe erforderlich. Diese habe ich zuerst an Beispielen durchprobiert, so im Vortrag *Wissenschaftsgeschichte als Wissenschaftstheorie*[**] neben dem organischen Leben und der Wissenschaftsgeschichte an der Marktökonomie und im Schlußkapitel von *Wege in der Gefahr* an den Problemen der aktuellen Politik und der Prinzipien der Moral. Der Abschnitt »Auf der Suche nach dem Grund der Ambivalenz« (*GM* 80–86), ursprünglich die Einleitung des Hegel-Aufsatzes (*GM* III 3, 1971), sucht den Weg zu ihnen aus den vorhin erläuterten Problemen der Ambivalenz des politischen Fortschritts, schon verstanden als Ambivalenz der Moral. Die abstrakte Formulierung wird dann angedeutet in dem Abschnitt »Ebenen und Krisen« (*GM* 86–90, 1977), sie kommt also, nach dem Durchprobieren vieler Beispiele, zuletzt.

Das Argument dafür, daß sich Evolution meist in einer Abfolge von Ebenen und Krisen vollzieht, ist dort dargestellt und

---

[*]   Leopoldina.
[**] In: *Fragen zur Weltpolitik* (1975).

sei hier nicht wiederholt. Hier seien aber zwei in der Knappheit
jenes Textes nicht hervorgehobene Gesichtspunkte genannt,
die bezeichnet werden können durch die Titel der Verzweigung
und der Fulguration.

Verzweigung besagt, daß die Geschichte der Ebenen und Krisen im allgemeinen nicht eine lineare Abfolge von einander
ablösenden Ebenen erzeugt, sondern die Koexistenz vieler Ebenen. Dieses Faktum ist im Titel des »Gartens« schon thematisiert, wie oben im Abschnitt »Methodisches« erläutert. Ökologie bedeutet, im biologischen Bereich, das Zusammenleben der
Spezies als organischer Ebenen. Philosophie bedeutet das Zusammenleben gedanklicher Ebenen. Wir werden im folgenden
Verhaltensebenen des Menschen besprechen, deren Zusammenspiel konstitutiv ist für menschliche Kultur.

Fulguration ist ein Terminus von Konrad Lorenz (vgl.
GM 189). Er besagt, daß eine neue Ebene gleichsam blitzartig
aus vorher so nicht verbundenen Teilen zusammenschießt. Sie
ist deshalb vom Vorangegangenen her im allgemeinen nicht zu
interpretieren, mindestens fast nie vorherzusagen. Hieraus
folgt eine methodologisch sehr wichtige Bemerkung. Die neue
Ebene, fast unvorhersagbar von den früheren her, ist andererseits als Phänomen oft geradezu evident, wenn sie da ist. Phänomenologische Wahrnehmung ist eben deshalb fast der einzige
Leitfaden des philosophischen Verständnisses, während vorgefertigte systematische Einteilungen des zu studierenden Gebie-
tes fast zwangsläufig am Wesentlichen vorbei, also in die Irre
führen. Diese methodologische Erwägung lag schon dem Abschnitt »Gliederung« der gegenwärtigen Aufzeichnung zugrunde. Wir müssen sie im folgenden im Blick halten.

Wir wenden uns nun denjenigen Ebenen zu, die sich bei der
Abfassung des Gartenbuchs als die wichtigsten dargestellt haben, und versuchen eine behutsame nachträgliche systematische Deutung. Sie sind in vorläufiger Weise eingeführt in den
zusammengehörigen Vorträgen über das Schöne und den Tod,
in ersterem z. T. ausführlich erörtert (S. 135, 138–144), in letzterem (S. 160–161) knapp aufgezählt: das *Nützliche,* das *Gerechte,* das *Wahre,* das *Schöne,* das *Heilige.* In der jetzigen Überlegung füge ich hinzu das *Angenehme* und das *Meditative,* die
beide im Buch eine wichtige Rolle spielen, aber nicht als »Ebe-

nen« thematisiert sind (das Angenehme unter dem Titel
»Glück«, S. 241–246, 250–252; das Meditative, S. 434–436,
533–550). Ihre Beschreibung sei hier vorausgesetzt. Gibt es einen Ansatz, um ihr gegenseitiges Verhältnis systematisch zu
verstehen?

Einen solchen Ansatz gibt, aber ohne die jetzt angestrebte systematische Verwendung, wiederum der Vortrag über das
Schöne (S. 136–138). Die systematische Frage betrifft dort eine
einzige der Ebenen, eben das Wesen des Schönen. Es wird behauptet: Schönheit ist eine Form der Wahrheit. Schönheitssinn
ist ein Sinn, d. h. ein besonderes Wahrnehmungsvermögen für
Wirkliches (S. 136). Dies führt alsbald zu der Frage: Was ist
Wahrnehmung?

Diese Frage wird zunächst am einfachsten Fall, der direkten
Sinneswahrnehmung, erörtert (S. 136–137). Ich erläutere das
Resultat, indem ich gleich auf die ursprüngliche Einheit von
Wahrnehmen und Bewegen Bezug nehme (vgl. II 3, S. 206–
224). Der einfache Ablauf von Wahrnehmung und Handlung,
von Physiologen im Reiz-Reaktionsschema stilisiert, läßt sich
jedenfalls beim Menschen weiter aufgliedern in die vier Momente *Empfindung, Urteil, Affekt, Handlung.* Beispiel: »Süß«
– »Erdbeere« – »Schmeckt« – »Zubeißen«. Der Versuch, genau
diese Vierheit noch systematisch abzuleiten, wird nicht gemacht. Man mag vermuten, daß die drei späteren Momente
(Urteil, Affekt, Handlung) jeweils erst durch die Ebenen definiert sind, die über ihnen durch Fulguration entstehen und auf
die wir alsbald eingehen werden. Das Moment der »reinen«
Empfindung, des »Sinnesdatums«, wäre dann eine Restkategorie, die übrigbleibt, wenn man die Einheit der Wahrnehmung
gedanklich der drei späteren Momente entkleidet hat. Die Trennung der Momente ist also einerseits eine abstraktive Leistung,
andererseits im Lebenszusammenhang nichts Künstliches. So
S. 137: Die Fähigkeit, Wahrnehmen und Handeln zu trennen,
bedeutet eine hohe Entwicklungsstufe. Sie erst gestattet dem
Menschen, reaktives Handeln durch aktives zu ersetzen. Ich
füge hinzu: Der Kern dessen, was hier soeben als Wahrnehmen
im Gegensatz zum Handeln bezeichnet wurde, dürfte das vor-
stellende Urteilen sein. Urteil und Handeln sind unterschieden,
um kooperativ aufeinander bezogen werden zu können. Sie

konstituieren erst, was ich sonst auch den Verstand und den Willen nenne. Kulturhistorisch erzeugt ihre (z. Z. hypertrophe) Entwicklung die »Willens- und Verstandeswelt«. Wollen wir die Vielheit der Ebenen und ihr volles Zusammenspiel verstehen, so müssen wir gerade das in den Blick heben, was durch die korrelativen Begriffe von Urteil und Handlung nicht bezeichnet ist.

Die elementare Wahrnehmung ist uns also nie als bloße Sinnesempfindung gegeben, sie ist zugleich prädikativ und affektiv und leitet unmittelbar ins Handeln über. Sinnesempfindung ist ein Konstrukt der Physiologen, welche die Rezeptoren der Sinnesorgane in ihrer Einzelfunktion außerhalb des Funktionszusammenhanges studieren. Die Wahrnehmung ist prädikativ: die Formel verdanke ich dem Prinzen Auersperg (S. 203) und meinem Onkel Viktor (S. 206–224); sie wird u. a. fundamental für die biologischen Präliminarien zur Logik (S. 294–314). Die Wahrnehmung ist affektiv: wieder der Onkel Viktor in seiner Rede von der pathischen Welt (S. 222–224). Die Wahrnehmung ist mit dem Handeln so verwoben, daß jede Seite die andere erst ermöglicht: noch einmal der Onkel mit der Einheit von Wahrnehmen und Bewegen; dies auch als methodologisches Prinzip: »Um Lebendes als Lebendes wahrzunehmen, muß man sich am Leben beteiligen.« (S. 206). Man kann nun aber auch konstatieren, daß diejenige Wahrnehmung, die in der ungebrochenen Einheit der vier Momente abläuft, im allgemeinen gar nicht die Bewußtseinsschwelle überschreitet. Man lebt und vergißt; die Reaktionen sind um so sicherer, je automatischer sie sind. Erst wo die Momente sich trennen, werden sie bemerkt. Nicht die Reaktion, sondern die Aktion, ja eigentlich und vor allem das zu Ermöglichung der Aktion notwendige handlungsentlastete Urteil und der ihm als Indikator dienende reine Affekt werden bewußt registriert. Diese Trennung ist eine Leistung, deren Produkte wir in den oben aufgezählten Verhaltensebenen kennzeichnen.

Nun haben wir eine weitere Struktur zu beachten: die Anordnung der Verhaltensebenen in *Stufen*. Ich erläutere die Struktur, indem ich die Stufen direkt beschreibe. In der »elementaren« Stufe kann man den drei Momenten des Urteils, des Affekts und der Handlung drei Ebenen näher zuordnen: das

Faktisch-Wahre, das *Angenehme* und das *Nützliche*. Diese Ebenen sind, im Unterschied zu den Ebenen der höheren Stufen, direkt aufeinander bezogen; sie machen zusammen ein Gefüge aus. Auf dieses Gefüge bezieht sich z. B. die doppelstrukturelle Sprachanalyse im Gefolge von Austin*. Man mag es das *Gefüge der Zweckrationalität* nennen.

In diesem Gefüge wird jede Handlung auf ihren *Zweck* hin beurteilt. Dabei zeigt schon dies den fulgurativen Charakter des Gefüges. Es ist nicht so, daß der Mensch an sich in einer Kette von Handlungen lebte, deren jede einen angebbaren Zweck hätte. Jede realistische Menschenbeobachtung zeigt das Gegenteil. Man kann aber einzelne Handlungen als solche charakterisieren, aus dem Fluß des Lebens herausheben, indem man ihren Zweck nennt. Der Zweck seinerseits läßt sich charakterisieren als das Herstellen eines *Faktums*. Das Faktum läßt sich in einem faktischen Urteil aussprechen. Das Gefüge ist insofern wesentlich auf *Sprache* bezogen. Faktum ist, was man sprechend konstatieren kann. Das gesprochene faktische Urteil ist selbst eine Handlung, aber eine doppelt vermittelte. Einfach vermittelt ist die *Illokution*, insbesondere die Aufforderung, die imperativische Rede. Sie ist eine symbolische Handlung, eine Handlung, die eine Handlung bedeutet und im allgemeinen den Angeredeten bewegen soll, die symbolisch bedeutete Handlung real zu vollziehen. Das faktische Urteil ist eine Handlung, die nicht eine Handlung, sondern eben ein Faktum bedeutet, welches operational durch die *Möglichkeit* von Handlungen charakterisiert werden kann. In der doppelstrukturellen Analyse der Rede tritt das Urteil als die *Proposition*, der propositionale Gehalt der Äußerung auf. Der Grund schließlich, warum gehandelt wird, erscheint in diesem Gefüge darin, daß das der Handlung zum Zweck gesetzte mögliche Faktum als *erwünscht* erscheint, als *angenehm* im hier gebrauchten terminologischen Sinn dieses Worts. Der ontologische (»transzendentale«) Grund der Möglichkeit dieses Gefüges liegt in der Struktur von Faktizität und Möglichkeit, welche die zeitliche Logik analysiert.

---

* Vgl. »Was heißt und zu welchem Ende studiert man Universalpragmatik?« und die dort zitierten Schriften von Austin, Searle und Habermas. Jetzt II 6.6.2.

Über dem Gefüge der Zweckrationalität haben sich Ebenen gebildet, die man jeweils einem der Momente der Wahrnehmung näher zuordnen kann, die aber ihre je eigene innere Gesetzmäßigkeit haben. Ich möchte sie *Ebenen der neuzeitlichen Kultur* nennen. Zwar finden sie sich in allen Kulturen, aber ihre Abhebung voneinander, so wie *wir* sie wahrnehmen, dürfte kulturbedingt sein. Ich meine drei Ebenen: das *Theoretisch-Wahre*, das *Schöne* und das *Sittliche* (oder *Gerechte*). Jede von ihnen wird im gegenwärtigen Text eine ausführliche Erörterung für sich erfordern. Das Theoretisch-Wahre, dem Urteil zugeordnet, ist die Ebene der Gesetzeswissenschaft, überhaupt dessen, was heute als wissenschaftliche Rationalität verstanden wird. Es knüpft an die griechische Eidos-Philosophie und ihr Modell theoretischer Erkenntnis, die Mathematik, an. Das Sittliche, dem Handeln zugeordnet, ist die Ebene, die uns im vorangegangenen Abschnitt als Kern der Politik vor Augen trat. Das Schöne, in gewissen Phasen der neuzeitlichen Kultur eine ebenfalls leitende Ebene, läßt sich dem Affekt zuordnen; es ist in der späteren Phase der Neuzeit durch die Willens- und Verstandeskultur in eine »private« Rolle einer höheren Stufe des Angenehmen abgedrängt worden. Hier sei nur bemerkt, daß vielleicht erst diese Ebenen *definieren*, was wir mit »Urteil«, »Affekt«, »Handlung« eigentlich meinen.

Nicht in diese Systematik paßt, was in der Aufzählung der Ebenen als das *Heilige* erscheint. Es gehört den Weltkulturen vor der des neuzeitlichen Europa an und läßt sich in dessen Kategorien nicht pressen. Im Buch wird (S. 472) ein Versuch gemacht, es dem neuzeitlichen Denken durch Gliederung zugänglicher zu machen, unter der Frage: Was ist Religion? Dort werden vier Momente der Religion unterschieden: Religion als Träger einer Kultur, Religion als Grund einer radikalen Ethik, Religion als innere Erfahrung, Religion als Theologie. Religion als Träger einer Kultur bezeichnet die Weise, wie ein Ganzes sich selbst versteht. Die religiös durchgestaltete Kultur ist selbst eine geschichtliche Ebene, von der Neuzeit her gesehen eine vergangene Ebene. Die drei anderen Momente der Religion sind Versuche, in der Krise dieser Ebene ihre Substanz zu verdeutlichen und so festzuhalten. Sie können wieder, wenngleich locker, den drei späteren Momenten der Wahrnehmung zuge-

ordnet werden. So erweisen sie sich, in ihrer hier vorgetragenen
Fassung, selbst als neuzeitliche Deutungen der Religion. Theologie ist der Urteilswahrheit zugeordnet. Sie ist eigentlich ein
Teil der Philosophie und nur in deren Zusammenhang zu verstehen. Radikale Ethik gehört in die Ebene des Sittlichen; sie ist
der Handlungsbezug der Religion in ihrer Radikalität. Religion
als innere Erfahrung wird auf S. 472 so gekennzeichnet: »Sie ist
das bewußte Leben im Glauben. Sie ist aber insbesondere das
Gebet, die Meditation, die Mystik.« Hiermit erscheint sie dem
Affekt zugeordnet. Sie betrifft aber eigentlich, wie die Religion
überhaupt, die Ganzheit; hier die Integrität der Wahrnehmung.
Diese Integrität, selbst zu einer Ebene der Erfahrung gemacht,
sei hier als die besondere Ebene des *Meditativen* hervorgehoben.

6. Moral

Die Moral ist in der Folge der vier Stufen zu beurteilen, die wir
nennen können: die Einheit von Wahrnehmen und Handeln,
das Gefüge der Zweckrationalität, das Sittliche, die religiöse
Einheit. Ihr spezifischer Ort ist die Ebene des Sittlichen. Aber
die Stufen sind aufeinander bezogen. Die höheren bauen auf
den niederen auf, setzen sie geschichtlich in gewissem Sinne
voraus. Nur »in gewissem Sinne«, denn umgekehrt werden die
niederen Stufen erst von den höheren her sichtbar. Die höhere
Stufe interpretiert die niedrigere und gibt ihr dadurch im historischen Prozeß eine neue Gestalt, die sie zuvor nicht hatte.

Sprechen wir von der Einheit von Wahrnehmen und Verhalten, so sprechen wir vom Verhalten der Tiere, wir treiben
Ethologie. Aber das Verhalten der Tiere haben die Menschen
zunächst vom menschlichen Verhalten her interpretiert. Sie fanden in ihm Empfindung, Urteil, Affekt, Handlung, sie fanden
in ihm Klugheit und Torheit, Schönes und Häßliches, Moral
und Unmoral. Die Ethologie verwirft dies als anthropomorph.
Indem sie sogar versucht, die Erklärungsrichtung umzukeh-
ren und den Menschen theromorph zu verstehen, fragt sich,
nach welchem Kriterium sie dann ihr Verständnis tierischen
Verhaltens beurteilt. Ihr Leitfaden ist nun der Selektionswert
einer Verhaltensweise, eines Verhaltensgefüges. Sie konstatiert

Zweckmäßigkeit des Verhaltens als Folge der Selektion, so – für uns hier relevant – die Zweckmäßigkeit »moralanalogen Verhaltens«. Es stellt sich die erkenntnistheoretische Frage, wieweit dieser Gesichtspunkt selbst ein Kulturprodukt ist, nämlich das Produkt der Ausarbeitung der Begrifflichkeit der Zweckrationalität in der neuzeitlichen Willens- und Verstandeskultur. Darwin hat seine Kategorien den Ökonomen des Frühkapitalismus zu verdanken. Portmann – um einen Kritiker zu zitieren – benützt ein anderes kulturelles Paradigma und gewährt den Tieren das Motiv der Schönheit. Der gegenwärtige Aufsatz hat es nicht mit den Tieren, sondern mit den Menschen zu tun und läßt das Problem der ethologischen Begrifflichkeit auf sich beruhen. Es sollte nur daran erinnert werden, daß diese Begrifflichkeit, die wir gelegentlich erläuternd heranziehen, ebendieses Problem ihrer kulturellen Bedingtheit mit sich führt, das erst im Zusammenhang mit der kulturellen Bedingtheit der Physik erörtert werden kann.

Zerlegen wir das menschliche Zusammenspiel von Wahrnehmen und Handeln in die vier Momente der Empfindung, des Urteils, des Affekts und der Handlung, so folgen wir dabei der Struktur der Zweckrationalität.* Leitend ist dabei die Fähigkeit des Urteilens. Das handlungsentlastete Urteil macht erst aktives, statt bloß reaktivem Handeln möglich. Das faktische Urteil ist perfektisch, es konstatiert, was der Sachverhalt ist, der mich in der Empfindung beeinflußt hat. In der Austinschen Doppelstruktur der Rede entspricht ihm die Proposition. Der Handlung entspricht die Illokution, eine wesentlich futurische Sprechweise. Im Gefüge der Zweckrationalität läßt sich die Illokution an die imperativische Sprachform anschließen, die in der durch die faktischen Urteile erschlossenen Welt interpretiert werden kann als die Aufforderung, gewisse formal mögliche Fakten aktuell zu schaffen. Auf die Rückfrage, wozu sie zu schaffen seien, antwortet der Begriff der Nützlichkeit, der Zweckmäßigkeit. Es bleibt die Frage nach dem Zweck, dem das Nützliche gemäß sein soll. In der Zweckrationalität ist er unanalysiert vorgegeben. Die Analyse kann nur feststellen, daß er entweder selbst als zweckmäßig rational, also abgeleitet, oder

---

* Vgl. den Aufsatz »Theorie«, 2. Abschnitt: »Anthropologische Einbettung«.

nicht mehr abgeleitet, also »irrational«, affektiv, ist. Der bejahte
irrationale Zweck heißt heutzutage Wert, value. Begreiflich zu
machen, was Werte sind, kann in der Ebene der Zweckrationalität nicht mehr gelingen. Uns beschäftigen soeben die moralischen »Werte«, also die Ebene des Sittlichen. Man sieht hier,
wie die Ebenen des Theoretisch-Wahren, des Schönen, des
Sittlichen notwendig sind, um das Gefüge der Zweckrationalität erst begreiflich zu machen.

Als ein Ethos bezeichnen wir in lockerer Weise ein Gefüge
menschlicher Verhaltensweisen, als eine Moral ein Gefüge von
Regeln menschlichen Handelns in der Ebene des Sittlichen, als
Ethik die selbst sittlich wertende Theorie menschlichen Handelns. Bei diesen Definitionen haben wir das Wort »sittlich«
undefiniert benutzt. Das entspricht der methodischen Überzeugung, daß eine kulturelle Ebene zunächst nur phänomenologisch erschlossen und allenfalls ex post durch Definitionen
reduktiv erklärt werden kann. Was zeigt sich einer Phänomenologie der Moral als konstitutiv für Moral? Hier seien zwei
Wesenszüge moralischer Regeln hervorgehoben: sie sind *prohibitiv*, und sie sind *unerklärt*. Beides gilt zunächst im Durchschnitt, aber mit Ausnahmen; die Verschärfung der ethischen
Reflexion enthüllt darin aber eben Wesenszüge der moralischen
Normen.

Moral ist *prohibitiv*; sie sagt nicht, was man tun soll, sondern
was man nicht tun soll. »Du sollst nicht töten«, »Du sollst nicht
stehlen«, »Du sollst nicht ehebrechen« sind typisch moralische
Gebote. Dies läßt sich zum Teil aus ihrer begrifflichen Form erklären. Moralische Normen sind als Regeln über Handlungen
formuliert. Damit dies möglich ist, müssen die Handlungen begrifflich beschrieben sein. Die Norm ist also kraft ihrer Form
allgemein. Sie wäre unverständlich, wenn sie nicht für alle Fälle
gemeint wäre, auf welche die verwendeten Begriffe zutreffen.
Die Möglichkeit der Moral basiert auf der Möglichkeit begrifflichen Denkens.

Das moralanaloge Verhalten von Tieren basiert auf der Be-
griffsförmigkeit tierischen Verhaltens. Und Ethik ist Theorie.
Die Reflexion auf Moral setzt die Reflexion auf den Begriff voraus. Selbst Kants praktische Philosophie, die in gewissem Sinne
einen Primat der Praxis vor der Theorie behauptet, folgt der

theoretischen Philosophie im systematischen Aufbau nach; ihr Sinn wäre anders gar nicht zu erklären.

Die Allgemeinheit moralischer Gesetze ist aber von prinzipiell anderer Natur als die Allgemeinheit theoretischer Gesetze. Dies läßt sich nur erläutern, indem wir kurz auf die Struktur theoretischer Urteile eingehen. Ihre Basis ist der Bereich der faktischen Urteile. Ein faktisches Urteil ist – so setzen wir voraus – faktisch wahr oder falsch; das in ihm behauptete Faktum besteht oder es besteht nicht. Zu dieser Eigenschaft perfektischer Aussagen gibt es kein Analogon für die futurischen. Urteile über die Zukunft sind Aussagen von Möglichkeiten, Imperative für die Zukunft beziehen sich auf solche Möglichkeiten. Die Möglichkeiten aber folgen aus allgemeinen, also theoretischen Urteilen. Dabei braucht das allgemeine Urteil nicht explizit vor dem partikularen Möglichkeitsurteil gedacht zu sein. Das Allgemeine wird in der Einzelwahrnehmung mitwahrgenommen, im Einzelurteil mitgedacht. Ebenso setzt jedes theoretische Urteil einen theoretischen Kontext, eine erst durch Reflexion zu findende Theorie voraus. Eine Theorie enthält Begriffe und Sätze. Die Begriffe bezeichnen, was theoretisch möglich ist. Die Sätze sind konditional (im einfachsten Falle prädikativ); sie sagen, welcher Begriff oder möglicher Sachverhalt durch einen faktisch verwirklichten möglichen Sachverhalt impliziert ist.

Dieses allgemeine Schema findet eine regionale Anwendung in den Begriffen vom menschlichen Handeln. Dabei ist der zentrale Begriff der der Freiheit. Es wird vorausgesetzt, daß wir zwischen möglichen Handlungen wählen können. Ob diese Voraussetzung theoretisch fragwürdig ist, spielt im unmittelbaren Gebrauch der Moral keine Rolle. Moralische Regeln sind faktisch unter der Prämisse der Freiheit formuliert. Diese Prämisse wird übrigens im faktischen Vollzug der theoretischen Erkenntnis auch gemacht: in der Mathematik kann man denken, was man will (die »imperatorische Diktion« in: »Sei p eine meromorphe Funktion«; Wieacker mündlich zu mir über Siegels Akademievortrag), in der Physik kann man ein beliebiges Experiment machen. Die Folgen dieser Prämisse für die logische Form der Theorie siehe im Aufsatz »Theorie«. Die Moral nun schränkt die Freiheit durch die

Freiheit ein. Sie sagt, was man, obwohl man es wollen kann, nicht wollen soll.

In diesem formalen Sinne ist die Moral jedenfalls prohibitiv. Es ist aber wesentlich für sie, daß das zugelassene Feld nicht jeweils nur eine einzige Handlung umfaßt, d. h. daß sie substantiell auch bloß prohibitiv, nicht präskriptiv ist. In der Mehrzahl der Situationen ist die Fülle möglicher Handlungen groß, und die Moral legt allenfalls einen Schnitt durch sie, der das Erlaubte vom Unerlaubten trennt. Eine streng präskriptive Moral muß als Einschränkung des Lebens empfunden werden; wir werden diesem Problem unter dem Titel der Ambivalenz der Moral begegnen.

Die moralischen Normen sind *unerklärt*. Dies ist ein für das Verständnis der Moral zentrales Phänomen. Natürlich gibt es abgeleitete moralische Regeln, die auf grundlegende Regeln erläuternd zurückgeführt werden können. Du sollst nicht töten, also darfst du auch das Risiko fahrlässiger Tötung nicht laufen. Aber jede Regel tritt zunächst ohne Erklärung als Forderung auf, und für die grundlegenden Regeln bleibt dies auch bei einer möglichst vollständigen Durchrationalisierung der Moral erhalten. Dies ist formal genau die Struktur, die wir beim Gefüge der Zweckrationalität angetroffen haben. Wird ein Zweck noch durch seine Zweckmäßigkeit erklärt, so ist damit ein anderer Zweck unerklärt vorausgesetzt.

Die moralische Wichtigkeit der Unerklärtheit der Moral läßt sich erläutern, indem wir den nächstliegenden Erklärungsversuch betrachten. Die positiven Regeln der Moral schränken fast durchweg den Handlungsspielraum des Individuums zugunsten anderer Individuen oder der Gesellschaft ein. Wir werden hierzu zurückkehren, wenn wir die Moral inhaltlich betrachten. Es liegt nahe, die Moral als die Zweckrationalität der Gesellschaft zu erklären. Diese Figur hält sich von Platon bis Luhmann durch. Das Grundproblem dieser Erklärungsweise erfüllt bereits Platons Auseinandersetzung mit den Sophisten (Beispiel: das erste Buch der *Politeia*). Wenn ein kluges Individuum oder eine herrschende oder die Herrschaft anstrebende Gruppe dies erkannt hat, so fällt für den so Erkennenden der bindende Charakter der Moral dahin. Das Interesse des Individuums oder der Gruppe entscheidet nun darüber, ob der so partikular Interessierte das Interesse der Gesamtheit als für ihn selbst wichtig anerkennt. In dieser Abhängigkeit von Partikularinteressen aber ist die Existenz der Gesamtheit nicht zu stabilisieren. Darwinistisch gesagt: Nur solche Gesellschaften überleben, deren Glieder die der Gesellschaft nutzende Moral *unerklärt* befolgen; gesellschaftliche Erklärung der Moral ist der Beginn ihres Endes.

Diese Erklärung der Unerklärtheit der Moral hinterläßt uns mit einem Vorgeschmack unseres zentralen Problems, der Ambivalenz der Moral. Sie erklärt den historischen Erfolg der unerklärten Moral. Sie löst aber denjenigen, der sie verstanden hat, gleichwohl aus seiner eigenen Bindung an die Moral als unerklärte heraus. Sie zwingt zu einer tiefergehenden Frage.

4. Leben und Mensch vor dem Hintergrund der heutigen Physik

Der Aufsatz »Anthropologische Begriffe« blieb unvollendet; wie im 1. Abschnitt dieses Kapitels gesagt, nicht überraschend bei dem Versuch eines Menschen, wissenschaftlich über den Menschen zu reden. Wie ordnen sich nun unsere Erwägungen über Leben und Mensch in die Kette des Rückblicks ein? Was übernehmen sie von den Erwägungen über Mathematik, Logik und Physik? Was haben sie hinzugefügt? Auf welchen weiteren Weg verweisen sie?

Was haben wir übernommen? Wir haben zunächst die Physik als die zentrale Naturwissenschaft, zentral auch für die Wissenschaft vom Leben, übernommen. Wir folgen damit in einer alten Kontroverse derjenigen Entscheidung, die sich in der Biologie unseres Jahrhunderts im wesentlichen durchgesetzt hat, dem »Physikalismus«. Der Vortrag über Evolution spricht diese Sprache, und am speziellen Beispiel der Erläuterung der evolutiven Notwendigkeit eines Prozesses wie des Alterns sucht er die Kraft der physikalischen Erklärungen im Bereich des Lebens zu illustrieren. Dabei muß freilich die Physik so verstanden werden, wie sie im 7. Kapitel erläutert wurde.

Für die Theorie der Evolution ist es dabei hinreichend, zu sehen, daß Evolution in exakter Parallele zur thermodynami-

schen Irreversibilität aus dem Zeitlauf mit den Modi der Faktizität und Möglichkeit folgt. Das ist in dem Vortrag nur knapp
angedeutet; im *Aufbau der Physik* im 5. Kapitel ist es in Breite
erörtert.

Die gedankliche Schwäche des Physikalismus in der Version,
in welcher er auch heute noch in Biologie und Medizin
herrscht, liegt darin, daß er die Physik im Rahmen des veralteten klassischen Weltbilds übernimmt. Dadurch erzeugt er das
unlösbare »Leib-Seele-Problem«. In dieser Begrifflichkeit ist es
dann unmöglich, »das Leben zu erforschen, indem man sich am
Leben beteiligt« (V. v. Weizsäcker, hier Abschnitt 1). Wenn Leben nichts ist als ein Prozeß an der »ausgedehnten Substanz«,
dann kann ein denkendes und fühlendes Wesen nicht »sich am
Leben beteiligen«. Freilich überspringt die spontane Sprache
z. B. der Verhaltensforscher oder der praktizierenden Ärzte unablässig diese Hürde. Ich habe mich auch in dem für Biologen
und Mediziner gehaltenen Evolutions-Vortrag immer wieder
dieser spontanen Sprache bedient, dies freilich schon mit einer
systematischen Absicht. So nenne ich nicht nur das Individuum
und das Sterben evolutiv zusammengehörig. Ich betrachte, im
Blick auf unser bewußtes Erleben des Ichs und des Todes, das
Ich und den Tod als Geschwister, als zusammengehörige Geschenke des Lebens. Ich rede so, im Bewußtsein des Schocks,
den diese Rede dann für unser Gefühl bedeuten muß.

Daß im Rahmen des Physikalismus überhaupt so geredet
werden darf, folgt erst aus der Deutung der Quantentheorie,
wie sie im 7. Kapitel, Teil D, vorgestellt wird. Aber die Physik
allein, so wie sie heute gelehrt wird, kann uns nicht mehr zeigen, als daß sie uns nicht verbieten kann, so zu reden. Wir stellen die jetzige Frage noch einmal in die Kette der philosophischen Reflexionen auf die mathematischen Wissenschaften.

Das Kapitel 2 präsentierte den Unterschied von schlichter
und reflektierter Erkenntnis. Wissenschaft erscheint (I 6.7.3,
»Klassisches Weltbild«, zum 2. Kapitel) im klassischen Weltbild
als die schlichte Anschauung einfach reflektierter Erkenntnis.
Philosophie erscheint dann als Reflexion auf die wissenschaftliche Reflexion. Sie hat uns, indem wir den neuzeitlichen Weg
verfolgten, zunächst zu der Trias von Bewußtsein, Materie,
Struktur geführt. Das Bewußtsein ist dabei die Form, in der die

Reflexion sich selbst kennt. Bewußtsein ist so das erkennende Subjekt, Materie das reale Objekt der Erkenntnis, insofern es als vom Bewußtsein verschieden gedacht wird, Struktur ist die Form, in welcher wir das Objekt erkennen. Die Quantentheorie aber hinterläßt uns mit der Vermutung einer Ganzheit: Materie *ist* Form, eine Zweiheit der »Substanzen« von Bewußtsein und Materie erscheint überflüssig, die strukturelle Trennbarkeit der Objekte unserer Erkenntnis voneinander ist nicht das letzte Wort. Aber dies ist zunächst nur der abstrakte Entwurf einer Philosophie. Auf welche Erfahrungen wird sie sich beziehen können?

Reflexion ist eine Bereicherung des faktischen Wissens und zugleich eine Verengung des Blicks. »Bewußtsein ist ein unbewußter Akt.« Die Reflexion ist in Gefahr, ihre schlichten Voraussetzungen zu vergessen. In schlichter Erkenntnis finde ich mich lebend inmitten des Lebens vor. So erinnere ich mich an meine Kindheit, so lerne ich alle vorwissenschaftlichen Kulturen verstehen. Nur so, lebend inmitten des Lebens, kann ich als handelnder Mensch – als Arzt, als Mitmensch, in der Politik – gerechtfertigt sein. Hiervon sollte im jetzigen Kapitel die Rede sein. Dabei blieben wir zunächst im Erfahrungsbereich der Wissenschaft: Biologie der Evolution, die wir selbst aus dem Studium von Pflanzen und Tieren der Gegenwart und der geologisch dokumentierten Vorzeit erschlossen haben; Anthropologie als Versuch, die vielseitigen Humanwissenschaften als Einheit zu denken. Inhaltlich versucht das Kapitel 5, »Die Wissenschaften«, von *Der Mensch in seiner Geschichte* einen Überblick über diese Ergebnisse; es ist gleichsam das Resultat des hier besprochenen Ansatzes, der Erforschung des Lebens, indem wir uns am Leben beteiligen.

Hierbei scheint sich der Glaube an die Einheit des Lebens immer weiter zu bestätigen. Im Vortrag über Evolution wurde zunächst eine Klasse von Strukturen abgegrenzt, die des »organischen Lebens«. In ihr fanden wir aber, wie soeben schon hervorgehoben, vieles strukturell beschrieben, was wir auch in emotionaler Qualität kennen, von der Zweckmäßigkeit bis zum Altern und dem Schmerz des Todes. Reflexionsfähiges Bewußtsein erscheint in ihr als ein spätes Produkt der Evolution, auftauchend aus dem Meer des Unbewußten und, später, des virtuell Bewußten (*MsG* 4.2). Gerade der »Physikalismus« der Biologie aber läßt alle absoluten Grenzziehungen als künstlich erscheinen. »Virtuelles Bewußtsein« können wir auch den Molekülen der »Ursuppe« zusprechen, wenngleich der Weg von dieser Möglichkeit zum Ereignis des faktischen Bewußtseins einige Jahrmilliarden irreversibler Evolutionsschritte gedauert hat. Und ebendies wird durch die quantentheoretische Deutung der Materie als Form nahegelegt.

Verfolgen wir diesen Weg, so stellt sich freilich die Frage, ob der im Evolutions-Vortrag vorausgesetzte Darwinismus das letzte Wort ist. Ohne Zweifel lehrt er uns die Wichtigkeit des Überlebenkönnens im Kampf ums Dasein. Er lehrt uns einen realistischen Blick darauf, daß »das Leben nicht erfunden ist, um das Glück der Individuen zu garantieren« (*MsG*, S. 44). Aber wenn wir selbst Kinder der Evolution auf einem ihrer Schritte sind, so fragt sich, ob nicht in uns ein virtuelles Bewußtsein bereitliegt, das über das reflektierende Ichbewußtsein des Individuums hinausgeht. Von der Quantentheorie macht die evolutionistische Biologie bisher nur soweit Gebrauch, als sie sich durch diese die Chemie erklären läßt: die Stabilität der Moleküle. Ob die ganzheitlichen Züge der »individuellen Prozesse« (I 7. D5.3) auch für die Gestalt und Funktionsfähigkeit der Zellen, der mehrzelligen Individuen, der Tiergesellschaften eine Rolle spielen könnten, erscheint heute nicht als entschieden (*MsG* 5.4 B, S. 144–146).

In den Abschnitten zur Deutung der Quantentheorie (D2, D5.6, D6) wurde darauf hingewiesen, daß ihr Beitrag zum Begriff der Ganzheit sehr wohl eine Weltseele, einen wissenden Weltgeist zuließe. Das alte Mißtrauen gegen den Darwinismus, der Zweckmäßiges und Schönes aus »Zufall« entstehen lassen will, beruft sich bei manchen Autoren unserer Zeit auf diesen physikalisch zulässigen Holismus. Ein Organ wie Auge oder Hand dient der Wahrnehmung und dem Handeln des lebenden Organismus, und doch setzen wir voraus, daß das Organ nicht das Bewußtsein des Ganzen dieser Wahrnehmungen und Handlungen hat, das im Ich des Organismus gegenwärtig ist. Sind vielleicht wir Lebewesen, auch wir Menschen, gleichsam Organe eines Weltorganismus, dessen Bewußtsein sich in unserem Bewußtsein nur gemäß unserer jeweils partiellen Leistung spiegelt?

Ich kann und will diesen Gedanken nicht ausschließen. Der Leser wird aber wahrgenommen haben, daß ich nicht von ihm aus gegen den Darwinismus argumentiere. Das Wichtige an solchen Fragen ist gerade die Realität, bis hin zum Detail, das in der Konfrontation zweier »Weltanschauungen« unterzugehen pflegt. Dies läßt sich hier in mehreren Argumentationsstufen erkennen.

»Zufall« nennen wir in der Physik Ereignisse, die wir nicht kausal vorhersagen können. Solchen Zufall, z. B. chemische Mutationen, bietet die Quantentheorie zur Beschreibung der für uns beobachtbaren Zeitfolge. Verborgene kausale Parameter sind nicht ausgeschlossen; aber sie offerieren so wenig Finalität, wie es die Kausalität der klassischen Physik tat. Der Darwinismus ist gerade der kluge Gedanke, daß Gestaltwachstum schon in diesem Rahmen möglich, ja, bei anfänglicher Gestaltenarmut, das Wahrscheinliche ist.

Die »individuellen Prozesse« gemäß der Quantentheorie (I 7. D5.3) bieten Zusammenhänge von Ereignissen, die nicht aus kausaler Zeitfolge zu erklären sind. Sie ermöglichen die Ganzheit der Atome und Moleküle; nach ihrer biologischen Relevanz fragen wir soeben. Dies ist eine hochwichtige, vielleicht empirisch entscheidbare Frage. In welchem Umfang und in welcher Bedeutung solche Zusammenhänge aber für das Leben »Sinn«, etwa Zweckmäßigkeit, Schönheit, Liebe, erklären könnten, bleibt fraglich; was die chemische Analogie hergibt, ist »stabile Gestalt«.

Drittens führt der Wunsch nach dem Glauben an einen sinnvoll planenden Weltgeist – jenseits dessen, was Physik uns hat lehren können – zu den klassischen Problemen, woher dann die Unordnung, das Leiden, das Böse kommt. Im zweiten Teil zitiere ich C. G. Jung, der sich diesen Fragen stellte. Als Kind glaubte er zu wissen, daß von Gott das Gute und das Böse kommt. Als alter Mann meinte er sagen zu müssen, Gott sei wohl bewußtlos; denn warum hätte er sonst des Bewußtseins organischer Wesen wie des Menschen bedurft; und warum hätte, wenn er präzise hätte planen können, die Evolution Jahrmillionen gedauert? In der Tat ist der Darwinismus die nächstliegende Erklärung auch von Leiden und Tod, und von der Zeitdauer der Evolution.

Es ist nicht die Absicht, von der Naturwissenschaft aus in metaphysische Mutmaßungen zu springen. Die Humanwissenschaften vermitteln uns Erfahrungen, welche der Physik und Biologie nicht widersprechen, aber von ihr nicht thematisiert werden (*MsG* 5.6). Medizin, Psychologie, hermeneutische Geisteswissenschaften sind hier zu nennen. Im zweiten Teil spreche ich von drei bedeutenden Forschern der Medizin und Psychologie. Die hermeneutischen Geisteswissenschaften lehren uns menschliche Erfahrungen anschauen, die jenseits heutiger objektivierender Wissenschaft entstanden sind. Zwei großen Erfahrungsbereichen wenden wir uns nun zu: der Kunst und der Religion.

Neuntes Kapitel
Kunst

1. Vorbemerkung

Bilde, Künstler! Rede nicht!
Nur ein Hauch sei dein Gedicht!

Der philosophische Rundgang trifft auf den Ort der Kunst. Aber Kunst sollte sich zeigen. Soll man, kann man wahrheitsgemäß über sie reflektierend reden? Zudem ist meine künstlerische Begabung und Bildung unzureichend, um über andere Kunstgattungen als die Literatur zu reden (eine kleine Ausnahme zur Musik im zweiten Teil). Ich lege hier, im ersten Teil, ein paar ältere Reflexionen zum Wesen der Kunst vor. Ich wage, die mir wichtigste unter ihnen, über das Schöne, aus dem *Garten des Menschlichen* hier noch einmal abzudrucken. Ich ende mit dem Versuch, dies in den Arbeitsgang des Buches einzuordnen.

Im zweiten Teil rede ich von einigen Künstlern. In früheren Büchern habe ich noch manche andere Autoren besprochen. Hier geht es, nach Goethe, der meinem Herzen am nächsten steht, um Zeitgenossen und ihre Erfahrungen. Am Ende wage ich, einige Verse aus meinen jüngeren Jahren abzudrucken, aus Schicksalszeiten, in einem heute wohl veralteten Stil, und gelegentliche Zeugnisse heute vergangener, aber damals spontaner Empfindungen. Es schien mir sinnvoll und daher zulässig, dem Leser diese Zeugnisse meiner Wahrnehmungen zugänglich zu machen.

2. Das Schöne*

Viens-tu du ciel profond ou sors-tu de l'abime, O Beauté?
Kommst du aus der Tiefe des Himmels zu uns oder steigst du auf aus dem Abgrund, Schönheit?

---

* Vortrag, gehalten zur Eröffnung der Salzburger Festspiele, Juli 1975. Gedruckt in: *Der Garten des Menschlichen* I.8, S. 134–144.

Wir Menschen, endliche Wesen, zwischen die zwei Uner-
meßlichkeiten des Himmels und der Hölle gespannt, welcher
von beiden sollen wir für die alles erschütternde Macht der
Schönheit den Dank abstatten?

Ein stillerer Dichter als Baudelaire, sein Zeitgenosse Mörike,
hat anders vom Schönen gesprochen. Ich zitiere das ganze Gedicht:

> *Auf eine Lampe*
> Noch unverrückt, so schöne Lampe, schmückest du,
> An leichten Ketten zierlich aufgehangen hier,
> Die Decke des nun fast vergessnen Lustgemachs.
> Auf deiner weißen Marmorschale, deren Rand
> Der Efeukranz von goldengrünem Erz umflicht,
> Schlingt fröhlich eine Kinderschar den Ringelreihn.
> Wir reizend alles! lachend, und ein sanfter Geist
> Des Ernstes doch ergossen um die ganze Form –
> Ein Kunstgebild der echten Art. Wer achtet sein?
> Was aber schön ist, selig scheint es in ihm selbst.

Viens-tu du ciel profond ou sors-tu de l'abime – was aber schön
ist, selig scheint es in ihm selbst – um solche Stimmen über das
Schöne zu hören, muß man wohl ins versunkene bürgerliche
Jahrhundert zurückgehen, in die Zeit vor der Ernüchterung
durch den Beginn der Weltkriege. Unsere Zeit mißtraut dem
Schönen. Nicht von ihm will sie sich erschüttern lassen, seine
Seligkeit glaubt sie ihm nicht. Von diesem unserem Mißtrauen
will ich im heutigen Vortrag ausgehen.

Die Kritik an der Tradition ist eine der großen Traditionen Europas. So hat auch das Mißtrauen gegen das Schöne Vorläufer im
abendländischen Denken seit den jüdischen Propheten, den
griechischen Philosophen, der Nüchternheit der Römer. Wenigstens vier Kritiken am Schönen kennen wir aus der Tradition:
Das Schöne ist nicht nützlich. Das Schöne ist nicht gerecht. Das
Schöne ist nicht wahr. Das Schöne ist nicht fromm.

Das Schöne ist nicht nützlich. Die Faulen genießen den Zauber des Schönen, die Fleißigen produzieren Güter zum eigenen
und fremden Nutzen. Der Wert des Schönen ist nur subjektiv,
er beruht auf einem irrationalen Gefühl.

Das Schöne ist nicht gerecht. Zwischen Ästhetik und Ethik ist eine tiefe Kluft befestigt. Die Reichen veranstalten Festspiele, die Armen hungern. An ästhetischen Kriterien erkennen einander die Angehörigen herrschender Klassen. Kunst, die heute wahrhaftig sein will, muß häßlich sein.

Das Schöne ist nicht wahr. Kunst ist schöner Schein. Das Schöne ist nicht selig, es ist Kalkstein und Kupfer, es ist ein Dokument einer handwerklichen Kultur. Nicht das Werk ist selig; der Beschauer vielmehr, der sich aus der Haltung der Wahrheitssuche in die des ästhetischen Genusses verliert, genießt seinen Realitätsverlust als vorübergehende Seligkeit. Die Dichter zeigen den Menschen nicht die Wirklichkeit, sagt Platon, sondern sie zeigen ihnen das Abbild eines Abbilds.

Das Schöne ist nicht fromm. Luzifer war schön; deshalb fiel er von Gott ab. Schönheit ist die abgöttische Vollendung von etwas Weltlichem. Sie entflammt aus einem von der Gottheit abgelösten Funken ein verführerisches Feuer, dessen Nährstoff der Trieb ist, und das, wenn es ausgebrannt ist, einen Leichnam aus Asche zurückläßt. Sie ist einer der letzten Kreuzwege für Hochbegabte, der sie vom Pfad zum Himmel auf den Pfad zur Hölle ablenkt.

Diese vier Kritiken sind, so scheint mir, wichtige Halbwahrheiten. Sie lassen sich auf eine einzige zusammenziehen, nämlich auf die Behauptung, das Schöne sei nicht wahr. Wäre der Sinn für Schönheit ein Vermögen, Wirklichkeiten zu erkennen, so könnte er nützlich werden, bis ins Ökonomische hinein. Wäre Sinn für Schönheit wahrhaftig, so würde er seine ungerechten Folgen als eine Häßlichkeit wahrnehmen und überwinden. Stünde der Sinn für Schönheit in der Wahrheit, so ließe er sich von Gott nicht trennen.

Nun behaupte ich aber: Schönheit ist eine Form der Wahrheit. Schönheitssinn ist ein Sinn, d. h. ein besonderes Wahrnehmungsvermögen für Wirkliches. Wer jedoch Schönheit als eine Form der Wahrheit bezeichnet, behauptet der nicht eine Objektivität des Subjektiven, eine Rationalität des Irrationalen, die Vernunft eines Affekts? Meine Antwort ist: ja, genau das will ich behaupten. Es gibt eine Rationalität des Irrationalen, genauer gesagt eine Vernunft der Affekte, in der sich Subjektives, gerade in seiner Subjektivität, als objektiv, als Erkenntnis erweist.

Was ist denn Wahrnehmung? Ehe ich von der hochdifferenzierten Wahrnehmung des Schönen spreche, erläutere ich das Wahrnehmen am einfachsten Fall, der direkten Sinneswahrnehmung. Was ist Sinneswahrnehmung? Es gibt mancherlei Sinne. Wir wollen vier Beispiele betrachten.

Ich fahre im Halbdunkel schnell mit dem Wagen auf der Autobahn. Auf einmal sehe ich auf der falschen Seite, auf meiner Fahrbahn, mir einen Wagen entgegenkommen. Ich sehe – Gesichtswahrnehmung.

Nach steilem Aufstieg liege ich in der sonnigen Bergwiese und höre die Bienen summen. Ich höre – Gehörswahrnehmung.

Ich koste die Marmelade – ah, Erdbeeren! Geschmackswahrnehmung.

Und als viertes nochmals das Sehen: In den Stanzen des Vatikan stehe ich vor Raffaels Schule von Athen. Ich sehe zwei Lehrer im Gespräch aus der Pforte treten, den Mann Aristoteles, ein schweres Buch mit der Linken gegen die Hüfte stemmend, mit der Rechten auf die Fülle des Wirklichen vor und unter uns weisend und den Greis Platon, dessen sanft erhobener Zeigefinger zum Himmel deutet.

Was also ist Sinneswahrnehmung? Die übliche Analyse unterscheidet dreierlei an ihr: die reine Empfindung des Sinnesorgans; das Urteil, das diese Empfindung deutet; den Affekt, den das Urteil auslöst. Ich sehe die mir entgegenwachsende rote Kontur; ich denke: ein Wagen auf der falschen Fahrbahn; ich erschrecke über die Gefahr. Ich höre ein Summen; ich denke: Bienen; ich genieße den Frieden der Natur. Ich schmecke den süßen Geschmack; ich denke: Erdbeeren; ich begehre nach mehr. Ich sehe Farbflecken an der Wand; ich denke: Platon und Aristoteles; ich lebe in der künstlerischen Vergegenwärtigung klassischer Philosophie. Aber diese Trennung in Empfindung, Urteil und Affekt liegt nicht im Phänomen selbst, sie ist ein Werk der nachträglichen Analyse. Das Phänomen wird viel direkter beschrieben, wenn ich sage: Ich sehe die Gefahr; ich höre den Frieden der Bergwiese; ich schmecke die verlockende Erdbeere; ich sehe die Schule von Athen. Und der Affekt ist nicht das Ende der Einheit des Akts der Wahrnehmung. Wahrnehmen und Handeln sind nicht zu trennen. Die Gefahr – schon habe ich am Lenkrad gerissen. Das Summen auf der Wiese – ich habe mich schon entspannt. Der Erdbeergeschmack – ich beiße weiter zu. Die Schule von Athen – schauend sinne ich über die Schönheit des Wahren.

Die Verhaltensforschung an den Tieren lehrt uns, daß die Einheit von Wahrnehmen und Handeln das Ursprüngliche, einfache, leicht Verständliche ist. Hingegen bedeutet die Fähigkeit, Wahrnehmen und Handeln zu trennen, eine hohe Entwicklungsstufe. Sie erst gestattet uns Menschen, reaktives Handeln durch aktives zu ersetzen. Sie erlaubt uns, nicht zu müssen, sondern zu wollen. Der Schatz vergangener Wahrnehmungen im Gedächtnis steht dem frei entscheidenden Menschen zur Verfügung, belegt mit den gehemmten Reaktionen, die Affekte heißen, mit den Vorstellungsbildern ungetaner Handlungen, die Begriffe und Urteile heißen. In dieser hochdifferenzierten Erlebnisweise nun wurzelt ein Phänomen, das ich die Mitwahrnehmung der höheren Stufe nennen möchte, und eine solche Mitwahrnehmung ist, wenn ich nicht irre, der Sinn für das Schöne. Wir Menschen nehmen mit jedem einzelnen Sinneseindruck, jedem einzelnen Urteil, jedem einzelnen Affekt zugleich das Höhere, Allgemeingültige wahr, das diesen Eindruck, dieses Urteil, diesen Affekt erst möglich macht. Aber wir können das Höhere vom Einzelnen oft kaum unterscheiden und werden ratlos, wenn wir sagen sollen, was denn das mitwahrgenommene Höhere ist. In jedem wahren Satz nehmen wir das Phänomen der Wahrheit mit wahr, in jeder geforderten guten Handlung die moralische Ordnung, und eben in jedem schönen Eindruck, in jedem schönen Kunstwerk die geheimnisvolle Wirklichkeit des Schönen. Was sind diese mitwahrgenommenen Wirklichkeiten?

Man soll nicht erwarten, auf solche Fragen einfache Antworten zu erhalten. Sie sind Fragen nach dem Grund der menschlichen Kultur. Aber die menschliche Kultur ist nichts Einfaches, und auch ihre letzten Voraussetzungen drücken sich in ihr nicht unabhängig von der Geschichte aus. Lernen wir fremde Kulturen kennen, so erkennen wir in ihnen oft eine ganz andere Anordnung und Benennung der Prinzipien. Wählen wir, da vom Schönen die Rede ist, die altjapanische Kultur als Beispiel! Bis heute ist die japanische Kultur von allen Kulturen der Welt am meisten ästhetisch geprägt. Kein spürsamer Europäer, der Japan besucht, kann sich diesem Eindruck entziehen. Aber vielleicht bezeichnen wir Europäer das, was wir dort wahrnehmen, falsch, wenn wir es mit unseren Begriffen des Ästhetischen benennen, denen so leicht etwas Unverbindliches, fast Unernstes, Unwahres anhaftet. Wie hängt in Japan das Schöne mit dem Sittlichen und mit dem Rationalen zusammen? Ist das Ritual der japanischen Höflichkeit, das europäischen Rigoristen der Wahrhaftigkeit oft ärgerlich wird, nicht eine strenge ästhetische Stilisierung sozialer Beziehungen, eine Weise, sie erträglich zu machen? Ist der ästhetische Sinn für Harmonie nicht in allem ostasiatischen Denken und Fühlen ein Vermittler der Integration, ein Sensorium für Ganzheit, ein Wahrnehmungsvermögen, das wir Europäer mit der mühsamen Reflexion, die wir Vernunft nennen, nicht ersetzen können, und daß wir ständig, für asiatische Feinfühligkeit schmerzhaft, verletzen?

Aber so verschieden die Kulturen sind, doch ist der Dialog zwischen ihnen nicht ausgeschlossen; vielleicht ist er das größte Versprechen unserer Zeit. Die Prinzipien wie das Nützliche, das Sittliche, das Schöne sind gleichsam Plateaus, auf denen sich menschliches Wahrnehmungs- und Handlungsvermögen immer wieder einspielt. In jeder Kultur stehen diese Plateaus anders zueinander, aber doch kann man sie in jeder Kultur wiedererkennen. Kulturelle Strukturen weltumfassend zu beschreiben vermag aber heute vielleicht noch niemand. So kehre ich bewußt in den engen Horizont der abendländischen Tradition zurück und frage noch einmal, was denn in ihm das Schöne bedeute.

Ich wage nun eine weitere Vermutung: Das Schöne ist eine Erscheinungsweise des Guten, und zwar eine Erscheinungsweise des Guten in indirekter Mitwahrnehmung. Was soll das heißen? Ich habe ein neues Wort eingeführt: das Gute. Damit meine ich nicht nur das moralisch Gute. Ich spreche vom Guten, wie wenn man sagt: ein guter Schuh, der nicht drückt; ein guter Sportsmann, der siegt; ein guter Forscher, der etwas entdeckt. In der europäischen Philosophie hat Platon das höchste Prinzip als das Gute bezeichnet. Auf das Gute weist sein Zeigefinger in Raffaels Bild. Heute spricht man, nicht verständlicher, aber meist weniger durchdacht, von Werten. Das Grundphänomen des Guten mag darin bestehen, daß wir stets nicht bloß wahrnehmen, wie etwas ist, sondern mitwahrnehmen, wie es wohl sein sollte. Und indem wir zu jedem Ding, zum Schuh, zum Sportsmann, zu einer sittlichen Handlung, mitwahrnehmen, wie es sein sollte, nehmen wir das noch umfassendere Phänomen des Guten selbst mit wahr, eben das Phänomen, daß es anscheinend zu allem seine beste Möglichkeit, sein Gutes gibt, an dem wir seine Erscheinung messen.

Es gibt direkt mitwahrgenommene Formen des Guten. Zu ihnen möchte ich das Nützliche und das sittlich Gerechte zählen.

Beginnen wir beim Nützlichen. Nützlich nennt jeder, was gut ist für ihn selbst. Broterwerb ist nützlich, denn man will leben. Im Stück Brot nehme ich, wenn ich Hunger habe, das, wofür es gut ist, unmittelbar mit wahr. Mit dem Begriff Brot ist seine Nützlichkeit in direkter Mitwahrnehmung gegeben. Ausbildung ist nützlich, sie erleichtert den Broterwerb, gestattet leichteres Leben, Luxusgüter, selbst den Luxus des Schönen. Aber ist das leichte Leben, ist der Luxus, ist das Schöne denn nützlich? Absurde Frage, wird man sagen. Das Nützliche ist stets ein Mittel zu einem Zweck. Erst der Zweck ist das Gute. Überleben ist gut, das scheint selbstverständlich. Ist Bequemlichkeit gut? Luxus? Schönes? Ich das, was diesen vielleicht fragwürdigen Gütern dient, wahrer Nutzen? Kenne ich denn mein wahres Interesse?

Es gibt einen Weg, die Frage nach dem wahren Nutzen, dem wahren Interesse zu beantworten; es ist der Weg der Moral, der Ethik. Sein Leitstern ist die Aufhebung des egoistischen Nutzenbegriffs. In Wahrheit nützt mir nicht, was mir allein nützt, sondern was den Mitmenschen, der Gemeinschaft, der Gesellschaft nützt. Dieser Weg führt zu dem zweiten Plateau, zu dem Prinzip, das uns unter dem Titel des Gerechten oder des Sittlichen zu Gesicht gekommen ist. Der Lebensnerv des Sittlichen liegt in einem qualitativ anderen Erlebnis als dem der Nützlichkeit, sei es auch die Nützlichkeit für die Gemeinschaft. Wenn ich im Mitmenschen den Menschen erkenne, so löst diese Erfahrung die Schranken des Ich. Sie läßt mich überhaupt erst erkennen, daß das Ich eine Schranke, ja die Quelle unendlicher Leiden ist. Der Kern der Sittlichkeit ist eine Erlösungserfahrung: der Erlösung von der Blindheit, die den Namen Ich trägt. Eben darum soll ich weder gegen meine Mitmenschen meinen Egoismus durchsetzen noch mich ihrem Egoismus beugen, sondern ich soll suchen, mit ihnen gemeinsam diese erlösende Erfahrung zu gewinnen, indem wir gemeinsam ihr gemäß handeln. Ich soll Gerechtigkeit suchen.

Warum aber ist das bloße Ich blind? Ein Rückblick auf die Geschichte des organischen Lebens gibt uns einen Wink. Das Ich ist tierisches Erbe, wenn auch erst der Mensch, zumal der europäisch-neuzeitliche Mensch, es, vor allem durch das vielgesichtige Werkzeug der Macht, aufs höchste ausgebildet hat. Im organischen Leben sind drei Prinzipien wirksam: die Erhaltung des Individuums, die Erhaltung der Art, die Weiterentwicklung. Die Erhaltung des Individuums hat die scheinbar früheste, aber nicht die höchste Priorität. Sie ist Vorbedingung, aber nicht Ziel der Erhaltung der Art, geschweige denn der Weiterentwicklung. Die Erhaltung des Individuums ist durch Triebe gesichert: Hunger, Furcht. Das Ich als seelisches Phänomen ist der Inbegriff und die Steuerung der psychischen Prozesse, die der Erhaltung des Individuums dienen. Nichts ist aber dem Individuum so gewiß wie der Tod. Der Mensch ist das Tier, das weiß, daß es sterben muß. Darum ist die Erlebniswelt des menschlichen Ich gezeichnet von der leise oder ausdrücklich mitwahrgenommenen Vergeblichkeit. Die Blindheit des animalischen Ich ist, daß es nicht in der Reflexion weiß, daß es sterben muß. Die Blindheit des menschlichen Ich ist Verblendung, sie ist die Nötigung, von der Vergeblichkeit wegzublikken. Deshalb ist Erlösung von den Interessen des Ich ein Sehendwerden.

Das Sittliche ist aber nicht das letzte Prinzip. Es ist eine befreiende Erziehung zu einer Weise der Wahrnehmung, aber es ist kein Inhalt. Der kategorische Imperativ bleibt ein formales Prinzip. Das Sinnproblem, das Problem des wahren Interesses stellt sich der Gemeinschaft, wie es sich dem Einzelnen gestellt hat. Ich vermute nun: der uns angeborene und kulturell weitergebildete Schönheitssinn ist eine Wahrnehmung von gewissen Zügen des Sinns, des größeren Zusammenhangs, und zwar gerade von solchen Zügen, die einerseits lebenswichtig sind, andererseits sich dem direkten Urteil über Nützlichkeit entziehen.

Schönheit ist eine Mitwahrnehmung des Lebensnotwendigen, aber indirekt, ohne das Pathos der Notwendigkeit. Beginnen wir mit elementaren Lebensinteressen, an die sich unser technisches Zeitalter soeben, hoffentlich nicht zu spät, zu erinnern anfängt. Wenn ich in meiner Wiese liege, was nehme ich wahr? Ich sagte: ein Summen – nein, die Bienen – nein, den Frieden der Natur. Ist dieser Affekt des Friedens bloß subjektiv oder ist er die Wahrnehmung von etwas Wirklichem? Er ist eine Wahrnehmung. Was er wahrnimmt, nennt die heutige Wissenschaft das ökologische Gleichgewicht. Die Evolution hat vor mehr als hundert Millionen Jahren zur gleichzeitigen Herausbildung zweier organischer Formen geführt, die aufeinander angewiesen sind: der Blütenpflanzen, die durch Farbe, Form und Duft Insekten zur Bestäubung anlocken, und derjenigen Insekten, die von Blütenstaub und Nektar leben. Viel später hat sich der Mensch in dieses Gleichgewicht hineinentwickelt, und als Sammler, Ackerbauer und Viehzüchter ist er auf dessen Produkte, auf diese Pflanzen oder die diese Pflanzen essenden Tiere angewiesen. Wenn er dieses Gleichgewicht als schön wahrnimmt, so nimmt er die Harmonie wahr, im Beispiel der Wiese sinnlich dargestellt, die Harmonie, ohne die er nicht leben könnte.

Eine Menschheit, die die Schönheit des Landschaftsgleichgewichts als ökonomisch belanglos mißachtet und zerstört, eine solche Menschheit ist verrückt. Sie begeht damit fast stets auch einen ökonomischen Fehler, der sich als Fehler erweist, wenn es zu spät ist. Natürlich sage ich nicht, der Mensch dürfe die Natur nicht verändern. Das wäre absurd. Aber der Schönheitssinn ist ihm mitgegeben, um auch seine eigenen Werke mit einem anderen Maßstab zu messen als dem Maßstab dessen, was er in der Verblendung des im Augenblick lebenden Ich für nützlich hält. Wie herrlich sind alte Kulturlandschaften! Als ich zum erstenmal aus Nordamerika, das ich bewundere und liebe, zurückkehrte, war ich bis zu Tränen gerührt von der Schönheit einer Landschaft am Bodensee oder in Umbrien, wo seit Jahrhunderten jeder Baum und jedes Haus dort stand, wo Menschen mit Schönheitssinn es haben wollten. Die heutigen Krisen Amerikas sind auch die Krisen puritanischer Verächter der Schönheit.

Viens-tu du ciel profond ou sors-tu de l'abime? Wenn Baudelaire so fragt, meint er nicht die Landschaftsharmonie, und, nur mitschwingend, meint er die Kunst. Er meint die erschütternde Macht der leiblichen Schönheit, er meint die Schönheit, die zur Leidenschaft der Liebe zwingt. Nun ist auch die Liebe tierisches Erbe, und Tiere sind um der Liebe willen mit bunten Gewändern und barockem Zeremoniell geschmückt, Gewändern und Zeremoniell, die für die Selbsterhaltung des Individuums nutzlos, ja schädlich wären. Als Biologen meinen wir das Gute dieses Schönen mit Händen zu greifen. Die geschlechtliche Liebe *soll* hinreißend und herrlich sein, denn sie verlangt vom Individuum den einen unerläßlichen Schritt aus dem Verhaltensmuster der Selbsterhaltung heraus, der zur Arterhaltung nötig ist. Einmal im Leben muß das Tier, von der Icherhaltung her gesehen, wahnsinnig werden. Für den Menschen aber ist die erotische Liebe neben der Sittlichkeit eine zweite, völlig andere Art der Erlösung vom Ich geworden, die rückwirkend auf das Ich dieses zu einer ihm nun erst zugänglichen Reife treibt. Gemeinsam ist beiden, bei aller Verschiedenheit der Erlebensweise, eine Qualität des Empfindens, die man vielleicht Seligkeit nennen darf: die hinreißende Seligkeit des erotischen Rauschs, die stille Seligkeit der guten Tat, bescheidener, des guten Willens. Vielleicht rührt diese Gemeinsamkeit davon, daß beide Schritte die Blindheit des Ich sprengen und uns etwas ganz anderes sehen lehren. Denn der Kern der Wirklichkeit ist, wie die Inder lehren, die Dreiheit von Sein, Bewußtsein und Seligkeit.

Was aber schön ist, selig scheint es in ihm selbst. Die Kunst ist die bewußte Darstellung der Erscheinungsweise des Guten, die wir das Schöne nennen. Über die Kunst und die Künste zu sprechen, wäre Gegenstand eines neuen Vortrags. Hier nur noch ein paar Überlegungen zu dem Satz von Mörike.

Es gibt einen Briefwechsel zu diesem Satz zwischen Emil Staiger und Martin Heidegger. Staiger meint, Mörike erweise sich als Epigone, indem er nicht mehr zu sagen wage: was schön ist, selig *ist* es in ihm selbst, sondern nur: selig *scheint* es. Heidegger erwidert, Scheinen heiße hier nicht den Anschein erwecken, sondern gleichsam Leuchten. Scheinen ist ein Sein, das in Erscheinung tritt. Wer von den beiden Interpreten hat recht? Ich vermute, daß der verletzliche Mörike so empfunden hat wie

Heidegger, aber so gesprochen hat, daß Biedermeier und her-
aufkommendes Industriezeitalter in ihren Vorurteilen nicht gestört wurden; vielleicht nennt man so sensible Menschen Epi-
gonen.

Mörike wendet hier, ich weiß nicht ob bewußt, einen Satz
Kants ins Objektive. Kant, der gewiß kein künstlerischer
Mensch war, hat mit dem ihm eigenen präzisen Tiefblick das
Schöne als den Gegenstand eines ohne Begriff als notwendig erkannten interesselosen Wohlgefallens bezeichnet. Ohne Begriff
als notwendig erkannt – das ist, was ich die Rationalität des Irrationalen, die affektive Wahrnehmung genannt habe. Interesse
nennt Kant das Wohlgefallen, das wir mit der Existenz eines
Gegenstandes verbinden. Interesseloses Wohlgefallen also verlangt nicht nach der Existenz, gröber gesagt, es verlangt nicht
nach dem Besitz des Gegenstands. Mörike sagt: was schön ist,
selig scheint es *in ihm selbst*. Nicht meine Seligkeit ist wichtig.
Das Sein des Schönen scheint in ihm selbst. Dieses Scheinen ist
seine Seligkeit. Gewiß, die schöne Lampe war ein Werk von
Menschen, für Menschen gemacht. Aber unsere Seligkeit beim
Machen oder Anschauen ist eben Teilhabe an ihrer Seligkeit. So
sind auch in der Natur die Maserung eines Holzes, das Innere
einer Muschelschale, die Ätzfläche eines Kristallbruchs, alle
nicht zum Sehen bestimmt, doch nicht weniger schön als ein
Schmetterlingsflügel oder das Balzkleid eines Vogels. Vielleicht
ist die allgegenwärtige verborgene Mathematik der Natur der
Seinsgrund aller Schönheit – auch das ein Gebiet, das ich im
heutigen Vortrag nicht mehr betreten kann. An dieser Stelle erweist sich dann die Streitfrage, ob Kunst schön sein muß oder
ob sie, um wahrhaftig zu sein, häßlich werden muß, als eine
Scheinfrage, entstanden, indem das Wort »schön« um ein Ge-
dankenstockwerk zu oberflächlich verstanden worden ist. Ob
ein Werk nun akademisch schön oder expressiv häßlich ist, in
beiden Fällen gibt es den Unterschied zwischen einer nur für
den oberflächlichen Blick geleisteten Erfüllung der Forderungen der Schulmeinung, der es sich fügt, und jenem inneren
Scheinen, das ihm keine gute Absicht geben kann und das
Wahrnehmung von Wirklichkeit vermittelt.

Um aber noch einmal zu der uns so viel bequemeren subjektiven Sprache zurückzukehren: Die innere Seligkeit des Kunst-

werks stellt dar, daß es nicht auf uns ankommt. Sie deutet die
Erlösung von den Interessen des Ich an. Aber wie steht es dann
mit den Kritiken am Schönen, mit denen wir begannen? Wo die
Existenz, wo der Besitz des Schönen selbst ein Interesse wird,
dort ist Gefahr. Luzifer, der Schöne, wollte nicht Abglanz des
einzig Guten, sondern selbst die Mitte sein. Deshalb scheint das
Schöne bald aus dem Himmel, bald aus dem Abgrund zu kommen. Das Schöne ist wahr und nicht wahr. Es erlöst aus der
Blindheit des Begriffs, aber es darf nicht gegen die Vernunft, die
von ihm sehen lernt, ausgespielt werden. Die Kluft zwischen
Ethik und Ästhetik soll nicht überbrückt werden. Immer sollen
wir daran erinnert werden, daß das Schöne an sich noch nicht
sittlich, das Gerechte an sich noch nicht human ist. Und vom
Schönen als Gegenwart müssen wir auf den Boden des Nützlichen zurückkehren. Noch im Festspiel soll uns das Bewußtsein
begleiten, daß das Thema heißt: Brot für die Welt. Noch in der
Arbeit am Brot soll die schmerzhafte Seligkeit einer Melodie
von Mozart bei uns sein.

3. Assoziationen zum Ort der Kunst*

Assoziationen: Diesen Aufsatz kann ich nicht schreiben, wenn
ich mir nicht die Zufälligkeit des Einfalls, die bewußte Subjektivität, den Charakter des Selbstgesprächs erlaube.

Ort: Eine philosophische Frage. Kunst ist etwas Wiedererkennbares. Wo steht es? Also gibt es eine Art Koordinatensystem, in dem der Ort der Kunst angegeben werden könnte.
Also ist nicht Alles Kunst. Hat nicht die Schöpfungstheologie
die ganze Welt als ein Kunstwerk betrachtet? Ist nicht Platons
Demiurg ein Kunst-Handwerker, der die Welt als Götterbild
macht? Aber das sind schon Koordinatensysteme. Die »Welt«,
die ein Kunstwerk ist, ist in ihnen nicht Alles. Der Schöpfergott
ist eingeführt, damit sie nicht Alles sei. So nachzudenken, wie
ich es soeben tue, ist Philosophie. Aber was ist der Ort der Philosophie? Ist es gerade das Merkmal der Philosophie, daß die
Frage nach ihr selbst Teil ihrer selbst ist? Wenn die Kunst von

---

* Geschrieben September 1979.

Menschen gemacht, die Frage nach der Kunst von Menschen gestellt, der Mensch aber geschaffen ist, ist die Kunst nicht Werk eines Kunstwerks, die Frage nach der Kunst nicht ein Stück Kunst?

Als Koordinatensystem, um anzufangen, wähle ich das »Baugerüst«. Es ist zum Wiederabreißen bestimmt. Es ordnet die rhapsodistisch zusammengerafften menschlichen Verhaltensebenen in vier Stufen: 1. Die Einheit von Wahrnehmen und Bewegen, 2. Zweckrationales Handeln, 3. Die drei Ebenen europäischer Kultur, 4. Religiöse Erfahrung. Die dritte Stufe geht uns hier an. Die drei Ebenen sind Theorie, Praxis, Kunst. Aristotelische Dreiteilung: theoria, praxis, poiesis.

Zur Struktur des Baugerüsts: Die drei ersten Stufen sind so in sich gegliedert, daß erst die höhere Stufe die Gliederung der nächstniederen Stufe durch Reflexion erzeugt. Die Viergliederung der Einheit von Wahrnehmen und Bewegen in Sinnesempfindung, Urteil, Affekt, Handlung (vgl. »Das Schöne«) ist Produkt der Beurteilung dieser Einheit von der Zweckrationalität her. Diese ist, im Baugerüst betrachtet, das erste Beispiel der Leistung durch Verzicht. Zweckrationales Handeln fließt nicht mehr in der Spontaneität jener Einheit. Ich kann den Zweck denken, um zu entscheiden, ob ich ihn will; ich kann die Mittel zum Zweck denken, um zu entscheiden, ob und wie ich sie einsetze. Die eigentliche Leistung ist hier das Urteil, der Verzicht ist das Nichtlaufenlassen der Folge Wahrnehmung-Affekt-Verhalten, die eigentlich eine simultane Einheit und erst durch die Askese der Reflexion in eine Folge gegliedert ist.

Die Erkenntnis der Zweckrationalität *als* Zweckrationalität aber ist eine Leistung der Theorie. Die Theorie erfindet die Unterscheidung von Theorie und Praxis, d.h. von spontanem Handeln: Praxis, und reflektierender Askese vom Handeln: Theorie. Askese ist nur sinnvoll, wo sie etwas ermöglicht. Was sie ermöglicht, nennt die Willens- und Verstandeskultur eine Leistung. Die Leistung ist hier das symbolische Handeln des denkenden Sprechens, des sprachförmigen und anschauenden Denkens, kurz eben die Theorie. Nun wird die Praxis unter denkbare Kriterien gestellt: Moral.

Die Reflexion muß aber erkennen, daß die Dualität von Urteil und Handlung, von Verstand und Willen, nicht das Ganze ist. Es bleiben Restkategorien. So in der Einheit von Wahrnehmen und Bewegen der Auslöser: die Sinnesempfindung, und die erlebte innere, d. h. eigene Reaktion: der Affekt. So in der Zweckrationalität das, was die Zwecke bestimmt: die Werte. All dies unklare, nur durch ihren Gegensatz zu Wille und Verstand bestimmte Begriffe.

Die europäische Kultur, zumal die der Neuzeit, hat drei Pointierungen hervorgebracht: Theorie, zuerst als Mathematik und Philosophie, heute Wissenschaft; Praxis, als moralische Haltung nach Prinzipien, als gesellschaftliches Handeln, als Weltverwandlung; und Kunst.

Hier liegt die Pointe im Wort »Pointierung«. Evolutive Ebenen tendieren zur Spezialisierung. So auch in der kulturellen Entwicklung. Kulturelle Ebenen, die sich als lebensfähig erweisen, entwickeln interne Kriterien, die Bedingungen ihrer Leistung bezeichnen. Die Leistung errichtet ein Gebäude, eine Spitze über der breiten Basis des Lebens, sie pointiert. Von diesen Pointen her urteilt dann die Reflexion. So beurteilt sie das zweckrationale Urteil vom theoretischen Wahrheitsbegriff her, das zweckrationale Handeln von den Prinzipien gesellschaftlich diskutierbarer Wertsetzungen her. So lernt sie Empfindung und Affekt von der Kunst her begreifen. Die so spezielle Leistung der Kunst verleiht dem, was nicht Wille und Verstand ist, Sprache. Deshalb ihre so große kompensatorische Rolle in der Willens- und Verstandeskultur.

Die Vielheit der Pointen (Dreiheit im hier entwickelten Schema) läßt erst den Verlust der Einheit erkennen. Will eine dieser Pointen sich als Träger der Einheit, als *die* Pointe etablieren, so entsteht Absolutismus; eben die tragende Pointe wird ihrer spezifischen Natur beraubt. Deshalb die Ambivalenz aller kulturellen Pointen. Die Unwahrheit der theoretischen Wahrheit, die Unmoralität der Moral, die Unechtheit des Ästhetischen. Es sind noch Mißverständnisse, wenn man dann jede Pointe von den anderen her kritisiert, obwohl sachlich zu Recht: die Unmoralität und Häßlichkeit bloßer Theorie, die Fiktivität und Barbarei des Moralismus, die Scheinhaftigkeit und Mitleidlosigkeit der Kultur des Schönen. Das stimmt schon, ist aber Folge. Das theoretisch Wahre ist, fixiert, theoretisch unwahr; das moralisch Gute ist, durchgesetzt, böse; das ästhetisch Schöne ist, angebetet, wesenlos.

Die Kultur, die das entdeckt, findet in der Kulturgeschichte die einstmals bewahrte Einheit unter dem spezialisierenden Namen der Religion vor. Daher die restaurative Rolle der verfaßten Religion, ihre Ambivalenz: die Einheit, gewollt, wird Lüge, also Zweiheit. Die vierte Stufe, die eigentlich die erfahrene und gelebte Einheit ist, ist *als* vierte Stufe nur durch die Reflexion, d. h. hier von der dritten Stufe her beschrieben und zerfällt so in die Vierheit ihrer Leistungen: als Träger einer Kultur, d. h. als Einheit, die als solche nur in der Vergangenheit gesehen wird; als Theorie, d. h. Theologie; als Praxis, d. h. radikale Moral; als Erfahrung, der Restkategorie des Affekts zugeschrieben. Offenbar liegt der uns zugängliche Kern der Einheit in der bloß als Restkategorie eingeordneten religiösen Erfahrung. Hier scheitert das System der kulturellen Pointierungen, es muß scheitern.

Die Frage nach der wahren Natur dieser Einheit ist nicht direkter Gegenstand dieser Aufzeichnung. Sie ist es indirekt doch. Denn die Kunst, ihr direkter Gegenstand, ist in der modernen Kultur der verbliebene Sachwalter des Vergessenen, in die Restkategorien Verpackten: der Empfindung, des Affekts, der erfahrenen Einheit. Daher ihr unsägliches Geschenk an empfängliche Gemüter. Aber sie ist nur Sachwalter, nicht die Sache selbst. Wir haben sie hier aber, wenn wir ihr gerecht werden wollen, als die ewige Sache anzusehen, die sie selber ist. Welch übermenschliche Aufgabe! Der Zopf des Münchhausen.

Daß Kunst – als Musik, Dichtung, Bildkunst, Baukunst – überhaupt ein einheitliches Phänomen ist, entdeckt erst die Reflexion, und kulturgeschichtlich schafft erst diese Reflexion die soziale, jede Kunstgattung zur »Kunst« umprägende Erscheinung des Künstlerischen. Wir sind in dieser Reflexionsstufe erzogen und sollen sie nicht abzuschütteln suchen. Wir sollen zunächst, durch sie belehrt und skeptisch gegen sie, die primitiven Kunstphänomene, die Wurzeln der Kunst im Leben aufspüren.

Vermutlich ist in der frühmenschlichen Einheit von Wahrnehmen und Bewegen das künstlerische Verhalten älter als die

reflektierte Zweckrationalität oder allenfalls gleichursprünglich, vielleicht wurzelidentisch mit dem zweckmäßigen Verhalten. Bewegungen sind rhythmisch, Stimmäußerungen musika-
lisch, die Wortsprache ist bildhaft, materielle Gestaltung folgt
Formprinzipien, die oft sehr zweckmäßig, aber durch den uns
erkennbaren Zweck allein nicht bestimmt sind. Uns erscheinen
diese Lebensäußerungen, wenigstens wenn wir einmal durch
den Rousseauschen Kulturekel hindurchgegangen sind, in einfacher Weise schön. Sind sie spontan, sind sie hochstilisiert? Zu
bedenken ist, daß das in Wahrheit Frühe heute nicht mehr vorkommt. Das sogenannte Primitive hat stets eine Jahrtausende
alte Geschichte hinter sich. Die Vielgestalt der primitiven Kulturen zeigt ihre Stilisierung. Aber was heißt »spontan«? Vermutlich ist Stilisierung die Ermöglichung des Spontanen.

Dieser Satz kann die kritische Gegenfrage auslösen: Aber
sind dann die Tiere nicht spontan? Ich würde antworten: Sie
sind soweit spontan, als auch ihr Verhalten stilisiert ist. Warum
erscheinen uns tierische Kleider und Bewegungen schön? Die
Verhaltensbiologie lehrt uns, sie als »objektiv stilisiert« zu verstehen. »Objektiv stilisiert« ist auch die Beziehung von Blume
und Insekt, ist der Umriß des Baums, der Bauplan des Gewe-
bes. Wenn wir nicht unseren raschen theoretischen Deutungen,
sondern den wahrgenommenen Phänomenen folgen, so ist die
objektive Stilisierung Merkmal der Natur überhaupt. Wir sind
hier einem ästhetischen Zentralbegriff auf der Spur, dem des
Schönen.

Das Schöne und die Kunst. Mit Heisenberg und Heidegger
verbunden, habe ich darüber im letzten Jahr einen inkonklusi-
ven Vortrag gehalten. Welcher der beiden Begriffe ist ursprünglicher? Ist Kunst unsere Fähigkeit, Schönes zu machen, und ist
ursprünglich die Natur schön? Oder ist das Schöne eine künstlerische Kategorie und ist es die Kunst, die erst die Natur
»schön macht«, so wie »der Verstand der Natur die Gesetze
vorschreibt«! Ist Mathematik schön, wie Heisenberg meint,
und Natur schön, weil sie mathematisch ist?

Der Dirigent Fritz Münch führte 1943 in Straßburg Bachs
Musikalisches Opfer auf und sagte in einem einleitenden Vortrag: »Diese Musik kann nicht bloß formal, musikantisch verstanden werden. Man muß ihre Inhalte verstehen. Diese Musik

ist religiös. Sie ist nämlich mathematisch.« Für dieses »nämlich« habe ich ihm damals einen Dankbrief geschrieben.

Heidegger spricht vom Kunstwerk in der Spannung von Erde und Welt. Erde ist »jenes, worauf und worin der Mensch sein Wohnen gründet«. Der Mensch geht mit allen Wesen – Baum und Gras, Adler und Stier, Schlange und Grille – aus der bergenden Erde auf. Dieses Aufgehen ist, griechisch gesagt, Physis, was wir lateinisch mit Natur übersetzen. Welt ist das Offene unseres Menschseins, »das immer Ungegenständliche, dem wir unterstehen, solange die Bahnen von Geburt und Tod, Segen und Fluch uns in das Sein entrückt halten«; die Welt der Bäuerin, deren Schuhe van Gogh gemalt hat, die Welt des geschichtlichen Volkes, das den griechischen Tempel errichtet hat. »Das Gegeneinander von Welt und Erde ist ein Streit.« Das Kunstwerk »läßt die Erde eine Erde sein«, es »hält das Offene der Welt offen«. »Das Gegeneinander von Welt und Erde ist ein Streit … Im wesenhaften Streit … heben die Streitenden, das eine je das andere, in die Selbstbehauptung ihres Wesens.« »Schönheit ist eine Weise, wie Wahrheit als Unverborgenheit west.« »Das Wesen der Wahrheit ist in sich selbst der Urstreit …« »Die Wahrheit ist in ihrem Wesen Un-Wahrheit.«

Heisenberg und Heidegger, deren Dialog nie stattgefunden hat, treffen und entzweien sich in der Auslegung des platonischen Satzes, den Heisenberg lateinisch zitiert: »Pulchritudo splendor veritatis.« Man kann nicht sagen, was Schönheit ist, wenn man nicht sagen kann, was Wahrheit ist. Und was Glanz, Lichtung, ist. Wie aber kann man wahr sagen, was Wahrheit ist?

Heisenberg folgt dem Paradigma der Theorie, das seinem historischen Ursprung nach ein mathematisches ist. Diese Rückfrage nach dem Wesen der Wahrheit erfordert die Frage nach dem Wesen der Mathematik. Als philosophische Frage erfordert sie damit zugleich die Frage, was wir mit »Wesen« meinen, also nach dem »Wesen des Wesens«. Die Frage ist immanent-mathematisch nicht beantwortbar. Die Schönheit der Mathematik ist kein Forschungsgegenstand der Mathematik; ich würde sagen, sie ist es nicht, *weil* auch die Wahrheit der Mathematik kein Forschungsgegenstand der Mathematik ist. Heisenberg versucht, Platon in den Bereich zu folgen, in dem der Ursprung auch der Wahrheit der Mathematik liegt. Aber für

Heisenberg ist dies ein Bereich der »Ahnung«, des »Unbewußten«. Platons Dialektik bleibt ihm fremd, und wer will leugnen,
daß Platon ihren höchsten Punkt, um den allein es hier geht,
auch uns nur in Gleichnissen angedeutet hat?

Spricht Platon in Gleichnissen, so spricht Heidegger in Rät-
selsprüchen. Ich hebe hier nur eine Frage heraus, die sich an die
Problematik der neuzeitlichen Philosophie anschließt, in der
die obigen Fragen nach der objektiven Stilisierung gestellt
waren. Die Popularphilosophie, zumal diejenige der Wissenschaft, sieht das Schöne eher als Gegensatz zum Wahren an.
Zwei mal zwei ist objektiv vier, eine Rose ist nur für mich
schön: Schönheit ist subjektiv. Ich war Zeuge eines Gesprächs
junger Intellektueller, in dem einer, Geisteswissenschaftler und
Verlagslektor, sagte: »Man merkt nach zwanzig Seiten, ob ein
Roman gut ist.« Ein anderer, Physiker, erwiderte: »Sie wollen
sagen, ob er Ihnen gefällt.« »Nein, ob er gut ist; das ist etwas
ganz anderes.« Natürlich nahm ich die Partei des Lektors. Aber
wie zeigt man, daß er recht hat? Konrad Lorenz sagt, unser Sinn
für das Schöne sei der Sinn für das Zuträgliche dort, wo der Verstand nicht hinreicht, die Zuträglichkeit festzustellen. Das ist,
wie der ganze Darwinismus, die Projektion des Wahren auf das
objektiv Zweckrationale – ohne Rationalität, die den Zweck zu
denken braucht. Ich akzeptiere dies in seiner Ebene. Was Heidegger sagt, sucht dieselbe Struktur oberhalb der Stufe der
Zweckrationalität und auch oberhalb der Stufe von Theorie,
Praxis und Ästhetik zu bezeichnen. Statt des Zuträglichen steht
bei ihm das Bergende und das Offene, und beider Streit.

Heideggers Worte suchen gleichzeitig die falsche Subjektivität und die falsche Objektivität der üblichen Begriffsbildungen
zu vermeiden. Lorenz vermeidet die falsche Subjektivität durch
die Objektivität der Naturwissenschaft. Schön ist nicht, was
mir zufällig gefällt, sondern was mir eine mich ermöglichende
Wirklichkeit – eben das mir oder meiner Spezies Zuträgliche –
anzeigt. Auch für ihn ist Schönheit eine Weise der Unverborgenheit. Aber für Heidegger ist die naturwissenschaftliche Stilisierung des Lebensprozesses selbst eine »Subjektivität«, eine
Weise der entbergenden Verbergung des Seins. Wie aber darüber hinaussehen? Seine Ausdrücke der Erde und der Welt, erläutert als das Bergende und das Offene, bezeichnen das, was

den Menschen ermöglicht, in der Weise, wie der Mensch eben dies erfährt. Diese Untrennbarkeit dessen, was sonst das Objektive und das Subjektive heißt, ist in seinem anfänglichen phänomenologischen Ansatz schon erfaßt: Phänomen ist etwas für einen Empfänglichen.

Ich bin aber außerstande, hier und jetzt Heideggers Weg weiter zu verfolgen. Heisenberg, dessen philosophisches Ungenügen ich stets empfunden habe, spricht mir gleichwohl aus dem Herzen und fordert mich auf, seinen Weg fortzusetzen. Heidegger belehrt, wo ich ihm zu folgen vermag, meine Blindheit. Vermutlich werde ich an dieser Stelle nicht weiter von Heidegger lernen können, ehe ich den Dialog von Heisenberg und Heidegger in mir vollzogen habe. Das heißt: die Arbeit an der Physik beenden. Zur Zeit scheint mir deutlich, daß ich Heideggers Ansätze, wo ich sie nicht bloß zitieren, sondern auslegen kann, stets auch auf mein Denken, in dem die Physik einen zentralen Ort hat, projizieren kann. Ich nehme also das bisher Gesagte als Hinweis auf Fragen und folge dem Entwurf des »Baugerüsts«.

Wie also kann Spontaneität durch Stilisierung ermöglicht sein? Stilisierung ist doch konventionell, sie könnte so oder auch anders sein. Spontan aber handle oder empfinde ich, wenn ich nicht aus Konvention handle oder empfinde. So gesehen, ist Spontaneität Wahrheit, nämlich selbstverständliche Wahrhaftigkeit, und Stilisierung wahrheitsneutral, wenn nicht unwahr.

Dieser Gegensatz ist ein notwendig wiederkehrendes Produkt der Kulturgeschichte. Stilisierung ist Ermöglichung einer Ebene in der Kultur, Spontaneität ist, als Gegensatz zu einer bestimmten Stilisierung, ein Indiz für deren Krise. Spontaneität ist sich, wo sie sich als Spontaneität fühlt, meist ihrer eigenen Stilisierung nicht bewußt. Aber sich als spontan zu fühlen, ist schon ein Akt der Reflexion, und Stilisierung wird in einer Kultur, die die Spontaneität prämiiert, eben darum fast nur als die Stilisierung der andern wahrgenommen.

Was soll das Begriffspaar von Stilisierung und Spontaneität eigentlich bedeuten? Stilisierung, die ich als solche kenne, subjektive Stilisierung, ist ein Handeln, das etwas bedeutet. Es ist ein Handeln, das zur Erreichung des Zweckes – zweckrational

beurteilt – auch anders sein könnte. Insoweit es nicht der
Zweck ist, der seine Gestalt bestimmt, muß die Gestalt entweder zufällig, also gerade unstilisiert, oder aber anders bestimmt
sein. Das Übliche ist eben die Bestimmung durch einen außerhalb des Zwecks liegenden Bezug, und das, wenn es gewußt
wird, *nennt* man: etwas bedeuten. Faßt man den Begriff der Stilisierung so allgemein, so fällt z. B. alles Sprechen unter ihn.
Spricht jemand spontan, so spricht er kraft der Stilisierung, die
die Sprache *ist.* In der Sprache, wo sie nichts unmittelbar zu
bewirken sucht, sehen wir, wie der direkte Zweck ganz verschwinden und die Bedeutung als einzige Funktion übrigbleiben kann. Die Askese gegenüber dem Zweck ist z. B. die Basis
des Urteils; sie wird möglich, weil nunmehr das Bedeuten sich
selbst trägt.

Von dieser Basis des elementaren Bedeutens führt ein Weg
der Betrachtung zur »objektiven Stilisierung« tierischen Verhaltens, ja allen Naturgeschehens, ein anderer zu den Pointierungen der kulturellen Produktivität.

Den Weg zur »objektiven Stilisierung« gehen wir durch
schrittweisen Abbau der Zeichenfunktion. In der Einheit von
Wahrnehmen und Bewegen werden die Momente, durch die sie
fließt, nicht reflektierend unterschieden. Wer spontan spricht,
denkt nicht an den konventionellen Charakter der Sprache. Wer
gut reiten gelernt hat, koordiniert Wahrnehmungen und Bewegungen »von selbst«. Eben diese Einheit wird als spontan erlebt. Spontaneität eines traditionsfähigen Wesens ist fast stets
überwiegend »zweite Natur«.

Ist diese Stilisierung bei traditionsfähigen Wesen erlernt, so
ist die Zeichengebung beim sozialen Tier vielfach angeboren.
Eben in diesen angeborenen, auf den Artgenossen (oder Sym-
biosepartner) bezogenen Zeichen luxuriert die Natur. Sie sind
unsere schlagendsten Beispiele für Schönheit der organischen
Natur: Federkleider, Balz- und Kampfriten, Blüten der Insek-
tenpflanzen.

Hier eine »erkenntnistheoretische« Einschaltung. Wir erkennen, wenn wir diese Zeichensysteme als schön erleben, ihre Ge-
staltverwandtschaft zu unseren Zeichensystemen, die wir oft
genug »künstlerisch« produzieren. Der Schönheitssinn ist Gestaltwahrnehmung; die verschiedene Kausalität in beiden Fäl-

len interessiert ihn nicht. Die Unfähigkeit der kausalen Naturwissenschaft, die Objektivität des als schön Wahrgenommenen, sagen wir ruhig, die Objektivität der Schönheit zu erkennen, beruht, systemtheoretisch gesagt, auf der sekundären Rolle der Kausalität, die zu einer evolutiv begünstigten Gestalt *führt*, verglichen mit den Systemgründen der Erhaltung der Gestalt in der Evolution. (Vgl. dazu eine Bemerkung in meinem Vortrag *Ageing as a Process of Evolution*.)

Alles tierische Verhalten, alle organische Funktion, auch wo sie nicht der Zeichengebung dienen, sind »stilisiert« als unwahrscheinliche Abläufe. »Von selbst« passiert dergleichen nicht. Wir nehmen ihre Gestalt wahr, weil sie sich heraushebt. *Und offenbar ist alle Gestaltwahrnehmung als solche beglükkend.* Der Evolutionist sieht darin die Prämie der Bekömmlichkeit: Orientiertsein ist lebensfördernd, Gestaltwahrnehmung orientiert. So auch die Wahrnehmung der ruhigen und großartigen Gestalten der anorganischen Natur, der »Erde«, aus der alles Leben geborgen aufgeht. So schließlich, für den denkerisch erzogenen Forscher, die mathematischen Grundgestalten.

Der umgekehrte Weg, zu den »kulturellen Pointierungen«, verfolgt die Gestalten, die wir selbst machen. In ihnen allen ist Wahrheit: ein Sehenlassen eines anderen, eines Wesens, eben das Bedeuten. Wie alle Hochstilisierungen spezialisieren sie sich. Eine Spezialisierung ist die Theorie: Sehenlassen dessen, was ist, durch das Urteil. Eine Spezialisierung ist die Praxis: Sehenlassen dessen, was getan werden kann oder soll. Welche Spezialisierung ist die Kunst? Vielleicht darf man sagen: Sie ist die Stilisierung der Gestalt *auf* Gestalt.

4. Kunst – Mythos – Wissenschaft*

In vier Schritten möchte ich Ihnen einige Gedanken über Kunst, Mythos und Wissenschaft entwickeln. Zunächst will ich ein wenig reden über den Mythos in seiner kulturgeschichtlichen Rolle. Das werden ein paar lockere Bemerkungen sein, die

---

* Vortrag, in der Universität München gehalten im Sommer 1987. Gedruckt in: Borchmeyer, *Wege des Mythos*, München 1987.

mich im zweiten Schritt zu der Frage führen, ob sich systematisch fassen und definieren läßt, was denn eigentlich Mythos
sei. Dieser Frage will ich in zwei Teilen nachgehen, die das entwickeln, was ich in früheren Veröffentlichungen das »Baugerüst« genannt habe. Der dritte Schritt wird der Versuch einer
Definition der Kunst sein, die so beschaffen ist, daß man sie mit
der Erklärung dessen, was Mythos und was Wissenschaft ist, in
einen Zusammenhang bringen, in einem gemeinsamen Bild vereinigen kann. Und dann möchte ich im vierten und letzten
Schritt etwas darüber sagen, wie meiner Vermutung nach das
Verhältnis dieser drei großen geistigen Wirklichkeiten weitergehen wird, wobei ich mich insbesondere stützen möchte auf die
innere Logik der Weiterentwicklung der Wissenschaft.

1.

Aus dem Nachlaß meines verstorbenen Freundes Georg Picht
ist 1986 bei Klett-Cotta in Stuttgart ein Buch mit dem Titel
Kunst und Mythos erschienen. Das sind Vorlesungen, die er Anfang der siebziger Jahre in zwei sukzessiven Semestern gehalten
hat und die er selbst zum Buch hat ausarbeiten wollen. Zu dieser Ausarbeitung kam es leider nicht mehr. Jetzt, ein paar Jahre
nach seinem Tod, haben wir begonnen, seine Vorlesungen herauszubringen, die eigentlich erst darstellen, was seine Philosophie, seine philosophische Arbeit gewesen ist. Ich werde heute
Auszüge aus diesen Vorlesungen zitieren und auf einige Formulierungen aus meinem Nachwort zu der Veröffentlichung zurückgreifen. Picht war Altphilologe, seinem Wesen nach aber
Philosoph. Und das Problem, was Kunst und Mythos im
menschlichen Leben eigentlich bedeuten, ist mir in meinem eigenen Leben wohl am frühesten durch Picht nahegebracht worden. (Der Zufall hat gewollt, daß wir uns kennenlernten, als ich
zwölf Jahre alt war und er elf.)

  Pichts Vorlesung *Kunst und Mythos* beginnt mit vier Tönen,
die sich dissonant zueinander verhalten, nämlich mit der Bestimmung von vier Bereichen, die jeweils miteinander unvereinbar sind. Diese vier Bereiche sind, in seinen Worten gesagt: die
Wahrheit der christlichen Offenbarung, die Wahrheit des Denkens der Wissenschaft, die Totalität der modernen Gesellschaft

und die Phänomenalität der Kunst. Diese vier Bereiche enthalten vielfache Unvereinbarkeiten. Man kann die Vorlesung von Picht auffassen wie ein musikalisches Werk, das mit dissonanten Akkorden beginnt und aus dem harmonischen Material dieser Dissonanzen seinen gesamten Inhalt entwickelt. Eine der Dissonanzen, nämlich die zwischen Kunst und Wahrheit des Denkens, ist von Nietzsche so ausgesprochen worden: »Über das Verhältnis der Kunst zur Wahrheit bin ich am frühesten ernst geworden, und noch jetzt stehe ich mit einem heiligen Entsetzen vor diesem Zwiespalt.« Die Kunst ist – so sagt Nietzsche – die Weise, uns die Wahrheit, die wir nicht ertragen können, erträglich zu machen durch Schein. Nietzsche hat an dieser Stelle ohne jeden Zweifel Wagner im Auge, die Wagnersche Kunst. Er gebraucht hier das Wort »Wahrheit« in dem Sinne, in dem es die Aufklärung, das wissenschaftliche Denken verwendet. Und er spricht die Unentbehrlichkeit der Kunst aus, sonst stünde er nicht mit einem heiligen Entsetzen vor diesem Zwiespalt.

In verwandtem Sinne hat schon Platon die Dichter kritisiert, etwa in seinem ›Staat‹. »Kunst ist Schein«: das ist ihre Unvereinbarkeit mit der Wahrheit des Denkens. Der Satz »Alle Kunst ist Schein« bedarf jedoch – wie Picht ausführt – der Ergänzung durch den Satz »Kunst kann nicht lügen«. Ihre Unfähigkeit zu lügen macht sie zum Kronzeugen gegen die Industriegesellschaft. Wie mit der Offenbarung und der Wissenschaft ist die Kunst mit der Totalität der Gesellschaft unvereinbar. »Nicht durch ihre Inhalte, sondern durch ihre reine Form wird Kunst unmittelbar zur Gesellschaftskritik«, bemerkt Picht.

Welche Beziehung besteht aber zwischen Kunst und Mythos? Beide sind Picht zufolge dadurch charakterisiert, daß sie *Darstellung* sind. Was Darstellung heißen soll, werde ich nachher mehr in meiner eigenen Sprache erläutern. Der Mythos freilich ist für uns versunken, er taucht nur wieder auf – das Wagnersche Gesamtkunstwerk ist dafür ein großes Beispiel – in der Gestalt der Kunst. Dort, wo er sonst auftaucht, sind wir ihm gegenüber im Grunde hilflos. An Hand der Kunst, meint Picht, könne man »buchstabieren«, was jene Darstellung eigentlich bedeute, die wir im Mythos finden. So weit meine einleitenden Bemerkungen.

In der Vorstellung, die von der Aufklärung und der modernen Wissenschaft verbreitet wurde, steht der Mythos dem gegenüber, was man mit einem anderen griechischen Wort »Logos« nennt. »Mythos« ist das Erzählen von erfundenen Geschichten, und »Logos« ist die nachprüfbare Aussage. Mythos und Logos bedeuten im Griechischen ja zunächst fast dasselbe. Beide bedeuten sie »Wort« oder »Rede«. Es war eine terminologische Festlegung der griechischen Philosophie, daß sie das, was ihr eigenes Werk war, Logos nannte und absetzte von der vorangegangenen Sprache des Mythos. Man kann aber zeigen – gerade für Picht war das ein wesentlicher Teil seiner Lebensarbeit als klassischer Philologe –, daß in der griechischen Philosophie die Inhalte des Mythos in veränderter Gestalt wieder auftauchen.

Platon, der dieses Problem wohl sorgfältiger reflektiert hat als irgendeiner seiner und unserer Zeitgenossen – natürlich mich eingeschlossen –, hat seinerseits zwei Kunstmittel benützt, um die Philosophie darzustellen. Seine Philosophie ist ohne diese Kunstmittel überhaupt nicht zu verstehen. Das eine Kunstmittel ist der *Dialog*, das Gespräch, und das andere Kunstmittel ist – an den Stellen, an denen das dialogische Verfahren nicht mehr hinreicht, um etwas gleichwohl Gesehenes zu sagen – der *Mythos*. An diesen Stellen sagt er selbst, jetzt werde er einen Mythos erzählen. Seine Mythen sind dann im allgemeinen die bildliche Schilderung dessen, was hinter dem Logos als dessen Ermöglichung liegt.

Der Konflikt zwischen Mythos und Logos durchzieht die ganze Neuzeit. Ich möchte diesen Konflikt durch ein Zitat von Sigmund Freud erläutern, das ich öfter schon benützt habe. (Man kann ja gegenüber sich selbst nicht immer ganz originell sein.) Freud spricht von den drei Kränkungen, welche die neuzeitliche Wissenschaft der menschlichen Selbstachtung zugefügt habe, indem sie drei Mythen entlarvt habe. Der erste ist der Mythos der Meinung, der Mensch sei der Mittelpunkt der Welt, weil nämlich die Erde, auf der er lebt, der Mittelpunkt der Welt sei. Das ist der durch Kopernikus überwundene Mythos. Das zweite ist der Mythos, der Mensch sei die Krone der Schöpfung – überwunden durch Darwin. Das dritte ist der Mythos, das bewußte Ich sei Herr im Hause. In Wahrheit – so lehrt nun Freud, der Überwinder dieses dritten Mythos – ist das Ich in einer ihm selbst unbekannten Weise abhängig von der unbewußten Seele.

Wenn Sie das aufklärerische Pathos dieser Feststellungen von Freud genau betrachten, so werden Sie feststellen, daß die drei Mythen, die er hier entlarvt, alle drei *Mythen der frühen Rationalität* sind, die sich gegen die eigentliche mythische Denkweise richten. Was ich damit meine, möchte ich zunächst an den Ursprungsmythen demonstrieren, den Mythen über den Ursprung der Welt. Da gibt es zum Beispiel den babylonischen Schöpfungsmythos: zu Anfang war ein Urwesen, eine Urschlange, ein Urdrache, dieser wurde von einem Gott totgeschlagen, und aus seinem Leib wurden Himmel und Erde gebaut. Was drückt ein solcher Mythos aus? Er drückt die Urerfahrung aus, daß menschliches Leben und menschliche Kultur *Kampf* sind. Diese Erfahrung findet der Mensch mit Selbstverständlichkeit in der Natur, denn die ganze Vorstellung, die Natur sei harmonisch, ist eine Erfindung des bürgerlichen Zeitalters. Die Natur ist ja durchzogen von Disharmonie, und dieser Kampf, diese Disharmonie ist gespiegelt in jenem Mythos, den man dann mit einer späteren Vokabel einen Schöpfungsmythos nennt. Dabei ist der Anfang unklar, denn woher kam die Urschlange? Hier haben wir das, was ich *eigentlich mythische Denkweise* genannt habe.

Demgegenüber gibt es eine Stufe hoher Rationalität. Das ist die biblische Schöpfungsgeschichte. Da ist ein kluger, wissender Gott, der schafft in sieben Tagen – wenn wir den einen Ruhetag hinzufügen – die Welt, schafft die Tiere und Pflanzen je nach ihrer Art auf einer wohlgegründeten Erde. Das ist, verglichen mit jenen älteren Mythen, beinahe schon moderne Naturwissenschaft. Gegenüber jeglichem Fundamentalismus, der auf einem unversöhnlichen Gegensatz von Christentum und Wissenschaft beharrt, der behauptet, wenn man Christ sei, dürfe man die moderne Entwicklungstheorie nicht glauben, möchte ich mir folgendes Gedankenspiel erlauben: Wenn ich das Glück gehabt hätte, mich mit dem letzten Redaktor der Schöpfungsgeschichte des ersten Kapitels der *Genesis* zu unterhalten, wären wir sofort einig gewesen, daß die sieben Tage selbstverständlich eine Gleichnisrede sind, daß man von diesen Dingen ja nur in Gleichnissen reden kann; und da ist das Bild der sieben Tage so passend, weil es die Ordnung des Ganzen angibt und zugleich die längst etablierte Wocheneinteilung rechtfertigt. Ich würde annehmen, daß jener Redaktor sich tief gewundert hätte, wenn jemand gesagt hätte: wer nicht an die sieben Tage glaubt, ist nicht gläubig.

Dieser Rationalität des biblischen Schöpfungsmythos tritt eine andere gegenüber, die versucht, noch radikaler rational zu sein. Das ist der Weg der griechischen Philosophie. Für Platon und Aristoteles ist die Welt überhaupt nicht geschaffen, sondern sie ist ewig, und nur deshalb ist sie rational durchschaubar. Ihre Ewigkeit besteht in ihrer Teilhabe an der Ewigkeit des Eidos, der »Idee«. Zwar hat Platon im *Timaios* die Erschaffung der Welt durch einen Demiurgen dargestellt, und das Wort »Demiurg« heißt Handwerker. Man sieht aber schon allein an dieser Wortwahl die bei Platon mit den Mythenerzählungen immer verbundene Ironie: Bitte nehmt das nicht wörtlich, was ich hier sage! Aber wenn ich euch die ewige Struktur der Welt erklären will, gehe ich am bequemsten von der Als-ob-Vorstellung aus, wie jemand die Welt gemacht hätte, wenn er dazu den Auftrag gehabt hätte. Hier ist also der Schöpfungs-Mythos ersetzt durch einen (sich nur noch ironisch des Mythos bedienenden) Logos, der einfach sagt: die Welt war immer so, und die ewigen Strukturen kann man feststellen. Diese ewigen Strukturen nennt die heutige Naturwissenschaft »Naturgesetze«.

Der heutige Weltentstehungsmythos ist der Urknall. Wir haben gewiß gute Gründe, anzunehmen, daß die Welt, die wir kennen, vor gut 20 Milliarden Jahren begonnen hat. Auf der anderen Seite wird niemand, der mit einem Blick für mythische Gestalten die moderne Kosmologie prüft, vermeiden können, sich daran zu erinnern, daß zu allen Zeiten die Mythen zugleich die gesellschaftlichen Zustände und die seelische Verfassung ihrer Zeit gespiegelt haben. An den Schöpfungsgeschichten, die ich gerade erzählt habe, kann man das leicht erkennen. Auch der Urknall ist eine Art Mythos – der Entstehungsmythos der Welt im Zeitalter der Atombombe. Ob eine spätere Zeit die Weltentstehung nicht ganz anders beschreiben wird, das muß ich offenlassen. Zusammenfassend darf ich noch einmal feststellen, daß zwischen Mythos und Logos nicht einfach ein Gegensatz besteht, sondern daß einerseits in dem, was später als mythisch kritisiert wurde, Elemente einer hohen Vernunft liegen, und daß sich andererseits in dem, was sich selbst als Vernunft versteht, häufig Beweggründe aufspüren lassen, die durch den eigenen Vernunftglauben ins Unbewußte abgedrängt werden.

Was ich hier von den Entstehungsmythen gesagt habe, läßt sich auch an den Mythen des Endes entdecken. Wagner hat den *Edda*-Mythos der Götterdämmerung wiederbelebt. Die Götter sind nicht ewig, die Götter vergehen, und was wird dann kommen? Oder denken Sie an die apokalyptischen Schriften des Judentums, die, wenn ich sie richtig interpretiere, zunächst Schriften sind, die enthüllen. Apokalypse heißt Enthüllung oder Offenbarung – der rettenden Gnade Gottes, rettend aus dem Elend dieser Welt durch das Versprechen, daß die Welt verwandelt werden wird, verwandelt in eine Welt, in der die Menschen wirklich leben können. Das ist wiederum in einer mythologischen Sprechweise ausgedrückt, die den Irrtum erzeugt hat, es handle sich hier um die Zerstörung dieser Erde und dieses Himmels und um die Schaffung von irgend etwas ganz anderem. Deshalb nennt man heute die Zerstörungsträume »apokalyptisch«. Tatsächlich aber ist die Zerstörung, wenn ich richtig sehe, die strafende Vernichtung einer gottwidrigen, nämlich menschenfeindlichen Machtordnung. Die apokalyptischen Schriften sind im Bildwerk einer kosmologischen Verwandlung Aussagen über eine bevorstehende historische Verwandlung.

Eine ganz andere Zukunftsvision ist die der neuzeitlichen Aufklärung, welche eine Zeitlang die Gerichtsseite der Apokalypse völlig vergessen und diese im Namen des Fortschrittsglaubens in den Bereich des Mythos abgedrängt hat. Der Fortschrittsglaube ist aber in unserer Zeit vielfach in Weltangst umgeschlagen. All dies scheinen mir mythische Erscheinungsformen von Grundempfindungen zu sein, die eine bestimmte Phase der Kultur bestimmen. Nichts von all diesen Vorstellungen darf, wenn man verantwortlich handeln will, in seiner Bildhaftigkeit wörtlich in die Gegenwart oder die nahe Zukunft transponiert werden, auch wenn sich in jenen Vorstellungen etwas von unseren tieferen Beweggründen ausdrückt, das wir anscheinend in anderen Bildern nicht zu sagen vermögen.

2.

Nun will ich zweitens sprechen von dem, was ich das Baugerüst genannt habe. Das Wort »Baugerüst« ist ein Terminus technicus, den ich mir selbst zurechtgelegt habe; ich möchte Begriffe ordnen, wie man ein Baugerüst errichtet, um ein Haus zu bauen; ist es gebaut, kann man das Gerüst wieder abreißen. Das heißt, es geht hier um vorläufige Begriffe. Dieses Baugerüst habe ich in meinem Buch *Wahrnehmung der Neuzeit* in vier Stufen oder Stockwerke eingeteilt.

Die unterste Stufe ist schlicht eine Bestimmung von Begriffen, mit denen wir das Verhalten von Tieren und insbesondere das Verhalten von Menschen beschreiben. Zu ihnen gehören: Wahrnehmung, Urteil, Affekt, Handlung. Wenn ein Autofahrer auf der Autobahn merkt, daß ihm ein Geisterfahrer entgegenkommt, *nimmt* er zunächst nur einen Umriß *wahr*, der ihm entgegenkommt und rasch wächst, aber sofort *urteilt* er (denn die Wahrnehmung ist immer schon urteilend, sie ist immer schon prädikativ): ein Auto auf der falschen Fahrbahn. Er erschrickt; die Wahrnehmung ist unmittelbar *affektiv*, denn es handelt sich ja um sein Leben. Er erschrickt und sofort *handelt* er. Er lenkt heraus, und wenn die Geschichte gut ausgeht, dann kommt er an dem anderen vorbei.

Ich rede hier also von den vier Vorgängen Wahrnehmung, Urteil, Affekt und Handlung in ihrer unlöslichen Zusammengehörigkeit, und in dieser Zusammengehörigkeit kann man sie schon in gewissem Umfang in tierischem Verhalten feststellen. Daß wir sie unterscheiden, ist ein Produkt der menschlichen Kultur erst der letzten wenigen Jahrtausende – also etwas ganz Neues in der Menschheitsgeschichte und mit den genannten Vokabeln vielleicht erst in unserem Jahrhundert oder in den letzten zwei Jahrhunderten aufgekommen.

Das gilt auch für die zweite Stufe des Baugerüsts, die durch den Begriff der Zweckrationalität begründet wird. Ich handle rational genau dann, wenn ich imstande bin, für einen Augenblick nicht unmittelbar auf die Wahrnehmung hin zu reagieren, sondern ein Urteil zu fällen über den wahren Sachverhalt. Und wenn ich den Sachverhalt kenne, dann entscheide ich mich, wie ich handeln will. Das bedeutet, an die Stelle von Reaktion tritt

Aktion. Das Wort Zweckrationalität habe ich von Max Weber übernommen. Es bezeichnet das auf einen vorgegebenen Zweck bezogene Handeln. Wo die Zwecke herkommen, wird in der Analyse der Zweckrationalität normalerweise gar nicht dargestellt. Woher es eigentlich kommt, daß ich eher dieses will als jenes, daß ich mich etwa retten will im Fall eines drohenden Unfalls, diese Frage wird nicht mehr rational entschieden, sie ist ohne rationale Begründung bereits vorentschieden.

Das nächste, dritte Stockwerk meines Baugerüsts sind die drei »kulturellen Pointierungen«: Theorie, Praxis, Kunst. Sie sind die »Eiffeltürme« der abendländischen, besonders neuzeitlichen Kultur. In anderen Kulturen gibt es ganz andere Pointierungen. Die *Theorie* ist meines Erachtens das Kunstwerk der Griechen, das Kunstwerk, das die griechische Philosophie und Wissenschaft geschaffen haben, die voneinander historisch gar nicht zu trennen sind. Die griechische Philosophie ist meiner Überzeugung nach undenkbar ohne das Paradigma der gleichzeitig entstehenden deduktiven Mathematik. Also: es gibt Theorie, und die Restkategorie – was nicht Theorie ist – nennt man *Praxis*.

Aristoteles hat Praxis noch einmal unterschieden von »Poiesis«. Praxis heißt Handeln, Poiesis bedeutet Machen. Handeln ist bei Aristoteles dasjenige Tun, das seinen Sinn in sich selbst trägt. Dazu gehört der gesamte Bereich des Ethischen, auch der Gesamtbereich des Politischen. Auf der anderen Seite gibt es Poiesis, das heißt das Machen von etwas zu einem Zweck. Und darunter fallen bei Aristoteles interessanterweise sowohl das, was wir Handwerk und Technik nennen, wie das, was wir Kunst nennen. Der Poet ist einer, der etwas »poiei«, etwas macht, wie zum Beispiel ein Gedicht.

Theorie, Praxis und Kunst, bei den Griechen noch eine eng verbundene Trias, sind in der Neuzeit jeweils spezialisiert worden – deshalb nenne ich sie Eiffeltürme: spitz zulaufend auf einer breiten Basis; ihr wechselseitiges Verhältnis wird in dem Maße, in dem sie herausgearbeitet werden, unverständlich: die Eiffeltürme berühren sich in der Spitze nicht, auch wenn sie auf gleichem Boden stehen. Die Theorie ist die Ausarbeitung der Fähigkeit zum Urteil; die Praxis, eingeschlossen die Ethik (insbesondere auch die politische Ethik), ist der Bereich der Regulierung des Handelns; und die Kunst deckt dasjenige ab, was unter Affekt und Wahrnehmung übrigbleibt und was eigentlich unverstanden zurückbleibt auf Grund der primären Orientierung an Zweckrationalität, die für unsere moderne Kultur immer charakteristischer wird. Ich sage noch einmal: die Zweckrationalität ist diejenige, die ihre eigenen Zwecke überhaupt nicht analysiert, sondern voraussetzt und dann nur fragt, wie man sie erreichen kann.

Nun gibt es selbstverständlich darüber ein weiteres, viertes Stockwerk, in dem man versucht, den Zusammenhang des Getrennten zu verstehen. Dieses Stockwerk nun kann für die frühen Zeiten mit dem Namen der Religion bezeichnet werden. Religion ist im realen Leben der Völker der Träger der ganzen Kultur. Ihr verschwistert ist der Mythos. Der Mythos zeigt den Zusammenhang der Dinge, indem er eine Geschichte erzählt. Und die Frage ist: warum kann er ihn nur eben dadurch zeigen, daß er eine Geschichte erzählt? Zum vierten Stockwerk gehört ferner die Philosophie. Die Philosophie ist so, wie wir sie kennen, eine Erfindung der Griechen. Es ist der Versuch einer Theorie, die nicht nur einzelne Urteile fällt, bestätigt oder falsifiziert, sondern die das Ganze zu denken und zu sagen vermag. Soweit das Baugerüst.

3.

Ich mache nun den dritten Schritt, indem ich eine Definition der Kunst versuche. Picht legt dar, daß der ganze Begriff der Kunst eigentlich erst um 1800 entstanden sei. Vorher gab es natürlich all das, was wir unter Kunst subsumieren. Es gab Gesang und Tanz, es gab Malerei und es gab Dichtung. All diese Darstellungsformen aber gemeinsam Kunst zu nennen, ist eine neue Idee des späten 18. Jahrhunderts.

Kunst, so möchte ich definieren, ist die beseligende Wahrnehmung von Gestalt durch die Schaffung von Gestalt. Aber gibt es nicht auch Kunst, die gar nicht beseligend, sondern schrecklich ist? Erweitern wir also die Definition: Kunst ist die seismographische Wahrnehmung von Gestalt durch Schaffung von Gestalt. Gestalt aber – wie Sie wissen, ein sehr Goethesches Wort – kommt dem nahe, was bei Platon Idee heißt. Die Idee ist nicht das Denken, sondern das Gedachte, das, was man denkend zu erkennen vermag. Und denken – »Noesis« bei Platon – ist eine Wahrnehmung. Das Wort Noesis bedeutet ursprünglich Wahrnehmung, aber immer verstehende Wahrnehmung.

Kunst also ist Wahrnehmung von Gestalt – aber durch Schaffung von Gestalt. Nur das, was der Künstler machen kann, macht er auch wahrnehmbar. Und wenn es ihm nicht glückt, ihm Gestalt zu geben, so ist das Wahrgenommene verloren; es ist nicht vermittelt. Es ist in gewisser Weise nicht wahrgenommen. In dieser doppelten Beschreibung der Kunst greife ich auf eine alte Kontroverse zurück, auf den Streit zwischen der Lehre, daß die Kunst eben einfach Wahrheit wahrnimmt, und der anderen Lehre, daß die Kunst ein Gemächte ist. Die Rede von der Kunst als Schein hat hiermit zu tun und andererseits auch die These von Picht, die Kunst könne nicht lügen.

Ich behaupte also, Kunst sei ein Vorgang, durch den es uns gelingt, etwas wahrzunehmen; Picht nennt es die Phänomenalität von Phänomenen – man könnte es in gängigere Sprache übersetzen: das Wesen dessen, was sich uns zeigt. (Wesen ist aber ein belastetes Wort, das Picht gerne vermeidet.) Kunst ist also eine Weise wahrzunehmen, indem man das symbolisch darstellend macht, was man wahrnimmt. Ich hatte einen Onkel, der bildender Künstler war. Er lebte so sehr in der Malerei, daß er beispielsweise, wenn er eine Landschaft sah, sagen konnte: Diese Landschaft ist ein Geschenk von Corot. Damit meinte er: ehe Corot seine spezifische Landschaft gemalt hatte, war niemandem das Typische einer bestimmten (eben erst durch Corot zum Begriff gewordenen) Landschaft aufgefallen, das sich immer wiederholen konnte und durch das jene Landschaft sich von anderen Landschaften unterschied. Eigentlich sieht man die Schönheit der Landschaft erst, wenn man sie weiß. Als lächerliches Pendant dazu möchte ich Ihnen eine Jugenderinnerung erzählen. Ich stand einmal als Schüler der höheren Klasse meiner Schule in der Turnhalle bei der Morgenandacht, die es damals gab. Neben mir stand ein gleichaltriger Mitschüler, und vor mir saßen auf Bänken die kleineren Schüler. Wir standen da und langweilten uns. Plötzlich sagte mein Nachbar zu mir: »Guck mal, die Menge Ohren!« Und auf einmal sah ich Ohren über Ohren. Das als Banalbeispiel für das Wahrnehmen durch Schaffen!

Was bedeutet es aber, wenn Picht sagt, Kunst als solche könne nicht lügen? Picht gibt eine Antwort auf diese Frage durch den Vergleich der Konstruktionsbedingungen des Kunstwerks mit den Konstruktionsbedingungen der reinen Mathematik. »... denn die Mathematik konstruiert ebenfalls im Darstellungsraum der Einbildungskraft ... Jede Darstellung muß so konstruiert sein, daß sie in allen ihren Teilen eine Einheit bildet. Zugleich aber soll das Kunstwerk unerschöpflich sein, es soll also selbst in beschränktester Gestalt einen Reichtum enthalten, der sich nicht ausmessen läßt. Nur wo diese beiden Forderungen erfüllt sind, ist die Konstruktion des Kunstwerks geglückt.« Der Grad der Komplexität dieser Bedingungen »ist ... so hoch, daß er sich nur mit der Struktur differenzierter Organismen in der Natur vergleichen läßt«.

Picht vergleicht hier also die Kunst mit der Mathematik, und wenn ich jetzt zu meiner eigenen Definition der Kunst zurückkehre, so wird dieser Vergleich wohl unmittelbar einleuchten. Jene Definition gilt in gewisser Weise nämlich auch für die Wissenschaft, auch für den Mythos. Dieser ist ja ebenfalls die Wahrnehmung von Gestalt durch die Schaffung von Gestalt, zum Beispiel durch das Erzählen einer Geschichte oder das Errichten eines Götterbildes. Meine Beispiele, die ich eingangs gebracht habe, können Sie unter diesem Gesichtspunkt noch einmal durchdenken. Um aber zur Mathematik zurückzukehren, ich möchte auch sie eine Kunst nennen, und zwar die Kunst gemäß der Tanzschule der Logik. Mathematik ist nämlich diejenige Kunst, die nicht etwas behauptet, weil sie es affektiv wahrgenommen hat, sondern weil sie imstande ist, logisch, d. h. widerspruchsfrei, nachzuweisen, daß man wirklich so konstruieren kann. Wer überhaupt mathematisch begabt ist, kann einem solchen Nachweis nicht widersprechen. Die Unwidersprechlichkeit der Mathematik ist das fundamentale Erlebnis.

Ich hatte einen guten Bekannten, der sagte einmal: »Ach, Herr von Weizsäcker, wäre es nicht sehr hübsch, wenn zwei mal zwei eine Weile – ich will ja nicht sagen, fünf, aber drei wäre?« Das war ein Künstler, der nach Maßgabe der künstlerischen Wahrnehmung sprach. Wer freilich wirklich wissen will, was zwei mal zwei ist, wird unweigerlich zu dem Schluß kommen: vier – oder er irrt sich eben und wird die Folgen zu tragen haben. Mathematik ist also diejenige Kunst, welche Gestalten schafft, die den Charakter der logischen Nachweisbarkeit haben. (Was aber nicht heißt, daß sie durch logische Nachweisbarkeit allein definiert sind.) Ein Mensch freilich, der nur das Beweisbare glaubt, ist ein völlig unerträglicher Zeitgenosse, denn menschlicher Kontakt, menschliche Kommunikation setzt eine Vorgabe des Zutrauens, des Vertrauens voraus. Es könnte zwar sein, daß ich zum Schluß alles beweisen kann, was ich da in der Vorgabe geglaubt habe. Wer aber immer nur von der Beweisbarkeit ausgeht, macht sich bestimmte Erfahrungen beinahe unmöglich. Um diese affektive Problematik geht es meines Erachtens auch in dem Konflikt zwischen Mythos und Wissenschaft. Wenn ich das Beispiel der Umweltprobleme nehme, sieht man ja, daß das Vorgehen nach der Regel »Alles, was ich beweisen kann, will ich glauben, was ich aber nicht beweisen kann, das stelle ich zurück« oder »Alles, was ich gemäß einer beweisenden Wissenschaft tun kann, will ich auch tun« – daß dieses Vorgehen mörderisch ist.

Die Meinung, es sei technisch gehandelt, alles das zu machen, was man technisch tun kann, ist in Wahrheit untechnisch. Denn die wahre Technik ist im Rahmen der Zweckrationalität zu sehen, sie ist die Bereitstellung von Mitteln für Zwecke. Und wenn kein vernünftiger Grund für die Mittel da ist, dann ist es irrational, die Mittel dafür zu schaffen. Es ist ungefähr so, wie wenn man kleinen Kindern ein Spielzeug in die Hand gibt, dem sie noch nicht gewachsen sind: sie werden alles mit dem Spielzeug anfangen, was man damit anfangen kann – bis es schließlich kaputt ist. Es ist also ein kindisches Verhalten, alles zu machen, was man machen kann. Bei Kindern kann man das verzeihen, sie befinden sich ja in einer Phase des Lebens, in der sie alles ausprobieren sollen. Sie dürfen auch einmal ein Spielzeug kaputtmachen. Der Erwachsene, der das nicht erträgt, versteht nicht, was der Sinn des kindlichen Spielens ist. Aber die Meinung, der Erwachsene solle so handeln wie das Kind mit seinem Spielzeug, ist im schlechten Sinne kindisch. Hier entstehen durch die Grundhaltung, die mit der Spielregel, der Tanzschule der Wissenschaft verbunden ist, Probleme, die aus dieser wissenschaftlichen Haltung heraus nicht gelöst werden können.

Der Wissenschaftler, der sich nicht verantwortlich fühlt für die Folgen seines Handelns, mag ein guter Wissenschaftler sein, aber er ist schlicht unmoralisch – auch dann, wenn er beweisen kann, daß er die Folgen nicht vorhergesehen hat, denn das ist auch sonst im menschlichen Umgang so. Ich bin nicht dadurch entschuldigt, daß ich einem anderen Menschen etwas antue, weil ich nicht gewußt habe, was dabei herauskommen wird, sondern ich muß dann erst recht das durch mich geschehene Unheil wieder aufzufangen suchen.

4.

Wie geht es aber theoretisch weiter? Ich behaupte, die Entwicklung der Wissenschaft, insbesondere derjenigen Wissenschaft, die meine Heimat ist, nämlich der Physik, geht dahin, daß wir die Spannung zwischen dem Beweisbaren und dem Nichtbeweisbaren in einer gewissen Weise sichtbar machen, erkennbar machen. Die Quantentheorie, die heute modernste Form der Wissenschaft, der Physik jedenfalls, die Fundamentaltheorie der heutigen Physik, benützt einerseits den Begriff, den ich terminologisch die trennbare und entscheidbare Alternative nenne. Die quantentheoretische Observable, das ist eine Größe, deren Werte gemessen werden können, über die isoliert entschieden werden kann – unabhängig davon, ob man alles andere auch entscheidet. Auf der anderen Seite aber hat die Entwicklung der Quantentheorie gezeigt, daß es streng isolierbare Alternativen gar nicht gibt.

Nur eine Bemerkung für die anwesenden Physiker: Wenn ich den Zustandsraum, den Hilbertraum, von zwei Objekten habe, die ich als getrennt betrachte, und ich will den Zustandsraum desjenigen Objekts beschreiben, das aus den beiden besteht, dann zeigt sich, daß die Zustände dieses Gesamtraums im allgemeinen nicht Produktzustände aus Zuständen der beiden Teilräume sind. Der Gesamthilbertraum ist, wie man es nennt, das Tensorprodukt und nicht das Cartesische Produkt der beiden Teilräume. Und das bedeutet zum Beispiel, daß das Wasserstoffatom überhaupt nicht aus Kern und Elektron im klassischen Sinne besteht, sondern daß es ein neues Ganzes ist, das man nur in die beiden zerlegen kann, indem man es zerstört. Die Quantentheorie als solche gibt eine Naturbeschreibung, welche die

Trennung der entscheidbaren Alternativen voneinander immer wieder in der nächsten Näherung als bloße Annäherung entlarvt und zeigt, daß es Zusammenhänge gibt, die an den getrennten Objekten oder den getrennten Alternativen überhaupt nicht wahrnehmbar waren.

Diese Zusammenhänge sind nun in der Quantentheorie, da sie normale Physik ist, doch immer rein mathematisch beschrieben. Wir treten hier nicht über in den Bereich des Mythos oder in den Bereich der affektiven Wahrnehmung, wie ich es genannt habe, wir treten nicht über in den Bereich der beseligenden oder seismographischen Kunst, obwohl Mathematik ja eine beseligende Tätigkeit ist für den, der sie wirklich ausübt und liebt. Das heißt, man hat hier noch immer innerhalb der Naturwissenschaft gearbeitet, aber diese Arbeit zeigt, daß die Vorstellung, die Natur sei eine Anhäufung von Objekten, die man je für sich betrachten kann, physikalisch immer falsch ist. Darauf ist heute öfter hingewiesen worden in allerhand Zusammenhängen; man spricht vom Holismus, von der Ganzheitslehre, die mit der Quantentheorie verbunden ist, und ich glaube, die Leute, die diese Frage verfolgen, sind, wie ich es gerne nenne, eine Meute auf der richtigen Spur, auch wenn das manchmal in Worten und Formen geschieht, die den professionellen Physiker ein bißchen irritieren. Das muß man dann eben ertragen.

Also, ich behaupte, die moderne Wissenschaft zeigt selbst Ansätze zu einem Weg der Selbstüberwindung ihrer eigenen Vorurteile, und dies ist mir nun wiederum, muß ich gestehen, sehr erfreulich; das ist eigentlich ein Schritt weiter in der modernen Wissenschaft. Diese Entwicklung lehrt gerade, daß die Wissenschaft nicht ein Irrweg war, den man nie hätte beschreiben sollen, sondern daß die Wissenschaft ein Weg war, der wie alle wesentlichen Wege im Leben durch Gefahren führt. Durch Gefahren führt, die zu überwinden gerade der Schritt vorwärts fördern kann. Jedenfalls gebe ich hiermit meine persönliche Empfindung von diesem Verhältnis wieder.

Ich habe hier nicht propagiert, einen neuen Mythos zu entwerfen. Ich habe versucht, mich in der Diktion an das zu halten, was uns als heutige Rationalität verfügbar ist. Ich habe aber natürlich überall davon Gebrauch gemacht, daß die Umgangssprache, in der ich spreche, in der menschlichen Kommunikation ständig verfügbar ist, ständig funktioniert, ohne daß irgendwo eine scharfe Definition dessen vorhanden wäre, wovon die Umgangssprache redet. Gerade das kann man eben gar nicht haben. Das heißt, in gewisser Weise sind die einfachsten Vokabeln, die wir benützen, wenn wir unsere Umwelt beschreiben, immer schon eine Mythologisierung. Jeder Versuch, den umgangssprachlichen Vokabeln des Alltags auf den Grund zu gehen, zeigt, daß wir gar nicht gewußt haben, wovon wir geredet haben. Gleichwohl können wir sehr wohl davon reden. Das ist sozusagen der *kleine Mythos des Alltags*.

Wie die großen Mythen, die unsere eigene Zukunft beschreiben, aussehen werden, kann derjenige, der darüber theoretisch spricht, wie ich es heute tue, nicht wissen – ich würde sagen: er *darf* es nicht wissen, denn die großen Mythen sind so wie die große Kunst entstanden aus einer Einsicht, die man nicht dadurch gewinnt, daß man sich vornimmt, sie zu haben. Man kann allerdings vielleicht verweigern, sie zu haben, und führt dann eine sehr unglückliche Existenz. Die Verweigerung wiederum ist naheliegend. Alle Propheten, von denen man Berichte hat, haben versucht, sich zu weigern, Propheten zu sein, weil es zu schrecklich ist, Prophet zu sein. Wovon der Prophet redet, das sind Vorgänge, die nicht im Bereich unserer Willensakte liegen, die man nicht hervorbringen kann: das sind aber Vorgänge, die man vielleicht in der Sprache der Mythen andeuten kann, denn hier handelt es sich um große Gleichnisreden, deren Sinn sich normalerweise erst voll zeigt, wenn das, was im Gleichnis angedeutet wird, eingetreten ist ... Und es ist dann immer ganz anders, als die naive Interpretation des Gleichnisses gemeint hat.

5. Kunst als Wahrnehmung

Was lehrt uns die Kunst?

Im »Baugerüst« nenne ich die Kunst die dritte der neuzeitlichen Pointierungen neben Theorie und Praxis, die einzige in der Zivilisation der abendländischen Neuzeit offene Zuflucht derjenigen Wirklichkeiten, die in ihrer Willens- und Verstandeswelt nicht wahrgenommen werden. Hierfür zunächst ein paar Kommentare zu den drei vorangegangenen Texten und zu den Texten des zweiten Teils.

Der Vortrag über das Schöne enthält eine Definition: »Schönheit ist eine Mitwahrnehmung des Lebensnotwendigen, aber indirekt, ohne das Pathos der Notwendigkeit.« Also ist sie Wahrnehmung, es geht in ihr um Wirklichkeit. Und es geht um eine Wirklichkeit, die von der Willens- und Verstandeswelt verdrängt wird. »Eine Menschheit, die die Schönheit des Landschaftsgleichgewichts als ökonomisch belanglos mißachtet und zerstört, eine solche Menschheit ist verrückt. Sie begeht damit fast stets auch einen ökonomischen Fehler, der sich als Fehler erweist, wenn es zu spät ist.« Hier spielte ich in Salzburg in einer 1975 für Österreicher hörbaren Weise an auf den Osttiroler Streit um den »Schutz der Erholungslandschaft« gegen die Verwandlung eines Almentals in das Becken eines Wasserkraftwerks und alle dazugehörigen Industrialisierungen der benachbarten Täler. Ein Gespräch mit Konrad Lorenz hatte mich dazu ermutigt, den ich in den »Assoziationen zum Ort der Kunst« so zitiere: »Konrad Lorenz sagt, unser Sinn für das Schöne sei der Sinn für das Zuträgliche dort, wo der Verstand nicht zureicht, die Zuträglichkeit festzustellen.« Dieser Gedanke reicht aber über die Ökologie hinaus. Er ist der evolutionistische Hintergrund der Beobachtung am Ende der »Assoziationen«: »Und offenbar ist alle Gestaltwahrnehmung als solche beglückend.«

Hiermit ist ein philosophisches Problem bezeichnet, aber noch nicht gelöst. Die »Assoziationen« knüpfen an den Nachruf in der Bayerischen Akademie der Schönen Künste an, der den Titel trug: »Heisenberg und Heidegger über das Schöne und die Kunst«. Heisenberg zitiert Plotin: »Das Schöne ist der Glanz des Wahren.« Im Durchgang des Nachrufs erwies sich das Schöne als das spontane Thema des Physikers und Musikers Heisenberg, Kunst aber als das Thema der Reflexion des sprachprägenden Philosophen Heidegger. Wenn Kunst Wahrnehmung von Gestalt durch Schaffung von Gestalt ist, so sprach Heisenberg schlicht vom Wahrgenommenen, Heidegger sprach reflektiert vom Schaffen. Dabei war die Intention Heideggers die »Lichtung«: das, was sich von ihm selbst her zeigt; die Leistung Heisenbergs aber in seiner Physik und Musik war,

Gestalt zu schaffen. Einfacher sind bei schöpferischen Persönlichkeiten die Zusammenhänge nicht.

Auf Pichts Philosophie der Kunst kommen wir im 11. Kapitel des zweiten Teils noch einmal zurück. Hier sei nur an eine der Dissonanzen erinnert, mit denen Picht beginnt: zwischen dem, was Kunst zeigt, und der »Totalität der Industriegesellschaft«, also ebendessen, was ich die Willens- und Verstandeswelt genannt habe. Hier tritt ein Begriff auf, den ich im nachfolgenden Kapitel auch in der Selbstdeutung der Religion hervorheben muß: der des unausweichlichen Konflikts. Die Dissonanzen gehören in der uns bekannten Kultur zur Wirklichkeit der Wahrnehmung. Als Träger dieses notwendigen Konflikts erscheint dann im zweiten Teil Goethe gegen Newton, erscheint auch der für meine jugendlichen Wahrnehmungen wichtige Stefan George gegen die Gesellschaft seiner Zeit.

Was aber lernen wir, im »kleinen Rundgang« der Schlußabschnitte jedes Kapitels, über die Wissenschaft hinaus von der Kunst? Nur die Frage sei gestellt.

Wahrnehmung des Schönen ist Wahrnehmung der Gestalt *als* Gestalt. Sie war insofern ein Erfahrungsgrund der Eidos-Philosophie. Wir nehmen einen Sinn wahr, der über dem Sinn für das eigene Ich liegt. So ist es das Werk der Kunst, Gestalt *als* Gestalt zu schaffen. Was aber ist Gestalt? Wo erfahren wir das?

Gegenstand des jetzigen Buches ist von den drei »Pointierungen« die erste, die Theorie. Die Praxis, auf die ich anderswo, zumal im politischen Zusammenhang, in praktischer Absicht, vielfach eingegangen bin, haben wir unter den »anthropologischen Begriffen« des 8. Kapitels kurz anzuschauen versucht. Nun, ebenfalls kurz, die dritte Pointierung, die Kunst, Gestalt *als* Gestalt.

Wir suchen aber das Ganze. Wir werden nach seiner klassischen Erfahrung fragen, der Religion. Und dann nach der Reflexion auf das Ganze, der Philosophie. Dort fragen wir noch einmal: Was ist Gestalt?

Zehntes Kapitel
Erfahrung der Religion

1. Die Frage

Gott, belehre mich!

Wenn ich von der Erfahrung der Religion sprechen will, kann ich nicht anders als mit einem Anruf beginnen. Ein Anruf inmitten der Erfahrung der Religion.

Wovon aber spreche ich hier?

In der bisher wohl tiefsten Krise meines Lebens, vierzigjährig, also vom jetzigen Jahr aus gesehen genau in der Mitte der bisherigen Spanne, wagte ich das stille Gebet. Ich versuchte, mir, unerbittlich gegen meine Wünsche und Ängste, die Situation klarzumachen und mein Handeln, das zu ihr geführt hatte. Danach bat ich: »Gott, belehre mich!« Aus der Tiefe meines Unbewußten stieg eine Antwort auf, ein knapp formulierter Satz, der mich überraschte. Ich handelte nach ihm, und die Krise löste sich, wenngleich unter Leiden. Seitdem mache ich in kritischen Situationen ab und zu diese Erfahrung. Billig ist sie nicht, und nicht immer höre ich einen Satz.

Einige Jahre später deutete ich dem Theologen Friedrich Gogarten diese Erfahrung an. Er sagte: »An Gott kann man keine Fragen stellen.« Ich respektierte den Ernst dieser seiner Theologie. Natürlich wußte ich von den Erfahrungen der Psychoanalyse. Habe ich mein Unbewußtes gefragt, und hat es geantwortet? Was aber ist das Unbewußte?

Knapp zwanzig Jahre nach jener Krise, also etwa in der Mitte der seitdem verflossenen Zeit, hatte ich, nach einer zweiten tiefen, nun nicht persönlich, sondern politisch begründeten seelischen Krise, beim Besuch in Indien eine mystische Erfahrung. Von ihr bewegt, fragte ich: »Soll ich nun hier bleiben?« und erhielt die unmittelbare Antwort: »Du hast erfahren, was du erfahren solltest. Geh zurück an deine Arbeit!« Wie eine fallende Metallkugel, die auf eine Metallplatte trifft und alsbald in die Höhe zurücksteigt.

Als ich das jetzige Buch vorbereitete, drängte sich mir die

Frage auf: Kann und darf ich von Religion reden, ohne noch einmal in die Fülle jener Erfahrung zurückgekehrt zu sein? Dies aber ist durch keine Anstrengung des Willens erreichbar. Ich stellte die innere Frage, mehrmals, und erhielt die fortdauernde Antwort: Leiste die intellektuelle Anstrengung! Danach, nicht davor wirst du erfahren, was du erfahren kannst. Ich beteilige den Leser an der intellektuellen Anstrengung.

Die intellektuelle Anstrengung aber führt unweigerlich in die nicht mehr intellektuelle Frage, in die Erfahrung der Religion zurück.

2. Religion in der Geschichte

Der bisherige Rundgang, durch neun Kapitel dieses Buchs, bewegte sich inmitten der abendländischen Kultur. Die mathematisch arbeitenden Wissenschaften, von denen wir ausgingen, sind Werk der Griechen und der europäischen Neuzeit. Abendländisch sind auch die moderne Biologie der Evolution und die im 8. Kapitel kurz gemusterten Humanwissenschaften. Schließlich ist »Kunst«, in der knappen Ausprägung, in der wir sie allein zu betrachten vermochten, ein abendländischer Begriff, so künstlerisch reich auch die anderen Kulturen sind.

Mit der Religion aber müssen wir, endlich, die Geschichte der Menschheit ins Auge fassen. Die Weise, in der wir das im 20. Jahrhundert unserer Zeitrechnung tun können, ist freilich wiederum eine Gabe der abendländischen, umfassenden Geschichts- und Kulturwissenschaft. Bedeutende Denker haben die Frage nach der Vielgestalt der Religionen und, alsbald, auch nach der ihnen gemeinsamen Wahrheit, schon in vergangenen Zeiten gestellt; ich nenne hier zwei so verschiedene Personen wie den Kardinal, Kirchenpolitiker und Philosophen Nikolaus von Kues (Cusanus, 1401–1464) und den Großmogul Akbar (1556–1606), der ein Konzil der Weltreligionen einberief, um eine neue, ihre Wahrheiten vereinigende Religion zu schaffen. Aber die Fülle gelehrter Kenntnisse über Kulturen und ihre Religionen wurde erst seit dem 19. Jahrhundert im europäischen Kulturkreis und dann auch außerhalb, doch unter europäischem Einfluß, erarbeitet.

Um noch einmal persönlich zu reden: Sosehr mich diese Fragen seit meiner frühen Jugend bewegt haben, ich habe doch nicht die Kraft gehabt, mich ihnen, so wie der Physik, Mathematik und abendländischen Philosophie, in wissenschaftlicher Arbeit zu widmen. Ich habe auf Reisen und in persönlichen Begegnungen Erfahrungen gesammelt, habe die Ansprüche der religiösen Gemeinschaften auf Wahrheit in ihrer Überzeugungskraft für meine eigene Erfahrung zu prüfen versucht und bin bereit, davon Rechenschaft zu geben. Aber die unermeßliche Literatur sowohl der Religionen selbst wie der westlichen Wissenschaft über die Religionen ist mir zum großen Teil unbekannt geblieben – eine schmerzlich empfundene Grenze meines Wissens. Um einen diskutierbaren Partner zu haben, stütze ich mich hier auf zwei von Hans Küng herausgegebene Bücher*. Selbstverständlich werde ich andere Quellen, wo sie mir wichtig geworden sind, zitieren. Ferner darf ich wohl auf eigene frühere Versuche verweisen, welche die intellektuelle Anstrengung darzustellen suchen.**

Was ist Religion?

Was meint das Wort »Religion«? Es ist selbst abendländisch. Es ist, so darf man sagen, in der Art, wie es heute meist verstanden wird, ein typisch abendländischer Begriff, mit dem wir gleichwohl eine tragende Wirklichkeit auch der anderen, jeweils unter sich verschiedenen Kulturen zu bezeichnen suchen. Das Wort ist lateinisch. Es bedeutet re-ligio, Zurückbindung (re: zurück, ligare: verbinden). Im terminologischen Gebrauch: Rückbindung des Menschen an eine Wirklichkeit, die nicht mehr Mensch ist, an göttliche Mächte, an eine göttliche Wirklichkeit, an Gott. Diese Rückbindung finden wir, in vielerlei Gestalt, in allen überlieferten Kulturen. Schlicht gelebt ist sie eine Wirk-

---

*   H. Küng. J. van Ess, H. v. Stietencron, H. Bechert, *Christentum und Weltreligionen: Islam, Hinduismus, Buddhismus,* München 1984. H. Küng, Julia Ching, *Christentum und chinesische Religion*, München 1988.
**   *Der Garten des Menschlichen*, II.4. Die Vernunft der Affekte, IV. Theologie und Meditation. *Bewußtseinswandel*, 4. Die unvollendete Religion. *Der Mensch in seiner Geschichte*, 7. Wege der Religion.

lichkeit. Die innerreligiöse Reflexion sieht sie als eine grundlegende Erfahrung. Erfahrung wovon? Ja, wovon?

Hier stellt sich der alle Hochkulturen durchziehenden, oft jeweils – so auch heute bei uns – als »modern« empfundenen rationalen Skepsis das Problem der Vielgestalt der Religionen. Es stellt sich in erschreckender Weise im religiösen Konflikt. Die abendländische Religionswissenschaft der letzten zwei Jahrhunderte, die wir hier als Dialogpartner in Anspruch nehmen, bietet unterscheidende Beschreibungen an. Ich folge zunächst der Weise, in der sich dabei Gruppeneinteilungen, Klassifizierungen herausarbeiten.

Das Buch *Christentum und Weltreligionen* läßt durch vier Autoren (vier deutschsprachige Professoren!) vier große Religionen vertreten: Christentum, Islam, Hinduismus, Buddhismus. Küng (S. 260) ordnet sie in zwei Gruppen von Religionen ein: *prophetische* und *mystische* Religionen. Die *prophetischen* Religionen gehen, historisch und in ihrem Selbstverständnis, vom Judentum aus. Christentum und Islam sind Glieder dieser Folge. Die *mystischen* Religionen haben ihren historischen Ursprung im Hinduismus. Und der Buddhismus ist in Indien entstanden.

Das Buch *Christentum und chinesische Religion* aber hat zur Ausgangsthese, daß die chinesische Religion keiner der zwei Gruppen eingeordnet werden kann. Der Sinologe Porkert[*] verwirft aus denselben Gründen sogar die Anwendbarkeit des europäischen Begriffs »Religion« auf die chinesische Kultur. Küng behält »Religion« als Oberbegriff bei und nennt die chinesische Religion eine *weisheitliche* Religion, mit einem Terminus, der in westlicher Theologie schon in der Exegese des Alten Testaments als Unterschied zur »prophetischen Rede« benutzt wird.[**]

Der Herkunft nach unterscheidet Küng (S. 261) die prophetische und mystische als Religionen *semitischen* und *indischen* Ursprungs. Dazu kommt die *chinesische* Heimat der als weisheitlich charakterisierten Religion. Ich erlaube mir nun, mich

---

[*] Ungedrucktes Manuskript 1977. Vgl. M. Porkert, *China – Konstanten im Wandel*, Stuttgart 1978.
[**] Vgl. G. v. Rad, *Weisheit in Israel*, Neukirchener Verlag 1970.

den von Küng herangezogenen Gesprächspartnern als fünfter hinzuzugesellen im Namen einer vierten Form religiöser Erfahrung, die *griechisch*, also *europäisch* ist. Ihre Selbstdarstellung ist zunächst die griechische Philosophie. Ich würde sie, mit einem modernen Terminus, eine *aufklärende* Religion nennen. Am Ende des »Rundblicks« (*MsG*, 4. Kapitel, S. 108–109) spreche ich von den drei »Lichtmetaphern«, dem griechischen, dem jüdischen und dem indischen Geschenk an die Menschheit: der griechischen *Aufklärung* von Wahr und Falsch, der jüdischen *Offenbarung* von Gut und Böse, der indischen *Erleuchtung* der Erfahrung des Einen. *Einsicht* dürfte als ein zulässiger Name für die chinesische Weisheit hinzugefügt werden.

Die Philosophie war freilich zunächst keine Volksreligion. Das war aber auch der Buddhismus zuerst nicht; er entstand als Orden einsicht- und erleuchtungsuchender Mönche, durchdrang aber dann jahrhundertelang Indien und bis heute die zentral- und ostasiatischen Kulturen. Die griechische Philosophie wurde, so könnte man sagen, die Religion der spätantiken Intellektuellen. So durchdrang sie das Christentum, dessen historische Gestalt durch die Auseinandersetzung mit dem römischen Imperium, dessen Theologie durch das unbeendete Gespräch zwischen Philosophie und Offenbarung bestimmt ist. Und in der europäischen Neuzeit wurde die Aufklärung die alles durchdringende Bewegung, deren denkerische und politische Führer das zu verwirklichen hofften, was die christliche Kirche gefordert, aber nicht gegeben hatte: Freiheit, Gleichheit, Brüderlichkeit (II 10.2). Heute schließlich (*MsG*, S. 228) kann man sagen, der Glaube an die Wissenschaft spiele, in höchst ambivalenter Weise, die Rolle der herrschenden Religion unserer Zeit.

Natürlich ist diese Gruppierung der Religionen nicht vollständig. Sie umfaßt nur die heute weltweit noch als herrschend wahrgenommenen Religionen. Es gibt die afrikanischen, amerikanischen, indischen, australischen, polynesischen »Naturreligionen«. Es gab die vergangenen großen Religionen Ägyptens, Mesopotamiens, der Induskultur, die Frühgestalt der chinesischen Kultur, die Religion der amerikanischen Hochkultur, die in der Edda aufbewahrte germanische Religion und viele mehr. Raum und Kenntnisse fehlen mir, auf ihre Unterschiede einzugehen. Aber wir müssen wenigstens in abstrakter

Sprache die *Frühreligion* den vier Gruppen späterer »Hochreligionen« als Partner gegenüberstellen. Mit Adjektiven könnte man sie vielleicht als *magisch und mythisch* beschreiben.

All dies sind kulturhistorische Charakterisierungen. Was aber ist der inhaltliche Sinn von Worten wie »magisch und mythisch«, »weisheitlich«, »mystisch«, »prophetisch«, »aufklärend«?

Um solchen Fragen nachgehen zu können, habe ich mir seit längerer Zeit vier »Aspekte«* oder »gesellschaftliche Rollen«** der Religion zurechtgelegt:

Religion als Träger einer Kultur,
 als radikale Ethik,
 als innere Erfahrung,
 als Theologie.

In diesen vier Aspekten ist Religion nicht definiert, sondern als bekannt vorausgesetzt; vier Rollen, die sie spielt, sind genannt. Mit den dadurch angedeuteten Fragestellungen treten wir nun an die fünf Gruppen von historisch entstandenen Religionen heran.

Religion als Träger einer Kultur zeigte sich alsbald unter einem doppelten Aspekt (*MsG*, S. 198). Einerseits wird durch diese Formel die umfassende, grundlegende Rolle der Religion in den überlieferten Kulturen beschrieben, andererseits ist eben diese Beschreibung schon ein Akt der Retrospektive aus einer nicht mehr von der Religion getragenen Kultur. In dieser Retrospektive habe ich die zwei obersten Stockwerke des »Baugerüsts« verstanden: im 3. Stockwerk die drei »abendländischen Pointierungen«, darüber, im 4. Stockwerk, die Weisen, die Einheit zu sehen:

4.		Religion, Philosophie	
3.	Theorie	Moral	Kunst

Die Unterscheidung von Theorie, Moral (oder Praxis), Kunst entstammt selbst schon der späteren Suche nach der Einheit, die in der Vergangenheit bestand. Wollen wir diese Einheit zu

---

*   *GM*, S. 472, *MsG*, S. 197.
**   *MsG*, S. 108.

Gesicht bekommen, so müssen wir uns an die Frühphasen unserer Kultur erinnern, die es in Europa da und dort, zumal in ländlichen Regionen noch heute gibt, die im Islam umfassend präsent ist; der Blick auf die anderen Religionen zeigt uns Verwandtes. Ich wiederhole noch einmal den beschreibenden Satz über Religion als Träger der Kultur. Sie »formt das soziale Leben, gliedert die Zeiten, bestimmt oder rechtfertigt die Moral, interpretiert die Ängste, gestaltet die Freuden, tröstet die Hilflosen, deutet die Welt«. Sie ist die Allgegenwart des Göttlichen.

Dies freilich schildert keineswegs einen harmonischen Lebenszustand. Den Freuden stehen die Ängste gegenüber, die Hilflosen brauchen Trost, die Moral reguliert ein sonst allzu rasch feindseliges Handeln, die Welt, die umgebende Natur ist voller Feinde, die göttlichen Mächte sind oft genug dämonische Mächte. Was wir von den *Frühreligionen* wissen, zeigt ebendieses Bild. Im Abschnitt 4 werde ich darauf noch einmal thematisch zurückkommen. Die heutige Reflexion findet in den Frühphasen darum auch die drei weiteren Aspekte schon vor, dort wohl allgemeiner zu formulieren:

Religion als *Regel* des Handelns,
    als *Wahrnehmung* der Wirklichkeit,
    als *Deutung* des Lebens und der Welt.

Nennen wir die Frühreligionen *magisch und mythisch*, so finden wir in der Magie die der Wahrnehmung angemessenen Regeln des Handelns, vielfach mehr als *Ritual* und *Kultus* denn als Ethik oder Moral im späteren Sinne. Im Mythos finden wir dann die Deutung der Wirklichkeit, welche oft genug die Wahrnehmung erst möglich macht. Deshalb trifft (I 9.4) die Beschreibung der Kunst als Wahrnehmung durch Schaffung von Gestalt auch auf den Mythos zu. Was der Mythos wahrnimmt, wird man oft nicht unmittelbar Gestalt nennen, eher sind es Mächte und Schicksale, aber wahrnehmbar werden sie durch die geschaffene Gestalt, und die Deutung kennt die Mächte und Schicksale eben in diesen Gestalten.

Wenden wir uns nun den späteren Kulturen zu, in deren einer wir heutigen Intellektuellen zu leben gelernt haben, so suchen wir die vier Aspekte der Religion zunächst im historischen Werdegang der Kultur auf. Man geht davon aus, daß auf Jäger- und Sammlerkulturen zunächst Ackerbau folgte, dann Städte und

Reiche, und daß die Hochreligionen sich in Reaktion auf die inneren Probleme dieser frühen Hochkulturen ausgeprägt haben. Wir betrachten die Religionsgruppen einzeln.

In der *chinesischen* Kultur beschreibt Claudia Ching zunächst eindrucksvoll die frühe Phase. Ich meine schon hier einen mir stets besonders eindrucksvollen Zug der chinesischen Menschen vorzufinden, ihren spontanen Pragmatismus. Die gesellschaftliche Wirklichkeit, von der wohlgeordneten Familie aufsteigend bis zum Kaisertum, die Natur, vom Reisfeld über Flüsse und Berge bis zum Himmel, werden sinnlich wahrgenommen. Darüber wacht aber eine übersinnliche, »schamanische« Wahrnehmung. In meiner Jugend habe ich die von Richard Wilhelm übersetzten klassischen Bücher chinesischer Weisheit gelesen, in denen sich diese hergebrachte Welt spiegelt. Aus der Erinnerung zitiere ich eine (konfuzianische oder taoistische?) Äußerung über das Regieren: »Wie brachte der Kaiser Shun einstmals den Weltkreis in Ordnung? Er saß da, das Antlitz ehrfurchtsvoll nach Süden gewandt. So kam der Weltkreis in Ordnung.« Dies ist natürlich nicht eine realistische Schilderung; es ist eine vernünftige Kritik der Meinung, mit chinesischem Fleiß allein sei die Welt in Ordnung zu bringen. Für die großen Folgeschritte, Konfuzius und alle, die ihm, vielfach kontrovers, folgten, und für Tao als Weisheit und Volksreligion, muß ich auf Ching verweisen; allenfalls auf meine sehr knappen Darstellungen, *Bw*, S. 191–193, oder, noch kürzer andeutend, *MsG*, S. 202. Die Rezeption des Buddhismus wird im 6. Abschnitt zur Sprache kommen. Ich zitiere für die Gegenwart nur noch einen Satz aus dem *Bewußtseinswandel*: »China ist ein kultureller Kosmos in sich; vielleicht, sofern die Nordhalbkugel überlebt, derjenige mit der größten Zukunft« (*Bw*, S. 191).

Wir wenden uns *Indien* zu. Auch die indische Kultur geht auf viele Jahrtausende zurück; für uns erkennbar weiter als die chinesische. Stietencron (S. 207) nennt: »7.–4. Jahrtausend Vorläufer der Induskultur, 3.–2. Jahrtausend Blüte der Induskultur, ca. 1750 Untergang der Induskultur, ca. 1700–1200 Einwanderung der Arier in den Panjab und Entstehung der Bücher 2–9 des Rigveda.« Die Arier brachten die bis heute klassische Sprache, das Sanskrit, etymologisch unseren europäischen Sprachen nah verwandt (»Maharaja« = magnus rex, großer Regierender; »Atman« = Atem bedeutet wie das lautmalerische griechische »psyche« zugleich den Atem und die Seele). Die herrscherliche Durchdringung Indiens durch die Arier schafft die bis in unser Jahrhundert stabile Sozialordnung des Kastensystems. »Hinduismus« ist, so lerne ich von Stietencron, ein erst um 1500 n. Chr. von Europäern geprägter Name für eine Mehrzahl von Religionen, die freilich ohne den typisch westlichen, erst durch den Islam importierten Religionskrieg zusammenleben. Hinduismus ist, so dürfte man vielleicht sagen, eine sich im Lichte göttlicher Mächte deutende Kultur.

Was aber sind die Begriffe ihrer Deutung? »Begriff« freilich ist selbst ein abendländischer Begriff. Vielleicht sollten wir fragen: Was sind die Gestalten, in deren Schaffung sie die Wirklichkeit wahrnimmt?

Von früh an gibt es kleine und große Götter. Aber früh schon dringt das Denken der Upanishaden (ca. seit 850 v. Chr.) zu Einsichten vor, die wir hohe Abstraktion nennen würden. »Dies war ja die große Botschaft der älteren Upanishaden, daß das *individuelle Selbst*, Atman genannt, identisch sei mit dem *universalen Bewußtsein*, dem Brahman, dem uranfänglichen absoluten *Einen*.« (Stietencron, S. 280) Dies Abstraktion zu nennen, ist wieder abendländisch. Es ist die Einsicht, die Wahrnehmung, der die Meditation zustrebt. Schon in den bildlichen Dokumenten der Induskultur ist der Meditationssitz überliefert. Meditation ist geübte innere Erfahrung. In der Chandogya-Upanishad lehrt ein Brahmane seinen Sohn Svetaketu das Ziel dieser Einsicht im Bild des Inneren eines Samenkorns einer Feige oder eines im Wasser gelösten, nun überall darin zu schmeckenden Salzkorns: »Diese Winzigkeit ist das Selbst des Universums. Das ist die Wahrheit, das ist dein Selbst, das bist du, o Svetaketu!« (Stietencron, S. 281–282, textlich von mir nach älterer Erinnerung rhythmisch verändert.) Der meditative Weg zu den durch diese Gleichnisse angedeuteten Erfahrungen heißt im Westen auch Mystik. Daher nennt Küng die indischen Religionen *mystische* Religionen.

Im Rahmen solcher Erfahrung arbeitet sich auf der Ebene des individuellen Selbst die Lehre von der Wiedergeburt heraus (Stietencron, S. 314 ff.). »Dort war ich, jenen Namen hatte ich, jener Familie gehörte ich an, das war mein Stand, das mein Beruf, solches Wohl und Wehe habe ich erfahren, so war mein Lebensende; dort verschieden trat ich anderswo wieder ins Dasein: da war ich nun, diesen Namen hatte ich, dieser Familie gehörte ich an, dies war mein Stand, dies mein Beruf, solches Wohl und Wehe habe ich erfahren, so war mein Lebensende; da verschieden trat ich hier wieder ins Dasein.«[*] Dieses Zitat aus den Buddha-Reden spricht die indische Tradition aus, welcher auch der Buddha entstammt.

Wann aber beginnen, wann enden die Wiedergeburten? Die Grunderfahrung scheint zu besagen: Nie in der Welt im ganzen, und für den Einzelnen nur, wenn er die höchste Erleuchtung erfährt. So häufen die Inder Zeitalter, die jeweils Jahrhunderttausende dauern und sich im Entstehen und Vergehen der Welten ablösen: eine bildliche Darstellung der Unermeßlichkeit. Hier um uns aber, im Umkreis des heutigen Lebens, sehen wir unglückliche und glückliche Existenzen: Tiere, niedere Kaste, hohe Kaste, davor dämonisch-höllische Existenzen, darüber himmlisch-göttliche Existenzen. Und die Fakten der im Leben getanen Werke, unser selbstgeschaffenes Karman, führt zur Wiedergeburt in schlechteren oder besseren Existenzen. Die höheren Kasten habe ich in Indien selbst noch die »twice-born«, die (wenigstens) zum zweitenmal als Mensch Geborenen, nennen hören.

Die Religionsgeschichte Indiens läßt verschiedene Religionsgemeinschaften entstehen. Schon um 500 v. Chr. haben sich Jainas, Buddhisten und andere, kleinere Gemeinschaften gebildet. Bald nachher treten große Volksreligionen hervor, die seitdem bis heute herrschen, zumal die Verehrer Vishnus, die Verehrer Shivas, die Verehrer weiblicher Gottheiten (Shakti). Aber das ist nicht Monotheismus im westlichen Sinn, der die Existenz der anderen Götter verwirft.

> »Auch die Anhänger anderer Götter,
> die voller Glauben sie verehren,
> selbst diese ehren doch nur mich,
> wenn auch nicht gerade regelrecht.«
> Bhagavadgita IX, 23

---

[*]   Die Reden Gotamo Buddhas aus der Mittleren Sammlung des Pali-Kanons, übersetzt von Karl Eugen Neumann, München 1922; inzwischen neu aufgelegt. 1. Band, 19. Rede, und an mehreren anderen Stellen.

Stietencron (S. 221) kommentiert dies: »Der höchste Gott hat keine Rivalen in anderen Göttern. Sie existieren alle nur durch ihn, haben ihre Machtfülle von ihm, sind Manifestationen von Teilen seiner Wirklichkeit. Warum sollte er auf sie eifersüchtig sein?«

Kann dies im Sinne der westlichen Lehre von einem persönlichen Gott gedeutet werden? Im obigen Zitat spricht Krishna, der selbst eine Inkarnation Vishnus ist. Er sagt »Ich«. Vedanta-Lehrer haben mich unterrichtet über die Schule des Advaita-Vedanta (»Zweitlosigkeit«: a-dvaita, Nicht-Zweiheit, »Wissens-Vollendung«: ved-anta). Sat-Chit-Ananda, Sein-Bewußtsein-Seligkeit ist in dieser Lehre die einzige Wirklichkeit (*MsG*, S. 89). Nur in der Welt der Erscheinungen (Maya), in der unser alltägliches Bewußtsein sich kennt, sind diese drei unterscheidbar und trennbar. In diesem Rahmen habe ich die Rede gehört: »Gott als Person zu erfahren, wie die Christen, ist eine der höchsten Erkenntnisse. Doch ist der persönliche Gott eine Erscheinungsweise des überpersönlichen ewigen Atman.« (*MsG*, S. 220)

Küng, der sich zu seiner Verwurzelung im Christentum, im Raum der prophetischen Religionen bekennt, sieht als »Grunderfahrung der mystischen Erfahrung die Verneinung des Lebensdranges«, die freilich zu hohen, selbst ekstatischen Erfahrungen zu führen vermag. Er kann sich dafür auf das Verlangen nach dem Freiwerden aus dem Kreislauf der Geburten berufen. Doch schildert Stietencron auch eine den europäischen Besucher oft verblüffende Gelassenheit der in armen Umständen lebenden Inder. »Die Möglichkeit der Wiedergeburt gibt dem Leben einen weiteren Horizont und dem Menschen ein anderes Zeitgefühl« (S. 223). Für westliches soziales Engagement ist schwer nachvollziehbar, daß ein Kastensystem Jahrtausende unangefochten überdauert: du kannst ja, wenn du das Deine jetzt gut getan hast, mit besserem Karman in einer höheren Stufe der Existenz wiedergeboren werden. Die westliche Ungeduld entwickelt sich dabei nicht so leicht.

Über die meditative Erfahrung sprechen wir weiterhin unter biologischem Aspekt im 4. Abschnitt, dann thematisch im 5. Abschnitt und im 6. Abschnitt, der dem Buddhismus gewidmet ist.

Dieser »mystischen Religion« steht der westliche Dreischritt *Judentum-Christentum-Islam* gegenüber, welche drei Küng als »prophetische Religionen« kennzeichnet. Er nennt sie auch »semitische Religionen«, den Kulturen ihrer Herkunft gemäß. Während aber die »indische Religion« in der Tat direkt aus der Entwicklung der indischen Kultur hervorzuwachsen scheint, ist nicht so deutlich, ob diese drei Religionen wie Pflanzen aus der Kultur der Semiten und ihrer Vorläufer in Mesopotamien, Ägypten und Arabien entspringen. Eher könnte man sagen, daß die Propheten – islamisch gesagt, die abrahamische Tradition von Moses, Jesus und Mohammed – die semitischen Kulturen tief geprägt und verändert haben, und dann nicht nur die semitischen.

Der alles Weitere prägende Anfang ist das *Judentum*. Ich habe davon in *Der Mensch in seiner Geschichte* im 3. Kapitel ausführlich gesprochen und verweise darauf. Ein Gott hat ein Volk erwählt, daß es der Wahrheit folge, das Gute tue. In der biblischen Erzählung hat er den Stammvater Abraham hierfür aus seiner Heimat herausgerufen, »in ein Land, das ich dir zeigen werde« (1. Mos. 12, 1). Daß nicht das Volk zuerst war und sich dann diesen Gott schuf, sondern daß das Volk geschaffen wurde, um dem Gott zu dienen, ist sogar die These unseres Zeitgenossen Sigmund Freud (II 8.2); nach Freud schuf Moses dem von ihm erkannten Einen Gott Echnatons das Volk, das seiner Wahrheit dienen sollte. Dies ist eine modernistische Deutung des *prophetischen Handelns*, das uns von Moses berichtet wird. Der Prophet im Sinne der »prophetischen Religion« ist nicht einer, der die Zukunft vorhersagt, sondern der die Zukunft in Gottes Auftrag durch seine Rede und deren Folgen *schafft*. Sprachlich: *Prophetie*, pro-phasis, Vorher-Sage, ist das Schaffen des Gesagten durch das das die Verwirklichung fordernde und ermöglichende vorhergehende Wort. In der Bibel ist die göttliche Wirklichkeit klar unter dem Bilde einer menschlichen Person dargestellt, die selbst redet und angeredet wird, die handelt und fordert.

Dies dürfte eng zusammenhängen mit einem anderen Aspekt des prophetischen Handelns: es wendet sich an ein *Volk*, eine soziale Gemeinschaft, es ist von Anbeginn *politisch*. Dies steht im Unterschied zu der »mystischen« Religion, die inmitten eines Volks erwächst, aber ihre Erfüllung im Einsichtsweg des einzelnen Menschen findet. Wir sehen das im Verhältnis von Ethik und innerer Erfahrung, von Regeln des Handelns und Wahrnehmung der Wirklichkeit. Handlungsregeln sind in frühen Kulturen weitgehend rituell, in der organisierten Religion kultisch. Die »radikale Ethik« tritt in den Zehn Geboten vom Sinai, in indischem Wohltun als Wegstufe zur Erleuchtung, im achtfachen buddhistischen Pfad hervor (*MsG* 7.3, S. 204). Aber die indische Tradition sieht sie eben als Stufe des Weges des Menschen zur Güte, zum reinen Karman, die jüdische jedoch als das direkte Gebot Gottes an das Volk.

Bisher habe ich mit dem unbestimmten Artikel von »einem Gott« gesprochen, der sich das Volk erwählt. Selbstverständlich gibt es in der Frühkultur viele Götter; Jahwe erscheint heutigen Historikern in der Herkunft als ein Wüstengott. Aber die indische wie die jüdische Entwicklung drängt zur Einheit des Göttlichen. Doch sehen wir bei den Indern die Vereinnahmung der anderen Götter durch den Einen oder das Eine, bei den Juden hingegen die Verwerfung der anderen Götter zugunsten des Einen Gottes. Dies erscheint natürlich, wenn der Gott Ein Volk unter allen Völkern als Träger seines Auftrags auserwählt hat. Vielheit der Völker bringt Vielheit der rituellen und doch auch der eigentlich ethischen Normen mit sich. Der Versuch, eine allgemeingültige Ethik rational zu begründen, ist schwer; noch die moderne Aufklärung hat ihn sehr unvollkommen ausgeführt. Moralische Normen sind stark, wo sie unerklärt gelten. Angesichts der erkennbaren Vielheit der Normen der Völker werden die Normen im Judentum gerettet als Gottes Gebot. Dann aber muß der Gott dieses Volkes der einzige wahre Gott sein.

So führt radikale Ethik zur Theologie. Die Theologie führte zum Glauben an eine Weltschöpfung durch Gott. Damit aber zeigen sich alle Probleme einer rationalen Theologie, sichtbar in der Frage nach der Herkunft des Bösen (*MsG*, S. 54–55). Auf die Geschichte des jüdischen Volkes gehe ich hier nicht noch einmal ein. Küngs Buch *Das Judentum* kam noch nicht in meine Hand, als ich dieses Kapitel schrieb. Nur das eine sei gesagt: Die späteren jüdischen Propheten sprechen völlig konsequent, wenn sie den einen wahren Gott als den Gott aller Völker fordern. In Jerusalem sollen dereinst alle Völker anbeten (Micha, Jesaja).

Mit dem direkten Missionsauftrag an alle Völker finden wir uns im *Christentum*. Christentum ist die Religion, die sich von *Jesus* herleitet, den sie als den Christus (den Gesalbten), den von den Juden erwarteten Messias versteht. Hier ist alsbald ein Unterschied zu machen zwischen der Botschaft Jesu und dem Glauben der christlichen Kirche (ekklesia kyriakē = Gemeinde des Herrn)*. Jesus verkündet das Reich Gottes, das schon gekommen ist. Die Kirche, nach der Kreuzigung, verkündet Christus als den Sohn Gottes, der gekommen ist und wiederkommen wird, um das Reich zu bringen. Beides kann ich am jetzigen Ort nur andeuten. Von Jesus werde ich im 7. Abschnitt dieses Kapitels reden, von der Geschichte der Kirche, vornehmlich in ihrem zweiten Jahrtausend, handelt im zweiten Teil ausführlich das 10. Kapitel, Abschnitt 1–3. Auch *MsG* 3., S. 56–63. Hier nur einige Sätze zum Christentum als einer Religion in der Geschichte.

Jesus wurde gekreuzigt. Die Gemeinde erwuchs aus der Gemeinschaft seiner Jünger, unter der Botschaft von seiner Auferstehung und Himmelfahrt, in der Erwartung seiner Wiederkunft. Die Heidenmission ist im wesentlichen das Werk von Paulus, der Jesus nicht im Leben gekannt, ihn aber als Christus in einer sein eigenes Leben verwandelnden Vision gesehen hatte. Die Wiederkunft zögerte sich hinaus, die Juden wurden in ihrer Mehrzahl nicht Christen, die Heidenmission dehnte sich aus, die Christen wurden zur glaubwürdigsten, glaubensstärksten Minorität im Römischen Reich, in Verfolgung bewährt, ein Kaiser wählte diese starke Gruppe zu seiner Basis, das Christentum wurde Reichsreligion. Aber das Reich Gottes blieb weiterhin unsichtbare Erwartung, die Welt wurde unter christlichen Herrschern nicht besser, die Erwartung wurde Hoffnung aufs Jenseits der Seele und auf das apokalyptische Ende dieser Welt. Die gegenwärtige Seligkeit konnte im Gebet, in der Liturgie erfahren werden. In gewisser Weise war auch dieses Christentum eine mystische Religion, mit Mönchen als

---

* Dazu die knappe und klare Darstellung in: P. Antes, *Christentum – eine Einführung*, Stuttgart 1985.

den großen Trägern der Kultur. Das zweite christliche Jahrtausend aber wird dann geprägt von der unausweichlichen Forderung der Diesseitigkeit. Diese Spannungen bewegen die christliche Geschichte, soweit wir sie bisher kennen.

Als eine unerwartete dritte Kraft tritt der *Islam* in die Reihe der prophetischen Religionen ein. An einem für Juden und Christen eher peripheren Ort, wenngleich im Blick auf Jerusalem, tritt ein Mann auf, der sich selbst mit dem inzwischen überlieferten Begriff des Propheten bezeichnet.* Vor dem Hintergrund jüdischer und christlicher Erfahrungen der Geschichte kann man als die Stärke des Islam vielleicht die naive Direktheit des Auftrags bezeichnen. Juden und Christen lebten in unerfüllter Erwartung, Juden des kommenden Messias, Christen der Wiederkunft Christi: Mohammed lehrt das direkte Gottvertrauen, die Allmacht Gottes in jedem Schritt des Lebens und den Auftrag der diesseitigen Verwirklichung mit dem zugesagten Lohn im Jenseits. Mir fehlen die Kenntnisse und die Kraft, sie noch zu erwerben, welche nötig wären, wollte ich den Islam beschreiben.** Aber einige Sätze über bekannte historische Tatsachen.

Der Islam, eine politisch organisierte Religion, eine religiös durchgegliederte Gesellschaft, drang in Jahrzehnten, permanent in wenigen Jahrhunderten in die Gebiete der Schwäche christlicher Reiche, aber auch der östlichen, anderen Religionen anhängenden Herrschaften ein. Das geschah gewiß mit Waffengewalt, aber diese hätte keine dauerhaften Siege errungen, der Islam hätte keine stabile Gesellschaft geschaffen ohne die direkte Überzeugungskraft des einfach aussprechbaren, konkret lebbaren Glaubens. Der Islam tolerierte bei den Unterworfenen im Prinzip die auf inspirierte Propheten wie Moses und Jesus zurückgehenden »Religionen des Buchs«; Gott hat nur beschlossen, den ständigen Abweichungen von seinem Gebot durch Diktat des Korans ein unzweideutiges Ende zu machen. Das Kalifenreich nahm auch griechische Wissenschaft

---

* Wenn wir dem Koran folgen, der, wie auch die Evangelien, die Reden Buddhas, die Gespräche des Konfuzius, erst später redigiert worden ist.
** Vgl. P. Antes u. a., *Der Islam, Religion-Ethik-Politik*, Stuttgart 1991; P. Antes, *Der Islam als politischer Faktor*, Hannover 1991.

und Philosophie auf. In der Zeit, welche die Europäer heute das frühere und hohe Mittelalter nennen, war die islamische Kultur ohne Frage der des lateinisch-germanischen Europa weit überlegen.* Und es gab Aufklärung. Der Arabist Richard Walzer erzählte mir die Äußerung eines arabischen Theologen (ich glaube, Al-Khindi, 800–870): »Auf die Frage, ob der Koran von Gott geoffenbart ist, lautet die Antwort: ›Ja, er ist von Gott geoffenbart, um die Menschen zu belehren, welche die Philosophie nicht zu vollziehen vermögen.‹«

Der Islam verlor seine kulturelle Überlegenheit etwa mit der europäischen Renaissance, die militärische und wirtschaftliche Konkurrenzfähigkeit mit der industriellen Revolution Europas etwa seit dem späten 18. Jahrhundert. Ich habe Arabisten mehrmals gefragt: Warum wurde die Neuzeit in Florenz und nicht in Bagdad, Kairo oder Granada erfunden? Sie fanden die Frage stets schwierig. Als plausibelste Antwort blieb mir: Es war die Allgegenwart des interpretierten Gotteswillens im ganzen Bewußtsein, welche letztlich eine von der geoffenbarten Religion unabhängige Aufklärung nicht gedeihen ließ. Wo aber, wenn wir Geschichte zu verstehen suchen, würden wir nicht mit offenen Fragen enden?

Das Thema der *Aufklärung* ist angeklungen. Ich habe mir erlaubt, den weisheitlichen, mystischen und prophetischen Religionen die *aufklärende* Religion als Partner zuzuordnen. D. h. ich sehe Aufklärung nicht automatisch im Sinne moderner Ideologie als Gegensatz zur Religion. Der Ursprung der aufklärenden Religion, die im Abendland wirksam wurde, ist die *griechische Philosophie* (Dazu *MsG*, Kap. 4 und 6). Unter den vier

---

* Eine persönliche Erinnerung: In den späten Siebzigerjahren fand in Stuttgart eine große Staufer-Ausstellung statt. Ich war vorher in Indien, Japan und China gewesen und hatte, neben den akuten Pflichten, die mich dorthin führten, Zeit gehabt, die Dokumente jener großen alten Kulturen zu sehen und, wenigstens in Indien und Japan, Menschen zu begegnen, die diese Kulturen heute lebendig verkörperten. Nun ging ich in Stuttgart durch die Sammlung aus der Zeit Barbarossas und Heinrichs VI., voller Aufmerksamkeit und Freude, durch das schöne europäische, hier speziell deutsche Mittelalter. Dann trat ich in den Saal Friedrichs II., des mit der arabischen Kultur im Mittelmeer tief vertrauten Sizilianers: eine Welt tat sich auf. Ich war wieder in der Weltkultur, nach der Provinzialität des mittelalterlichen Abendlandes.

Aspekten der Religion, die ich oben aufgezählt habe, könnte man die weisheitliche Religion direkt als Träger einer Kultur bezeichnen, die mystische als innere Erfahrung, die prophetische als radikale Ethik und die aufklärende als Theologie. »Theologie« ist ein Terminus der griechischen Philosophie, der Name ihres Kernstücks. Als die frühen Christen die römisch-griechische Welt durchdrangen, fanden sie nur *eine* Sprache vor, in der sie ihren Glauben rational buchstabieren konnten, eben die Sprache der Philosophie, der stoischen oder, dominant, der neuplatonischen. Ich wiederhole hier nicht das anderswo darüber Gesagte. Für unsere gegenwärtige Frage der intellektuellen Bemühung um die Religion aber wird für eine Phase die *Theologie* der Gegenstand. Ihren Problemen gilt der nachfolgende Abschnitt.

3. Konflikt als Form der Theologie und Philosophie
Februar 1991

Theologie und Philosophie sind, zumal in ihrer Getrenntheit, abendländische Denkformen. Ob und wieweit und in welcher Form das, was ich hier sagen will, auf ihre außerabendländischen Analoga zutrifft, kann ich, in Ermangelung hinreichender Kenntnisse, nicht sagen. Ich beschränke mich hier aufs Abendland.

Konflikt ist eine Grundgestalt christlicher Theologie durch zweitausend Jahre. Die großen Kirchentrennungen geschehen unter theologisch abgrenzenden Selbstbezeichnungen. »Orthodox« heißt zwar in der griechischen Kirche ursprünglich nicht »rechtgläubig«, sondern »in der rechten Weise anbetend«; »doxa« bezeichnet altgriechisch »Meinung«, aber dann auch »Ruhm« und christlich »Lobpreis Gottes«. Aber dies muß in der »geraden«, »rechten« (»orthe«) Weise geschehen. »Katholisch« heißt nicht einfach »allumfassend«, sondern, aus der logisch-philosophischen Tradition, »allgemeingültig« (»kat-ho-lou«, aufs Ganze geltend); wer nicht katholisch ist, hat sich der allgemeingültigen Wahrheit und damit der gültigen Kirche Christi entzogen. »Reformiert« heißt »wiederhergestellt«, gegen den Abfall von der ursprünglichen Form. Luther konnte sich die fortdauernden Irrtümer der Papstkirche theologisch nur dann als Gottes Willen erklären, wenn der Papst der von Gott zugelassene, in der Johannes-Apokalypse prophezeite Antichrist war. »Evangelisch« ist ein tröstlicheres Wort. Die »gute Botschaft« (»eu-angelion«) hat Christus gebracht. Aber nun haben wir ihr zu folgen, weil sie gut ist; wer ihr nicht folgt, so wie wir sie wieder verstanden haben, ist mindestens im Irrtum, wahrscheinlich aus Bosheit, nämlich aus Herrschsucht. Selbst innerhalb der Kirchen ist die »rabies theologorum«, die »Wut« oder »Raserei« der Theologen ein bekanntes Phänomen. Und wer heute mit Amtskirche zu tun hat, begegnet nicht nur bei Reaktionären dem ständigen Insistieren auf Rechtgläubigkeit. In fünf Jahren der Teilnahme am »konziliaren Prozeß« konnte ich beobachten, wie gerade auch die radikal Progressiven »Gottes Wort« für sich in Anspruch nahmen und wie Kompromißformeln auf wörtliche (exegetisch häufig höchst ungenau ausgelegte) Bibelzitate aufgebaut wurden, vermutlich weil der wörtliche Bibeltext das einzige war, worauf man sich unwidersprechlich einigen konnte.*

Die Philosophie ist seit ihren griechischen Anfängen von ähnlichen Konflikten durchzogen. Sie drücken sich freilich oft

---

* Eine heitere Erinnerung: 1951 führte ich mein einziges, acht Stunden dauerndes, höchst lehrreiches Gespräch mit Karl Barth, aus dem ich später mehrmals auch öffentlich zitiert habe. Unser gemeinsamer Freund Günther Howe hatte gewünscht, daß wir uns kennenlernten. Gleich bei der Begrüßung einigten wir uns, wir wollten einander ruhig immer die Wahrheit sagen. Bald kamen wir für eine Weile auf Studentenverbindungen zu sprechen und er geriet ins Erzählen. So z. B.: »Eines Abends saß ich im Kellergeschoß unseres Verbindungshauses. Es war nur noch ein anderer da. Der hatte wunderschöne blonde lockige, lange Haare. Wir saßen uns an einem Tisch gegenüber. Zwischen uns brannte eine Kerze. Er legte den Kopf auf seine Hände und schlief ein. Da verlockte es mich, ihm seine Haare anzuzünden. Ich tat es. Natürlich wurden sie gleich wieder gelöscht. Aber merkwürdig – er hat es mir nie verziehen. Nicht wegen der Gefahr, in die ich ihn gebracht hatte, sondern weil er nun seine schönen Haare nicht mehr hatte. – Ja, merkwürdig, so tut man doch manchmal als junger Mensch Dinge, die man später nicht mehr gutheißen kann.« Ich sagte: »Herr Barth, wir haben doch versprochen, einander die Wahrheit zu sagen. Es freut sie doch heute noch!« Er, heiter ausbrechend: »Ja, das ist's ja eben!« Ich wagte nun doch nicht, ihm zu sagen, daß ein großer Teil seiner theologischen Schriftstellerei darin bestand, den Leuten ihre schönen Haare anzuzünden. Aber vermutlich wußte er ohnehin, daß ich das meinte.

etwas milder, weil akademischer aus. Dies hat einerseits damit zu tun, daß es nicht stets um zugleich politisch fundamentale Macht- und Herrschaftskämpfe ging; die Rolle einer Philosophie, wo es einmal wirklich um Macht geht, zeigt das Beispiel des Marxismus. Es hat auch damit zu tun, daß Philosophie als Professorenwerk die akademische Schulung voraussetzt, nämlich die Schulung, entgegengesetzte Positionen gedanklich zu durchdringen. »Wer nicht als Anwalt einer ihm selbst falsch erscheinenden Meinung auftreten könnte, hat sie nicht gut genug verstanden, um ihre Argumente gültig zu widerlegen.« Die griechische Philosophie ist schon in der Sophistik eng verbunden mit der Kunst der Debatte. Die frühesten, uns vollständig überlieferten philosophischen Schriften, Platons Dialoge, basieren auf dieser Kunst. In Platons Auffassung steigt das Denken von »doxa« (»Meinung«) über »dianoia« (wörtlich »Durchdenken«), was er als »Dialog der Seele mit sich selbst« definiert, auf zur »episteme« (»Wissen«), welche der »nus« (»Geist«) als »geistige Anschauung« vermittelt. Der Dialog mit sich selbst ist die Internalisierung des Konflikts, sein Ernstnehmen als Wahrheitssuche. Nur doxa und und dianoia, nur die Stufen des Konflikts, können literarisch dargestellt werden; die einende Schau des nus ist nur in mythischen Gleichnissen angedeutet. Historisch hat die Philosophie den Streit bis heute fortgeführt, mit immer neuen Versuchen, ihn durch definitives Durchdenken der Argumente zu beenden. Vielleicht die klassische Gestalt dieses Versuchs ist Hegels Dialektik, welche die Notwendigkeit des Konflikts jedes ernstgenommenen Gedankens mit sich selbst zum Thema der Philosophie macht. Deshalb ist sein Systemanspruch der Kern seiner Philosophie: hier ist, so der Anspruch, der Selbstkonflikt durch vollständigen Vollzug überwunden. Aber seine Philosophie blieb, was er selbst von jeder Philosophie gesagt hatte, »ihre Zeit in Gedanken gefaßt«; der Streit entflammte nach ihm verstärkt.

Eine dritte Kraft aber ist auch schon seit zweieinhalb Jahrtausenden unterwegs: die positive Wissenschaft. Griechische Mathematik und Astronomie sind der Anfang. Mathematische Wahrheiten erfahren wir als unwidersprechlich. Zwei mal zwei ist eben vier. Und Sonnenfinsternisse kann der Astronom zutreffend vorausberechnen. Das Selbstverständnis der empiri-

schen Wissenschaft der Neuzeit hat John Locke in dem Gleichnis ausgedrückt: »Mein Lot erhebt nicht den Anspruch, die
Tiefe des Ozeans auszumessen. Es genügt, daß ich mit ihm
nahe der Küste die Meerestiefe überprüfe, um sicher im Hafen
ein- und auslaufen zu können.« Faktisch hat es die mathematisierte Wissenschaft zu einer Abfolge »abgeschlossener
Theorien« (Heisenberg) gebracht; der Übergang einer solchen
Theorie zu ihrem Nachfolger aber geschieht in einer »wissenschaftlichen Revolution« (Kuhn). In der Revolution werden die
philosophischen Fragen vorübergehend radikal gestellt. Die
wissenschaftliche Revolution ist der fruchtbar internalisierte
Konflikt. Aber man bleibt nachher wieder bei Lockes Lot. Die
grundsätzlichen Deutungsprobleme der Wissenschaft bleiben
philosophisch kontrovers; die seit sechzig Jahren laufende Deutungsdebatte der Quantentheorie ist ein Beispiel.

Warum aber die Rabies der Theologen, der Streit der Philosophen? Sie dürften ihren spezifischen Grund haben in den beiden abendländischen Ja-Nein-Entscheidungen: dem »Gut und
Böse« der Juden und dem »Wahr und Falsch« der Griechen.
Allgemein-menschliche Erfahrungen werden hier faßbar verschärft zu einem Konflikt, der Entscheidung fordert. Kluge
Inder und Japaner haben mir gesagt, in diesem Ja-Nein-Spiel
wurzele die Macht der europäischen Welteroberung und Welt-
zerstörung. Wie kann ein philosophisch denkender Europäer
auf diese Kritik antworten? Er wird nach der Herkunft dieser
beiden Unterscheidungen fragen. Die Antwort blieb in der bisherigen Geschichte unseres Denkens offen. Wenn wir das Gute
und das Wahre als Grund des Handelns und Erkennens ansprechen, das Gute als Grund der Schöpfung Gottes, das Wahre als
Grund der Ordnung der Wirklichkeit, wie kommt dann das
Böse und das Falsche in die Welt?

In der hebräischen Bibel bleibt die Frage nach der Herkunft
des Bösen ungeklärt. Jahwe, »Der Herr«, wie wir übersetzen,
ist der einzig wahre Gott, Schöpfer der Welt. Die Herkunft des
Bösen wird in der Sündenfallgeschichte erzählt, aber eben
darum nicht erklärt. Hiob stellt die Frage und opfert sie wieder
auf in frommer Resignation. Satan ist die mythische Figur, die
in den späteren biblischen Texten das Böse vertritt. Hier ist
Wahrnehmung von Wirklichkeit, aber keine Erklärung.

Den Anfängen der griechischen Philosophie stellt sich ebenso deutlich und kaum voll beantwortet die Frage nach dem Grund des Falschen, so in Platons *Theätet*. Wahrheit (»a-letheia«), von Heidegger als »Unverborgenheit« übersetzt, heißt, daß sich etwas als das zeigt, was es ist. Es könnte verborgen bleiben. Wie aber kann sich etwas zwar zeigen, aber als das, was es nicht ist? Hegel hat die Frage verstanden. Hat er sie gelöst?

Ich versuche den Anlauf zu einer Antwort im »Kreisgang« einer Philosophie »im Horizont der Zeit« (Picht). Als erste Formel für den Kreisgang habe ich oft gesagt: »Die Natur ist älter als der Mensch. Der Mensch ist älter als die Naturwissenschaft.« Hinzuzufügen ist hier: »Der Mensch ist auch älter als Theologie und Philosophie.« Wir verstehen unsere Herkunft, und damit unser Sein in der Gegenwart und in der Verantwortung für die Zukunft, mit Denkmitteln, deren Struktur sich selbst erst aus unserer Herkunft verstehen läßt. Der Kreis muß mehrmals durchlaufen werden, um fruchtbar zu sein. Eben darum ist es nicht entscheidend, wo wir in ihn einsteigen.

Ich wähle den Einstieg bei Buddha oder in der Evolutionstheorie. Das Abendland hat die Schöpfung oder die ewige Weltordnung harmonisiert; daher die Unverständlichkeit des Bösen, auch des Falschen. Buddha erfuhr: Leben ist Durst und Einsichtslosigkeit, eben darum Leiden. Die Evolution steht, wie wir sie heute sehen, unter dem »Kampf ums Dasein« (»struggle for survival«), einerlei, ob er, mit Mutation und Selektion, genügt, um die faktische Evolution zu erklären oder nicht. »Struggle« heißt zunächst Anstrengung, Bemühung; »Strampeln ums Überleben«. Aber »struggle« heißt auch Kampf, Konflikt. Ewiglebende Wesen könnten miteinander ohne Konflikt leben, jedes in seinem angemessenen Raum. Das organische Leben »hat den Tod erfunden«. Es beruht dann zwar zunächst auf der Konstanz des Erbguts, durch welche sterbliche Wesen immer wieder ihresgleichen erzeugen; das lehrte schon Aristoteles. Aber dieses Erbgut ist, wie wir heute wissen, in der Erdgeschichte entstanden. Und was entstanden ist, kann sich weiterbilden. Zentral ist die große »Erfindung der Natur«, ein genetischer Code, der bei Mutation nicht die ursprüngliche, sondern die neue Gestalt erblich reproduziert. Hier nun bedarf jede Spezies einer Vielheit von Nachkommen, um den Raum ihrer Lebensmöglichkeiten auszufüllen. Die Spezies, die hierin gegenüber anderen Bewerbern für denselben Raum zurückbleibt, geht unter. Und der Konflikt ist damit nicht nur zwischen den Spezies vorprogrammiert, sondern auch zwischen den Individuen jeder einzelnen Spezies. Wenn sie sozial leben, was evolutionär oft Vorteile für die Spezies bringt, so bedürfen sie einer erblichen Anlage zur Sozialordnung. Diese erzeugt bei hinreichend differenzierten Verhaltensmustern wohl stets eine Rangordnung, eine »Hackordnung« mit dem stets wiederkehrenden Konflikt um den höheren Platz in der Rangliste. Konflikt ist, so kann man sagen, faktisch Vorbedingung für Sozialordnung. Freilich auch die erbliche Fähigkeit, die entstehenden Ordnungen wenigstens zeitweilig zu akzeptieren.

Der Mensch nun war fähig, in wenigen Jahrtausenden soziale Zustände zu schaffen, auf die er genetisch nicht vorbereitet war. Dies ist nur möglich, wenn der Konflikt bewußt reguliert wird. Daher ist Moral unerläßlich, also Unterscheidung des Guten und Bösen. Und Askese vom direkten Handeln ist Vorbedingung des Urteilens und damit eines Handelns, das nicht mehr bloßes Reagieren, sondern Agieren ist. Urteile aber sind darstellende Handlungen, z. B. Sprachhandlungen, die »etwas bedeuten«. Wie alle Handlungen können sie glücken oder mißlingen, also, wie wir sagen, wahr oder falsch sein.

Georg Picht beginnt seinen vorletzten publizierten Text, den Aufsatz »Über das Böse« (»Hier und Jetzt« II, am Ende des Buchs), mit dem Satz: »Das Böse ist das Undenkbare schlechthin«, um zwei Seiten später zu erläutern, unsere Philosophie und Wissenschaft hätten einen Wahrheitsbegriff entwickelt, der das Böse undenkbar mache, die Kunst aber habe, zumal seit dem 19. Jahrhundert, das Böse überzeugend dargestellt. Kunst ist Wahrnehmung von Gestalt durch Schaffung von Gestalt. Die Gestalt des Bösen ist real wahrnehmbar. Picht fährt fort, daß das Böse eben schon die Natur durchzieht, soweit es Lebewesen gibt, denen etwas wie Handlung zugeschrieben werden kann. Adam und Eva »lernten« nur, was gut und böse ist. Damit waren sie aus dem Paradies ihres relativ stabilen Biotops in die bewußte menschliche Geschichte als Erkenntnis des Guten und Bösen gestoßen. Und diese Geschichte ist Leiden des Menschen an sich selbst.

Wenn wir eine Partie der Naturwissenschaft, hier die Evolutionslehre, als »abgeschlossene Theorie« schlicht glauben, so scheint damit das Problem der Herkunft des Bösen und des Falschen geklärt. Aber wie vereint sich das mit der überlieferten Theologie und der überlieferten Metaphysik? Die Kirche kann die kopernikanische Theorie und die Evolution, auch die Tiefenpsychologie nicht mehr schlicht leugnen, wie sie es in begreiflicher Angst einst getan hat: diese Konflikte werden entschieden. Sie konnte auch nicht auf die Dauer den Konflikt beilegen, indem sie, wie z. B. auf hohem Niveau Bultmann, den Glauben auf das »Existentielle« beschränkte und die Natur der Wissenschaft zum Fraße hinwarf. Die Quantentheorie lehrt uns, die substantielle Trennung von Materie und Bewußtsein nicht mehr zu glauben; Verhaltensforschung an Tieren und Psychologie des Unbewußten lehren uns, sehr viel kritischer als zuvor kausal über menschliches Verhalten nachzudenken. Aber ebensowenig darf man meinen, die Wissenschaft habe eben gesiegt und Theologie und Philosophie seien als altmodisch außer Kraft gesetzt. Der Schritt in die Philosophie geschieht faktisch jedesmal, wenn Wissenschaften merken, daß sie nicht wissen, was die Worte bedeuten, in denen sie ihre Methoden auslegen; das »Leib-Seele-Problem« der Biologie und Medizin ist ein hier relevantes Beispiel. Und die Theologie hat sich immer verpflichtet gesehen, über die menschliche Alltagsmoral zu urteilen. Die katholische Beichte ist ein klassisches Beispiel, der calvinistische Moralismus ein anderes, das nach Max Weber für die Entstehung des Kapitalismus wichtig war, nach meinem heutigen Empfinden ebenso für die Gestalt der amerikanischen Außenpolitik wie für den Radikalismus westlicher Friedensbewegungen; ein drittes, tief eindrucksvolles Beispiel ist die südamerikanische Befreiungstheologie. Die Theologie versäumt ihre Pflicht, wenn sie sich dem säkularen Alltag entzieht. Eine Sozialwissenschaft andererseits, welche die verborgen fortwirkende Wahrheit der Bergpredigt nicht spürt, hat ihren Gegenstand nicht adäquat verstanden. Es handelt sich um ein gemeinsames Problem von Theologie und Philosophie, von Wissenschaft und Alltagsmoral.

Die Geschichte der Theologie ist also nicht nur deshalb von Konflikten durchzogen, weil Theologen und Philosophen

»auch nur Menschen sind«, zumal als Träger von Macht. Die klassischen theologischen und philosophischen Konflikte sind umgekehrt auch Folge davon, daß Theologie und Philosophie die »profangeschichtlichen« Konflikte ihrer Mitmenschen zu verstehen versucht, also ernstgenommen haben. Will man die Konflikte der Theologen und ebenso die der Philosophen verstehen, so wird es nicht genügen, die vorgebrachten Argumente zu überprüfen; man muß versuchen, ihre jeweiligen menschlichen Motive zu verstehen. Ich versuche hier einen kleinen Gang durch die Geschichte der bekannten Konflikte und ihrer Motive, soweit ich die Motive zu verstehen meine.

Ich beginne mit der Philosophie, also mit den Griechen. Die frühe griechische Geschichte, soweit sie überliefert ist, ist erfüllt von wach ausgefochtenen Konflikten oft kleiner Einheiten auf Halbinseln und Inseln, von Familienkonflikten in Herrscherfamilien. Die Götter sind so parteiisch wie die Menschen. Das einende Gute wird freilich gesucht, so wenigstens die Einheit aller Griechen im Epos vom Trojanischen Krieg, real in den erfolgreich ausgefochtenen Perserkriegen, historisch in Herodots Stilisierung der Weltgeschichte als Konflikt zwischen Asien und Europa. Die grundsätzliche Reflexion greift weiter. Hesiod findet das Gute und Schlimme der Menschheitsgeschichte im Überblick über die Abfolge der vier Zeitalter. Den Beginn der Philosophie beschreibt Picht, einleuchtend, als Epiphanie eines Gottes, des Einen bei Parmenides. Das Motiv der Orientierung an der Einheit ist hier evident. Das Eine ist, so lehrt Platon, das Gute; es zeigt sich, in der Unverborgenheit des Seienden, als das Wahre. So ist in dieser Philosophie im Entwurf kein Gegensatz zwischen dem Guten und dem Wahren. Die Philosophie wurde, später stoisch oder neuplatonisch, die Religion der Gebildeten des Mittelmeerraumes. Theologie ist der Name ihrer Kerndisziplin.

Aber dieses Bild der Einheit wird fordernd errichtet inmitten einer Welt der Konflikte. Platons Motiv ist weitgehend politisch-moralisch, so auch das Motiv der Stoa, eines geistigen Trägers der hohen Phasen des römischen Kaisertums. Wie kann die Philosophie versuchen, das Schlechte zu verstehen? Die klassische Formel: das Schlechte ist Mangel des Guten. Wie aber ist solcher Mangel verständlich zu machen? Ich zitiere eine Anekdote aus der Frühphase unseres 20. Jahrhunderts. Gershom Scholem erzählt, daß er bei Hermann Cohen Philosophie lernte, und Cohen sagte: »Das Böse ist für die Philosophie nur Mangel des Guten. Reale Existenz hat das Böse nur im Mythos.« Scholem fährt fort: »Ich folgerte: wenn das wahr ist, werde ich in meinem Leben nicht Philosophie, sondern Mythos studieren.« Und er wurde der größte Kenner der Kabbala. Hier hat sich der seiner Tradition und Erfahrung bewußte Jude gegen die griechische Tradition gewehrt. Die Griechen gehörten zu den Herren der Welt, die Juden seit dem Ende des davidisch-salomonischen Reichs, oder spätestens seit dem babylonischen Exil, zu den Beherrschten. Der Herr sieht das Schlechte als Mangel, der Beherrschte sieht es als böse.

Ein innerer Konflikt der griechischen Philosophie war der – später als der Konflikt von »Idealismus« und »Materialismus« bezeichnete – Konflikt zwischen der platonisch-aristotelisch-stoischen Tradition und der Tradition des Atomismus. Epikur sucht das Gute nicht in dessen politischer Herrschaft, sondern im wissenden Glück. Die Tendenz ist zumal gegen den verlogenen Herrschaftsanspruch der selbstgerechten Moral in der Religion gerichtet; Lukrez: »Tantum religio potuit suadere malorum«: so viele Übel hat die Religion hervorgebracht. Daher: verbannt die Götter in deren privates Glück in den Intermundien und lernt die Zufriedenheit mit dem, was ihr habt! Wohl auch dies letztlich eine Glückslehre der klugen Verzichtenden aus der besitzenden Oberschicht.

Nun wird die Philosophie mit der jüdischen Tradition in Gestalt des christlichen Glaubens konfrontiert. Wir müssen daher dieser vielbesprochenen Tradition einen Blick zuwenden. Jahwe, zunächst ein »eifersüchtiger« Stammesgott, lehrt das Gute im Gesetz. Auch dieses Gute ist von Anfang an politisch: es bedingt die Existenz des von Jahwe gewählten Volkes. Die Abgrenzung wird notwendig polemisch. Eine der entsetzlichsten Konflikt-Triumph-Erzählungen berichtet, wie Elia, politisch von Baal-Anbetern mörderisch verfolgt, zuletzt beim König siegt und vierhundert Baalspriester »schlachtet«, wie es in der Lutherbibel heißt. Er durfte am Ende seines Lebenskampfs für das Gute im feurigen Wagen zum Himmel fahren. Man hat diese Episode zum symbolischen Anfang der Intoleranz von

Judentum, Christentum und Islam erklärt, welche den Asiaten so schrecklich erscheint. Gerhard von Rad erläutert in seiner *Theologie des Alten Testaments* den Gegenstand des Streits: das reine Gute, in treuer Erfüllung der zehn Gebote und ihrer Folgen, gegen Fruchtbarkeits- und National-Götter, die den Menschen dasjenige gewähren und heiligen, was die Menschen gerne wollen. Hier ist das Böse positiv vorhanden; es findet sich schlicht in der Welt der Völker und Götter vor. Erklärungsbedürftig wird das Böse erst, wenn der Gott des Gesetzes als einzig wahrer Gott, darum als einziger Gott, als Schöpfer der Welt verstanden wird. Und erklärt wird das Böse dann nicht.

Jesus spricht aus und lebt vor, was die großen Propheten gesehen haben. Warum mußte die jüdische Obrigkeit ihn, mit der erforderlichen, wohl eher widerwilligen Zustimmung des römischen Statthalters, zur Hinrichtung bringen? Der Grund ist offenkundig politisch. Wo bleibt der schwankende Kompromiß des jüdischen Eigenlebens mit der römischen Herrschaft, wenn das Volk einem Prediger nachläuft, der als der Messias verkündet wird? Sein Weg war der Weg des Friedens und der sehenden Liebe, aber seine Vision war apokalyptisch: das Reich Gottes, das schon begonnen hat, die einzige echte Form menschlichen Zusammenlebens. Er wußte, daß er damit den Konflikt brachte, das Schwert, durch das Feuer, das er entzünden wollte. Der tiefste, bis heute ungelöste Konflikt der Menschheit.

Die christliche Kirche akzeptierte die Denkmittel der griechischen Philosophie. Es entstand die konfliktträchtige Kontamination der Schärfe der jüdischen Unterscheidung des Guten und Bösen mit der griechisch-logischen Unterscheidung des Wahren und Falschen. Politisch notwendig werdende Konzilien beanspruchen, mit ihrer jeweiligen Version der Interpretation des von Christus gebrachten Guten, genau das Wahre zu sagen. Auf die Geschichte der damit erzeugten Konflikte gehe ich hier nicht ein.

Ich wende mich noch einmal der Philosophie zu, ihren Konflikten im zweiten christlichen Jahrtausend. Die vorwiegend neuplatonische Begrifflichkeit des ersten Jahrtausends hatte der mystischen Erfahrung eine Sprache gewährt, der einzigen Erfahrung, die in der Fortdauer der diesseitigen Reiche doch in einem großen Entwurf Ernst machen konnte mit der vollen Gegenwart Gottes. Nun aber wendet sich das Denken der diesseitigen Zivilisation zu, die zu physischer Weltbewältigung aufsteigt. Das geschieht in etwa drei Schritten: der Rezeption des empirisch sehenden Aristoteles, der Betonung der Realität des Einzelnen im Nominalismus, der mathematischen Meisterung der Erfahrung in der Naturwissenschaft. Mit dem beginnenden Sieg der Naturwissenschaft tritt ein antiker Konflikt wieder hervor, den ich vorhin schon mit dem späteren Namen des Konflikts von »Idealismus« und »Materialismus« bezeichnet habe. Eigentlich »idealistisch« ist eine strikt platonische Philosophie, für die es nur die essentiell geistigen reinen Gestalten gibt; im *Timaios* sind auch die Atome des Feuers zwar vielheitliche und bewegte, aber rein mathematische Tetraeder. Aristoteles bringt wieder die anerkannte Zweiheit von Form und Materie. Nun setzt sich der cartesische Dualismus durch. Was bedeutet er?

Man wird einen prinzipiellen Dualismus wohl immer als die Internalisierung eines Konflikts ansehen dürfen, als die Anerkennung von zwei isoliert unvereinbaren Motiven. Der Dualismus von Leib und Seele bei den Griechen, von Fleisch und Geist (sarx und pneuma) bei den Christen ist uralt. Er hat eine ethische Funktion. Christlich gesagt: Du findest dich mit fleischlichem Begehren vor; folge nun aber dem erlösenden Weg des Geistes! Auch platonisch: Du findest dich in den Illusionen der Sinne vor, im Höhlengleichnis gesagt, als Gefangener in der Höhle; wende dich völlig um, schau ins Licht und steige auf in die Freiheit. Aber das Fleisch und die Sinne bleiben im recht verstandenen Christentum oder Platonismus wirklich und gewollt. Im 4. Evangelium: das Wort (logos, der schöpferische göttliche Geist) wurde Fleisch als Jesus Christus, um uns zu erlösen; denn die Welt des Fleisches ist Gottes Schöpfung, die nur vom Bösen befreit werden soll. Bei Platon: du mußt, wenn du bis zum Anblick der Wirklichkeit im Sonnenlicht, d. h. in philosophisch strenger Sprache der Urgestalten (ideai) im Lichte der Gestalt des Guten aufgestiegen bist, wieder absteigen in die Höhle und die Menschen dort belehren, auch wenn sie dich hinrichten werden wie den Sokrates; denn auch die physische Welt erweist sich, wenn du sie verstehst, als eine Welt bewegter Ideen. So ist der Dualismus nur die Ausgangslage. Die platonisch verstandene und gestaltete Welt, die christlich erlö-

ste Welt ist einheitlich; »Auferstehung des Fleisches« als Verheißung an die Christen.

Diese Motive sind bei Descartes noch da, aber eher verwandelt in den Kompromiß mit der Naturwissenschaft, der den
Geist vor der Unterwerfung unter die kausal durchschaubaren
mathematischen Gesetze der Materie schützen soll.* Das
menschliche Bewußtsein will hier nicht ein Kind der Natur
werden, sondern der Herr der Natur: »maître et possesseur de
la nature«, ihr Meister und Eigentümer. Von hier leitet sich die
vor allem in Deutschland starke »Subjektivitätsphilosophie«
her, deren größter Meister wohl doch Kant war. »Der Verstand
schreibt der Natur ihre Gesetze vor.« Diese Philosophie blieb,
durch wechselnde Nachfolger in Deutschland auch im 19. Jahrhundert bei den meinungsbildenden Geisteswissenschaften dominant. Aber ihre wirkliche Fruchtbarkeit kann nach meinem
Empfinden erst durch ihre freilich undogmatisch-arbeitshypo-
thetische Anwendung in der Deutung der Quantentheorie zum
Tragen kommen; erst so wird Schelling legitimiert. Und dies
setzt den Fortschritt der Naturwissenschaften voraus als den,
verglichen mit der Subjektivitätsphilosophie, vermutlich gedanklich flacheren, aber historisch wichtigeren Prozeß, der im
17. und 18. Jahrhundert vor allem in England und Frankreich
geschah und erst im 19. nach Deutschland mächtig übergriff,
das dann im ersten Drittel des 20. Jahrhunderts jedenfalls in der
theoretischen Physik weltweit führend wurde (durch Adolf
Hitler beendet).

Die Naturwissenschaft hat in ihrer – oft unausdrücklichen –
philosophischen Haltung eine natürliche Neigung zum »Materialismus«. Ich möchte darin gegenüber dem cartesischen
Dualismus eine Stärke sehen. Der »Materialismus« glaubt wenigstens an die Einheit der Wirklichkeit. Er blieb freilich, ehe die
Quantentheorie kam, hilflos gegenüber dem »Leib-Seele-Problem«. Hobbes wandte gegen Descartes ein: »Warum sollte die
ausgedehnte Substanz nicht denken können?« Aber wie sie das
machen soll, blieb dunkel. Doch dieses Problem hinderte nicht
den Fortschritt der begrifflichen Aufgliederung des Naturge-

---

* Descartes hoffte auf die Anerkennung durch die Sorbonne, weil er die Unsterblichkeit der menschlichen Seele gesichert habe.

schehens, der nichts als die »materiellen« Vorgänge und ihre Gesetze zum Thema wurden. Und dazu kommt ein starkes ethisch-politisches Motiv. Es dürfte kein Zufall sein, daß der Marxismus sich materialistisch verstand. »Geist« ist die hochmütige Selbstidentifikation der herrschenden Klasse. Der »leibeigene« Bauer, der »Handarbeiter«, sie alle sind durch materielle Existenz und Leistung gekennzeichnet. Der Dualismus hat den Leib verachtet, die Materie versklavt; nun aber soll die Materie frei werden. Für Marx sind schon in seiner Doktordissertation Demokrit und Epikur die wichtigen Philosophen der Antike, die Gegner der platonischen Herrschaftsideologie.

Daß man überall in der Kultur, besonders deutlich aber in der Religion und Philosophie, auf die Motive sehen soll und daß diese Motive Konflikte ausdrücken, nämlich den »Willen zur Macht«, ist schließlich Nietzsches Lehre. Und er kündigt die kommenden Jahrhunderte als Jahrhunderte realer Konflikte an. »Es wird Kriege geben, wie noch keine geführt worden sind.« Heute, hundert Jahre nach seinem Verstummen, blicken wir auf zwei Weltkriege, auf soziale Revolutionen in den größten Reichen zurück, wir sehen den gegenwärtigen Konflikt von Reichtum und Armut, von Mensch und Natur. All dies unter der fortdauernden Herrschaft des Abendlandes durch seine Denkformen.

4. Evolution als Hintergrund

Im vorigen Abschnitt haben wir der Theologie und Philosophie als dritten Partner die Wissenschaft gegenübergestellt. Für die Länge eines Abschnitts wollen wir die Frage verfolgen, was die Theologie von einem Zweig der Naturwissenschaft zu lernen hat: von der Geschichte der Natur, von der Kosmologie, speziell aber von der Evolution des organischen Lebens, aus welcher auch der Mensch mit seiner Geschichte hervorgegangen ist (vgl. I 8.2). Wir versuchen dies unter drei voneinander unabhängigen Themen:

a. Geschichte der Natur als theologisches Thema.
b. Opfer in der Frühkultur.
c. Biologischer Hintergrund religiöser Erfahrung.

a. Geschichte der Natur als theologisches Thema

Die Entdeckung, daß es überhaupt eine Geschichte des Kosmos und des Lebens in der langen, aber zum mindesten für das irdische Leben endlichen Zeitspanne von mehreren Milliarden Jahren gibt, weicht von allen überlieferten Bildern der geschichtlichen Zeit ab. Ich glaube nicht, daß sie an den echten Erfahrungen der Religionen etwas Fundamentales ändert. Aber sie nötigt die Religionen, ihre jeweilige rationale Beschreibung der geschichtlichen Zeit zu modifizieren.

Wie haben die Religionen die geschichtliche Zeit gesehen?

In den *magisch-mythischen* Frühreligionen gibt es vielfache geschichtliche Mythen, meist die Herkunft des eigenen Stammes, der Familie oder des Volkes, auch der Stadt betreffend, aber auch die Herkunft der Natur; sie umfassen meist nur eine endliche, oft nicht scharf abgegrenzte Zeit, enthalten echte geschichtliche Erinnerungen, für die Vorgeschichte oft Götterkämpfe, und der Anfang wird in geheimnisvollen Bildern angedeutet. Die *weisheitlichen* Religionen Ostasiens blicken auch auf die Anfänge des Herrschertums und zuvor der menschlichen Zivilisation zurück, deren Ursprung mythisch angedeutet wird, aber im pragmatischen Denken offenbleibt. Die *mystische* Religion Indiens hinterfragt die mythisch überlieferten Anfänge in grenzenlose Ketten von Entstehen und Vergehen hinein; das Bild vermittelt das Erlebnis der Endlosigkeit der Zeit. Umgekehrt setzen die *prophetischen* Religionen mit der auch christlich und islamisch akzeptierten jüdischen Schöpfungsgeschichte einen festen Anfang der Welt und mit ihr, am sechsten Tag, des Menschen, und sie erwarten ein Ende. Die *aufklärende* Religion des Abendlandes wird in der griechischen Philosophie spekulativ zur Ewigkeit als Hintergrund der ablaufenden Zeit genötigt; ihr Kompromiß mit der christlichen Schöpfungsgeschichte veranlaßt die scholastische Theologie, diesem Bild, das der »natürlichen« Vernunft entstammt, die »geoffenbarte« Schöpfung in der Zeit gegenüberzustellen. Die *Naturwissenschaft* der Neuzeit führt mit der linearen Zeitkoordinate zunächst wieder eine unendliche Zeitdauer ein, die erst in unserem Jahrhundert in Frage gestellt wird.

Was haben wir heute über die geschichtliche Zeit zu denken? Wie spiegeln sich die Überlieferungen in diesem Denken?

Die frühen Mythen, einschließlich der ostasiatischen Weisheit, werden strukturell fast am wenigsten modifiziert. Sie waren Bilder der endlichen Vorgeschichte der menschlichen Kultur, Wahrnehmung dieser Geschichte durch Schaffung einer der eigenen Bildwelt zugänglichen Gestalt. Hier hat man nur zu lernen, daß wir heute über die Vorgeschichte mehr wissen. Die Mythologie als Denkform wird freilich durch wissenschaftlich-rationales Schließen ersetzt. Auch dies ist pragmatisch leicht zu übernehmen; Japaner und zunehmend Chinesen treten mit an die Spitze moderner Naturwissenschaft. Dabei bleibt das Verhältnis von mythischer Bildlichkeit, wissenschaftlichem Denken und mystischer Erfahrung für bedeutende Gelehrte (z. B. Hideki Yukawa) ein wichtiges philosophisches Problem. Die Inder finden sich kaum in einer anderen Lage. Ihre Abfolge von Weltaltern ist ein hochspekulativer Mythos, mit der Länge kosmischer Zeitdauern, die wir heute abschätzen, mühelos vereinbar und die Frage offenhaltend, ob der »Urknall« vielleicht nur ein Spezialereignis in einer längeren Kette war.

Ein Problem hatte jedoch die christliche Schöpfungsgeschichte mit neuzeitlicher Astronomie und Evolutionslehre (*MsG* 7.6; auch *Bw* 4.3). Dies verdient vielleicht in mehreren begrifflichen Ebenen erwogen zu werden.

Ein historisch wichtiger Schritt zum Sieg der Aufklärung war die Erschütterung des Glaubens an eine »wörtliche« Interpretation des Bibeltextes. Das geschah schon vor der geschichtlichen Einsicht, durch den Sieg des kopernikanischen Systems. In der geschichtlichen Fragestellung waren dann die knapp 6000 Jahre Geschichte, die man aus den Patriarchenaltern berechnet hatte und die heute noch die orthodox-jüdische Zeitrechnung bestimmen, mit Geologie und Astronomie wenigstens seit dem späteren 18. Jahrhundert nicht mehr vereinbar; für uns bezeichnen sie etwa die Geschichte der Hochkultur. Der Schock für den christlichen Glauben ging aber tiefer als verdient. Hier liegt das relative Recht des fundamentalistischen Protests (vgl. II 10.3D, S. 1043 ff.). Die Aufklärung nimmt vielfach Inhalte nicht mehr wahr, die im Bibeltext ausgedrückt sind. Aber der Fundamentalismus wählt die Verteidigung genau des Unhaltbaren im traditionellen Verhältnis zu diesem Text. Er verteidigt einen naiven Rationalismus, »der Wortlaut ist wahr«, gegen den subtileren Rationalismus der Wissenschaft. »Man kann die Bibel nur entweder ernst oder wörtlich nehmen«: das wäre die Antwort an den Fundamentalismus. Aber wie nimmt man die Bibel ernst?

An einem anderen, ebenfalls geschichtlichen Problem ist mir eine erste Antwort auf diese Frage deutlich geworden, an der geschichtlichen Interpretation der hebräischen Bibel, des Alten Testaments, wie die Christen sagen. Beginnend mit Spinozas theologisch-politischem Traktat, tief begründet in der philologisch-historischen Analyse des Textes durch christliche Gelehrte im 19. Jahrhundert (Wellhausen), deutlich in unserem Jahrhundert bei Exegeten wie G. v. Rad, W. Zimmerli, C. Westermann, lehrte sie den Text als historisches Dokument, nicht mehr »durch die christologische Brille«, auch nicht durch die orthodox-jüdische Brille, zu lesen. Und als ich ihn, belehrt durch diese Tradition, zu lesen begann, leuchtete er mir auf als eines der größten Dokumente der Menschheitsgeschichte.

Was aber lehrt der Text zu den Fragen, die uns soeben beschäftigen?

Hier nenne ich zuerst, eher abwehrend, eine neuere Debatte über den Anfang der Welt. Einige Theologen, auch Physiker, haben gemeint, die heute plausible Lehre vom Beginn der beobachteten Expansion des Universums in einem »Urknall« (»Big Bang«) bestätige nun doch die christliche Lehre von der Schöpfung in der Zeit. Theologisch scheint mir diese Meinung inkonsequent, ein Überrest des Fundamentalismus. Wenn alles Gottes Schöpfung ist, so auch die Zeit. Er kann sowohl eine endliche wie eine unendliche Zeit geschaffen haben. Es ist kennzeichnend für unsere menschliche Bindung an die Anschauungsform der Zeit, daß wir selbst einen solchen Gedanken in der indogermanischen Flexionsform des Perfekts aussprechen: er »hat geschaffen«. Aber wenn Gott über allem, also auch über der Zeit steht, so bedarf unser Glaube hieran dessen nicht, daß wir uns auch Gottes Verhältnis zur Welt nur im Zeitablauf ausmalen; ebendies macht aus Gott eines der Wesen in der Zeit.

Ich habe diese Frage genannt, nicht nur weil sie aktuell diskutiert wird, sondern weil sie ein subtileres Beispiel dafür bietet, was es heißt, die Bibel ernst und eben darum nicht »wörtlich« zu nehmen. Theologie kann nur Wahrnehmung von Wirklichkeit durch Schaffung sprachlicher Gestalt sein. Große Theologen haben stets gewußt, daß ihre Aussagen in diesem Sinne Gleichnisreden sind. Man kann eine Gleichnisrede interpretieren, indem man sie durch eine andere Gleichnisrede erläutert.

Eine solche Erläuterung könnte das Weiterfragen nach den Motiven der einander gegenüberstehenden Ansichten sein. Warum wünschen die Christen die Schöpfung in der Zeit, warum wünschen viele Naturwissenschaftler die unendliche Zeitskala? Dies dürfte mit der doppelten Herkunft unserer Kultur aus der prophetischen und der aufklärenden Religion zusammenhängen. Die prophetische Religion glaubt, wie man heute religionsgeschichtlich sagt, an einen persönlichen Gott; und eine Person stellen wir uns handelnd in der Zeit vor. Die griechische Philosophie kann das Göttliche nur überzeitlich denken. Die glatte mathematische Ausdrucksweise der linearen Zeit in der heutigen Physik ist nach meiner Ansicht nicht zwingend (I 7.B3 und D3). Ich habe aber Physiker gekannt, wie Walther Nernst, der, mit Hubbles Weltexpansion konfrontiert, mit Leidenschaft sagte: »Endliche Zeit ist keine Naturwissenschaft!« In diesem Pathos empfand ich das Motiv, daß für den dem christlichen Gottesglauben entfremdeten Naturwissenschaftler das ewige Universum das emotionale Bedürfnis nach Gott befriedigte. Dazu bekennt man sich heutzutage nicht, aber das elementare Bedürfnis der meisten Physiker nach der unendlich-linearen Zeit gibt mir zu denken.

Im Grunde sind alle diese Debatten inhaltlich nicht sehr belehrend. Wichtiger wird die Schöpfungsgeschichte, wenn sie sich der Biologie, somit der Evolution nähert. Moderne christliche Theologen sehen keine Schwierigkeit darin, Gottes Schöpfung auf dem Wege der Evolution geschehen zu lassen. Dabei versucht man manchmal noch eine Defensivmauer gegen den Physikalismus zu bauen, indem man die darwinistische Kausalerklärung durch Variation und Selektion verwirft; dazu I 8.2 und 4. Viel wichtiger für das Verhältnis zu den Religionen

ist die Abstammung des Menschen vom Tier. Die biblische
Schöpfungsgeschichte trennt den Menschen deutlich vom Tier:
alle Pflanzen und Tiere sind je nach ihrer Art geschaffen, aber
nur der Mensch nach Gottes Bilde. Vordergründig leichter mit
der Evolution hat es die indische Wiedergeburtslehre, die zwar
die Evolution der Spezies nicht kennt, wohl aber für die individuelle Seele den Übergang zwischen tierischen und menschlichen Existenzen. Die für Hindus und Buddhisten oft irritie-
rende europäische scharfe Trennung von Mensch und Tier mit
freier menschlicher Verfügung über das Leben von Tieren hatte
in der christlichen Tradition die Schöpfungserzählung auf ihrer
Seite. Dabei läßt sich die biblische Formulierung sehr wohl
auch im Rahmen der Evolution interpretieren. Auch die evolutionistische Ethologie beschreibt sorgfältig den Unterschied
menschlichen Verhaltens von dem der tierischen Vorfahren,
und das biblische Bild von Gott enthält dann ebendiese Züge
des Menschen. Der christliche Neuplatoniker Johannes Kepler
konnte das Wiedererkennen von Gottes Schöpfungsgedanken
in der Astronomie als Gottesdienst verstehen, dessen der
Mensch, nach Gottes Bild geschaffen, fähig sei.

Das Wichtigste aber ist der im vorigen Abschnitt über Konflikte zentrale Punkt. Die Evolution erklärt die buddhistische
Erfahrung des Leidens durch Durst und Einsichtslosigkeit. Sie
erklärt auch die jüdische Erfahrung des Bösen. Dabei ist das Böse
im Sinne der jüdischen Einsicht in der Tat erst ein menschliches
Phänomen. Erst der Mensch kennt das Gesetz, die bewußt geforderte Ethik, die jüdisch als Gottes Gebot verstanden wird. Die
Unerklärtheit des Bösen ist eine Schwäche der »wörtlich« verstandenen Schöpfungstheologie. Dies ist – am Rande bemerkt –
eine Schwäche der Ökologie als »Bewahrung der Schöpfung« in
der Thematik des »konziliaren Prozesses« (II 10.3F); sie muß
sich deshalb auf Gottes ausdrückliches Gebot der Fürsorge für
die Geschöpfe berufen. Der Buddhismus akzeptiert die Fakten
von Durst und Einsichtslosigkeit schlicht und erspart sich dadurch ein theologisches Problem (dazu Abschnitt 6).

Es sind die konkreten Einsichten der Evolutionsbiologie, die
uns auch über Hintergründe der Religionsgeschichte zusätzlich belehren können. Hierzu blicken wir auf den Abschnitt
I 8.2 »Evolution« zurück.

b. Opfer in der Frühkultur

Der Tod ist eine Erfindung des Lebens. Er ist eine Erfindung der Evolution.

Man kann diesen Satz in mehreren Stufen zunehmenden Details interpretieren.

Zunächst zum Sinn der Worte. Einen Stein nennen wir nicht »tot«, wir nennen ihn vielleicht »unbelebt«. Das organische Leben wird von »Individuen« getragen, welche nicht, wie schon Steine oder Moleküle, bloß entstehen und vergehen, sondern welche systematisch gemäß dem Erbgut erzeugt werden, wachsen, Gefahren abwehren, und schließlich sterben. Individuum und Tod sind eine zusammengehörige »Erfindung der Evolution«.

Zweitens könnte man sich sehr wohl unsterbliche Individuen denken. Aber es ist für die Evolution vorteilhaft, daß Individuen sterben und anderen Individuen den Platz räumen. Dies geht so weit, daß wir selbst das Altern als vorprogrammierten Prozeß verstehen müssen.

Drittens hat die Evolution auch das Töten erfunden, zunächst als die Ernährung durch lebendige Speise. Das ist der Unterschied von Pflanze und Tier. Die Pflanze lebt vom Boden, von der Luft, der Sonnenstrahlung; im Boden auch von seinen organischen Relikten. Das Tier lebt zunächst von pflanzlichen Stoffen. Diese sind vorfindlich. Die Evolution hat dann das Zusammenspiel von Blüte und Insekt und die Samen in der eßbaren Frucht hervorgebracht. Sie entwickelt aber auch Dornen und Gifte als Gegenwehr gegen Tiere, die die Pflanze fressend töten. Und dann entstehen »Raubtiere«, die von anderen Tieren leben. Das angeborene oder erlernbare Verhalten, um der tierischen Beute habhaft zu werden, nennen wir die Jagd.

Wir kommen zum Menschen. Frühe Kulturen nennen wir Sammler- und Jägerkulturen. Stilisiert gesagt: die Frau sammelt pflanzliche Nahrung, die Männer organisieren die Jagd auf Tiere. Die Jagd scheint fundamental zu sein für die frühe Formung der menschlichen Gesellschaft.

Frühe Verhaltensnormen in der menschlichen Gesellschaft nun sind weitgehend rituell. Das ist die Stilisierung als Voraussetzung der Spontaneität (I 9.3 »Assoziationen zum Ort der

Kunst«). So wird auch das Töten ritualisiert: es entsteht das Opfer. Ohne Verständnis für das Opfer sind die Frühformen der Religion nicht einfühlbar, nicht zu verstehen.

Ich bin in früher Religionsgeschichte nicht bewandert, will das Thema hier nicht ausbreiten und stütze mich für einige Bemerkungen auf einen Vortrag des klassischen Philologen Walter Burkert mit dem charakteristischen Titel »Anthropologie des religiösen Opfers. Die Sakralisierung der Gewalt«.*

Man findet das Tieropfer als zentralen religiösen Vorgang wohl in allen frühen Hochkulturen. So Burkert in seinem Fachgebiet der griechischen Kultur. In der Bibel beginnt die menschliche Geschichte nach der Vertreibung aus dem Paradies mit dem Wettkampf von Kains Opfer von Feldfrüchten und Abels Opfer eines Schafs: und Gott sah Abels blutiges Opfer an, das Opfer Kains aber nicht. Selbst Menschenopfer wurden rituell dargebracht; bei uns vielzitiert die Opfer der Azteken. In der Bibel erprobt Gott den Gehorsam Abrahams mit dem Befehl, seinen und Sarahs einzigen Sohn Isaak zu opfern; im letzten Augenblick nimmt Gott den Widder als Stellvertreter des Sohnes zum Opfer an. Ein Mensch kann stellvertretend für sein Volk zum Opfer gebracht werden, so in der griechischen Überlieferung Iphigenie und Ödipus. Die christliche Tradition hat Christus als »Lamm Gottes«**, als stellvertretendes Opfer für die Menschheit gesehen. Im Meßopfer ist dies bis heute liturgischer Mittelpunkt des Gottesdienstes.

Warum das Opferritual? Schon beim frühesten Propheten des Bibeltextes, Amos, (760 v. Chr.) sagt Gott: »Ihr bringt den Unschuldigen in Not, ihr laßt euch bestechen und weist den Armen ab bei Gericht« (Am. 5, 12). »Ich hasse eure Feste, ich verabscheue sie und kann eure Feiern nicht riechen. Wenn ihr mir Brandopfer darbringt, ich habe kein Gefallen an euren Gaben, und eure fetten Heilsopfer will ich nicht sehen« (Am. 5, 21–22). In diesem Text ist die emotionale Genugtuung am legitimen Opferdienst noch selbstverständlich bekannt, aber sie ist ver-

---

*   Carl Friedrich von Siemens-Stiftung, München 1983. Als Manuskript gedruckt, 2. Auflage 1987. Dazu vom selben Verfasser: *Homo Necans. Interpretation altgriechischer Opferriten und Mythen*, Berlin 1972.
**   Joh. 1, 29, 36; 1. Kor. 5, 7; Hbr. 9–10.

worfen als Ausflucht aus der wahren sittlichen Forderung. Gehen wir 2750 Jahre weiter, in unsere Gegenwart, so ist denen, die sich als modern empfinden, das Erlebnis des Opferdienstes seelisch völlig fremd. Ob wir den Unschuldigen und Armen helfen, ist nun Frage der Politik. Das tiefwurzelnde Bedürfnis, Blutvergießen zu sehen, befriedigt das Fernsehen. Sind wir humaner geworden?

Woher aber das uralte Ritual des Tötens? Konrad Lorenz sagt, bei wehrhaften Raubtieren, etwa Wölfen, gebe es im Rangordnungskampf die Demutsgeste des Unterlegenen, die den Sieger hindert, ihn totzubeißen. Dies ist schon Ritualisierung im ererbten Instinktverhalten. (Einschränkungen selbst hiervon, wie sie die neuere Soziobiologie uns kennen lehrt, heben die Struktur dieses Vorgangs nicht auf, berauben ihn nur der simplen Allgemeingültigkeit.) Der Mensch, von Natur unbewaffnet, aber fähig, kulturell Waffen zu erfinden, bedarf eines traditionellen Rituals, wenn seine Gesellschaft überleben soll. Burkert diskutiert verschiedene Beurteilungen der Herkunft des Rituals. Jedenfalls gibt es den Ersatz des allgemeinen Mordens durch die Auswahl eines Opfertiers. Und Ritual als solches ist Wahrnehmung des Notwendigen durch Schaffung einer Gestalt. Unter dem Titel »Stilisierung« habe ich dasselbe in den »Assoziationen zum Ort der Kunst« I 9.3 als Vorbedingung der Fähigkeit spontanen Handelns bezeichnet, als Wahrnehmung der möglichen Gestalten des Handelns. Und dort wage ich die Vermutung, daß Gestaltwahrnehmung als solche beglückend ist, eben weil sie unser Handeln erst möglich macht.

Diese Erwägungen mögen ein kleiner Beitrag zum Verständnis der Religionsgeschichte sein.

c. Biologischer Hintergrund religiöser Erfahrung

Die beiden vorangegangenen Fragestellungen – Theologie zur Naturgeschichte und Opfer in der Religionsgeschichte – entstammen einer abendländischen Denktradition, welche den fragenden Intellekt getrennt hält vom befragten Gegenstand. Die jetzige Frage, auch wenn der Name einer westlichen Wissenschaft in ihr gebraucht wird, kommt aus einer leiblich-seelischen Selbstwahrnehmung, die es so bisher wohl nur in asiati-

schen Traditionen gegeben hat. Titel und Sachgehalt verdanke
ich Gopi Krishna, dem einzigen Vertreter der indischen meditativen Erfahrung, den ich persönlich nahe kennengelernt habe
und mit dem die Beziehung durch anderthalb Jahrzehnte, bis
zu seinem Tode aufrechterhalten blieb. In *Der Mensch in seiner
Geschichte*, Kap. 7.4, habe ich ihn kurz als Träger dieser Tradition geschildert. Will ich die Sache vorstellen, die er vertrat, so
muß ich noch einmal persönlich reden; nur so kann ich die Direktheit und die Grenzen meiner Erfahrung davon charakterisieren.

Geschichtlich hat sich das europäische Denken auf das indische seit dem frühen 19. Jahrhundert tief eingelassen. So in
Deutschland Friedrich Schlegel, dann der Stammvater der In-
dologie, Max Müller, der aus Deutschland stammte, in Oxford
wirkte, und als philosophischer Partner Arthur Schopenhauer.
Später im selben Jahrhundert brachte die indische Faszination
schon Phänomene wie die Theosophie hervor (die Rußland-
deutsche Helena Blavatsky, der Amerikaner Henry St. Olcott).
Europäer konnten nicht leugnen, daß ihnen in der indischen Erfahrung ein gleichwertiger, vielleicht sogar überlegener Partner
gegenübertrat. Mir persönlich begegnete dies schon als Studenten durch die europäische Religionswissenschaft in der Vorlesung von Joachim Wach (*MsG*, 1.2, S. 19).

In Indien entstand durch die Öffnung nach Europa unter der
englischen Herrschaft eine Neubesinnung auf die eigene geistige Tradition, die man oft Neohinduismus nennt (Stietencron,
S. 239). Zumal in Bengalen war diese Bewegung schon früh
stark. Ich nenne die mystische Erfahrung von Ramakrishna
(1836–1886), dessen Schüler Vivekananda auf dem Kongreß der
Religionen in Chicago 1893 eindrucksvoll auftrat, nenne Vater
und Sohn Tagore, in unserem Jahrhundert Aurobindo, der, in
England akademisch gebildet, aus dem politischen Unabhän-
gigkeitskampf in die Yoga-Tradition übertrat, und die große
Gestalt Mahatma Gandhi. Mich hat am tiefsten berührt der
Bericht von Ramana Maharshi (1879–1950). Er trat noch als
Jüngling aus einer Todeserfahrung in die mystische Erfahrung
ein, lebte in Tiruvannamalai (südlich von Madras) als Einsied-
ler, um den sich eine Gemeinde sammelte. Wie Sokrates und
Jesus schrieb er nicht; er meditierte und antwortete auf Fragen.

An seinem Grab hatte ich die für mich entscheidende Erfahrung (*GM*, S. 595), fast zwanzig Jahre nach seinem Tod.

In den ersten Januartagen 1968, als rings die »68er-Bewegung« ihre weitgehend berechtigte Kritik an unserer Gesellschaft in einer zum Scheitern verurteilten Weise zu vertreten begann, wurde mir der mir bisher auch dem Namen nach völlig unbekannte Pandit Gopi Krishna aus Kashmir ins Haus geführt, 65jährig, zum ersten Mal in seinem Leben in Europa. Im Bruchteil einer Sekunde empfand ich: Dieser leise und bestimmte Mann ist echt. Er ist glaubwürdig. Ein dreistündiges Gespräch ging alle wichtigen Fragen durch. Er bereitete damals die Publikation seines ersten und, wie ich heute noch meine, bemerkenswertesten Buches *Kundalini* vor*, eine gewissenhaft-detaillierte Autobiographie seiner eigenen inneren Erfahrung. Die mir ebenfalls bis dahin völlig unbekannt gewesene Frau, die ihn mir brachte – sie, eine Deutsche, war als junges Mädchen 1952 als »Friedensengel« auf der Olympiade von Helsinki aufgetreten und hat sich seitdem mit tiefem Einsatz um die Einheit der Religionen bemüht –, bat mich bald nachher, ein Vorwort zu diesem Buch zu schreiben. Ich lehnte das, als voreilig, in freundlicher Form ab. Nachträglich bedaure ich das. Ich blieb in Verbindung mit ihm, besuchte ihn im November 1969, auf der ersten meiner einzigen beiden Indienreisen, in Delhi, und 1971 für eine Woche in seiner Wohnung – er war Familienvater – in Srinagar, Kashmir, und sah ihn später mehrfach als Gast in meiner Wohnung und meinem Institut. 1971 bereitete er die Publikation seines zweiten Buches *Biological Basis of Religion and Genius*** vor, und nach unseren langen Gesprächen in seinem Haus schlug ich spontan vor, dazu ein Vorwort zu schreiben. Lese ich heute die 39 Seiten dieser Einleitung wieder durch, so bedaure ich, daß sie nicht zusammen mit seinem ersten Buch gedruckt sind. Das zweite Buch, auf dessen Grundgedanken ich alsbald eingehen werde, war nicht in der Genauigkeit der Erfahrungsschilderung, sondern in indischer Weitschweifigkeit und Leidenschaft, für westliche Leser schwer zugänglich, ge-

---

*   Dt. *Kundalini, die Erweckung der geistigen Kraft im Menschen*, Weilheim 1968.
**   Dt. *Biologische Basis der religiösen Erfahrung*, Weilheim 1971.

schrieben. Aber er war mir dankbar und antwortete zehn Jahre später in einem nun wieder knappen und deutlichen, sehr freundlichen Festschriftbeitrag.* Bald nachher ist er gestorben. Von welcher Erfahrung spricht Gopi Krishna?

Er begann siebzehnjährig zu meditieren, zur Selbstkorrektur nach der Beschämung eines durch tiefe anderweitige Interessen verschuldeten verfehlten Examens. Vierunddreißigjährig hatte er die erste Erleuchtung, eine schlechthin erschütternde Lichterfahrung. In meiner Einleitung zum zweiten Buch drucke ich ihre Schilderung ab. Sehr wichtig dabei die körperlichen Erlebnisse. Die Konzentration auf den Lotus im oberen Kopf, welcher eine aufsteigende Bewegung aus dem untersten Teil der Wirbelsäule begegnet. Aber die Folge der Erleuchtung war physisch und psychisch fast ein Zusammenbruch. Er rettete sich vor dem Wahnsinn, aber für zwölf Jahre war er menschlich fast kontaktunfähig. Er studierte die Schriften und fand, daß er genau die Phänomene des Aufstiegs der Kraft erlebt hatte, die in indischer Tradition Kundalini heißt. Eine im untersten Teil der Wirbelsäule, nahe den Sexualorganen, dreieinhalbfach zusammengerollte Schlange vermag durch sieben Stufen (Cakras) bis ins oberste Gehirn aufzusteigen. Dafür gibt es mehrere Kanäle, deren Gleichgewicht für die Gesundheit des Vorgangs entscheidend ist. Bei ihm war der Aufstieg nur durch den »heißen Kanal« geschehen. Ein solcher Vorgang kann zum Wahnsinn führen. Er arbeitete nun bewußt am Gleichgewicht, autodidaktisch, denn er fand keinen Meister, dem er sich anvertrauen konnte. Nach zwölf Jahren kam die erlösende Erleuchtung. Die Harmonie des Bewußten und des Unbewußten, inspirierte Verse in mehreren Sprachen, nun wieder Kontaktfähigkeit mit den Mitmenschen. Als ich ihn als schon alten Mann in Kashmir besuchte, war er eine verehrte Gestalt, auch in der politisch verworrenen Szene des Konflikts zwischen der brahmanischen Oberschicht, der er entstammte, und dem muslimischen Volk; in muslimischen Dörfern jubelten ihm die Menschen zu, die ihn erkannten.

Seine Philosophie war im Grunde Advaita-Vedanta, autodidaktisch-glaubwürdig vorgetragen. Von der Erkenntnis dieser

---

* K. M. Meyer-Abich (Hrsg.), *Physik, Philosophie, Politik*. München 1982.

Wahrheit und dem Handeln danach erhoffte er den Fortschritt der Evolution und damit die Rettung der Menschheit vor den in den Kurzschlüssigkeiten von Religion und Wissenschaft begründeten zukünftigen Katastrophen. Hier nun war seine Darstellung des Kundalini-Vorgangs ein Appell an die westliche Wissenschaft. In seiner Schilderung: Aus den Samenzellen steigt deren feinstoffliches »Prana« – ein klassischer indischer Begriff – durch das Rückgrat auf. Hier wirkt die indische Denktradition, die das Gegenüber von Bewußtsein und Gegenstand, »knower« und »known«, sehr wohl kennt, aber nicht metaphysisch, wie der cartesische Dualismus, absolut setzt. Die feinstoffliche Substanz trägt seelische Qualität. Die sieben Stufen, die sie erreichen kann, bezeichnen verschiedene seelisch-geistige Erfahrungen und Leistungen. Weiter unten elementare Kraft, elementare Sexualität, höher erleuchtete Erotik, die zweitletzte Stufe das künstlerische und denkerische Genie, die oberste Stufe die mystische Erleuchtung.

Es ist begreiflich, daß mich diese gedankliche Tradition angesichts meiner Arbeit an der Deutung der Physik stark berührte. Bedeutet Prana eine Erfahrung der Zusammenhänge, die uns erst in der Quantentheorie sichtbar zu werden beginnen (I 7.D, I 8.4)? Gopi Krishna war überzeugt, seine Erfahrung müsse medizinisch-empirisch nachweisbar sein, und er drängte – im Effekt wohl bisher vergeblich –, daß ebendies von der westlichen Wissenschaft studiert werde. Er glaubte, die Erfahrung werde dann auch mehr Menschen zugänglich werden. Und ebendies empfand er als wesentlichen Schritt in der menschlichen Evolution.

Es schien mir notwendig, diese unbeantworteten Fragen im gegenwärtigen Buch aufzunehmen.

Des weiteren werde ich in zwei Abschnitten von den meditativen Erfahrungen sprechen, die uns überliefert werden, um dann zum Ganzen der Religion zurückzukehren.

5. Meditation und Wahrnehmung*

> Das simple Faktum, daß man etwas ausspricht, ist
> indezent. Und wenn man es genau nimmt ... liegt
> doch geradezu etwas Unverschämtes darin, daß
> man sich heranwagt, gewisse Dinge überhaupt zu
> erleben.
>
> Hugo v. Hofmannsthal, *Der Schwierige*

Es gibt Fragen, zu denen wir uns erst zu äußern wagen, wenn
eine menschliche Verpflichtung, eine Liebespflicht uns dazu
nötigt. Ich wage nicht, über eine Frage zu schweigen, deren
Bearbeitung Bedingung ist für die Teilnahme an einem gemeinsamen Dank an Pater Enomiya-Lassalle anläßlich seines acht-
zigsten Geburtstags. Ich bin ihm wenige Male im Leben begegnet. Ist es erlaubt, zu sagen, daß es bei solchen Begegnungen auf
Anzahl, Dauer und die gesprochenen Worte nicht ankommt?
In welcher Stille sind wir Menschen gemeinsam aufgehoben!
  Ist gegenstandslose Meditation eine Wahrnehmung? Wenn
ja, wovon? Dies ist nicht die Frage nach einer Schilderung dieser Meditation, sondern nach ihrer philosophischen Deutung.
Wer sie erfahren hat, ist ein ganz anderer geworden, nämlich
der, der er immer war. Nun müßte auch seine Philosophie eine
ganz andere werden, nämlich die, die sie, ohne sich zu verstehen, immer war. Wir Europäer müßten also im Lichte dieser Erfahrung unsere eigene Philosophie verstehen lernen als die, die
sie immer war.
  Im gegenwärtigen Beitrag knüpfe ich nur an zwei Positionen
an, eine antike und eine moderne. Die philosophischen Begriffe, in denen die europäische Mystik der christlichen Ära
sich selbst auslegte, entstammten vorwiegend dem Neuplatonismus. Bei Plotin finden wir eine Philosophie zur Meditation.
Unsere Gegenwart hingegen folgt eher der Versuchung, Meditation psychologisch zu interpretieren. Hinter der heutigen
Psychologie steht eine weitgehend ungeklärte, von der Naturwissenschaft mitbestimmte Anthropologie. Der moderne An-

---

* Aus: G. Stachel (Hrsg.), *munen musō, Ungegenständliche Meditation.* Festschrift für Pater Hugo M. Enomiya-Lassalle SJ zum 80. Geburtstag, Mainz
1978.

knüpfungspunkt wird anthropologisch sein. Daß auch zwischen Plotin und der Naturwissenschaft eine Brücke geschlagen werden kann, hat mein Lehrer Werner Heisenberg gezeigt, der seinen Vortrag über »Die Bedeutung des Schönen in der exakten Naturwissenschaft«* mit einem Plotin-Zitat abschloß.

Plotin

Beginnen wir, mit Heisenberg, bei Plotins Lehre vom Schönen. Plotins überlieferte Aufsätze sind die Lehrvorträge eines gereiften Mannes. Der zeitlich erste von ihnen, eben der über das Schöne (I 6 in der Enneadenzählung), darf wohl propädeutisch-programmatisch verstanden werden. Durch das Schöne, das allen bekannt scheint, führt Plotin die Hörer hin zur Seele, zum Geist, zum Einen. Über das Schöne, das alle kennen, findet Plotin eine herrschende Theorie vor: das Schöne an einem Ganzen ist die Symmetrie (Zusammenstimmung) seiner Teile. Das ist eben die Auffassung des Schönen, die Heisenberg in der Physik bestätigt findet, in welcher heute die Invarianz gegen Transformationsgruppen, also eben die Symmetrie, begrifflich zentral ist. Diese Auffassung gestattet Heisenberg, das Schöne in der Wissenschaft ebensowohl wie in der Kunst zu finden. Plotin kritisiert diese Theorie. Schönheit muß für ihn Merkmal eines Einfachen sein. Das Einfache in der Symmetrie ist die mathematische Idee. Nicht die Teile sind gemeinsam schön, weil sie zusammenstimmen, sondern das Ganze ist schön, weil es in der Zusammenstimmung seiner Teile ein Einheitliches darstellt. Dieser These könnte Heisenberg mühelos zustimmen.

Nicht aber in der Darstellung als solcher, im »schönen Schein«, findet Plotin die wahre Schönheit. Das Dargestellte muß, als der Quell der Darstellung, selbst schöner sein als die Darstellung. In der großartigen Rhetorik der sehnenden Liebe nach dem Höchsten, dem Eigentlichen, dem Einen schildert er die Seligkeit, die nur *dort* zu Hause ist. Das Gute selbst ist das eigentlich Schöne. »Wer es nämlich noch nicht gesehen hat, strebt zu ihm als zum Guten; wer es aber erblickte, der darf

---

* Abgedruckt in: Werner Heisenberg, *Schritte über Grenzen. Gesammelte Reden und Aufsätze*, München 1971.

über es als Schönes staunen« (I 6; 7, 14–15)*. »So ist auch das Jenseitige jeweils dasselbe, nämlich Gutes als Solches und Schönes als Solches einerseits, das Gute und die Schönheit andererseits … Man muß als Erste ansetzen die Schönheit, die zugleich das Gute ist; wovon her geradezu der Geist das Schöne ist, die Seele aber kraft des Geistes etwas Schönes« (I b; 6, 24–28). Hier spricht Plotin in der Dreistufung der höchsten Wirklichkeiten, die wir uns zunächst leichter im Aufstieg klarmachen. Etwas Schönes ist schön durch Teilhabe am Schönen, so die Seele (*psyche*) durch Teilhabe am Geist (*nus*), eigentlich durch die Kraft des Geistes, der Teilhabe verleiht. Der Geist aber, der Ort der Ideen, folgt nicht-instrumental, geradezu, dem Guten, das die Schönheit selbst ist. Wir sollten hier schon den Wechsel zwischen Aufstieg und Abstieg in dieser Philosophie einüben. Spekulativ, in der »eigentlichen« Sprache, der des Abstiegs, ist das Höhere zuerst; es ist das an sich Frühere, das dem noch suchenden Menschen, der also die Sprache des Aufstiegs spricht, als Späteres in den Blick kommt.

Welche erfahrbaren Phänomene faßt Plotin unter dem Namen des Schönen zusammen? Er folgt im wesentlichen den Inhalten des platonischen Symposion. Schöne Formen, schöne Farben, schöne Klänge, schöne Leiber, schöne Seelen, und von ihnen der weitere Aufstieg zu der Schönheit der Seele selbst, des Geistes, des Einen. Gemeinsam ist all diesem Schönen, daß es Gegenstand eines Eros ist. Auf den unteren Stufen ist Eros ein Begehren. Die höchste Stufe wird als Gutes, also vom Willen begehrt, als Schönes aber darf der Schauende es »in wahrer Liebe lieben« (I 6; 7, 17). Die wahre Liebe ist das Geschenk der Erfüllung, sie ist Seligkeit. Wenn alles untere Schöne aber schön ist durch Teilhabe am wahren Schönen, so ist das, was der untere Eros, sich selbst nicht verstehend, begehrt, eben die Seligkeit. Das Verlangen nach Seligkeit durchwaltet die Welt; Seligkeit macht erst klar, was Verlangen eigentlich ist.

Wie aber findet die Seele den Weg zum Aufstieg? Hier nimmt Plotin eine Wendung, die ich so bei Platon nicht finde. Du sollst schöne Seelen anschauen. Dies ist für Platon der Aufstieg aus der sinnlichen Liebe zur geistigen. Geistige Zuneigung, zumal

---

* Ich zitiere in meiner Übersetzung nach dem Text von Harder.

zwischen Lehrer und Schüler, kennt auch Plotin. Aber das ist nicht die Stufe, zu der er hier rät. »Wie könntest du nun an einer guten Seele die Schönheit sehen, die sie hat? Kehre ein zu dir selbst und sieh!« (I 6; 9, 6). Wie aber kann deine eigene Seele, die suchende, gut und schön sein? Wenn sie es nicht ist, so reinige sie unermüdlich. »Laß nicht ab, an dem Götterbild* zu arbeiten, das du bist, bis aus dir der gottgestaltete Glanz der Tugend strahlt« (I 6; 9, 13–14). Dies ist der Weg, der in der sittlichen Läuterung beginnt, in der Meditation verfolgt wird, und, wenn ihm Gnade begegnet, in der *unio mystica* ans Ziel kommt.

Was Plotin auf den höheren Stufen beschreibt, ist Meditationspraxis. Aber er beschreibt sie nicht als Techniker der Meditation, sondern als Philosoph. Stets geht der praktische Hinweis aus dem Argument hervor. Die Frage heißt nicht: wie mußt du dich verhalten?, sondern: was ist das wahrhaft Seiende, und wie findest du es? Wir folgen dem Text »Von den drei ursprünglichen Hypostasen« (V 1). Er beginnt mit der Frage, warum die Seelen ihren Ursprung vergessen haben. Die Meditation ist also bewußte, willentliche Wiedererinnerung. Dem selbstvergessenen Menschen muß zweifacher Beweis geführt werden (V 1; 1, 23), von der Unwürdigkeit des jetzigen Zustands der Seele und von der Würde ihrer Herkunft. Der zweite Beweis wird mit einem Paradox eingeleitet. »So bedenke denn erstlich jede Seele dies, daß sie selbst alle Lebewesen geschaffen hat,..., sie selbst die Sonne, sie selbst diesen großen Himmel..., sie selbst ihn in Ordnung kreisen läßt« (V 1; 2, 1–5). Das heißt: die menschliche Seele bedenke, daß sie *die* Seele *ist*. Hier nimmt Plotin offenkundigen Bezug auf den vorangegangenen Aufsatz »Ob alle Seelen Eine seien?« (IV, 9). Nach Ausräumung der naheliegenden Einwände führt dort der Autor das spekulative Argument mit dem Satz ein: »Sagen wir also, indem wir Gott als Helfer anrufen, daß Eine (Seele) zuerst sein muß, wenn viele sein sollen« (IV 9; 4, 7–8). Der feierliche Anruf Gottes mitten im Argument bezeichnet dieses Argument als das entscheidende. Das Frühere im spekulativen Sinn ist die Idee, an der das Spätere Anteil, *methexis*, hat. Alle Seelen sind Seele. Die kühne

---

* In Platons *Timaios* (37c) ist der Kosmos ein Götterbild. Herr Schwyzer weist mich darauf hin, daß sich Plotin hier auf Platons *Phaidros* (252d) bezieht.

Wendung, meine Seele solle sich vergegenwärtigen, daß sie *die* Seele *ist*, trifft auf dieser hohen Stufe in den Wesenskern der *methexis*. Gerade im Wissen (IV 9; 5, 12) *ist* der Teil zugleich das Ganze. Im Ganzen sind alle Teile aktuell, im Teil ist das Ganze potentiell. Denn wenn das Wissen innere Notwendigkeit hat, kann der Wissende aus jedem Teil das Ganze entwickeln. (Das lehrt schon das Paradigma der griechischen Philosophie, die Mathematik.)

Meiner Seele nun soll in einem Zustand der Stille (V 1; 2, 14) alles stillstehen, der eigene Leib, die Umwelt, ja der kreisende Himmel. Dann soll sie wahrnehmen, wie *die* Seele all diesem erst Bewegung, Leben gibt. Die Schilderung paraphrasiert Platons Darstellung der Weltschöpfung im *Timaios*. Körper sind zerteilt, der Himmel kennt Distanzen, die Seele aber belebt ihn überall als Eine. Von der Seele soll meine Betrachtung dann zu ihrem göttlichen Vorbild, dem Geist aufsteigen. Der Zwischenstufen auf diesem Weg empor sind nicht viele (V 1; 3, 4). Die Seele folgt (im Abstieg gesagt) dem Geist unmittelbar (V 1; 3, 21–23). Schön ist sie als die Materie, die die Gestalt des Geistes empfängt.

Was wir in der Seele in zeitlicher Abfolge finden, finden wir im Geist im ewigen Zugleichsein. Der Aufsatz »Über Ewigkeit und Zeit« (III 7) beschreibt den *aion*, die Ewigkeit, als das ewige Leben des Geistes, und den *chronos*, die Zeit, gemäß der platonischen Definition als »der in Einem verharrenden Ewigkeit ewigliches nach der Zahl fortschreitendes Abbild«, also als das von Schritt zu Schritt endliche, doch nicht endende Leben der Seele. Leben, *zoe*, ist hier* das dritte, verbindende Prinzip in der parmenideischen Identität von Wissen und Sein. An systematisch analoger Stelle steht im Vedanta zu Sein (*sat*) und Bewußtsein (*chit*) die Seligkeit (*ananda*). Das Leben des Geistes ist zugleich Ruhe und Bewegung. Seine Bewegung als ruhende, das heißt ewige, ist *mehr* Bewegung als die der Seele, die im Einzelnen immer wieder anhebt und abreißt, um neu anzuheben, und die nur im Umlauf des Himmels, nach der Zahl fortschreitend, die in sich verharrende lebendige Ewigkeit abbildet.

---

* Ich folge der Interpretation von W. Beierwaltes, *Plotin. Über Ewigkeit und Zeit*, Frankfurt/M. 1967.

Der Geist ist nicht das Höchste. »Vielheitlich ist dieser Gott über der Seele« (V 1; 5, 1). »Wer nun hat ihn erzeugt, der Einfache vor solcher Fülle, der Ursache ist seines Seins und seines Vielseins, der Erzeuger der Zahl?« (V 1; 5, 3–6). Und bei diesem Schritt der letzte Gottesanruf, »nachdem wir den Gott selbst angerufen haben nicht mit vernehmbarer Rede, sondern indem wir uns mit der Seele zum Gebet ausgespannt haben, zu Ihm zu beten in der Weise, in der wir einzig zu dem Einzigen beten können« (V 1; 6, 9–12). Wir fragen: Wie kann denn die Seele hoffen, das Eine – den Einen Gott – wahrzunehmen? Ebendies aber verspricht uns Plotin, »des Ursprungs und Einen Beschauer zu werden« (VI 9; 3, 22). Des Einen werden wir nicht »nach Art des Wissens« (VI 9; 4, 1) inne, »sondern gemäß einer Gegenwart, die stärker ist als das Wissen« (VI 9; 4, 3). »Vernünftige Rede (*logos*) nämlich ist das Wissen, Rede aber ist Vieles« (VI 9; 4, 5–6). »Denn nur bis zum Weg und zum Aufbruch reicht die Belehrung, die Schau aber ist das Werk dessen, der zu sehen gewillt ist« (VI 9; 4, 16–17). »Er hat in sich ein gleichsam erotisches Erlebnis durch das Sehen als ein Liebender, der im Geliebten zur Ruhe kommt« (VI 9; 4, 19–20).

Hier spricht nicht Spekulation, sondern Erfahrung. Aber die Erfahrung nimmt die Spekulation an der Hand, und die Spekulation bereitet die Erfahrung vor. Demjenigen, der den Weg noch nicht zu gehen vermochte, gibt Plotin die Stufenleiter der Teilhabe zur Erwägung. Wollen wir heute die meditative Erfahrung deuten, so müssen wir fragen, ob und wie wir heute das zu denken vermögen, was Plotin Teilhabe nennt. Wie einst Platon müssen wir mit der Analyse der einfachsten Erfahrung beginnen.

Ebenen menschlicher Wahrnehmung*

Evolution vollzieht sich in Abfolgen von Ebenen und Krisen (*GM*, 86–90). Im organischen Leben sind zum Beispiel die Spezies solche Ebenen. Die Evolution verzweigt sich ständig. Sie

---

* Es sei mir erlaubt, mich im folgenden durchgehend auf die Darstellung dieser Fragen zu beziehen, die ich in dem Buch: *Der Garten des Menschlichen*, München 1977, abgekürzt als *GM*, gegeben habe.

erzeugt nicht eine lineare Kette und nicht ein hierarchisches
System von Gestalten, sondern einen »Garten« (*GM*, 15). Die
Biologie des Zusammenlebens der Spezies heißt Ökologie. Philosophie kann man als die Erkenntnis des Zusammenlebens gedanklicher Ebenen bezeichnen. Auch diese können nicht durch
vorgefertigte systematische Einteilungen erkannt werden. Eine
Ebene entsteht meist durch »Fulguration«[*], durch gleichsam
blitzartiges Zusammenschießen vorher unverbundener Strukturen. Sie ist daher auch gedanklich kaum je vorhersagbar, zeigt
sich aber, wenn sie da ist, der Gestaltwahrnehmung, philosophisch gesagt, dem phänomenologischen Blick. Eben deshalb
werden philosophisch fundamentale Phänomene oft zunächst
»rhapsodistisch aufgerafft«[**], als Herausforderung zu einer
erst nachträglich möglichen mehr systematischen Deutung.

So rhapsodistisch habe ich fünf Ebenen menschlichen Verhaltens aufgezählt (*GM*, 135, 138–144, 160–161; an diesen Stellen
als »Plateaus« bezeichnet). Ich habe sie genannt: das Nützliche,
das Gerechte, das Wahre, das Schöne, das Heilige. Sie alle
möchte ich als Formen der Wahrheit deuten, also als Ebenen der
Wahrnehmung. Was heißt dann Wahrnehmung?

Diese Frage habe ich zunächst am einfachsten Fall, der direkten Sinneswahrnehmung erörtert (*GM*, 136–137). Wahrnehmen und Bewegen bilden gerade im elementaren Lebenslauf
eine Einheit (*GM*, 206–224). Der einfache Ablauf von Wahrnehmung und Handlung, von den Physiologen im Reiz-Reak-
tions-Schema stilisiert, läßt sich jedenfalls beim Menschen
weiter aufgliedern in die vier Momente Empfindung, Urteil,
Affekt, Handlung. Simples Beispiel: »Süß« (Empfindung) –
»Erdbeere!« (Urteil) – »Schmeckt« (Affekt) – »Zubeißen«
(Handlung). Auch diese Vierheit ist rhapsodistisch aufgerafft,
nicht systematisch hergeleitet. Man mag vermuten, daß die
späteren drei Momente (Urteil, Affekt, Handlung) jeweils erst
durch die Ebenen definiert sind, die über ihnen durch Fulguration entstehen, und auf die wir alsbald eingehen werden. Das
Moment der »reinen« Empfindung, des »Sinnesdatums« wäre

---

[*]   Vgl. Konrad Lorenz, *Die Rückseite des Spiegels*, München 1973, 48. Vgl.
GM, 189.
[**]   Kant, *Kritik der reinen Vernunft*, A 81, B 106–107.

dann eine Restkategorie, die abstrakt übrigbleibt, wenn man die phänomenale Einheit der Wahrnehmung gedanklich der drei späteren Momente entkleidet hat.

Gerade die elementare Wahrnehmung ist uns nie als bloße Sinnesempfindung gegeben. Sie ist zugleich prädikativ und affektiv und leitet unmittelbar ins Handeln über. Ich schmecke nicht »süß«, sondern ich schmecke die Erdbeere, indem ich sie genußvoll verzehre. Im allgemeinen freilich überschreitet diejenige Wahrnehmung, die in der ungebrochenen Einheit der vier Momente abläuft, gar nicht die Bewußtseinsschwelle. Man lebt und vergißt; die Reaktionen sind um so sicherer, je automatischer sie sind. Erst wo die Momente sich trennen, werden sie bemerkt. Diese Trennung ist aber nichts Künstliches. Im organischen Leben bedeutet die Fähigkeit, Wahrnehmen und Handeln zu trennen, eine hohe Entwicklungsstufe. Sie erst gestattet dem Menschen, reaktives Handeln durch aktives zu ersetzen. Nicht die Reaktion, sondern die Aktion, ja eigentlich und vor allem das zur Ermöglichung der Aktion notwendige handlungsentlastete Urteil und der ihm als Indikator dienende Affekt wird bewußt registriert.

Wir können nun die aufgezählten fünf Ebenen, leicht erweitert, in mehreren Stufen zusammenordnen. Die niedrigste, aber schon nicht mehr elementare Stufe kann man die der Zweckrationalität nennen. In ihr erscheint der Inhalt des Urteils als das Faktisch-Wahre, der Inhalt des Affekts als das Erwünschte, der Inhalt der Handlung als das Nützliche. Diese drei Ebenen sind aufeinander bezogen; sie bilden ein Gefüge. In diesem Gefüge wird jede Handlung auf ihren Zweck hin beurteilt; sie ist nützlich für ein Erwünschtes. Das Urteil kann den jeweiligen Zweck als Herstellung eines Faktums in einer Welt gegebener Fakten charakterisieren.

Dieses Gefüge ist fulgurativ: es schafft eine gegenüber dem elementaren Leben neue Struktur. Der Mensch lebt ja nicht an sich in einer Kette von Handlungen, deren jede einen angebbaren Zweck hätte. Jede realistische Menschenbeobachtung zeigt das Gegenteil. Man kann aber einzelne Handlungen aus dem Fluß des Lebens herausheben, indem man ihren Zweck nennt. Man *nennt*: das Gefüge ist wesentlich auf die Sprache bezogen. Mögliches Faktum ist, was man sprechend konstatieren kann

(*GM*, 299). Sprechen ist symbolisches Handeln. Die auffordernde Anrede ist eine Handlung, die eine Handlung bedeutet, nämlich eben diejenige, die der Angeredete vollziehen soll. Das faktische Urteil ist eine Handlung, die eben ein Faktum bedeutet, das operational durch die Möglichkeit von Handlungen charakterisiert werden kann.

In einer Stufe über dem Gefüge der Zweckrationalität möchte ich drei besonders für die neuzeitliche Kultur wichtige Ebenen anordnen: das Theoretisch-Wahre, das Schöne und das Sittliche (oder Gerechte). Man kann jede dieser drei Ebenen als die Herausarbeitung einer reichen eigenständigen Struktur je eines der Wahrnehmungsmomente auffassen, eben wieder des (wahren) Urteils, des (schönen) Affekts, der (sittlichen) Handlung. In diesem Aufsatz fehlt der Raum, diese Ebenen inhaltlich zu beschreiben. Es sei mir erlaubt, fünf Sätze wörtlich zu wiederholen, welche die fünf oben aufgezählten Ebenen jeweils als Weisen der Selbstüberschreitung des Ich kennzeichnen; im jetzigen Zusammenhang bezeichnen sie das Gefüge der Zweckrationalität, die Stufe der drei soeben zusammengeordneten »für die Neuzeit wichtigen« Ebenen, und das noch jenseits dieser Stufen stehende Heilige. »Im Nützlichen überwindet das Ich nur die Triebhaftigkeit des Augenblicks zugunsten der Vorausplanung seiner selbsterhaltenden Zukunft. Im Sittlich-Gerechten findet das Ich eine Möglichkeit und, ist sie entdeckt, eine Forderung, sich selbst radikal zu überschreiten. Im Wahren zeigt sich dem Menschen ein von allem menschlichen Willen, Wohl und Wehe Unabhängiges, gleichwohl dem Menschen Zugängliches; eine erlösende Ernüchterung. Das Schöne ist eine Wirklichkeit jenseits der Selbstverteidigung, eine Seligkeit. Im Herantreten an das Heilige stößt das Ich an seine unüberwindbare Grenze; ein Schritt durch das Tor, und nie ist eine Grenze gewesen« (*GM*, 161).

Um eine Selbstüberschreitung des Ich geht es auch in der Meditation. Wollen wir den Anschluß an Plotins Deutung der Meditation finden, so müssen wir nun fragen, was in den soeben genannten Ebenen der Wahrnehmung die Teilhabe, die Methexis bedeutet.

Mitwahrnehmung, Reflexion, Selbstwahrnehmung

Der nun folgende Abschnitt bewegt sich in der Ebene des Theoretisch-Wahren. Theorie ist ein Paradigma wahrheitsuchenden Denkens, welches das Abendland der griechischen Philosophie verdankt. In dieser Ebene kann man versuchen zu sagen, was Teilhabe des Wahrgenommenen am Eidos im Wahrnehmungsvorgang bedeutet.

Die elementare Wahrnehmung ist prädikativ: Sie nimmt, wie die Philosophen sagen, etwas *als* etwas wahr; etwa diesen Ball, das heißt, dies da *als* Ball. Diese Ausdrucksweise geht selbst schon von der gedanklichen Trennung des Einzelfalls (»dies da«) vom Eidos (»Ball«) aus. Im elementaren Wahrnehmen wird dieser Unterschied gar nicht gemacht. Die Verhaltensforschung an Tieren lehrt uns das Verhalten von Wesen verstehen, die diesen Unterschied noch nicht machen können (*GM*, 219–221, 311–313). Viele Beispiele zeigen, daß, wie *wir* es ausdrücken müssen, das Tier auf das Eidos reagiert, nicht auf den Einzelfall. Die Unterscheidung des Einzelfalls vom Eidos, oder wie man modern-subjektiv sagt, vom Begriff, ist eine Leistung der Reflexion. Dabei ist der Begriff auch für uns das Einfachere, Verfügbare; wollen wir *sagen*, was der Einzelfall im Unterschied zu dem Begriff ist, durch den wir ihn bezeichnen, so müssen wir ihn durch zusätzliche Merkmale, also als Schnittpunkt mehrerer Begriffe beschreiben. Aber gerade weil der Begriff in der durchschnittlichen prädikativen Wahrnehmung das schon Verfügbare ist, wird er in ihr nicht thematisch. Dieser einzelne Ball wird wahrgenommen; das Eidos Ball wird darin nur mitwahrgenommen. In diesem Sinne sei hier der Terminus »Mitwahrnehmung« eingeführt. Erst die Reflexion fragt: »Als was habe ich dies da wahrgenommen?« Der Reflexion wird das Mitwahrgenommene Gegenstand des Wissens. Den Gegenstand möglicher Reflexion nennt unsere philosophische Tradition eine Vorstellung.

In dieser Sprache läßt sich die Stufenleiter des Platonismus erneut aussprechen. Platonisch hat das jeweils Niedere Anteil am Höheren; wir können jetzt sagen, die Reflexion stelle das im Niederen Mitwahrgenommene als das Höhere vor. »Was ist dies?« Ein Ball. »Was ist ein Ball?« Eine zum Spiel geeignete

Kugel. »Was ist eine Kugel?« Der geometrische Ort der von
einem Punkt gleich weit entfernten Punkte. »Was ist ein geometrischer Ort?« Ein mathematischer Begriff. »Was ist ein mathematischer Begriff?« Eine vielheitliche Idee. »Was ist eine Idee?«
Die Reflexion mündet im Ausgangsproblem der Ideenlehre. In
jeder Idee ist, so scheint es, das Eine, das Gute, das Sein, das
Wahre mitwahrgenommen.

Die eigentliche Frage ist aber jetzt: Was ist das Mittel, das wir
zur Konstruktion solcher Leitern benützen können? Was heißt
Reflexion? Für die neuzeitliche Subjektivitätsphilosophie ist sie
ein nahezu irreduktibler Grundbegriff. Als solchen dürfen wir
sie aber nicht akzeptieren, wenn wir sie thematisch der Meditation gegenüberstellen wollen (*GM*, 434–437). Reflexion ist die
Grundfigur des »philosophischen Prozesses«, von Platon stilisiert in der ständigen Rückfrage des Sokrates an seinen jeweiligen Gesprächspartner: »Weißt du, was du sagst?« (*GM*, 358).
Kunstgerechte Reflexion hat sich also vielleicht zum erstenmal
in der Geschichte manifestiert in der Form des Gesprächs.
Einer schon antiken literarischen Form des Selbstgesprächs
folgend, macht dann Descartes die Reflexion zu einer Selbstwahrnehmung: das einzige, was ich gewiß kenne, sind meine
Gedanken. Das aber ist nicht wahr. Kants Unterscheidung des
transzendentalen und des empirischen Subjekts wirft wie durch
einen geöffneten Türspalt einen Lichtstrahl in das Dunkel des
Problems der Selbstwahrnehmung, das dadurch erst eigentlich
als Dunkel erkennbar wird. Transzendental erschließe ich nur,
daß Erkenntnis von Objekten ein Subjekt haben muß, das ihre
Einheit garantiert. Empirisch kenne ich mich als Objekt der Erkenntnis unter Formen der Anschauung, nicht wie ich an mir
selbst bin. Erkenntnis als Erkenntnis von Objekten ist selbst-
vergessene Zuwendung zu einem anderen. Für diese Erkenntnisweise gilt: »Bewußtsein ist ein unbewußter Akt« (*GM*, 559).
Als ich Martin Steinke-Tao Chün, dem geschulten Buddhisten
(vgl. *GM*, 524–532), diesen Satz zitierte, wurde er nachdenklich und sagte dann: »Das ist geistreich. Aber es ist nicht wahr.«
Er wies damit auf eine andere als die reflexive Form des Bewußtseins.

Die Selbstvergessenheit der objektiven Wahrnehmung wird
durch die Orientierung des Wahrheitsbegriffs am Urteil nur ak-

zentuiert, ist aber wohl eher deren Ursache als deren Folge. Sie ist schon evolutionstheoretisch zu erwarten. Um zu überleben, muß ein Lebewesen seine natürliche und soziale Umwelt wahrnehmen, nicht sich selbst. Reflexion ist ein Schritt zur Selbstwahrnehmung durch Selbstobjektivierung, vermittelt durch die Sprache. Die kulturelle Fulguration, die zur Reflexionsphilosophie führte, geschah eben im philosophischen Gespräch. Frage ich mich selbst »was habe ich wahrgenommen?« und gebe mir die Antwort »einen Ball«, so ist auch dies, wie alle folgenden höheren Stufen, ein Selbstgespräch. So definierte Platon die *dianoia*, das diskursive Denken: als Gespräch der Seele mit sich selbst. Die reflexive Selbstkenntnis ist systematisch nicht früher, sondern später als die Sprache. Ich frage mich und befrage dann von neuem die Antwort, die ich mir spontan zu geben vermochte. Das Geheimnis der Sprache liegt in unserer Fähigkeit, spontan in einer erlernten Sprache zu reden. In diesem Wort »spontan« steckt von neuem die Selbstvergessenheit der Erkenntnis. Selbstwahrnehmung bleibt der Reflexion eine ungelöste Aufgabe. Daher die notwendige Gewaltsamkeit in dem größten Entwurf der Reflexionsphilosophie, demjenigen Hegels (*GM*, 357–403).

Meditation

Die drei Ebenen des Theoretisch-Wahren, des Ästhetisch-Schönen und des Sittlich-Gerechten sind drei Formen der Isolierung je eines der Momente der Wahrnehmung. Jede von ihnen bedeutet eine gewaltige Erweiterung des Bewußtseins. Jede von ihnen hat eine immanente Tendenz zur Autonomie, an der sie, da sie einen Ausschnitt des Wahren isoliert, scheitert. Dies habe ich soeben für den Kernvorgang des Theoretisch-Wahren, die Reflexion, anzudeuten versucht. Für die beiden anderen Ebenen ließe sich dasselbe zeigen; ich unternehme es hier nicht. Es muß über dem Faktisch-Wahren und dem Theoretisch-Wahren eine dritte, integrierende Ebene der Wahrheit geben. Unter den heute angebotenen Produkten der neuzeitlich-abendländischen Kultur gibt es eine solche Ebene nicht. In der bisherigen Geschichte der Menschheit wurde dieser Ort von der Religion ausgefüllt. Unter den oben aufgezählten Ebenen war sie unter dem Namen des Heiligen genannt. Die überlieferte Religion ist aber dem modernen Bewußtsein nicht mehr konform. Es ist ebenso vergeblich, diese Tatsache leugnen zu wollen, wie es vergeblich wäre, aus der Anerkennung der Tatsache die Verwerfung entweder der Religion oder des modernen Bewußtseins zu folgern. Die reale Forderung, die sich mit innerer Notwendigkeit durchsetzt, ist ein Bewußtseinswandel, der die Religion neu zu denken lehrt und das desintegrierte Bewußtsein integriert. Philosophie kann diesen realen Prozeß nicht hervorbringen, aber sie kann zu ihm mitwirken.

Das moderne Bewußtsein muß fragen: Was ist Religion? Wieder ohne vorangehenden systematischen Anspruch habe ich versucht, in der Fülle der Phänomene, die unter den Namen der Religion gebracht werden können, vier Momente zu unterscheiden: Religion als Träger einer Kultur, Religion als Grund einer radikalen Ethik, Religion als innere Erfahrung, Religion als Theologie (*GM*, 472). Nachträglich scheint sich auch diese Einteilung den Momenten der Wahrnehmung anzuschmiegen.

Religion als Träger einer Kultur formt das soziale Leben, gliedert die Zeiten, bestimmt oder rechtfertigt die Moral, interpretiert die Ängste, gestaltet die Freuden, tröstet die Hilflosen, deutet die Welt (*GM*, 472). Das ist die Weise, wie ein Ganzes, eben eine Kultur, das Leben einer menschlichen Gesellschaft in der Welt, sich selbst versteht. Diese Weise der Ganzheit menschlichen Lebens rückt uns als etwas Identifizierbares aber erst in den Blick, wenn sie uns entglitten ist; wenn sie, mag sie noch weiterbestehen, für den Beobachter historisch geworden ist. Die drei anderen Momente der Religion sind Versuche, die Substanz der Religion durch Isolierung vom Nicht-Substantiellen zu bewahren.

Theologie ist urteilendes Denken. Der Name »Theologie« bezeichnete zuerst den Kern der griechischen Philosophie. Von der abendländischen Theologie könnte man in einer selbst der Philosophie entstammenden Sprache sagen: sie redete das Ganze des weltimmanenten Lebens an, indem sie versuchte, urteilend die Transzendenz auszusprechen. Religion als Grund einer radikalen Ethik hat nicht nur die Ebene des Sittlich-Gerechten geschichtlich entstehen lassen. Das hat sie zwar in der Unterscheidung des Guten und Bösen, symbolisch in den zehn

Geboten, getan. Die Propheten des Alten Testaments, die Bergpredigt gehen aber darüber hinaus. Sie sprechen zugleich von
der Heilung der immanenten Ambivalenz der Moral (*GM*, 116–
121, 474–478). Moral trennt, Liebe verbindet. Auch hier die Zusammengehörigkeit der Wahrnehmungsmomente: Moral rechnen wir unter Handlungsregeln, Liebe unter die Affekte. Auch
hier die Transzendenz: christlich gesagt, können wir nur in Gott
den Nächsten lieben. Religion als innere Erfahrung schließlich
mag man geneigt sein, dem Affekt zuzuordnen. Ihr rechnet man
die Meditation zu. Wir sehen aber alsbald, daß Meditation noch
etwas ganz anderes, eine Einheit der Wahrnehmung durch Verweigerung aller ihrer traditionellen Momente ist.

Wie tritt Meditation in unserer Erfahrung auf? Sie beginnt
mit einer spontanen Verweigerung dessen, was sich uns ständig
als das Wirkliche aufdrängt. Wer im Gespräch gefragt wird, was
denn die Erfahrung der Meditation sei, der kann, wenn er wirklich auf sie hinweisen will, zunächst eigentlich nur schweigen
(*GM*, 535). Das Schweigen *ist* der Beginn der Antwort. Wo Meditation kunstgerecht geübt wird, ist die Verweigerung ein
durchdachtes technisches Mittel.

Die Handlung wird verweigert. Der Meditierende handelt
nicht, er redet nicht, er kann, während er meditiert, Gemeinschaft nur mit Meditierenden pflegen, eine tiefe, schweigende
Gemeinschaft – vom Quäker-Meeting bis zur Meditationshalle
der Hindus und Buddhisten. Der christliche Kirchenraum, alle
liturgischen Begehungen schließen ja auch alles andere Handeln außer dem inneren, religiösen Vorgang aus.

Die Sinneswahrnehmung wird verweigert. Vielfach wird der
geschlossene Raum gesucht. Bodhidharma »saß neun Jahre mit
dem Gesicht zur Wand«. Aber auch wer imstande ist, im Freien
zu meditieren, wie es die Buddha-Reden schildern: »er sucht einen einsamen Ort, in der Ebene, in der Tiefe des Waldes«, der
entgeht damit zunächst den Sinnesreizen der Menschenwelt,
und bald ist ihm die Natur ringsum nicht mehr Reiz, sondern
schweigender Partner.

Das urteilende Denken wird verweigert. »Ziellos ist das Denken« (*GM*, 529–530). Die Gedanken sind die Affen, die anzu-
binden sind. Das Paradox, das Koan sprengt die vertraute Konsequenz allen Denkens, schneidet den Strom der Logik ab.

Die Affekte werden beruhigt, gesichtet, beiseite gelegt. Die vielfältigen Formen des Glücks, Griffe nach der Seligkeit, erweisen sich als so viele Hindernisse der Seligkeit. Die »innere Meeresstille« ist zu erreichen.

Was nun wird wahrgenommen, wenn die einzelnen Momente der Wahrnehmung schweigen? Beginnen wir mit dem, was ein Meister einem Lernenden noch in leicht verständlicher Rede schildern kann, einer gegenständlichen Meditation, etwa der Meditation einer Blume. Du schaust die Blume an und nichts anderes; du schließest die Augen und siehst sie noch immer. Auch diese einfache Meditation benutzt, in etwas anderer Form als die Reflexion, die Trennung der Momente. Das Handeln ist abgeschnitten, wenn du dich zum Anschauen gesetzt hast. Das urteilende Denken möge zur Ruhe kommen. Aber die prädikative Wahrnehmung bleibt in ihrer Integrität bestehen. Du siehst nicht Farbflecken, so daß du urteilen müßtest: »Blume«. Du siehst die Blume. Indem die Affekte sich beruhigen, kommt der eine Affekt in seine Reinheit: das nicht begehrende stille Entzücken an der Blume. Die prädikative affektive Wahrnehmung wird auf ihr Wesen reduziert und als ganze erlebt. Du hast die Augen geschlossen. Der reale Vorgang des sinnlichen Wahrnehmens ist nun auch abgeschnitten: Das Wesen der Wahrnehmung bleibt dir unverändert. Die sprachliche Reflexion ist ausgeschlossen. Was siehst du eigentlich in der verbleibenden Vorstellung? Siehst du diese Blume oder das Eidos? Keines dieser beiden Produkte der Reflexion siehst du. Du siehst diese Blume als Blume in ihrer Integrität. Durch das Abschneiden des Nichtzugehörigen erfährst du die Wahrnehmung in ihrer unreflektierten Ganzheit. Du erfährst die Einheit des Wahrgenommenen mit dem Mitwahrgenommenen.

Von hier an muß die Beschreibung in urteilender Rede immer schwerer werden. Denn die urteilende Rede beruht auf der Trennung dessen, was hier ungetrennt bleibt, und auf der Vergessenheit dessen, was hier wahrgenommen wird. Wenige andeutende Sätze seien erlaubt. Du lernst, nicht die Blume, sondern die Wahrnehmung wahrzunehmen; nicht die Wahrnehmung, sondern das in ihr mitwahrgenommene wahrnehmende Selbst. Du erfährst nicht mehr die Blume, nicht mehr Bewußtsein von der Blume, nicht mehr Bewußtsein vom Ich, vom Bewußtsein – du bist Bewußtsein.

Die Grenze des Platonismus

Auch wenn die abendländische Philosophie im Lichte der Selbstwahrnehmung die Philosophie würde, die sie immer war, so würde sie sich als eine ganz andere Philosophie erkennen, als sie gemeint hat zu sein. Was in den mittleren Abschnitten dieses Aufsatzes skizziert wurde, ist noch nicht Philosophie, sondern anthropologische Propädeutik zu ihr. Dabei wurde in der Form des Zitats von der griechischen Eidos-Philosophie Gebrauch gemacht, die uns hier durch Plotin repräsentiert war. Wir können aber in diese Philosophie nicht zurückkehren. Die abendländische Philosophie und Wissenschaft ist Teil einer Geschichte. Hegel hat gesehen, daß unsere Philosophie, wenn sie sich selbst verstehen will, Philosophie der Geschichte sein muß. Es sei daher zum Abschluß daran erinnert, inwiefern wir an einer anderen Stelle stehen als Plotin*. Es handelt sich eben um das Problem der geschichtlichen Zeit.

Für Plotin kann die Zeit nur dadurch Abbild der Ewigkeit sein, daß sie in sich zurückkehrt. Übrigens scheint Plotin in der Positivität seiner Aussagen über den Geist als Seienden näher bei Aristoteles als bei Platon zu stehen. Der seiende Geist ist für ihn Eines und Vieles, etwa entsprechend der zweiten Hypothese des platonischen *Parmenides*-Dialogs. Aber bei Platon endet diese so aporetisch wie die erste Hypothese. Für diese Positivität bezahlt Plotin mit der Unbeantwortbarkeit der Fragen, warum nicht nur das Eine, sondern auch der Geist sei, und, noch schneidender, warum auch noch die Seele entstehen mußte. Plotins Philosophie ist, indisch gesprochen, keine Advaita-Lehre. Es scheint, daß sich in diesen bei ihm systematisch unlösbaren Fragen die Sprengkraft der wirklichen Zeit verbirgt, gegenüber einer Philosophie, die Sein als ewige Gegenwart versteht.**

Die Überzeitlichkeit des Eidos setzt sich in die Zeit gemäß der aristotelischen Philosophie und Biologie als die Unverän-

---

* Ich danke Herrn H.-R. Schwyzer für ein aufschlußreiches Gespräch über Plotin. Die Verantwortung für meine Deutung des Philosophen muß ich freilich übernehmen.
** Vgl. G. Picht, *Die Epiphanie der ewigen Gegenwart*, in: *Wahrheit, Vernunft, Verantwortung. Philosophische Studien*, Stuttgart 1969.

derlichkeit der Spezies um. Die anthropologische Argumentation, die ich hier benützt habe, hat aber als biologischen Hintergrund die Evolutionstheorie. Eine Spezies ist in ihr eine entstehende und vergehende Ebene. Ebenen bezeichnen wir durch Begriffe; sie sind das, was wir mitwahrnehmen. Unsere Philosophie hat also das dem Eidos Entsprechende in der Zeit, die Idee in der Geschichte zu denken. Heidegger bezeichnet die Frage im letzten Satz von *Sein und Zeit* so: »Offenbart sich die Zeit selbst als der Horizont des Seins?« In formaler Analogie steht hier die Zeit an dem Ort, den bei Plotin das Eine einnimmt. Bei Plotin führt die gegenstandslose Meditation zur Schau des Einen. Wir sind an die Zeit selbst verwiesen, nicht an die vielheitliche Zeitkoordinate, sondern an das, was diese möglich macht.

6. Buddhismus

»Gestählt war aber, ihr Mönche, meine Kraft, unbeugsam, gewärtig die Einsicht, unverrückbar, beruhigt der Körper, ohne Regung, vertieft das Gemüt, einig. Und ich weilte nun, ihr Mönche, gar fern von Begierden, fern von unheilsamen Dingen, in sinnend erwägender ruhegeborener seliger Heiterkeit, in der Weihe der ersten Schauung. Nach Vollendung des Sinnens und Erwägens erwirkte ich innere Meeresstille, Einheit des Gemütes, sinnens- und erwägungsfreie, in der Einigung geborene selige Heiterkeit, die Weihe der zweiten Schauung. In heiterer Ruhe weilte ich gleichmütig, einsichtig, klar bewußt, ein Glück empfand ich im Körper, von dem die Heiligen sagen: ›Der gleichmütig Einsichtige lebt beglückt‹; so erwirkte ich die Weihe der dritten Schauung. Nach Verwerfung der Freuden und Leiden, nach Vernichtung des einstigen Frohsinns und Trübsinns erwirkte ich die Weihe der leidlosen, freudlosen, gleichmütig einsichtigen vollkommenen Reine, die vierte Schauung.«

Es folgt die Erkenntnis früherer Daseinsformen, die oben (Abschnitt 2, S. 456) zitiert wurde. Danach…

»… richtete ich das Gemüt auf die Erkenntnis des Verschwindens-Erscheinens der Wesen. Mit dem himmlischen Auge, dem geläuterten, über menschliche Grenzen hinausreichenden, sah ich die Wesen dahinschwinden und wieder erscheinen, gemeine und edle, schöne und unschöne, glückliche und unglückliche, ich erkannte, wie die Wesen je nach den Taten wiederkehren. Diese lieben Wesen sind freilich in Taten dem Schlechten zugetan, in Worten dem Schlechten zugetan, in Gedanken dem Schlechten zugetan, tadeln Heiliges, achten Verkehrtes, tun Verkehrtes: bei der Auflösung des Leibes, nach dem Tode, gelangen sie auf den Abweg, auf schlechte Fährte, zur Tiefe hinab, in untere Welt. Jene lieben Wesen sind aber in Taten dem Guten zugetan, in Worten dem Guten zugetan, in Gedanken dem Guten zugetan, tadeln nicht Heiliges, achten Rechte, tun Rechtes; bei der Auflösung des Leibes, nach dem Tode, gelangen sie auf gute Fährte, in selige Welt.«

»Solchen Gemütes, innig, geläutert, gesäubert, gediegen, schlackengeklärt, geschmeidig, biegsam, fest, unversehrbar richtete ich das Gemüt auf die Erkenntnis der Wahnversiegung. ›Das ist das Leiden‹ verstand ich der Wahrheit gemäß. ›Das ist die Leidensentwicklung‹ verstand ich der Wahrheit gemäß. ›Das ist die Leidensauflösung‹ verstand ich der Wahrheit gemäß. ›Das ist der zur Leidensauflösung führende Pfad‹ verstand ich der Wahrheit gemäß. ›Das ist der Wahn‹ verstand ich der Wahrheit gemäß. ›Das ist die Wahnauflösung‹ verstand ich der Wahrheit gemäß. ›Das ist der zur Wahnauflösung führende Pfad‹ verstand ich der Wahrheit gemäß. Also erkennend, also sehend ward da mein Gemüt erlöst vom Wunscheswahn, erlöst vom Daseinswahn, erlöst vom Nichtwissenswahn. ›Im Erlösten ist die Erlösung‹, diese Erkenntnis ging auf. ›Versiegt ist die Geburt, vollendet das Asketentum, gewirkt das Werk, nicht mehr ist diese Welt‹ verstand ich da.«

Diesen Text aus dem Pali-Kanon der Buddha-Reden* habe ich in Leipzig als Student gelesen. Die Übersetzung von Karl Eugen Neumann gilt heute vielleicht in Details als veraltet. Aber sie paßt den Rhythmus der Sätze dem Atemrhythmus indischer Rezitation an. Ich saß entspannt in völliger Ruhe, und mein Atem folgte von selbst dem Atem der Sätze und Gedanken. Heute sollte ich Rechenschaft davon geben, was mich damals so einsichtig beruhigt hat. Was war die Lehre Buddhas?

---

* Vgl. Abschnitt 2, Anmerkung S. 456.

Welchen Weg hat sie in nun bald zweieinhalb Jahrtausenden genommen? Wie antworten wir heute auf sie?

Ich habe nicht die Kenntnisse, um die ersten beiden Fragen zuverlässig zu beantworten, und wie darf ich mich dann an die dritte Frage wagen? Nicht die Kenntnisse: Ich bin nicht Buddhist geworden, ich habe nie in einer buddhistischen Gemeinschaft gelebt, ich habe keine der Sprachen der Originalschriften gelernt. Ich bin den Lehren meditativ nachgegangen. Ich habe intensive Gespräche geführt mit Menschen, die in dieser Tradition leben (II 10.5). Ich werde, darauf gestützt, versuchen, das Bild zu skizzieren, das ich mir gemacht habe. Stützen werde ich mich auf den Bericht von Bechert (vgl. Anm. 1, S. 449), auf einige Vorlesungen des Dalai Lama* und einen mit Bildern versehenen Text von Lassalle**.

Was war die Lehre?

»Buddhismus ist keine Religion, sondern ein Weg der Einsicht«, sagte Martin Steinke-Tao Chün, »ein Weg des Bewußtwerdens.« »Buddha hat gesagt«, zitierte mir der Dalai Lama: »›Wenn deine Einsicht meiner Lehre widerspricht, mußt du deiner Einsicht folgen.‹« Ich habe mich unter Buddhisten in diesem Punkte zu Hause gefühlt wie in meiner beruflichen Heimat unter Wissenschaftlern. Aber der Gegenstand der Suche nach Einsicht war nicht die Welt objektivierter Strukturen wie in der westlichen Wissenschaft, sondern unser aller Befreiung von Durst und Leiden, der zur Wahnauflösung führende Pfad.

Von den vier eingangs zitierten Einsichten sind die drei ersten in dieser Tradition, die der Buddha schon vorfand. Zuerst, von ihm hier in vier Schritten gekennzeichnet, der Weg der Meditation. Zweitens die Lehre der Wiederverkörperung durch die Reihe der Zeitalter hindurch. Drittens die Abhängigkeit der in der Wiederverkörperung erreichten Existenz vom Schatz der vollbrachten Taten, vom Karman. Das Vierte aber ist des Buddha eigene Erfahrung. Gehen wir die Schritte durch!

»Das ist das Leiden«: Leben ist Leiden. Dies ist direkte Erfahrung. Ich zitiere es oft, wenn ich von Evolution spreche.

---

*   Dalai Lama, *Die Vorträge in Harvard*, Grafing 1991; *Der Schlüssel zum Mittleren Weg*, Hamburg 1991.
**   Hugo M. Enomiya Lassalle, *Zen-Unterweisung*, München 1987.

Martin Steinke-Tao Chün, der Deutsche, im chinesischen Zen-Kloster als fünfzigjähriger reifer Mann auf Grund eigener heimischer Erfahrung und einjähriger Meditationserprobung zum Mönch geweiht (Tao Chün heißt »der steile Gipfelpfad«), sagte mir: »Leiden bedeutet nicht notwendig bewußten Schmerz. Leiden ist kausale Abhängigkeit. Es ist die Unverfügbarkeit von Einsicht und Glück.« Die Verbalform »Passiv« heißt ja in deutscher Übersetzung die »Leidensform«.

»Das ist die Leidensentwicklung«: Dies bezeichnet nicht mehr bloße Wahrnehmung des Leidens. Es bezeichnet Einsicht in seine Ursachen. Indisch gesagt, ins Karman. Was aber diese karmische Abhängigkeit hervorbringt, ist der Wahn, also die Einsichtslosigkeit, und der Durst, also das Begehren. Hier muß alsbald der Blick auch auf die Wahnentwicklung fallen. Wahn bestätigt sich selbst, steigert sich selbst durch seine wahnhafte Wahrnehmung. So in der Moral die Selbstgerechtigkeit, welche dem Moralisten erst seine abgrundtiefe Bosheit rechtfertigt.

»Das ist die Leidensauflösung«: Dies bezeichnet die erlösende Erkenntnis. Leiden ist auflösbar. Das ist möglich durch die Wahnauflösung, durch die Einsicht, durch das Bewußtwerden. Durch den freigewordenen Blick auf den Durst, auf den Wahn. Buddha hat es erfahren. Er lehrt es.

»Das ist der zur Leidensauflösung führende Pfad«: Der Pfad ist lang, ein weiter Weg. Entschließe dich, den Wahn zu sehen! Geh in diese Einsicht in jeder Einzelheit! Das ist die schrittweise Wahnauflösung. Zeugnisse dieses Wegs in seinen zahllosen Abstufungen sind die buddhistischen Anweisungen in den Schriften.

»Im Erlösten ist die Erlösung«: Nicht außerhalb, nicht in einer Tat, nicht in einer Theorie, die rational zu erkennen wäre, ist die Erlösung. Sie ist vielmehr die innere Verwandlung des Menschen, der so erleuchtet und damit erlöst wird.

»Nicht mehr ist diese Welt«: Am Ende des Wegs steht ein »Nicht«. Das indische Wort für diese Erfahrung ist Nirvana. Nirvana kann im diesseitigen Leben erfahren werden. Aber der Hörer der Rede, der Leser des Buchs verlange nicht, daß es beschrieben wird. Wäre es zu beschreiben, so wäre es noch »Etwas«, noch nicht Nirvana.

Der Text, den ich soeben zu erläutern versucht habe, ist die helfende Lehre, die der Buddha seinen Hörern mitgibt. Es gibt eine Erzählung, daß zum Buddha, als er die Erleuchtung erlangt hatte, Mara, die böse Gottheit, trat und sagte: »Du hast Nirvana erreicht. Nun darfst du aus diesem Leben abscheiden.« Buddha aber sagte: »Ich werde die Menschen den Pfad lehren.« Und er lebte und lehrte noch vierzig Jahre.

Wir werfen einen Blick auf die historischen Folgen seines Lehrens.

Als Gautama aus dem vornehmen Shakya-Geschlecht (den man daher später auch Shakyamuni, den Weisen von Shakya nannte) wohl im 5. Jahrhundert v. Chr. als junger Mann Heim und Familie verließ, gab es in seiner indischen Heimat längst die Lebensformen des Waldeinsiedlers und des von Almosen lebenden Wandermönchs. Er ging durch viele zeitgenössische Lehren und durch die härtesten asketischen Erfahrungen, ehe er die Einsichten gewann, die soeben zitiert wurden und die ihm den Namen eines Buddha, eines Erleuchteten, eintrugen. Nun schlossen sich ihm andere Mönche als Hörer an, es bildete sich eine geistige Gemeinschaft, Sangha, die wir einen Orden nennen würden. Die klassische Eintrittsformel lautete später: »Ich nehme meine Zuflucht zum Erleuchteten, ich nehme meine Zuflucht zur Lehre, ich nehme meine Zuflucht zur Gemeinschaft.« Zum Mönchsorden trat ein Nonnenorden. Es gibt eine Überlieferung, daß der Buddha die künftige Dauer dieser Gemeinschaften auf fünfhundert Jahre geschätzt habe. Immer wieder in der endlosen Zeit wird die Erleuchtung erfahren, gelehrt, gelebt. Immer wieder verdämmert sie, und ein neuer Buddha muß sie nach Jahrhunderten von neuem beleben.

Eine tiefe historische Wirkung brachte der indische König Ashoka (268–233 v. Chr.) von der Maurya-Dynastie hervor. Er hatte den größten Teil Indiens in einem Reich vereint. Dann erschütterte ihn das dazu nötige Blutvergießen. Er wurde Buddhist und verwendete die lange ihm verbleibende Regierungszeit, um eine menschenfreundliche friedliche Staatsordnung zu schaffen. Zu den Mönchs- und Nonnengemeinschaften traten natürlich auch Laiengemeinden. Der Buddhismus wurde eine kulturtragende »Religion«. Er breitete sich im Laufe der Jahrhunderte auch außerhalb Indiens aus, da er nicht, wie die »hinduistischen« Religionen, an die indische Sozialordnung, das

Kastensystem gebunden war: Nach Sri Lanka schon früh, weiter durch Südostasien, nach Zentralasien (Tibet und später die Mongolei), nach China und von dort nach Japan. In Indien ging er im Süden später unter dem konkurrierenden Einfluß der Vedanta-Schulen zurück, und im Norden wurde er im 11. bis 13. Jahrhundert von den islamischen Eroberern ausgerottet. Aber am Ort, wo Gautama die Erleuchtung empfangen hat, Bodh Gaya, ist auch heute ein buddhistisches Heiligtum, das Pilger empfängt.

In mehr als zwei Jahrtausenden entstand eine höchst reichhaltige buddhistische Literatur. Wichtige Texte (Sutren) sind dem Buddha als direkte Rede in den Mund gelegt. Dazu kommen berühmte Lehrer mit Schriften unter ihren eigenen Namen. Für westliche Leser sind heute, neben westlich-wissenschaftlichen Beschreibungen, die nun auf Englisch und Deutsch erschienenen Lehrvorträge des Dalai Lama lehrreich, die aus der inneren, buddhistischen Tradition heraus reden. Hier erscheinen die divergenten Aussagen verschiedener Sutren dann als verschiedene Reden des Buddha für wechselnde Zuhörer mit verschiedenem Fassungsvermögen. In der Tradition unterschied man die großen Schulen des »Hinayana« (des »kleinen Fahrzeugs«) und des »Mahayana« (des »großen Fahrzeugs«). Der Name »Hinayana« wird, als verkleinernd empfunden, nach neuester buddhistischer Übereinkunft offiziell nicht mehr verwendet; die Selbstbezeichnung Theravada (Lehre der Ordensältesten) wird vorgezogen. Zum Inhalt dieser Lehren bringe ich nachher ein paar Betrachtungen.

In der Mahayana-Gestalt kam der Buddhismus nach China und wurde dort einflußreich und zugleich tief von chinesischer Geistigkeit geprägt. So geprägt, ging er nach Japan weiter. Eine der wichtigsten Schulen ist die des Ch'an, was das Sanskritwort dhyana wiedergibt und Meditation bedeutet; in Europa heute in der japanischen Sprachform Zen bekannt. Ein klassisches literarisches Werk dieser Schule, Bi Yän Lu*, das Buch von der smaragdenen Felswand, habe ich einst mit Genuß studiert. Eine

---

* Bi-Yän-Lu, *Meister Yüan-wu's Niederschrift von der smaragdenen Felswand*, verdeutscht und erläutert von Wilhelm Gundert, München 1960, 1967, 1973 (3 Bände).

stilistische Eigentümlichkeit: Indische Rede ist meist psalmo-
dierend-weitschweifig, chinesische kennt die Freude an der
Knappheit und am Witz. Dazu gehört das Stilmittel des Koan,
einer knappen Formulierung, welche die logische Konsequenz
zunichte macht, um Raum für direkte Wahrnehmung zu schaffen. Als Martin Steinke mich zum erstenmal besuchte, benützte
er im Gespräch ein klassisches Koan; er hob die rechte Hand in
die Luft und fragte: »Hören Sie das Klatschen meiner einen
Hand?« Als Bodhidharma, auf den sich Ch'an zurückführt,
nach China kam, fragte ihn der Kaiser, so die Erzählung: »Was
ist das Heiligste im Buddhismus?« Bodhidharma antwortet:
»Offene Weite – nichts von heilig.«

Was nun ist die buddhistische Lehre? Ich erlaube mir, hier
nur wenige Lesefrüchte aus den Darstellungen des Dalai Lama
anzubieten.

Die Lehre ist nicht das Aufstellen von Thesen, sondern sie ist
das Einüben der direkten inneren Erfahrung. Wir sollten »mit
der Erzeugung des altruistischen Wunsches beginnen, zum
Wohle aller Wesen die vollständige Verwirklichung zu erlangen« (»Mittlerer Weg«, S. 55). Hier liegt der Mahayana-Ton des
Satzes auf dem Wort »altruistisch«. Hinayana (S. 22) wird als
der Weg zweier Arten von Anhängern beschrieben (S. 22): Hörer (Sravaka) und Alleinverwirklicher (Pratyekabuddha). Der
Dalai Lama lobt auch diese Wege, doch sieht er sie nur als Wege
der Befreiung des einzelnen. Mahayana aber strebe »zum Nutzen der anderen Wesen vorrangig nach dem Zustand der Buddhaschaft«. Als Drittes nennt er dann Tantrayana oder das
Geheime Fahrzeug. Auf diesem Weg des Tantra werden Pfade
beschritten, die auch in der tantrischen Hindu-Tradition vorkommen, welche Energieströme einschließlich der sexuellen
Erfahrung in den Dienst der Erleuchtung stellen; mir fehlt die
Erfahrung, um dazu etwas zu sagen.

Was ist der Nutzen für die anderen Wesen? Wir alle, völlig
spontan, suchen Glück und fliehen Leid. Das ist völlig legitim.
Wer die Erleuchtung altruistisch, zum Wohle aller Wesen anstrebt, strebt an, ihnen Glück zu bringen. Aber sie sind in den
Kreislauf der Geburten, in die karmischen Folgen ihres Handelns, kurz, in die kausalen Notwendigkeiten gebunden. Niemand kann einem anderen Wesen eine höhere Stufe vermitteln,

als er selbst erreicht hat. So ist es eben einem Einsichtigen möglich, den anderen direkt wohlzutun, und darüber hinaus, ihnen auf dem Wege der Wahnauflösung beizustehen. Auf der höchsten Stufe, der Buddhaschaft, ist Glück und Leid überwunden.

Auf diesem Wege handelt es sich nicht nur um Wahrnehmung. Es handelt sich, um die Wahrnehmung auszudrücken und zu leiten, dann doch auch um Urteile. Die buddhistische Tradition lehrt auch theoretische Wissenschaften, die bei der Übersetzung ins Deutsche »Logik« und »Erkenntnistheorie« heißen. Die fundamentale Erkenntnis aber, der diese Wissenschaften dienen, heißt *Leerheit*. »Vier Siegel«, welche eine buddhistische Ansicht von einer nichtbuddhistischen unterscheiden, werden genannt (S. 112):

Alle Produkte sind unbeständig.

Alles Befleckte ist leidhaft.

Alle Phänomene sind leer und ohne Selbst.

Nirvana ist Frieden.

Es gibt »Zwei Wahrheiten«: die weltlich-konventionelle Wahrheit und die Wahrheit der endgültigen Bedeutung (S. 129). Ich kann die Subtilität der Diskussion solcher Thesen nicht adäquat wiedergeben. Aber ich erlaube mir eine rohe Erläuterung.

Weltlich-konventionell gesehen gibt es mit sich selbst identische Gegenstände, Lebewesen, Bewußtseinszustände. Dieser Stein ist ein Stein, diese Katze ist eine Katze, dies mein Ich bin ich. Aber endgültig gesehen sind sie alle unbeständig. Sie sind Produkte kausaler Zusammenhänge und ruhen nicht in sich. So sind sie nicht, was sie zu sein scheinen. Sie sind befleckt, und das ist leidhaft. Sie sind Phänomene, auftretende Erscheinungen. Wer sie durchschaut, sieht: sie sind leer, ohne das Selbst, das sie für den Anschein, dem sie selbst unterliegen, zu sein vorgeben. Dies ist friedlos. Die Erleuchtung aber durchschaut den Schein. Sie ist Frieden. Eben darum ist sie unaussagbar. Sie ist Nirvana.

Ich erlaube mir eine vergleichende Überlegung. Platons oder Plotins Lehre vom Einen, die Lehre des Advaita-Vedanta von der Einheit von Sein, Bewußtsein, Seligkeit – diese Lehren sind vom Vielen her so unaussagbar wie diese Lehre von der Leerheit, die im Nirvana zur Ruhe kommt. Aber die griechische und die Vedanta-Lehre geben dem Einen das Prädikat des einzigen Seins. Die hier genannte buddhistische Lehre gibt ihm das Prädikat der Leerheit. Swami Agehananda Bharati, ein Wiener, der zum indischen Mönch geweiht wurde (»Agehananda« heißt die Seligkeit der Heimatlosigkeit) und der unlängst als Professor in Syracuse, N. Y., in Amerika starb, schilderte seine Erfahrung erst bei den Europäern und Hindus, dann bei den Buddhisten in Thailand und Japan, als den tiefsten Spalt, der menschliche Denkweisen trennt: das Höchste ist im Westen das Sein, im Osten das Nichtsein.* Ein tiefer emotionaler, kultureller Unterschied spiegelt sich in dieser verschiedenen Beschreibung einer vielleicht nicht so verschiedenen Struktur.

Ein anderer, innerer emotionaler Unterschied durchzieht vielleicht den Buddhismus selbst. Die Buddha-Reden, aus denen ich zitiert habe, mögen Küngs Meinung recht geben, der Buddhismus als »mystische Religion« gehe aus von einer »Verneinung des Lebensdranges«. Die Texte des chinesischen und japanischen Zen-Buddhismus erwecken diesen Eindruck sehr viel weniger. Hier ist auch Samsara, der Geburtenkreislauf, für denjenigen, der sehen gelernt hat, von Nirvana durchzogen. Enomiya Lassalle vermag, für mich völlig glaubwürdig, die Zen-Meditation als schlichte, zugängliche Erfahrung mit christlichem Glauben sowohl wie mit asiatischen Glaubensformen vereinbar zu sehen. Sind die kulturellen Ausgangspunkte verschiedener als die Erfahrungen, die am Ziel auf uns warten?

Wie antworten wir im Westen heute auf die zweieinhalb Jahrtausende buddhistischer Erfahrung?

Wir werden uns unsere eigene Erfahrung und Reflexion vergegenwärtigen müssen, ehe wir eine Antwort wagen dürfen.

---

* Vgl. K. Tsujimura, R. Ohashi, W. Rombach, *Sein und Nichts. Grundbilder westlichen und östlichen Denkens,* Basel 1981. Dies sind kunsthistorisch-philosophische Beschreibungen zweier Gemälde: Marienaltar und Sakyamuni.

7. Bergpredigt

»Ändert euer Bewußtsein, denn das Reich der Himmel ist gekommen.« (Matth. 3.2, 4.17)

»Selig sind die Armen durch den Geist, denn für sie ist das Reich der Himmel da.
  Selig die Trauernden, denn sie werden getröstet werden.
  Selig die Milden, denn sie werden das Land erben.
  Selig, die hungern und dürsten, gerecht zu sein, denn sie sollen satt werden.
  Selig die Erbarmenden, denn sie werden Erbarmen finden.
  Selig die im Herzen Reinen, denn sie werden Gott sehen.
  Selig die Bringer des Friedens, denn sie werden Gottes Kinder heißen.
  Selig, die verfolgt werden, weil sie Gerechte sind, denn für sie ist das Reich der Himmel da.« (Matth. 5, 3–10)

Die Bergpredigt Jesu beginnt mit Seligpreisungen. Nicht als Moral, sondern als zugesagte Erfahrung.
  Dann aber folgen im Text sechs Verschärfungen überlieferter Gebote.

»Du sollst nicht töten.« Aber schon wer dem Bruder zürnt und flucht, ist des Gerichts schuldig. (5, 21–25)
  »Du sollst nicht ehebrechen.« Schon wer eine Ehefrau anschaut, sie zu begehren, hat mit ihr die Ehe gebrochen in seinem Herzen. (5, 26–30)
  »Wer seine Frau entläßt, soll ihr eine Scheidungsurkunde geben.« Scheidung selbst bricht schon die Ehe. (5, 31–32)
  »Du sollst keinen Meineid schwören.« Du sollst nicht zwar schwören, sonst aber lügen dürfen. Sei stets ehrlich. Deine Rede sei: Ja, ja, Nein, nein. Was darüber ist, ist vom Übel. (5, 33–37)
  »Auge um Auge, Zahn um Zahn.« Diese Einschränkung der Rache auf gleiche Vergeltung ist zu schwach. Wer dich auf die eine Backe schlägt, dem biete auch die andere dar. (5, 38–42)
  »Du sollst deinen Nächsten lieben« und deinen Feind hassen. Nein: Liebet eure Feinde und bittet für eure Verfolger! (5, 43–48)

Und es folgt das Gebet an den Vater in den Himmeln, dessen
Reich kommen soll. (6, 9–13)

Bis hierher habe ich den Text zuerst zitiert, dann kurz referiert,
in einer von der deutschsprachig traditionellen Version an ein
paar Stellen leicht abweichenden Übersetzung. Was bedeutet
der Text? Zur Zeit seiner Entstehung, in zwei Jahrtausenden
Geschichte, für uns heute und morgen?

Vielleicht ist kein Text der Weltgeschichte durch neunzehn-
hundert Jahre so sorgfältig und sorgenvoll gelesen, durchdacht,
kommentiert worden. Die exegetische Wissenschaft seit nun
rund 150 Jahren hat ihn in seiner Herkunft, Bedeutung und
Wirkungsgeschichte studiert. Ich stütze mich auf den Evange-
lisch-Katholischen Kommentar von Ulrich Luz* und danke
Herrn Luz für ein briefliches Gespräch darüber. Ferner darf ich
wohl auf meine eigenen Beiträge verweisen: *GM*, IV.5, Die Seligpreisungen, S. 488–508, und zum selben Thema das Gespräch mit Pinchas Lapide**, auch *MsG*, S. 56–59.

In der Textgeschichte folge ich Luz und damit wohl der herrschenden Ansicht heutiger Exegeten. Das »Evangelium nach
Matthäus« stammt nach dieser Darstellung aus einer juden-
christlichen Gemeinde in Syrien, vielleicht in Antiochia, und
aus der Zeit nach der Zerstörung Jerusalems, also nach 70 n.
Chr. Es benutzt zwei Quellen: das Markus-Evangelium und
die vermutete »Logien-Quelle« (Q genannt) von überlieferten
Reden Jesu. Der Verfasser war sehr wahrscheinlich nicht der Je-
sus-Jünger Matthäus. Seine Muttersprache könnte Griechisch
gewesen sein, das in seinem Evangelium besser gesprochen
wird als in beiden Quellen; man schließt auf ein zweisprachiges
Milieu. Inhaltlich erschließt man aus dem Text, daß er aus der
Zeit der Krise stammt, in welcher die Synagoge den Verbleib
der Christen in der jüdischen Gemeinschaft verwarf und sich
nun auch die Judenchristen der Heidenmission öffneten. All
dies ist für meine Deutung des Textes nicht entscheidend, aber
ein Anreiz zum Versuch historischer Genauigkeit.

---

*   Ulrich Luz, *Das Evangelium nach Matthäus*, 1. Teilband, Neukirchen-
Vluyn 1985.
**   Pinchas Lapide, C. F. v. Weizsäcker, *Die Seligpreisungen. Ein Glaubensge-
spräch*. Stuttgart und München 1980.

Der Text der Bergpredigt ist nach dieser Exegese eine kunstvolle, bis in die Zeilenanzahlen symmetrische, um die Mitte des Vaterunser angeordnete Konstruktion des Verfassers dieses Evangeliums. Aber eine Konstruktion weitgehend aus überlieferten Jesusworten. Welche Worte von Jesus (»jesuanisch«, wie man heute oft sagt) sind und welche späterer Zusatz, ist natürlich unter den Exegeten ein Diskussionsgegenstand. Ich neige dazu, möglichst viele Worte für echte Überlieferung zu halten. Ich habe dafür, außer dem Klang der Rede, ein inhaltlich-methodisches Motiv. Die zweitausendjährige Wirkungsgeschichte der Bergpredigt, die Luz ausführlich darstellt und auf die ich alsbald eingehen werde, ist weitgehend eine Geschichte der Abschwächung ihrer Forderungen oder doch des Ausweichens aus ihrer Fremdartigkeit gegenüber unserer realen Umwelt. Seit die moderne Exegese die Möglichkeit entdeckt hat, den Wortlaut nicht Jesus, sondern der Gemeindetradition und den Autoren der Evangelien zuzuschreiben, steht auch sie in Versuchung, auf diesem Weg der Fremdartigkeit von überlieferten Worten auszuweichen. Ich möchte aber versuchen, mich dieser Fremdartigkeit, soweit ich vermag, zu stellen.

Ich gehe die zitierten Worte kurz erläuternd durch.

»Ändert euer Bewußtsein«, griechisch metanoeite, meta: anders, noein, mit nus verwandt: denken, wahrnehmen. So spricht (3.2) Johannes der Täufer, und dann (4.17) Jesus. *GM*, S. 490–491, übersetze ich interpretierend: »ändert euer ganzes Bewußtsein«. Ebenso sagt Sokrates in Platons *Politeia* im Höhlengleichnis: wende dich mit deiner ganzen Seele um. So nahe können einander die prophetische und die aufklärende Religion kommen.

»Reich der Himmel«. Jesus lebt in der Zeit apokalyptischer Erwartung der Juden. Jetzt soll das erlösende Gottesreich kommen. Er sagt: »Es ist gekommen«; das Perfekt engike, griechisch von präsentischer Bedeutung: es ist schon geschehen. Die traditionelle Übersetzung »es ist nahe herbeigekommen« ist eine Abschwächung, die ich sprachlich nicht zu vertreten vermag. Es ist schon da, es ist »mitten unter euch« (entos hymin, Luk. 17, 21), aber es wächst wie das Senfkorn (Matth. 13, 31–32), es wirkt wie der Sauerteig im Mehl (Matth. 13, 33). Eigentümlich der Plural »die Himmel«, so auch in der Anrede des

Vaterunsers. Paulus (2. Kor. 12, 2) kennt den »dritten Himmel«. Man hat an die Planetensphären zur Deutung gedacht. Aber Gott ist im Ganzen: »in den Himmeln«.

»Selig die Armen« wird als Jesuswort anerkannt und auf die materiell Armen bezogen, zu denen Jesus gekommen ist; dies hat die lateinamerikanische Befreiungstheologie unserer Tage wieder gesehen. Die Fortsetzung wird meist als »die Armen im Geiste« übersetzt, und Exegeten sehen darin vielfach eine abschwächende Erläuterung. Die kirchliche Tradition denkt dann an die Demütigen. »Tō pneumati« kann aber auch »durch den Geist« heißen. Nach Matth. 5.2 spricht Jesus die Rede zu den Jüngern. Die Jünger sendet er, Matth. 10, 9–10, als arme Wanderprediger aus. Mich berührte dies, als ich aus Indien zurückkam, wo ich das Wandermönchtum gesehen hatte, das schon zur Zeit Buddhas bestand, und als ich dann die Bergpredigt im Urtext las. So wählte ich in meinen damaligen Äußerungen die pointierende Übersetzung »selig die Bettelmönche« und meinte, Franziskus von Assisi habe keine Schwierigkeit gehabt, diesen Text zu verstehen. Möchte uns das Fremdartige zum Nachdenken bewegen!

»Die Bringer des Friedens«, eirenopoioi, wörtlich: die Friedensmacher. Im Text heißt es »Söhne« Gottes, in der patriarchalischen Gesellschaft jener Zeit. Heutige feministische Auslegung sieht, wie gerade Jesus stets für die Frauen offen ist. So habe ich mir erlaubt, »Kinder« zu sagen. Natürlich sind Friedensmacher im Prinzip mündige Menschen, auch wenn selbst ein Kind instinktiv Frieden machen kann.

Die Verschärfungen werden in der Exegese auch »Antithesen« genannt. »Ich aber sage euch.« Die Exegeten erwägen, wie weit diese alle als jesuanisch gelten sollen.

Die beiden ersten Antithesen bringen die Lehre, daß nicht erst die Tat, sondern die Gesinnung des Herzens entscheidend ist. »Gyne« heißt, wie ich aus dem Kommentar lerne, »Ehefrau«. Auch die Antithesen über Scheidung und Schwören gehen auf den inneren Sinn der Ehe und der Wahrhaftigkeit.

»Auge um Auge, Zahn um Zahn« hat christlicher Hochmut als jüdisches Rachedenken angeprangert. In Wahrheit wird in der Formel befohlen, die Vergeltung auf die Sache einzuschränken, die das Delikt betraf; sie ist ein Schritt auf dem Weg zur Legalität. Und welche Christen haben schon die linke Backe hingehalten? Aber hier öffnet sich der Weg der Gewaltlosigkeit, zu dem Gandhi von der Begegnung mit christlichen Sektierern während seines Studiums in England und von der Lektüre Tolstois ermutigt wurde.

»Du sollst deinen Nächsten lieben« steht im Alten Testament, »du sollst deinen Feind hassen« steht dort nirgends. So ende ich mit Luz die Anführungsstriche des Zitats vor der Formel des Hassens. Luz möchte in dieser letzteren Formel einen Zusatz des Evangelisten sehen. Aber »Liebet eure Feinde, tut wohl denen, die euch hassen« ist die Botschaft Jesu an die Menschen. Nicht bloß kausal, weil das, wenn uns Glück beisteht, den Feind zum Partner, zum Freund machen kann. Sondern liebet sie als Menschen!

Das Vaterunser war Gemeindegebet, und Luz ist überzeugt, daß der Evangelist kaum Nennenswertes daran geändert hat. Jesus hat uns gelehrt, zu Gott als Vater zu sprechen. Ich bete es heute noch.

Nun die Frage: an wen hat Jesus die Bergpredigt gerichtet? Anfangs spricht er zu den Jüngern. Am Ende aber steht: »Und es geschah, als Jesus diese Worte beendet hatte, da erschraken die Volksmengen über seine Lehre. Denn er lehrte sie wie einer, der Vollmacht hat, und nicht wie die Schriftgelehrten.« (Matth. 7, 28 – 29) So hat die Kirche die Lehre verstanden: sie ist an alle gerichtet, also auch an uns. Dem widerspricht nicht notwendigerweise, daß er zunächst die Jünger anredet und daß, wie ich als naiver Physiker meinte, die Menge um den Berg das Wort auf dem Berg gar nicht hören konnte. Der Evangelist hat im Erzählen diese Skrupel nicht. Und die Jünger waren ja zum Volk gesandt.

Dies führt zur Grundfrage: Ist die Forderung der Bergpredigt erfüllbar? War sie es? Blieb sie es? Wird sie es sein?

Ich sage: die Forderung, nicht: die Forderungen. Die Bergpredigt ist kein Gesetzbuch. Ihre einzelnen Thesen sind Beispiele dafür, wie derjenige handelt, der die Forderung verstanden hat.

Wir folgen dem Gang der Geschichte.

Als Jesus mit seinen Jüngern auf der Erde ging, hatte, so lehrte er, das Himmelreich hier auf der Erde schon begonnen, und wer ihm folgte, verstand die Forderung. Sie war, so gut oder schlecht der einzelne eben handeln konnte, erfüllbar.

Hier sei alsbald in Erinnerung gerufen: die »prophetische« Religion ist im ernsthaftesten möglichen Sinn des Wortes politisch. Nicht nur das Judentum und der Islam, auch die Botschaft Jesu. Sie betrifft nicht zuerst das Seelenheil des einzelnen – dies nur als Konsequenz – und nicht die Formung einer kleinen Elite, sondern das Leben des Volkes, zunächst der Juden, aber doch, wie schon die jüdischen Propheten wußten, aller Menschen. Und das Reich Gottes begann soeben. »Es ist gekommen«.

Jesus wurde um seiner Botschaft willen gekreuzigt. Seine Jünger erfuhren rettend seine Gegenwart; nach den späteren Berichten als seine Auferstehung. Was genau das Geschehen war, wissen wir nicht. Aber es war eine bleibende Gegenwart, und in ihr die erfüllbare Forderung wie zuvor.

Gleichwohl war eine tiefe Änderung geschehen. Da er nicht mehr mit den Augen sichtbar, mit Händen tastbar in der Gemeinde lebte, hatte das Bild der leiblichen Auferstehung das Bild der leiblichen Himmelfahrt zur Folge und dann die Erwartung der leiblichen Wiederkehr, der Parusie (para-usia: Anwesenheit). Was Gegenwart gewesen war, als er auf der Erde ging, wurde Auftrag, wurde Hoffnung, wurde Zukunft. Man erwartete die Wiederkunft, solange einige der Jünger noch leben würden. Man erfuhr die Gegenwart des heiligen Geistes. Die Wiederkunft verzögerte sich. Griechische Philosophie bot dann Begriffe, um eine göttliche Trinität von Vater, Sohn und Geist zu denken. Die Christen wurden Herren des Römischen Reichs. Die christliche Geschichte, die sich so entwickelte, habe ich oben im Abschnitt 2 angedeutet, im zweiten Teil, II 10.1–3, ausführlich besprochen. Die Christen waren stets im Konflikt mit der Geschichte, die sie eben dadurch umgestalteten. Wie war in ihr die Forderung der Bergpredigt gegenwärtig?

Die Kirche hielt durch anderthalb Jahrtausende an der Überzeugung fest, die Forderung sei erfüllbar, die Bergpredigt sei (so Luz, S. 188) »praktikabel«. Aber schon früh zeigen sich Abstufungen. In der ersten Gemeinde gab es »radikale Wanderprediger« (Luz), deren Lebensweise die wörtliche Erfüllung ermöglichte; ich sehe mich durch Luz in meiner Formulierung der »Bettelmönche« partiell bestätigt. Aber die Gesamtheit der Gemeinde konnte nicht so strikt leben. Später kam das Mönchtum in der Kirche auf. Man konnte pragmatisch einsehen, daß Mönche und Nonnen gewaltlos leben konnten, wenn die weltliche Obrigkeit den Frieden mit der Waffe schützte, wie Paulus schon, Römer 13, anerkannte. Um 1100 n. Chr. wurde die Unterscheidung des »Gebots« vom »evangelischen Rat« (consilium) in die Auslegung der Bergpredigt eingeführt (Luz, S. 193).

Die moderne Skepsis an der Erfüllbarkeit der Bergpredigt scheint (nach Luz, S. 194) mit der Reformation zu beginnen. Die Sonderung des Mönchs vom normalen Christen oder der Sekte von der Volkskirche erscheint nun als unchristliche Überhebung. Alle aber können nicht das strenge Gebot erfüllen. Die tiefe paulinische Erkenntnis »wir sind allzumal Sünder und ermangeln des Ruhms, den wir vor Gott haben sollen« verschiebt das Problem in die Rechtfertigung der einzelnen Seele. Wir werden nicht durch Werke gerechtfertigt, sondern durch den Glauben. Diese tiefe Einsicht verschiebt aber das Heil vollends in die einzelne Seele und verschiebt das Kommen des Reichs Gottes, das für Jesus schon begonnen hatte, in die Wiederkunft Christi: Nicht ohne Grund in seiner Lebens- und Glaubenserfahrung flehte Martin Luther im Alter: »Komm, lieber Jüngster Tag!« Die Aufklärung, die dann die Staffette vom Christentum übernahm, versuchte gewiß, Freiheit, Gleichheit, Brüderlichkeit endlich politisch zu verwirklichen, aber gemäß einer rationalistisch durchschaubaren politischen Ethik, die am tiefsten wohl Immanuel Kant ausgesprochen hat.

Als ich im zwölften Lebensjahr zuerst die Bergpredigt las, war meine spontane Reaktion: »Das ist unleugbar wahr. Aber wir alle leben nicht danach, nicht einmal meine geliebten und verehrten Eltern.« Wird die Forderung der Bergpredigt erfüllbar sein? Soll sie es? Kann sie es?

8. Der Weg

Wohin führt der Weg?

Unter dem Titel »Wege der Religion« habe ich in *MsG*, Kapitel 7, eine Frage verfolgt, die im jetzigen Kapitel, Abschnitt 2,

unter dem Titel »Religion in der Geschichte« wieder aufgenommen wurde. Die eine Grunderfahrung der Religion hat in der
Vergangenheit viele verschiedene Wege eingeschlagen. So entstanden »Religionen«. Wir haben Gesichtspunkte gesucht, um
sie zu beschreiben und zu klassifizieren: als Kulturträger,
Ethik, Erfahrung, Theologie, als magisch-mythische, weisheitliche, mystische, prophetische, aufklärende Religionen. Jetzt
fragen wir nach der Zukunft. Die Religion ist, so drängt es sich
mir auf, unvollendet. Was wird, was soll der Weg der Religionen
sein? Nicht viele Wege, welche die eine Religion in den Reichtum vieler Erfahrungen führen, sondern nun *ein* Weg, den die
vielen Religionen zu gehen genötigt werden, wenn sie der Wirklichkeit standhalten wollen. Wenn wir der Wirklichkeit standhalten wollen.

Der Weg wird lebenswichtig sein. Ethik, Erfahrung, Theologie werden gefordert sein.

Die technische Zivilisation wird uns nötigen, die Institution
des Kriegs zu überwinden, wenn wir überleben wollen. Das ist
unmöglich ohne rationale Planung. Aber in der Fülle der Konflikte reicht rationale Planung nicht aus. Eine Ethik und Legalität gewaltloser Konfliktaustragung muß ins allgemeine Bewußtsein dringen.

Legalität und Planung reichen nicht aus. Innere Erfahrung
wird nötig sein, um der Ethik die unerläßliche Wahrnehmungs-
gabe zu verleihen.

Das Erfahrene muß aussprechbar werden. Die Fähigkeit, es
im Konsens auszusprechen, nennt man Theologie.

Die Vielheit der Kulturen und die Vielheit der Religionen
aber ist ein Reichtum. Die Evolution des organischen Lebens
erfüllt den Raum, indem, freilich unter Leiden, der Reichtum
der Gestalten entsteht: der Garten der Natur. Und die Gestalten im Garten spielen sich so ein, daß sie zusammenleben können. Die menschliche Geschichte erfüllt ihren Raum, freilich
unter Leiden, indem der Reichtum der Kulturen und ihrer
Selbstdeutungen entsteht: der Garten des Menschlichen. Die
Kulturen müssen sich so einspielen, daß sie zusammenleben
können. Kein Synkretismus, der ihre Stärken verwischt. Keine
Diktatur, die nur Eine Gestalt erlaubt.

Die Religionen sind vielgestaltig in ihren Ritualen. Den Ritualen des täglichen Umgangs, den Ritualen der Liturgie, auch den Ritualen ihrer Rationalität, in den gedanklichen Gestalten, deren stete wiederholte Schaffung ihnen gestattet, die innere und äußere Wirklichkeit wahrzunehmen. In den Bildern, die ihrer Phantasie das Göttliche vergegenwärtigen.

Wie aber können sie selbst zusammenleben und damit vielleicht erst das Zusammenleben der Völker und Kulturen ermöglichen? Ich habe zu sagen gewagt: »In der Ethik und in der inneren Erfahrung sind die großen Religionen grundsätzlich vereinbar; die Vereinbarkeit nähert sich der Identität auf den höchsten Stufen, nämlich in den reinsten Formen der Ethik und in der mystischen Erfahrung. Die Unterschiede sind vor allem kulturell bedingt; sie reichen von der Sozialordnung und den kultischen Riten bis zum Bildmaterial ekstatischer Visionen. Die unüberbrückbaren Gegensätze treten in der Selbstdarstellung auf, in den Theologien, die jeweils unfehlbare Wahrheit für sich in Anspruch nehmen.« (*Bewußtseinswandel*, S. 248)

Das jetzige Buch kann die Schritte auf diesem Weg nicht vorwegnehmen. Das Parallelkapitel im II. Teil, unter dem Titel »Religion und Konflikt«, schneidet die Frage an. Die Abschnitte 1 und 2 dort verfolgen die Art, wie das christliche Abendland in seinem zweiten Jahrtausend versucht hat, Christentum und Politik lebensfähig zusammenzufügen. Abschnitt 3 schildert einen Versuch unseres Jahrhunderts auf demselben Weg. Abschnitt 4 weist auf das »Projekt Weltethos« von Hans Küng hin, welches die eine der beiden Vereinbarkeiten, die ethische, konkret auszuarbeiten mahnt. Abschnitt 5 schildert einen heutigen Beitrag des Buddhismus zum Problem des Friedens, auf meditativer Basis, in der Person des Vierzehnten Dalai Lama.

Wie aber verstehen wir die tiefen Unterschiede der Religionsgruppen, zumal der »mystischen« und der »prophetischen«, wenn Ethik und mystische Erfahrung jeweils in der Tiefe identisch sind? Wohl niemand kann heute die Frage voll beantworten. Mein Eindruck ist, daß zwei fundamentale Erfahrungen am Anfang stehen. In Indien fand man, wohl schon in der frühen Indus-Kultur, den meditativen Weg des einzelnen Menschen. Er führte auch, als Vorbedingung, zur Forderung ethischen Verhaltens zum Mitmenschen; aber dies war nur ein

Schritt auf dem Weg. Im Judentum erfuhr das Volk sich von Gott geführt. Die Erfahrung der Führenden war gewiß auch meditativ gegründet. Von Mose und von Jesus wurden lange Einsamkeiten vor ihrem Handeln berichtet. Aber nicht die Meditation wurde dann von ihnen gelehrt, sondern das Handeln in der Gemeinschaft. So wäre das Gewicht des einzelnen und der Gemeinschaft in den beiden Religionserfahrungen verschieden, aber nicht die Wahrheit der Ethik und der inneren Erfahrung.

Blicke ich selbst, im 80. Lebensjahr, von diesen Erfahrungen aus auf die Bergpredigt zurück, so ist meine Reaktion vielleicht überraschend. Ich wiederhole, was ich dazu unlängst geschrieben habe (*MsG*, S. 241–242): »Was da steht, ist die schlichte Vernunft. Einige Wendungen sind zeitbedingt. Aber jeder sieht: Würden wir ihre Forderungen erfüllen, so wäre unser aller Leben besser, niemand würde verlieren. Und die Seligpreisungen können wir am heutigen Tag in uns selbst erfahren, wenn wir uns ihrem Inhalt öffnen.«

Vielleicht nähert uns die konkrete Entwicklung im Jahrhundert von Gandhi und Martin Luther King zum erstenmal seit zweitausend Jahren dem konkreten, nämlich politischen Sinn der Bergpredigt. Der Weg ist weit. Vielleicht kann er das Bewußtsein der Menschen erst nach beispiellosen Katastrophen erreichen. Das hebt seine Wahrheit nicht auf. Und nicht die Forderung der nüchternen, legalistischen, konkreten Arbeit auf dieses Ziel hin.

Wir kehren zum gegenwärtigen Rundgang zurück. Sein Beitrag bezieht sich auf Theorie. Er wird nicht die streitenden Theologien mustern – ein vorerst aussichtsloses Versöhnungs-Unternehmen. Er wird, von den aufgeklärt westlichen, ohne die christliche Erfahrung nicht möglichen Voraussetzungen aus, die Frage der Philosophie rückblickend, nachträglich und gleichsam erstmals stellen.

Elftes Kapitel
Philosophie

A. Voraussetzungen

1. Heute

Philosophie ist die sokratische Rückfrage: Habe ich verstanden, was ich gesagt habe? Philosophie in diesem Sinne ist wesentlich nachträglich. Sie fragt nach dem schon Gesagten. Sie ist aber eben damit wesentlich vorbereitend. Ihre Antwort kann uns weiterführen und wird dieselbe Rückfrage von neuem hervorrufen. Philosophie ist so ein integrierender Teil unserer Geschichte.

Wir philosophieren heute. Wir philosophieren nicht in der Ewigkeit – wenngleich der Blick auf ewige Wahrheiten einer der größten Schritte der Philosophie war: die Ewigkeit, eine fundamentale Wahrnehmung des Heute. Wir philosophieren nicht in der Vergangenheit. Philosophie ist freilich wesentlich zugleich Philosophiegeschichte, denn sie läßt sich belehren durch die Kunst des Fragens ihrer Vorgänger und durch die historische Wirkung von deren Antworten; aber sie läßt sich belehren für heute. Wir philosophieren nicht in der Zukunft. Wir haben der Zukunft nicht von der heutigen Einsicht aus Vorschriften zu machen, und wir haben dem Heute nicht von einer usurpierten Zukunft her Vorschriften zu machen. »Sorgt nicht für den anderen Morgen; es ist genug, daß jeder Tag seine eigene Plage habe.« (Matth. 6, 34)

Wie wollen wir an dieser Stelle des Buches, heute, philosophieren? Wir stellen die Rückfrage an zwei Gedankenreihen: an die Geschichte der Philosophie, die unserer heutigen Bemühung vorausgegangen ist; und an die Fragen und vermuteten Antworten, die wir im jetzigen Buch bis hierher erörtert haben. Haben wir verstanden, was die Philosophen gesagt haben? Haben wir dann uns selbst verstanden?

Im Parallelkapitel des zweiten Teils sind ein paar Texte über Philosophen zusammengestellt, von Platon bis zu unseren ei-

genen Fragen. Die Kette ist unvollständig; auf frühere Texte
wird verwiesen; und Vollständigkeit konnte in meiner historischen Rückfrage nie das Ziel sein. Der hier im ersten Teil folgende Abschnitt 2 stellt die Rückfrage an die Geschichte der
Philosophie in lockerer Sprache, gleichsam aus dem Gedächtnis, aber in der Sprache, zu der mich das jetzige Buch geführt
hat: Verstehe ich, wohin uns die Philosophie geführt hat? Es
folgt als Abschnitt 3 der erste Entwurf der Fragestellung unter
dem Titel »Theorie«.

Dann blickt der Teil B auf den Gedankengang des jetzigen
Buches zurück. Haben wir gelernt? Was haben wir gelernt? Wohin sollen wir jetzt schauen? Dies wird die Frage des Teils C
sein.

2. Geschichte der Philosophie

Früher als die Philosophie ist der Mythos. Früher, oder vielleicht in gewissem Sinne gleichursprünglich, wesensgleich mit
dem Mythos, ist die Sprache. Wahrnehmung von Gestalt durch
Schaffung von Gestalt. Die Alltagssprache nimmt das einzelne
in der Umwelt wahr. Zuerst »illokutiv«, anregend: bittend, fordernd, klagend, liebend. Der Mythos nimmt das Ganze wahr:
das eigene Geschlecht in seinen Ahnen, den Stamm mit den ihm
eigenen heiligen Tieren, mit den Göttern, die Stadt mit Grün-
der und Stadtgottheit, Himmel, Meer und Erde in ihren Gottheiten, die Mutter oder den Vater der Götter. Die »propositionale« Alltagsrede, die Aussageform, mag mit der Erzählung
beginnen, etwa mit dem Jagdbericht, dann mit der Handlungs-
anweisung an Hand des Erfolgsberichts, der bewährten Regel.
Die Regel mag erprobt, bestätigt oder widerlegt werden: so
entsteht Ja und Nein, Wahr und Falsch. Auch der Mythos erzählt. Kann auch die Rede von den Göttern, kann die Rede von
dem, was sein soll und nicht sein soll, wahr oder falsch sein?
Kann jemand das wissen?

»Philosophie« ist ein griechisches Wort, »Liebe zum Wissen«. Philosophie im schulmäßigen Sinne ist ein Kunstwerk der
Griechen. Die Philosophie, deren Tradition wir hier betrachten, ist griechische Philosophie. Sie entstand geschwisterlich
mit der deduktiven Mathematik, freilich auch der forensischen

Debatte: Nachweis des Wahren und Falschen. Kann Mythos wahr oder falsch sein? Dem Thales von Milet werden fundamentale Sätze der Mathematik zugeschrieben und die These, aller Dinge Ursprung sei das Wasser. Was nun ist der Ursprung: das Wasser oder ein wissender Göttervater? In wenigen Stationen gelangen wir zu Parmenides. Nur das Eine, das Seiende, ist; es konnte nicht entstehen, denn dann wäre Nichtseiendes gewesen; es kann nicht vergehen, denn dann würde Nichtseiendes. Ist das Eine Wissen oder Sein? Dasselbe nämlich ist Wissen und Sein. Hiermit beginnt unser Buch.

Aber die Erfahrung lehrt uns doch das Viele, das entsteht und vergeht. Heraklit: Man steigt nicht zweimal in denselben Fluß, denn immer fließt anderes und anderes Wasser herbei. Demokrit: Es gibt das Seiende vielfach, jeweils ohne Teile, das Atom; es gibt das Nichtseiende, das Leere, in dem die Atome sich bewegen. Die kleinsten Atome, die beweglichsten, sind die der Seele.

Und wir Menschen handeln. Wir sollen recht handeln. Das befahlen den Völkern ihre Götter, dort, jenseits des Mittelmeers, befahl es den Juden ihr Gott. Wer befiehlt es einem wissenden Griechen? Hat das Gerechte ein unerschütterliches Sein? Oder entsteht und vergeht es wie alle Dinge? Sokrates starb für das Sein des Gerechten.

Platon kann man (*MsG*, 6) dreifach deuten: politisch-moralisch, mathematisch-physikalisch, seelisch-mystisch. Seine Philosophie zu verstehen, hieße, die Einheit der drei Deutungen verstehen. Das Eine entläßt aus sich die Vielheit in der gegenseitigen Teilhabe der fünf Genē: Sein, Identität, Verschiedenheit, Ruhe, Bewegung. Aus Identität und Verschiedenheit entsteht die Zahl, aus der Zahl die Fülle der mathematischen Gestalten, bis hin zu den regulären Körpern, welche Feuer, Luft, Wasser, Erde *sind*. Eine Gestalt ist gut, wenn sie ihrem Vorbild höherer Stufe gleicht: dieses kleine Feuertetraeder *dem* Tetraeder der Mathematik. So ist unser Handeln gut, wenn es seinem Vorbild höherer Stufe gleicht: der Gestalt des Gerechten selbst. In mir kann ich das Wissen solcher Gestalten wie Erinnerung vorfinden; steige ich zur Anschauung dieser Erinnerungen auf, so kann ich einmal das Eine, das Ewige anschauen, ich als der Teil des ewigen Geistes, der ich bin. Die Menschen, die dies erfahren haben, sollen die ewige Ordnung wiederherstellen, soweit das unter uns möglich ist; die Philosophen sollten das Opfer bringen, Könige zu sein. Platon hinterließ zwei Jahrtausenden Deutungsprobleme; und deuten kann nur, wer das im Vorbild Gezeigte zu leben bereit ist. Körper *sind* Gestalten. Ist Geist Gestalt? Ist Gestalt Geist? Ist dies das Weltbild eines Aristokraten?

Aristoteles, Sohn eines Arztes und Erzieher eines Welteroberers, lehrt uns die Fülle bewegter gestalteter Substanzen sehen, bewegt vom Streben nach der je eigenen Gestalt, letztlich von der Liebe zum unbewegten Beweger. Die griechische Philosophie, Platonismus und Stoa, wurde die Religion der Gebildeten des Römischen Reichs. Sie vermochte auch ein Weltreich als das zu denken, was es sein sollte, als das irdisch-ganze Bild der übermateriellen Gestalt des Ganzen. In ihm ist zu denken die Vielgestalt menschlicher Erfahrungen. Was aber, wenn das Reich in Thronkämpfe, Bestechlichkeit, Aberglauben, Ineffizienz hinabsinkt? Was ist das Schlechte? Was ist das Böse?

Die Juden hatte ihr Gott den Unterschied des Guten und Bösen gelehrt, als Vorbedingung ihres Lebens als Volk. Sie überlebten unter den Nachbarn, von Richtern geführt; sie gründeten für hundert Jahre ein Reich. Sie taten das Böse, sanken ab, gerieten in Verbannung und Abhängigkeit. Ihre Propheten kündigten an, einst würden alle Völker der Erde in Jerusalem anbeten. Die bösen Reiche der Welt würden durch Gottes Gnade zerstört werden: das heißt Apokalypse. Jesus kündigte an, daß das Reich Gottes gekommen ist. Es durchsäuert die Erde wie der Sauerteig das Brot, es wächst wie das Senfkorn zum Baum heran. Er starb für seine Verkündigung wie einst Sokrates. Seine Jünger sahen ihn lebendig. Sie wagten, das Römische Reich nicht als göttlich zu verehren. Das Reich aber ging nicht unter, die standhaften Christen wurden seine Herren. Wie mußten herrschende Christen im Reich der Welt die Geschichte und damit die Wirklichkeit denken?

Die Bilder der Geschichte waren notwendigerweise verschieden. Der Mythos kennt Weltentstehung und manchmal auch Weltuntergang; er kennt endliche, überblickbare Geschichte. Die griechische Philosophie stieg mit dem Blick auf das Eine zum Ewigen auf, jenseits der Zeit. Das Ewige war Horizont der

Zeit, nicht umgekehrt. Sogar die Gestaltenvielfalt ist eine ewige Gestalt, in innerer Bewegung, aber nicht begonnen, nicht endend. Die Inder gingen im Vedanta einen ähnlichen Weg; jenseits von Name und Form ist noch Zeit, jenseits der Zeit aber das erlösende, einzigwahre Eine. Für die Juden jedoch hatte Gott einmal die Welt geschaffen, vor wenigen tausend Jahren; nach heutiger Beschreibung etwa zu der Zeit, als die Hochkultur begann. Die Welt fiel der Sünde anheim. Gott hat sich ein Volk gesucht, das seinen heilsamen Willen tut. In endlicher Zeit wird die Erde erlöst werden. Für die Juden durch den Messias, der das Reich Gottes wiederherstellen wird. Für die Christen durch Christus, der schon gekommen ist und wiederkommen wird, in einer nahen Zukunft, die sich rätselhaft immer noch verzögert.

Den Christen, als Verfolgten und dann als Herren des Römischen Reichs, war nur *eine* das Reich umfassende Denktradition angeboten, die der griechischen Philosophie. Die Patristik des ersten christlichen Jahrtausends konnte den neuplatonischen Aufstieg zum ewigen Gott anhand der realen mystischen Erfahrung vollziehen. So entstand die christliche Denkfigur des Unterschieds von zeitlichem Diesseits und ewigem Jenseits. Der platonische Abstieg, der zu realer Politik und zur Naturwissenschaft führen mußte, wurde nicht vollzogen. Träger des geistigen Lebens waren vielfach die Mönche, in einer schon durch die Ehelosigkeit symbolisierten jenseitigen Lebensform, mit dem Gipfel der Transformation der erotischen Kräfte in mystische Erfahrung. – Diese Skizzierung eines ganzen Jahrtausends ist unzureichend. Ich wage nicht mehr zu sagen über eine Zeit, die ich nicht studiert habe.

Die Philosophie des Abstiegs wurde im Abendland möglich im zweiten Jahrtausend, im Zusammenhang mit der Rezeption des Aristoteles, aus der Hand der Araber und Juden. Dies entsprach intellektuell einem Bedürfnis nach Meisterung der Realität, das sich schon im Konflikt der »ersten europäischen Revolution« (II 10.1–2) entfaltet hatte. Wir wenden uns hier gleich der theoretischen Folge zu: der im Nominalismus vorbereiteten Entstehung der mathematischen Naturwissenschaft. Sie verstand sich schon früh platonisch. Freilich konnte sie kaum an platonisches Detail anschließen. Sie begann mit den großen

Erfolgen der mathematischen Astronomie. Bald aber wurde die Mathematik vom Himmel auf die Erde heruntergeholt. Dieselben mechanischen Gesetze galten droben und hier. Damit war ein sehr wichtiges Symbol zerstört: es gab keine räumliche Veranschaulichung des Unterschieds vom Diesseits und Jenseits mehr. Wie, nach dem Vaterunser, Gottes Wille geschehen soll, so galten nun die mathematischen Gesetze: wie im Himmel, so auf Erden. Damit war aber auch der Platonismus verwundet. Denn man hatte Platon nur im Aufstieg und daher dualistisch gelesen. Kaum jemand kam auf den Gedanken, die irdische Materie *sei* in Wirklichkeit Gestalt. Also war mathematische Gestalt nun nicht als Wesen, sondern als Attribut der Materie anzusehen. Wo blieb dann Gott, wo blieb die Seele? Und war es dann verwunderlich, wenn die bis heute traditionalistisch geprägte Kirche einen Jahrhunderte dauernden Krieg von stets verlorengehenden Rückzugsgefechten gegen die Naturwissenschaft führte? Und daß die Naturwissenschaft durch diesen Krieg gegen das Ernstnehmen religiöser Erfahrung verblendet wurde?

Der Sehnsucht nach einem rettenden Dualismus verdankte wohl der Scharfsinn von Descartes einen Teil seiner Wirkung. Es gibt zwei Gewißheiten: das Selbstbewußtsein und die Mathematik, speziell die Geometrie. Also gibt es zwei a priori einsehbare Substanzen: die denkende und die ausgedehnte Substanz. Ich empfinde in Descartes stark das neuzeitliche Machtmotiv. Gewißheit ist Macht. Macht über sich selbst im Bewußtsein traute der starke Erbe aus Juristenadel sich wohl schlicht zu. Macht über die Außenwelt wird dann vermittelt durch deren Reduktion auf Geometrie. Wie aber hatte die neuzeitliche Philosophie auf seinen Ansatz zu reagieren? Im Grunde waren die fruchtbaren Reaktionen nun doch wieder entweder monistisch oder wenigstens ganz auf eine seiner beiden Substanzen konzentriert.

Der Weg der Naturwissenschaft durchdrang das Reich der ausgedehnten Substanz bis zum heutigen Tage. Die Einordnung des Bewußtseins blieb eine Verlegenheit, am besten auf spätere Forschungsphasen zu verschieben. Hiervon habe ich im jetzigen Buch vielfach gesprochen; ich komme im Abschnitt B7 darauf zurück. Jetzt verfolge ich den Weg der professionellen Philosophie.

Der Rekurs auf den Grundansatz der griechischen Philosophie scheint mir am deutlichsten bei dem verstoßenen Juden Spinoza. »Substantia est quod in se est et per se percipitur«: Substanz ist, was in sich ist und durch sich verstanden wird. Es kann dann nur *eine* Substanz geben; jede Vielheit wäre zugleich in einem anderen. Diese Substanz wird durch den Namen Gott bezeichnet. Denken und Ausdehnung sind die zwei uns bekannten unter den unermeßlichen Attributen Gottes. Und nun kann man von Denken und Ausdehnung wissenschaftlich reden. Warum wollten Juden und Christen Spinoza verstoßen, der so klug war, den Lehrstuhl in Heidelberg nicht anzunehmen und lieber vom Brillenschleifen zu leben? Sie nannten ihn einen Pantheisten. Sie ertrugen nicht, den radikalen Unterschied zwischen Gott und Mensch zu verlieren, der ihre religiöse Erfahrung des Unterschieds von Gut und Böse ausdrückte. Die jüdische moralische Strenge, die Wahrhaftigkeit Spinozas war nötig, um diese Konsequenz des griechischen Ansatzes zu ziehen, Konflikt als Folge ernstgenommener Theologie. Die Aufklärung entdeckte Spinoza als einen der Ihren; Goethe, ein völlig anderer Mensch als er, fühlte sich bei ihm daheim.

Pascal, umgekehrt, ist wohl der einzige, der gegen Descartes, auf dessen eigenem intellektuellen Niveau, die christlich-jüdische Grunderfahrung auszusprechen vermochte. Er, der bedeutende Mathematiker, unterwarf sich nicht dem mathematischen Erkenntnismodell; er unterschied vom esprit géometrique den esprit de finesse. Doch ist auch dies im Rahmen des cartesischen Dualismus gesehen, denn der esprit géometrique wird als der ausgedehnten Materie angemessen anerkannt, der esprit de finesse aber wird dem Verständnis des Menschen tiefer gerecht als die selbstsichere cogitatio von Descartes. In der akademischen Philosophie blieb Pascal jedoch verhältnismäßig wirkungslos.

Dem großen, auf Versöhnung der Konflikte angelegten Entwurf von Leibniz wird seine kurze Nennung im jetzigen Zusammenhang nicht gerecht. Der Versöhnung gerecht zu werden, bedarf der breitesten Ausführlichkeit, die ich auch im Studium seines Werks nicht zu leisten vermocht habe. Das Kontinuum ist mathematisch wie philosophisch eines seiner wich-

tigsten Themen. Seine Monaden scheinen sich zum Gott Spinozas strukturell ein wenig analog zu verhalten wie die Atome De-
mokrits zu Parmenides' Einem; freilich mit der Leibniz eigenen
komplexen Subtilität. Sie alle haben die Attribute des Denkens
und des Raumbezugs: Denken als Substanz, Raum als Relation.

Die Naturwissenschaft wuchs zur geistigen Weltmacht
heran. Damit wurde die Frage nach der Begründung ihrer
Erkenntnisse zugleich zu einer zentralen philosophischen
Frage. Sinneserfahrung und mathematische Einsicht standen
als Kandidaten zur Wahl: »Sensualismus« und »Rationalismus«. Leibniz vertrat den Rationalismus auf höchstem Niveau;
ihm stand der Sensualismus von Denkern wie Locke gegenüber. In dessen Lot (I 10.3), das nur tief genug gesenkt werden
muß, um Ein- und Ausfahrt am Hafen zu sichern, tritt dem
Gewißheitsanspruch der streitenden Philosophien der methodisch bewußte Pragmatismus der positiven Wissenschaft
gegenüber. Er ist die Erfolgsbedingung der »normalen Wissenschaft« im Sinne Kuhns. Aber in den »wissenschaftlichen
Revolutionen« geht es um das Verständnis der »unbegreiflichen
Einfachheit« der großen wissenschaftlichen Theorien (I 7.D6).
Für dieses Problem waren die rationalistischen Philosophen offen. Im Rahmen des Sensualismus erkannte es Hume, der ihm,
der sensualistischen Prämisse gemäß, nur die herausfordernde
Gestalt der prinzipiellen Skepsis geben konnte.

Diese Debatte bereitete den Boden für Kants entscheidenden
Schritt (I 6.7.6). Kant war mit der Naturwissenschaft gut vertraut. Seine Frühschrift *Allgemeine Naturgeschichte und Theorie des Himmels* stellt die bis heute im Prinzip gültige Hypothese über die Entstehung des Planetensystems auf. Aber im
Dualismus-Problem zieht er eine radikale, weil detaillierte
Konsequenz aus dem methodischen Vorrang, den Descartes
dem Bewußtsein hatte zugestehen müssen. Descartes konnte
mit der Unterstellung eines »trügerischen Schöpfers« noch an
der Gewißheit unserer mathematischen Erkenntnis, also der
Naturwissenschaft, zweifeln; an seinem eigenen Zweifeln aber
konnte er nicht zweifeln. Sein Argument für die Glaubwürdigkeit der klaren und distinkten mathematischen Erkenntnis aus
dem ontologischen Beweis für das Dasein eines nicht täuschen-
den Gottes ist aber so offenkundig ein Lückenbüßer, daß Inter-

preten unseres Jahrhunderts den Einfall gehabt haben, die Rolle
Gottes in Descartes' Aufbau sei nichts als Diplomatie gegen die
Kirche gewesen. Die Wahrheit dürfte sein, daß Descartes ohne
dieses Argument eine unüberbrückbare Lücke im Beweis für
die Realitätsrelevanz der mathematischen Erkenntnis hätte lassen müssen. Kant war der erste, der sah, was aus der Evidenz
der mathematischen und kategorialen Erkenntnis gefolgert
werden konnte und was nicht: ihre Geltung im Bereich der
Erscheinungen, aber nicht der Dinge an sich. Damit ist eine
zentrale These des Sensualismus akzeptiert: daß wir von den
Dingen selbst nur insoweit wissen können, als sie auf uns wirken. Damit wird die Philosophie wesentlich Philosophie der
Subjektivität, eben des Wissens. Ausdehnung und Bewegung
werden Formen unserer Rezeptivität; die Ontologie der klassischen Physik (I 7.B2) enthüllt ihren Rahmen, Raum und Zeit,
als subjektive Formen unserer Anschauung. Die Subjektivität
der Kategorie der Kausalität aber benützt Kant, um den freien
Willen, den die Moral voraussetzt, und Gott, der die Gebote
der Vernunft garantiert, als Postulate der praktischen Vernunft
vor dem Machtzugriff der Naturwissenschaft zu retten.

Kants Argumente konnte man nicht widerlegen, aber mit ihren Folgerungen zu leben, war für den klassischen Entwurf der
Philosophie unerträglich. So wurde das grandiose Abenteuer
des deutschen Idealismus gewagt. Wenn der Verstand der Natur
ihre Gesetze vorschreibt, wenn die Vernunft die Prinzipien der
Moral postuliert, wenn die Urteilskraft den Zweck in der Welt
anerkennt, so ist das Ich, das diese Vermögen betätigt, nicht das
empirische Ich, das nur die Weise ist, wie ich mich in den Formen der Anschauung wahrnehme, sondern das transzendentale
Ich, das sich selbst und damit alle seine Gegenstände setzt.
Fichte sah diese mögliche Konsequenz. Die beiden Schwaben,
der genial-frühreife Schelling, der professoral-staufische Denker Hegel führten sie in verschiedener Weise aus. Der dritte
Freund, Hölderlin, erfaßte die neue Erfahrung vielleicht am
tiefsten und fiel ihrem Leiden zum Opfer. Hegel: Die Substanz
ist wesentlich Subjekt; die Geschichte ist der Weg des absoluten
Geistes zu sich selbst.

Der deutsche Idealismus ist kaum denkbar ohne die Französische Revolution. Kant schon gewann seinen englischen

Freund Green, indem er gegen dessen Kritik die amerikanische Revolution von 1776 in Schutz nahm.* Die Französische Revolution glaubt, daß der Mensch unter der Herrschaft der Vernunft die Geschichte neu formen kann. Wenn Schelling lehrte, die Natur sei der Geist, der sich noch nicht als Geist kennt, so gehörte er damit, im Gefolge Goethes, zu den Vorläufern der Evolutionstheorie. Schelling und Hegel nahmen Mythos und christliche Offenbarung in ihre Philosophie auf. Die Erfahrung des Bösen wird nicht geleugnet. Für Hegel ist der Konflikt mit sich selbst der Weg des Geistes zu sich selbst. So ist die politische Geschichte selbst ein Teil der Dialektik, in welcher der Geist sich findet. Aber wo ist die Erfüllung? Marx erwartet sie erst in den Folgen der zweiten Revolution, deren Träger das Proletariat sein wird; englischen Einsichten folgend, bezieht er die Ökonomie in die Kernkräfte der Geschichte, auch des Bewußtseins, ein.

In dieser Philosophie wird also, der Politik folgend, die Geschichte zum zentralen Thema, wird die Zeit für das Wissen fundamental. Die Geschichte sieht man zunächst im Rahmen des Fortschrittsglaubens. Das ist ein neuer Schritt der abendländisch-neuzeitlichen Kultur, der wohl allen älteren Kulturen fernlag. Dabei war der reale, zumal technische, also ökonomische und machtpolitische Fortschritt wohl früher da als der theoretische Gedanke des offenen Fortschritts. Mit dem ökonomischen Fortschritt regt sich aber, gerade bei denen, die an ihm Anteil haben, auch die Skepsis. Malthus meint, die Menschheit werde sich stets so weit vermehren, daß sie dem Hunger als Grenze anheimfalle. Schopenhauer widersprach aus tiefer seelischer Erfahrung dem Hegelschen Optimismus. Man lernte in Europa die indische, die buddhistische Sicht unseres Gebanntseins in die Folge der Geburten kennen. Welt als Wille ist Opfer unausweichlichen Leidens, Welt als Vorstellung ist der Trost einer Illusion. Erst die Einsicht in die Nichtigkeit des Glücksstrebens führt den Weg zur Erlösung.

Aber die Skepsis eröffnet neue Wege des Denkens. Darwin sah im malthusischen Kampf ums Überleben den Motor der Evolution. Nietzsche sah den Willen zur Macht als den Motor

---

* Biographie Kants von R. B. Jachmann, 8. Brief.

des Wegs zum freien Geist, zum Wissenden, den er den Über-
menschen nannte. Die Geschichte unseres Jahrhunderts freilich führte in die von Nietzsche vorausgesagten Kriege. Wo stehen wir heute?

Auf Zeit, auf Heute und Zukunft ist unser Blick gerichtet.
Ich wende mich noch einmal der Weise zu, wie dieser Blick in
die akademische Philosophie eingedrungen ist. Der Zeitlauf
wird zum Thema. Bergson sah die Zeit als durée réelle, als reale
Dauer, in der es »schöpferische Evolution« gibt, als vom Raum
völlig verschieden. Whitehead statuierte »Process and Reality«
als Grundbegriffe. Brouwer gründete die Mathematik auf die
Urintuition der Zeit. Heidegger beendete sein Buch *Sein und
Zeit* mit dem Satz, den ich als zweites Motto des jetzigen Buches gewählt habe: »Offenbart sich die Zeit selbst als Horizont
des Seins?«. Welche Umkehr gegen die Überlieferung von den
Griechen her!

Wir stehen damit am Anfang des jetzigen Buches. Was haben
wir in ihm gelernt?

3. Theorie
Eine Fragestellung

Vorbemerkung 1992. Dieser Aufsatz wurde 1978 im Anschluß
an den Text »Anthropologische Begriffe« (I 8.3) geschrieben
und blieb wie dieser unvollendet. Er war als einleitende Fragestellung zur Philosophie in dem damaligen Entwurf des Buches
Zeit und Wissen gedacht. Er bewegt sich in der Begrifflichkeit
des »Baugerüsts« in deren anfänglicher Ausarbeitung, wie in
»Meditation und Wahrnehmung« (I 10.5) entwickelt. Einleitend zitiert er weitere hiermit zusammenhängende, etwa gleichzeitige Aufsätze. Ich lege ihn hier vor als einen ersten Entwurf
der Antwort auf die Frage: »Was haben wir gelernt?« Der Teil
B des jetzigen Kapitels, der diese Frage im Titel trägt, beginnt
dann aber nochmals von neuem, nun der Anordnung im heutigen Buch folgend.

1. Das Thema

Theorie ist die fundamentale Form der abendländischen Wissenschaft und Philosophie. Dieser Aufsatz ist selbst philosophisch; er fragt, was Theorie eigentlich sei. Er strebt also eine Theorie der Theorie an. Darin ist er ein Beispiel eines für die Theorie zentralen Prozesses, der Reflexion. Der Aufsatz ist nur eine Skizze, als Vorbereitung oder Hintergrund anderer Arbeiten. Eine Theorie der Theorie muß insbesondere eine Theorie der Mathematik und Physik umfassen, die ihrerseits eine zeitliche Logik voraussetzt. Die Einführung in die zeitliche Logik habe ich im »Aufriß« (I 6.4) vom Verhaltensbegriff her versucht. Dabei blieb der anthropologische Rahmen ungeklärt. Hierzu versucht der längere Aufsatz »Anthropologische Begriffe« (I 8.3) das Material aufzuarbeiten, das in »rhapsodistischer« Form im *Garten des Menschlichen* (*GM*) ausgebreitet ist. Eine Skizze des Resultats dieser Aufarbeitung ist in dem Aufsatz »Meditation und Wahrnehmung« (*M. u. W.*, I 10.5) gegeben. Hieran knüpft der jetzige Aufsatz an. Er versucht, den Begriff der Theorie innerhalb der Ebenen menschlicher Wahrnehmung zu lokalisieren. Damit gibt er zugleich einen Hintergrund für Aufzeichnungen über Moralphilosophie (I 8.3.4–6) und über das Schöne (I 9.2). Dazu gehört die linguistische Fragestellung, die ich in dem Aufsatz über Universalpragmatik (II 6.6.2) besprochen habe.

Theorie ist die Ausarbeitung der Ebene der Wahrnehmung, die ich als das Wahre, näher als das Theoretisch-Wahre (*M. u. W.*) bezeichnet habe. Theorie der Theorie ist wesentlich Theorie der theoretischen Wahrheit. Die Ebene des Theoretisch-Wahren entstammt einer Fulguration, die sich historisch in der fast gleichzeitigen Entstehung der griechischen Mathematik und der griechischen Philosophie identifizieren läßt. Die Schwierigkeiten der Wahrheitstheorie sind von dem Typ, den wir bei der theoretischen Beschreibung evolutiver Ebenen immer finden. Die Selbststabilisierung einer Ebene ist ein nichttrivialer Vorgang. Jeder Begriff, der die für eine Ebene charakteristischen Phänomene beschreibt, gewinnt seinen reflexiv geklärten Sinn erst im Rahmen eines Verständnisses der Gründe der Möglichkeit der Stabilisierung ebendieser Ebene. Deshalb muß eine Wahrheitstheorie transzendental sein in dem methodischen Sinn, daß sie ein Verständnis der Bedingungen der Möglichkeit von Theorie voraussetzt. Soweit es sich dabei um empirische Wahrheit, also um Theorien im Felde der Erfahrung handelt, sind diese zugleich die Bedingungen der Möglichkeit von Erfahrung, da Erfahrung in dem Sinne, in dem sie in den empirischen Theorien auftritt, selbst eine Stilisierung der Wahrnehmung gemäß der Ebene des Theoretisch-Wahren ist.

Die methodische Sonderrolle der Theorie der Theorie, im Unterschied z. B. von einer Theorie der Moral oder einer Theorie des Schönen, zeigt sich schon in ihrer iterativen Bezeichnung. Sie muß die Erkenntnisweise selbst anwenden, die zugleich ihr Gegenstand ist (vgl. II 5.3). Sie ist essentiell reflexiv. Dabei sei von vorneherein auf die Mehrdeutigkeit des Begriffs der Wahrheit hingewiesen, die hier auf eine Trias von Bedeutungen reduziert wird. Es gibt die Ebene der faktischen Wahrheit im Gefüge der Zweckrationalität (*M. u. W.*). Es gibt die Ebene der theoretischen Wahrheit, die hier unser hauptsächliches Thema ist. Es gibt schließlich den Sinn von Wahrheit, der intendiert ist, wenn neben dem Theoretisch-Wahren auch das Schöne und das Sittlich-Gute, ebenso wie das Nützliche und das Heilige, als Ebenen der Wahrnehmung (Wahr-Nehmung) bezeichnet werden. Es war der zentrale Gedanke der klassischen abendländischen Philosophie seit den Griechen, daß Theorie die Einheit des Wahren, also die dritte Stufe denken soll (verum, bonum, ens, unum convertuntur). Gleichzeitig war aber die Mathematik als Form der Theorie für diese Philosophie paradigmatisch. Theorie im Sinne der Mathematik ist aber eine Ebene in der zweiten Stufe, vom Schönen und Sittlich-Guten getrennt, so wie die Zweige der Philosophie seit Aristoteles unterschieden werden. Alle neuere Wissenschaftstheorie versucht Theorie der Theorie in dieser zweiten Stufe zu sein, und zwar in dem doppelten Sinne, daß ihr Gegenstand solche Theorien sind und daß sie selbst eine solche Theorie ist. Dies ist eine fast unvermeidliche Einschränkung, da die klassische Philosophie die heutigen Wissenschaftler nicht mehr überzeugt, ja vielleicht von jeher im Gegensatz zu der Verfahrensweise der neuzeitlichen Wissenschaft gestanden hat. Man macht sich die eigene Situation gegenüber der klassischen Philosophie historisch begreiflich, indem man vom Zeitalter der positiven Wissenschaft, vom Zusammenbruch der Metaphysik, vom Tod des Gottes der Philosophen spricht.

Der hier vorzutragende Versuch fährt in bezug auf dieses Problem von vorneherein bewußt zweigleisig. Er argumentiert einerseits, so konsequent, als ich es eben zu leisten vermag, wissenschaftsimmanent. Das bedeutet insbesondere, daß er den Gegensatz von empirischer und transzendentaler Argumentation mit methodischer Absicht ständig unterläuft. Dies ist ein Verfahren, das sich mir in der Zeit, als ich nur Physiker war, aus einer Art wissenschaftlicher Naivität heraus aufgedrängt hat. Es scheint mir aber auch philosophisch gerechtfertigt, ja gefordert. Der scharfe Gegensatz von Apriori und Aposteriori, von transzendentaler und empirischer Erkenntnis ist nur innerhalb gewisser Positionen der klassischen Philosophie zu rechtfertigen, die ihrerseits den Transzendenzbegriff der Metaphysik voraussetzen. Gerade die wissenschaftsimmanente Argumentation bekommt nun aber die theoretische Erkenntnis als Objekt der Theorie von der Theorie zugleich empirisch in ihrer Einbettung in menschliches Leben und menschliche Geschichte, also anthropologisch und kulturhistorisch zu Gesicht. In dieser Einbettung zeigt sich nun das Theoretisch-Wahre als eine erklärungsbedürftige Ebene neben anderen. Es ist keineswegs klar, daß eine Theorie der Theorie, welcher das Theoretisch-Wahre in dieser seiner realen Einbettung sichtbar wird, selbst adäquat als theoretisch-wahre Theorie wird aufgebaut werden können. Wir müssen also darauf gefaßt sein, daß wir noch andere Verhaltensweisen als die der wissenschaftlichen Theorie brauchen, wenn wir verstehen wollen, wie wissenschaftliche Theorie möglich ist. Vermutlich werden wir unser Unternehmen nur durchführen können, wenn wir von vornherein bereit sind, uns so umfassend menschlich zu *verhalten*, wie die klassische Philosophie *gedacht* hat.

Man beachte die Nuancierung dieses letzten Satzes, der sich ebensowohl von der reinen positiven Wissenschaft wie von der klassischen Philosophie distanziert. Die Philosophie versuchte das Ganze der Wirklichkeit, das Wahre, Gute, Schöne, ineins zu denken. Aber sie *dachte* es, unter dem Paradigma der mathematischen Theorie. Was die nicht-theoretischen Ebenen aber von uns verlangen, ist ein Verhalten, das nicht selbst theoretisches

Denken ist. Die Ebene des sittlich Guten verlangt Handeln, die des Schönen verlangt Empfinden und Erschaffen, die Ebene der Meditation verlangt Geschehenlassen. Man darf glauben, daß die Einheit menschlichen Verhaltens sich in allen diesen Ebenen spiegeln wird, so auch in der Ebene des Theoretisch-Wahren. Aber in Wirklichkeit ist der bewußte Vollzug dieser Einheit nur als eine Fulguration möglich. Er betritt eine Ebene, in der alle anderen Ebenen, soweit sie weiterbestehen, ihre Struktur und damit den Sinn ihrer Selbstaussage ändern. Solche Fulgurationen waren die von den Hochreligionen erzeugten Kulturen. Eine solche Fulguration war eben die Entstehung der griechischen Philosophie, die uns heute noch als das unersetzliche Modell der Möglichkeit einer alles dem Denken Zugängliche zusammenfassenden Verhaltensweise vor Augen steht. Wir können nicht vorweg angeben, was uns geschehen wird, wenn wir selbst eine solche neue Ebene betreten.

Ich bin, ohne die Möglichkeit eines vor dem Geschehen selbst zu führenden Beweises, überzeugt, daß die Krisen der heutigen Weltkultur eben die Entstehungskrisen einer solchen integralen Ebene sind. Realiter greifen Wissenschaft als der radikale Weltverwandler, der Theorie immer war, ob sie es wollte oder nicht, Politik als der unvermeidliche Ausfluß einer moralischen Bewegung, welche den Automatismus der Machtkonflikte nicht schlicht hinzunehmen bereit ist, weil er selbstmörderisch wäre, Sinnverlangen, gespiegelt im Seismographen der Kunst, im Entstehen neuer Lebensformen, im Durst nach Meditation – realiter greifen all diese Kräfte ständig ineinander und gestalten durch die von der Blindheit der unerweckten Selbstwahrnehmung verschuldete katastrophale Form der notwendigen Krisen hindurch eine neue Welt. Das überhandnehmende Empfinden der Ratlosigkeit ist der hoffnungsvolle Anfang der Wahrnehmung dieses Vorgangs und erzeugt vielleicht den Leidensdruck, ohne den es zu keiner Selbstwahrnehmung kommt.

Wenn es mir erlaubt ist, so persönlich zu reden: Ich wage den gegenwärtigen Versuch, zu dem eine Theorie der Theorie gehört, erst, nachdem ich Naturwissenschaft praktiziert, klassische Philosophie gelernt, an Politik politisch teilgenommen, den Weg der Meditation beschritten habe; und bei diesem Versuch höre ich mit keiner dieser vier Tätigkeiten auf. Diese

Einheit als Individuum zu verwirklichen, stößt bei jedem Menschen an die jeweiligen Grenzen seiner Begabung und Kraft. Sich einer menschlichen Gemeinschaft einzufügen, welche eine solche Einheit gemeinsam zu verwirklichen versucht, scheint so lange sehr schwer zu sein, als diese Einheit nicht in aussprechbarer, also einer Gemeinschaft reflexiv zugänglicher Weise gedacht ist. Darum, so könnte man sagen, geht es in diesem Versuch.

Wir wenden uns von diesem Ausblick auf Ziele wieder zur Arbeit an der Theorie der Theorie zurück. Diese Theorie empfängt durch die anthropologische Einbettung des Theoretisch-Wahren eine unerwartete Bereicherung. Der klassischen Reflexionsphilosophie erschien die Theorie als das selbstverständliche letzte Ziel der Erkenntnis. Das Theoretisch-Wahre war ihr, wie für Hegel das Absolute, jenes letzte Resultat, das zugleich vom ersten Anfang des Weges an bei uns ist. Dies gilt, in etwas flacherer Form, auch vom Selbstverständnis der neueren Wissenschaftstheorie. Dem anthropologischen Blick eröffnet sich nun auf einmal ein Verständnis dafür, wie eminent unwahrscheinlich es uns erscheinen sollte, daß ein Kunstwerk wie das Denken in Theorien überhaupt möglich ist und eine Funktion im Leben hat. Die Bedingungen der Möglichkeit theoretischer Erkenntnis erscheinen uns darum nicht mehr, wie der Reflexionsphilosophie, deshalb so schwer erkennbar, weil sie als das Einfachste und Selbstverständlichste der Aufmerksamkeit entgehen. Es gibt im Gegenteil eine Hoffnung, sie zu verstehen, weil wir sie als etwas schlechthin Unselbstverständliches, wie eine auf der Spitze stehende Pyramide, in den Blick nehmen können. Historisch mag diese Blickwendung, jedenfalls mit dem vollen Bewußtsein ihrer Konsequenzen, zum erstenmal bei Nietzsche aufgetreten sein. Nietzsche freilich überspielt mit dem Glanz seiner Rhetorik das theoretisch-konstruktive Problem, welches das eigentliche Thema dieser Studie ist und sich, wenn ich richtig sehe, als eine noch nie zuvor verstandene Chance erweist.

Das Problem liegt eben darin, daß wir versuchen, die Möglichkeit von Theorie in einer selbst theoretischen Sprache auszusprechen. Das Problem war der klassischen Reflexionsphilosophie natürlich bekannt. Aber weil ihr die theoretische

Denkform letztlich nicht mehr hinterfragbar war, reduzierte es sich im philosophischen Vollzug auf eine Art Konsistenzforderung. Wir werden uns hier zu einer ganz anderen Behandlung des Problems gedrängt sehen, die über die zeitliche Logik zu einer Aufhebung des methodischen Unterschieds zwischen fundamentaler Wissenschaft und Philosophie der Erkenntnis führt.

2. Anthropologische Einbettung

Zunächst sei die Aufgliederung der Ebenen der Wahrnehmung rekapituliert (*M. u. W.*). An der elementaren Einheit von Wahrnehmen und Bewegen unterscheiden wir die vier Momente der Sinnesempfindung, des Urteils, des Affekts, der Handlung. Im Gefüge der Zweckrationalität erscheint das Urteil in der Ebene des Nützlichen. In der zweiten* Stufe baut die Ebene des Theoretisch-Wahren auf dem Urteil, die Ebene des Schönen auf dem Affekt, die Ebene des Sittlichen auf der Handlung jeweils eine fulgurativ neue Struktur auf. Die Einheit der Ebenen erschien historisch in der Religion als Kulturträger, die sich anschließend an das Urteil als Theologie, anschließend an den Affekt als inneres Erlebnis, anschließend an die Handlung als radikale Ethik ausprägte. Wir gehen nun einige dieser Ebenen im Blick auf die Struktur theoretischer Wahrheit noch einmal durch.

Alle diese Momente und Ebenen sind nicht von vorgefertigten systematischen Einteilungen her zu begreifen. Wir nennen zunächst die *Sinnesempfindung* als die »Restkategorie«, die übrigbleibt, wenn man die Einheit der Wahrnehmung von den drei anderen Momenten abstraktiv trennt. Eine nichthandelnde Wahrnehmung gibt es häufig; sie ist eine wichtige Leistung im Leben schon der Tiere. Eine nichtaffektive Wahrnehmung ist schon eher das Ergebnis eines seelischen Trainings, einer Askese. Eine nichtprädikative Wahrnehmung gibt es als seelisches Phänomen wohl kaum, außer soweit wir sie durch eine von der Reflexion gesteuerte Abstraktionsleistung selbst erzeugen.

---

* So in *M. u. W.* numeriert. Im jetzigen Buch heißt die Einheit von Wahrnehmung und Bewegen die erste Stufe, Zweckrationalität die zweite, die drei Ebenen von Theorie, Kunst, Moral die dritte, Religion und Philosophie die vierte Stufe (Anm. 1992).

Selbst wenn ich z. B. einen Farbfleck wahrnehme, den ich nicht als ein bestimmtes Ding identifizieren kann, beginnt die subjektive Wahrnehmung meist als identifizierte und wird als unidentifizierte erst durch den Zweifel bestimmt. Zum Beispiel: »Die Kuh, die da auf der Wiese liegt – ach nein, ist das nicht ein Stein? – oder ein Baumstamm? – also jedenfalls: der braune Fleck da auf der Wiese.« Die »reine« Sinnesempfindung tritt also als Produkt des Zweifels auf. Daß es sie »wirklich« gibt, glaubt man dann, wenn man außerdem als Physiologe den Bau des Auges kennt und versteht, daß auf der Netzhaut lokalisierte Farbflecke vorkommen, während die Dingkonstanz eine zentralnervöse Leistung ist. Diese zutreffende physiologische Theorie lehrt uns den Grund dafür kennen, daß es überhaupt möglich ist, aus dem Erlebnisstrom einzelne Sinnesdaten durch Aufmerksamkeit herauszuheben. Sie lehrt uns den Stabilisierungsgrund der Ebene der reinen Sinnesempfindung verstehen. Sie zerstört eben damit den Irrtum der sensualistischen Erkenntnistheorie, die Sinnesempfindung sei an sich ein elementares Datum. Sie ist das Produkt eines eigens zu ihrer Erzeugung evolutionär entstandenen Apparats. Philosophisch ist hieraus natürlich nicht zu folgern, daß die elementaren Daten anderswo zu suchen seien, sondern daß es keine elementaren Daten gibt. Der Wunsch nach elementaren Daten ist eine Folge des unangemessenen Paradigmas der deduktiven Wissenschaft.

Bereits an dieser Stelle müssen wir das Problem der Subjektivität ansprechen. Die physiologische Theorie erklärt zwar, daß im Funktionieren des menschlichen Körpers »Sinnesdaten« begrifflich isoliert werden können, nämlich als Netzhautreizungen. Aber sie erklärt nicht, wieso mit diesem Vorgang überhaupt so etwas wie subjektives Erleben verbunden ist. Diese Schwierigkeit ist der Preis, den wir dafür bezahlen, daß wir das Zustandekommen der Sinnesempfindung funktional beschreiben gelernt haben. Die Theorie, die sich auf Mach berufen könnte, daß Sinnesempfindungen die eigentliche »Substanz« der Wirklichkeit seien und physische Gegenstände nur gesetzmäßige Verknüpfungen solcher Empfindungen, ist eigens erfunden, um diese Schwierigkeit zu vermeiden. Was wir an ihr abweisen, ist nur die Meinung, Sinnesempfindungen seien elementar, nicht weiter reduzierbar. Weder die Dinge noch die Sinnesempfindungen sind elementar. Wie sie zusammenhängen, wird allenfalls die durchgeführte Wissenschaft lehren; vorweg können wir das nicht wissen. Der Hinweis auf die Physiologie sollte lediglich dazu dienen, in einer heute verfügbaren Sprache die Sinnesempfindung als Produkt einer Leistung erkennen zu lassen. Der Sinn der physiologischen Sprache muß durch Rückgang auf die Physik, deren Sinn durch Rückgang auf die zeitliche Logik, deren Sinn durch Einbettung in die Anthropologie, und deren Sinn – partiell – durch Verweis auf die Physiologie erläutert werden. Dieser Zirkel ist unvermeidlich; in ihm setzt sich die Einheit der Wirklichkeit gegen unsere hierarchistischen Bedürfnisse nach einem isolierbaren festen Anfang der Erkenntnis durch. Wir fahren nun also in einer Anthropologie fort, die den Menschen so nimmt, wie er sich als empfindendes Wesen kennt. Wir akzeptieren Empfindung als eine unelimi-nierbare, aber vielleicht später noch analysierbare Qualität.

Der Sinnesempfindung stellen wir nun als nächstes Moment die *Handlung* gegenüber. Auch diese erweist sich als das Produkt eines komplizierten Leistungsgefüges. Dieses ist im »Aufriß der zeitlichen Logik«, Abschnitt 2, skizziert. Die Handlung wird dort als ein durch Vorstellung geleitetes (»willentliches«) Verhalten bezeichnet. Was Vorstellung sei, ist dort offengelassen. Für den ersten Entwurf einer Theorie der Theorie können wir uns auf *sprachfähige Vorstellungen* einschränken. Meine Vorstellung in diesem engeren Sinne ist, was ich sagen kann. Damit soll keineswegs behauptet werden, das, was man auf Befragen sagt, drücke den wirklichen psychischen Prozeß aus (vgl. dazu die Kritik an der Chomskyschen Lehre von der »Tiefenstruktur« der Sprache in: »Was heißt und zu welchem Ende studiert man Universalpragmatik?«). Vermutlich ist es ein zutreffender Satz, daß aus dem Wesen des Denkens und der Sprache folgt, man könne in Strenge nicht sagen, was man denkt. Die ganz andere Vergegenwärtigung des Bewußtseinsinhalts, welche die Meditation gegenüber der sprachgeleiteten Reflexion leistet, spricht für diese Meinung (vgl. *M. u. W.*). Das Rätsel verbirgt sich bei der sprachfähigen Vorstellung eben darin, wie wir vermögen, spontan zu sprechen. Theorie aber hat selbst sprachliche Form und ist ohne Reflexion, also ohne Sprechen über Gesprochenes, nicht möglich. Also wird man in einer Theorie der Theorie vor allem sprachfähige Vorstellungen thematisieren. Im übrigen ist auch die Sprache eine selbststabilisierende Ebene. Eben durch den gewaltigen kulturellen Einfluß, den die Teilnahme an einer sprechenden Gesellschaft auf das Individuum ausübt, werden seine psychischen Prozesse »sprachförmiger«. Nur, wie vielfach betont, übernimmt das Individuum damit nicht nur allgemein-sprachliche, sondern auch der jeweiligen Sprache und Kultur spezifische Strukturen. Die sprachfähige Vorstellung ist es, die sich im *Urteil* ausdrückt. Hiermit erweist sich das korrelative Auftreten der beiden Momente des Urteils und der Handlung wiederum als das Produkt einer Leistung, eben des handlungsbezogenen Sprechens. Zur Analyse dieser Leistung vgl. den Aufsatz über Universalpragmatik. Dort wird als Auszeichnung des faktischen Urteils seine Wahrheitsfähigkeit hervorgehoben, der in allen illokutionären Akten nichts Analoges gegenübersteht. Diese Erwägungen führen uns in die zeitliche Logik. Dort finden wir das faktische Urteil als perfektisches Urteil vor. Die Faktizität der Vergangenheit wird in der zeitlichen Logik konstatiert, in der statistischen Thermodynamik problematisiert. Diese Gedankenkette muß also durchlaufen werden, wenn wir die Gründe der Möglichkeit des Moments des Urteils in der Wahrnehmung verstehen wollen.

Der *Affekt* erscheint in einer handlungsorientierten Auffassung der Wahrnehmung, welche Urteil und Handlung (»Verstand und Willen«) thematisiert, wieder wie eine Restkategorie. Was man nicht rationalisieren kann, das sieht man als Affekte an. Dem Partner »emotionales« Verhalten zuzuschreiben, bedeutet im heutigen Sprachstil nahezu dasselbe, wie ihm die weitere seriöse Kommunikation zu verweigern. Wenn die hier verwendete Auffassung der evolutiven Ebenen richtig ist, so kann man die scheinbar elementaren Einteilungen stets erst von den höheren Stufen her verständlich machen, die auf ihnen aufbauen und uns zur Reflexion auf sie befähigen. So wird die Trias von Urteil, Handlung und Affekt erst im *Gefüge der Zweckrationalität* erklärt. In diesem Gefüge erscheint das Urteil als Konstatierung von Fakten oder Möglichkeiten, die Handlung als die Realisierung einer Möglichkeit unter einem Zweck und der Affekt als das selbst nicht mehr zweckdienliche Motiv zu einem Zweck. Die fortschreitende Reflexion kann dann immer mehr Affekte als in Wahrheit zweckmäßig, also als psychische Handlungen im Dienste anderer Zwecke erkennen. Der Reflexion unter dem Gesichtspunkt der Zweckrationalität muß sich also der eigentliche Zweck immer weiter aus dem Gesichtsfeld zurückziehen. Das ist die Problematik jeder Berufung auf »Werte« und der Grund des Anscheins der letztlichen Irrationalität der Affekte. »Affekt« ist in dieser Analyse das jeweils nicht mehr zweckrational Analysierbare.

Das Gefüge der Zweckrationalität ist also seinerseits erklärungsbedürftig, und es empfängt einen wesentlichen Teil der Erklärung durch die Ebenen des Theoretisch-Wahren und des Sittlichen. Die Ebene des Schönen erscheint auch hier wieder wie eine Restkategorie. Das Sittliche und das Schöne sind nicht Gegenstände dieses Aufsatzes.

B. Was haben wir gelernt?

Wir blicken zurück auf den Gang des Buchs.

1. Kreisgang

Das erste Kapitel (I 1) skizziert vorweg den Weg des Buchs. Das Buch war ursprünglich geplant als philosophische Reflexion auf den Aufbau der Physik. Philosophie, so verstanden, ist nachträglich. Sie reflektiert auf schon entstandene Wissenschaft. Wissenschaft selbst ist reflektierte Erkenntnis (I 2). Philosophie ist dann Reflexion auf Reflexion.

Als Methode dieser Reflexion wird in I 1 alsbald der *Kreisgang* eingeführt. Dies unterscheidet sich vom überlieferten Begriff des philosophischen *Systems*, das fraglose Grunderkenntnisse sucht, um von diesen alle weiteren Erkenntnisse herzuleiten. Im Blick auf die Naturwissenschaft hat der Kreisgang die Voraussetzung: Die Natur ist älter als der Mensch; der Mensch ist älter als die Naturwissenschaft. Von der Geschichte der Natur her werden wir versuchen, den Menschen zu verstehen, von der Geschichte des Menschen her die Weise, wie er die Natur versteht. Man muß den Kreis mehrmals durchlaufen. Eben darum kann man an irgendeiner Stelle in ihn einsteigen.

Das Buch wendet sich aber nicht nur der Naturwissenschaft zu, nicht nur der Theorie, sondern der ganzen menschlichen Kultur: auch der Ethik, der Kunst, der Religion, der Philosophie. Hier könnte der Kreisgang auch die Voraussetzung haben: Die Gottheit ist älter als die Menschheit; die Menschheit ist älter als die Theologie. Der Mensch kannte wohl Gottesbilder, ehe er Bilder des Menschen ausprägte; mit den Begriffen aber, die der menschlichen Geschichte entstammen, legte er dann den göttlichen Ursprung aus.

In der jetzigen Rückfrage nach dem Gelernten folgen wir ungefähr dem Gang des Buchs, steigen aber in den Kreis beim 5. und 6. Kapitel ein, bei der Lehre von den reinen Strukturen in Mathematik und Logik. Die deduktive Mathematik der Griechen war das Paradigma des überlieferten Systembegriffs. Führt logisch aufgebaute Mathematik, heute betrachtet, selbst schon in den Kreisgang?

Textlich folgen wir dem »kleinen Rundgang« der Schlußabschnitte der Kapitel I 5 bis I 10 im ersten Teil, die selbst jeweils die philosophische Rückfrage stellen. Dieser Weg hat aber ständige Querverbindungen zum »personalisierten Rundgang« des zweiten Teils, zum Blick auf Personen, welche die Fragen gestellt haben, dort vom Kapitel II 4 bis II 11.

2. Mathematik und Logik: Struktur

Der »kleine Rundgang« beginnt in I 5.5 mit »Vier Variationen zum Thema: Was ist Mathematik?«. Ergänzend sei verwiesen auf I 6.6 »Reflexion auf Logik und Mathematik« und in I 6.7 auf die Abschnitte 5–7, über Eidos-Philosophie und Apriorismus. Auch auf *MsG* 2, »Mathematik und Logik«.

Historisch-deskriptiv habe ich in der Ersten Variation (I 5.5.1) die Mathematik durch die vier Namen *Logik, Zahl, Figur, abstrakte Mathematik* charakterisiert, die uns durch die Namen von vier klassischen Disziplinen vorgestellt werden können:

a. Logik
b. Arithmetik
c. Geometrie
d. Algebra.

Deren Zentralbegriffe lassen sich kennzeichnen als

a. Begriff oder Prädikat; Klasse oder Menge
b. Natürliche Zahl
c. Kontinuum
d. Struktur.

Die Mathematik als lehrbare Wissenschaft ist in einer solchen Aufzählung als bekannt vorausgesetzt. Wissen wir aber, was wir tun, wenn wir solche Mathematik treiben? Diese philosophische Reflexion ist der Sinn der Frage der vier Variationen: Was ist Mathematik? Bertrand Russell wird die Äußerung zugeschrieben: »Mathematik ist eine absolut sichere Wissenschaft, von der niemand sagen kann, was ihr Gegenstand ist.« In der Vorbemerkung zu den Variationen wende ich das historisch: »Sage mir, welche Philosophie du zugrunde legen willst, und ich werde dir sagen, wie du daraus das Wesen der Mathematik erklären mußt.« Mit solchen Relativierungen hat man sich freilich in der Geschichte des Denkens nicht zufriedengegeben. Im Abschnitt I 5.1 bespreche ich unter diesem Gesichtspunkt den Einfluß von Mathematik und Logik auf die Entstehung und Geschichte der abendländischen Philosophie und dann die moderne mathematische Grundlagendiskussion, seit dem 19. Jahrhundert. Die Philosophie strebte einerseits eine Evidenz an, die der mathematischen Evidenz nicht unterlegen wäre, und suchte andererseits auszusagen, worauf mathematische und logische Evidenz beruht. Das ist de facto bereits ein Kreisgang. Die moderne Grundlagenforschung der Mathematiker suchte eher eine von philosophischen Streitfragen unabhängige Evidenz. Ihr wenden wir jetzt den Blick zu.

Naturgemäß wünschte man, die vier Disziplinen als Glieder einer einheitlichen Wissenschaft aufzufassen. Jeder der Zentralbegriffe der vier Disziplinen wurde dabei Kandidat für die Rolle eines gemeinsamen Zentralbegriffs:

a. Logizismus (Frege, Russell): Logik, Prädikat
b. Intuitionismus (Brouwer): Zahl
c. {Physik} (Newton, Einstein): Raum, Zeit
d. Formalismus (Hilbert, Bourbaki): Struktur.

a, b und d sind genau die drei Entwürfe für die Einheit der Mathematik, die ich in I 5.1 besprochen habe. Die Geometrie, in früheren Jahrhunderten der klassische Repräsentant der Mathematik, ist hier unter c der Physik zugewiesen; die rein mathematische Geometrie fällt heutzutage wohl unter den Begriff spezieller Strukturen im Kontinuum.

In den Mathematik-Kapiteln beider Texte dieses Buches wurden alle vier Entwürfe pragmatisch gebraucht. II 5.2 gibt einen vorsichtig logizistischen Aufbau der Zahlbegriffe; der später geschriebene Text I 5.4 interpretiert die Zahlbegriffe im Effekt intuitionistisch. II 5.3 diskutiert die axiomatische Mengenlehre in pragmatischem Formalismus. I 5.2 erörtert die Geometrie im Rahmen der Physik. Wir müssen jetzt aber fragen, wie nahe wir einer Entscheidung zwischen den Entwürfen gekommen sind.

Es scheint bis heute nur zwei grundsätzlich verschiedene Ansätze zu einer strengen Begründung der Mathematik zu geben: den logizistischen und den intuitionistischen Ansatz. Kantisch gesagt: aus dem Begriff oder aus der Anschauung.

Den Entwurf des *Logizismus* hat Frege wohl am konsequentesten durchdacht (II 6.5). Er entwirft die Logik und damit die Mathematik, im Effekt auch die mathematisch arbeitenden Realwissenschaften, »hierarchistisch« (I 5.2.3), d. h. von fraglosen Anfangseinsichten ausgehend. Logische Grundeinsichten können eben darum nicht mehr definiert oder begründet werden, denn sonst wären sie nicht der Anfang. »Eine Definition zur Einführung eines Namens für Logischeinfaches ist nicht möglich. Es bleibt dann nichts anderes übrig, als den Leser oder Hörer durch Winke anzuleiten, unter dem Worte das Gemeinte zu verstehen« (II 6.5, S. 690 f.). Dies nimmt einen Gedanken von Aristoteles wieder auf (*Metaphysik* 4, 1005 b). Aristoteles sucht den gewissesten Satz und findet ihn im Satz vom Widerspruch. Eben weil er der gewisseste Satz ist, kann er nicht aus einem anderen Satz bewiesen werden. Aber wer beansprucht, ihn zu widerlegen, benützt ihn bereits.

Der logizistische Aufbau der Mathematik, klassisch von Russell und Whitehead vorgeführt, begründet dann die anderen Zentralbegriffe. Ein *Begriff* ist kein Eigenname, sondern ein Prädikat. Mit seiner Hilfe wird eine *Menge* definiert. Hierzu II 5.4, These 1: »Mengen sind Begriffe, extensional und komprehensiv vorgestellt.« D. h. eine Menge ist die explizit angebbare Gesamtheit der unter einen gegebenen Begriff fallenden Gegenstände. Der jeweilige Begriff bedarf in dieser extensionalen, d. h. seinen Umfang angebenden Darstellung keiner weiteren inhaltlichen Charakterisierung. Es genügt, daß für jeden Gegenstand x die Aussage »x ist Element der Menge A« auf wahr oder falsch hin entschieden werden kann. Das Verfahren der Entscheidung braucht nicht Gegenstand dieser mathematischen Begriffsbildung zu sein. »Der Mathematiker denkt sich die Büchse geöffnet« (I 5.2.5, S. 127). Dann kann man eine *natürliche Zahl* als Menge aller zu einer explizit konstruierten Menge äquivalenten Mengen definieren, das *Kontinuum* am Beispiel der reellen Zahlen einführen und eine *Struktur* als eine mit mengentheoretischen Operationen in einer Menge gebildete Menge erklären (II 5.2.1, S. 624).

Dieser »naive« logizistische Aufbau ist aber an Russells Paradoxie gescheitert (II 5.3). Die heutige axiomatische Mengenlehre muß mit Forderungen beginnen, die nicht eigentlich durch Evidenz begründet sind, sondern dadurch, daß sie bisher nicht zu Widersprüchen führen. Der streng hierarchistische Anspruch des Logizismus dürfte damit entwertet sein. Auf dem Weg wurde aber in Russells *Typentheorie* eine Struktur gefunden, von der wir weiterhin Gebrauch machen werden. In einfachster Form: Jeder zulässigen Menge wird eine natürliche Zahl n als ihr »Typ« zugeschrieben. Sie darf als Elemente nur Mengen vom Typ $n-1$ enthalten. So stellt sich die Frage, ob es einen niedrigsten Typ 0 gibt, der nicht mehr Mengen, sondern »elementare Gegenstände« bezeichnet. Dies würde eine unvermeidliche Einbettung der Grundbegriffe der Mathematik in die Lehre von realen Gegenständen bedeuten (z. B. II 6.3), damit also die hierarchistische Apriori-Gewißheit der Logik und Mathematik zum Problem machen. Hieran knüpfen, hypothetisch, die Abschnitte II 5.3.5 und II 5.4 an, welche zur Frage nach der Deutung der Quantentheorie überleiten.

Brouwers Entwurf des *Intuitionismus* geht aus von der intuitiven Gewißheit unserer Fähigkeit des *Zählens* (I 5.1, S. 111, I 6.7, II 11.7). Hiermit wird die *natürliche Zahl* zum Zentralbegriff der Mathematik. Nur Strukturen, die konstruktiv über den natürlichen Zahlen definiert werden können, sind in der streng intuitionistischen Mathematik zugelassen. Das vermeidet die Paradoxien, schränkt aber die Menge der zulässigen Strukturen ein; so sind überabzählbare Mächtigkeiten, damit auch die Cantorsche Stilisierung des Kontinuums ausgeschlossen. Brouwer selbst schließt überhaupt die Logik, als Sprachregulierung, aus der strengen Mathematik aus. Lorenzen (II 4) baut auch die Logik, in »effektive« und »fiktive« Logik getrennt, aus Regeln des Operierens auf. Mengen sind zulässig, soweit ihre Elemente konstruktiv definiert sind. Damit läßt sich auch ein Begriff der Struktur erklären. Wenn alle Mengen über den natürlichen Zahlen errichtet werden, so lassen sich Russellsche Typen erklären, für welche der unterste Typus eben die intuitiv oder konstruktiv (also nicht als Mengen von Mengen) gedeuteten natürlichen Zahlen sind. Lorenzen betont, daß dieser Aufbau keines Rekurses auf Ontologie im Sinne elementarer Gegenstände bedarf.

Gleichwohl entgeht der intuitionistische Aufbau dem reflektierenden Schritt in den Kreisgang nicht. Zählen ist eine mentale Handlung in der *Zeit*. »Zeit und Wissen« wird hier zum Gegenstand der philosophischen Rückfrage. Dazu hier Abschnitt 3.

Hilbert wollte sich durch die intuitionistischen Einschränkungen »nicht aus dem Paradies der Analysis vertreiben lassen«. Er entwarf den *Formalismus* als Lehre von Strukturen, zwischen denen lediglich logische Beziehungen postuliert werden, ohne ihnen inhaltliche Deutungen zu unterlegen. Das formale Operieren mit diesen Strukturen aber mußte er »metamathematisch« beschreiben, um die Widerspruchsfreiheit zu beweisen; dies konnte glaubwürdig nur geschehen, wenn die Metamathematik konstruktiv, also gemäß den Einschränkungen des Intuitionismus vollzogen wurde. Gödel zeigte dann, daß ein formaler Widerspruchsfreiheitsbeweis für ein solches, wenigstens die Arithmetik umfassendes System stets dann unmöglich ist, wenn die Widerspruchsfreiheit wirklich besteht. (Aus wi-

derspruchsvollen Voraussetzungen läßt sich alles formal beweisen – ex falso quodlibet –, also auch ihre Widerspruchsfreiheit.)
Die Praxis der heutigen Mathematik kann danach wohl nur als
pragmatischer Formalismus beschrieben werden. Man operiert
mit Strukturen vorsichtig genug, um die bekannt gewordenen
Paradoxien zu vermeiden. Ich gestehe, daß ich heute zweifle, ob
ein systematisch deduktiver, »hierarchistischer« Aufbau der
ganzen Mathematik überhaupt ein adäquater Entwurf ist. Die
Mathematik könnte deduktive Systeme als spezielle Super-
strukturen enthalten, ohne selbst ein solches System zu sein.

Hiermit aber bleibt die Rückfrage »Was ist Mathematik?«
vorerst unbeantwortet. Stellen wir sie gleichwohl, so befinden
wir uns bereits im Kreisgang. Am Ende der Vierten Variation
habe ich explizit den Schritt in diesen Kreisgang getan durch
vier Thesen (I 5.5.4; in I 6.6 und *MsG*, S. 121, wiederholt):

1. Logik ist die Mathematik von Wahrheit und Falschheit.
2. Mathematik ist die Theorie der Strukturen.
3. Theorie ist die Kunst des Wahren und Falschen.
4. Kunst ist die Wahrnehmung von Gestalten durch die
   Schaffung von Gestalten.

Um kohärent zu sein, müßten die Thesen noch ergänzt werden
durch:

5. Struktur ist die auf Wahrheit und Falschheit beurteilbare
   Gestalt.

Diese Thesen habe ich seinerzeit als »bloße Gleichnisreden«
spontan geschrieben, in der Hoffnung auf spätere Erklärung in
einer ausgeführten Philosophie. Dazu sei hier zunächst der
Aufbau der Thesen analysiert und soweit erläutert, als dies vorerst, im bloß mathematischen Rahmen, möglich ist.

Der Aufbau: Die Logik ist eine Mathematik, die Mathematik
eine Theorie, die Theorie eine Kunst, die Kunst eine Wahrnehmung. Was nehmen sie wahr? Die Kunst nimmt Gestalten wahr,
indem sie Gestalten schafft. Hier bedeutet »Gestalt« an beiden
Stellen offenbar nicht dasselbe, aber etwas Zusammengehöri-
ges. Am Ende der »Assoziationen zum Ort der Kunst« (I 9.3)
sage ich von der Kunst: »Vielleicht darf man sagen: Sie ist die
Stilisierung der Gestalt auf Gestalt.« Danach, im Abschnitt

I 9.4.3, S. 439, zitiere ich meinen Onkel (Fritz v. Graevenitz), der ein Künstler war:»Diese Landschaft ist ein Geschenk von Corot.« Ein Landschaftstypus wird uns zum Bewußtsein gebracht, indem ein Bild davon gemalt wird. Hier ist bereits zweifache Abbildung: Corots Bild stellt eine Landschaft dar, die Corot gesehen hat; die von Graevenitz gesehene Landschaft aber ist ein anderer Fall desselben Typus.

Kehren wir in die Mathematik zurück! Wenn Brouwer (vgl. I 5.1, S. 111) seinen Text beginnt mit der Zeile 1, 2, 3, 4, 5, 6, 7..., so schreibt er Zeichen. Diese, so haben wir gelernt, bedeuten natürliche Zahlen. Jede Menge von genau 3 Gegenständen ist ein Beispiel einer Menge mit der Kardinalzahl 3, also ein Element der Menge, die im logizistischen Aufbau als die »Zahl 3« bezeichnet würde. Diese ist eine Struktur im Sinne der oben zitierten mengentheoretischen Definition von »Struktur«. Mathematik als Theorie der Strukturen ist die Kunst, spezielle Strukturen herzustellen, welche Beispiele sind, an denen man die jeweilige allgemeine Struktur erkennen kann. Die Struktur »Zahl 3« *ist* die Menge, deren Elemente diese Struktur *haben*. Ein Beispiel des Verhältnisses zwischen zwei Russellschen Typen.

Mit diesen Erläuterungen gehen wir die Thesen, in umgekehrter Reihenfolge, noch einmal durch. Es ist Kunst, die Gestalt »Zahl 3« wahrzunehmen, indem wir eine Menge mit der Kardinalzahl 3 schaffen. Frege tat dies, indem er der Reihe nach definierte: die Nullmenge als Menge aller selbstwidersprechenden wahren Aussagen, die Menge 1 als die Menge der bisher definierten Mengen, die Menge 2 als die Menge der bis dahin definierten Mengen: {0, 1}, die Menge 3 ebenso als {0, 1, 2}. Diese Kunst ist Theorie, denn man kann entscheiden, ob die Aussage, eine Menge z.B. von drei Zeichen oder drei Äpfeln sei isomorph der Menge 3, wahr oder falsch ist. Deshalb ist die Menge 3 gemäß These 5 nicht nur eine Gestalt, sondern eine Struktur. Mathematik ist die Kunst, Strukturen wahrzunehmen durch Schaffung von Beispielen, welche die betreffende Struktur haben. Logik ist die Mathematik, welche die speziellen Strukturen studiert, die aus Aussagen gebildet sind, welche wahr oder falsch sein können.

Wahrnehmung von Gestalt durch Schaffung von Gestalt

nimmt also »*die* Gestalt«, hier die Zahl 3, wahr, indem sie »*eine* Gestalt«, hier eine Menge von drei Elementen, schafft und als Beispiel »*der* Gestalt« Zahl 3 erkennt. Dies ist, wie leicht zu erkennen, ein mathematisches Beispiel des platonischen Eidos-Begriffs. Man verzeihe die Pedanterie der obigen Darlegung; wir werden des weiteren die Genauigkeit dieser Unterscheidungen brauchen.

3. Zeit

Wenn Mathematik Strukturen wahrnimmt, indem sie Strukturen schafft, so ist dieses Schaffen eine *Handlung*, also ein Vorgang in der *Zeit*. Der Intuitionismus oder Konstruktivismus macht diesen Handlungsbezug explizit zum Thema. Brouwer erkannte hierin die fundamentale Rolle der Zeit. Der Logizismus thematisiert das Handeln nicht inhaltlich, er vollzieht es aber methodisch, wie im oben besprochenen Beispiel von Freges fortschreitendem Aufbau der natürlichen Zahlen. Die These von der »Zeitlosigkeit« der Mathematik besagt nur, daß die von ihr gefundenen reinen Strukturen zu jeder Zeit bestehen, also nicht von den »realen« Strukturen abhängen, die bald vorliegen, bald nicht.

Zeit in ihren Modi steht im Zentrum des jetzigen Buchs. Woher haben wir gelernt, auf sie zu schauen?

Die *Geschichte* des Menschen und der Welt geschieht in der Zeit. Im Mythos und in der Bibel ist das selbstverständlich und eben darum nicht philosophisch thematisiert. Die griechische Philosophie sah das Eine jenseits der Zeit. Der Abstieg aber führte unweigerlich in die Zeit zurück; kinesis, Bewegung, gehört zu Platons fünf obersten Genē. Die abendländische Philosophie hatte dann zwei Gründe, die Zeit zum Thema werden zu lassen: in der Spätantike die Aufnahme der biblischen Schöpfungs- und Heilsgeschichte und in der Neuzeit den pragmatisch beginnenden, dann zum Glaubensinhalt werdenden Begriff des Fortschritts mit seinen Ambivalenzen. Davon haben wir oben (A 2) gesprochen.

Mir, wenn ich persönlich reden darf, eröffnete sich die zentrale gedankliche Rolle der Zeit zuerst nicht aus der zeitgenössischen Philosophie, auch nicht aus der christlichen Lehre oder

der miterlebten Geschichte, sondern beim Nachdenken über die *Physik*. Der zweite Hauptsatz der Thermodynamik setzt, in statistischer Deutung, den Unterschied von Faktizität und Möglichkeit, als Vergangenheit und Zukunft, voraus (I 7.B3). Die Deutung der Quantentheorie bedarf der Definition der Wahrscheinlichkeit als Vorhersage einer relativen Häufigkeit (I 4, I 7.C). Dies nötigte mich, eine *zeitliche Logik* zu entwerfen, welche Aussagen über die Zukunft nicht mit den traditionellen Wahrheitswerten »wahr« und »falsch«, sondern mit temporalen Modalitäten bewertet. Das ist das zentrale Thema des Kapitels I 6. Dies führt, in der Reflexion auf die Mathematik, zum Ursprung des Kontinuums als Feld der realen Möglichkeiten (II 7.C).

Diese zeitliche Logik ist bisher nur ein deskriptiver Entwurf. Sie scheint mir aber auch ein Ansatz zur philosophischen Reflexion auf die Grundlagen der *Mathematik* zu sein. Jedenfalls ist sie nicht als eine bloße Spezialdisziplin im Rahmen der allgemeinen Logik intendiert. So bedarf z. B. Lorenzen zur Beschreibung der Regeln des Handelns einer »Protologik«. Zeitliche Logik reflektiert nach meinem Entwurf auf die so beschriebenen Regeln des Handelns.

Die Frage nach der semantischen Konsistenz einer auf Handlungstheorie begründeten Logik (I 6.7.8) nötigt uns zu einer *Schrittfolge im Kreisgang*. Im Aufbau der Logik und Mathematik verstehen wir vorweg schon, was es heißt, zu handeln; hier z. B. zu zählen oder zu beweisen. Logik und Mathematik sind dann unentbehrlich in der Physik. Aus der Physik wächst im Rahmen der Geschichte der Natur die Wissenschaft von der Evolution des organischen Lebens hervor (I 8.2). Hier finden wir »biologische Präliminarien zur Logik« (*Garten des Menschlichen*, II.6). Diesen Weg geht der »Aufriß der zeitlichen Logik« (I 6.4). Haben wir so die zeitliche Logik nachträglich genetisch-deskriptiv gerechtfertigt, so treten wir mit ihr in systematischem Anspruch wieder an die Physik heran. Sie formuliert nun die Voraussetzung der Irreversibilität des Geschehens. Schließlich kommen wir bis zur Konfrontation von Mengenlehre und Quantentheorie (II 5.4, II 5.3.5, I 7.C11 – 12). Die dort gestellten Fragen müssen wir freilich im jetzigen Buch offenlassen.

4. Klassische Physik: Realität

Der Unterschied zwischen Mathematik und Physik läßt sich im »klassischen Weltbild« (I 6.7.3) so aussprechen: Mathematik studiert *formal-mögliche* (»abstrakte«) Strukturen, Physik studiert *reale* Strukturen. Philosophisch ist diese Unterscheidung nicht so selbstverständlich, wie sie klingt. Sie ist dem speziellen philosophischen Entwurf des klassischen Weltbildes angepaßt. Im Entwurf der Eidos-Philosophie (I 6.7.5) ist nur das Eidos das wahrhaft Seiende, nicht die entstehenden und vergehenden Sinnendinge. Jetzt bleiben wir aber vorerst im klassischen Weltbild.

Zunächst die *Deskription*. Im Kapitel I 7.B2 ist die Ontologie der klassischen Physik beschrieben. Es gibt *Körper* und *Kräfte* in *Raum* und *Zeit*. Die Zeit wird als reelle Koordinate dargestellt, der Raum als dreidimensionaler reeller Punktraum; relativistisch beide zum vierdimensionalen Minkowski- oder Riemann-Raum mit indefiniter Metrik zusammengefaßt. Dies sind formal-mögliche mathematische Strukturen, die nun als »real« im Weltbild vorkommen. Ein Körper hat zu jeder Zeit einen Ort im Raum. Die Kraft, die auf einen Körper wirkt, legt die zweite Ableitung seines Orts nach der Zeit fest. Kräfte können klassisch Fernkräfte zwischen Körpern sein; relativistisch müssen sie selbständige Entitäten sein, *Felder* genannt.

Was ist nun der *ontologische Gehalt* dieses Weltmodells? Grundbegriff ist hier die *Substanz*. Logisch läßt sich Substanz, anschließend an Aristoteles, als etwas definieren, das in einem kategorischen Urteil nur als Subjekt, aber nicht als Prädikat auftreten kann; Subjekt also eines singulären Urteils (dazu Frege, II 6.5, S. 700). Dazu gehört dann ein *Substanzbegriff*, der ein kennzeichnendes Prädikat von Substanzen angibt. In der klassischen Mechanik spielen die Körper die Rolle der Substanzen. Ihr jeweiliger Ort ist ein zeitabhängiges Prädikat. Fernkräfte sind dann Relationen zwischen Körpern. Dies wäre, logisch betrachtet, ein Modell der Russellschen Typenhierarchie, in dem die Menge der Körper die unterste Menge wäre, deren Elemente keine Prädikate mehr sind. Russell selbst freilich, dem logischen Positivismus näherstehend, vermutete als unterste Menge eher diejenige der elementaren Sinneswahrnehmungen.

Im Bewußtsein der Physiker spielte der Begriff der Substanz, meist als »Materie« stilisiert, die Rolle des *Zugrundeliegenden* und *Beharrenden*. Das habe ich im *Aufbau der Physik*, Kap. 12: »Der Informationsstrom«, Abschnitt 1: »Die Suche nach der Substanz« beschrieben. *Zugrundeliegend:* dies spiegelt sich im logischen Sachverhalt. *Beharrend:* die Prädikate, wie Orte und Kräfte, sind zeitabhängig; etwas Dauerndes wird gesucht. In den im 19. Jahrhundert vordringenden Feldtheorien suchte man die Feldstärken als Prädikate einer Substanz, des»Äthers«, zu deuten. Daher die Erschütterung durch die spezielle Relativitätstheorie, welche keinen ruhenden Äther mehr kannte. In den heutigen Feldtheorien spielen, formal-logisch analysiert, eher die Raumpunkte oder, vierdimensional, die Raum-Zeit-Punkte, die »Ereignisse« in Einsteins Sprache, die Rolle der letzten Subjekte, deren Prädikate dann die Feldstärken sind. Man sieht hier, wie die Entwicklung der Physik ihre klassische Ontologie aufzulösen beginnt. Wie sich Körper (»Teilchen«) zu den so abstrakt definierten Feldern verhalten, wird zu einem zentralen Thema der Quantentheorie.

5. Quantentheorie: Ereignis und das Ganze

Die Quantentheorie ist in beiden 7. Kapiteln ausführlich besprochen. Wir resümieren in Reflexion auf die soeben gestellten Fragen.

Quantentheorie ist eine Theorie von Wahrscheinlichkeitsprognosen über entscheidbare Alternativen. Sie ist damit eine Theorie über Information in der Zeit. Information ist ein Maß der Menge von *Form.* »Form« ist ein anderes Wort für »Gestalt« oder »Eidos«; als mathematisch definierte Gestalt ist sie Struktur. Real wird sie jeweils im *Ereignis.* Ereignisse brauchen nicht beobachtet zu sein (I 7.D3). Sie treten als irreversible Vorgänge in der *Zeit* auf. Real sein heißt dann, im jeweils gegenwärtigen Augenblick in der Zeit geschehen. Fakten sind vergangene Realitäten, Möglichkeiten heute denkbare zukünftige Realitäten.

Wie verhält sich dies nun zum Begriff der *Substanz*? Wir gehen mathematisch und schrittweise vor.

Zum Vergleich wählen wir die *klassische Punktmechanik.* Ein Massenpunkt sei als »Substanz« vorgegeben. Sein Zustand zu einer Zeit t ist durch Ort und Geschwindigkeit, also einen Punkt (x, p) im 6-dimensionalen Phasenraum charakterisiert. Ein solcher Punkt ist eine spezielle Struktur; zur Zeit seines objektiven Vorliegens eine reale Struktur. Sie ist, durch Kräfte determiniert, zeitabhängig.

In der *Quantentheorie* ist die Information, die real eintreten kann, bei Messungen durch das Meßgerät bestimmt, bei unbeobachteten Ereignissen durch diejenige Konstellation der Umgebung, die ermöglicht, daß das virtuelle Ereignis irreversibel und damit real wird. Um für die jetzige Fragestellung die Schwierigkeiten des Begriffs unbeobachteter Ereignisse zu vermeiden, beschränken wir uns hier auf Meßereignisse.

In der *abstrakten* Quantentheorie liege z. B. eine n-fache Alternative A_n vor. Ist sie entschieden, so ist dies eine reale Struktur. Ihre Entscheidung ist ein reales Ereignis; wenn vergangen, ist sie ein Faktum; für die Zukunft gibt die Quantentheorie Wahrscheinlichkeiten für real-mögliche Ereignisse an. Der Zustandsraum S_n beschreibt diese Möglichkeiten.

In der *traditionellen konkreten* Quantentheorie betrachten wir zunächst wieder ein (massives) Teilchen. In seinem Hilbertraum sind Observable definiert; als diskret meßbare z. B. Drehimpulskomponenten, als kontinuierliche und daher nicht scharf meßbare z. B. Ort und Impuls. Ein Meßergebnis ist im Augenblick der Messung ein reales Ereignis. Insofern ändert sich der klassische Substanzbegriff noch nicht. Das Teilchen ist die Substanz, die möglichen Ereignisse die Prädikate. Nur sind diese einerseits sehr viel zahlreicher als die klassischen (der unendlichdimensionale Hilbertraum gegen den 6-dimensionalen Phasenraum), andererseits sind sie prinzipiell, soweit nichtkommutativen Observablen entsprechend, nicht gleichzeitig möglich.

Diese in Korrespondenz zur klassischen Mechanik entworfene Quantentheorie ist aber zu eng. Empirisch braucht man heute relativistische *Quantenfeldtheorie*, in der Teilchen entstehen und vergehen können, also schwerlich die Rolle der Substanz übernehmen können. Wir gehen hier sofort zur *Ur-Theorie* über (I 7.C7–10), die sich uns ja als eine zulässige Darstellung jedes Quantenobjekts erwiesen hat. In ihr ist der Hilbertraum beliebiger Teilchen ein Teilraum des Tensorraums T

der Ure. Die logische Rolle der Substanz spielt hier nur *T* selbst. Jedes *Teilchen* ist nur ein *Prädikat* von *T*, als Darstellung einer Symmetriegruppe von *T*. Die Teilchen sind selbst nicht Substanzen, sondern zeitweilig reale Strukturen der *einen* Substanz. In diesem Sinne *ist die Materie* der klassischen Physik selbst *Form*.

Wie verhält sich diese Form zum *Bewußtsein*? Form ist Eidos, Eidos aber ist, platonisch verstanden, was man wissen kann. Wer kann es wissen? In der Physik: wer Alternativen empirisch entscheiden kann. Dies nennen wir endliches Wissen (II 7.D1). Hier ist der Physiker vorausgesetzt, allgemein der Mensch. Es wäre jedoch ein bloßes Mißverständnis, zu meinen, die Quantentheorie reduziere Realität auf das, was Menschen wirklich wissen. Sie reduziert Realität auf Strukturen, die so beschaffen sind wie diejenigen, die Menschen in endlichem Wissen beschreiben können. Der Begriff des Ereignisses ist zentral für diese Beschreibbarkeit.

Nun aber fragt die Reflexion: Was weiß der Mensch *von sich selber*? Unsere Deutung sagt: Soweit der Mensch über sich selbst endliches Wissen haben kann, wird auch er der Quantentheorie unterliegen. Er ist dann selbst eine reale Struktur der Einen Substanz. Die Geschichte dieser Struktur werden wir von der Evolution des organischen Lebens an beschreiben.

Aber diese Beschreibung geht aus von Begriffen der abendländisch-neuzeitlichen Kultur, jetzt zusammengefaßt in Begriffen wie »Struktur« und »endliches Wissen«. Die Quantentheorie impliziert jedoch auch noch eine physikimmanente partielle Selbstkorrektur dieser Begriffe.

Das Postulat getrennt entscheidbarer Alternativen ist nur eine Näherung. In Strenge ist es falsch. Die strenge Konsequenz wäre der *Holismus*: Alles hängt mit allem zusammen. Kein einzelnes Ereignis kann fraglos als real angesprochen werden. Dies aber wäre, streng vollzogen, das Ende der Wissenschaft. Die Wissenschaft ist pragmatisch erfolgreich als Näherung. Die Iteration der Postulate der Quantentheorie (I 7.C6–10) ist ein Verfahren schrittweiser genäherter Selbstkorrektur dieser Näherung. Sie führt freilich stets nur zu neuen, wieder als trennbar unterstellten, abzählbar unendlichen Alternativen.

Diesen holistischen Hintergrund haben wir auf unserem weiteren Weg im Blick zu halten. Der Zustand eines Ganzen ist oft quantentheoretisch nur möglich, weil er nicht als direktes Produkt von Zuständen der Teile beschrieben werden kann, in die das Ganze nur zerlegt werden kann, indem man es zerstört. Die Stabilität der Atome, die Elektrizitätsleitung der Metalle, extrem die Supraleitung, sind anorganische Beispiele. Lebensvorgänge, Bewußtseinsvorgänge, Vorgänge im Weltganzen könnten dieselbe Eigenschaft haben.

6. Evolution: Wahrnehmung

Das Kapitel I 8 tut nacheinander zwei Schritte, die wir hier getrennt anschauen müssen: zuerst zur *Evolution* des organischen *Lebens*, dann zum *Menschen* in seiner *Kultur*. Hierbei wird (I 8.3.5: »Ebenen«) zur Orientierung das begriffliche Schema aufgebaut, das ich nachher das »Baugerüst« genannt und vielfach verwendet habe.

Die *Evolution* wird in I 8.2, der heutigen Biologie folgend, in der Sprache der *Physik* beschrieben. Das organische Leben läßt sich als *Objekt* endlichen Wissens beschreiben. Aber im Kreisgang wissen wir, daß wir hier auf dem Weg zu uns selbst, zum Menschen als dem *Subjekt* der uns bekannten Welt- und Selbsterfahrung sind. Spätestens in der Verhaltensforschung an Tieren finden wir diesen Umgang des Lebewesens mit der Welt und mit seinesgleichen vor, in objektiver Projektion betrachtet. Und von hier aus finden Lorenz und Popper die »Erkenntnisförmigkeit« der Evolution als Informationswachstum. Vgl. dazu: *Garten des Menschlichen*, II, »Zur Biologie des Subjekts«, Abschnitt 2: »Die Rückseite des Spiegels, gespiegelt« und Abschnitt 4: »Die Vernunft der Affekte«. Der Abschnitt 3: »Die Einheit von Wahrnehmen und Bewegen« führt dort in die unterste Stufe des späteren Baugerüsts ein; dies sind Gedanken von Viktor v. Weizsäcker, die jetzt in II 8.1 in den größeren Zusammenhang seines Denkens gestellt sind.

Das *Verhalten* lebender Wesen geschieht in der Tat im Wechselspiel von Wahrnehmen und Bewegen. So wird *Wahrnehmung* hier zunächst zum Thema unserer Reflexion. Was ist Wahrnehmung?

Ein kausal zwangsläufiger, eindeutiger Zusammenhang von Reiz und Reaktion, wie er oft als Grundlage tierischen Verhal-

tens vorausgesetzt wird, ist noch keine Wahrnehmung und
dementsprechend auch noch keine Handlung im eigentlichen
Sinn dieser Worte. Ich folge jetzt der funktionalen Definition
der Wahrnehmung durch Martin Heisenberg*. Seine empirischen Studien sind vorzugsweise an Drosophila gemacht und
zeigen dort schon die volle Komplexität des Phänomens an einer genetisch und verhaltensmäßig besonders genau studierten
Spezies. In *MsG*, S. 138–139, habe ich dies wie folgt beschrieben: Das Tier erwirbt auf Grund seiner Sinnenreize eine
»Orientiertheit« in seiner Umwelt, funktional charakterisierbar durch Verhaltensdispositionen, also »Reaktionswahrscheinlichkeiten« auf jeweilige neue Reize. »Wahrnehmung« definiert
Heisenberg dann funktional als »durch Reize veranlaßte Änderung der Reaktionswahrscheinlichkeiten«.

Diese Definition spricht zunächst aus, was der Verhaltensforscher objektivierend beschreiben kann. Heisenberg selbst fragt
aber natürlich auch, wie wir unsere eigene Wahrnehmung »subjektiv«, d.h. als empfindende und denkende Subjekte erleben
und wie wir uns etwa die Erlebensweise des Tiers vorstellen können. Wir, Zivilisationsmenschen der modernen Kultur, stellen
uns eine objektiv uns umgebende Welt vor, die wir von unserem
sinnlichen Erlebnis unterscheiden und deren Eigenschaften und
Zustände wir aus unserer Wahrnehmung »erschließen«. Vom
Tier wird man diese Abstraktion so nicht erwarten. Ich gehe hier
auf das tierische Verhalten, für das ich nicht Fachmann bin, nicht
näher ein, wage aber im Blick auf den Menschen etwa vier Ebenen der Wahrnehmung zu unterscheiden:

1. *Funktionale* Wahrnehmung im Sinne der Heisenbergschen
Definition. Sie läßt sich objektiv als Struktur beschreiben.

2. *Schlichte* Wahrnehmung im Sinne des Kapitels I 2. Dies ist
ein nach unten und oben unscharf abgegrenztes Kontinuum
von Wahrnehmungen, vom schlechthin Unbewußten über das
im Handeln Anklingende oder als Motiv Erlebte bis zum spontan Aussprechbaren.

---

*   Martin Heisenberg, *Über Universalien der Wahrnehmung und ihre genetischen Grundlagen*, in: H. v. Ditfurth und E. P. Fischer (Hrsg.), Mannheimer
Forum 89/90, München 1990. Dazu ein bisher unpublizierter Aufsatz: M. Heisenberg, *Gedanken zu einer biologischen Theorie der Wahrnehmung*.

3. *Reflektierte* persönliche Wahrnehmung. Sie ist, wie in I 2 beschrieben, der Beurteilung auf »wahr oder falsch« zugänglich. Man kann das Bewußtsein hier, mit Heisenberg, als »Wahrnehmung der Wahrnehmung« bezeichnen (dazu *MsG*, S. 146).

4. *Überpersönliche* Wahrnehmung. Dies ist in *MsG*, S. 146 und S. 215–216 erwogen, ferner hier in den Abschnitten »Quantentheorie als Physik der Ganzheit« (I 7.D2) und »Endliches Wissen« (II 7.D1). Die Lernfähigkeit des Verhaltens einer Gesellschaft kann als funktionale Wahrnehmung dieser Gesellschaft objektiv beschrieben werden, ohne daß eines der einzelnen Glieder dieser Gesellschaft genau diese Wahrnehmung hätte und obwohl wir der Gesellschaft als Ganzer kein Ichbewußtsein zuschreiben. Solche Phänomene beschreibt Hegels Begriff des »objektiven Geistes«. Die Religion sieht vielfach Götter als Träger dieser Wahrnehmungen.

Wir betrachten die vier Stufen der Reihe nach.

An der *funktionalen* Wahrnehmung kann man schon das Wechselspiel oder auch die Einheit von Wahrnehmen und Bewegen beschreiben. Die »Verhaltensdisposition« besteht funktional aus Wahrscheinlichkeiten für spontanes und reaktives Verhalten. Diese Wahrscheinlichkeiten werden durch die Wahrnehmung geändert. Sie bringen dann, wenn ein Verhaltensakt vollzogen ist, neue Reize und damit neue Wahrnehmung hervor.

Nun beschreiben wir die Wahrnehmung als *erlebt*, und zwar zunächst als *schlicht erlebt*. Von den vier Bestandteilen der untersten Stufe des »Baugerüsts«, Empfindung, Urteil, Affekt, Handlung, können wir hier drei sofort identifizieren. Die Wahrnehmung ist nicht nur sinnliche Empfindung, sondern sie ist fast stets affektiv, und die folgende Bewegung wird als eigene Handlung erlebt. Sie ist aber auch, wenigstens wo sie sich der Ansprechbarkeit nähert, prädikativ: ich nehme »etwas« wahr, und zwar »als dieses«. So enthält sie auch schon die vierte Komponente, das mögliche Urteil. Affekt und Prädikation sind wesentlich: sie *erklären* dem wahrnehmenden Subjekt die Änderung seiner Handlungsdisposition. Soweit können wir schlichte Wahrnehmung auch den Tieren zuschreiben, wenn auch bereits die sprachliche Beschreibung die Natur dieser Wahrnehmung in veränderter Weise darstellt.

Und doch können und dürfen wir als sprechende Menschen uns der sprachlichen Andeutung der schlichten Wahrnehmung nicht entziehen. Wie wichtig ist es, im Umgang mit Mitmenschen und mit Tieren, die schlichte Wahrnehmung des anderen wahrzunehmen! Alle sozialen Affekte beruhen auf solcher Wahrnehmung der Wahrnehmung des Partners, die wir schon unter Tieren ständig beobachten können und denen wir in der menschlichen Gesellschaft Namen geben wie Liebe und Haß, Gut und Böse, Neugier und Gleichgültigkeit, Du und Ich.

Mit der *reflektierten* Wahrnehmung, der beabsichtigt aussprechbaren Wahrnehmung der eigenen Wahrnehmung, befinden wir uns in der sprachlichen *Kultur* des Menschen.

Wir treten hiermit im Kreisgang auf die spezifisch humane Stufe über. Die reflektierte Wahrnehmung führt uns in die höheren Stufen des kulturellen Baugerüsts. In der zweiten Stufe, derjenigen der *Zweckrationalität*, treten einander *Urteil* und *Handlung* gegenüber. Es handelt sich dabei zunächst um *meine* Zwecke, also mein Urteil und meine Handlung. Was aber sind meine Zwecke? Woher kommen sie? Welche Werte wirken in ihnen?

Wenn ich vom Baugerüst sprach, habe ich oft hervorgehoben, daß erst die jeweils höheren Stufen die Einteilung der unter ihnen liegenden Stufen erklären. Erst die Zweckrationalität erläutert, was in der ersten Stufe mit Urteil und Handlung speziell gemeint sein kann. Aber die Zwecke, die Werte werden aus der Zweckrationalität nicht erklärt. Wir müssen in die dritte Stufe übergehen. In ihr gibt es die *überpersönliche* Wahrnehmung der Gesellschaft. In unserer abendländisch-neuzeitlichen Kultur haben wir sie durch die drei Begriffe *Theorie, Praxis, Kunst* erläutert. Ihnen wenden wir uns nun zu.

7. Erkenntnistheorie

Zunächst, der Anlage unseres Buches gemäß, wenden wir uns zum Phänomen der *Theorie*. Dies läßt uns in den Kreisgang jetzt die drei erkenntnistheoretischen Kapitel 2, 3 und 4 einschalten.

Das Thema dieser drei Kapitel war der Weg zu den Theorien der *Physik*. Die Physik erkennt reale Strukturen in ihren gesetzmäßigen Zusammenhängen. Wie findet sie den Weg zu solcher Erkenntnis? Diese Frage wird hier nicht nur deskriptiv, sondern zugleich auch normativ gestellt: wie sollen wir verfahren, um glaubwürdige physikalische Theorien zu finden? Diese Erkenntnistheorie (Epistemologie) aber erweist sich als verknüpft mit der vermuteten Ontologie, der Auffassung vom Sein der Gegenstände der Physik.

Vom Grundgedanken des 2. *Kapitels*, der Unterscheidung zwischen *schlichter* und *reflektierter Erkenntnis*, haben wir schon vielfach Gebrauch gemacht. Das sei hier nicht wiederholt. Wesentlich ist dann die Erörterung des Zweifels. Es gibt keine absolute Gewißheit unserer Erkenntnis; »wer irrt, weiß nicht, daß er irrt«, aber »wer lebt, zweifelt nicht an allem«. Der methodische Weg führt weiter zum *Glauben*. Glauben ist nicht der intellektuelle Akt des Fürwahrhaltens. »An etwas glauben heißt, sich in jeder Lage so verhalten, wie man sich verhalten muß, wenn es das, woran man glaubt, wirklich gibt.« »Man kann nicht erkennen, ohne zu glauben.« Was wir nunmehr studieren, ist »der Glaube der Physiker«. Unser Verhalten zu ihm ist, im Programm jener Vorlesung von 1948, ein »reflektiertes Geltenlassen«. Das führte damals dann zur Beschreibung der faktischen Ontologie der klassischen Physik. Ein Stück aus der Vorlesung ist als II 6.2 abgedruckt und in II 6.3 nochmals erwogen. Dieses reflektierte Geltenlassen liegt dann noch Bohrs These von der klassischen Beschreibung der Experimente zugrunde (I 7.D3, II 7.B3).

Das *3. Kapitel* führt in die klassischen Probleme der Erkenntnistheorie ein. Es konfrontiert den *Empirismus* mit der *Eidos-Philosophie*. Physik beruht auf Erfahrung. Was Erfahrung ist, können wir nun unter dem Titel der *Wahrnehmung* genauer betrachten. Der Empirismus versteht Erfahrung als *sinnliche* Wahrnehmung, aus welcher dann allgemeine Gesetzmäßigkeiten logisch (durch Induktion oder Wahrscheinlichkeitsschlüsse) gefolgert werden. Die Eidos-Philosophie kennt über der sinnlichen eine *noetische* Wahrnehmung. Heute gestattet uns der Kreisgang, über den problematisierenden Ansatz des 3. Kapitels hinausgehend, beide sachlich zu verknüpfen, auf der Linie der durch Konrad Lorenz eröffneten *evolutionistischen* Erkenntnistheorie. Hierzu »Biologische Präliminarien zur Logik« (*Garten des Menschlichen*, II.6, S. 294–314). Die Tiere »leben im Eidos«. Der Marder, der im Hühnerhaus alle Hühner umbringt, obwohl er höchstens eines fressen kann (*GM*, S. 220), reagiert nicht auf »dieses Huhn«, sondern auf das Eidos »flatterndes Huhn«. Ein einfaches Nervensystem kann nur auf den *Typus* des Reizes reagieren. Die Unterscheidung von Typus und Einzelfall ist eine sehr viel kompliziertere Leistung. Explizit wird sie vielleicht erst in der menschlichen, von der Sprache getragenen Reflexion. D. h. die sinnliche Wahrnehmung *ist* Wahrnehmung des Eidos. Hier wird *die* Gestalt wahrgenommen, indem *eine* unter sie fallende Einzelgestalt physisch präsent ist; also ebendas, was auf höherer Stufe Wahrnehmung von Gestalt durch Schaffung von Gestalt leistet. Die Reflexion vermag dann das Eidos getrennt vom sinnlichen Einzelfall als noetisch wahrnehmbar zu kennzeichnen.

Diese Überlegung gestattet zugleich, den Gewißheitsanspruch des Apriorismus zu kritisieren. Die Fähigkeit, Gestalt wahrzunehmen, ist uns angeboren; darum aber ist sie nicht zugleich unfehlbar. Sie bezieht sich zunächst auf die gesetzmäßigen, also stets wiederkehrenden Zusammenhänge in der Natur, in der wir leben und die wir sinnlich wahrnehmen. Weil wir unsere angeborene Raumanschauung euklidisch interpretieren können, braucht der Raum der Physik nicht in Strenge euklidisch zu sein; es genügt, daß er eine lokale euklidische Annäherung zuläßt. Weil wir darauf eingestellt sind, daß wir Gegenstände einzeln in die Hand nehmen können, brauchen diese Gegenstände nicht in physikalischer Strenge trennbar zu sein.

Dieser Blick über das klassische Weltbild hinaus gestattet eine *ontologische* Anmerkung zur *Eidos-Philosophie*. Eidos ist nach Platon das, was man *wissen* kann. Was man wissen kann, *ist*. Deshalb muß das Eidos als das wahrhaft Seiende verstanden werden. Im klassischen Weltbild sind die Eidē allenfalls reale Strukturen, also Prädikate der eigentlichen Substanz, der materiellen Körper. In der Quantentheorie aber sind die Körper selbst nur Strukturen, die entstehen und vergehen können. Sie sind veränderliche Prädikate des Einen, Zugrundeliegenden; bewegte Eidē wie Platons Tetraeder des Feuers (II 11.2–4). Ruhende Prädikate sind die allgemeinen Gesetzmäßigkeiten, die realen Naturgesetze und die noetischen Gesetze der reinen Mathematik. Das Eine, als dessen Prädikat sie bezeichnet werden könnten, bleibt unaussprechbar. Der Tensorraum *T* der Ure ist heute ein Bild der Fülle real möglicher Prädikate.

Das *4. Kapitel* beider Teile des Buchs ist der Weg vom speziellen Begriff der *Wahrscheinlichkeit* zur fundamentalen Rolle der *Zeit.*

Es ist evident, daß wir nicht bei dieser Analyse der physikalisch-mathematischen Theorie stehenbleiben können. Struktur ist auf Wahr oder Falsch stilisierbare Gestalt. Was ist Gestalt?

8. Kultur: Gestalt

Der Gang des Buchs wendet sich nun, wenngleich fast nur in Andeutungen beschreibend, der Fülle menschlicher Kultur zu. Das geschieht in I 8.3 unter dem Titel »Anthropologische Begriffe«, in II 8.1–3 im Blick auf anthropologische Medizin und Tiefenpsychologie, in I 9 und II 9 angesichts der Kunst, und dann in den beiden 10. Kapiteln ausführlicher angesichts der Erfahrung der Religion. Hier ist von vielfachen Gestalten die Rede.

Einen Überblick versucht das *»Baugerüst«* in vier »Ebenen« (I 8.3.5; auch I 9.2, I 9.4.2, I 10.5, *MsG*, 4.4). Der Name »Baugerüst« (I 9.4.2) soll andeuten, daß ein Bau angestrebt wird, nach dessen Errichtung das Gerüst wieder abgerissen werden soll. Das Gerüst sei hier noch einmal schematisch gezeichnet:

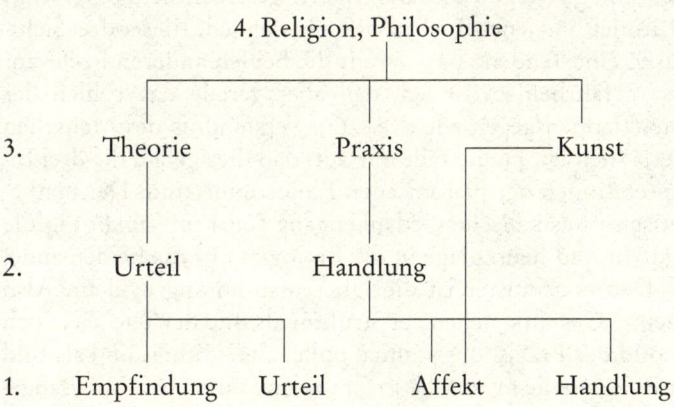

4. Religion, Philosophie

3.   Theorie   Praxis   ——Kunst

2.   Urteil   Handlung

1.   Empfindung   Urteil   Affekt   Handlung

Die unterste Ebene habe ich im Abschnitt 6 unter »Wahrnehmung« schon besprochen. Alle vier Ebenen können je eigene
Namen tragen:

4. Einheit
3. Drei neuzeitliche Pointierungen
2. Zweckrationalität
1. Einheit von Wahrnehmen und Bewegen.

So etwa hat sich mir das Gerüst aus meinen Wahrnehmungen ergeben. Statt es alsbald zu deuten, erlaube ich mir, es mit zwei anderen einteilenden Wahrnehmungen zu verknüpfen, deren Zusammenhang mir selbst erst nachträglich aufgefallen ist:

Als ich versuchte, *Platons* Lehre vom Eidos zu interpretieren, fand ich, daß sein Aufstieg und Abstieg, im Höhlengleichnis symbolisiert (*MsG*, 6), in den Spätdialogen einige Schritte
weit vollzogen (II 11.2), drei zunächst sehr verschieden erscheinende Deutungen zuläßt: Moralisch-politisch, mathematisch-physikalisch, seelisch-mystisch. Georg Picht sagte mir
alsbald: Platons wahre Philosophie ist die Einheit dieser drei
Deutungen. Aber jede der drei läßt sich zunächst für sich konsequent durchführen. »Eidos«, »Gestalt« umfaßt alle drei;
»Struktur« kennzeichnet die mathematisch-physikalische Deutung.

Der Aufsatz I 8.3 sucht die Grundbegriffe des Buchs *Garten
des Menschlichen* zu interpretieren und beginnt in seinem Abschnitt 3: »Gliederung« mit drei Arten, den Menschen zu sehen: biologisch, gesellschaftskritisch-geschichtlich, religiös. In
der Einleitung jenes Buches sage ich, daß jede dieser drei Sichtweisen eine Tendenz hat, jeweils die beiden anderen irrelevant
oder gefährlich zu finden, daß aber gerade das Fehlen der
Scheuklappen gegen alle drei zum Verständnis des Menschen
unerläßlich ist. Heute fällt mir auf, daß dies genau die drei Interpretationen der platonischen Philosophie sind. Der mathematisch-physikalische Gedankengang führt im *Timaios* in die
Medizin und heutzutage in die Biologie. Für die beiden anderen Deutungsmuster ist die Übereinstimmung evident. Also
scheint »Gestalt«, neben der Struktur als Bild der Theorie, noch
als Bild der Praxis, die – zumal politische – Ethik, und als Bild
der Religion die mystische Erfahrung zu umfassen. Im »Bauge-

rüst« tritt dann für die moderne Aufklärung an die Stelle der Religion, an die man nicht mehr glaubt, als dritte Pointierung die Erfahrung der Gestalt in der Kunst.

Nun zur Struktur des Baugerüsts. Oben, am Ende des 6. Abschnitts, habe ich gesagt, daß erst die jeweils höheren Stufen die Einteilung der unter ihnen liegenden Stufen erklären. Dies sei am von »Theorie« ausgehenden Strang nochmals erläutert. In der Einheit von Wahrnehmen und Bewegen fällen wir einzelne Urteile (»das ist eine Erdbeere«, »das ist ein Auto auf der falschen Fahrbahn«). Die Zweckrationalität trennt den Begriff »Urteil« vom Begriff »Handlung«; hier ist »das Urteil« die Gestalt, die im Einzelakt als »ein Urteil« auftritt. Theorie nun ist der große Zusammenhang, in dem »Urteil« einer der Begriffe ist, neben »Erfahrung«, »Folgerung«, als »Theorie« im Unterschied zu »Praxis«, »Kunst« und dann auch »Religion«.

Schon die Charakterisierung der 3. Ebene als »Neuzeitliche Pointierungen« zeigt, daß es sich hier um eine nichtselbstverständliche Einteilung der Kultur handelt. Die Einteilung ist abendländisch. Andere Kulturen werden anders gliedern. Dies nachzuvollziehen, übersteigt meine kulturhistorischen Kenntnisse. Doch sei auf die hier vorgelegte Einteilung noch ein Blick geworfen.

Abschnitt I 8.3.6 bespricht unter der Überschrift der Praxis die *Moral*, zumal die politische Moral. Hier findet sich dieselbe Stufenfolge wie unter der Theorie. Alltäglich handeln wir ständig. Die Zweckrationalität erwägt Handlung als Thema: welche Handlungen können, angesichts der Urteile über Sachverhalte, zweckmäßig sein? Welchen Zweck wir uns aber setzen sollen, wird noch nicht entschieden; die Zwecke sind wieder meist naiv gegeben. Aber um sie zu beurteilen, gibt es gesellschaftliche Normensysteme, eben die Normen der Moral. Diese Normen ihrerseits gelten in einer traditionellen Gesellschaft unerklärt. So ist jede der Stufen *schlichte* Handlung oder Anerkennung von Handlungsregeln; die *Reflexion* führt zur nächsten Stufe. Die Reflexion auf die Normen der Moral war einst Sache der Religion. Die Aufklärung mutete sie der Philosophie zu. So also führt uns die Reflexion notwendigerweise im Kreisgang weiter.

Beurteilte die Theorie Urteile nach »wahr« und »falsch«, so

beurteilte die Moral Handlungen nach »gut« und »schlecht«. Empfindung und Affekt, zentrale Vorgänge der Wahrnehmung, finden hier keinen angemessenen Ort. Im Mythos, in der kultischen Religion haben sie zugewiesene Orte, Wege der Erfahrung. In der abendländischen Neuzeit tritt die uralte Fähigkeit zu künstlerischer Gestaltung hier an einen kulturell wichtigen Ort: die *Kunst* wird die geduldete Zuflucht der Wahrnehmung von Gestalt.

Haben wir verstanden, was wir unter »Gestalt« verstehen? Wir haben Beispiele gesammelt. Struktur im Urteil. Norm im Handeln. Spontaneität durch Stilisierung in der Kunst. Wenigstens *einen* Bereich der Kultur werden wir näher anschauen, den wohl ältesten, den ursprünglichen Träger ihrer Einheit: die Religion.

9. *Erfahrung der Religion*

Was wir zuerst von der Religion zu lernen haben, ist, daß wir ihre Erfahrung wahrnehmen.

Ich habe das Kapitel über Religion mit einem Anruf begonnen und mit einem Blick auf meine eigenen Erfahrungen, in Krisen und Hilfe. Wer sich nicht selbst in die Frage nach den Erfahrungen einbringt, wird schwerlich die Erfahrungen der anderen verstehen. Aber dann habe ich von mir und vom Leser die intellektuelle Anstrengung gefordert, die Vielgliedrigkeit dieser Erfahrungen anzuschauen und womöglich zu verstehen.

Grundsätzlich ist dies gar nicht anders als in den vorangegangenen Kapiteln über die Wissenschaften und über die Kunst. Ich bin selbst Wissenschaftler, und das Buch bekennt sich von Anfang an dazu, Nachdenken über das zu sein, was ich in Jahrzehnten wissenschaftlicher Arbeit zu verstehen und zu tun versucht habe. Künstler bin ich nicht von Beruf, aber die Künste, allen voran die Dichtung, waren mir Lebensluft. Und all dies hängt überhaupt nicht an meiner Person. Philosophie ist nachträglich. Ihre Fragen, soweit sie sich auf Themen der Wissenschaft beziehen, stellen sich erst in angemessener Gestalt aus der gemeinsamen Erfahrung wissenschaftlichen Forschens heraus. So auch in der Erfahrung des Lebens und ihrer Gestaltung in der Kunst. Um das Leben zu erforschen, mußt du dich am Leben beteiligen.

Gleichwohl gibt es gegenüber der Religion heute einen zweifach gegliederten Unterschied. Die Wissenschaft ist heute der Menschheit gemeinsam, in ihren Erkenntnissen, ihren Methoden, auch ihren Ambivalenzen. Wer immer ein Auto besteigt oder einen Lichtschalter anknipst, handelt, was immer er sonst denken mag, im naiven Vertrauen auf die wissenschaftsbedingte Technik. Dieselbe Naivität dürfen wir heute gegenüber den Erfahrungen der Religion nicht mehr allgemein voraussetzen; und zwar eben in zweifach gegliederter Abweichung. Das eine: Die Vielfalt der Religionen in der Welt wird bei der heutigen Kommunikation für uns mehr als zuvor zur Realität. Das andere: Das Vordringen des wissenschaftlichen Weltbildes und der Blick auf die Vielfalt der Religionen trägt dazu bei, daß die Verbindlichkeit der eigenen Religion erschüttert wird; daß sie in ihrer einstigen Ausschließlichkeit verlorengeht. Christliche Theologen mußten Kopernikus, Darwin, Freud ernst nehmen, heute auch das Judentum oder den Zen-Buddhismus. Unsere Zeitungen sind voll vom Islam, und wenn sie ihn mißbilligen, dann nicht zugunsten des Christentums, sondern zugunsten der abendländischen Weltherrschaft, freundlicher gesagt, der Demokratie und Toleranz.

Die zehnten Kapitel beider Teile dieses Buchs versuchen, die Wahrheit der Religion in ihrer Vielgestalt aufzufassen und ernstzunehmen. Die Frage: »was haben wir gelernt?« wird darauf drei Gestalten annehmen müssen. Zunächst die knappe Rekapitulation dessen, was wir so erfahren haben; das soll im jetzigen Abschnitt geschehen. Dann die philosophische Deutung des Erfahrenen; soweit ich dazu heute überhaupt fähig bin, ist dies ein Thema des nachfolgenden Entwurfs C. Schließlich die Frage: »was sollen wir tun?«, die verpflichtenden Folgerungen; dies im letzten Kapitel des Buchs (II 12).

Was haben wir erfahren?

Der 2. Abschnitt von I 10 stellt uns die *Vielheit der Religionen* als Träger ihrer jeweils verschiedenen Kulturen vor Augen. Eine Einteilung wird, anknüpfend an Küng, versucht, von Osten nach Westen gehend, mit Adjektiven wie weisheitlich, mystisch, prophetisch, aufklärend. Aber nicht das System der Einteilungen ist hier zunächst wichtig, sondern überall die systematisch fast unvorhersagbaren Einzelheiten. Im Aufsatz

I 8.3 über Anthropologische Begriffe habe ich gesagt, kulturelle »Fulgurationen« seien von vorgefaßten Begriffssystemen her nicht zu prophezeien, auch wenn sie, als geschehene, nachträglich ein phänomenologisch gut beschreibbares, einleuchtendes Bild bieten. Ich habe versucht (S. 463), meine auch nur phänomenologisch gefundenen vier Aspekte der Religion locker mit diesen vier Adjektiven zu verbinden: weisheitliche Religion direkt als Träger ihrer Kultur, mystische als innere Erfahrung, prophetische als radikale Ethik, aufklärende als Theologie. Oder, um den fulgurativen Charakter der »Geschenke an die Menschheit« in vier »Lichtmetaphern« zu erläutern, nun von West nach Ost gehend: die griechische Aufklärung von Wahr und Falsch, die jüdische Offenbarung von Gut und Böse, die indische Erleuchtung der Erfahrung des Einen, die pragmatische Einsicht der Chinesen.

Was bedeuten diese Formen der Erfahrung? Der 3. Abschnitt wendet sich der *Theologie* zu, und zwar der Legitimität ihrer *Konfliktform*. Theologische Thesen waren meist intellektuelle Gestalten, die geschaffen wurden, um die wirklichen Gestalten der überpersönlichen Wahrnehmung sehen zu lernen. Die überpersönliche Wahrnehmung aber vollzieht sich selbst im Fortgang der Geschichte und ist so, gerade weil sie echte Wahrnehmung ist, vielgestaltig. Der 3. Abschnitt beschränkt sich noch auf die inneren Konflikte der abendländischen Theologie und Philosophie. Das Kapitel II 10 betrachtet dann die politisch-soziale Ausprägung dieser Konflikte. In diesen Konflikten begegnen uns die drei historischen Positionen, mit denen ich das Buch (I 1, S. 27) begonnen habe, und auf die wir im nachfolgenden Abschnitt C1 zurückkommen: Metaphysik, biblischer Glaube und Wissenschaft. »Metaphysik« ist hier der Name der klassischen Theologie der aufklärenden Religion, die Bibel ist das Dokument der prophetischen Religion, die Wissenschaft selbst eine Zentralgestalt der Aufklärung. Die spezifische Gestalt unserer abendländischen theologischen Konflikte hat etwas zu tun mit der bis heute in der Theologie nicht voll durchschauten Kontamination der zwei Unterscheidungen Wahr-Falsch und Gut-Böse. Dahinter steht für eine erklärende Metaphysik oder Theologie das ungeklärte Rätsel der Herkunft des Falschen oder des Bösen. Hier bietet die Wissenschaft in der

Evolutionslehre eine kausale Deutung an; aber wie verträgt sich diese mit den Theologien?

In Theologien, die nur *einen* Ursprung anerkennen, wie Metaphysik und biblische Religion, bleibt die Frage offen. In den personalistischen Theologien bietet wohl nur der (hier im Buch sonst nicht besprochene) zoroastrische Dualismus des guten und des bösen Gottes eine rationale Deutung (*Bewußtseinswandel*, S. 193–194). Der die Einheit nicht personalisierende Buddhismus hat hier kein Problem der Erklärung; er setzt die Wirklichkeit so voraus, wie sie sich uns zeigt.

Wie immer die Deutungen: das, was wir Menschen als das Übel erfahren, ist für uns die ethische und damit doch auch gedankliche Herausforderung. Der Wissenschaftsglaube unserer Zeit, heute wohl die einzige universal akzeptierte »Religion«, gerät entweder in einen oberflächlichen, z. B. »sozialdarwinistischen« Optimismus oder vor das Problem der Sinnlosigkeit des Daseins. Hier zeigt sich, philosopisch gesehen, die Unvollständigkeit seiner Fragestellung; darüber unter C2. Die prophetischen Religionen, einschließlich die von Zarathustra, fordern von uns den Kampf gegen das Böse. Die mystischen Religionen versprechen den Weg zu einer Erleuchtung jenseits von Gut und Böse, der doch nur über das entschlossene Tun des Guten gangbar wird. Keiner der Wege kann ohne die Entschlossenheit zum Tun des Guten beschritten werden. Auch die aufklärende Kritik am Moralismus ist moralisch motiviert. Nietzsche, der wie kaum ein anderer die moralische Zweideutigkeit des Moralismus durchschaut hat, kann dies wahrnehmen, weil er in der Tiefe von der sehnenden Entschlossenheit zum Guten bewegt ist.

Der Rest des 10. Kapitels versucht zwei Wege als Erfahrung anzuschauen. Die Abschnitte 4c, 5 und 6 sprechen vom meditativen Weg: 4c im Blick auf unsere leibliche Verfassung, 5 im Blick auf neuplatonische Philosophie und moderne Psychologie, 6 im Blick auf den Buddhismus. Daß die Tiefenpsychologie unseres Jahrhunderts an das Tor zu dieser Erfahrung pocht, ist Thema der Texte II 8.1–3. Dann wenden sich die Abschnitte 7 und 8 der christlichen Gestalt des handelnden Weges zu. Ich habe versucht, die Träger der Erfahrungen selbst sprechen zu lassen, so für den Weg der Einsicht Buddha, für den Weg des

Handelns Jesus. Der Schlußabschnitt 8: Der Weg stellt zugleich die Frage, was diese Erfahrungen für uns heute bedeuten. Ich möchte das in diesen Abschnitten Gesagte hier nicht wiederholen, sondern bitte den Leser, es sich selbst noch einmal vor Augen zu halten.

Wie diese Erfahrungen philosophisch zu deuten sind, ist eine der Fragen des nun folgenden Entwurfs.

C. Entwurf zur Philosophie

1. Die Suche nach dem Anfang

Hier müßte ein eigentlich philosophisches Buch beginnen. Es müßte die bisherigen Analysen voraussetzen und dürfte darum im Ausdruck knapp sein. Ich finde die Kraft dazu in mir nicht vor und wage nur eine Skizze, einen Entwurf, ohne einen Anspruch der Gewißheit.

Der Rundgang, wie er soeben unter B. skizziert wurde, ist noch nicht zu seinem Anfang zurückgekehrt. Er war eher methodisch beeinflußt von Platons Modell des Aufstiegs oder von Kants kritischer Rückfrage. Er begann mit bekanntem Wissen und fragte, was der Fall sein muß, damit solches Wissen möglich ist. Das vorausgesetzte Wissen war aber nicht die Sinneswahrnehmung wie in Platons *Theaitet*, sondern Mathematik, Logik und Physik wie in Kants *Kritik der reinen Vernunft*. Als Leitgedanke dieser Reflexion bot sich uns der Begriff der Struktur an. Fragend, was Struktur im Rahmen menschlicher Einsichten, menschlichen Verhaltens sei, wurden wir zu dem umfassenderen Begriff der Gestalt geführt. Dies ist ein im Ursprung platonischer Begriff. Wir suchten ihn in der menschlichen Kultur auf, im »Baugerüst« mit den Pointierungen von Theorie, Praxis und Kunst und der in Religion getragenen, in Philosophie artikulierten Einheit. Dies war ein vom platonischen Gedanken des Aufstiegs geleitetes Unternehmen. Aber es führte nicht zu einem eindeutigen Gipfel. Wenn wir Prinzipien und Wege zu ihnen in der Kultur suchten, so suchten wir in der menschlichen Geschichte, also in der uns bekannten Zeit: Zeit und Wissen.

Wir haben vier Gipfelwege gefunden, deren Beziehung zueinander offenblieb. Drei von ihnen wurden schon im ersten Anfang des Buchs genannt: die Metaphysik, die biblische Religion, die Wissenschaft. Ein vierter kam dazu: die indische und buddhistische Meditation. Es sei erinnert: Für die Metaphysik in ihrem höchsten Anspruch gibt es *ein* Seiendes, das zugleich das *eine* Bewußtsein ist; wir, Himmel und Erde, Menschen und alle lebenden Wesen sind Erscheinungen des Einen im Medium der vergehenden Zeit. Die biblische Religion beginnt mit Gott, dem Schöpfer; Mensch und Welt, seine Geschöpfe, leben in der endlichen Zeit der Heilsgeschichte, von der Schöpfung über die Sünde bis zur Erlösung. Die Wissenschaft beginnt mit der Vielheit der Dinge der Welt, aber sie steigt auf zur fortdauernden Frage nach dem obersten gesetzmäßigen Zusammenhang. Die buddhistische Meditation beschreibt die höchste Erleuchtung als Wahrnehmung der Leere, des prädikatlosen Nichts.

Die Philosophie muß alle vier Wege des Aufstiegs vollziehen. Man kann nicht beurteilen, was man nicht vollzogen hat. In den gebrauchten Worten widersprechen einander alle vier. Und die verschiedenen Worte sprechen tief verschiedene Wege der Erfahrung aus. Würden aber die Erfahrungen einander ausschließen, wenn sie vollzogen wären?

Wir gehen schrittweise durch die Widersprüche hindurch. Zwischen vier Partnern gibt es sechs Konfrontierungen, deren jede wir uns vor Augen halten müssen.

Metaphysik und meditativer Weg. Die Metaphysik steigt logisch auf, bei Aristoteles zu den drei Gestalten des obersten Seienden: dem unbewegten Beweger in der *Physik*, dem Nus, dem göttlichen Geist in *De Anima*, dem Seienden, dem keine unerfüllte Möglichkeit mehr aussteht, in der *Metaphysik*. Die Gestalten des Seins aber sind gedanklich nur durch »Analogie« verbunden; der Abstieg bleibt Hoffnung. Platon sagt aus, daß wir vom Einen nicht anders als selbstwidersprechend reden können. Der Buddhismus steigt meditativ auf, die Gedanken werden zur Ruhe gestellt. Das oberste Ziel ist nicht logisch aussagbar. Führt der verschiedene Weg in Wahrheit doch zum selben Ziel? Ich konnte (I 10.5) Plotin mit der östlichen meditativen Tradition inhaltlich vergleichen. Und meine indischen Gesprächspartner aus dem Kashmir-Shaivismus, bei Gopi

Krishna, denen ich von Platon sprach, erwiderten zuversicht-
lich: »Ja, Platon war ja auch in Indien!« Aber der Unterschied
der Erfahrungswege bedeutet zugleich einen tiefen Unterschied
der wahrgenommenen Strukturen auf dem Weg. Die traditionell gedeutete griechische Philosophie kennt jenseits der Zeit
strenge logische Strukturen, deren Beispiel die Mathematik ist;
sie kennt eine zyklische Zeit als Abbild des überzeitlichen
Seins, der ewigen Gegenwart. Die indische Tradition läßt Begriff und Form, namarupa, hinter sich und ist noch in der Zeit,
bis auch diese verschwindet; das Nichtsein der Gegenstände in
der Welt und ihrer Begriffe ist eben an ihrer Vergänglichkeit abzulesen. Haben wir die beiderseitigen Erfahrungen hinreichend vollzogen, um sagen zu können, daß sie einander nicht
ausschließen, sondern ergänzen?

Metaphysik und Wissenschaft. Sie haben einen gemeinsamen historischen gedanklichen Hintergrund, der im Paradigma der deduktiven Mathematik entwickelt wurde. Der Begriff des Naturgesetzes läßt uns die Weltordnung als Gestalt
verstehen. Diese Gestalt direkt geistig aufzufassen, scheint
nach der Überwindung des cartesischen Dualismus für die Naturwissenschaft kein unlösbares Problem zu sein. Die Wissenschaft unseres Jahrhunderts läßt sich aber zudem – wenn die
Analysen dieses Buchs richtig waren – nur vor dem Hintergrund der Zeit verstehen. Die Zeit der fortschreitenden
menschlichen Geschichte, der Evolution, der Kosmologie ist
uns direkte Erfahrung. Zeitliche Logik, intuitionistische
Mathematik und Quantentheorie setzen die Zeit systematisch
voraus. Dies ist der griechischen Metaphysik nicht völlig
fremd. Kinesis, Bewegung ist einer der höchsten Begriffe; Mathematik ist abstrakt, insofern sie von der Bewegung abstrahiert. Aber die Bewegung, wie alle Gestalt, ist der Metaphysik
wesentlich endlich. Die Unermeßlichkeit, die prinzipiell offene Zukunft, das nichtendende Gestaltwachstum ist nicht der
Gedankenkreis der Metaphysik. Wir revidieren die Metaphysik, indem wir ihre logisch-mathematische Basis nicht leugnen,
sondern ernst nehmen, sie also vollziehen. Und hier, wie bei
Platon, führt der Vollzug zur Selbstkorrektur. Die Rekonstruktion der Quantentheorie ist eine fortschreitende Selbstkorrektur der Prämisse rationaler Trennbarkeit. Das Ganze der Wirk-

lichkeit wird zum unausweichlichen und logisch nicht er-
schöpfbaren Thema.

Wissenschaft und Meditation. Meditation ist ein ganz anderer Weg als Logik. Die indische und buddhistische Meditation
steht so der westlichen Wissenschaft in Herkunft und Verfahren
viel ferner als die westliche Metaphysik. Sie findet aber mit den
Resultaten der Wissenschaft fast weniger einen Konflikt vor.
Als junger Privatdozent in Berlin, wohl 1938, schilderte ich in
einer Vorlesungsstunde die Kritik des klassischen Objektbegriffs durch die Quantentheorie. Nach der Stunde trat ein chinesischer Hörer zu mir und sagte:»Für euch Europäer muß all
dies sehr verblüffend sein. Ich bin Buddhist. Wir haben immer
so gedacht.« Diese Übereinstimmung läßt sich wahrnehmen.
Philosophisch wäre gefordert, sie gedanklich zu vollziehen.

Die biblische Religion mußte sich mit der Metaphysik in der
Spätantike, mit der Wissenschaft in der Neuzeit auseinanderset-
zen; die indische und buddhistische Tradition als Partner beginnen heute einige christliche Denker wahrzunehmen. Auf allen
drei Gesprächswegen bietet sich die Vereinbarkeit an, darf aber
nicht billig erkauft werden. In jedem der drei Gespräche hat jeder der beiden jeweiligen Gesprächspartner eine tiefe Selbstkorrektur zu lernen.

Bibel und Metaphysik. Hiervon war im Aufsatz über Konflikt als Form der Theologie und Philosophie (I 10.3) tastend die
Rede; sehr ausdrücklich spricht Georg Picht davon (II 11.8 – 9,
auch I 9.4), zumal in seinem Buch *Theologie – was ist das?*.
Picht sieht den Beginn der Metaphysik bei Parmenides als Epiphanie eines Gottes, also als Mythos, Wahrnehmung einer
Gestalt durch Darstellung. Was hier wahrgenommen wird, ist
wirklich, aber kulturgebunden. Picht liest Nietzsches »Gott ist
tot« als Todesnachricht dieses Gottes. Der Gott der Metaphysik *ist* die ganze Wirklichkeit. Wir sind als Seiende seine Teile,
als geistige Wesen Gestalten seines Geistes. Dazu Plotin (I 10.5,
S. 492):»Meine Seele ist *die* Seele.« Die Harmonie der ewigen
Gegenwart kann das Übel allenfalls als Mangel erscheinen lassen, aber nicht als das Böse. Dazu Cohen und Scholem (I 10.3,
S. 471). Der Metaphysiker Cohen – selbst Jude – kann das Böse
nur noch als Mythos verstehen; der Jude Scholem, der die Erfahrung des Bösen ernst nimmt, studiert daraufhin den Mythos,

hier die Kabbala. Warum ist der biblische Gott scharf von Welt und Mensch *unterschieden*? Weil der Schöpfungsgeschichte historisch die Offenbarung des Unterschieds von Gut und Böse vorangeht. Die Welt kann nicht Erscheinung Gottes, der Mensch nicht Teil Gottes sein, weil der Mensch sonst nicht hätte Gott verraten können; er ist ein abtrünnig gewordenes, der Erlösung bedürftiges Geschöpf, wenn auch ein Bild Gottes. Diese Erfahrung wird im Mythos von Schöpfung und Sündenfall als Gestalt, als Erzählung dargestellt. Die Erzählung ist aber Mythos, denn sie selbst würde, wörtlich genommen, die Herkunft des Bösen unbegreiflich machen. Was für ein Geschöpf ist die Schlange?

Beide Partner, Metaphysik und Bibel, sprechen hier tiefe Erfahrungen bildlich aus. So wie sie ausgesprochen sind, bleiben sie unvereinbar. Der christlichen Kirche standen zunächst nur diese beiden Sprachen zur Verfügung. So konnte die christliche Dogmatik und Theologie nur eine Geschichte von Kompromissen oder Konflikten sein (II 10.1–3). Vollzogen wurden die Erfahrungen im Handeln, das dieselben Spannungen trug, die Max Weber später im Gegensatz von Verantwortungs- und Gesinnungsethik formulierte. Politische Ordnung muß sein, aber die Bergpredigt lehrt uns ihren Selbstwiderspruch sehen. Christliche Mystik mag in einzelnen Personen die Erfahrungen vereint haben, die Liturgie stellte sie für die Gemeinde symbolisch dar – das ist der Wahrheitsgehalt der orthodoxen Kirche als Kirche der rechten Anbetung.

Bibel und Wissenschaft. Auch dies ist historisch weitgehend eine Geschichte unzureichender Kompromisse, die zu Konflikten führten, welche die Wissenschaft fast stets gewann, welche aber oft mit wiederum unzureichenden Kompromissen beigelegt wurden. Dabei bietet die Wissenschaft in Wahrheit auch hier, in ihrer Selbstkorrektur, neue, gangbare Wege an.

Zunächst die Naturwissenschaft. Dazu *MsG*, 7.6: »Theologie und Naturwissenschaft«: Astronomie, Evolution, Das uns Unbewußte. Hinzuzufügen ist die Quantentheorie.

Die Bibel kennt nicht einmal die Kugelgestalt der Erde. Die Akzeptation des ptolemäischen, geozentrischen Weltbildes war ein Kompromiß, den der naive Glaube an den Wortlaut der biblischen Texte noch überleben konnte. Diesen Glauben gegen die Kopernikaner, z. T. mit weltlicher Gewalt, verteidigt zu haben, war einer der strategischen Fehler der Kirche. Unter diesem Aspekt sind auch heutige Spekulationen über die Kosmologie belanglos (I 10.4a). Wichtig ist die unermeßliche Erweiterung des Horizonts. Der Mensch sieht sich heute auf der Erde als bisheriger Gipfel der Evolution. Für das Fundamentalproblem der Metaphysik und der Schöpfungstheologie bietet sich hier ein Lösungsansatz: Das Böse als Verhalten von Lebewesen zu Lebewesen in der Überlebenskonkurrenz ist natürlich. Das Gute ist eben darum nicht nur ein Geschenk, sondern eine Forderung des Überlebens. Freilich: wie sehen wir den Sinn einer Welt, die dies erzwingt? Die Horizonterweiterung auf Milliarden Galaxien, auf Milliarden von Milliarden Sternen lehrt uns freilich, den Sinn der Welt nicht schlicht von der Erde aus zu beurteilen. Dies aber ist zunächst nur eine unbeantwortbare Frage: Was wissen wir vom möglichen Leben, möglichen Fragen nach dem Sinn auf jenen Gestirnen?

Direkt sinnvoll ist die Frage, ob der Holismus der Quantentheorie uns nicht geradezu nötigt, größere geistige Einheiten als das menschliche Individuum anzuerkennen. Gibt es überpersönliche Erfahrung, die sich zu unserer persönlichen Erfahrung etwa so verhält wie unser volles Bewußtsein zum Schmerz einer kleinen Wunde, zur Wohltat eines Atemzugs? Gibt es auf uns wirkende kosmische Harmonien und Spannungen, wie sie die Astrologie seit langem vermutet? Spricht die Kirche echte Erfahrung aus, wenn sie sich vom heiligen Geist begleitet weiß? (Dies unbeschadet der historischen Einsicht, daß Berufung auf solche Führung oft kirchenpolitisch sehr bequem war.) Es ist kein Zufall, daß die Psychologie des Unbewußten sich zur Frage nach der Religion genötigt sieht (II 8.1–3). Freilich entstehen hier, mit den konkreten Erfahrungen, alsbald neue Fragen. So wenn C. G. Jung sich genötigt glaubt, Gott als Ursprung des Bösen und als unbewußt zu verstehen – zwei voneinander sinnvoll trennbare, sinnvolle Fragen. Zum Bösen: der schmerzende Körperteil weiß nicht, daß der Schmerz das Signal ist, das ihn retten soll. Zum Unbewußten: ist denn menschliches Bewußtsein das Modell, nach dem wir höhere seelische oder geistige Strukturen zu denken haben?

Die Geisteswissenschaft. Sie lehrt uns dreierlei (*MsG*,

S. 165): die Erfahrung der legitimen Fremdheit der handelnden Personen gegenüber dem Beschauer; das Verstehen des Fremden *als* Fremden; die Spiegelung des Eigenen *im* Fremden. Der dritte Schritt ist der wichtigste: Wie kann ich mich erkennen, wenn ich nicht gelernt habe, mir fremd zu werden? Um es alsbald auf die biblische Erfahrung zu beziehen: Nachdem ich einmal gelernt hatte, die Bibel mit Verstand, also als Dokument ihrer Zeit zu lesen, hätte die Naturwissenschaft allein mich nicht dem christlichen Glauben entfremden können; ich empfand wie Kepler:»Könnte ich doch Gott in der menschlichen Seele mit der Klarheit sehen, mit der ich ihn in der Natur erkenne!« Aber ich lernte die tiefen Einsichten der asiatischen Religionen kennen. Konnte ich unsere westlichen Vorurteile ihnen gegenüber aufrechterhalten? Und, im Lauf eines langen Lebens: von ihnen her ging mir erst nach und nach auf, warum ich zu meiner geistlichen Heimat, als einer besonderen und unverwechselbaren, nicht selbstverständlichen Erfahrung, Ja sagen kann.

Wir stehen damit vor der dritten Begegnung: Bibel und asiatische Erfahrung. Können wir uns hier als Fremde sehen lernen? Von gebildeten Hindus und Buddhisten kann man das Lob des Christentums hören. Ein Hindu:»Christus war eine der größten göttlichen Inkarnationen.« Gandhi hat von englischen christlichen Sektierern den Ernst der Gewaltlosigkeit gelernt. Dann aber stellen die Asiaten die skeptische Frage:»Warum seid ihr so intolerant?« »Warum soll Christus die einzige Inkarnation sein? Hat ihn Paulus selbst nicht den Erstgeborenen vieler Geschwister genannt?« Und zur Wissenschaft:»Die niedrigeren Dämonen habt ihr gut in eure Gewalt gekriegt.« Auch zur Metaphysik:»Euer Aberglaube an die aristotelische Logik ist die Quelle eurer Erfolge und des Verderbens, das ihr der Welt bringt.« Kann ich mich auch nur von einer dieser kritischen Fragen unbetroffen fühlen?

Die Unterschiede sind wichtig, sie sind ein Reichtum der Menschheit. Zu I 10.2, I 10.6, I 10.7: Ein tiefer Unterschied der »prophetischen« von den »mystischen« Religionen ist, daß die prophetischen Religionen die Gemeinschaft direkt betreffen, die mystischen das Individuum. Auch der Hindu oder Buddhist soll den Nächsten lieben, aber der Weg führt über sein eigenes Karma zur eigenen Erleuchtung, und zu den Handlungen, die er auf diesem Weg dann für die Nächsten tun kann; auch, ja gerade der Waldeinsiedler dient durch seine Meditation seinen Mitmenschen. Auch der Jude, Christ, Moslem strebt nach seinem Seelenheil, aber nur wenn er das Gebot erfüllt, das wesentlich ein Liebesgebot ist, kann ihm dieses Heil zukommen. Spricht man es im einzelnen aus, so ist fast von denselben Kausalitäten die Rede, und doch entsteht verschiedenes Verhalten. Ich will nicht wiederholen, was ich dazu im 10. Kapitel gesagt habe.

Diese unterschiedlichen Verhaltensweisen spiegeln sich auch in den verschiedenen Theologien oder Interpretationen. In der Gemeinschaft spricht man einander an. Deshalb spreche ich spontan auch Gott an und hörten Propheten sich von Gott angesprochen. Der Metaphysiker oder der Hindu sieht in Gott ein mir noch zugängliches Bild des überpersönlichen Seins; in der buddhistischen Mahayana-Tradition spricht man, neben dem historischen Buddha, personalisierend von »dem Buddha«, eine der bewußten Gleichnisreden für das Unaussprechbare. Der Hindu oder Buddhist, der moderne Physik gelernt hat, wird mir sagen: »Du bist ein Teil der einen geistigen Wirklichkeit. Als Teil gehörst du ihr an. Als Teil aber unterscheidest du dich vom Ganzen und sprichst es an, wie eine kleine Person eine große Person anspricht. Und du bekommst Antwort.« Hat er auch Freudsche oder Jungsche Psychologie gelernt, so wird er hinzufügen: »Weißt du nicht, daß dein Unbewußtes dir in sinnvollen Sätzen antworten kann?« Ich würde ihm antworten: »Laß mich so reden, wie ich spontan reden kann, mit meinen Mitmenschen, mit mir selbst und eben mit Gott, solange meine Bereitschaft für ihn noch die Form des Redens hat.«

Die philosophische Frage ist mit dieser sechsfachen Kommunikation nicht beantwortet. Sie ist vielleicht gestellt. In Japan gibt es Buddhisten, welche sich neben ihrer eigenen Tradition diejenige Europas tief zu eigen gemacht haben.* Die begegnende Aufarbeitung von unserer Seite her ist noch unzurei-

---

* So Keiji Nishitani, *Was ist Religion?* Frankfurt/M. 1982, mit der sehr instruktiven Einführung von Dora Fischer-Barnicol.

chend. Auch die Begegnung der Naturwissenschaft mit Metaphysik und biblischer Religion ist noch unzureichend. Die Frage bleibt: Können wir, von diesem Bestand der noch undurchschauten Vereinbarkeit der vier Wahrnehmungen aus, einen Schritt des Abstiegs ins Konkrete tun? Abstieg, der nicht das Konkrete schlicht als bekannt voraussetzt, sondern selbst begründet? Rückkehr zum Ausgangspunkt im Rundgang?

Bei Platon gibt es, wenn ich richtig sehe, zwei ausgesprochene Wege des Abstiegs. Einer ist der moralisch-politische, in den großen politischen Dialogen: der *Politeia* und den *Nomoi*, was eben heißt »Gesellschaft« und »Gesetze«. Es ist der Weg dorthin in die Höhle zurück, wo Sokrates hingerichtet wurde, wo aber sein Schüler Platon die Hoffnung auf die Wiederherstellung einer besseren Gemeinschaft nicht aufgegeben hat. Hierzu werde ich noch wenige Worte im Schlußkapitel II 12 sagen. Der andere Weg ist der spekulativ-mathematisch-physikalische, vom *Parmenides* über den *Sophistes* zum *Timaios*. Dies ist das leitende Thema des jetzigen Buchs. Dazu hier noch ein paar Notizen.

2. Abstieg in der Theorie

Theorie ist ein griechischer und von daher abendländischer Begriff. Von den vier oben genannten Positionen gehört sie zweien an und verbindet sie miteinander: der Metaphysik und der Wissenschaft. Für die biblische Religion und die meditative Erfahrung kann sie ein lernbegieriger, loyaler Partner sein. Ich stelle die Frage, wie ein Abstieg von obersten Prinzipien in die Fülle der Erfahrung für heutige, von geschichtlicher Analyse und moderner mathematischer Naturwissenschaft belehrte Theorie aussehen könnte. Ich rede dabei unter anderem im Sinne der Auslegung der Quantentheorie, die das jetzige Buch vertritt, und der nachfolgenden Schritte in der Deutung der Evolution, des Menschen, der Kunst, der Religion. Ich rede vielfach versuchsweise im Indikativ; nicht »die Quantentheorie kann interpretiert werden als sagend, das sei so«, sondern »das ist so«. Der Indikativ ist das Wagnis der Einfachheit.

Die Theorie setzt *eine* Wirklichkeit voraus. Wir können sie das Eine nennen. In ihr ist die offene Zeit. Damit ist in ihr Vielheit. Jedes Reden von der Vielheit ist nur eine Annäherung. Jedes Reden vom Einen spricht nicht mehr vom Einen. Dies sind die Grenzen des Sagbaren.

Das Erste, was wir, in diesen Grenzen, von der einen Wirklichkeit sagen, ist: wir nennen sie Geist. Was ist damit gesagt? Hätten wir einen strengen Aufstieg vollziehen können, so könnten wir auch einen strengen Abstieg wagen, der uns diese Frage beantworten könnte. Jetzt versuchen wir, vom Ziel des Abstiegs her, von unserer verfügbaren Erfahrung aus, zu vermuten, was »Geist« hier heißt. Unsere verfügbare Erfahrung ist im untersten Stockwerk des Baugerüsts vierfach gegliedert: Empfindung, Urteil, Affekt, Handlung. Die Möglichkeit wenigstens dieser vier wirklichen Erfahrungen von Menschen auf dem Planeten Erde muß in der einen Wirklichkeit angelegt sein. Vorerst möge uns dieser Hinweis genügen.

Die Theorie baut sich aus Urteilen auf. Urteil ist, theoretisch gestaltet, Askese vom Handeln und vom Affekt. Es trennt den Urteilenden, das Subjekt, vom Beurteilten, dem Objekt. Es kann jedoch dann auch über das Subjekt urteilen – so trennt es das Subjekt von sich selbst. Was dies heißt, wollen wir verstehen lernen. Wir stützen uns auf die Theorie der Physik, wie sie im 7. Kapitel gedeutet ist.

Die eine Wirklichkeit stellt sich in der offenen Zeit als eine Vielheit von Ereignissen dar. Ein Ereignis überführt Möglichkeiten in ein Faktum. Die Möglichkeiten charakterisieren wir als Alternativen möglicher Fakten. Die Gesetze dieser Möglichkeiten lassen sich auf Gesetze über Ja-Nein-Entscheidungen (»Ure«) zurückführen. Hieraus folgt mathematisch, daß die Ereignisse in einem dreidimensionalen Raum dargestellt werden können. Bei dieser Folgerung ist die Mathematik vorausgesetzt und einige einfache Postulate über Ereignisse. »Der Raum ist der Plural«, er ist die mathematisch beschreibbare Ordnung der Vielheit.

Reale Möglichkeiten beruhen auf den jeweils vorliegenden Fakten. Ereignisse schaffen neue Fakten. Damit wächst die Zahl der Möglichkeiten. Offene Zeit heißt also Wachstum der Vielheit. Die aussprechbare Vielheit nennen wir Gestalt. Die offene Zeit bedeutet also Gestaltwachstum. Die Zeit scheint einen Anfang gehabt zu haben: vielleicht Gestaltlosigkeit. Wir beschreiben das Gestaltwachstum als Expansion des Raumes. Im expandierenden Raum bilden sich, gemäß den Gesetzen für Ereignisse, dann Teilchen, Atome, Moleküle, Sterne, auf Gestirnen Lebewesen. Alle diese sind, logisch gesagt, Attribute der Einen Substanz. Strenggenommen sind sie nicht voneinander trennbar. Sie selbst sind schon komplexe Gestalten, Verknüpfungen vielfacher Ereignisse; und in Strenge hängen sie miteinander im Einen zusammen.

Wenn die eine Wirklichkeit Geist ist, so sind die Gestalten der Möglichkeit nach bewußt. In überlieferter Sprache: die denkende Substanz zeigt sich als ausgedehnt. Über das eigene Bewußtsein der einen Wirklichkeit kann unsere Theorie, wie sie vorliegt, nichts aussagen. Auch nicht über das denkbare Bewußtsein jeweils großer Teile der Wirklichkeit. Sie beginnt, aussagen zu können, wo sie von ihren eigenen Trägern spricht, von uns, den Menschen. Ein Aspekt des Bewußtseins läßt sich gegenständlich beschreiben durch den funktionalen Begriff der Wahrnehmung. Man sieht, daß für solche Wahrnehmung ein hoher Komplikationsgrad notwendig ist. Erst bei diesem Komplikationsgrad kann, so scheint es, die virtuelle Bewußtheit faktisch werden. Bewußtsein, wie wir es an uns kennen, ist jung auf unserer Erde – wenige Millionen Jahre.

Ein Träger menschlicher Wahrnehmung ist die Sprache. Sie ist Wahrnehmung von Gestalt durch Schaffung von Gestalt. Es gibt mehr Ereignisse als Worte. Ereignisse sind jeweils einmalig, Worte kann man wiederholen. So kann man verschiedene Ereignisse, inkomplett, mit demselben Wort bezeichnen. Das Wort drückt damit Allgemeinheit aus, also einen Begriff. Die Lehre von den Begriffen heißt Logik, die auf der Zählbarkeit der Ereignisse aufbauende Lehre heißt Mathematik. So entsteht historisch, in menschlicher Wahrnehmung, das, womit wir begonnen haben: die Theorie.

Offenkundig ist das Urteil, also auch die Theorie, nicht die einzige Handlung oder Erfahrung des Menschen. Es ist lohnend, zu fragen, was die Theorie wahrnehmen kann und was nicht. Dabei ist eine Zweideutigkeit dieses Begriffs zu beachten. Theorie heißt griechisch Anschauung. Was wir anschauen können, nennen wir Gestalt, griechisch: eidos oder idea. Theorie im Sinne heutiger, auf Logik basierender Wissenschaft ist

Wissenschaft von Struktur. Letztere haben wir soeben beschrieben.

Wir stellten oben die Frage, wie das wissende Subjekt sich selbst beschreibt und inwiefern es sich dann von sich selbst unterscheidet. Es kann die Struktur seines eigenen Verhaltens beschreiben. Was erfaßt es damit? Was bleibt unerfaßt?

Betrachten wir ein Beispiel! Die schöne Wiese vor mir ist grün. Die physikalische Theorie belehrt mich, daß hier elektromagnetische Wellen einer bestimmten Wellenlänge ausgesandt werden. Die Evolutionstheorie macht plausibel, daß unser Auge gerade für diese Wellen empfindlich ist, denn sie liegen im intensivsten von der Sonne ausgesandten Wellenbereich, dessen Wahrnehmung also für ein Lebewesen sehr reiche Information bietet. Es ist auch plausibel, daß ein Lebewesen einem ihm so zuträglichen Reiz zustrebt. Die Schönheit der Wiese ist, strukturell gesagt, Mitwahrnehmung des Zuträglichen, ohne den Zwang der Notwendigkeit. Aber nichts von all diesem erklärt die spezifische Empfindungsqualität »grün«. Strukturell kann ich nicht einmal beweisen, daß andere Menschen, die auf den Anblick der Wiese beobachtbar ebenso reagieren wie ich, damit zugleich dieselbe Farbempfindung haben. Im Grunde zweifle ich daran nicht. Aber ich setze damit mehr voraus als die mathematisierbare Struktur. Der Grieche, der Theorie als Anschauung versteht, wird vermutlich diese Schwierigkeit nicht haben.

Man nennt »Grün« eine Empfindungsqualität. In einer neuzeitlich verbreiteten Sprechweise unterscheidet man Qualitäten von Quantitäten. »Quantität« muß im Sinne moderner Mathematik nicht bloß das Zählbare und Meßbare bedeuten, sondern Struktur als unter Wahr und Falsch beurteilbare Gestalt. »Wahr« und »Falsch« sind die definierenden Prädikate von Urteilen, also des Inhalts der Theorie. In der Theorie, so sagten wir soeben, trennt sich das urteilende Subjekt vom beurteilten Objekt, und, wenn es sich selbst beurteilt, trennt sich insofern das Subjekt von sich selbst. Was nicht als Struktur im Sinne der Theorie beschrieben werden kann, bleibt dann als »subjektiv« übrig. Das heißt, daß zunächst wenigstens Empfindung, Affekt, Wille als subjektiv übrigbleiben. Es bedeutet aber nicht, daß deshalb über diese »Qualitäten« nichts in der Theorie ausgesagt werden könnte. Denn sie sind differenziert, und ihre

Differenziertheit läßt sich, mindestens teilweise, als Struktur beschreiben. Ein Beispiel ist die Erläuterung der Schönheit als zwanglose Mitwahrnehmung des Zuträglichen. Dies ordnet Schönheit in das Gefüge der theoretisch beschreibbaren Verhaltenszusammenhänge ein. Es erklärt nicht die spezifische Erlebnisweise der Schönheit, aber es erklärt doch strukturell, daß Schönheit begehrt wird. Begehren wiederum ist eine Erlebensqualität, deren strukturelle Funktion die Theorie beschreibt.

Ich wage zu sagen: Die Verhaltensstrukturen sind Prädikate der seelischen Wirklichkeit. Seele nenne ich hier die Art, wie organische Wesen an der Grundqualität teilhaben, die ich eingangs Geist genannt habe. (Plotin sah Seele als die vom Geist in die Zeit ausgehende Wirklichkeit.) Seele ist, wenn wir sie von der menschlichen Selbsterfahrung aus beurteilen, virtuelles Bewußtsein. Seele könnte als Vermögen der schlichten Wahrnehmung beschrieben werden, Bewußtsein als Vollzug reflektierter persönlicher Wahrnehmung, Geist als tragender Gehalt überpersönlicher Wahrnehmung.

So weit mag es erlaubt sein, den Entwurf auszusprechen.

Zwölftes Kapitel
Ausblick

Wir entgehen der Frage nach der Zukunft nicht. Was werden wir wahrnehmen? Was sollen wir tun?

Die beiden Fragen sind trennbar, ihre Antworten nicht. Neue Wahrnehmung ändert die Handlungstendenzen, neues Handeln bringt neue Wahrnehmung hervor.

Der Gliederung des Buchs gemäß werden wir die beiden Fragen in den parallelen Schlußkapiteln der beiden Teile erörtern. Hier die Wahrnehmung.

Was werden wir wahrnehmen? »Wir«, das soll jetzt nicht nur heißen die Wissenschaftler und Philosophen, sondern wir Menschen in unserer Kultur.

Prognosen sind ungewiß. Wir werden alsbald sehen, daß die Frage im Grunde lautet: Was sollten wir wahrnehmen? Nicht nur aus Gründen der Moral und der Nützlichkeit, sondern in der simplen Wahrheitssuche. Wie stellen wir uns die Wirklichkeit vor, die wir wahrnehmen sollten?

Es ist sehr wohl möglich, daß die heutige Weltkultur sich zugrunde richten wird. Die Frage, die wir jetzt stellen, ist aber: Wenn sie überlebt, welcher inneren Logik müßten dann ihre Wahrnehmungen folgen?

Wohl in allen überlieferten Kulturen gibt es einen Unterschied, den ich versuchsweise durch die abendländischen Begriffe *Diesseits* und *Jenseits* bezeichnen will. Diesseits heißt, was unserer Wahrnehmung zugänglich ist, Jenseits heißt, was wir glauben oder vermuten, ohne es doch, im allgemeinen, wahrzunehmen. Natürlich ist der Wahrnehmungsumfang verschiedener einzelner Menschen verschieden. Jeder nimmt nur einen Teil des Diesseits wahr; einigen ist etwas vom Jenseits zugänglich. Diesseits und Jenseits sind insofern soziale Begriffe der jeweiligen Kultur, in denen die Kultur sich ihre eigene Möglichkeit auslegt.

Diesseits und Jenseits bedingen einander. Das Jenseits kann

man sich kaum anders vorstellen als unter Bildern, die der Erfahrung des Diesseits entstammen. Das Diesseits aber ist wesentlich vom Jenseits her bestimmt. Die Bilder des Jenseits, und damit auch des Diesseits, sind in den verschiedenen Kulturen und ihren Religionen verschieden.

Eine zeitliche Scheide zwischen Diesseits und Jenseits für das Individuum ist der Tod. Was ich jetzt sehe, ist diesseits des Todes. In den »prophetischen« Religionen, im späteren Judentum, im Christentum und im Islam, ist jenseits des Todes das Gericht und die Reiche der Seligen und der Verdammten, oft auch ein Interim, das Purgatorium. Hier ist mein Schicksal im Jenseits moralisch von meinem Verhalten im Diesseits bestimmt: dies sind die Bilder der Religion als radikaler Ethik. Es gibt in ihnen auch die Erwartung einer historischen Scheide, die Apokalypse, jenseits derer das Reich Gottes diesseitig sein wird. In den »mystischen« Religionen ist jenseits meines Todes die Wiederverkörperung, das nächste Diesseits unter der Wirkung des bisherig erworbenen Karma. In all diesen Bildern aber ist das Jenseits ein Reich geistiger Wirklichkeiten, das Diesseits hingegen weitgehend körperlich beschrieben.

Die heutige Weltkultur – soweit es eine solche bisher gibt – ist vom Glauben an die Wissenschaft dominiert. In seiner naiven Form ist dies der Glaube an das körperlich Wahrnehmbare. Sind die religiösen Bilder des Jenseits Illusionen?

Im Weltbild der Wissenschaft zeigt sich eine neue, vielleicht bescheidenere Schranke: diesseits und jenseits der sinnlichen Wahrnehmbarkeit. Der antike Atomismus kannte ein rein »materielles« Jenseits der Sinne: die Atome. Die Chemie des 19. Jahrhunderts hat dieses Bild definitiv wiederaufgenommen. Und dieses Jenseits ist rational erkennbar: die Atome genügen den Naturgesetzen. Unser Denken trägt weiter als unsere Sinnlichkeit.

Dem »Jenseits im Kleinen« steht schon im antiken Atomismus ein »Jenseits im Großen« gegenüber. Unsere Welt ist für die antike Astronomie durch die Fixsternsphäre begrenzt. Sie ist eine endliche Kugel, ein Diesseits des Himmelsgewölbes. Aber jenseits davon sind, wenigstens im Weltbild der Atomisten, in der unendlichen Leere unendlich viele ähnliche Welten. Und wenn es denn Götter geben soll, führen sie in den

Zwischenräumen zwischen den Welten ein privates Leben. Die Astronomie der Neuzeit hat auch dieses Jenseits rational aufgenommen. Die Sterne selbst sind die fernen Welten, geordnet in Galaxien, den Naturgesetzen unterworfen.

Aber die Physik des 20. Jahrhunderts bewahrheitet diese Bilder nur, indem sie ihre Naivität wieder auflöst. Denken wir die Atome und den Raum der Galaxien richtig, wenn wir sie uns gemäß den Strukturen unseres engen sinnlich wahrnehmbaren Diesseits vorstellen? Wenn aber nicht, so wird diese Erkenntnis – wie es stets die Bilder des Jenseits vermocht haben – auch unser Bild des Diesseits im Prinzip verändern. Vielleicht bezeichnen Strukturen, mit denen wir das sinnlich Wahrnehmbare beschreiben, nur die Oberfläche einer tieferen Wirklichkeit. Schon die reale Sinnlichkeit enthält noch andere Qualitäten als nur diese mathematischen Strukturen; vielleicht verbirgt oder enthüllt sie auch teilweise andere Gestalten. Die Grenze zwischen Diesseits und Jenseits wird wieder durchlässig.

Wir haben die Quantentheorie analysiert. Der Schlußabschnitt des vorigen Kapitels, I 11.C2, deutet an, wie von der Suche nach dem Anfang (I 11.C1) ausgehend gemäß der Quantentheorie ein »Abstieg in der Theorie« aussehen könnte: Geist, in der Zeit in die Vielheit entlassen, erzeugt gesetzmäßig den Raum, in dem er, der Geist, als Vielheit von Gestalten in Erscheinung tritt. Dies ist nur ein Umriß, den die fortschreitende Wissenschaft wenigstens in Teilen ausfüllen könnte. Eine große Aufgabe.

Die Erfüllung des von der heutigen Wissenschaft gebotenen Umrisses ist aber nicht die volle Aufgabe des theoretischen Denkens. Die Bilder vom Diesseits und Jenseits, welche die überlieferten Religionen boten, waren nicht bloße Naivität, auch soweit sie offenbar mythische Bilder waren. Welche Gestalt wurde in der Schaffung dieser Bilder eigentlich wahrgenommen? Der Weg der meditativen Wahrnehmung ist offen. Neue Erfahrungen, neue gedankliche Bilder warten auf uns.

Der Weg aber zu diesen Erfahrungen wird ohne die Bereitschaft zu verantwortlichem Handeln nicht beschritten werden. Der Fortschritt ist ambivalent. Der Weg zu den Erfahrungen wird durch tiefes Leiden gehen. Und durch tiefes Glück.

Am Ende des Buchs werden wir andeutend davon sprechen.

Teil II
Lehrer, Partner, Reflexionen

Vorbemerkung

Wie eingangs gesagt, war der Teil II ursprünglich als ein zweiter Band des Buchs *Zeit und Wissen* geplant. Der Verlag sah es als eine Rücksicht auf den Leser an, die beiden parallel geführten und eng aufeinander bezogenen Teile in *einem* Band zu vereinigen. Der zweite Band sollte zunächst den Untertitel »Materialien und Reflexionen« tragen. Es ergab sich, daß er unter anderem einen »personalisierten Rundgang« enthält, über Autoren der Vergangenheit und Zeitgenossen. Dieser Teil des Buches hat insofern die Form des Gesprächs. Und auch die Reflexion ist im Grunde ein Selbstgespräch. Das erklärt den Titel, den ich diesem Teil nun gegeben habe.

Alle Personen, die im Buch genannt sind, sollten im Namenregister angegeben sein. Es mag aber dem Leser willkommen sein, wenn hier diejenigen, die gleichsam ausdrücklich als Gesprächspartner auftreten, nach Kapiteln geordnet werden. Dabei lasse ich bloße Zitate fort, auch wenn sie sachlich von Belang sind; nur die Auseinandersetzung, das eigentliche Gespräch, sei erwähnt. Dabei mache ich eine weitere kleine Unterscheidung. Geht das Gespräch nur über eine spezielle Frage, so bleibt der Name *ununterstrichen*. Gehört der Kern der Philosophie oder der Erfahrung des Lehrers oder Partners zum Thema, so unterstreiche ich den Namen. Naturgemäß reicht der personalisierte Rundgang auch in den Teil I hinein.

I 2.1: Bohr, Heisenberg.   I 2.3: *Descartes*
I 3.2: *Platon*.   I 3.4:   *Hume*.   I 3.6: Einstein
I 5.1: Platon, Aristoteles, Leibniz, Kant, Cantor, Frege, Brouwer
I 5.2: Kant.   I 5.2.6: Dingler
I 6.5: Frege.   I 6.7.6: Kant.   I 6.7.7: Brouwer
I 9.4: Picht
I 10.4c: *Gopi Krishna*.   I 10.5: *Plotin*.   I 10.6: *Buddha*
I 10.7: *Jesus*

I 11.A2: *Philosophen von Thales bis Heidegger*

II 4.2: Keynes, Carnap. II 4.3: de Finetti, Ramsey

II 5.3: *Russell*

II 6.4: *Lorenzen.* II 6.5: *Frege.* II 6.6.2: *Habermas*

II 7.A: *Bohr*, Sommerfeld, *Heisenberg*, Dirac

II 7.B: Aristoteles, Philoponus. II 7.C: Aristoteles, Platon, Kant, Schelling, Welzk

II 8: *Viktor v. Weizsäcker, Freud, Jung*

II 9: *Goethe, George*, Münch, *Hoffmann-Zampis*

II 10: *Rosenstock*, Gogarten, *Küng*, Tao-Chün, Lassalle, *Dalai Lama*

II 11: *Platon*, Gaiser, Krämer, *Kant, Brouwer, Picht*

Erstes Kapitel
Das Staunen

Von dem Haus am Rande des in die Kreisstadt eingemeindeten Dorfes, in dem ich seit mehr als zwanzig Jahren wohne, führt mich ein Fußweg von fünf Minuten in den Wald. Von dort kann ich so viele Stunden, als mich meine Füße tragen, ins oberbayerische Hügelland hineingehen – Wiesen, Felder, Wald, Wasserläufe, Seen, die Alpenkette am südlichen Horizont. In einem Dorf, durch das mich der Weg öfter führt, komme ich an der kleinen Kirche vorbei, um sie die Grabsteine der örtlichen Familien, vom Friedhofszaun umschnürt. Auf einem der größeren Steine lese ich dann bei jedem Vorübergehen die Namen von acht Angehörigen einer Familie Schmid, vier Männer und vier Frauen. Zwei der Männer und zwei der Frauen, groß geschrieben, sind wohl hier begraben; an die anderen zwei Männer und zwei Frauen, kleiner geschrieben, soll der Stein wohl nur erinnern. Der älteste war 1832 geboren, der letzte ist 1983 gestorben.

Acht wirkliche Menschen, die je ein volles Leben gelebt haben. Was weiß ich von ihnen? Sie waren wohl alle Bauern, hier im Dorf. Der Familienname legt die Vermutung nahe, ein Vorfahre könne der Schmied des Dorfes gewesen sein, der Geräte flickte, Pferde beschlug oder mehr als das. Ich weiß nichts von ihnen, ich frage nicht nach ihnen, ich kenne niemanden in dem Dorf. Acht Menschenleben, unter einigen hundert in jeder Generation des Dorfes. Ein Dorf in Bayern, unter heute achtzig Millionen Deutschen, unter fünf Milliarden Menschen. Was weiß ich von der Wirklichkeit?

Ja, kümmere dich doch um deine realen Partner! Deine Familie, Freunde, Nachbarn. Aber was weiß ich denn wirklich von ihnen? Durchschaue ich ihr Erleben, ihr Handeln? Kenne ich mich denn selbst? Bin ich nicht immer wieder über mich überrascht? Über meine Leidenschaften, meine Irrtümer; ja schon darüber, daß ich jeden Morgen als derselbe wieder aufwache? Was ist das denn: Ich?

Und warum nur Menschen? Die Bauern haben Pferde, Rinder, Schafe, Hunde. Sie bauen Roggen, Weizen, Gerste an, mähen Gras. Was ist Gras? Ich erinnere mich, daß ich als junger Physiker mit Kollegen in Dahlem an einem Haufen frisch gemähten Grases vorbeiging, dessen Feuchtigkeit von einem stillen chemischen Prozeß warm wurde. Ich sagte: »An diesem Haufen Gras allein könnte man alle Naturgesetze empirisch studieren, die Physik bis zu den Atomen, die Chemie, die Botanik, die Zoologie der Insekten, die noch drin sitzen, auch die Ökonomie und Soziologie der Menschen, die den Haufen zu verantworten haben. Alles präsent, in einem Haufen Gras am Wegrand.«

Wieviel Gras wächst auf der Erde? Und was ist die Erde? Neulich, an einem noch völlig dunklen Januarmorgen, sah ich am Südosthorizont nebeneinander Mond und Venus, hoch am Himmel Jupiter, und meine alten Freunde, Arktur und den großen Bären, am Abend vorher Orion, Sirius, die Plejaden. Das Licht von dort reist einige Jahrzehnte hierher auf die Erde und rings in die Umgebung der lokalen Sternwolken. Hundert Milliarden solcher Sonnen hat die Milchstraße, wenigstens eine Milliarde Milchstraßen sehen unsere Instrumente. Welchen Gesetzen genügen die Gestirne? Die Atomphysik belehrt uns ein Stück weit. Was weiß ich von den Atomen, was von den Sternen, was von deren vielleicht intelligenten Bewohnern? Was ist Intelligenz? Was ist Bewußtsein?

Ich habe soeben lauter Trivialitäten erzählt. Jeder weiß das. Mit dem Staunen beginnt die Philosophie. Mit dem Staunen über das Triviale. Und welche Zukunft werden wir haben? Sollten wir danach nicht fragen? Können wir es?

Mit dieser, im Lauf einer Stunde niedergeschriebenen Notiz wollte ich den zweiten Band, als mehr persönlichen Rundgang, eröffnen. Ich lasse sie nun, da sie in die Mitte des Buchs geraten ist, gleichwohl so stehen. Auf meine persönlichen Erfahrungen greift auch das Einleitungskapitel I 1 zurück. Wir gehen den Rundgang durch die Sachfragen hier in Teil II noch einmal mit und enden mit der Frage: Was tun?

Zweites Kapitel
Erkenntnistheoretische Vorüberlegungen

Das 2. Kapitel im »Rundgang« von Teil I, dem ich den Titel »Erkenntnistheoretische Vorüberlegungen« gegeben habe, war ursprünglich, wie dort gesagt, die Einleitung einer Vorlesung, die ich 1948 in Göttingen unter dem Titel *Der begriffliche Aufbau der theoretischen Physik* gehalten habe. Ich füge hier einige Erläuterungen darüber an, wie ich dazu gekommen bin, die Fragen gerade in dieser Form zu stellen.

Nur viermal während meiner gesamten Lehrtätigkeit habe ich, soweit ich mich erinnern kann, den Text einer durch ein ganzes Semester gehenden Vorlesung nachträglich in wörtlicher Ausarbeitung vorgelegt, zweimal als Buch, zweimal hektographiert zur Verfügung der Studenten.* Die beiden als Bücher erschienenen Texte waren inhaltlich ausdrücklich aufeinander bezogen; ihr Verhältnis zueinander war das Modell des methodischen Prinzips des »Kreisgangs«. Das frühere jener beiden Bücher war *Die Geschichte der Natur* (1948), dessen Entstehung ich als Vorlesung 1946 in *MsG*, Kapitel 1.3, kurz beschreibe. Das spätere Buch war *Die Tragweite der Wissenschaft*, erster Teil, mit dem Untertitel »Schöpfung und Weltentstehung. Die Geschichte zweier Begriffe«**, als Gifford Lectures in Glasgow 1959 vorgetragen und 1964 erschienen. Der methodische Zusammenhang zwischen beiden Themen ist schon in der ersten Vorlesung der *Geschichte der Natur* darge-

---

* Die in den Geisteswissenschaften wohl traditionelle Gewohnheit, Vorlesungstexte stets vorweg schriftlich auszuarbeiten, der wir jetzt z. B. die ausführlichen Vorlesungspublikationen aus dem Nachlaß von Martin Heidegger und von Georg Picht verdanken, hatte ich in meiner naturwissenschaftlichen Ausbildung nicht kennengelernt. Vgl. dazu *Die Einheit der Natur* I.3, »Die Sprache der Physik«, speziell S. 64.
** Der zweite Teil, *Philosophie der modernen Physik*, in Glasgow 1960/61 vorgetragen, ist erst 1990, gemeinsam mit einer Neuauflage des ersten Teils, und nur in deutscher Übersetzung erschienen.

stellt. Die Natur ist älter als der Mensch; er ist ein Kind ihrer Geschichte. Der Mensch ist älter als die Naturwissenschaft; die Weise, wie er die Natur und ihre Geschichte beschreibt, ist ein Produkt seiner eigenen Geschichte. Der jetzige Titel *Der Mensch in seiner Geschichte* und die Kapitel 2 und 3 des so betitelten Buches wiederholen ebendiesen Kreisgang.

Der Kreisgang war von vorneherein nicht nur als ein literarisches Hilfsmittel gemeint, sondern als ein philosophisches methodisches Prinzip, als Alternative zu jedem Ansatz einer »hierarchistischen« Philosophie, die von einem einzigen unerschütterlichen Fundament auszugehen hofft, sei es nun Erfahrung oder Selbstgewißheit des Bewußtseins. Von der Unhaltbarkeit der uns heute angebotenen hierarchischen Philosophien hatte ich mich schon als junger Physiker überzeugt. Die aprioristischen, neukantianischen Lehren waren an Relativitätstheorie und Quantentheorie gescheitert; der empiristische Neopositivismus aber verstand, so sah ich bald, nicht einmal die Unausweichlichkeit von Kants Frage nach Sinn und Bedingungen der Möglichkeit von Erfahrung.* Das Erlebnis dieses Ungenügens der angebotenen Hierarchismen war aber zunächst nur eine Aporie. Der spezielle Kreisgang zwischen Geschichte der Natur und Geschichte der Naturwissenschaft in den beiden Büchern war ein erster Lösungsansatz.

Die Vorlesung von 1948 hingegen zielte inhaltlich auf die Einheit der Physik, philosophisch auf die grundsätzliche Rechtfertigung des Denkens im Kreisgang, dort »im Zirkel« genannt. Die Vorlesung war ein erster Versuch, das mir als jungem theoretischen Physiker evidente fortschreitende Wachstum der inneren Einheit der Physik unhierarchisch, sachgemäß und im Blick auf ihre philosophische Bedeutung zu beschreiben. Die Vorlesung erschien mir noch zu unreif, um sie als Buch zu publizieren. Ihr Inhalt war mir aber wichtig genug, daß ich meinen Mitarbeiter R. Skottke bat, sie schriftlich auszuarbeiten,

---

* In dem Vortrag »Die Rolle der Tradition in der Philosophie« (1968), in *Die Einheit der Natur* IV.1, habe ich später geschildert, wie diese Fragestellung mich immer tiefer in die Anfänge der abendländischen Philosophie zurückführte.

was er sehr erfolgreich leistete; die einleitenden, jetzt hier abgedruckten Partien formulierte ich selbst.*

Der zentrale Gedanke war dabei der Unterschied zwischen »schlichter« und »reflektierter« Erkenntnis und die Nötigung, bei philosophischer Reflexion im »Zirkel« zwischen beiden hin und her zu gehen. Dieser Gedanke aber ging auf eine sehr viel frühere Wahrnehmung zurück, die ich noch als Student, 1932, unter dem Einfluß von Niels Bohr in dem Satz ausgedrückt fand: »Bewußtsein ist ein unbewußter Akt.«** Wenn nun die Natur älter ist als der Mensch, so ist in der Tat die unbewußte Psyche genetisch ursprünglicher als die bewußte. Wenn aber der Mensch und seine Kultur älter ist als die Naturwissenschaft, so kann sich die Prävalenz der unbewußten Psyche im methodischen Aufbau einer bewußten Naturwissenschaft als Prävalenz der schlichten vor der reflektierten Erkenntnis manifestieren.

Ein Kriterium für die Vertretbarkeit der im jetzigen Buch entworfenen Philosophie wäre, daß die in ihr gedeuteten Wissenschaften ebendiesen ihren Ausgangspunkt wiederum aus ihrer Beschreibung der Natur und des Menschen in ihrer Geschichte ergäben. Das würde eine Art semantischer Konsistenz (I 5. 2.7) bedeuten.

---

* Die andere für Studenten hektographierte Vorlesung kam später, 1969, unter dem Titel »Kritik der Wissenschaften«. Aus ihr abgedruckt ist in: *Die Einheit der Natur* der Text I.6, »Beschreibung der Physik«, S. 107–127.
** Später beschrieben in: *Wahrnehmung der Neuzeit* (1983), wie in der Einleitung des Kapitels im ersten Teil zitiert.

Drittes Kapitel
Empirismus

Der Text des 3. Kapitels in Teil I ist ziemlich voraussetzungs-voll. Seit 1990 ist der Text einer wohl zugänglicher formulierten Vorlesung über den Erfahrungsbegriff im Druck verfügbar, nämlich der dritten Vorlesung aus dem zweiten Teil der Vorlesungsreihe *Die Tragweite der Wissenschaft* von 1960/61. Sie folgt den Lehren von vier Philosophen des 17. und 18. Jahrhunderts:

a. Descartes: Zweifel und Gewißheit. Hier wird ausführlich das Unternehmen von Descartes, über den absoluten Zweifel zur absoluten Gewißheit vorzustoßen, geschildert und kritisiert. Der Gedankengang wiederholt weitgehend die Argumente des Abschnitts über Zweifel in der Vorlesung von 1948, die hier als 2. Kapitel in Teil I abgedruckt ist.

b. Locke: Eingeborenes und erworbenes Wissen. Die pragmatische Bedeutung des Empirismus von Locke wird hervorgehoben. Seine Leugnung angeborenen Wissens wird kritisch geprüft und durch Argumente der modernen Verhaltensforschung (Lorenz) widerlegt.

c. Berkeley: Die Realität von Empfindungen und Körpern. Berkeley hat die Schwäche der seinerzeit beliebten Unterscheidung von primären und sekundären Eigenschaften der Körper (z. B. Ausdehnung und Farbe) durchschaut. Sein Versuch, der Erfahrung durch die Formel »esse est percipi« (Sein heißt Wahrgenommenwerden) gerecht zu werden, wird sympathisch-kritisch geprüft und auf die Lehre der »Analyse der Empfindungen« von Mach bezogen. Aber auch Machs Lehre hat sich nicht durchgesetzt.

d. Hume: Das Recht, kausale Voraussagen zu machen. Diese Diskussion ist parallel zu der im 3. Kapitel des jetzigen Teils I und führt nicht so weit.

Das anschließende 5. Kapitel behandelt dann Kants Theorie der Erfahrung.

Ein wichtiger, in meinen älteren Texten nicht behandelter Autor zum Empirismus ist Francis Bacon. W. Krohn* interpretiert seinen Entwurf als »Forschungspolitik«. Dabei ist der Systemanspruch, den die kontinentale Philosophie bis Hegel aufrechterhalten hat und der für die theoretische Physik mindestens von Newton bis Einstein fundamental ist, von vorneherein aufgegeben. Man kann seinen Entwurf modern-evolutionistisch als den eines selbstorganisierenden Systems deuten.**

Schließlich sei auf die Behandlung des Erfahrungsproblems im *Aufbau der Physik* hingewiesen. Im knappen Abschnitt über Wissenschaftstheorie im dortigen 14. Kapitel werden Realismus, Empirismus und Apriorismus kritisch betrachtet. Im 3. Kapitel wird das Verhältnis von Wahrscheinlichkeit und Erfahrung so behandelt, daß die gegenseitige Abhängigkeit beider Begriffe hervortritt. Dies kann im jetzigen Buch zum 4. Kapitel, Wahrscheinlichkeit, überleiten.

Im Kapitel I 7 stellen wir uns der Frage, in welcher Weise der *Aufbau der Physik* die beiden Auffassungen der Wissenschaft als System und als evolutionäre Selbstorganisation zusammenfügt.

---

* Vgl. W. Krohn, *Francis Bacon*, München 1987, und die Einleitung von W. Krohn zu Francis Bacon, *Neues Organon* (Philosophische Bibliothek, Hamburg 1990).

** W. Krohn, *Die Selbstorganisation der Wissenschaft*, Frankfurt / M. 1989.

Viertes Kapitel
Wahrscheinlichkeit

1. Die Entstehung unserer Arbeiten über Wahrscheinlichkeit, Information und Irreversibilität

Während das 3. Kapitel im *Aufbau der Physik* unmittelbar die von Drieschner und mir entworfene Auffassung des Wahrscheinlichkeitsbegriffs darstellt, werden wir jetzt die gängigen Interpretationen dieses Begriffs erörtern.

Beiden Zugangswegen zur Wahrscheinlichkeit haftet aber eine gewisse Abstraktheit an. Eigentlich kann man diesen Begriff erst recht verstehen, wenn man die konkrete Fülle seiner Anwendungen in sehr verschiedenen Gebieten empirischer Wissenschaft vor Augen hat. Vielleicht dient es daher dem Verständnis der Argumentationen auf beiden Wegen, wenn ich hier vorweg einen knappen Überblick über fünf anscheinend ganz verschiedene Anlässe gebe, die meine Arbeitspartner und mich genötigt haben, über den Sinn der Wahrscheinlichkeit nachzudenken.

Ausgangspunkt war die Erklärung der Möglichkeit thermodynamischer Irreversibilität aus dem Unterschied von Vergangenheit und Zukunft (1939); vgl. *AP* 4. Wahrscheinlichkeit in dem Sinne, in dem man sagt, der Übergang eines Systems von niedriger Entropie zu höherer sei wahrscheinlicher als der zu noch niedrigerer, bezieht sich dem Sinn dieser Aussage gemäß auf die Zukunft.

Hierzu kam die Betrachtung der Entstehung von Gestalten als eines zweiten Beispiels für geschichtlich unumkehrbare Vorgänge. Die Theorie der Energiequellen der Sterne (1937/38) führte mich zur Frage der Entwicklung von Sternen und Sternsystemen, insbesondere der Entstehung des Planetensystems (1943; vgl. 1951). Unter dem Gesichtspunkt der Geschichte der Natur faßte ich die Entstehung anorganischer und organischer Gestalten als Konsequenz derselben Zeitstruktur zusammen, aus der das thermodynamische Entropiewachstum folgt (1948). Ich zeigte damals qualitativ, daß bei Zuständen fern vom thermodynamischen Gleichgewicht die Zunahme der Komplexität von Gestalten mit dem gleichzeitigen Entropiewachstum vereinbar ist. (*AP* 5.5)

Ein dritter, für die weitere Arbeit entscheidender Anstoß kam aus dem Versuch, die Quantentheorie zu verstehen. Ich kam zu der Meinung, der Unterschied der Quantentheorie von der klassischen Physik bestehe ausschließlich in einer Abänderung der Grundgesetze der Wahrscheinlichkeitsrechnung (vgl. 1954; in 1957, S. 271). Dies nötigte mich, die Frage nach der Definition des Wahrscheinlichkeitsbegriffs und der Begründung seiner Gesetze zu stellen (1951; in 1957, S. 237–238). Da die mathematischen Axiome der klassischen Wahrscheinlichkeitstheorie (z. B. Kolmogoroff 1933) einen Booleschen Aussagenverband, also klassische Logik voraussetzen, kam ich zur Annahme einer nichtklassischen Komplementaritätslogik (1955), die ich später als zeitliche Logik interpretierte (1965, 1968). Die zeitliche Logik gibt den Aussagen über die Zukunft nicht die Wahrheitswerte »wahr« oder »falsch«, sondern die futurischen Modalitäten »notwendig«, »möglich«, »unmöglich«, etc. Es lag nahe, die Wahrscheinlichkeit als Quantifizierung futurischer Modalitäten aufzufassen.

Von diesen Gedanken ausgehend, habe ich in den Jahren 1963–65 eine konsistente Rekonstruktion der klassischen Wahrscheinlichkeitstheorie versucht. Von dieser sollte dann die Quantentheorie der Wahrscheinlichkeit durch Abänderung möglichst nur *eines* Axioms abgehoben werden. In sorgfältiger Fassung publiziert habe ich die Rekonstruktion in dem 1970 verfaßten Aufsatz (1973), aus dem Kapitel *AP* 4 einen Auszug enthält. 1965 begann Drieschner mit der Arbeit an seiner Dissertation (Drieschner 1970). Es war sein Gedanke, an die Spitze des Aufbaus die Definition zu stellen: »Wahrscheinlichkeit ist die Prognose einer relativen Häufigkeit.« Eine umfassende Darstellung der Rekonstruktion der klassischen Wahrscheinlichkeitstheorie, ihrer Anwendung auf das Problem der Irreversibilität und ihrer Ersetzung durch die Quantentheorie der Wahrscheinlichkeit enthält seine Habilitationsschrift (Drieschner 1979).

Drieschners Definition vermeidet zunächst die Inkonsistenzen der klassischen Häufigkeitsdeutung, welche die Wahr-

scheinlichkeit entweder schlicht mit der relativen Häufigkeit
oder mit dem Grenzwert einer Folge relativer Häufigkeiten
gleichsetzt. In ihrer mathematischen Verschärfung »Wahrscheinlichkeit ist der Erwartungswert einer relativen Häufigkeit« nötigt sie aber zu einem nach oben offenen Stufenaufbau.
Seien die möglichen Ereignisse durch einen Index k numeriert
(ich setze einfachheitshalber eine endliche Alternative $k = 1$,
$2 \ldots$ K voraus), so ist eine empirisch gefundene relative Häufigkeit f_k eine Funktion von k, deren Werte Quotienten natürlicher Zahlen sind, wobei der Nenner stets die endliche Anzahl
N der gemachten Versuche ist. Ich nenne f_k den Häufigkeitsvek-
tor. Dann ist der Wahrscheinlichkeitsvektor p_k der Erwartungswert von f_k:

$$p_k = \sum_{f_k} p\,(f_k)\,f_k \qquad (1)$$

summiert also über alle möglichen Funktionen f_k, die bei festem
N eine endliche Menge bilden. $p(f_k)$ ist eine Wahrscheinlichkeit
zweiter Stufe. Sie kann definiert werden als der Erwartungswert
der relativen Häufigkeit $f(f_k)$, mit welcher in einer großen, aber
endlichen Menge von Versuchsreihen eine Versuchsreihe mit
der relativen Häufigkeit f_k vorkommt. Diese Definition verweist auf eine Wahrscheinlichkeit dritter Stufe $p\,(f(f_k))$ usf. Die
Gesetze der großen Zahl ermutigen die Erwartung, in den höheren Stufen nur Wahrscheinlichkeiten nahe an Eins oder Null
benutzen zu müssen, welche man durch ausdrückliches Postulat praktisch mit Notwendigkeit oder Unmöglichkeit gleichset-
zen kann. In (1973), also jetzt in *AP* 3.1-2, habe ich sehr sorgfältig diskutiert, daß man in einer empirischen Theorie nicht mehr
als dies erwarten kann.

Diese Überlegungen hätten mich zu einer Auseinandersetzung mit der umfangreichen Literatur über die »subjektive«
Theorie der Wahrscheinlichkeit veranlassen müssen. Abgesehen von einer flüchtigen Lektüre der einleitenden Kapitel des
Buchs von Savage (1954) in den späteren sechziger Jahren, fand
ich dazu die Zeit nicht und schob das Problem vor mir her. Ich
schrieb aber zwei kleine Aufsätze zur empirischen Bestimmung
von Wahrscheinlichkeiten im Sinne von Bayes nach meiner

Deutung (1971[1], 1971[2]) zur Verwendung in einem geplanten, aber dann nicht geschriebenen gemeinsamen Buch von Drieschner und mir; sie sind jetzt ins 3. Kapitel von *AP* aufgenommen.

Ein vierter Anstoß kam von der Beschäftigung mit Informationstheorie, die in den sechziger Jahren auch in Deutschland um sich griff. Mir kam die erste Anregung wohl aus der philosophischen Analyse von F. J. Zucker, die zweite aus der Biologie, vor allem durch Ernst und Christine v. Weizsäcker. Früher schon hatte ich einen Vortrag über das vom damaligen Veranstalter erbetene Thema »Sprache als Information« gehalten (1959). Nun nahm ich die Frage der Information wieder auf unter dem Titel: »Materie, Energie, Information« (1969). Durch eine qualitative Analyse fühlte ich mich zu zwei Sätzen ermutigt: A: »Information gibt es nur unter einem Begriff« und B: »Information ist nur, was Information erzeugt«. Beides habe ich (1977) nochmals aufgenommen. Einerseits unter dem Titel: »Die Erkenntnisförmigkeit der Evolution« (1977, S. 196–205); Evolution und Erkenntnis können als Informationsgewinn verstanden werden.* Andererseits unter dem Titel der Macht (1977, S. 258–269); der alte Satz »Wissen ist Macht« läßt sich jetzt, etwas leichtfertig, umkehren zu »Macht ist Information«.

Die Frage, wie man den Begriff der Information angemessen definieren könne, war eines der Themen eines von E. v. Weizsäcker 1970–73 geleiteten Kolloquiums über Offene Systeme (E. v. Weizsäcker 1974). Hier seien drei Beiträge zu diesem Band besprochen.

F. J. Zucker (1974) zeigt, daß Information nicht notwendig unter Voraussetzung des Begriffs der Wahrscheinlichkeit definiert werden muß, sondern daß es eine parallele Einführung beider gibt. Es kommt darauf an, ob man unabhängiges Wissen multiplikativ (Wahrscheinlichkeit) oder additiv (Information) kombinieren will.

E. v. Weizsäcker (E. u. C. v. Weizsäcker 1972, E. v. Weizsäcker 1974) unterscheidet die biologisch sinnvolle pragmatische Information (»die Information erzeugt«) von der Shannonschen syntaktisch definierten. In einer Ereignisfolge unterscheidet er

---

* Vgl. *AP* 5.8

den Gehalt jedes Ereignisses an »Erstmaligkeit« und an »Bestätigung« und definiert die pragmatische Information als eine Funktion beider, die sowohl bei völlig fehlender Erstmaligkeit (keine Neuigkeit) wie bei völlig fehlender Bestätigung (unverständliches Chaos) verschwindet. Ich habe damals ein sehr rohes quantitatives Modell dafür entworfen (1970), das jetzt in *AP* 5.7c besprochen wird.

In meinem Beitrag »Evolution und Entropiewachstum« (1972) (*AP* 5.3) komme ich auf die (1948) erörterte Parallelität von Entropiewachstum und Gestaltwachstum zurück. Inzwischen gab es die Arbeiten von Prigogine (Glansdorff und Prigogine 1971). Diese, an eine detaillierte Thermodynamik irreversibler Prozesse anknüpfend, hatten, im Unterschied zu meinen qualitativen Diskussionen (1939, 1948), in der Welt der Wissenschaft große Beachtung gefunden. Ich glaube aber, daß meine alten Analysen den Grund der Parallelität beider Wachstumsgesetze abstrakter und eben darum schon allgemeiner ausgesprochen haben. Mein Beitrag gibt nun ein quantitatives Modell und eine grundsätzliche Diskussion.

Als einen fünften Anstoß könnte ich die Beschäftigung mit ökonomischer Theorie bezeichnen. In (1969) habe ich »als eine Art Übungsaufgabe« behandelt »die halb scherzhafte Frage: Wie viele bits ist ein Dollar?«. Da damals jedermann in unserem Land Marx las, knüpfte ich an die Arbeitswerttheorie an (ohne mich mit ihr zu identifizieren) und prüfte die Gleichsetzung des »Informationsgehalts« eines Gutes unter dem Begriff der zu seiner Gewinnung nötigen Arbeit mit seinem ökonomischen Wert. Als ich in einem Gespräch mit Samuelson sein Interesse für meine Frage erwecken wollte, machte ich den Fehler, die Arbeitswerttheorie überhaupt zu nennen, und erhielt nur noch die Antwort, meine Frage gehe von einer falschen Theorie aus und folglich lohne sich die Beschäftigung mit ihr nicht.

Ich sah nachher, daß der Zusammenhang, den ich in der Sprache von »objektivistischen« Theorien von Wahrscheinlichkeit und Wert formuliert hatte, genausogut in Theorien subjektiver Wahrscheinlichkeit und subjektiven ökonomischen Nutzens ausgesprochen werden konnte. Ein neuer Anlauf, die subjektive Wahrscheinlichkeitstheorie zu verstehen, führte mich zu einer Aufzeichnung »Information als Nutzen« (1975), jetzt in *AP* 5.6.

2. Die logische Deutung

Alle überlieferten Deutungen haben in der Literatur einen etwas schwankenden Sinn. Wir definieren hier die logische Deutung durch eine Folge von vier Thesen, deren jede, zu den vorangegangenen hinzugefügt, der Deutung einen spezifischeren, also engeren Sinn gibt:

1. Die logischen Subjekte, von denen Wahrscheinlichkeiten prädiziert werden können, sind selbst Aussagen.

2. Eine Aussage, von der eine Wahrscheinlichkeit prädiziert wird, ist an sich wahr oder falsch.

Diese beiden ersten Thesen werden uns zu der Folgerung führen, daß eine Wahrscheinlichkeit p eine Relation $p(y, x)$ zwischen zwei Aussagen x und y ist; eine sogenannte »bedingte« Wahrscheinlichkeit. Dabei ist x die Aussage, von der die Wahrscheinlichkeit prädiziert wird, und y sagt das Wissen aus, auf dem diese Prädikation beruht.

3. Die Behauptung $p(y, x)$ einer bedingten Wahrscheinlichkeit ist selbst entweder wahr oder falsch.

4. Die Rechtfertigung für die Behauptung einer bedingten Wahrscheinlichkeit ist logischer Natur.

Die These 1. allein definiert eine logische Deutung im weiten Sinne. Die vier Thesen zusammen definieren die logische Deutung in dem strengen Sinn, den Keynes (1921) vorgeschlagen hat.

1. »Es wird mehr als eine verbale Verbesserung sein, wenn wir die Wahrheit und die Wahrscheinlichkeit von *Aussagen* diskutieren, anstelle des Stattfindens und der Wahrscheinlichkeit von *Ereignissen*.« (Keynes, S. 5) In diesem weiten Sinn ist die logische Deutung noch vereinbar mit der Häufigkeitsdeutung, wenn wir Ereignisse durch Aussagen charakterisieren dürfen. Auch schließt sie soweit weder eine empirische Rechtfertigung noch eine subjektive Deutung der Wahrscheinlichkeit einer Aussage aus. Sie ist aber nicht allumfassend. Ein Pragmatist könnte die weite logische Deutung unter eine noch weitere behavioristische Deutung subsumieren, aber nicht umgekehrt: jede Aussage kann pragmatisch als ein Verhalten aufgefaßt werden, aber nicht umgekehrt.

2. und 3. Die meisten Logiker werden die Thesen 2. und 3. als selbstverständliche Folgen des Gesetzes ansehen, daß eine Aussage entweder wahr oder falsch ist (Gesetz der *Bivalenz*). Keynes behauptet dies ausdrücklich (S. 3). Wir ziehen erst einige Konsequenzen aus den Thesen, um dann eine Kritik anzumelden.

Wenn jede Aussage x an sich wahr oder falsch ist, so kann eine Wahrscheinlichkeit nur unvollständiges Wissen ausdrücken. Ein allwissender Geist würde keine Wahrscheinlichkeiten verwenden. Also muß die Wahrscheinlichkeit, die wir einer Aussage zuschreiben, von dem Wissen abhängen, das wir besitzen. De Morgan, der oft als Vorläufer der subjektiven Deutung zitiert wird, sagt in Wirklichkeit: »Wir haben niedrigere Stufen des Wissens, die wir gewöhnlich *Grade des Glaubens* [degrees of belief] nennen, aber tatsächlich sind sie Grade des Wissens« (1847, S. 171). Ein Grad des Glaubens mag durch Argumente unverteidigbar sein. Aber eine Wahrscheinlichkeit soll gemäß der logischen Deutung rational verteidigt werden können. Keynes zieht daraus den Schluß, daß jede sinnvolle Wahrscheinlichkeit eine bedingte Wahrscheinlichkeit ist, eine *Wahrscheinlichkeits-Relation* $p(h, a)$ zwischen einem Wissen h und einer Aussagenmenge a. Er schließt: »Wenn wir in täglicher Rede eine Meinung ohne nähere Qualifikation als wahrscheinlich bezeichnen, so ist diese Redeweise im allgemeinen elliptisch.« (S. 7)

Ich stimme in diesem Buch mit Keynes' These vom relationalen Charakter der Wahrscheinlichkeit voll überein, wenn auch nicht mit seinem Argument aus der Bivalenz. Ich füge daher ein Argument hinzu, das von der Bivalenz von x keinen Gebrauch macht. Man könnte den Zusammenhang zwischen $p(x)$ und $p(y, x)$ durch eine Schlußweise analog zum modus ponens beschreiben wollen:

$$\frac{p(y, x)}{\quad y \quad} \\ \text{ergo } p(x)$$

In Worten: »Das Wissen y rechtfertigt einen rationalen Glauben (rational belief) an x vom Grade p. Nun weiß ich genau y. Also glaube ich an x im Grade p.« Aber nun ist $p(x)$ eine subjektive Feststellung. Sie sagt, was ich glaube. $p(y, x)$ hingegen ist, jedenfalls nach der logischen Auffassung, eine objektive Aussage: das Wissen y hat x mit der Wahrscheinlichkeit p zur Folge. Wenn wir die noch undefinierten Terme *objektiv* und *subjektiv* (vgl. den 3. Abschnitt) als verständlich gebrauchen wollen, können wir sagen: Wenn $p(x)$ objektiv gemeint ist, so ist es elliptisch; wenn es nicht elliptisch gemeint ist, so ist es subjektiv. Objektive Wahrscheinlichkeiten sind also bedingte Wahrscheinlichkeiten.

In der verbalen Umschreibung des obigen Syllogismus durfte das Wort »genau« vor y nicht fehlen. Mehr explizit: »All mein für x relevantes Wissen, d.h. all mein Wissen, von dem die Wahrheit oder Falschheit von x abhängen könnte, besteht in y.« Anderes Wissen impliziert andere Wahrscheinlichkeiten. Es sei auf das Beispiel des Würfelns mit zwei Würfeln verwiesen (*AP* 3.3).

Keynes' Theorie ist eine sinnvolle Verallgemeinerung der klassischen Logik. Logik setzt Nichtwissen voraus. Wir brauchen Syllogismen, um herauszufinden, welche Aussagen eine bestimmte, umstrittene Konklusion zur Folge hätten; diese quasi-forensische Fragestellung veranlaßte die Griechen, die Kunst der Logik zu erfinden (Kapp 1942). Ein allwissender Geist würde auch keine Logik brauchen. Die Griechen wandten die Logik speziell in der deduktiven Form an, die sie der Mathematik gaben. Wenige einfache erste Annahmen, Axiome oder Postulate genannt, genügen, um den Rest des mathematischen Wissens in Gestalt von Theoremen herzuleiten. Möge die Menge der Axiome A heißen, die Menge der Theoreme T, so läßt sich wieder ein modus ponens schreiben:

$$\frac{\begin{array}{c} A \to T \\ A \end{array}}{T}$$

Ein moderner Mathematiker würde aber sagen, daß die Griechen faktisch nur $A \to T$ bewiesen, daß sie A glaubten und daß sie somit bloß zeigten, daß der Glaube an T nicht schlechter fundiert ist als der Glaube an A. Dies ist genau analog zum obigen Wahrscheinlichkeitsschluß.

Aber brauchen wir eine solche Wahrscheinlichkeitslogik? Keynes sagt: »Wir nehmen rationale Gründe in Anspruch für Behauptungen, die nicht zwingend bewiesen sind. Wir erkennen tatsächlich Aussagen als unbewiesen an, ohne sie für unbegründet zu halten. Und wenn wir darüber nachdenken, sehen wir, daß wir diese Information nicht für rein subjektiv halten. Wenn wir sagen, daß Darwin gute [valid] Gründe angibt, seine Theorie der natürlichen Zuchtwahl anzuerkennen, so meinen wir nicht einfach, daß wir psychologisch geneigt sind, ihm zuzustimmen; sicher wollen wir auch unseren Glauben ausdrükken, daß wir rational handeln, wenn wir seine Theorie als wahrscheinlich ansehen.« (S. 5)

Dies heißt faktisch, daß die logische Theorie der Wahrscheinlichkeit für eine Erkenntnistheorie der *Induktion* nötig sei. Als wir das philosophische Problem der Induktion besprachen, haben wir die Finessen der induktiven Wahrscheinlichkeitslogik beiseite gelassen. Wir müssen nun einen Blick auf sie werfen.

Vorher sei jedoch bemerkt, daß wir vom Standpunkt der zeitlichen Logik aus die Thesen 2. und 3. nicht voll übernehmen können. Sie gelten allenfalls für perfektische und allgemeine, aber nicht für futurische Aussagen. Diese Fragestellung ist Keynes anscheinend nie in den Sinn gekommen. Er teilte den traditionellen dogmatischen Glauben an die Bivalenz der Logik. Freilich wäre seine Position stark, wenn die induktive Wahrscheinlichkeitslogik ohne petitio principii durchführbar wäre. Carnap hat den Anspruch erhoben, dies zu leisten.

4. In seinem durch einleitende Zusammenfassungen sehr übersichtlich geschriebenen Buch* gibt Carnap in den ersten Sätzen des Vorworts sein Programm an:

»(1) Alles induktive Folgern [inductive reasoning], im weitesten Sinne nicht-deduktiven oder nicht-demonstrativen Folgerns, ist Folgern in Begriffen von Wahrscheinlichkeit;

(2) also ist induktive Logik, die Theorie der Prinzipien induktiven Folgerns, dasselbe wie Wahrscheinlichkeitslogik;

(3) der Begriff von Wahrscheinlichkeit, auf dem die induktive

---

* R. Carnap, *Logical Foundations of Probability*, Chicago 1950, Second Edition 1962.

Logik begründet werden muß, ist eine logische Relation zwischen zwei Aussagen [statements or propositions]; es ist der Grad der Bestätigung [confirmation] einer Hypothese (oder Konklusion) auf Grund einer gegebenen Evidenz [evidence] (oder Prämissen);

(4) der sogenannte Häufigkeitsbegriff der Wahrscheinlichkeit, wie man ihn in statistischen Untersuchungen braucht, ist ein selbständiger wichtiger wissenschaftlicher Begriff, aber nicht geeignet als Grundbegriff der induktiven Logik;

(5) alle Prinzipien und Theoreme der induktiven Logik sind analytisch;

(6) also hängt die Gültigkeit des induktiven Folgerns nicht von irgendwelchen synthetischen Voraussetzungen ab wie dem vielerörterten Prinzip der Gleichförmigkeit der Welt.« (S. V).

Den Punkt (1) haben wir schon im Abschnitt 4.2 einen Schritt weit besprochen. Jetzt konzentrieren wir uns auf die Punkte (4), (5) und (6).

(4) Carnap klärt sein Problem, indem er *zwei* sinnvolle Begriffe von Wahrscheinlichkeit einführt: *Wahrscheinlichkeit*$_1$ als logische Relation, *Wahrscheinlichkeit*$_2$ als relative Häufigkeit. Läßt er beide als sinnvoll, aber verschieden zu, so steht er vor der Frage, warum beide denselben Gesetzen genügen. Seine Antwort ist, in einem Satz gesagt: »in gewissen Fällen *kann die Wahrscheinlichkeit*$_1$ *als eine Schätzung der Wahrscheinlichkeit*$_2$ angesehen werden« (S. 173, von ihm kursiv gesetzt).

Das volle Argument vollzieht sich, indem er drei Aspekte der Wahrscheinlichkeit$_1$ unterscheidet (§ 41). Jeder der drei Aspekte strebt über eine Leiter von drei begrifflichen Formen aufzusteigen. Die Formen sind:

(I) ein *klassifikatorischer* Begriff der Bestätigung* (»die Hypothese *h* wird durch die Evidenz *e* bestätigt«);

(II) ein *komparativer* Begriff der Bestätigung (»*h* wird durch *e* wenigstens so stark bestätigt wie *h'* durch *e'*«);

(III) ein *quantitativer* Begriff der Bestätigung (»*h* wird durch *e* im Grade *r* bestätigt«). (S. 163)

Die drei Aspekte sind:

---

* Vielleicht wäre *Bekräftigung* eine bessere Übersetzung von *confirmation*, da *Bestätigung* den falschen Eindruck von Gewißheit erweckt.

A. Wahrscheinlichkeit$_1$ als Maß der Evidenz (of evidential support),

B. Wahrscheinlichkeit$_1$ als fairer Wett-Quotient,

C. Wahrscheinlichkeit$_1$ als Schätzung einer relativen Häufigkeit.

A. ist der fundamentale logische Sinn der Wahrscheinlichkeit$_1$. Der Versuch, sie klar komparativ zu machen, führt zu B. Wird dem Wort »fair« in B. ein klarer quantitativer Sinn gegeben, so muß er auf einer Schätzung der relativen Häufigkeit des Ereignisses beruhen, auf das sich die Wette bezieht, also auf C.

In C. bedarf das Wort *Schätzung* einer Definition. Carnap definiert »die Schätzung des unbekannten Wertes einer Größe bezüglich einer gegebenen Evidenz *e*« als »den Wahrscheinlichkeit$_1$-Mittelwert, d. h. als die Summe der Produkte, die entstehen, wenn man jeden der möglichen Werte der Größe multipliziert mit der Wahrscheinlichkeit$_1$ seines Auftretens im Blick auf *e*« (S. 169). Würde C. als *Definition* der Wahrscheinlichkeit$_1$ akzeptiert, unter Verwendung der Definition der Schätzung als Wahrscheinlichkeit$_1$-Mittelwert, so wäre das zirkelhaft (S. 172). Aber in seiner strengen Theorie definiert Carnap die Wahrscheinlichkeit$_1$ durch die Zählung von Fällen und definiert die Schätzung hinterher, so daß C. ein Theorem statt einer Definition wird.

Verbal ist C. fast identisch mit unserer Definition der Wahrscheinlichkeit als Vorhersage einer relativen Häufigkeit. Carnap selbst spricht von »der Interpretation der Wahrscheinlichkeit$_1$ als Schätzung einer relativen Häufigkeit für zukünftige Beobachtungen« (S. 173). Hätten wir in unseren früheren Veröffentlichungen (Drieschner 1970, Weizsäcker 1973) seine Arbeit gekannt, so hätten wir freudig seine Priorität anerkannt. Aber es bleibt ein Unterschied im Gebrauch des Ausdrucks und folglich seines Sinnes im Zusammenhang. Wir benützen unsere Formulierung als Definition der Wahrscheinlichkeit in einer empirischen Deutung. Daher vermeiden wir den Einwand der Zirkularität in anderer Weise, durch »regressive Definition« (4. Kapitel, 2. Abschnitt). Wir geben zu, daß *Schätzung* ein logischer Begriff ist; als *Vorhersage* formuliert, gehört er nach unserer Ansicht in die zeitliche Logik. Aber eben darum lassen wir »relative Häufigkeit« überhaupt nicht als Definition einer Wahrscheinlichkeit zu. Relative Häufigkeit ist ein formal mögliches *Faktum* (formal-perfektisch), und *nur* seine *Vorhersage* (futurisch) ist eine Wahrscheinlichkeit. Den »Grenzwert einer Folge relativer Häufigkeiten« sehen wir als einen unscharfen Ausdruck für den Gedanken der Vorhersage an. Infolgedessen gibt es für uns überhaupt keine »Wahrscheinlichkeit$_2$« im Sinne Carnaps. Statt seiner Dichotomie benützen wir nur die Wahrscheinlichkeit$_1$, die man aber gemäß der Anwendung auf futurische, perfektische und allgemeine Aussagen noch einmal trichotomisch unterteilen könnte.

Unter *(5)* statuiert Carnap, daß die Prinzipien und Theoreme der induktiven Logik analytisch seien. Er gehört zu der Frege-Russellschen Schule, welche die Logik als analytisch und die Mathematik als Zweig der Logik auffaßt und dann den Begriff *analytisch* als gleichwertig mit *a priori* verwenden kann. Wir kommen zu diesem Fragenkreis im nächsten Kapitel. Hier genügt uns, daß er damit diese Prinzipien als *nicht empirisch* und *nicht subjektiv* kennzeichnen will. Nun scheinen alle traditionellen Theorien der Wahrscheinlichkeit einig zu sein, daß die *Gesetze* der Wahrscheinlichkeit a priori begründet werden können; sie streiten sich nur über die Art dieser Begründung. Wir haben in *AP* 3 eine derartige Begründung gegeben, die freilich ihre Annahmen ausdrücklich aufzählt (vgl. *AP* 2.5), um sich für deren Abänderung, speziell in der Quantentheorie, offenzuhalten. Jedenfalls würde Carnap gegenüber der Tradition keine starke Behauptung aufstellen, wenn er unter »allen Prinzipien« nur diese Gesetze verstünde. Tatsächlich will er aber auch die *Werte* der Wahrscheinlichkeiten a priori begründen. Er braucht das in der Tat, wenn er seine logische Theorie der Induktion durchführen will.

Wir müssen nun eine Hälfte seiner Behauptung (»weder empirisch noch subjektiv«) sofort zugeben. Der Grad der Bestätigung einer Hypothese h durch eine Evidenz e (und durch e allein!), also $p(e, h)$, kann nicht empirisch sein. Haben wir einen numerischen Wert für $p(e, h)$, bei vorgegebenem e und h, als korrekt angenommen und bringen wir neues empirisches Wissen bei, um ihn zu ändern, so heißt das eben, daß wir die ursprüngliche Evidenz e zu einer neuen e' erweitert haben und daß wir a priori bereit waren, $p(e', h) \neq p(e, h)$ zu akzeptieren. Dann ist die einfache Wahrscheinlichkeit $p(h)$ empirisch, die bedingte $p(e, h)$ aber nicht.

Hingegen scheint es unmöglich, zu zeigen, daß $p(e, h)$ nicht subjektiv ist. Dies war Ramseys Einwand gegen Keynes (vgl. 4. Abschnitt). Ich habe eine sehr ausführliche immanente, d. h. Carnaps Prämissen akzeptierende Kritik an seinem Versuch der rein logischen Bestimmung der Werte von $p(e, h)$ handschriftlich verfaßt, möchte aber dieses Buch nicht mit ihrem Abdruck belasten, da das Resultat im Rahmen der hier vorgetragenen Auffassungen trivial ist. Es läuft auf eine Kritik an Carnaps Punkt *(6)* hinaus. Was er dort das Prinzip der Gleichförmigkeit der Welt nennt, tritt in *AP* in mehrere Prinzipien unterteilt auf, insbesondere als »Ständigkeit der Natur« (Kapitel 2) und »Trennbarkeit der Alternativen« (Kapitel 8). Mit diesen Prinzipien läßt sich, im Rahmen einer Studie der Bedingungen der Möglichkeit von Erfahrung, die Wahrscheinlichkeitsrechnung mit einiger Plausibilität begründen, einschließlich ihrer nichtklassischen Version, der Quantentheorie. Ohne diese Prinzipien aber läßt sich nicht einmal die klassische Logik begründen. Carnap ist durch seinen logischen Absolutismus, der sich in seinem Begriff des analytischen Charakters der Logik ausspricht, gehindert, dies zu sehen. Carnap leistet unter Voraussetzung der klassischen Logik für endliche Alternativen eine Definition der Bestätigungsstärke einer Aussage h durch eine andere, e, indem er die unter beide fallenden Fälle abzählt. Daß solche Alternativen, unabhängig von anderen entscheidbaren Alternativen, in der Natur vorkommen und gar zeitlich mit sich identisch bleiben, kann er nicht a priori zeigen. Unser Aufbau der Quantentheorie, zumal im Kapitel über Uralternativen, kommt seinem Verfahren nahe. Aber schon daß wir dabei die nichtklassische Quantentheorie der Wahrscheinlichkeiten (»Quantenlogik«) begründen, zeigt, daß seine Voraussetzungen für die reale Erfahrung zu eng sind.

Es scheint somit, daß die logische Deutung der Wahrscheinlichkeit nicht isoliert von den anderen Deutungen durchgeführt werden kann.

3. Die subjektive Deutung

Die subjektive, personalistische oder pragmatische Deutung haben, soweit ich sehe, unabhängig voneinander de Finetti (1935, wo eine unpublizierte Studie von 1928 zitiert wird) und Ramsey (1931; geschrieben 1926 mit einem Nachtrag 1928) eingeführt. Ihre Ausgangspunkte sind verschieden, und so sollten sie getrennt besprochen werden.

De Finetti. Von ihm stammt anscheinend der Terminus *subjektiv* für diese Deutung. Ich zitiere einige Sätze, in denen er diesen Sprachgebrauch erläutert. (Meine Übersetzung; die kursiven Hervorhebungen stammen von mir.)

»Man kann dann* beweisen, daß, wenn es sich um Ereignisse handelt, für welche man eine Einteilung in mögliche Fälle kennt, die wir als gleich wahrscheinlich beurteilen, der Vergleich ihrer Wahrscheinlichkeiten auf den rein arithmetischen Vergleich der Verhältnisse zwischen den günstigen und möglichen Fällen zurückgeführt werden kann (nicht daß das Urteil deshalb einen objektiven Wert hätte, sondern weil alles, was sich an *Substantiellem und folglich Subjektivem* in ihm findet, schon enthalten ist in dem Urteil, daß die Fälle, die die Einteilung ausmachen, gleich wahrscheinlich sind).« (1935, S. 5)

»Es handelt sich einfach darum, den banalen und evidenten Gedanken mathematisch zu präzisieren, daß der Grad der Wahrscheinlichkeit, *den ein Individuum einem bestimmten Ereignis gibt*, offenbart wird [est révélé] durch die Bedingungen, unter denen es bereit wäre, auf dieses Ereignis zu wetten.« (S. 6)

Der Autor führt dann die Bedingung der Kohärenz (cohérence) ein: die subjektiven Wahrscheinlichkeiten müssen so gewählt werden, daß es unmöglich ist, so gegen sie zu wetten, daß man mit Sicherheit gewinnt. Später resümiert er:

»Unser Gesichtspunkt bleibt in all diesen Fällen derselbe: Zu zeigen, daß es psychologische Gründe gibt, tief genug, um die exakte oder angenäherte Übereinstimmung zu erklären, die man zwischen den *Meinungen* [opinions] verschiedener Indivi-

---

* D. h. wenn bestimmte Axiome angenommen sind, die de Finetti vorher aufgezählt hat.

duen vorfindet, aber daß es keine rationalen, positiven, metaphysischen Gründe gibt, welche diesem Sachverhalt seinen Charakter als simple Übereinstimmung subjektiver Meinungen nehmen könnten.« (S. 61)

Sein Ziel ist, »die Wissenschaft und die Menschheit von dem seltsamen abergläubischen Vorurteil zu befreien, man könne oder solle die *offenkundigen subjektiven Wahrscheinlichkeitsgefühle* [probability feelings] in Beziehung setzen zu oder gar ersetzen durch irgendeine hypothetische Ansicht [notion], die in irgendeinem undefinierbaren Sinne objektiv genannt werden könnte« (1972, S. VI).

Vergleicht man solche Äußerungen mit den so völlig entgegengesetzt klingenden von Keynes oder Carnap einerseits, von Popper andererseits, so fragt man sich, worum eigentlich gestritten wird. Denn alle Autoren benützen eine praktisch identische mathematische Theorie in praktisch identischen Anwendungen. Alle werden z. B. in der praktischen Statistik nach einem Verfahren analog dem von Bayes vorgehen. De Finetti spielt mit seinen Studenten ein Wett-Spiel an Hand der italienischen Fußball-Liga. Verschieden sind allenfalls die für die Autoren interessantesten Anwendungsgebiete; de Finetti interessiert sich für die statistischen Anwendungen, also für die Wahrscheinlichkeit von Ereignissen, Keynes und Carnap für die induktive Wahrscheinlichkeit von Naturgesetzen. Die Übereinstimmung der Mathematik und Praxis beim Streit der Philosophien läßt, wie schon weiter oben gesagt, fast nur den Schluß zu, daß hier in Wahrheit die unerklärten philosophischen Prämissen der Autoren vor Gericht stehen, also, primitiv gesagt, der Sinn der von ihnen verwendeten Vokabeln.

Bei de Finetti muß man nach dem Sinn der Wörter *subjektiv, Meinung, Gefühl* (feeling), *psychologisch* fragen. Wie im Falle Carnaps belaste ich dieses Buch nicht mit einem Abdruck meiner ausführlichen immanenten Kritik seiner Thesen.

Für de Finetti ist das logische Subjekt x einer Wahrscheinlichkeitsaussage $p(x)$ eine Ereignisklasse. Er hebt hervor, daß schon die Auswahl einer solchen Klasse willkürlich ist. In meiner Sprechweise würde ich sagen: eine solche Klasse ist definiert durch einen Begriff. Die Legitimität, mit der wir dasselbe Ereignis willkürlich verschiedenen Klassen einordnen und ihm dann verschiedene Wahrscheinlichkeiten zuschreiben, ist in *AP* 4.3 am Beispiel des Spiels mit zwei Würfeln erläutert. Ich habe also keinen Anlaß, de Finetti in diesem Punkte zu widersprechen. Die legitime Willkür liegt hier in der Auswahl einer Fragestellung; sie ist keine »subjektive Meinung«, sondern die freie Wahl dessen, was man gerne wissen möchte. Der Streit beginnt erst bei der Frage, in welchem Sinne die Antwort auf die präzise gestellte Frage, also der Wert von $p(x)$ bei fest gewähltem x, »subjektiv« ist.

Anlehnend an den Abschnitt I 4.2 klassifizieren wir die möglichen Deutungen der Worte »subjektiv« und »Meinung« nach folgenden Prämissen. Sei x' die Aussage, zu einer bestimmten Zeit (in der eine durch y charakterisierte Situation besteht) werde ein Ereignis der Klasse x eintreten, und $p(x)$ die Aussage der Wahrscheinlichkeit, die wir der Klasse und damit* dem Ereignis zuschreiben. Folgende Deutungen können dann in erster Näherung unterschieden werden:

1. x' und $p(x)$ sind Aussagen im Sinne der klassischen Logik.
2. x' ist eine futurische Aussage, $p(x)$ ihre Modalität im Sinne der zeitlichen Logik.
3. x' ist eine Aussage, in einer der beiden obigen Deutungen, $p(x)$ ist eine Handlungsregel.

Mein Eindruck ist, daß die logische Struktur, die de Finetti wahrnimmt und (mit m. E. ungeeigneten Vokabeln) zu beschreiben sucht, eben die von der zeitlichen Logik beschriebene ist, also unter den obigen Antworten 2. und 3. untergebracht werden müßte.

1. Diese Auffassung führt in die logische Deutung im Sinne von Keynes oder Carnap zurück. Dafür genügt es, $p(x)$ oder, genauer im Sinne der logischen Deutung, $p(y, x)$ als Aussage aufzufassen. $p(x)$ ist dann elliptisch für »y und $p(y, x)$«. $p(x)$ allein ist auch im Sinne der logischen Deutung nur ein »belief«. Es ist

---

* Zur Frage, ob $p(x)$ der Klasse oder dem Ereignis zuzuschreiben sei, vgl. Abschnitt 4.

dann aber ein »rational belief«, d. h. man könnte nicht ebenso korrekt dafür einen anderen Wert wählen.

De Finettis Sprechweise, $p(x)$ sei eine subjektive Meinung, ebenso berechtigt wie jede andere Meinung, ist mit dieser Deutung unvereinbar. Fassen wir *Aussage* im Sinne der klassischen Logik als etwas auf, das wahr oder falsch ist, und *Meinung* als das Fürwahrhalten einer Aussage, so kann von mehreren einander ausschließenden Meinungen nur eine wahr sein. Im Sinne objektiver Wahrheit können dann diese Meinungen nicht gleichberechtigt sein. Eben gegen diesen Begriff der Objektivität richtet sich de Finettis Polemik. Ich weiß wegen nicht hinreichend extensiver Lektüre nicht, ob er gesehen hat, daß er damit die Anwendung der bivalenten Logik auf $p(x)$, dies als Aussage verstanden, ausschließt. Da er x durchgehend als Ereignis und nicht als Aussage interpretiert, bleibt ihm die logische Fragestellung von Anfang an fern.

2. Faßt man x' als futurische Aussage und $p(x)$ als ihre Modalität auf, so ist die »Subjektivität« nichts anderes als die im Bayesschen Verfahren verbleibende Willkür in der Wahl der Apriori-Wahrscheinlichkeiten. Es ist dann überflüssig, die getroffene Wahl als die »Meinung« des Statistikers zu deklarieren. Es kann sein, daß er wirklich eine Meinung darüber hat, aber es kann auch sein, daß er sich der Willkür in seiner Wahl methodisch bewußt ist. Unsere zeitliche Logik trägt der Offenheit der Zukunft Rechnung, indem sie einer futurischen Aussage x' überhaupt nicht die Werte »wahr« oder »falsch«, sondern nur Modalitäten zuzuschreiben gestattet. Für eine gesetzmäßige Aussage wie $p(x)$ aber gestattet sie eine statistische empirische Bewertung. Wir dürfen aufgrund statistischer Empirie freilich nicht sagen, eine bestimmte Bewertung p'(x) sei *die* richtige; aber wir dürfen ebensowenig zugeben, alle möglichen Bewertungen $p(x)$ seien gleichberechtigt. Sie sind es allenfalls *vor* der Versuchsreihe, als reine Apriori-Wahrscheinlichkeiten, aber nicht nachher, als korrigierte Wahrscheinlichkeiten. De Finetti übertreibt im Ausdruck, um den in der Tat unanwendbaren logischen Absolutismus im Sinne Carnaps abzuwehren.

Bemerkt sei, daß es voll legitim ist, auf Grund einer *Theorie* bestimmte bedingte Wahrscheinlichkeiten $p(y, x)$ zu fordern.

Dies führen wir im Aufbau der Quantentheorie durch. Im Rahmen dieser Theorie ist dann die empirische Bestimmung der unbedingten Wahrscheinlichkeiten $p(x)$ *nicht* eine empirische Bestimmung von $p(y, x)$, sondern eine empirische Bestimmung der jeweils vorliegenden Bedingung y'. Diese Fragen aber lassen sich im Rahmen der strikt-empiristischen Prämissen, die stillschweigend auch in de Finettis Ausdrucksweise eingehen, nicht mehr erörtern. Indem wir die Wahrscheinlichkeitstheorie mit der Physik in eine einheitliche Theorie zusammenschließen (wie Einstein die Geometrie mit der Physik), weisen wir darauf hin, daß eine isolierte Deutung der Wahrscheinlichkeitstheorie stets unzureichend bleiben muß.

3. Wenn $p(x)$ eine Handlungsregel andeutet, so zeigt sich wiederum, daß »Subjektivität« die zulässige Willkür der Wahl bezeichnet, aber nicht die Gleichwertigkeit der möglichen Wahlen. Man kann bei Wetten (z. b. auf Fußballklubs) besser oder schlechter abschneiden.

Ramsey. Keynes, Carnap und de Finetti sind kluge, bedeutende Autoren. Aber als ich von ihnen zur Lektüre von Ramsey überging, war es, als ginge die Sonne auf: die durchdringende Klarheit, die Knappheit des Zugriffs, die Pranke des Löwen.

Frank Plumpton Ramsey starb 1930 im 27. Lebensjahr. Am berühmtesten ist sein Beitrag zur logizistischen Begründung der Mathematik, die Vereinfachung der Russellschen Typentheorie (1931). Ich spreche hier nur von seinem nachgelassenen Aufsatz *Truth and Probability* (1926) mit dem kurzen Nachtrag *Further Considerations* (1928, 1931, S. 156–211). Auch hier lasse ich das ausführliche, fast durchgehend zustimmende Referat ungedruckt.

Ramsey geht, anders als de Finetti, aus der Tradition der logischen Deutung hervor. Er begann mit einer Kritik an Keynes, in der er die Bestimmung der Wahrscheinlichkeit als Prädikat von Aussagen festhielt, aber die formale Isomorphie der Wahrscheinlichkeit von Aussagen und Ereignissen erklärte (S. 187–188). »Chances must be defined by degrees of belief« (S. 206). In der Wahl seiner Terminologie berücksichtigt er Strukturen, die ihm klar waren, auch wenn er sie nicht thematisierte. So wendet er *belief* auf *chance*, also auf Prognose, d. h. Zukunft an, *fact* hingegen auf die stets endliche Menge erfahrener Tatsachen, also auf erinnerte oder dokumentierte Vergangenheit.

Seine Kritik an Keynes hebt hervor, daß man zwar die *Gesetze*, aber nicht die Werte der Wahrscheinlichkeit logisch bestimmen kann. Hübsch ist die Argumentation. »Mr. Keynes setzt voraus, daß zwischen irgend zwei Aussagen, als Prämisse und Konklusion verstanden, eine und nur eine Relation der Art besteht, die man Wahrscheinlichkeitsrelationen nennt. [...] Es scheint aber in Wirklichkeit so etwas wie die Wahrscheinlichkeitsrelationen, die er beschreibt, gar nicht zu geben. Er unterstellt, daß sie, wenigstens in gewissen Fällen, wahrgenommen werden können [can be perceived]; aber, um für mich zu sprechen, ich bin überzeugt [confident], daß dies nicht wahr ist. Ich nehme sie nicht wahr, und wenn ich überzeugt werden soll, daß sie existieren, muß es durch Argumente geschehen; zudem bin ich dreist genug zu vermuten [I shrewdly suspect], daß andere sie auch nicht wahrnehmen, da sie zu so sehr wenig Übereinstimmung darüber kommen können, welche von ihnen zwei gegebene Aussagen verknüpft. [...] Alles, was wir über sie zu wissen scheinen, sind einige allgemeine Sätze [...]; es ist, wie wenn jedermann die Gesetze der Geometrie kennte, aber niemand sagen könnte, ob irgendein gegebener Gegenstand rund oder viereckig ist.« (S. 160–162) Das Prinzip dieses Arguments steht in einem der vier Motti des Aufsatzes: »Truth can never be told so as to be understood, and not to be believed. – William Blake.« Ergo: wenn ich, Frank Ramsey, Keynes verstanden habe und ihm nicht glaube, so war seine These nicht wahr.

Daß Ramsey Keynes verstanden hat, hat Keynes (1931) in seinem Nachruf bestätigt. Er gibt ihm insbesondere zu, daß die sogenannten Apriori-Wahrscheinlichkeiten nicht aus der Logik folgen. »So far I yield to Ramsey – I think he is right.« (S. 339) Hierin liegt übrigens, wenn man es verstanden hat, keinerlei Paradoxie. Auch das Beispiel der Geometrie ist in Wahrheit schlicht korrekt. Seit Platon weiß man, daß man die Sätze der Geometrie einsehen kann, während kein sinnlich gegebenes Ding geradezu als Kreis, Dreieck o. ä. bezeichnet werden darf; man darf nur folgern, was sich ergibt, wenn man es als solche Figur stilisiert. Ramseys anfängliches Erstaunen an dieser Stelle stammt wohl aus den Eierschalen des englischen Empirismus in seinem Denken. Er legt aber im folgenden den Sachverhalt selbst klar.

Ramsey erklärt Wahrscheinlichkeiten als »degrees of belief«. Er nennt »belief« einen psychologischen Terminus: er bezeichnet das, was jemand, über den wir sprechen, meint, nicht das, was der Redende als wahr ansieht. Gemessen wird der degree of belief durch die Bereitschaft, ihm gemäß zu handeln, quantifiziert als Bereitschaft, zu wetten. Ramsey legt klar, daß hierin eine »fiktive« Psychologie steckt, die aber nützlich ist, »so wie Newtons Mechanik, wie mir scheint, noch immer mit Vorteil benutzt werden kann, obgleich wir wissen, daß sie falsch ist« (S. 173). Ramsey rekurriert nun ausdrücklich auf die ökonomische Theorie des subjektiven Nutzens. Er braucht die Häufigkeitstheorie, um in der logischen Theorie zu einem quantitativen Maß des degree of belief zu kommen. Die allgemeinen Gesetze der Wahrscheinlichkeitstheorie garantieren nur die Konsistenz des Verfahrens (wie bei de Finetti); eben deshalb können sie allein a priori (»logisch«, in der Sprache der englischen Schule) hergeleitet werden.

All dies ist heute so bekannt, daß das Referat nur den Grad der Zustimmung ausdrücken kann. Ramseys Wendung ist ausdrücklich vom Pragmatismus von C. S. Peirce beeinflußt. Das durch belief gesteuerte Verhalten ist seine Wahrheit, insofern es in »useful habits« besteht. Dies führt uns in die logische Frage der Definition der Wahrheit, die wir im Kapitel I 6 aufgreifen.

4. Zwei probabilistische Redeweisen

a. Wahrscheinlichkeit der Ereignisklasse oder des Einzelfalls. Umgangssprachlich schreibt man die Wahrscheinlichkeit dem Einzelereignis zu. »Wahrscheinlich wird es morgen regnen.« »Mit der Wahrscheinlichkeit 1/6 wird beim nächsten Wurf mit diesem Würfel eine 5 fallen.« Wo es auf logische Strenge ankommt, ist aber zu beachten, daß die bedingte Wahrscheinlichkeit $p(y, x)$ über die Klasse der Ereignisse etwas aussagt, die unter den *Begriff x* fallen, sofern eine Situation vorliegt, die durch den *Begriff y* charakterisiert wird. $p(x)$ ist schon eine elliptische

Ausdrucksweise für $p(y, x)$, und insbesondere ist $p(x')$, wenn x' zur Klasse x gehört, eine elliptische Ausdrucksweise für »$p(x)$ und $x'\varepsilon x$«.

In meinen Studentenjahren wurde mir dies an einem thermodynamischen Beispiel von Heisenberg klargemacht. Wenn er die Gibbssche statistische Mechanik erläuterte, pflegte er zu sagen, der Satz »das System S hat die Temperatur T« bedeute: »S ist ein System aus einer kanonischen Gesamtheit gleichartiger Systeme mit dem Modul T«. Auf den allgemeinen Fall übertragen, heißt das: Der Satz »das Ereignis E hat die Wahrscheinlichkeit p« besagt »E ist ein Ereignis aus einer statistischen Gesamtheit G von Ereignissen, in der Ereignisse gleichen Typs wie E mit der relativen Häufigkeit p zu erwarten sind«. Das Wort »erwarten« drückt hier die futurische Bedeutung der Wahrscheinlichkeit aus. Man darf dann kürzer sagen: »Ein Ereignis, das unter denselben Begriff wie E fällt, ist in G mit der relativen Häufigkeit p zu erwarten«, oder noch kürzer: »Ein E hat unter der Bedingung G die Wahrscheinlichkeit p«.

Die Wahrscheinlichkeit ist also, strenggenommen, nicht ein Prädikat aller Elemente einer Klasse von Ereignissen, sondern ein Prädikat dieser Klasse. Sie ist eine Eigenschaft eines Begriffs. So ist Heisenbergs Satz konstruiert. Die Temperatur ist der Modul einer kanonischen Gesamtheit und nicht des einzelnen Systems. Die Aussage, das System habe die Temperatur T, beschreibt dasjenige unvollständige Wissen über das System, das wir in seiner Zugehörigkeit zu einer bestimmten kanonischen Gesamtheit aussprechen. Ein molekular bekanntes System hat keine Temperatur.

Kyburg (1961, S. 23) wendet dies an, um zu behaupten, die Häufigkeitsdeutung könne von Wahrscheinlichkeitsaussagen über ein individuelles Ereignis keine Rechenschaft geben. Nun kann Wahrscheinlichkeit in der Tat am Einzelereignis nicht empirisch überprüft werden. Die umgangssprachlichen Ausdrücke, die eingangs zitiert werden, sind elliptisch. Kyburg meint, $p(x')$ als elliptisch für $p(x)$ zu lesen, tue der Umgangssprache Gewalt an. Aber $p(x')$ ist elliptisch für »$p(y, x)$ und y und $x'\varepsilon x$«. Die menschliche Sprache ist immer elliptisch; sie läßt immer etwas zu erklären übrig. Es ist so legitim, von der

Wahrscheinlichkeit eines einzelnen Ereignisses zu sprechen wie von der Temperatur einer Suppe; man soll nur erklären können, was dann zu erklären übrigbleibt.

b. Wahrscheinlichkeit von Wahrscheinlichkeiten. Gibt es, wie wir in *AP* 3.3 geredet haben, die Wahrscheinlichkeit einer Wahrscheinlichkeit? Ist (vgl. Abschnitt 1 dieses Kapitels) der Wahrscheinlichkeitsvektor p_k als Erwartungswert des Häufigkeitsvektors f_k definiert, so fragt sich: Gibt es beim Bayesschen Verfahren die Wahrscheinlichkeit $p(p_k)$ einer unbekannten Wahrscheinlichkeit p_k? Auch dies ist nur eine elliptische Redeweise. Was man wirklich mißt, ist stets eine relative Häufigkeit f_k. Deren Prognose nennen wir p_k. Sie läßt sich nach (1) als Erwartungswert von f_k vermittels der Prognose $p(f_k)$ definieren. $p(f_k)$ ist die Prognose der meßbaren relativen Häufigkeit $f(f_k)$. Die »Prognose einer unbekannten Prognose« kommt hier nur in dem Sinn vor, daß man prognostizieren kann, wie häufig man, beim jetzt gegebenen Wissen, künftig Anlaß zu einer bestimmten weiteren Prognose p_k haben wird. Das ist eine mögliche, aber für das Verfahren überflüssige Sprechweise; es genügt im Prinzip, nur die Folge »f_k und die Prognose p_k«, »$f(f_k)$ und die Prognose $p(f_k)$«, »$F(f(f_k))$ und die Prognose $P(f(f_k))$« zu betrachten, also in jeder Stufe nur *eine* Wahrscheinlichkeit einzuführen. Etwas anderes ist z.B. die Wahrscheinlichkeit, daß die gegriffene Urne die k-te Urne ist. Dies ist die Prognose dessen, was man finden wird, wenn man, statt aus der Urne in langer Folge je nur eine Kugel zu ziehen, einfach die Kugeln in ihr zählt. Es ist die Prognose eines Ereignisses anderen Typs, aus dem man dann nur indirekt eine neue Prognose p_k herleiten wird, *wenn* man voraussetzt, daß die Kugeln aus der Urne »at random« gegriffen werden.

Den Erörterungen über die logische Deutung nach Keynes und Carnap und die subjektive Deutung nach de Finetti und Ramsey hatte noch eine Erörterung der empirischen Deutung im Rahmen des Realismus von Popper folgen sollen; die Zeit für die Ausführung hat gefehlt. Insofern Poppers Deutung empirisch ist, steht ihr unsere Deutung nahe. Mit Poppers Begriff des Realismus setzen wir uns aus Anlaß der Quantentheorie auseinander.

Fünftes Kapitel
Mathematik

1. Vorbemerkung

Die Fragestellung »Was ist Mathematik?« ist das durchgehende Thema des 5. Kapitels in Teil I. Dabei werden Beziehungen zu anderen Disziplinen von vorneherein thematisiert: zur Philosophie in den Abschnitten 1 und 5, zur Physik in 2 und 4, zur Logik in 5. Zwei ältere, im engeren Sinn mathematische Aufsätze werden hier in Teil II abgedruckt. Der erste, »Klassen und Zahlen«, führt mathematisch aus, was im Abschnitt 4 des ersten Teils, »Zahlbegriffe und Physik«, nur angedeutet war. Der zweite Aufsatz, »Russells Paradoxon und zeitliche Logik«, geht von den Problemen der logischen Grundlegung der Mathematik aus, führt damit zum 6. Kapitel weiter, insbesondere zur Wichtigkeit der zeitlichen Auffassung der Logik, mit einem Vorblick auf die Quantentheorie.

2. Klassen und Zahlen

Der Abschnitt entstammt dem Aufsatz »Aufriß der zeitlichen Logik« (1977–78), dessen logische Teile im nächsten Kapitel abgedruckt werden. Er ist die späteste einer Reihe unveröffentlichter Aufzeichnungen, in denen ich versucht habe, die Grundbegriffe der Mathematik so darzustellen, wie sie im Rahmen einer zeitlichen Logik erscheinen müssen.

1. Klassen, Relationen, Abbildungen. Dieser Abschnitt skizziert den Aufbau einiger Grundbegriffe der mathematischen Logik und der Mathematik. Dabei kommt strukturell nichts zur Sprache, was in der Mathematik nicht bekannt wäre. Der Aufbau ist so gewählt, daß er an die rein linguistisch-logische Darstellung möglichst eng anschließt und für die zeitliche Logik erforderliches Handwerkszeug bereitstellt. Er orientiert sich an der logizistischen Auffassung; die konstruktivistische

Kritik an dieser wird dann im Rahmen der zeitlichen Logik, als eine mathematische Handlungstheorie, zu Wort kommen.

Grundbegriff der logizistischen Mathematik ist der Begriff der *Klasse*. Er steht hier für das, was wir in der Logik Begriff und Prädikat nennen. Ihm ist der Begriff des *Gegenstands* zugeordnet. Als äquivalent gelten die Grundbeziehungen »der Gegenstand x ist Element der Klasse A«, »der Gegenstand x hat das Prädikat (die Eigenschaft) A«, »der Gegenstand x fällt unter den Begriff A«, formelmäßig abgekürzt »$x\varepsilon A$«. Hiervon verschieden ist die dem implikativen Satz entsprechende Klassenrelation »die Klasse X ist in der Klasse A enthalten«, »alle Gegenstände, die unter den Begriff X fallen, fallen unter den Begriff A«, in Formelschrift »$X \subset A$«. Wir unterscheiden insbesondere scharf eine singuläre Klasse (Klasse mit nur einem Element) von ihrem einzigen Element.*

Was die Gegenstände, die in der Mathematik als Elemente der Klassen auftreten, eigentlich sind, oder wie wir uns ihrer Existenz vergewissern, wird in einem formal-logischen Aufbau der Mathematik gerade nicht gefragt. In der mathematischen Praxis erweisen sich fast alle Elemente von Klassen selbst schon als Begriffe, also mathematisch verstanden, wieder als Klassen. Als Beispiel sei die Klasse der natürlichen Zahlen zitiert, die wir nachher einführen werden. Jede natürliche Zahl wird dort selbst als eine Klasse von Klassen beschrieben, nämlich als die Klasse derjenigen Klassen, die einer bestimmten, explizit konstruierten Klasse äquivalent sind. Man könnte sagen, eine Klasse existiere, wenn für jeden Gegenstand grundsätzlich entschieden ist, ob er Element von ihr ist oder nicht. Die Klasse der natürlichen Zahlen existiert demnach, wenn für jeden (formalen) Gegenstand grundsätzlich entschieden ist, ob er eine natürliche Zahl ist oder nicht. Eine konstruktivistische Auffassung muß Anstoß nehmen an der hier benutzten Redeweise von »jedem Gegenstand«. Sie wird sich zufriedengeben, wenn jeden-

---

* Der Physiker kann sich solche Verhältnisse operativ veranschaulichen, indem er $x\varepsilon A$ liest: der Meßapparat A spricht auf den Gegenstand x an; x hat die durch A gemessene Eigenschaft. $A \subset B$, A in B enthalten, heißt: auf jeden Gegenstand, auf den der Apparat A anspricht, spricht auch der Apparat B an. Ist hingegen eine Klasse A Element einer Klasse B, $A\varepsilon B$, so heißt das: auf den Apparat A, der selbst als *Gegenstand* beobachtet wird, spricht der Apparat B an.

falls die Existenz der natürlichen Zahlen selbst feststeht. Eine natürliche Zahl n aber ist logozistisch definiert als die Äquivalenzklasse aller derjenigen Klassen, die, wie wir umgangssprachlich, vom strengen Aufbau her gesehen, zirkelhaft, sagen, eben n Elemente haben. Wiederum muß man hier auf eine unabgegrenzte Gesamtheit von äquivalenten Klassen »mit n Elementen« rekurrieren. Russell meinte in seiner Typentheorie, auf realen Gegenständen als letzten Elementen aufbauen zu können, deren Existenz dann die Existenz der Klassen von Elementen garantieren könnte. Weder die heutige Physik noch unser bevorstehender Aufbau einer Logik der Möglichkeiten läßt diese Hoffnung begründet erscheinen. Die heutigen Mathematiker fordern statt dessen zur Vermeidung von Paradoxien, nur solche Gegenstände zuzulassen, die vorweg schon als Element einer zugrunde gelegten Menge eingeführt sind. Wie diese gegeben sind, wird dabei nicht gefragt. M. a. W. die Mathematik studiert die Folgen der Annahme der Existenz von Klassen mit ihren Elementen, ohne diese Annahme zu rechtfertigen. Sie studiert Strukturen in abstracto. Sie »denkt sich die Büchse geöffnet« und studiert die Folgerungen aus dieser Annahme. Wir kommen hierauf im 3. Abschnitt zurück.

Man kann nun die elementaren Operationen der *Aussagen-* und *Prädikatenlogik* als Operationen an Klassen, ihren Teilklassen und Elementen einführen. Dies ist wohlbekannt und sei hier nicht wiederholt. Hingegen wollen wir etwas pedantisch die Begriffe der Relation und der Abbildung einführen, so wie wir sie nachher brauchen werden.

Eine *n-fache Relation* zwischen den Elementen von n Mengen A_k $(k = 1 \ldots n)$ ist eine Teilmenge der Menge der geordneten Mengen von n Elementen, deren k-tes jeweils ein Element von A_k ist; also, wie man sagt, der geordneten n-tupel $(x_1, x_2 \ldots x_n)$ mit $x_k \varepsilon A_k$ $(k = 1 \ldots n)$. Diese Definition umfaßt die Teilmengen aus einer Menge A als Sonderfall für $n = 1$. Speziell werden wir *binäre Relationen* zwischen zwei Mengen A und B benötigen, also Teilmengen der Menge der geordneten Paare (x, y) mit $x \varepsilon A$, $y \varepsilon B$. Wir sagen, jedes Element der binären Relation R, also jedes Paar $(x, y) \varepsilon R$, sei ein Paar, dessen erstes Element x zum zweiten Element y in der Relation R stehe, geschrieben xRy. Man kann eine binäre Relation auch eine *mehrdeutige Funktion* mit Argumenten aus A und Funktionswerten aus B nennen. Jede binäre Relation R definiert eine *inverse Relation* R^{-1}: $y\,R^{-1}x$ genau wenn xRy. R^{-1} ist also eine Relation zwischen B und A. Jede Relation R erzeugt eine Klasseneinteilung der Elemente von A und von B: Wir nennen $x\varepsilon A$ ein *Urbild* bezüglich R, wenn es ein $y\varepsilon B$ gibt, so daß xRy. Wir nennen ein $y\varepsilon B$ ein *Bild* bezüglich R, wenn es ein $x\varepsilon A$ gibt, so daß xRy. Alle Urbilder bezüglich R bilden eine Teilklasse von A, alle Bilder bezüglich B bilden eine Teilklasse von B. Gilt xRy, so nennen wir x ein Urbild von y und y ein Bild von x.

Eine *eindeutige Funktion* nennen wir eine *Abbildung von A in B*. Sie muß den zwei Bedingungen genügen:

1. Jedes $x\varepsilon A$ ist Urbild.

2. Jedes Urbild hat genau ein Bild.

Die Abbildungen können eingeteilt werden, je nachdem, welche der beiden zu 1. und 2. inversen Bedingungen erfüllt sind:

3. Jedes $y\varepsilon B$ ist Bild.

4. Jedes Bild hat genau ein Urbild.

Ist 3. erfüllt, so nennt man die Abbildung *surjektiv* oder eine *Abbildung von A auf B*. Ist 4. erfüllt, so nennt man die Abbildung *injektiv* oder eine *eineindeutige Abbildung von A in B*. Sind beide erfüllt, so nennt man die Abbildung *bijektiv* oder eine *eineindeutige Abbildung von A auf B*. Ist die inverse Relation einer Abbildung wieder eine Abbildung, so ist die Abbildung bijektiv. Wir werden auch Relationen benützen, welche Inverse von Abbildungen, aber nicht selbst Abbildungen sind.

Wir interessieren uns ferner für Relationen *innerhalb* einer gegebenen Menge A. Eine binäre Relation in A ist eine Teilmenge der geordneten Paare $(x,\,y)$ mit $x\varepsilon A$, $y\varepsilon A$. Wir können alle Typen von Abbildungen auch für Abbildungen von A in A definieren. Eine wichtige ternäre Relation $xyRz$ ist die algebraische Verknüpfung zweier beliebiger Elemente x und y aus A, die eindeutig ein z bestimmt, also eine Abbildung der Menge aller Paare $(x,\,y)$, $x\varepsilon A$, $y\varepsilon A$ in die Menge A.

Eine Abbildung ATB von A in B bildet jede Relation in A auf eine Relation in B ab (also, für $n=1$, auch jede Teilmenge in A auf eine solche in B). Vielfach hat man in A und in B vorweg je eine Relation definiert und mit dem gleichen Namen R bezeichnet, etwa weil beide bestimmten gleichlautenden Gesetzen genügen. Bildet die Abbildung ATB dann die Relation R aus A in die Relation R aus B so ab, daß aus xTx', yTy', xRy folgt $x'Ry'$, so nennen wir ATB einen *Morphismus* von A nach B bezüglich der Relation R. (Wir definieren hier den Morphismusbegriff explizit über den Abbildungsbegriff; einen abstrakteren Morphismusbegriff werden wir nicht benötigen.) Man nennt einen allgemeinen Morphismus einen *Homomorphismus* von A nach B, einen bijektiven Morphismus einen *Isomorphismus* von A mit B. Ein Homomorphismus von A nach A bezüglich derselben Relation R heißt ein *Endomorphismus* von A; ist er bijektiv, also Isomorphismus von A mit sich, so heißt er ein *Automorphismus* von A bezüglich R. Eine Relation, deren Inverse ein injektiver Endomorphismus von A bezüglich R ist, wollen wir einen *Exomorphismus* von A bezüglich R nennen. Echte Exomorphismen, d.h. solche, die nicht Automorphismen sind, kann es nur bei unendlichen Mengen geben. Man kann einen echten Exomorphismus von A als einen Isomorphismus einer echten Teilmenge von A mit A verstehen.

Eine Menge G bijektiver Abbildungen $a, b, c \ldots$ einer Menge A auf sich heißt eine *Transformationsgruppe* von A, wenn sie den Gruppenpostulaten genügt: Wenn $a\varepsilon G$, $b\varepsilon G$, so ist auch die Abbildung »erst b, dann a«, geschrieben ab, Element von G. Die identische Abbildung e, die jedes Element von A auf sich selbst abbildet, ist Element von G. Zu jedem $a\varepsilon G$ gibt es ein $a^{-1}\varepsilon G$, so daß $aa^{-1} = a^{-1}a = e$. a^{-1} heißt invers zu a.

Jede mit mengentheoretischen Operationen in einer Menge gebildete Menge, also jede Teilmenge, Relation, Menge von Teilmengen, Relation von Relationen etc., nennen wir eine *Struktur* über A. Man kann dann das, was bei Morphismen invariant bleibt (d.h. auf etwas als gleichartig Bezeichenbares abgebildet wird), allgemein eine Struktur nennen. Eine Menge von Objekten, zwischen denen Morphismen definiert sind, die also »eine Struktur gemeinsam haben«, nennt man eine *Kategorie*. Wir gehen hier nicht auf die allgemeine Theorie der Kategorien ein. Ist Mathematik allgemein die Lehre von Strukturen, so müssen auch die ersten mathematischen Begriffe schon Strukturen sein. Man darf vermutlich behaupten, daß alle in der Mathematik wirklich studierten Strukturen Strukturen über der Menge der natürlichen Zahlen sind. Wir wenden uns daher dem Aufbau des Zahlbegriffs zu.

2. Zahlen. Von den in der Sprache vorgestellten Handlungsschemata her sind die einzigen »Zahlen«, die den Namen verdienen, diejenigen, mit denen man *zählt.* Die heutige Mathematik nennt diese die *natürlichen Zahlen.* Wir interessieren uns hier für einen Aufbau, der bis zu den sog. *reellen Zahlen* führt. Diese Zahlen, mit denen man ein lineares Kontinuum mißt, treten in der Geschichte der Mathematik zunächst als *Längenverhältnisse,* also in der Geometrie auf. Wir sehen die Geometrie im Zusammenhang mit der Physik.* In unserem Aufbau soll die Geometrie des physikalischen Raumes aus der abstrakten Quantentheorie begründet werden, und diese als eine allgemeine Wahrscheinlichkeitstheorie gemäß der zeitlichen Logik. Wir werden dabei die reellen Zahlen als mögliche Werte der Wahrscheinlichkeiten brauchen. Es ist für diesen Aufbau von Interesse, die abstrakt-mathematische Definition der reellen Zahlen zu benützen, die diese als Strukturen über der Menge der natürlichen Zahlen erklärt.

Für diese Erklärung der reellen Zahlen würde es genügen, wenn wir die natürlichen Zahlen als eine gegebene Klasse voraussetzten. Wir würden damit aber den Begriff der aktual unendlichen Menge unkritisiert akzeptieren. Die Menge der zu irgendeinem Zeitpunkt von einem Menschen oder einer Scientific community explizit bezeichneten natürlichen Zahlen ist stets endlich, aber erweiterbar. Als aktual unendlich fassen wir dann die Menge der *möglichen* (nicht bezeichneten, aber bezeichenbaren) Zahlen auf. Diesen Möglichkeitsbegriff können wir erst in der zeitlichen Logik diskutieren. Der konstruktivistische Mathematiker wird als möglich jedenfalls solche Gebilde anerkennen, deren Bildungsgesetz bekannt ist. Dieses Bildungsgesetz ist nun für die natürlichen Zahlen bekannt. Es lautet, umgangssprachlich formuliert: Weiterzählen. Die Frage für uns ist, wie diese verständliche Anweisung mathematisch zu präzisieren und logisch zu rechtfertigen ist.

---

* Vgl. »Geometrie und Physik«.

Hier gabelt sich der Weg zwischen dem *intuitionistischen* und dem *logizistischen* Aufbau. Man darf annehmen, daß jedes intuitionistische oder konstruktivistische Verfahren letzten Endes auf eine elementare Intuition des Zählens zurückgreift. Diese sucht der logizistische Aufbau noch zu hinterfragen, indem er die Zahlen mit rein logischen Mitteln definiert. Insofern scheint der Intuitionist mehr zu postulieren als der Logizist. Er wird erwidern, daß er genau das zum Aufbau Notwendige postuliere, nämlich eine konstruktiv definierte Unendlichkeit. Der Logizist traditioneller Herkunft muß hingegen die Existenz von Klassen postulieren, die nicht endlich und nicht konstruktiv definiert sind. Die Entdeckung der Paradoxien hat gezeigt, in welche Fallen man dabei laufen kann, und die Vermeidung der Paradoxien durch Zusatzpostulate, welche nicht schon auf den Konstruktivismus hinauslaufen, mag zwar die Widersprüche vermeiden, läßt aber eben jene Evidenz vermissen, die sowohl der konstruktiven Methode wie – scheinbar – den Aufstellungen der »naiven« Mengenlehre und Logik anhaftet. Da wir glauben, daß die zeitliche Logik erlauben wird, sowohl die intuitionistischen wie die logizistischen Prämissen noch einmal zu analysieren, sind wir jetzt gerade an dem naiven logizistischen Aufbau interessiert.

Man nennt zwei Mengen *gleichmächtig* oder *äquivalent*, wenn es eine bijektive Abbildung zwischen ihnen gibt. Die Menge aller untereinander gleichmächtigen Mengen bildet eine Kategorie. Man nennt diese Menge auch die *Kardinalzahl* der betreffenden Mengen. Dies ist in der extensionalen Sprache der Mathematiker geredet, welche den Begriff, unter den alle Elemente einer Klasse fallen, mit dieser Klasse identifiziert. Den Begriff der *Endlichkeit* definiert der logizistische Aufbau über den Begriff der Gleichmächtigkeit: eine Menge, die keiner ihrer echten Teilmengen gleichmächtig ist, nennt man eine endliche Menge; eine Menge, die einer echten Teilmenge gleichmächtig ist, eine unendliche. Die Kardinalzahl einer endlichen Menge nennen wir eine endliche Kardinalzahl oder eine *natürliche Zahl*. Die endlichen Kardinalzahlen haben eine *Nachfolgerelation* und eine auf dieser basierende *lineare Ordnung* (kleiner – größer). Man beweist dies, indem man je eine Menge mit einer bestimmten endlichen Kardinalzahl explizit konstruiert und zeigt, daß jede endliche Menge einem dieser Repräsentanten äquivalent ist. Frege hat einen solchen Aufbau wie folgt entworfen. Man bildet zuerst die Menge aller selbstwidersprechenden wahren Aussagen. Solche gibt es nicht. Man nennt diese Menge ohne Elemente die Nullmenge, ihre Kardinalzahl die Null. Dann treibt man vollständige Induktion (deren Zulässigkeit als Beweisverfahren als evident angesehen oder begründet werden muß). Im n-ten Schritt bildet man die Menge aller bisher gebildeten Mengen. Ihre Kardinalzahl wird n genannt, wenn man als ersten Schritt die Bildung der Menge rechnet, deren Element die Nullmenge ist. Wir sind hier nicht an den einzelnen Schritten dieses Verfahrens interessiert und behandeln die natürlichen Zahlen, 0, 1, 2 …, des weiteren als vorgegeben.

Zur Bildung der weitergehenden sog. Zahlen gehen wir von der *Nachfolgerelation* der natürlichen Zahlen aus. xFy (x und y: natürliche Zahlen) soll genau dann gelten, wenn y beim Bildungsprozeß der natürlichen Zahlen der Nachfolger von x ist. Diese Relation ist eine Abbildung der Menge N der natürlichen Zahlen *in sich*: jede natürliche Zahl hat genau einen Nachfolger. Sie ist injektiv: jede natürliche Zahl, die Nachfolger ist, ist dies zu genau *einer* natürlichen Zahl. Sie ist nicht surjektiv: die Null ist nicht Nachfolger einer natürlichen Zahl. Wir betrachten nun Abbildungen von N in sich, welche Endomorphismen bezüglich der Nachfolgerelation sind. Jede solche Abbildung läßt sich durch eine natürliche Zahl n charakterisieren. n ist die Zahl, auf welche die Null abgebildet wird. Die Eins wird dann auf den Nachfolger von n abgebildet usf. Man nennt diese Abbildung die *Addition* von n und schreibt sie

$$y = x + n \qquad (1)$$

Man kann dann beweisen: Das Nacheinanderausführen zweier Additionen, von m und von n, ist wieder eine Addition, und zwar von $m + n$. Es gibt genau eine identische Addition, die von 0. Verstehen wir $m + n$ in dem Sinne: »zuerst n und dann m addieren«, so kann man auch die Kommutativität der Addition beweisen:

$$m + n = n + m \qquad (2)$$

Die Additionen bilden keine Gruppe, denn zu keiner von ihnen außer zur Addition der Null gibt es eine inverse *Abbildung*. Jede Addition ist aber, als Abbildung, eine Relation, und als solche hat sie eine *inverse Relation*. Diese ist zwar keine Abbildung, da nicht alle natürlichen Zahlen (nämlich nur alle $>n$) bei ihr ein Bild haben; aber sie ist ein *Exomorphismus* im oben definierten Sinne. Wir nennen die Inverse der Addition von n die Addition von $-n$ oder die *Subtraktion* von n. Die Menge aller Additionen und Subtraktionen nennen wir die Menge Z der ganzen Zahlen; jede Addition oder Subtraktion heiße eine *ganze Zahl*. Die natürlichen Zahlen sind nach dieser Definition nicht spezielle ganze Zahlen, sondern die ganzen Zahlen sind Relationen von natürlichen Zahlen.

Zwei ganze Zahlen, als Operationen auf natürliche Zahlen verstanden, lassen sich hintereinander ausführen. Nach Einführung einer Zusatzregel ist das Resultat wieder eine ganze Zahl. Die Zusatzregel ist die folgende. Betrachten wir die Operation $m - n$, wobei m und n die durch die natürlichen Zahlen m und n bezeichneten Additionen sind. $-n$ ist zuerst auszuführen und bildet die natürlichen Zahlen $x \geq n$ auf alle natürlichen Zahlen ab; die $x < n$ haben kein Bild. $m - n$ bildet also alle natürlichen Zahlen $x \geq n$ auf alle natürlichen Zahlen $x \geq m$ ab; die $x < m$ sind kein Bild. $m - n$ ist also weder (wenn $m > n$) eine vollständige Addition noch (wenn $n > m$) eine vollständige Subtraktion. Aber man sieht leicht, daß für alle $x > m, n$ (d. h. $x > m$ *und* $x > n$) gilt

$$m - n = -n + m \tag{3}$$

und daß $-n + m$ eine vollständige Addition bzw. Subtraktion ist. Die Zusatzregel besagt nunmehr, die Gleichung (3) solle per definitionem auch für die in $m - n$ fehlenden natürlichen Zahlen gelten. Mit dieser Regel bilden die Additionen und Subtraktionen eine kommutative Gruppe, die *additive Gruppe der ganzen Zahlen*.

Daß die natürlichen Zahlen als eine Teilmenge der Menge der ganzen Zahlen aufgefaßt werden können, läßt sich nun begründen. Gruppentheoretisch gesagt, ist jede Gruppe homogener Raum ihrer selbst. D. h. die Multiplikation mit einem festen

Element (hier: seine Addition) bildet die ganze Gruppe auf sich ab. Faßt man die ganzen Zahlen als Punkte eines homogenen Raumes auf, auf dem eben die ganzen Zahlen als Transformationen operieren, so sind die natürlichen Zahlen, durch welche die Additionen (also die nichtnegativen ganzen Zahlen) bezeichnet sind, zugleich Namen der Punkte eines Teilraums dieses homogenen Raums. D. h. nicht als Transformationen, aber als Objekte der Transformationen sind die natürlichen Zahlen spezielle ganze Zahlen, oder, genauer gesagt, Namen spezieller ganzer Zahlen.

Die Gruppenrelation der additiven Gruppe ist eine ternäre Relation in der Menge Z der ganzen Zahlen, eben $l + m = n$. Wir betrachten die Endomorphismen von Z bezüglich dieser Relation. Sie sind die *Multiplikationen mit ganzen Zahlen*. Man kann zeigen, daß die Endomorphismen einer kommutativen Gruppe einen Ring bilden. Die Multiplikation in diesem Ring ist das Hintereinanderausführen der Endomorphismen. Die Addition im Ring läßt sich mit Hilfe der additiv geschriebenen Gruppenrelation explizit definieren. Die Gruppenelemente seien mit lateinischen, die Endomorphismen mit griechischen Buchstaben bezeichnet.

Endomorphismuseigenschaft besagt das erste distributive Gesetz

$$\alpha(m + n) = \alpha m + \alpha n. \tag{4}$$

Die Ringaddition wird *definiert* durch die Formel des zweiten distributiven Gesetzes:

$$(\alpha + \beta)m = \alpha m + \beta m \qquad \text{für alle } m. \tag{5}$$

Wir zeigen erstens, daß diese Definition für die Summe $m + n$ gilt, wenn sie für m und n einzeln gilt:

$$\begin{aligned}
\alpha(m + n) + \beta(m + n) &= \alpha m + \alpha n + \beta m + \beta n = \\
\alpha m + \beta m + \alpha n + \beta n &= \\
(\alpha + \beta)m + (\alpha + \beta)n &= (\alpha + \beta)(m + n).
\end{aligned} \tag{6}$$

Zweitens zeigen wir, daß $\alpha + \beta$ ein Endomorphismus ist, d. h. auch dem ersten distributiven Gesetz genügt:

$$(\alpha + \beta)m + (\alpha + \beta)n = \alpha m + \beta m + \alpha n + \beta n =$$
$$\alpha m + \alpha n + \beta m + \beta n =$$
$$\alpha(m + n) + \beta(m + n) = (\alpha + \beta)(m + n). \tag{7}$$

In beiden Formeln folgt das zweite Gleichheitszeichen aus der Kommutativität der Gruppe, die anderen Gleichheitszeichen folgen aus den jeweils schon vorausgesetzten kommutativen Gesetzen.

Der Endomorphismenring einer allgemeinen additiven Gruppe (eines Vektorraums) ist ein Matrixring. Da die additive Gruppe der ganzen Zahlen zyklisch (ein eindimensionaler Vektorraum) ist, ist ihr die additive Gruppe ihres Endomorphismenrings isomorph. Der *Ring der ganzen Zahlen*, den man gewöhnlich betrachtet, ist also der Endomorphismenring der additiven ganzen Zahlen; letztere lassen sich analog der obigen Eingliederung der natürlichen Zahlen in die Menge der ganzen Zahlen nun als homogener Raum des ihnen additiv isomorphen Rings der ganzen Zahlen auffassen. Der Ring der ganzen Zahlen ist so verstanden der Endomorphismenring der Gruppe der Endo- und Exomorphismen, also einer Klasse von Relationen, der natürlichen Zahlen.

Analog gehen wir zu den *rationalen Zahlen* über. Die Multiplikationen der ganzen Zahlen mit ganzen Zahlen sind Abbildungen, also Relationen der additiven ganzen Zahlen, bilden aber keine Gruppe. Wir bilden wieder die zu ihnen inversen Relationen, die Exomorphismen der additiven ganzen Zahlen. Diese sind die *Divisionen*. Mit einer der obigen analogen Zusatzregel bildet die Menge aller Multiplikationen und Divisionen der ganzen Zahlen eine multiplikative Gruppe. Unter Einbeziehung der Addition erhalten wir so den Körper der rationalen Zahlen als Relationen von Relationen der natürlichen Zahlen.

Die *reellen Zahlen* fassen wir als *Gesetze über rationale Zahlen* auf. Eine reelle Zahl wäre also etwa das Bildungsgesetz einer unendlichen Folge rationaler Zahlen oder das Entscheidungsgesetz einer Klasseneinteilung der rationalen Zahlen durch einen Dedekindschen Schnitt. Sätze über die überabzählbare (fiktive) Menge *aller* reellen Zahlen werden wir nicht benötigen.

3. Russells Paradoxon und zeitliche Logik

Dies ist eine unveröffentlichte Aufzeichnung von 1979. Sie kann als eine die Kapiteleinteilung übergreifende Fortsetzung des 1. Abschnitts des Kapitels I 5 betrachtet werden. Sie beginnt noch einmal mit der griechischen Philosophie. Ihr eigentliches Thema sind gewisse Grundprobleme der Logik. Bei Russell sind sie im Rahmen der Mengenlehre aufgetreten. Die Russellsche Paradoxie war die Widerlegung des naiven logizistischen Aufbaus der Theorie der Klassen und Zahlen, auf den wir uns im vorigen Abschnitt bezogen haben. Dort haben wir eben deshalb den Aufbau nur so weit geführt, daß keine Begriffsbildungen benützt wurden, die nicht auch eine konstruktivistische Deutung zugelassen hätten. Die gegenwärtige Aufzeichnung aber führt die Kritik des naiv-logizistischen Aufbaus nicht zur konstruktivistischen Theorie weiter und gibt sich ebensowenig mit der axiomatischen Mengenlehre zufrieden. Sie verweist vielmehr auf die zeitliche Logik als diejenige Denkweise, in der vermutlich der Grund der Russellschen Schwierigkeit überhaupt erst formuliert werden kann. Damit schlägt sie die Brücke vom jetzigen Kapitel über Mathematik zum nachfolgenden Kapitel über Logik. Sie verweist aber auch alsbald auf die Quantenlogik als ein Modell einer grundsätzlichen Kritik der Mengenlehre.

1. Programm. Diese Aufzeichnung gehört in den Fragenkreis »Theorie«. Es handelt sich um die »Grundlagen« aller Theorie. Der Begriff der Theorie ist zugleich Kern und Thema der griechischen Philosophie. Die Philosophie ist Theorie, und sie ist zu einem wesentlichen Teil Theorie über Theorie. Sie ist so ermöglicht durch das Paradigma der deduktiven Mathematik. Die gegenwärtige Aufzeichnung sucht aber nicht die griechische Philosophie, sondern die moderne Grundlegung der Mathematik und Logik zu verstehen. Der Rückblick auf die griechische Philosophie und ihr mathematisches Paradigma ist für sie nur nötig, um die Herkunft eines nicht voll artikulierten Grundgedankens der modernen exakten Wissenschaft zu verstehen und um diesen Gedanken dadurch zu relativieren. Es ist der Gedanke, es gebe eine zugleich einfache und gewisse Grundlage der Wissenschaft.

Die griechische deduktive Mathematik vermittelte das Erlebnis der Einfachheit und der Gewißheit der in Axiomen formulierbaren Grundwahrheiten. Die in der zweiten Hälfte des 19. Jahrhunderts versuchte Verschärfung dieses Verständnisses der Mathematik ging, wie neue theoretische Ansätze meist, aus einer Krise hervor. Es war die Krise der Glaubwürdigkeit der klassischen Mathematik, einerseits durch die Entdeckung der nichteuklidischen Geometrie, andererseits durch die Ungeklärtheit des der Analysis zugrundeliegenden Unendlichkeitsbegriffs. Die wichtigsten Versuche, ganz einfache und gewisse Grundlagen aller Mathematik zu finden, waren damals Cantors Mengenlehre und Freges Logik. Rückblickend darf man wohl die Motive der Einfachheit und der Gewißheit behutsam trennen und Cantor vor allem das Motiv der Einfachheit der Grundbegriffe, Frege das Motiv der absoluten Gewißheit zuschreiben. Von den Zeitgenossen bis heute ist der Erfolg Cantors bei den kreativen Mathematikern größer; dies lenkt unseren Blick auf die Bedeutung, die das Motiv der Einfachheit bei kreativen Forschern hat. In wachsendem Maße haben hingegen Freges Gedanken die philosophisch orientierten Grundlagenforscher beeindruckt; dies hat etwas zu tun mit dem ungelösten philosophischen Problem der Gewißheit der Wissenschaft.

Russells Paradoxon hat sowohl Cantors Mengenlehre wie Freges Logik zerstört. Den reparierten Systemen, sowohl der modernen axiomatischen Mengenlehre wie dem Aufbau der Russell-Whiteheadschen *Principia Mathematica* und aller anschließenden logisch-mathematischen Theorien, fehlt ebensowohl die Einfachheit wie die überzeugende Gewißheit. Die axiomatische Mengenlehre ordnet sich einem formalistischen Aufbau der Mathematik ein, der die für den kreativen Mathematiker erwünschte Einfachheit der Grundlagen kodifiziert und die Frage der inhaltlichen Gewißheit am liebsten als unmathematische Frage verbannt; dabei bleibt es ärgerlich, daß die Axiome im Grunde nicht einmal nach dem Gesichtspunkt der Einfachheit, sondern nach dem der Vermeidung von Paradoxien gewonnen sind. Die strenge Durchführung der Gewißheitsforderung führt andererseits zu den intuitionistischen oder konstruktivistischen Theorien, welche die Einfachheit als einen bloß »pragmatischen« Gesichtspunkt aufopfern; es bleibt ärgerlich, daß Einigkeit darüber, was als gewiß zu betrachten sei, auch hier schwer zu erreichen ist.

Auf dem philosophischen Weg, dem ich folge, erscheint »Theorie« als eine historisch entstandene Denkform, als ein Paradigma im Sinne Kuhns. Es ist möglich und erforderlich, nach den Gründen des Erfolgs und nach den Grenzen dieser Denkform zu fragen. Es entsteht das Problem, ob diese Rückfrage selbst die Form der Theorie haben kann. Mein eigenes Unternehmen der zeitlichen Logik und der Grundlegung der Physik über die Quantentheorie strebt danach, eine durch die Rückfrage nach Grund und Grenzen der Theorie ermöglichte und so tiefer begründete Theorie zu sein. Sie erhebt für sich nicht den Anspruch der Gewißheit, den sie vielmehr durch Erkenntnis seiner Herkunft zu relativieren sucht. Sie orientiert sich willig am Motiv der Einfachheit und ordnet sich damit der Tradition der Wissenschaft ein; als philosophische Theorie aber fragt sie nach dem Grunde der Möglichkeit einfacher Theorie.

Dieser Art des Fragens muß die Russellsche Paradoxie durch die Einfachheit ihrer Denkfigur imponieren. Man kann sie die Denkfigur des negativen Selbstbezugs nennen. Wir wollen diese Denkfigur hier in vierfacher Fassung betrachten:

1. Der Kreter: »Was ich soeben sage, ist falsch.«

2. Russell, mengentheoretisch: »Die Menge aller Mengen, die sich selbst nicht als Element enthalten, kann weder sich selbst als Element enthalten, noch sich selbst nicht als Element enthalten.«

3. Russell, logisch: »Heiße ›imprädikabel‹ die Eigenschaft, nicht Eigenschaft von sich selbst zu sein. Dann ist ›imprädikabel‹ weder imprädikabel noch nicht imprädikabel.«

4. Gödel: »In jedem hinreichend umfassenden widerspruchsfreien formalen System gibt es inhaltlich wahre, mit den Mitteln des Systems unbeweisbare Sätze. Zu ihnen gehört der Satz, das System sei widerspruchsfrei.«

Gemeinsam ist allen vier Versionen, daß die Schwierigkeit einfacher ist als die zu ihrer Auflösung vorgeschlagenen Mittel. Die nachfolgende Betrachtung sucht ebendiese Tatsache einfach aufzuklären. Wir gehen zu diesem Zweck die vier Versionen einzeln durch.*

2. *Der Kreter. p* sei die Aussage »*p* ist falsch«. Wäre *p* wahr, so wäre *p* falsch. Wäre *p* falsch, so wäre *p* wahr. Schon die Annahme, daß *p* eine Aussage, d. h. wahr oder falsch, sei, impliziert einen Widerspruch. Also müssen wir verbieten, *p* als Aussage aufzufassen. Die Schwierigkeit ist einfach. Nicht einfach ist ihre Auflösung, wenn man erklären will, welche Eigenschaft von *p* es rechtfertigt, *p* nicht als Aussage aufzufassen.

»*p* ist falsch« ist ein grammatisch korrekt gebauter Satz; dasselbe gilt von »*p* ist die Aussage ›*p* ist falsch‹«. Also kann nicht jeder Satz, der die grammatische Form des Aussagesatzes hat, eine Aussage sein. Somit widerlegt der »Kreter« die philosophische Vermutung, die Logik könne rein formal aus der Syntax der Umgangssprache abstrahiert werden. Es ist freilich zu hoffen, daß kein ernsthafter Philosoph diese Vermutung je gehegt hat. Sprachanalyse ist notwendigerweise zugleich Sprachkritik. Es fragt sich aber, nach welchen Kriterien entschieden wird, welche Sprachformen zulässig sind.

Die Einfachheit des Kreters beruht auf den zwei Begriffen »Aussage« und »falsch«. Sie gehören zu den Grundbegriffen der antiken Logik. Meine Kenntnis der stoischen Logik, innerhalb deren der Kreter wohl zum Problem geworden ist, ist unzureichend. Ich orientiere meine jetzige Überlegung daher an der aristotelischen Auffassung, speziell an der Einführung dieser beiden Grundbegriffe in *De Interpretatione* und in *Metaphysik* Θ 10. Die Aussage ist ein logos apophantikós, eine aufweisende Rede. Sie zeigt etwas, läßt es sehen. Nun kann die Aussage aber wahr oder falsch sein. Aristoteles definiert die apophantische Rede geradezu als diejenige Rede, die wahr oder falsch sein kann. Terminologisch erscheint es den Neueren etwas mißlich, auch die falsche Aussage als ein Zeigen oder Sehenlassen von etwas aufzufassen. In der aristotelischen Sprechweise zeigt sich hier ein Primat der Wahrheit vor der Falschheit. Aristoteles muß dann sagen, die wahre Aussage zeige etwas als

---

* Die Aufzeichnung ist unvollendet geblieben. Der Abschnitt 4 über Gödel wurde nicht geschrieben.

das, was es ist, die falsche zeige etwas als das, was es nicht ist; darauf kommen wir sofort zurück. Die Neueren sagen statt dessen lieber, die Aussage beziehe sich auf etwas (reference). Für den Kreter ist kennzeichnend, daß das, worauf er sich bezieht, er selbst ist: Selbstbezug. Er sagt sich als falsch aus: negativer Selbstbezug. Dies also soll verboten werden. Warum?

Die aristotelische Definition der Aussage als Rede, die wahr oder falsch sein kann, verschiebt die unterstellte Einfachheit auf die beiden Begriffe der Rede (logos) und des Paars Wahrheit-Falschheit. Dieses Paar definiert Aristoteles ausdrücklich für den bei ihm immer im Vordergrund stehenden Fall der prädikativen Aussage (kategorisches Urteil). Die wahre Aussage sagt von dem, wovon sie spricht (dem Zugrundeliegenden, dem Subjekt), etwas aus, was ihm zukommt, die falsche etwas, was ihm nicht zukommt. In dieser Sprechweise ist es natürlich, die wahre Aussage als diejenige zu verstehen, die das Subjekt als etwas zeigt, was es ist, die falsche als etwas, was es nicht ist. Das Wort »logos« ist dann nicht nur als »Rede« zu übersetzen, sondern auch, ebenfalls im Sinne griechischer mathematisch-philosophischer Terminologie, als »Verhältnis« (was wir eine rationale Zahl nennen, ist griechisch ein Verhältnis, logos, lateinisch, ratio). In der wahren Aussage hat das Zugesprochene (das Prädikat) zum Subjekt dasselbe Verhältnis wie in der Wirklichkeit (den Dingen, pragmata), in der falschen das entgegengesetzte. Der Gegensatz ist hier der von Zukommen und Nichtzukommen: P kommt S zu bzw. nicht zu.

Die Einfachheit ist jetzt auf die zwei Begriffe der Prädikation und der Negation weiter verschoben. Der Begriff des Bezugs der Aussage wird damit doppeldeutig. Das, wovon die Aussage etwas aussagt, ist das Subjekt. Das, was die Aussage aussagt, ist der Sachverhalt. Die Unterscheidung von Aussage und Wirklichkeit nötigt uns, den ausgesagten vom wirklichen Sachverhalt zu unterscheiden. Der Sachverhalt in der bejahenden prädikativen Aussage ist das Zukommen von P und S. Wahr ist die Aussage, wenn der ausgesagte Sachverhalt derselbe ist wie der wirkliche; das ist die Übereinstimmungsdefinition der Wahrheit. Die Falschheit wird dann durch die Negation im wirklichen Sachverhalt definiert. Falsch ist die Aussage »P kommt dem S zu«, wenn P dem S nicht zukommt. Es gibt hier also den

Bezug der Aussage auf das Subjekt und den Bezug der Aussage auf den wirklichen Sachverhalt. Falschheit wird durch den letztgenannten Bezug definiert.

In welcher der beiden Bedeutungen kann sich eine Aussage auf sich selbst beziehen? Im Kreter ist sie ihr eigenes Subjekt. Davon reden wir alsbald weiter. Es fragt sich, ob sie auch der wirkliche Sachverhalt sein könnte, den sie aussagt. Ich kann mit dieser sprachlichen Wendung keinen Sinn verbinden. Die einmal, hier und jetzt geäußerte Rede (z. B. wenn ich jetzt sage: »was ich jetzt sage, ist falsch«, worin der Bezug auf das »jetzt« sogar explizit ist) ist ein realer Vorgang. Sie behauptet einen Sachverhalt. Aber jedenfalls wenn ein Sachverhalt darin besteht, daß einem Subjekt ein Prädikat zukommt, so ist sie kein Sachverhalt; welchem Subjekt käme dadurch, daß sie geäußert wird, welches Prädikat zu? Die allgemeine Redeform, also der Satz als sprachliche Gestalt, die zu irgendeiner Zeit geäußert werden könnte, besteht ebensowenig im Zukommen eines Prädikats zu einem Subjekt. Ich sehe auch nicht, daß eine allgemeinere Definition des Begriffs »Sachverhalt« hieran etwas ändern könnte. In dem Sinne, in dem oben von Selbstbezug die Rede war, werden wir als den Bezug eines prädikativen Satzes sein Subjekt auffassen müssen.

Wir kommen damit auf die Frage zurück, ob eine Aussage ihr eigenes Subjekt sein kann. Umgangssprachlich kann dergleichen sinnvoll sein. Z. B. »Was ich soeben sage, ist eine Aussage« oder »was ich soeben sage, ist eine sprachliche Äußerung«. Ob der erste dieser beiden Beispielsätze wahr ist, mag, je nach der Definition der Aussage, die man gewählt hat, bezweifelt werden. Der zweite ist gewiß wahr. »Was ich soeben sage, ist ein Ochse« ist ebenso gewiß falsch. Also können prädikativ formulierte Äußerungen, die in diesem Sinne selbstbezüglich sind, wahr oder falsch sein, d. h. sie genügen dem Kriterium, Aussagen zu sein. Damit ergibt sich aber, daß die bis hierher betrachteten Prinzipien der Einfachheit der aristotelischen Aussagedefinition nicht ausreichen, um Aussagen von der Form des Kreters von vornherein auszuschließen. Also müßte sich das Problem der Möglichkeit dieses Paradoxons für Aristoteles stellen. Soweit meine Aristoteles-Kenntnis reicht, taucht dieses Problem aber bei ihm nicht auf. Ich möchte das nicht darauf

schieben, daß ihm das Problem bloß noch nicht eingefallen
wäre. So zu fragen, lag vielmehr, wenn man so sagen darf, nicht
auf seiner Linie. Wir haben nämlich das wichtigste Einfach-
heitsprinzip seiner Logik noch gar nicht erörtert. Es liegt in der
Eidos-Philosophie.

In der ausgearbeiteten Logik der *Analytica Priora* sind Subjekt und Prädikat eines Urteils Eidē. »Alle Griechen sind Menschen«, »einige Menschen sind Griechen«, »kein Mensch ist
unsterblich«. Nur für solche Sätze, die ein Verhältnis (einen logos) zwischen Eidē aussagen, kann Wahrheit oder Falschheit im
strengen Sinne behauptet werden. Individuum est ineffabile.
Erst hier schließt sich die Klammer zwischen Einfachheit und
Gewißheit. Man mag manches Einfache behaupten, das doch
unerkennbar ist. Das Eidos ist das einzige, was man erkennen
kann. Deshalb kann nur eine in den Verhältnissen der Eidē begründete Aussage im eigentlichen Sinne wahr (offenkundig, unverborgen) sein.

Ein Verhältnis zwischen zwei Eidē im genannten Sinne ist,
wie die Beispiele zeigen, eine Inklusionsbeziehung zwischen
den ihnen entsprechenden Klassen. Die Aussagen im Sinne der
Syllogistik sind stets quantifiziert. Insofern sind sie etwas wesentlich anderes als die einfachen Beispiele prädikativer Sätze
wie »Sokrates ist ein Mensch«. Diese sind der Syllogistik in der
Schultradition dann unter dem Titel »singuläre Urteile« angefügt worden. Wenn man dadurch ihren radikalen Unterschied
gegen die allgemeinen und partikulären Urteile verwischt, versteht man aber nichts von der aristotelischen Begründung der
Wahrheit der Syllogistik.

Selbstverständlich spielen sprachliche Äußerungen von der
Form singulärer Urteile in der Eidos-Philosophie eine sehr
wichtige Rolle. Im vereinfachten Schema der platonischen
Ideenlehre bezeichnen sie die Teilhabe (methexis) eines Sinnen-
dings (dieser Mann Sokrates, der da vor mir steht) an einer Idee
(Mensch). Dies ist scharf zu unterscheiden von dem Verhältnis
zwischen zwei Ideen. Dieses ist in seiner Erkennbarkeit am
leichtesten am mathematischen Beispiel zu erläutern. »Alle regulären Dreiecke sind gleichschenklig« oder, in der »Begriffspyramide«, »›gleichschenkliges Dreieck‹ ist Oberbegriff zu ›reguläres Dreieck‹«. Das ist erkennbar. Ob aber ein bestimmtes

gezeichnetes Dreieck regulär ist, ist nie feststellbar. Vielmehr gibt uns die mathematische Einsicht praktisch die Mittel, um stets nachzuweisen, daß ein vorgelegtes gezeichnetes Dreieck dem als Kriterium an es herangetragenen Begriff »reguläres Dreieck« nicht entspricht. In der Ebene der Sinnendinge gibt es keine in Strenge wahren singulären Sätze.

Aristoteles sucht dieser Aufopferung des Einzeldings durch seinen Begriff der Substanz (usia) zu entgehen. Substanz ist für ihn, was nur als Subjekt, nie als Prädikat in einem Urteil vorkommen kann. Aber insofern das Einzelding in einem wahren Urteil vorkommt, ist das, worüber hier geurteilt wird, das ihm zukommende individuelle Eidos. Diese Philosophie zieht sich dadurch das unlösbare Problem zu, das Einzelding durch ein Eidos zu charakterisieren. Ich vermute, daß erst die Einbettung der Eidos-Philosophie in den Fragenkreis der zeitlichen Logik dieses Problem auflösen kann.

Eine Scheinlösung bleibt es jedoch, das im zeitlichen Sinne Einzelne (»dies hier jetzt«) einer rein formal aufgebauten allgemeinen Logik zu unterwerfen, wie es die neuzeitliche Wissenschaft getan hat. Diese allgemeine Logik erschleicht durch ihre formale Einfachheit den Eindruck der Gewißheit. Tatsächlich kann sie die Frage, woher sie ihre Gewißheit habe, gar nicht mehr verständlich stellen und ist letztlich zur Berufung auf Evidenz, d. h. zur petitio principii genötigt. Durch Sprachanalyse wird dies nicht besser, solange keine inhaltliche Einsicht über die Gegenstände vorliegt, von denen die Sprache spricht, denn es bleibt dann stets ungewiß, ob die Sprache mit Recht so spricht, wie sie spricht. Die Strafe für diese Unklarheit in den Grundlagen ist eben das Auftreten von ganz einfach sprachlich formulierten Paradoxien, deren Vermeidung, soweit sie überhaupt glückt, den falschen Schein der Evidenz dieser Einfachheit zerstört. Dabei bleibt aber zunächst wiederum ungeklärt, was der Grund des Erfolgs dieser Einfachheit war, oder, anders gesagt, in welchem Bereich ebendiese Einfachheit doch legitim ist.

Die gegenwärtige Aufzeichnung versucht nicht, den Grund der Einfachheit der Eidos-Philosophie aufzudecken. Im antiken Rahmen wäre dies auf aristotelischer Basis wohl gar nicht möglich, da die Philosophie des Aristoteles im wesentlichen phänomenologisch bleibt und überall, wo sie zu letzten Prinzipien durchzudringen sucht, eher einen Blick in eine undurchdringliche Komplexität eröffnet, beginnend mit der eindrucksvoll beschriebenen, aber unaufgeklärten mannigfachen Bedeutung des Seins. Aristoteles bezahlt mit dieser Komplikation für die Durchsetzung der Anwendbarkeit der Logik auch auf die höchsten Prinzipien, das Eine und das Sein, oder, nur anders gesagt, für die Forderung, daß die systematisch erste Wahrheit in der Form des Aussagesatzes ausgesprochen werden kann. Er zieht die korrekte Konsequenz, daß es eine einzige oberste ontologische Wahrheit nicht geben kann: Sein wird mannigfach ausgesagt (to on legetai pollachōs). Man kann in der Tat kaum erwarten, daß eine Philosophie die Logik verständlich macht, die die Logik schon als gewiß voraussetzt. Der erste Satz der Logik, der Satz vom Widerspruch, wird von Aristoteles zwar ontologisch formuliert: dasselbe kann demselben nicht zugleich zukommen und nicht zukommen. Dies ist konsequent, wenn die Wahrheitsdefinition selbst durch die Relation des Zukommens gegeben wird. Aber die Wahrheit des Satzes vom Widerspruch wird lediglich durch eine reductio ad absurdum jedes Arguments gegen ihn dargetan: als Argument setzt es ihn faktisch schon voraus. Das ist zwar richtig, läßt aber den Satz vom Widerspruch nur als eine unanfechtbare, nicht mehr weiter verständlich zu machende Tatsache stehen.

Diese Entscheidung des Aristoteles ist gegen Platon gerichtet. Im platonischen *Parmenides*-Dialog wird gezeigt, daß die Voraussetzung *eines* Prinzips in allen Versionen die logischen Grundsätze des ausgeschlossenen Widerspruchs oder des ausgeschlossenen Dritten verletzt. Platon zieht daraus aber nicht die Konsequenz, eine Mehrzahl unabhängiger Prinzipien oder gar kein Prinzip anzunehmen. Im *Sophistes* entwirft er vielmehr den Anfang einer Philosophie des Abstiegs durch die fünf obersten Genē, die durch Reflexion auf den Sinn des ersten von ihnen, des Seins, in die intellektuelle Sichtbarkeit gebracht werden. Die zwei folgenden, Identität und Verschiedenheit, sind zugleich die Prinzipien, aus denen sich die aristotelische Definition von Wahrheit und Falschheit gewinnen läßt. D.h. Platon entwirft eine Philosophie, die die Logik soll erklären können, indem sie einen Anfang jenseits der Logik

nimmt. Ich versuche hier jedoch nicht, diese Philosophie nachzuvollziehen.

Dem historischen Blick muß in beiden Ansätzen, wenngleich
in entgegengesetzter Anwendung, das mathematische Paradigma wirksam erscheinen. Aristoteles statuiert einen gewissesten Satz und muß dafür eine Vielzahl oberster Eidē in Kauf
nehmen. Platon statuiert eine oberste Idee – wenngleich diese
eigentlich nicht mehr Idee genannt werden sollte – und strebt,
die Sätze aus der Anschauung der Ideen zu gewinnen. Es ist daher vermutlich zur Beurteilung dieser Philosophien ohnehin
nötig, die erste Begründung der Mathematik immanent-mathematisch zu studieren. Eben auf diesem Weg stößt man auf die
Paradoxien, die hier unser Thema sind.

Die Mathematik läßt sich über eine weite Wegstrecke in dem
(oben so genannten) vereinfachten Schema der Ideenlehre
diskutieren. Einer Idee entspricht dann ein mathematischer Begriff, dem Verhältnis, das wir bisher betrachtet haben, die Be-
griffssubsumtion, also die Klasseninklusion. In diesem Rahmen gibt es keine singulären Urteile. Der Kreter aber ist ein
singuläres Urteil, dessen Subjekt selbst eine Aussage ist. Nun
kennt schon Platon im *Sophistes* Beziehungen zwischen Ideen,
die er dort ebenfalls Teilhabe nennt und die, als kategorische
Urteile formuliert, singuläre Urteile mit einer Idee als Subjekt
würden. Z. B. »die Ruhe hat Anteil am Identischen, denn sie ist
mit sich identisch, und sie hat Anteil am Verschiedenen, denn
sie ist von der Bewegung verschieden«. Dieses Beispiel ist – wie
jedes Beispiel aus einer ausgearbeiteten Philosophie – komplex.
Was hier von dem Begriff Ruhe prädiziert wird (wenn man so
reden darf), sind Relativbegriffe (vgl. Scheibe, »Relativbegriffe
bei Platon«). Jedenfalls aber wird Ruhe hier nicht unter Identität und Diversität subsumiert, sondern diese werden von ihr
prädiziert. Dies ist der Anfang dessen, was dann in der Russellschen Logik systematisiert wird, der prädikativen Sätze, deren
Subjekt selbst ein Prädikat ist. Darauf werden wir alsbald ausführlich eingehen. Wie Platon diese Beziehung zwischen Ideen
mit der Subsumtion zu verknüpfen gedachte, ist uns, soweit ich
sehe, nicht bekannt. Der Kreter freilich wäre auch damit noch
nicht konstruierbar. Daß Prädikate von Prädikaten, also platonisch Ideen von Ideen ausgesagt werden können, bleibt im

Rahmen des platonischen Entwurfs. Daß eine Aussage selbst Subjekt einer Prädikation werden kann, ist in der Ontologie der Ideenlehre wohl nicht mehr ausdrückbar; es wäre für Platon vermutlich eine bloße Angelegenheit der Rede und nicht des Seins. So ist zu vermuten, daß der Kreter erst in der stoischen Aussagenlogik als wirkliche Schwierigkeit empfunden werden konnte.

3. *Unseriöses Zwischenspiel: Voltaire.* Auf einem Wandkalenderblatt fand ich folgenden Satz von Voltaire: »Die Menschen bedienen sich des Gedankens nur, um ihre Ungerechtigkeit zu begründen, und sie wenden die Worte nur an, um ihre Gedanken zu verbergen.«

Folgerung: Voltaire ist ein Mensch. Also wendet er seine Worte, also auch die hier zitierten, nur an, um seine Gedanken zu verbergen. Was sind die verborgenen Gedanken? Er hat sich ihrer nur bedient, um seine Ungerechtigkeiten zu begründen. Was er hier begründet, ist ein unfreundliches Urteil über die menschliche Wahrhaftigkeit. Dieses Urteil ist also eine Ungerechtigkeit. Ein menschlich ungerechtes Urteil ist falsch. Also, nach de Morgans Regel, ist wahr: »Die Menschen bedienen sich des Gedankens nicht nur, um ihre Ungerechtigkeiten zu begründen, oder sie wenden die Worte nicht nur an, um ihre Gedanken zu verbergen.« Eine Paradoxie läßt sich hieraus nicht herleiten, sowenig wie aus der populären Fassung des Kreters: »Ein Kreter sagte: ›Alle Kreter sind Lügner‹«. Aus diesem folgt nur »Nicht alle Kreter sind Lügner«, aber nicht, daß er kein Lügner ist. Man wird in Wahrheit sogar das »oder« in dem aus Voltaires Selbstwiderspruch folgenden Satz durch »und« ersetzen dürfen.

Nutzanwendung: Die Behauptung der Lügenhaftigkeit jeder Rede hebt sich selbst auf. Es besteht keine Symmetrie zwischen wahr und falsch. Die schlicht intendierte Wahrheit ist Basis des Sprechens überhaupt.

4. *Russell.* Die modernen Logiker unterscheiden semantische und syntaktische Antinomien und nennen den Kreter eine semantische, die Russellsche eine syntaktische Antinomie. Ich folge eine Strecke weit der Darstellung von Fel-

scher*. Nach einer Präsentation der Russellschen Antinomie
geht Felscher zunächst auf die Grellingsche Antinomie ein.
Man betrachte Adjektive der deutschen Sprache. »Man führe
nun ein neues Adjektiv *heteronom* ein und setze fest, daß es eine
Eigenschaft von Adjektiven bezeichne: ein Adjektiv habe die
Eigenschaft, heteronom zu sein, genau dann, wenn es die Eigenschaft, welche es bezeichnet, nicht selbst hat. Dann trifft die
Eigenschaft, welche *heteronom* bezeichnet, auf dieses Wort genau dann zu, wenn sie nicht auf dieses Wort zutrifft.« (S. 42) Ich
habe übrigens diese Paradoxie mit meinen Kindern, als sie in
den frühen oder mittleren Gymnasialjahren waren, spielerisch
erörtern können durch bloße Eindeutschung der Terminologie.
Ich fragte, ob ein Wort ein »Selbstwort« sei. »Kurz« ist kurz,
also Selbstwort, »lang« ist nicht lang, also Nichtselbstwort. Ist
nun »Nichtselbstwort« ein Selbstwort oder ein Nichtselbstwort?

Grellings Antinomie ist semantisch: sie läßt sich gar nicht
aussprechen ohne die Unterscheidung von Zeichen und Bezeichnetem. Felscher: »Auf der einen Seite stehen die Adjektiva
als bloße Wörter, zwischen denen logische Beziehungen nicht
bestehen, so daß da auch keine Widersprüche auftreten können. Auf der anderen Seite stehen Eigenschaften, die untereinander ebenfalls nicht in Beziehung stehen. Beide Seiten sind auf
zwei Arten verbunden: zum einen können Wörter die Bezeichnungen, also Namen, von Eigenschaften sein; zum anderen
können Eigenschaften auf Wörter zutreffen. Widersprüchlich
ist weder das Wort *heteronom*, widersprüchlich ist auch nicht
die wohldefinierte Eigenschaft, heteronom zu sein; der Widerspruch entsteht erst durch die nochmalige Anwendung der
Korrelation zwischen Namen und Bezeichnetem.« (S. 42) Der
Kreter ist offenbar ebenso eine semantische Antinomie: er
spricht über sich, er bezeichnet sich als Bezeichnung des Falschen.

Antinomien wie die von Russell und Grelling demonstrieren, daß das Paradox des negativen Selbstbezugs nicht am Begriff der Aussage oder des Urteils hängt, sondern schon in einer

* W. Felscher, *Naive Mengen und abstrakte Zahlen I*, Mannheim/Wien/Zü-
rich 1978.

Logik der Eigenschaften oder Begriffe auftritt, also vermutlich auch einem durchgeführten platonischen Entwurf immanent ist. Wir betrachten zunächst die Grellingsche Fassung, weil sie den semantischen Charakter des Kreters bewahrt, ja herausarbeitet. Die Einfachheit der Grellingschen Antinomie beruht auf den zwei Begriffen Bezeichnung und Eigenschaft. Es liegt nahe, den Grund der Antinomie in der in der Tat dunklen Relation des Bezeichnens zu vermuten. Moderne Logiker scheinen den Begriff des Bezeichnens und den Wissenschaftsnamen der Semantik zwar relativ leichten Herzens zu verwenden. Ich bekenne, daß er mir, seit ich ihn kennengelernt habe, das Empfinden einflößt, vor einem Abgrund zu stehen. Es scheint freilich sehr einfach. Da begegnet mir ein Mensch. Wer ist das? Fritz Meyer. »Fritz Meyer« ist sein Name. Der Name bezeichnet diesen Menschen. Aber wie kann ich *sagen*, wer oder was das ist, was der Name »Fritz Meyer« bezeichnet? Nun, eben Fritz Meyer. D. h. ich brauche in der Sprache den Namen, um das anzugeben, was der Begriff der Semantik eben von dem Namen als das durch ihn Bezeichnete unterscheidet. Gut, ich kann auf ihn weisen. Aber was meint mein ausgestreckter Zeigefinger? Worauf zeigt er, was bezeichnet er? Den Mann, den Rock, das Gesicht, die Nase, sein schnelles Gehen? Ich muß schon begrifflich, also in der Sprache durch Begriffsnamen, verstanden haben, daß ich den Mann meine. Das Zeigen funktioniert nur innerhalb einer Praxis des Bezeichnens. Bei den Begriffsnamen wird das noch viel deutlicher. Was meint der Begriff »Zahl«? Eine Klasse äquivalenter Klassen. Was meinen die Begriffe »Klasse« und »äquivalent«? Wir rekurrieren auf verständliche Sprache. »Wir hängen in der Sprache« (Niels Bohr). Stummes Vormachen der Operationen ist selbst ein Bezeichnen, nur durch nichtsprachliche Mittel. Ich behaupte natürlich nicht, der Begriff des Bezeichnens sei sinnlos. Aber es ist zunächst eine uneingelöste Forderung, verständlich zu machen, warum gerade er im normalen Gebrauch eine so große Einfachheit hat. Ich mache dazu nur eine Bemerkung, die ins Feld der zeitlichen Logik weist. Wir sprechen zunächst spontan. Was ist da? Ein Mann. Wer? Fritz Meyer. *Danach* reflektieren wir. Was heißt »Fritz Meyer«? Was heißt »Mann«? Die semantische Trennung von Bezeichnung und Bezeichnetem ist immer nachträglich,

und sie wird gemacht, indem von anderen Bezeichnungen un-
geniert, unreflektiert Gebrauch gemacht wird. Reflexion ist
nachträglich, also ein zeitlicher Akt.

Die Russellsche Antinomie zeigt nun aber, daß die Elimina-
tion des Bezeichnungsbegriffs den Widerspruch nicht auflöst.
Felscher dazu: »Eine genauere Analyse der semantischen
Antinomien … lehrt unter anderem, daß die syntaktischen Antinomien Internalisierungen (und zugleich Vereinfachungen)
der semantischen sind, indem für sehr ausdrucksstarke Theorien (wie die Mengenlehre) gewisse Stücke des Dualismus von
Sprache und Bezeichnetem schon *innerhalb* solcher Theorien
reproduziert werden können.« (S. 43)

Die Frage ist zunächst: was bedeuten die Ausdrücke »syntaktisch« und »Internalisierung«? Syntax ist das Regelsystem,
nach dem die Elemente (Wörter bzw. formale Zeichen) einer
Sprache zu sinnvollen Sätzen zusammengefügt werden können. Die Syntax unternimmt also nicht den für die Semantik
charakteristischen Versuch, innerhalb der Sprache davon zu
sprechen, was außerhalb der Sprache ist. Insofern sie selbst
sprachlich vorgetragen wird, ist doch das, worüber sie spricht,
nur die Sprache selbst. Kann man die Antinomien schon syntaktisch erzeugen, so hat man sie internalisiert, genauer: der
Sprache *ausdrücklich* immanent gemacht (de facto ist ja auch
die Semantik sprachimmanent). Führt man mehrere Sprachen
ein, z.B. eine formalisierte »Objektsprache« und eine Metasprache, oder eine Hierarchie solcher Stufungen, so spricht die
jeweilige Syntax *in* der jeweiligen Metasprache nur *über* die jeweilige Objektsprache, die Semantik aber *in* der Metasprache
über die Beziehung der Objektsprache zur Metasprache. Das
eigentliche philosophische Problem bietet dann natürlich die
Sprache, in der man über diese Hierarchie spricht.

Um eine semantische Antinomie zu internalisieren, müssen
wir den Begriff des Bezeichnens eliminieren. Wir sprechen nunmehr nicht mehr über ein Adjektiv und außerdem über die Eigenschaft, die es bezeichnet, sondern wir gebrauchen das Adjektiv, wie dies im normalen Sprechen üblich ist, und sprechen
damit die Eigenschaft aus, die es gemäß der semantischen Reflexion bezeichnet. Es gibt jetzt also nicht Adjektive *und* Eigenschaften, sondern, wenn wir *in* der Sprache sprechen, nur Ei-

genschaften, wenn wir aber *über* die Sprache sprechen, nur Adjektive. Die andere Relation: »S hat die Eigenschaft P« bleibt aber erhalten. Sie hat aber jetzt inhaltlich von Fall zu Fall ganz andere Bedeutungen. Denn S ist jetzt nicht mehr ein Adjektiv, sondern die durch es ausgesprochene Eigenschaft. Das Wort »kurz« aber ist nun zwar mit der Eigenschaft »kurz« identisch, hat aber eben darum nicht die Eigenschaft »kurz«. Es ist sehr schwer, sich überhaupt eine Eigenschaft auszudenken, die sich selbst als Eigenschaft zukommt, also ein im Sinne Russells prädikables Prädikat. Wenn man glaubt, daß die Logik auf sich selbst bezogen werden kann, so ist »logischer Begriff« selbst ein logischer Begriff; überhaupt ist wohl »Begriff« ein Begriff. Wer moderne Vorsicht gelernt hat, könnte hier überall Stufen einführen wollen und überhaupt keine prädikablen Prädikate zulassen, also nur imprädikable Prädikate. Damit ist freilich das Prädikat »imprädikabel« eingeführt, und es entsteht die Frage seiner Zulässigkeit. Der Versuch, sie zu beantworten, führt auf die logische Fassung von Russells Antinomie.

Diese Argumentation produzierte den Widerspruch im Rahmen der Umgangssprache. Nun ist heute die skeptische Meinung verbreitet, die Umgangssprache könne überhaupt nicht logisch konsistent gemacht werden, dies sei vielmehr nur für formalisierte Sprachen zu fordern. Ich übergehe hier zunächst das gesamte Problemfeld der Formalisierung der Logik und wende mich sofort zur formalisierten Mengenlehre. In ihr entsprechen die Mengen den Eigenschaften. Bei üblicher umgangssprachlicher Deutung ist eine Menge die Menge aller der Objekte, die die ihr entsprechende Eigenschaft haben. In einer möglichst sparsamen Fassung der Mengenlehre treten als Objekte selbst nur Mengen auf. Diese Fassung entspricht dem platonischen Schema, in dem nur Eidē auftreten; das Eidos hat hier den Namen »Eigenschaft« (oder »Begriff«). »a ist Element von b« (für: »a hat die Eigenschaft b«) wird geschrieben $a \varepsilon b$; »a ist nicht Element von b« wird geschrieben $a \notin b$.

Nun konstruieren wir die Russellsche Paradoxie in mengentheoretischer Fassung. Es gibt die Eigenschaft $x \notin x$. Die dieser Eigenschaft entsprechende Menge heiße c. Also für alle d: $d \varepsilon c$ genau wenn $d \notin d$. Es folgt: Wenn $c \varepsilon c$, so $c \notin c$; wenn $c \notin c$, so $c \varepsilon c$.

In diesem Argument treten jedoch die beiden Begriffe »Eigenschaft« und »Menge« auf. $x \notin x$ ist eine Eigenschaft von x, ist aber selbst noch kein Menge. Vielmehr muß man c als die Menge der Mengen mit der Eigenschaft $x \notin x$ definieren. Daß man das für jede Eigenschaft darf, formulieren die Mengentheoretiker als uneingeschränktes Komprehensionsaxiom (bzw. Schema der Komprehensionsaxiome). Es knüpft die Mengenlehre an die unabhängig von ihr bestehende Logik an, setzt also den Primat der Logik vor der Mengenlehre in Evidenz. Will man den Widerspruch vermeiden, so muß man das Axiom in seiner uneingeschränkten Form opfern. Aber was denkt man sich dabei?

Wenn wir axiomatische Mengenlehre als völlig formalisiertes System aufbauen, so können wir in eindeutiger Weise syntaktisch über sie reden. Eben damit haben wir dann die Willkür, beliebige Axiome zu postulieren. Man fordert als einschränkende Bedingung, es müsse unmöglich sein, im System formal einen Widerspruch herzuleiten, weil man sich andernfalls keine sinnvolle Deutung des Systems vorstellen kann. Ein widerspruchsfreies formales System kann nun im allgemeinen mehrere Modelle zulassen. Ein Modell ist hier ein System von Sätzen, die umgangssprachlich oder durch andere formale Systeme eingeführt sind und die eineindeutig auf die formalisierten Sätze des gegebenen Systems abgebildet werden können. Wir treten hier in den Fragenkreis der Abbildung und des Kategorie-Begriffs ein.

Bei der Auswahl der Axiome einer axiomatischen Mengenlehre orientiert man sich aber normalerweise an logischen Intuitionen. Man möchte sich ein logisches Modell der Mengenlehre denken können, in dem eine Menge möglichst genau dem logischen Begriff einer Eigenschaft (eines Prädikats oder Begriffs) korrespondiert. Die Schwierigkeit ist, daß die einzige evidentermaßen einfache Entsprechung eben die des uneingeschränkten Komprehensionsaxioms ist. Alle Einschränkungen, die historisch vorgeschlagen worden sind, waren faktisch durch das negative Motiv der Vermeidung von Widersprüchen bestimmt. Wir müssen uns auf sie einlassen, um an ihnen zugleich die in sie einfließenden logischen Intuitionen abzulesen.

Der erste Vorschlag war Russells Typentheorie. Illustriert an der Theorie der reinen endlichen Typen (Felscher, S. 43–44):

Die Objekte der Theorie heißen Mengen. Jeder Menge a ist eine natürliche Zahl $|a|$ als ihr Typ zugeordnet. Wir heben hier nur die zwei die Theorie definierenden Axiome hervor. Axiom der Typen: Für alle a, b gilt: wenn $a\varepsilon b$, so $|b| = |a|+1$. Schema der Komprehensionsaxiome: Zu jeder natürlichen Zahl n und jeder Eigenschaft η existiert eine Menge c so, daß $|c| = n+1$ und daß für alle d gilt $d\varepsilon c$, genau wenn $|d| = n$ und die Eigenschaft η hat. Hinzu kommt noch ein Extensionalitätsaxiom.

In dieser Fassung enthält die Theorie wiederum eine Anknüpfung an die Logik durch die wesentliche Verwendung des Eigenschaftsbegriffs. Dies ist formell vermeidbar, indem man alle auf einer Stufe n extensional unterscheidbaren Eigenschaften explizit aufzählt. Alle in einer Menge a unterscheidbaren Eigenschaften ihrer Elemente müssen jeweils verschiedene Teilmengen von a charakterisieren. Die Menge aller dieser Eigenschaften ist also die Potenzmenge von a: Pa. Man kann also von einer Grundmenge F_0 ausgehen, für welche die Elementbeziehung ihrer Elemente zu ihr $a\varepsilon F_0$ als gegeben vorausgesetzt ist. Dann bildet man die Potenzmengen $F_1 = PF_0$, $F_2 = PF_1$ etc. Für diese Bildung braucht man nur die Teilmengenbeziehung und die Definition: $b\varepsilon F_n$, wenn b eine Teilmenge von F_{n-1} ist.

In der Typentheorie ist die Grundmenge F_0 ausgezeichnet. In einem rein formalen Aufbau ist es einerlei, was man sich unter ihr vorstellt. Sucht man ein logisches Modell der Theorie, so wird aber ihre Deutung entscheidend. Man kann dazu wohl zwei Wege gehen. Entweder F_0 bezeichnet eine beliebige Menge, von deren Existenz man sich auf irgendeine Weise vergewissert hat. Die Typentheorie sagt dann aus, was mit der Setzung einer solchen Menge schon mitgesetzt ist. Oder aber F_0 bezeichnet eine bestimmte, aller Logik vorgegebene Menge von Ur-Elementen. Russell hatte wohl eine philosophische Neigung hierzu, etwa in dem Sinne, daß die Elemente von F_0 die Dinge oder die Empfindungsdaten der empirischen Welt seien. Man kann die erste eine der Logik immanente, die zweite eine ihr transzendente Auffassung nennen.

Beide Auffassungen führen, wenn ich richtig sehe, auf jeweils verschiedenen Wegen in den Fragenkreis der zeitlichen Logik.

Die Weiterentwicklung der Mengenlehre über die endliche Typentheorie hinaus hat es mit zwei Problemkreisen zu tun.

Erstens ist diese Theorie nicht fähig gewesen, alle logischen Sachverhalte abzubilden; Russell sah sich zu Erweiterungen und Ergänzungen (verzweigte Typentheorie, Reduzibilitäts-axiom) genötigt. Zweitens mußte sie Unendlichkeiten höherer Stufe einbeziehen. Dafür wurden alternative Systeme entwik-kelt (Zermelo, v. Neumann). Eine radikal andere Auffassung, die konstruktivistische, leugnete die Berechtigung nicht-kon-struktiver Begriffsbildungen überhaupt. Wir stehen hier wieder vor dem Konflikt zwischen Einfachheit und Gewißheit. Die Mengenlehre erscheint als ein System relativ einfacher Hypo-thesen ohne zwingende Begründung, der Konstruktivismus als ein System komplizierter Gewißheiten. Die Arbeit eines neue-ren Konstruktivisten wie Lorenzen zielt charakteristischer-weise insbesondere auf den Nachweis, daß die echten, mathe-matisch fruchtbaren Einfachheiten der klassischen Analysis konstruktivistisch gerechtfertigt werden können.

Ich habe nicht die nötige Vorbildung, um in diese Arbeiten inhaltlich einzugreifen. Ich nenne nur ihren Zusammenhang mit der zeitlichen Logik. Konstruieren und Beweisen sind Tä-tigkeiten, die in der Zeit geschehen. Die zeitliche Logik hätte sie als Tätigkeiten zu analysieren. Eine vollzogene Konstruktion, ein vorgelegter Beweis ist ein Faktum; die Behauptung, eine Konstruktion sei ausführbar, ein Satz sei beweisbar, spricht eine Möglichkeit aus. Hypothesen über Beweisbarkeit bzw. Nicht-widerlegbarkeit brauchen nicht verboten zu werden. Der kon-struktivistische Gewißheitsfanatismus kann, wie Fanatismen oft, einerseits heuristisch fruchtbar sein, andererseits aussichts-reiche Alternativen verstopfen. Insbesondere fordert er zur Ge-genfrage nach der Gewißheit seiner eigenen Grundannahmen heraus.

Hier sei vor allem auf eine Grundannahme der Mengentheo-rie verwiesen, die auch dem Konstruktivismus selbstverständ-lich ist: daß die Gegenstände der Mathematik, insbesondere also die Elemente einer Menge, *disjunkt* seien. Konstruktiv ge-sprochen heißt das, sie seien eindeutig unterscheidbar. Der Ma-thematiker unterstellt dies schlicht. Das Problem wird sehr deutlich bei Symmetriebetrachtungen. Eine strukturierte Menge lasse eine Abbildung auf sich zu, welche die Struktur er-hält. Unter dem Gesichtspunkt der invarianten Struktur sind

die Elemente der Menge von ihren Bildern ununterscheidbar.
Es bedarf einer äußerlich vorgegebenen Kennzeichnung jedes
Elements, also einer stillschweigend vorausgesetzten externen
Struktur, um sie unterscheiden und damit die Symmetriebe-
hauptung überhaupt sinnvoll formulieren zu können. Insofern
ist jede mathematische Menge überhaupt nur *in* einem »uni-
verse of discourse« sinnvoll definierbar. Dabei handelt es sich
nicht nur darum, in einer festen Anzahl von Elementen sagen
zu können, welches welches ist, sondern eben um die Disjunkt-
heit im strengen Sinne, ob von zweien von ihnen, die man äußerlich kennzeichnet, eindeutig gesagt werden kann, ob sie
identisch oder divers sind. Ist jeder mathematische Gegenstand
ein Begriff, so müßte man für jeden, oder, in der einfachen Typentheorie, jedenfalls für jedes Element von F_0, nach einer operativen Definition fragen. Man wird auf die Frage zurückge-
worfen, ob operativ definierte Begriffe disjunkt sind. Dies
führt uns auf die transzendente Auffassung der Grundmenge.
Es fragt sich, ob man in der zeitlichen Logik in ihrer unlösbaren
Verbindung mit der Physik verständlich machen kann, warum
und in welchem Grade Begriffe disjunkt sein können.

5. Quantenlogik und Mengenlehre. Wir betrachten die Quantenlogik als ein Modell der Anwendung zeitlicher Logik in der
transzendenten Auffassung der Grundmenge. Sie ist nur ein
Modell, denn sie ist nicht die direkte Anwendung einer Theorie
zeitlicher Verhältnisse, sondern sie setzt die etablierte Quantentheorie voraus, von der nur die Hoffnung einer Begründung
durch zeitliche Logik besteht. Auch der Versuch einer direkten
Begründung der Quantenlogik im Rahmen einer operativen
Logik (P. Mittelstädt) wird hier nicht benützt.

Wir wählen zunächst eine spezielle Grundmenge F_0', nämlich die Menge der Zustandsvektoren eines quantentheoretischen Objekts. Als Basis des quantenlogischen Aussagenverban-
des wählt man normalerweise die Menge der eindimensionalen
Unterräume des Hilbertraums, die als Punkte einer projektiven
Geometrie aufgefaßt werden können. Ich ziehe vor, gleich im
Hilbertraum selbst und nicht im Verband seiner Unterräume zu
arbeiten. Solche Entscheidungen behalten in einer bloßen Mo-
dellbetrachtung wie der gegenwärtigen eine gewisse Willkür,

die sich nur durch den Erfolg rechtfertigen kann. F_0' sei also mathematisch die Menge der Vektoren des Hilbertraums.

Wir führen nun zwei Interpretationen von F_0' ein, die wir als die *physikalische* und die *mathematische* terminologisch unterscheiden. Mathematisch ist F_0' eine Menge disjunkter Elemente, in der eine Struktur, eben die des Hilbertraums, definiert ist. Physikalisch ist F_0' eine Mannigfaltigkeit von Elementen, die – außer soweit sie mathematisch orthogonal sind – nicht disjunkt sind. Das Wort »Mannigfaltigkeit« ist hier also terminologisch benutzt, um einen Begriff zu bezeichnen, der allgemeiner sein soll als der Mengenbegriff. Physikalisch ist zwischen den Elementen von F_0' eine Beziehung definiert, die zunächst vage als Übereinstimmungschance bezeichnet sei: die Chance, sie bei Beobachtung als dasselbe Element zu erkennen. Die operative Definition der Übereinstimmungschance würde uns ins Feld der zeitlichen Logik führen, etwa so: Seien x und y die Elemente von F_0', nach deren Übereinstimmung wir fragen. Daß man sie überhaupt verschieden bezeichnet, besagt, daß sie in der Vergangenheit, also faktisch, auf verschiedene Weise, identifiziert worden sind. Damit ist ein Verfahren festgelegt, x zu finden, und ebenso ein Verfahren, y zu finden. Genauer: ein Verfahren, festzustellen, ob x vorliegt; analog für y. Nun sei x in einer gegebenen Situation faktisch gefunden, und das Verfahren, y zu finden, wird angewandt. Die Übereinstimmungschance ist Chance, y in dieser Situation wirklich zu finden. Die mathematische Theorie gestattet uns, diese Chance als Übereinstimmungswahrscheinlichkeit zu quantifizieren.

Daß zwei mathematisch disjunkte Elemente eine Chance haben, physikalisch identisch zu sein, ist das scheinbare Paradox der Quantentheorie. Deshalb seien hier rasch die naheliegenden Auswege erörtert. Es dürften im wesentlichen zwei sein, beide als Hypothesen verborgener Parameter zu bezeichnen. Die eine sucht den verborgenen Parameter im Objekt, die andere sucht ihn im Gesamtzusammenhang. Ich nenne sie die engere und die weitere Hypothese verborgener Parameter.

Die engere Hypothese besagt, die Elemente von F_0' gäben keine vollständige Beschreibung des Objekts. Sie seien also in Wahrheit nicht Elemente der Menge möglicher Zustände des Objekts, sondern Teilmengen der Menge Z dieser Zustände.

Zwei Elemente von F_0' seien, sofern sie nicht physikalisch streng disjunkt, also mathematisch orthogonal sind, zwei verschiedene, aber nicht disjunkte Teilmengen von Z, d. h. Teilmengen mit von Null verschiedener Differenz (d. h. verschieden) und von Null verschiedenem Durchschnitt (d. h. nicht disjunkt). Eine Messung, die x findet, finde in Wirklichkeit ein Element von x, könne aber nicht feststellen, welches dieser Elemente sie gefunden hat. Es kann also dem Durchschnitt von $x \cap y$ angehören oder auch nicht.

Es gibt eine naheliegende Präzisierung dieser Hypothese. Man gebe jedem in einem x enthaltenen Element der »wahren« Grundmenge eine Apriori-Wahrscheinlichkeit, vorzuliegen, wenn x gefunden ist. Die Wahrscheinlichkeit, y zu finden, wenn x gefunden war, wäre dann die Summe der Aprioriwahrscheinlichkeiten der Elemente des Durchschnitts von x und y, betrachtet als Elemente von x. Im Kontinuum würden die Aprioriwahrscheinlichkeiten ein Maß definieren, und die Übereinstimmungswahrscheinlichkeit von y mit x wäre das relative Maß von $x \cap y$ in x. Diese Auffassung scheitert an der Existenz einer linearen Struktur in F_0', welche die Übereinstimmungswahrscheinlichkeiten durch eine Metrik im linearen Raum bestimmt und zu einer mit der klassischen Wahrscheinlichkeitsrechnung nicht vereinbaren Regel der Komposition bedingter Wahrscheinlichkeiten führt. Dies ist der Kern des Neumannschen Beweises.

Anderweitige Präzisierungen der engeren Hypothese studiere ich hier nicht. Sie haben historisch nicht zum Erfolg geführt. Methodisch handelt es sich bei dieser historisch fruchtlos gebliebenen Kontroverse wieder um das Verhältnis von Einfachheit und Gewißheit. Die Überzeugung der Kopenhagener Schule von der Ergänzungs-Unbedürftigkeit der Quantentheorie beruhte weitgehend auf ihrer Einfachheit. Man konnte hier fast von einer ästhetischen Basis der Überzeugung sprechen. Die Vermutung, verborgene Parameter seien möglich, und die Forderung nach einer strengen Widerlegung dieser Vermutung basierten beide auf einem Wunsch nach Gewißheit. Dieser Wunsch hat, wie so häufig, unermeßlichen vergeblichen Arbeitsaufwand produziert, ohne die Kontrahenten letztlich zu überzeugen. Dabei stand hinter der Hoffnung auf verborgene

Parameter selbst eine andere Vorstellung von Einfachheit, diejenige der klassischen Ontologie. Um das Problem wirklich
aufzuklären, ist eine Analyse *beider* Arten der Einfachheit nötig. Diese Analyse ist nach meiner Ansicht dann aussichtsreich,
wenn man die Einfachheit der Quantentheorie *zuerst* erklärt,
und als Folge die Einfachheit des klassischen Grenzfalls. Die
Einfachheit der Quantentheorie liegt mathematisch in ihrer linearen Struktur. Diese ist an die Spitze zu stellen und womöglich aus der zeitlichen Logik zu erklären (vgl. *AP* 8.4–5). Hier
setze ich dies als geleistet voraus und analysiere gewisse lo-
gisch-mengentheoretische Folgen.

Vorher sei aber die weitere Hypothese noch besprochen. Sie
läßt sich anknüpfen an die von Heisenberg in seiner ersten Einführung der Unbestimmtheitsrelation benützte Redeweise von
der Störung des Systems durch den Beobachter (vgl. dazu mein
Münchner Nachruf auf Heisenberg, in dem Bändchen mit v. d.
Waerden). Man könnte sagen, wenn *x* vorlag und bei der nächsten Messung *y* gefunden wurde, so habe die Meßwechselwirkung das *y* erzeugt. Hier ist zunächst eine Zweideutigkeit des
Ausdrucks zu eliminieren. Soweit die Meßwechselwirkung in
quantenmechanisch beschreibbarer Weise den Zustand ändert
(z. B. ein Stoßversuch, der einen Impuls messen soll, den Impuls zugleich ändert), kann man den Wert der zu messenden
Größe *vor* und *nach* der Meßwechselwirkung unterscheiden,
und was wir oben mit »*y* finden« meinen, betrifft den durch die
Messung ermittelten Wert der Größe *vor* der Meßwechselwirkung. Die weitere Hypothese muß also außer der quantentheoretisch beschreibbaren Meßwechselwirkung eine andere,
verborgene Wechselwirkung postulieren. D. h. sie ist eine
Hypothese verborgener Parameter für das aus dem Objekt und
der bei der Messung relevanten Umwelt bestehende Gesamtsy-
stem. Ich vermute, daß eine solche Hypothese nur dann eine
bessere Chance haben könnte als ihre engere Schwester, wenn
sie die beiden idealisierenden (klassischen) Annahmen getrennter Objekte und eines reellen Zeitparameters aufhöbe. Das lasse
ich hier auf sich beruhen.

Wir legen nun die physikalische Interpretation als die eigentliche, im Sinne der Quantenlogik, d. h. der Zeitlogik gemeinte,
zugrunde. D. h. die wirklichen Gesamtheiten möglicher Zu-

stände, welche jeweils in der Rolle von F_0' in der Typentheorie auftreten, sollen Quantenmannigfaltigkeiten (kurz: Mannigfaltigkeiten) der hier beschriebenen Struktur sein. Die Rechtfertigung dieser Auffassung überlassen wir der Zeitlogik; hier benötigen wir sie als Modell.

Es sei nur rasch gezeigt, daß man logische Konstruktionen wie z. B. diejenige des Zahlbegriffs in dieser Auffassung reproduzieren kann. Im klassischen Aufbau geschieht diese Konstruktion nach folgendem Schema: Man definiert zunächst das (Cartesische) Produkt zweier Mengen a und b: $a \times b$; es ist die Menge aller geordneten Paare x, y, in denen $x \, \varepsilon \, a$, $y \, \varepsilon \, b$. Eine Abbildung von a nach b ist eine Teilmenge c von $a \times b$, so daß zu jedem $x \, \varepsilon \, a$ genau ein Paar $x, y \leq c$ gehört. Eine bijektive Abbildung ist eine Abbildung von a nach b, deren Umkehrung zugleich eine Abbildung von b nach a ist. Zwei Mengen, die bijektiv aufeinander abgebildet werden können, heißen äquivalent. Wir betrachten eine Menge M, deren Elemente Mengen sind. Eine Anzahl n in M ist die Menge aller Mengen $b \varepsilon M$, die einer gegebenen Menge a äquivalent sind. Man muß nun geeignete Annahmen über M machen, damit M umfassend genug ist, um die Konstruktion aller gewünschten Zahlen zu gestatten, und nicht so umfassend (etwa als Menge aller Mengen), um Antinomien zu produzieren.

Mit Quantenmannigfaltigkeiten verläuft die Definition analog. Das Produkt ist der von den Hilberträumen a und b aufgespannte Hilbertraum $a \times b$. Teilmengen entsprechen Teilräumen. Eine Abbildung von a nach b ist ein Teilraum $d \, \varepsilon \, a \times b$, in dem zu jedem $x \varepsilon a$ genau ein Paar $xy \varepsilon d$ gehört, also, wegen der Linearität von a, b, d, zu jedem eindimensionalen Teilraum $\bar{x} \subset a$ (so daß $x \, \varepsilon \, \bar{x}$) ein eindimensionaler Teilraum $\overline{x, \, y} \subset d$. Eine bijektive Abbildung von a nach b erweist sich nun als möglich, wenn die beiden Räume gleiche Dimensionszahl haben; diese ist dann auch die Dimensionszahl der Abbildung. Die Anzahl ist die Menge aller einem gegebenen a äquivalenten Hilberträume, also die Dimensionszahl von a. Im Hilbertraum ist aber auch eine Definition einer speziellen Anzahl so möglich, daß dieser ein Operator entspricht, der nicht notwendigerweise in einem bestimmten Zustand einen Eigenwert hat, wie z. B. der Teilchenzahloperator in der Feldtheorie.

Was hier getan wird, ist offenbar einfach die Übertragung der Abbildung und der zugehörigen Begriffsbildungen von der Kategorie der Menge auf die Kategorie des Hilbertraums. Dies legt den Einwand nahe, der immer gegen die Bezeichnung der Quantenlogik als Logik erhoben wird, daß ihre Definition die klassische Mathematik und folglich die klassische Logik schon voraussetzt. Die Klärung dieser Einwände ist deshalb der Kern der hier versuchten Theorie.

Die Antwort liegt in der Auffassung der klassischen Mathematik als »klassisch« im Sinne des Terminus »klassische Physik«, d. h. als Grenzfall für große Zahlen. Die Definition des Hilbertraums benützt die reellen (und die mit ihrer Hilfe definierten komplexen) Zahlen. Reelle Zahlen interpretiere ich als Gesetze über rationale Zahlen, letztere als Endomorphismen natürlicher (bzw. ganzer) Zahlen. Was hier gezählt wird, sind, in der physikalischen Situation, gleichartige Objekte. Das zeigt am deutlichsten die Interpretation der Hilbertraum-Metrik durch den Wahrscheinlichkeitsbegriff. Eine Wahrscheinlichkeit ist die Vorhersage einer relativen Häufigkeit, also in der Tat ein Gesetz über rationale Zahlen. Daß es getrennte, gleichartige Objekte gibt, ist schon das Ergebnis einer Zerlegung eines sehr komplexen historischen Zusammenhangs unter Begriffen. Im Einzelfall kann man eine Wahrscheinlichkeit nicht messen, also den Hilbertraum nicht physikalisch definieren. Daß man es für große Anzahlen gleichartiger Fälle kann, ist damit natürlich noch nicht bewiesen. In dem hier benutzten Modell wird das vorausgesetzt. Man kann dann nur die Konsistenz der Annahmen zeigen: die Wahrscheinlichkeitsdeutung der Quantenfeldtheorie rechtfertigt nachträglich die vorausgesetzte Wahrscheinlichkeitsdeutung der Schrödingerwelle des Einteilchenproblems; mehrfache Quantelung als Analogon des Stufenaufbaus der klassischen Wahrscheinlichkeitsrechnung.

Man könnte einwenden, diese Überlegungen rechtfertigten allenfalls die Auffassung der physikalischen Anwendung der klassischen Mathematik als »klassischen Grenzfall«; die klassische Mathematik hingegen sei ihnen schon vorgegeben. Hier kann nur die zeitlogische Deutung der klassischen Mathematik die Brücke schlagen. Eine vollzogene Konstruktion im Sinne des Konstruktivismus ist faktisch vergangen. Sie wird normalerweise als mentaler Akt aufgefaßt und so der Beurteilung durch eine physikalische Denkweise entzogen. Aber in einem sorgfältigen Aufbau der operativen Mathematik, so bei Lorenzen, liegt die Basis im Kalkülbegriff, d.h. in der physischen Konstruierbarkeit realer Figuren. In Begriffen wie konstruier*bar*, wiedererkenn*bar* drückt sich die Möglichkeit aus. Eine Kalkülregel ist ein Gesetz über physische Möglichkeiten oder ein Gesetz über solche Gesetze etc. Überall wird Faktizität als Seinsweise des elementar Konstruierten zugrunde gelegt. Faktizität aber ist physikalisch nur möglich durch Irreversibilität, also durch große Zahlen.

Weiter als zu dieser grundsätzlichen Überlegung habe ich in dieser Frage bisher nicht vorzustoßen vermocht. Die Durchführung würde konkrete Physik voraussetzen, also, um lückenlos vollzogen zu sein, die Elementarteilchentheorie. Diese setzt natürlich ihrerseits die klassische Mathematik voraus, aber nur hypothetisch, in dem Sinne: schauen wir, wie weit wir damit kommen.

4. Thesen über Mengenlehre und Quantentheorie

Mit Bleistift auf die leere erste Seite des Buchs H.-D. Ebbinghaus, Einführung in die Mengenlehre, *Darmstadt 1977, notiert.*

1. Mengen sind Begriffe, extensional und komprehensiv vorgestellt.

2. Begriffe sind Möglichkeiten, als Klassen möglicher Fakten.

3. Fakten sind irreversibel.

4. Irreversibilität ist ein klassischer Grenzfall.

5. Quantentheorie stellt Meßergebnisse als mögliche Fakten vor. Dadurch kann sie begrifflich formuliert werden.

6. Mengenlehre: Isolieren von Elementen ist möglich.

7. Quantentheorie: Isolieren von endlich vielen Elementen ist möglich.

8. Quantentheorie ist primär.

9. Mengenlehre ist infinite hypothetische Erweiterung der Quantentheorie.

10. Mathematische Beschreibung der Quantentheorie bedient sich aber der Mengenlehre: unendliche statistische Gesamtheiten.

Sechstes Kapitel
Logik

1. Das Thema

Im Abschnitt 2, »Überblick«, des Kapitels »Logik« im ersten Teil sind vier verschiedene Zugänge zum Thema der Logik aufgezählt:

1. *historisch*, ausgehend von der griechischen *Eidos-Philosophie*,

2. *ontologisch*, ausgehend von einer »realistischen« Auffassung von *Gegenständen* und ihren Eigenschaften,

3. *operativ*, als Lehre vom *Handeln* in mathematischer Konstruktion und in der Diskussion,

4. *zeitlich*, auf den Aufbau der *Physik* zusteuernd.

Von den vier »thematischen Gegenständen« der Logik: Schluß, Satz, Begriff, Gegenstand lassen sich den vier Zugängen als fundamental zuordnen:

1. der *Schluß* als historischer Ursprung und der *Begriff* als das subjektive Abbild des *Eidos* dem historischen Zugang,

2. der *Gegenstand* dem ontologischen Zugang,

3. das *Urteil* oder, formal gesehen, die *Aussage* als Versionen des *Satzes* dem operativen Zugang,

4. die *präsentische Aussage*, als Ursprung sowohl des *Satzes* wie des *Begriffs* dem zeitlichen Zugang.

Das Logik-Kapitel des ersten Teils strebt unmittelbar dem vierten, dem zeitlichen Zugang zu. Nur dies ist für den Übergang zum 7. Kapitel, über Physik, nötig. Nur dies ist die wesentliche logische Station auf dem »Rundgang« des ersten Teils. Ebendies aber läßt fast die gesamte überlieferte Auffassung der Logik beiseite. Die Diskussion dieser Überlieferung holt nun das jetzige Kapitel im zweiten Teil wenigstens partiell nach.

Die Geschichte der Logik wird von Bocheński (1956) in vier kulturell klar voneinander geschiedene Entwicklungen aufgegliedert: in der griechischen Antike, in der indischen Tradition, im europäischen Mittelalter, in der naturwissenschaftlich-mathematischen Neuzeit. In Ermangelung eigener historischer Kenntnisse über die Mehrzahl dieser Phasen kann ich mich hier nur auf einen Ausschnitt einlassen: die neuzeitliche Logik vor ihrem platonisch-aristotelischen Hintergrund, und auch diese nur selektiv betrachtet. Die logische Tradition Indiens habe ich nie studiert. In der abendländischen Antike darf man wohl zwei wichtige Traditionen unterscheiden: die megarisch-stoische, die logisch die Aussage in den Mittelpunkt stellt (vgl. Kap. II 5.3.2, »Der Kreter«), und die platonisch-aristotelische. Nur mit letzterer habe ich mich selbst beschäftigt. Der Ursprung der Logik als Lehre vom richtigen Schließen spiegelt sich mit voller Bewußtheit in Platons Dialogtechnik und wird von Aristoteles in der Syllogistik (*Analytica priora*) systematisiert. Platons Lehre vom Eidos (der Idee) ist der Ausgangspunkt der späteren, subjektiv gewendeten Lehre vom Begriff. Der ontologische Grundgedanke der griechischen Philosophie hat bei Platon die Fassung, daß nur die Idee wahrhaft seiend ist. Bei Aristoteles tritt mit seinem Begriff der Substanz (usia) das Einzelding zentral in die Ontologie ein; doch bleibt seine Logik eine Lehre von Beziehungen zwischen Eidē. Im jetzigen Kapitel diskutiere ich diesen antiken Hintergrund der Logik nicht; im 11. Kapitel werden die Fragen berührt.

Die scholastische Logik des Mittelalters habe ich nicht studiert. Ihr philosophischer Hintergrund ist zunächst die Rezeption des Aristoteles. Mit den Zugängen zur Logik hat die spätmittelalterliche Debatte von »Realismus« und »Nominalismus« zu tun. »Realismus« bezeichnet hier fast das genaue Gegenteil dessen, was dieselbe Vokabel in der heutigen Debatte bedeutet: die »Ideen« oder »Formen«, die »Universalien«, sind real. Nach dem »Nominalismus« aber sind sie bloße »Namen«, die wir den realen Einzeldingen geben. So entspricht dem »Realismus« der Zugang zur Logik durch die Wahrnehmung der Universalien, also des Eidos, dem »Nominalismus« der Zugang, den ich oben »ontologisch«, von den Gegenständen ausgehend, genannt habe.

In den 5. Kapiteln beider Teile habe ich die Logik nur soweit betrachtet, als sie als eines der vier Themen der Mathematik aufgefaßt werden konnte (vgl. die »Erste Variation«, I 5.5.1). Dort wird Mathematik als Wahrnehmung von Struktur, also Gestalt, also Eidos beschrieben. Damit ist auch der dortige Zugang zur Logik platonisch-aristotelisch. Um aber das Selbstverständnis der neuzeitlichen Logik zu verstehen, müssen wir uns außer dem auch in ihr nicht verlorenen Zugang über die Wahrnehmung von Struktur nun den Zugängen von den Gegenständen und vom Handeln her zuwenden.

In den Abschnitten des zweiten Teils, II 5.2 »Klassen und Zahlen« und II 5.3.4 »Russell«, steht der logizistische Aufbau der Mathematik im Mittelpunkt. Der Ursprung dieses Aufbaus bei Frege wird dort nur genannt, aber nicht studiert. Ich habe zur unvollständigen Behebung dieses Mangels ins jetzige Kapitel (Abschnitt 5) einen unvollendeten Aufsatz über Frege aufgenommen. Für Frege ist die Logik die Grundwissenschaft. Ihre Ausgangsbegriffe können seiner Überzeugung nach eben darum nicht definiert werden. Unsere Fähigkeit, sie direkt zu verstehen, kann nur durch Beispiele erweckt und korrigiert werden. Dies ist eine von der platonistischen Ontologie freie Version des Kerngedankens der Eidos-Philosophie. »Menge«, »Klasse«, »Begriff«, »Aussage« sind moderne Termini für das, was man auch als »Wahrnehmung des Eidos« bezeichnen könnte. Der ursprüngliche Entwurf des logizistischen Aufbaus der Mathematik ist aber an den Paradoxien gescheitert. Russell erwog darum, als letzte Subjekte der logischen Prädikate empirische Gegenstände (Empfindungen oder Dinge) anzuerkennen. Das nötigt uns, den Gegenstandsbegriff des ontologischen Zugangs näher zu betrachten.

Dies habe ich schon vor Jahrzehnten in den hier als Abschnitt 2 und 3 abgedruckten Texten »Ding und Gegenstand« und »Faktische Ontologie« versucht. Der erste von beiden zielt auf die Klärung des Gegenstandsbegriffs der Physik, wendet sich aber im Unterabschnitt d., »Gegenstand und Eigenschaft«, den Voraussetzungen des kategorischen Urteils zu. Der zweite Text studiert ausdrücklich die ontologischen Voraussetzungen der Grundbegriffe der Aussagenlogik. Auch diese Studie ist aber durch den Vorblick auf die Physik motiviert. Die logischen Prämissen des »Realismus« (im heutigen Sinn des Worts) werden kritisch überprüft, so daß bereits in der Ontologie des Gegenstands für die Quantentheorie, also auch für den Übergang zur »Quantenlogik«, Raum geschaffen wird.

Abschnitt 4, »Operative Logik und Mathematik«, ist eine Besprechung des Buchs von Lorenzen (1955) über dieses Thema. Lorenzen erhebt den Anspruch einer ontologiefreien Begründung der Logik. In diesem Buch geschieht dies als mathematische Handlungslehre, in späteren Publikationen auch als Lehre von der wahrheitsuchenden Diskussion, also von zwischenmenschlichem Handeln. Lorenzen glaubt, die absolute Gewißheit von Logik und Mathematik auf diese Weise einsichtig zu machen, indem die Logik von ontologischen Kontroversen freigehalten wird. Wie ich bei der Besprechung der analogen Tendenz des Logizismus dessen Stammvater Frege nur genannt und unzureichend studiert habe, habe ich bei dieser Richtung des Konstruktivismus den Stammvater Brouwer (»Intuitionismus«) mehrfach erwähnt, aber nicht im Detail studiert; dazu I 6.7.6, »Apriorismus der Zeit«.

Meine eigene Abweichung von diesen verschiedenen »hierarchistischen« Versuchen habe ich als Trennung von Apriori und Gewißheit an vielen Stellen dieses Buchs erörtert, vielleicht am ausführlichsten im Abschnitt I 5.2, »Geometrie und Physik«. Der »Rundgang« legt den vierten Zugang zur Logik über die zeitliche Logik nahe, wie hier im ersten Teil ausgeführt. Die verbleibenden Abschnitte 6 und 7 des jetzigen Kapitels, als »Diskussionsbemerkungen« und »Notizen« charakterisiert, erörtern das Verhältnis der zeitlichen Logik zu anderweitigen Ansätzen.

2. Ding und Gegenstand

Dies ist ein Ausschnitt aus der Vorlesung »Der begriffliche Aufbau der theoretischen Physik« von 1948; vgl. I 2.

Physik entsteht im Umgang mit *Dingen*. Ich definiere nicht, was ein Ding ist, sondern appelliere an Ihr Verständnis dieses Wortes. Mein Stück Blei, die Tür dieses Hörsaals sind Dinge. Die Physik versucht es damit, auch die Luft, die Sonne, das Licht, meinen Leib als Dinge anzusprechen, und sie bringt es damit recht weit. Da wir den Glauben der Physiker methodisch gelten lassen wollen, widersprechen wir bei diesem Unternehmen zunächst nicht, sondern wollen uns seine Grenzen beim Fortschreiten von den Sachen selbst zeigen lassen.

Wir wollen aber fürs erste auf den Begriff »Ding« phänomenologisch reflektieren. Was denke ich schon unausdrücklich mit, wenn ich »Ding« sage?

Wir wollen zwei Eigenschaften des Dings herausgreifen: *Räumlichkeit* und *Invarianz*.

a. Räumlichkeit. Dinge sind *räumlich*. Wir umschreiben dies mit dem Ausdruck: Dinge sind *außereinander*. Damit sind Begriffe wie nebeneinander, vor-, hinter-, übereinander mit umfaßt. Auch *ineinander* im räumlichen Sinne können Dinge nur sein, weil es ein Außereinander gibt; sei es, daß ein Ding ein Loch hat, in dem ein anderes Ding ist, sei es, daß ein Ding Teil eines anderen Dinges und insofern außerhalb der anderen Teile desselben Dings ist.

Ein Ding hat eine *Ausdehnung* und einen *Ort*. Indem wir uns vergewissern, daß wir verschiedene Dinge an denselben Ort bringen und dieselbe Ausdehnung erfüllen lassen können, vermögen wir, ebenso wie wir von der Zeitlichkeit von Vorgängen ausgehend den Begriff der Zeit gebildet haben, nun von der Räumlichkeit von Dingen ausgehend den Begriff des *Raumes* zu bilden. Auch die nähere Untersuchung dieses Begriffes überlassen wir aber späteren Stunden.

Eine der Geschichtlichkeit analoge Struktur finden wir am Raum nicht. Hingegen sei eine Eigenschaft des Räumlichen hervorgehoben, die für die Erkenntnis von besonderer Bedeutung ist: seine *Faßlichkeit*. Der unreflektierten Einstellung unmittelbar gegeben ist vorzugsweise Räumliches. Fast alle unsere Ausdrücke, welche Verständnis bezeichnen, sind räumliche Gleichnisse: »faßlich«, »begreifen«, »einsehen« etc. Auch das Seelische war den Menschen zunächst in der Gestalt des beseelten Leibes bekannt. Die Reflexion auf den Unterschied von Körper und Seele ließ dann die Seele wieder in der Gestalt eines »feineren« Leibes oder etwa eines Vogels oder einer Maus räumlich werden; Götter und Dämonen werden unter räumlichen Bildern vorgestellt. Heute redet man von Seelischem und Kör-

perlichem oft als von »Innerem« und »Äußerem«. Auch das ist
nur ein räumliches Gleichnis. Ich, als Leib, bin hier, die anderen
räumlichen Dinge sind »außer mir«; sie machen die »Außenwelt« aus. Ich, so wie ich mich selbst kenne, bin »innen«, in
meiner Haut. Später denkt man daran, daß auch das Innere meines Körpers räumlich ist, gebraucht aber den Ausdruck »innen« für das Seelische metaphorisch fort.

Diese Faßlichkeit des Räumlichen ist von zweischneidiger
Wirkung in der Erkenntnis. Einerseits bieten räumliche Verhältnisse die Fülle von Vergleichen, ohne die wir überhaupt
nicht denken könnten. Man prüfe einmal, was von unserer abstrakten Sprache bleibt, wenn wir die räumlichen Gleichnisse
fortlassen. Andererseits sind wir ständig in Versuchung, das
Bild mit der Sache zu verwechseln. Ein großer Teil der reflexiven Arbeit besteht darin, uns klarzumachen, daß die wirklichen
nicht räumlichen Phänomene vielfach von anderer Struktur
sind als die räumlichen Gleichnisse, durch die wir sie zunächst
beschreiben. Schon meine Bemühung, Ihnen deutlich zu machen, daß die Zeit nicht einfach etwas ist wie eine räumliche Linie, daß die Geschichtlichkeit durch das räumliche Gleichnis
des eindimensionalen Kontinuums unterschlagen wird, war ein
Teil davon.

b. Invarianz. Diese Eigenschaft will ich durch den Satz umschreiben: *Das Ding ist in vielen Weisen des Erscheinens ein und
dasselbe.*

Dieser Satz fordert eine nähere Erläuterung des Begriffspaars
Ding – Erscheinung heraus. Ich verschiebe diese Erläuterung,
indem ich zunächst an Ihr vorläufiges unmittelbares Verständnis des Satzes appelliere, und stelle Material bereit, indem ich
die Weisen des Erscheinens mustere, in denen das Ding dasselbe
bleibt.

Das Ding bleibt dasselbe, wenn es von verschiedenen *Personen*, zu verschiedenen *Zeitpunkten* und unter verschiedenen
Aspekten aufgefaßt wird. Ich gliedere die Invarianz demgemäß
auf in *Interpersonalität, Dauer* und *Aspektinvarianz.* Die Invarianz zeigt in allen drei Beziehungen die Merkmale der *Unerfüllbarkeit* und der *Unerschöpfbarkeit*, die ich als ihre *Unendlichkeitsmerkmale* zusammenfasse.

Die *Interpersonalität* der Dinge ist die Voraussetzung der menschlichen Verständigung, also auch der Physik. Ich und du sehen dasselbe Bild. Sie alle sehen dieses Pult, ich auch, und wir können gewiß sein, daß wir dasselbe Pult sehen. Dabei sieht jeder es anders, je von seinem Standpunkt aus. Aber das, worüber wir unmittelbar reden können, was unserem Bewußtsein unreflektiert gegeben ist, ist gerade nicht das von Person zu Person Verschiedene an dem Pult, sondern das, was wir seine objektiven Eigenschaften nennen. Wenn Wissenschaft begonnen hat, ist die Interpersonalität schon vorausgesetzt.

Ebenso steht es mit der *Dauer*. Unmittelbar meinem Bewußtsein gegeben ist nicht ein »Ding jetzt« und dann wieder ein »Ding jetzt« usw., welche Momentan-Dinge dann verglichen, als ähnlich befunden und schließlich als »dasselbe Ding« »benannt« würden. Sondern das Ding, gerade wenn es nicht im Lichte der Aufmerksamkeit steht, ist ständig da, und wenn es gerade nicht wahrgenommen wird, so rechne ich unausdrücklich mit seinem Dasein in der Weise des Glaubens. Die Dinge dauern, indessen die Zeit strömt. Nur wenn ich ein Ding lange Zeit nicht gesehen habe oder wenn es rasch gewisse Eigenschaften ändert oder wenn es viele ähnliche Dinge gibt, habe ich Anlaß, an der Identität des Dings zu zweifeln. Dann kann die Reflexion zur ausdrücklichen Identifizierung bzw. deren Leugnung führen.

Man könnte die beiden geschilderten Formen der Invarianz als herausgehobene Einzelfälle der *Aspektinvarianz* auffassen. Ein Ding ist mir gegeben in einem Wahrnehmungsakt. Die Weise, in der es mir dabei gegeben ist, nenne ich den *Aspekt*, den ich soeben von ihm habe. Das vom Sehen abgeleitete Wort Aspekt soll dabei auch andere sinnliche Gegebenheitsweisen umfassen. Auch die Härte des Pults, auf das ich klopfe, ist ein Aspekt des Pults. Unter allen Aspekten aber ist es dasselbe Ding, und erst ein Akt der Reflexion ruft mir den Aspekt als solchen ins Bewußtsein. Ich sagte vorhin, jeder von Ihnen habe einen anderen Aspekt von diesem Pult. Ebenso kann ich aber auch mir selbst viele verschiedene Aspekte von dem Pult verschaffen.

Das Verhältnis von Aspekt und Ding ist ein Sonderfall dessen, was ich als Verhältnis des Gegebenen und des Tatsächlichen bezeichnet habe. Das Gegebene ist ein Tatsächliches, das Tatsächliche aber ist, was gegeben werden *kann*. So ist der Aspekt eine Weise, in der das Ding gegeben ist, das Ding aber ist das, was Aspekte haben kann, was Aspekte *möglich* macht.

Hier tritt der Begriff der Möglichkeit auf. Wir müssen ihn zu den definierenden Merkmalen der Invarianz rechnen. Ich sagte, das Ding sei in vielen Weisen des Erscheinens dasselbe. Für Weisen des Erscheinens sage ich jetzt Aspekte. »Viele« aber ist zu unbestimmt. Man kann statt dessen sagen: *Das Ding ist unter jedem möglichen Aspekt dasselbe.*

Die Beziehung der Invarianz auf die Möglichkeit bedingt auch ihre *Unendlichkeitsmerkmale*. Ich erläutere sie Ihnen in zwei Stufen. Es gibt *projektive* Unendlichkeitsmerkmale, die aus den mathematischen Eigenschaften der Räumlichkeit hervorgehen, und *eigentlich dingliche* Unendlichkeitsmerkmale. Als Beispiel benutze ich einen Würfel.

Ich zeige Ihnen den Würfel von verschiedenen Seiten, in immer neuen Aspekten. Keiner dieser Aspekte zeigt den Würfel schlechthin, sozusagen den ganzen Würfel. Sehe ich vom binokularen Sehen und anderen Hilfsmitteln der Tiefenwahrnehmung ab, so kann ich sagen: der Würfel im Raum ist dreidimensional, der gesehene Würfel zweidimensional. Nun ist dies eine Übertreibung, denn ich kann die dritte Dimension wahrnehmen. Aber immer bleibt, daß ich je nach der Stellung des Würfels bald diese, bald jene Seite verkürzt und nie die Rückseite sehe. Aus einem einzelnen Aspekt wäre schwer zu entscheiden, ob es überhaupt ein Würfel ist. Husserl sagt, wir sehen Dinge stets nur in »Abschattungen«. Erst alle Aspekte zusammen würden alles über den Würfel Aussagbare zeigen, kein einzelner Aspekt *erfüllt* den Würfel. Dies ist nicht ein »Fehler« des Aspekts, es liegt im Wesen räumlicher Wahrnehmung.

Wenn ich aber sage, alle Aspekte zusammen zeigten alles über den Würfel Aussagbare, so führe ich wiederum eine Fiktion ein. Alle Aspekte sind weder gleichzeitig noch hintereinander zu geben. Man kann immer noch neue Aspekte finden. Keine aufweisbare Gesamtheit von Aspekten *erschöpft* den Würfel. Die tatsächlichen Eigenschaften des Würfels bestimmen zwar *jeden* Aspekt, aber ich kann nie sagen, ich hätte nun *alle* Aspekte umfaßt. Diese Unterscheidung von »jeder« und

»alle« tritt stets auf, wo von unbegrenzten Möglichkeiten die Rede ist. Die begriffliche Beherrschbarkeit jedes beliebigen Falls ohne eine Aufweisbarkeit aller Fälle kennzeichnet die Möglichkeitsaussagen, so wie auch in der Zukunft vieles möglich ist, das nie alles wirklich wird.

Ich kann aber die unendlich vielen möglichen Aspekte des Würfels mit wenigen allgemeinen Gesetzen beherrschen, nämlich den Sätzen der projektiven Geometrie. Doch ist dies nur die Folge davon, daß ich das Ding, das ich da in der Hand halte, bisher als »Würfel« idealisiert habe. Ich habe in Wirklichkeit noch gar nicht von diesem konkreten einzelnen Ding gesprochen, sondern von einem mathematischen Allgemeinbegriff, unter den es ungefähr fällt. In Wirklichkeit ist dies eine Teebüchse aus Weißblech mit einem Deckel, auf dem noch Papierfetzen kleben, abgerundeten Ecken, einer Naht, einem hervorstehenden Bodenrand usw. An diesem konkreten Ding erweisen Unerfüllbarkeit und Unerschöpfbarkeit sich als noch viel grenzenloser. Nie kann ich alle Eigenschaften auch nur einer Oberfläche dieses Dings sehen, nie kann ich alles, was ich an ihr sehe, in Worten beschreiben oder genauer nachzeichnen; sowenig erfüllt ein Aspekt das Ding, und sowenig läßt sich auch nur übersehen, durch welchen, sei es auch unendlichen Inbegriff von Aspekten das Ding erschöpft werden könnte.

c. Ding und Erscheinung. Ich nannte einen Aspekt eine Weise, in der mir ein Ding gegeben ist. Das ist noch nicht genau. Dinge sind mir gegeben, indem ich sie wahrnehme. Ein Aspekt ist der *Inhalt* eines Wahrnehmungsakts: er ist genau das, was der einzelne Akt mir »gibt«. Den Inhalt einer Erkenntnis habe ich einen Sachverhalt genannt. Insofern wäre ein Aspekt ein Sachverhalt. Gewöhnlich versteht man aber unter einem Sachverhalt etwas, was man in einem Satz oder einigen Sätzen aussprechen kann. Den Inhalt einer Wahrnehmung man durch Sätze sowenig erfüllen oder erschöpfen wie ein Ding durch Inhalte von Wahrnehmungen. Insofern ist der Aspekt vom Sachverhalt im engeren Sinn verschieden.

Der Aspekt, als Sachverhalt im weiteren Sinn aufgefaßt, ist ferner kein »objektiver« Sachverhalt. In ihm ist nicht einfach das Ding, sondern das in bestimmter Weise von mir wahrgenommene Ding gegeben; er enthält also Züge, die zwar ohne das Ding nicht möglich wären, die ich aber doch nicht dem Ding, sondern dem Wahrnehmungsakt als Eigenschaften zuschreibe. Ich sage: »Die Leiste dieses Pults liegt hinter seinem Deckel«; Sie sagen: »Sie liegt vor seinem Deckel.« Beide haben für ihren Aspekt recht und empfinden im »objektiven« Inhalt der Aussage keinen Widerspruch.

Nun habe ich aber den Aspekt vom objektiven Sachverhalt unterschieden, und es ist Raum für einen relativen Zweifel: erfasse ich im Aspekt eigentlich die objektiven Verhältnisse? Es gibt doch liederliches Hinschauen, optische Täuschungen usw. Bitte achten Sie auf den Unterschied: Ich betrachte die »Abschattung« des Dings im Aspekt nicht als Täuschung, denn ich weiß, daß Dinge nur abgeschattet wahrgenommen werden können, und schließe aus dem Aspekt richtig auf das Ding. Ich meine die Täuschung der *falschen* Interpretation des Aspekts. Ich meine, was vorn steht, stehe hinten usw.

Dieser Zweifel ist wie jeder relative Zweifel fruchtbar und behebbar. Er gibt aber wieder Anstoß zu einer Art des absoluten Zweifels und einer in der Geschichte der Philosophie besonders berühmten. Vielleicht täuschen uns die Aspekte immer, und die Dinge selbst bleiben uns grundsätzlich unbekannt? Wenn ich diesen Zweifel so ausspreche, sehen Sie leicht, daß er so lebensfern ist wie jeder absolute Zweifel und daß wir gerade hier guten Grund haben, den Glauben der Physiker gelten zu lassen. Diese Weise des Zweifels gewinnt aber Verführungskraft durch eine Terminologie, die ich bisher sorgfältig vermieden habe.

Statt zu sagen: »Ich nehme das Ding wahr«, kann ich auch sagen: »Das Ding erscheint mir«. Damit ist nur die Aktivität auf die Seite des Dings verlagert, und in vielen Fällen, in denen die Wahrnehmung nicht meinem Willen entsprang, ist das wohl die bessere Ausdrucksweise. Statt ein Aspekt des Dings kann ich dann auch sagen eine *Erscheinung* des Dings. Erscheinung ist also wieder der Inhalt eines erfassenden Akts, sie ist das, was mir vom Ding im Akt des Erscheinens gegeben ist. Dinge sind nicht anders gegeben, als indem sie erscheinen – wie sollten sie denn sonst gegeben sein? Eine Erscheinung aber, in der ein Irrtum obwaltet, in der also kein Ding oder ein Ding anders, als es ist, gegeben wird, heißt *Schein*. Unterschied von Erscheinung

und Schein: Herr Meier. Gerade daß ich seine Erscheinung ins
Auge fasse, zeigt mir, daß die Meinung, er sei Herr Meier, blo-
ßer Schein war. Der absolute Zweifel, von dem ich sprach,
nimmt dann die Form an, daß man jede Erscheinung für bloßen
Schein hält. Aus dieser Übertreibung entsteht wie aus jeder
Übertreibung ein ganzer Rattenkönig von Ismen.

Die direkte Behauptung, alle Erscheinung sei nur Schein,
nennt man *Solipsismus*. Für ihn gilt wie für jeden absoluten
Zweifel: er ist nicht streng widerlegbar, denn er gebraucht die
Worte so, daß sie den Sinn verlieren, den sie im normalen Leben
haben, und entzieht sich so der Argumentation vermittels dieser Worte; aber er ist auch nicht streng vollziehbar. Wer lebt, ist
kein Solipsist, selbst wenn er behauptet, er sei einer. Vom Glauben des Lebenden her ist der Solipsismus ein Mißbrauch der
Worte »Erscheinung« und »Schein«.

Um nichts besser als der Solipsismus ist aber diejenige Art,
ihn zu leugnen, welche seine Wurzel, die Verwechslung von Erscheinung und Schein, nicht ausreißt. Sie kann etwa mit dem
Namen des *metaphysischen Realismus* bezeichnet werden und
tritt in einer *agnostischen* und einer, wenn ich so sagen darf, *eugnostischen* Spielart mit allen Zwischenstufen auf.

Der *agnostische metaphysische Realismus*, der sich in einer,
wie ich glaube, unzureichenden Interpretation auf Kant beruft,
behauptet, es gebe zwar Dinge an sich, sie seien aber völlig
unerkennbar, denn wir kennten ja stets nur die Erscheinung.
Dieses Argument bezieht seine ganze Überzeugungskraft nur
aus dem Vorkommen der Silbe »schein« im Wort Erscheinung.
Erscheinung ist per definitionem Erscheinung eines Dings, also
Inhalt eines das Ding erkennenden Akts.

Der *eugnostische metaphysische Realismus* behauptet in der
Praxis zunächst nichts anderes als jeder vernünftige Mensch,
nämlich daß es die Dinge gibt und daß man sie erkennen kann.
Er meint aber mit dem Satz »es gibt die Dinge« oder »die
Außenwelt existiert wirklich« eine besondere Aussage zu machen, deren Negation diskutabel, aber falsch sei. Er beruft sich
dafür auf Evidenz oder auf Beweise oder auf Wahrscheinlich-
keitsargumente. Er argumentiert also für etwas, wofür man
nicht argumentieren kann; er sucht das unerreichbare Gegenteil des absoluten Zweifels. Er fragt falsch, selbst wenn er »vor-

sichtig« zu sein meint und die Existenz der Außenwelt nur für
»sehr wahrscheinlich« hält. »Die Welt existiert« ist keine Aussage über die Welt, sondern eine Festlegung des Wortgebrau-
ches. Da sein Resultat im Einklang mit dem üblichen Sprachgebrauch ist, wäre das kein Unglück, aber meist werden nun die
Argumente, mit denen man ein so erwünschtes Ergebnis erhält,
überschätzt, und es wird der relative Zweifel an Stellen verboten, wo er am Platze ist.

Wir kommen damit zu zwei weiteren einander polar zugeordneten Ismen, welche nicht dem absoluten Zweifel, sondern
seinem Gegenteil, dem Verbot des relativen Zweifels, verfallen
sind.

Der *phänomenale Positivismus* Machs verbietet den Zweifel
an der Erscheinung überhaupt, indem er die Erscheinung für
das einzig Gegebene hält. Für ihn ist »Schein« kein sinnvoller
Begriff und »Ding« nur eine Zusammenfassung von Erscheinungen. Dies ist phänomenologisch falsch. Nicht »die Erscheinung« oder »die Empfindung« ist mir unmittelbar gegeben, sondern das Ding, welches erscheint oder welches ich
empfindend wahrnehme. »Erscheinen« ist eine Weise des Gegebenseins, »Empfinden« ein Teilvorgang des Wahrnehmens, und
die zugehörigen Substantive drücken nicht mehr etwas Wirkliches aus als »das Laufen« gegenüber der Tätigkeit laufen. »Das
Laufen« ist die Tatsache, daß man läuft, nämlich mit seinen Bei-
nen, »Empfindung« ist die Tatsache, daß man empfindet, nämlich Dinge. Durch Reflexion kann man allerdings die Erscheinung oder Empfindung vom Ding trennen, aber stets nur im
Bereich der Ausdrücklichkeit. Der unausdrückliche »Hof« des
Gesichtsfeldes ist nicht »farbige Empfindung«, sondern »das
Zimmer«; nur so hat er ja auch Orientierungswert für mich.
Ferner ist das Ding, selbst wenn man es im Licht der Reflexion
als Zusammenfassung von Erscheinungen faßt, nicht Zusammenfassung aktueller, sondern möglicher Erscheinungen. Daß
ich über diese Möglichkeiten urteilen kann, ohne sie ausprobiert zu haben – also die selbstverständliche Voraussetzung der
Invarianz der Dinge –, ist eben der Gehalt des Dingbegriffs, der
auch im reflektierten Bereich das Ding nie durch die bloße
Empfindung ersetzbar macht.

Der *prinzipielle Realismus* umgekehrt meint nun, alles, was erscheinen kann, müsse alle Eigenschaften von Dingen haben. Er ist meist eine Folge des eugnostischen metaphysischen Realismus, kann aber auch aus einem nichtrealistischen Apriorismus hervorgehen. Er wird sich seiner meist erst im Widerspruch z.B. gegen Behauptungen der modernen Physik bewußt. Er ist daher dort zu besprechen. Hier sei nur gesagt, daß auch er ein Verbot eines relativen Zweifels darstellt, das die Entwicklung der Physik als unberechtigt erwiesen hat.

d. *Gegenstand und Eigenschaft.* Ich füge einige Betrachtungen vorwiegend logischen Inhalts an.

Ein Ding ist kein Sachverhalt. Ein Sachverhalt im engen Sinne ist das, was in einem Satz behauptet wird. Ein Ding kann man nicht behaupten. Ich kann sagen: »Ich behaupte, daß dieses Stück Blei schwerer ist als Wasser«, aber nicht: »Ich behaupte, daß dieses Stück Blei« und nicht »Ich behaupte dieses Stück Blei« (letzteres jedenfalls nicht im logischen Sinne des Worts »behaupten«). Man kann sagen: »Ich behaupte, daß dieses Stück Blei existiert.« Dann habe ich aber wiederum nicht das Ding behauptet, sondern einen Sachverhalt, nämlich daß das Ding existiert.

Man sagt zwar, man könne ein Ding »erkennen«. Doch ist auch dies ein logisch sekundärer Gebrauch des Worts »erkennen«. Da liegt etwas. Was denn? Ach, mein Stück Blei. Jetzt habe ich es erkannt. Erkennen ist hier Wiedererkennen. Ich erkenne einen Sachverhalt, nämlich daß dieses Ding das Stück Blei ist, das ich kenne. Ein Ding kann man *kennen*, einen Sachverhalt *erkennen*. Dies hängt mit den Unendlichkeitseigenschaften des Dings zusammen. Wenn ich einen Sachverhalt erkannt habe, so hat es einen Sinn, zu behaupten, nunmehr sei mir dieser Sachverhalt ganz gegenwärtig. Wenn ich ein Ding kenne, so weiß ich immer noch, daß mir nur der kleinste Teil des Dings gegenwärtig ist, einige Aspekte und die Gewißheit seiner Invarianz. Sachverhalte kann man *aus*sprechen, ein Ding kann man nur als dieses Ding *an*sprechen; man kann Sachverhalte »über« das Ding aussprechen. Eine Erkenntnis mag als völlig reflektiert gelten, eine Kenntnis wurzelt viel unweigerlicher im Unausdrücklichen.

Dieser Unterschied drückt sich in der *Sprache* darin aus, daß ich ein Ding mit einem *Wort* »nenne«, einen Sachverhalt mit einem *Satz* »behaupte«.

Nicht alle Worte bezeichnen Dinge. Sätze sind nicht Anhäufungen von Dingworten, sowenig Sachverhalte Anhäufungen von Dingen sind. »Dies Stück Blei ist schwer« sagt aus, daß das Ding »dies Stück Blei« eine bestimmte *Eigenschaft* hat: »schwer«. Der Sachverhalt besteht gerade darin, daß das Ding diese Eigenschaft hat. Die Eigenschaft ist kein Ding.

Nicht alle Sachverhalte beziehen sich auf Dinge. »Rot ist eine Farbe«, »zwei mal zwei ist vier« sind Sachverhalte, die sich nicht auf Dinge beziehen, denn »rot«, »Farbe«, »zwei«, »vier« sind keine Dinge. Auch solche Sachverhalte sprechen wir aber in Sätzen aus, die im wesentlichen nach denselben Regeln gebaut sind wie die Sätze, die etwas über Dinge aussagen.

Wissen wir von vornherein, daß es möglich sein muß, alle Sachverhalte auf diese Weise auszusprechen? Ich behaupte: *wir wissen es nicht*. Die Gestalt unserer überlieferten *Grammatik, Logik* und *Ontologie* ist wesentlich bestimmt durch die Faßlichkeit des Räumlichen. Unser Denkstil ist an dem am leichtesten durchschaubaren Beispiel derjenigen Sachverhalte, die sich auf Dinge beziehen, orientiert. Wie weit man damit in anderen Sachverhalten kommen wird, kann nur der Versuch lehren, und ich glaube, sehr viele philosophische Fehler entstammen einem unkritischen Verfahren bei diesem Versuch.

Ich erläutere diese Behauptungen.

Grammatisch nennt man das Wort, das ein Ding bezeichnet, ein *Substantiv*. Die Invarianz des Dings äußert sich darin, daß man mit demselben Substantiv sehr viele verschiedene Sätze bilden kann.

Logisch nennt man das Ding, auf welches sich der in einem Satz behauptete Sachverhalt bezieht, das *Subjekt* dieses Satzes. Der Satz besteht aus dem Subjekt und einem Rest. Den Rest nennt man das *Prädikat*. Er behauptet (prae-dicat) etwas über das Subjekt.

Ontologisch entspricht der Unterscheidung von Subjekt und Prädikat die Unterscheidung von *Substanz* und *Akzidens*. Auch hier sehen Sie die Invarianz des Dings sich spiegeln. Was subsistiert, was darunter steht und ausdauert, das Invariante, ist das

Ding. Zu ihm kommt verschiedenes hinzu: seine jeweiligen Aspekte.

Wenn sich nun Sachverhalte nicht auf Dinge beziehen, so gehen wir nach denselben Regeln vor. Wir nennen alles, was als Subjekt in einem Satz auftreten kann, einen *Gegenstand* im logischen Sinne. Alles, was über einen Gegenstand ausgesagt werden, also Prädikat zu einem Gegenstand werden kann, nennen wir eine *Eigenschaft*.

Ich werde dieses Begriffspaar »Gegenstand-Eigenschaft« von nun an verwenden. Es bezeichnet keinen unbedingten Gegensatz an sich, sondern einen Gegensatz im Gebrauch. Jede Eigenschaft kann z. B. selbst zum Gegenstand eines Satzes werden. Dem trägt die Sprache Rechnung, indem sie zu Adjektiven und Verben substantivische Formen bildet: »die Röte«, »das Laufen«.

Ich weise aber von vorneherein auf die Problematik dieser Begriffe hin. Nur ein Beispiel sei genannt. Die Behauptung, jeder Satz habe *ein* Subjekt, ist zum mindesten unzweckmäßig. »Blei ist schwerer als Wasser«, »zwei mal drei ist sechs«. Ist hier »Blei« das Subjekt, »schwerer als Wasser« das Prädikat? Ist »sechs« das Subjekt oder »zwei mal drei« oder »zwei«? Man kann willkürlich eine Festsetzung treffen. Besser ist es zu sagen, solche Sätze hätten mehrere Subjekte, und statt des »eingliedrigen« Prädikats stehe eine »mehrgliedrige« *Relation*. Eine Relation wäre demnach eine Eigenschaft, welche wesensmäßig mehreren Subjekten in ihrem Zusammenhang zukäme.

Ich verzichte darauf, hier weitere Probleme aufzuwerfen. Sie werden uns von selbst begegnen.

3. Faktische Ontologie

Unveröffentlichte unabgeschlossene Aufzeichnung, etwa 1960. Sie liegt damit vor der 1963 begonnenen Entwicklung der zeitlichen Logik die in AP 2 dargestellt ist, und kann als eine Vorstudie zu ihr gelten. Die »faktische Ontologie« entspricht der Logik perfektischer Aussagen (AP 2.3).

1. Gegenstand und Eigenschaft. Wir reden von den drei Bergen Mount Everest, Mont Blanc und Matterhorn. Über sie kann unter anderem folgendes ausgesagt werden: a) der Mount Everest liegt in Asien; b) der Mont Blanc liegt in Europa; c) das Matterhorn liegt in Europa.

Mit diesen Aussagen haben wir gewissen Bergen gewisse Eigenschaften zugeschrieben: in Asien liegen, in Europa liegen. Jede der drei Aussagen sagt aus, daß einer der Berge eine der Eigenschaften hat.

Wir reden von der Sonne und dem Mond. Über sie kann unter anderem folgendes ausgesagt werden: d) die Sonne ist ein Himmelskörper; e) der Mond ist ein Himmelskörper; f) die Sonne ist heiß; g) die Sonne ist selbstleuchtend.

Mit diesen Aussagen haben wir der Sonne oder dem Mond gewisse Eigenschaften zugeschrieben: ein Himmelskörper sein, heiß sein, selbstleuchtend sein.

An den beiden Beispielen erkennen wir eine gemeinsame Struktur. Wir haben Aussagen gemacht, deren jede einem *Gegenstand* eine *Eigenschaft* zuschreibt. Das, was eine solche Aussage mitteilt, nennen wir einen *Sachverhalt.* Wir müssen die Gegenstände, Eigenschaften und Sachverhalte näher betrachten.

Alle unsere Beispiele von *Gegenständen* sind einmalig in der Welt vorkommende, mit einem Eigennamen bezeichnete »Dinge«. Man kann, wenn man sie sieht, auch mit dem Finger auf sie weisen und sagen: dies da, tóde ti. Solche Gegenstände wollen wir *elementare Gegenstände* nennen. Ob diese Kennzeichnung deutlich genug ist, um unter allen Umständen die Entscheidung zuzulassen, ob etwas ein elementarer Gegenstand ist oder nicht, lassen wir offen. Unsere Ontologie ist ein Entwurf, der sich bewähren soll, nicht eine vorweg gesicherte Wahrheit.

Eine Anzahl von Gegenständen, deren jeder einzeln genannt ist, nennen wir einen *elementaren Gegenstandsbereich.* »Alle Berge des Himalaya« ist kein elementarer Gegenstandsbereich, wohl aber »Mount Everest, Mont Blanc und Matterhorn«. Der Begriff des elementaren Gegenstandsbereichs ist also enger als der zunächst von uns nicht eingeführte Begriff der endlichen Menge elementarer Gegenstände.

Während man auf einen elementaren Gegenstand zeigen kann und dann, oft ohne die Hilfe der Sprache, verstanden wird, welcher Gegenstand gemeint ist, zeigt sich eine Eigenschaft zwar meist an den Gegenständen, die sie haben, aber der bloße stumme Hinweis auf den Gegenstand genügt meist nicht, klarzumachen, welche seiner Eigenschaften gemeint ist, ja daß eine Eigenschaft und nicht er selbst gemeint ist. Man muß die Eigenschaft nennen oder auf mehrere Gegenstände mit derselben Eigenschaft weisen. Eine Eigenschaft, die wir an einem elementaren Gegenstand wirklich aufweisen können, nennen wir eine *elementare Eigenschaft*. Eine Anzahl einzeln aufgewiesener elementarer Eigenschaften nennen wir einen *elementaren Eigenschaftsbereich*.

Die Tatsache, daß einem bestimmten elementaren Gegenstand eine bestimmte elementare Eigenschaft zukommt, nennen wir einen *elementaren positiven Sachverhalt*. Es ist ein elementarer positiver Sachverhalt, daß der Mount Everest in Asien liegt. Eine Aussage, die einen elementaren positiven Sachverhalt aussagt, nennen wir eine *elementare positive Aussage*.

Das Verhältnis zwischen Sachverhalt und Aussage bedarf einer kurzen regulierenden Besinnung. Das, worüber wir hier sprechen wollen, sind Gegenstände, Eigenschaften, Sachverhalte. Einen Gegenstand, eine Eigenschaft, einen Sachverhalt nennen wir etwas *Ontisches*. Die Begriffe »Gegenstand«, »Eigenschaft«, »Sachverhalt« sollen *ontologische* Begriffe heißen. Das, was wir hier betreiben, soll, wenn es Anspruch auf den Namen einer Wissenschaft hat, *Ontologie* heißen. (Diese Ontologie ist, wie nochmals betont sei, ein Entwurf; sie ist hypothetisch, nicht dogmatisch.) Die Wissenschaft vollzieht sich im Medium der *Sprache*. Wir *sprechen* über Gegenstände, Eigenschaften, Sachverhalte. Damit setzen wir de facto voraus, daß wir über sie sprechen *können**. Die Aussage »der Mount Everest liegt in Asien« ist die Art, wie uns die Tatsache, daß der

---

* Die »Voraussetzung de facto« ist nicht ein Satz, den man ausspricht, um aus ihm Folgerungen zu ziehen, wie etwa eine Voraussetzung in einem mathematischen Beweis. Sie ist Voraussetzung im Sinne der »Bedingung der Möglichkeit« unseres Unternehmens, deren man sich erst richtig bewußt werden kann, wenn man sich schon in dem Unternehmen befindet.

Mount Everest in Asien liegt, sprachlich gegeben ist. Auch der soeben hingeschriebene Satz, als Satz der Sprache, kann die Tatsache, von der die Rede ist, nur dadurch bezeichnen, daß er eben die ihn aussagende Aussage nochmals ausspricht. Daher hat er die für den Anschein pleonastische Gestalt: »Die Aussage ›*p*‹ ist die Art, wie uns die Tatsache *p* sprachlich gegeben ist.« Unser jetziges Ziel ist nicht, auf die hierin angedeuteten Probleme der Sprache zu reflektieren. Wir erwägen nicht, was Aussagen sind, sondern benützen sie, um Sachverhalte auszusagen.

Die Ontologie beschäftigt sich aber nicht mit einzelnen Gegenständen, Eigenschaften, Sachverhalten, sondern damit, daß es solche *Strukturen* wie »Gegenstand«, »Eigenschaft«, »Sachverhalt« gibt. Sie sucht zunächst diese Strukturen nach bestem Wissen zu beschreiben. Dazu bedient sie sich der Struktur von Aussagen. Hierzu werden wir, wo nötig und möglich, die fluktuierende Vielgestalt der Sprache auf gewisse, verabredete Schemata reduzieren. Wir treiben dann »formale Ontologie«.

Das Schema einer elementaren positiven Aussage deuten wir an durch die Formel fx. Wir erläutern den Sinn dieser Formel in zwei Schritten.

Zunächst sollen allen Gegenständen eines elementaren Gegenstandsbereichs kurze *Namen* gegeben werden; im allgemeinen soll ein einzelner Buchstabe als Name dienen. Z. B. heiße künftig

Mount Everest : A

Mont Blanc : B

Matterhorn : C.

Ebenso soll jede elementare Eigenschaft, die diese Gegenstände haben können, einen Namen erhalten; etwa

liegt in Asien : α

liegt in Europa : β.

Dann soll jeder positive elementare Sachverhalt dadurch bezeichnet werden, daß zuerst der Name der Eigenschaft, dann der des Gegenstands, der diese Eigenschaft hat, hingeschrieben wird. Unsere drei ersten Sachverhalte sind dann bezeichnet durch

a) αA

b) βB

c) βC.

Jede dieser drei Formeln nennen wir wieder eine Aussage, genauer eine *formalisierte Aussage*.

An den formalisierten elementaren positiven Aussagen ist zu unterscheiden ihr *Inhalt* und ihre *Struktur*. Als den Inhalt einer Aussage bezeichnen wir den Sachverhalt, den sie aussagt, zu αA also z. B. die Tatsache, daß der Mount Everest in Asien liegt. Verschiedene Aussagen, wie z. B. αA und βB, haben demnach einen verschiedenen Inhalt. Hingegen haben sie dieselbe Struktur: Jede schreibt einem Gegenstand eine Eigenschaft zu. Sie sind alle von der *Form fx*. Demgemäß bezeichnen wir *fx* als *die elementare positive Aussageform*. Setzt man in *fx* für *f* den Namen einer elementaren Eigenschaft und für *x* den Namen eines elementaren Gegenstands ein, so entsteht etwas, was »aussieht wie eine Aussage«, was die Form einer elementaren positiven Aussage hat. Wir nennen es aber zunächst noch nicht unter allen Umständen eine Aussage, sondern nur dann, wenn es einen wirklichen Sachverhalt aussagt. So wäre βA keine elementare positive Aussage im bisherigen Sinne, denn es gibt ja den Sachverhalt gar nicht, der dadurch ausgesagt würde; der Mount Everest liegt nicht in Europa. Den Problemen, die entstehen, wenn man auch negative oder privative Sachverhalte einführt, werden wir uns noch rechtzeitig zuwenden.

Schließlich führen wir den Begriff der einer Eigenschaft zugeordneten *Klasse* ein. Alle diejenigen Gegenstände eines elementaren Gegenstandsbereichs, die eine bestimmte Eigenschaft *f* haben, sollen die *Elemente der f zugeordneten Klasse* heißen. Anders gesagt: Die *f* zugeordnete Klasse ist derjenige elementare Gegenstandsbereich, in dem sich alle und nur diejenigen Gegenstände des ursprünglich vorgegebenen elementaren Gegenstandsbereichs befinden, welche die Eigenschaft *f* haben. Wir nennen diese Klasse $\hat{x}fx$. Wenn *f* durch ein Substantiv bezeichnet wird, etwa »Himmelskörper«, so kann man für $\hat{x}fx$ sagen: »die Klasse aller *f*«, speziell: »die Klasse aller Himmelskörper«. Dabei bezieht sich das »alle« stets nur auf Mitglieder des vorgegebenen elementaren Gegenstandsbereichs.

Eine Klasse kann alle Gegenstände des vorgegebenen Bereichs umfassen. Wir nennen sie dann die *Allklasse*. So ist die Klasse aller Himmelskörper bezüglich des aus Sonne und Mond bestehenden Bereichs die Allklasse. Umfaßt eine Klasse nur *einen* Gegenstand, so nennen wir sie eine *Einerklasse*; unter unseren drei Bergen z. B. die Klasse der in Asien liegenden. Wir unterscheiden eine Einerklasse streng von ihrem einzigen Element, z. B. die Klasse der in Asien liegenden Berge vom Mount Everest. Die Sprache legt diese Unterscheidung nahe. Erstens liegt zwar von unseren drei Bergen nur der Mount Everest in Asien; aber jede Erweiterung des Gegenstandsbereichs kann das ändern. Dieses Problem der Erweiterung von Bereichen besprechen wir später. Zweitens ist eine Klasse im allgemeinen kein elementarer Gegenstand, sondern ein andersartiges »Ding«; ähnlich wie wir z. B. eine Eigenschaft unterscheiden von dem Sachverhalt, daß sie einem bestimmten Gegenstand zukommt, wollen wir auch allgemein eine Klasse unterscheiden von Gegenständen, denen sie zukommt. Dann ist es konsequent, das auch für die Einerklasse zu tun. Eine »Nullklasse« können wir unserem Vorgehen gemäß hier noch nicht definieren, da wir ja auch noch nicht thematisch davon gesprochen haben, daß Gegenstände gewisse Eigenschaften *nicht* haben.

Zwei Eigenschaften kann dieselbe Klasse zugeordnet sein, so in unserem zweiten Beispiel den Eigenschaften »heiß« und »selbstleuchtend« die Klasse, deren einziges Element die Sonne ist. Wir reden hier gemäß dem üblichen Sprachgebrauch nur von *einer* Klasse, lassen also die Klasse durch die Aufzählung ihrer Elemente schon bestimmt sein. Wir reden gleichwohl von verschiedenen Eigenschaften. Z. B. könnte ja ein phosphoreszierender Körper selbstleuchtend, aber nicht heiß sein. Offenbar hat in dieser Sprechweise die Unterscheidung von Klasse und Eigenschaft etwas mit dem Unterschied des Aktualen und Potentiellen zu tun. Diese werden wir später ausführlich besprechen; wir wählen jetzt schon eine Ausdrucksweise, die das nicht behindern wird.

Nachwort 1992

Der Aufsatz enthielt noch sechs weitere Abschnitte. Ich hatte bei der Planung des jetzigen Buchs die Absicht, ihn ganz abzudrukken. Damit das Buch nicht unnötig umfangreich wird, verzichte ich darauf und nenne nur die Themen der weiteren Abschnitte:

2. »Und«. Man kann sinnvoll sagen: Der Mount Everest liegt in Asien, und der Mont Blanc liegt in Europa. Wir nennen dies eine *komplexe Aussage.* Wir nennen das, was sie aussagt einen *komplexen positiven Sachverhalt.* Da Aussagen in der Zeit gemacht werden, ist die Reihenfolge der Teilaussagen möglicherweise wichtig. In der faktischen Ontologie soll die Reihenfolge aber belanglos sein. So sollen die zwei Aussagen $a \wedge b$ und $b \wedge a$ denselben Sachverhalt ausdrücken, also identisch sein. Die Regeln der Identität werden aufgezählt. Das kommutative und das assoziative Gesetz des »und« werden angegeben.

3. »Oder«. »Der Mount Everest liegt in Asien oder in Europa«. Das drückt ein *unvollständiges Wissen* aus. Mit »oder« gebildete Aussagen nenne ich *epistemisch*, mit »und« gebildete *ontisch*. Dies wird beim Übergang zur zeitlichen Logik wichtig; in der »Quantenlogik« sieht man das. Es werden hier nun die Assoziativgesetze eingeführt.

4. »Nicht«. αB, d. h. »Der Mont Blanc liegt in Asien«, ist ein formal möglicher Sachverhalt, der *nicht* besteht. Aussagen können *wahr* oder *falsch* sein. Die Negation $\overline{\alpha B}$, d. h. »Der Mont Blanc liegt nicht in Asien«, ist wieder eine *epistemische* Aussage. Der Satz der doppelten Negation ist dann nicht evidenterweise wahr. Wenn a eine ontische Aussage ist, so ist $\overline{a}$ eine epistemische. Auch auf dieses Problem stößt man in der operativen oder der zeitlichen Logik. Hingegen erscheint $\overline{\overline{a}} \equiv \overline{a}$ weniger problematisch, da beide Aussagen epistemisch sind.

5. »Wenn – so«. Ich diskutiere hier den Unterschied logischer und erst durch zusätzliche Kenntnis folgender Implikation und die traditionelle Definition der Implikation durch Wahrheitsfunktionen.

6. Boolesche Verbände. Sie werden definiert.

7. Eigenschaften von Eigenschaften. Dies führt zur Russellschen Typenhierarchie.

Der Sinn der Abfassung dieses Aufsatzes war lediglich, durch pedantische Formulierung zu zeigen, welche Voraussetzungen bei der traditionellen Aussagen- und Prädikatenlogik gemacht werden. Der nachfolgende Text über Lorenzens operative Logik und dann die späteren Texte über zeitliche Logik und Quantentheorie machen von der Möglichkeit Gebrauch, einige dieser Voraussetzungen fallenzulassen. In der zeitlichen Logik gelten die Voraussetzungen für Aussagen über Fakten, also für perfektische Aussagen.

4. Operative Logik und Mathematik*

In den letzten Jahren hat Paul Lorenzen eine Auffassung über die Grundlagen der Logik und Mathematik entwickelt, die jetzt in einem Buch vorgelegt worden ist.** Der vorliegende Aufsatz ist aus einer zu groß geratenen Besprechung dieses Buches entstanden.

Soweit ich sehen kann, bedeutet dieses Buch, daß im Verständnis der Grundlagen der Mathematik und der Logik eine neue Stufe erreicht ist. Hermann Weyl hat den Inhalt des Buchs noch kurz vor seinem Tod als die Lösung von Fragen, die ihn sein Leben lang begleitet haben, begrüßt.

Für eine Besprechung dieses Buchs können zwei Dinge interessant sein: Einerseits die konkrete Durchführung des Aufbaus der Mathematik, andererseits die Auffassung über die Grundlagen der Logik und Mathematik, auf der als Fundament das Gebäude errichtet ist. Die vorliegende Besprechung verzichtet darauf, auf den konkreten Aufbau des Buchs näher einzugehen. Um hierüber etwas Nennenswertes zu sagen, müßte sie noch sehr viel ausführlicher werden, als sie tatsächlich geworden ist. Auch kann der Referent hier in der Mehrzahl der Punkte mit den Fachleuten des Gebiets gar nicht an Kenntnissen wetteifern wollen. Hingegen scheint es, daß es auch für einen Leser, der nicht über Grundlagen der Mathematik selbst arbeitet, interes-

---

* 1957 im Druck erschienen.
** Lorenzen, Paul, *Einführung in die operative Logik* (Grundlehren der mathematischen Wissenschaften, Bd. 78), Berlin-Göttingen-Heidelberg 1955.

sant ist zu überlegen, welche Auffassung von Mathematik bei dem Aufbau verwendet ist. Hierzu habe ich mir erlaubt, zum Zweck eines wenigstens angedeuteten Vergleichs mit einer Auffassung, die ich vor einiger Zeit in dieser Zeitschrift* dargelegt habe, verhältnismäßig weit auszuholen.

Wir gehen auf die Grundlagenkrise zurück, die die Mathematik in den letzten hundert Jahren durchgemacht hat. Diese Krise war ausgelöst durch die Aufstellung der Mengenlehre, welche ihrerseits ein Teil der Bemühungen war, die Grundlagen der Analysis aufzuklären. Es ist ja vielleicht im Allgemeinbewußtsein nicht hinreichend bekannt, daß die Mathematik bei den Griechen schon einen Grad begrifflicher Strenge erreicht hatte, der in der Neuzeit, wenn überhaupt, dann erst in den letzten hundert Jahren wieder verstanden worden ist. So ist z. B. die Behandlung des Problems des Irrationalen durch Eudoxus, die uns bei Euklid in der sog. Proportionenlehre überliefert ist, ein Musterbeispiel der strengen Beschränkung auf das Beweisbare, die sehr viel schärfer ist als das durchschnittliche Verständnis der Neuzeit für das, was wir irrationale Zahl nennen. Andererseits hat vielleicht gerade diese methodenbewußte Strenge die naive Weiterentwicklung der Mathematik zeitenweise gehindert. Es ist die Frage, ob man im 17. Jahrhundert die Differentialrechnung erfunden hätte, wenn man sich aller Tükken der »Epsilontik« bewußt gewesen wäre. Etwa von Gauß, Bolzano und Cauchy an setzt dann die Forderung nach einer einwandfreien Begründung der Analysis ein, die in der Darstellung von Weierstraß ihren ersten Gipfel erreichte. Diese Interpretation der Analysis setzt als den Bereich, in dem sie arbeitet, die reellen Zahlen voraus, welche ihrerseits z. B. nach Dedekind durch geeignete Zusammenfassungen unendlicher Mengen rationaler Zahlen definiert werden können.

Hiermit ist der Mengenbegriff für die moderne Mathematik grundlegend geworden. Russell zeigte aber 1900, daß der naive Begriff einer Menge beliebig definierter Gegenstände zu Widersprüchen führt, z. B. in dem bekannten Paradoxon der Menge M aller der Mengen, die sich selbst nicht als Element enthalten: Enthält M sich als Element, so ist sie keine der Mengen, die sich

---

* Weizsäcker, C. F. v., Naturwiss. 42, 521, 545, 1955.

selbst nicht als Element enthalten, kommt also unter ihren Elementen nicht vor, entgegen der Voraussetzung; enthält sie sich aber nicht als Element, so ist sie eine der Mengen, die sich nicht als Element enthalten, kommt also unter ihren Elementen vor, entgegen der neuen Voraussetzung.

Unter den vielen Kuren, die der Mengenlehre zur Befreiung von diesem Leiden verordnet worden sind, ist wohl die radikalste der Brouwersche Intuitionismus. Mengen von überabzählbarer Mächtigkeit im Sinne Cantors sind nach dieser Auffassung gar nicht einzuführen. Wir haben uns vielmehr auf die Urintuition der Zahlenreihe zu stützen und nur solche Gegenstände der Mathematik zuzulassen, die in endlich vielen gedanklichen Schritten effektiv konstruiert werden können. Damit fallen die Paradoxien der Mengenlehre fort, aber es wird auch außerordentlich schwierig, die traditionelle Mathematik des Unendlichen überhaupt aufzubauen.

Hiergegen wehrte sich der ästhetische und praktische Sinn des produktiven Mathematikers in Hilbert. Er wollte sich »aus dem Paradies der Analysis nicht vertreiben lassen«. Andererseits mußte er die Berechtigung der Brouwerschen Kritik an den bisherigen mathematischen Verfahren zugeben. In seinem »finiten Standpunkt« läßt er ungefähr dieselben endlichen Konstruktionen als Beweismittel zu, die auch Brouwer gestattet. Die ganze darüber hinausgehende Mathematik des Unendlichen übernimmt er aber gleichwohl, jedoch zunächst in einem gewissermaßen hypothetischen Sinn. Es ist sein Ziel, ihre Voraussetzungen in Axiomen zu formulieren, die ganze Mathematik des Unendlichen durch einen logischen Aufbau aus diesen Axiomen herzuleiten und dann in einer besonderen Überlegung zu beweisen, daß mit Hilfe der Logik aus diesen Axiomen keine Widersprüche hergeleitet werden können. Damit ist dann zwar über die inhaltliche Bedeutung dieser Mathematik zunächst noch nichts entschieden. Es ist aber gezeigt, daß sie jedenfalls nicht zu Widersprüchen, also nicht zu den gefürchteten Paradoxien, führen kann.

Das Wichtigste an Hilberts Gedanken ist wohl in dem Begriff der Metamathematik angedeutet. Ein Widerspruchsfreiheitsbeweis betrachtet ein Axiomensystem und die aus ihm zu folgernden Sätze nicht inhaltlich hinsichtlich dessen, was in diesen

Sätzen ausgesagt ist, sondern formal als eine gewisse Struktur, die aus Zeichen, welche z. B. auf Papier niedergeschrieben werden können, aufgebaut ist. Der Widerspruchsfreiheitsbeweis untersucht dann, ob nach gewissen Regeln, welche vorschreiben, welche neuen Zeichenreihen niedergeschrieben werden dürfen, wenn gewisse andere Zeichenreihen schon niedergeschrieben sind, eine ganz bestimmte Art von Zeichenreihen erzeugt werden kann, nämlich ebensolche, die inhaltlich als Ausdruck eines Widerspruchs interpretiert werden müssen. Hier wird also das Verfahren, das der Mathematiker beim Beweis verwendet, selbst Gegenstand einer mathematischen Theorie, die sich nicht grundsätzlich etwa von der Geometrie unterscheidet, welche das Verfahren zur Erzeugung gewisser Kreise, Dreiecke usw. mathematisch untersucht.

Es ist nun wiederum die Frage, welche mathematischen Methoden diese Metamathematik selbst unbedenklich gebrauchen darf. Beweisverfahren benützen diejenigen Regeln, welche traditionell als Regeln der Logik bekannt sind. Die Metamathematik macht also unter anderem die Logik zum Gegenstand einer mathematischen Strukturanalyse. Sie wandelt damit auf Bahnen, die schon in der aristotelischen Theorie des Syllogismus eingeschlagen worden sind und in der von Leibniz zuerst ins Auge gefaßten modernen Kalkülisierung der Logik ihre große Fruchtbarkeit gezeigt haben. Philosophisch bleibt dabei aber leicht ein unheimliches Gefühl zurück. Verwenden wir nicht die Logik bereits naiv in den metamathematischen Überlegungen, mit deren Hilfe wir die Logik analysieren, ist dieses ganze Unternehmen also nicht ein Circulus vitiosus? Dieser Einwand trifft die Auffassung des Aristoteles insofern nicht, als für ihn die Grundsätze der Logik evident waren und im übrigen auf als wahr angesehenen Erkenntnissen über alles Seiende (ontologischen Erkenntnissen) fußten. Sobald aber die Regeln der Logik formal wie Spielregeln in einem Kalkül erscheinen, welche die Frage nahelegen, ob nicht auch andere Spielregeln möglich wären, ist das Problem der Zirkelhaftigkeit des gewählten Verfahrens gestellt. Da andererseits wenigstens Frege, den die Grundlagenforschung der Mathematik wohl mit Recht als den größten Logiker des 19. Jahrhunderts ansieht, gemeint hat, mit einer zwingenden Logik diejenige

Auffassung des Zahlbegriffs begründen zu können, welche dann der Russellschen Paradoxie zum Opfer fiel, wird es für einen Menschen unseres Jahrhunderts schwer sein, sich dem Zweifel an den hergebrachten Auffassungen über die Evidenz der Logik zu entziehen.

Genau an dieser Stelle setzt Lorenzen ein. In einem gewissen Sinne des Wortes sucht er die Evidenz der Logik und Mathematik in einer über alle Zweifel erhabenen Weise wiederherzustellen. Wenn man das behauptet, muß man aber den Sinn des Wortes Evidenz (das er selbst vermeidet) genau erklären. Es handelt sich nicht um eine ontologische und auch nicht um eine im traditionellen Sinn erkenntnistheoretische Evidenz, sondern um die Evidenz, mit der wir einsehen können, was bei Operationen herauskommen kann, die wir nach verabredeten Regeln durchführen. In diesem Sinn ist das Wort »operativ« das kennzeichnende Merkmal seines Verfahrens.

Wir wollen dies an einem Beispiel erläutern. Man pflegt den Satz vom Widerspruch etwa in der Form auszusprechen: »Ein Satz kann nicht zugleich wahr und falsch sein« und den Satz vom ausgeschlossenen Dritten in der Form »Ein Satz ist wahr oder falsch«. Nun ist es bekannt, daß Brouwer am Satz vom ausgeschlossenen Dritten zweifelte. Wie kann man über einen solchen Zweifel zur Entscheidung gelangen? Die Möglichkeit des Zweifels scheint zu zeigen, daß wir den Satz nicht hinreichend verstehen, um ihn einem so klugen Mann wie Brouwer zur Evidenz zu bringen. Es ist der Mühe wert, danach zu fragen, was Aristoteles, der die beiden Sätze aufgestellt hat, über den Grund ihrer Wahrheit gedacht habe. Beide Sätze finden sich im Buch Γ der *Metaphysik* und lauten dort, etwas abgekürzt: Widerspruch: »Dasselbe kann demselben in derselben Hinsicht nicht zugleich zukommen und nicht zukommen.« Ausgeschlossenes Drittes: »Es ist nicht möglich, daß einem Ding etwas weder zukommt noch nicht zukommt.« Wir bemerken zwei Unterschiede gegen die heute übliche Fassung. Verstehen wir die beiden Sätze als Aussagen über Urteile, so ist erstens auf die besondere Form des Urteils »einem Subjekt kommt ein Prädikat zu« ausdrücklich Bezug genommen. Dies könnte als eine bloße Folge davon erscheinen, daß Aristoteles sich, zumal in seiner Syllogistik, überhaupt auf diese Form von Sätzen beschränkt. Zweitens zeigt sich aber, daß die beiden Sätze überhaupt nicht als Aussagen über Urteile, sondern als Aussagen über Sachverhalte, d. h. nicht logisch, sondern ontologisch, formuliert sind. Eben in dieser Form bezeichnet Aristoteles den Satz vom Widerspruch als die gewisseste Grundlage, auf die alles Wissen vom Seienden aufbauen müsse. Jedenfalls in der *Metaphysik* ist also Aristoteles der Meinung, er besitze gewisse Erkenntnisse über alles Seiende, unter denen die beiden angeführten Sätze eine ausgezeichnete Rolle spielen. Die Logik ist für ihn demnach wahr, weil sie auf wahren Erkenntnissen über das Seiende fußt. Wenn nun unser Glaube an die Evidenz solcher allgemeiner Aussagen über das Seiende erschüttert ist, so können wir offenbar entweder die ontologische Fundierung der Logik opfern oder aber ihre Evidenz; viele Denker sind wohl der Meinung, wir müßten beide opfern.

Lorenzen opfert radikal die ontologische Basis und begründet die Evidenz durch Einsicht in das Beweisverfahren. Er sucht also z. B. folgendes zu zeigen: Es ist unmöglich, nach dem von ihm aufgebauten Beweisverfahren jemals zwei Sätze formal abzuleiten, deren einer die Negation des anderen ist. Der Satz vom Widerspruch erscheint in diesem Sinne also als die Behauptung der Unmöglichkeit einer bestimmten Operation. Der Satz vom ausgeschlossenen Dritten könnte dann z. B. so verstanden werden: Man kann stets entweder einen Satz oder die Negation dieses Satzes ableiten. Schon diese ganz ungenaue Fassung zeigt, eine wie viel weiter gehende Behauptung im Satz vom ausgeschlossenen Dritten liegt als im Satz vom Widerspruch und rechtfertigt damit noch einmal den Brouwerschen Zweifel.

Lorenzens Auffassung dürfte für das, was die Logik im Rahmen der heutigen Mathematik bedeutet, eine angemessene Grundlage bieten. Hingegen kann man zweifeln, ob sein Verständnis der Logik für die Rolle genügt, die die Logik meist unausdrücklich in den empirischen Wissenschaften, insbesondere schon in der Physik, spielt. Die Physik kann sich nicht darauf beschränken, Operationen des Menschen zu schildern. Sie stellt hypothetische Naturgesetze auf, d. h. Gesetze, die zwar nicht über alles Seiende schlechthin, aber über alles Seiende ge-

wisser Bereiche allgemeine Aussagen machen. Sie ist heute von
der Auffassung einer Evidenz ihrer allgemeinen Sätze, nach
welcher vergangene Jahrhunderte immer wieder gestrebt haben, sehr weit entfernt. Sie weiß, daß gerade die Grundlage einer Wissenschaft von der Wirklichkeit nur als Hypothese ausgesprochen werden kann, die sich in der Erfahrung bewährt
oder nicht bewährt. Von dieser Auffassung her könnte man genau umgekehrt als Lorenzen auch die Evidenz der Logik preis-
geben und dafür ihren ontologischen Charakter festhalten. So
versteht Picht (*Naturwissenschaft und Bildung*, Würzburg
1953) die Sätze der Logik als »erkannte Seinsgesetze«, die aber
das Seiende nicht so zeigen, wie es an sich selbst ist, sondern
ihm eine bestimmte Perspektive auferlegen (»logische Abblen-
dung«). Von dieser Auffassung ausgehend, habe ich versucht,
die Grundlagen der Quantentheorie als eine hypothetische
Abänderung gewisser Sätze der klassischen Logik aufzufassen.
Diese Fragestellung führt auf eine Wissenschaft von einer ganz
anderen Struktur, als es die von Lorenzen entwickelte Logik ist.
Es wäre aber ein Streit um Worte, wenn man die beiden verschie-
denartigen Auffassungen als einander ausschließend ansehen
wollte. Es scheint mir eher, daß genau wie in der Geometrie vor
etwa hundert Jahren nun auch in der Logik die Erschütterung
der älteren naiven Evidenzvorstellungen eine Weiterentwicklung der bisher einheitlichen Wissenschaft in mehreren verschiedenen Richtungen gestattet. Zum Beispiel ist es wohl nur
eine terminologische Frage, ob man abstrakte Theorien hochdi-
mensionaler Räume als Geometrien bezeichnen will, oder ob
man, wie die Physiker seit Einstein, die Geometrie als einen
Zweig der Physik und insofern als eine empirische Wissenschaft ansieht, oder ob man etwa eine unserem Vorstellungsver-
mögen möglichst nahe bleibende Geometrie, wie es vielleicht
die euklidische ist, alleine als wirkliche Geometrie auffassen
will. Im selben Sinne läßt sich sowohl für die operative Auffassung von Lorenzen wie für die empirisch-hypothetische in der
Geschichte der Logik ein Anknüpfungspunkt finden.

Wir skizzieren nun die Art, in der Lorenzen Logik und Mathematik wirklich aufbaut. Das Buch besteht aus drei Haupttei-
len: I. Logik, II. Konkrete Mathematik, III. Abstrakte Mathematik.

Der Teil über Logik beginnt mit einem »Protologik« über-
schriebenen Kapitel. Hier wird zunächst der Begriff des schematischen Operierens erklärt. Schematisches Operieren ist
etwa das Stricken eines Strumpfs nach den bekannten Regeln
des Strickens oder das Lösen einer Gleichung nach den bekannten Regeln der Algebra. Speziell werden »Kalküle« betrachtet.
Ein Kalkül ist z.B. die folgende Vorschrift: Man darf beliebige
Figuren auf Papier malen, die nur den folgenden drei Regeln genügen müssen: 1. Zuerst muß man immer ein Kreuz + malen.
2. Hat man irgendeine Figur hergestellt, so darf man hinter sie
einen Kreis ◯ setzen. 3. Hat man eine Figur hergestellt, so darf
man gleichzeitig vor und hinter sie ein Kreuz + malen. Formal
deutet Lorenzen diese Regeln durch die folgenden drei Zeilen
an:

$$(A_1) \; + \qquad (R_1) \; a \to a \; ◯ \qquad (R_2) \; a \to + a +$$

Der Buchstabe A bedeutet hier »Anfang«, der Buchstabe R
bedeutet »Regel«, der Pfeil bedeutet einen zulässigen Übergang. a ist eine Variable für Figuren. Es ist nun offensichtlich,
daß man nach diesem Regelsystem gewisse Figuren herstellen
kann, andere aber nicht. Zum Beispiel kann man die folgende
Figur herstellen + + ◯ +. Hingegen kann man die folgende Figur ◯ ◯ ◯ nicht herstellen. Letzteres ist evident, denn da man
immer mit einem Kreuz anfangen muß, ist es unmöglich, eine
Figur zu machen, die nur Kreise enthält.

Wir verfolgen die Beispiele hier nicht weiter. Es ist deutlich,
wie hier eine Art von Evidenz entsteht. Es ist nicht die Evidenz
allgemeiner Einsichten über das Wesen der Welt. Aber kein vernünftiger Mensch wird leugnen, daß man nicht eine Figur aus
lauter Kreisen machen kann, wenn man sich an die Vorschrift
halten will, zuerst ein Kreuz zu malen. In eine Analyse dessen,
was bei dieser Art von Einsicht vorausgesetzt ist, läßt der Verfasser sich nicht ein. Er weist gelegentlich darauf hin, daß z.B.
unsere Fähigkeit vorausgesetzt ist, Figuren wiederzuerkennen,
also etwa zu sagen »dies ist ein Kreis«. Insofern ist das, wovon
Platon in seinem Begriff der Idee oder Aristoteles im Begriff
der Form spricht, schon als selbstverständlich verfügbar zugrunde gelegt. Man kann hierin eine Grenze der philosophi-

schen Fragestellung des Verfassers sehen. Man kann ihm aber
daraus, angesichts des Ziels, das er sich setzt, keinen Vorwurf
machen. Er will zeigen, *daß* es möglich ist, Mathematik so aufzubauen, daß wir an ihren Behauptungen nicht zweifeln. Die
Einsicht darüber, *warum* das möglich ist, versucht er aber nicht
weiter zu führen, als er braucht, um sich über das »*daß*« zu vergewissern. Wer in der Schule von Niels Bohr gewesen ist, wird
sich nicht darüber wundern, daß es Erkenntnisse gibt, die über-
zeugender und durchsichtiger sind als der Grund, auf dem sie
ruhen. Die Beschränkung auf das, worauf alle Mathematiker
sich einigen können, ist das Ziel und die Stärke dieses Buchs.

Die Protologik ist eine Theorie davon, was für Figuren in
Kalkülen abgeleitet werden können. (Es ist ein Schönheitsfeh-
ler des Buchs, daß diese Figuren alsbald auf S. 13 den Namen
»Aussagen« erhalten. Diesen Namen verdienen sie, sobald der
Kalkül als Logik gedeutet wird. Es ist aber ein wenig verwirrend, daß sie den Namen schon vorher erhalten. Es scheint mir,
daß der Verfasser hier seiner eigenen Einsicht um einer Anpassung an die übliche Ausdrucksweise des Logikkalküls willen
untreu wird.) Die Logik wird nunmehr in einer wohl zuerst
von Tarski eingeführten Weise dargestellt. Man sucht Regeln,
die für jeden Kalkül »zulässig« sind.

Eine Regel heißt in einem bestimmten Kalkül zulässig, wenn
durch die Hinzufügung dieser Regel zu den bisherigen Regeln
des Kalküls keine Figur herstellbar wird, die es nicht auch ohne
sie wäre. Zum Beispiel kann man zu dem oben geschilderten
Kalkül noch die Regel hinzufügen: »Man darf mit der Figur
+ + ○ + beginnen«. Da diese Figur selbst im Kalkül herstellbar
ist, wird mit Hilfe der neuen Regel keine Figur herstellbar, die
es nicht schon vorher war. Die eben genannte Regel ist aber nur
für den speziellen, als Beispiel benutzten Kalkül (und vielleicht
für einige andere Kalküle) zulässig. Es gibt aber Regeln, die für
jeden Kalkül zulässig sind. Ein Beispiel ist das folgende: Wenn
der Kalkül die beiden Regeln $A \rightarrow B$ und $B \rightarrow C$ enthält, so darf
man die Regel $A \rightarrow C$ hinzufügen. Daß diese Regel allgemein
zulässig ist, läßt sich durch Nachdenken über das Verfahren
beim Herstellen von Figuren einsehen. In der Tat kann man mit
Hilfe der beiden Regeln $A \rightarrow B$ und $B \rightarrow C$ immer eine Figur
der Gestalt C herstellen, wenn eine Figur der Gestalt A schon

hergestellt war. Ebendies behauptet aber die Regel $A \to C$. Die soeben als allgemein zulässig eingesehene Regel ist nun aber nicht eine Regel über Figuren, sondern eine Regel über Regeln. Wir nennen sie eine Metaregel. Damit ist folgendes gemeint. Regeln sind zunächst Angaben darüber, wie man bestimmte Figuren herstellt, wenn andere Figuren schon hergestellt sind. Die abgekürzte Schreibweise, die wir schon oben an dem Beispiel benutzt haben, drückt aber die Regeln selbst in Gestalt bestimmter Figuren aus. Hier sind die Figuren nun wirklich Zeichen für echte Aussagen. Eine Regel, die angibt, wie man aus zwei als Figur niedergeschriebenen Regeln eine neue, als Figur niedergeschriebene Regel herstellen kann, ist also eine echte Regel für einen Kalkül, der diejenigen Figuren konstruiert, die zur Mitteilung von Regeln dienen. An dieser Stelle ist zum erstenmal davon Gebrauch gemacht, daß wir fähig sind, vernünftige Behauptungen (»Aussagen«) in Gestalt eindeutig wiedererkennbarer Figuren auf Papier mitzuteilen. Dies geht über die bloße Wiedererkennbarkeit von Figuren hinaus und ist die Basis aller formalen Logik von jeher gewesen.

Die Formulierung von Metaregeln wird nun beliebig oft iteriert. Hierin liegt wohl eine entscheidende Pointe des Verfahrens. Solange wir Aussagen über Aussagen nur so machen können, daß zwar die Aussagen, über die ausgesagt wird, formalisiert sind, die »Metaaussagen« aber in der natürlichen Sprache mitgeteilt werden, bleibt der unerforschliche Hintergrund der Logik gleichsam in den Metaaussagen selbst noch sichtbar. Die Frage, welcher Logik die natürliche Sprache genüge, entzieht sich ja wohl jeder exakten Behandlung. Nun aber wird zu jeder beliebigen Stufe von Metaaussagen wiederum eine Anzahl von Metaaussagen nächst höherer Stufe konstruiert, und es wird eine Vorschrift angegeben, wie auch solche Meta-Meta-Aussagen wiederum in Gestalt von Figuren eines Kalküls auszudrükken sind. Natürlich ist die so kalkülisierte Sprache ausdrucksarm, aber sie genügt, um die Regeln der Logik des Schließens wiederzugeben. Diese Regeln, von denen die oben angeführte »Wenn $A \to B$ und $B \to C$, so $A \to C$« oder »$A \to B$, $B \to C \rightsquigarrow A \to C$« ein Beispiel ist, sind nun gerade diejenigen, die in jeder Stufe genau dieselbe Gestalt haben. Diese Unabhängigkeit von der Stufe, auf die sie sich bezieht, ist ein Ausdruck dessen, was wir traditionell als die Allgemeingültigkeit der Logik kennen.

Nachdem wir an diesem Beispiel das Verfahren des Verfassers vorgeführt haben, folgt nun nur noch ein verhältnismäßig knappes Referat über den weiteren Inhalt. Zunächst werden im Teil über Logik die Konjunktion, Disjunktion und Negation eingeführt. Es zeigt sich dann, daß das tertium non datur nicht operativ allgemein begründet werden kann, daß aber auch die Annahme, das tertium non datur sei falsch, selbst auf Schwierigkeiten führen würde. Der Verfasser unterscheidet nun eine effektive Logik, die das tertium non datur nicht benützt, und eine fiktive Logik, die das tertium non datur benützt, und diskutiert im einzelnen, unter welchen Umständen es erlaubt ist, an Stelle der effektiven Logik die weiterreichende und symmetrischere fiktive Logik zu verwenden. Es werden dann die Begriffe der Gleichheit, Abstraktion, Relation und Funktion eingeführt. Eingeschoben ist ein für den Aufbau nicht notwendiger interessanter Paragraph über Modalität und Wahrscheinlichkeit.

Wesentlich für den Gedankengang des Verfassers ist nunmehr die Unterscheidung zwischen konkreter und abstrakter Mathematik. Um gleich die bekannten Namen zu verwenden: Unter dem Titel »Konkrete Mathematik« treten Arithmetik und Analysis auf, unter dem Titel »Abstrakte Mathematik« die allgemeine Strukturtheorie und insbesondere die speziellen Strukturen der Algebra und der Topologie. Die Geometrie ist ganz fortgelassen. Es ist offensichtlich die Meinung des Verfassers, daß die Motivierung zur Geometrie nur in der Physik gefunden werden könne. Eine heute verbreitete Auffassung der Mathematik hat die Tendenz, gerade die abstrakten Begriffe an die Spitze zu stellen. Diese abstrakten Begriffe können dann kaum anders eingeführt werden als durch Axiome, denen keine inhaltliche Deutung gegeben wird. Demgegenüber betrachtet Lorenzen die abstrakten Theorien lediglich als die Analyse von solchen Strukturen, die in der von ihm sog. konkreten Mathematik mehrmals an verschiedener Stelle vorkommen und die insofern ein Studium in abstracto verdienen. Ohne mir in diesen Bereichen ein fachmännisches Urteil erlauben zu dürfen, möchte ich gestehen, daß mir gerade dieser Zug des Buchs ganz besonders einleuchtend ist. Bei diesem Aufbau bleibt stets deutlich, daß auch die abstrakten Theorien jeweils von etwas ganz Bestimmtem reden, nur so, daß dabei offengelassen wird, von welchen der verschiedenen bestimmten Fälle, auf die sie anwendbar sind, im Moment gerade gesprochen werden soll.

In der konkreten Mathematik wird zunächst der Zahlbegriff in einer Weise aufgebaut, die auf das wirkliche Zählen zurückgeht. Lorenzen macht die hübsche Bemerkung, daß der Begriff des Kalküls ja auf jene calculi (Steinchen) zurückgeht, die etwa ein Hirte der Reihe nach zu sich steckt, wenn er seine Schafe durchzählt. Die für die Mathematiker wahrscheinlich wesentlichste Leistung des Buchs liegt darin, daß es dem Verfasser gelingt, durch eine Übereinanderschichtung unendlich vieler verschiedener, jeweils operativ definierter Schichten den Zahlbegriff so weit zu erweitern, daß alle wesentlichen Sätze der Analysis gewonnen werden können. Erst nachdem dieser Aufbau geleistet ist, folgt dann im III. Teil die abstrakte Mathematik in der soeben schon charakterisierten Auffassung.

Natürlich wird von dem Verfasser nicht gezeigt, daß seine Herstellung eines Begriffssystems, in dem man die Analysis zum Ausdruck bringen kann, die einzig mögliche ist. Das heißt, das Problem des Kontinuums wird hier in einer bestimmten Weise auf konstruktive Prinzipien zurückgeführt, aber es wird nicht gezeigt, daß man das Kontinuum nicht vielleicht auch noch ganz anders auffassen könnte. Doch sei auf diese Frage in dieser Besprechung, die schon zu lang geworden ist, nicht weiter eingegangen.

5. Verhältnis zu Frege*

Wer den Versuch mit Frege wagt,
nicht länger nach dem Wege fragt.

G. Patzig

Wer ernstlich diese Frage wägt,
sich doch noch, was er wage, frägt.

C. F. W.

Die Entwicklung der abendländischen Logik zerfällt in der umfassenden Darstellung von W. und M. Kneale** in die drei Sta-
dien vor Frege, Frege und nach Frege. Freges ausgezeichnete
Position beruht darauf, daß er der Logik hinreichend umfassende Ausdrucksmittel und damit Struktureinsichten gegeben
hat, um mathematische Sachverhalte zu beschreiben. Seither ist
die Logik wesentlich an der Interpretation der Mathematik
orientiert. Die von Frege eingeführten begrifflichen Strukturen
werden, wenngleich in bequemerer Symbolik, noch heute benutzt, auch soweit Freges Reflexion auf den Sinn der Logik, die
ihm ihre Einführung ermöglichte, nicht mitvollzogen oder sogar kritisiert wird. Uns ist, da wir, anders als Frege, vor allem
zeitliche Verhältnisse und damit die Physik logisch darstellen
wollen, gerade die Auseinandersetzung mit seiner grundsätzlichen Reflexion wichtig.

1. Freges Grundbegriffe

»Was einfach ist, kann nicht zerlegt werden, und was logisch
einfach ist, kann nicht eigentlich definiert werden. Das Logischeinfache ist nun ebensowenig wie die meisten chemischen
Elemente von vornherein gegeben, sondern wird erst durch
wissenschaftliche Arbeit gewonnen. Wenn nun etwas gefunden
ist, was einfach ist oder wenigstens bis auf weiteres als einfach
gelten muß, so wird eine Benennung dafür zu prägen sein, da
die Sprache einen genau entsprechenden Ausdruck ursprünglich nicht haben wird. Eine Definition zur Einführung eines

---

*   Geschrieben 1972. Unvollendet.
**   William und Martha Kneale, *The Development of Logic*, Oxford 1962.

Namens für Logischeinfaches ist nicht möglich. Es bleibt dann nichts anderes übrig, als den Leser oder Hörer durch Winke anzuleiten, unter dem Worte das Gemeinte zu verstehen.« (*Über Begriff und Gegenstand*, S. 193, *Kleine Schriften*, ed. Angelelli, S. 167/168.)

Eine der wichtigsten von Frege so eingeführten logischen Unterscheidungen ist die von *Sinn* und *Bedeutung*. Sie wird zunächst für Zeichen erklärt. »Es liegt nun nahe, mit einem Zeichen (Namen, Wortverbindung, Schriftzeichen) außer dem Bezeichneten, was die Bedeutung des Zeichens heißen möge, noch das verbunden zu denken, was ich den Sinn des Zeichens nennen möchte, worin die Art des Gegebenseins enthalten ist ... Es würde die Bedeutung von ›Abendstern‹ und ›Morgenstern‹ dieselbe sein, aber nicht der Sinn.« (*Über Sinn und Bedeutung*, S. 26/27, *Kl. Schr.*, S. 144.)

»Von der Bedeutung und dem Sinne eines Zeichens ist die mit ihm verknüpfte Vorstellung zu unterscheiden ... Die Vorstellung ist subjektiv: die Vorstellung des einen ist nicht die des anderen ... Die Vorstellung unterscheidet sich dadurch wesentlich von dem Sinne eines Zeichens, welcher gemeinsames Eigentum von vielen sein kann und also nicht Teil oder Modus der Einzelseele ist; denn man wird wohl nicht leugnen können, daß die Menschheit einen gemeinsamen Schatz von Gedanken hat, den sie von einem Geschlechte auf das andere überträgt ... Die Bedeutung eines Eigennamens ist der Gegenstand selbst, den wir damit bezeichnen; die Vorstellung, welche wir dabei haben, ist ganz subjektiv; dazwischen liegt der Sinn, der zwar nicht mehr subjektiv wie die Vorstellung, aber doch auch nicht der Gegenstand selbst ist.« (*Über Sinn und Bedeutung*, S. 29–30, *Kl. Schr.*, S. 145/146.) Frege erläutert dies noch durch das Gleichnis des durch ein Fernrohr betrachteten Mondes.

»Ich vergleiche den Mond selbst mit der Bedeutung; er ist der Gegenstand der Beobachtung, die vermittelt wird durch das reelle Bild, welches vom Objektivglase im Innern des Fernrohrs entworfen wird, und durch das Netzhautbild des Betrachtenden. Jenes vergleiche ich mit dem Sinne, dieses mit der Vorstellung oder Anschauung.« (*Über Sinn und Bedeutung*, S. 30, *Kl. Schr.*, S. 146.)

Im Sinn ist die objektive Art des Gegebenseins enthalten.

Diese läßt sich begrifflich charakterisieren und ist insofern etwas verschiedenen denkenden Menschen Gemeinsames. Die Identität der Bedeutung von Zeichen verschiedenen Sinnes ist darum Inhalt einer Erkenntnis. Die Erkenntnis der Identität der drei Schnittpunkte der drei Mittelsenkrechten eines Dreiecks ist eine mathematische Erkenntnis. Die Erkenntnis der Identität von Abendstern und Morgenstern ist eine astronomische Erkenntnis.

Hierzu tritt die Unterscheidung von *Begriff* und *Gegenstand*. Zur Einführung von Sinn und Bedeutung eines Zeichens sagt Frege erläuternd: »Aus dem Zusammenhange geht hervor, daß ich hier unter ›Zeichen‹ und ›Namen‹ irgendeine Bezeichnung verstanden habe, die einen Eigennamen vertritt, deren Bedeutung also ein bestimmter Gegenstand ist (dies Wort im weitesten Umfange genommen), aber kein Begriff und keine Beziehung,...« (*Über Sinn und Bedeutung*, S. 27, *Kl. Schr.*, S. 144.) »Der Begriff – wie ich das Wort verstehe – ist prädikativ.« (Dazu Freges Fußnote: »Er ist nämlich Bedeutung eines grammatischen Prädikats.«)

»Ein Gegenstandsname hingegen, ein Eigenname, ist durchaus unfähig, als grammatisches Prädikat gebraucht zu werden.« (*Über Begriff und Gegenstand*, S. 193, *Kl. Schr.*, S. 168.)

Frege widerlegt zunächst den Einwand, man könne auch Eigennamen prädizieren. In »dies ist Alexander der Große« bedeutet das »ist« die Identität, in »dies ist grün« oder »dies ist ein Säugetier« bedeutet »ist« die Prädikation. »Was ich hier prädikative Natur des Begriffes nenne, ist nur ein besonderer Fall der Ergänzungsbedürftigkeit oder Ungesättigtheit, die ich in meiner Schrift ›Funktion und Begriff‹... als wesentlich für die Funktion angegeben habe.« (*Über Begriff und Gegenstand*, S. 197, Anm. 11, *Kl. Schr.*, S. 171.)

Vgl. dazu die Formulierung: »Es kommt mir darauf an, zu zeigen, daß das Argument nicht mit zur Funktion gehört, sondern mit der Funktion zusammen ein vollständiges Ganzes bildet; denn die Funktion für sich allein ist unvollständig, ergänzungsbedürftig oder ungesättigt zu nennen.« (*Funktion und Begriff*, S. 6, *Kl. Schr.*, S. 128.)

Wir verfolgen hier Freges Analyse des mathematischen Funktionsbegriffs im engeren Sinne nicht weiter, sondern betrachten seine Ausdehnung auf die Logik.

Dies geschieht über den Begriff des *Satzes* und seiner möglichen *Wahrheitswerte*. »Ich verstehe unter dem Wahrheitswert eines Satzes den Umstand, daß er wahr oder daß er falsch ist. Weitere Wahrheitswerte gibt es nicht. Ich nenne der Kürze halber den einen das Wahre, den anderen das Falsche.« (*Über Sinn und Bedeutung*, S. 34, *Kl. Schr.*, S. 149.)

Nun wird der Begriff durch Zerlegung des Satzes definiert. »Behauptungssätze im allgemeinen kann man ebenso wie Gleichungen oder Ungleichungen oder analytische Ausdrücke zerlegt denken in zwei Teile, von denen der eine in sich abgeschlossen, der andere ergänzungsbedürftig, ungesättigt ist. So kann man z. B. den Satz

›Caesar eroberte Gallien‹

zerlegen in ›Caesar‹ und ›eroberte Gallien‹. Der zweite Teil ist ungesättigt, führt eine leere Stelle mit sich, und erst dadurch, daß diese Stelle von einem Eigennamen ausgefüllt wird oder von einem Ausdrucke, der einen Eigennamen vertritt, kommt ein abgeschlossener Sinn zum Vorschein. Ich nenne auch hier die Bedeutung dieses ungesättigten Teiles Funktion. In diesem Falle ist das Argument Caesar.« (*Funktion und Begriff*, S. 17, *Kl. Schr.*, S. 134.) Als den Wert, den eine solche begriffliche Funktion durch Einsetzung eines Eigennamens an der Argumentstelle erhält, faßt Frege den Wahrheitswert des so entstehenden Satzes auf. Die Funktion »x eroberte Gallien« erhält durch Einsetzung von »Caesar« für das x den Wert des Wahren, durch Einsetzung von »Pompeius« den des Falschen. »Ja, man wird geradezu sagen können: ein Begriff ist eine Funktion, deren Wert immer ein Wahrheitswert ist.« (*Funktion und Begriff*, S. 15, *Kl. Schr.*, S. 133.)

Als Argumente und Funktionswerte im allgemeinen logischen Funktionsbegriff sind »Gegenstände überhaupt« zugelassen. »Es sind nicht mehr bloß Zahlen zuzulassen, sondern Gegenstände überhaupt, wobei ich allerdings auch Personen zu den Gegenständen rechnen muß. Als mögliche Funktionswerte sind schon vorhin die beiden Wahrheitswerte eingeführt. Wir müssen weitergehen und Gegenstände ohne Beschränkung als Funktionswerte zulassen.« (*Funktion und Begriff*, S. 17, *Kl. Schr.*, S. 134.) Als Beispiel für letzteres bildet Frege die Funktion »die Hauptstadt des x«, die durch Einsetzung von »Deutsches Reich« für x den Wert »Berlin« erhält. Uns interessiert hieran der sehr allgemeine Gegenstandsbegriff, unter den auch die beiden Wahrheitswerte fallen.

»Wenn wir so Gegenstände ohne Einschränkung als Argumente und als Funktionswerte zugelassen haben, so fragt es sich nun, was hier Gegenstand genannt wird. Eine schulgemäße Definition halte ich für unmöglich, weil wir hier etwas haben, was wegen seiner Einfachheit eine logische Zerlegung nicht zuläßt. Es ist nur möglich, auf das hinzudeuten, was gemeint ist. Hier kann nur kurz gesagt werden: Gegenstand ist alles, was nicht Funktion ist, dessen Ausdruck also keine leere Stelle mit sich führt.« (*Funktion und Begriff*, S. 18, *Kl. Schr.*, S. 134.)

Hiermit hat Frege den Begriffsapparat, den er braucht, um die Unterscheidung von Sinn und Bedeutung auch auf Behauptungssätze auszudehnen. »Ein solcher Satz enthält einen Gedanken.« (Dazu Freges Fußnote: »Ich verstehe unter Gedanken nicht das subjektive Tun des Denkens, sondern dessen objektiven Inhalt, der fähig ist, gemeinsames Eigentum von vielen zu sein.« *Über Sinn und Bedeutung*, S. 32.)

»Ist dieser Gedanke nun als dessen Sinn oder als dessen Bedeutung anzusehen? Nehmen wir einmal an, der Satz habe eine Bedeutung! Ersetzen wir nun in ihm ein Wort durch ein anderes von derselben Bedeutung, aber anderem Sinne, so kann dies auf die Bedeutung des Satzes keinen Einfluß haben. Nun sehen wir aber, daß der Gedanke sich in solchem Falle ändert; denn es ist z.B. der Gedanke des Satzes ›der Morgenstern ist ein von der Sonne beleuchteter Körper‹ verschieden von dem des Satzes ›der Abendstern ist ein von der Sonne beleuchteter Körper‹. Jemand, der nicht wüßte, daß der Abendstern der Morgenstern ist, könnte den einen Gedanken für wahr, den anderen für falsch halten. Der Gedanke kann also nicht die Bedeutung des Satzes sein, vielmehr werden wir ihn als den Sinn aufzufassen haben.« (*Über Sinn und Bedeutung*, S. 32, *Kl. Schr.*, S. 148.)

Die sich meldende Vermutung, ein Satz habe nur einen Sinn und keine Bedeutung, wird abgewiesen durch die Erwägung des Grundes, aus dem wir an der Bedeutung von Eigennamen interessiert sind. Der Sinn eines Satzes hängt nur vom Sinn der in ihm vorkommenden Zeichen ab, nicht von ihrer Bedeutung.

Der Sinn des Satzes »Odysseus wurde tief schlafend in Ithaka ans Land gesetzt« (*Über Sinn und Bedeutung*, S. 32, *Kl. Schr.*, S. 148), bleibt derselbe, einerlei, ob der Eigenname »Odysseus« eine Bedeutung hat. Wer nur an der *Odyssee* als Kunstwerk interessiert ist, gibt sich damit zufrieden. Wer aber die Wahrheit wissen will, will wissen, ob der Eigenname eine Bedeutung hat. »Das Streben nach Wahrheit also ist es, was uns überall vom Sinne zur Bedeutung vorzudringen treibt. Wir haben gesehn, daß zu einem Satz immer dann eine Bedeutung zu suchen ist, wenn es auf die Bedeutung der Bestandteile ankommt; und das ist immer dann und nur dann der Fall, wenn wir nach dem Wahrheitswerte fragen. So werden wir dahin gedrängt, den *Wahrheitswert* [vom Autor gesperrt] eines Satzes als seine Bedeutung anzuerkennen.« (*Über Sinn und Bedeutung*, S. 33/34, *Kl. Schr.*, S. 149.) »Ein Behauptungssatz enthält keine leere Stelle und darum ist seine Bedeutung als Gegenstand anzusehen. Diese Bedeutung aber ist ein Wahrheitswert. Also sind die beiden Wahrheitswerte Gegenstände.« (*Funktion und Begriff*, S. 18, *Kl. Schr.*, S. 134.)

»Wenn nun der Wahrheitswert eines Satzes dessen Bedeutung ist, so haben einerseits alle wahren Sätze dieselbe Bedeutung, andererseits alle falschen. Wir sehn daraus, daß in der Bedeutung des Satzes alles einzelne verwischt wird. Es kann uns also niemals auf die Bedeutung eines Satzes allein ankommen; aber auch der bloße Gedanke gibt keine Erkenntnis, sondern erst der Gedanke zusammen mit seiner Bedeutung, d. h. seinem Wahrheitswerte. Urteilen kann als Fortschreiten von einem Gedanken zu seinem Wahrheitswerte gefaßt werden. Freilich soll dies keine Definition sein. Das Urteilen ist eben etwas ganz Eigenartiges und Unvergleichliches. Man könnte auch sagen, Urteilen sei Unterscheiden von Teilen innerhalb des Wahrheitswertes. Diese Unterscheidung geschieht durch Rückgang zum Gedanken. Jeder Sinn, der zu einem Wahrheitswerte gehört, würde einer eigenen Weise der Zerlegung entsprechen. Das Wort ›Teil‹ habe ich hier allerdings in besondrer Weise gebraucht...« (*Über Sinn und Bedeutung*, S. 35, *Kl. Schr.*, S. 150.)

Freges weitere Ausarbeitung dieser logischen Theorie und die Anwendung, die er von ihr zur Grundlegung der Arithmetik macht, betrifft uns vorerst nicht.

2. Vergleich mit den philosophischen Problemen der traditionellen Logik

Die traditionellen philosophischen Probleme der Logik treten in Freges Texten fast nur in der Gestalt von Polemik gegen Ansichten auf, die er für falsch oder sinnlos, und gegen Sprachgebräuche, die er für inkorrekt erklärt. Von Freges systematischer Intention her ist dieses Verhalten wohl konsequent. Frege sucht die überlieferten Probleme soweit als ihm möglich zu lösen und von da an eine Ausdrucksweise konsequent zu benutzen, die der gefundenen Lösung Rechnung trägt. In dieser Ausdrucksweise kann das Problem dann gar nicht mehr auftreten. In einer korrekten Ausdrucksweise läßt sich das Problem gewissermaßen nicht einmal als Problem mehr deutlich formulieren. Eine Ausdrucksschwierigkeit liegt dann nur noch darin, diejenigen »Winke« zu finden, um den Menschen, die etwas »Logischeinfaches« noch nicht verstanden haben, zu diesem Verstehen zu verhelfen. Polemik, zumal gegen unklare Ausdrucksweisen, kann ein Mittel dazu sein.

Natürlich war Frege nicht so überheblich, zu meinen, er habe alle Grundprobleme der Logik gelöst; dies gilt zweifellos auch schon für die Zeit vor der Erkenntnis des Scheiterns seines Aufbaus an den logischen Paradoxien. Man darf ihm aber das Bewußtsein zubilligen, daß durch seine Auffassung alle überlieferten Probleme des Sinns der Logik in eine ganz neue Beleuchtung rücken. Wir werden daher an die Interpretation seiner Ansichten gemäß dem Prinzip der Wahrheit des Behaupteten herantreten (*EN*, S. 472–473), das wir für den vorliegenden Zweck wie folgt formulieren können: Wenn wir uns versucht fühlen, einem Philosophen zu widersprechen, den wir, wie jetzt Frege, um der Sachprobleme willen zu lesen lohnend finden, so hat die Vermutung eine überwiegende Apriori-Wahrscheinlichkeit, daß wir ihm widersprechen, weil wir ihn noch nicht verstehen, und daß wir ihm zustimmen würden, wenn wir ihn verstünden. Dabei hängt die Schwierigkeit des Verstehens meist damit zusammen, daß die Ausdrucksweise des Philosophen notwendigerweise auf das Ganze seiner Gedanken bezogen und nur von dorther zu deuten ist. Erst nach vollzogener Anstrengung, dieses Ganze uns zu eigen zu machen, hat unsere

Kritik im einzelnen und im ganzen Aussicht, nicht von vornherein verfehlt zu sein.

Dabei hat unsere Auslegung freilich von vornherein einen Leitfaden, der einer Grundüberzeugung Freges widerspricht. Die eigentümliche klare Sprödheit der Fregeschen Diktion hängt damit zusammen, daß er an eine Ordnung in den Wissenschaften glaubt, die man heute manchmal »hierarchisch« nennt. In dieser Ordnung ist die Logik fundamental. Eben deshalb lassen sich ihre Grundbegriffe durch nichts anderes mehr erklären. Man kann sie nur im Gebrauch vorführen und durch Winke auf ihren Sinn »hindeuten«. Wir zweifeln an der Richtigkeit dieser hierarchischen Auffassung und vermuten, daß der wahre Zusammenhang unserer Begriffe in einer reflexiv-zirkelhaften Anordnung deutlicher wird als in einer der deduktiven Darstellung der Mathematik nachgebildeten. Wir glauben deshalb, daß die geschichtlichen Probleme, in deren Kontinuität Frege steht, nicht nur durch seine Gedanken der Klärung nahegeführt werden, sondern auch umgekehrt zur Aufklärung seiner Gedanken beitragen können.

In unserer Darstellung der logischen Grundbegriffe Freges haben wir drei hauptsächliche Gedanken geschildert:

a) die Unterscheidung von Sinn und Bedeutung eines Eigennamens,
b) die Erklärung des Begriffes als Funktion,
c) die Auffassung des Wahrheitswertes als Bedeutung des Behauptungssatzes.

Wir treten in diese Gedankenkette jetzt von ihrem Ende her ein. Wir arbeiten uns von c) über b) nach a) hinauf und von dort über b) zurück nach c).

Zu c): Mit der Tradition behandelt Frege Wahrheit als einen Begriff, der für die Logik grundlegend ist, aber eben darum in der Logik nicht erklärt wird. Er ist grundlegend zumal für den Sinn des Begriffes »Bedeutung«; das Streben nach Wahrheit treibt uns überall vom Sinn zur Bedeutung vorzudringen. Er kann wie alles Logischeinfache nicht mehr definiert werden. Im Sinne Freges wäre es vermutlich auch absurd, nach einer Erklärung des Sinnes von »Wahrheit« außerhalb der Logik zu suchen, also hinter der Logik noch eine Definition oder gar Theo-

rie einer Wahrheit zu suchen; eine solche Definition oder Theorie müßte ja selbst auf wahren Sätzen beruhen, also das zu Erklärende schon benutzen.

Mit der Lehre, daß ein Behauptungssatz etwas ist, was nur
wahr oder falsch sein kann, steht Frege ebenfalls in einer auf
Aristoteles zurückgehenden Tradition. Ihm eigen ist jedoch die
Auffassung der beiden Wahrheitswerte, die er konsequent mit
bestimmtem Artikel substantiiert als »das Wahre« und »das Falsche« bezeichnet, als Gegenstände. Dieser hochabstrakte Gegenstandsbegriff bekommt seine eigentliche Schärfe dadurch,
daß Frege nicht alles Denkbare als Gegenstand bezeichnet. Ein
Begriff ist eine Funktion und eben darum kein Gegenstand,
denn er ist ungesättigt, führt eine leere Stelle mit sich. »x ist ein
Pferd« ist eine Funktion, »ist ein Pferd« ist ein Prädikat und
kein Gegenstand. Hingegen: »Die drei Worte ›der Begriff
‚Pferd'‹ bezeichnen einen Gegenstand, aber eben darum keinen
Begriff, wie ich das Wort gebrauche.« (*Über Begriff und Gegenstand*, S. 195, *Kl. Schr.*, S. 169.)

Wir benutzen dieses Beispiel, um uns zum erstenmal der
Frage zu nähern, ob Freges Auffassung der Logik »ontologisch« sei. Frege sucht zweifellos die Logik völlig unabhängig
von allen speziellen Theorien über Seiendes zu begründen.
»Die festeste Beweisführung ist offenbar die rein logische, welche, von der besonderen Beschaffenheit der Dinge absehend,
sich allein auf die Gesetze gründet, auf denen alle Erkenntnis
beruht.« (*Begriffsschrift*, Vorwort, S. III.) Andererseits versteht
er unter Gedanken einen »objektiven Inhalt«, er tritt auf Cantors Seite im Streit um die Existenz des Aktualunendlichen, er
versichert emphatisch, daß nicht nur dem sinnlich Wahrnehmbaren Objektivität zukommt. (*Z.B. Grundlagen der Arithmetik*, §85.) Er scheint die Logik wie eine Ontologie »idealer
Gegenstände« aufzufassen. Er vermeidet jedoch den Fehler
mancher »Platonisten« und fast aller Kritiker des Platonismus
in ihrer Auffassung desselben, einen schon vorgefaßten Begriff
von Sein zum Oberbegriff des Seins logischer oder mathematischer Gegenstände zu machen. Er deutet nur darauf hin, was
wir doch offenbar meinen, wenn wir einen Satz über nichtsinn-
liche Gegenstände als wahr auffassen.

Hier kann man nun freilich fragen, ob die Subsumtion der

Wahrheitswerte unter den allgemeinen Gegenstandsbegriff das trifft, was wir mit »wahr« und »falsch« meinen. Immanent im Fregeschen System kann man fragen, ob ihre Auffassung als Bedeutung des Satzes mit der Einführung des Bedeutungsbegriffs im Einklang bleibt. Der Sinn des Namens »Odysseus« sei etwa als »der Held der Odyssee« umschrieben. Die Frage, ob der so bezeichnete Odysseus, der in Ithaka tief schlafend ans Land gesetzt wurde, wirklich gelebt habe, formuliert sich bei Frege als die Frage, »ob der darin vorkommende Name ›Odysseus‹ eine Bedeutung habe« (s. o.).

Ein sinnvoller Eigenname kann also bedeutungslos sein. Sollte man dann nicht auch von Sätzen so sprechen? Man würde dann sagen, nur ein wahrer Satz habe eine Bedeutung. Diese wäre dann vielleicht als die Wahrheit seines Sinnes, als der objektive bestehende Sachverhalt zu bezeichnen und zu unterscheiden von dem bloßen Gedanken des möglichen Sachverhalts, der der Sinn des Satzes wäre.

Ein falscher Satz hätte in dieser Sprechweise zwar einen Sinn, aber keine Bedeutung. Der Sachverhalt, daß ein sinnvoller Satz bedeutungslos ist, würde dann in der Form ausgesprochen: »der Satz ist falsch«. »Wahr« und »falsch« wären dann Prädikate von Sätzen, also Begriffe, und somit in Freges Sinn keine Gegenstände.

Frege selbst erwägt die Auffassung der Wahrheit als Prädikat in der *Begriffsschrift* (S. 3–4) im Zusammenhang seiner Kritik des Subjekt-Prädikat-Schemas, auf die wir nachher eingehen werden. In *Über Sinn und Bedeutung* verwirft er sie. Wir müssen sein dortiges Argument in extenso betrachten. »Man könnte versucht sein, das Verhältnis des Gedankens zum Wahren nicht als das des Sinnes zur Bedeutung, sondern als das des Subjekts zum Prädikate anzusehen. Man kann ja geradezu sagen: ›der Gedanke, daß 5 eine Primzahl ist, ist wahr.‹ Wenn man aber genauer zusieht, so bemerkt man, daß damit eigentlich nichts mehr gesagt ist als in dem einfachen Satz ›5 ist eine Primzahl‹. Die Behauptung der Wahrheit liegt in beiden Fällen in der Form des Behauptungssatzes, und da, wo diese nicht ihre gewöhnliche Kraft hat, z. B. im Munde eines Schauspielers auf der Bühne, enthält der Satz ›der Gedanke, daß 5 eine Primzahl ist, ist wahr‹ eben auch nur einen Gedanken, und zwar denselben

Gedanken wie das einfache ›5 ist eine Primzahl‹. Daraus ist zu entnehmen, daß das Verhältnis des Gedankens zum Wahren doch mit dem des Subjekts zum Prädikate nicht verglichen werden darf. Subjekt und Prädikat sind ja (im logischen Sinne verstanden) Gedankenteile; sie stehen auf derselben Stufe für das Erkennen. Man gelangt durch die Zusammenfügung von Subjekt und Prädikat immer nur zu einem Gedanken, nie von einem Sinne zu dessen Bedeutung, nie von einem Gedanken zu dessen Wahrheitswerte. Man bewegt sich auf derselben Stufe, aber man schreitet nicht von einer Stufe zur nächsten vor. Ein Wahrheitswert kann nicht Teil eines Gedankens sein, so wenig wie etwa die Sonne, weil er kein Sinn ist, sondern ein Gegenstand.« (*Über Sinn und Bedeutung*, S. 34–35, *Kl. Schr.*, S. 150.)

Wir sehen zunächst vom letzten Satz ab, der, wenn er als Argument verstanden würde, einer petitio principii ähnlich sieht. Im übrigen Text weist Frege auf die singuläre, für die ganze Logik konstitutive Rolle des Wahrheitsbegriffes hin. (Vgl. aus dem Zitat am Ende unseres Abschnitts 1: »Das Urteilen ist eben etwas ganz Eigenartiges und Unvergleichliches.«) Was ist die Substanz dieses Arguments? Frege kann und will nicht leugnen, daß man in dem Satz »der Gedanke, daß 5 eine Primzahl ist, ist wahr« den Teil »der Gedanke, daß 5 eine Primzahl ist« formal als Subjekt auffassen kann und »ist wahr« als Prädikat. Dies aber erscheint ihm als eine logische Ungenauigkeit der Umgangssprache. Das Argument hierfür ist, daß durch die Verbindung dieses Subjekts mit diesem Prädikat kein anderer Gedanke entstehe als der Gedanke selbst, der hier als Subjekt auftritt; und diese These wird damit begründet, daß, wer den einen Gedanken behauptet, notwendigerweise auch den anderen behaupten muß. Eine logisch präzise Sprache wie Freges Begriffsschrift trägt dem dadurch Rechnung, daß in ihr Prädikate als Funktionen und auch insofern als Teile des Satzsinns auftreten, die mit den Worten »ist wahr« gemeinte Bestimmung aber als das jedem behaupteten Satze vorangestellte Behauptungszeichen (⊢). Die Identität der beiden Gedanken findet dann ihren natürlichen Ausdruck darin, daß das Behauptungszeichen nicht iteriert werden kann.

Man könnte nun gegen Frege einwenden, daß die Unterscheidung eines Gedankens *G* von dem Gedanken »*G* ist wahr« gerade der Sinn der Urteilsform der Reflexion sei und daß Freges Logik gerade so gebaut sei, daß sie die Reflexion nicht auszudrücken gestattet. (Vgl. *Komplementarität und Logik* I, Abschnitt 6.) Dies lassen wir hier auf sich beruhen; wir kehren dazu im Abschnitt 3 zurück. Wir akzeptieren, daß »wahr« kein Prädikat im gewöhnlichen Sinne ist. Die Frage ist, ob »wahr« darum eher ein Gegenstand als ein Prädikat ist. Die Definition »Gegenstand ist alles, was nicht Funktion ist, dessen Ausdruck also keine leere Stelle mit sich führt« (s. o. S. 694), reicht dafür nicht aus. Sie bezeichnet im Kontext offensichtlich Teile eines Satzgedankens, also den Sinn eines Eigennamens. Daß »das Wahre« die Form eines Eigennamens hat, ist so wenig ein Argument, wie es die Behauptung war, daß »ist wahr« die Form einer Funktion hat. Es ist Freges inhaltliches Verständnis der Wahrheit, welches ihn die erste dieser beiden Sprechweisen wählen und die zweite verwerfen lehrt. Formal drückt sich dies am klarsten darin aus, daß die umgangssprachliche Wendung »ist wahr« nur im Behauptungszeichen mit ihrer »gewöhnlichen Kraft« wiedergegeben ist. Sätze, in denen »das Wahre« als Gegenstandsname auftritt, unterliegen eigentlich schon der hier zunächst beiseite gelassenen Logik der Reflexion.

Akzeptieren wir diese Überlegungen als Argumente für die Etablierung des Wahren als eines Gegenstandes sui generis, so zeigen sie uns doch zugleich eine Asymmetrie zwischen dem Wahren und dem Falschen, die in Freges Logik faktisch besteht, aber in seinen Texten eigentlich nicht reflektiert wird. Dem Behauptungszeichen entspricht in der Begriffsschrift kein gleichrangiges Verneinungszeichen. Man sieht dies formal: Ein Satz *A*, der nicht behauptet, sondern nur auf seinen Sinn hin betrachtet werden soll, wird mit dem »Inhaltsstrich« eingeleitet: »——*A*«. In *Funktion und Begriff* wird ——*x* als Funktion definiert, und zwar so, »daß der Wert dieser Funktion das Wahre sein soll, wenn als Argument das Wahre genommen wird, daß hingegen in allen anderen Fällen der Wert dieser Funktion das Falsche ist; also sowohl dann, wenn das Argument das Falsche ist, als auch dann, wenn es kein Wahrheitswert ist.« (*Funktion und Begriff*, S. 21, *Kl. Schr.*, S. 136.) Tritt somit für *x* ein wahrer Satz ein, dessen Bedeutung also das Wahre ist, so ist der Wert der Funktion ebenfalls das Wahre; tritt ein Satz ein, dessen Bedeutung das Falsche ist oder ein Ausdruck, dessen Bedeutung kein Wahrheitswert ist, so ist der Wert der Funktion das Falsche. Es folgt: »Die nächsteinfache Funktion mag die sein, deren Wert gerade für die Argumente das Falsche ist, für welche der Wert von ——x das Wahre ist, und deren Wert umgekehrt für die Argumente das Wahre ist, für welche der Wert von ——x das Falsche ist. Ich bezeichne sie so —$\top$—x, wobei ich den kleinen senkrechten Strich Verneinungsstrich nenne.« (*Funktion und Begriff*, S. 22, *Kl. Schr.*, S. 137.) Setzen wir für x einen Satz A ein, so bezeichnet ——A den »beurteilbaren Inhalt« im Sinne der *Begriffsschrift* oder Satzsinn im Sinne der späteren Aufsätze, den wir mit »A« oder »A ist wahr« aussprechen, —$\top$—A aber denjenigen, den wir mit »nicht A« oder »A ist falsch« aussprechen. Behauptet aber werden beide durch das Vorsetzen des senkrechten Behauptungsstriches vor den Inhaltsstrich: »$\vdash$——A« bzw. »$\vdash$—$\top$—A«. Frege erläutert sogar sorgfältig, daß im Symbol —$\top$— der waagerechte Strich links vom Verneinungsstrich der Inhaltsstrich des verneinenden Urteils, der waagerechte Strich rechts vom Verneinungsstrich aber der Inhaltsstrich des Urteils A selbst sei, und erläutert damit, daß —$\top$—A ebenso wie ——A ein beurteilbarer Inhalt, aber keine Behauptung ist. Falls wir nun recht haben, im Behauptungsstrich den Ausdruck der Wahrheit zu finden, so hat Freges Logik überhaupt keinen direkten Ausdruck für die Falschheit eines Satzes, sondern nur für das verneinende Urteil und für die Wahrheit des verneinenden Urteils. Diese formale Eigenschaft der Fregeschen Begriffsschrift scheint uns besser zu der Auffassung zu passen, ein falscher Satz habe keine Bedeutung, als zu der Auffassung, seine Bedeutung sei ein Gegenstand namens »das Falsche«.

Vielleicht sollte noch ein möglicher Einwand besprochen werden. Man könnte sagen, eine Behauptung (also »$\vdash$——A«) sei nicht das Zeichen dafür, daß der behauptete Gedanke wahr ist, sondern dafür, daß der die Behauptung Aussprechende den Gedanken für wahr hält. Die Bedeutung eines Eigennamens wäre dann unsere Vorstellung von ihm und die Bedeutung eines behaupteten Satzes unsere Vorstellung, er sei wahr. Frege selbst geht auf diesen Einwand ein: »... Wir setzen eine Bedeutung voraus. Es hieße den Sinn geradezu verfehlen, wenn man annehmen wollte, in dem Satze ›der Mond ist kleiner als die Erde‹ sei von einer Vorstellung des Mondes die Rede. Wollte der Sprechende dies, so würde er die Wendung ›meine Vorstellung vom Monde‹ gebrauchen. Nun können wir uns in jener Voraussetzung freilich irren, und solche Irrtümer sind auch vorgekommen. Die Frage aber, ob wir uns vielleicht immer darin irren, kann hier unbeantwortet bleiben; es genügt zunächst, auf unsere Absicht beim Sprechen oder Denken hinzuweisen, um es zu rechtfertigen, von der Bedeutung eines Zeichens zu sprechen, wenn auch mit dem Vorbehalte: falls eine solche vorhanden ist.« (*Über Sinn und Bedeutung*, S. 31–32, *Kl. Schr.*, S. 147/148.) Die gesamte Logik analysiert, was man meint, wenn man für seine Behauptungen Wahrheit in Anspruch nimmt, und in diesem Sinne bezeichnet das Behauptungszeichen die Wahrheit.

Weiter als dies können wir wahrscheinlich bei einer Beschränkung auf eine immanente Darstellung und Kritik der Fregeschen Wahrheitstheorie nicht kommen.

Zu b): Das Begriffspaar Gegenstand und Funktion tritt bei Frege an die Stelle des Begriffspaares Subjekt und Prädikat. »Eine Unterscheidung von *Subjekt* und *Prädikat* findet bei meiner Darstellung eines Urteils *nicht statt*.« (*Begriffsschrift*, S. 2.) Frege meint damit, daß in einem Satz nicht ein *fester* Bestandteil das Subjekt und der andere das Prädikat ist, sondern daß die Zerlegung auf vielerlei Weisen vorgenommen werden kann. Andererseits benutzt er bei jeder seiner Festlegungen das formale Schema, das im einfachsten Fall der Gegenüberstellung von Subjekt und Prädikat zugrunde liegt. Er charakterisiert es strukturell durch die Gegenüberstellung der »zwei Teile, von denen der eine in sich abgeschlossen, der andere ergänzungsbedürftig, ungesättigt ist« (ebd. S. 5).

Man kann hierin dasselbe Verhältnis zur Ontologie wiederfinden wie in der Lehre von den Wahrheitswerten. Die klassische Darstellung des kategorischen Urteils hat eine freilich etwas ambivalente ontologische Grundlage: die platonische Eidoslehre bzw. die aristotelische Substanzlehre. Hiervon will Frege sich freimachen. Die flexible Weiterverwendung des alten logisch-grammatischen Schemas begründet er auf den Funktionsbegriff, der strukturell durch den Gegensatz des Abgeschlossenen und des Ergänzungsbedürftigen beschrieben wird. Offenbar hat er hier eine fundamentale Struktur gesehen, deren Beschreibung ihm freilich nicht leichtfällt, wie die bei seiner konzisen Sprechweise ungewöhnliche, oft wiederkehrende Häufung von Adjektiven »unabgeschlossen, ergänzungsbedürftig, ungesättigt« zeigt. Wir müssen auf die Analyse dieser Struktur zurückkommen. Jedenfalls ist sie von ihm wiederum als etwas Objektives, Erkennbares gemeint.

Die Begriffe der Funktion und des Wahrheitswertes sind so angesetzt, daß sie eine mühelose Einführung der Umfangslogik gestatten. »Wir können demnach als Begriffsumfang den Wertverlauf einer Funktion bezeichnen, deren Wert für jedes Argument ein Wahrheitswert ist.« (*Funktion und Begriff*, S. 16, *Kl. Schr.*, S. 133.)

Zu a): Der Kern der Fregeschen Philosophie der Logik ist sein objektiver Gebrauch des Begriffes »Sinn«. »Ein Eigenname (Wort, Zeichen, Zeichenverbindung, Ausdruck) drückt aus seinen Sinn, bedeutet oder bezeichnet seine Bedeutung.« (*Über Sinn und Bedeutung*, S. 31, *Kl. Schr.*, S. 147.)

Die Unterscheidung zwischen dem, worauf ein Zeichen deutet, und dem, was es ausdrückt, zwischen dem Bezeichneten und der Art des Gegebenseins, ist in sich wichtig genug. In der Tat wäre der Gegenstand der Wissenschaft der Logik nicht existent, wenn es nur Bedeutung und nicht auch Sinn, nur Gegenstände und nicht auch Weisen ihres Gegebenseins gäbe. Daß aber die Logik eine Wissenschaft von Wahrheit und Falschheit und nicht von gewissen seelischen Vorgängen ist, liegt daran, daß der Sinn von Zeichen scharf von der mit ihnen verbundenen subjektiven Vorstellung unterschieden werden und »gemeinsames Eigentum von vielen« sein kann.

Auch die Existenz von Sinn ist etwas »Logischeinfaches«, worauf Frege eigentlich nur durch Beispiele hindeutet. Wie aber ist so etwas wie die Objektivität der Art des Gegebenseins überhaupt möglich? Die Frage ist offensichtlich sehr schwer; sie ist wohl der Motor des nicht zur Ruhe kommenden Streits, den man oft den Streit zwischen Nominalismus und Realismus nennt. Wenn man diesen Titeln einen Sinn zubilligt, so wird man Freges Auffassung als Begriffsrealismus bezeichnen müssen. Doch zeigt sich auch hier seine Tugend, seine eigenen Gedanken nicht durch unklare Begriffe der Tradition abzustempeln. Wir können nur versuchen, an der konkreten Gestalt seiner formalen Logik abzulesen, wie für ihn objektiver Sinn faktisch gegeben ist.

Wie kann es geschehen, daß es für einen Gegenstand zwei Eigennamen mit verschiedenem Sinn gibt? Wäre ein Gegenstand durch bloßes Hinzeigen eindeutig charakterisierbar, so gäbe es wohl nur Zeichen und ihre Bedeutung, und der Unterschied der Zeichen für denselben Gegenstand, wie »Venus« und »Aphrodite« für denselben Stern, würde keinen Sinnunterschied bedeuten. Der Unterschied des Sinns ist stets ein Unterschied der begrifflichen Charakterisierung, so »Morgenstern« und »Abendstern«, d. h. »der helle Stern, der morgens oft der Sonne vorangeht« und »der helle Stern, der abends oft der Sonne nachfolgt«. Das Phänomen des Sinns beruht auf der Begrifflichkeit des Denkens. Hier können wir Freges Deutung des Begriffs benutzen, um die Struktur von Sinn genauer zu betrachten.

Ein Begriff ist eine Funktion, also ein ungesättigter Ausdruck. Mehrere Gegenstände können »unter ihn fallen«, d. h., als Argumente eingesetzt, den Funktionswert »wahr« erzeugen. Ein Gegenstand ist also im allgemeinen durch einen Begriff, unter den er fällt, nicht eindeutig charakterisiert. Manchmal aber kann er durch mehrere Begriffe, unter die er gemeinsam fallen soll, eindeutig charakterisiert werden, z. B. »heller Stern« und »oft morgens der Sonne vorangehend«. Diese Begriffe kann man zu einem einzigen Begriff zusammenfassen, eben dem, unter den nur fällt, was unter alle von ihnen fällt oder dessen Umfang der Durchschnitt ihrer Umfänge ist. Es gibt Begriffe, unter die genau ein Gegenstand fällt, und ein solcher Begriff kann dann als der Sinn eines Eigennamens gelten. Man kann aber zum selben Gegenstand durch Zusammenfassung anderer Begriffe u. U. auch einen zweiten Begriff bilden, unter den nur er fällt, z. B. »heller Stern« und »oft abends der Sonne nachfolgend«. Hierauf beruht es, daß es mehrerlei Sinn zur selben Bedeutung geben kann.

Nochmals zu b): Man sieht also, daß Sinn so objektiv ist wie Begriffe, d. h., nach Frege, wie Funktionen. Funktionen aber hat Frege durch ihre Ergänzungsbedürftigkeit definiert. Wir müssen nun fragen, ob Ergänzungsbedürftigkeit eigentlich etwas Objektives ist.

Nachwort 1992

Dieser Aufsatz über Frege (1972) wurde nicht abgeschlossen. Die Folgerung, die ich aus ihm ziehen wollte, habe ich 1973 in dem Text formuliert, der als I 6.5 abgedruckt ist: »Überblick über die Notizen zur Durchführung der zeitlichen Logik«.

6. Diskussionsbemerkungen zur sprachanalytischen Philosophie

Im Starnberger Max-Planck-Institut fand in den siebziger Jahren eine Anzahl jeweils mehrmonatiger philosophischer Kolloquien statt, die vor allem durch Habermas' Interesse an Kommunikationstheorie, Tugendhats Interesse an sprachanalytischer Philosophie, beider gemeinsames Interesse an der Wahrheitsfähigkeit normativer Urteile und durch mein Interesse an zeitlicher Logik bestimmt wurden. Wahrheitstheorien waren um 1972 eine Zeitlang das Thema. Der »Aufriß der zeitlichen Logik« wurde in einem solchen Kolloquium diskutiert. Von den nachfolgenden drei Texten waren der erste und dritte direkte schriftliche Diskussionsbeiträge von mir. Der zweite war durch einen Aufsatz von Habermas angeregt; ich habe ihn nur Habermas und einigen Mitarbeitern zugeleitet, aber es kam zu keiner Diskussion im Kolloquium darüber.

1. Zur Ontologie der Sprachanalytiker

Diese Notiz aus dem »Wahrheitskolloquium« von etwa 1972 bezieht sich auf Texte von Strawson und Gochet, die mir nicht mehr zur Hand sind. Ich drucke meine Bemerkungen nicht wegen dieser speziellen Bezugnahme ab, sondern als eine knappe Fassung meiner grundsätzlichen Kritik.

Ich habe Schwierigkeiten, aus Strawsons Text zu entnehmen, worüber er sich mit Austin streitet. Dies liegt sicher z.T. an meiner geringen Vertrautheit mit dieser philosophischen Schule. In der Tat klärt Gochet mit seiner Tendenz zum präzisen kritischen Referat die Probleme für mich weitgehend auf. Trotzdem glaube ich, daß die Verständnisschwierigkeit auch an Unklarheiten in der Methode und Auffassung dieser Schule liegt, die ich daher zunächst nennen möchte, soweit ich sie zu sehen meine. Sie liegen a) im linguistischen Charakter, b) in der Ontologie dieser Schule.

a. Strawson argumentiert so, als könne *Analyse des Sprachgebrauchs* Problemlösungen bieten oder widerlegen, die m.E. nur in Verbindung mit einer *Kritik* des Sprachgebrauchs beurteilt werden können. Gochet bemerkt mit Recht, daß das Wort »fait« mehrdeutig verwendet wird, und benützt die Transformationsgrammatik, um die Mehrdeutigkeit aufzudecken. Die Transformationsgrammatik geht, wenn ich richtig sehe, vom Postulat einer logisch einwandfreien Tiefenstruktur der Sprache aus. Hier wird also die Philosophie, die man in der Sprachanalyse gesucht hat, umgekehrt ein Mittel zur Sprachanalyse. Die vielen Beispiele von Sprachgebrauch, die Strawson bringt, können uns auf Probleme aufmerksam machen; die Lösung der Probleme beruht nicht auf ihnen. Insbesondere: der Sprachgebrauch ist kompliziert und schwankend; worauf beruht die Hoffnung, man könne so einfache Begriffe wie Ding, Sachverhalt, Wahrheit überhaupt widerspruchsfrei benützen? Sie beruht auf einer Philosophie, in deren Kern bei dieser Schule eine – von Strawson und, soweit ich sehe, der ganzen Richtung stillschweigend vorausgesetzte – Ontologie steckt.

b. Ich würde diese die *Ontologie der klassischen Physik* oder Objekt-Ontologie nennen. Auch Gochet setzt sie voraus. Sie besagt etwa: Sicher ist, daß es Dinge gibt. Die Frage ist dann, ob es außerdem andere Entitäten, von abweichendem ontologischen Status, gibt, z.B. Eigenschaften oder Sachverhalte. Das logische Abbild dieser Ontologie ist das Ausgehen von Eigennamen als dem problemlosesten Element der Logik, während die Frage, was Prädikate oder Aussagen seien, Probleme stellt. In diesem Kontext werden dann »Wahrheit« und »Falschheit«, als Prädikate von Aussagen, ebenfalls zu Problemen; ich vermute, zu unlösbaren. Gegen diese Ontologie lassen sich Einwände erheben, die ich nach steigender Grundsätzlichkeit des Angriffs anordne.

α. In der Physik selbst hat die *Quantentheorie* mit dieser Ontologie gebrochen. Also ist diese Ontologie strenggenommen immer falsch, denn wo sollte sie wahr sein, wenn nicht für die Gegenstände der Physik. Man könnte antworten, wenigstens die von Bohr geforderte klassische Beschreibung der Phänomene genüge der klassischen Ontologie. Das ist zwar strenggenommen auch falsch, denn nach Bohr braucht man zwar die klassischen Begriffe, aber wegen der Komplementarität gerade nicht ihre Zusammenfügung zu einem Modell des an sich Seienden (also zu einer Ontologie). Aber man könnte wenigstens in einer Analyse derjenigen Phänomene, für welche die Quanteneffekte klein bleiben, ein Anwendungsfeld der klassischen Ontologie finden. Das würde die aus dem Alltag genommenen Beispiele der Logiker und linguistischen Philosophen abdekken.

β. Nach *Platon* gibt es eigentlich keine Dinge, sondern nur Ideen. Es ist absurd, eine Theorie Platonismus zu nennen, welche das Sein der Dinge voraussetzt und den Eigenschaften dann einen dem der Dinge ähnlichen Seinsstatus gibt. (S. den Abschnitt 7 meines Vortrags über Platons Logik.*) Man kann ein Objekt nicht anders charakterisieren als durch einen Begriff, unter den, soweit wir gerade zu wissen meinen, nur ein Gegenstand fällt. Eigennamen sind eigentlich Kennzeichnungen. Die Logik muß von der Aussage beginnen, zum Begriff fortschreiten und beim Eigennamen enden. Man kann einwenden, man sehe die Notwendigkeit dieser Umkehr nicht ein und man wolle bei der klassischen Ontologie und Logik bleiben. Ehe beide Thesen entwickelt und konfrontiert sind, bleibt hier ein philosophisches Problem offen.

---

* Hier im Kapitel I 11 zitiert.

γ. Die Diskussion, soweit ich sie kennengelernt habe, vergißt den essentiell zeitlichen Charakter des Seins der Dinge und der Sachverhalte. Z. B. (Gochet, S. 92) war Caesars Ermordung ein Ereignis; »daß Caesar ermordet wurde« ist eine Tatsache. Warum gibt es keine Tatsachen, welche die Zukunft betreffen? Die klassische Physik stellt in formaler Weise vergangene, gegenwärtige und zukünftige Ereignisse gleich dar. So entsteht das fiktive Bild einer »Welt«, von der man dann streiten kann, ob sie die Gesamtheit der Dinge oder der Tatsachen sei. Jede der beiden Thesen ist nur gut, um die Unsinnigkeit der anderen These ins Licht zu rücken.

Die Kritik Strawsons und Gochets geht gegen die These, die Welt sei die Gesamtheit der Tatsachen. Sehr gut. »Cette étude nous a, en effet, confirmé que le fait, contrairement à l'événement, ne peut être atteint que par la médiation du langage et qu'il est logiquement inséparable de la phrase qui le formule.« (S. 98) Das einzige in diesem Satz, was ich nicht verstehe, ist der Einschub »contrairement à l'événement«. Ich möchte einen Kenner bitten, diesen Einschub zu rechtfertigen, falls er gerechtfertigt werden kann. Ich würde sagen: Vergangene Ereignisse sind nur bekannt, insofern heute Tatsachen bestehen, zu deren Sinn es gehört, daß jene Ereignisse stattgefunden haben. Zukünftige Ereignisse sind nur als mögliche, d. h. begrifflich zu charakterisieren. Ein gegenwärtiges Ereignis kann nicht durch Hinzeigen von einem anderen im gleichen Raumbereich erscheinenden unterschieden werden; auch hier bedarf es des Begriffs. Die einzige Frage ist, ob Begriffe stets sprachlich sein müssen.

Gochet sagt, Ereignisse gehörten der Objektsprache an, Tatsachen der Metasprache. Ich sage lieber, Aussagen wie »es ist eine Tatsache, daß...«, »es ist wahr, daß...«, »es ist falsch, daß...« seien reflektierende Aussagen. »Objektsprachen« sind ja Kunstprodukte, durch deren im 20. oder 19. Jahrhundert christlicher Ära geschehene Erfindung die wirklich gesprochene Sprache den zusätzlichen Ehrentitel »Metasprache« erhalten hat. Ereignisse gehören derjenigen Objektsprache an, die man erfunden hat, um Ereignisse zu beschreiben.

Der Reflexion einer »realen Logik«, d. h. einer Logik, welche die Mittel der Verifikation und Falsifikation mitüberlegt (»Stenographische Notizen über Logik und Mathematik«, Abschnitt 8), erscheint die »Zeitlosigkeit« der Tatsachen als die Irreversibilität ihrer realen Grundlagen. Die Analyse dieser Probleme habe ich im soeben genannten Aufsatz nur gerade angefangen.

Ich vermute, daß diese meine Kritik den Gebrauch, den J. Habermas von der Sprachbezogenheit der Wahrheit macht, nicht tangiert, sondern nur das, wovon er ihn abhebt, also das »szientistische« Selbstmißverständnis der klassischen Physik. Man müßte zeigen, inwiefern »Objektivität« im Sinne seines Nachworts zu *Erkenntnis und Interesse* erst durch »Wahrheit« im dortigen Sinne möglich wird, aber von ihr verschieden bleibt. Für Tiere gibt es, unterstellt, daß es für sie keine diskursive Wahrheit gibt, auch keine Objektivität. Es gibt auf der Stufe so verstandener Tiere das Einzelne nicht. »Warum tötet der Marder alle Hühner im Hühnerhaus, obwohl er nur eines braucht? Weil er nicht zählen kann. Er denkt: verflucht, da flattert das Huhn schon wieder!« (K. Lorenz) Das Tier versteht nur den (präverbalen) Begriff und eben darum versteht es ihn nicht *als* Begriff. Das Einzelne, die Erfahrung ist eine begriffliche Leistung menschlicher Erkenntnis und gerade nicht elementar.

Wir stellen fest, daß es identifizierbare Ereignisse gibt. So sind »Caesars Tod« und »Caesars Ermordung« begrifflich verschieden, d. h. verschiedene Tatsachen, aber kraft der Existenz von Ereignissen kann man sagen, sie bezeichneten dasselbe Ereignis. Dies ist aber klassische Ontologie für Ereignisse und basiert auf der Faktizität der Vergangenheit. Die heutigen Ereignisse, welche Dokumente dieser Ereignisse sind und folglich die reale Basis der Behauptung der Tatsache, daß das Ereignis stattgefunden hat, sind komplex und heterogen. Einige von ihnen sind nur Dokumente für Caesars Tod, einige auch für Caesars Ermordung. Deshalb sind in realer Logik dies zweierlei Tatsachen. Ein Dokument ist aber nur eine *mögliche* Tatsache; es muß gedeutet werden. Jedes Ereignis *ist* zugleich die Möglichkeit gewisser Ereignisse, und diese können miteinander unvereinbar sein. Deshalb *ist* ein Ereignis nie eindeutig dies und nichts anderes. In diesem Sinne ist die klassische Ontologie falsch.

2. *Über Austins These von der Doppelstruktur der Rede oder: Was heißt und zu welchem Ende studiert man Universalpragmatik? 1978 für J. Habermas geschrieben*

1.

Schiller konnte in seiner Jenenser Antrittsvorlesung* selbst über den Sinn verfügen, den er der von ihm erörterten Wissenschaft, der Universalgeschichte, geben wollte. Ich wage hier, eine ähnlich lautende Wissenschaft, die Universalpragmatik, zu erörtern, über deren Sinn von ihrem Erfinder schon verfügt ist. Dieser Aufsatz ist ein Gesprächsangebot an Jürgen Habermas**. Ich lasse mich damit auf ein Gebiet ein, dessen Literatur ich nur in ganz geringem Maße kenne. Ein Gesprächsangebot ist wohl ein illokutiver Akt. Ein solcher enthält ein Engagement (Habermas, l.c., S. 249). Der Sprecher muß ein Angebot machen, »das er, sofern der Hörer es akzeptiert, ›wahrzumachen‹ bereit ist« (ebenda). Das gegenwärtige Engagement enthält das Angebot, mich belehren zu lassen.

Der Name »Universalpragmatik« stützt sich auf die verbreitete Einteilung der Wissenschaft oder Philosophie vom Sprechen in Syntaktik, Semantik und Pragmatik***, also, kurz gesagt, in die Lehre von der Ordnung, dem Inhalt und dem Gebrauch der Sprache. Habermas übernimmt die Unterscheidung von »Sprache« (langue, language) und »Rede« (parole, speech), gemäß welcher die Syntaktik und die Semantik die Sprache studieren, Rede aber der Gebrauch der Sprache ist, also Gegenstand der Pragmatik (S. 179f.). Die fundamentale Einheit in der Sprache heißt dann »Satz«, diejenige in der Rede heißt »Äuße-

---

*   Friedrich Schiller, *Was heißt und zu welchem Ende studiert man Universalgeschichte?* 1789.
**   Jürgen Habermas, *Was heißt Universalpragmatik?*, in: K.O. Apel (Hrsg.), *Sprachpragmatik und Philosophie*, Frankfurt/M. 1976, S. 174–272.
***   neben der im gegenwärtigen Kontext nicht zu erörternden Phonetik.

rung«; die Äußerung ist der im Reden gebrauchte Satz. Habermas ist überzeugt, daß auch und gerade die Pragmatik einer
logischen, also universalen Analyse zugänglich ist. Universalpragmatik ist, von der Einteilung her, als die Wissenschaft bestimmt, welche diese universale Analyse der Strukturen der
Rede *als* Rede, d. h. im kommunikativen Gebrauch der Sprache
leistet.

Die konkrete Bestimmung des Inhalts der Universalpragmatik ist dann durch eine spezielle These über die Natur dieser
universalen Strukturen bestimmt: »Demgegenüber sehe ich die
Aufgabe der Universalpragmatik darin, daß sie die Doppelstruktur der Rede rational nachkonstruiert« (S. 228). Diese
Doppelstruktur ist die von Austin und Searle* behauptete
grundsätzliche Zerlegbarkeit aller vollständig formulierten
Sätze in einen illokutiven und einen propositionalen Bestandteil. Beispiele: »Ich behaupte« (Illokution), »daß Peter Pfeife
raucht« (Proposition); »Ich warne dich, Peter« (Illokution),
»Pfeife zu rauchen« (Proposition). »Mit der Doppelstruktur
der Rede hängt ein Grundzug der Sprache zusammen, nämlich
die ihr innewohnende Reflexivität. Die standardisierten Möglichkeiten der direkten und indirekten Redeerwähnung machen
lediglich eine Selbstbezüglichkeit explizit, die in jedem Sprechakt bereits enthalten ist. Indem die Gesprächsteilnehmer die
Doppelstruktur der Rede ausfüllen, müssen sie auf beiden
Ebenen gleichzeitig kommunizieren: sie müssen die Kommunikation eines Inhalts mit der Metakommunikation über den
Verwendungssinn des kommunizierten Inhalts vereinigen.«
(S. 226)

Mein Gesprächsangebot beginnt mit einer Zustimmung
zu Habermas' These von der zentralen Bedeutung der hier
hervorgehobenen Struktur der Rede. Hiermit möchte ich
die weitergehende Behauptung verbinden – die wohl auch
noch eine Zustimmung zu einer Ansicht von Habermas bedeutet –, daß der Schlüssel zu den Strukturen der Sprache
gerade in jenen Strukturen liegt, die in der konventionellen

---

* J. L. Austin, *How to do Things with Words* (1955), Oxford 1962, dt. Stuttgart
1972; J. R. Searle, *Speech Acts*, London 1969, dt. Frankfurt 1971. Weitere Literatur bei Habermas, Anm. 55, S. 266.

Einteilung Gegenstand der Pragmatik sind. Hieran knüpft eine Radikalisierung der auch von Habermas (und nicht nur von ihm) geübten Kritik an der grundsätzlichen Trennung von Syntaktik, Semantik und Pragmatik. Diese Kritik sei zunächst erläutert.

Fruchtbare Wissenschaften (wie, hoffentlich, die intendierte Universalpragmatik) entstehen so gut wie nie aus a priori einleuchtenden Einteilungen der denkbaren Wissensgebiete, sondern aus der verblüffenden Entdeckung nicht vorausgesehener Phänomene. Dies ist zunächst eine wissenschaftshistorische Beobachtung, die u. a. in Kuhns Theorie der Paradigmen eingegangen ist. In einer evolutiven Denkweise läßt sich diese Beobachtung plausibel machen. Eine wissenschaftliche Disziplin bezieht sich jeweils auf einen kohärenten Phänomenbereich. Kohärente Phänomenbereiche entstehen jeweils als evolutive Ebenen, die meist durch Krisen historisch voneinander getrennt sind.[*] Die Herausbildung einer neuen Ebene in einer Krise bedeutet jeweils etwas grundsätzlich Neues, eine »Fulguration«.[**] Die Wissenschaft muß die Struktur, die, als sie entstand, etwas objektives Neues war, in einer »Fulguration der Begriffe«, eben einem neuen Paradigma, nachvollziehen, wenn sie auf den betreffenden Phänomenbereich aufmerksam wird. Eben deshalb sind vorgefertigte systematische Einteilungen meist wissenschaftlich unfruchtbar, ja irreführend. Erst nachträglich (im Entdeckungskontext) läßt sich unter Umständen eine Apriori-Notwendigkeit (im Rechtfertigungskontext) der entdeckten Phänomenstrukturen erkennen (»Doch hat Genie und Herz vollbracht / Was Lock' und Descartes nie gedacht / Sogleich wird auch von diesen / Die Möglichkeit bewiesen«[***]). Es ist also völlig legitim, einen universalen Anspruch wie den der Habermasschen Pragmatik auf eine überraschende Beobachtung wie die von Austin und Searle zu gründen; Universalien sind entdeckbar.

[*]   Vgl. den Abschnitt »Ebenen und Krisen« in: *Der Garten des Menschlichen* (im folgenden als *GM* abgekürzt), München 1977, S. 86–90.
[**]   Konrad Lorenz, *Die Rückseite des Spiegels. Versuch einer Naturgeschichte des menschlichen Erkennens*, München 1973, S. 48; vgl. *GM*, S. 189.
[***]   F. Schiller, *Die Weltweisen* (Gedichte der dritten Periode).

Die vorgefertigte Einteilung in Syntaktik, Semantik und Pragmatik ist hingegen positiv irreführend. Habermas deutet dies an durch Bezugnahme auf die Schwierigkeit, eine von den beiden anderen Gebieten unabhängige Semantik (S. 211) zu entwickeln. Es hat eine oberflächliche Plausibilität, die formale Struktur, die Bedeutung und den Gebrauch von Sätzen zu unterscheiden. Frage ich aber nach der Bedeutung eines Worts oder Satzes, so bekomme ich die Antwort wieder in Sätzen, deren Bedeutung schlicht akzeptiert oder allenfalls auf wieder andere Sätze verschoben werden muß. Die Meinung, man komme durch Hinzeigen auf Gegenstände aus diesem Problem heraus, setzt einen naiven Gegenstandsbegriff voraus, der nicht sieht, daß der gemeinte Gegenstand von anderem, worauf der Zeigefinger zugleich auch zeigt, nur durch Begriffe unterschieden werden kann (meint der Zeigefinger die Spezies Apfel, die Apfelsorte, diesen Apfel, diese Stelle seiner Schale, ihre rote Farbe, die Farbe Rot, ein Ding überhaupt, eine Farbe überhaupt...?). Die in der linguistischen Philosophie wachsende Tendenz, die Bedeutung eines sprachlichen Ausdrucks durch die Bedingungen seines Gebrauchs zu erläutern, gibt der Pragmatik die ihr zukommende führende Funktion. Die Unterscheidung zwischen Sprache und Rede, Satz und Äußerung ist eine Abstraktion (Habermas, S. 180), die m. E. den Forschern vielleicht nur eingefallen ist, weil sie die Sprache vor allem anhand ihrer schriftlichen Dokumente zu studieren begonnen haben. »Sprache« ist, was übrigbleibt, wenn man Rede aufbewahrt und in einem Augenblick anschaut, für den sie nicht gemeint war; sie ist eine Redekonserve. Ich habe in meinen dilettantischen sprachphilosophischen Versuchen zur Begründung der zeitlichen Logik daher spontan den Unterschied von Sprache und Rede, Satz und Äußerung vernachlässigt. Versteht man den Satz als das Allgemeine, als die allgemeine Form einer wiederholbaren Äußerung (»es wird hell«, was ich jeden Morgen von neuem sagen kann), so hat natürlich auch die universale Pragmatik den Satz zum Gegenstand, weshalb ungefähr derselbe Problemkreis bei Tugendhat*, wohl auf Grund einer

---

* E. Tugendhat, *Vorlesungen zur Einführung in die sprachanalytische Philosophie*, Frankfurt/M. 1976, S. 42f.

anderen Fragetendenz, unter dem Titel »formale Semantik« erscheint. Es mag sinnvoll erscheinen, der Semantik den Sinn propositionaler Gehalte, der Pragmatik den Sinn illokutiver Akte näher zuzuordnen. Aber dann ist doch die Grundfrage die nach dem Sinn dieser Doppelstruktur selbst, also eben die von Habermas als Universalpragmatik bezeichnete Frageweise. Jedenfalls zerstören die entdeckten Phänomene die falsche Plausibilität der vorgefertigten Einteilung.

2.

Wir wenden uns nun dem Inhalt der Universalpragmatik zu. Die erste Frage ist, ob die These von der Doppelstruktur der Rede denn wahr ist. Ich habe sie vorhin in ihrer harten Form zitiert. Sie sei hier in direkter Rede wiederholt: »Jeder vollständig formulierte Satz kann in einen illokutiven und einen propositionalen Bestandteil zerlegt werden.« Wie kann man eine solche Behauptung beweisen oder verteidigen?

Schlichte Empirie ist dafür prinzipiell ungeeignet. In unserer Sprache gibt es viele Sätze, die dem Augenschein nach nur einen propositionalen Bestandteil haben (»Peter raucht Pfeife«), nur einen illokutiven (»hör zu!«, »du Stinker!«), oder die gar nicht in diese Dichotomie passen, sondern z. B. monologisch expressiv sind (»Gott sei Dank!«, »Wie herrlich leuchtet mir die Natur!«). Der Erfinder der These, Austin selbst, hat sich erst nach einem mehrjährigen Lernprozeß zu dieser Version seiner Beobachtung entschlossen; so wenig empirisch evident ist die These. Gegen diese Einwände sichert sich die These durch eine normative Forderung. Der Satz soll »vollständig formuliert« sein, so habe ich sie umschrieben. »Die explizite Sprechhandlung genügt in ihrer Oberflächenstruktur der Standardform, wenn sie sich aus einem illokutiven und einem propositionalen Bestandteil zusammensetzt« (Habermas, S. 217). Daß dies die Standardform sei, ist eine Forderung des linguistischen Theoretikers. Welchen in einer wahrheitssuchenden Diskussion verteidigbaren Sinn hat diese Forderung?

Die Bezugnahme auf die Chomskysche Unterscheidung von Tiefen- und Oberflächenstruktur legt die Interpretation nahe, in seiner Tiefenstruktur habe jeder Satz die Standardform. Mit einer so voraussetzungsvollen Hypothese möchte ich aber meine Argumentation zugunsten des Habermasschen Ansatzes nicht belasten. Ich müßte mich dazu auf eine Debatte über den Sinn der gesamten Chomskyschen Sprachauffassung einlassen, zu der ich hier lieber nur wenige skeptische Bemerkungen mache (lernbereit, wie eingangs gesagt). Ich kann aus Chomskys Analysen günstigenfalls erkennen, daß ein Interpret die empirisch vorfindliche Struktur gesprochener Sätze – die Chomsky ihre Oberflächenstruktur nennt – verständlich machen kann durch ihre Zurückführung auf eine von ihm konstruierte, gewissen allgemeinen Normen genügende, sprachlich explizite Tiefenstruktur. Ich halte ferner für selbstverständlich, daß jeder sprachlichen Äußerung reiche, inexplizit bleibende, also »halbbewußte« bis »unbewußte« psychische Prozesse vorangehen, zu denen sie sich verhält wie die Spitze zum Eisberg. Es ist mir aber nicht evident, daß diese Prozesse korrekt wiedergegeben werden, wenn man ihren Inhalt in sprachlich expliziter Form auszusprechen sucht. Viel plausibler ist mir, daß sie schon durch diesen Versuch entstellt werden, d. h. daß man grundsätzlich, aus dem Wesen des Denkens heraus, »nicht sagen kann, was man denkt«. Ferner scheint mir die Annahme angeborener Sprachstrukturen ein richtiges transzendentales Argument durch einen schon von Kant* kritisierten Fehlschluß in eine fragwürdige faktische Behauptung zu verwandeln. »Vorstellungen« sind nach Kant nicht angeboren, wohl aber der »Grund im Subjekte ..., der es möglich macht, daß die gedachten Vorstellungen so und nicht anders entstehen und noch dazu auf Objekte, die noch nicht gegeben sind, bezogen werden können« (l. c.). Die explizit formulierbare Tiefenstruktur scheint mir eine »Vorstellung« im Sinne Kants zu sein, noch dazu eine, die dem Stand der Wissenschaft der Logik in demjenigen Jahrzehnt entspricht, in dem Chomsky seine Theorie konzipierte. Das richtig verstandene transzendentale Argument müßte zeigen, daß ein Wesen, das überhaupt sprechen kann, aus dem Wesen des Sprechens heraus gar keine sprachlichen Äußerungen generieren *kann*, die sich einer nachträgli-

---

* *Streitschrift gegen Eberhard*, Ak. Ausg. VIII, S. 221. Vgl. *GM*, S. 193, Fußnote.

chen *Explikation* durch eine gewissen Strukturforderungen genügende Äußerungsform versagen. Damit aber wäre zunächst die Beweislast auf das transzendentale Argument selbst zurückgewälzt. Der Universalpragmatiker muß durch seine Einsicht in das Wesen des Sprechens plausibel machen, daß dies so sein muß; und m. E. ist es ebendies, was Habermas versucht. Sein Argument bedarf der innatistischen Hypothese nicht; es ist gerade insofern einleuchtend, als es direkt philosophisch ist, d. h. hier direkt aus dem Sinn von Kommunikation heraus folgert.*

Diese These nun ist in gewissem Umfang empirisch überprüfbar durch das Chomskysche Verfahren der Befragung kompetenter Sprecher. Doch plätschern in diesem Verfahren zwei schwer verstopfbare Fehlerquellen. Wenn der Befragte die vom Frager erwartete Struktur in der Explikation wunschgemäß produziert hat, so fragt sich, ob er damit nicht bloß den Suggestivfragen des Versuchsleiters zum Opfer gefallen ist. Dieser Placeboeffekt kann erstens schon auftreten, soweit der Frager seinen privaten Theorien sehr stark vertraut. Er wird zweitens noch viel unmerklicher sein, wenn die Fragen gemeinsame Vorurteile unserer ganzen gegenwärtigen Kultur voraussetzen. Ein Mißtrauen, wie ich es hier ausspreche, kann vermutlich nur wissenschaftlich diskutierbar werden, wenn eine alternative Theorie der Generation von Äußerungen entwickelt und ebenfalls in Befragungen getestet wird. Dazu sehe ich mich nicht imstande, ohne doch deshalb mein Mißtrauen überwinden zu können.

Ich suche daher eine weichere Fassung der Austin-Searleschen These von der Doppelstruktur der Rede (noch nicht ihrer wahrscheinlich viel besser begründbaren Habermasschen Deutung durch die Reflexivität aller Sprache), der ich angesichts der mir zugänglichen empirischen Evidenz vorbehaltlos zustimmen kann. Ich schlage vor: »Eine sehr umfassende Klasse von

---

* Übrigens teile ich Habermas' Abneigung (S. 198 f.) gegen die Verwendung des Terminus »transzendental« für solche stets halbempirischen Argumente, da dieser Terminus bei Kant einen anderen, in seinem Systemkontext klaren Sinn hat, der allein den Rekurs auf »Transzendenz« in Kants Wortwahl verständlich macht.

Äußerungen in den Sprachen, in denen sich die Träger der heutigen europäisch-amerikanischen Kultur verständigen, kann bei Befragung der Sprecher durch Sätze einleuchtend expliziert werden, die sich in einen illokutiven und einen propositionalen Bestandteil zerlegen lassen.« Schon dies ist eine höchst verblüffende und zudem wohl unbestreitbare Beobachtung, die zu einer Deutung herausfordert.

3.

Zur Deutung habe ich zunächst einen Einfall, der für den ersten Anschein in ganz andere Richtung weist als die reflexive Deutung von Habermas. Er hängt mit dem Gedanken der zeitlichen Logik zusammen. Ich beginne mit einer methodischen Bemerkung.

Theorien der Logik werden meist bei ihrer Einführung an Beispielen illustriert. In der mathematischen Logik sind auch die Beispiele meist mathematische Sätze. Diese sind »zeitlos« in dem Sinne, daß sie sich nicht explizit auf zeitliche Verhältnisse beziehen und meist als »zeitlos gültig« interpretiert werden. In der linguistischen Philosophie sind die Beispiele ganz überwiegend »zeitliche« Sätze, also Sätze, in denen zeitliche Verhältnisse, zum mindesten durch die indogermanischen Flexionsformen des Verbs, explizit mitausgedrückt sind. Wenn man den Unterschied zeitloser und zeitlicher Sätze für wesentlich hält, so muß man damit rechnen, daß eine saubere linguistische Analyse eine strukturell andere Logik zutage fördert als die mathematische Logik. Wenn man außerdem, wie ich es faktisch tue, die zeitliche Logik für die systematisch fundamentalere hält, so kann die Orientierung an der historisch früher herausgebildeten* mathematischen Logik eine Quelle positiver Irreführung für den Linguistiker sein. Ich werde den Verdacht nicht

---

* Vielleicht hat bei den Griechen die logische Fragestellung in der Sophistik mit sprachanalytischen Betrachtungen begonnen. Aber haltbare Antworten auf die gestellten Fragen wurden schon vom Formalismus der aristotelischen Syllogistik an vor dem Hintergrund des mathematischen Paradigma entwickelt. In der Neuzeit geschahen die großen logischen Fortschritte im Blick auf dieses Paradigma (seit Leibniz) und in der Anwendung auf die Mathematik (seit Frege).

los, daß Chomsky und Piaget ihre kompetenten Sprecher bzw. Kinder verführen, die logischen Theorien der mathematischen Grundlagenforscher unseres Jahrhunderts zu reproduzieren. Natürlich ist diese Überlegung ebensowohl wie ein Argument für zeitliche Logik auch ein Argument für Universalpragmatik.

Auf die Frage, was die Einteilung der Rede in einen illokutiven und einen propositionalen Bestandteil eigentlich bedeute, fällt mir nun als erste Antwort ein: sie ist die Einteilung in einen strukturell futurischen und einen strukturell perfektischen Anteil.* Zwischen »illokutiv« und »futurisch« vermittelt dabei der Begriff »möglich«; zwischen »propositional« und »perfektisch« vermittelt der Begriff »faktisch«. Dies sei zunächst erläutert.

Wir beginnen mit rein propositionalen Ausdrücken. »Peter raucht Pfeife« gilt üblicherweise als kompletter Satz. In der doppelstrukturellen Theorie fungiert er als propositionaler Bestandteil einer Rede. Dabei ist aber offenbar der illokutive Akt »Behauptung« in einem noch systematisch aufzuklärenden Sinne vor anderen illokutiven Akten ausgezeichnet. Denn viele Logiker halten »Peter raucht Pfeife« und »ich behaupte, daß Peter Pfeife raucht« für logisch äquivalent. Einerlei, ob diese Äquivalenzthese haltbar ist oder nicht, gewiß ist die illokutive Form der Behauptung die einzige, für die einem eine solche Äquivalenzthese auch nur als möglich einfallen konnte; weder »Peter, rauche Pfeife!« noch »ich warne dich, Peter, Pfeife zu rauchen« (um nur zwei imperativische Illokutionen zu zitieren) würde irgend jemand für äquivalent halten mit der Konstatierung »Peter raucht Pfeife«.

Man kann nun sagen, der Satz »Peter raucht Pfeife« konstatiere ein *Faktum*. Dabei ist der Satz zweideutig. Er kann meinen: »Soeben raucht Peter Pfeife«. Damit konstatiert er dann ein gegenwärtiges Faktum. Oder er meint: »Peter hat die Gewohnheit, Pfeife zu rauchen«, »Peter ist ein Pfeifenraucher«. Damit konstatiert er, um es so auszudrücken, ein habituelles Faktum. Der Zusammenhang dieser Formen der Faktizität mit der perfektischen Redeform sei hier nur angedeutet. Vergange-

---

* Vgl. dazu »Aufriß der zeitlichen Logik«, Abschnitt 4 und 5.

nes läßt sich als Faktum konstatieren: »Peter hat gestern Pfeife geraucht«, oder, mit objektiver Zeitbestimmung: »Peter hat am 7. März 1978 Pfeife geraucht«. Dabei besteht, wohlgemerkt, das Faktum, nämlich von Peters Pfeifenrauchen am 7. März, *heute*. Faktizität ist, sozusagen, die Präsenz der Vergangenheit. Aber wir verstehen die Struktur der Zeit so, daß das Faktum, wenn es heute besteht, von nun an »in alle Ewigkeit« bestehen wird. »Das Vergangene vergeht nicht«.*

Im Rechtfertigungskontext faßt man präsentische Aussagen so auf, daß sie ein von nun an bestehendes und als solches überprüfbares Faktum ausdrücken. »Peter raucht Pfeife.« »Wirklich?« »Schau doch hin!« Was der so Aufgeforderte sieht, ist strenggenommen nicht das, was der erste Sprecher zuvor gesehen hat, daß nämlich Peter damals, als er es aussprach, Pfeife rauchte, sondern daß Peter noch immer Pfeife raucht. Aber die Kontinuität oder Gesetzlichkeit oder Ständigkeit des Wirklichen – wie immer man sich ausdrücken mag – sorgt dafür, daß hiermit auch das Faktum, das der erste Sprecher behauptet hat, hinreichend plausibel gemacht ist. Ebenso beim habituellen Faktum. Daß Peter ein Pfeifenraucher ist, kann ich nur aus der Vergangenheit wissen; vielleicht, wenn er meinem Rat folgt, hört er heute auf, einer zu sein.

Unter den nichtbehauptenden Illokutionsformen nehmen zum mindesten die auch für Habermas wichtigsten, die imperativischen, Bezug auf ihren propositionalen Gehalt als auf ein *mögliches* Faktum. Man kann eine Handlung nur sinnvoll befehlen (erbitten, wünschen, erhoffen, von ihr abmahnen), die man als mögliche Handlung ansieht. Die Handlung wird im Kontext der hier vorausgesetzten sprachanalytischen Theorien verstanden als die Herstellung eines Faktums, eben des im propositionalen Redeteil genannten. »Peter, rauche Pfeife!« Tut er es, so besteht damit das Faktum, daß Peter Pfeife raucht. (Vielleicht tut er damit sogar etwas Gutes, etwa wegen der Moskitos oder weil ihn das Pfeifenrauchen beruhigt.) Die imperativische Rede enthält, so interpretiert, in der Tat essentiell eine Doppelstruktur. Sie nimmt, als Imperativ,

---

* G. Picht, *Die Erfahrung der Geschichte* (Teil VI), 1958; abgedruckt in: *Wahrheit, Vernunft, Verantwortung*, Stuttgart 1969. Vgl. *GM*, S. 315.

auf eine Möglichkeit Bezug. Sie spricht diese Möglichkeit aus, indem sie den Begriff eines Faktums nennt. Begriff heißt formale Möglichkeit.* Demgegenüber bezieht sich der Imperativ essentiell auf eine futurische Möglichkeit. Man kann nur Zukünftiges befehlen; »habe Pfeife geraucht!« ist ein Unsinn, höchstens deutbar als Aufforderung zu einer Camouflage: »erwecke (von nun an) den Eindruck, du habest Pfeife geraucht!« Die formale Möglichkeit kann man im Rechtfertigungskontext als Futurum exactum, als die Zukunft einer Vergangenheit deuten. Der propositionale Gehalt »Peter raucht Pfeife«, nur als möglich erwogen,** d. h. als möglich »thematisiert«, ist der Begriff »Peters Pfeifenrauchen«, der sich als formal möglicher erweist, wenn ich mir vorstellen kann, was der Fall sein müßte, damit ich künftig werde rechtfertigbar sagen können, Peter habe Pfeife geraucht; Futurum exactum: »Peter wird Pfeife geraucht haben«.

Versteht man in diesem Sinne den propositionalen Redeteil grundsätzlich als einen Begriff, also als die Bezeichnung eines formal möglichen Faktums, so kann man – unter dieser systematischen Prämisse – nachträglich auch in der schlicht assertorischen Rede eine Doppelstruktur entdecken. »Peter raucht Pfeife« heißt nun: »Ich behaupte, Peter rauche Pfeife« oder breiter: »Ich behaupte das formal mögliche Faktum, daß Peter Pfeife raucht, als wirkliches Faktum«, oder, noch anders formuliert: »der Begriff ›Pfeifenrauchen‹ trifft auf Peter zu«; all dies sowohl in gegenwärtigem wie in habituellem Sinn deutbar. »Behaupten« wird hier als illokutiver Akt verstanden. Ich mache mit ihm ein Angebot, übernehme ein Engagement (Habermas, S. 249), nämlich dem Hörer das Bestehen des behaupteten Faktums nachzuweisen oder doch, bei gutem Willen seinerseits, plausibel zu machen. Ein Angebot ist selbst wiederum nur futurisch zu deuten: künftig dies zu tun, bin ich bereit.

So gedeutet, ist die Doppelstruktur der Rede stets eine Verflechtung von Zukunft und Vergangenheit. Die Illokution bezieht sich auf etwas in Zukunft Mögliches, das man als Mögli-

---

* Vgl. dazu »Aufriß der zeitlichen Logik«, Abschnitt 4 und 5.
** In Kants Sprache: als problematisches Urteil.

ches wird nachweisen können, wenn es etwas Vergangenes sein wird; diese formale Möglichkeit, dieses futurische Faktum*, spricht der propositionale Redeteil aus.

4.

Ich behaupte keineswegs, daß diese Deutung der Doppelstruktur die einzig mögliche Auffassung der hier erörterten sprachlichen Phänomene sei. Sie gibt nur eine Handhabe, die empirisch unnachweisbare Behauptung von der Doppelstruktur auch der schlicht assertorischen oder der schlicht imperativischen Rede wenigstens als theoretisches Konstrukt zu rechtfertigen. Ob der Sprecher, der sagt »Peter raucht Pfeife«, in irgendeiner psychisch realen Tiefenstruktur seiner Rede »eigentlich« meint »Ich behaupte, daß Peter Pfeife raucht«, das ist mir zutiefst zweifelhaft. Ebenso, ob der Sprecher, der sagt »Hör zu!«, real meint »Ich fordere dich auf, den Zustand, daß du zuhörst, herzustellen«. Eigentlich weiß ich überhaupt nicht, welchen Sinn ich mit solchen Behauptungen verbinden sollte. Ich kann nur sagen: In heutiger europäisch-amerikanischer Rationalität wird man die meisten kompetenten Sprecher bewegen können, freundlich zuzustimmen, wenn man ihnen anbietet, den Sinn ihrer schlichten Sätze durch die doppelstrukturierten »Äquivalentsätze« zu erläutern. Man erreicht von ihnen ein Kopfnikken und nach einiger Zeit jene Mentalität, die die Psychiater Konfabulieren nennen; sie steigen in die angebotene Version ein und glauben sie dann selbst. Schon daß dieser Effekt so leicht zu erzielen ist, daß diese Version also eine – wenigstens bei unseren kulturellen Prämissen – mögliche Version ist, ist aber ein philosophisch höchst relevantes Faktum. Ich versuche, den

---

* Notabene: Auch was nur einmal in der Vergangenheit geschehen ist (Napoleons Tod), ist in dieser Sprache ein futurisches Faktum, sofern es immer ein Faktum bleibt und insofern auf dieser Struktur aller Faktizität die Möglichkeit konsistenten Begriffsgebrauchs überhaupt (»Napoleon« als identifizierbare Person, »Tod« als begrifflich bezeichenbares Phänomen) beruht. Und selbst was nie geschehen ist und voraussichtlich nie geschehen wird (z. B. Napoleons leibliches Wiederauftreten nach dem Tode), ist als formale Möglichkeit durch eine Kombination von Begriffen bezeichnet, die jeweils in anderer Kombination real-futurische Möglichkeiten bezeichnen.

Gründen seiner Möglichkeit noch einen Schritt weit nachzugehen.

Vielleicht das wichtigste Instrument der Analyse, so wie ich sie im vorangegangenen Abschnitt angelegt habe, ist der Begriff des *Begriffs*. Im »Aufriß der zeitlichen Logik« habe ich versucht, diesen Begriff nicht unerklärt einzuführen, sondern pragmatisch zu erläutern. Das wiederhole ich hier nicht. Ich erinnere nur an den analytischen Gebrauch, den ich von ihm mache. Formal mögliche Prädikate sind jedenfalls Begriffe. Singuläre Termini beruhen, vermittelt durch Kennzeichnungen, auf Begriffen. Schließlich subsumiere ich auch das nichtbehauptete Urteil (eben den »propositionalen Redeteil«) unter den Begriff des Begriffs. Ich erläutere dann den Begriff des Begriffs, in der vorhin in Erinnerung gerufenen Form, durch Faktizität und Möglichkeit, also durch temporale Grundbegriffe.

Obwohl diese Analyse in der vorgetragenen Form neu sein dürfte, fügt sie sich, schon durch ihre Selbstbezeichnung als zeitliche Logik, in die Tradition der Logik ein. Diese aber gehört jener philosophischen Tradition an, die Heidegger von ihrem griechischen Ursprung her als »Metaphysik«, in ihrer neuzeitlichen Version gelegentlich als »Weltbild« bezeichnet hat.* In der Arbeit des Starnberger Instituts ist sie vielfach unter dem Titel »Rationalität« thematisiert, ein Terminus, den die rechtssoziologische Gruppe (Eder, Rödel, Tugendhat) fast synonym mit »Modernität« gebraucht. Ich lese diese Synonymität versuchsweise in umgekehrter Richtung. »Modern« ist stets eine Selbstbezeichnung einer kulturellen Epoche; das Moderne ist quasi ex definitione dasjenige, dessen Veralten mit Gewißheit erwartet werden darf. Ich vermute, daß die intendierte Rationalität genau so kulturbezogen ist. Da ich selbst dieser Kultur bereitwillig angehöre, mache ich den vielleicht für jede geschichtliche Evolution charakteristischen Versuch, mit kulturimmanenten Mitteln die Grenzen der eigenen kulturellen Phase um einen Schritt zu transzendieren.

Hierzu gehört das Studium solcher begrifflichen Elemente des »Weltbildes«, die durch die immanente Fortschrittsbewegung der Wissenschaft zur Selbsttranszendierung genötigt

---

* M. Heidegger, *Die Zeit des Weltbildes* (1938), gedruckt in: *Holzwege* 1950.

werden. Dabei gebrauche ich das Wort »Weltbild« in der von
Heidegger (l.c.) terminologisch erläuterten prägnanten Bedeutung. Ich spreche also nicht vom »Weltbild der Primitiven«,
vom »Weltbild der chinesischen Kultur«, vom »Weltbild der
griechischen Antike« und schließlich vom »Weltbild der europäischen Neuzeit«. Ich folge vielmehr Heideggers Vermutungen in Sätzen wie: »Oder ist es schon und nur die neuzeitliche
Art des Vorstellens, nach dem Weltbild zu fragen?« »Weltbild,
wesentlich verstanden, meint daher nicht ein Bild von der Welt,
sondern die Welt als Bild begriffen.« »Das Sein des Seienden
wird in der Vorgestelltheit des Seienden gesucht und gefunden.« (l.c., S. 82–83) Ich benütze diese Vermutungen aber hier
weder als positive Thesen noch als Anlaß einer Heidegger-In-
terpretation, sondern als Illustration der Motive meiner Wahl
des Terminus »Weltbild«. Er bezeichnet für mich etwa das, was
Träger der neuzeitlichen »Willens- und Verstandeskultur«
(also sicher auch moderne angelsächsische Sprachanalytiker)
sich leicht als rational beschriebene Wirklichkeit vorstellen
können.

Zu den begrifflichen Merkmalen des Weltbilds gehört zunächst die objektivistische Ontologie, die dort, wo sie nicht
thematisiert wird, meist um so naiver geglaubt wird. Nach dieser Ontologie besteht die Welt aus an sich existierenden Gegenständen, denen Eigenschaften an sich zukommen; diese Eigenschaften, ja, die Existenz gewisser Gegenstände selbst, können
sich mit der Zeit ändern, sind aber zu jeder Zeit an sich wohlbe-
stimmt, unabhängig von unserem Wissen darüber. Normalerweise wird nicht darauf reflektiert, daß eine Beschreibung wie
diese eben beschreibt, was wir uns vorstellen. Wo diese Reflexion aber eintritt, erzeugt ebendiese im Weltbild implizite Ontologie dann das philosophische Scheinproblem des Streits zwischen »Idealismus« und »Realismus« durch die Frage, ob die
vorgestellte Welt »nur in unserer Vorstellung« existiere. Die
Frage ist, so prinzipiell gestellt, unentscheidbar, und der Positivismus hatte den guten Instinkt, sie als sinnlos abzuweisen. Damit ist aber noch keine alternative Philosophie gefunden, und
die abgewiesenen metaphysischen Begriffe drängen sich in der
Sprachanalyse meist wieder ein als Elemente des common
sense, als das »vom kompetenten Sprecher Gemeinte«, d.h. so-

gar ohne die begriffliche Konsistenz, die sie in der Metaphysik immerhin noch hatten.

Eine resistentere Version des Weltbildes als die objektivistische Ontologie ist heutzutage die objektivistische Logik. Sie läßt methodisch zunächst offen, ob es die objektiven Gegenstände und Eigenschaften an sich gibt, hält aber fest, daß Aussagen an sich wahr oder falsch sein müssen. Diese Annahme liegt, zum mindesten als Motiv, der neuzeitlichen Wissenschaft und der zeitgenössischen Wissenschaftsphilosophie zugrunde. Sie setzt, wenn ich richtig sehe, dann auch das Vorbild für die Versuche sowohl von Habermas wie von Tugendhat, einen Wahrheitsanspruch normativer Aussagen zu statuieren; darauf werde ich am Schluß dieses Aufsatzes eingehen. Hier, in der objektivistischen Logik, liegt doch wohl das Paradigma der »Rationalität«. Daher führt die beginnende Reflexion auf den Sinn der hier vorausgesetzten Wahrheit zu einer Inflation von »Wahrheitstheorien« und zur Debatte über die Rationalität der Wissenschaft, die durch so gute Kenner der realen Wissenschaftsgeschichte wie Kuhn und Feyerabend ausgelöst worden ist. Die Vermutung liegt nahe, daß hier ein ebenso ungeklärter Sinn von Rationalität zugrunde liegt wie in der Realismusdebatte ein ungeklärter Sinn von Realität. Ich verstehe die jeweils verschiedenen Ansätze von Habermas und Tugendhat wie auch meinen Ansatz zur zeitlichen Logik als Versuche, den Sinn von Rationalität möglichst rational auszusprechen, und zwar unter Erwägung des Sinns des hierin liegenden reflexiven Verhältnisses der Rationalität zu sich.

In der zeitlichen Logik erheben präsentische, perfektische, futurische und zeitüberbrückende assertorische Urteile jeweils verschiedene Wahrheitsansprüche. So wie ich diese Logik bisher habe vorlegen können, bewahrt sie den Anspruch der objektivistischen Logik für perfektische und zeitüberbrückende Aussagen. Für die perfektischen Aussagen bezeichnet ebendies den Anspruch der Faktizität. Für die zeitüberbrückenden Aussagen bedeutet es eine bloße Übernahme der klassischen Logik, solange die Analyse ihres Sinns auf Grund der zeitlichen Logik nicht weiter hat getrieben werden können. Für diejenigen Aussagen, in denen die zeitliche Logik ihre eigenen Thesen formuliert, ist die Übernahme des objektivistischen Wahrheitsan-

spruchs »pseudo-transzendental«, d. h. sie bedeutet den transzendentalen, aber ungeklärten (deshalb »pseudo-«) Anspruch
dieser Logik, Theorie im traditionellen Sinn zu sein. »Solange
man nichts Besseres hat, bastelt man eine Theorie.« Für die futurischen Aussagen verzichtet diese Logik ausdrücklich auf den
Terminus »Wahrheit« zugunsten der Modalitäten. Die präsentischen Aussagen, die zunächst die Hoffnung erwecken, als einzige unmittelbar phänomenbezogen zu sein (Heidegger interpretierte den griechischen Seinsbegriff höchst einleuchtend als
»Anwesen«, also Gegenwart), erweisen sich nun als die eigentlich ungeklärten, in denen Faktizität und Möglichkeit kompliziert ineinandergreifen. Natürlich ist dies schon der Anfang einer neuen Reflexionsstufe der Theorie, in der die scheinbare
Einfachheit von Faktizität und Möglichkeit sich als ebenso ana-
lysebedürftig erweisen wird.

Es ist nicht Sache des jetzigen Aufsatzes, diese Analyse zu unternehmen. Ich habe hier das kurze Referat der zeitlichen Logik
aus einem doppelten Grund gebracht. Einerseits sollte es die
Bodenlosigkeit der Weltbild-Voraussetzungen andeuten, von
denen die sprachanalytische Philosophie, darin unkritischer als
die große Metaphysik, meist de facto ausgeht. Andererseits
sollte es sagen, mit welchen Fragen ich an die Habermassche
universalpragmatische Deutung der Austin-Searleschen Doppelstruktur der Rede herantrete.

5.

Wie verhält sich die Habermassche Deutung der Doppelstruktur der Rede zu der hier vorgeschlagenen? Sie sind verschieden,
aber m. E. widersprechen sie einander nicht. Eher sind sie geeignet, einander zu interpretieren.

Zunächst die Interpretation der Habermasschen Deutung
durch die meine. Für Habermas bedeutet der propositionale
Anteil der Rede »die Kommunikation eines Inhalts«, der
illokutive Anteil die »Metakommunikation über den Verwendungssinn des kommunizierten Inhalts« (S. 226). Diese »standardisierten Möglichkeiten ... machen lediglich eine Selbstbezüglichkeit explizit, die in jedem Sprechakt bereits enthalten
ist« (ebenda). Für mich ist der propositionale Anteil »struktu-

rell perfektisch«, d. h. er bezeichnet ein formal mögliches Faktum oder, anders gesagt, den Begriff eines Faktums, also die Weise, wie man etwas, was vergangen sein kann, bezeichnen kann. Der illokutive Anteil ist »strukturell futurisch«, d. h. er bezieht sich auf reale, in der Zukunft liegende Möglichkeiten. Daraus wäre erstens zu folgern, daß »kommunizierbare Inhalte« im Sinne von Habermas eben »strukturell perfektisch« sind. Ebendies habe ich oben als eine zum mindesten im »Weltbild« vorausgesetzte Auffassung behauptet. Zweitens wäre zu folgern, daß der »Verwendungssinn« eines kommunizierten Inhalts stets in der jeweiligen Zukunft liegt. Dies scheint schon durch das Wort »Verwendung« angedeutet zu sein. Wenn ich darüber spreche, wie die Nennung eines formal möglichen Faktums in meiner Kommunikation mit meinem Partner verwendet werden soll, so meine ich natürlich eine Verwendung, auf die meine Rede noch Einfluß nehmen kann, also eine zukünftige Verwendung. Diese beiden Folgerungen erscheinen mir unproblematisch und fast trivial. Sie heben lediglich hervor, inwiefern die Universalpragmatik, schon weil sie Pragmatik ist, nur im Kontext der zeitlichen Struktur alles Handelns verstanden werden kann.

Sehr lehrreich (für mich) scheint mir aber die Interpretation meiner Deutung durch die Habermassche. Für den propositionalen Anteil freilich trägt sie nichts aus. Habermas setzt voraus, daß wir schon wissen, was ein »Inhalt«, ein Sachverhalt, oder wie immer man dies ausdrücken mag, ist; ich versuche hingegen, ebendies noch zu analysieren. Um so reicher ist die Ausbeute beim für Habermas pragmatisch interessanteren, dem illokutiven Anteil. Hier wäre zu folgern, daß das Futurum wesentlich durch menschliche Kommunikationsformen dargestellt wird. Dies ist also eine Interpretation der futurischen Modalitäten. Vereinfacht gesagt: »Möglichkeit« heißt primär: »verabredbare Möglichkeit zu handeln«. Von dieser »primären« Bedeutung wären alle anderen herzuleiten. Die in der Sprache und dem sprachgeleiteten Denken erschlossene Präsenz der Zukunft ist das Feld der Möglichkeiten verabredbaren Handelns. Ich akzeptiere diesen Gesichtspunkt auf das willigste. Um ihn nutzen zu können, muß ich nun aber überprüfen, wieweit und in welchem Sinne ich mir Habermas' Analyse dieses Möglichkeitsfeldes, also eben seine Universalpragmatik, zu eigen machen kann.

6.

Hier gerate ich in eine Reihe vorerst unbeantworteter Fragen.
Zunächst die Frage nach Habermas' Verhältnis zum Innatismus
Chomskyscher oder anderer Prägung. Ich schlage, wie oben
dargelegt, vor, auf die Denkstrukturen dieses Innatismus zum
mindesten in der Argumentation für eine allgemein intendierte
Theorie wie die Universalpragmatik radikal zu verzichten. Auf
die Redestruktur angewandt: Ich sehe keinerlei Plausibilität für
die Annahme, daß ein kompetenter Sprecher Äußerungen wie
»Peter raucht Pfeife« oder »komm her!« in irgendeiner psychisch realen »Tiefenstruktur« gemäß der doppelstrukturellen
Standardform denkt; ich sehe eigentlich gar keinen Sinn in einer solchen Annahme. Ich sehe nur, daß der kompetente Sprecher unserer Kultur die Fähigkeit (also: Möglichkeit) hat, diese
einfachen Sätze doppelstrukturell zu interpretieren. Eben das
kann »Reflexivität der Sprache« m. E. nur bedeuten. Reflexion
ist eine essentiell nachträgliche Leistung, die einen Inhalt voraussetzt, der vorher schon vorliegt. Zeitlich gesagt: ein Inhalt
ist formal perfektisch, Reflexivität ist formal futurisch; Reflexion ist ein wesentlich zeitlicher Akt. Vom Sprecher ist nur
verlangt, daß er kapiert hat, was eine formal mögliche Tatsache
einerseits, der assertorische, imperativische ... Bezug auf sie andererseits ist. Dann kann er beides an Hand seiner vorangegangenen einfachen Äußerung erläutern. Erläuterungen, Refle-
xionsresultate, sind stets komplizierter als das Erläuterte, denn
sie machen Strukturen explizit, die der erläuterten Äußerung
als meist nicht mitreflektierte Bedingungen ihrer Möglichkeit
zugrunde lagen. So etwas lernen schon die Kinder verstehen.
Deshalb ist es nur natürlich, wenn Piaget oder Kohlberg Kinder
oder Jugendliche eines Tages im operativen Besitz dieser Strukturen vorfinden und später auch im Besitz der Reflexion auf sie.
D. h. das »transzendentale« Argument bedarf nicht nur des innatistischen nicht; es wird durch die innatistische Annahme
sogar verdunkelt, unverständlich gemacht.

Ist dies so, dann läßt sich die Möglichkeit nicht a priori
ausschließen, daß die empirisch an Menschen unserer Kultur
erhobenen Phänomene eben Produkte dieser Kultur sind. Empirisch wäre dies zu überprüfen durch eine selbstkritische Ana-

lyse der Redestruktur in anderen Kulturen. »Selbstkritisch« ist eine solche Analyse, wenn sie fähig ist, andere Redestrukturen als möglich zu denken; andernfalls wird sie die Phänomene vergewaltigen und die Ostereier finden, die sie selbst versteckt hat. Die Fähigkeit, andere Redestrukturen als möglich zu denken, kann, wenn sie selbst überhaupt legitimerweise möglich (also nicht einsehbarerweise ein philosophischer Unsinn) ist, vielleicht am ehesten durch philosophische Reflexion auf die Voraussetzungen der uns geläufigen Redestrukturen erweckt werden. Eben das versuche ich.

Hier wird es mir nun schwer, mir die von Habermas behaupteten universalpragmatischen Strukturen so deutlich vor Augen zu führen, daß sie mich von ihrem realen Bestehen überzeugen. Ich erläutere das an dem wohl für Habermas entscheidenden Gedanken einer strukturellen Analogie des Wahrheitsanspruchs der Behauptung und des Geltungsanspruchs der interpersonalen Illokution (S. 239 ff.). Ich verstehe sehr wohl das Motiv von Habermas: die Etablierung der Legitimität des Geltungsanspruchs von Normen. In der Tat: zu diesem Ende studiert man Universalpragmatik. Ich würde mich spontan immer auf die Seite von Habermas schlagen gegen eine funktionalistische, utilitaristische oder wie immer motivierte Auflösung dieses Geltungsanspruchs. Ich vermute aber, daß der philosophische Versuch, diesen Anspruch zum Wahrheitsanspruch theoretischer Sätze in Analogie zu setzen, beiden Ansprüchen philosophisch nicht voll gerecht wird. Dieses philosophische Problem möchte ich lieber zunächst auf dem Niveau der traditionellen Philosophie erörtern, etwa in einem zu schreibenden Aufsatz über Kants praktische Philosophie. Ich beschränke mich daher hier auf ein paar linguistische Bemerkungen über den tiefgreifenden Strukturunterschied von Urteilen und Normen, oder, wie Habermas einleuchtend formuliert, von kognitivem und interaktivem Sprachgebrauch.

In der entwickelten Sprache der modernen europäischen Kultur kann man beide als parallele Phänomene vorfinden. Genetisch hat, so scheint mir, jede der beiden Sprechweisen eine jeweils nur ihr eigene Auszeichnung. Der interaktive Sprachgebrauch dürfte genetisch die Priorität haben. Eher als der kognitive Sprachgebrauch konkurriert mit ihm noch der mono-

logisch-expressive. Man mag sich das noch an den Einwort-Sät-
zen unserer Kinder verdeutlichen. Sagt das Kind »Ball!«, so
meint es meist »gib mir den Ball!«, allenfalls jubelt es über den
entdeckten Ball, aber man wird kaum sagen, daß es frei von
Handlungsimpuls und frei von Affekt konstatiert, hier sei ein
Ball. Natürlich ist ein solches Argument schwer zu beurteilen,
denn der Mensch ist ein Wesen, das angeborenermaßen zum
Eintritt in eine sprachlich-kulturelle Tradition fähig ist, in der,
wie wir wissen, auch die kognitive Redeweise entwickelt worden ist; so finden wir das Element des Kognitiven schon in *unserer* Interpretation kindlicher Rede. Die genetische Priorität
des interaktiven Sprachgebrauchs würde uns wahrscheinlich
erst dann deutlich, wenn wir umgekehrt die leitende Rolle des
kognitiven Sprachgebrauchs bei der Herausbildung der Sprache der modernen Kultur verstanden hätten. Dies ist wiederum
ein philosophisch und kulturhistorisch sehr schwieriges Phänomen. Ich beschränke mich hier auf eine anthropologische
Vorbemerkung dazu.

In noch lockerer Redeweise kann man in einem Hand-
lungszusammenhang vier Momente unterscheiden: Wahrnehmung, Urteil, Affekt, Handlung (vgl. *GM*, S. 136–137). Ein
Beispiel. Ich fahre Auto, sehe mir etwas entgegenkommen
(Wahrnehmung); es ist ein Wagen auf der falschen Fahrbahn
(Urteil); ich erschrecke (Affekt); ich weiche aus (Handlung).
Ähnliches ist bei einer Sprechhandlung möglich, z. B. auf einer
Skiloipe, wo die Abfolge in den Zuruf »Bahn frei!« mündet. Es
ist nun wesentlich, daß im normalen Ablauf die vier Momente
gerade ungetrennt bleiben. Die Wahrnehmung ist selbst schon
prädikativ; ich nehme nicht »etwas Entgegenkommendes«
wahr, sondern das Auto oder den Skiläufer auf meiner Bahn. Sie
ist auch schon affektiv; was mich nicht aufregt, merke ich normalerweise gar nicht, es bleibt im Hof der Unausdrücklichkeit.
Sie geht unmittelbar ins Handeln über, und wenn alles glatt lief,
habe ich Wahrnehmung, Urteil, Affekt und Handlung alsbald
wieder vergessen. Thematisch wird jedes der vier Momente
erst, wenn ihre ungebrochene Zusammengehörigkeit nicht
mehr besteht. Affekte habe ich, wo ich nicht gehandelt habe,
vielleicht es nicht gekonnt habe; »Affekte sind unterlassene
Handlungen«, sagte mein Onkel Viktor v. Weizsäcker gern,

wenn er menschliche Affekte beurteilte. Die Wahrnehmung unterscheide ich vom Urteil erst im Urteil, und dieses vollziehe
ich ausdrücklich nur, wenn ich vom Handelnmüssen entlastet
bin. Die leitende Rolle bei dieser Separation scheint mir nun die
Fähigkeit zum Urteilen zu spielen. Ihr geht genetisch die bei
höheren Tieren beobachtete Fähigkeit zur handlungsentlaste-
ten »Situationsbeurteilung« voraus. Die uns voll nachvollzieh-
bare Gestalt gewinnt sie in der Sprache. Fixiert wird sie in der
Reflexion, dem sprachlich verfügbaren Urteil über sprachlich
Verfügbares. Dies ist die Entwicklung, die philosophisch zu
deuten wäre. Eine schwere Aufgabe. Ich erläutere hier nur vor
diesem Hintergrund, was mich in der Parallelisierung assertorischer und imperativischer Äußerungen stört.

Ein Urteil kann wahr oder falsch sein. Das ist die These der
Logiker seit Aristoteles. Eine Aufforderung an einen Mitmenschen hat keine der Wahrheit und Falschheit vergleichbare Qualität; die von Austin oder Habermas angebotenen Analogien
sind m. E. alle strukturell unzutreffend. Ein solches Angebot ist
der Erfolg der Illokution als Analogon der Wahrheit der Aussage; das tertium comparationis ist das »Glücken« des Sprech-
akts. Sage ich »Peter, rauch doch deine Pfeife!«, und Peter tut
es, so war die Aufforderung erfolgreich. Das Analogon hierzu
bei einer Behauptung ist aber, daß sie Glauben findet, nicht daß
sie wahr ist. Selbst eine pragmatische Wahrheitstheorie muß
diesen Unterschied als bekannt voraussetzen. Sie kann allenfalls sagen, eine Behauptung sei wahr, wenn sie unter näher zu
erläuternden Bedingungen Erfolg haben (z. B. Glauben finden)
kann. Man muß hier den Weg über die Möglichkeit des Erfolgs
gehen, und zwar über eine legitime Möglichkeit.

Deshalb ist die Analogisierung, die Habermas anbietet, besser begründet. Er erläutert sie »dadurch, daß wir im kognitiven
Sprachgebrauch für Propositionen Wahrheitsansprüche erheben, im interaktiven Sprachgebrauch für interpersonale Beziehungen die Geltung eines normativen Hintergrundes in Anspruch nehmen (oder bestreiten)«. (S. 241) Dies ist richtig und
viel präziser als Austin (s. Habermas, S. 241–242). Aber ein Unterschied geht auch hier noch unter. Jede einzelne Proposition
ist (wenn sie auf Fakten oder zeitlose Strukturen geht) je für
sich wahr oder falsch. Gerade das Urteil über Fakten (»es reg-

net«) rechtfertigt sich nicht aus einem Theoriezusammenhang. Man muß nur wissen, was Regen ist, und im übrigen aus dem Fenster schauen. Die einzelne Aufforderung hingegen ist in der Mehrzahl der Fälle weder normativ richtig noch normativ unrichtig. Sie ist eine Auswahl aus einem Feld möglicher Aufforderungen. Die Unmenschlichkeit des moralischen Rigorismus besteht gerade darin, dieses Spiel der Spontaneität zu weit einzuengen. D. h. es ist *normativ* zu fordern, daß die einzelne Aufforderung in der Mehrzahl der Fälle nicht normativ geboten sein soll. Was dem »normativen Hintergrund« im Kognitiven entspricht, sind allgemeine Gesetze. Der Faktenwahrheit entspricht, wenn ich richtig sehe, im interaktiven Sprechen nichts.

Träfe diese meine Vermutung zu, so wäre ich aus einem allgemeineren Grunde nicht erstaunt. Die Entdeckung der Möglichkeit des faktischen Urteilens ist, evolutiv gesehen, eine Fulguration. Es ist keineswegs selbstverständlich, daß es so etwas wie wahre und falsche Urteile über Fakten überhaupt geben kann. Man kann höchstens das »faule Transzendentalargument« benützen: wäre es nicht so, dann könnten wir nicht in der Form denken, die uns gestattet, solche Fragen überhaupt zu stellen. Das Argument ist »faul« (»lazy«, nicht »rotten«), weil es auf die Erklärung des Phänomens vorweg verzichtet. (Übrigens wird in der antiken Eidos-Philosophie den faktischen Urteilen gerade die Möglichkeit des Wahr- und Falschseins im strengen Sinne bestritten.) Ich lege in der zeitlichen Logik die Existenz von Fakten und die Möglichkeit faktischer Urteile vorerst zugrunde, um sie dann in der Physik unter dem Titel der Irreversibilität teils zu erklären, teils zu relativieren. Worauf ich hier hinweisen möchte, ist nur die Nicht-Selbstverständlichkeit des Phänomens. Es ist nun historisch naheliegend, daß eine Entdeckung wie diese eine ausstrahlende Wirkung hatte, d. h. daß man nunmehr begann, auch viele andere Redeformen nach dem Schema des Gegensatzes von Wahrheit und Falschheit zu beurteilen. Dies gilt insbesondere von sittlichen Normen. Es ist leicht, sie sprachlich so zu formulieren, daß sie klingen wie allgemeine assertorische Urteile. Damit entsteht die Vermutung, ihre bindende Kraft beruhe darauf, daß sie wahre allgemeine Urteile seien. Umgekehrt verknüpft sich der Zweifel an dieser ihrer logischen Beurteilung dann sehr leicht mit dem Zweifel an ihrer Verbindlichkeit. Dies kann für den Verteidiger ihrer Verbindlichkeit zu einem moralischen Motiv dafür werden, die Strukturanalogie assertorischer und normativer Sätze überzubetonen.

Ich meine dieses Motiv in Habermas' Universalpragmatik durchzuspüren. Natürlich ist Habermas gefeit gegen die primitiven Irrtümer, die ich soeben angedeutet habe. Die logische Analyse einerseits, die Motivanalyse andererseits lassen mich aber zweifeln, ob sein Aufbau nicht noch immer zu viele Anleihen bei einer nicht voll durchschauten Theorie kognitiver Urteile macht, um die interaktive Redeweise so zu analysieren, daß ihre Verbindlichkeit logisch plausibel wird. Ich habe im jetzigen Stadium meiner Skepsis nicht die intellektuelle Kraft, die im letzten Teil seines Aufsatzes angedeutete Analyse der vollständigen Sprechhandlung Schritt für Schritt nachzuvollziehen. Ich wähle daher die für mich leichtere Methode, die Stelle meiner Skepsis nur mit allgemeinen Argumenten zu bezeichnen; in der Hoffnung, damit ein Gespräch auszulösen, das mich dann auch diese Analyse verstehen lehrt.

7.

Resümee des kritischen Arguments. Ich interpretiere die Universalpragmatik mit Begriffen der zeitlichen Logik. Ein assertorisches Urteil, direkt (ohne Artikulation der Doppelstruktur durch ein »ich behaupte, daß...«) ausgesprochen, ist, wenn es ein Faktum ausspricht, perfektisch. Ein solches Urteil kann wahr oder falsch sein. Eine Illokution ist »strukturell futurisch«; sie enthält ein in Zukunft einzulösendes Angebot. Als solche ist sie weder wahr noch falsch, sondern hat Modalitäten wie Einlösbarkeit (Möglichkeit) etc. Eine Handlungsnorm ist eine Regel über Imperative, verhält sich also zu Illokutionen wie ein allgemeines zu einem singulären faktischen Urteil. Ich leugne nicht, daß Normen einen Geltungsanspruch erheben, der eine Analogie zum Geltungsanspruch allgemeiner theoretischer Sätze hat. Ich behaupte freilich, daß die Legitimität beider Geltungsansprüche nicht auf einer philosophischen Reflexionsstufe geklärt ist, die den Ansprüchen des heutigen wissenschaftlichen Wissens genügt. Im theoretischen Bereich ist dies die Crux der Wissenschaftstheorie; darüber anderswo. Der so ungeklärte Wahrheitsanspruch von Theorien ist aber dann kein legitimes Paradigma für den Geltungsanspruch von Normen. Das Problem der legitimen Geltung von Normen ist durch die Phänomene gestellt; es ist ein legitimes Problem; aber im vorgelegten Versuch der Universalpragmatik sehe ich nicht den Ansatz zu seiner Lösung, sondern nur den Hinweis auf die faktische Verwendung der Normen als legitimer.

Die Analogie von Imperativen mit faktischen Behauptungen hingegen scheint mir positiv irreführend. Ein Imperativ ist eine Illokution und als solche in keinem Sinne wahr oder falsch, gültig oder ungültig; Normen schränken nur die Menge zugelassener Imperative ein. Ein assertorischer faktischer Satz in *einfacher* Form ist entweder wahr oder falsch. Eine Behauptung, also die doppelstrukturell artikulierte Assertion, enthält ein illokutives Element, das entweder als pleonastisch zu deuten ist (»ich meine, was ich sage«), oder als echte Illokution (»ich verspreche dir, dich zu überzeugen«) die Wahrheit des propositionalen Elements der Behauptung nicht definiert, sondern voraussetzt. Der Konsens, in dem das Versprechen, das in der Behauptung liegt, eingelöst werden kann, *definiert* nicht, was Urteilswahrheit ist; er *setzt voraus*, daß über den Sinn der Urteilswahrheit zwischen den Diskurspartnern schon Einigkeit besteht. Wahrheit kann *nur deshalb* regulatives Prinzip eines Diskurses *sein*, weil sie *nicht* als solches *definiert* ist. Dies wäre meine These im theoretischen Bereich. Sie ist der Grund meines Unglaubens an die Analogie faktischer Wahrheit mit praktischer Geltung.

Wir werden hiermit auf das Problem der Wahrheitstheorien im theoretischen Bereich als die ungeklärte Voraussetzung der möglichen Kontroversen zurückgeführt.

3. *Notizen zum Aufriß der zeitlichen Logik**

Erst in der Diskussion habe ich gelernt, daß der Grund für die gewählte Art meines Vorgehens, vom Vorgang bis zur präsentischen Aussage, für Leser, die meine Vorurteile nicht teilen, aus

* Diskussionsbeitrag 1977.

dem Text nicht verständlich wird. Ich kommentiere daher zunächst diese methodische Entscheidung. In der Diskussion habe ich anfangs der Versuchung nachgegeben, in irenischer Absicht zu sagen, gerade nach meiner Auffassung sei es nicht entscheidend, wo man in den »Kreisgang« der reflektierend fortschreitenden Philosophie einsteige. Herr Schindler hat mich hier mit Recht zur Ordnung gerufen. In der Tat kann meine Absicht nur dann verständlich werden, wenn ich sie mit einer gewissen Härte verteidige; und sie wird nur diskutierbar, wenn sie verständlich geworden ist.

Ich *nenne* zunächst auf S. 194 das erste Untersuchungsziel, den ersten Beispielfall der zeitlichen Logik, die präsentische Aussage. Dann gebe ich in einer Kette von Subsumtionen den Strang in einer Begriffspyramide an, der von dem *gesuchten* Begriff der präsentischen Aussage bis zu einem sehr allgemeinen Oberbegriff, dem des Vorgangs, führt. Dies ist die *Ankündigung* der Absicht, nunmehr umgekehrt durch eine Kette möglichst kunstgerechter Definitionen vom obersten eingeführten Genus durch Kumulation sukzessiver spezifischer Differenzen bis zur Spezies »präsentische Aussage« vorzudringen.

Dieses Unternehmen ist, wie jede Definitionskette, deshalb problematisch, weil normalerweise die Oberbegriffe nicht klarer sind als die Unterbegriffe, die man mit ihrer Hilfe zu definieren sucht. Entgegen dem aus der griechischen Mathematik abstrahierten Idealmodell der deduktiven Wissenschaft geht daher die reale Bewegung der philosophischen Untersuchung im allgemeinen in umgekehrter Richtung, nicht deduktiv, sondern reflexiv vonstatten. Kritisch gegen den größten Teil der traditionellen Philosophie behaupte ich aber, daß bei dieser Wendung zur Reflexion vergessen worden ist, das aus dem Ideal der deduktiven Wissenschaft übernommene Ideal der absoluten Gewißheit grundsätzlich zu kritisieren. Dies führt zu zwei gleichermaßen unzureichenden Positionen: dem Apriorismus und dem Empirismus.

Der *Apriorismus* sucht die Gewißheit im *Ziel* der Reflexion, in irgendwelchen a priori gewissen Prinzipien, Begriffen, Urteilen, Sprachformen oder was immer, von denen man, wie man hofft, a posteriori (nämlich nach vollzogener Reflexion oder Analyse, oder wie sonst man das Verfahren nennt) wissen wird, daß man sie a priori schon gewußt hat. Dies ist m. E. ein sehr fruchtbares Verfahren, dessen Voraussetzungen in der zeitlichen Struktur des Reflexionsvorgangs selbst ich mit Hilfe der zeitlichen Logik zu studieren hoffe; es gibt aber m. E. keine begründete Hoffnung auf unerschütterliche, also weiterer Reflexion nicht mehr zu unterwerfende Resultate. Die Erwartung eines nachträglich a priori gewissen *Resultats* der Reflexion (»das Absolute ist wesentlich Resultat« ist die Stufe zeitlicher Reflexion auf das Wesen der Reflexion, welche Hegel bezeichnet) ist aber durch nichts anderes gerechtfertigt als durch das naiv übernommene Paradigma der deduktiven Wissenschaft; die abendländische Metaphysik ist ein Kind der Mathematik. Eben weil ich diese Prämissen kritisiere, ist die Interpretation der *Mathematik* durch zeitliche Logik ein Kernstück meines Unternehmens.

Der *Empirismus* hat die Fragwürdigkeit des Apriorismus nicht wirklich durchschaut; aber er hat sie, durch mehrere Fehlschläge a priori behaupteter Thesen (Beispiel: euklidische Geometrie) ermutigt, schlicht behauptet. Er hat deshalb zunächst die auch von ihm naiv übernommene Hoffnung auf Gewißheit, statt hochfliegend ins Ziel, in einer Dogmatisierung des Common sense in den *Ausgangspunkt* der Reflexion verlegt. Die ursprüngliche Hoffnung scheint gewesen zu sein, nicht aus dem Allgemeinen das Besondere, sondern aus dem Besonderen das Allgemeine zu deduzieren. Daß dies unmöglich ist, ist spätestens durch Popper wieder in Erinnerung gerufen worden. Tiefer geht aber die Kritik, daß die Undeduzierbarkeit des Allgemeinen die *Undefiniertheit des Sinns jeder besonderen empirischen Aussage* zur Folge hat. Denn empirische Aussagen werden begrifflich, also mit Hilfe des undeduzierbaren Allgemeinen formuliert. Die an den Empirismus anknüpfende Wissenschaftstheorie hat zunächst eine Art Vernunftehe zwischen Apriorismus und Empirismus geschlossen: Apriorismus für die Logik, Empirismus für die Sachwissenschaften. Hier wird die Basislosigkeit des Unternehmens durch höhere Komplikation verhüllt. Ich lese die Linguistik als die Chance, den Apriorismus auch in der Logik zu überwinden, und versuche andererseits in meiner Theorie der Grundgesetze der Physik als Formulierung der Bedingungen der Möglichkeit objektivierender Erfahrung dem praktisch erfolgreichen Empirismus der Naturwissenschaft die fehlende philosophische Legitimation zu geben, eine Legitimation, die ihre Anregungen aus einer Version des Apriorismus entnimmt.

Die methodologische Absicht der zeitlichen Logik ist nun gerade, zu zeigen, daß die Gewißheitsintention sowohl des Apriorismus wie des Empirismus von vorneherein ein Mißverständnis der realen Wissenschaft ist. Ohne Zweifel gibt es so etwas wie Erkenntnis a priori (z. B. »2 × 2 = 4«) und Erkenntnis a posteriori (»Katzen haben einziehbare Krallen«). Aber die Absicht ist nunmehr, auch noch begreiflich zu machen, *wie* Erkenntnis a priori und Erkenntnis a posteriori möglich sind, und (vgl. S. 193 des Aufrisses) »diese Strukturen, gerade dadurch, daß wir sie so hervorheben, auch der Möglichkeit der Kritik auszusetzen«. Es soll also u. a. die Erkenntnistheorie zu den wissenschaftshistorischen Beobachtungen von Kuhn nachgeliefert werden. Diese Erkenntnistheorie selbst erhebt ebensowenig den Gewißheitsanspruch. All das ist mitgemeint in dem einleitenden Satz »wir philosophieren *heute*«. Anders gesagt, es soll verständlich gemacht werden, daß Wahrheit *wesentlich* nicht Gewißheit ist. Dies soll nicht bloß skeptisch behauptet, sondern strukturell durchsichtig gemacht werden. Der Anspruch ist nicht eine Resignation gegenüber dem traditionellen Selbstverständnis von Wissenschaft und Philosophie, sondern eine inhaltlich reichere, sich selbst ein Stück weit interpretierende Philosophie.

Nun zur Einlösung des Anspruchs. Ich vermute, daß der Satz von S. 194 nicht bestritten wird, den ich hier noch einmal wörtlich zitiere: »Jede präsentische Aussage ist ein Satz, also eine Sprachhandlung, also eine Handlung, also ein Verhalten, also ein Vorgang.« Andernfalls bäte ich um detaillierte Kritik. Eine scheinbar harmlose Folgerung erregt aber philosophisches Mißtrauen, nämlich die Umsetzung der definierenden Begriffe in die Namen der Wissenschaften, denen sie angehören, etwa so: »Die präsentische Aussage ist ein Gegenstand der zeitlichen Logik, also der Logik, also der Linguistik, also der Anthropologie, also der Ethologie, also der Physik.« Der Grund des Mißtrauens läßt sich logisch so formulieren, daß man das Entscheidende in dieser angebotenen Definitionenkette jeweils nicht im

genus proximum, sondern in der differentia specifica sieht. Die
zeitliche Logik hat das dazugehörige Selbstgefühl noch nicht
entwickelt, aber für die anderen Wissenschaften könnte man
etwa sagen: Logik hebt sich aus der Linguistik heraus als Theorie der Wahrheit, Linguistik aus der Anthropologie (oder
Handlungstheorie) als Theorie der symbolischen Kommunikation, Anthropologie aus der Ethologie als Wissenschaft von
dem Wesen, das sich selbst kennt, Ethologie aus der Physik als
eine Wissenschaft vom Lebendigen. Die (»transzendentale«)
Reflexion geht jeweils auf den Grund der Möglichkeit dieser
spezifischen Differenzen: auf Wahrheit, auf Verstehen, auf
Menschsein (»Existenz«, »Dasein«, »Kultur«), auf Leben. Es
liegt mir natürlich völlig fern, mich diesen Reflexionen zu verweigern. Ich behaupte nur, daß keine dieser Reflexionen zu einem irreduktiblen, weiterer Erklärung nicht bedürftigen oder
nicht fähigen Apriori führt. Ich behaupte ferner, daß gerade die
gegenständliche genetische Analyse der evolutionären Herkunft zur Aufhellung der reflexiv gefundenen Strukturen beitragen kann.

In dieser Meinung bin ich durch eine Schwierigkeit bestärkt
worden, die ich bei der Erläuterung meiner ersten Versuche zur
zeitlichen Logik erlebt habe. Ich bin auf die zeitliche Logik geführt worden durch eine Analyse der begrifflichen Voraussetzungen der Physik, zuerst der Thermodynamik, dann der
Quantentheorie. Um mir diese Voraussetzungen zu verdeutlichen, habe ich in einem Versuch transzendentaler Reflexion
einen ersten Entwurf zur zeitlichen Logik gemacht (1963, unveröffentlicht). Dabei fiel mir auf, welche Hilfe mir die Sprachformen der indogermanischen Sprachen in der Entdeckung
der relevanten Strukturen gaben. Ich fand: »unsere Sprache ist
differenzierter als die überlieferte Logik«. Zu meinem Erstaunen wurde aber gerade der transzendentale Charakter meiner
Überlegungen meist nicht akzeptiert, und zwar, weil sie ein
schon akzeptiertes Apriori verletzten. Für die Physiker war die
zeitliche Logik »nur subjektiv«; das Apriori des Objektiven,
des realistischen Gegenstandsbegriffs war verletzt. Für die
Logiker war sie »nur eine spezielle Logik«; das Apriori der
Logik selbst war verletzt. Ich mußte also die Glaubensbasis
dieser Apriorismen anfechten, gerade um den transzenden-

talen Charakter meiner eigenen Überlegung dem Blick überhaupt erst zugänglich zu machen. Diese Anfechtung nun fiel
mir als Physiker, der über Geschichte der Natur gearbeitet
hatte, nicht schwer. Die geschichtliche Zeit ist Bedingung
der Möglichkeit von Natur überhaupt. Der Mensch ist ein
Kind der Geschichte der Natur. Die aprioristischen Positionen der traditionellen Philosophie sind Plateaus auf dem Wege
der Reflexion des Menschen auf die Bedingungen seiner erkennenden Existenz. Die Struktur der Zeit ist die tiefste, uns *heute*
in transzendentaler Reflexion zugängliche Bedingung unserer
Existenz, gerade schon *weil* wir Kinder der Natur sind. Wenn
das so ist, so wird man die evolutiven Vorstufen des Lebens,
des Menschseins, des Verstehens, der Wahrheit jeweils schon
vor der vollen Entfaltung dieser Phänomene nachweisen können. Dieses Studium wird der transzendentalen Reflexion
auf diese Themen wenigstens die Hilfe gewähren können,
vor einer dogmatischen Verfestigung der jeweils vorläufigen
reflexiven Befunde zu schützen. Und ebendiesen Schutz brauche ich, um meine eigene und, wie ich meine, tiefer als die
bisherigen vordringende transzendentale Reflexion gegen die
Abwehr durch die von ihr verletzten Dogmen zu schützen.
Freilich bin ich damit in der Lage jedes Philosophen: ich kann
nicht umhin, dem Gesprächspartner statt der bloßen Erörterung logischer oder wissenschaftstheoretischer Spezialprobleme die Auseinandersetzung mit einer Philosophie zuzu-
muten.

Für das gegenwärtige Seminar ist dies freilich eine mir selbst
unerwünschte, aber vielleicht nicht vermeidbare Komplikation. Was ich egoistisch von dem Seminar erhoffe, ist Belehrung
über die Fülle von Details in Gebieten wie Ethologie, Linguistik, formale Logik, Mathematik, auf die ich mich einlassen
muß, ohne Fachmann in ihnen werden zu können. Ich inten-
diere nicht, erwachsene Philosophen zu einer ihnen neuen
Philosophie zu bekehren. Ich suche eine Diskussion, die hinreichend formalisiert ist, um mich über Spezialfragen zu belehren,
wie z. B., ob ich Vokabeln wie »Begriff«, »Quasiprädikat«,
»Vorstellung« in einer Weise verwendet habe, die von ihrem
üblichen Sinn in vermeidbarem Grade abweicht. Die Erfahrung
lehrt nur, daß solche Gespräche meist mißglücken, solange

nicht jeder aktive Teilnehmer die *Intention* seines Gesprächs-
partners, auch wenn er sie nicht teilt, hinreichend deutlich aufgefaßt hat, um in ihr, gleichsam fiktiv oder hypothetisch, selbst
ein Stück weit denken zu können. Ich wollte in meinem Text,
gerade durch seine Unkommentiertheit, diese Intentionsvermittlung vermeiden, um direkt auf die Sachfragen zu kommen.
Ich sehe aber jetzt, daß ich ohne solche Intentionsvermittlung
die Voraussetzungen der Sachdiskussion nicht herstellen kann;
daher der gegenwärtige Kommentar.

Die *vier Verhaltensmerkmale* habe ich eingeführt, weil ich
gerade in ihnen evolutive Vorstufen gewisser Grundtatsachen
der Logik zu sehen glaube. Dies wird vielleicht deutlicher,
wenn ich hier das *Ziel* ihrer Einführung, das sich in meinem
Aufriß erst nach und nach enthüllt, ausdrücklich nenne, in etwas veränderter Reihenfolge der Merkmale.

Die *Allgemeinheit* ist das entscheidende Merkmal des *Begriffs*, also, unter dem Namen des Eidos, der Ausgangspunkt
der abendländischen Philosophie. Mir liegt daran, die Allgemeinheit als ein konstitutives Merkmal tierischer Verhaltensschemata zu erkennen, die Identifizierung des einzelnen hingegen als eine genetisch späte, hochdifferenzierte Leistung auf der
Basis der viel einfacheren Leistung allgemein reagierenden Verhaltens. Dies wäre dann gleichsam eine empirische Widerlegung des empiristischen Glaubens, es gäbe so etwas wie gewisse
einzelne Daten. (Vgl. »Biologische Präliminarien zur Logik«,
Der Garten des Menschlichen, S. 294 – 314.) Es scheint mir plausibel, diese Beobachtung mit den Beobachtungen der Lingui-
sten über die Erklärungspriorität des Prädikats gegenüber dem
Gegenstand und über die Existenz subjektloser Prädikate zu
verknüpfen. Dies um so mehr, als mir auch aus der Analyse der
quantentheoretischen Physik eine Priorität des Begriffs der Alternative (von Prädikaten) vor dem Begriff des Objekts hervor-
zugehen scheint. Meine Tendenz wäre, den Begriff des Gegenstands überhaupt nicht als Grundbegriff einzuführen, sondern
ihn durch explizite Definition aus anderen Begriffen als einen
nur genähert anwendbaren Begriff zu gewinnen. Darauf zielt
der Aufbau der Abschnitte 2 und 3. Ich empfinde die Aufgabe
aber dort nicht als gelöst und bitte daher um insistente Kritik an
ihrer Durchführung.

Anpassung ist nicht nur der zentrale Begriff der Evolutionstheorie, sondern dient hier auch als die Anmarschroute zum Begriff der *Wahrheit.* Mit dieser Absicht stürze ich unweigerlich ins Gestrüpp der Wahrheitstheorien. Die Publikation wird einen Exkurs über Wahrheitstheorien enthalten müssen, mit dessen Verzweigungen ich den Aufriß nicht belasten wollte. Es ist klar, daß ich den Begriff der Wahrheit weder entbehren, noch als ein irreduktibles Apriori einführen kann. Vielleicht darf ich hier an eine Formulierung aus dem vor einigen Jahren im Institut abgehaltenen Wahrheitskolloquium* erinnern. Vier Wahrheitsdefinitionen standen zur Wahl:

A. Wahrheit ist Übereinstimmung von Aussage und Sachverhalt.

B. Wahrheit ist derjenige Irrtum, ohne den eine bestimmte Spezies von Lebewesen nicht leben könnte.

C. Wahrheit ist das regulative Prinzip eines herrschaftsfreien Diskurses.

D. Wahrheit ist Unverborgenheit.

Der Weg des »Aufrisses« beginnt mit B. Es gibt Verhaltensweisen. Das Verhalten kann angepaßt sein; es heiße dann richtig. *Wir* können es als urteilsförmig interpretieren. *Wir* sehen dann auch, daß es nie voll der Komplexität der Welt angepaßt ist. *Für uns* ist es stets ein lebensnotwendiger Irrtum. *Für den Handelnden* gibt es Angepaßtheit seines Handelns erst, wenn er das Handeln von der Situation unterscheidet, also zweierlei vergleichen kann. *In der Sprache* werden Situationen *durch* Aussagen, also *als* Sachverhalte gekennzeichnet. Die Angepaßtheit der Aussage an den Sachverhalt heißt dann ihre Wahrheit. Die Entscheidung über ihre Wahrheit, die Verifikation, kann nur Gleichartiges vergleichen, z. B. Aussagen mit neuen Aussagen. Hier entsteht *für die Philosophie* erst das Problem der Wahrheit: was ist eigentlich das Gleichartige in Aussage und Sachverhalt, intellectus und res? Die aristotelische Version der Eidos-Philosophie sagt, das Gleichartige sei das Eidos im Denken (in der Seele) und das Eidos in der Sache. Interpretieren *wir* das Eidos im Denken als vorgestelltes Handlungsschema, so gibt es zur Sache keine Gleichartigkeit, sondern eben nur Ange-

---

* Vgl. I 6.3.

paßtheit (»wie der Schlüssel ans Schloß«). In Wahrheit ist aber der Sachverhalt eben das, was ausgesagt werden kann. Die aussprechbar erkannte Wirklichkeit ist sprachförmig. Diese Einsicht muß m. E. verwendet werden, uns von der in der angelsächsischen sprachanalytischen Philosophie naiv vorausgesetzten realistischen Ontologie unabhängig zu machen. An dieser Stelle erreicht die genetische Analyse den Punkt, an dem sie die Reflexion zur Selbstkritik befähigt. Es ist, auf anderem Wege erreicht, das Kantsche Problem des transzendentalen Idealismus: die Reflexion, welche Erkenntnis und Wirklichkeit vergleichen will, erkennt in der erkannten Wirklichkeit die Formen der Erkenntnis wieder.

Der »Aufriß« führt bis an die Schwelle dieses Problems, sucht es aber nicht durch einen philosophischen Kraftakt zu lösen. Er führt vielmehr zunächst eine neue Dimension in die logische Sprachanalyse ein, eben die Logik der zeitlichen Verhältnisse. Er sucht zu analysieren, wie wir wirklich über Zeitliches reden. Diese Analyse soll nicht vorweg verstellt werden durch Vormeinungen aus der Logik der als zeitlos verstandenen freien Aussagen. Der Versuch, die futurische Logik zu präzisieren, führt über den Wahrscheinlichkeitsbegriff unmittelbar in die Physik. Erst *danach* wird das philosophische Problem auf einer neuen Ebene diskutierbar. Dies zeigt wiederum die philosophische Zurückhaltung, die zur Diskussion der vorgetragenen logischen Thesen notwendig sein wird.

Das *Ja-Nein-Prinzip* des Verhaltens dient zur Erläuterung der *Zweiwertigkeit* der Logik (»Biologische Präliminarien zur Logik«). Das brauche ich hier wohl nicht noch einmal darzustellen.

Die *Prävalenz des Positiven* hat sich mir als Beobachtung aufgedrängt an Hand der Heideggerschen Analyse der Unverborgenheit (vgl. Aufriß, S. 196). Das Wurzeln verbaler Erkenntnis in nichtverbaler, aussageförmiger in verbaler, aber nicht aussageförmiger, ist für das philosophische Hauptproblem, das soeben ans Ende der logisch-physikalischen Analyse hinausgeschoben wurde, von grundlegender Bedeutung. Im bisherigen Text des Aufrisses wird die Beobachtung nur genannt und zu späterer Verwendung aufbewahrt.

7. Notizen zur Durchführung der zeitlichen Logik

Dieser Abschnitt enthält den hauptsächlichen Teil eines Aufsatzes, den ich 1972 als Zusammenfassung meiner damaligen Überlegungen zur Logik und als Programm für zukünftige Arbeit geschrieben habe; er wurde 1978 veröffentlicht. Der ursprüngliche Titel hieß »Stenographische Notizen über Logik und Mathematik« mit der Fußnote: »Stenographisch: etwas breiter Auszuführendes zur Erinnerungsstütze verkürzt dargestellt«. Die Ausführung wurde 1977–78 im »Aufriß der zeitlichen Logik« begonnen, aber nach den einführenden Partien, die im Kapitel I 6 als Abschnitt 4 abgedruckt sind, nicht weitergeführt. Das jetzige Buch kann als eine noch fragmentarische Ausführung gelten. Da die Notizen in mehrfacher Hinsicht auch über die anderen Teile des Buchs hinausgehen, drucke ich sie in ihrem Hauptteil hier ab. Der Text ist wegen seiner stenographischen Form nicht leicht zugänglich; deshalb habe ich in den Teil I 6 als Abschnitt 5 einen später verfaßten Überblick aufgenommen. Die Teile 2.–5. entstammen den »Stenographischen Notizen«.

1. Grundlagenprobleme der Logik und der Mathematik

Baut man Logik als axiomatische Mathematik der Wahrheit auf, so müssen ihre Axiome u. a. auch die Regeln bestimmen, denen gemäß sie selbst schließt. Logik ist in diesem Sinne selbstbezüglich und selbstgenügsam. Das Grundlagenproblem der Logik ist das philosophische Problem, wie dergleichen möglich ist. Wir werden sehen, daß in dieser Selbstgenügsamkeit ein Schein waltet. Nach der hier vertretenen Auffassung bedarf auch die Begründung der Logik des Durchgangs durch die ganze Wissenschaft; es gibt nur *eine* Wissenschaft.

Das sogenannte Grundlagenproblem der Mathematik ist gerade die Frage, woher die Mathematik ihre besonderen Inhalte hat und wie sie die in den Axiomen formulierbaren Erkenntnisse über diese besonderen Strukturen rechtfertigt. Man rechtfertigt die Grundaussagen der Mathematik, die, sofern ein axiomatischer Aufbau gelingt, als Axiome auftreten würden, entweder als Aussagen über logische Strukturen (Logizismus) oder über außerlogische »spezifisch mathematische« Strukturen (Intuitionismus), oder man erklärt, daß Logik und Mathematik diese Aussagen nicht zu rechtfertigen brauchen, sondern nur ihre logischen Konsequenzen studieren (Formalismus).

Ich glaube, daß Logik und Mathematik Strukturen studieren, die auf der Zeit beruhen. Die Wissenschaft von diesen zeitlichen Grundlagen der Logik und Mathematik nenne ich zeitliche Logik.

2. Temporale binäre Aussagenlogik

Wir betrachten *zeitliche Aussagen*, d. h. Aussagen, die mit gleichem Wortlaut in verschiedenen Situationen angewandt werden können und dann, individuell betrachtet, verschiedene, aber unter denselben Begriff fallende Sachverhalte bezeichnen können. Beispiele: »es regnet«, »vor der Tür steht ein Pferd«, »die Milch ist sauer«. Man nennt solche Aussagen wohl auch situationsbedingt. Die Bezeichnung als »zeitlich« hebt hervor, daß es Situationen in diesem Sinne nur in der Zeit gibt.

Je nach Situation kann dieselbe zeitliche Aussage *wahr* oder *falsch* sein. Im Sinne Freges ist eine solche Aussage ein *Begriff*, nämlich eine ungesättigte Funktion, die, gesättigt durch Angabe der Situation, etwas Wahres oder Falsches ergibt. Wir behandeln unsere zeitlichen Aussagen zunächst als *entscheidungsdefinit*, d. h. es soll grundsätzlich möglich sein, zu entscheiden, ob sie in der jeweiligen Situation wahr oder falsch sind. Die so entstehende Logik heißt *binär*.

Wir betrachten nun eine feste Anzahl n solcher zeitlicher Aussagen, die wir als *unabhängig* behandeln; d. h. es wird als möglich (formal-möglich) angesehen, daß jede von ihnen wahr oder falsch sein kann, einerlei, welche Wahrheitswerte die anderen haben. Wir wenden alle n Aussagen zugleich auf dieselbe Situation an. Man kann auch sagen, dieselbe Situation liege *per definitionem* vor, wenn man die Aussagen zugleich anzuwenden Anlaß hat. Wir bekommen so 2^n verschiedene Fälle. Seien x_i ($i = 1 \ldots n$) Namen der n Aussagen und bezeichne $\overline{x_i}$ die Negation von x_i (d. h. z. B. die Aussage »x_i ist falsch«, die wegen der Entscheidungsdefinitheit zugleich mit x_i entschieden wird), so ist jeder der Fälle durch eine n-fache Konjunktion $z_1 \wedge z_2 \wedge \ldots \wedge z_n$ darzustellen, wo »$\wedge$« als »und« zu lesen ist, und für z_i entweder x_i oder $\overline{x_i}$ einzusetzen ist. Aus diesen 2^n Aussagen X_k ($k = 1 \ldots 2^n$) kann man 2^{2^n} Aussagen Y_l ($l = 1 \ldots 2^{2^n}$) bilden, indem man eine beliebige Anzahl von ihnen durch »oder« verbindet: $X_{k_1} \vee X_{k_2} \vee \ldots$ Dabei sollen »und« und »oder« als *Wahrheitsfunktionen* definiert sein: $a \wedge b$ ist wahr, genau wenn a wahr und b wahr, sonst falsch; $a \vee b$ ist falsch, genau wenn a falsch und b falsch, sonst wahr.

Unsere Erklärung von $\bar{a}$ ist ebenfalls die Erklärung einer Wahrheitsfunktion: $\bar{a}$ ist wahr, genau wenn a falsch, sonst falsch.

Wie man in der elementaren binären Aussagenlogik beweist, bilden die Y_l einen Booleschen Verband. Wir beschäftigen uns jetzt mit der Deutung dieses Verbandes für die besondere Bedeutung, die wir den eingeführten Zeichen gegeben haben.

Durch geeignete Verteilung von Wahrheit und Falschheit der x_i kann man jede Aussage Y_l wahr oder falsch machen, mit Ausnahme des obersten Elements (Vereinigung aller Y_n), das wir I nennen und das bei jeder Einsetzung wahr wird, und des untersten Elements (Konjunktion zweier beliebiger X_k), das wir O nennen und das bei jeder Einsetzung falsch wird. Die Y_l sind gerade die 2^{2^n} verschiedenen *möglichen Wahrheitsfunktionen* der n Aussagen x_i: jedes X_k ist eine mögliche Wahrheitsbewertung der x_i, ein n-tupel möglicher Werte der n Argumente x_i, und jedes Y_l ist eine bestimmte Abbildung des Raums dieser n-tupel auf die beiden Werte wahr und falsch, also eben eine Wahrheitswertfunktion der n Argumente.

Jedes x_i und jedes $\overline{x_i}$ bezeichnet einen formal-möglichen *Sachverhalt* (z.B. daß es regnet). Die Tatsache, daß Sachverhalte nicht durch Hinzeigen, sondern selbst nur sprachlich bezeichnet werden können, stört uns nicht. Es ist der Sprache eigentümlich, daß sie über den Unterschied zwischen dem Sprechen und dem, worüber gesprochen wird, sprechen kann.

Dies ist ein Teil des Prozesses, den wir unter dem Titel »Reflexion« thematisieren werden. Das logische Begriffspaar, mit dessen Hilfe diese Tatsache beschrieben werden muß, heißt bei Frege »Sinn« und »Bedeutung« (bei Husserl »Bedeutung« und »gegenständlicher Bezug«; ich werde mich der knapperen und bei mathematischen Logikern besser bekannten Fregeschen Bezeichnung – mit modifizierter Interpretation – anschließen). Auf eine Einführung ebendieses Begriffspaars im einfachsten Fall steuern wir jetzt los. Wir nennen den durch x_i bezeichneten formal-möglichen Sachverhalt die *Bedeutung* des Ausdrucks x_i. Diese Ausdrucksweise weicht von derjenigen Freges ab; das Verhältnis beider Ausdrucksweisen besprechen wir, wenn wir die unsrige eingeführt haben.

Nun bezeichnet auch jedes X_k einen formal-möglichen Sachverhalt, nämlich denjenigen, der genau dann vorliegt, wenn die Sachverhalte vorliegen, welche durch die in ihm vereinigten z_i bezeichnet sind, also, wie wir sagen würden, einen komplexen Sachverhalt. Schließlich bezeichnet auch jedes Y_l einen formal-möglichen Sachverhalt, nämlich denjenigen, der genau dann vorliegt, wenn einer derjenigen durch je ein X_k bezeichneten komplexen Sachverhalte vorliegt, denen die Funktion $Y_l(x_i \ldots x_n)$ den Wert »wahr« zuordnet. Da wir formal-mögliche Sachverhalte auch Begriffe nennen können (s. o.), können wir die Definition eines Y_l als Wahrheitsfunktion eine *extensionale* Definition des betreffenden Begriffs nennen: sie gibt die Ausdehnung (Extension) im Feld der betrachteten formal-möglichen komplexen Sachverhalte an, für welche der Begriff Y_l zutrifft. Sprachlich sei bemerkt: Im Einklang mit der Umgangssprache reden wir stets »autonym«, d. h. benennen Sachverhalte, Begriffe, zeitliche Aussagen, letztere in mündlicher oder schriftlicher Form, stets mit demselben Namen. Wir sprechen also *promiscue* von der Aussage Y_l, dem Sachverhalt Y_l, dem Begriff Y_l.

Begriffe bezeichnet man im allgemeinen durch Worte oder Wortverbindungen, welche wir *Namen* des betreffenden Begriffs nennen wollen. Begriffsnamen können unter Verwendung anderer Begriffe bzw. von deren Namen gebildet werden. Dies geschieht z. B. in jeder schulmäßigen Definition eines Begriffs. Wir nennen, zunächst in lockerer Sprechweise, das, was man versteht, wenn man einen Begriffsnamen versteht, den Sinn dieses Namens. Verschiedene Namen können dieselbe Bedeutung haben, also denselben extensional definierten Begriff bezeichnen. Es kann aber eine nicht völlig triviale Erkenntnis sein, daß dies so ist; also ist der Sinn eines Namens von seiner

Bedeutung zu unterscheiden. Einen durch seinen Sinn definierten Begriff nennen wir mit den heutigen Logikern *intensional*
definiert. (Wahrscheinlich wäre statt dieses einigermaßen sinnlos dem »extensional« gegenübergestellten Worts das zufällig
fast gleichlautende »intentional«, d. h. »den Hinblick, also eben
den Sinn ausdrückend«, klarer.)

Hier sei eine erste Bemerkung über das Verhältnis von *Begriff* und *Gegenstand* gemacht. Die Unterscheidung von
»Sinn« und »Bedeutung« wurde von Frege zuerst für Gegenstände eingeführt. Z. B. »der Morgenstern« und »der Abendstern« haben verschiedenen Sinn, aber gleiche Bedeutung. Nun
ist der Begriff »Gegenstand« selbst problematisch und soll im
folgenden erst schrittweise geklärt werden. Der »physische Gegenstand« ist von der zeitlichen Logik her gesehen schon etwas
sehr Komplexes, das sich durch die Zeit durchhält; unsere Beispiele bilden zunächst Begriffe, unter welche Situationen fallen
können: »ein zu einer Zeit vor meiner Tür stehendes Pferd«
und weder »Pferd« noch »dieses Pferd« oder »der Hengst
Othello«. Wie Situationen mit physischen Gegenständen zusammenhängen, ist eines der Probleme der Physik, die wir
durch die zeitliche Logik besser aufklären wollen; wir werden
hier bis in die Quantentheorie der Elementarteilchen hinunter-
steigen müssen. Der »logische Gegenstand« als »alles, worüber
man sinnvoll reden kann« leidet unter der ungeklärten, parado-
xieverdächtigen Rede von »alles«. Auch den Sinn von »alles«
sollte die zeitliche Logik besser klären. Ich spreche daher hier
nur den Verdacht aus, daß jeder legitim gebrauchte Name eines
Gegenstands entweder der Name eines unären Begriffs (Begriffs, der eine Klasse mit genau *einem* Element bezeichnet) ist,
unter den er fällt, oder wenigstens nur faktisch gebraucht werden kann, weil ein solcher faktisch unärer Begriff existiert. In
der Eidos-Philosophie gesagt: Man kann Einzeldinge nur
durch ein hinreichend enges Eidos bezeichnen; *individuum est
ineffabile*. Deshalb beginnen wir alsbald mit Begriffsnamen.
Den für die Logiker so wichtigen Unterschied zwischen einem
unären Begriff und dem Gegenstand, der unter ihn fällt, werden
wir selbst mit den Begriffen »Sinn« und »Bedeutung« erläutern; hier benützen wir ihn zunächst als schlicht verständlich.
Wir definieren nun explizit intensional eine bestimmte

Klasse von Aussagen, die als Namen für formal-mögliche Sachverhalte, d. h. Begriffe in unserem Verband, dienen. Oben haben wir *Aussagefunktionen* eingeführt, die Negation $\bar{x}$, die Konjunktion $x_{i_1} \wedge x_{i_2}$, die Adjunktion (wie ich mit Lorenzen statt Disjunktion sagen will) $X_{k_1} \vee X_{k_2}$. Das war eine Anknüpfung an einen bekannten Sprachgebrauch, wäre aber für die Erklärung der 2^{2^n} Wahrheitsfunktionen nicht nötig gewesen. Die Aussagefunktionen sind als spezielle Wahrheitsfunktionen definiert. Nach unseren Formeln gibt es 4 mögliche Wahrheitsfunktionen einer Variablen und 16 von zwei Variablen, und von diesen sind ziemlich viele in praktischem Gebrauch, z. B. außer den schon genannten $\bar{x}$, $x \wedge y$, $x \vee y$ noch $x \rightarrow y$ (materiale Implikation, »Subjunktion« nach Lorenzen), $x \leftrightarrow y$ (Äquivalenz), $x \,|\, y$ (Sheffersche Ausschließung). Wir wollen jede mit den Zeichen gebräuchlicher Aussagefunktionen (wenn diese Wahrheitsfunktionen sind) hergestellte Aussagefunktion als eine »zeitliche Aussage« bezeichnen. Sind zwei von ihnen äquivalent, so besagt das, daß sie dieselbe Wahrheitsfunktion bezeichnen. Wir nennen dann ihre verschiedenen Formen jeweils ihren Sinn, den bezeichneten extensionalen formal-möglichen Sachverhalt aber ihre gemeinsame Bedeutung.

Nun gibt es formal korrekt gebildete zeitliche Aussagen, die für jede Einsetzung wahr werden, z. B. $x \vee \bar{x}$ oder die als zeitliche Aussage geschriebene Äquivalenz zweier zeitlicher Aussagen, etwa $x \vee y \leftrightarrow \bar{x} \wedge \bar{y}$. Wir nennen sie *logisch wahr* oder *analytisch wahr*. Daß es überhaupt logisch wahre Aussagen geben kann, ergibt sich in unserer Darstellung aus der Möglichkeit, Aussagen verschiedenen Sinns, aber gleicher Bedeutung zu bilden. Dieser Möglichkeit werden wir später unter dem Titel »Reflexion« nachgehen. Analog gibt es *logisch falsche* bzw. *analytisch falsche* zeitliche Aussagen, z. B. $x \wedge \bar{x}$. Obwohl diese beiden Arten von Aussagen formal wie andere zeitliche Aussagen gebildet sind, empfinden wir sie als »zeitlos«. Auch andere zeitliche Aussagen könnten sich faktisch als immer wahr bzw. immer falsch herausstellen; aber nur von den analytischen Aussagen (worunter wir hier analytisch wahre und analytisch falsche zusammenfassen wollen) weiß man das, wie man sagt, aus ihrer Form allein. Dem entspricht, daß ihre Bedeutung kein eigentlich zeitlicher Sachverhalt ist. Die Bedeutung einer analytisch wahren zeitlichen Aussage ist die Funktion 1, also ein formal-möglicher Sachverhalt, der bei jeder Sachlage vorliegt. Anschließend an Frege nennen wir ihn »das Wahre«. Analog nennen wir den formal-möglichen Sachverhalt 0, der bei keiner Sachlage vorliegt, »das Falsche«.

Für analytische Aussagen also sagen wir mit Frege, ihre Bedeutung sei das Wahre oder das Falsche. Freges Sprechweise ist an Hand des Problems einer Formulierung der logizistisch gedeuteten Mathematik gebildet. Alle Sätze einer solchen Mathematik müßten – bei sehr viel reicheren als den hier eingeführten logischen Ausdrucksmitteln – analytisch wahr sein. Es scheint also korrekt, für sie, im Einklang mit Frege, zwischen den Sinn und die Wahrheit nicht noch eine besondere Bedeutung einzuschieben. Andererseits sind unsere »zeitlichen Aussagen« im Sinne Freges überhaupt keine Aussagen, sondern unvollständig ausgedrückte Aussageformen oder eben Begriffe. Für diese hat Frege überhaupt nicht von Bedeutungen gesprochen. Hingegen spricht er von Sinn und Bedeutung für »vollständige«, nämlich auf ein festes Ereignis bezogene zeitliche Aussagen, etwa »Caesar eroberte Gallien«; analog: »am 15. 8. 1972 hat es in Prägraten geregnet«. Wir müssen hier sagen, die beiden Sätze bezeichneten verschiedene Sachverhalte, als verschieden gekennzeichnet durch logische Inäquivalenz: der eine könnte wahr sein, wenn der andere falsch wäre. Man sieht, daß man hier sofort auf das Problem des zeitlichen Sinns von Wahrheit kommt. Beide Sätze, wie sie stehen, beziehen sich auf die Vergangenheit, und die logische Inäquivalenz läßt sich nur kontrafaktisch ausdrücken. Dasselbe auf die Zukunft bezogen macht uns weniger Denkschwierigkeiten: »China wird Rußland erobern« und »am 19. 7. 1999 wird es in Prägraten regnen« erscheinen wirklich entkoppelt. Wir nehmen zu diesem Problem erst nach der Einführung der Zeitmodi in die Logik Stellung.

Vielleicht dient der Erläuterung des Problems die Diskussion eines Beispiels von Church. Er plädiert für die Gleichsetzung der Bedeutung eines Satzes mit seinem Wahrheitswert unter folgenden Prämissen:

Ein Satz ist ein Name seiner Bedeutung. Ersetzt man in einem zusammengesetzten Namen N einen seiner Teile A, der ein

Name ist, durch einen anderen Namen B, so wird der Sinn von
N derselbe bleiben, wenn B denselben Sinn hat wie A, und es
wird die Bedeutung von N dieselbe bleiben, wenn B dieselbe
Bedeutung hat wie A. Nun betrachten wir eine Folge von Erset-
zungen und behaupten, daß sie die Bedeutung des Satzes nicht
ändern:

1. Sir Walter Scott ist der Autor von Waverley.
2. Sir Walter Scott schrieb die 29 Waverley-Romane.
3. 29 ist die Anzahl der Waverley-Romane, die Sir Walter
   Scott schrieb.
4. 29 ist die Anzahl der Grafschaften des Staats Utah.
5. Utah hat 29 Grafschaften.

1. und 5. haben aber nur den Wahrheitswert gemeinsam. Also ist
dieser die Bedeutung des Satzes. Im einzelnen: In 1. und 2. hat
das Prädikat dieselbe Bedeutung. Aus 2. geht 3. durch eine for-
mal-logische Umformung hervor. In 3. und 4. ist der Sinn des
Prädikats manifest verschieden, aber die Bedeutung dieselbe,
nämlich eben die Zahl 29. Aus 4. geht 5. wieder formal-logisch
hervor. Wir müssen antworten: Schon die Prädikate in 1. und 2.
sind nicht analytisch gleichbedeutend, sondern nur faktisch.
Hätte Scott 28 oder 30 Romane geschrieben, so hätte man ihn
noch immer den Autor von Waverley genannt. Ebenso bliebe
Utah dieser, von den Mormonen gegründete Staat, wenn man
eine seiner Grafschaften in zwei aufspalten würde; die Gleich-
bedeutung der Prädikate in 3. und 4. ist nicht analytisch. Selbst
Eigennamen wie »Waverley« und »Utah« sind eben nicht Namen eines als unabänderlich verstandenen Faktenkomplexes,
sondern sind Begriffe, die sich im Gebrauch bei Änderung einiger Fakten noch nicht nennenswert ändern.

3. Das Problem der logischen Einsicht

Inwiefern ist das kleine Probestück von Logik, das wir soeben
betrachtet haben, Mathematik der Wahrheit? Für die betrachteten Aussagen, also zunächst die x_i, haben wir vorausgesetzt,
daß sie wahr oder falsch sein können. Beim Aufbau des Verbandes haben wir hiervon nur den Gebrauch gemacht, daß sie
Größen sind, die zweier Werte fähig sind, und wir haben Funk-

tionen von ihnen gebildet, welche denselben Wertebereich haben. Bei der Feststellung der Struktur der Gesamtheit dieser Funktionen haben wir mathematische Einsichten unbedenklich verwendet, beginnend mit der kombinatorischen Abzählung der Anzahl der X_k und der Y_l. Die logischen Voraussetzungen, welche nötig wären, um diese mathematischen Einsichten herzuleiten, haben wir nicht überprüft. In der Deutung des Verbandes haben wir dann von einem an dieser Stelle nicht weiter befragten Verständnis von Wahrheit, nämlich einer simplen Adäquationstheorie Gebrauch gemacht. Die Theorie des Schließens, mit Hilfe des modus ponens und der »materialen Implikation«, verwendet ähnlich ein Vorverständnis von Wahrheit.

Der klassische Logizismus, am durchdachtesten bei Frege, versucht einen konsequenten Aufbau von Logik und Mathematik von evidenten Voraussetzungen aus. Er würde also beanspruchen, die bei der Beschreibung der Struktur der Begriffsschrift und der mit Hilfe der Begriffsschrift niedergeschriebenen Sachverhalte verwendeten mathematischen Einsichten selbst an einer angemessenen Stelle des Aufbaus herzuleiten. Dabei werden diese Einsichten nicht als Voraussetzungen im Aufbau selbst formuliert, so daß also im Aufbau kein Schließen im Zirkel geschieht. Nur wer den Aufbau selbst von außen betrachtet und in der Alltagssprache über ihn redet, kann feststellen, daß der Aufbau nicht gelungen wäre, wenn die betreffenden mathematischen Sachverhalte nicht bestünden.

Bei diesem Aufbau ist es nötig, Aussagen über Aussagen einzuführen, d. h. Klassen von Klassen oder Begriffe, unter welche Begriffe als ihre Gegenstände fallen. Das ist ein unbegrenzter Prozeß. Am deutlichsten wird dies an der Einführung der endlichen Kardinalzahlen. Nach Russell ist eine Kardinalzahl einer Klasse die Klasse der ihr äquivalenten Klassen. Daß die Kardinalzahlen eine Folge bilden, also mit den uns schon vor diesem Aufbau vertrauten natürlichen Zahlen gezählt werden können, zeigt die auf Frege zurückgehende Konstruktion eines Repräsentanten jeder Kardinalzahl n, d. h. einer speziellen Klasse, welche, populär gesprochen, gerade n Elemente hat. Man beginnt mit der Klasse der wahren Aussagen der Form $a \wedge \bar{a}$. Solche Aussagen gibt es nicht, die Klasse hat kein Element; sie heiße die Nullklasse. Man bildet dann die Klasse, die als Elemente die in dem Aufbau schon gebildeten Klassen hat, also hier die Klasse, deren einziges Element die Nullklasse ist. Sie heiße die Einsklasse. So fährt man fort. Die Klasse der Kardinalzahl n ist eine Klasse von n-ter Ordnung (Klasse von Klassen von ... (n-mal)... Klassen).

Das naive Vertrauen auf die Evidenz der bei diesem Aufbau angenommenen Eigenschaften von Aussagen, Klassen etc. ist an den Paradoxien gescheitert. Die konstruktivistische Mathematik und Logik verlangt zu einer mathematischen oder logischen Aussage die Auskunft darüber, wie eine Bestätigung ihrer Wahrheit aussehen könnte. Wir wollen diese Frage für alle Arten von Aussagen, beginnend mit den einfachen zeitlichen Aussagen, stellen.

Zeitliche Aussagen werden im täglichen Leben *schlicht* ausgesprochen. Es kommt einer ins Zimmer und sagt: »Es regnet«. Jede schlichte Aussage kann angezweifelt werden. Vielleicht erliegt sie dem Zweifel und erweist sich als falsch, vielleicht wird sie bestätigt. Eine Aussage, welche eine Bestätigung oder Falsifikation einer schlichten Aussage ausspricht, nennen wir *reflektierend*: »Es ist wahr, daß es regnet«, vielleicht mit der zusätzlichen begründenden Aussage: »Ich sehe es durchs Fenster«. Die so bestätigte oder verworfene Aussage heiße jetzt *reflektiert*. Wer sie jetzt nochmals ausspricht, spricht sie eben nicht mehr schlicht aus. Er denkt nicht mehr, an die Sache verloren: »es regnet«; er denkt zugleich mit: »es ist wahr, daß es regnet«. Jede reflektierende Aussage ist ihrerseits zunächst schlicht und kann nochmal bezweifelt werden. Jede reflektierende Aussage setzt vielfach die *schlichte Erkenntnis*, d. h. Erkenntnis, die in schlichten Aussagen ausgesprochen werden könnte, stillschweigend, meist selbst ohne volles Bewußtsein derselben, voraus. Jede Aussage kann angezweifelt werden, aber nicht alle zugleich; selbst der Zweifel bedarf der Artikulation, die unverständlich bliebe, wenn nichts schlicht behauptet werden könnte.

Die binäre Logik macht die Voraussetzung, daß die Aussage »a ist wahr« logisch äquivalent ist mit a, und »a ist falsch« mit $\bar{a}$. a und »a ist wahr« haben also für diese Logik dieselbe Bedeutung. Frege ist der Meinung, sie hätten sogar denselben Sinn (vgl. *Über Sinn und Bedeutung*, S. 34). Dieser Ansicht brauchen wir nicht zu folgen, wenn wir eine Logik der Reflexion entwerfen. Wir haben aber zunächst zu prüfen, wie es mit analytischen Aussagen steht.

Daß eine Aussageform analytisch wahr, also äquivalent dem »Wahren« sei, läßt sich empirisch überhaupt nicht prüfen. Man kann sich erinnern, noch nie erlebt zu haben, daß es zugleich regnete und nicht regnete. Aber erstens beweist dies nicht, daß es in Zukunft nicht doch einmal geschehen wird. Zweitens sind zeitliche Aussagen meist so unscharf, daß der Satz vom Widerspruch benützt wird, sie zu normieren. Es gibt sehr wohl Witterungen, die man gut durch den Satz beschreiben könnte: »es regnet und regnet doch nicht«, aber um den Satz vom Widerspruch nicht zu verletzen, erklärt man dies als eine uneigentliche Ausdrucksweise. Man bleibt zur Rechtfertigung logischer und mathematischer Einsichten auf eine Evidenz oder Intuition angewiesen (zwei lateinische Worte, welche Sehen, Einsicht bedeuten). Es erscheint völlig legitim, ja nötig, in einer Gesamtwissenschaft, die semantische Konsistenz anstrebt, zu fragen, was der psychische oder kybernetische Prozeß eigentlich sei, der Intuition und Evidenz erzeugt. In der gegenwärtigen Phase unserer Überlegung können wir das nicht leisten. Wir können nur an der logischen und mathematischen Intuition dieselbe Unterscheidung von Schlichtheit und Reflexion wie an den zeitlichen Aussagen nachweisen. Jede logische bzw. mathematische Aussage kann innerhalb der Wissenschaft der Logik bzw. Mathematik bezweifelt werden, wenn dafür ein in der betreffenden Wissenschaft plausibler Zweifelsgrund vorgebracht wird. Daß ein Satz bisher nicht einleuchtend bezweifelt worden ist, ist ein geschichtliches Faktum, nicht mehr. Man kann Sätze aber gegen Zweifel verteidigen und so zu »reflektierten« Sätzen machen. Die Vorstellung der binären Logik ist, daß jeder Satz als reflektiert oder doch reflektierbar zu behandeln sei. Die Beweisbarkeitsforderung einer konstruktiven Mathematik gibt eine Methode der Reflexion an. Gewisse Verfahren und Sätze, etwa die »finiten«, werden als bisher nicht sinnvoll bezweifelt ausgezeichnet. Andere Sätze sind reflektiert, wenn sie mit Hilfe der ausgezeichneten bewiesen (oder widerlegt) sind; sie sind sinnvoll, wenn sie reflektierbar sind, wenn also z. B. ein Beweis-

oder Widerlegungsverfahren denkbar ist, auch wenn soeben keines behauptet ist.

Besondere Beachtung verdient die Ansicht Brouwers, die von der durch Heyting eingeführten Vorstellung einer intuitionistischen Logik im Ansatz verschieden ist. Nach Brouwer gibt es überhaupt keine logische Evidenz, sondern im Bereich der Logik nur sprachliche Plausibilitäten. Die einzige intuitive Gewißheit hat die Zahlenreihe, und zwar weil sie die präzise Fassung des fundamentalen zeitlichen Schritts der Selbstunterscheidung des Bewußtseins ist. Diese Lehre hat plausiblerweise unter Logikern wenig Anklang gefunden. Hier sei zunächst nur ihre argumentative Struktur erläutert. Brouwer beansprucht Evidenz nur für die mathematischen Prozesse, die mit dem Zählen zusammenhängen, also Arithmetik der natürlichen Zahlen, Bildung von »Wahlfolgen« usw. Er beansprucht für seine Erklärung dieser Evidenz durch die zeitliche Selbstunterscheidung keine Evidenz für jedermann, sondern eine den meisten Menschen nicht erkennbare Wahrheit. D. h. die Evidenz dieser Wahrheit kann man nicht in der sozialen Gruppe der Wissenschaftler beanspruchen, man kann sie freilich selbst erfahren. Diese Behauptung setzt voraus, daß es Wahrheiten gibt, die nicht im Dialog durchgefochten werden können (die jedoch Bedingungen der Möglichkeit von Dialogen sind). Diese Voraussetzung beansprucht selber nicht, im Dialog durchgesetzt zu werden; sie dürfte aber auch im Dialog nicht widerlegbar sein. Von meinem Standpunkt aus wäre zu vermuten, daß es eine geschichtliche Frage ist, welche Wahrheiten jeweils im Dialog durchsetzbar sind.

4. Operativer Aufbau der Logik

Völlig anders als Brouwer versucht Lorenzen die Logik zu begründen, und zwar durch seine Begriffe der Definitheit als eine Mathematik der Beweisbarkeit, Widerlegbarkeit, Dialogfähigkeit, also, im hier eingeführten Sprachgebrauch, der Reflexion. Hier seien nur ein paar Punkte aus diesem Aufbau als Beispiele erwähnt.*

---

* Ich verdanke sie z. T. der Anregung durch ein Gespräch mit M. v. Borsig, muß aber die Verantwortung für die Formulierung allein tragen.

Ein Kalkül K sei gegeben, A sei eine Formel, und es bedeute $\vdash_K A$: »A ist in K ableitbar«, $\nvdash_K A$: »A ist in K unableitbar«. $\vdash_K A$ ist *beweisdefinit*, d. h. man wüßte, wie ein Beweis für $\vdash_K A$ im Kalkül aussehen müßte: er müßte in einer vorgelegten Ableitung von A nach den Regeln K bestehen. Die erste Vorlage dieser Ableitung kann man einen schlichten Beweis von $\vdash_K A$ nennen. Man kann auch sagen, die Behauptung, ein »Ableitungsversuch« $\Pi_K(A)$, d. h. eine vorgelegte Reihe von Formeln gemäß K, die mit A endet, sei wirklich eine Ableitung, sei selbst *entscheidungsdefinit*; wer den Kalkül verstanden hat, weiß, wie er es machen muß, sie in endlich vielen Schritten zu prüfen.[*] Diese Überprüfung würden wir eine Reflexion nennen. Im übrigen ist die Behauptung »Hier habe ich A in K abgeleitet« nicht gleichbedeutend mit »A ist in K ableitbar«, sondern eben ein Beweis bzw. Beweisversuch dafür, d. h. ersteres ist ein Satz, der letzteren impliziert. $\vdash_K A$ ist ein Modalsatz; er spricht eine Möglichkeit aus. $\Pi_K(A)$ ist ein faktischer Satz, eine zeitliche Aussage, die ein Faktum aussagt. Der Modalsatz ist allgemein verstanden. Die Möglichkeit soll jederzeit bestehen. Der Satz sagt, genauer gesprochen, eine *bedingte Möglichkeit* aus: »*Wenn K* benutzt wird, kann man A herleiten«. Diese Möglichkeit wird bewiesen durch *eine* Verwirklichung.

$\vdash_K A$ ist jedoch im allgemeinen nicht entscheidungsdefinit. Es gibt kein Verfahren, das garantiert, in endlich vielen Schritten entweder zu einer Ableitung zu kommen oder zur Einsicht, daß keine Ableitung existiert. Gleichwohl kann eine Einsicht, daß A in K unableitbar ist, in vielen Fällen gewonnen werden durch »mathematische Intuition«. Wir betrachten ein ganz einfaches Beispiel. Der Kalkül K verwende die Zeichen + und o und baue aus ihnen nach Regeln Formeln auf (z. B.: Regel 1 : o ist eine Formel, Regel 2: Ist a eine Formel, so auch a +). In K ist die Formel A unableitbar, die aus einem senkrechten Strich | besteht, weil dieser Strich weder selbst ein Kreuz + oder ein Kreis o noch aus solchen zusammensetzbar ist. Diese Begründung verwendet die Möglichkeit, Figuren *wiederzuerkennen*, spezieller,

---

[*] Vgl. Kuno Lorenz, *Dialogspiele als semantische Grundlage von Logikkalkülen*, Archiv für mathematische Logik und Grundlagenforschung II, 32–55, 73–100 (1968).

zwei Figuren zu *identifizieren* und zu *unterscheiden*. *Identität* und *Diversität* müssen angewandt werden können, wie übrigens schon bei der Nachprüfung eines Ableitungsversuchs, an dessen Ende »dieselbe« Formel A steht, deren Ableitbarkeit behauptet wird. Zu den Einsichten, die für Unableitbarkeitsbeweise nötig sind, gehören wesentlich auch solche, die man seit Poincaré oder Brouwer als »eigentlich mathematisch« ansieht, nämlich solche, welche das Prinzip der vollständigen Induktion benützen: $B(n)$ gilt für jedes n, wenn 1. $B(0)$, und 2. aus $B(n)$ gefolgert werden kann $B(n + 1)$. Diese Formulierung bedient sich schon des Zahlbegriffs. Methodisch kann man einen Kalkül zur Herstellung der Zahlzeichen definieren, mit deren Hilfe man dann die intuitiven Einsichten, die im Verfahren der Induktion benützt werden, explizit aussprechen kann.

Die letzten Sätze geben ein Beispiel eines allgemeinen Sachverhalts. Man *benützt* beim »schematischen Operieren« gewisse intuitive Einsichten. Diese kann man unter Umständen *aussprechen*. Das Aussprechen kann dann unter Umständen so reguliert werden, daß wahre Sätze des betreffenden Bereichs selbst aus anderen wahren Sätzen durch schematisches Operieren *abgeleitet* werden können. D. h. man schafft einen *gedeuteten Kalkül*, dessen Formeln wahre Sätze und dessen Regeln richtige Begründungsregeln ausdrücken. Dann kann man wieder mit mathematischer Intuition über die in diesem gedeuteten Kalkül ableitbaren Formeln Sätze beweisen. Auf diese Weise wird die Logik aufgebaut, und in diesem strengen Sinne erweist sie sich als Mathematik der Beweisbarkeit, also einer besonderen Spielart der Wahrheit.

Im besonderen wird die engste Variante der Logik, die Konsequenzlogik, als die Gesamtheit der in jedem Kalkül zulässigen Regeln gewonnen. Eine Regel R heißt in einem Kalkül K zulässig, genau wenn durch die Hinzufügung von R zu K keine Formel ableitbar wird, die es ohne R nicht wäre. Die Behauptung der Zulässigkeit »Für alle A: Wenn $\vdash_{K, R} A$, so $\vdash_K A$« ist als allgemeine Formel widerlegungsdefinit: Man kann nicht für jedes der unendlich vielen A zu einer Ableitung von A in K, R eine Ableitung von A in K allein vorlegen; aber man könnte ein Gegenbeispiel finden, eine Formel A, die in K, R ableitbar ist, in K allein nicht. Das Gegenbeispiel enthält aber selbst wiederum eine nur widerlegungsdefinite Aussage, nämlich $\nvdash_K A$. Die Einsicht in die Zulässigkeit einer Regel läßt sich durch mathematische Intuition in vielen Fällen gewinnen, und die Reflexion auf diese Einsicht kann dann zur Niederschrift der Einsicht in einer neuen Regel über die Zulässigkeit von Regeln führen. Lorenzen gewinnt nun die Konsequenzlogik durch eine Reflexion auf die Regel einer unendlichen Kette von Reflexionsschritten. Sei K ein beliebiger Kalkül, so wird durch Reflexion auf das Verfahren in K ein Metakalkül MK eingeführt, der gestattet, alle in K zulässigen Regeln herzuleiten, dann ein Meta-Meta-Kalkül M^2K, der alle in MK zulässigen Regeln herzuleiten erlaubt, usw. Nun findet man in der Kette der Metakalküle gewisse Regeln, die – obgleich stets mit anderen Zeichen geschrieben, da die Mitteilungszeichen eines Kalküls nicht Mitteilungszeichen seines Metakalküls sein dürfen – doch in erkennbarer Weise (Strukturintuition!) dieselbe Struktur haben. Diese Struktur stellt man durch Zeichen dar, die in keinem der Metakalküle vorkommen und schafft so einen Kalkül, der das Gemeinsame der in allen Metakalkülen vorkommenden Regeln darstellt. Er ist der Logikkalkül, die Darstellung der Konsequenzlogik.

Die Einsicht, daß eine Regel $A \Rightarrow B$ in einem Kalkül zulässig ist, beruht selbst auf einer Reflexion, nämlich einem Rückgriff. Will man prüfen, ob $A \Rightarrow B$ in K zulässig ist, so muß man ein Verfahren in K suchen, wann immer eine Formel der durch A bezeichneten Gestalt vorliegt, mit den Mitteln von K eine Formel der durch B bezeichneten Gestalt herzustellen. Dieses Verfahren kann man dann überall für eine Anwendung der Regel $A \Rightarrow B$ einsetzen. Z.B. ist $A \Rightarrow C$ stets dann zulässig, wenn $A \Rightarrow B$ und $B \Rightarrow C$ zulässig sind (Transitivität der Implikation, modus *Barbara*), denn eine Ableitung gemäß $A \Rightarrow C$ kann stets durch zwei sukzessive Ableitungen gemäß $A \Rightarrow B$ und $B \Rightarrow C$ ersetzt werden. Analog hat im dialogischen Aufbau der Logik der Proponent eine Gewinnstrategie, wenn er stets auf schon gegebene Beweise des Opponenten zurückgreifen kann.

Die Metakalküle sind methodisch dasselbe, was im Aufbau der Analysis die *Sprachschichten* sind. In beiden Fällen werden inhaltliche mathematische Einsichten kalkülisiert und über ihre Struktur neue Einsichten gewonnen. Weyl nannte diese Reflexion auf Strukturen, welche als die Bildung von Begriffen über die Struktur von Begriffen gelten kann, den *mathematischen Prozeß*. Daß er im einen Fall zur asketischen Knappheit der Konsequenzlogik, im andern Fall zum Reichtum der Analysis führt, liegt nur an der Verschiedenheit der Fragestellung. Einmal sucht man die in jedem Fall gültigen, schlechthin allgemeinen Regeln. Man sucht in der Logik die Struktur von Wahrheit überhaupt, speziell in der Konsequenzlogik die Struktur von Ableitung überhaupt, die Regeln alles Schließens. Diese erweisen sich als einfach. Das andere Mal sucht man die Fülle aller Aussagen, welche durch Reflexion auf gewisse Aussagen gefunden werden können. Dieselbe Gegenüberstellung werden wir in der Quantentheorie finden. Die mehrfache Quantelung ist eine genau analoge Folge von Reflexionsschritten. Sie begründet einerseits wie in der klassischen Wahrscheinlichkeitstheorie (unseres Aufbaus) die knappen allgemeinen Regeln der quantentheoretischen Wahrscheinlichkeitsrechnung, andererseits die gesamte Quantenfeldtheorie.

5. *Faktizität und Reflexion*

Können wir nun eine Theorie der Reflexion aufstellen, die allgemein zu sagen gestattet, was wir in den bisher als Reflexion charakterisierten Beispielen getan haben?

Reflexion ist ein Vorgang in der Zeit. Man reflektiert auf etwas schon Getanes oder auf die Regeln, nach denen es wieder getan oder mehr getan werden könnte. Man reflektiert auf Fakten und Möglichkeiten, d. h., gemäß dem Ansatz zeitlicher Logik verstanden, auf Vergangenheit und Zukunft. Wir wenden uns hier zunächst der Faktizität und damit der Vergangenheit zu.

Vergangenes ist faktisch, d. h. unabänderlich. Dies ist gerade deshalb so, weil es nicht gegenwärtig ist. Vergangenes ist nur »als Geschehenes« gegenwärtig, in der Erinnerung, in der Hypothese, im Dokument. Die Behauptung »*A* ist geschehen, aber jetzt ist es ungeschehen gemacht« wird als selbstwidersprechend empfunden. Ist es ungeschehen gemacht, so ist es jetzt ungeschehen, das heißt, es ist nicht geschehen. Man kann nur sagen: »die und die Folgen von *A* sind nicht mehr gegenwärtig«. Ein vergangenes Ereignis, von dem *prinzipiell* (nicht bloß faktisch) keine Folgen mehr auffindbar sein können, ist »für uns nichts«; es wird in unserer Wissenschaft nicht in verteidigbaren Sätzen vorkommen.

Deshalb behandeln wir perfektische Aussagen meist als *entscheidungsdefinit*. Das folgt zwar aus Obigem nicht streng. Eigentlich sind sie nur zugleich beweisdefinit und widerlegungsdefinit. Wir wissen, wie ein Beweis und wie eine Widerlegung des Satzes, Napoleon sei in Wahrheit 1767 (und nicht, wie er angab, 1769) geboren, aussehen müßte, damit ein gewissenhafter Historiker überzeugt würde. Aber wir haben kein Verfahren, die Entscheidung herbeizuführen. Denkt man die Vergangenheit als unendlich, so impliziert man, daß eine unbegrenzte Zukunft nötig wäre, um die Vergangenheit ganz zu kennen, selbst wenn man daran festhält, daß das Vergangene stets in seinen Wirkungen gegenwärtig ist. Wir setzen also die Entscheidungsdefinitheit perfektischer Aussagen als *Hypothese* an. Man könnte auch von der klassischen Stilisierung perfektischer Aussagen sprechen. Unter dieser Voraussetzung ist dann die binäre Aussagenlogik von Abschnitt 3 auf perfektische Aussagen anwendbar.

Die Frage, ob ein bestimmtes Ereignis (z. B. die Geburt Napoleons 1767) stattgefunden hat, bedeutet notwendigerweise die Frage, ob ein bestimmtes formal-mögliches Ereignis, also ein begrifflich charakterisiertes Ereignis stattgefunden hat. Auf ein vergangenes Ereignis kann man nicht zeigen, man muß es begrifflich charakterisieren. Aber selbst über ein gegenwärtiges Ereignis kann man nicht, indem man auf es zeigt, fragen: »Findet dieses Ereignis statt oder nicht?« Wir können hier die Erörterung über den Gebrauch der Begriffe Sinn und Bedeutung vom Ende des Abschnitts 3 noch einmal aufnehmen. Es bieten sich drei Sprechweisen an, zwischen denen wir wählen können, wenn wir die ihnen gemeinsame Struktur verstanden haben.

1. Wie in Abschnitt 2 heiße bei einer zeitlichen Aussage Y_l ihr Aufbau aus Aussagefunktionen ihr Sinn und ihre Charakterisierung als Wahrheitsfunktion gewisser Grundaussagen x_i ihre Bedeutung. Wenden wir sie auf eine bestimmte vergangene Situation an, die durch den Buchstaben t bezeichnet sei, so ist $Y_l(t)$ kontingent wahr oder falsch, d. h. das Ereignis $Y_l(t)$ hat stattgefunden oder nicht. Wir nennen »wahr« bzw. »falsch« den (kon-

tingenten) Wahrheitswert von $Y_l(t)$. D. h. eine perfektische Aussage hat dreierlei: einen Sinn, eine Bedeutung und einen Wahrheitswert. Wir werden sagen, dieselbe formal-mögliche Aussage für verschiedene vergangene Situationen t_1 und t_2 ergebe zwei perfektische Aussagen $Y_l(t_1)$ und $Y_l(t_2)$ mit verschiedenem Sinn und verschiedener Bedeutung. Man kann nämlich eine je begriffliche Charakterisierung der beiden Situationen t_1 und t_2 wählen (anders lassen sie sich ja gar nicht unterscheiden), und $Y_l(t_1)$ auffassen als $Y_l \wedge t_1$: »Y_l geschah und die Uhr zeigte t_1«, »Napoleon wurde geboren und der Kalender zeigte 1767«.

2. Wenn $Y_l(t_1)$ wahr ist, nennt man den Sachverhalt $Y_l(t_1)$ die Bedeutung der Aussage $Y_l(t_1)$. Wenn $Y_l(t_1)$ falsch ist, nennt man die Aussage $Y_l(t_1)$ zwar sinnvoll, aber bedeutungslos. Der formal-mögliche Sachverhalt heißt dann die formal-mögliche Bedeutung von $Y_l(t_1)$. Y_l ist eine Klasse von Ereignissen, $Y_l(t_1)$ ist eine Klasse, unter die, wenn präzise genug unterschieden wird, nur entweder ein Ereignis fallen kann oder keines (eine Klasse, die nur unär oder leer sein kann). Ist nun die Aussage $Y_l(t_1)$ wahr, die Klasse also unär, so nennen wir das Ereignis $Y_l(t_1)$ die Bedeutung dieser Aussage bzw. des diese Klasse kennzeichnenden Begriffs, und diesen unären Begriff einen Namen des Ereignisses. Eine perfektische Aussage $Y_l(t_1)$ kann dann vielerlei haben: einen Sinn, eine formal-mögliche Bedeutung, eine reale Bedeutung, einen Wahrheitswert; eine reale Bedeutung aber hat sie dann und nur dann, wenn ihr Wahrheitswert »wahr« ist. Für einen allgemeinen Begriff Y_l kann man das, was wir in Abschnitt 2 seine Bedeutung genannt haben, auch seine formale (eidetische) Bedeutung nennen; sein Umfang wäre dann seine reale Bedeutung. Der durch die immerwahre Aussagefunktion bezeichnete Begriff hat dann für jede Einsetzung t eine Bedeutung. Diese kann man für jedes t dieselbe nennen, eben das Wahre.

3. Man könnte den Sachverhalt – wenn er besteht – die Bedeutung nennen, die formal-mögliche Bedeutung den Sinn 1. Stufe, und das, was wir bisher Sinn genannt haben, den Sinn 2. Stufe. »Bedeutung« sollte ja den gemeinten logischen Gegenstand bezeichnen und »Sinn« die Weise seines Gegebenseins, die bei Aussagen stets begrifflich ist. Nun kann man denselben vergangenen Sachverhalt durch verschiedene Begriffssysteme, also

verschiedene Verbände Y_l bezeichnen, etwa »der künftige Kaiser Napoleon wurde geboren« oder »dem Carlo und der Letizia Bonaparte wurde der zweite Sohn geboren« etc. Die Wahrheitsfunktion $Y_l(t)$ ist also, gemessen am Sachverhalt, den $Y_l(t)$ bezeichnet, selbst ein Sinn. Dieser Sinn ist dann der Gegenstand einer Bezeichnung durch Aussagefunktionen; er ist für diese Bezeichnung die Bedeutung. Mit anderen Worten: »Sinn« und »Bedeutung« sind Relationsbegriffe. »Sinn« ist eine begrifflich (intensional) charakterisierte Klasse. »Bedeutung« ist ebendiese Klasse, extensional verstanden. Man kann sagen: »Sinn« ist ein Begriff, »Bedeutung« sind die unter ihn fallenden Gegenstände. Ist die Klasse unär, so ist die Bedeutung des Begriffs der unter ihn fallende Gegenstand. Die Unterscheidung zwischen einer unären Klasse und dem einen in ihr enthaltenen Gegenstand *ist* die Unterscheidung von »Sinn« und »Bedeutung«. Die Notwendigkeit dieser Unterscheidung sieht man am besten bei futurischen oder bei faktisch unterschiedenen perfektischen Aussagen. Der Begriff »mein Urenkel« ist definiert, unabhängig davon, daß ich heute nicht weiß, ob einmal kein, ein oder mehr Gegenstände unter ihn fallen werden. (Ob dies einmal von einem Urenkel von mir gelesen werden wird?) Da ein Begriff logischer Gegenstand sein kann, kann »Sinn« unter anderen Aspekten »Bedeutung« sein. So analysiert schon Frege die oblique Sprechweise in Nebensätzen (*Über Sinn und Bedeutung*). In »ich vermute, daß es gestern geregnet hat« ist der Gedanke (Sinn) »es hat gestern geregnet« die Bedeutung des Nebensatzes, nämlich der Gegenstand der Vermutung.

Wir wenden uns nun zur Reflexion, im einfachsten Fall der Rückfrage nach einem Faktum. »Gestern hat es hier geregnet«. Hat es hier wirklich gestern geregnet? Die Rückfrage wendet sich an die Gegenwärtigkeit des Faktums, an die Erinnerung oder ein Dokument. Erinnerung und Dokument sind selbst Sachverhalte, die sich von dem vergangenen Sachverhalt, den sie bekunden, unterscheiden. Die Erinnerung ist Erinnerung *an* das Ereignis; sie ist intentional. Nachher werde ich mich sowohl an das Ereignis wie an meine jetzige Erinnerung an das Ereignis erinnern können. Auch objektive Dokumente sind *als* Dokumente quasi-intentional. Dies hier ist ein schneckenartig gewundenes Stück Kalk. Man hat solche Stücke unter einen Begriff gebracht; man nennt sie Ammonshörner. Die Geologie weiß, daß sie Versteinerungen des Gehäuses eines Meertiers, des Ammoniten, sind. Dieses Stück Kalk wäre hier nicht, es existierte nicht, wenn nicht vor rund hundert Millionen Jahren ein bestimmtes Individuum, ein bestimmter Ammonit gelebt hätte, dessen versteinerte Schale dieses Stück Kalk ist. Wer das weiß, weiß etwas Objektives über diesen Kalk, und für eben den, der das weiß, ist das Stück Kalk ein Dokument eines vergangenen Sachverhalts.

Die Tatsache, daß die Vergangenheit nicht vergeht, daß sie faktisch ist, scheint demnach die objektive Welt und gewiß mein Gedächtnis anzufüllen mit einer ungeheuren Fülle rückbezüglicher Fakten. Husserl stellt dies für das Gedächtnis* (genauer: die Retention, das im Weitergeschehen gewußte soeben Geschehene) durch folgende Figur dar:

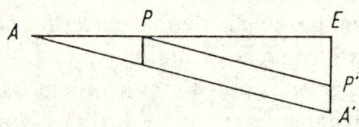

AE   Reihe der Jetztpunkte
AA′   Herabsinken
EA′   Phasenkontinuum (Jetztpunkt mit Vergangenheitshorizont)

Im jetzigen Augenblick E habe ich in der Retention alle vergangenen Phasen von A über P bis E *als* retinierte, gegenwärtige, von A′ über P′ bis zum Erleben der Gegenwart E selbst. Im vergangenen Zeitpunkt P hatte ich aber auch schon die Retentionen der Ereignisse von A bis P, die ich A_p ... nennen will. Die gegenwärtigen Retentionen dieser Retentionen aber müssen von den gegenwärtigen Retentionen der Ereignisse selbst unterschieden werden. Also repräsentiert P′ die ganze Linie des zur Zeit P retinierten mit. Ein Diagramm, das all dies darstellen würde, müßte nicht, wie bei Husserl, zweidimensional, sondern unendlichdimensional sein.

---

*   E. Husserl, *Zur Phänomenologie des inneren Zeitbewußtseins* (1893–1917), hrsg. v. R. Boehm, Haag 1966 (Husserliana X), S. 28.

Diese Überlegung stellt uns vor ein Problem. Einerseits basiert sie auf einer uns einleuchtenden, in vielen Beispielen phänomenal aufweisbaren Unterscheidung, eben der zwischen der Erinnerung an ein Ereignis und der Erinnerung an eine Erinnerung. Wenn vergangene Ereignisse Fakten sind und eine Erinnerung an ein Ereignis zu einer bestimmten späteren Zeit selbst ein Ereignis ist, so müssen alle Erinnerungen, Erinnerungen an Erinnerungen etc. selbst Fakten sein. Das Gedächtnis hat dann diesen wesentlich reflexiven Charakter. Faktizität der Vergangenheit und Reflexion sind dann im Grunde dasselbe. Husserl sagt: »Der Fluß des immanenten zeitkonstituierenden Bewußtseins *ist* nicht nur, sondern so merkwürdig und doch verständlich geartet ist er, daß in ihm notwendig eine Selbsterscheinung des Flusses bestehen und daher der Fluß selbst notwendig im Fließen erfaßbar sein muß. Die Selbsterscheinung des Flusses fordert nicht einen zweiten Fluß, sondern als Phänomen konstituiert er sich in sich selbst.« (l. c., S. 83) Randbemerkung zu Schindlers Kant-Interpretation: Die Selbsterscheinung ist Selbstunterscheidung, ihre Form ist die Zeit (der »Fluß«).

Andererseits aber scheint diese Beschreibung unser Bewußtsein mit einem kontinuierlich-dimensionalen Kontinuum von Erinnerungen oder Retentionen zu erfüllen, das wir weder introspektiv erleben noch kybernetisch im Gehirn unterzubringen wüßten. Selbst eine Zerstückelung des kontinuierlichen Bewußtseinsstromes in diskrete Schritte würde nach n Schritten 2^n Bewußtseinsinhalte produzieren. Wenn ein Schritt eine Zehntelsekunde dauert, würden das nach einer Minute $2^{600} = 10^{180}$ Inhalte für die armen 10^{10} Ganglienzellen.

Eine erste Antwort gibt der Blick auf objektive Dokumente. Dieses Ammonshorn auf meinem Schreibtisch ist Dokument vieler Ereignisse, z. B. des Lebens jenes Ammoniten, seines Eingebettetwerdens in eine kalkige Sedimentschicht, seiner chemischen Veränderung zur ›Versteinerung‹, des Bewahrtwerdens der Schicht durch 100 Millionen Jahre, des Freigespültwerdens genau seiner Schicht durch Erosion im 20. Jahrhundert unserer Zeitrechnung, meines Spaziergangs, auf dem ich ihn fand, meiner Liebe zu solchen sinnvollen Materiestücken, der guten Ordnung, die meine Frau im Haus gehalten hat, der Anstrengung meiner Freunde im Zweiten Weltkrieg um die Rettung unseres Hausrats… Er ist aber nur die *Möglichkeit* der Feststellung aller dieser Ereignisse. Derselbe aktuelle Sachverhalt ist der Möglichkeit nach Dokument sehr vieler vergangener Ereignisse. Die Faktizität der Vergangenheit ist eine Form der Potentialität. Man kann also formal-mögliche perfektische Aussagen nicht verstehen, wenn man sie nicht als futurisch-mögliche Aussagen über Vergangenes versteht. Wir stoßen hier auf den Wesenszusammenhang zwischen formaler und futurischer Möglichkeit, zwischen Eidos und Dynamis, zwischen Begriff und Können, der eben der Grund der Intensionalität der Begriffe ist. Dies müssen wir in der futurischen Logik verfolgen.

Für das Bewußtsein hat Husserl diesen Sachverhalt in einer Weise beschrieben, aus der ich hier wörtlich zitieren will: »Die Retention ist keine Modifikation, in der die impressionalen Daten reell erhalten blieben, nur eben in der abgewandelten Form*: sondern sie ist eine Intentionalität, und zwar eine Intentionalität eigener Art. Indem ein Urdatum, eine neue Phase auftaucht, geht die vorangehende nicht verloren, sondern wird ›im Griff behalten‹ (d. i. eben ›retiniert‹), und dank dieser Retention ist ein Zurückblicken auf das Abgelaufene möglich; die Retention selbst ist kein Zurückblicken, das die abgelaufene Phase zum Objekt macht: indem ich die abgelaufene Phase im Griff habe, durchlebe ich die gegenwärtige, nehme sie – dank der Retention – ›hinzu‹ und bin gerichtet auf das Kommende (in einer Protention). Aber weil ich sie im Griff habe, kann ich den Blick darauf lenken in einem neuen Akt, den wir – je nachdem das abgelaufene Erleben sich noch in neuen Urdaten forterzeugt, also eine Impression ist, oder bereits abgeschlossen als Ganzes ›in die Vergangenheit rückt‹ – eine Reflexion (immanente Wahrnehmung) oder Wiedererinnerung nennen. Diese Akte stehen zur Retention im Verhältnis der Erfüllung. Die Retention ist selbst kein ›Akt‹ (d. h. eine in einer Reihe von retentionalen Phasen konstituierte immanente Dauereinheit)… Der Retention verdanken wir es also, daß das Bewußtsein zum Objekt gemacht werden kann.« (l. c., S. 118–119)

---

* Das unterscheidet sie vom bloßen Dasein eines Dokuments und wird nachher für uns der Ausgangspunkt der wesentlich potentiellen Auffassung werden. (CFW)

Zur Identität. Man kann sagen, daß jedes Wiedererkennen, jede Identifikation, auch jede Unterscheidung voraussetzt, daß es Fakten gibt, d. h. daß ein vergangenes Ereignis präsent sein und mit einem gegenwärtigen Ereignis oder einem anderen Faktum verglichen werden kann. Die Realisierbarkeit von Identität beruht auf Faktizität.

6. Möglichkeit

Wir haben zunächst zwei »ontische« Auffassungen zur Möglichkeit auszuschließen.

Die eine ist ihre Leugnung, der Determinismus. Es geht nicht darum, ob er sich letzten Endes objektiv als wahr erweisen könnte, sondern darum, daß alle unsere Begriffsbildung Möglichkeit voraussetzt, also daß x_i wahr sein kann oder auch falsch etc. Wo wir explizit Determination einführen, reduzieren wir jeweils einen Begriff auf einen Gegenstand. Dies wäre breiter auszuführen.

Die andere ist der ontische Indeterminismus: Ein Objekt ist in einem Zustand. Es entwickelt sich weiter, aber es ist objektiv unbestimmt, wie. Dies ist als Hypothese ebensogut denkbar wie die Hypothese des Determinismus. Aber wir brauchen auch dies faktisch in der Wissenschaft nicht. Wir sprechen von dem, worüber wir sprechen können, also was wir wissen können. Möglichkeit ist für uns stets Möglichkeit eines Wissens. Ein »Ereignis« ist etwas grundsätzlich Wißbares. Daß die Ereignisse sich zu einem objektiven Geschehensverlauf zusammenordnen, der aus lauter Ereignissen besteht, die einander objektiv folgen, einerlei, ob sie gewußt werden oder nicht, und die dann die Alternative offenlassen, determiniert oder undeterminiert zu sein – ebendies ist die Hypothese der klassischen Ontologie (nicht der platonischen!), die wir nicht an die Spitze stellen dürfen und die, wie es scheint, mit der Quantentheorie unvereinbar ist.

Eine angebbare Möglichkeit ist stets eine doppelt bedingte Möglichkeit: Wenn in der Situation x gefragt wird, ob y, so kann sich y zeigen. Die im vorigen Abschnitt erörterte Möglichkeit der Faktizität ist ein Beispiel. Ein Faktum ist etwas, was erinnert oder dokumentiert werden kann. Die Retention ist nur die

Möglichkeit der Reflexion oder Wiedererinnerung. Das Ammonshorn ist nur die Möglichkeit des Nachweises der vergangenen Existenz eines Ammoniten. Wir waren bei der Retention
gezwungen, so zu reden, um einerseits die Faktizität der Vergangenheit anzuerkennen, andererseits eine unmögliche Multiplikation von Fakten über Fakten zu vermeiden. Wollen wir nur
von dem sprechen, was wir wissen können, so müssen wir
ebenso über die Möglichkeit zukünftiger Ereignisse reden.

Eine Möglichkeit ist aber nicht nur durch die Frage (oder objektive Bereitschaft eines Gegenstandes oder Organismus) bedingt, sondern eben auch durch eine vorliegende Situation,
etwa das Vorhandensein eines Objekts in einem Zustand. Diese
Situation ist ein präsentes Faktum. Die Menge der Möglichkeiten wächst, wenn die Menge der Fakten wächst. Dies gilt jedenfalls, wenn Fakten vollzogene Entscheidungen von Möglichkeiten bedeuten (also wenn nicht jedes Ereignis notwendig
ist). Also wächst die Menge der Möglichkeiten (G. Picht, *Die
Erfahrung der Geschichte*, Frankfurt/M. 1958, Kap. VI).

7. Deskriptive und reale Logik

Logik ist als Wissenschaft selbst eine Reflexion. Sie studiert,
wie man spricht, argumentiert, vielleicht sogar denkt, und sie
spricht aus, was sie dabei findet, sie argumentiert, beansprucht
unser Denken. Sie spricht über das Sprechen, argumentiert
über das Argumentieren, denkt über das Denken. Dieser ihr re-
flexiver Charakter wurde schon im Abschnitt 1 genannt.

Die traditionelle Logik, gipfelnd in Frege, ist eine geordnete
Deskription dessen, was sie bei dieser Reflexion vorfindet. Man
kann auch sagen, sie sei eine Erfahrungswissenschaft von den in
der Reflexion aufspürbaren allgemeinen Regeln alles Redens,
soweit es am Wahrheitsanspruch orientiert ist, wie z. B. das Argumentieren. Der Reflexionscharakter dieser Wissenschaft
macht, daß sie gegenüber anderen Wissenschaften a priori ist.
Ihr deskriptiver Charakter kennzeichnet sie als Empirie der Reflexion und insofern als a posteriori. Die Zeitbestimmungen
»prior« und »posterior« bezeichnen das, was erst die Reflexion
enthüllt: die Regeln, welche die Logik entdeckt, erweisen sich
nachträglich als solche, die schon immer, also schon vor der

Auffindung spezieller empirischer Sachgesetzmäßigkeiten konkreter Gegenstandsbereiche, gegolten haben. Sie werden aber entdeckt erst, nachdem sie angewandt wurden, so wie alle Fakten, welche Erfahrung entdeckt, und wie alle empirisch gefundenen Gesetzmäßigkeiten sind sie durch weiteres Nachdenken kritisierbar.

Diese weitere Kritik ist also eine Reflexion auf die Wahrheit der deskriptiven Logik. Wie Reflexion meist, wird sie ausgelöst durch spezielle Zweifelsmotive, hier die logischen Paradoxien. Die Lösungsversuche wie Typentheorie, Intuitionismus, Metamathematik, operative und dialogische Logik können aufgefaßt werden als Versuche, eine bessere Deskription derjenigen Regeln zu geben, die angesichts des Wahrheitsanspruchs gerechtfertigt werden können. Eine Form der Reflexion ist die explizite Aufstellung von Wahrheitstheorien (z. B. Tarski). Man sucht hier wahre Aussagen darüber zu machen, was Wahrheit sei. Lorenzen glaubt eine explizite Wahrheitstheorie entbehren zu können, indem er unmittelbar überzeugende Regeln vorlegt. Die Vieldeutigkeit seiner Resultate (Kuno Lorenz) zeigt die Problematik dieses Anspruchs; er läßt sich allenfalls nach inhaltlicher Angabe eines Gegenstandsbereichs, also eben nicht streng a priori, aufrechterhalten.

Mein Programm einer zeitlichen Logik strebt danach, alle diese Ansätze von einer Deskription der Regeln für zeitliche Aussagen her zu beurteilen. Ihre Zentralbegriffe sind Faktum und Möglichkeit. Die gegenseitige Abhängigkeit dieser beiden Begriffe wurde in den Abschnitten 5 und 6 angedeutet. Daß man sinnvoll von einem Faktum oder einer Möglichkeit sprechen kann, hängt an realen Bedingungen. Eine Logik, welche diese Bedingungen einbezieht, wenn sie die Wahrheitsfähigkeit ihrer beanspruchten Gesetze prüft, soll reale Logik heißen. Sie führt notwendigerweise in die Physik. Wenn diese Bedingungen relevant sind, so trifft es zu, daß eine semantisch konsistente Logik erst in der einen Wissenschaft vollendet werden kann, die zugleich die Physik ist.

Die Quantentheorie benützt einerseits bei ihrem Aufbau *de facto* eine zeitliche Logik. Die Reflexion hierauf führt zunächst zu einer deskriptiven Quantenlogik und einer mit ihr essentiell verbundenen Quantentheorie der Wahrscheinlichkeit. Der axiomatische Aufbau von Drieschner sucht soviel wie möglich hiervon schon als notwendige Konsequenz einer deskriptiven zeitlichen Logik vorwegzunehmen und hieraus die Quantentheorie erst zu begründen. Andererseits formuliert die Quantentheorie selbst reale Voraussetzungen und damit auch Grenzen der Möglichkeit einer zeitlichen Logik in Gestalt der Forderung einer klassischen Beschreibbarkeit der Ereignisse. Fakten sind geschehen; Möglichkeiten sind mögliche Ereignisse; Ereignis ist der in der (nach meiner Auffassung) am tiefsten liegenden bisherigen Logik, eben der zeitlichen, verwendete Grundbegriff. Die Weise, wie die Quantentheorie ebendiesen Begriff begrenzt, habe ich in »Classical and Quantum Descriptions« (Triest 1972), 4–5, besprochen.* Es ist also möglich, mit Hilfe der zeitlichen Logik eine Physik zu formulieren, welche gewisse fundamentale Grenzen der zeitlichen Logik beschreibt. Dies deutet auf einen essentiell reflexiven Charakter einer adäquat aufgebauten Quantentheorie. Sie muß Reflexion als einen Grundzug der physikalischen (nicht nur wie bei Husserl der von Menschen erlebten) Zeit beschreiben. Hier ist die Wachstumsspitze meiner gegenwärtigen Überlegungen.

---

* In: I. Mehra (ed.), *The Physicist's Conception of Nature*, Dordrecht 1973.

Siebentes Kapitel
Physiker und Physik

A. Physiker

1. Niels Bohr*

1985 feiern die Physiker Niels Bohrs hundertsten Geburtstag. Diesem Gedenken soll auch der heutige Vortrag dienen.

Soll man genau einen Physiker dieser hundert Jahre nennen, so ist es Einstein.** Er war, so darf man sagen, der Genius des Jahrhunderts, von elementarer schöpferischer Kraft. Die Relativitätstheorie ist sein Werk, die Quantentheorie ist durch ihn auf den Weg gekommen. Alle Jüngeren stehen im Bann seiner Einsichten. Soll man einen zweiten nennen, so ist es Bohr. Er war der fragende Meister der Atomtheorie. Er drang in Bereiche vor, denen Einstein sich verschloß. Die Vollendung der Quantentheorie ist das Werk seiner Schule.

Die beiden Männer waren Freunde. Einsteins Sekretärin Helene Dukas sagte: »Sie haben sich heiß und innig geliebt.«*** Als alter Mann schrieb Einstein über Bohrs frühe Arbeiten zur Quantentheorie des Atombaus: »Das ist höchste Musikalität auf dem Gebiete des Gedankens.«**** Aber in der Deutung der Quantentheorie trennten sich ihre Wege. Man wird sagen müssen, daß Bohr das lebenslange Streitgespräch der Freunde gewonnen hat.

---

* Plenarvortrag, gehalten auf der 49. Physikertagung in München, 1985.

** Dazu: »Einstein«, in: *Wahrnehmung der Neuzeit* (1983), S. 121–133.

*** A. Pais, *Subtle is the Lord. The Science and the Life of Albert Einstein*, Oxford 1982, S. 416.

**** A. Einstein, *Autobiographisches*, in: P. A. Schilpp (Hrsg.), *Albert Einstein: Philosopher – Scientist*. The Library of Living Philosophers, Vol. VII, Evanston, Ill., 1949, S. 46.

I. Bohr als Person

Lebenslauf

Niels Henrik David Bohr wurde am 7. Oktober 1885 in Kopenhagen geboren. Sein Vater Christian Bohr, Sohn eines Gymnasialdirektors auf der Insel Bornholm, war selbst Professor der Physiologie an der Universität Kopenhagen, Angehöriger eines geistig regsamen wissenschaftlichen Freundeskreises. Die Mutter, Ellen Adler, war die Tochter eines erfolgreichen Bankiers jüdischer Abstammung, eines Mannes von politischem Interesse und großer planvoller Wohltätigkeit. Niels Bohrs jüngerer Bruder Harald wurde ein angesehener Mathematiker. Margarethe Nørlund, mit der sich Bohr am 1. August 1912 verheiratete und die bis zu diesem Winter, verehrt und geliebt, im Kreise ihrer Familie lebte, entstammte ebenfalls der Welt der Kopenhagener Akademiker.

Niels Bohr studierte Physik an der Kopenhagener Universität. Während des Studiums las er die damals neueste theoretische Physik, so die Arbeiten von Planck und Einstein. Das Gespräch mit seines Vaters Freund, dem Philosophen Høffding, half ihm bei tiefem Nachdenken über die Bedingungen menschlicher Erkenntnis. 1911 wurde er zum Doktor promoviert mit einer Arbeit über die Elektronentheorie der Metalle. Bald danach ging er als Gast zuerst zu J.J. Thomson nach Cambridge, dann zu Ernest Rutherford nach Manchester. Die Begegnung mit Rutherford entschied über seinen wissenschaftlichen Lebensweg. Rutherford hatte soeben, aufgrund der Stoßversuche von Geiger und Marsden, das Kernmodell des Atoms aufgestellt. Bohr erkannte, daß das Modell nach der Mechanik und Elektrodynamik, die wir heute klassisch nennen, nicht stabil sein konnte. Er sah die fundamentale Natur dieser Unmöglichkeit klar genug, um den entscheidenden Schritt zu wagen: Nicht das Modell, sondern die Grundgesetze der klassischen Physik mußten abgeändert werden. Bohr führte Plancks Quantenhypothese in die Atomphysik ein. 1913 gelang ihm das quantentheoretische Modell des Wasserstoffatoms, welches das Balmer-Spektrum und die allgemeine Geltung des Rydberg-Ritzschen Kombinationsprinzips erklärte.

In den nun folgenden zwölf Jahren, bis 1925, lag die Spitze

der atomtheoretischen Forschung bei Bohr. Von vergleichbarem Rang waren damals in der Physik nur die fortschreitende Erschließung des Atomkerns durch Rutherford und seine Schule und Einsteins einsamer Weg zur allgemeinen Relativitätstheorie. Zum wichtigsten Partner Bohrs in der theoretischen Physik wurde für einige Zeit Sommerfeld, aus dessen Münchener Schule Heisenberg und Pauli hervorgingen. Der bedeutendste sichtbare Erfolg Bohrs in dieser Zeit war seine Theorie des periodischen Systems der Elemente. Seine wichtigste theoretische Leistung war die nichtrastende Arbeit an der Aufklärung der Struktur der Quantentheorie. Das Wirkungsvollste war jedoch, daß Bohr eine Schule schuf, die vielleicht in der Geschichte der Physik nicht ihresgleichen hat.

Das große Vorbild Bohrs war Rutherford. Der bullige, mächtige, optimistische, gütige Neuseeländer wurde der Lehrer und sehr bald der Freund des schüchternen, menschenfreundlichen, tief denkenden und grenzenlos zähen Dänen. Rutherfords experimentelles Institut stand den besten jungen Forschern der ganzen Welt offen. Rutherfords eigene Intensität, seine Fähigkeit, zu wollen und zuzuhören, schuf die Atmosphäre der völlig freien und nie verzettelten Diskussion, in der sich die neuen Ideen herausarbeiteten. Dasselbe wollte Bohr für die Theorie schaffen, und es ist ihm gelungen. Sein Institut in Kopenhagen wurde 1921 eingeweiht. In ihm wurde in den nächsten zehn Jahren die endgültige Gestalt der Quantentheorie aufgeklärt.

Bohrs Ruhm und Einfluß in seinem Heimatlande war groß. Aber das bedeutete zugleich eine ständig wachsende Arbeitslast. Schon die Gründung und Leitung des Instituts war eine fortdauernde organisatorische Leistung des scheinbar so ungewandten Mannes. Vielfache Verpflichtungen der Regierungsberatung und in Ehrenämtern kamen dazu. 1933 wurde die Fürsorge für deutsche Emigranten eine dringende Aufgabe. Permanente Positionen konnte Dänemark ihnen kaum bieten. Aber viele der bedeutendsten emigrierenden Physiker fanden kraft Bohrs umsichtiger Güte und seiner organisatorischen und finanziellen Hilfe zeitweilige Unterkunft, Arbeit und menschliche Wärme. Als einen für alle nenne ich James Franck.

1940 wurde Dänemark von deutschen Truppen besetzt. Bohr blieb in der Leitung seines Instituts. Als 1943 auf Grund rechtzeitiger Warnung durch eine hohe deutsche Stelle die von der Deportation Bedrohten in Booten über den Öresund nach Schweden flohen, war unter ihnen auch Bohr. Über England kam er nach Amerika. Von Schülern und Freunden mit offenen Armen aufgenommen, befand er sich alsbald in der Mitte des Manhattan Project, des Baus der Atombombe. Ein paar Jahre lang wendete er einen großen Teil seiner Kraft an den Versuch, die politischen Folgen der Bombe in die Schaffung einer internationalen Friedensordnung überzuleiten. Gespräche mit Roosevelt und mit Churchill und ein offener Brief an die Vereinten Nationen von 1950 blieben wirkungslos. Es scheint mir richtig, daß ich auf diesen Fragenkreis im heutigen Vortrag nicht eingehe. Er ist zu gewichtig, um kurz im zweiten Rang behandelt zu werden. Und was ich heute vorführen möchte, sind Bohrs noch immer nicht ausgeschöpfte Gedanken zu den Grundlagen der Physik. In ihnen liegt seine welthistorische Wirkung.

Bohr kehrte 1945 nach Dänemark zurück. Er starb am 18. November 1962. Auch in diesen siebzehn Jahren war er in alter Unermüdlichkeit tätig. Er nahm führenden Anteil an der Wiederherstellung der internationalen wissenschaftlichen Zusammenarbeit; an der Gründung von Institutionen wie CERN in Genf.

Die Kopenhagener Tagung 1963 zum fünfzigsten Jahrestag seiner Theorie des Wasserstoffatoms wurde zugleich zu einer Erinnerungstagung an Niels Bohr.

Bilder und Anekdoten

Man kann einen Menschen durch Bilder und Anekdoten wohl besser charakterisieren als durch Begriffe. Ich möchte vor allem davon ein wenig erzählen, was ich selbst mit ihm erlebt habe. Man wird mir vielleicht verzeihen, wenn ich dabei einige Stücke aus einem vor ein paar Jahren veröffentlichten Erinnerungsaufsatz wörtlich übernehme.

Ich habe Bohr im Januar 1932 kennengelernt. Heisenberg fuhr damals mit mir von gemeinsamen norwegischen Weihnachtsferien bei meiner Familie über Kopenhagen nach Leipzig zurück. Die Pause zwischen den Zügen in Kopenhagen nützte er zu einem Gespräch mit Bohr, zu dem er mich mitnahm. Drei Stunden sprachen die beiden über die Philosophie der Quan-

tentheorie. Ich saß schweigend dabei: es war die wohl gedanklich wichtigste Begegnung meines Lebens. Nachher notierte ich
in mein Tagebuch: »Ich habe zum ersten Mal einen Physiker gesehen. Er leidet am Denken.«

Bohr war damals 46 Jahre alt, für mich Neunzehnjährigen ein
alter Mann. Er war von mittlerer Größe, die Haltung leicht ge-
beugt. Der Kopf, oft betrachtend und wie schüchtern ein wenig
schief geneigt, schien aus zwei verschiedenen Hälften zu bestehen. Die schmale, hohe Stirn unter schon ergrauenden, etwas
schütteren Haaren, die er beim Nachdenken raufte, durch-
furcht: die ungeheure Intensität des Denkens. Die etwas füllige
untere Hälfte des Gesichts, wulstige Lippen, etwas hängende
Backen: ein freundlicher dänischer Bürger. Ein oft scheues Lä-
cheln, das das Gesicht durchblitzte, einte beide Hälften. Die
Augen, tief unter den buschigen Brauen, schienen gleichzeitig
genau auf die Dinge zu blicken und durch die Dinge hindurch
in eine uns anderen unergründliche Ferne; den Mitmenschen
blickten sie scheu und zugleich gütig an, wie ich es sonst nie gesehen habe.

Ein Wort über die Hände. Heisenberg, der schmächtige
blonde junge Mann, hatte die sehnigen künstlerischen Hände
des Pianisten, fähig, Akkorde zu greifen. Bohr hatte die etwas
fleischigen, breiten, starken, sicheren Hände eines Holzschnit-
zers. Er konnte Dinge anfassen. Als junger Physiker experi-
mentierte er und blies sich seine Glasröhren selbst. Als Gast auf
Heisenbergs Skihütte gewann er ein Wettschnitzen von Wind-
rädern; das seine war das einfachste und das einzige, das tadel-
los lief.

Den zähen Sportsmann sah man ihm kaum an. Dabei waren
um 1909 die Brüder Bohr, freilich noch mehr Harald als Niels,
in Dänemark so berühmt wie in Deutschland um 1975 Franz
Beckenbauer. Harald war Läufer in der Fußball-National-
mannschaft, die olympisches Silber gewann. Niels war Tor-
wart; es heißt, er sei nur knapp nicht gut genug gewesen, um als
solcher in der Olympiamannschaft zu spielen. Bohr liebte das
Segeln auf der Ostsee. Er lief Ski, und selbst in den ihm fremden
Alpen war er dazu mehrere Jahre nacheinander Heisenbergs
Gast.

Mich faszinierte seine »Philosophie des Alltags«. Als Heisenberg und ich ihn, von der hochgelegenen Skihütte kommend, auf dem Bahnhof von Oberaudorf abholten und dann in der Spur wieder aufstiegen, die wir beim Abfahren durch den metertiefen Neuschnee gelegt hatten, sagte er: »Wie gut ist es, daß ihr vorher heruntergefahren seid, und wie ungewöhnlich! Denn gewöhnlich ist doch ein Berg etwas, bei dem man von unten anfangen muß.« Auf der Hütte philosophierte er lange über den fundamentalen Unterschied zwischen Instinkt und Intelligenz, welch letztere er mit der Sprache zusammenbrachte. »Ein menschlicher Säugling ist ein Tier, das sprechen lernen kann.« Auf die Frage: »Haben wir Menschen nicht auch Instinkt?« sagte er: »Ja, überall, wo wir es nicht merken.«

Zwei Anekdoten zur Erläuterung. Bohr und Heisenberg machten einmal auf ihrer ersten gemeinsamen Fußwanderung durch Seeland einen Wettkampf im Zielwerfen mit Steinen. Zuletzt warf Heisenberg im Unsinn noch einen Stein in der ungefähren Richtung eines sehr fernen Telegraphenmastes und traf den Mast. Bohr sagte: »Wenn du ihn hättest treffen wollen, so hättest du ihn nicht getroffen.« Casimir erzählt, daß Bohr mit seinen jüngeren ausländischen Gästen gern einmal zur Entspannung in einen Western-Film ging. Einer kritisierte den moralistischen Unrealismus, daß am Ende immer der Böse verliert, weil der Gute schneller schießt. Bohr sagte: »Der Böse muß doch eine Hemmschwelle von einer Viertelsekunde überwinden. Der Gute hat ein gutes Gewissen und schießt, wenn es nötig wird, sofort.« Eine experimentelle Probe wurde beschlossen. Man kaufte zwei Kinderspielgewehre. Bohr und z. B. Gamow saßen einander gegenüber. Bohr mußte natürlich den Guten spielen und durfte erst anlegen, wenn er den Gegner anlegen sah. Man probierte es mehrmals, und jedesmal hat Bohr den anderen erschossen.

Über Bohr als Lehrer gibt es Hunderte von Anekdoten. Seine alten Schüler benützen heute noch viele seiner Redensarten wie ein freimaurerisches Erkennungszeichen. Man spottete ein wenig über ihn, weil man ihn oft nicht verstand, fast grenzenlos bewunderte und grenzenlos liebte.

Wenn Bohr spricht, vergißt er, so sagte man, die Regeln der Akustik, Grammatik und Logik. Leise, stammelnd, in Wiederholungen sagt er, was alle schon wissen, und wenn er die wirklich wichtigen Dinge sagt, hält er auch noch die Hände vor den Mund. Wenn aber dann ein anderer – Heisenberg, Dirac, Pauli etwa – ein Referat hielt, unterbrach ihn Bohr mit Fragen, eingehüllt in das Zuckerbrot seiner hilflos freundlichen Redensarten: »Das ist ja sehr, sehr interessant ... Wir sind ja viel mehr einig, als Sie denken ... Ich meine ... nicht um zu kritisieren, nur um zu lernen ... muß ich sagen, muß ich sagen ...« Bei ganz dummen Menschen sagte er resigniert nur noch: »Oh, sehr, sehr!« Und dann wurde erbarmungslos alles klar. Als ich ein Referat von Williams auf Bohrs Wunsch erweitert und aufgeschrieben hatte, gab ich Bohr die Arbeit zur Beurteilung. Wir redeten dann drei Stunden darüber. Bohr begann sehr müde, fast zerstreut, und ich konnte zunächst alle seine Fragen beantworten. In der letzten Stunde aber war ich in die Enge getrieben, und Bohr sagte triumphierend und ohne jede Bosheit: »Nun verstehe ich. Nun verstehe ich die Pointe. Die Pointe ist, daß alles ganz genau umgekehrt ist, als Sie gesagt haben. Das ist die Pointe!«

Durch solche Erlebnisse lernt man Physik. Ich fand damals, keine der in Kopenhagen entstehenden Arbeiten sollte einen Verfassernamen tragen, sondern nur »Universitetes Institut for teoretisk Fysik, København«.

Was habe ich von Bohr gelernt? Darüber möchte ich jetzt sprechen.

II. Bohr in der Geschichte der Quantentheorie

1900–1912. Die Quantentheorie vor Bohr

> Lasciate ogni speranza
> voi che non entrate

Planck ist durch das Hauptportal in die Quantentheorie eingetreten: durch die Erkenntnis der Unmöglichkeit einer fundamentalen klassischen Physik. Dies ist zugestandenermaßen zunächst meine subjektive Interpretation, die aber, wie ich hoffe, im Sinne Bohrs weitergedacht ist. Planck selbst, der Konservative, konnte es nicht so sehen. Es handelte sich zunächst um die Unmöglichkeit einer einzigen, scheinbar sehr speziellen klassischen Theorie: der Thermodynamik des Maxwellschen Strahlungsfeldes in Wechselwirkung mit einem materiellen

Wärmeaustauscher (dem »Kohlestäubchen«). Aber diese Theorie war die einzige, die hinreichend präzisiert war, um die Methoden der statistischen Mechanik zuverlässig auf sie anzuwenden. Ihr Problem erwies sich nach und nach als paradigmatisch für das Problem der gesamten klassischen Physik.

Das Problem hatte eine Vorgeschichte. Boltzmann hatte den Atomismus u. a. mit dem Argument begründet, daß ein dynamisches Kontinuum wegen seiner unendlich vielen Freiheitsgrade kein thermodynamisches Gleichgewicht haben kann. Dann mußte man aber die Anwendung der Kontinuumsdynamik auf das Innere der Atome verbieten. Daß der Atomismus scheitert, wenn man normale Physik auf das Innere der Atome anwendet, war schon den Philosophen von Platon und Aristoteles über Leibniz bis Kant klar. In gesegneter Naivität verstanden die Chemiker und Physiker des 19. Jahrhunderts dieses Problem nicht und beschrieben mit einem inkonsistenten Modell Millionen empirischer Fakten korrekt.

Einstein verfaßte im Frühjahr 1905 in wenigen Wochen zuerst seine erste Arbeit über Quantentheorie, dann die über spezielle Relativitätstheorie. Seinem Freund C. Habicht schrieb er gleichzeitig zur Arbeit über Relativitätstheorie nur: »Ihr kinematischer Teil wird dich interessieren.« Die Arbeit über Quantentheorie aber nannte er in diesem Brief »sehr revolutionär« (in: A. Pais, l. c., S. 30). Das Revolutionäre war die präzise Analyse der Unausweichlichkeit der Planckschen Konsequenz. In seiner späten Selbstbiographie (*Autobiographisches*, l. c., S. 44) schreibt er: »All meine Versuche, das theoretische Fundament der Physik diesen Erkenntnissen anzupassen, scheiterten aber völlig. Es war wie wenn einem der Boden unter den Füßen weggezogen worden wäre, ohne daß sich irgendwo fester Grund zeigte, auf dem man hätte bauen können.« Hieran schließt das eingangs zitierte Lob für Bohrs »Musikalität« an, die auf solch schwankendem Fundament die Gesetze der Atomhüllen auffinden konnte.

So war in Einsteins Denken schon 1905 der Fechtboden für den späteren Kampf mit Bohr vorbereitet, zunächst quasi als Konflikt Einsteins mit seinen eigenen Entdeckungen in der Quantentheorie. Die Relativitätstheorie hingegen empfand Einstein nur als die konsequente Fortbildung der wohlgegründeten klassischen Physik.

1913 – 1925. Bohr und Bohrs Schule

Die Geschichte der Quantentheorie ist heute in vielen Darstellungen gut dokumentiert. Für das Verständnis Bohrs verweise ich speziell auf das Buch von K. M. Meyer-Abich: *Korrespondenz, Individualität und Komplementarität* (Wiesbaden 1965) und auf das erste Kapitel des Buchs von E. Scheibe: *The Logical Analysis of Quantum Mechanics* (New York-Oxford 1973).

Wenn Bohr die Unmöglichkeit des Rutherfordschen Atommodells gemäß der klassischen Physik nachwies, so zog er im Grunde bloß für dieses Modell dieselbe Folgerung, die Einstein anhand der Planckschen Arbeit für die klassische Elektrodynamik gezogen hatte. Es war daher völlig konsequent, daß er Plancks Quantenbedingungen auf das Wasserstoffatom anwandte. Daß der Hybrid klassischer Bahnen mit nichtklassischen Quantenbedingungen im Coulomb-Feld zufällig quantitativ das richtige Spektrum ergab, war ein Glücksfall. Daß seine Aufgabe sei, das Revolutionäre der Quantentheorie nicht zu vertuschen, sondern auszuarbeiten, wußte Bohr jedoch von Anfang an.

Die ersten zehn Jahre der Bohrschen Theorie waren ein Siegeszug in dem Felde, das durch Sommerfelds Buchtitel *Atombau und Spektrallinien* bezeichnet ist. Uns geht im jetzigen Zusammenhang an, wie Bohr im Fortschritt dieser Arbeit die Fundamente der Quantentheorie tieferzulegen suchte. Der erste wichtige Schritt war das Korrespondenzprinzip. Sommerfeld sah in ihm den »Zauberstab«, der die verschlossenen Türen öffnete. Er bezeichnete damit sehr deutlich den leisen Schauder des mathematisch-ästhetischen Pragmatikers gegenüber dem ihm nicht voll begreiflichen Erfolg eines philosophisch fundierten Gedankens. In der Tat geht das Korrespondenzprinzip hervor aus einer Reflexion auf das Verhältnis einer älteren, sehr erfolgreichen Theorie – hier der klassischen Elektrodynamik – zu einer erst zu schaffenden Theorie, die sie ablösen soll. Dieses Verhältnis hat später Heisenberg verallgemeinert in seiner Beschreibung der Geschichte der theoretischen Physik als Abfolge »abgeschlossener Theorien« – einem Brocken, an dem die Wissenschaftstheorie heute noch knabbert.

Die fruchtbare Krise auf Bohrs Weg geschah 1923 – 25. Bohr

hatte bis dahin – wie die meisten Physiker – nie an Lichtquanten als echte Teilchen glauben können. Er soll einmal gesagt haben: »Wenn Einstein mir ein Funktelegramm schickt, er habe jetzt den endgültigen Beweis für die Lichtquanten gefunden, so beweist die bloße Tatsache, daß das Telegramm ankommt, daß die Theorie der elektromagnetischen Wellen richtig ist und somit Einstein unrecht hat.« 1923 bewies der Compton-Effekt die von der Lichtquantenhypothese vorausgesagte Impulsbilanz bei der Streuung von Licht an Elektronen. 1924 versuchten Bohr, Kramers und Slater, diesem Ergebnis ohne Lichtquanten durch eine statistische Deutung des Strahlungsfeldes Rechnung zu tragen. Die Strahlung sollte lediglich als »virtuelles Feld« die Wechselwirkung zwischen den Teilchen vermitteln; die Intensität des Feldes sollte der Wahrscheinlichkeit der Emissions- und Absorptionsprozesse proportional sein. Die Ausbreitung der Strahlung sollte jederzeit in Strenge den klassischen Maxwellschen Gleichungen genügen. Also konnte es keine »Reduktion des Wellenpakets« bei der Absorption oder Streuung von Licht geben. Eben daraus folgte die Verletzung der Erhaltungssätze im Einzelprozeß. Diese Konsequenz wurde dann durch die Versuche von Bothe und Geiger sowie von Compton und Simon 1925 widerlegt. Ihre Widerlegung gab den wohl wichtigsten Anstoß zur korrekten Fassung der Quantentheorie. Als Heisenberg im Juni 1925 auf Helgoland die Quantenmechanik entwarf, war die entscheidende Rechnung der Nachweis der Energieerhaltung im individuellen Prozeß.

Bohr hat nach dem Versuch von Bothe und Geiger, aber noch vor der Aufstellung der Quantenmechanik, die Belehrung, die er empfangen hatte, in den Begriff der Individualität der atomaren Prozesse gefaßt. Von den drei Grundbegriffen Bohrs, die Meyer-Abich in seinem Buchtitel aufgezählt hat: Korrespondenz, Individualität, Komplementarität, ist Individualität der zentrale. Korrespondenz und Komplementarität sind eher epistemologische Begriffe. Korrespondenz bezeichnet das Verhältnis zwischen der klassischen und der neueren Theorie, Komplementarität das Verhältnis der klassischen Begriffe zueinander, wenn sie in der neuen Theorie verwendet werden. Individualität hingegen ist ein realistischer Begriff. Er sagt aus, wie die atomaren Prozesse wirklich verlaufen, nämlich unteilbar. Bohr hat die Vokabel in ihrem ursprünglichen lateinischen Sinn verwendet. In-dividualität bezeichnet das indivisibile, das Un-teilbare. Das Unteilbare beim Compton-Effekt ist zunächst das Lichtquant, das Bohr nun anerkennen muß. Aber die Kapitulation gegen Einstein ist nicht komplett. Das eigentlich Unteilbare ist der Prozeß der Erzeugung, Ausbreitung und Absorption des Lichts. Es wird nicht das Licht durch den klassischen Begriff des Teilchens erklärt, denn Bohrs Argument, daß die Ausbreitung des Lichts der Feldgleichung genügt, bleibt erhalten. Vielmehr wird die Nötigung, für das Licht die beiden Begriffe von Teilchen und Feld zu gebrauchen, zum Anlaß einer Kritik an beiden Begriffen.

Die Vollendung der Quantenmechanik ermöglichte die Klärung dieses Problems.

1926–1935. Bohr, Heisenberg und Einstein: die Deutungsdebatte

Die Konfrontation begann zwischen Heisenberg und Schrödinger, gleichsam zwischen den Feldherren der beiden Könige. Heisenberg versuchte die Revolution zu vollenden, indem er klassische Modelle des Atoms ganz vermied. Schrödinger hoffte die Revolution rückgängig zu machen, indem er auch die Materie als Feld beschrieb. Schrödingers mathematische Methoden wurden alsbald zum Rüstzeug aller Quantentheoretiker, zumal nachdem die Äquivalenz mit der von Heisenberg, Born und Jordan formulierten Matrizenmechanik nachgewiesen war. Aber Schrödinger mußte anerkennen, daß seine Wellen die Teilchenphänomene nicht erklärten; daß er nicht eine einheitliche Kontinuumstheorie geschaffen, sondern den Dualismus von Teilchen und Welle auf die Materie übertragen hatte. Born übertrug nun auch die statistische Deutung der Wellen, die Einstein schon früh für das Maxwell-Feld unter dem scherzhaften Namen des »Gespensterfeldes« erwogen hatte und die für Bohr, Kramers und Slater zentral gewesen war, auf die Schrödingersche Wellenfunktion. Damit war das Problem der Deutung der neuen Quantenmechanik zwar nicht gelöst, aber klar gestellt.

Die Deutung, die später die »Kopenhagener Deutung« genannt wurde, entstand im Winter 1926/27 in einem freundschaftlichen Ringen zwischen Heisenberg und Bohr. Die beiden Freunde hatten verschiedene Ausgangspunkte. Heisenberg hat mir später einmal gesagt: »Von Sommerfeld hab ich den Optimismus gelernt, von den Göttingern die Mathematik, von Bohr die Physik.« Seine Quantenmechanik wäre ohne den Optimismus und die Mathematik nie entstanden. Es war zusätzlicher philosophischer Optimismus des Dreiundzwanzigjährigen gewesen, die Theorie auf mathematische Beziehungen zwischen prinzipiell beobachtbaren Größen einschränken zu wollen. Einstein belehrte ihn im Gespräch: »Erst die Theorie entscheidet, was beobachtet werden kann.« Heisenbergs Anwendung dieser Erkenntnis war die Unbestimmtheitsrelation. Ausgangspunkt ist der Glaubenssatz aller Physiker: »Was beobachtet werden kann, existiert.« Die Unbestimmtheitsrelation besagt dann *nicht* die logisch falsche Kontraposition: »Was nicht beobachtet werden kann, existiert nicht«, sondern die richtige Kontraposition: »Was nicht existiert, kann nicht beobachtet werden«. In der mathematisch ausgearbeiteten Quantenmechanik existiert kein Zustand, der zugleich Eigenzustand von Ort und Impuls wäre. *Wenn* die Quantenmechanik richtig ist, muß es also prinzipiell unmöglich sein, Ort und Impuls zugleich zu messen. Das weist das Gedankenexperiment nach.

Bohr hingegen ging nie von einer mathematischen Struktur aus, sondern von der Analyse der Art, wie wir Erfahrung in Begriffen beschreiben. Er hatte lernen müssen, daß der Begriff des Teilchens auch zur Beschreibung des als Welle bekannten Lichts, der Begriff des Wellenfeldes auch zur Beschreibung der als Teilchen bekannten Materie notwendig war. Beide Begriffe, Teilchen und Feld, galten für beide Gegenstände, für Licht und Materie. Bohr folgerte, daß beide Begriffe die wahre Natur beider Gegenstände nur unvollkommen ausdrücken; die Wirklichkeit ist die Individualität der atomaren Prozesse. Hier tritt der Begriff der Komplementarität auf. Die beiden Begriffe Teilchen und Feld sind komplementär: sie schließen, streng auf dasselbe Objekt angewandt, einander aus und sind doch zur vollständigen Beschreibung des empirischen Verhaltens des Objekts beide nötig.

Noch tiefer geht wahrscheinlich die Erwägung, daß die Individualität der Prozesse jeden der beiden Begriffe ausschließt, wenn er als strenge Beschreibung der Erfahrung gemeint wäre; die Einführung des jeweils anderen Begriffs ist dann nur eine Veranschaulichung der Weise, wie die Individualität den zuerst betrachteten Begriff ausschließt. Ich kann mich für diese Erwägung nicht wörtlich auf einen Text von Bohr beziehen, hoffe aber in seinem Sinne zu argumentieren. Das Raum-Zeit-Kontinuum ist, wie jedes Kontinuum, gedanklich teilbar. Jedes Volumen läßt sich gedanklich in kleinere Volumina zerlegen, jede Zeitspanne in kleinere Zeitspannen. Felder und Teilchenbahnen sind im Raum-Zeit-Kontinuum definiert. Also kann ein echt unteilbarer Prozeß nicht als Bewegung eines Feldes oder eines Teilchens oder überhaupt im Raum-Zeit-Kontinuum beschrieben werden. »Echt unteilbar« heißt nicht, daß ein Prozeß vorliege, der der Teilung einen unüberwindlichen Widerstand entgegensetzt. Es heißt vielmehr, daß die physische Teilung, wenn sie erzwungen wird, den Prozeß zerstört. Die Bewegung in einem stationären Zustand, z. B. im Grundzustand des Wasserstoffatoms, ist ein Beispiel für einen (in diesem Fall stationären) unteilbaren Prozeß. Eben darum kann man diese Bewegung nicht als Teilchenbahn beschreiben; und eben darum ist das Atom stabil. Wer mit einem Gammastrahlmikroskop erfahren will, wo innerhalb des Atoms sich das Elektron gerade befindet, wird es mit der Genauigkeit der Lichtwellenlänge an einem Ort finden, aber er wird das Atom zerstört haben.

Bohr erzählt[*], wie neugierig er im Herbst 1927 auf Einsteins Reaktion war. Bohr und Heisenberg glaubten, sie hätten in Einsteins Weise, die Abhängigkeit der Begriffe von ihrer experimentellen Definition zu analysieren, einen weiteren Schritt vorwärts getan. Sie waren tief enttäuscht darüber, daß er ihre Deutung ablehnte. Die mathematische Struktur der Theorie akzeptierte er; ihren großen empirischen Erfolg erkannte er neidlos an. Heisenberg hat mir erzählt, daß Einstein ihm 1925 in einem kurzen, handgeschriebenen Brief zu seiner Theorie gratulierte und um eine mündliche Diskussion ihrer Grundlagen bat, mit der Unterschrift: »In aufrichtiger Bewunderung Ihr

---

[*] N. Bohr, *Discussion with Einstein on Epistemological Problems in Atomic Physics*, in: P. A. Schilpp (Hrsg.), *Albert Einstein: Philosopher – Scientist*. The Library of Living Philosophers, Vol. VII, Evanston, Ill., 1949, S. 212.

A. Einstein«. Was Einstein nicht akzeptieren konnte, war, daß die Theorie in ihrer Kopenhagener Deutung nur unvollständiges menschliches Wissen, nicht aber eine vom Wissen unabhängige Realität der Natur beschrieb. Seine eigene Analyse davon, wie die Definition der Längen und Zeiten von Maßstäben und Uhren abhängt, empfand er als etwas völlig anderes, denn auch Maßstäbe und Uhren sind reale Naturobjekte. Das Kriterium der Unvollständigkeit der Quantentheorie war für Einstein ihr bloß statistischer Charakter.

Was immer die fortdauernden Deutungsdifferenzen zwischen Bohr und Heisenberg in wahrscheinlich wichtigen Nuancen besagten, gegenüber Einsteins Reaktion waren beide völlig einig. Auf dem Solvay-Kongreß 1927 begann der Titanenkampf zwischen Einstein und Bohr. Bohr hat ihn später in seinem großartigen Aufsatz von 1949 im Detail geschildert (*Discussion with Einstein...*, l.c.). Einstein dachte sich immer kompliziertere Gedankenexperimente aus, welche zeigen sollten, daß man die Unbestimmtheitsrelation unterschreiten kann. Bohr widerlegte sie alle. Der Gipfel war, auf dem Solvay-Konreß 1930, Einsteins Gedankenexperiment mit einem lichtemittierenden Kasten im Schwerefeld, dessen Wägung vor und nach der Emission die Energie des Lichts präzise bestimmten sollte, während eine Uhr im Kasten den Zeitpunkt der Emission präzise festlegte. Von jenem Kongreß gibt es eine Photographie von Einstein und Bohr auf der Straße. Mit breitkrempigem Hut geht Einstein heiter und selbstsicher voran. Einen halben Schritt links hinter ihm geht Bohr, einen schmalen korrekten Hut auf dem schmalen Kopf, und redet mit sorgenvollem Gesicht auf den Freund ein. Aber nach einer schlaflosen Nacht hatte Bohr Einstein mit dessen eigenen Waffen geschlagen. Die unbestimmte Höhe der Uhr über dem Boden während der Wägung macht den Gang der Uhr im Gravitationsfeld eben um das erforderliche Maß ungenau.

Einstein akzeptierte nach dieser Niederlage die Widerspruchsfreiheit der Quantentheorie im Rahmen ihrer Kopenhagener Deutung. Er hielt aber fest am Vorwurf ihrer Unvollständigkeit. Das Gedankenexperiment von Einstein, Podolsky und Rosen 1935 (dessen 50jähriges Jubiläum 1985 in einem besonderen Kongreß gefeiert wird*) zeigte drastisch, wie ein individueller Prozeß im Sinne Bohrs unvereinbar ist mit Einsteins Vorstellung einer raumzeitlichen Realität. Die Diskussion dieses Gedankenexperiments im heutigen Vortrag würde – leider – zu weit führen. In seiner Antwort an die drei Autoren präzisierte Bohr seinen Begriff des Phänomens. Dieser Begriff bezeichnet das Ganze einer empirischen Situation. Nicht eine bloße Sinnesempfindung ist ein Phänomen, auch noch nicht ein bloßer Zeigerstand auf einer Skala, sondern z. B. ein Zimmer, in dem Apparate stehen, die der Institutsmechaniker gebaut hat und auf denen der Experimentator die Stromstärke einer Entladung abliest. Bohr konnte zeigen, daß im Rahmen dieser Beschreibungsweise das Resultat von Einstein, Podolsky und Rosen nicht paradox ist.

Es ist die Tragödie einer geistigen Freundschaft, wenn jeder das, was ihm selbstverständlich geworden ist, dem Verständnis des anderen nicht mehr vermitteln kann. Einstein insistierte, daß Realität unabhängig von unserer Wahrnehmung bestehen muß; darum konnte ihn Bohrs Phänomenbegriff nicht trösten. Für Bohr hingegen war es selbstverständlich, in der Wissenschaft nur von dem zu reden, was wir wissen können. Sein Phänomenbegriff hat die realen Bedingungen des Wissens in sich aufgenommen: leibhaft lebende, miteinander kommunizierende Menschen, die mit anschaulich verständlichen, selbstgebauten Apparaten umgehen.

Zur Kommunikation gehört die Sprache. »Wir hängen in der Sprache«, pflegte Bohr zu Aage Petersen, dem Mitarbeiter seiner späten Jahre, zu sagen. Die Komplementarität der Begriffe hat etwas zu tun mit der Begrenztheit unserer Ausdrucksmittel. Unsere Naturbeschreibung ist nach Bohr insbesondere dadurch begrenzt, daß wir Experimente stets in Begriffen der klassischen Physik beschreiben müssen. Uns Jüngere hat es erstaunt, daß Bohr der historisch entstandenen und historisch überwundenen klassischen Physik hier eine so singuläre Rolle zuschrieb. Er erklärte aber: Zu einem Experiment gehört die

---

* Das »Symposium on the Foundation of Modern Physics: 50 Years of the Einstein-Podolsky-Rosen-Gedankenexperiment« fand vom 16. bis 20. Juni 1985 in Joensuu (Finnland) statt.

Raum-Zeit-Beschreibung, denn sonst könnten wir es nicht herstellen und wahrnehmen; und es gehört dazu strikte Kausalität, denn sonst könnten wir aus dem Meßresultat nicht eindeutig auf den Zustand des Meßobjekts schließen. Raum-Zeit-Beschreibung und Kausalität sind aber nur in der klassischen Physik vereinbar; in der Quantentheorie sind sie komplementär. Ich lasse das hier undiskutiert stehen und bemerke nur, daß ich den Kern des Problems in der Irreversibilität des Meßprozesses suche.

Eingangs habe ich, in vorsichtiger Form, gesagt, Bohr habe das lebenslange Streitgespräch der Freunde gewonnen. Im Felde der Erfahrung kam es zu einem bis heute fortdauernden Siegeszug der Quantentheorie. Die seit den frühen fünfziger Jahren aufflammenden Versuche, die Quantentheorie zu ergänzen durch die Annahme verborgener, womöglich lokaler Parameter, waren nicht das, was Einstein anstrebte. Er selbst suchte die Lösung in einer nichtlinearen einheitlichen Feldtheorie. In seinen letzten Lebensjahren erwog er, daß die Grundlage dieser Theorie nicht mehr differentialgeometrisch, sondern rein algebraisch zu formulieren wäre. Der sichtbare Erfolg blieb ihm versagt. Die Unmöglichkeit des Erfolgs ist freilich nicht bewiesen.

Aber auch Bohr war nicht einfach ein Sieger. Die Quantentheorie entwickelte sich zwar im Einklang mit seinen Ergebnissen, aber nicht durchweg in seinem Geiste.

1932 – heute. Die Quantentheorie nach Bohr

Als Anfang der Quantentheorie nach Bohr erlaube ich mir das Jahr 1932 anzusetzen, in dem J. v. Neumanns Buch *Mathematische Grundlagen der Quantenmechanik* erschien. Man könnte es vielleicht als das Jahr der Machtübernahme der Mathematik in der Quantentheorie bezeichnen. Bohr liebte Neumanns Darstellung überhaupt nicht. Die Mathematik faßte er nur als einen Teil der Sprache auf, und zwar als einen »rein symbolischen«. Eine Observable war für ihn nicht ein selbstadjungierter Operator im Hilbertraum, sondern eine Größe, für die eine Meßapparatur in Begriffen der klassischen Physik beschrieben werden kann.

Mit dieser Denkweise aber vereinsamte Bohr langsam, mitten in seinem unangefochtenen Ruhm und seiner fortdauernden kommunikativen Tätigkeit. Bohrs Schreibstil ist von einer unter Physikern beispiellosen Sorgfalt. In langen, verschlungenen Sätzen sucht er jedes Sachproblem direkt anzusprechen und zugleich den Zusammenhang und das Gleichgewicht des Ganzen zu wahren. Jedes einzelne Wort ist nach langer Erwägung und vielfachen Änderungen genau gewählt. Aber ebendies überforderte die Leser; er galt als unverständlich. Neumanns Buch hingegen wirkte wie die Kodifikation auf ein Rechtssystem: nun war das Wissen nicht nur den Eingeweihten, sondern allen zugänglich. Daß sich durch Kodifikation auch der Inhalt der Normen ändert, merken nur die Eingeweihten.

Der Erfolg der Kodifikation war beispiellos. Bohr und Heisenberg hatten anfangs die für die Atomhülle entwickelte Quantenmechanik nur für eine Stufe auf einer langen Treppe gehalten; sie hatten für kleine Längen und hohe Energien wiederum eine radikal neue Theorie erwartet. Nichts dieser Art geschah. Die Quantentheorie im Hilbertraum ist bis heute unangetastet. Auch die relativistische Teilchenphysik wird in ihrem Rahmen diskutiert. Die Skepsis angesichts ungelöster mathematischer und empirischer Probleme betrifft, je längere Zeit seit der Entstehung der Theorie verstrichen ist, um so mehr nur die speziellen Ansätze, aber nicht den begrifflichen Rahmen.

Ich erlaube mir ein Wort über meine subjektive Auffassung der heutigen Problemlage. Es ist sinnvoll, nach dem Grund des Erfolgs der abstrakten Quantentheorie zu fragen. Ich möchte sie als eine durch ein einziges Postulat erweiterte allgemeine Theorie des Wahrscheinlichkeitsbegriffs auffassen. Einsteins Frage nach einer Theorie jenseits der uns bekannten Quantentheorie bleibt dabei sinnvoll. In genauer Umkehrung der Einsteinschen Hoffnung würde ich aber annehmen, daß diese Theorie nicht durch eine Reduktion der Quantentheorie auf das Raum-Zeit-Kontinuum, sondern durch eine Herleitung des Raum-Zeit-Kontinuums als klassischer Grenzfall einer reinen Quantentheorie zu gewinnen wäre. Dies sind subjektive Vermutungen, die, wenn sie richtig wären, ein von Bohr nicht betretenes Feld erschließen würden. Aber auch sie bleiben der Strenge der Bohrschen Analyse mehr verpflichtet als jedem raschen und eben darum wechselnden formalen Ansätze.

Ich möchte damit etwas sagen, was viele heutige Physiker nicht mehr wissen. Die historische Rolle Bohrs ist nicht nur die abgeschlossene, das Atommodell und eine Deutung der Quantenmechanik geschaffen und eine der größten Schulen gegründet zu haben. Sie ist auch die unabgeschlossene, eine Weise des Fragens gelehrt zu haben, ohne die der nächste große Schritt der physikalischen Theorie unmöglich sein wird. Diese Weise des Fragens wollte ich in meinem Vortrag darstellen.

III. Bohr als Philosoph

Das ist ein Thema für einen eigenen Vortrag. Ich beschränke mich auf ein paar Hinweise.

Der Philosoph, in dessen Gefolge Einstein sich fühlte, war Spinoza. Bohr erzählt, daß er 1937 einen heiteren Wettstreit mit Einstein ausfocht, auf wessen Seite sich heute Spinoza schlagen würde. Ich möchte bestimmt glauben: auf die Seite Einsteins. Spinoza steht in der ontologischen Tradition der abendländischen Metaphysik, die als Grundlage affirmative Aussagen über das Seiende sucht. Bohr hingegen gehört wohl in das Gefolge Kants, der mit der Frage begann: Was können wir wissen? Es gibt in der Tat kantische Elemente auch im Detail der Gedanken Bohrs. Wenn er die klassische Physik durch die Vereinbarkeit von Raum-Zeit-Beschreibung und Kausalität charakterisiert, so erinnert das an die Weise, wie Kant unser Wissen von der Natur auf das Zusammenspiel der Anschauungsformen Raum und Zeit und der Grundsätze des reinen Verstandes begründet, unter welchen das Kausalgesetz eine ausgezeichnete Rolle spielt. Daß es eine Wissenschaft geben kann, in der diese Prinzipien nicht vereinbar, sondern komplementär sind, geht freilich über Kant hinaus.

Die Philosophen, die ich Bohr am häufigsten habe nennen hören, sind jedoch Sokrates und William James. Bohrs Verwandtschaft mit Sokrates springt ins Auge. Den Einfluß der Begriffsanalyse von James auf Bohrs Komplementaritätsbegriff hat Meyer-Abich dargestellt. Schließlich ist eine tiefe Geistesverwandtschaft mit seinem Landsmann Kierkegaard unverkennbar.

Zur zeitgenössischen Philosophie hatte Bohr ein durchgehend distanziertes Verhältnis, mochte sie nun empiristisch-positivistisch, realistisch oder aprioristisch sein. Seine Skepsis gegen alle drei Richtungen hatte denselben Grund: Sie glaubten ein unerschütterliches Fundament des Wissens angeben zu können, sei es die angeblich unmittelbare sinnliche Erfahrung, sei es das Wissen von Gegenständen im Raum wie in der klassischen Physik, sei es das Wissen a priori wie in der Mathematik. Bohrs sokratischer Instinkt reagierte auf alle diese Versuche mit tiefer Skepsis und Ironie. Sein später Grundbegriff des Phänomens enthält freilich die vertretbaren Gedanken aller drei Schulen. Phänomene in Bohrs Sinn sind sinnliche Wahrnehmungen an realen Gegenständen, die wir vorweg begrifflich interpretieren.

Eine systematische Darstellung seiner Philosophie hat Bohr nicht geschrieben. Er war der tiefste philosophische Denker unter den Physikern seiner Zeit; ein Fachphilosoph war er nicht. Ich kann mir nicht vorstellen, wie er sich die philosophische Fachbildung hätte erwerben können. Er war dazu gleichsam ein zu leidenschaftlich philosophischer Kopf; er begann mit dem Buch zu diskutieren, ehe er es zu Ende gelesen hatte. Es lag ihm nicht, was den Geisteswissenschaftler ausmacht, fremde Gedanken in ihrem Zusammenhang zu interpretieren; ihm ging es zu direkt und sofort um die Wahrheit selbst. Wenn er aber vor der Wahrheit stand, so stand er vor einem unaussprechbaren Abgrund.

Diesen Abgrund freizuhalten vor dem leichtfertigen Zugriff logischer Konsequenzen, war wohl der tiefste Zweck seines Begriffs der Komplementarität. Es war kein primär physikalischer Begriff. Die Denkweise war ihm von jeher vertraut. Die große Entdeckung von 1927 war für ihn, daß es sogar in den Grundlagen der Physik Situationen gibt, die nur komplementär zu beschreiben sind. Er wandte den Begriff später in vielfachen Zusammenhängen an: auf das Verhältnis des direkten Gebrauchs eines Worts zur Analyse seines Sinns, auf das Verhältnis der direkten Beschreibung von Lebensvorgängen zu ihrer physikalischen Erklärung, auf das Verhältnis von Gerechtigkeit und Liebe. Sein Einwand gegen positive Religiosität war, daß sie durch Formales den Abgrund des Denkens der letzten Dinge zu verdecken schien, den die Sprechweise der alttestamentlichen Psalmen und der chinesischen Weisheit offenhielt.

So war er. Wer war ihm gleich?

2. *Arnold Sommerfeld**

Ich bin gerne der Einladung gefolgt, heute ein paar Worte über Arnold Sommerfeld zu sagen. Leider bin ich nicht der Allerkompetenteste; es wäre schön, wenn einer seiner eigentlichen Schüler hier wäre. Ich bin nicht der Sohn, sondern nur der Enkel. Wenn Herr Ewald oder Herr Unsöld oder Herr Bethe hier stehen könnten, sie könnten aus der unmittelbaren Erfahrung noch Dinge erzählen, die ich doch zum großen Teil nur durch Hörensagen weiß. Aber immerhin, ich bin nun hier in der Nähe und habe leicht herbeikommen können und rede gerne ein wenig über Sommerfeld.

Ich habe mir sogar erlaubt, in dieser Aktentasche – vielleicht darf ich damit anfangen – etwas beizubringen, was ich dem Deutschen Museum nicht stiften kann und soll, aber was beweisen soll, daß ich mich mit Sommerfeld wirklich beschäftigt habe. Das ist der vollkommen zerfledderte Doppelband oder Tripelband *Atombau und Spektrallinien* von Sommerfeld, zerfleddert, weil ich darin gelesen habe. Also, das war damals *das* Buch. Als ich anfing zu studieren, 1929, wenn man da in die theoretische Physik hineinwollte, und zwar insbesondere in die damals gerade zum Abschluß gelangte Quantentheorie der Atomhülle, dann war das Buch, aus dem man das lernen mußte, *Atombau und Spektrallinien*. Der 1. Band, der noch aus der Zeit der Bohrschen Theorie stammt, dann der wellenmechanische Ergänzungsband und dann der ausgeführte 2. Band – 1939, wie ich hier sehe, erschienen –, das war aber die 2. umgearbeitete Auflage des wellenmechanischen Ergänzungsbandes. Also, Sommerfeld war auch für denjenigen, der in diesem Fach nicht sein unmittelbarer persönlicher Schüler war, eben doch der Lehrer.

Nun, ich würde ganz gerne dieses in den Zusammenhang

* Rede zur Eröffnung der Sommerfeld-Ausstellung im Deutschen Museum in München, 5. Dezember 1984.

stellen, daß ich ein paar Worte darüber sage, wie meinem Empfinden nach die Rolle von Arnold Sommerfeld gewesen ist in
der Entstehung dieser Physik, mit der er ganz besonders verbunden war. Sie werden aus dem Bändchen, das mit dieser Ausstellung verbunden ist, von dem vorhin schon die Rede war,
sehr vieles erfahren, was ich Ihnen gar nicht sagen kann, was ich
selbst erst aus diesem Band lerne, aber den allgemeinen Gang
der Dinge weiß man natürlich, wenn man in diesem Fach selbst
gearbeitet hat.

Sommerfeld hat in jüngeren Jahren ja zunächst angefangen
als Mathematiker; er ist in die Physik hineingegangen; er hat
z. B. das große Werk mitgeschrieben, das von Felix Klein
ausging, über die Theorie des Kreisels. Das war klassische Mechanik, das war die konkrete Anwendung mathematischer Methoden auf die Lösung physikalischer Probleme, und dieses
war immer eine seiner größten Stärken. Dann aber, als er in
München war, seit 1906, begann der sehr rasche Lauf der Entwicklung der eigentlich modernen, damals revolutionären
theoretischen Physik. Er war einer der ersten, die die Relativitätstheorie verstanden und akzeptiert haben, zunächst die spezielle Relativitätstheorie, und dann war er auch sehr früh schon
ergriffen von der Bewegung der Quantentheorie. Wenn ich nun
die Entwicklung der Quantentheorie historisch einteilen soll,
würde ich sagen, es hat etwa sechs Jahre gegeben, von 1900 bis
1906, die im wesentlichen bestimmt waren durch Plancks ursprüngliche Aufstellung der Quantenhypothese, die dann dazu
führte, daß man das von Kirchhoff zuerst entworfene Strah-
lungsgesetz, so wie es dann empirisch gefunden worden war,
theoretisch ableiten konnte, allerdings mit einer Theorie, die
sich in gewisser Weise selbst zu widersprechen schien. Dann
eine zweite Phase, 1906 bis 1912, im wesentlichen unter dem
sehr starken Impuls des jungen Einstein, der die Quantentheorie aufgegriffen, die Lichtquantenhypothese aufgestellt und
dann eine Reihe von hochbedeutenden Arbeiten dazu geschrieben hat. Dann eine dritte Phase, ich würde sagen, 1912 bis 1924,
etwa zwölf Jahre, die dominiert war von der großen Gestalt
Niels Bohrs, und ich würde doch denken, daß, wenn ein einziger genannt werden sollte, der für die Quantentheorie wichtig
war, es Niels Bohr war. Er hat zuerst gesehen, daß das Atom-

modell, das Rutherford, bei dem Bohr als junger Theoretiker
dann arbeitete, aufgestellt hatte – in England, in Manchester damals –, daß dieses Atommodell mit der Physik, die wir heute die
klassische nennen – der Mechanik und Elektrodynamik –, unvereinbar war, und er hat den Mut gehabt, daraus zu folgern,
daß nicht das Modell falsch ist, weil es empirisch sehr gut belegt
war, sondern daß dann die klassische Physik falsch sein muß,
jedenfalls nicht in der Weise richtig, wie man bis dahin angenommen hatte. Er hat Plancks Quantenhypothese auf das
Atommodell angewandt, und daraus entwickelte sich dann in
einer immer tiefer bohrenden Arbeit der Zustand der Quantentheorie, der schließlich dazu führte, daß 1925 Werner Heisenberg wohl als erster seinen Fuß auf festes Land gesetzt hat,
indem er die Quantenmechanik, wie man sie dann später
nannte, mathematisch vorlegte in einer Form, die haltbar war,
die so blieb. Und danach ist die Zeit der raschen Ausführung
der Quantenmechanik, das geht bis 1930; 1932 war sie schon
kodifiziert durch Johann von Neumann, und seitdem wird sie
angewandt und hat sich nicht mehr geändert. In diesem Werdegang habe ich den Namen Sommerfeld zunächst nicht genannt.
Die drei, ja sagen wir, die drei dominierenden Personen waren
erst Planck, dann Einstein, dann Bohr und dann mehrere, von
denen Heisenberg als erster genannt werden muß, aber nicht als
einziger. Wenn man mich aber fragt: »Wer war in jener Phase,
die wohl für die Forschung die wichtigste war, nämlich der
Phase, die von Bohr dominiert war, der eine, wirkliche Partner
von Bohr, der Bohr gewissermaßen gleichgewichtig gegenüber-
stand?«, dann würde ich sagen, das war Arnold Sommerfeld. Es
ist immer sehr interessant, in der Geschichte der Wissenschaft
zu sehen, wie genau dadurch die Fortschritte geschehen, daß
die Leute verschieden sind, daß die Forscher eine verschiedene
Mentalität haben, der eine etwas kann, was der andere nicht
kann, und dadurch dann überhaupt erst ein Fortschritt geschieht, den keiner alleine zustande gebracht hätte. Ich würde
das auch sagen von Bohr und Sommerfeld. Daß Sommerfeld
außerdem durch seine Schule sehr wichtig war, darüber sage ich
nachher noch etwas.

Aber zunächst seine eigenen Arbeiten. Ich darf es vielleicht
in der Sprechweise des dann doch wohl größten Schülers von

Sommerfeld, nämlich von Heisenberg, sagen. Heisenberg hat etwas leichthin in einer Weise, die man dann interpretieren muß, mir gelegentlich gesagt: »Von Sommerfeld habe ich den Optimismus gelernt, von den Göttingern, Born und den Mathematikern dort, die Mathematik und von Bohr die Physik.« Dabei sind diese drei Worte ja nur Stichworte, nur Andeutungen. Von Sommerfeld hat er gelernt den großen Impuls, hinzugehen mit Schwung und Überzeugung in die Fragen, und außerdem, was im Wort Optimismus noch nicht richtig ausgedrückt ist, die Fähigkeit, konkrete Probleme konkret zu lösen, so daß mathematisch zum Schluß eine geschlossene Formel dasteht. Dieses war nicht Bohrs Stärke, dieses war Sommerfelds Stärke. Bohr hat das Modell des Atoms entworfen, er hat das Wasserstoffspektrum zuerst korrekt begründet, wobei ein bißchen Glück im Spiel war, denn auf kein anderes Atom hätte Bohrs Methode, so wie er sie damals hatte, gepaßt, und dann hat Sommerfeld gezeigt, daß man diese Theorie ausbauen kann, daß man nicht nur Kreisbahnen einführen muß, daß man auch Ellipsenbahnen einführen muß, er hat als erster damit dann den Weg gebahnt zu einer Beschreibung gemäß der speziellen Relativitätstheorie, er hat damit die sogenannte Feinstruktur des Wasserstoffspektrums zum erstenmal einer Erklärung zugänglich gemacht, und noch heute nennt man die charakteristische Konstante, eine reine Zahl, die dabei eingeht, die Sommerfeldsche Feinstrukturkonstante: $\hbar \cdot c / e^2$. Das ist 137, und ich gestehe, daß ich heute noch, wenn ich irgend kann, in einer Garderobe meinen Mantel an Haken Nr. 137 hänge. Das ist eine der wichtigen Feststellungen, die Sommerfeld in der Physik getroffen hat; bis heute ist nicht wirklich erklärt, warum diese Zahl gerade den Wert 137 hat, das ist noch ein offenes Problem.

Ich will jetzt nicht im einzelnen Sommerfelds Arbeiten in diesem Gebiet schildern, sondern ich will lieber ein paar Worte sagen darüber, was die zweite, wohl ebenso wichtige Wirkung Sommerfelds war. Das war seine Schule. Darüber kann man dann auch manches einfach von seinen Schülern selber erfahren. Heisenberg schildert das sehr schön in seinem Buch *Der Teil und das Ganze*, und ich habe das aus Heisenbergs Mund oft gehört. Heisenberg, der hochbegabte junge Mann, der als Primaner bereits eine Studentin, die im Nebenfach Mathematik für den Doktor lernen mußte, für dieses Doktorexamen vorbereitet hat, Heisenberg also wollte gerne Mathematik studieren, und sein Vater August Heisenberg, der Professor in München war, schickte ihn zu dem alten Professor Lindemann – dem Mathematiker –, und Lindemann sah alsbald, daß Heisenberg doch sehr jung war und etwas schnell in sein Seminar wollte. Dann fragte er ihn: »Was haben Sie denn gelesen?« Da sagte der: »Weyl: Raum, Zeit, Materie«, und da sagte Lindemann: »Dann sind Sie für die Mathematik schon verloren.« Ich habe soeben heute gelernt, daß Lindemann sogar die Berufung von Sommerfeld nach München mit einem gewissen Mißtrauen betrachtet hat, weil er an der mathematischen Strenge der Theorie, die Sommerfeld damals mit den anderen theoretischen Physikern zusammen verfolgte, der Elektronentheorie, berechtigte Zweifel hatte. Die Theorie war nicht streng, sie war nur richtig, d. h. sie war der Ansatz, auf dem es weitergehen würde. Lindemann also hatte nicht so viel Spaß an dem jungen Heisenberg, und er hatte ein Hündchen auf dem Schreibtisch sitzen, das die Gefühle seines Herrn besser ausdrückte als der Herr selbst und unablässig bellte, so daß das ganze Interview vergebens war. Daraufhin kam der junge Heisenberg zu seinem Vater traurig zurück, und der sagte: »Du könntest es ja auch mit der theoretischen Physik probieren.« Und Heisenberg machte einen zweiten Anlauf und ging zu Sommerfeld. Und Sommerfeld war so, wie er offenbar mit seinen Schülern immer gewesen ist, er war sofort offen. Heisenberg fühlte sich sofort aufgenommen. Sommerfeld hatte offenbar gespürt: »Das ist ein außerordentlicher Mann, und den muß ich haben.« Sommerfeld hatte ja eine Beziehung zu seinen Schülern, die, ich würde sagen, eine echte Liebesbeziehung war, auf der Basis einer sachlichen Gemeinschaft, oder eine echte sachliche Beziehung auf der Basis der Fähigkeit menschlicher Sympathie. So habe ich es jedenfalls entnommen aus dem, was ich gehört habe. Also, Heisenberg war sofort aufgenommen, und deshalb wurde er theoretischer Physiker und nicht Mathematiker. Vielleicht wäre er ohnehin Physiker geworden, denn das war wohl doch noch seine stärkere Begabung. Aber jedenfalls, er traf dort andere; er traf z. B. Wolfgang Pauli, der schon etwas länger bei Sommerfeld studierte, und die Weise, in der diese Schüler miteinander das Gedankengut übernahmen, das ihnen ihr Lehrer vermittelte, war eben unerläßlich für das, was nachher in der Physik geschehen ist. Auch die quantenmechanische Arbeit von Heisenberg wäre gar nicht denkbar ohne das, was er in den Worten, die ich vorhin geschildert habe, einmal als den mitreißenden Optimismus von Sommerfeld bezeichnet hat, und andererseits die Fähigkeit, Probleme konkret zu lösen. Heisenberg konnte bis in sein hohes Alter ein Integral auf komplexem Weg ausführen, weil er das bei Sommerfeld so gelernt hatte, und das konnte er immer sehr gut.

Ich erzähle vielleicht noch eine kleine Anekdote über die Art, wie das dann so technisch war, auch nur eine, die ich aus dem Munde von Heisenberg weiß und die an sich nicht sehr belangvoll ist. Das ist eigentlich auch nur für diejenigen ganz zugänglich, die ein bißchen von dieser Mathematik wissen. Heisenberg erzählte mir, daß Sommerfeld ihm erzählt hat, daß er einmal ein sechsfaches Integral gefunden hatte, das die Lösung irgendeines Problems war, und er arbeitete furchtbar daran, und es gelang ihm nur, es bis auf ein vierfaches zu reduzieren, und weiter kam er nicht. Und dann ging er zu seinem mathematischen Kollegen Herglotz und sagte ihm: »Herr Herglotz, ich habe da ein Integral, das ich nicht lösen kann, vielleicht haben Sie eine Idee?« »Ja, zeigen Sie es mal.« »Es ist ein vierfaches Integral«, und er schrieb es hin. Herglotz nahm es mit nach Hause. Nach einer Woche trafen sie sich wieder, und Herglotz sagte: »Also, das ist sehr komisch mit Ihrem Integral, man muß es erst in ein sechsfaches erweitern, und das sechsfache kann man dann lösen.« Und das war nämlich genau das, von dem Sommerfeld ausgegangen war. Ich schildere das, um sozusagen den sportlichen Geist, der mit der Lösung mathematischer Probleme verbunden war, auch irgendwie sichtbar zu machen.

Wenn ich schon im Anekdotenerzählen bin, dann will ich noch eine andere erzählen, die eine völlig andere Seite von Sommerfeld zeigt. Ich habe übrigens seine Rede, die wir soeben gehört haben, damals am 80. Geburtstag von Planck, mitangehört.

Er war ein begnadeter Lehrer. Ich habe selbst nie bei ihm Vorlesungen gehört, aber von allen weiß man das, und ein begnadeter Lehrer muß ja auch imstande sein, eine unerwartete Situation zu meistern, denn wer immer Vorlesungen gehalten hat, weiß, daß ihm ab und zu mitten in der Vorlesung klar wird, daß irgend etwas nicht stimmt. Heisenberg hat mir folgende Geschichte erzählt: Sommerfeld las, und zwar las er aus dem Feld der kinetischen Gastheorie über die Bewegung von Molekülen in einem Schwerefeld – im Gravitationsfeld – und über gewisse Transportprobleme, die dabei stattfinden. Ich weiß nicht, da wird vielleicht Temperatur transportiert oder was immer. Und Heisenberg, der in der Vorlesung saß, merkte, daß Sommerfeld in einem bestimmten Augenblick – wie es einem so geschehen kann – Beschleunigung und Geschwindigkeit verwechselte. Er hätte hinschreiben sollen: $g \cdot t$, die Geschwindigkeit. Er schrieb aber $1/2 \cdot gt^2$, die Beschleunigung eines Körpers, der im Schwerefeld fällt. Heisenberg sagte sich: »Na, wollen mal sehen, wie er da wieder rauskommt.« Sommerfeld rechnete weiter, und nach einiger Zeit guckte er die Formel an und sah, daß sie dimensionsmäßig gar nicht stimmte. Da stand ein t^2, wo hätte t stehen müssen, also wischte er den Exponenten 2 einfach weg, dann war es noch t. Damit war die Formel dimensionsmäßig wieder richtig.

Aber der Faktor 2 war noch falsch. Es stand $1/2$ davor, das da nicht sein sollte. Sommerfeld rechnet bis zu Ende, stutzt, sieht die Formel an, stutzt noch einmal, guckt in sein Manuskript, stutzt ein drittes Mal, und dann sagt er: »Und jetzt müssen wir noch überlegen, daß ebenso viele Moleküle von links nach rechts wie rechts nach links fliegen, das gibt noch den Faktor 2.« Also, das ist die wahre Vorlesungsbegabung. Natürlich ging Heisenberg nachher zu ihm und erzählte ihm das, und Sommerfeld lachte sehr und sagte: »Ja, Sie haben ganz recht.« Das Entspannte, das aus diesen Erzählungen spricht, hat mich sehr berührt. Gleichzeitig konnte Sommerfeld sicher auch ein strenger Herr sein, und Pauli behauptete, er sähe aus wie ein Husarenoberst. Er hatte seine preußische Tradition, aber es war eine, wenn ich richtig sehe, lockere Verbindung all dieser verschiedenen Qualitäten, locker dadurch, daß in diesem Mann ein Feuer brannte. Und das eigentlich möchte ich hier zum Ausdruck bringen.

Er hat dann viele schwere Dinge erlebt, die auch in dem Band, den wir hier bekommen, geschildert sind: Als das Dritte Reich ausbrach, als dann der Nachfolger, den er sich gewünscht hatte, nämlich Heisenberg, nicht zum Nachfolger gemacht wurde, sondern ein anderer, den er durchaus nicht wünschte und der, wenn ich recht unterrichtet bin, ihm sogar den Zutritt zum Institut verboten hat. Dies alles mußte überlebt werden. Es wurde überlebt. Am Ende des Krieges war die Welt, der Sommerfeld politisch entstammte, zerstört. Aber er vermochte auch in der neuen Welt zu leben, und am 80. Geburtstag habe ich miterlebt, was das für ein großes Fest war – ein großes Fest für uns Jüngere, die da alle noch einmal um diesen unseren Meister versammelt waren.

Die Unterschiede lassen sich vielleicht so bezeichnen: Einstein war ganz gewiß das größte Genie unter all diesen Leuten, er war der Mann mit einer unmittelbaren Intuition. Bohr war ebenso ohne Zweifel der tiefste Denker unter ihnen, er hat immer weiter in die Tiefe gedrängt und dadurch eigentlich die Entwicklung erst möglich gemacht. Sommerfeld war vielleicht nicht in diesem Sinne ein Genie, sondern er war das ganz große, feurige Talent, der das verwirklichen konnte, was die anderen angeschaut, gesehen, aber nicht ganz vollzogen hatten. Und ohne die Zusammenarbeit dieser verschiedenen Begabungen kommt ja vermutlich der wissenschaftliche Fortschritt gar nicht zustande. Die Philosophie, die Einstein wichtig war, Bohr und Heisenberg wichtig war, hat er eher etwas beiseite liegen lassen. Seine Lehrbücher waren Bücher, in denen stand, wie man es wirklich macht. Wir nannten das manchmal die Kochbücher. Man muß dabei wissen, daß, wenn nicht gut gekocht wird, man eben auch nichts zu essen bekommt. Als ich mein zweites Buch veröffentlichte, ich erinnere mich noch, da hat er eine Buchbesprechung darüber geschrieben: Das Buch hieß: *Zum Weltbild der Physik*. Und die Buchbesprechung – ich besitze sie nicht mehr, ich zitiere aus dem Gedächtnis – begann etwa mit dem Satz: »Zwar hätten wir von dem jungen Autor noch lieber eine Neuauflage seines Buches über Atomkerne oder einen Bericht seiner Arbeit über die Energieerzeugung in den Sternen gesehen, aber nun wollen wir dieses philosophische Bekenntnisbuch doch auch gerne zur Kenntnis nehmen.« Also die freundliche Distanzierung von einer Sache, die nicht die seine war, die er aber zu würdigen vermochte, weil er ja diesen jungen Leuten doch sehr wohlwollte.

Am 80. Geburtstag habe ich etwas gesehen von seiner literarischen Bildung, und vielleicht darf ich damit schließen.

Wir kamen aus irgendeinem Grunde auf Conrad Ferdinand Meyer zu sprechen, der auch einer von denen war, die er sehr gut kannte – nicht nur Gottfried Keller, auch Conrad Ferdinand Meyer, den Zeitgenossen. Und ich zitierte aus dem Gedächtnis ein Gedicht von Meyer, und Sommerfeld sagte: »Das kenne ich aber gar nicht, das steht nicht in seinen Werken.« Und ich sagte: »Das muß in seinen Werken stehen.« Dann guckte ich zu Hause nach, und siehe da, es stand nicht in seinen Werken. Es war nämlich ein Gedicht von Meyer an die Urgroßmutter meiner Frau, die damals in der Schweiz lebte, zu ihrem 80. Geburtstag. Das wurde in der Familie meiner Frau tradiert, und deshalb kannte ich es, aber es war nie in seine Werke aufgenommen worden. Man konnte Sommerfeld nicht darüber täuschen, ob so etwas in den Werken von Conrad Ferdinand Meyer steht oder nicht – er wußte es. Vielleicht darf ich mit diesen paar Betrachtungen schließen, und ich bin nun selbst sehr neugierig darauf, mit Ihnen zusammen die Ausstellung anzusehen, aus der wir noch sehr viel mehr lernen werden. Vielen Dank.

3. Werner Heisenberg

Heisenbergs Begriff der Physik. Einleitender Vortrag zu der 2. Tagung über »Quantentheorie und die Strukturen von Zeit und Raum«, gehalten – in memoriam Werner Heisenberg – im Juli 1976 in Tutzing. Veröffentlicht in L. Castell, M. Drieschner, C. F. von Weizsäcker (ed.), Quantum Theory and the Structures of Time and Space, *Vol. 2, München 1977. Der Vortrag wurde auf englisch gehalten und ist vom Autor ins Deutsche übersetzt.*

Heisenberg sagte einmal über seine Lehrer: »Von Sommerfeld habe ich den Optimismus gelernt, von den Göttingern die Mathematik, von Bohr die Physik.« Jedes der drei Wörter Optimismus, Mathematik, Physik steht hier einerseits für eine Forschungsmethode, andererseits für eine Auffassung der Natur. Diese sechs Elemente sind in Heisenbergs Begriff der Physik enthalten. Sie bezeichnen die Ingredienzien dieses Begriffs, aber noch nicht seine abschließende Symmetrie.

Das Gemeinsame in Sommerfelds und Heisenbergs *Optimismus* ist, daß für beide die Physik eine Kunst war; Kunst im doppelten Sinn der Handwerklichkeit und der Schönheit. Handwerker und Künstler haben eine Reihe persönlicher Eigenschaften nötig. Sie müssen imstande sein, über ihre Arbeiten nicht bloß zu reden und zu denken, sondern sie auszuführen. Sie brauchen Begabung, Schulung, Willen, Fleiß, Begeisterung, Hartnäckigkeit.

Sommerfeld wandte mit besonderem Geschick ziemlich einfache mathematische Techniken auf mannigfache empirische Probleme an. Wir nannten damals seine Bücher – so das berühmte *Atombau und Spektrallinien* – seine Kochbücher. In Heisenbergs Arbeiten, bis hinein in seine späteren Theorien, finden wir seine Sommerfeldsche Gewandtheit in komplexer Integration, seinen Erfindungsreichtum für Näherungsmethoden. Kramers sagte einmal über Heisenberg: »Er hat die einzigartige Gabe, Näherungsmethoden zu erfinden und sie auf den einzigen Fall anzuwenden, in dem sie konvergieren.« Und in den späteren Diskussionen zwischen »Puritanern« und »Propheten«, d.h. Anhängern der axiomatischen Feldtheorie und Anhängern des Heisenbergschen Versuchs einer einheitlichen Feldtheorie, beschrieb Mitter ihre entgegengesetzten Methoden durch den Vergleich mit Jägern, die im Wald einen Hasen jagen wollen. Der Puritaner umgibt den ganzen Wald mit einem Stacheldrahtzaun und engt dann den Draht, sorgfältig jeden Baum passierend, ein, in der Hoffnung, den Hasen am Ende im letzten Quadratmeter innerhalb des Zauns zu finden. Der Prophet – also Heisenberg – nimmt sein Gewehr, geht in den Wald und denkt: wenn ich den Hasen sehe, werde ich ihn mit meinem Schrot schon treffen.

Hinter dem Optimismus des Handwerkers oder Jägers stand der tiefwurzelnde Glaube des Künstlers an die mathematische Schönheit der Grundgesetze der Natur. In der frühen Quantentheorie der Atomhülle war Sommerfeld fasziniert von der pythagoreischen Harmonie ganzer Zahlen. Bohrs Korrespondenzprinzip nannte Sommerfeld einen Zauberstab. Heisenbergs größte Entdeckung, die Quantenmechanik, enthüllte das einfache, allumfassende mathematische Gesetz hinter diesen geheimnisvollen Konsonanzen. Die überwältigend durchsichtige Einfachheit eines wahren Naturgesetzes, der einmalige Weg zwischen scheinbaren Paradoxien hindurch, den ein solches Gesetz eröffnete – das war wohl Heisenbergs tiefste persönliche Erfahrung von der Physik. Aus dieser Erfahrung leitete er seine Verwendung der Einfachheit als Kriterium für die Wahrheit einer Hypothese her. Eine einfache fundamentale Hypothese mag zwar immer noch nicht die richtige sein, aber eine komplizierte fundamentale Hypothese ist todsicher falsch, oder sie ist, günstigenfalls, eine ungeschickte Art, eine noch nicht verstandene Wahrheit auszudrücken.

Heisenberg sprach über dieses Kriterium ganz ausdrücklich. Zum Beispiel beschreibt er in seinem Buch *Der Teil und das Ganze* (München 1969, S. 141 f.) ein Gespräch von 1929 mit dem amerikanischen Experimentalphysiker Barton, der in dem Dialog eine pragmatische Auffassung der Physik vertritt. In diesem Gespräch zeigt sich Heisenberg zunächst überrascht, daß sich die Amerikaner, anders als die Europäer, von Anfang an nicht gegen die nichtklassischen Züge der neuen Quantentheorie zur Wehr gesetzt haben. Barton antwortet, ein Ingenieur würde sich doch auch nicht dagegen wehren, eine Formel, die sich zur Beschreibung der Erfahrungsdaten als zu einfach erwiesen hat, durch eine verfeinerte, also kompliziertere Formel zu ersetzen. Warum also sollten wir uns gegen einen neuen Formalismus der Atomphysik wehren, wenn er erfolgreich ist? Aber Barton macht seinem Partner Heisenberg mit dieser entgegenkommenden Haltung kein Vergnügen. Heisenberg findet diesen Grund, die Quantenmechanik zu akzeptieren, noch schlimmer als die Gründe großer Physiker wie Einstein oder traditioneller Philosophen, diese Theorie zu verwerfen. Diese Gegner haben wenigstens die Bedingungen verstanden, denen eine Theorie genügen muß, um fundamental zu sein. Die klassischen Theorien der Physik sind »abgeschlossene Theorien«, an denen man keine kleinen Verbesserungen mehr anbringen kann. Eine abgeschlossene Theorie läßt eine einfache axiomatische Formulierung zu, und eine kleine Verbesserung hieße, die Einfachheit des axiomatischen Rahmens zu zerstören. Deshalb geschieht der Fortschritt in der theoretischen Physik in diskontinuierlichen Schritten, deren jeder von einer einfachen Theorie zu einer anderen noch einfacheren Theorie führt, die ihre Vorgängerin als einen Grenzfall enthält oder impliziert. Der Gedanke eines kontinuierlichen Fortschritts in den Grundlagen dieser Wissenschaft würde ihr »jede Kraft, oder sagen wir, jede Härte nehmen, und ich wüßte nicht, in welchem Sinne man dann noch von einer exakten Wissenschaft sprechen könnte«. (S. 138)

Vielleicht darf ich hinzufügen, daß ich Heisenberg in seinen letzten Lebensjahren empfohlen habe, Thomas Kuhns Buch *Die Struktur wissenschaftlicher Revolutionen* zu lesen, das den Gedanken des diskontinuierlichen Fortschritts in der Wissenschaft bei den Historikern und Philosophen der Naturwissenschaft populär gemacht hat. Ich fand, Kuhn beschreibe dieselbe Struktur wie Heisenberg mit mehr historischem Detail. Aber Heisenberg sagte mir in einem der letzten Gespräche, die ich mit ihm hatte: »Ich habe jetzt Kuhns Buch gelesen. Aber ich bin enttäuscht. Historisch hat er schon recht. Aber er verpatzt die Pointe. Was er Paradigmen nennt, sind in Wirklichkeit abgeschlossene Theorien. Sie müssen einander diskontinuierlich folgen, weil sie einfach sind. Das wirkliche philosophische Problem ist: warum kann es einfache Theorien geben, die wahr sind? An diesem Problem geht Kuhn vorbei. Aber das ist der Schlüssel zur Geschichte der Naturwissenschaft. Man hat nichts von der Möglichkeit der Wissenschaft verstanden, solange man das nicht verstanden hat.« Ich konnte Heisenberg in diesem Punkt nur zustimmen. Die heutige Wissenschaftstheorie hat nicht bloß die Frage nicht beantworten können, warum oder wie eine fundamentale Wissenschaft möglich ist; sie hat nicht einmal gesehen, worin das Problem besteht. Popper ist der Eingangstür zu dem Problem nahegekommen, Kuhn hat eine hervorragende historische Phänomenologie gegeben. Aber nur in Heisenbergs Bemerkungen steckt der Schlüssel zum Eingangstor. Ich behaupte nicht, daß Heisenberg das Problem gelöst habe. Er ist, sozusagen, nicht ein Philosoph im strengen Sinne, sondern ein Augenzeuge. Er versteht, was Physik ist, denn er hat selbst Physik gemacht. Ich habe diese Bemerkungen unter dem Titel des Optimismus eingeführt, um ihre Natur als persönliche Erfahrung hervorzuheben. Heisenberg wußte, was er gesehen hatte, auch wenn wir einige seiner Begriffe nicht anzunehmen brauchen. Kolumbus kam von seiner Reise heim und sagte, er sei in Indien gewesen. Darin irrte er sich, aber in zwei anderen Punkten hatte er recht: erstens gab es das Land wirklich, das er entdeckt hatte, und zweitens mußte man, wenn man seinen Weg weiterverfolgte, wirklich in Indien ankommen. Soviel vom Optimismus.

Mathematik, wie Heisenberg sie in Göttingen kennenlernte, war nicht bloß eine Kunst; sie war eine Wissenschaft. Als er im Juni 1925 von Helgoland heimkam, erzählte er Born seine neue Darstellung mechanischer Größen durch quadratische Schemata komplexer Faktoren mit nichtkommutativer Multiplikation. Ein paar Tage später sagte ihm Born: »Ihre algebraischen Größen kennen die Mathematiker gut. Sie nennen sie Matrizen.«

Heisenberg akzeptierte auch die Mathematik als Wissenschaft – im Unterschied zur Mathematik als Kunst –, weil sie eine Schulung des Denkens, ein unentbehrliches Werkzeug und ein Hinweis auf Strukturen war, die noch jenseits unseres intuitiven Verständnisses liegen. Aber sie blieb seinem Herzen ein wenig fern. Er verwendete das Werkzeug manchmal mit großartiger Sorglosigkeit. Die Ambivalenz seiner Beziehung zur strengen und systematischen Mathematik wäre eine philosophische Studie wert. Als ich ihn kennenlernte – es war in Kopenhagen, er war 25 Jahre alt und ich 14 –, zeigte er mir Bohrs Institut, auch dessen Bibliothek. Ich war beeindruckt und etwas verstört von dem Haufen Mathematik, den ich als theoretischer Physiker würde lernen müssen. Er sagte: »Das brauchst du aber. Freilich, die Natur rechnet nicht. Aber wir müssen rechnen, wenn wir sie verstehen wollen.« Er sagte gern: »Die Mathematik ist klüger als wir.« Er meinte, sie enthält und enthüllt bei richtigem Gebrauch Strukturen, die zu erfassen unser Anschauungsvermögen noch zu schwach war. Aber Heisenbergs eigene Stärke als Forscher lag in einer Gabe, die ich intellektuelle Anschauung nennen würde. Er war nie mit einem Ergebnis zufrieden, das nur durch Rechnung gefunden war; er traute dem Ergebnis, wenn es ihm auch intuitiv deutlich geworden war. Ich erinnere mich aus meinen Studentenjahren an einen Vergleich zwischen Born und Heisenberg, den einer der jungen Theoretiker zog: Wenn Born und Heisenberg durch ein physikalisches Problem auf ein Integral geführt werden, sagt Born: »Wir wollen es ausrechnen und sehen, was es bedeutet«; Heisenberg aber sagt: »Sehen wir, was es bedeutet, dann werden wir sehen, wie wir es ausrechnen können.«

In solchen Anekdoten tritt die Mathematik nur als Werkzeug auf oder, wie Heisenberg gern sagte, als Formalismus. Aber die Mathematik ist ja eine eigenständige Wissenschaft. Diese Wissenschaft bewunderte Heisenberg, fast mit einem etwas mystischen Schauer. Wenn er das erklären wollte, fiel er oft in die ästhetische Sprechweise zurück. Er verglich die Zahlentheorie mit Bachs *Kunst der Fuge*. Ein ähnliches Empfinden flößte ihm die Theorie der analytischen Funktionen ein. Er meinte ein tiefes Geheimnis der Wirklichkeit hinter der Tatsache zu spüren, daß gewisse Sätze über ganze Zahlen nur mit Hilfe kontinuierlicher Funktionen haben bewiesen werden können. Was ist das Geheimnis des Kontinuums? Er scheute sich nicht, herrschende Ansichten über solche Probleme schlicht zu verwerfen. Als ich bei ihm in Leipzig Physik studierte, fragte er mich einmal, was ich gerade in der Mathematik treibe. Er sah offenkundig, daß ich mathematische Schulung nötig hatte. Ich antwortete: »Ich lerne Mengenlehre.« Er: »Das sollst du nicht lernen.« Ich: »Aber die Mengenlehre ist doch die Grundlage, und sie interessiert mich philosophisch.« Er erwiderte: »Nein, sie ist lauter Unsinn. Glaube den Mathematikern nicht, wenn sie dir weismachen wollen, es gebe so etwas wie eine aktual unendliche Punktmenge. Könnte man so etwas beobachten?«

Die Philosophie, die er hinter solchen Äußerungen verbarg, war nicht naiv; eher war sie für seine eigene Fähigkeit, sie ausdrücklich zu machen, zu tief. Er erzählte mir einmal über eine Gastvorlesung Brouwers in Göttingen auf dem Höhepunkt seines bitteren Streits mit Hilbert über Intuitionismus und Formalismus. Nach der Vorlesung verlangte ein Zuhörer eine Diskussion. Aber Hilbert sagte: »Wer nach so einer Vorlesung etwas anderes tut als heimzugehen und mehrere Wochen nachzudenken, ehe er ein Wort dazu sagt, der hat nichts von der Vorlesung verstanden.« Heisenbergs implizite Ansicht war wahrscheinlich, daß sowohl die Mathematik wie die Physik von der letzten Realität und also, mit verschiedenen Mitteln, von derselben

Realität handeln. Gewiß kann man sich unendliche Punktmengen ausdenken, und man kann vielleicht sogar das Glück haben, zu beweisen, daß das keinen Widerspruch impliziert, aber trotzdem sind diese Punktmengen eine Erfindung und keine Entdeckung. Man mag, umgekehrt, zuerst Newtons Gesetze entdecken und sie zweihundert Jahre später auf ein Gebiet genäherter Anwendbarkeit einschränken; aber sie bleiben eine Entdeckung und nicht eine bloße Erfindung. Die Zahlentheorie, die Theorie der analytischen Funktionen, wohl auch die Theorie der Lie-Gruppen, scheint Heisenberg als Entdeckungen empfunden zu haben. Aber er beanspruchte für sich niemals Sachverstand in der Philosophie der Mathematik. Man mußte ihn gut kennen, um seine bescheidenen Ansichten hierüber überhaupt zu erfahren. Aber diese Ansichten werfen, so scheint mir, ein Licht auf seine Art, die Wirklichkeit zu sehen.

Alles bisher Gesagte handelte von Optimismus und Mathematik, noch nicht von der *Physik*. Heisenberg war bereit, von anderen zu lernen. Er hatte mehrere Lehrer und kritische Freunde; unter letzteren war Pauli der überragende. Aber nur einen Menschen auf der Welt erkannte er als seinen Meister an: Niels Bohr. Der Sinn des Wortes »Physik« war für ihn durch Bohrs Haltung zur Wirklichkeit definiert. Was ist Physik in dem Sinne, den Bohr in Heisenbergs Augen verkörperte?

Lassen Sie mich wieder zuerst ein Wort über den Menschen sagen. Der Schwerpunkt von Bohrs Denken lag näher beim materiellen Experimentieren und ferner von der Mathematik als derjenige Heisenbergs. Bohr liebte das Handwerk, die Skulptur, die Malerei, Heisenberg war ein Musiker. Bohrs Hände waren die Hände eines Tischlers, Heisenbergs die eines Pianisten. Bohrs Gedankenarbeit in der Physik war die unermüdliche Suche nach dem Sinn in der Wirklichkeit, den ein Wort, ein Satz, eine Theorie haben mochte. Bohrs Philosophie der Mathematik war ganz anders als diejenige Heisenbergs. Für Bohr war die Mathematik einfach ein Teil der Sprache. Alle die stolzen mathematischen Physiker, die Bohr begegneten, mußten lernen, daß eine mathematische Formel überhaupt noch keine Physik ist, solange man nicht sagen kann, was ihre Symbole bedeuten sollen; und zwar, es in einer Sprache sagen, die der Sprache des Alltags nahe genug ist, um der Werkstatt des Instituts zu erklären, wie ein Instrument zu bauen ist, das die durch das Symbol bezeichnete Größe mißt. Bohrs unermeßlicher Einfluß auf die Physik ist nicht hinreichend beschrieben durch die Wirkung seiner Ideen, vom Wasserstoffmodell über Korrespondenz und Komplementarität bis hin zum Modell des Atomkerns als »compound nucleus«. Ebensowenig wird dieser Einfluß ausreichend erklärt durch Bohrs tiefe und immer unvollendete Philosophie. Wohl sein stärkster Einfluß auf die Physik lag in der tiefen Verwandlung des Bewußtseins so vieler erstklassiger Physiker, die er zwang, zu sagen, was sie mit ihren mathematischen Theorien gemeint hatten. Im Blick auf die Forschungsmethode ist es dies, was Heisenberg meinte, wenn er sagte, von Bohr habe er die Physik gelernt.

In die philosophische Diskussion über den Sinn dieser Art, Physik zu treiben, mag uns ein Vergleich von Bohrs und Heisenbergs gemeinsamer Leistung, der Kopenhagener Deutung der Quantentheorie, mit gängigen philosophischen Ansichten einführen. Wie verhält sich die Kopenhagener Deutung zum Positivismus, zum wissenschaftlichen Realismus, zum Kantianertum? Sie erscheint mir von allen dreien klar verschieden.

Viele Leute, so Einstein und neuere philosophische Realisten, haben die Kopenhagener Philosophie für Positivismus gehalten. In der historischen Realität hat aber Bohr sich die Positivisten eher vom Leib gehalten, und Heisenbergs eigene Philosophie mündete in einer im Lauf seines Lebens immer schärfer werdenden Verwerfung des Positivismus. Aber hier dürfen wir uns nicht auf eine Beschreibung von Personen beschränken. In seinen späteren Schriften hat Heisenberg ganz klar ausgesprochen, worin sich die logische Struktur des Unbestimmtheitsprinzips von der üblichen Struktur positivistischer Argumente unterscheidet. Es trifft zu, daß Heisenbergs Ausgangspunkt 1925 ein Machsches Postulat war: die Physik sollte bloß die Verknüpfung zwischen beobachtbaren Größen beschreiben. Aber in *Der Teil und das Ganze* (S. 91–100) erzählt Heisenberg, wie Einstein ihm in einem langen Gespräch 1926 die erkenntnistheoretische Schwäche dieses Ausgangspunkts klarmachte. »Erst die Theorie entscheidet darüber, was man beobachten kann«, sagte Einstein (S. 92). Heisenberg hatte das begriffen, ehe er die Unbestimmtheitsrelation fand. Diese Relation gibt gerade an, was man dann als beobachtbar und als nicht beobachtbar ansehen muß, wenn man die Quantenmechanik als richtig unterstellt. Die logische Folgerung läuft hier in genau entgegengesetzter Richtung, als man es populär darzustellen pflegt. Die Folgerung lautet *nicht*: »Ort und Impuls können nicht zugleich beobachtet werden, also existieren sie nicht zugleich.« Dies wäre keine logisch gültige Folgerung; es wäre schlichter Unsinn. Die Folgerung lautet vielmehr: »In der Quantenmechanik gibt es keine Zustände, in denen Ort und Impuls zugleich existieren, also muß es unmöglich sein, sie im Einklang mit den Gesetzen der Quantenmechanik gleichzeitig zu messen.« Das scheinbare Paradox, daß, was gemäß der Theorie nicht existiert, gleichwohl nach unseren klassischen Begriffen beobachtbar sein müßte, wird durch den Beweis eliminiert, daß die klassischen Begriffe in der Quantentheorie genau dort unanwendbar werden, wo ihre Verwendung diesen Widerspruch zur Folge hätte.

Dieses Argument ist nun freilich so wenig wie ein positivistisches Argument mit der Lehre vereinbar, die man meist den wissenschaftlichen Realismus (scientific realism) nennt. Die Schule, die sich selbst als realistisch bezeichnet, scheint zu meinen, daß wir die wichtigsten Attribute der Wirklichkeit kennen, schon ehe wir die wissenschaftlichen Theorien besitzen, und daß man diese Theorien im Lichte solchen apriorischen Wissens beurteilen sollte. Dies ist gewiß nicht Heisenbergs Ansicht. Nach seiner Überzeugung haben wir gelernt – »von der Natur gelernt«, wie er gern sagte –, daß die Wirklichkeit ganz anders ist, als wir gedacht haben. Dann bleibt natürlich die philosophische Aufgabe, ausdrücklich zu sagen, welche Struktur der Wirklichkeit von der Quantentheorie impliziert wird. Das Argument ist andererseits auch kein positivistisches Argument. Unter dem Einstein-Heisenbergschen Gesichtspunkt macht der Positivismus genau denselben Fehler wie der Realismus, nur anhand eines anderen Begriffs. Der Realist bildet sich ein, a priori zu wissen, was »Realität« bedeutet; der Positivist bildet sich ein, a priori zu wissen, was »Erfahrung« bedeutet. Beide irren sich; erst die Theorie lehrt uns, was beobachtbar ist, weil es wirklich ist. Tiefer als diese beiden Philosophien geht Kants Gedanke, gewisse Elemente der Theorie seien als Bedingungen der Möglichkeit von Erfahrung zu deuten. Dieser Gedanke spiegelt sich in Bohrs berühmter These, daß Beobachtungen in klassischen Begriffen beschrieben werden müssen. Aber der traditionelle Kantianer würde folgern, nichtklassische Theorien über beobachtbare Größen müßten unmöglich sein, während Heisenberg schließen würde, daß gewisse Ereignisse nicht als Teile einer prüfbaren Beobachtung benützt werden können.

Vielleicht darf ich das Ergebnis dieses Vergleichs der Erkenntnistheorien in den Satz zusammenziehen, daß Heisenbergs Ansicht noch weniger aprioristisch ist als sogar der traditionelle Empirismus. Dieser Wechsel der Erkenntnistheorie läßt sich mit einem Wechsel der Ontologie verknüpfen, den die Quantentheorie erzwingt. Die Rolle des Beobachters bei der Definition des Zustandes eines physikalischen Systems hat zur Folge, daß man die traditionelle scharfe Entgegenstellung des Beobachters und des Beobachteten, des Subjekts und des Objekts, schwerlich aufrechterhalten kann. Heisenberg hat oft so gesprochen, freilich immer in einer gleichsam tastenden Weise. Die Philosophie, die nötig wäre, diese Dinge klar zu sagen, ist noch nicht entwickelt. Eins steht aber fest: alle drei soeben genannten traditionellen Erkenntnistheorien setzen eine scharfe Unterscheidung von Subjekt und Objekt voraus. Das wenigstens meinen sie a priori zu wissen. Ihre Apriori-Beschreibung, sei es des Subjekts, sei es des Objekts, verliert aber die Grundlage, wenn diese Unterscheidung selbst zweifelhaft wird. Wiederum ist Kants Philosophie die einzige der drei, die wenigstens ein Bewußtsein dieses Problems hat. Aber ich werde mich hier auf sie nicht einlassen.

Die Verwerfung dieser traditionellen Philosophien läßt uns mit einer erkenntnistheoretischen Frage zurück. Wenn wirklich erst die Theorie entscheidet, was beobachtet werden kann, wie können wir wissen, welche Theorie die richtige ist? Niemand hat je den ungeheuren empirischen Erfolg der Quantenmechanik bezweifelt. Aber wie sollen wir beschreiben, was es bedeutet, eine solche Theorie sei empirisch erfolgreich, wenn wir Beobachtungen nicht definieren dürfen, ehe wir die Theorie besitzen? Heisenbergs Begriff einer Abfolge abgeschlossener Theorien in der Entwicklung der Wissenschaft gibt einen Wink zur Antwort. Vor der Quantenmechanik beschrieben wir Beobachtungen in der Theorie, die ihr voranging, d.h. in der klassischen Mechanik. Seit es die Quantenmechanik gibt, haben wir die klassische Beschreibung nur dort zu korrigieren, wo sie mit der Quantentheorie nicht übereinstimmt; ebendies tut die Unbestimmtheitsrelation. Aber das ist nur ein Teil der Antwort. Folgen wir Heisenberg, so müssen wir ehrgeiziger sein. Warum waren gerade diese Theorien – klassische Mechanik, Thermodynamik, Relativitätstheorie, Quantentheorie – so erfolgreich? Heisenberg benutzte die Einfachheit als ein Kriterium für eine Theorie. Verstehen wir und können wir sagen, in welchem Sinne ebendiese Theorien einfach sind? »Mathematische Einfachheit« erscheint noch als ein etwas impressionistischer Ausdruck. In seinen späteren Jahren folgte Heisenberg einer speziellen Linie und deutete die Einfachheit als Symmetrie, die Symmetrie aber als Invarianz unter gewissen Lie-Gruppen. Der philosophische Rahmen, in dem er diese Linie sah, war der Platonismus, oder genauer die Philosophie Platons. In Platons *Timaios* fand er eine Vorform der heutigen Bedeutung der Symmetrien in der mathematischen Physik. In Platons ganzer Philosophie fand er dieselbe Verbindung der mathematischen Wissenschaft, der künstlerischen Schönheit und der zentralen Ordnung der Wirklichkeit, die ihn als Erfahrung durch sein wissenschaftliches Leben geleitet hatte. Und wieder drückte er diese Verbindung nicht wie ein professioneller Philosoph, sondern wie ein Augenzeuge aus.

In unserer gegenwärtigen Tagung werden wir Heisenbergs Versuch einer einheitlichen Feldtheorie in die Diskussionen einschließen. Ich habe sie in meinen Notizen für die Podiumsdiskussion mit D. Finkelsteins und den Starnberger Ansätzen verglichen. Ich beende die jetzige Vorlesung, indem ich zu sagen versuche, wie Heisenbergs letzte Theorie aus seinem hier erläuterten Begriff der Physik hervorgeht.

Niemand wird leugnen, daß eine Theorie der Elementarteilchen ein Desiderat ist. Heisenberg hat dies von jeher gesehen, seit die Anzahl sogenannter Elementarteilchen zu wachsen begann, oder schon zuvor. Als ich um 1930 bei ihm in Leipzig studierte, dachte er schon über mögliche Erklärungen für reine Zahlen nach, wie Sommerfelds Feinstrukturkonstante oder das

Massenverhältnis von Proton und Elektron. Gemäß seiner erkenntnistheoretischen Ansicht mußte man eine neue abgeschlossene Theorie, eben über Elementarteilchen, jenseits der allgemeinen Quantentheorie erwarten. Anfangs vermutete Heisenberg, diese werde die Quantentheorie ähnlich auf ein Feld genäherter Anwendbarkeit einschränken, wie die Quantentheorie dies mit der klassischen Mechanik getan hatte. Zu diesem Ansatz gehörten seine Spekulationen über eine kleinste Länge und auch die Einführung der S-Matrix. Inzwischen gibt es jedoch starke Gründe, zu erwarten, die Elementarteilchentheorie werde eine ganz gewöhnliche Quantentheorie sein, die nur die Liste möglicher physikalischer Objekte durch ein paar Zusatzaxiome einschränkt. Heisenbergs endgültiger Vorschlag, den er seit 1958 verfolgt, aber nicht mehr wesentlich geändert hat, entspricht diesem Modell. Sein einziges nichtkonventionelles Element ist die formale Verwendung einer indefiniten Metrik im Hilbertraum, die aber in der endgültigen Beschreibung realer Teilchen nicht mehr hervortritt. Ich darf hier die Randbemerkung machen, daß diese unglaubliche historische Stabilität der Quantentheorie selbst ein interessantes Problem darstellt. Können wir ihre »Einfachheit«, um Heisenbergs Wort zu gebrauchen, noch weiter erklären? Diese Bemerkung lasse ich hier aber zur Seite stehen, da weder Heisenberg versucht hat, diese Frage noch zu beantworten, noch auch das Problem ein Gegenstand der jetzigen Konferenz ist.

Die Grundannahme von Heisenbergs letzter Theorie besagt, daß das zusätzliche Axiom, das die Elementarteilchen und alles aus ihnen Zusammensetzbare festlegt, eben die Forderung der Invarianz unter einer Symmetriegruppe ist. Es hat viel Diskussion darüber gegeben, ob er diese Gruppe dann richtig ausgewählt hat. In meinen Podiumsnotizen schlage ich vor, diese Frage beiseite zu lassen, solange die grundlegenden Probleme jeder denkbaren Elementarteilchentheorie nicht gelöst sind. Als Fundamentaltheorie verstanden, ist Heisenbergs Theorie radikaler als die meisten heutigen Auffassungen zur Teilchenphysik. Diese – z. B. die Quark-Theorien – nehmen erstens an, daß es Elementarteilchen gibt, und dann zweitens, daß deren mögliche Zustände durch gewisse Symmetriegruppen bestimmt sind. Heisenberg aber nimmt nicht mehr als die Existenz eines einzigen Feldoperators an, der die fundamentale Gruppe darstellt. Die Existenz der Teilchen muß dann aus der Theorie folgen. In diesem Sinne versucht seine Theorie eine abgeschlossene Theorie gemäß seiner Erkenntnistheorie zu sein. Sie erinnert uns an die Tatsache, daß die Existenz von Teilchen keineswegs eine logische Konsequenz der allgemeinen Quantentheorie ist. In der Quantenmechanik setzt man die Teilchen als empirisches Faktum voraus, aber ihre Existenz folgt nicht aus den allgemeinen Axiomen. Der Fortschritt zu neuen abgeschlossenen Theorien erlaubt meist, die Zusammengehörigkeit begrifflicher Elemente herzuleiten, die in früheren theoretischen Stufen als logisch unabhängig erschienen. So hat die allgemeine Relativitätstheorie Geometrie und Gravitation und die Quantentheorie Physik und Chemie zu einer Einheit zusammengeschlossen. Die neue Feldtheorie soll nicht bloß alle Elementarteilchen aus *einem* Feld herleiten; sie strebt auch die Erklärung dafür an, warum alle empirisch erfolgreichen Quantentheorien bisher Quantentheorien von Teilchen gewesen sind. Natürlich beweist sich, wie man sagt, der Koch erst, wenn man den Pudding ißt. Ich habe hier nur zeigen wollen, daß Heisenbergs einheitliche Feldtheorie eine natürliche Folge aus seinem Begriff der Physik ist. Aber sie ist eine hypothetische Folge; dieselbe Philosophie würde noch etwas verschiedenere Annahmen zulassen. Aber viele der Schwierigkeiten, auf die sie in diesen letzten zwei Jahrzehnten gestoßen ist, halte ich für Schwierigkeiten, die in jeder Fundamentaltheorie von Teilchen auftreten müssen. Mehr phänomenologische Theorien heben diese Schwierigkeiten nicht auf, sondern schieben nur die Beschäftigung mit ihnen hinaus. Persönlich meine ich, daß sich der Prophet auch in seiner letzten Jagd als ein guter Jäger bewährt hat. Aber diese Frage gehört in unsere Tagung und nicht mehr in diese Vorlesung zu Ehren eines großen Mannes, der mein Lehrer und mein Freund war.

4. Paul Adrien Maurice Dirac*

Paul Adrien Maurice Dirac ist im Oktober 1984, 82jährig, in seinem Alterswohnsitz in Florida gestorben. Eine kurze Agenturmeldung berichtete von seinem Tod. In der Woche, in der uns alle zu Recht der Tod der großen Indira Gandhi und des Märtyrers Popieluszko bewegte – wer hat die Notiz von Diracs Tod wahrgenommen? Aber ohnehin: wer hätte heute gewußt, was für ein Mann es war, der unser, dem Katarakt zuströmendes Leben verlassen hat?

Dirac gehörte zu jenen Gelehrten, deren Ruhm unter den Fachleuten viel größer ist als im Publikum – ein bescheidener, sehr nobler Typ. Sollte ich die vier größten theoretischen Physiker unseres Jahrhunderts aufzählen, so würde ich Einstein, Bohr, Heisenberg, Dirac nennen. Als ich im Mai 1928, selbst noch Schüler, den damals 26jährigen Werner Heisenberg besuchte, der in den drei vorangegangenen Jahren die Quantenmechanik und die Unbestimmtheitsrelation entdeckt hatte, sagte er mir, nur halb im Scherz: »Ich glaub', ich muß mit der Physik aufhören. Da ist so ein junger Engländer gekommen, Dirac heißt er, der ist so gescheit – mit dem um die Wette zu arbeiten, ist aussichtslos.«

Heisenbergs Äußerung bezog sich auf die relativistische Wellengleichung des Elektrons, die Dirac soeben gefunden hatte. Diese Gleichung bot an einem Beispiel – eben dem einzelnen Elektron – den ersten mathematisch sauberen Beweis dafür, daß die Forderungen der speziellen Relativitätstheorie und der Quantentheorie miteinander logisch vereinbar sind. Sie erklärte zugleich den kurz zuvor aus empirischen Gründen vermuteten sogenannten »Spin« des Elektrons als notwendige Konsequenz dieser Vereinbarkeit.

Indem ich versuche, diese berühmteste Entdeckung Diracs zu beschreiben, gerate ich in das Problem, ihn dem Nichtfachmann verständlich zu machen. Anders als Einstein, Bohr und Heisenberg hat er nicht versucht, seine Gedanken durch allgemeinverständliche Schriften zu erläutern, und er vermied, der mathematisch präzise Denker, die Vagheiten der philosophi-

---

* Nachruf, DIE ZEIT, November 1984.

schen Deutung. Ehe ich ein kurzes Resümee der Inhalte seines Werks gebe, sollte ich versuchen, den Stil seiner Person und seiner Arbeit zu schildern.

Er war ein etwas über Mittelmaß gewachsener, schmächtiger, leiser Mann. Eine breite, gerade Stirn, in präzisem Winkel von ihr abgesetzt eine gerade Nase, kluge, etwas träumende Augen, ein gerades Kinn, über dem Mund ein kleines, englisches Schnurrbärtchen. Er war schweigsam. Fragte man ihn, so dachte er eine Weile nach und gab mit freundlicher, ruhiger Stimme die kürzeste mögliche genaue Antwort. Dann schwieg er wieder.

Ähnlich war der Stil seiner Arbeit. Er formulierte gelegentlich als methodisches Prinzip: »Man muß die Schwierigkeiten trennen und eine nach der anderen behandeln.« Dies war der Gegensatz zum Bohrschen Typus des Denkens, in dem alles mit allem zusammenhing. Dirac, der Bohr sehr bewunderte, fragte einmal Heisenberg: »Glauben Sie nicht, daß Bohr ein guter Dichter geworden wäre?« Auf die erstaunte Frage: »Warum?« antwortete Dirac: »Weil es in der Dichtung nützlich ist, die Worte ungenau zu gebrauchen.« Diracs eigene Gabe war eine gezügelt-schöpferische mathematische Phantasie. Er dachte über jedes Problem so lange nach, bis er die einfachste mögliche Formulierung gefunden hatte. Seine Gleichungen waren knapp, in ästhetischer Vollkommenheit übersichtlich geschrieben. Eine seiner einfachen mathematischen Erfindungen, die »Delta-Funktion«, wurde alsbald zum Handwerkszeug aller mathematischen Physiker, während die professionellen Mathematiker, der berühmte J. v. Neumann an der Spitze, versicherten, diese Funktion habe selbstwidersprechende Eigenschaften und sei daher eigentlich nicht zulässig. Ein Jahrzehnt später fand der französische Mathematiker Laurent Schwartz diejenige Verallgemeinerung des Funktionsbegriffs, welche die Delta-Funktion voll rechtfertigte.

Über Diracs, des freundlich-kritischen Einzelgängers Ausdrucksweise kursierten zahllose Anekdoten im Kollegenkreis. Als ich ihn persönlich kennenlernte, 1932, trug er auf einer Tagung bei Bohr, in Kopenhagen, einen neuen theoretischen Ansatz in der Quantenfeldtheorie vor. Eine mehr als einstündige Diskussion schloß sich an, vorzüglich darüber, was Dirac eigentlich gemeint habe. Dirac saß schweigend dabei. Befragt, antwortete er: »Should I repeat?« Heisenberg ging an die Tafel, schrieb zwei Sätze und fragte Dirac, welchen von beiden er habe behaupten wollen. Dirac stand schweigend auf, schrieb unter den einen »Yes«, unter den anderen »No« und setzte sich wieder. Die Diskussion ging weiter. Nach einer Viertelstunde stand Dirac auf, wischte das »Yes« aus und schrieb auch an seine Stelle »No«. Er war überzeugt, daß es nur *einen* präzisen Ausdruck eines Gedankens gibt und daß er diesen schon ausgesprochen hatte. Bei einer anderen Tagung wurden die Fragen nach einem Vortrag Diracs von einem Zuhörer eröffnet, indem er sagte, er habe eine bestimmte Passage in dem Vortrag nicht verstanden. Dirac schwieg. Der Vorsitzende sagte: »Prof. Dirac, would you care to answer the question?« Dirac: »There was no question. It was a statement.«

Einmal schrieb Dirac im Vortrag an die drei Meter hohe Rolltafel eine Formel und kündigte an, diese durch eine Rechnung zu beweisen. Er schrieb Formelzeile um Formelzeile säuberlich an und kurbelte dabei die Tafel nach oben, bis die Formel auf der Rückseite verschwand, und weiter. Als die Rechnung zu Ende war, erschien beim Kurbeln die durch sie bewiesene anfängliche Formel im genau richtigen Zeilenabstand von unten wieder auf der Tafel.

Beim gemeinsamen Teetrinken nahm Pauli einmal so viele Zuckerstücke in seine Tasse, daß die herumsitzenden Kollegen heiter protestierten. Man fragte schließlich den schweigenden Dirac nach seiner Meinung. Er dachte nach und sagte dann: »I think, one piece of sugar is enough for professor Pauli.« Das Thema wechselte, aber nach zwei Minuten sagte Dirac: »I think, one piece of sugar is enough for anybody.« Das Gespräch floß weiter, aber Dirac kam ans Ende seines Gedankengangs und sagte: »I think, the pieces of sugar are made in such a way that one is enough.«

Was aber hat der Mann, der in diesem Stil dachte, zutage gefördert?

Er kam in die theoretische Physik, als Heisenberg gerade die Quantenmechanik gefunden hatte. Dirac gab eine formale Darstellung der Theorie von vollendeter Eleganz, die er später in einem berühmten Lehrbuch niedergelegt hat und die klassisch geblieben ist. Er wandte die Theorie als erster nicht nur auf Teilchen, sondern auch auf das elektromagnetische Feld an. Seine oben erwähnte Wellengleichung des Elektrons war ein mathematischer Geniestreich. Die Gleichung ergab aber, entgegen der bekannten Erfahrung, daß das Elektron auch Zustände negativer Energie haben kann. 1930 veröffentlichte Dirac seine »Löchertheorie«: alle Zustände negativer Energie sind besetzt, und nur die unbesetzten Zustände, »Löcher«, wie Gasblasen in einem See, treten als Teilchen entgegengesetzter Ladung in unsere Erfahrung ein. Niemand mochte das glauben; Fermi »verurteilte« Dirac in einer heiteren Seminar-Gerichtssitzung für diese Absurdität »zur Bastonade«. Aber 1933 wurde das Positron experimentell entdeckt, das genau die von Dirac vorausgesagten Eigenschaften hatte.

In den fünfzig Jahren, die seitdem verflossen sind, ist Dirac keine so sensationelle Entdeckung mehr gelungen. Neue Kontinente sind selten. Aber wer heute in der theoretischen Physik arbeitet, wird immer wieder am Anfang einer wichtigen Gedankenreihe auf eine Abhandlung von Dirac stoßen. Es sei mir erlaubt, drei Beispiele aus meiner eigenen Erfahrung zu nennen. R. P. Feynman hat 1948 eine inzwischen ebenfalls klassische Formulierung der Quantenmechanik angegeben, aus welcher das Grundgesetz der älteren Mechanik, das sog. Hamiltonsche Prinzip, in durchsichtiger Weise folgt; der Gedanke stammt aus einer Arbeit Diracs von 1937. Ebenfalls 1937 schlug Dirac vor, das Verhältnis der charakteristischen Konstanten atomarer Kräfte zu derjenigen der Schwerkraft proportional dem jeweiligen Alter des Universums zu setzen; die Hypothese war höchst anregend, auch wenn sich heute die Waagschale zu ihren Ungunsten zu neigen scheint. 1936 stellte Dirac Wellengleichungen gemäß der speziellen Relativitätstheorie im »konformen Raum« dar; die Methode wurde das Instrument von Arbeiten von L. Castell seit 1967, auf die sich meine Hypothese von »Uralternativen« mathematisch stützt.

Wollen wir, entgegen Diracs eigener Zurückhaltung, philosophisch zu sagen suchen, was sein Werk bedeutet, so werden wir in eine ganz andere Richtung gewiesen, als es die inzwischen abgedroschenen Deutungsdebatten zur neueren Physik nahelegen. Das Geheimnis ist die hohe mathematische Rationalität der Naturgesetze. Wir können diese Rationalität bis heute nicht in philosophischer Sprache angemessen charakterisieren. Ästhetische Kategorien drängen sich unausweichlich auf, wenn wir überhaupt von ihr sprechen wollen. Dirac war im Sinne dieser Ästhetik ein großer Künstler. Er hielt sich aber spontan an Goethes, ihm unbekannten Spruch: »Bilde, Künstler, rede nicht!« Die Kunst sagt nicht, was Kunst ist; sie führt es vor. Deshalb war Dirac schweigsam.

B. Schritte auf dem Weg

1. Über das Trägheitsgesetz (1974)

I. Systematische Betrachtungen

1. Wissenschaftstheorie und Wissenschaftsgeschichte. Der durch Th. S. Kuhn ausgelöste Einbruch der Wissenschaftsgeschichte in die Wissenschaftstheorie hat einen sachlichen Grund. Die moderne Wissenschaftstheorie versteht sich, der Intention nach, selbst als Wissenschaft, und sie ist ihrem Ausgangspunkt nach empiristisch. Sie versucht, wissenschaftlich zu beschreiben, wie Wissenschaft auf Grund von Erfahrung möglich ist. Nehmen wir nun für einen Augenblick an, Kuhns Beschreibung des Entwicklungsgangs von Wissenschaft sei richtig und allgemeingültig. Dann muß diese Beschreibung auch auf die Wissenschaftstheorie zutreffen. Wissenschaftstheorie wird also gemäß einem Paradigma Einzelprobleme lösen, bis sie an die Grenze der Problemlösungskraft dieses Paradigmas kommt und eine Revolution durchläuft. Die Verwendung eines Paradigmas in normaler Wissenschaft bedeutet, daß nach dem Grund der Möglichkeit dieses Paradigmas, nach dem Sinn der es konstituierenden Begriffe nicht zurückgefragt wird; ebendiese Rückfrage aber geschieht in der Revolution. Das Paradigma der modernen Wissenschaftstheorie ist durch den Begriff der Erfahrung, der empirischen Erkenntnis angedeutet. Die Krise der empiristischen Wissenschaftstheorie ist ausgelöst durch die fortschreitende Erkenntnis, daß unklar ist, wie Naturgesetze durch Erfahrung begründet werden, ja, was Erfahrung ist. Naturgesetze sind durch Erfahrung höchstens falsifizierbar (Popper), Falsifikation aber ist nur mit Hilfe schon akzeptierter theoretischer Begriffe möglich. Man kann alle Versuche der vor-Kuhnschen Wissenschaftstheorie, zu sagen, was Erfahrung ist, als apriorische Definitionen von Erfahrung bezeichnen. Sie versuchen, im Sinne des klassischen Apriorismus, die Theorie der empirischen Wissenschaft systematisch (wenn auch nicht historisch) vor aller empirischen Wissenschaft zu begründen. Die Kuhnsche Revolution der Wissenschaftstheorie besteht dann darin, Theorie der empirischen Wissenschaft selbst als empirische, nämlich historische Wissenschaft zu betreiben.*

Ein zentrales systematisches Problem dieser historischen Wissenschaftstheorie besteht darin, daß sie die vergangenen Phasen der Wissenschaft doch nicht anders als mit den Kenntnissen der heutigen Wissenschaft beurteilen kann. Die Offenheit der Zukunft der Wissenschaft äußert sich darin, daß die historische Wissenschaftstheorie dem Zirkel nicht entgehen kann, die heutige Wissenschaft zugleich naiv zu benützen und historisch zu relativieren. Die hieraus erwachsenden systematischen Probleme habe ich unter dem Titel der semantischen Konsistenz in »Geometrie und Physik« erörtert. Hier möchte ich das nächst der physikalischen Geometrie wichtigste Beispiel diskutieren, das Trägheitsgesetz. Dabei ist die Fragerichtung derjenigen Kuhns und auch der von »Geometrie und Physik« entgegengesetzt. Es wird nicht primär der historische Gang der Argumentationen verfolgt, der die heutige Ansicht hervorgebracht hat. Vielmehr wird eine möglichst präzise Darstellung der heutigen Ansicht an die Spitze gestellt, um aus ihr den historischen Wechsel der Paradigmen begreiflich zu machen. Im Sinne der Heisenbergschen Folge abgeschlossener Theorien: die beste heute verfügbare Theorie wird benützt, um die Möglichkeit ihres Vorverständnisses zu erläutern.

---

* Vgl. hierzu und zum folgenden meinen Aufsatz »Geometrie und Physik«, in: *Festschrift für J. M. Jauch*, 1974; insbesondere Abschnitt 7 des Aufsatzes. Jetzt in Teil I, Kap. 5.2.

2. Trägheitsgesetz und Erfahrung. In der Fassung als Newtons 1. Axiom lautet das Gesetz: »Jeder Körper verharrt in seinem Zustand der Ruhe oder der gleichförmigen Bewegung, wenn er nicht durch eine einwirkende (impressa) Kraft daraus entfernt wird.«*

Nach Auffassung der heutigen Physik kann dieser Satz nicht durch Erfahrung direkt bewiesen oder widerlegt werden, denn die heutige Physik kennt keinen Körper, auf den keine Kraft einwirkt. Gleichwohl gilt er als empirisch bestätigt. In Popperscher Sprechweise kann man etwa sagen: die These, bei unbegrenzt abnehmender Kraft nähere sich die Bewegung jedes Körpers asymptotisch der gleichförmigen, hat bisher jeder Falsifikation getrotzt. Es gehört zum methodischen Vorgehen des vorliegenden Aufsatzes, an dieser Stelle nicht die zahlreichen wissenschaftstheoretischen und physikalischen Probleme zu diskutieren, die sich an die Begriffe der Kraftmessung, der Orts- und Geschwindigkeitsmessung, der Falsifikation anknüpfen. Wir wollen von der nach dem Urteil der Scientific community besten bestehenden Theorie ausgehen und die Phänomene unbefangen so beschreiben, wie sie sie beschreibt, und wollen die methodologischen und philosophischen Probleme der Vergangenheit in ihrem Licht sehen; Rechtfertigung des Verfahrens: alle Wissenschaftshistoriker tun das mehr oder weniger verstohlen ohnehin, schon durch die Wahl moderner Vokabeln zur Beschreibung der Phänomene.

Diejenigen schon früheren Jahrhunderten bekannten Erfahrungen, in denen sich nach heutigem Urteil die Richtigkeit des Trägheitsgesetzes manifestiert hat, sind die Wurfbewegung und die Bewegung der Himmelskörper. Zwar wirken auf beide Bewegungen Kräfte ein, zum mindesten die Schwerkraft. Aber diese Kräfte erscheinen nicht als die Ursache der Bewegung, sondern nur als die Ursache ihrer Ablenkung aus der geraden Bahn und (im Fall des Luftwiderstands) ihrer Bremsung. Die aus Newtons 2. Axiom folgende Meßbarkeit der Kraft durch die Beschleunigung ist selbst erst durch das Trägheitsgesetz er-

---

* Zur Ergänzung der gegenwärtigen Erläuterung dieses Satzes vgl. *Die Einheit der Natur*, I.3.

möglicht. Man kann also hier die bekannten Kräfte nur für die Abweichung von der Trägheitsbahn, nicht für ihre Verursachung in Anspruch nehmen.

3. Trägheit und Kausalität. Das Trägheitsgesetz muß als kausales Paradox erscheinen. Das Kausalprinzip, wie immer man es formuliert, nimmt an, jedes Geschehen habe eine Ursache. Die Ursachen von Bewegungen nennt man traditionell Kräfte. Die Trägheitsbewegung ist eine Bewegung ohne Kraft, also anscheinend ohne Ursache.

Das Mißbehagen über dieses Paradox dürfte das Motiv für die verschleiernde Formulierung Newtons (wie schon Descartes') sein, der kräftefreie Körper »verharre« in seinem »Zustand« gleichförmiger Bewegung. Die Ortsänderung ist ein Geschehen, das seinerseits als Ursache weiteren Geschehens auftreten kann (das Projektil fliegt auf einer Trägheitsbahn bis ins Ziel, das es zertrümmert). In einer modernen Fassung der Punktmechanik charakterisiert man den Zustand (die »Phase«) eines Massenpunkts durch 6 Parameter, nämlich 3 Orts- und 3 Impulskoordinaten; nur die letzteren sind bei der Trägheitsbewegung konstant.

Physiker wären vielleicht geneigt, zu sagen, die Ursache der Trägheitsbewegung sei eben das Trägheitsgesetz. Aber auch das wäre eine verbale Verschleierung des Problems. Im selben Sinne wäre »Ursache« (besser wohl »Grund«) der Fallbewegung das Gravitationsgesetz. Aber das Gravitationsgesetz fordert eine dingliche lokalisierbare Ursache der Beschleunigung: den anziehenden Körper oder, feldtheoretisch, das Gravitationsfeld. Das Trägheitsgesetz fordert keine dingliche Ursache der Konstanz der Geschwindigkeit. Geschwindigkeit, obgleich beobachtbare Änderung, erscheint unter Kausalitätsgesichtspunkten wie ein Merkmal der Identität eines Dings in einem Zustand.

Nun ist es, wenn man kausales Denken überhaupt ernst nimmt, nicht selbstverständlich, daß Bewahrung einer Identität keiner Ursache bedarf. Die Ursache liegt dann aber nicht in einzelnen änderbaren Dingen, sondern vielleicht im Weltganzen. So vermutete Mach die Ursache der »Trägheitskräfte«, also der Trägheitsbewegung, in den fernen Gestirnen. Die bisherige Physik hat das Problem nicht gelöst. Eben darum sei es hier hervorgehoben.

4. Trägheitsgesetz und Transformationsgruppen. Die heutige Physik verknüpft das Trägheitsgesetz mit der Galilei- bzw. Lorentz-Invarianz der physikalischen Gesetze. Dies sei zunächst durch einen Vergleich mit der euklidischen Geometrie erläutert.

Alle bekannten physikalischen Gesetze außer denen der allgemeinen Relativitätstheorie sind invariant gegenüber der euklidischen Gruppe, d. h. den im euklidischen dreidimensionalen Raum als Rotationen und Translationen darstellbaren Transformationen. Ebendiese Invarianz darf als der historische Grund der Entstehung einer gesonderten Wissenschaft der Geometrie neben (zeitlich: vor) der Physik gelten (vgl. »Geometrie und Physik«). Die Invarianz der Naturgesetze gegenüber einer Transformationsgruppe besagt, daß Lösungen der diese Gesetze ausdrückenden Gleichungen durch Transformationen der Gruppe wieder in Lösungen überführt werden. Dies gilt nicht nur für eine Abbildung der Welt im ganzen auf sich, sondern ebenso für eine Abbildung eines als hinreichend von seiner Umgebung isoliert beschreibbaren Teils der Welt, etwa eines »freien« Körpers, auf sich. Unter den Eigenschaften eines solchen Körpers werden einige sein, die bei der Abbildung invariant bleiben; z. B. wird ein Würfel in einen nur anders gelagerten Würfel überführt. Die bei einer Gruppe invarianten Eigenschaften definieren im Sinne Felix Kleins eine Geometrie. Man darf dann in empiristischer Sprache sagen: die Erfahrung hat die Menschen gelehrt, daß es physische Eigenschaften der Körper gibt, die bei der euklidischen Gruppe invariant sind, jedenfalls in sehr guter Näherung. Die Wissenschaft von diesen Eigenschaften ist die Geometrie.

Fügt man zur euklidischen Gruppe die Zeittranslationen, so erhält man eine neue Wissenschaft, die Kinematik. Das Trägheitsgesetz nun lehrt uns, daß noch eine weitere 3-parametrige Mannigfaltigkeit von Transformationen hinzugefügt werden darf, die Galilei- bzw. Lorentztransformationen. Die entstehende 10-parametrige Gruppe nennt man heute die Poincaré-Gruppe (bzw. Galilei-Gruppe). Diese definiert die Theorie kräftefreier Bewegungen. Eine Begründung des Trägheitsgesetzes wäre heute wohl nur zu erwarten im Rahmen einer Begründung der Poincaré-Invarianz der Physik.

II. Historische Betrachtungen

Vor dem Hintergrund der systematischen Überlegungen sollen nun ein paar wichtige historische Positionen beurteilt werden.

5. Aristoteles. Die aristotelische Lehre von den Ortsbewegungen ist den Phänomenen des täglichen Lebens eines vortechnischen Zeitalters näher als die der neuzeitlichen Physik. In bewußter Absetzung von den Atomisten vermeidet sie die in der Neuzeit wieder eingeführte Abstraktion des leeren Raums. Der Ort eines Körpers ist die innere Oberfläche der ihn umgebenden Körper. Diese Definition erklärt den Ort bezüglich der Umwelt und letztlich des körperlichen endlichen Weltalls und macht die Unterscheidung zwischen Körpern und Raum entbehrlich. Ortsbewegung (phorá) ist dann Übergang in einen anderen Ort. Sie geschieht nicht ohne Ursache. Damit ist das Trägheitsgesetz mitsamt seiner kausalen Paradoxie ausgeschlossen. Es fragt sich, wie diejenigen Phänomene dann gedeutet werden, die wir durch die Trägheit deuten.

Grundlegend ist hier die Unterscheidung natürlicher und erzwungener Bewegungen. Sehen wir von Lebensphänomenen ab, und beschränken wir uns auf die Elemente, so gibt es zweierlei natürliche Bewegungen: geradlinige in der Senkrechten und kreisförmige um den Weltmittelpunkt. Geradlinig sind die Rückbewegungen der vier irdischen Elemente an ihren natürlichen Ort, wenn sie aus diesem durch Zwang entfernt waren: die schweren, Erde und Wasser, streben nach unten, die leichten, Feuer und Luft, noch oben. Kreisförmig ist die ewige Bewegung der quinta essentia, der Himmelssphären, mitgeführt von der Fixsternsphäre, die in ewigem Eros nach dem unbewegten Beweger bewegt wird.

Deskriptiv umfassen diese Klassen von Bewegungen die bekannten Phänomene des Falls, des Aufstiegs, der Himmelsbewegung. Die Differenz gegen die atomistische und die neuzeitliche Lehre wird deutlich, wenn man nach den Erklärungsprinzipien fragt. Die natürlichen Bewegungen sind natürlich, insofern sie das teleologische Moment des Strebens nach der den Körpern natürlichen Vollkommenheit haben: Lage am natürlichen Ort, Bewegung in der einzigen vollkommenen, nämlich als ewige möglichen Bewegung, der Kreisbewegung.

Eben hierdurch werden sie einem einheitlichen Weltbild einge-ordnet, denn dasselbe Streben nach der je eigenen Vollkommen-heit (das ariston telos des Aristo-teles) erklärt das Verhalten der lebenden Wesen und der vernünftigen Menschen. Jeder Vor-gang hat aber zugleich mit dem Ziel auch eine wirkende Ursa-che, den Anlaß der Bewegung. In diesem letzteren Sinne wird alles Bewegte von etwas anderem bewegt. So ist die Wirkursa-che des Falls eines Steins etwa der Körper, der die Befestigung löst, die den Stein zwangsweise über seinem natürlichen Ort festhielt.

Von den in Abschnitt 2 genannten Phänomenen, die wir durch Trägheit erklären, erklärt dieses Paradigma die Himmels-bewegung. Zum Vergleich müssen wir von unserem relativisti-schen ins geozentrische Weltbild zurücktransformieren. Die Bewegung der Fixsternsphäre ist für uns das Spiegelbild der Erddrehung, die durch Trägheit als fortdauernd, durch Schwer-kraft als kreisförmig bestimmt ist. Die Rolle der Trägheit in den Planetenbahnen um die Sonne wird in diesem Weltbild nicht be-schrieben; die eudoxische Sphärenkonstruktion tritt an ihre Stelle.

Die Wurfbewegung ist die Crux der aristotelischen Lehre von der Ortsbewegung. Sie muß als erzwungen beschrieben werden. Aber wenn ein Körper frei fliegt, was zwingt ihn dann zum Weiterfliegen? Aristoteles muß hier die bewegende Kraft dem Medium, also der Luft, zuschreiben. Man kann sagen, daß die Probleme der Aristoteleskommentatoren und der Spätscho-lastiker mit der Wurfbewegung die vom Trägheitsgesetz aus ver-ständliche Folge des Ungenügens des aristotelischen Paradigma sind, muß aber auch sehen, daß sich die kausale Schwierigkeit, die im aristotelischen Rahmen ein »puzzle« im Sinne Kuhns war, im neuzeitlichen Paradigma in das den Prinzipien imma-nente kausale Paradox verkrochen hat.*

---

* Die These (z. B. bei Ross), Aristoteles habe ein falsches Fallgesetz gelehrt – Proportionalität der Fallzeit zur Dichte des Mediums und zum reziproken Ge-wicht –, halte ich mit Wolff für eine Verwechslung zweier argumenti causa vor-gebrachten Unterstellungen mit einer Kohärenz beanspruchenden Theorie.

6. Johannes Philoponus.* Philoponus verlegt die Wirkursache der Fallbewegung in die dem fallenden Körper innewohnende Kraft der Schwere, die Wirkursache der Himmelsbewegung und des Flugs eines geworfenen Körpers ebenso in ihnen innewohnende oder eingeprägte Kräfte. Alle diese Bewegungen, auch die erzwungene des Wurfs, sind für ihn »naturgemäß«. Damit bedeutet dieser Terminus nicht mehr »der Natur des bewegten Körpers gemäß«, sondern »der Natur des Weltganzen gemäß«. Der Erklärungswert des Begriffs der naturgemäßen Bewegung wird damit aufgegeben. Dafür besteht jetzt die Möglichkeit, das bei Aristoteles am Rand stehende Trägheitsphänomen näher an den Mittelpunkt der erklärenden Theorie zu rücken. Fragt man nach den Motiven dieser Änderung der Theorie, so ist die Zugehörigkeit des Philoponus zum Christentum als ein Motiv nicht auszuschließen. Das Aufhören der Wurfbewegung wird durch ein allmähliches Erlahmen der vis impressa im fliegenden Körper erklärt. Dann kann aber auch die Himmelsbewegung erlahmen, und so ist die den Christen schwerer akzeptable aristotelische Lehre von der Ewigkeit der Himmelsbewegung ihres zwingenden Charakters beraubt. Man wird als neuzeitlicher Physiker die Möglichkeit solcher wie auch anderer »externer« Motive (z.B. in der Struktur der Arbeitsvorgänge und der Wirtschaft) für neue Paradigmen ohne weiteres zugeben und doch vermuten, daß die Chance einer so motivierten Theorie, sich durchzusetzen, größer ist, wenn sie zugleich dem »Sog der Wahrheit« ein Stück weit folgt. Vergleicht man mit Popper und Kuhn die Wissenschaftsentwicklung der Darwinschen Evolution der Organismen, so wird es »ökologische Nischen für Theorien« geben. In diesen spiegelt sich u.a. das, was die naiv-gegenständliche Fragestellung den Wahrheitsgehalt der Theorien nennt.

7. Klassische Mechanik. Galilei gewinnt die Trägheitsbewegung als Grenzfall des freien Herabgleitens (bzw. faktisch des Herabrollens) auf einer schiefen Ebene für den Fall der Neigung Null.

---

*   Dieser Abschnitt ist angeregt durch M. Wolff, *Fallgesetz und Massebegriff. Zwei wissenschaftshistorische Untersuchungen zur Kosmologie des Johannes Philoponus*, Berlin 1971.

Dies entspricht genau dem in Abschnitt 2 behaupteten empirischen Sinn des Trägheitsgesetzes als Grenzaussage. Dabei nimmt Galilei die Krümmung der Erdoberfläche ernst: die waagerechte Trägheitsbewegung auf der Erde ist für ihn eine Kreisbewegung um den Erdmittelpunkt. Das erlaubt ihm auch, die Planetenbewegungen (nun kopernikanisch um die Sonne) als Trägheitsbewegungen zu verstehen. Die Trägheitsbahn ist ein Kreis. Dadurch kann er die Trägheitsbewegung auf der Erde als eine ebenso natürliche Bewegung beschreiben, wie es die Himmelsbewegung bei Aristoteles ist. Freilich fällt bei ihm die aristotelische Kausalerklärung beider Bewegungen fort, und das kausale Paradox macht sich fühlbar.

Kurz nach Galilei wird die Trägheitsbewegung als geradlinig postuliert. Damit ist der Weg frei für die Erklärung der Krümmung der Planetenbahnen analog der Krümmung der Wurfbahn durch die Schwerkraft. Endgültig geleistet hat dies Newton. Der Begriff der »vis impressa« in Newtons 2. Gesetz ist die Übertragung des alten Worts auf eine ganz andere Sache. Die alte »vis impressa« soll die Trägheitsbewegung kausal erklären, Newtons »vis impressa« die Abweichung von ihr. Der alten »vis impressa« entspricht viel eher Leibnizens »vis viva«, heute kinetische Energie genannt. Will man die Existenz eines kausalen Paradoxons im Trägheitsgesetz bestreiten, so kann man sagen, daß dem geworfenen Körper in der Tat ein ihm während des Flugs innewohnendes Quantum einer Größe mitgeteilt wird, für welche sogar ein Erhaltungssatz gilt, eben der Energie. Dies wäre eine neuzeitliche Rechtfertigung der Sprechweise des Philoponus.

III. Nachwort 1992

Der vorangehende Text wurde begonnen als eine Fortsetzung des Aufsatzes »Geometrie und Physik«, dessen erste sieben Abschnitte im jetzigen Buch in Teil I, Kapitel 5: »Was ist Mathematik?«, aufgenommen sind, der achte im *Aufbau der Physik*, Kap. 6.9. Der Text blieb unvollendet und ungedruckt.

Die mathematische Physik, wie wir sie kennen, wurde durch drei »wissenschaftliche Revolutionen« eingeleitet: die schon in der Antike entstandenen zwei Wissenschaften der mathemati-

schen Astronomie und der Geometrie und die im Anfang der
Neuzeit entstandene klassische Mechanik. Der obige Text sucht
zu zeigen, daß der eigentlich revolutionäre Schritt der klassischen Mechanik die Akzeptation der kausalen Paradoxie des
Trägheitsgesetzes war. Man suchte sich seinen paradoxen Charakter zu verbergen, wie es »normale Wissenschaft« fast stets mit
den inneren Widersprüchen ihres Paradigmas tut. Tatsächlich
ist die Paradoxie bis heute nicht aufgelöst. Die spezielle Relativitätstheorie wäre unmöglich ohne das Trägheitsgesetz. In der
Quantentheorie wird ein Teilchen als irreduzible Darstellung der
Poincaré-Gruppe definiert, also essentiell als fähig zur Trägheitsbewegung. Die einfachsten Teilchen im Aufbau der konkreten
Quantentheorie (*AP* 9.3e, 10.2c, 10.4b, c) sind masselose »Quasi-
teilchen«, die der Ruhe unfähig sind und in jedem Bezugssystem
Lichtgeschwindigkeit haben. Die als »kräftefrei« bezeichnete
Trägheitsbewegung erscheint hier als die elementarste Darstellung des Fortschreitens der Ereignisse in der Zeit, das seinerseits
dem Kausalgesetz schon zugrunde liegt. Trägheit scheint systematisch früher zu sein als Kausalität. Mit dieser Bemerkung wenden wir uns den weiteren »Schritten auf dem Weg« zu.

2. Zur Irreversibilität in der klassischen Physik

Der Abschnitt I 7.B3 über die Zeit in der Physik schreitet um
der erwünschten Knappheit willen rasch voran und unterläßt
die Diskussion, z.T. schon die Nennung möglicher Einwände.
Etwas davon soll hier nachgeholt werden.

Im dortigen Text akzeptiere ich die Reversibilität der deterministischen Gesetze der klassischen Physik und auch der bezüglich der Entwicklung der Wellenfunktion deterministischen
Schrödingergleichung in der Quantentheorie. Die Frage stellt
sich dann, wie dies mit der Irreversibilität des von uns beobachteten Geschehens in der Welt vereinbar ist. Ich führe die Irreversibilität in der Thermodynamik auf die phänomenologisch gegebene Unterschiedenheit der Zeitmodi zurück: Faktizität der
Vergangenheit, Möglichkeit der Zukunft. Im Sinne semantischer Konsistenz begründe ich dann die Faktizität des Vergangenen und die bloße Möglichkeit des Zukünftigen wieder aus
dem Zweiten Hauptsatz: aus einem jetzt vorliegenden, a priori

unwahrscheinlichen Dokument kann man für die Vergangenheit auf noch Unwahrscheinlicheres schließen, für eine Zukunft nur auf Wahrscheinlicheres.

Es gibt aber in der Thermodynamik zwei klassische Einwände, von Zermelo und Poincaré, gegen Boltzmanns Herleitung des 2. Hauptsatzes*, den Wiederkehreinwand und den Umkehreinwand. Ich diskutiere hier beide zunächst nur im Rahmen der klassischen Physik; zur Quantentheorie vgl. I 7.D3.

Der *Wiederkehreinwand* besagt: In einem Phasenraum von endlichem Volumen (z. B. auf der Energieschale einer endlichen Anzahl von Massenpunkten) kommt der Zustand nach endlicher Zeit dem ursprünglichen Zustand wieder beliebig nahe. Hierauf antworten wir für jedes endliche Objekt in der Welt mit einer Eigenschaft, die wir seine *Mundanität* (sein »In-der-Welt-Sein«) nennen wollen. Kein Objekt ist in Strenge isoliert. Z. B. strahlt und empfängt es stets elektromagnetische Strahlung. Gegenstände auf der Erde tauschen unablässig Energie und Information mit der Umgebung aus. Für Sterne gilt, soweit wir empirisch wissen, die »Sommerfeldsche Ausstrahlungsbedingung«: Strahlung tritt konzentrisch aus, aber nicht konzentrisch ein; es gibt retardierte, aber keine avancierten Potentiale. Wenn es möglich ist, diese Bedingung statistisch, durch Abschätzung der Entropie des Systems von Materie und Strahlung zu begründen**, so gilt für sie dieselbe Überlegung wie für Boltzmanns H-Theorem in I 7.B3. Sie setzt einen Zustand niedriger Entropie für eine Vergangenheit voraus.

Der Begriff der Mundanität ist auf endliche Objekte in einer umgebenden Welt anwendbar, aber eben darum nicht auf ein Modell der Welt im ganzen. Wir sind also genötigt, die *Kosmologie* zu betrachten. Im ersten Teil kamen wir zu der Folgerung, es genüge für die semantische Konsistenz, für die Welt im ganzen zu einem jetzt sehr weit in der Vergangenheit liegenden Zeitpunkt einen a priori sehr unwahrscheinlichen Zustand (z. B. »Urknall«) anzunehmen. Es wurde aber betont, daß dies nur der sparsamst mögliche Ausdruck für die Faktizität der Ver-

---

* P. u. T. Ehrenfest, 1907 (*Phys. Zeitschrift* 8, S. 311–314).
** Dazu A. Schlüter.

gangenheit ist, die also dabei weiter vorausgesetzt wird und die als Eigenschaft *einer Lösung* der kosmologischen Grundgleichungen mit einer Reversibilität der *Gleichungen* mathematisch vereinbar ist. Dies ist zunächst eine Antwort auf den *Umkehreinwand*, der besagt, die zeitliche Umkehr des real bekannten Ablaufs sei nach den Naturgesetzen ebenso möglich: sie ist mathematisch möglich, entspricht aber nicht der uns bekannten Wirklichkeit. Wesentlich ist dabei, daß hier die semantische Konsistenz der Akzeptation genau *einer* Lösung der Gleichungen einsichtig wird.

Die an prinzipielle Reversibilität des wirklichen Geschehens glaubenden Physiker haben aber noch den Ausweg *reversibler Weltmodelle*. Schon Boltzmann erwog (dazu mein Aufsatz von 1939): In einer zeitlich und räumlich unendlichen Welt können gelegentlich sehr große Entropieschwankungen auftreten. Nur in der Nähe einer solchen Schwankung würden lebende Wesen, also auch Menschen, also auch Physiker entstehen, und diese würden dann jeweils »die Zeit in der Richtung wachsender Entropie messen«. Mit modernen kosmologischen Theorien ist gesagt worden*: Es gibt zeitlich streng periodische Lösungen, in denen die Welt abwechselnd expandiert und kontrahiert; wenn dann die Menschen die Zeit stets »in Richtung der Expansion messen«, ist der empirische »Zeitpfeil« stets so, wie wir es heute in unserer Welt kennen, obwohl das Weltmodell spiegelsymmetrisch in der Zeit ist.

Es ist nicht leicht zu sehen, wie solche Modelle semantisch konsistent gemacht werden könnten. Die Formel »die Zeit in einer gegebenen Richtung messen« unterschlägt die Phänomenologie des Jetzt, die ich im Text des ersten Teils zu den älteren Argumenten hinzugefügt habe. Wie soll für ein wahrnehmendes Wesen in der Welt die Bannung in ein »Jetzt« entstehen, das je nach dem Vorzeichen einer Boltzmannschen Schwankung oder der jeweiligen Zeitabhängigkeit des Weltradius in verschiedener »Zeitrichtung« verrinnt?

Ausgehend vom traditionellen Gebrauch der Begriffe habe ich zudem gegen beide Modelle Einwände erhoben, die sich nicht explizit auf die Phänomenologie des Jetzt beziehen. So zu

* Zitate

Boltzmann (in der Arbeit von 1939): Statistisch wahrscheinlicher als ein zeitlich fernes, sehr tiefes Entropieminimum wäre die Annahme, der jetzige Augenblick mit allen in ihm enthaltenen »Dokumenten« sei das Minimum einer Schwankung (ein Analogon zu der »kreativistischen« Theologie, nach der Gott vor 6000 Jahren die Welt mit allen Sedimenten und Saurierknochen geschaffen hat, damit sie aussieht, als sei sie einige Milliarden Jahre alt). Zu den periodischen Weltmodellen (im Gespräch zu Kollegen): Vernachlässigt man die irreversible Thermodynamik nicht, so gibt es gar keine streng periodischen Lösungen. In beiden Fällen läßt sich durch Änderung der statistischen Mechanik antworten. Für Boltzmann: »Mikroskopisch ist die Welt deterministisch; Menschen und Saurierknochen konnten deterministisch *aus* einer fernen Schwankung entstehen, aber nicht *als* momentane Schwankung, deren Zukunft und Vergangenheit höhere Entropie hat.« Für das periodische Weltmodell: »Auch der 2. Hauptsatz muß seine Richtung bei Umkehr der Zeitabhängigkeit des Weltradius ändern.« Beides ist schwer einzusehen und schwer zu widerlegen, da es eine spezielle Abhängigkeit mikroskopischer Vorgänge von makroskopischen impliziert, die in der bekannten statistischen Mechanik nicht als relevant in Betracht gezogen wird.

Wohl für alle heute empirisch entscheidbaren Fragen, die im jetzigen Buch diskutiert werden, dürfte die Entscheidung dieser Kontroverse pragmatisch belanglos sein. Ich begnüge mich daher damit, im Rahmen der klassischen Physik den üblichen, umgangssprachlichen Sinn der Worte »Vergangenheit«, »Jetzt«, »Zukunft« zu benützen und dem anders gesonnenen Leser die Übersetzung in eine von ihm zu erfindende Sprache zu überlassen. Im Zusammenhang von Quantentheorie und Kosmologie kommen wir noch einmal auf das Problem zurück.

3. Zur Deutung der Quantenmechanik (1941)*

Die Quantenmechanik hat die Beschreibung des experimentellen Vorgangs durch die klassische Physik zur methodischen Voraussetzung. Sie unterscheidet sich von der klassischen Physik nur durch den Verzicht auf die Objektivierung dieser Beschreibung. Die Anschaulichkeit und die Geltung des Kausalprinzips, welche für die klassische Physik charakteristisch sind, werden hierdurch nicht aufgehoben; sie finden nur eine andere Art der Anwendung. Die Endgültigkeit des quantenmechanischen Verzichts auf Objektivierbarkeit ist an die Endgültigkeit der klassischen Beschreibung der Experimente gebunden.

Die vorliegende Arbeit will die Deutung, welche der Quantenmechanik durch Heisenberg und Bohr gegeben worden ist, nicht erweitern oder abändern, sondern erläutern. Sie entspringt aus dem folgenden Bedürfnis: Die Frage nach der Deutung der Quantenmechanik, die in den letzten anderthalb Jahrzehnten viel diskutiert wurde, kann in drei Teilfragen zerlegt werden:

1. Was behauptet die Quantenmechanik eigentlich?

2. Sind diese Behauptungen auch für jede zukünftige Physik verbindlich?

3. Welche philosophischen Konsequenzen haben die Behauptungen der Quantenmechanik?

Allgemein zugegeben ist heute nur, daß die Deutung von Heisenberg und Bohr die erste Frage richtig beantwortet. Die Fragen 2 und 3 sind strittig. Es ist die Ansicht des Verfassers, daß diese beiden Fragen nicht getrennt gelöst werden können, d.h. daß schon die Frage nach der physikalischen Endgültigkeit der für die Quantenmechanik charakteristischen Abweichungen vom Weltbild der klassischen Physik in philosophische Probleme hineinführt. Die Bearbeitung dieser Probleme wird nun dadurch erschwert, daß die genaue Kenntnis der richtigen Antwort auf die Frage 1 nicht sehr verbreitet ist und daß diese Antwort in einer Weise formuliert ist, die nicht immer unmittelbar Bezug nimmt auf diejenigen Fragen, die gerade vom philosophischen Gesichtspunkt aus gestellt zu werden pflegen. Die

* Erschienen in: Zeitschrift für Physik, 118, S. 489–509 (1941).

vorliegende Arbeit greift daher die Frage 1 und den physikalischen Teil der Frage 2 noch einmal auf und versucht, die an sich bekannten Antworten auf diese Fragen so zu formulieren, daß sie als Material für eine philosophische Untersuchung dienen können. Ansätze zu letzterer sollen an anderer Stelle veröffentlicht werden.

Man hat den Verzicht auf Anschaulichkeit und Kausalität als charakteristisch für die Quantenmechanik angesehen. Wir wollen daran erinnern, daß beides nur bedingt richtig ist und daß der entscheidende Schritt mit dem Verzicht auf die volle »Objektivierbarkeit« der Natur getan ist. Wir fragen uns schließlich, ob dieser Verzicht als endgültig angesehen werden muß.

1. Anschaulichkeit. Bekanntlich ist es schwer, dem Wort »anschaulich« einen präzisen Sinn zu geben. Was man anschauen kann, das läßt sich leicht anschaulich schildern. Die Atome aber kann man bis heute nicht anschauen. Was bedeutet da eine »anschauliche Atomphysik«?

Die klassische Physik gilt als anschaulich, und vom Standpunkt der hier zu erörternden Frage aus mit Recht. Zwar läßt sie von der Fülle sinnlich gegebener Eigenschaften der Dinge nur einen kleinen Ausschnitt – im wesentlichen die geometrischen – als primäre Eigenschaften bestehen. Sie ist, bildlich gesprochen, eine Projektion der anschaulichen Welt auf eine Ebene reiner Begriffe. Aber es ist immerhin die anschauliche Welt, welche durch diese Projektion abgebildet wird. Wenn der Physiker irgendeinen anschaulich gegebenen Vorgang beschreibt, so tut er es mit den Mitteln der klassischen Physik; und wenn er einen nicht anschaulich gegebenen Vorgang mit den Mitteln der klassischen Physik beschrieben hat, so hat er ihn damit der Welt der Anschauung so nahe gebracht, wie das der Physik überhaupt möglich ist. Wir sagen in diesem Falle, er habe ein anschauliches Modell des Vorgangs gemacht.

Die Quantenmechanik faßt nun in der Tat nicht die Gesamtheit ihres Wissens über das Atom in einem anschaulichen Modell zusammen. Unser jeweiliges Wissen über ein atomares System wird mitgeteilt durch die Angabe eines Vektors im Hilbertraum, also einer unanschaulichen mathematischen Größe. Dieser Vektor ist aber lediglich die Formel der Zusammenfassung aller möglichen anschaulichen Erfahrungen, die der Physiker über das betreffende System gewinnen kann. In der Tat besteht jede konkrete Aussage, die überhaupt aus dem Hilbert-Vektor abgeleitet werden kann, in der Angabe der Wahrscheinlichkeit darüber, bei der Messung einer bestimmten *klassisch* definierten Größe einen bestimmten Wert zu erhalten. Diese Tatsache, die Bohr vor allem hervorgehoben hat, ist eine notwendige Bedingung dafür, daß die Quantenmechanik eine Erfahrungswissenschaft ist. Wir kennen den Zustand des Atoms nur durch das Experiment. Ein Experiment aber mündet stets in einer Sinneswahrnehmung, also in einem Vorgang der anschaulichen Welt. Die anschauliche Welt aber wird durch die klassische Physik beschrieben. Daher kann auch jede empirische Aussage über das Atom nur in der Angabe einer mit Hilfe der klassischen Physik definierten Größe bestehen.

Es sei hervorgehoben, daß den Begriffen der Quantenmechanik damit nicht irgendeine unspezifizierte »Anschaulichkeit«, sondern die Zugehörigkeit zu den wohlbekannten Gedankensystemen der klassischen Physik auferlegt wird. Denn da in der anschaulichen Welt gerade die Newtonsche Mechanik, die Mayer-Carnot-Clausiussche Thermodynamik, die Maxwellsche Elektrodynamik usw. gilt, haben wir unsere Experimente eben mit diesen Disziplinen zu beschreiben. Es ist dabei für unsere Fragestellung, für welche die klassische Physik als ganze gegeben vorliegt, unwesentlich, daß auch in ihr wieder derartige Rückbeziehungen bestehen, indem z. B. die elektrischen Größen, die wir nicht unmittelbar sinnlich wahrnehmen, durch mechanische Messungen (Kraft auf einen Probekörper usw.) definiert sind. Insofern hat Bohr[*] mit Recht bemerkt, daß die Symmetrie zwischen Wellen- und Korpuskelbild nicht ganz vollständig ist, sondern daß die Materie mehr korpuskularen, die Strahlung mehr Wellencharakter hat. Denn das Atom als Endprodukt der fortgesetzten Unterteilung von Materie ist uns in der klassischen Physik per definitionem als lokalisiertes Teilchen, die Strahlung durch die Zurückführung auf den Elektromagnetismus als Wellenvorgang eines grundsätzlich ausmeßbaren Feldes gegeben. Das Wellenbild der Materie und das

---

[*]   N. Bohr, Nature 128, 691, 1931.

Korpuskelbild der Strahlung sind hingegen Modelle im unten näher zu erläuternden Sinn, die erst dort in Funktion treten, wo die Beschreibung der Natur durch eine einheitliche anschauliche Vorstellung versagt; demgemäß gibt es keine quantenmechanische Observable, welche der Amplitude von Materiewellen oder dem Ort von Lichtquanten entspricht.

Man hat gefragt*, wie mit Meßapparaten, die durchweg der klassischen Physik genügen, überhaupt eine von den Voraussagen der klassischen Physik abweichende Erfahrung gemacht werden könne. Hierauf könnte man generell antworten, daß für das Meßobjekt nicht zu gelten braucht, was für das Meßinstrument gilt. Es ist aber lehrreich, die Frage weiter zu verfolgen. Die klassische Physik beschreibt die anschauliche Welt, aber nicht nur diese. Manche Objekte sind durch Lage (Rückseite des Mondes, Inneres der Erde), Kleinheit (Zellen, Kolloidteilchen, Atome) oder andere Gründe unserer direkten Wahrnehmung entzogen. Auf Grund der Beobachtung anderer Objekte und Vorgänge, die mit den unwahrnehmbaren kausal zusammenhängen, machen wir nun Hypothesen über jene unwahrnehmbaren Objekte, welche sich durch neue Erfahrungen zu gesicherten Modellen verdichten. Derartige Modelle, die ihre Objekte klassisch beschreiben, geben gewissermaßen an, wie die unsichtbaren Objekte aussehen würden, wenn man sie doch sehen könnte. In Wirklichkeit ist es übrigens kaum möglich, die Grenze zwischen dem Wahrgenommenen und dem Erschlossenen genau anzugeben. Durch die Reise Magellans wurde das Kugelmodell der Erde, durch das Mikroskop das Modell der Kleinlebewelt »anschauliche« Wirklichkeit. Bei weiterer Steigerung des Auflösungsvermögens der Elektronenmikroskope würde man das abstrakteste Modell der neueren Physik, das Atom, sehen können; in der Wilson-Kammer sieht man es, wenn man so will, heute schon. Aber immerhin bleibt dieses »Sehen« durch ein Instrument vermittelt, und die zur Herstellung und Benutzung des Instruments notwendigen Manipulationen bedeuten eine Veränderung der vorliegenden Bedingungen, welche möglicherweise eine volle Parallelisierung des indirekten »Sehens« zum direkten ausschließen.

---

* Vgl. z. B. H. Dingler, Zeitschrift f. d. ges. Naturw. 6, 75, 1940.

Ebendies ist in der Quantenmechanik entscheidend geworden. Zwar zeigte sich nicht eine technische Grenze der Vergrößerung; nach der Quantenmechanik ist zu erwarten, daß man eines Tages Atome und selbst Elektronen im Atom wird sehen können. Aber verschiedene Beobachtungen führten auf zwei Modelle derselben Sache, die einander logisch widersprachen. Diese Modelle sind übrigens nicht aus einer größeren Anzahl gleichwertiger Möglichkeiten herausgegriffen; sie bilden vielmehr eine vollständige Disjunktion. Folgt daraus, daß sich eine physikalische Realität an einem bestimmten Ort befindet, daß sie sich nicht zugleich an einem anderen Ort befinden kann, so nennen wir sie ein Teilchen, folgt dies nicht, so nennen wir sie ein Feld (und dies ist es ja, was wir mit dem ungenaueren Terminus »Welle« meinen). In der Tat weisen die elementaren Dualismus-Experimente nichts anderes als die einander gegenseitig ausschließenden Eigenschaften der Lokalisierung und der Interferenzfähigkeit auf. Eine dritte anschaulich verifizierbare (also räumliche) Eigenschaft scheint es nicht zu geben.

Beide Modelle können der Anschauung experimentell zugänglich gemacht werden. Aber die Bestimmungsstücke, welche einem Objekt nach dem einen der beiden Modelle zukommen, können nicht beliebig genau festgelegt sein, weil dies der gleichzeitigen Gültigkeit des anderen Modells widerspräche. So folgt in der Tat die Unvollständigkeit der quantenmechanischen Zustandsbeschreibung und der damit zusammenhängende statistische Charakter der quantenmechanischen Prophezeiungen unmittelbar aus der Existenz der beiden komplementären Bilder. Könnte man z. B. den Ort und den Impuls eines Teilchens gleichzeitig beliebig genau angeben, so könnte man nach der klassischen Physik seine Bahn vorausberechnen und damit die Voraussagen des Wellenbildes widerlegen. Für die Frage nach der Anschaulichkeit der Quantenmechanik ist hierbei entscheidend, daß man auf die Bahn die klassische Physik anwenden darf. Dies ist das anschaulich Plausible; es folgt aber auch streng aus der Quantenmechanik nach dem Satz von der Persistenz der klassischen Gesetze. Dieser Satz besagt, daß, wenn irgendeine klassisch definierte Größe durch Messung bekannt ist, auch alle die Folgerungen richtig sind, die man nach der klassischen Physik aus dieser Kenntnis ziehen kann. Die

Quantenmechanik läßt also jedem klassischen Begriff seine volle Bedeutung; sie gibt nur Vorschriften darüber, wann er angewandt werden darf.

In diesem Sinne könnte man die Quantenmechanik als eine vollkommen anschauliche Naturbeschreibung bezeichnen. Nur die Auswahl der jeweils anzuwendenden anschaulichen Beschreibungsweise hängt von der experimentellen Anordnung ab, die wir getroffen haben. Durch diese Nicht-Objektivierbarkeit wird die Frage nach der Anschaulichkeit der Natur zweideutig: die Natur als Erscheinung ist anschaulich, denn sonst erschiene sie nicht; aber wir können die Anschauungsbruchstücke, welche die Erfahrung liefert, nicht mehr zu einem einheitlichen Modell einer anschaulichen »Natur an sich« zusammensetzen.

2. *Kausalität.* Die klassische Physik bedient sich zur Vorausberechnung der kausalen Verknüpfung zwischen den Ereignissen. Da die Quantenmechanik die strenge Vorausberechnung teilweise durch statistische Voraussagen ersetzt, hat man von einem Versagen der Kausalität geredet. In Wirklichkeit ist die Quantenmechanik genau so sehr oder so wenig kausal, wie sie anschaulich ist, und aus denselben Gründen.*

Über die richtige Definition der Kausalität besteht fast soviel Unsicherheit wie über die der Anschaulichkeit. Für unser Problem genügt es wiederum, das Kausalprinzip in der Form zu benutzen, in der es für die klassische Physik charakteristisch ist. Es lautet dort etwa: »Ist der Zustand eines abgeschlossenen Systems in einem Zeitpunkt gegeben, so ist der Zustand in jedem früheren oder späteren Zeitpunkt eindeutig bestimmt.«

In diesem Prinzip des eindeutigen funktionalen Zusammenhangs der Ereignisse ist der Unterschied, den unser Bewußtsein zwischen Ursache und Wirkung zu machen pflegt, nicht enthalten. Es ist aber vielleicht nützlich, zu bemerken, daß viele im *Weltbild* der klassischen Physik fortgelassenen Züge in der *Praxis* der klassischen Physik naiv verwendet werden. Dies gilt sowohl von Sinnesempfindungen und motorischen Erlebnissen

* G. Hermann, *Die naturphilosophischen Grundlagen der Quantenmechanik*, Berlin 1935.

wie von Begriffen. Ein Experiment besteht ja nicht nur in einer Zeigerablesung (oder allgemein einer Koinzidenzbeobachtung), sondern in erster Linie im Bau der Apparate. Diese aber beschreiben wir naiv-anschaulich: Schon allein die Materialien, aus denen wir sie herstellen, erkennen wir an Farbe, Geruch, Klebrigkeit usw., und wir begnügen uns zu wissen oder zu glauben, daß all diese Sinnesdaten Korrelate im geometrisch-mechanischen Weltbild haben, ohne sie stets angeben zu können. Ähnlich arbeiten wir naiv mit dem Ursachebegriff, indem wir etwa unsere Manipulationen beim Bau und Betrieb der Apparate als Ursachen und die dann beobachteten Vorgänge als Wirkungen bezeichnen. Diese Unterscheidung ist relevant, weil in der Tat der experimentierende Mensch einen Anfang der sonst ununterbrochenen Kausalketten der Physik setzt. Wir haben ja oben den Kausalsatz nur für abgeschlossene Systeme formuliert. Kann ein System nicht in hinreichender Näherung als abgeschlossen betrachtet werden, so muß man, um den Kausalsatz anwenden zu können, die mit dem System wechselwirkenden Dinge mit zum System rechnen. Dem ist nun bei einem von Menschen gebauten Apparat eine wenigstens für die Praxis unüberwindliche Schranke gesetzt. Denn die Physik besitzt keine kausale Beschreibung des Willensaktes, aus dem der Bau des Apparates resultierte. Ein abgeschlossenes System ist der Apparat erst, wenn er in Betrieb genommen ist; aus seinem Zustand in diesem Augenblick kann die Physik kausale Schlüsse nur auf die Zukunft, aber nicht auf die Vergangenheit ziehen. Dies alles ist für das klassische *Weltbild* nur von praktischer und nicht von prinzipieller Bedeutung, sofern man es wagt, den Menschen als physisches Objekt ebenfalls grundsätzlich dem Kausalsatz zu unterwerfen. Anders wird es in der Quantenmechanik. In ihr kann der Beobachter den Zustand der Natur nur unter Angabe der Bedingungen, unter denen *er* sie festgestellt hat, sinnvoll beschreiben. Er besitzt daher gar nicht die logische Möglichkeit, sich selbst als Objekt in das System einzubeziehen, da damit seine Aussagen überhaupt nicht mehr die Form quantenmechanischer Sätze hätten. Doch ist dies ein Vorgriff auf den Abschnitt 3, der hier nur zeigen sollte, daß die Quantenmechanik lediglich zum Weltmodell, nicht aber zur Praxis der klassischen Physik im Gegensatz steht.

Ein Apparat ist nur soweit zum Experimentieren geeignet, als in ihm das Kausalprinzip gilt. Es ist ja der Zweck des Übergangs von der bloßen Beobachtung zum Bau von Apparaten, mit genügender Genauigkeit definierte Anfangsbedingungen und abgeschlossene Systeme zu verwirklichen. Nur wenn z. B. im Mikroskop eine Kette eindeutiger Zusammenhänge vom Objekt zum Bild führt, kann man aus Lage und Gestalt des Bildes auf Lage und Gestalt des Objekts schließen. Diese völlig allgemeine Betrachtung gilt natürlich in der Quantenmechanik ebenso wie in der klassischen Physik. Man kann daher postulieren, daß auch in der Quantenmechanik im Meßapparat stets das Kausalgesetz gilt, und dieses Postulat wird erfüllt durch die Persistenz der klassischen Gesetze. Man kann daher, analog zu dem entsprechenden Satz über die Anschaulichkeit, sagen, daß auch in der Quantenmechanik nicht irgendein unspezifiziertes Kausalprinzip, sondern der strenge Kausalnexus der wohlbekannten Naturgesetze der klassischen Physik gilt. Soweit die klassische Vorausberechenbarkeit versagt, ist nirgends in der Natur eine Kausalkette, die nach der klassischen Physik existieren müßte, abgebrochen, sondern die Art und Weise, in welcher der beobachtende Mensch definierte Anfangszustände hervorbringt, reicht nicht aus, um den Einzelzustand und somit – eben wegen des Kausalsatzes – auch seine Folgezustände in einer vollständigen Weise zu determinieren. Und zwar hängt der statistische Charakter der Voraussagen an der Gleichberechtigung mehrerer komplementärer Fragestellungen und der Freiheit des Menschen, eine von ihnen auszuwählen: Kenne ich z. B. den Impuls eines freien Teilchens in einem Augenblick, so kenne ich ihn zu jeder anderen Zeit, ich kenne nur den Ort nicht; nichts hindert mich aber, im nächsten Augenblick nach dem Ort zu fragen. Man kann also sagen: Naturvorgänge sind soweit und nur soweit kausal, als man sie als objektive, von der Beobachtung unabhängige Abläufe beschreiben kann. Die Unbestimmtheit manifestiert sich stets nur an den Stellen der Wechselwirkung mit dem frei experimentierenden Menschen. Da wir aber nur durch diese Wechselwirkung Kenntnis von der Natur erhalten, ist die Unbestimmtheit unvermeidlich. Den genauen Sinn dieses Satz analysieren wir im nächsten Abschnitt. Hier seien noch zwei Erläuterungen angefügt.

Daß ein Meßapparat notwendigerweise kausal funktionieren muß, bedingt, daß er seine Eignung als Meßapparat dort verliert, wo die quantenmechanische Unbestimmtheit einsetzt. Als Beispiel betrachten wir das Schema einer Lochkamera. Strahlung falle aus großem Abstand durch einen Schirm, der ein enges Loch hat, auf eine photographische Platte. Die Lage des Auftreffpunktes auf der Platte relativ zum Loch gibt die gesuchte Einfallsrichtung der Strahlung an. Dieser Schluß nach der geometrischen Optik (Korpuskelbild) ist so lange richtig, als das Loch groß ist gegen die Wellenlänge der Strahlung. Anderenfalls tritt Beugung (Impulsunbestimmtheit der fliegenden Teilchen) auf, welche den Rückschluß aus dem Auftreffpunkt eines einzelnen der durchgehenden Strahlung angehörigen Teilchens auf die Einfallsrichtung illusorisch macht. Nun kann man allerdings das Beugungsbild ausmessen und aus der Lage seines Maximums die Einfallsrichtung bestimmen. Man geht damit zum Wellenbild über. Dies ist aber umgekehrt wieder nur so lange möglich, als die Wellenintensität so groß ist, daß man von der korpuskularen Zusammensetzung der Strahlung absehen kann. Treffen nur noch wenige Teilchen auf, so ist die Lage des Beugungsmaximums nicht mehr zu bestimmen.

Daß umgekehrt die Kausalität überall gewahrt ist, wo die Genauigkeit der Zustandsbestimmung überhaupt die Möglichkeit gibt, sie nachzuprüfen, hat G. Hermann in dem Satz ausgesprochen: Zu jedem beobachteten Vorgang lassen sich alle ihn bestimmenden Ursachen angeben. Dieser Satz ist, so wie er gemeint ist, nur eine Anwendung des Satzes von der Persistenz der klassischen Gesetze. Betrachten wir etwa ein Teilchen, das beim Durchgang durch eine Lochblende infolge der Beugung um einen vorher nicht voraussagbaren Winkel abgelenkt wurde. Kennen wir seinen Impuls vor dem Durchgang, so können wir aus der vollzogenen Ablenkung den an den Schirm abgegebenen Impuls klassisch berechnen; kannten wir weiterhin den Impuls des Schirms vor dem Durchgang und messen ihn nach dem Durchgang nochmals, so bestätigt sich die klassisch berechnete Impulsübertragung. Hermann bezeichnet nun diese Impulsabgabe an den Schirm als die Ursache der Ablenkung. Man kennt also nachträglich nicht eine Ursache dafür, daß gerade diese Ablenkung *und* gerade diese mit ihr zwangsläufig verbundene Impulsabgabe stattfand, sondern man weiß nur: *wenn* diese Impulsabgabe stattgefunden hat, muß auch diese Ablenkung erfolgt sein. Da aber die Impulsabgabe gemessen werden kann, ist es in der Tat richtig, daß die Quantenmechanik die bedingenden Ursachen eines beobachteten Ereignisses angeben *kann*. Zu beachten ist aber, daß diese Behauptung ihren Sinn verliert, wenn Meßanordnungen getroffen werden, welche die Bestätigung der Ursachen ausschließen, wenn z. B. zwecks genauer Ortsbestimmung der Schirm festgeschraubt wird und damit die Möglichkeit seiner Impulsbestimmung entfällt. Man muß also unterscheiden zwischen der Behauptung, die Ursachen eines Vorgangs könnten festgestellt werden, und der Behauptung, sie existierten, auch wenn man darauf verzichtet, die Maßnahmen zu ergreifen, die zu ihrer Feststellung notwendig sind. Die erste Behauptung ist richtig, die zweite, wie wir unten näher begründen werden, falsch. – Die Asymmetrie, die darin liegt, daß wir zwar die Ursachen, nicht aber die Wirkungen eines Vorgangs vollständig angeben können, hängt nicht an den Verknüpfungsregeln der Quantenmechanik, sondern daran, daß wir als Menschen die Vergangenheit grundsätzlich kennen können, die Zukunft aber nicht. Z. B. wissen wir auch für einen zukünftigen Durchgang durch eine Blende den Konditionalsatz: *wenn* diese Impulsabgabe stattfinden wird, muß diese Ablenkung erfolgen. Welche Impulsabgabe stattfindet, wissen wir aber erst, nachdem der Durchgang vollzogen ist. Mit anderen Worten: die Unvollständigkeit der quantenmechanischen Zustandsbeschreibung, welche uns an sich weder erlaubt, vergangene noch zukünftige Ereignisse vollständig vorauszuberechnen, wird in bezug auf die Vergangenheit ergänzt durch die Kenntnis, die wir von den vergangenen Ereignissen (durch Gedächtnis, Dokumente usw.) schon haben; in bezug auf die Zukunft fehlt uns eine derartige Ergänzung[*]. Aus diesem Grunde kann die Persistenz der klassischen Gesetze zur vollständigen Angabe der Ursachen, aber nicht der Wirkungen eines Vorganges verwendet werden.

In diesem Sinne können wir die Quantenmechanik als eine vollkommen kausale Naturbeschreibung bezeichnen: soweit

[*] Vgl. C. F. v. Weizsäcker, Ann. d. Phys. 5, 36, S. 275, 1939.

sie die Naturzusammenhänge überhaupt »beschreibt«, tut sie es kausal. Nur die Auswahl der jeweils beschriebenen Zusammenhänge hängt von der experimentellen Anordnung ab, die wir getroffen haben. Durch diese Nicht-Objektivierbarkeit wird die Frage nach dem kausalen Verhalten der Natur zweideutig: die objektiv faßbaren Zusammenhänge zwischen Ereignissen sind kausal, denn sonst wären sie nicht objektiv faßbar; aber diese einzelnen Kausalketten lassen sich nicht zu einem einheitlichen Modell einer durchgängig kausal funktionierenden »Natur an sich« zusammenfassen.

3. *Objektivierbarkeit.* Der Kernpunkt der Quantenmechanik besteht offensichtlich darin, daß die Art unserer Naturbeschreibung vom Beobachtungsakt abhängt. Dieser Punkt ist positiv als Verwendung des Denkschemas der Komplementarität, negativ als Verzicht auf die Objektivierbarkeit der Natur bezeichnet worden. Um genau festzustellen, was damit gemeint ist, berichtigen wir zunächst einige falsche Deutungen.

Die Quantenmechanik in ihrer heutigen Fassung behauptet *nicht*, die unbestimmt bleibenden Bestimmungsstücke eines Zustandes existierten an sich in der Natur und wir könnten sie nur nicht feststellen. Dabei ist es einerlei, ob man annimmt, ein Elektron gegebenen Orts habe »in Wirklichkeit« auch einen bestimmten Impuls, oder aber, es habe keinen Impuls (weil es »in Wirklichkeit« gar kein Korpuskel im klassischen Sinne sei), aber es existiere ein anderweitiger verborgener Parameter, welcher das Ergebnis einer künftigen Impulsmessung objektiv determiniere. Die beiden Aussagen unterscheiden sich zwar in ihrer ontologischen Färbung, sie gestatten aber jedenfalls beide, dem Elektron einen objektiv bestimmten, wenn auch unbekannten, Impulswert zuzuordnen. Wir bezeichnen die ihnen gemeinsame Annahme als »Objektivitätsannahme«.

Unser Satz folgt unmittelbar aus der Art, in der die Unbestimmtheitsrelation aus der Dualität der klassischen Bilder abgeleitet wird. Die Unbestimmtheitsrelation besagt, daß dieselbe physikalische Situation nicht gleichzeitig durch beide Bilder beschrieben werden könnte, wenn alle Bestimmungsstücke objektiv determiniert wären. Ist z.B. der Ort eines Teilchens bekannt, so wird der Zustand durch eine Wellenfunktion beschrieben, die an dem gegebenen Ort ein steiles Maximum hat und im übrigen Raum verschwindet. Einem Teilchen mit bekanntem Impuls entspricht eine komplexe ebene Welle mit räumlich konstanter Intensität. Also können Ort und Impuls nicht gleichzeitig bekannt sein, weil sonst derselbe Zustand gleichzeitig zwei widersprechende Darstellungen im Wellenbild erfahren müßte. Nehmen wir nun an, der Impuls sei stets objektiv bestimmt und auch die Wellenfunktion sei eine objektive Eigenschaft des Zustandes, so bleibt der Widerspruch erhalten, auch wenn wir nicht von diesen objektiven Eigenschaften Kenntnis nehmen; es ist ja eben der Sinn der Objektivitätsannahme, daß wir der Natur ihre Eigenschaften zuschreiben dürfen, einerlei, ob wir sie kennen. Zwar wissen wir nun nicht, welchen Impuls das Teilchen hat und welche ebene Welle ihm folglich zuzuordnen ist; aber keine ebene Welle ist gleich der Funktion, die dem bekannten Ort entspricht.

Man könnte allerdings die Objektivität des einen Bildes retten, indem man die des anderen fallenließe. Man kann z. B. annehmen, das Elektron habe stets einen definierten Ort und Impuls, die Wellenfunktion hingegen gebe nur unsere jeweilige Kenntnis dieser Größen an. Dann würde einem Teilchen von bekanntem Ort zwar das oben geschilderte Wellenpaket entsprechen, einem Teilchen mit demselben Ort, wenn dieser Ort nicht bekannt ist, hingegen eine andere, der jeweiligen Kenntnis entsprechende Funktion. Diese Annahme muß aber, wenn sie nicht nichtssagend sein soll, entweder auf empirisch wohlfundierte Grundvoraussetzungen der Quantenmechanik oder auf die Persistenz der klassischen Gesetze für die Bewegung der Teilchen verzichten. Man hat nämlich zunächst zu fragen, ob es nach dieser Annahme grundsätzlich eine heute noch unbekannte Möglichkeit geben soll, den Ort eines Teilchens von gegebenem Impuls (oder umgekehrt) auch tatsächlich zu bestimmen, oder nicht. Im letzteren Falle läßt sich aus der Annahme keine prüfbare Folgerung ziehen, die über die Voraussagen der heutigen Quantenmechanik hinausginge. Sie ist dann keine physikalische Theorie. Denn Annahmen, die von vornherein so eingeführt sind, daß sie sich grundsätzlich jeder Möglichkeit der Nachprüfung entziehen, kann man in beliebiger Zahl der Physik hinzufügen, ohne daß ein Mittel vorhanden wäre, zwischen einander widersprechenden Thesen zu entscheiden; sie besitzen also nicht den Charakter wissenschaftlicher Sätze. Obwohl die Frage, ob derartige Sätze vielleicht aus philosophischen Gründen motiviert werden könnten, vor das Forum der Philosophie gehört und hier in Strenge nicht entschieden werden kann, wird der Hinweis erlaubt sein, daß es auch in der großen philosophischen Tradition von Thales bis Hegel wohl kein System gibt, nach dem das Aufstellen derartiger Sätze für etwas anderes als für Unfug angesehen werden könnte. Nehmen wir also an, wir besäßen das postulierte Verfahren, so läßt sich folgendermaßen ein Widerspruch gegen die klassischen Gesetze konstruieren:

Wir betrachten viele Teilchen vom selben, bekannten Impuls, welche in breiter Front auf ein Beugungsgitter fallen, und beobachten ihre, aus dem klassischen Wellenbild folgende Ablenkung in einzelne diskrete Richtungen. Nun bestimmen wir nachträglich den Ort jedes Teilchens und berechnen nach dem klassischen Korpuskelbild seine Bahn. (Die Voraussetzung, es sei möglich, den objektiven Ort *nachträglich* zu bestimmen, ist zulässig, denn sonst wäre zum wenigsten der vergangene Ort eines Teilchens keine objektive Größe.) Da die Ortswahrscheinlichkeit der einfallenden Teilchen, als Intensität einer ebenen Welle, räumlich konstant ist, kann offensichtlich keine Auszeichnung diskreter Streurichtungen vorkommen, wenn man gewisse spezielle Annahmen über die Form der Gitterstriche ausschließt. Also muß entweder der Schluß aus der Wellenfunktion auf die Ortswahrscheinlichkeit oder die klassische Vorausberechnung der Bewegung, entweder nach dem Wellenbild oder nach dem Korpuskelbild, für letzteres nur jenseits der durch die Unbestimmtheitsrelation gesetzten Grenze, falsch sein. Die beiden ersten Annahmen gehören zu den durch die Erfahrung gestützten Grundannahmen der Quantenmechanik. Also muß die Persistenz der klassischen Gesetze für das Korpuskelbild jenseits der durch die Unbestimmtheitsrelation gesetzten Schranke aufgegeben werden. Dabei geht der notwendige Verzicht, wie Bohr* hervorgehoben hat, so weit, daß z. B. beim Durchgang eines Teilchens von gegebenem Impuls

---

* In Vorträgen und Diskussionen: Vgl. auch Fußnote, S. 828.

durch einen mit zwei Blenden versehenen Schirm die Bahn des Teilchens, falls es nach der überquantenmechanischen Feststellung durch die eine der beiden Blenden gegangen ist, gleichwohl entscheidend davon abhängt, ob die andere Blende offen war oder zu; denn offensichtlich hängt davon die nach dem Wellenbild zu erwartende Interferenzfigur ab. Dieser Verzicht modifiziert also entscheidend gerade diejenige Eigenschaft des »Teilchens«, durch welche wir es oben definiert haben: daß aus seiner Anwesenheit an einem Orte seine gleichzeitige Nicht-Anwesenheit an jedem anderen folgt. Dies ist unmittelbar einleuchtend, wenn man bedenkt, daß es überhaupt keine anschauliche Welle gibt, welche geeignet ist, unter Aufrechterhaltung der Planckschen und de Broglieschen Beziehungen ein Teilchen darzustellen, dessen Ort und Impuls gleichzeitig bekannt sind; so daß für die Darstellung der Züge der Erfahrung, welche in der Quantenmechanik das Wellenbild natürlich wiedergibt, nun eine schwer vorstellbare »Allgegenwart« der Teilchen aufkommen muß.

Wir fragen hier noch nicht, ob eine derartige Ergänzung der Quantenmechanik durch eine »objektive« Theorie möglich oder gar zu erwarten sei, sondern grenzen diese nur gegen die vorliegende Quantenmechanik ab. Denken wir uns nämlich die Ergänzung gegeben, so ist die Unbestimmtheitsrelation jedenfalls die Grenze der Persistenz der klassischen Gesetze, d. h. die Grenze, bis zu der die klassischen Begriffe in genau dem Sinne verwendet werden können, in dem sie in der klassischen Physik ursprünglich definiert waren. Aus dem bisherigen Gedankengang folgt also jedenfalls, daß die klassischen Bestimmungsstücke im ursprünglichen Sinn keine objektive Bedeutung über das jeweils im Experiment Gegebene hinaus haben. Die frühere Physik hätte daraus gefolgert, daß die klassischen Gesetze falsch seien und daß daher die klassischen Bestimmungsstücke überhaupt, also auch dort, wo sie experimentell gegeben sind, keine adäquate Beschreibung des Sachverhalts darstellen. Es ist demgegenüber die Entdeckung der Quantenmechanik, daß man die klassischen Gesetze voll aufrechterhalten kann, wenn man auf die Objektivitätsannahme *für die im ursprünglichen Sinn gemeinten* klassischen Bestimmungsstücke verzichtet. Sie ist eine Theorie klassischer, aber nicht objektivierbarer Größen. Da wir alle Experimente klassisch beschreiben, bietet sie den besonderen Vorteil, daß wir in ihr jede experimentelle Aussage wörtlich so, wie sie uns vom Experimentator gegeben wird, als wahr verwenden können; während jede Theorie nichtklassischer, aber objektivierbarer Größen erst eine Umdeutung der Sprache der Experimentalphysik vornehmen müßte.

Der Verzicht auf die Objektivität der *klassischen* Naturbeschreibung ist somit als endgültig anzusehen, auch wenn noch nicht darüber entschieden ist, ob daraus der Verzicht auf die Objektivität *jeder möglichen* Naturbeschreibung abzuleiten ist. Wir kritisieren zunächst noch einige Ausdrucksweisen, welche diesen Verzicht nicht deutlich genug hervortreten lassen, und fragen dann, positiv gewendet, nach den logischen Vorbedingungen für die Möglichkeit einer Theorie nicht-objektivierbarer Bestimmungsstücke.

Mißverständlich ist die Formulierung, die bei der Messung auftretenden Unbestimmtheiten rührten von der Störung des Objekts durch den Meßapparat her. Entscheidend ist ja, daß die Störung von unkontrollierbarer Größe ist. Das ist sie nun, weil, wie Bohr hervorgehoben hat, jede Meßanordnung ihrem Wesen nach auf die Gewinnung gewisser Kenntnisse verzichtet, um andere gewinnen zu können. Z.B. setzt eine Ortsmessung einen Apparat voraus, der mit der Erde oder dem Körper, der sonst für den Beobachter das Koordinatensystem definiert, so fest verbunden ist, daß er durch die Wechselwirkung mit dem Meßobjekt nicht in Bewegung gebracht wird; eine Impulsmessung umgekehrt einen Apparat, dessen Bewegungsänderung durch einen Stoß gemessen wird. Daher ist derselbe Apparat nicht gleichzeitig für beide Messungen geeignet. In der klassischen Physik spielt dieser Verzicht keine Rolle, weil man von der Voraussetzung ausgehen darf, daß auch die nicht gemessenen Größen einen bestimmten Wert haben, der durch eine Ergänzungsmessung jederzeit festgestellt werden könnte. In der Quantenmechanik hat der in einer Ergänzungsmessung liegende Eingriff in den Beobachtungszusammenhang nur deshalb eine größere Bedeutung, weil wegen der Dualität der Bilder die Änderung der vorher gemessenen Größen durch die Wechselwirkung mit dem neuen Meßapparat grundsätzlich unbestimmt bleibt.

Es ist überhaupt nicht der Akt der physischen Wechselwirkung zwischen Objekt und Meßgerät, der festlegt, welche Größe bestimmt wird und welche unbestimmt bleibt, sondern der Akt der Kenntnisnahme[*]. Beobachten wir etwa ein Elektron von anfangs bekanntem Impuls durch eine Linse mit Hilfe eines einzigen Lichtquants, so können wir uns grundsätzlich noch, nachdem das Lichtquant die Linse durchsetzt hat, also gewiß nicht mehr mit dem Elektron wechselwirkt, entschließen, ob wir eine photographische Platte in die *Brenn*ebene oder in die *Bild*ebene der Linse schieben und damit den *Impuls* des Elektrons nach der Beobachtung oder seinen *Ort* bestimmen wollen.[**] Da hier durch die physische »Störung« des Lichtquants die Zustandsbeschreibung des mit ihm nicht mehr physisch, sondern nur durch die in der Wellenfunktion gegebene Verknüpfung der Zustandswahrscheinlichkeiten zusammenhängenden Elektrons bestimmt wird, ist offenbar die physische Beeinflussung nur wichtig als technisches Hilfsmittel des intellektuellen Aktes der Herstellung eines wohldefinierten Beobachtungszusammenhangs.

Unser letztes Beispiel widerlegt schließlich die Ansicht, man könne zwar nicht die klassischen Bestimmungsstücke, aber die ψ-Funktion als Ausdruck eines »objektiven«, beobachtungsunabhängigen Tatbestandes ansprechen. Denn auch die ψ-Funktion des Elektrons hängt davon ab, wo wir die Platte einschieben.

Wir haben die Quantenmechanik bisher negativ, durch den Verzicht auf die Objektivierung der klassischen Begriffe, charakterisiert. Man kann statt dessen aber auch umgekehrt sagen, daß sie eine Einschränkung wieder aufhebt, welche die klassische Physik der Naturerkenntnis auferlegt hatte. Das Weltbild der klassischen Physik beruht an zahlreichen Stellen auf einer Abstraktion vom unmittelbar Gegebenen. So ist uns die Außenwelt nur sinnlich gegeben, und trotzdem beschreibt die klassische Physik sie mit Modellen, in denen die Sinnesqualitäten nicht vorkommen. Sie kann das tun, weil sie überzeugt ist, zu

[*]   N. Bohr, Phys. Rev. 48, 1935, S. 696.
[**]   C. F. v. Weizsäcker, Zeitschrift f. Phys. 70, 114, 1931 und G. Hermann, Fußnote, S. 831.

jeder Sinnesempfindung einen ihr entsprechenden Zug des Modells angeben zu können. Daher wird an der begrifflichen Struktur der klassischen Physik nichts geändert, wenn man die ausdrückliche Bemerkung: »dieser Zug des Modells entspricht jener Sinnesempfindung« jeweils einfach wegläßt. Daß diese Weglassung der Ausgangspunkt zahlreicher philosophischer Probleme ist, ist klar. Wir wollen hier aber diesen Problemen nicht nachgehen. Es genügt uns, die Tatsache der Abstraktion von der Sinnesempfindung festzustellen und in Analogie zu setzen zu derjenigen Abstraktion, welche durch die Quantenmechanik rückgängig gemacht wird.

Jeder empirische Sachverhalt ist ein von Menschen gewußter Sachverhalt. Die klassische Physik leugnet diesen trivialen Satz ebensowenig wie den Satz vom sinnlichen Charakter der Erfahrung von der Außenwelt. Aber sie glaubt auch von ihm abstrahieren zu können, d. h. auch sinnvoll reden zu können von den Dingen, so wie sie wären, wenn sie nicht gewußt würden. Was diese Abstraktion bedeutet, macht man sich am besten klar durch eine Untersuchung der logischen Form der physikalischen Sätze.

Eine vollständige experimentelle Aussage, wie sie im Versuchsprotokoll steht, lautet schematisiert: »Ich habe an diesem Versuchsobjekt unter diesen Versuchsbedingungen diesen Zustand beobachtet.« Die Hypothese der klassischen Physik lautet, daß dieser Satz stets ersetzt werden dürfe durch den Satz: »An diesem Versuchsobjekt besteht dieser Zustand«, und daß Sätze von diesem letztgenannten Typus notwendigerweise entweder richtig oder falsch sein müßten, einerlei, ob es einen Menschen gibt, der weiß, ob sie richtig oder falsch sind. Diese Hypothese wird gerechtfertigt durch die im Geltungsbereich der klassischen Physik gültige Erfahrung, daß – bis auf die technischen Unvollkommenheiten der Beobachtung – die Identität des Versuchsobjekts stets die Identität des Versuchsergebnisses gewährleistet. Infolgedessen kann man aus der zusätzlichen Angabe der Art der Kenntnisnahme nichts folgern, was nicht schon aus der Angabe des Tatbestands selbst hervorginge. Die begriffliche Struktur der klassischen Physik hängt nicht davon ab, ob man diese »Zusatzangabe« hinzufügt oder wegläßt.

Die Lage ändert sich, sobald in die Physik Wahrscheinlichkeitsaussagen eingeführt werden, denn das setzt voraus, daß es Behauptungen gibt, die der Physiker macht, obwohl er nicht mit Sicherheit weiß, ob sie richtig oder falsch sind. Die klassische Statistik ging allerdings von der Vermutung aus, daß die mit Wahrscheinlichkeit ausgesprochenen Behauptungen an sich – unabhängig von den zu ihrer Verifizierung unternommenen Schritten – entweder richtig oder falsch seien. Diese Vermutung führt in der Quantenmechanik zu Widersprüchen. Dem entspricht es, daß die quantenmechanische Zustandsbeschreibung durch die ψ-Funktion automatisch angibt, auf welche Weise die mitgeteilte Kenntnis erworben wurde (bis auf die willkürliche Ersetzung der gemessenen Observablen durch eine mit ihr vertauschbare) und daß alle aus der ψ-Funktion abzuleitenden Aussagen ausdrücklich Wahrscheinlichkeiten für den Ausfall gewisser *Experimente* angeben, und nicht etwa Wahrscheinlichkeiten für unabhängig vom Experiment vorhandene Zustandsgrößen.

Formallogisch liegen die Dinge also so: Sei A eine Aussage über einen bestimmten konkreten Sachverhalt. Dann hat die volle experimentelle Aussage die Form: »Ich weiß, daß A gilt«. Die klassische Physik arbeitet statt dessen nur mit »objektiven« Sätzen der Form: »A gilt«. Die volle experimentelle Aussage läßt zwei Arten der Negation zu : Die Negation des objektiven Satzes: »Ich weiß, daß A nicht gilt« und die Negation des Wissens: »Ich weiß nicht, ob A gilt«. Für die klassische Physik ist von diesen beiden Negationen nur die Negation des objektiven Satzes eine wirkliche Aussage über die Natur. Die Negation des Wissens hingegen kann nach ihr umgeformt werden in den Satz: »A gilt oder A gilt nicht; und ich weiß nicht, welches von beiden zutrifft«. Für die Quantenmechanik hingegen kann der objektive Satz »A gilt« im allgemeinen überhaupt nur sinnvoll ausgesprochen werden, wenn die volle experimentelle Aussage »Ich weiß, daß A gilt« zutrifft. Für die Quantenmechanik sind weiterhin die volle experimentelle Aussage und ihre beiden Negationen drei einander gleichgeordnete Aussagen über die Natur. Die klassische Umformung der Negation des Wissens ist falsch; an ihrer Stelle gilt als Folgerung aus der Negation des Wissens der Satz: »Weder gilt A, noch gilt A nicht«.

Formal gesehen, beruht die logische Möglichkeit einer Theo-

rie von der Art der Quantenmechanik also darauf, daß wir uns
als Menschen, in einer Welt lebend, von der wir zwar einiges,
aber niemals alles wissen, praktisch stets einer dreiwertigen Logik bedienen, für welche das Wissen, das Wissen der Negation
und die Negation des Wissens gleichberechtigt nebeneinander
stehen. Es ist ein Grundmotiv fast aller Wissenschaft und Philosophie gewesen, nachzuweisen, daß die Negation des Wissens
nur eine Unvollkommenheit darstelle und daß jede »eigentliche«
Aussage über die Wirklichkeit der zweiwertigen Logik unterliegen müsse. Die Quantenmechanik ist die erste abgeschlossene
Wissenschaft, welche dieses Grundmotiv bewußt aufgibt. In
dem Nachweis, daß dies möglich und zweckmäßig, ja vielleicht
notwendig ist, dürfte ihre philosophische Bedeutung liegen.

Mehr inhaltlich hat man diesen Sachverhalt in den Worten
ausgedrückt, in der Quantenmechanik sei die Trennung von
Subjekt und Objekt aufgehoben. Dies ist richtig, wenn man berücksichtigt, daß nicht das empirische Subjekt mit seinen Affekten und seinem persönlichen Schicksal in die Physik eingeführt
wird, sondern daß nur zwei Grundfunktionen des Bewußtseins
in jeden Satz der Naturbeschreibung eingehen: Wissen und
Wollen. Die Bedeutung des Gegensatzpaares Wissen und
Nichtwissen haben wir soeben besprochen. Die Bedeutung des
Wollens erhellt vielleicht am besten aus dem Satz, daß die
ψ-Funktion die Wahrscheinlichkeit für jeden möglichen Ausfall jedes möglichen Experiments angibt. Das erste »möglich«
drückt ein Nichtwissen aus; möglich ist ein Vorgang, von dem
ich weder weiß, daß er eintreten wird, noch weiß, daß er nicht
eintreten wird. Das zweite »möglich« hingegen drückt ein Wol-
lenkönnen, ein *Vermögen* aus; möglich ist ein Experiment, das
ich entweder ausführen oder unterlassen kann. Es gehört zum
quantenmechanischen »Nichtwissen«, daß ich das nicht Gewußte grundsätzlich jederzeit wissen kann, wenn ich nur will.
Die einzige Bedingung, welche die Komplementarität der verschiedenen Fragestellungen auferlegt, ist, daß ich, wenn ich
etwas Bestimmtes wissen will, auf das dazu komplementäre
Wissen verzichte. Die Grenze zwischen dem Gewußten und
dem Nichtgewußten ist also selbst nichts »Objektives«, sondern ich kann sie nach meiner Willkür legen, wohin ich will;
nur zum Verschwinden bringen kann ich sie nicht.

Wir fassen zusammen. Die Physik ist eine Wissenschaft, gemacht von denkenden Wesen, welche einiges wissen und anderes nicht und welche in gewissem Umfang die praktischen Voraussetzungen, unter denen Wissen gewonnen werden kann, nach freier Wahl herstellen können. Dieser Satz ist trivial. Von seiner Trivialität wird aber heute ein anderer Gebrauch gemacht als früher. Für die klassische Physik war er die praktische Bedingung für das Zustandekommen von Physik, aber nicht die logische für ihre Gültigkeit. Für die Quantenmechanik hingegen gibt er den logischen Rahmen an, außerhalb dessen eine Physik, der wir einen begreiflichen Sinn beilegen könnten, nicht existiert.

4. *Endgültigkeit.* Für die philosophische Deutung der Quantenmechanik ist es offenbar entscheidend, ob man die geschilderte Aufhebung des klassischen Begriffs der »objektiven Natur« für endgültig hält oder nicht. Darum spiegelt sich die philosophische Grundstimmung der Forscher in nichts so deutlich wie in ihrer jeweiligen Einstellung zu dieser Frage. Wie weit läßt sich aus der Physik unmittelbar eine Antwort auf die Frage geben, und von welchem Punkt an können wir eine weitere Antwort nur erhoffen, wenn wir bewußt und eingestandenermaßen philosophieren?

Es ist zunächst zu fragen, in welchem Sinne der Begriff »endgültig« auf eine physikalische Theorie angewandt werden kann. Ein Beweis von mathematischer Stringenz läßt sich für die Endgültigkeit einer physikalischen Theorie niemals erbringen, denn was auf Erfahrung gestützt ist, kann durch neue Erfahrung widerlegt oder eingeschränkt werden. Wohl der einzige lebende Forscher, der schon diese Voraussetzung nicht zugibt, ist Dingler[*]. Er hält die Fundamentalsätze der klassischen Physik nicht für Beschreibungen der Natur, sondern für Handlungsanweisungen an den praktisch arbeitenden Physiker; z. B. die Sätze der euklidischen Geometrie für Angaben darüber, was für Eigenschaften die herzustellenden Ebenen, Geraden usw. haben sollen. Dieser sehr lehrreiche Gedankengang erinnert daran, daß die physikalischen Gesetze nicht einfach aus der Er-

[*] H. Dingler, *Die Methode der Physik*, München 1938.

fahrung »abgelesen« sind. Er liefert damit einen wesentlichen Beitrag zu der tiefliegenden Frage des »A priori«. Dinglers Folgerung, daß nun diese Sätze, da sie nicht aus der Erfahrung stammten, auch nicht durch Erfahrung widerlegt oder eingeschränkt werden könnten, können wir uns aber nicht anschließen. Die Tatsachen, die auf dem Beschreibungsstandpunkt als eine Abweichung der Natur von den klassischen Gesetzen bezeichnet werden, wirken sich auf dem Dinglerschen Standpunkt als praktische Undurchführbarkeit der klassischen Handlungsvorschriften aus; z. B. die Gültigkeit einer nichteuklidischen Geometrie als eine universelle Genauigkeitsgrenze für die Realisierbarkeit euklidischer Geraden. Die angestrebte absolute Sicherheit könnte den klassischen Sätzen nur gegeben werden, wenn die Unmöglichkeit eines derartigen Versagens der Handlungsvorschriften streng bewiesen wäre. Dieser Beweis liegt in Dinglers System nicht vor, und da er sich nicht auf die Wahl der Vorschriften, sondern auf ihre Ausführung als wirkliche Vorgänge in der erfahrbaren Natur bezieht, ist nicht zu erkennen, wie er geführt werden sollte.*

Kann man nun in einer Physik, die sich der Erfahrungskorrektur offenhält, von endgültigen Erkenntnissen sprechen? Wir gehen hier nicht auf das komplizierte Zusammenspiel empirischer und apriorischer Elemente im Aufbau der physikalischen Theorien ein, sondern betrachten zunächst nur die fertig vorliegende Physik, so wie sie sich im Bewußtsein der Physiker darstellt. Wir setzen mit gutem Gewissen voraus, daß es einen bestimmten Bereich von Erfahrungen gibt, die man immer nach der klassischen Physik beschreiben wird. Die bisherige Bewährung der Quantenmechanik dürfte ausreichen, um auch ihr die Endgültigkeit für einen bestimmten Bereich zuzusprechen.

---

* In seiner Erwiderung (s. Fußnote, S. 829) auf diesen Einwand (C. F. v. Weizsäcker, Die Tatwelt 15, 97, 1939) hat Dingler den geforderten Beweis nicht geliefert, sondern nur die notwendige Folgerung, daß die genannte Genauigkeitsgrenze für alle auf der Welt möglichen Materialien und Umstände an derselben Stelle liegen muß, als »phantastisch« bezeichnet. In einem System, das mathematische Gewißheit beansprucht, wird ein derartiges Prädikat allerdings nicht als Ersatz einer Widerlegung gelten können. Im übrigen ist es nicht phantastischer, diese Folgerung zu ziehen, als überhaupt auf Grund empirischer Hinweise ein universelles Naturgesetz aufzustellen.

Daß jenseits dieses Bereichs noch neue theoretische Fortschritte nötig sein werden, beweist eine Reihe vorliegender Erfahrungen. Die Frage ist nun nur, ob diese neuen Fortschritte uns in die Lage versetzen werden, die von der Quantenmechanik abgewiesene Frage der klassischen Physik nach den objektiven Werten unbestimmter Größen doch noch zu beantworten.

Wir haben oben gesehen, daß eine derartige Ergänzung der Quantenmechanik zu einer »objektiven« Theorie jedenfalls die Persistenz der klassischen Gesetze aufgeben müßte. Mehr als dies kann man aber auch nicht beweisen. Alle bekannten Argumentationen für die Endgültigkeit der quantenmechanischen Verzichtleistung setzen die Persistenz der klassischen Gesetze voraus. Bei allen Argumenten, die mit bestimmten Gedankenexperimenten arbeiten, kann man dies von Fall zu Fall leicht einsehen; es ist ja gerade das Wesen der üblichen quantenmechanischen Gedankenexperimente, daß sie den Meßvorgang klassisch beschreiben. Dasselbe gilt von den allgemeineren Überlegungen, die von dem »Schnitt« zwischen dem klassisch beschriebenen Meßapparat und dem durch die ψ-Funktion beschriebenen Meßobjekt ausgehen; insbesondere von der Überlegung von Heisenberg[*], welche die Nichtexistenz verborgener Parameter daraus ableitet, daß der Schnitt, an dem allein die Unbestimmtheiten auftreten, selbst nicht objektiv festgelegt, sondern verschiebbar ist. Denn die Definition des Schnittes setzt ja bereits die Existenz eines Bereichs in der Natur voraus, in dem man unbedenklich nach der klassischen Physik argumentieren darf. Dieselbe Voraussetzung macht schließlich das Argument von Grete Hermann[**]. Sie beantwortet die Frage, warum die weitere Suche nach bestimmenden Ursachen der nur statistisch prophezeiten Ergebnisse sinnlos sei, mit der oben schon besprochenen Feststellung, daß die Quantenmechanik zu jedem vollzogenen Vorgang die Ursachen bereits angeben kann, die ihn bestimmt haben, so daß für die Angabe weiterer Ursachen kein Raum bleibt. Wir haben oben schon gesehen, daß auch

[*]   W. Heisenberg, *Die physikalischen Prinzipien der Quantentheorie*, Leipzig 1930, und unveröffentlichte Überlegungen.
[**]   G. Hermann, *Die naturphilosophischen Grundlagen der Quantenmechanik*, Berlin 1935.

diese Feststellung aus der Persistenz der klassischen Gesetze folgt; sie würde auch mit dieser wegfallen.

Wie einschneidend wäre nun der Verzicht auf die klassischen Gesetze? Sicher macht es sich die gelegentlich geäußerte Ansicht* zu leicht, welche meint: »Die Atome genügen nicht der klassischen Physik. Daher ist es kein Wunder, daß wir in Schwierigkeiten kommen, wenn wir versuchen, sie klassisch zu beschreiben. Man suche andere als die klassischen Begriffe und wird dann auch eine objektive Darstellung der Atome finden.« Denn die Schwierigkeiten, in welche die Objektivitätsannahme führt, rühren ja nicht davon her, daß wir für die nichtwahrnehmbaren Vorgänge klassische Modelle zu machen suchten, sondern sie gehen unmittelbar aus den mit bloßen Augen wahrnehmbaren Vorgängen in den Meßapparaten (z. B. Wilson-Kammern und Beugungsaufnahmen) hervor. Wenn man irgendwelche nichtklassischen Parameter gefunden hätte, die das Atom objektiv beschreiben, so wäre damit die Schwierigkeit nicht behoben, daß unsere Meßapparate die Werte klassischer Parameter angeben und daß diese unbestimmt bleiben, solange in den Meßapparaten selbst die klassische Physik gilt. Man muß also geradezu annehmen, daß die klassische Physik die Vorgänge, die ihr nach heutiger Auffassung unterliegen, falsch beschreibt. Im Sinne von Hermann hieße das, daß die Ursachen, welche die heutige Physik für die Vorgänge angibt, nicht die richtigen sind.

Dieser Folgerung scheint der Satz aus dem vorigen Abschnitt zu widersprechen, daß die Persistenz der klassischen Gesetze nur jenseits der Schranken der Unbestimmtheitsrelation aufgegeben werden muß. Nun gestattet aber die Unbestimmtheitsrelation nicht, in einem »objektiven« Weltbild eine objektiv definierte Grenze zu ziehen zwischen Vorgängen, für die die klassische Physik gilt, und Vorgängen, für die sie nicht gilt. Denn welche Größen unbestimmt bleiben, hängt ja selbst von der Willkür des Beobachters ab. Man kann jede beliebige klassische Größe in beliebig hohem Grade unbestimmt machen, indem man eine zu ihr komplementäre Größe hinreichend genau mißt. Folglich gibt es überhaupt keine klassische Größe, auf

---

* Z. B. E. Schrödinger, Naturwissensch. 22, 518, 1934; 23, 807 ff., 1935.

welche in einer »objektiven« Physik unter allen Umständen die klassischen Gesetze angewandt werden dürften.

Die Größe dieser Abweichung von der normalen Physik, die sich an Gedankenexperimenten sinnfällig machen läßt, ist für viele Physiker ein zwingendes Argument dafür, lieber die klassische Naturbeschreibung beizubehalten und dafür auf ihre Objektivierbarkeit zu verzichten. Doch ist der Zwang nicht logisch absolut. Wir wissen – aufs einzelne gesehen – nicht, ob nicht eine bisher unbekannte Abweichung zwischen Erfahrung und klassischer Theorie diese in bisher unvorhergesehener Weise als bloße Annäherung an eine ganz anders strukturierte Theorie enthüllen wird. Wir wissen – aufs Ganze gesehen – nicht, ob das Wahrnehmungs- und Anschauungsvermögen der Menschheit eine so konstante Größe ist, daß sie in aller Zukunft auf das für uns Anschauliche beschränkt sein und so der Physik die klassische Approximation als Ausgangspunkt der Naturbeschreibung aufzwingen wird.

Die Endgültigkeit des quantentheoretischen Verzichts auf das objektive Weltmodell ist also nicht in Strenge beweisbar. Doch scheint uns schon die Fragestellung, ob sie beweisbar sei, am Kern des Problems vorbeizugehen. Dieser Verzicht ist wie jedes andere Naturgesetz in die Physik eingetreten als eine auf Erfahrung gestützte Hypothese. Man hat dagegen eingewandt, ein Naturgesetz sei stets eine positive Aussage; hingegen könne die negative Aussage, daß gewisse heute unbeantwortete Fragen auch in alle Zukunft hinein unbeantwortet bleiben müßten, durch keine Erfahrung gestützt werden. Unsere bisherigen Beobachtungen zeigen wohl zur Genüge den Fehler in diesem Einwand. Der Verzicht auf Objektivierbarkeit ist nur die negative Formulierung eines Gesetzes, daß man positiv gewendet als die Persistenz der klassischen Gesetze trotz der Dualität der Bilder – also kurz, als »Komplementarität« – bezeichnen kann; so wie die Unmöglichkeit des Perpetuum mobile die negative Formulierung des Energiesatzes ist. In der Tat würde die Entdeckung eines einzigen Teilchens, das nicht der Unbestimmtheitsrelation genügt und das mit normaler Materie hinreichend wechselwirken könnte, um als Hilfsmittel bei Messungen zu dienen, die Möglichkeit geben, die Unbestimmtheitsrelation überall zu unterschreiten, und würde damit den Widerspruch zwischen Wellen- und Teilchenbild in aller Schärfe wieder erstehen lassen.

Es läßt sich nicht leugnen, daß sich die im quantentheoretischen Verzicht liegende Hypothese an der Erfahrung bisher glänzend bewährt hat. Ob man sich daher bei ihr beruhigen oder ob man auf einen neuerlichen Umsturz unserer physikalischen Vorstellungen, der sie wieder aufheben würde, hoffen soll, bleibt hingegen, vom empirischen Material aus gesehen, eine Frage des persönlichen Ermessens des einzelnen Forschers. Freilich ist es eine jener Ermessensfragen, die für die Weiterentwicklung der Physik und ihren Zusammenhang mit unserem Gesamtweltbild entscheidend sind. Es ist daher begreiflich und berechtigt, daß vor ihrer Entscheidung Argumente gehört werden, die nicht aus der physikalischen Erfahrung stammen. So sind gegen den quantentheoretischen Verzicht vor allem zwei Einwände erhoben worden, die – bewußt oder unbewußt – philosophischen Gedankengängen entnommen sind. Es ist dies einerseits ein metaphysisch gearteter Glaube an die Existenz einer schlechthin objektiven Außenwelt, andererseits die – vor allem an Kant anknüpfende – Überzeugung, daß die Denkmittel der klassischen Physik Vorbedingungen jeder möglichen Erfahrung und darum aus der Erfahrung heraus niemals kritisierbar seien. Diese Anschauungen finden sich freilich in einer unerwarteten Lage, da ihnen die Quantenmechanik durch ihre bloße Existenz die logische Möglichkeit einer den gestellten Anforderungen nicht entsprechenden Theorie demonstriert. Es bedarf offenbar einer erneuten Prüfung der philosophischen Argumente, um zu entscheiden, ob dieses Faktum die Revisionsbedürftigkeit jener philosophischen Anschauungen oder den bloß vorläufigen Charakter der Quantenmechanik beweist. Wenn sich dabei – wie man wohl erwarten darf – Mängel auf der philosophischen Seite herausstellen, so fällt damit der Quantenmechanik aufs neue die alte Rolle der Naturwissenschaft zu, der Philosophie entscheidende Anregungen zu geben. Auf jeden Fall führt die gewissenhafte Prüfung der Endgültigkeitsfrage unweigerlich in einen philosophischen Prozeß hinein, in dem die Physik nicht mehr als Richter, sondern als Zeuge fungiert.

Nachwort 1991

Dieser Aufsatz erschien in einem Heft der »Zeitschrift für Physik«, das von einer Anzahl von Freunden und Kollegen von Werner Heisenberg als eine »heimliche Festschrift« zu seinem 40. Geburtstag veröffentlicht wurde. »Heimlich«, also ohne formelle Kennzeichnung seiner Absicht, mußte das Festheft sein, weil Heisenberg und die von ihm vertretene moderne theoretische Physik damals noch von nationalsozialistischer Seite her verfemt war. Der Bezug des Hefts auf Heisenberg war für mich der Anlaß, zum erstenmal eine systematische Interpretation der Quantentheorie zu versuchen. Ich lege den seitdem nie nachgedruckten Aufsatz hier vor, um zu überprüfen, wie sich diese nun um fünfzig Jahre zurückliegenden Gedanken zu den heutigen Deutungsversuchen verhalten.

Der Aufsatz ist im wesentlichen ein Versuch, die Deutung der Quantenmechanik durch *Bohr* zu erläutern. Bohr stellt durchgängig die uns durch Kant vertraute Frage: *Was könen wir wissen?* Hier ist zentral Bohrs These, daß jede Messung *klassisch* beschrieben werden muß (vgl. *AP* 11.2c; S. 506−511 und 519−531). Bohrs Argument dafür ist im Ansatz kantianisch: die Messung muß im Raum und der Zeit unserer Anschauung beschrieben und streng kausal gedeutet werden, um aus unserer Wahrnehmung auf das Verhalten des Objekts schließen zu können. In diesem Sinne bleibt die Quantentheorie, wie im Aufsatz dargestellt, anschaulich und kausal. Was versagt, ist die *Objektivierbarkeit* dieser klassischen Beschreibung.

Indem ich auch heute noch glaube, Bohrs Gedankengang damals korrekt ausgelegt zu haben, sehe ich doch heute die Abweichung von Bohrs Deutung wenigstens in dem Gewicht, das den jeweiligen Argumenten gegeben wird. Zunächst sei Bohrs Abweichung von Kant bezeichnet. Kants Argument ist streng *transzendental*, d. h. nur aus Bedingungen möglicher Erfahrung gefolgert, so wie Kant sie sieht: aus den vorgegebenen Formen unserer Anschauung, Raum und Zeit, und aus den Kategorien unseres Denkens, von denen Bohr hier nur die Kausalität nennt. Bohrs Argument enthält hingegen de facto insofern eine *empirische* Komponente, als er sagt, diese Vereinbarkeit von Raum-Zeit-Beschreibung und Kausalität bestehe nur in der uns konkret bekannten klassischen Physik. Dies liegt an der zentralen Rolle, welche das *Korrespondenzprinzip* in Bohrs Denken spielt. Um weiter prinzipiell argumentieren zu können, sagten später Teller (*AP* 11.2c, S. 523) und ich, das Wesentliche sei die *Irreversibilität* des Meßprozesses. Dies führt zurück auf die fundamentale Rolle der *Zeit* mit den Modi der Faktizität und Möglichkeit. Es führt dann zum Versuch der direkten Rekonstruktion der Quantentheorie, aus welcher die klassische Physik nur als Grenzfall herzuleiten ist. Die immanenten Probleme dieses Weges sind das Thema des jetzigen Kapitels. Sie seien hier noch mit den im Aufsatz geschilderten Problemen der Bohrschen Deutung verglichen.

Die Unbestimmtheitsrelation erscheint im Rahmen der Bohrschen Deutung wesentlich als ein *Verzicht* auf Wissen. Es fragt sich nur, worauf verzichtet wird, und der obige Aufsatz gibt eben die Antwort: nicht auf Anschaulichkeit oder Kausalität im Bereich dessen, was wir überhaupt wissen können, sondern auf die *Objektivierbarkeit* der anschaulich-kausalen Modelle. An dieses Verzichtserlebnis knüpfen dann die bis heute nicht ausgestorbenen Versuche an, durch irgendeine Art verborgener Parameter doch ein voll objektivierbares Modell des Naturgeschehens wieder herzustellen. Bohr argumentiert für die Unmöglichkeit dieses Unternehmens durch den Begriff der *Komplementarität*. (Dazu mein Aufsatz »Komplementarität und Logik«, 1955.) In der Deutung der Unbestimmtheitsrelation spricht Bohr von der Komplementarität der beiden »Bilder« Welle und Teilchen. Im Aufsatz weise ich freilich im Abschnitt über Anschaulichkeit (oben S. 829) darauf hin, daß dies, wie Bohr selbst bemerkt hat, keine volle Symmetrie beider Bilder ist; »es gibt keine quantenmechanische Observable, welche der Amplitude von Materiewellen oder dem Ort von Lichtquanten entspricht«. In der Darstellung der »mehrfachen Quantelung« von Uralternativen (I 7.C7–9) tritt in der untersten Stufe der Begriff der Information auf, in der nächsten der Begriff des Teilchens, in der übernächsten der Begriff der Welle. Diese klassischen Begriffe erscheinen nun als abgeleitete Bilder innerhalb der Quantentheorie. Dem entspricht der Begriff des »quantentheoretischen Mehrwissens« (*AP* 11.3f, S. 361–363). Die Information des Quantenzustands ist *reicher* als die klassische Information; die Unbestimmtheitsrelation schafft Raum für das Mehrwissen, indem sie die fehlerhafte Objektivierung des klassischen Teilchenbildes ausschließt. Insofern ist Quantentheorie kein Verzicht, sondern ein direkter Gewinn.

Indem die klassischen Begriffe so zu Grenzfällen werden, eröffnet sich die Möglichkeit für moderne Deutungen, denen ich mich heute anschließe (*AP* 11.2e, Quantentheorie des Subjekts, S. 535–538), welche den Beobachter selbst als Objekt in das System einbeziehen. Meine gegenteilige Aussage im obigen Abschnitt über Kausalität (S. 832) gibt Bohrs Ansicht korrekt wieder, aber nicht meine heutige Ansicht.

Gleichwohl bleibt Bohrs *Verzicht auf die Objektivierbarkeit* in Geltung, er muß nur abstrakter gedeutet werden. Es ist jetzt der *Verzicht auf die strenge Isolierbarkeit der Alternativen überhaupt.* Hierzu führen die weiteren Überlegungen dieses Kapitels.

C. Zur Rekonstruktion
Das Kontinuum*

Vorbemerkung

Das Referat, das ich während der Aristoteles-Tagung im September 1985 gehalten habe, bestand im wesentlichen aus zwei Hälften:

1. einem Durchgang durch meinen Aufsatz »Möglichkeit und Bewegung. Eine Notiz zur aristotelischen Physik«**,

2. einer freien Erörterung des Begriffs des Kontinuums, anschließend an meinen Aufsatz »Kontinuität und Möglichkeit«***.

Die erste Hälfte rekapituliere ich im jetzigen Text nicht. Der Aufsatz zur aristotelischen Physik liegt gedruckt vor. Er hat

---

* Gedruckt in: E. Rudolph (Hrsg.), *Zeit, Bewegung, Handlung. Studien zur Zeitabhandlung des Aristoteles,* Stuttgart 1988.

** Geschrieben 1966, abgedruckt in der Festschrift für Joseph Klein, 1967, und in Weizsäcker (1971 a).

*** Geschrieben 1951, abgedruckt in der Festschrift für Werner Heisenberg, 1952, und in Weizsäcker (1957).

freilich, soweit ich wahrnehmen kann, in der Literatur wenig Resonanz gefunden, weder bei den Aristoteles-Interpreten (mit Ausnahme von Enno Rudolph[*]) noch bei Physikern, Mathematikern oder Wissenschaftstheoretikern. Ich wage, den Grund dafür nicht nur in seinen Mängeln zu suchen. Er stellt die These auf, die Beschreibung, die Aristoteles von Kontinuum, Zeit und Bewegung gibt, sei philosophisch besser begründet als die in der heutigen Mathematik und Physik übliche. Einerseits fiel er damit, zumal da er mein einziger gedruckter Beitrag zur Aristoteles-Interpretation war, ein wenig aus dem Rahmen philosophiegeschichtlicher und philologischer Aristoteles-Studien. Andererseits war er im Blick auf die heutige Mathematik und Physik ein bloßes Programm, das als solches die Aufmerksamkeit der Kollegen kaum erwecken konnte. Erst in meinem Buch *Aufbau der Physik* (1985) habe ich den physikalischen Teil dieses Programms, soweit ich dazu fähig gewesen bin, ausgeführt; den mathematischen und logischen Teil soll das jetzige Buch *Zeit und Wissen* enthalten. In beiden Büchern aber bleibt die Bezugnahme auf die aristotelische Lehre von Kontinuität und Bewegung peripher.

Die zweite Hälfte meines Referats sollte nun wenigstens in gewissem Umfang diese Lücke schließen. Sie beruhte auf einer unveröffentlichten und nicht abgeschlossenen Studie über den Begriff des Kontinuums, die ich 1981 zur Vorbereitung der beiden Bücher geschrieben habe, die ich aber während des Referats nicht zur Hand hatte. Ich habe nicht die Zeit und hätte vermutlich auch nicht die Kraft, diese Studie in einen die Probleme systematisch abdeckenden Aufsatz zu verwandeln. Ich erlaube mir daher, sie hier zunächst in ihrer ursprünglichen Fassung abzudrucken; mit Einfügung von erläuternden Zwischentiteln und mit zwei ergänzenden Abschnitten am Schluß. Ich gebe ferner die Stellen im *Aufbau der Physik* (zit. als *AP* mit Kapitel- und Abschnittsziffer) an, auf die sich die einleitenden Erwägungen beziehen. Der Hauptteil der Studie ist philosophisch. Ein jetzt verfaßtes Nachwort kommentiert diese Texte von ihren Motiven her.

[*] Rudolph (1986), 114f.

Studie 1981

1. Physikalischer Kontext

Der mathematisch wichtigste Grundbegriff für die Rekonstruktion der Quantentheorie ist der Begriff des Kontinuums. Historisch war das Kontinuum zunächst in der Geometrie bekannt, physikalisch als Beschaffenheit der ausgedehnten Körper und ihrer Bewegung, abstrakter, des Raums und der Zeit. In der Quantentheorie ist das Kontinuum der komplexen Zahlen das Medium des Superpositionsprinzips. Der Wahrscheinlichkeitsbegriff wird mit Hilfe des Kontinuums der reellen Zahlen formuliert. Die Rekonstruktion der Quantentheorie auf dem Wege über den Wahrscheinlichkeitsbegriff (*AP* 8.2–3) wählt daher das reelle Kontinuum auch als Ausgangspunkt für die Darstellung der Superposition im komplexen Vektorraum. Wenn die Ur-Theorie (*AP* 9) einen richtigen Ansatz darstellt, wäre auch die Kontinuität von Raum und Zeit vom quantentheoretischen Kontinuum her zu begründen. Der dritte Weg der Rekonstruktion (*AP* 8.4–5) schließlich verzichtet auf die Voraussetzung des Wahrscheinlichkeitsbegriffs, muß also das Kontinuum der quantentheoretischen Amplituden direkt aus einfachen Forderungen zu konstruieren suchen. In den drei Abschnitten 18–20 des Aufsatzes von 1974 (*AP* 8.4) wird genau dies unternommen.

Das Unternehmen dieser drei Abschnitte läuft darauf hinaus, physikalische Forderungen an die Amplituden (dort »Modalitäten« genannt) zu stellen, welche gestatten, ihren Aufbau auf den bekannten mathematischen Aufbau des Systems zuerst der rationalen und dann der reellen Zahlen abzubilden. Dabei wird die größere Sorgfalt auf die Rekonstruktion des Körpers der rationalen Zahlen, also auf eine Interpretation ihrer Gesetze der Addition und Multiplikation als Gesetze über »futurische Modalitäten«, verwendet; die reellen Zahlen werden als »Gesetze über rationale Zahlen« ohne nähere Diskussion angehängt. Mathematikgeschichtlich gesehen, sind nun in der Tat seit den Griechen die rationalen (das heißt »aussprechbaren«) Verhältnisse zwischen natürlichen Zahlen das Mittel gewesen, mit dem die Mathematiker an die Analyse des anschaulich vorgestellten Kontinuums herangegangen sind. Die ebenfalls griechische

Entdeckung geometrisch wohldefinierter irrationaler Längenverhältnisse hat schließlich im 19. Jahrhundert, abschließend durch die Arbeit von Cantor und Dedekind, zur modernen mathematischen Beschreibung des Kontinuums mit Hilfe des Körpers der reellen Zahlen geführt.

Man kann nun zweifeln sowohl an der Zwangsläufigkeit dieser von den Mathematikern angebotenen Beschreibung des anschaulich vorgestellten Kontinuums wie an der Legitimität der Verwendung dieser Beschreibung für die abstrakten Gesetze der quantentheoretischen Modalitäten. Ich erlaube mir daher hier einen philosophischen Exkurs über das Kontinuum als *physikalischen* Begriff. Der Exkurs wird, wie es bei philosophischen Reflexionen geschieht, verschiedene Seiten des Problems beleuchten, ohne zu einer eindeutigen Konklusion zu kommen. Dies mag aber zur Beurteilung der genannten drei Abschnitte beitragen. Die mathematischen Probleme im Anschluß an die Paradoxien der Mengenlehre und die intuitionistische Kritik der Mengenlehre muß ich hier beiseite lassen (vgl. dazu meinen Aufsatz »Russells Paradoxon und zeitliche Logik«, II 5.3).

Zunächst möchte ich auf meinen alten Aufsatz »Kontinuität und Möglichkeit« (1951) verweisen. Er hat für mich eine wichtige Rolle gespielt als Schritt auf dem Weg zu dem Aufsatz »Komplementarität und Logik« (1955)*, der seinerseits der Ursprung sowohl der Arbeit an der Rekonstruktion der Quantentheorie wie der Ur-Theorie wurde. Der Abschnitt 1 »Fragestellung« des Aufsatzes von 1951 formuliert die Skepsis, ob das anschauliche Kontinuum durch die Theorie der Punktmengen und die reellen Zahlen korrekt beschrieben wird. Ausgangspunkt ist dabei eine physikalische Vermutung von Heisenberg (1938), daß die Theorie der Elementarteilchen eine »kleinste Länge« einführen werde, analog etwa der »größten Geschwindigkeit« in der speziellen Relativitätstheorie und der »kleinsten Wirkung« in der Quantentheorie. Diese Vermutung hat zwar dann in der Weiterentwicklung der Elementarteilchentheorie keine entscheidende Rolle gespielt. Aber es geht hier, in einer auch heute nicht entschiedenen Frage, noch nicht um die Rich-

---

* Abgedruckt in: Weizsäcker (1957). Vgl. den Rückblick, *AP* 7.7.

tigkeit dieser Vermutung, sondern um ihren möglichen Sinn. Es ist nicht die Absicht, das Kontinuum des Raumes durch ein diskretes Punktgitter zu ersetzen, vielmehr das Kontinuum nicht als Punktmenge, sondern durch Teilbarkeitseigenschaften zu definieren. So schon Aristoteles: »Kontinuum ist, was unbegrenzt in Teilbares geteilt werden kann.« Anschließend an March und Foradori (1939/40) wird der Wahrscheinlichkeitsbegriff eingeführt: »Ob zwischen zwei markierten Punkten noch ein weiterer markiert werden kann, bzw. ob zwei Punkte als verschieden erkannt werden können, kann nur mit Wahrscheinlichkeit vorausgesagt werden, und mit zunehmender Anzahl von Teilungsschritten geht diese Wahrscheinlichkeit von 1 gegen 0.« (235) Dabei war es meine Vermutung, diese Wahrscheinlichkeit selbst sei quantentheoretisch zu bestimmen. Das führte mich dann weiter zur Analyse der Quantentheorie als nichtklassischer Wahrscheinlichkeitstheorie im Aufsatz von 1955.

2. Das philosophische Problem

Heute möchte ich einen Passus aus dem Aufsatz von 1951 besprechen, der in meine späteren Arbeiten sachlich nicht eingegangen ist, obwohl er vielleicht einen entscheidenden Beitrag zur Deutung des Kontinuums anbietet. »Weil die Wirklichkeit zusammenhängend (con-tinens) ist, kann ich den Begriff der Zahl nicht ohne Willkür auf sie anwenden. Andererseits ist der Zahlbegriff darum nicht unanwendbar; ich *kann* ihn anwenden, aber in mehrdeutiger Weise. Die *Kontinuität* des *Wirklichen* äußert sich für uns als *Möglichkeit* des Einteilens. Versuchsweise stellen wir diese drei Begriffe: Wirklichkeit – Kontinuität – Möglichkeit als zusammengehörig den drei anderen zusammengehörigen Begriffen: Begrifflichkeit – Zahl – Aktualität gegenüber.« (223)

Diese beiden Triaden bilden eine komplizierte begriffliche Struktur. Ich schreibe sie zur Veranschaulichung in einem ovalen Sechseck:

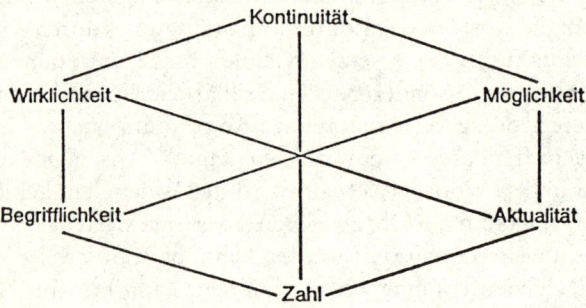

Die neun Striche (6 Seiten, 3 Diagonalen) bezeichnen Zusammenhänge der durch sie verbundenen Begriffe. Sie sind so einzuteilen: Zwei Striche schließen die obere Triade (W–K–M) in sich zusammen, ebenso zwei Striche die untere (B–Z–A). Drei Striche verbinden je einen Begriff der oberen Triade mit dem senkrecht unter ihm stehenden (W–B, K–Z, M–A). Schließlich ist jeder Begriff mit dem im Sechseck gegenüberliegenden verknüpft (W–A, K–Z, M–B). Diese Beziehungen gilt es zu deuten.

Die beiden Triaden sind zunächst durch ihre Leitbegriffe Wirklichkeit und Begrifflichkeit unterschieden. Die obere Triade sucht zu bezeichnen, was ist; die untere, wie wir es denken. Um das in einer ersten rohen Annäherung zu erläutern: Was *wirklich* ist, denken wir in *Begriffen*. Dadurch trennen wir Zusammenhängendes*. Die *Kontinuität* lösen wir auf in *Zählbares*; das geschieht sowohl, wenn man das Kontinuum als das immer weiter Teilbare versteht, wie wenn man es in Punkte auflöst, die etwa durch die abzählbaren Rationalzahlen und die Menge aller konvergierenden unendlichen Folgen von Rationalzahlen indiziert sind. Der Begriff der unendlichen Folge, ja schon die Endsilbe »-bar« in »zählbar« bezeichnet eine *Möglichkeit*. Die Gesetze dieser Möglichkeiten fassen wir begriff-

---

* Vgl. Goethe, Zu Howards Ehrengedächtnis:
   »Dich im Unendlichen zu finden
   Mußt unterscheiden und dann verbinden.
   Drum danket mein beflügelt Lied
   Dem Mann, der Wolken unterschied.«

lich wie etwas *aktual* Existierendes (zum Beispiel den Grenzwert einer Folge). Cantor wandte gegen die überlieferte potentiale Auffassung des Unendlichen ein, damit denke man de facto die aktual unendliche Menge der Möglichkeiten.

Hieran schließt sich in dem Aufsatz eine Bemerkung zum Begriff der Möglichkeit: »Ist dieser Begriff der Möglichkeit subjektiv oder objektiv gemeint? Handelt es sich um eine Möglichkeit für mich oder um eine Möglichkeit in den Objekten? Vielleicht hätten wir den gesuchten Möglichkeitsbegriff verstanden, wenn wir klar sagen könnten, warum diese Frage falsch gestellt ist.« (223) Hier führe ich dann den futurischen Begriff der Möglichkeit ein, der dem perfektischen Begriff des Faktums gegenübersteht. Diese Unterscheidung war mir aus der Erläuterung der Irreversibilität (1939 = 1971 b) geläufig (*AP* 4) und deutete auf den um 1963 entwickelten Begriff der zeitlichen Logik (*AP* 2) voraus. *Möglichkeit* und *Faktizität* erscheinen nun primär als *zeitliche* Begriffe, als Charakterisierungen der beiden Zeitmodi der Zukunft und der Vergangenheit. Es bleibt dann einem weiteren philosophischen Arbeitsgang überlassen, wie man in einer primär zeitlichen Denkweise die beiden traditionellen Begriffe »subjektiv« und »objektiv« definieren will.

Zunächst aber stellen wir Rückfragen. Es ist unklar, wie die zeitliche Deutung der Möglichkeit mit dem soeben besprochenen Begriffssextett zusammenhängt, und diese Unklarheit habe ich weder im damaligen Aufsatz noch später aufgelöst. Einerseits fehlt eine volle Theorie der Zeitlichkeit. Die bloße Konfrontation von Möglichkeit und Faktizität genügt dafür nicht, da in ihr nicht einmal der dritte und nach klassischer Vorstellung leitende Zeitmodus, die Gegenwart, vorkommt. Andererseits bleibt der Zeitbezug der fünf anderen Begriffe des Sextetts unklar. Man könnte versuchen, den undefiniert eingeführten Begriff der Aktualität mit Faktizität gleichzusetzen. In der Tat ist Cantors akutale Unendlichkeit so etwas wie eine faktisch vorliegende Unendlichkeit. Das würde nahelegen, die ganze obere Triade futurisch, die untere perfektisch zu deuten.

Aber der Gegensatz der Triaden läßt auch eine scheinbar völlig andere Deutung im Rahmen der klassischen Philosophie zu. Wir stellen zunächst die skeptische Rückfrage, was der Gegen-

satz Wirklichkeit – Begrifflichkeit eigentlich heißen soll.
»Wirklichkeit« ist selbst ein Begriff, »Begrifflichkeit« ein anderer Begriff. Wer Wirklichkeit und Begrifflichkeit konfrontiert, operiert innerhalb der Begrifflichkeit. Wer das, was ist, von der Weise unterscheidet, wie wir es denken, denkt damit das, was ist; wie kann er es von der Weise, wie er es denkt, unterscheiden? Die Begriffe beider Triaden haben aber eine historische Herkunft, die man kennen muß, um eine Rückfrage wie diese zu beurteilen.

3. Aristoteles

Das Begriffspaar Möglichkeit – Aktualität ist eine Verdeutschung des scholastischen Paars potentia – actus, also des aristotelischen dynamis – energeia. (Vgl. dazu meinen Aufsatz »Möglichkeit und Bewegung. Eine Notiz zur aristotelischen Physik« [1967 = 1971 a], der sich direkt als Fortsetzung des Aufsatzes von 1951 gibt.) Energeia, actus, aber ist der aristotelische Terminus für Wirklichkeit. Im Sinne der aristotelischen Philosophie also verbindet die Diagonale W–A zwei gleichbedeutende Begriffe. Von dieser Diagonale der vollen Wirklichkeit her müßte man eine »aristotelische Deutung« des Sechsecks aufbauen. Rechts oben (K–M) und links unten (B–Z) liegen dann zwei polar entgegengesetzte Weisen unvollkommener Wirklichkeit. Wir erläutern sie an der Diagonale Begrifflichkeit – Möglichkeit. Nach aristotelischer Auffassung ist die volle Wirklichkeit die Gegenwart der Form in der Materie. Beispiel: dieser Tisch ist Tisch (Form) aus Holz (Materie). Die Materie allein ist bloß Möglichkeit. Materie ist ein Relationsbegriff. Holz ist Materie *für* den Tisch. Das Naturholz ist aber, *als* Naturholz verstanden, selbst eine volle Wirklichkeit. Seine Form ist zum Beispiel Eichenholz, die Materie sind die Elemente; antik gesagt, zum Beispiel Erde und Wasser, modern gesagt, Kohlenstoff, Wasserstoff etc. Reine Materie ohne Form (prote hylē, prima materia), also reine Möglichkeit, ist eine bloße Abstraktion; sie kommt nicht real vor. Ebensowenig kommt reine Form real vor, außer als Gegenstand menschlicher Vorstellung, als Begriff. So hat der Tischler den Begriff des Tisches, noch ehe er den realen Tisch aus Holz macht. In der Natur im Gegensatz zur menschlichen

Kunst, aristotelisch gesagt, in dem, was das Prinzip seines Werdens in sich selbst trägt, ist kein Handwerker da, der die Form vorweg denkt. Der Eichbaum und damit das Eichenholz ist nur »potentiell« in der Eichel, wir Heutigen würden sagen, in der Genstruktur. Diese potentia ist eine »reale Möglichkeit«: wir denken gemäß dem, was wirklich werden kann, wenn wir uns als Wissenschaftler oder Forstleute zur Eichel schon die Form des Eichbaums hinzudenken.

Interpretiert man nun mit Aristoteles die dritte Diagonale: Zahl – Kontinuum, so ist die Zahl, überhaupt jede mathematische Größe, ein *abstrahierter* Begriff, das Kontinuum hingegen das Prinzip *realer Möglichkeit*. Der Schlüsselbegriff für den Sinn dieser Gegenüberstellung ist *kinesis*, was man, für den modernen deutschen Sprachgebrauch irreführend, als Bewegung zu übersetzen pflegt. Kinesis ist bei Aristoteles der Name jeder Änderung in der Zeit, nicht bloß der Ortsveränderung. Abstrahiert man von der Kinesis, so bleiben mathematische Strukturen übrig: die »Zeitlosigkeit« der Mathematik ist das Resultat einer Abstraktion. Andererseits ist jede Kinesis stetig, das Kontinuum ist also die Voraussetzung der Möglichkeit jeder Veränderung. Kontinuität ist für Aristoteles kein mathematischer, sondern ein physikalischer Begriff. Man sieht das sehr gut an seiner »zweiten« Auflösung der Paradoxie von Achilleus und der Schildkröte (vgl. meinen Aufsatz von 1967). Weder Achilleus noch die Schildkröte durchlaufen realiter in endlicher Zeit unendlich viele Teilstrecken ihrer Rennbahn. Denn um sagen zu können, Achilleus habe eine bestimmte Teilstrecke AB durchlaufen, muß jemand deren Endpunkte A und B markieren. Dazu aber muß er zu jedem der beiden Punkte hingehen, dort zum Markieren stehenbleiben und dann weitergehen. Das kann man in endlicher Zeit nur mit endlich vielen Teilstrecken tun. Kein Quantentheoretiker hätte das schöner sagen können. Der Lauf des Achilleus ist eigentlich ein individueller Prozeß im Sinne Bohrs (*AP* 7.2). In einer Näherung kann man ihn klassisch beschreiben und insofern in Teil-Läufe zerlegen. Aber diese Unterteilung endet nach endlich vielen Schritten, wenn die Störung des Laufs (die Impulsübertragung) durch die Unterteilung unter einer vorgegebenen Schranke bleiben soll.

4. Ansatz zur zeitlichen Deutung

In diesem Geist hatte ich 1951 (ohne schon die »Physik« des Aristoteles gelesen zu haben) die Gegenüberstellung der beiden Triaden gemeint. Ich kann nun die zeitliche Deutung der Triaden verfeinern. Wirklichkeit (»Sein«) ist in der griechischen Philosophie, wie Heidegger uns verdeutlicht hat, primär *Gegenwart*. Daß etwas *ist*, kann man strenggenommen nur sagen, wenn es *jetzt* ist. Gegenwart aber ist ein Modus der *Zeit*. Was ist, ändert sich; das Seiende ist *bewegt*. Die Bewegung, die wir erwarten, ist *zukünftig*. Sie ist *möglich*, und das *Kontinuum* ist das Feld dieser Möglichkeiten. Insofern ist Kontinuität primär Kontinuität der zukünftigen Zeit, aber zugleich Kontinuität der möglichen Zustände, die in der Zeit durchlaufen werden können. Möglichkeit ist, wie man gelegentlich etwas metaphorisch sagt, die Gegenwart der Zukunft. Statt Aktualität sage ich jetzt *Faktizität*. Sie ist die Gegenwart der Vergangenheit, Fakten sind irreversibel, das Vergangene ändert sich nicht mehr. Deshalb kann man bei der Beschreibung von Fakten von der Bewegung abstrahieren. Eben deshalb kann man sie in diskreten Schritten *zählen*. Im *Begriff* nun denken wir das *Mögliche*, aber wir denken es als das, was einmal wie ein *Faktum* beschreibbar sein könnte. Der Begriff ist, so gesehen, die Vergangenheitsform der Zukunft.

Wir können nun ein erstes Mal auf die skeptische Rückfrage zurückkommen. Daß der Begriff das Mögliche bezeichne, ist eine alte Lehre. Ferner setzt man traditionell voraus, daß nichts wirklich sein kann, wenn es nicht möglich ist. Also müßte der Bereich der Begrifflichkeit den der Wirklichkeit umfassen. Nach dieser Auffassung läßt sich eine Gegenüberstellung der Triaden überhaupt nicht rechtfertigen, vielmehr verbinden die Diagonalen jeweils mehr oder weniger gleichbedeutende Begriffe. Begriff und Möglichkeit sind dann etwa dasselbe (»möglich ist, was sich nicht selbst widerspricht«, Leibniz). Ebenso sind Wirklichkeit und Aktualität etwa derselbe Ausschnitt aus dem Möglichen, begrifflich Denkbaren. Zahl und Kontinuum sind zwei Beispielbegriffe aus der Mathematik; beide bezeichnen mögliche Strukturen.

Die Triaden sind aber sinnvoll, wenn es einen Sinn des Wortes

»Begriff« gibt, in dem nicht alles, wovon man sinnvoll sprechen kann, begrifflich gedacht werden kann. Genau ein solcher Sinn wird angeboten durch die Formel, ein Begriff bezeichne formal mögliche Fakten. Denn nun kann man fragen, ob das jeweils gegenwärtig Wirkliche wenigstens prinzipiell in formal mögliche Fakten zerlegt werden kann. Der Rationalismus der Wissenschaft hat das im allgemeinen wie eine Selbstverständlichkeit angenommen. Künstler, religiöse Menschen, manche Philosophen, wie zum Beispiel in neuerer Zeit Nietzsche und Heidegger, haben es nicht geglaubt. Die Philosophie Bohrs bestreitet es auf Grund der Quantentheorie; ebendies ist mit dem Begriff der Komplementarität gemeint. Die »Triestiner« Theorie der Ereignisse (*AP* 13.3) ist ein Versuch, ebendies noch genauer zu fassen. Fakten, also auch formal mögliche Fakten, sind durch Irreversibilität konstituiert, individuelle Prozesse aber sind nicht irreversibel.

Gerade innerhalb der Quantentheorie werden wir aber die skeptische Rückfrage so noch nicht los. Wer »irrationalistisch« behauptet, die Wirklichkeit entziehe sich dem Begriff, der kann sich vielleicht auch der rationalen Diskussion seiner Thesen entziehen. Wer aber die These braucht, um die zentrale Disziplin der heutigen Naturwissenschaft, eben die Quantentheorie, zu interpretieren, der muß vorführen, wie er diese These *begrifflich* rechtfertigen will. Eben das meinte Bohr, als er über die rasche Zustimmung neopositivistischer Philosophen zu seinem Vortrag über Quantentheorie so unglücklich war: »Wer nicht völlig verwirrt ist, wenn er zum erstenmal vom Wirkungsquantum hört, der hat überhaupt nicht verstanden, wovon die Rede war.«

Die Antwort auf diese Rückfrage an die Quantentheorie liegt meines Erachtens in Bohrs These vom klassischen Charakter jeder begrifflichen Beschreibung von Phänomenen (*AP* 11.lg). Der individuelle Prozeß ist kein klassisch beschreibbares Phänomen. Deshalb können wir seine Gesetzmäßigkeiten nur begrifflich beschreiben, indem wir die durch ihn ausgelösten klassisch beschreibbaren Phänomene angeben. Es zeigt sich, daß diese nicht voll vorausberechenbar sind. Die spezifischen Gesetzmäßigkeiten des individuellen Prozesses zeigen sich dann als Wahrscheinlichkeitsgesetze für die Phänomene. Damit haben wir aber den individuellen Prozeß indirekt doch wenigstens begrifflich gekennzeichnet: durch die Präparation, in der er ausgelöst wird, die Meßanordnung, die seine Wirkung registriert, und durch den Wahrscheinlichkeitszusammenhang zwischen Präparation und Meßresultat, den der Prozeß vermittelt. Das soeben verbal Beschriebene werden wir im tatsächlichen Aufbau der Quantentheorie im mathematischen Detail wiederfinden müssen.

5. Erneute philosophische Rückfrage

Hiermit sind wir aber noch nicht aus der Philosophie in die Quantentheorie entlassen. Im Gegenteil, die eigentliche philosophische Frage stellt sich erst jetzt. Wir haben soeben nur für die selbst schon ein wenig paradoxe Vermutung plädiert, die uns historisch vorgegebene Quantentheorie könne begrifflich konsistent interpretiert werden und gebe damit ein begrifflich durchschaubares Modell für die These, die Wirklichkeit entziehe sich dem Begriff. Unser Anliegen aber ist, die Quantentheorie zu *begründen*. Dazu müssen wir, so scheint es, das Verhältnis von Wirklichkeit und Begriff, das wir in ihr finden, schon vor ihr gekannt haben. Genauso sind wir auch vorgegangen. Wir haben das Problemfeld des Kontinuums zuerst anhand einer historisch vorgegebenen Philosophie, der aristotelischen, erörtert, und dann, in moderner Version, als Beispiel zeitlicher Strukturen. Wir haben über Zeitmodi wie Zukunft, Vergangenheit, Gegenwart als über etwas längst Bekanntes gesprochen. Wollen wir aufklären, was wir da längst kennen, so liegt es nahe, die moderne philosophische Methode der Sprachanalyse zu wählen.

Ich habe vor, in einem anderen Text die sprachanalytische Philosophie gründlich zu besprechen.* Dabei wird insbesondere auch das Gegebensein der Zeitmodi in den Flexionsformen des indogermanischen Verbs zur Sprache kommen. Im jetzigen Aufsatz ist die Erwähnung der Sprachanalyse nur ein Sprungbrett. Der Sprung geht noch einmal in die Philosophiegeschichte. Tatsächlich ist die Sprache, zumal die philosophische

---

* Diese geplante Besprechung habe ich nicht ausgeführt. Vgl. aber II 6.6.

Sprache, geschichtlich geprägt. Man kann Ausdrücke wie »Wirklichkeit«, »Begriff«, »Zeit« und so weiter eigentlich nur im Rahmen derjenigen Philosophie deuten, in der sie jeweils gerade auftreten. Die Frage, was sie »eigentlich« bedeuten, ist nur eine naive Fassung der Frage, wie wir sie in unserer eigenen Philosophie verwenden oder doch verwenden sollten. Und wie können wir hoffen, unsere eigene Philosophie zu verstehen, wenn wir ihre Abhängigkeit und ihren Unterschied von denjenigen Philosophien nicht durchschauen, denen wir unser Vokabular verdanken?

Es geht um das Verhältnis von Wirklichkeit und Begriff. Ich erinnere zunächst an die Vieldeutigkeit dieser beiden Wörter, damit wir die angestrebte Einschränkung ihres Gebrauchs als eine mögliche Präzisierung erkennen. So kennt die griechische Philosophie für beide überhaupt keinen genau entsprechenden Ausdruck. »Die Wirklichkeit« läßt sich noch etwa als to on, das Seiende, oder als ta onta, die seienden Dinge, wiedergeben; oder, in anderer Auffassung des deutschen Wortes, als usia, Seiendheit, was wieder entweder als Substanz oder als essentia, Wesen, übersetzt wird. Für »Begriff« bietet das Lexikon unter anderem die folgenden heterogenen Ausdrücke, die ich jeweils in ihrer besonderen Bedeutung deutsch wiedergebe: eidos oder idea, was hochterminologisch ist und als Aussehen, Form oder Wesen übersetzt werden kann; logos = vernünftige Rede, Wort, das etwas aussagt; ennoia = Gedanke, das, was man im Sinn hat; hóros = Grenze, Terminus. Man sieht jedenfalls, daß unser »Begriff« das Erbe der Eidos-Philosophie trägt. In der obigen Erläuterung zu Aristoteles trat das Eidos unter dem Namen »Form« auf, in meiner eigenen Erklärung des Begriffs als Bezeichnung formal möglicher Fakten in dem zur Abgrenzung gegen futurische Möglichkeit unerläßlichen Wort »formal«. Um zu verstehen, was wir tun, müssen wir uns an die Eidos-Philosophie erinnern.

6. Platon und die Folgen

Für Platon ist das Eidos, die Idee einer Sache, das, was man an ihr verstehen kann. Das Eidos dieses Tisches ist »Tisch«; *als* Tisch verstehen wir ihn. Das Eidos der gleichmäßig runden Fi-

gur ist »Kreis«; über den Kreis als solchen hat die Mathematik
sichere Erkenntnis. Die Wissenschaft der Mathematik ist für
Platon das Paradigma der gewissen Erkenntnis. »Para-deigma«
ist das Beispiel, das neben (para) der zu erläuternden Sache
steht und an dem man das Gemeinte aufweisen (deiknysthai)
kann. Was ist dem Eidos gegenüber das Wirkliche, to on, das,
was ist? Mit Heidegger verstehe ich das, was ist, bei den Griechen als das Anwesende, Gegenwärtige. Ist es das nur hier und
jetzt Anwesende, das uns die Sinne zeigen, dieser Tisch, dieser
runde Teller, so ist es etwas, was entsteht und vergeht. Wahrhaft
seiend aber sollte man das nennen, wovon es wahre Erkenntnis
gibt, also, im mathematischen Beispiel, nicht den nur genähert
runden Teller, sondern den Kreis selbst. Dieser Gedanke ist bei
Platon der Beginn des Aufstiegs in die Ideenlehre. Auch das
Sein des Eidos ist Gegenwart, aber »ewige Gegenwart« (Picht
1960).

Die Erinnerung an Platon dient hier nur der Einordnung des
Problems des Kontinuums in überlieferte philosophische Begriffe. In der zeitlichen Deutung der beiden Triaden habe ich
Wirklichkeit als Gegenwart erläutert. Damit war offenkundig
nicht ewige, sondern zeitliche, vergängliche Gegenwart gemeint. So erläutert, wäre im Sinne eines »Platonismus des Aufstiegs zur Ideenlehre«, der noch nicht Platons eigentliche Philosophie ist, die untere Triade die der wahrhaft seienden Welt der
Ideen, die obere die des vergänglichen sinnlichen Seienden, das
an den Ideen nur »Anteil« (methexis) hat. Ihre spekulative
Fruchtbarkeit zeigt die Gegenüberstellung der Prinzipien beider Triaden aber erst in Platons eigentlicher Philosophie, der
Philosophie des Abstiegs. Hier handelt es sich darum, die vor
dem Aufstieg bekannten Sinnendinge und die im Aufstieg entdeckten Ideen nicht mehr schlicht anzuerkennen, sondern aus
wenigen Prinzipien zu erklären. Hierfür ist die deduktive
Mathematik ein Beispiel, aber im platonischen Sinne ein unzu-
reichendes. Wir dürfen auch unser Programm der »Rekonstruktion« in diese Tradition einordnen. Platon nun setzt zwei
Prinzipien an, die man peras (Grenze) und apeiron (Grenzenloses) nennen kann (so im *Philebos*). Grenze ist das Prinzip der
Form. Das Grenzenlose ist das, was jede Form annehmen kann,
das Prinzip der Möglichkeit, aristotelisch gesagt, die Materie.

Die Sinnendinge sind ein meikton, ein Gemischtes aus Grenze und Grenzenlosem, aus Form und Materie. Man sieht, wie sich hier beim späten Platon der aristotelische Ansatz herausarbeitet. Die beiden Prinzipien Grenze und Grenzenloses übersetzt Picht zur Veranschaulichung in die modernen Begriffe Struktur und Kontinuum. Bei der den Pythagoreern nahestehenden Abstiegsphilosophie Platons ist es legitim, für Struktur auch Zahl zu sagen. So können Zahl und Kontinuum hier gerade als Leitbegriffe der beiden Triaden aufgefaßt werden.

Was trägt dies nun zu unserem Verständnis des Verhältnisses von Begriff und Wirklichkeit bei? Setzen wir für Begriff Eidos ein und für Wirklichkeit sinnliche Gegenwart, so ist die Inkongruenz beider ein Ausgangspunkt des platonischen Aufstiegs. Dies erscheint hier aber nicht als ein Mangel des Begriffs, sondern als ein Mangel des sinnlich Gegebenen, das sich dem Eidos nie zu fügen vermag und insofern nie ein wahres, dauerndes Sein erlangt. Aber diese in die Geschichte des »Platonismus« eingegangene Ansicht ist weniger als die halbe Wahrheit über Platon. Im *Sophistes* macht Platon klar, daß nur die (offenbar noch im Aufstieg befindlichen) »Ideenfreunde« die Ideen für unbewegt halten. In Wahrheit ist Bewegung (kinesis) ein oberstes Genus im Ideenreich, an dem die Ideen teilhaben. Ich verlasse hier die an Hand der geschriebenen Lehre Platons kaum mehr lösbaren Deutungsfragen. Anscheinend bauen sich die Ideen selbst gemäß der beiden Prinzipien auf und haben an beiden Anteil, so daß im Abstieg (etwa in der mathematischen Atomtheorie des *Timaios*) die Kluft zwischen Idee und Sinnending fast unmerklich wird.

Aristoteles ist jedenfalls auch darin gut spätplatonisch, daß er die Bewegung als ein Prinzip des Seienden auffaßt. Die von der Bewegung abstrahierenden mathematischen Begriffe werden gerade damit dem Seienden nicht gerecht. Hier bahnt sich also eine Umkehrung in der *Bewertung* der Inkongruenz von Sinnending und Begriff an. Wenigstens der *mathematische* Begriff wäre demnach zur Erfassung der bewegten Wirklichkeit inadäquat. Freilich heißt dies hier nur, daß er nicht der Begriff des wahren Eidos der Naturdinge ist, denn dieses Eidos ist Eidos von Bewegtem als Bewegtem.

Mit der Ausnahme der schwer deutbaren und in der Naturwissenschaft damals folgenlos gebliebenen Spätphilosophie Platons hinterläßt uns also die klassische griechische Philosophie in der Tat die Lehre einer Unvereinbarkeit der Mathematik mit der Erkenntnis der Bewegung oder des Kontinuums. Gleichzeitig beschreiben wenigstens die griechischen Astronomen die Bewegung der Himmelskörper mit wohldefinierten mathematischen Ansätzen. Aber im philosophischen Sinne war dies keine genaue Erkenntnis. V. d. Waerden hat am Schluß seines Buches *Erwachende Wissenschaft* plausibel gemacht, daß die griechischen Mathematiker die Differentialrechnung nicht entwickelt haben, weil die Anforderungen an logische Strenge, an die sie – im Kontakt mit ihren Philosophen – gewöhnt waren, bei der Anwendung auf die Probleme des Kontinuums und der Bewegung auch ihre mathematische Kraft überstiegen. In der frühen Neuzeit nahm man diese Forderungen weniger ernst und entwickelte die Analysis durch eine gesegnete Schlamperei. Diese Schlamperei wurde erst im 19. Jahrhundert oder, wenn man die Paradoxien der Mengenlehre und die intuitionistische Kritik ernst nimmt, vielleicht noch nicht einmal im 20. Jahrhundert behoben.

Nach einem langen Umweg sind wir wieder am Ausgangspunkt des Aufsatzes von 1951 angekommen. Die neuzeitliche Naturwissenschaft meint die Spannung zwischen Mathematik und Wirklichkeit überwunden zu haben. Ist sie damit den phänomenalen Gegebenheiten des Kontinuums und der Möglichkeit gerecht geworden? Meine Hypothese von 1951 war: Nein, denn sie hat die Möglichkeit inkorrekt wie Faktizität beschrieben. Ehe ich heute zu einer relativen Rechtfertigung der modernen Mathematik des Kontinuums gegen meine damalige Kritik übergehe (dazu II 5.2), mache ich noch Bemerkungen über zwei neuzeitliche Philosophen, die in Kenntnis der klassischen Mechanik die Frage wieder aufgenommen haben: Kant und Schelling.

7. Kant

Kant übernimmt aus der europäischen Metaphysik die Unterscheidung der sensiblen und der intelligiblen Welt in der Form der Gegenüberstellung von Anschauung und Denken. Aus der neuzeitlichen Naturwissenschaft übernimmt er die Überzeugung von der mathematischen Beschreibbarkeit der sinnlichen Welt. Für ihn sind die phänomenal gegebenen Kontinua von Raum und Zeit die Formen der Anschauung. Mathematik ist für ihn synthetische Erkenntnis a priori. Ihre Synthesis bezieht sie aus den Formen der Anschauung; Mathematik beruht für ihn auf der Konstruktion der Begriffe in der reinen Anschauung, die er den Formen der Anschauung gleichsetzt. Diese Gleichsetzung korrigiert er jedoch in einer Fußnote zur Kritik der reinen Vernunft, die hier wörtlich zitiert sei:

»Der Raum als *Gegenstand* vorgestellt (wie man es wirklich in der Geometrie bedarf) enthält mehr als bloße Form der Anschauung, nämlich *Zusammenfassung* des Mannigfaltigen, nach der Form der Sinnlichkeit gegebenen, in eine *anschauliche* Vorstellung, so daß die *Form der Anschauung* bloß Mannigfaltiges, die *formale Anschauung* aber Einheit der Vorstellung gibt. Diese Einheit hatte ich in der Ästhetik bloß zur Sinnlichkeit gezählt, um nur zu bemerken, daß sie vor allem Begriffe vorhergeht, ob sie zwar eine Synthesis, die nicht den Sinnen angehört, durch welche aber alle Begriffe von Raum und Zeit zuerst möglich werden, voraussetzt. Denn da durch sie (indem der Verstand die Sinnlichkeit bestimmt) der Raum oder die Zeit als Anschauung zuerst *gegeben* werden, so gehört die Einheit dieser Anschauung a priori zum Raume und der Zeit, und nicht zum Begriffe des Verstandes.«

Der Raum, als Gegenstand, in meiner Auffassung also wie ein Faktum vorgestellt, enthält demnach mehr als »bloß Mannigfaltiges«, das als Feld der Möglichkeit aufgefaßt werden könnte. Der Raum als Gegenstand, hier formale Anschauung genannt, entsteht, »indem der Verstand die Sinnlichkeit bestimmt«.

Das Problem, das uns unter dem Titel der »Rückfrage« beschäftigt, rückt hier in ein neues Licht. Die Frage war, wie wir begrifflich beschreiben können, daß die Wirklichkeit – vielleicht – sich dem Begriff nicht fügt. Was von diesem Problem im Nachleben der antiken Philosophie übriggeblieben war, war bloß die Frage einer Inkongruenz zwischen *sinnlicher* Wirklichkeit und *mathematischem* Begriff. Diese Inkongruenz meinte die neuzeitliche Wissenschaft mit der Erfindung der Infinitesimalrechnung überwunden zu haben. Kant gibt der Frage eine viel grundsätzlichere Wendung. Ein *endlicher* Verstand kann Dinge grundsätzlich nicht so erkennen, wie sie an sich selbst sein mögen, sondern nur so, wie er sie zur Einheit *seines* Bewußtseins bringen kann. Die Einheit seines Bewußtseins wird hergestellt durch die Spontaneität seines Denkens, die Begriffe nach Regeln hervorbringt. Hier wird also nicht der mathematische Begriff, sondern der Begriff überhaupt skeptisch beurteilt. (Ende der unvollendeten Studie von 1981.)

8. Schelling

Die Studie wirkt beim nachträglichen Lesen auf mich wie ein Reigentanz des Begriffssextetts, der eigens so angelegt ist, daß er nicht enden kann. Ich trage noch zwei Tanzschritte nach, die in der unvollendeten Studie fehlen.

Die Stelle bei Schelling, auf die ich hatte hinweisen wollen, steht in der *Einleitung zu dem Entwurf eines Systems der Naturphilosophie* von 1799, § 6 III:

»Nur von der Natur als Objekt kann man sagen, daß sie *ist*, nicht von der Natur als Subjekt, denn diese ist das Sein oder die Produktivität selbst.

Diese absolute Produktivität soll in eine empirische Natur übergehen. Im Begriff der absoluten Produktivität wird der Begriff einer *ideellen* Unendlichkeit gedacht. Die ideelle Unendlichkeit soll zu einer empirischen werden.

Aber empirische Unendlichkeit ist ein unendliches Werden. – Jede unendliche Reihe ist nichts als Darstellung einer intellektuellen oder ideellen Unendlichkeit. Die ursprünglich unendliche Reihe (das Ideal aller unendlichen Reihen) ist die, worin unsere intellektuelle Unendlichkeit sich evolviert, die *Zeit*. Die Tätigkeit, welche diese Reihe unterhält, ist dieselbe, welche unser Bewußtsein unterhält; das Bewußtsein aber ist stetig. Die Zeit also, als Evolution jener Tätigkeit, kann nicht durch Zusammensetzung erzeugt werden ... Das Hemmende in der ursprünglichen Evolution (ohne welches diese mit unendlicher Geschwindigkeit geschehen müßte) ist nichts anderes als die *ursprüngliche Reflexion*; die Notwendigkeit der Reflexion auf unser Handeln in jedem Moment (die beständige Duplizität in der

Identität) ist der geheime Kunstgriff, wodurch unser Dasein *Dauer* erhält. Die absolute Kontinuität existiert also nur für die Anschauung, nicht aber für die *Reflexion*. Anschauung und Reflexion sind sich entgegengesetzt. Die unendliche Reihe ist stetig für die produktive *Anschauung*, unterbrochen und zusammengesetzt für die Reflexion.«

Schelling schreitet fort zu dem »allgemeinen Satz«, »daß in *aller* Produktivität, und nur in ihr, absolute *Kontinuität* sei«.

9. Welzk und die Mathematik

Als letzten Schritt füge ich eine Skizze über den Aufbau und den Wirklichkeitsbezug der Mathematik des Kontinuums an. Sie ist 1975 entworfen, angeregt durch die hochinteressante *Parmenides*-Interpretation von Stefan Welzk*. Ich habe sie jetzt neu formuliert. Sie wies auf das Kapitel 5, »Was ist Mathematik?«, im ersten Teil des vorliegenden Buches voraus.

Mathematische Begriffe sind Prädikate (Strukturen, Klassen, Möglichkeiten). Prädikate kommen Ereignissen zu.

Man unterscheide integrale und partielle Ereignisse. Die Unterscheidung betrifft die Weise der Wahrnehmung. Ereignisse, von denen wir reden können, sind stets Ereignisse für Subjekte. Ein Subjekt kann immer nur *ein* Ereignis auf einmal wahrnehmen (Welzk). Ein so wahrgenommenes Ereignis heiße integral. Es läßt sich aber in weiterer Reflexion in partielle Ereignisse aufgliedern. Ein partielles Ereignis ist eines, das seinerseits integral wahrgenommen werden *kann*.

Unterschied von Wahrnehmen und Denken. Es ist ein Gedanke, daß eine Wahrnehmung für sich, isoliert, bestehe. Integrales Ereignis ist die durch den Gedanken isolierte Wahrnehmung. Integral heißt sie, insofern ihre Teile nicht mehr isoliert werden.

Es scheint Stufen der Isolierung zu geben. Der als isolierbar wahrgenommene Teil befindet sich als solcher in der Aura des Bewußtseins. Der nicht als isolierbar wahrgenommene Teil ist »unbewußt«. Meiner ersten Begegnung mit Niels Bohr, also der Philosophie der Komplementarität und damit der Quan-

---

* Vgl. Welzk (1976).

tentheorie, verdanke ich den Satz: »Bewußtsein ist ein unbewußter Akt.«[*]

Der Informationsgehalt (die numerische Shannonsche »Information«) eines integralen Ereignisses mißt die Anzahl seiner als isolierbar wahrgenommenen Teile. Menge des Gedachten = Macht.

Die abstrakte Mathematik ist eine Reflexionsstufe. Sie bedient sich selbst der Hilfsmittel, die unter ihre Begriffe fallen, also der Begriffe der »operativen«, »konkreten« Mathematik (Lorenzen). Operiert wird in der Zeit. Die Ordnung der natürlichen Zahlen ist die Zeitfolge. Dies hat Brouwer hervorgehoben, unter ausdrücklicher Berufung auf Kant. Mathematik ist Konstruktion in der reinen Anschauung der Zeit.

Die ganzen (positiven und negativen) Zahlen sind Transformationen in der Menge der natürlichen Zahlen; analog die rationalen Zahlen; Transformationen sind wiederum Operationen in der Zeit. Die Auszeichnung des Gruppenbegriffs: die Gruppe, als Transformationsgruppe, ordnet nicht wie die Äquivalenz zweier Mengen einzelne Elemente einander zu, sondern gibt ein Gesetz der Zuordnung. Das Gesetz beschreibt ein Geschehen, einen gesetzmäßig ablaufenden Vorgang im ganzen. Man könnte sagen: der Begriff der Gruppe entspricht der Natur, dem Geschehen, der Begriff der Äquivalenz dem Bewußtsein, dem Fixieren. Man dringt in der Beschreibung tiefer, wenn man das Unbewußte, die Natur beschreibt. Deshalb wird der Gruppenbegriff fundamental für die Physik.

Ein Ausblick: Kommen wir gerade über die Einheit der Natur zur jeweiligen Einheit des Subjekts? Es gibt in der Wahrnehmung jeweils nur *ein* Subjekt (Schrödinger, Brouwer, Vedanta).

Was bedeutet die Unendlichkeit einer Menge in der Mathematik? Das Bildungsgesetz der Menge. Höhere Unendlichkeiten: Gesetze über Gesetze. Der Mathematiker »denkt sich die Sardinenbüchse geöffnet«: er nimmt die Ausführbarkeit der im Gesetz regulierten Handlungen schlicht an. In der Sprache der Quantentheorie ist das aber die Annahme des »klassischen Grenzfalls«.

Das Kontinuum ist nun, aristotelisch, der beliebig unterteil-

[*] Vgl. Weizsäcker (1983), S. 141, S. 359.

bare Zusammenhang. Die »natürliche Topologie« der reellen Zahlen ergibt sich aus der Ordnung der natürlichen Zahlen und der Übertragung dieser Ordnung auf die ganzen und die rationalen Zahlen. Reelle Zahlen sind Gesetze über rationale Zahlen. Die Ordnung der natürlichen Zahlen ist aber die Zeitfolge. Die Ordnung der rationalen Zahlen: man kann die Zeitfolge feiner unterteilen. Dies kann man freilich faktisch nur, wenn sie vergangen ist. Der Mathematiker denkt sie als unbegrenzt möglich. Die Dichte der rationalen Zahlen ist diese unbegrenzte Möglichkeit.

Real hingegen finden die Teilungen nur begrenzt statt. Theorie realer Teilungen muß Quantentheorie sein. Das hatte ich im Aufsatz von 1951 im Sinn. Quantentheorie aber rekonstruiere ich (*AP* 8.2.3) über das Kontinuum der Wahrscheinlichkeiten, also der reellen Zahlen. Dabei ist in der höheren Stufe (»Erwartungswert relativer Häufigkeit«) wieder der klassische Grenzfall benützt. Das ist im Gedanken der mehrfachen Quantelung reflektiert (*AP* 7.4, 10.2e).

In der Rekonstruktion der Quantentheorie wird die Existenz trennbarer Alternativen vorausgesetzt. Diese besteht aber in Strenge nie. Entscheidung von Alternativen (»Messung« in der Sprache der Physiker) setzt physische Wechselwirkung, also gerade Ungetrenntheit voraus. Entschiedene Alternative, »Bewußtsein«, ist nur möglich in der realen Ungetrenntheit, ist »unbewußter Akt«.

Ich breche ab mit der Bitte an den Leser, den aphoristischen Charakter dieser Aufzeichnungen zu entschuldigen. Der Tanz ist unendlich.

Nachwort 1986
Zur Genesis des Gedankengangs

Ein unvollendeter Gedankengang wird wahrscheinlich durchsichtiger, wenn wir seine Motive offenzulegen suchen, als wenn wir für ihn oder in seiner Konsequenz argumentieren. Elementare Wahrnehmungen sind affektiv, Motive sind elementare Affekte und als solche Träger von Wahrnehmungen. Argumente hingegen sind Mittel sozialer Durchsetzung und, wie aller Zwang zum Sozialen, zugleich Zwang zur Selbstkontrolle und Verführung zur Stilisierung.

Der Satz des Aufsatzes von 1951, der das »Begriffssextett«
einführt, ist offensichtlich Träger eines Affekts: für die Kontinuität als das Wirkliche, gegen die Zahl als das nur begrifflich
Gedachte, für die lebendige Möglichkeit, gegen die festgestellte
Aktualität. Ich meine mich zu erinnern, daß Wolfgang Pauli, damals mit C. G. Jung befreundet, diese Zuordnung interessant
fand. Aber weder bei Pauli noch bei mir war der Wunsch, dem
Begriff zu entfliehen; wir wollten nur den Hintergrund des Begriffs unverstellt wahrnehmen.

Vielleicht darf ich in die kindliche Wahrnehmung zurückgehen, indem ich schon früher Erzähltes noch einmal interpretiere. Zwölfjährig, als ich Astronom werden wollte, sah ich in
einer Augustnacht die Sterne und wußte: »Hier ist Gott gegenwärtig. Das sind Gaskugeln.« Nicht ein Gegensatz, nur eine
ungelöste Denkaufgabe; eine Zusammengehörigkeit, die mir
unsere Wissenschaft nicht erklärte. Also mußte man die Wissenschaft besser verstehen, als sie sich selbst bisher verstanden
hat. Als ich zweieinhalb Jahre später Heisenberg kennenlernte
und er mir die noch unpublizierte Unbestimmtheitsrelation erzählte, schien mir klar, daß die Quantentheorie der heutige Weg
zu diesem besseren Verständnis sei. Entscheidend wurde die
Begegnung mit Niels Bohr. Daß sich, entgegen dem Cartesischen Machttraum, das rationale Bewußtsein selbst nicht
durchschaut, erschien mir evident; »Bewußtsein ist ein unbewußter Akt.« Dies ist die Motivlage hinter dem Abschnitt 1:
»Physikalischer Kontext«.

Der Aufsatz »Kontinuität und Möglichkeit« von 1951 faßt
zusammen, was ich bis ins 40. Lebensjahr von den Problemen
zu sehen meinte, welche »in der Umgebung des Schnittpunkts
der drei Ebenen« liegen, »die wir Mathematik, Physik und Philosophie nennen«. »Um das mathematische Gleichnis fortzusetzen: nur in großem Abstand von dem gemeinsamen Mittelpunkt kann man die von den drei Disziplinen gebildete Figur in
drei getrennte Ebenen zerlegen; in der Nähe des Mittelpunkts
ist sie eine andersartige, einheitliche Struktur.« (211) Als das
zentrale ontologische Problem erscheint mir dabei der Sinn des
Begriffs der Möglichkeit, der durch den quantentheoretischen
Zentralbegriff der Wahrscheinlichkeit nur mathematisiert und
quantifiziert wird. Ihn als »subjektiv« aufzufassen, erschien

mir als bloße Flucht aus dem Problem; was ist denn der objektive Sachverhalt, der sich uns »subjektiv« als möglich darstellt? Ich sah Möglichkeit nicht als Gegensatz, sondern als Erscheinungsweise des Wirklichen, das sich in der Faktizität nicht erschöpft. In der Mathematik erschien mir die potentielle Auffassung der Unendlichkeit als die einzige verteidigbare. In der Physik (2. Hauptsatz der Thermodynamik) und in der Mathematik (Möglichkeit des Weiterzählens) schien sich die Zukunft, also die Zeit als das Wirklichkeitsfeld der Möglichkeit zu zeigen. Als Heisenbergs Idee der »kleinsten Länge« mich über das Raumkontinuum nachdenken ließ, schien mir alsbald, daß Bergson zu kurz zielte, wenn er der Physik Verräumlichung der Zeit vorwarf; der Fehler schien mir schon in einer Mathematik zu liegen, die den Raum als Punktmenge stilisierte. Das Kontinuum erschien mir als physikalischer Begriff, seine Struktur als ein Problem der Quantentheorie.

Aber all dies waren Motive, also vielleicht Wahrnehmungen, noch nicht argumentativ durchgeführte Wissenschaft. Ich mußte nach jenem Stadium noch zwei wesentliche Schritte tun.

Der eine Schritt war die Interpretation der Quantentheorie im Rahmen einer zeitlichen Logik, die mich seit 1954 bis heute beschäftigt hat. Er hat jedoch bisher nicht zu einer »Quantentheorie des Kontinuums« geführt. Die Quantentheorie wurde aus einfachen Postulaten rekonstruiert (*AP* 8), die jedoch die Darstellung der Zeit durch eine reelle Koordinate, in der Quantenfeldtheorie auch des Raum-Zeit-Kontinuums durch ein reelles Koordinaten-Quadrupel benützt. Die hier behandelte Frage gehört in diesem Aufbau in den Fragenkreis »Jenseits der Quantentheorie« (*AP* 13).

Der andere Schritt war die professionelle Beschäftigung mit klassischer Philosophie, mit Kant, Platon, Aristoteles, in dieser zeitlichen Reihenfolge. Daß das Reflexionsniveau dieser Philosophen dem der heutigen Wissenschaft überlegen ist, war zu sehen, aber auch, daß ihre Antworten den Fragen nicht genügen, die wir heute zu stellen genötigt sind. Die historischen Abschnitte der hier abgedruckten Studie dokumentieren diese Probleme. Der Ansatz des »Sextetts« läßt sich in keine der überlieferten Philosophien voll einpassen. Dies hängt gewiß auch mit seinem tentativen, unfertigen Charakter zusammen. Aber gerade in seinen – wie mir motivational scheint – positiven Pointen droht er jede dieser Philosophien gerade dort, wo sie in sich fest gefügt ist, aufzusprengen. Am nächsten steht er vielleicht der selbst unausgereiften, ohne Kant und Goethe nicht denkbaren Vision des jungen Schelling.

Wie glücklich ich über die aristotelische Auffassung des Kontinuums im Gegensatz zur heutigen mengentheoretischen war, habe ich im Aufsatz »Möglichkeit und Bewegung« und im Abschnitt 3 der obigen Studie gesagt. Cantors kluge Antwort auf die Kritik der Aristoteliker, die aktual unendlichen Mengen seien nicht Mengen von Fakten, sondern von Möglichkeiten, habe ich im Abschnitt 2 kurz zitiert. Hiergegen wendet der Intuitionismus ein, daß überabzählbare Mengen von Möglichkeiten auch intellektuell nicht aktuell konstruierbar sind. Von der Quantentheorie her hätte ich den Begriff der Menge disjunkter Elemente kritisiert (*AP* 7.7, 326), habe aber keine alternative Theorie entwickelt. Picht hat umgekehrt im Gespräch mit mir die aristotelische Auffassung des Kontinuums in seiner Diskussion der Zenonischen Paradoxien als schon zu weit gehende Mathematisierung kritisiert. Wir stoßen hier wieder an die ungelösten mathematischen Prinzipienfragen.

Das zentrale Problem der »philosophischen Rückfrage« in der obigen Studie ist das Verhältnis des Sextetts zur Eidos-Philosophie, also zu dem, was traditionell als »Platonismus« gilt. Wenn der Begriff das Eidos angibt und »Wirklichkeit« die zeitliche Sinnenwelt meint, so ist ihre Inkongruenz ein Ausdruck des Seinsmangels des Entstehenden und Vergehenden. Ich habe im Abschnitt 6 Platons Spätphilosophie (die meines Erachtens schon seine ursprüngliche Intention war) vom »Platonismus« abgerückt. Es bleibt aber ein unüberbrückbarer Unterschied der »Aionischen« Bewegung von der geschichtlichen Zeit der heutigen Evolutionstheorie. In der platonischen Abstiegsphilosophie »entstehen« die einzelnen Ideen, aber nicht in der geschichtlichen Zeitfolge. Die Zeit »offenbart sich« bei Platon nicht, wie der letzte Satz in Heideggers *Sein und Zeit* sagt, »als der Horizont des Seins«. Zu einer solchen Denkweise aber war ich gedrängt, nicht durch einen mir bewußten Einfluß Heideggers, sondern durch den Versuch, die Physik zu verstehen.

Dieses Abrücken von Platon ist aber nicht etwa Nominalismus im mittelalterlich-neuzeitlichen Sinn. Diesen habe ich vielmehr spontan als die Kombination zweier Fehler von entgegengesetzter Herkunft empfunden: der Meinung, das einzelne sei anders als durch seine Form erkennbar, und des Gewißheitsaberglaubens, den der »Platonismus« dem mathematischen Paradigma verdankt. Das geschichtliche Werden der Formen ist das philosophische Problem, das sich uns stellt.

Können wir nach diesen Vorbereitungen sagen, warum die Frage falsch gestellt ist, ob der Begriff der Möglichkeit subjektiv oder objektiv gemeint ist?

Die Antwort ist weder in dem Aufsatz von 1951 noch in der Studie von 1981 explizit gegeben. Wir werden die Antwort in der Richtung einer evolutionistischen Erkenntnistheorie suchen, wie Konrad Lorenz sie vertritt. Leben und zumal Evolution ist gnoseomorph, erkenntnisförmig (*AP* 5.8b, 207–210; 12.3, 583; 14.1, 621–622); Evolution ist Informationswachstum, das heißt, in der Eidos-Philosophie gesagt, Wachstum der präsenten Gestaltmenge. Hier ist die Erkenntnis, also der subjektive Informationsbegriff, ein Mittel, das Erkannte, also die objektive Gestaltmenge, zu bezeichnen. Genetisch gilt auch und gerade die Umkehrung: Erkenntnis ist biomorph, sie ist Fortsetzung des Lebensvorgangs. Diese Zustimmung zu Lorenz und Popper nötigt mich aber überhaupt nicht zur Übernahme ihres »Realismus«, der eine Art Glaube an eine bestimmte historische Phase der Physik ist. Unser gegenwärtiges Bild von der Natur ist logomorph, und damit kulturhistorisch ein Abbild der Kultur des 20. Jahrhunderts christlicher Ära; denn der Logos des Menschen ist selbst geschichtlich.

Die Quantentheorie, so wie ich sie zu rekonstruieren suche, ist die sparsamste, uns heute zugängliche Logomorphie, also im Sinne des Sextetts Begrifflichkeit, nämlich im Postulat der Trennbarkeit der Alternativen (*AP* 8.3). Das Postulat aber ist inhaltlich falsch; keine schlechthin trennbare Alternative wäre erkennbar. Die Kontinuität des Wirklichen spricht sich im Bilde der durch trennbare Alternativen charakterisierten Objekte als deren Wechselwirkung aus. Die Trennbarkeit ist vermittelt durch die stets nur genäherte Irreversibilität des Geschehens.

Das sind, im Kontinuum der Strecke, die Punkte, an denen man nach Aristoteles stehenbleiben muß, um zu teilen. Kontinuum ist in dieser Auffassung eine Charakteristik von Wirklichkeit, Zählbarkeit eine Charakteristik von Begrifflichkeit. Um diese Fragen spielen der Gedankengang von Welzk und der Schluß-abschnitt 9 der Studie.

Das Wahre ist das Ganze.

D. Deutung

1. Endliches Wissen
Skizze*

> Tὸ γὰρ αὐτὸ νοεῖν ἔστιν τε καὶ εἶναι.
> *Das Selbe nämlich ist Denken und Sein.*
> Parmenides

> *Offenbart sich die Zeit selbst als Horizont des Seins?*
> Heidegger

Mit diesen beiden Zitaten habe ich die Einleitung des vorliegen-den Buchs überschrieben. Νοεῖν (noein) heißt zunächst Sehen, Wahrnehmen, dann Denken, also geistig wahrnehmen. Was der νοῦς (nus), der Geist, wahrnimmt, weiß er. So habe ich dort no-ein durch »Wissen« übersetzt, um dann fortfahren zu können: »Wenn die beiden Philosophen, am Anfang und am bisherigen Ende der Metaphysik, recht haben, so offenbart sich die Zeit wohl auch als Horizont des Wissens. Dies erläutert den Titel des Buchs.«

Die jetzige Skizze zielt auf die Deutung der *Physik* als theore-tische Fassung endlichen Wissens.

Die Metaphysik, die sich auf Parmenides berief, anerkannte in ihrem höchsten Anspruch *ein* Seiendes, welches *ein* Wissen ist. Wir, Himmel und Erde, Menschen, Tiere, Pflanzen sind Erscheinung (doxa) des Einen im Medium der Vielheit, des Werdens und Vergehens, der Zeit. Die Physik findet sich in der Vielheit vor. Sie sucht die Einheit in der Vielheit in Gestalt der

---

* Im Sommer 1991 als Vorbereitung auf das Kapitel I 7, Physik, geschrieben.

Gesetze. In der Auffassung der *Logik* ist ein Gesetz ein *allgemeines Urteil.* Die Einheit ist im Urteil ausgesprochen, die Vielheit in der Menge der Fälle, in denen das Urteil gilt. Die Form ihrer Gesetze verdankt die Physik der *Mathematik.*

Was also ist Logik, Mathematik, Physik?

Im Kapitel I 5, Abschnitt 5.4 (»Vierte Variation«), erläutere ich Logik und Mathematik durch vier Thesen:

1. Logik ist die Mathematik von Wahrheit und Falschheit.

2. Mathematik ist die Theorie der Strukturen.

3. Theorie ist die Kunst des Wahren und Falschen.

4. Kunst ist die Wahrnehmung von Gestalten durch die Schaffung von Gestalten.

Hier sind sechs Begriffe als schon verstanden vorausgesetzt, in drei Paaren: *Wahr* und *Falsch, Wahrnehmen* und *Schaffen, Struktur* und *Gestalt.* Mathematik erläutere ich (Kap. 5, Abschnitt 5.1) durch vier Disziplinen: Arithmetik, Geometrie, Logik, Algebra, oder, abstrakter gesagt: *Zahl, Kontinuum, Logik, Struktur. Struktur* ist hier der umfassendste Begriff; Zahl, Kontinuum, Urteil sind spezielle Strukturen. Struktur ist dann, als Gegenstand der Theorie, die nach Wahr und Falsch beurteilbare *Gestalt.* »Gestalt« benütze ich in dem Buch als umgangssprachlichen Terminus für das Phänomen, das Aristoteles eidos oder morphe, Platon idea nennt: »Aussehen« oder »Form«.

Wie verhält sich nun die *Mathematik* zur *Physik?* Hier sind zwei Bedeutungen von »*Wahr*« (und, als Negation, von »Falsch«) zu unterscheiden. Ein mathematischer Satz spricht über *reine* Strukturen, ein physikalischer über *reale* Strukturen. Die Zahl »Vier« z. B. ist eine Struktur. »Zwei und zwei ist vier« ist ein »mathematisch wahrer« Satz. »Auf diesem Tisch stehen vier Tassen« bedeutet eine »reale Struktur«; liegt sie real vor, so ist der Satz »real wahr«. Nun werden die Tassen abgeräumt; der Satz wird »real falsch«. Das Reale ist in der *Zeit.* So ist die Zeit der Horizont des »realen Seins«. Die *Gesetze* der Physik aber beziehen sich zwar auch auf Reales in der Zeit, erheben jedoch den Anspruch, *immer wahr* zu sein; das meint ihre Form als allgemeine Urteile. Eben darum kann, nach Popper, ein Gesetz durch ein einziges glaubwürdiges Gegenbeispiel definitiv widerlegt werden. Ein mathematisches Urteil aber ist, nach üblicher Auffassung, durch einen *Beweis* dagegen gesichert, jemals durch ein Gegenbeispiel widerlegt zu werden.

Alles bisher über Logik, Mathematik und Physik Gesagte ist nur ein erster Ansatz zu einer Phänomenologie dieser Wissenschaften. In der Philosophie des Kreisgangs müßte die Möglichkeit mathematisch wahrer Urteile auf Gesetzmäßigkeiten realer Vorgänge zurückgeführt werden können (z. B. »Biologische Präliminarien zur Logik«). Dabei werden die Gesetze der Physik vorausgesetzt. In der jetzigen Skizze wird umgekehrt gefragt, auf welchen Voraussetzungen die Formung unserer physikalischen Gesetze beruht.

Die Grundbegriffe der neuzeitlichen Physik erweisen sich nun als spezialisierte Versionen der Grundbegriffe der Metaphysik. »Das Selbe ist Denken und Sein« ist nur deshalb eine fundamentale, nämlich nicht triviale Aussage der Metaphysik, weil Denken und Sein zunächst als verschieden bekannt sind. Diese Verschiedenheit wird von der neuzeitlichen Physik und der an ihr orientierten Philosophie betont, in neuzeitlicher Sprache als der Unterschied des Subjekts, welches weiß, vom Objekt, dessen Sein der Gegenstand des Wissens ist. Die Physik des 17. Jahrhunderts führt die Mathematik als Beschreibung der Gesetze der Objekte ein. Descartes definiert zwei Substanzen durch ihre Merkmale: das Subjekt durch das Denken, das Objekt durch die Ausgedehntheit, also durch die mathematische Beschreibung. Hiermit wird nicht nur die Identität, sondern auch die Symmetrie von Sein und Wissen aufgehoben, denn der res cogitans kommt essentiell auch das Sein zu, der res extensa aber nicht das Wissen. Der Einwand von Hobbes: »Warum soll die ausgedehnte Substanz nicht denken können?« postuliert das Denken nur als akzidentelles Prädikat der Materie, erklärt insofern nichts. Hinzu kommt, daß im »materialistischen« Monismus allen materiellen Dingen nicht das aktuale Bewußtsein, sondern höchstens ein »potentielles Bewußtsein« zuzuschreiben ist. Die essentielle Einheit von Sein und Denken kann einem »höchsten Wesen«, dem Einen der Metaphysik, zukommen, aber, so scheint es, nicht den vielen endlichen Dingen. Physik aber ist wesentlich endliches Wissen: Wissen endlicher Subjekte über endliche Objekte.

Ein »spiritualistischer« Monismus scheint das spiegelbildliche Problem zu haben: warum sollte endlichen denkenden Dingen die Ausgedehntheit zukommen? Im »subjektiven Idealismus« Berkeleys ist die Ausgedehntheit selbst nur eine Vorstellung des Subjekts; bei Kant bleibt dies, in subtilerer Form, erhalten. Schelling ist hier wohl am weitesten vorgedrungen. Doch versuche ich hier nicht, ihn auszulegen, sondern stelle die Frage in heutiger Sprache.

Mir scheint, daß drei sachlich sukzessive Schritte nötig und heute möglich sind: zuerst konsequenter Platonismus, dann Philosophie der Zeit in der Natur, schließlich Quantentheorie.

Konsequenter Platonismus: In Kap. 6, Skizze zur Philosophie, von *Der Mensch in seiner Geschichte* und in »Zu Platons Philosophie des Abstiegs« im Kap. II 11 des vorliegenden Buches lese ich den *Timaios* so, daß die Feuer-Atome echte, bewegte mathematische Tetraeder sind, und nicht »materielle Körper von (genäherter) Tetraedergestalt«. In unserer Zeit haben manche (z. B. Popper) neben die beiden cartesischen Substanzen als dritte die *Information* gestellt. Information ist eine Maßzahl für die Menge von *Gestalt.* Ich sage dagegen: Res extensa *ist* extensio (so Descartes), d. h. Materie *ist* Gestalt. Es bleibt die Frage, wie sich Gestalt zur res cogitans verhält. Ich weiß nicht, wie Platon dies in der ungeschriebenen Lehre gedacht hat. Im Neuplatonismus denken die obersten Ideen sich selbst: eine Identität von Gestalt und Denken. Ich lege es mir in platonischer Sprache etwa so zurecht: Im ἓν ἀγαϑόν sind ὄν und ἀλήϑεια (hen agathon, on, aletheia) eins. In der Vielheit hat jedes Einzelne sein Sein und seine Unverborgenheit nur dadurch, daß es Teil des Ganzen ist. Ich versuche nicht, dies platonisch durchzuführen, sondern gehe weiter: Ich halte nur fest, daß im Abstieg das Viele eben *als* Mathematisches entsteht: Gestalten sind Weisen des essentiell wissenden Seins; insofern sie aber Teile sind, nur potentiell oder unvollständig wissend.

Philosophie der Zeit in der Natur: Evolution ist Gestaltwachstum in der Zeit. Denn Zeit ist ständiger Übergang von Möglichkeit in Faktizität. Neue Gestalten entstehen. Teilchen und alles, was nach unserer Physik, Chemie, Biologie aus ihnen entsteht, sind Gestalten. Geschehen ist Wechselwirkung von Teil-

chen. Für bewußte Wesen bewirkt ihre Wechselwirkung mit der
Umwelt, auch mit sich selbst, die Wahrnehmung. Strukturell ist
aber auch bewußtseinslose Wechselwirkung eine Wahrnehmung im Sinne der Definition von Martin Heisenberg. Sie ist
Wahrnehmung von Gestalt durch Schaffung von Gestalt. Kunst
und Wissenschaft sind dies in reflektierter Form.

Quantentheorie: Sie ist Theorie der kontinuierlichen Möglichkeiten für trennbare, diskrete Alternativen. Sie ist insofern
essentiell endliches Wissen. Sie ist aber fortführbare Selbstkorrektur der Fiktion der Trennbarkeit durch umfassenderes endliches Wissen. Die zwei ersten Disziplinen der Mathematik,
nämlich Zahl und Kontinuum, beschreiben insofern Faktizität
und Möglichkeit, also die Zeit. D. h. die Zeit ist selbst der Horizont des mathematischen Wissens.

Die Diskussion der Zeit in der Quantentheorie setzt die hier
skizzierten Überlegungen voraus.

2. Zeit und Messung in der Quantentheorie*

1. Zeit als Observable

Die klassische Quantenmechanik ist unrelativistisch. Dies ist
strukturell bedingt. Sie behandelt den Ort eines Massenpunkts
als Observable, die Zeit als Parameter. Man kann auch sagen: sie
behandelt den Ort quantentheoretisch, die Zeit klassisch. Diese
Asymmetrie war nicht die ursprüngliche Absicht ihrer Urheber, weder von Heisenberg, Born und Jordan, welche von einer
Hamiltonschen Mechanik mit paralleler Behandlung der kanonischen Variablenpaare Ort-Impuls und Zeit-Energie ausgingen, noch von de Broglie und Schrödinger, deren erste Ansätze
explizit lorentzinvariant waren. Die ausgezeichnete Behandlung der Zeit hat sich während der Ausarbeitung der Theorie
aufgedrängt. Born und Jordan sagen in ihrem 1930 erschienenen Buch *Elementare Quantenmechanik*, S. 121 und 327, ihre
Theorie sei noch nicht streng, da sie der Vertauschungsrelation

---

* Dieser Aufsatz wurde 1971 geschrieben; er ist bisher nicht publiziert. Er
greift voraus auf die Themen von I 7.B3 (Zeit in der Physik), I 7.C12 (Zeitobservable), I 7.D2 (Materie und Bewußtsein), I 7.D3 (Ereignis).

$$Ht - tH = h/2\pi i \qquad (1.1)$$

nicht Rechnung trage. Sie wollten die strenge Theorie im nächsten Band nachtragen, der jedoch nie erschienen ist.

Die Quantenfeldtheorie läßt sich dadurch relativistisch formulieren, daß sie auch die Raumkoordinaten als klassische Parameter behandelt. Damit ist jedoch das begriffliche Problem noch nicht geklärt. Einstein hat die spezielle Relativitätstheorie auf eine Analyse der Messung von Längen und Zeitspannen gegründet. Also liegt der Relativitätstheorie die These von der Meßbarkeit von Orten und Zeiten (relativ zu gegebenen Bezugsereignissen) zugrunde. Es erscheint unbefriedigend, daß in der relativistischen Quantenfeldtheorie gerade Orts- und Zeitkoordinaten nicht als Observable behandelt werden. Hierauf gibt es zwei verschiedenartige Antworten, die aber jeweils weitere Fragen herausfordern.

Man kann erstens sagen, die Quantenfeldtheorie setze voraus, daß Orte und Zeiten mit Meßinstrumenten gemessen werden, die eine klassische Beschreibung zulassen. Dies ist nicht identisch mit der Bohrschen These, daß Meßinstrumente mit klassischen Begriffen beschrieben werden müssen. Bohrs These steht nicht im Widerspruch dazu, daß die möglichen Meßwerte der Observablen und die Wahrscheinlichkeiten von deren Auftreten aus der Quantentheorie bestimmt werden müssen. Man beschreibt nach dieser These das Meßobjekt quantentheoretisch und nur den Apparat, mit dessen Hilfe man mißt, klassisch, und eben darum unvollständig. Wenn aber Ort und Zeit als Parameter behandelt werden, so heißt das, daß sie in der Theorie gar nicht als mögliche Observable, d.h. als mögliche meßbare Eigenschaften von quantentheoretisch beschriebenen Objekten auftreten. Unsere »erste« Antwort besagt also, daß Ort und Zeit, wenn sie überhaupt gemessen werden, an Objekten gemessen werden, zu deren Beschreibung die Quantentheorie irrelevant ist. Wer an die allgemeine Anwendbarkeit der Quantentheorie glaubt, wird das nur als eine genäherte Aussage gelten lassen. Er wird also nach einer Gestalt der Quantenfeldtheorie fragen, in der auch Orts- und Zeitmessungen quantentheoretisch beschrieben werden. Er kann sogar auf den Verdacht verfallen, daß die schwierige Vereinigung zwischen

Relativitäts- und Quantentheorie in der kräftefreien Quantenfeldtheorie *nur deshalb* geglückt ist, weil Orte und Zeiten nicht
quantentheoretisch behandelt wurden. Die Singularitäten der
Wechselwirkungstheorien wären dann eine Folge dieses faulen
Kompromisses, und die Aushilfen wie Subtraktionsphysik
oder indefiniter Hilbertraum wären eine nachträgliche (und
vielleicht quantentheoretisch nicht konsequente) Korrektur
dieses Fehlers.

Man kann zweitens den Ort auch in der Quantenfeldtheorie
wieder als Observable einführen, wenn man ihren Hilbertraum
in die Hilberträume zu jeweils festen Teilchenzahlen zerlegt
und in diesen Teilräumen zur Konfigurationsraumschreibweise
übergeht. Damit wird aber begrifflich, trotz der Lorentzinva-
rianz der mathematischen Theorie, zunächst nur der Status der
klassischen Quantentheorie wiederhergestellt. Wir haben jetzt
wieder Teilchen, für welche der Ort eine Observable ist, die
Zeit aber nicht. Es fragt sich zunächst, durch welchen Schritt
wir eigentlich diese Unsymmetrie in einer lorentzvarianten
Theorie erzeugt haben. Dies muß mit der Auszeichnung des
Teilchenbegriffs zu tun haben, die ihrerseits mit der Auszeichnung der Zeit vor dem Raum durch den Begriff der Kausalität zusammenhängt. Wir werden hier daran erinnert, daß die
Relativitätstheorie Raum und Zeit keineswegs so parallel be-
handelt, wie die bloße formale Schreibweise der Lorentztrans-
formation. In einer Wechselwirkungstheorie hört zwar die
Zerlegbarkeit des Hilbertraums in getrennte Räume zu festen
Teilchenzahlen auf, aber nicht die Kausalität. (Auch Minkowski dachte kausal über seine eigene historische Wirkung
und zeichnete unbewußt die Zeit aus durch seinen rhetorischen
Einsatz: »Von Stund an…«) Die Kausalität fordert nun in der
Tat für alle Ereignisse auf einer zeitartigen Weltlinie eine scharfe
Unterscheidung von Früher und Später, legt also die Definiert-
heit jedes einzelnen Zeitpunkts zugrunde. Quantentheoretisch
wäre dies nur so zu interpretieren, daß sie die Zeit wie eine Observable mit kontinuierlichem Eigenwertspektrum behandelt
und daß nur Eigenzustände dieser Observablen in der Wirklichkeit vorkommen. Nach der Vertauschungsrelation (1.1)
müßte dann aber die Energie stets unbestimmt sein, obwohl
wir doch Eigenzustände der Energie oft benutzen. D. h. eine

relativistisch kausale Theorie scheint eine Quantentheorie mit einer Zeitobservablen auszuschließen.

Mit dieser Feststellung haben wir aber unser begriffliches Paradox noch nicht aufgelöst. Einstein begründete die Relativitätstheorie u. a. auf eine explizite Beschreibung der Zeitmessung durch Uhren. Eine Uhr ist ein physikalischer Gegenstand, der nach unserer Überzeugung der Quantentheorie genügt. Wenn die Uhr wirklich die Zeit mißt, so ist die Zeit anscheinend eine quantentheoretische Observable. Eben die Relativitätstheorie als Theorie der Kausalität scheint dies zu verbieten.

Ein Ausweg ist die Antwort, daß eine physische Uhr gar nicht die Zeit, sondern nur eine Phase ϑ mißt (z. B. den Zeigerstand), deren Erwartungswert naturgesetzlich zur Zeit proportional ist. Behandelt man ϑ als Operator, so müßte man ansetzen

$$H\vartheta - \vartheta H = \hbar i \qquad (1.2)$$

was involviert

$$\dot{\vartheta} = \text{const.} \qquad (1.3)$$

Pauli hat aber auf inakzeptable mathematische Konsequenzen dieses Ansatzes hingewiesen. (Dies wurde im Text von 1971 im einzelnen erläutert; jetzt dürfte ein Verweis auf I 7.C 12 dafür genügen.) Diese Art von Überlegungen dürfte der Grund dafür sein, daß man sich entschlossen hat, auf die Einführung einer Zeitobservablen zu verzichten. Andererseits ist das Argument damit nicht ausgeräumt, daß es Uhren gibt, an welchen eine meßbare Größe ϑ die Zeit anzeigt, und daß es eine quantenmechanische Beschreibung solcher Uhren geben muß. Welche Eigenschaften müßte diese Beschreibung haben?

Man könnte sich zunächst daran stoßen, daß mit ϑ eine zyklische Zeit eingeführt sei. Aber ϑ ist eben gar nicht selbst die Zeit, sondern es ist eine zeitabhängige Phase. Wir müssen erst noch klären, in welchem Sinn man überhaupt sagen kann, es sei möglich, die Zeit zu messen. Daß hierzu eine Gesetzmäßigkeit wie z. B. (1.3) schon vorausgesetzt werden muß, ist wissenschaftstheoretisch unbedenklich, denn Analoges gilt für alle Messungen von Grundgrößen; man kann Gesetzmäßigkeiten nur aussprechen mit Hilfe von Größen, die nur auf Grund des Bestehens ebendieser Gesetzmäßigkeiten definiert werden können. Die Frage ist vielmehr, was wir speziell für eine Zeitmessung nötig haben. Stilisiert kann man sagen: für Zeitmessung braucht man zwei Instrumente, z. B. eine Uhr und einen Abreißkalender. Abstrakter gesagt, man braucht einen periodischen und einen irreversiblen Vorgang. Kleinere Zeitspannen mißt man mit dem periodischen Instrument, dessen Anzahl von Umläufen das irreversible Instrument zählt. Ein einziges Instrument, z. B. eine linear fortschreitende Uhr, ist in einem endlichen Raum nicht realisierbar. Sie bedürfte, um unbegrenzt weitergehen zu können, einer unendlichen Raumstrecke. Auch wenn man z. B. zwei periodische Vorgänge mit inkommensurablen Perioden koppelt (Lissajous-Figuren), so werden bei endlicher Meßgenauigkeit die Bahnen nach endlicher Zeit ununterscheidbar, so daß ein irreversibles Zählwerk eingeschaltet werden müßte, um sie auseinanderzuhalten. Es sei übrigens bemerkt, daß die zwei Uhren schon in Platons *Timaios* vorkommen. Die periodische Uhr ist der Äquator, d. h. der tägliche Umlauf des Himmels um die Erde, die für menschliche Lebensdauern aperiodische Uhr ist die Ekliptik, d. h. die wechselnden Stellungen der Planeten. Daß Platons Zeit letzten Endes zyklisch ist, spiegelt sich darin, daß die Planetenbewegung nicht im strengen Sinn irreversibel ist. Nach der Lehre der babylonischen Astronomie (vgl. v. d. Waerden) wiederholen sich die Planetenstellungen nach einem »Großen Jahr«, und nach vielfach ausgesprochener philosophischer Meinung (vgl. Simplikios zur Aristotelischen Zeitabhandlung) wiederholt sich dann alles Geschehen. Hier unterscheiden wir uns von der antiken Philosophie. Wir wollen eine Zeit mit offener Zukunft beschreiben.

Diese noch sehr lockere Argumentation gewinnt einen klareren Sinn, wenn wir nochmals fragen, was es denn überhaupt heißen kann, die Zeit zu messen. Vergleichen wir mit der Längenmessung. Daß ein Haus n Meter lang ist, besagt, daß ich einen Meterstab n-mal nacheinander oder n Meterstäbe gleichzeitig so an es anlegen kann, daß damit der Abstand zwischen den zwei Kanten seiner Front gerade ausgefüllt wird. Will ich feststellen, daß eine Vorlesung 45 Minuten dauert, so muß ich zugleich mit ihr z. B. den Sekundenzeiger meiner Uhr 45mal

umlaufen lassen und diese Umläufe (etwa durch den Minuten-
zeiger) zählen. Im Unterschied zur Längenmessung kann ich
die Zeitmessung nicht an derselben Zeitspanne wiederholen,
denn sie ist vorbei und kommt nicht wieder. Zur Nachprüfung
bin ich auf Dokumente angewiesen, also auf irreversible Vorgänge. Die Irreversibilität kommt hier in doppelter Weise ins
Spiel. Einmal ist ein Dokument als solches ein Produkt eines irreversiblen Vorgangs. Zweitens aber kann ich nachträglich die
Reihenfolge der Dokumente außer durch sprachliche Mitteilung nur durch die Einsicht in die Gesetzmäßigkeit ihrer Auf-
einanderfolge bestimmen. Dazu brauche ich ein objektives
Kriterium einer solchen Folge. Dies kann die Sukzession von
Phasen eines im Sinne der Mechanik reversiblen Vorgangs sein;
denn wenn ich einmal weiß, in welcher Richtung er abläuft, d. h.
wenn ich die objektive Zeitreihenfolge nur zweier hinreichend
nah aufeinander folgenden Phasen weiß, so kann ich alle Phasen
innerhalb einer Periode – oder, bei einem linearen Vorgang, alle
Phasen – zeitlich anordnen. So arbeitet Platons »Planetenuhr«.
Meist aber wird das objektive Kriterum ein Entropiezuwachs
sein; so arbeitet der Abreißkalender, die geologische Schich-
tung als Zeitmaß und die radioaktive Uhr der Geologen.

Wir unterscheiden nun interne von externer Zeitmessung,
d. h. Zeitmessung durch eine Uhr, die ein Teil des Meßobjekts
ist, von der durch eine Uhr, die außerhalb des Objekts mit dem
Meßapparat kommuniziert. Ein abgeschlossenes quantenmechanisches Objekt führt periodische Schwingungen aus mit
eventuell inkommensurablen Frequenzen. Eine von diesen
kann man zur Uhr ernennen, oder zwei oder mehrere zu einer
Annäherung an »Uhr und Abreißkalender«. Die intern meßbare Zeit ist dann eine Observable des Systems. Die Parameterzeit der Quantentheorie hingegen entspricht einer externen
Zeitmessung. Die Messung einer beliebigen Observablen x bedeutet eigentlich die Messung ihres Wertes zur Zeit t, d. h. $\xi(t)$,
wenn ξ die möglichen Meßwerte von x bezeichnet. Eigentlich
werden hier zwei Messungen zugleich gemacht, eine von x und
eine von t, und es wird, wenn τ der Meßwert von t ist, das Wer-
tepaar ξ, τ festgestellt. Damit dies einen universellen Sinn hat,
muß t mit allen Observablen vertauschbar, also eine c-Zahl sein.
Bei interner Zeitmessung hingegen ist der Wert einer Observa-

blen zur Zeit t überhaupt nur für Größen meßbar, die mit dem betreffenden ϑ vertauschbar sind. Die Unbestimmtheitsrelation zwischen Energie und Zeit wird in der Literatur stets durch Betrachtung einer internen Zeitmessung begründet.

Strenggenommen ist nun aber jede Zeitmessung intern, da jede Uhr ein quantenmechanisches Objekt ist. Die großen Energien makroskopischer Uhren erlauben jedoch sehr kleine Zeitunbestimmtheiten. Genau so werden Orte durch große Maßstäbe objektiviert. So entsteht das klassische Koordinatenschema der üblichen Quantenfeldtheorie. Es ist aber zu vermuten, daß für eine konsistente relativistische Quantentheorie der Wechselwirkung interne Orts- und Zeitmessungen benützt werden müßten.

Genau hierfür bietet nun die Kosmologie der Uralternativen einen Ansatz. Raum und Zeit erscheinen hier als Darstellungsraum der U_2, wobei die Ortskoordinaten der SU_2, die Zeit, der Phase entsprechen. Mit endlich vielen Uralternativen kann man aber keine Orts- und Zeitobservablen mit kontinuierlichem Eigenwertspektrum einführen. Die Invarianz gegenüber der homogenen Lorentzgruppe ist erst eine Folge der Annahme eines Wachstums der Anzahl der Ure mit der Zeit, also der Expansion des Universums. Der hierbei benutzte Formalismus verwendet als »interne Weltuhr« die mittlere Phase der Ure. Dies ist schon wieder eine klassische Näherung, da nur der Erwartungswert der Uranzahl benutzt wird. Eigentlich ist die Uranzahl selbst eine Observable, die zugleich als Zeitobservable dienen könnte. Dies im Detail auszuführen ist heute nur ein Programm. Vielleicht ist es gut, vor seiner Ausführung die nachstehenden Deutungsfragen zu diskutieren, die nicht mit Kosmologie, sondern mit dem Problem des Bewußtseins zu tun haben.

2. Messung und Bewußtsein

These: In der statistischen Deutung der Quantentheorie bestehen keine Schwierigkeiten, wenn man diejenigen Elemente in der Beschreibung des Meßvorgangs, welche nicht Gegenstand, sondern Voraussetzung der Quantentheorie sind, unanalysiert akzeptiert. Offene Fragen bestehen nur, wenn man diese Elemente selbst einer quantenmechanischen Beschreibung unterwerfen will. Dieses letztere Unternehmen ist aber nicht illegitim, es ist für eine semantisch konsistente Physik sogar notwendig. Die Elemente, um die es sich hier handelt, sind *Irreversibilität* und *Bewußtsein*.

Die direkte statistische Aussage der Quantentheorie läßt sich so aussprechen: Ist ξ ein Eigenwert eines Operators x und ist in einem gegebenen Zustand des Objekts $\psi(\xi)$ der Wert der normierten Eigenfunktion an der Stelle ξ, so ist $|\psi(\xi)|^2$ die Wahrscheinlichkeit (bzw. Wahrscheinlichkeitsdichte, falls ξ im kontinuierlichen Spektrum liegt), bei einer Messung von x den Wert ξ zu finden. Der einfache Ansatz der Meßtheorie ist es dann, auch den Meßapparat quantenmechanisch zu beschreiben. Die Wahrscheinlichkeit, am Meßapparat einen Meßwert einer Observablen zu finden, der gemäß der Theorie des Meßapparats ausdrückt, daß im Augenblick der Meßwechselwirkung die Observable x des Objekts den Wert ξ hatte, muß dann wieder gleich $|\psi(\xi)|^2$ sein. Dies läßt sich iterieren.

Die Schwierigkeit, welche manche Physiker und Philosophen in dieser Theorie finden, ist, daß sie das Bewußtsein des Beobachters einzuführen scheint, denn sie gibt Wahrscheinlichkeiten dafür, daß »man« den Meßwert »findet«. Wie in der These bemerkt, ist das Bewußtsein hier nicht Gegenstand, wohl aber explizite Voraussetzung der Theorie. Die Meßtheorie bedarf des Rekurses auf das Bewußtsein, um sagen zu können, wovon sie spricht, und sie zeigt, daß sie mit Hilfe dieses Rekurses widerspruchsfrei sprechen kann. Es ist nicht ganz leicht zu erkennen, worin dann die Schwierigkeit der genannten Kritiker eigentlich besteht. Manchmal wird sie so formuliert: das Bewußtsein kann doch nicht Ursache objektiver physikalischer Zustandsänderungen sein. Dies wird wohl am deutlichsten an der »Reduktion der Wellenpakete«. Wenn die ψ-Funktion »objektiv« ist, wie kann sie durch Kenntnisnahme momentan reduziert werden? Wenn sie »nur subjektiv« ist, so beschreibt die Quantentheorie keine »objektive Realität«. Das Einstein-Podolsky-Rosen-»Paradox« illustriert diese Schwierigkeit.

In der vorliegenden Notiz verfolge ich nicht die philosophische Diskussion dieses Problems, sondern stelle gewisse Fragen bezüglich der Struktur einer semantisch konsistenten Physik. Zum philosophischen Hintergrund sei nur das für diese

Fragen Unerläßliche gesagt. Wahrscheinlichkeiten beziehen sich auf die Zukunft. Sie sind eine Form der »Gegenwart der Zukunft«. Zukunft ist gegenwärtig in der Form der Möglichkeit. Möglichkeits- und Wahrscheinlichkeitsaussagen sind weder »subjektiv« (d. h. unnachprüfbar) noch »objektiv« (d. h. ohne Bezug auf ein Wissen formulierbar), sondern »in objektiver Weise subjektbezogen«. D. h. nur von einem bestimmten Wissen aus sind sie formulierbar, dann aber für jeden, der dasselbe Wissen (bzw. bei Häufigkeitsvorhersagen ein genau gleichartiges Wissen) hat, nachprüfbar. In einer »monistischen« Philosophie von Bewußtsein und Materie (vgl. *Die Einheit der Natur*, III 3) ist diese Art von »Subjektivität« ein Merkmal alles Seienden. Die Reduktion des Wellenpakets ist nichts anderes als der Informationszuwachs durch neues Wissen. Der Anschein eines Paradoxons ist nur entstanden, weil der in objektiver Weise subjektbezogene Sinn der ψ-Funktion nicht festgehalten wurde. Was man hier vermißt, ist nur eine quantentheoretische Beschreibung des Wissens selbst.

Man pflegt zu fordern, ein Meßapparat müsse irreversibel funktionieren. Dann speichert der Apparat das Meßresultat (Gegenwart der Vergangenheit). Der Anschein entsteht, als ließe sich damit der Bezug aufs Bewußtsein eliminieren; stilisiert gesagt, als könnten Irreversibilität und Bewußtsein einander in der Meßtheorie ersetzen. Das scheint nicht unsinnig, da eines der Elemente des Bewußtseins das Gedächtnis ist; irreversible Dokumente sind gleichsam objektiviertes Gedächtnis. Die Meßwechselwirkung entscheidet, welcher Zustand eingetreten ist. Wegen des mit dem thermodynamisch irreversiblen Vorgang verbundenen Informationsverlusts sind die Phasenbeziehungen zwischen den verschiedenen möglichen Meßergebnissen nicht mehr relevant. Die spätere Ablesung am Meßapparat kann im Sinne klassischer Wahrscheinlichkeitstheorie als bloße Kenntnisnahme von einem objektiv schon eingetretenen Vorgang aufgefaßt werden. Das Bewußtsein wird aber gleichwohl nicht eliminiert, aus zwei Gründen.

Erstens wird das Wellenpaket des Objekts auch in dieser Beschreibung erst im Augenblick der Kenntnisnahme reduziert. Die Wissensbezogenheit der Theorie läßt sich an folgendem Einwand erläutern: »Wenn ihr nur Wissen beschreibt, was haltet ihr von Ereignissen, die eingetreten sind, ehe es Menschen gab?« Antwort: Wenn diese Ereignisse uns bekannt sind oder prinzipiell bekannt werden könnten, kommen sie als faktisch oder als möglicherweise faktisch (als zukünftiges Wissen von der Vergangenheit) in unserer Naturbeschreibung vor. *Können* sie uns nicht bekannt werden, auch nicht durch ihre Konsequenzen, so kommen sie automatisch nicht in der Theorie vor. Diese erste Bemerkung betrifft aber nur den Sinn des Begriffs, nicht eine strukturelle Problematik der Theorie. Anders die zweite.

Zweitens nämlich ist ja die irreversible Beschreibung nur eine Näherung. Man könnte sagen: irreversible Vorgänge existieren nur für ein endliches Bewußtsein, d. h. für ein Bewußtsein, das nicht alles prinzipiell Wißbare weiß. Andererseits beruht die Konsistenz unserer Beschreibung der Zeitstruktur auf ihnen; die Faktizität der Vergangenheit hängt an der Existenz von Dokumenten. Wir haben also eine gegenseitige Abhängigkeit von Irreversibilität und Bewußtsein: Irreversibilität gibt es nur für ein Bewußtsein, Erinnerungen andererseits sind irreversible Dokumente im Bewußtsein. Es scheint: Will man eine Theorie der Irreversibilität machen, so muß man zugleich eine Theorie des Bewußtseins machen. Zwar besitzen wir eine Theorie der Irreversibilität in der temporal gedeuteten statistischen Thermodynamik. Aber diese setzt die Faktizität der Vergangenheit schlicht voraus und beweist die Konsistenz nur für solche Dokumente, welche Gegenstände der Physik, also des Bewußtseins sind, nicht aber für das Bewußtsein selbst, das ja in ihr, wie in der Quantentheorie, nicht Gegenstand wird. Wir sind also wieder bei der These angekommen: setzt man Irreversibilität und Bewußtsein voraus, so gibt es in der Quantentheorie keinen Widerspruch; aber eine Theorie der beiden ist ein legitimes Bedürfnis.

Hier seien die »Paradoxien« der Schrödingerschen Katze und des Wignerschen Freundes besprochen (vgl. das Buch von Jauch). Zunächst ist schwer zu begreifen, was an Schrödingers Katze paradox sein soll. Wer jetzt prophezeit, ob die Katze in einer Stunde lebendig oder tot sein wird, kann beides nur mit der Wahrscheinlichkeit 1/2 behaupten. Wenn er aber eine Stunde wartet und dann beobachtet, so wird eines von beiden eingetreten sein. Auch die Katze, wenn sie ein Physiker wäre, könnte über ihre eigene Zukunft nicht mehr prophezeien. Auch die Frage: »Und wie ist der Zustand, wenn nach einer Stunde niemand beobachtet?« führt zunächst zu keinem Paradox. Die Katze ist ein makroskopisches Gebilde, man darf also annehmen, sie sei an sich lebendig oder tot, auch wenn das niemand beobachtet. Sieht man nachträglich nach, und hat man z. B. auch eine Uhr installiert, die beim Tod der Katze stehenbleibt, so kann man nachträglich feststellen, wann sie gestorben ist.

Ein Problem entsteht aber vielleicht, wenn man die Katze als bewußtes Wesen wie einen Menschen versteht und fragt: »was weiß sie selbst denn nach einer Stunde?« D. h. man behandelt die Katze in der Theorie wie Wigners Freund. Hier ist nun zunächst zu sagen, daß Wigners Annahme, sein Freund wisse seinen eigenen Quantenzustand ohne Meßakt, mit einer Quantentheorie des Bewußtseins unvereinbar sein dürfte. Ein Akt der Wahrnehmung ist ein realer, bei funktionierendem Gedächtnis irreversibler Akt, muß also selbst wie eine Messung beschrieben werden. Zunächst scheint auch jetzt noch kein Paradox zu entstehen. Nehmen wir an, die Katze vollziehe jede Sekunde einen Wahrnehmungsakt darüber, ob sie noch gesund weiterlebt oder durch Gaseinatmung zu sterben beginnt. Für jeden dieser Akte prophezeit die Quantentheorie eine Wahrscheinlichkeitsverteilung der möglichen Ergebnisse. Was aber, wenn die Katze gar keine Wahrnehmungsakte vollzieht? Natürlich ist auch dann kein Paradox, denn dann erfährt sie eben nicht, ob sie stirbt, aber ein auswärtiger Beobachter kann das immer noch, auch nachträglich feststellen. Aber man möchte gerne wissen, *wann* Bewußtseinsakte eintreten und wann nicht.

Hier wird nun eine explizite Quantentheorie des Bewußtseins (eine quantentheoretische Kybernetik des Bewußtseins) vor eine begriffliche Entscheidung gestellt. Ich nehme an, daß sie von der monistischen Prämisse ausgeht, alle realen Vorgänge seien grundsätzlich von derselben Natur. Sie sind also einerseits alle »materiell« in dem Sinne, daß sie, soweit sie in empirisch entscheidbaren Alternativen beschrieben werden können, der Quantentheorie genügen. Sie sind andererseits alle »psychisch« in dem Sinne, daß sie eine kontinuierliche, evolutiv zusammenhängende Mannigfaltigkeit von Gestalten haben, zu denen

sinnvolles Verhalten, Unbewußt-Seelisches und Bewußtsein gehören. Man wird aber auch in der psychischen Beschreibungsweise dazu neigen, zwischen Bewußtseinsakten und anderen
»psychischen« Vorgängen einen Unterschied zu machen. Die
andere begriffliche Alternative wäre, grundsätzlich nur Bewußtseinsakte (noch schärfer vielleicht: menschliche Bewußtseinsakte) als wirklich zu bezeichnen und alle anderen Vorgänge nur als Bewußtseinsinhalte (reale oder potentielle) zu
beschreiben. Diese Beschreibungsweise führt, solange wir
Menschen unter uns sind, nicht zu Widersprüchen; sie ist nur
eine Formulierungsweise der Quantentheorie. Ihre Schwierigkeit liegt in der Frage der Abgrenzung der zugelassenen Be-
wußtseinselite. Mit demselben Recht, mit dem ich das Prädikat
der Wirklichkeit auf menschliche Bewußtseinsakte beschränke,
kann ich es auch auf meine eigenen Bewußtseinsakte beschränken; der Solipsismus hat keinen schlechteren Anspruch als der
»Solohumanismus«. Eine Phänomenologie des individuellen
Bewußtseins macht jedoch die Brüchigkeit des Solipsismus
deutlich. Einmal gibt es »in mir« Halbbewußtes und Unbewußtes, das ich bei seiner Bewußtwerdung doch als »in mir gewesen« anerkenne. Zweitens ist mir »mein Bewußtsein« eigentlich
nur in der Kommunikation mit anderen gegeben. Geben »wir«
aus diesem Grund den Solipsismus auf, so fragt sich alsbald,
warum wir nun die Kommunikation auf Menschen beschränken. Die menschliche Kommunikation ist nicht ausschließlich
sprachlich. Nichtsprachliche Kommunikation gibt es auch mit
Tieren. Habe ich aber einmal ein höheres Tier als Bewußtseins-
partner eingeführt, so ist keine Grenze gegen niedere Tiere,
Pflanzen und unbelebte Natur mehr möglich. Ebensowenig
habe ich, wenn ich religiöse Erfahrung oder außersinnliche
Wahrnehmung kenne, ein empirisches Recht, Bewußtsein
a priori auf den Menschen und die evolutiv unter ihm stehende
Natur zu beschränken. Die monistische Deutung der Physik
hat keinen Grund, a priori eine Weltseele auszuschließen.

Wir wollen also statt der Beschränkung des Begriffs des
Ereignisses auf bewußte Vorgänge eine Auffassung verfolgen, nach der es eine umfassendere Klasse wirklicher Ereignisse
gibt, unter denen menschliche Bewußtseinsakte eine besondere, kybernetisch vermutlich spezifisch beschreibbare Klasse

sind. Man wird dann annehmen, daß man, wie in der Meßtheorie üblich, sagen darf, in einem Meßapparat sei nach Ablauf des irreversiblen Meßprozesses, aber vor der Ablesung, an sich schon ein Ereignis eingetreten, wir wüßten nur noch nicht, welches. Nun wird aber die Abgrenzung gegen reversible Ereignisse zum Problem, wenn wir den Näherungscharakter der Thermodynamik bedenken. Praktisch mag dies nicht viel bedeuten. Man kann erklären, nur wo ein thermodynamisch irreversibles Ereignis praktisch fraglos eingetreten sei, wolle man von einem realen Ereignis sprechen und alle fraglichen Fälle als bloße »Potentialitäten« im Sinne der Quantentheorie behandeln. D. h. man würde dann die Grenze des Aktualen vom Potentialen mit der Grenze des praktisch als irreversibel Bekannten zusammenfallen lassen. Nun gibt es aber »makroskopische Quantenphänomene« wie Supraleitung und Superfluidität, ja schon die Metalleitung, und es ist keineswegs klar, ob nicht eine Theorie des Bewußtseins expliziten Gebrauch von Quantentheorie machen müßte. Also wäre es theoretisch wichtig, zu fragen, wie wir uns grundsätzlich zu diesem Abgrenzungsproblem stellen wollen.

Hier bieten sich wieder zwei Möglichkeiten der Auffassung. Wir können

1. die Zeitstruktur (Faktizität der Vergangenheit) als absolut und die Quantentheorie nur als Näherung ansehen oder

2. die Quantentheorie als streng und die Faktizität der Vergangenheit als eine nur in thermodynamischer Näherung gültige Beschreibung.

Der Aufbau der Thermodynamik und der Quantentheorie (letztere z. B. nach Drieschner) würde vielleicht für die erste Auffassung sprechen. Aber schon die Konsistenzüberlegung zum 2. Hauptsatz, daß es nach ihm Dokumente der Vergangenheit, aber nicht der Zukunft gibt, trägt nicht weiter, als eben der 2. Hauptsatz reicht, gilt also nicht mehr für Schwankungserscheinungen. Dies spräche dafür, die Faktizität der Vergangenheit nicht absolut zu setzen. Andererseits brauchen wir natürlich auch die Quantentheorie nicht als die letzte Wahrheit anzusehen; die obige Möglichkeit 2., der wir uns zuwenden, benützt die Quantentheorie nur als das einzige verfügbare Modell. Sie gibt ferner nicht die genannte Zeitstruktur auf, sondern hält an der Wahrscheinlichkeitsdeutung im Sinne der offenen Zukunft fest. D. h. Gegenwart, Zukunft, Vergangenheit behalten ihren phänomenalen Sinn, man fragt nur, in welchem genäherten Sinn die Faktizität der Vergangenheit nunmehr gemeint ist. Wir benützen ferner die Quantentheorie in ihrer konventionellen Form mit Parameterzeit, vorbehaltlich späterer Verbesserung durch eine kosmologische Zeitobservable.

Die einzig mögliche Auffassung scheint dann (so Süssmann gesprächsweise), daß zu jeder Zeit in jedem Objekt ständig Ereignisse stattfinden, deren Wahrscheinlichkeit durch $|\psi(t)|^2$ gegeben ist, die aber nicht betrachtet werden. Im nächsten Augenblick $t + dt$ treten neue Ereignisse ein, deren Wahrscheinlichkeit $|\psi(t + dt)|^2$ angibt, mit unreduziertem ψ.

Diese Ereignisse vergessen gleichsam sich selbst ständig wieder. Nur wenn ein irreversibler Vorgang stattfindet, wird ein Ereignis für die Zukunft festgehalten. Das besteht darin, daß sehr viele »reversible Ereignisse« durch die Wechselwirkung so aneinander gekoppelt sind, daß sie nur gleichzeitig eintreten und nur gleichzeitig vergessen werden können. Alle irreversiblen Ereignisse sind durch die Schrödingergleichung so miteinander verbunden, daß ein spezielles irreversibles Ereignis, das die Eigenschaft eines Bewußtseinsaktes hat, kausal von anderen, die man beobachtete Ereignisse nennt, beeinflußt wird; dieser Einfluß heißt Kenntnisnahme.

Diese Auffassung hat das Unangenehme an sich, eine phantastische Fülle von Unbeobachtetem einzuführen und mit Begriffen zu beschreiben, die Beobachtetheit fingieren. Wir verdeutlichen sie zunächst durch den Vergleich mit einer noch phantastischeren Sprechweise, der von Everett-Wheeler. Nach Everett finden alle quantentheoretisch möglichen Ereignisse wirklich statt, und die Welt verzweigt sich ständig; ich bin mit meinem aktuellen Bewußtsein stets in einer dieser Welten, aber in anderen Welten lebe ich auch als einer, der einige Entscheidungen meines Lebens anders getroffen hat (vgl. die Novelle von Borges). Hier ist zunächst zu sagen, daß Everetts Ansatz weder in der klassischen Physik noch in der Quantentheorie streng möglich ist. Klassisch herrscht Determinismus, und die Welt spaltet sich gar nicht auf. In der Quantentheorie gibt es präzise Verzweigungen nur, wenn die Meßinstrumente irreversibel sind. Das nimmt Everett an, scheint aber nicht zu bemerken, daß er sich damit auf eine Näherung einschränkt, deren Sinn er nicht diskutiert. In Strenge ist Everetts Theorie nur im oben eingeführten (Süssmannschen) Sinne möglich und ist dann eine bloße Umbenennung. Sie nennt das dort möglich Genannte wirklich und das dort wirklich Genannte »den Zweig der Welt, in dem ich mit meinem aktuellen Bewußtsein bin«. Man kann natürlich fragen, welche von zwei phantastischen Bezeichnungsweisen besser ist.

Eine manifeste Inkonsequenz beider Beschreibungsweisen ist, daß sie alle anderen Vorgänge »phantastisch« beschreiben, den Zeitablauf aber objektiv nehmen. Man kann also dieses Problem sicher nicht mehr diskutieren, wenn man nicht eine Zeitobservable einführt. Noch grundlegender ist aber eine vorgängige Diskussion der Rolle der Zeitmodi in der Quantentheorie.

3. Die Zeitmodi in der Quantentheorie

Als Zeitmodi bezeichnet man Gegenwart, Vergangenheit, Zukunft. Wo nötig, muß terminologisch unterschieden werden zwischen diesen Seinsarten und dem Seienden, das in einer dieser Seinsarten ist: man unterscheidet das Vergangensein und das Vergangene, das Gegenwärtigsein und das Gegenwärtige, das Zukünftigsein und das Zukünftige. »Die Vergangenheit« bezeichnet manchmal das Vergangensein, manchmal die Gesamtheit des Vergangenen, analog für die beiden anderen Modi; ich werde versuchen, die aus dieser Äquivokation hervorgehenden Unklarheiten zu vermeiden.

Die Zeitmodi treten in der Physik in einer doppelten Rolle auf: als Voraussetzung und als Gegenstand der Beschreibung. In beiden Rollen werden sie meist nicht scharf artikuliert. Diese undeutlich bleibende Doppelrolle teilen sie mit den Phänomenen der Irreversibilität und des Bewußtseins. Man kann auch hier sagen: die Quantentheorie ist widerspruchsfrei, wenn man sich stets auf die Zeitmodi als die Voraussetzung des Sinnes der quantentheoretischen Begriffe bezieht. Sie erweist sich als eine semantisch konsistente Beschreibung der Zeitmodi, soweit sie etwa diejenigen Merkmale der Zeitmodi in ihrer Beschreibung

des Geschehens in der Zeit zur Folge hat, die ihr als Voraussetzung zugrunde liegen. Sie beginnt »phantastisch« zu klingen,
soweit sie in der gegenständlichen Beschreibung andere Merkmale der Zeit zu liefern beginnt, als sie selbst vorausgesetzt hat.
Dann ist es nötig, zu prüfen, ob die Voraussetzung ungenau
oder die Konsequenz falsch war, und bei dieser Prüfung befinden wir uns soeben.

Gewöhnlich habe ich das Vergangene als faktisch, das Zukünftige als möglich und das Gegenwärtige als wirklich oder
präsent bezeichnet. Es ist nötig, genauer zu werden, u. a. um
den »vierten Zeitmodus« der Relativitätstheorie, das raumartig
Distante, zu beschreiben.

Wir können zunächst dabei bleiben, daß wir das Vergangene
als faktisch, d. h. als unwiderruflich Geschehenes bezeichnen.
»Unwiderruflich« ist durch die Endsilbe »-lich« als ein Möglichkeitsbegriff gekennzeichnet, bezeichnet also eine Zukünftigkeit: in keiner Zukunft wird es geschehen können, daß
das, was jetzt vergangen ist, nicht vergangen sein wird. »Nicht
vergangen sein« heißt hier nicht »gegenwärtig sein« oder »zukünftig sein«, sondern »nicht geschehen sein«. Ein »nicht geschehenes Ereignis« ist ein formal-mögliches Ereignis, für welches das Faktum besteht, daß es nicht geschehen ist. Von nicht
geschehenen Ereignissen kann man also nur reden, wenn man
von formal-möglichen Ereignissen reden kann. Das Formal-
Mögliche ist etwas anderes als das Futurisch-Mögliche, beide
hängen aber zusammen in einer Weise, die wir ein Stück weit
aufklären müssen. Jedenfalls hat das Wort »faktisch« ohne diesen Zukunftsbezug nicht seinen vollen Sinn.

Die Redeweise »das Zukünftige wird als möglich beschrieben« ist möglicherweise irreführend. Sie stellt »das Zukünftige« wie etwas dar, was sein wird oder, abstrakter und nicht
deutlicher geredet, »in der Seinsweise der Zukünftigkeit ist«;
dieses Seinwerden, diese Zukünftigkeit wird dann näher als
Möglichkeit charakterisiert. Möglichkeit besagt aber, daß (außer im Fall der Notwendigkeit) auch das Gegenteil möglich ist.
Das mögliche Zukünftige ist etwas, von dem gerade auch möglich ist, daß es überhaupt nicht sein wird. Mit dieser Kautel
kann man von »dem Zukünftigen« reden. Was aber ist möglich?
Das Futurisch-Mögliche oder Aktual-Mögliche muß, um aus-

gesprochen werden zu können, jedenfalls ein aussprechbares Formal-Mögliches sein. Darüber hinaus darf es nicht durch die gegenwärtige Wirklichkeit als aktual unmöglich bestimmt sein.

Die Einschränkung dessen, was wir als aktual möglich ansehen, hängt davon ab, wieviel wir von der Gegenwart wissen. Der Determinismus ist die Hypothese, volles Wissen des Gegenwärtigen würde für die Zukunft nur *eine* Möglichkeit offenlassen, also den Unterschied von Möglichkeit und Notwendigkeit zum Verschwinden bringen. Die Quantentheorie behauptet das Gegenteil. Insofern ist das Indeterminismusaxiom ein Ausdruck der Offenheit (der »Zukünftigkeit«) der Zukunft.

Vergangensein und Zukünftigsein haben nur einen Sinn in Bezug auf das Gegenwärtigsein. Das Vergangene war einmal, d. h. es war einmal gegenwärtig. Das Zukünftige könnte einmal sein, d. h. gegenwärtig sein. Das Gegenwärtige aber kann man nicht eigentlich »als wirklich beschreiben«; indem man es beschreibt, ist es schon vergangen, also faktisch. Hiermit kommen wir zu der Verschränkung der Zeitmodi, die oft, freilich oft ziemlich ungenau, durch eine Iteration der Modi beschrieben wird. Z. B. ist beschriebene Gegenwart faktische Gegenwart, also quasi Vergangenheit der Gegenwart.

Das Formal-Mögliche, so wie es in den Begriffen der Physik gefaßt wird (z. B. »der Ortsraum eines Massenpunkts«, d. h. die Gesamtheit seiner möglichen [nämlich formal-möglichen] Orte), hat die Gestalt eines Faktums, insofern es beschrieben werden kann. Wir haben ja gerade gesehen, daß das Gegenwärtige eigentlich nur als schon Vergangenes, als eingetretenes Faktum beschrieben werden kann. Das Zukünftige aber kann überhaupt nur als Mögliches beschrieben werden, und das Aktual-Mögliche oder im eigentlichen futurischen Sinn Mögliche ist eine Einschränkung des Formal-Möglichen. Man kann insofern sagen, das Formal-Mögliche ist mögliche Vergangenheit; es ist das, was einmal wird vergangen sein können und dann die in der Faktizität begründete Beschreibbarkeit haben würde. In diesem Sinne ist das Formal-Mögliche die Vergangenheitsgestalt der Zukunft. Es ist möglich, also zukünftig, es ist formal, d. h. beschreibbar, also in der Form der Vergangenheit.

Die bewußtseinsbezogene Deutung der Quantentheorie schränkt den Begriff der Gegenwart gewissermaßen auf das ein,

was gewußt wird. Das gegenwärtig Wirkliche, das nicht gewußt wird, ist dann etwas, das in Zukunft als ein jetzt Gewese-
nes wird gewußt werden können. »Wirklichkeit« ist insofern in
dieser Auffassung die Zukunft einer Vergangenheit, die dann
durch objektive Beziehungen (Naturgesetze und kontingente
Fakten) als gleichzeitig mit der jetzigen Gegenwart beschrieben
werden wird. Es ist klar, daß dieser Begriff der gegenwärtigen
Wirklichkeit relativ auf bestimmte Hilfsmittel zu ihrer Feststellung sein kann. Hier ist der Spielraum für die Einsteinsche Relativität der Gleichzeitigkeit. Ihre Grenze ist der Lichtkegel, in
Zeitmodi gesprochen, die Grenze gegen die kausale Verknüpfung meiner Gegenwart mit dem Faktischen, das für mich als
Faktisches, mich Beeinflussendes, gegenwärtig sein kann, und
gegen das für mich noch Mögliche, auf das ich noch wirken
kann.

Diese Subjektbezogenheit der Gegenwart hat nun die »objektivistischen« Physiker dazu geführt, die drei Begriffe Irreversibilität, Bewußtsein und Zeitmodi so anzuordnen, daß Irreversibilität als objektive Eigenschaft der Natur erscheint, die
Zeitmodi als eine Eigenschaft des Bewußtseins und die Rolle
des Bewußtseins in der Natur ungeklärt bleibt. Grünbaum
weist mit vollem Recht darauf hin, daß es kein objektives
(d.h. in meiner Sprache formal-mögliches) Merkmal eines Ereignisses gibt, das dieses als gegenwärtig auszuzeichnen vermöchte. Andererseits glaube ich gezeigt zu haben, daß die Irreversibilität eine Folge der Zeitmodi ist und daß sie jedenfalls
innerhalb der bisherigen Physik auch *nur* so erklärt werden
kann. Dies erweckt den Verdacht, ich wollte die Irreversibilität
zu etwas Subjektivem machen. Ich will aber umgekehrt die
»Objektivität des Subjektiven« erkennen, d.h. die Kluft zwischen Bewußtsein und Natur nicht akzeptieren.

Nach dieser langen Vorbereitung stelle ich die Frage: wie treten die Zeitmodi als Voraussetzung und wie treten sie als Gegenstand der Physik auf?

Die klassische Physik behandelt alles physische Geschehen
wie eine Faktizität, d.h. in der Form der Vergangenheit. Sie garantiert diese Form durch den Determinismus. In der Quantentheorie bleibt davon nur so viel übrig, daß alle Ereignisse als formal-mögliche Ereignisse beschrieben werden. Insofern spricht

Physik stets in der Vergangenheitsform. Auch das Neue, noch nie Dagewesene beschreibt sie durch eine neue Komposition von Begriffen, die sich auf schon Erfahrenes stützen. Sie ist Prognose, aber nicht Prophetie. Schon dies erklärt meines Erachtens die Grünbaumsche Beobachtung, daß das »Jetzt« nicht physikalisch beschreibbar ist; jede physikalische Beschreibung beschreibt etwas, dessen Merkmale »vergangen sein können«, also als Zukunft der Vergangenheit, nicht als Gegenwart. »*Zukunft* der Vergangenheit« ist die Gestalt des durch *Gesetze* Charakterisierten. Gesetze, im Sinne neuzeitlicher Physik zumal Wahrscheinlichkeitsgesetze, beschreiben, was unter bestimmten Bedingungen möglich, vielleicht notwendig ist; auch Notwendigkeit ist hier eine futurische Modalität.

Der konkrete Gebrauch der Physik ist stets gegenwartsbezogen. Wer aktuell prognostiziert, tut dies mit Hilfe von Gesetzen aus seinem gegenwärtigen Wissen heraus, also aus der bis heute aufgehäuften gegenwärtigen Vergangenheit, aus den Fakten. Er prüft die prognostizierten Ereignisse, wenn sie Gegenwart geworden sind. Dies ist der widerspruchsfreie, bewußtseinsbezogene Gebrauch der Theorie.

Nun zur Deutung der »phantastischen« Beschreibung. Sie beschreibt zunächst nur formale Möglichkeiten, wie alle allgemeinen Gesetze. Prognostiziert man mit ihrer Hilfe aus konkretem, also gegenwärtigem Wissen heraus, so beschreibt sie aktuale Möglichkeiten, also Zukunft. Aber sie beschreibt natürlich auch zukünftige Vergangenheit, d. h. was einmal vergangen sein wird. Solange sie die Zeit extern als reellen Parameter beschreibt, ist in ihr klar, was zu jeder zukünftigen Zeit t_0 vergangen, gegenwärtig und zukünftig sein wird: das, was zu einer Zeit $t < t_0$, $t = t_0$, $t > t_0$ geschehen wird. Diese Beschreibung aber verwerfen wir als nicht fundamental genug. Wir können statt dessen versuchsweise an der Bestimmung festhalten: Vergangen ist faktisch, also irreversibel. Demnach ist ein Ereignis dann vergangen, wenn es ein irreversibles Dokument von ihm gibt; ebenso ist es ein Faktum, daß es kein Ereignis gewesen ist, wenn es ein »Dokument seines Nichtgewesenseins«, etwa objektives Fehlen eines Dokuments, das es in einem gesetzmäßigen Zusammenhang repräsentieren müßte, oder ein Dokument eines mit ihm unvereinbaren Ereignisses gibt. Ein nicht so dokumentiertes Ereignis ist als möglich und insofern zukünftig zu beschreiben.

Die Theorie würde so das zukünftige Werden der Vergangenheit in der Form der Möglichkeit beschreiben. Das ist der Sinn einer Zeitobservablen; das Wort »observabel«, »beobachtbar«, bezeichnet ja selbst eine Möglichkeit. Der irreversible Meßapparat nach der Meßwechselwirkung, aber vor der Ablesung ist in diesem Sinne genau die Zukunft einer Vergangenheit, enger gesagt, die Möglichkeit einer Vergangenheit. Bewußtsein im menschlichen Sinne heißt dann »Vergangenheit haben können«. Nur solches Bewußtsein kann Zukunft haben. Der »objektive Ablauf der ψ-Funktion« ist *nur* Möglichkeit einer Gegenwart, also einer Vergangenheit, also für ein Bewußtsein. Er ist nicht objektiver als mögliches Wissen. Die »phantastische« Beschreibung fingiert ein Wissen, für das es keine Vergangenheit gibt. Die Möglichkeit von Schwankungen zeigt, daß die Vergangenheit nichts schlechthin Objektives ist. Man kann bloß sagen: nur für ein Bewußtsein, das Vergangenheit hat, gibt es Prognose; wo dies nicht ist, gibt es eben keine Prognose, und ψ prognostiziert, wie ein solcher Vorgang sich *für* ein Bewußtsein darstellt, das selbst Vergangenheit hat.

4. Folgerungen

Der axiomatische Aufbau der Quantentheorie nach Jauch oder Drieschner ist insofern noch nicht voll befriedigend, als er noch eine Reihe »willkürlicher« Annahmen enthält. Man kann diese Annahmen noch nicht als Bedingungen der Möglichkeit von Erfahrung begründen, oder, was vielleicht auf dasselbe hinausläuft, man kann die semantische Konsistenz der Theorie noch nicht überprüfen. Man wird der semantischen Konsistenz näherkommen, wenn man die Quantentheorie *zugleich* mit der Thermodynamik als Zeittheorie, mit der Kosmologie als Theorie des Raum-Zeitkontinuums (lokal und im großen) und mit der Elementarteilchenphysik aufbaut. Eben das strebt die »Ur-Theorie« an. Was folgt für einen solchen Aufbau aus den obigen Überlegungen?

Thermodynamik und Quantentheorie setzen die Faktizität der Vergangenheit und die Möglichkeit der Zukunft voraus.

Um semantisch konsistent sein zu können, müssen sie beides auch zur Folgerung haben. Die Faktizität der Vergangenheit ist gegenwärtig in Dokumenten. Die Menge vergangener Fakten wächst ständig. Also muß die Menge der Dokumente wachsen. Nehmen wir an, es gebe stets so viele wirkliche wie mögliche Dokumente (die Möglichkeit von Dokumenten werde stets ausgeschöpft), so müßte die Menge der möglichen Dokumente ständig wachsen. Pichts erster Satz: »Das Vergangene vergeht nicht« würde dann seinen zweiten Satz: »Die Menge der Möglichkeiten wächst« implizieren. In der Sprache der Theorie der Urobjekte: Nur in einer expandierenden Welt gibt es eine faktische Vergangenheit.

Nur das irreversibel Geschehene ist vergangen. Dann kann es keine Uhr geben, welche Vergangenheit und Zukunft trennt, wenn nicht jede einzelne ihrer Zeitmarkierungen irreversibel ist. Eine reale Uhr muß ihren eigenen »Abreißkalender« in sich tragen. Dann kann es keine Observable geben, die in einem reversiblen Vorgang die Zeit mißt. In diesem Sinne muß die geschichtliche Zeit eine klassische Größe sein. Wie beschreibt man dann aber quantentheoretisch eine Uhr?

Es kann keine Zeitobservable mit kontinuierlichem Spektrum geben. Zu vermuten ist, daß dann dasselbe auch von der Ortsobservablen gilt. Wie verhält sich dies zu den kontinuierlichen Parametern der U(2)?

Im Sinne der Wahrscheinlichkeitsdeutung der mehrfachen Quantelung ist das U_r des Urobjekts ein Operator, dessen Absolutwert nur diskrete Werte haben kann. Die kontinuierliche Beschreibung dieses Zustandsraums ist eine gesetzmäßige Idealisierung und wie jede solche, auch in der Mathematik des Unendlichen, ein Vorgriff auf unbegrenzte Zukunft. In »unendlicher Zukunft« werden Ort und Zeit kontinuierliche Variable sein. Gebraucht man die kontinuierliche Beschreibung jetzt, so dient sie nur zur Einbettung. Es gibt z. B. N Urobjekte im Raum der U(2). Der meßbare Ort und die meßbare Zeit existieren strenggenommen überhaupt nicht, sondern sind nachträglich als genäherte Observable von Teilchen bzw. Uhren zu definieren.

Zur Koordinatisierung der kosmologischen Elementarteilchentheorie muß man also nicht Ort und Zeit, sondern $\widetilde{w}$ und

φ verwenden. Selbst was früher oder später ist, kann erst durch den kausalen Zusammenhang irreversibler Ereignisse definiert werden. Finkelstein *beginnt* damit.

3. Zur Deutungsdebatte

Es ist unmöglich, hier die nun bald siebzigjährige Deutungsdebatte zur Quantentheorie zu referieren oder in ihre Details mitdebattierend einzusteigen. Zu ihrem Stand nach fünfzig Jahren vgl. Scheibe (1973). Zum heutigen Stand sollen hier nur ein paar grundsätzliche Bemerkungen gemacht werden.[*]

Im Abschnitt II 7.D1 wurde gesagt: Quantentheorie ist endliches Wissen, d. h. Wissen endlicher Subjekte über endliche Objekte. Dies ist die Position von Bohr gegen Einstein, in traditioneller philosophischer Sprache der Epistemologie gegen die Ontologie. Die »Trauerarbeit« der Debatte bezieht sich auf den Verlust der Ontologie der klassischen Physik, dessen also, was Einstein die »Realität« nannte. Der Ton liegt dabei auf dem Wort »endlich«. Wissen ist schon dem Sinne des Wortes nach auf Realität bezogen. »Ich weiß, daß die Sonne scheint« drückt zwei Realitäten aus: die Sonne scheint wirklich, und ich weiß das wirklich. Die Endlichkeit des quantentheoretischen Wissens zeigt sich in der zentralen Rolle der Wahrscheinlichkeit: ich kann die Zukunft nicht genau vorauswissen. Einstein hielt daher die Quantentheorie für ein unvollständiges Wissen. Die Debatte ging darum, ob hinter den Erscheinungen eine Realität postuliert werden darf, welche die Erscheinungen vollständig determiniert. Diese Realität wollte man womöglich wissen, also kennen; dann erst wäre die Theorie vollständig. Auch wenn wir sie nicht kennen, blieb die Frage, ob einsehbar ist, daß eine solche Realität existieren kann, oder gerade, daß sie nicht existieren kann. Man versuchte dazu, widerspruchsfreie Modelle der vermuteten Realität zu entwerfen. Solche Modelle nannte man meist »verborgene Parameter« oder auch »verborgene Variable«.

Historisch läßt sich die bisherige Debatte in zwei Phasen einteilen: die Debatte über

[*] Vgl. Görnitz und Weizsäcker, 1987, 1988[1, 2], 1992[1, 2].

1. lokale verborgene Parameter,
2. nichtlokale verborgene Parameter.

Zu 1.: Es war das große Verdienst von John Bell, die Debatte über lokale verborgene Parameter empirisch entscheidbar gemacht zu haben, indem er zeigte, daß sie eine meßbare Abweichung der Wahrscheinlichkeiten von der quantentheoretischen Voraussage zur Folge haben. Die Entscheidung scheint heute zu Ungunsten der lokalen Parameter gefallen zu sein. In der Sprache des jetzigen Buches wird man sagen können: Die quantentheoretischen Phasenbeziehungen, welche die Abweichungen von der Bellschen Ungleichung erzwingen, sind Ausdruck des Diracschen »Superpositionsprinzips«, also bei uns des 5. Postulats der Rekonstruktion (I 7.C3–5), der Symmetrie des Zustandsraums.

Zu 2.: Nichtlokale verborgene Parameter gelten heute nicht als widerlegbar. Doch ist hier ein Unterschied zwischen drei Auffassungen zu machen.

Wenn die angenommenen Parameter von irgendeiner meßbaren Observablen eindeutig abhängen, so wie bei Bell vom Ort, dann wird wiederum eine Bellsche Ungleichung konstruierbar sein, welche das Superpositionsprinzip verletzt, also grundsätzlich empirisch überprüfbar sein sollte. Die Mehrzahl der heutigen Quantentheoretiker wird wohl nicht dazu neigen, einem solchen Ansatz bessere Chancen einzuräumen als den lokalen Parametern. Dieses »Gefühl« läßt sich in der Sprache unserer Rekonstruktion wiederum so ausdrücken: jeder derartige Parameter verletzt das Postulat der Symmetrie, auf dem die wesentliche Einfachheit der Quantentheorie beruht. Dann scheinen noch zwei Auswege zu bleiben: Entweder man behält die Symmetrie, also den quantentheoretischen Zustandsraum bei, stellt aber die Zeitabhängigkeit nicht mehr linear in diesem Zustandsraum dar, oder man behält die mathematische Gestalt und die empirischen Voraussagen der Quantentheorie vollständig bei, unterlegt ihr aber eine abweichende »realistische« Deutung.

Die nichtlineare Schrödingergleichung wird in der Theorie des Meßprozesses öfters erwogen. Damit wird die Hoffnung verbunden, den »Kollaps der Wellenfunktion« zu vermeiden. Die nichtlinearen Terme könnten die Wahrscheinlichkeiten als Folge eines »deterministischen Chaos« erzeugen. Ich habe nicht die Kraft gehabt, mich mit dieser Hypothese systematisch zu beschäftigen, kann also nur meine spontane Skepsis ausdrükken. Heisenberg, dessen mathematisch-ästhetische Intuition oft weiter trug als die jeweils gerade verfügbaren Argumente, hat stets insistiert, die Schrödingergleichung müsse ihrem Wesen nach strikt linear sein. Es ging ihm dabei wohl um die fundamentale Rolle des Superpositionsprinzips. In der Sprache der Rekonstruktion läßt sich fragen, ob die Gruppe der zeitlichen Translation eine Untergruppe der Symmetriegruppe sein soll oder aber diese Symmetrie verletzen soll. Ersteres würde eine nichtlineare Darstellung der Symmetrie bedeuten. Ob die nichtlineare Schrödingergleichung in einer dieser beiden Deutungen mit den empirischen Ergebnissen der bisherigen Quantentheorie vereinbar ist, habe ich mathematisch nicht zu durchschauen vermocht. Ich habe mich daher darauf beschränkt, die Kopenhagener und »Triestiner« (I 7.D3) Deutung der linearen Schrödingergleichung als »minimale Semantik« der Quantentheorie auszuarbeiten.

Die dritte Möglichkeit ist die inhaltlich-verbale Umdeutung der mathematisch und empirisch ungeänderten Quantentheorie. Ich nenne hier nur zwei Beispiele: die Theorie des »Quantenpotentials« von Bohm (1952) und die Theorie »mehrerer Welten« von Everett (1953). In der Arbeit Görnitz-Weizsäcker (GW, 1987) wird dazu folgende Position bezogen: Wenn zwei Theorien mathematisch und empirisch eineindeutig aufeinander abgebildet werden können, so muß sich ein »Lexikon« von vermutlich nur wenigen Vokabeln finden lassen, das die beiden Theorien lediglich als verschiedene verbale Ausdrucksweisen derselben Sache erscheinen läßt. Man steht dann vor demselben Problem wie beim »Konventionalismus« (I 5.2.5): welche Sprechweise ist unserer Alltagserfahrung am besten angepaßt? Es ist wieder nur die Frage nach einer minimalen Semantik. Interessant wird daher eine derartige Umdeutung erst, wenn sie Hoffnung bietet, von den Vorhersagen der Quantentheorie doch in empirisch überprüfbarer Weise abzuweichen.

Everett nimmt an, die Welt, in der wir leben, spalte sich bei jedem »Ereignis« (im Sinne von I 7.D3) in so viele Welten, als es mögliche Ergebnisse des Ereignisses geben kann. Wir leben bewußt stets nur in einer dieser Welten, d.h. in Wahrheit stets in jeder von ihnen, kennen aber jeweils unser Bewußtsein in den anderen Welten nicht. Das Lexikon, das diese Sprechweise auf die Sprechweise von Kopenhagen bzw. unserer Rekonstruktion abbildet, enthält nur ein einziges Wortpaar: man muß »Welten« durch »futurische Möglichkeiten« ersetzen (AP 11.3h, S. 563–566). Für die Details muß auf unsere Arbeit von 1987 verwiesen werden.

Bohm nimmt an, es gebe nebeneinander die Orte x_i ($i = 1 \ldots N$) der vollständigen Konfiguration aller Teilchen und die Wellenfunktion im Konfigurationsraum $\psi(x_i)$. ψ soll nie reduziert werden; eine Messung z. B. eines Orts x_i soll ψ ungeändert lassen. Hingegen soll ψ ein »Quantenpotential« definieren, in dem die Teilchen laufen. Wie Bohm zeigt, kann dieses Potential so bestimmt werden, daß, wenn $|\psi|^2$ zu einer Zeit t die Wahrscheinlichkeit angibt, die Konfiguration x_i vorzufinden, dies auch zu jeder anderen Zeit der Fall ist. Das wird dann auch durch eine Messung nicht geändert. Denn objektiv ist $x_i(t)$ deterministisch bestimmt; so ist auch das Stattfinden und das Resultat der Messung deterministisch bestimmt und ändert damit $x_i(t)$ nicht. ψ ist eine objektive Größe; nur seine Deutung als Wahrscheinlichkeitsamplitude ist lediglich ein Ausdruck unseres Nichtwissens. Hier ist das Lexikon trivial: man betrachte die x_i als meßbare Größen und $\psi(x_i)$ als Wahrscheinlichkeitsamplitude und verzichte auf das Quantenpotential; damit ist man zur üblichen Quantentheorie zurückgekehrt. Die Genugtuung, sich bei der Quantentheorie nun doch einen verborgenen Determinismus vorstellen zu können, wird mit zwei Sonderbarkeiten dieses Entwurfs bezahlt: das zu ψ gehörige Potential ist an allen denjenigen Argumentstellen x_i, an denen sich die reale Konfiguration der Teilchen gerade nicht befindet, leer; und die Theorie ist in hohem Maße nichtlokal (dazu Süssmann 1958). Ferner ist bisher nicht gezeigt, ob die Theorie auch relativistisch ausgeführt werden könnte. Und wenn Teilchen erzeugt und vernichtet werden können, so müssen alle zu irgendeiner Zeit existierenden Teilchen in x_i mitgeführt und für die Zeit ihrer Nichtexistenz mit dem Wert Null für ψ an jedem ihrer möglichen Orte beschrieben werden.

In beiden Hypothesen ist natürlich auch versucht worden, mögliche empirisch prüfbare Abweichungen von der traditionellen Quantentheorie zu finden. Für Bohm war dies der Fall in dem Versuch, ψ nicht als vorgegeben, sondern durch die Teilchen emittierbar und absorbierbar zu beschreiben; dies scheint aber bisher empirisch nicht bestätigt zu sein (GW 1991). Für Everett hat Deutsch (1985) ein sehr abstraktes Modell der Abweichung von der Kopenhagener Deutung in einer »Zeitspiegelung« eines Beobachtungsvorgangs vorgeschlagen. In GW 1987 ist dies diskutiert. Man muß hier die Quantentheorie auch auf das Bewußtsein anwenden, und Deutsch unterstellt, die Kopenhagener Deutung nehme im Bewußtsein einen »realen Kollaps« von ψ an, der bei Everett nicht vorkommt. Wir haben darauf hingewiesen, daß (wie im Paradoxon von »Wigners Freund«, AP 11.3c, S. 543–544) die universale, auch aufs Bewußtsein angewandte Quantentheorie der Reduktion von ψ, so wie in I 7.D3 diskutiert, nicht bedarf.

Unser Eingehen auf die Deutungsdebatte konnte natürlich nur zeigen, daß es keine heute physikalisch erkennbare Nötigung gibt, über die minimale Semantik des Ereignisbegriffs hinauszugehen. Die Frage, ob man es gleichwohl versuchen sollte, bleibt, in der Physik diskutiert, eine bloße Motivforschung: warum wünschten Einstein, Bohm, Bell und andere eine solche Theorie? Es war wohl der Wunsch der Rückkehr zur einfachen klassischen Ontologie. In I 7.D6, »Entwurf«, habe ich versucht anzudeuten, was wir mit dem Opfer dieser Ontologie des 17. Jahrhunderts auch ontologisch gewinnen. Doch führt dies uns notwendigerweise weiter zu den eigentlich philosophischen Fragen. Dazu die nachfolgenden Kapitel.

Am Ende seien noch zwei Bemerkungen zum Ereignisbegriff gemacht. Die Darstellung in I 7.D3 weicht von traditionellen Ausdrucksweisen ab durch den Begriff des von der Messung unabhängigen virtuellen Ereignisses, das erst durch irreversible Vorgänge zum aktualen Ereignis wird. R. Penrose (1989, Kap. 7) diskutiert das Problem und glaubt, das Ereignis bereits durch die Änderung der Anzahl der Gravitonen um eines beschreiben zu können. Dies erscheint mir als ein spezielles Modell des nach meiner Deutung notwendigen irreversiblen Vorgangs. D. h. das Problem ist hier gesehen, aber vermutlich zu speziell beschrieben.

Die zweite Bemerkung verdanke ich einem Gespräch mit G. Süssmann. Wenn man daran festhalten will, daß ψ nur in einem Bewußtseinsakt reduziert wird, so kann man im Meßinstrument nach der Meßwechselwirkung ein quantentheoretisches Gemisch annehmen, in dem unentschieden bleibt, welcher Eigenwert der gemessenen Observablen vorliegt. Wenn dann ein Beobachter das Ergebnis abliest, führt in traditioneller Sprechweise dieser Bewußtseinsakt zur Reduktion von ψ. Da dieser Akt selbst als irreversibel vorausgesetzt wird, kann der Beobachter nun prophezeien, daß jeder andere Beobachter dasselbe Resultat ablesen wird. So ist die von Bohr geforderte Objektivität des Meßergebnisses als »garantierte Intersubjektivität« gewährleistet. Ich muß begründen, warum ich diese mir als Möglichkeit bewußte Interpretation nicht gewählt habe (dazu *AP* 11.2 »Die semantische Konsistenz der Quantentheorie«, S. 514–538).

Bohr war konsistent, wenn er die klassische Beschreibung des Meßapparats forderte. Er kam dabei aber in eine Debatte mit Heisenberg. Dieser war davon ausgegangen, daß wir das Meßobjekt quantentheoretisch, das Meßresultat klassisch beschreiben. Wo soll der »Schnitt« zwischen beiden Beschreibungen liegen? Heisenberg erwartete, daß zum mindesten der Meßapparat, der aus Atomen besteht und kein lebendes Wesen ist, auch der Quantentheorie unterliegen muß. Also postulierte er die »Verschieblichkeit des Schnitts«. Bohr (in einem Brief, den Heisenberg mir zeigte) insistierte, daß wenigstens das, was wir sehen können, klassisch zu beschreiben sei. Bohr hatte damit keine Schwierigkeit, weil er schon für die Beschreibung des Lebens die Physik, also auch die Quantentheorie, für unzureichend hielt. Die Frage, wohin der Heisenbergsche Schnitt verschoben werden darf oder wo die Wellenfunktion reduziert wird, stellte sich für ihn nicht, weil sie ohnehin bei unserer heutigen Unkenntnis der Gesetze des Lebens und Bewußtseins unbeantwortbar war. Wir Heutigen stellen aber legitim die Frage, wie der Meßvorgang in einer universal gültigen Quantentheorie zu beschreiben wäre. Heisenberg (1930, S. 44) erwägt bereits eine universale Verschieblichkeit des Schnitts, mit der Einschränkung: Wollte man den Schnitt auch noch über den Beobachter selbst zurückziehen, so bliebe keine Physik mehr übrig (*AP* , S. 527). D. h. der Beobachter wird nur als wissendes Subjekt, aber nicht als Objekt der Beschreibung eingeführt. In dieser Näherung ist die von Süssmann erwogene Beschreibung der Messung konsequent.

Nach der im jetzigen Buch vertretenen Auffassung gibt es aber jedenfalls keinen der Quantentheorie immanenten Grund, ihre Anwendung auf empirisch entscheidbare Fragen über menschliche Bewußtseinszustände zu verbieten, entscheidbar, sei es durch sozialen Kontakt oder durch Selbstbeobachtung. Spätestens im Bewußtsein aber muß das Ereignis, in der für diese Ausdrücke zulässigen Näherung (dazu Kap. I 8.4), objektiv und irreversibel werden. Der Bewußtseinsakt ist dann nicht die Ursache des Ereignisses, sondern nur die Weise, wie wir das längst geschehene Ereignis zur Kenntnis nehmen. Wir kehren damit in die Semantik des »gesunden Menschenverstands« zurück: Ereignisse geschehen dort, wo wir sie als geschehen wahrnehmen oder doch aus ihren Dokumenten erschließen können.

4. Zwei Notizen zur Rekonstruktion der Quantentheorie

Geschrieben Januar 1992

Im Januar 1992 fanden mit zwei Wochen Abstand zwei Gesprächsrunden mit Kollegen über meinen Entwurf des Kapitels I 7 statt. Zwischen beiden Gesprächen schrieb ich für die Teilnehmer zwei erläuternde Notizen, die ich hier, leicht gekürzt, abdrucke.

Erste Notiz

Im Abschnitt I 7.C3, »Postulate«, sind sieben Postulate verbal formuliert. An diese Postulate wurden im wesentlichen drei kritische Fragen gestellt:

1. Aus der verbalen Formulierung geht nicht klar hervor, welche mathematische Struktur gemeint ist.

2. Es wird nicht klar, wie insbesondere das Postulat 5., »Symmetrie«, begründet werden soll.

3. Die Postulate erwecken den Eindruck, sie sollten einen axiomatischen Aufbau der Quantentheorie begründen. In den

drei Stufen der »Iteration«, also in den Abschnitten 8, 9 und 10, wird aber in jeder neuen Stufe das Resultat der vorangehenden Stufe zurückgenommen und durch neue Annahmen ersetzt. Ich möchte hier schriftlich etwas dazu vorlegen.

1. Ich gebe die Kritik zu. Ich empfinde diesen Mangel selbst, habe aber bisher nicht vermocht, die Postulate präziser zu fassen. Immerhin habe ich im nachfolgenden Abschnitt 4, »Folgerungen«, einige mathematische Präzisierungen vorgeschlagen. Warum genau diese Präzisierungen gewählt wurden, ist dann im Abschnitt 5, »Diskussion«, erörtert. Doch würden wohl weitere Diskussionen zu einer klareren Darstellung helfen.

2. Dies ist eine fundamentale inhaltliche Frage. Man kann sich zunächst auf eine »finale Begründung« zurückziehen: Nur so scheint die fundamentale Rolle des Hilbertraums in der Quantentheorie herauszukommen. Aber ebendies wünscht man ja zu begründen. Schon meine Darstellung der historischen Entwicklung der Physik, im Abschnitt B1, »Das Gefüge der Theorien«, stellt zunächst einmal historisch fest, daß der Weg von der Morphologie über Differentialgleichungen nach der Zeit und Extremalprinzipien zu den Symmetriegruppen als den bisher letzten, nicht weiter begründeten mathematischen Strukturen der Physik gegangen ist. (Zur Klärung: Dies ist nur eine historische Abfolge, aber kein mathematisch zwingender Weg. Allenfalls zwingend ist nur die umgekehrte Abfolge: Aus einer Gruppe lassen sich Extremalprinzipien und Differentialgleichungen herleiten, deren Lösungen dann als Morphologie in der Beobachtung erscheinen. Dabei ist aber die historisch anfängliche Morphologie von der später mathematisch folgenden gelegentlich verschieden. Z.B. folgen Keplers Ellipsen aus dem Zweikörperproblem Sonne-Planet mit Gravitation, aber nicht mehr streng aus dem Mehrkörperproblem. Analoges gibt es auch bei den späteren Stufen.)

Als mir in unserer Besprechung die Frage nach der Begründung des Symmetriepostulats gestellt wurde, habe ich zunächst eine Erinnerung an Heisenberg erzählt. Er hatte seine nichtlineare Spinorfeldtheorie auf die Voraussetzung der allgemei-

nen (d. h. in meiner Sprache »abstrakten«) Quantentheorie und
die Forderung der Poincaré-Gruppe und der Isospingruppe gegründet. Als ich ihn fragte, warum genau diese Gruppen, sagte
er etwa: »Das kann ich nicht mehr begründen. Mit *einer* Forderung muß man eben anfangen.« Ich fragte: »Warum überhaupt
Gruppen?« Er, etwa: »Wenn man mit einer Forderung anfängt,
dann ist Symmetrie der beste Anfang. Symmetrie ist schön, das
wußte schon Platon. Darin drückt sich die zentrale Ordnung
aus.« »Zentrale Ordnung« war für ihn ein Name der religiös erfahrenen Wirklichkeit.

Ich aber blieb unbefriedigt. Mir schien, man solle eine rationale Behauptung wie die Geltung einer Symmetrie womöglich
noch rational begründen. Meine Vermutung war: Symmetrie
bedeutet die genäherte Trennbarkeit des jeweils untersuchten
Gegenstands vom Rest der Welt. Dieser Vermutung bin ich nun
auch in der Rekonstruktion gefolgt. Das bedeutet die verbale
Fassung des Postulats. Die Frage ist, ob man diesem Gedanken
noch eine strengere Fassung geben kann.

3. Die Beobachtung, daß in jeder Iterationsstufe eine neue Annahme eingeführt wird, ist formal zutreffend. Sie erscheint mir
aber nicht als ein Einwand gegen mein Verfahren, sondern als
eine Erkenntnis seiner Pointe. Ich füge ja zum 1. Postulat, der
Existenz trennbarer Alternativen, alsbald die Bemerkung
hinzu, daß dies in Strenge gar nicht zutrifft. Dann verstehe ich
die Iteration der Quantenpostulate als ein Näherungsverfahren
zur schrittweisen Selbstkorrektur des 1. Postulats. Sofern die
Postulate scharf genug formuliert sind, ist dies dann ein streng
vorgeschriebenes, insofern »axiomatisches« *Verfahren*. Es kann
aber, wenn das Postulat der Trennbarkeit nicht in Strenge zutrifft, nicht ein Reihe als schlechthin wahr unterstellter axiomatischer *Aussagen über die Natur* sein. Selbstkorrektur muß die
Aussagen von Stufe zu Stufe verändern. Aber die Art der Veränderung ist durch das Verfahren vorgeschrieben.

Zur Erläuterung versuche ich, den Grundgedanken der »Iteration« (Abschnitt 6) hier ohne mathematisches Detail noch
einmal zu skizzieren. Es handelte sich dabei ursprünglich um
eine Rechtfertigung des Begriffs »zweite Quantelung«. Heisenberg hatte mir schon als Studenten gesagt: »Zweite Quantelung

ist eine Bezeichnung, die jedes Verständnis der damit gemeinten
Sache unmöglich zu machen geeignet ist.« Er nannte sie »Feldquantelung«, wobei als klassische Feldtheorie die de-Broglie-
Welle mit nichtlinearer Feldgleichung vorausgesetzt war. Ich
habe das im *Aufbau der Physik*, S. 505, geschildert und zitiere
hier daraus. »Heisenberg sagte: ›Dieselbe Quantentheorie ergibt sich durch Quantelung zweier völlig verschiedener klassischer Theorien: der Mechanik vieler Massenpunkte und der de-
Broglieschen Wellentheorie. Das ist der mathematische Grund
des Dualismus der beiden klassischen Bilder...‹ Ich fragte, ob
er mir nicht in einfachen Worten sagen könne, *warum* zwei verschiedene klassische Theorien zur selben Quantentheorie führen. Er antwortete: ›Mehr weiß ich auch nicht. Man kann es
eben beweisen. Darin steckt das Geheimnis‹.«

Ich blieb unbefriedigt. Warum sieht die quantentheoretische
Schrödingertheorie *eines* Massenpunkts mathematisch genau
so aus wie die klassische de-Broglie-Theorie einer Welle ohne
Wechselwirkung? Mein Lösungsversuch in den Arbeiten
»Komplementarität und Logik« I–III (1955–58), davon III mit
Scheibe und Süssmann, bedeutete eine »Umkehrung der Rei-
henfolge der Argumente«. Klassische Physik sollte überhaupt
nicht vorausgesetzt werden, sondern nur als Grenzfall aus der
Quantentheorie folgen. Dabei können dann zwei verschiedene
Grenzübergänge sehr gut zu zwei so verschiedenen klassischen
Theorien wie denen der Teilchen und der Wellen führen. Die
Quantentheorie sollte rein logisch aus vorausgesetzten empi-
risch entscheidbaren Alternativen durch Einführung »komple-
xer Wahrheitswerte« für die möglichen Antworten auf die je-
weilige Alternative folgen. Dies ist rückblickend geschildert im
Aufbau der Physik, Kapitel 7, Abschnitt 7. Die heutige Version
davon ist die »Rekonstruktion«, wie sie in C beschrieben ist.
Dabei ist die Pointe eben die Iterierbarkeit dieser Postulate.
Wenn die möglichen Zustände im Raum S_n selbst wieder eine
entscheidbare Alternative bilden, so muß man auf sie dasselbe
Verfahren von neuem anwenden können. Das ist »mehrfache
Quantelung«.

In unserer alten Arbeit »Komplementarität und Logik III«
(1958) haben wir dabei für das »Weiterquanteln« das *Kontinuum* der Zustände in S_n zugrunde gelegt. Für den Spezialfall

der binären (damals »einfachen« genannt) Alternative A_2 ergibt dies eine natürliche Darstellung der zweiten Stufe als Funktionen über einem dreidimensionalen reellen Raum. Im *Aufbau der Physik*, Kapitel 10, Abschnitt 5 habe ich das noch einmal kurz geschildert. Dieses Verfahren nannten wir damals »naive Quantelung«; es führte bis zu kräftefreien Quantenfeldtheorien. Wir bemerkten aber schon, daß die wirkliche Feldquantelung die Wellenamplituden erster Stufe durch Operatoren ersetzt, was wir damals aber nicht mehr studierten. Wir vermuteten, dieses korrektere Verfahren würde vielleicht auch zu einer Theorie wechselwirkender Felder führen.

Genau dies ist nun in den drei Stufen der Iteration im jetzigen Text angestrebt, und zwar mit einem strengen Verfahren der Iteration. Grundgedanke: Die Zustände im Hilbertraum sind beobachtbar durch die ihnen zugeordneten Wahrscheinlichkeiten. Real meßbar sind aber nur relative Häufigkeiten in endlichen Ensembles. Diese bilden, über einer endlichen Alternative definiert, eine abzählbar unendliche Alternative, auf welche dann das Verfahren der Rekonstruktion widerspruchsfrei angewendet werden kann. Das Verfahren wird im Abschnitt 6, »Iteration«, geschildert. Abschnitt 7 bringt dann die mir wichtige Feststellung, daß man jede quantentheoretische Beschreibung eines Objekts darstellen kann im Rahmen der »Urhypothese«, also bezogen auf eine Vielzahl binärer Alternativen. Die drei Iterationsstufen 8., 9., 10. ziehen daraus die Konsequenz.

Im Gespräch wurde nun der Einwand erhoben, der Übergang von einer Stufe zur nächsten hebe die in der unteren Stufe gemachten Voraussetzungen auf und ersetze sie durch abweichende Annahmen. Ich erläutere hier, im Blick darauf, nochmals das Verfahren.

Der Ausgangspunkt ist der Spezialfall einer einzigen binären Alternative, *einer* isolierten Ja-Nein-Entscheidung.

Die erste Stufe liefert dazu den quantentheoretischen Zustandsraum, in dem auch die Zeitabhängigkeit durch eine Untergruppe U(1) der Symmetriegruppe U(2) beschrieben wird. Das ist also das erste Beispiel des »abstrakten Trägheitsgesetzes« gemäß dem 6. Postulat. Dies gestattet, zwei Vorzeichen der Frequenz und damit ein »Ur« von einem »Anti-Ur« zu unterscheiden.

Die zweite Stufe betrachtet beliebige Ensembles von solchen einzelnen Uren, also genau, was man bei einer Messung relativer Häufigkeiten einzelner Ure messen kann. Dies führt im Rahmen der konformen Gruppe SU(2,2) bzw. SO(4,2) zur Darstellung zeitabhängiger Ensembles durch masselose Teilchen. Dabei ist das Ensemble als ein real vorliegender Zustand einer großen Anzahl von freien Uren verstanden. Es zeigt sich, daß in einem Ensemble aus endlich vielen Uren die Anzahl der Ure zeitabhängig wird. Dies ist die »Selbstkorrektur« der Anfangsannahme zur ersten Stufe, man habe es mit einer isolierten binären Alternative zu tun. Diese Annahme erweist sich nun als nur genähert gültig. In Wirklichkeit entstehen und vergehen Ure, gemäß dem 6. Postulat in der 2. Stufe. Aber in der 2. Stufe wird keine Wechselwirkung zwischen zwei bestehenden Uren vorausgesetzt; insofern bleibt die 1. Stufe für jedes Ur so lange gültig, als es besteht. Mehr durfte man, so zeigt die 2. Stufe, in der 1. Stufe nicht fordern; dies aber durfte man fordern.

Die dritte Stufe behandelt dann reale Ensembles masseloser Teilchen. Hier wird auch die Teilchenzahl zeitlich variieren. Dies gibt mir die Erwartung, man werde in dieser Stufe nicht nur eine Vielzahl masseloser oder massiver Teilchen, sondern auch deren Wechselwirkung beschreiben können. Ansätze hierfür sind u. a. in einer soeben abgeschlossenen Arbeit von Th. Görnitz, D. Graudenz und mir explizit vorgerechnet, haben aber die Stufe der Wechselwirkung noch nicht erreicht. Die Pointe ist, daß die Erzeugung und Vernichtung freier Objekte (zuerst Ure, in der nächsten Stufe masselose Teilchen) genähert gleichbedeutend mit einer Wechselwirkung mehrerer endlicher Ensembles solcher Objekte sein kann.

Ein wichtiges mathematisches Problem ist, daß die real angenommenen Ensembles stets nur endlich viele Individuen enthalten dürfen, während formal z. B. ein masseloses Teilchen der zweiten Stufe unendlich viele Ure enthält. Ließe man solche unendlichen Ensembles in der zweiten Stufe zu, so würde die Menge möglicher Ensembles in der dritten Stufe überabzählbar. Dafür aber habe ich keine mathematisch konsistente Beschreibung zur Verfügung, und ich vermute, daß es sie auch nicht geben soll. Vielmehr vermute ich, daß die Gesamtzahl der Ure in der uns zugänglichen Welt zu jeder endlichen Zeit selbst endlich ist. Sie nimmt dann im statistischen Mittel mit der Zeit zu, und dies wäre eine Beschreibung der Kosmologie einer expandierenden Welt.

Für eine expandierende Welt von endlichem Radius ist der Minkowski-Raum stets nur ein Tangentialraum. Ich diskutiere das im *Aufbau der Physik*, Kapitel 10, Abschnitt 4, Seite 440 bis 449. Nur im Minkowski-Raum sind Teilchen im Sinne von Wigner als irreduzible Darstellungen der Poincaré-Gruppe definiert. Die Näherung der Existenz masseloser Teilchen in der 2. Stufe ist also ebensogut wie die lokale Ersetzung des expandierenden Einstein-Raums (Friedman-Raums) durch einen Minkowski-Raum, oder, gleichbedeutend, die Ersetzung einer sehr großen endlichen Anzahl von Uren durch eine unendliche.

Meine Hoffnung ist, daß sich die Divergenzen der relativistischen Quantenfeldtheorie bei strenger Rechnung mit endlicher Ur-Anzahl auf endliche, reale Effekte reduzieren werden. So hatte schon Heisenberg gehofft, seine Spinorfeldtheorie werde durch ihren nichtlinearen Term die Divergenzen auf endliche, physikalisch bedeutsame Effekte reduzieren und dadurch die Renormierung überflüssig machen. Seine Theorie nötigte ihn dann aber zu einem Hilbertraum mit indefiniter Metrik. Meiner jetzigen Vermutung nach könnte das daher gekommen sein, daß er die spezielle Relativitätstheorie in Gestalt der Poincaré-Gruppe als universale Voraussetzung beibehielt. In meiner Theorie ist sie, wie ja auch in der allgemeinen Relativitätstheorie, nur lokal gültig. Ich vermute, daß die Versöhnung der allgemeinen Relativitätstheorie mit der Quantentheorie wieder durch eine »Umkehrung der Reihenfolge der Argumente« möglich werden könnte (*Aufbau der Physik*, Kapitel 10, Abschnitt 7). Für endliche Ur-Anzahl bekommt man *zuerst* eine endliche Kosmologie. Das metrische Feld der allgemeinen Relativitätstheorie könnte dann formal als eine »lokal oskulierende Kosmologie« beschrieben werden.

Zweite Notiz

Hier gebe ich eine Skizze zur Gesamtstruktur der Rekonstruktion, die in dieser Form in Kapitel I 7 noch nicht vorgelegt ist, aber in vielen Details durch den Text des Kapitels erläutert werden kann.

Die Rekonstruktion soll versucht werden in einer Abfolge von 14 Themen, die hier zunächst aufgezählt seien:

1. Zeitlauf
2. Ereignis
3. Faktizität
4. Holismus
5. Lokale Kausalität und Indeterminismus
6. Lokale Trennbarkeit
7. Abstrakte Quantentheorie
8. Ure
9. Ortsraum
10. Kosmologie
11. Minkowski-Raum
12. Masselose Teilchen
13. Massive Teilchen
14. Wechselwirkung

Jeder Schritt soll unter zwei Gesichtspunkten betrachtet werden:

A. Im abstrakten Fortschritt
B. Im Blick auf das Endresultat

Diese Unterscheidung der Gesichtspunkte ist notwendig, denn der abstrakte Fortschritt muß in einer verfügbaren Sprache formuliert werden, die aber oft nur durch Verwendung der Termini des angestrebten Endresultats, d. h. der heute bekannten Physik verständlich wird. Dies ist eine Folge des, nach meiner Meinung, unvermeidlichen »Kreisgangs« und der Forderung der »semantischen Konsistenz« der Physik: sie soll ihre eigene Semantik nachträglich erklären.

1. Zeitlauf

A. Die Rekonstruktion beginnt mit der vorausgesetzten Struktur der Zeit. Erläutert in B3. Die Absicht ist phänomenologisch: Einerseits wird nicht vorausgesetzt, dies sei eine letzte »metaphysische« Wahrheit. Aber wir verstehen kein Wort unserer Sprache, ohne schon naiv begriffen zu haben, was heißt: »Es war«, »es wird sein«, »jetzt«. Dabei soll ausgegangen werden von der These »Die fundamentale Struktur der Zeit ist ihr objektives Fortschreiten«. Die nächsten Schritte präzisieren dann die Implikationen.

B. Physiker neigen oft dazu, die fortschreitende Zeit als »bloß subjektiv« anzusehen. Im jetzigen Aufbau wird der Zeitlauf phänomenologisch als objektiv beschrieben. Im Rahmen der Relativitätstheorie wird das als »relativistische Kausalität« dargestellt werden, die längs jeder zeitartigen Weltlinie definiert ist. Der Zeitlauf ist also nicht nur mein subjektives Erlebnis, sondern findet überall statt. Dabei wird aber nicht eine nichtrelativistisch universale Zeit vorausgesetzt, sondern eine jeweils lokale Zeit. Aber deren »Zeitrichtung« ist lorentzinvariant.

2. Ereignis

A. Dies ist in D3 erläutert. In der subjektiven Zeiterfahrung ist jede Wahrnehmung ein Ereignis. Also gibt es subjektive Gegenwart nur durch Ereignisse. Es wird nun vorausgesetzt, daß dasselbe objektiv überall für den lokalen Zeitlauf gilt.

B. Dies ist sehr nah der relativistischen Bezeichnung des Raum-Zeit-Punkts als Ereignis und daher, wenn ich ihn richtig verstehe, dem Ansatz von Haag.

3. Faktizität

A. Wenn man weiß, daß ein Ereignis stattgefunden hat, so sagt man: »Ein Faktum ist eingetreten«. Die Zukunft ist möglich, die Vergangenheit ist faktisch. Fakten sind nachträglich unabänderlich.

B. Im Sinne semantischer Konsistenz sind Fakten Resultate irreversibler Prozesse. Man muß also die Irreversibilität in der Physik aus der Zeitstruktur herleiten können. In B3 ist dies schlicht postuliert. Zu Modellen des Geschehens, wie sie z. B. Schlüter diskutiert, vgl. Punkt 10. »Kosmologie«. Auch aus dem Ansatz von Haag folgt m. E., daß feststellbare Ereignisse irreversibel sind.

4. Holismus

A. These: Alle Ereignisse hängen miteinander zusammen.

B. In dieser Fassung ist die These noch undeutlich; die folgenden Schritte werden sie erläutern. Im Vorblick: Im Determinismus der klassischen Physik ist jedes Ereignis durch die ihm im Zeitlauf vorausgegangenen Ereignisse eindeutig bestimmt. In der Ontologie der klassischen Physik ist diese Kausalität räumlich, als Nahewirkung oder Fernwirkung, beschrieben, in der Relativitätstheorie eingeschränkt auf zeitartige Weltlinien. Formal können dann zwei raumartig voneinander entfernte Ereignisse als unabhängig gelten. Aber der Determinismus läßt vermuten, daß sie, wenigstens in einer kosmologisch endlichen Welt, gemeinsam durch vorangegangene Ereignisse bestimmt sind und in diesem indirekten Sinne zusammenhängen. In der Quantentheorie wird der kausale Zusammenhang nur als statistisch beschrieben. Andererseits hängen die Ereignisse im Sinne von Einstein-Podolsky-Rosen weltweit zusammen, denn im Hilbertraum eines Gesamtobjekts sind die reinen Zustände nur in einer Teilmenge von Maße Null zugleich reine Zustände der Teile. Hierzu führt die jetzige Rekonstruktion.

5. Lokale Kausalität und Indeterminismus

A. Es gibt eine als »lokal« bezeichnete Nachbarschaftsbeziehung zwischen Ereignissen. Die einem Ereignis E zeitlich vorangehenden Ereignisse sind einander lokal um so näher, je näher sie zeitlich bei E sind. Diese Ereignisse bestimmen eine Wahrscheinlichkeit für E, aber im allgemeinen determinieren sie E nicht.

B. Dieser lokale Indeterminismus besagt, daß der Unterschied der Faktizität der Vergangenheit von der bloßen Möglichkeit der Zukunft eine objektive Tatsache ist. Zukunft ist möglich, aber nicht im Sinne lokaler Kausalität notwendig. Auch diese Feststellung ist phänomenologisch gemeint; verborgene Parameter sind der heutigen Physik nicht bekannt, aber nicht metaphysisch ausgeschlossen. – »Lokal« wird heißen »räumlich«, aber die Geometrie des Raumes wird hier noch nicht vorausgesetzt. Dazu erst Nr. 9.

6. Lokale Trennbarkeit

A. Die Ereignisse E', die wegen des Indeterminismus anstelle von E (»am selben Ort zur selben Zeit«) stattfinden können, sind durch genau dieselben vorangehenden Ereignisse statistisch kausal determiniert wie E. In diesem Sinne ist die Menge der E' (einschließlich E selbst) von der Umwelt »kausal trennbar«.

B. Wir brauchen dies für die Postulate der Quantentheorie.

7. Abstrakte Quantentheorie

A. Wir brauchen die sieben Postulate aus C3.

1. Alternativen. Daß es entscheidbare Alternativen A_n gibt, folgt nicht aus den bisherigen Schritten. Es ist, in der »subjektiven« Sprache des Meßprozesses gesagt, die objektive Behauptung, daß Apparaturen möglich sind, welche von n einander ausschließenden möglichen Fakten genau eines erzeugen.

2. Zustandsraum. Hier ist der Indeterminismus vorausgesetzt und eine Kontinuitätsannahme über die möglichen Zustände, also die möglichen lokal kausal auf das erzeugte Ereignis wirkenden vorhergehenden Ereignisse gemacht.

3. Allgemeinheit. »Unschädlich« im Sinne von C4, Absatz 2.

4. Wahrscheinlichkeit. Dies ist aus Postulat 2. im Sinne der unter Nr. 5 besprochenen indeterministischen Kausalität zu folgern.

5. Symmetrie. Dies ist das zentrale Postulat, das die Abweichung von den Theorien verborgener Parameter erzwingt. Im jetzigen Aufbau ist der Indeterminismus schon vorausgesetzt. Aus ihm folgt dann in den Schritten 5. und 6. die Trennbarkeit des Raumes S_n von der Umwelt und damit die Erlaubtheit der Symmetrieforderung. S. dazu unter B.

6. Kinematik. Eine Zusatzannahme wie Postulat 1.

7. Variable Alternativen. Zusatz zu Postulat 1.

B. 1. Alternativen. In der vollständigen Quantenmechanik entspricht diesem Postulat die Annahme, daß der Meßprozeß die Eigenwerte selbstadjungierter beschränkter Operatoren bestimmt. Dies mag im jetzigen Aufbau ein Argument semantischer Konsistenz sein, sofern aus den Postulaten eben die Theorie im Hilbertraum folgt. Hieraus ergibt sich auch die Wiederholbarkeit einer Messung: Wenn eine Messung gemacht und ein Zustand gefunden ist, so besteht bei sofortiger Wiederholung, wenn keine andere Einwirkung inzwischen geschieht, die Wahrscheinlichkeit 1, denselben Zustand wiederzufinden. Dies folgt aber erst aus dem Faktum, daß der Zustand gefunden wurde, also einem durch Irreversibilität zum Faktum gewordenen Ereignis. Das ist die »Triestiner Theorie« von D3. Ein relativistisches »Ereignis« im Sinne von Haag heißt dort ein »virtuelles Ereignis«, das durch einen irreversiblen Vorgang zum Faktum wird.

5. Symmetrie. Die aus diesem Postulat gefolgerte Quantentheorie widerspricht der Bellschen Ungleichung, schließt also »lokale« verborgene Parameter aus. Wenn ich Bells Überlegung richtig interpretiere, ist hierfür nicht nötig, daß der verborgene Parameter eine eindeutige Funktion genau des Ortsoperators ist; mir scheint, daß eine analoge Abhängigkeit von anderen meßbaren Observablen das Resultat nicht ändern würde. Bohm führt ja mit dem Quantenpotential eine gemäß der Quantentheorie nicht meßbare Größe ein. Hingegen ist nicht ausgeschlossen, daß die Ereignisse durch nichtlokale und nichtkausale Zusammenhänge mit der Gesamtheit der Ereignisse in der Welt bestimmt sind. Da ich diese Möglichkeit nicht ausschließen kann, behaupte ich den Indeterminismus nur phänomenologisch.

Die weiteren Schritte sind im Kapitel I 7.C und in der 1. Notiz besprochen. Hier also nur kurze Hinweise:

8. Ure: C7. Die ur-theoretische Beschreibung ist für jedes der Quantentheorie gehorchende System möglich.

9. Ortsraum: Also sollte jedes Quantensystem in einem dreidimensional-reellen Ortsraum beschreibbar sein.

10. Kosmologie: Dazu 1. Notiz. Der natürlichste Darstellungsraum für Ure ist die S^3, d. h. die SU(2), als metrischer reeller Raum betrachtet, mit der Zeit gemäß Postulat 7., d. h. der Zeitabhängigkeit der Ur-Anzahl, wohl als expandierendes Universum verbunden.

11. Minkowski-Raum. 1. Notiz, S. 915.

12. Masselose Teilchen. C9.
13. Massive Teilchen. C10.
14. Wechselwirkung. Als Hoffnung in C10.

Achtes Kapitel
Forschen über Leben und Menschen

1. Viktor v. Weizsäcker zwischen Physik und Philosophie*

Wir feiern den 100. Geburtstag von Viktor v. Weizsäcker. Was heißt hier »feiern«?

Wir feiern nicht einen Besitz unserer Gegenwart, denn wir besitzen Viktor v. Weizsäcker nicht, er ist nur wenigen bekannt; wir pflegen auch nicht Pietät gegen die Vergangenheit, obwohl die pietätvolle Erinnerung heute gewiß zu Wort kommen darf. Wir fordern vielmehr zu einer Anstrengung für die Zukunft auf. Denn wir werden in unserer eigenen Zukunft genau das nötig haben, woran Viktor v. Weizsäcker ein Leben lang gearbeitet hat.

Ich wage so zu sprechen, obwohl ich unter dem Verdacht verwandtschaftlicher Voreingenommenheit stehe. Die verwandtschaftliche Beziehung hat mir durch sieben Jahrzehnte wiederholte Begegnungen mit ihm und seinem Werk eingetragen, lernende, kritische, aufs neue lernende Begegnungen. Deshalb kann und muß ich heute wohlerwogen sagen: wenn wir ihn jetzt wieder zu lesen beginnen, so geht es dabei um unsere eigene Zukunft.

Eine Gedächtnistagung kann dazu nur einen Anstoß geben. Die Herausgabe seiner Schriften, die soeben begonnen hat, wird das Arbeitsmaterial wieder zugänglich machen. Ein Vortrag wie der meine kann nur eine Faser im Geflecht der Tagung und der künftigen Arbeit sein. Ich teile den Vortrag in fünf Kapitel ein:
1. Der Arzt.
2. Der Mann.
3. Zwischen Physik und Philosophie.
4. Zwischen Logik und Theologie.
5. Zwischen Neuzeit und Religion.

* Vortrag, gehalten in Heidelberg am 1. 5. 1986, beim Symposium der Universität Heidelberg. Gedruckt in: P. Hahn und W. Jacob (Hrsg.), *Viktor von Weizsäcker zum 100. Geburtstag*, Berlin, Heidelberg 1987.

1. Der Arzt

Viktor v. Weizsäcker war Arzt. An die Ärzte und an die medizinische Wissenschaft wendet sich zuerst und vor allem die Aufforderung, kennenzulernen und ernstzunehmen, was er gedacht und getan hat. Ich selbst bin nicht Arzt. Aber die Gewichtsverteilung meines Vortrags wäre falsch, wenn ich nicht mit der ärztlichen Aufgabe begänne.

Sein Konzept heißt anthropologische Medizin. Seiner Medizin geht es um den Menschen, den ganzen Menschen. Darin liegt die Einheit von Wirklichkeiten, die historisch in scheinbar getrennte Bereiche zerlegt worden sind. Es geht um die Einheit von Leib und Seele, um die Zusammengehörigkeit von Krankheit und Biographie, um die Kontinuität von Bewußtem und Unbewußtem, um die Verflochtenheit der Biographie des Kranken in die Gesellschaft. Es geht um die Partnerschaft zwischen dem Kranken und dem Arzt. Es geht deshalb um die Zusammengehörigkeit aller dieser Bereiche für den Arzt. Denn die Krankheit ist da, und sie fragt nicht danach, ob der Arzt wissenschaftliche Skrupel hat, sondern ob er, um zu helfen, ihren Ursachen und ihrem Sinn nachzuspüren vermag, wo immer diese Ursachen und dieser Sinn liegen mögen.

Ich habe vier Problemkreise genannt. Allgemein die Einheit der Spezialbereiche überhaupt. Im besonderen die Einheit von Leib und Seele, von Krankheit und Biographie, von Bewußtem und Unbewußtem, von Biographie und Gesellschaft.

Die Einheit der Spezialbereiche als Aufgabe. Dieses Problem teilt die Entwicklung der Medizin mit der historischen Entwicklung aller Wissenschaften. Die Trennung der Spezialbereiche ist eine Folge der Begrenztheit unserer intellektuellen Kräfte. Man sollte alles wissen, aber man kann es nicht. Die äußere Lösung ist, wie überall in der Gesellschaft, die Arbeitsteilung. In der Medizin unserer Jahrzehnte hat diese Lösung die Gestalt des Übergewichts der Fachärzte und der vor allem in Amerika entwickelten großen Kliniken mit Spezialistenteams. In der Tat ist die Kooperation der Spezialisten die einzige gesellschaftlich realisierbare Form der Lösung. Aber sie hat zwei Schwächen:

Sie ist ein Privileg der Reichen – der reichen Leute oder zum mindesten der reichen Länder. Und die Arbeitsteilung erzeugt allzu leicht die Ideologie, die Spezialbereiche seien nicht nur Folgen unserer begrenzten Denkfähigkeit, sondern sie seien getrennte Realitäten. Damit entsteht die Gefahr, daß im medizinischen Techniker der Arzt verkümmert. Der Satz »das Ärztliche versteht sich immer von selbst« deckt einerseits zwar den Heroismus der engagierten Ärzte, andererseits aber die Gewissensberuhigung der Routine. Weizsäckers anthropologische Medizin hingegen sollte nicht bloß eine ärztliche Gesinnung pflegen. Sie sollte die Einheit der Bereiche ausdrücklich und im Detail durchdenken. Das ist Anthropologie, d. h. Wissen vom Menschen.

Die Einheit von Leib und Seele. Auf das philosophische Problem komme ich im dritten Abschnitt zurück. Hier geht es zunächst um das konkret Medizinische. Weizsäcker gilt mit Recht als einer der Väter der psychosomatischen Medizin. Aber wir müssen nachvollziehen, was er darunter verstand. Psychosomatische Medizin war für ihn nicht ein weiterer Spezialbereich, sondern eine Auffassung der ganzen Medizin. Daß gewisse somatische Krankheiten psychisch ausgelöst sind, wie etwa die von ihm beobachtete psychogene Angina, war für ihn nur ein Demonstrationsbeispiel. Spiegelbildlich könnte man da die somatogenen psychischen Störungen anführen. Es handelt sich aber nicht um gegenseitige Einwirkung zweier unabhängiger Prozesse. Es handelt sich eher um gegenseitige Vertretung und Verborgenheit zweier Aspekte des menschlichen Lebens. Wenn, um im Beispiel zu bleiben, die psychische Krise reif ist, markiert die somatische Krankheit die Krise.

Es handelt sich also um die Zusammengehörigkeit von *Krankheit und Biographie.* Die psychosomatische Frage an ein Symptom: »Warum gerade hier?«, »Warum gerade jetzt?« fragt offenkundig nach dem Sinn der Krankheit im Leben des Patienten. Die übliche Meinung, welche eine Krankheit wie einen äußerlichen Betriebsunfall sieht, dokumentiert nur die gegenseitige Verborgenheit von Soma und Psyche. In der menschlichen Biographie sind die Krisen lebenswichtige markierende Phänomene; ohne Krise keine Reifung. »Krise« ist ein Zentralbegriff anthropologischer Medizin.

Verborgenheit und Vertretung heißt Zusammenhang zwischen *Bewußtem und Unbewußtem.* Weizsäcker war einer der ersten Mediziner, die Freud ernst nahmen. Für Weizsäcker rücken dabei Leib und unbewußte Seele nahe aneinander. *Körpergeschehen und Neurose* ist der Titel seiner Angina-Arbeit. Freud hatte umgekehrt die Psyche, die er bis in ihre tief unbewußten Schichten verstehend zu durchdringen suchte, von dem ihm aus dem 19. Jahrhundert überlieferten Bild des Körpers als Maschine methodisch möglichst weit abgerückt. Für Weizsäcker war der Leib selbst Sinnträger, oft »klüger als das Bewußtsein«; so konnte er Leib und Unbewußtes wieder zusammenrücken.

Die *Biographie* jedes Menschen aber ist in die *Gesellschaft* verflochten und ohne sie unverständlich. Medizinisch hat Weizsäcker hiervon vor allem in seinen Arbeiten zur Rentenneurose Gebrauch gemacht. Eine mechanische Rentengesetzgebung kann den physisch Geschädigten nötigen, geschädigt zu bleiben, um die Rente nicht zu verlieren, obwohl er eine richtig ausgewählte Arbeit sehr wohl verrichten könnte. Insofern die Gesellschaft, in diesem Falle durch Text und Praxis der Rechtsnormen, so im Individuum eine psychisch bedingte Krankheit erzeugt, muß die Gesellschaft selbst als krank bezeichnet werden. »Krankheit der Gesellschaft« ist dann keine illegitime medizinische Metapher der Gesellschaftskritik. Wenn man eine funktionale Definition von Krankheit hat, darf man den Ausdruck wörtlich verstehen. Dieselbe gegenseitige Verborgenheit von Motiv und Wirkung spielt in der Gesellschaft wie im psycho-physischen Organismus des Individuums.

Was ich soeben anzudeuten versucht habe, ist ein umfassender, wie es scheint, konsistenter theoretischer Entwurf, eine allgemeine Krankheitslehre. Ich mußte mich dabei fast nur auf eine Nennung ihrer Grundbegriffe beschränken; sie werden in unserer Tagung weit ausgebreitet werden. Mein Vortrag ist ein Versuch, seine Philosophie zu verstehen, ohne welche diese Krankheitslehre nicht entstanden wäre. In dieser Philosophie aber spricht sich die Wahrnehmungsfähigkeit eines Menschen aus.

2. Der Mann

Über die Biographie Viktor v. Weizsäckers spreche ich zuerst in einem objektiven, dann in einem subjektiven Teil.

Aus den objektiven Daten seines Lebens hebe ich nur ein paar Züge heraus, die zum Verständnis seines Denkens beitragen können. Jedem Interessierten möchte ich die Lektüre seiner beiden autobiographisch angelegten Bücher *Natur und Geist** und *Begegnungen und Entscheidungen*** dringend anraten. Beide sind unter dem Eindruck des Endes des Zweiten Weltkrieges geschrieben, das erste 1944 in Breslau, das zweite im Sommer 1945 in amerikanischer Gefangenschaft. Das erste ist die Geschichte seiner medizinischen Ausbildung und Arbeit. Das zweite ist ein grundsätzliches Buch, man darf sagen, seine Religionsphilosophie, eingeleitet durch die Geschichte des religiösen Denkens in den deutschen akademischen Kreisen, in denen er sein Leben verbracht hat. Beide schildern seine frühere Umwelt deutlich und spannend; beide aber spiegeln zugleich die apokalyptische Befreiung des Kriegsendes.

Die Jugend war nicht apokalyptisch, sondern bürgerlich. Er wurde am 21. April 1886 in Stuttgart geboren. Sein Vater, Jurist, war württembergischer Ministerialbeamter und wurde schließlich der letzte königlich württembergische Ministerpräsident, ein lebhafter, illusionsloser politischer Kopf, der den Kriegsbeginn am 1. August 1914 mit einem Verzweiflungsausbruch quittierte: »Dieser Krieg endet mit einer Revolution.« Die Mutter, Paula v. Meibom, auch sie ein Juristenkind, war klug, von leiser, gütiger Skepsis, diesem begabten und besonderen Sohn zeitlebens verstehend zugewandt. Viktor war ein sehr zartes Kind, aber er wuchs zu einem physisch kräftigen, großen Mann heran. Er sah sich stets als Nachkomme von Theologen und Juristen. Er studierte Medizin. Als Physiologe war er Schüler von Kries, schrieb anerkannte Arbeiten zur Herzphysiologie. Er wandte sich aber der inneren Klinik als Schüler Krehls zu und blieb in Heidelberg. In den Ausbildungsjahren pflegte er einen philosophischen Freundeskreis, um den südwestdeut-

*   Göttingen 1954.
**   Stuttgart 1949.

schen Neukantianismus und das aufkommende Junghegelianertum geschart. Die bewegende Frage aber war die religiöse; Franz Rosenzweig war vielleicht der wichtigste Partner. Bei einem Ausbildungsaufenthalt in Berlin besuchte er Reichstagssitzungen und war tief beeindruckt von August Bebel – eine Richtung, die ihn politisch von seinem Vater distanzierte.

Den Ersten Weltkrieg verbrachte er als Sanitätsoffizier an der Westfront. Wie eine ganze Generation kam er verwandelt aus dem Krieg zurück. Er hatte schon die akademische Laufbahn eingeschlagen. Er heiratete Olympia Curtius. Ihr Großvater, Ernst Curtius, hatte den Tempelbezirk von Olympia ausgegraben, ihr Bruder war der große Romanist Ernst Robert Curtius, ihr Neffe war Georg Picht. Die Einheit der antiken und der christlichen Kultur in moderner Liberalität war Mitgift ihrer Familie, zugewandte schöne Menschlichkeit ihre persönliche Gabe.

Seinen Weg in der Medizin wird Herr Laín sachverständiger schildern, als ich es könnte. Ich sage nur, daß er sich aus der angestrebten inneren Medizin in die Neurologie als ein freilich wichtiges Spezialfach abgedrängt fühlte, auch als er Nachfolger Otfried Försters in Breslau wurde.

Bitter waren die letzten anderthalb Jahrzehnte seines Lebens. Der Zweite Weltkrieg raubte ihm seine beiden Söhne, die Nachkriegszeit die ältere Tochter. In Breslau verlor er Haus und Bibliothek. Die später erneute Heidelberger Lehrtätigkeit endete in langer, lähmender Krankheit. Siebzigjährig starb er am 8. Januar 1957.

Seine Subjektivität, seine Wahrnehmungsfähigkeit, kann ich nur so schildern, wie ich selbst sie subjektiv wahrgenommen habe; ich erlaube mir, anekdotische Züge einzumischen.

Mein Vater, Ernst Weizsäcker, war sein älterer Bruder. Ich möchte hier ein Wort über meinen Vater sagen. Ihm verdanke ich seit der Kindheit die Weitergabe der Tradition nüchternen, an die Aufgabe hingegebenen politischen Denkens. Ihm verdanke ich die rechtzeitige Warnung vor Hitler. Ihm verdanke ich die prägende Erfahrung eines verzweifelten Einsatzes für den Frieden. Ich wurde nach dem Krieg Zeuge des entsetzlichen Mißverständnisses einer Anklage für die Mitschuld an dem, was zu verhindern ihm nicht gelungen war. Sich durfte er im Alter fragen, ob er auch sein Leben und seine Familie hätte opfern sollen; anklagen durften ihn die anderen nicht.

In den geistigen Bereichen, in Wissenschaft, Philosophie, Religion, war Viktor mir fast ein Vater. Wir haben geographisch nie am selben Ort gelebt. Unsere Begegnungen waren wie sporadische Blitze, aber sie erhellten eine gemeinsame geistige Heimat. Ein einzelnes aphoristisches Wort von ihm konnte mich jahrzehntelang beschäftigen. So, wenn er mir, dem von eigenen Theorien erfüllten Gymnasiasten, kurz sagte: »Sei net so g'scheit!« Oder dem jungen Physiker: »Du, ich glaub', das Kausalgesetz, das ist eine Neurose.« Oder schon in seiner letzten Krankheit, als ich mich mit Quantenlogik beschäftigte: »Der Kütemeyer hat mir erzählt, du wollest die Logik ändern. Das kann man nicht. Das Antilogische kann man erleben, z. B. bei einer Frau. Aber die Logik kann man nicht ändern.«

Ich kenne Viktor nicht anders als mit diesem Einschuß stets wacher Skepsis, gegen die anderen und gegen sich selbst. Sein Bruder Ernst war bescheiden und darum den größten Teil seines Lebens mehr mit sich im Einklang. Viktor hatte den großen geistigen Ehrgeiz. Niemand von uns hat sich selbst gemacht. Ich habe eine Kindheitsphotographie der drei Brüder: zwischen den beiden normalen Schulbuben Karl und Ernst streckt sich in weißem Kittel der vielleicht fünfjährige Viktor hoch hinaus, blitzgescheit blickend. Nur mit dem großen geistigen Ehrgeiz konnte man ein Konzept wie die anthropologische Medizin entwerfen. Davon sagt er im ersten Erinnerungsbuch (1954): »Das Thema ..., nämlich die Sinndeutung der organischen Krankheiten, erwartet einen Genius und wird auf ihn warten müssen.« Aus dem unzureichenden eigenen Erfolg in diesem Feld zieht er ebenda die Folgerung, »daß ich keine reine Forschernatur bin und daß die Großmacht der Genialität mir nicht übertragen war«.

Im zweiten Erinnerungsbuch (1949) sagt er: »Überhaupt scheint mir das menschliche Leben sich aus einer Anzahl von inneren Krisen zusammenzusetzen...«, und über seine eigenen Krisen fährt er fort: »... so kann ich aussagen, daß mir die frühesten, in früher Kindheit aufkommenden, die religiösen gewesen zu sein scheinen; es folgen die erotischen oder geschlechtlichen. Was dann kommt, kann man soziale oder politische und schließlich berufliche oder Lebensaufgaben-Krisen nennen«. Und, ein in seinen Schriften wiederkehrendes Thema: »Sehende Nächstenliebe, soweit wir ihrer überhaupt fähig sind, lernen wir nur durch eigenes Leiden. Wer das Leben verstehen will, muß sich am Leben beteiligen.«

Hundert Anekdoten könnte ich von ihm erzählen, viele heiter, fast jede schwäbisch hintersinnig. Ich muß darauf verzichten.

Ein unvergeßlicher Mann.

3. Zwischen Physik und Philosophie

Den Titel dieses Kapitels habe ich zugleich zum Titel des Vortrags gemacht. Welche Philosophie mußte man entwerfen, wenn man die anthropologische Medizin als ein wahres, ein der Wirklichkeit gemäßes Konzept erkennen wollte?

Der Name Physik steht in diesem Titel stellvertretend für die gesamte Denkweise der neuzeitlichen Naturwissenschaft, deren Zentraldisziplin eben die Physik ist. Er steht also insbesondere auch für die Denk- und Handlungsweise der naturwissenschaftlichen Medizin, die den menschlichen Körper als einen physikalischen Gegenstand beschreibt, freilich einen sehr besonderen, hoch-zweckmäßigen, einer jahrmilliardenlangen Evolution verdankten. Der Name Philosophie steht nicht für eine philosophische Schule oder ein philosophisches System. Philosophieren heißt weiterdenken, also die sonst ungestellten Fragen wirklich stellen. Philosophie ist ihrem Wesen nach die sokratische Rückfrage: »Verstehst du eigentlich, was du selber sagst?« Der Titel »Zwischen Physik und Philosophie« bezeichnet dann die Spannung, in der sich Weizsäckers grundsätzliches Denken zeitlebens bewegt hat: zwischen dem Weltbild der klassischen Physik, in dem er als junger Mediziner erzogen wurde und das heute noch in der Medizin herrscht, und seiner eigenen sokratischen Rückfrage: »Weiß ich, wißt ihr eigentlich, wovon wir reden, wenn wir vom Menschen oder von der Natur reden?«

Eine so rückfragende Philosophie kann man kaum abgekürzt darstellen. Ihr Dialog mit Partnern und Gegnern, und zumal ihre innere Dialektik, platonisch gesagt, das Gespräch der Seele

mit sich selbst, muß nachvollzogen werden. Dieses Gespräch
ist in vielen Schriften Weizsäckers dokumentiert. Ich trete nicht
als Berichterstatter auf, sondern als andeutender Exeget, dann
und wann als sympathisierender Kritiker, und vor allem als Anwalt des Autors. Anwalt gegen noch heute bestehende Vorurteile, die nicht gegen ihn gerichtet sind, sondern die ihn ignorie-
ren, da sie in der Richtung, in die er schaut, eine Wand des
Selbstschutzes errichtet haben. Es ist die Auffassung von Philosophie als Feiertagsgeschäft. Es ist damit aber zugleich die
Blindheit gegenüber Phänomenen, die jeder Arzt an jedem Patienten wahrnehmen könnte. Denn die rückfragende Philosophie fragt nach dem, was offen zutage liegt.

Weizsäckers zentrales theoretisches Buch heißt *Der Gestaltkreis. Theorie der Einheit von Wahrnehmen und Bewegen*
(1940). Es wird in mehreren Referaten dieser Tagung besprochen werden. Ich darf vielleicht darauf hinweisen, daß ich in
den letzten dreißig Jahren zwei Anläufe unternommen habe,
wenigstens den Grundgedanken dieses Buches zu interpretieren.* Ich beziehe mich ferner auf eine hervorragende, noch
ungedruckte Arbeit von Wolfgang Rumpf, *Über die verschiedenen Bedeutungen des ›Gestaltkreises‹ Viktor von Weizsäckers.*
Diese Arbeit eines Arztes ist von philosophischer Treue in der
Interpretation, und sie ist dem philosophischen Niveau des
Autors gewachsen. Sie führt, so empfinde ich, den dritten, zen-
tralgerichteten und ausführlichen Anlauf aus, den ich hätte versuchen wollen, zu dem mir aber bisher Zeit, Kraft und gedankliche Reife gefehlt hatten.

Das Thema der Einheit von Wahrnehmen und Bewegen ist
eine spezifische, vorsichtigere Fassung des Themas der Einheit
von Seele und Leib. Es befaßt sich nicht mit der unnachprüfba-
ren Metaphysik von Substanzen, sondern mit den alltäglich beobachtbaren Vorgängen im Leben, Vorgängen im Verhalten der
Tiere und zumal im von uns ständig erlebten Umgang des Menschen mit seiner Umwelt, ergänzt durch einfache sinnesphysio-
logische Versuche und durch Erfahrungen der Neurologie.

---

*   »Gestaltkreis und Komplementarität«, in: *Zum Weltbild der Physik*, Göttingen 1957; »Modelle des Gesunden und Kranken, Guten und Bösen, Wahren
und Falschen«, in: *Die Einheit der Natur*, München 1971.

Wahrnehmung ordnet man gewöhnlich dem Bewußtsein zu. Bewegung dem Körper; Einheit von Wahrnehmen und Bewegen ist also psychosomatische Einheit.

In meiner Rolle als Anwalt mache ich eine Bemerkung über das sog. Leib-Seele-Problem, wie es die meisten Verhaltensforscher und Mediziner heute noch sehen. In dieser Gestalt ist das Problem eine Schöpfung von René Descartes. Es ist, wie man heute sehen kann, ein Lösungsversuch für ein Problem des 17. Jahrhunderts, nämlich der entstehenden mathematischen Physik in Gestalt der klassischen Mechanik. Das Objekt der Naturwissenschaft definiert Descartes als res extensa, also durch seine Ausdehnung; die Ausgedehntheit ist geometrisch beschreibbar und charakterisiert damit für ihn das einzige klar und distinkt, nämlich mathematisch erkennbare Objekt. Das Bewußtsein aber definiert er als res cogitans, als das Subjekt, das die Fähigkeit des klaren und distinkten Erkennens besitzt, primär die Fähigkeit, sich selbst zu erkennen. Es handelt sich dabei um ein Machtprogramm, nämlich das Programm der absoluten Gewißheit.

Die heutige Wissenschaft hat beide Gewißheiten erschüttert. Für die heutige Quantentheorie ist die Materie zwar mathematisch beschreibbar, aber nicht räumlich und nicht deterministisch. Ich habe eine Rekonstruktion der Quantentheorie aus Postulaten über beliebige empirisch entscheidbare Alternativen entworfen; diese abstrakte Version der Theorie würde auch eine Anwendung auf die Selbstkenntnis des Bewußtseins zulassen, soweit wir nämlich unsere Bewußtseinsphänomene in entscheidbare Alternativen anordnen können.* Umgekehrt hat die Psychoanalyse unsere eigene Seele gerade als weitgehend unbewußt erkannt; die Verborgenheit ist ein Grundbegriff Weizsäckers. Es gibt keinerlei empirischen Grund in der heutigen Wissenschaft, am Dualismus von Leib und Seele festzuhalten. Es gibt nur historisch geprägte Denkschwierigkeiten, ihre Einheit in Worte zu fassen. In den Abgrund dieser Schwierigkeiten wagt sich Weizsäcker mit dem Gedanken des Gestaltkreises hinein.

---

* *Aufbau der Physik*, Kapitel 8 (»Rekonstruktion der abstrakten Quantentheorie«), Kapitel 11 (»Das Deutungsproblem der Quantentheorie«), München 1985.

Aus dem Gedankengut des »Gestaltkreises« hebe ich nur drei Konzepte hervor, deren beide erste, in scheinbar ganz verschiedenem Sinn, mit Drehung zu tun haben: das Drehtürprinzip, den Drehversuch und das komplexe Verhältnis von Zeitlichkeit und Widerspruch, Subjekt und Krise.

Das Drehtürprinzip erinnert an das alte Spielzeug der Wetterhäuschen: je nach der Luftfeuchtigkeit tritt die leicht bekleidete Frau oder der regenharte Mann aus der jeweiligen Tür, aber nie beide zugleich. Das Drehtürprinzip spricht den Sinn des Gestaltkreises aus. Wahrnehmung geschieht durch Bewegung, Bewegung ist von Wahrnehmung gelenkt, sie werden aber nicht zugleich für den Menschen Ereignis. Die Wahrnehmung und die Bewegung, die die Wahrnehmung ermöglicht, sind mir nicht zugleich präsent; die Aufmerksamkeit kann sich aber der einen oder der anderen, in einem Kreise gegenseitiger Abhängigkeit, zuwenden. Gestaltkreis heißt der Kreis, weil wir Gestalten wahrnehmen. Nicht nur das Denken, gerade auch die Wahrnehmung ist prädikativ, wie Weizsäcker gemeinsam mit seinem bedeutenden Schüler, dem Prinzen Alfred Auersperg, betonte. Wir nehmen etwas stets als etwas wahr: jenes Rote als Rose, dieses Weiße als Papierblätter, sogar als Vortragsmanuskript.

Der Drehversuch, ein wahrnehmungsphysiologisches Experiment, illustriert, wie Wahrnehmung des identischen Gegenstands und Wahrnehmung der Bewegung einander vertreten können. Sitze ich im Zimmer auf dem gleichmäßig bewegten Drehschemel, so folgt das Auge den vorbeigleitenden Gegenständen eine Weile, dann reißt die Kohärenz zwischen mir und dem Gegenstand ab, um sich alsbald mit einem neuen Gegenstand wieder herzustellen. Die unbewußte gleitende und periodisch zurückzuckende Bewegung des Augapfels ist bei Eisenbahnreisenden, die aus dem Fenster schauen, leicht zu beobachten und wird Eisenbahn-Nystagmus genannt. Steht der Drehschemel in der Achse eines ebenfalls drehbaren konturlosen Zylinders, so kann dieselbe relative Drehung entweder als Bewegung des Zylinders oder des Schemels wahrgenommen werden. Verlust der klaren Gegenstandsorientierung aber kann subjektiv in der Katastrophe des Drehschwindels enden. Was ich hier schildere, ist natürlich nur das Material der Versuche (denen ich selbst einmal als Versuchsperson gedient habe), nicht ihre detaillierte Analyse. Ich erlaube mir hierzu eine kleine kritische Anmerkung. Viktors Beschreibung der beobachteten Phänomene erscheint mir untadelhaft. Seine festgehaltene Überzeugung, diese Leistungen seien durch physikalische Modelle des nervösen Prozesses nicht zu erklären, scheint mir falsch und für sein philosophisches Anliegen überflüssig. Heute bieten sich kybernetische Modelle mühelos an. Und die vorhin skizzierte Auffassung des Leib-Seele-Problems läßt positiv erwarten, daß reproduzierbare Leistungen eine Beschreibung in Begriffen der Physik zulassen.

Für das Verhältnis von Zeitlichkeit und Widerspruch muß ich auf die präzise Textanalyse von Rumpf verweisen, die u. a. zeigt, wie nahe die Grundbegriffe des Gestaltkreises denen von Aristoteles sind: Bewegung, Selbstbewegung, Zeit als Kontinuum, Möglichkeit und Wirklichkeit. Ich hebe wenige Züge hervor. Aristoteles formuliert den Satz vom Widerspruch unter explizitem Bezug auf die Zeit: »Dasselbe kann demselben nicht *zugleich* zukommen und nicht zukommen.« Dies ist nicht formale Logik, also Sprachregulierung, sondern eine Aussage über die Wirklichkeit; es impliziert einen Zusammenhang zwischen Ontologie und Zeitverständnis. Weizsäcker illustriert an der wahrgenommenen Bewegung die fast unvermeidlichen widerspruchsvollen Sprechweisen. Ich zitiere sie hier in ihrer aristotelischen Fassung. Wann ist Bewegung? Nicht in einem Zeitpunkt, denn in ihm ändert sich nichts. Zeit, in der Tat, besteht wie alle Kontinua nicht aus Punkten, sondern ist stets eine Zeitspanne. (Ich kann mich hier und heute nicht auf die Auseinandersetzung dieser klassischen Auffassung mit der Erfindung der Mathematiker des späten 19. Jahrhunderts einlassen, die ein Kontinuum als überabzählbar unendliche Punktmenge stilisiert haben.) Eine Zeitspanne, die das Jetzt umfaßt, ist aber z. T. schon vergangen, z. T. ist sie noch nicht; was ist dann ihre Wirklichkeit?

Weizsäckers Ziel mit diesen Erwägungen ist nicht, sich in eine widerspruchsfreie Mathematik der physikalischen Zeit zu retten, sondern gerade umgekehrt zu zeigen, daß die Wahrnehmung der Zeit und alles zeitlichen Geschehens diese Widerspruchsfreiheit eben nicht hat. Die Antilogik aller Wahrnehmung ist gerade sein Thema. Antilogik ist nicht der unauflösbare logische Widerspruch, sondern die nie ruhende Bewegung des ständigen Abreißens und Wiederaufbaus der Kohärenz von Wahrnehmung und Gegenstand. Dieses Zerreißen und Wiederanknüpfen wird erlitten. Die Wirklichkeit des Menschen ist pathisch, nicht ontisch, um Weizsäckers eigene Worte zu gebrauchen. Und die ontische Welt der physikalischen Objekte ist ein gedankliches Konstrukt. Sie ist der Zugriff unseres logischen Machtwillens auf die selbst pathische Wirklichkeit.

Für die pathische Welt sind Krisen konstitutiv. Das Subjekt selbst verdankt seine Identität den Krisen, in denen es sich verliert und wieder geschenkt bekommt. Rumpf hebt hervor, daß das Subjekt im Grund ein moralisches Postulat ist: das »Du sollst« konstituiert das Du, also, da ich selbst so angesprochen bin, das Ich. Subjekt und Objekt sind nicht Substanzen, sondern Rollen im Drama der pathischen Wirklichkeit.

Die Analysen des »Gestaltkreises« schließen sich ihrerseits nicht in einen selbstkonsistenten Kreis zusammen. Sie verweisen auf einen Hintergrund, der das Schleiermachersche Wort unserer »schlechthinnigen Abhängigkeit« in Erinnerung ruft. Von ihm sollen meine zwei letzten Kapitel handeln.

4. Zwischen Logik und Theologie

Zur Vorbereitung dieses Vortrags hatte ich die beiden Bücher *Gestaltkreis* und *Pathosophie* noch einmal bzw. erstmals gründlich lesen wollen. Wegen anderer Pflichten war die Zeit knapp, und ich bin statt dessen der Faszination des theologischen Erinnerungs- und Reflexionsbuches *Begegnungen und Entscheidungen* verfallen. Ich sagte vorhin, das Buch sei in der apokalyptischen Befreiung des Sommers 1945 geschrieben. Der alte christliche Begriff »Apokalypse« bedeutet Enthüllung, nämlich Enthüllung der strafenden und dadurch rettenden Gerechtigkeit Gottes. 1945 in Deutschland war ein apokalyptisches Jahr. Viktor Weizsäcker erlebte den Krieg und sein Ende als den Untergang seiner Heimat Deutschland, vielleicht der größeren Heimat Europa. Täuschen wir uns heute, im Wohlstand, nicht: was Deutschland und Europa einmal waren, werden sie nicht mehr sein. Und die Apokalypse geschieht in Schritten; sie ist nicht vollendet. Aber im Sommer 1945 haben manche geistige Deutsche, befreit vom Beben vor dem Ende der Tragödie, zur Feder gegriffen und sich der Frage ausdrücklich gestellt: Was ist denn geschehen? Und: Was sollte denn sein?

Für Viktor von Weizsäcker war elementar klar, daß der tiefste Grund der Katastrophe Europas der Verlust der Religion war. Aber dies meinte er überhaupt nicht im Sinne der Orthodoxie. Was denn Religion sei, eben das war die Frage seit seinem jugendlichen Freundeskreis. In Gefühle und Relativierungen auszuweichen, war wiederum nicht seine Sache. »Endlich war ich immer der Meinung, daß die Gottesgelehrtheit, die Theologie, besonders die Dogmatik, ein ganz unentbehrlicher Bestandteil der christlichen Religion ist.«* Was also ist denn theologisch geschehen, und was sollte theologisch geschehen?

Womit aber, nach zwei hinreißend wahrgenommenen Kapiteln über die religiöse Haltung seiner Generation, beginnt er die theologische Sachfrage? Mit einem Kapitel über Sexualität und Sozialität, nämlich über Einen und Trennen. Einheit des Getrennten, das ist die erlebte Sehnsucht des Sexualakts. Er sagt, daß die sexuelle Vereinigung »Unmögliches verwirklicht, also antilogisch ist«. Sie ist »nur als transzendente Funktion verständlich« (S. 22). Wenn das Theologie ist, dann Theologie der *Natur.* Wenn das Naturwissenschaft ist, dann *Theologie* der Natur.

»Einen und Trennen« heißt das Kapitel. Man könnte es statt mit den gelehrten Ausdrücken »Sexualität und Sozialität« mit den deutschen Worten Leidenschaft und Gesellschaft beschreiben. Gesellschaft ist Mehrheit, sie setzt die Getrenntheit ihrer Glieder voraus und gibt ihr Gestalt. Gesellschaft bedarf des Rollenspiels. Rollenspiel ist stets ein Leiden. »Plaudite, amici, comoedia finita est«, sagte der erste und größte römische Kaiser auf dem Sterbebett. Liebesleidenschaft aber sucht das Unmögliche, die Einigung des Getrennten. In dieser Spannung sieht Weizsäcker das menschliche Leben; nächst der Bibel findet er sie bei Shakespeare am wahrsten beschrieben.

Er wendet sich nun aber zur christlichen Dogmatik. Zunächst zur Trinität, eigentlich zur Lehre von den zwei Naturen

---

* *Begegnungen und Entscheidungen,* Stuttgart 1949, S. 36.

Christi. »Die Gottessohnschaft Christi ist für mich daher überhaupt niemals ein Skandalon des natürlichen Verstandes gewesen, da ja die Logik selbst, mit der wir alles und jedes denken
müssen, die Einheit von Sein und Erscheinung, von Substanz
und Akzidens, von Subjekt und Prädikat nicht anders als dia-
lektisch, d.h. in aufgehobenem Widerspruch, in widersprechender Vereinigung denken muß. Das christliche Paradox und
die dialektische Struktur der Vernunft habe ich daher stets als
dasselbe, jedenfalls nicht als ein unerträgliches Entweder –
Oder auffassen können.« (S. 116)

Also Sexualität wird bejaht, und christliches Dogma wird bejaht, weil beide antilogisch sind. Und beide können es sein, weil
die Logik selbst antilogisch ist. Der Schwabe, der so spricht, hat
seinen Hegel gut gelesen. Aber er spricht seine eigene spontane
Denkweise aus, die Voraussetzung seiner so unerschöpflich vielseitigen Wahrnehmungsfähigkeit. Und er zielt nicht auf das
Machtinstrument des Hegelschen Titanismus, auf das System, jenes professorale Staufertum. Er zielt auf die Mystik, auf die tiefe
Erfahrung des Einen, das die Gegenstände erst aus sich entläßt.

Seine Mystik aber ist insbesondere Mystik des Leibes. Seine
medizinische Erfahrung resümiert er in diesem Zusammenhang so: »Das Geheimnis der Leiblichkeit zeigte sich als ein
noch größeres als das des Geistes.« (S. 120) So liest er auch das
Neue Testament mit den Stellen über die Auferstehung des Fleisches. »Nicht im Geiste nur, nein, im Fleische wird die Wandlung des Menschen verkündet.« (ebd.)

Ich beende diesen Abschnitt mit einem herausgegriffenen
Satz des Dialektikers, der aphoristisch hier stehen möge: »Die
Wahrheit scheint also mit der Seligkeit doch immer noch näher
verwandt zu sein als mit der Unseligkeit.« (S. 128)

5. Zwischen Neuzeit und Religion

Wo stehen wir in unseren Überlegungen?

Eingangs habe ich gesagt, wenn wir von Viktor von Weizsäcker reden, so reden wir von einer Notwendigkeit für unsere
eigene Zukunft. Wir haben mit der großen unerfüllten ärztlichen Forderung der anthropologischen Medizin begonnen.
Dann aber haben wir getan, was er stets vom Arzt verlangte:

wir haben uns auf das konkrete Leben, auf die Biographie eines Menschen eingelassen. Dieser Mensch war, zu Recht am heutigen Tage, er selbst. Wir sind ihm auf den Wegen seiner objektiv nachvollziehbaren philosophischen Rückfrage gefolgt und wurden bis zu einer sehr persönlichen Theologie geführt. Es sei bemerkt, daß die Strukturen, die er als Arzt und Philosoph objektiv beschreibt, zugleich die eigentümlichen Strukturen seines eigenen Denkens sind. Auch die Kohärenz seines Denkens mit einem Gegenstand wird eine Strecke weit verfolgt, dann reißt sie ab und wird mit einem neuen Gegenstand wiederhergestellt. Die symbolische Rolle der Drehung dürfte nicht zufällig sein. Seine Bewegung vollzieht sich im Kreis der Gestalten. Drehung ist in sich zurückführende Bewegung, und sie kann Schwindel erregen. »Dein Lied ist drehend wie das Sterngewölbe«, sagte Goethe von Hafis.

Weizsäcker betont die Partnerschaft zwischen dem Arzt und dem Patienten. Anläßlich der Psychoanalyse sagt er, »daß jede Analyse des Kranken auch zugleich eine Analyse des Arztes ist«.* In der Hermeneutik gilt dasselbe. Unser Versuch, Viktor von Weizsäcker zu verstehen, ist unausweichlich auch ein Versuch, uns selbst zu verstehen. Wo also stehen wir in unseren Überlegungen?

Ich folge noch einmal seinen Winken. Wenn Krankheit Sinnträger ist, so hat er voll legitim von sozialer Krankheit, von Krankheit der Gesellschaft gesprochen. Die spezifische Krankheit der heutigen Gesellschaft führt er letztlich auf den Verlust der Religion zurück. Dieser wird in unserem Jahrhundert manifest, geht aber auf die Anfänge der Neuzeit zurück. Was sind das nun für zwei Begriffe: »Neuzeit« und »Religion«? Hier wage ich meine eigenen Definitionen.

Die Neuzeit rechnet unsere überlieferte europäische Epocheneinteilung als die Zeit seit Kolumbus. Sie ist demnach die Zeit der Machtergreifung der europäischen Kultur auf unserem Planeten. Nicht als das süße Fruchtfleisch oder die bunte Schale, aber als den harten Kern der Neuzeit bezeichne ich die Naturwissenschaft. Sie fördert die unwidersprechlichsten Resultate, sie ist die Rechtfertigung des Rationalismus. Und, wie

* *Natur und Geist. Erinnerungen eines Arztes*, Göttingen 1954, S. 63.

Viktor mir als Studenten sagte, der Glaube an die beweisbare Kausalität ist das neurotische Symptom ihres Machtwillens.

Was aber ist Religion? Ich wage zu sagen: sie ist die Reifung des Menschen. Eine Frucht reift gemäß dem ihr genetisch eingeschriebenen Gesetz, im Lichte der Sonne, in der Luft, die die Pflanze nährt, durch die Säfte, die die Wurzel aus Regen und Boden saugt; sie reift in schlechthinniger Abhängigkeit. Im Menschen wächst das bewußte, wollende, moralische Subjekt. In den Krisen seiner Reifung verliert sich das Subjekt und findet sich wieder. Die Reifung als Forderung und Geschenk einer höheren Macht zu verstehen, das ist Zurückbindung, re-ligio. Die rationale Kultur fordert, die mythischen Bilder dieser Macht in Gedanken zu fassen: das ist Philosophie, deren Kern seit den Griechen Theologie heißt. Also ist der Titel »Zwischen Neuzeit und Religion« eine Auslegung des Titels »Zwischen Physik und Philosophie«.

Reifung, also Religion, bezieht sich auf das ganze Leben, oder sie ist unwahr. Die unvollendete Krise der Neuzeit besteht im Verlust der noch gleichsam kindlichen Reifungsstufe des historischen Christentums und in der Nichtgewinnung einer neuen Reife. Das gilt insbesondere von der Wissenschaft. Die Wissenschaft versteht ihre eigenen Folgen nicht; sie ist noch nicht erwachsen. Viktor Weizsäcker hat sich nie an romantischem Irrationalismus, an der Verteufelung der Wissenschaft beteiligt. Seine Forderung einer anthropologischen Medizin meint eine erwachsene Medizin.

Schlußwort

Ich habe mich nicht um ein Schlußwort beworben. Ich bin darum gebeten worden. Ich könnte mit Herrn Hartmann fragen, warum gerade ich? Aber ich tue es nun gern. Das Schlußwort kann nicht, was man manchmal am Ende von Tagungen tut, ein Resümee der besprochenen Themen sein. Sie waren zu vielfältig. Sondern ich möchte nur gerne zu drei Themen, die insbesondere auch heute in der Podiumsdiskussion drankamen, ein paar Worte sagen. Erstens zu der Frage nach dem Sinn organischer Krankheiten, der soeben so viel diskutiert wurde; zweitens zu den politischen Dingen, die aufgekommen sind während der Podiumsdiskussion, und drittens zum Begriff der Einführung des Subjekts. Das deckt aber wohl in einem nicht ganz unwesentlichen Teil das ab, was auf der Tagung behandelt wurde.

Die Frage nach dem Sinn der organischen Krankheiten hat Herr von Rad genauso aufgenommen, wie ich sie gemeint habe. Mein Anliegen war, mitzuteilen, daß ich fand, mein Onkel Viktor von Weizsäcker habe die persönliche Überzeugung, wie mir scheint, unmißverständlich ausgesprochen, daß jeder organischen Krankheit ein Sinn zugeschrieben werden kann. Die Formel mit der doppelten Negation verstehe ich eigentlich nicht als eine Vorsichtsmaßnahme, sondern »Nichts Organisches hat keinen Sinn« macht Gebrauch von einer der Redewendungen, die öfter auch in der Geschichte der Philosophie vorkommen. »Nichts ist ohne Grund.« Ein bekannter Satz. Auf der anderen Seite habe ich immer empfunden, daß diese Überzeugung, die er offenbar hatte, weder von ihm selbst zu seiner eigenen Zufriedenheit empirisch eingelöst worden ist, noch, daß die Härte der Forderung, sie empirisch einzulösen, in unseren Gesprächen hinreichend deutlich zum Vorschein gekommen ist. Und das hat Herr von Rad genauso verstanden, wie ich es gemeint habe. Also nicht in dem Sinne einer Kritik an Viktor von Weizsäcker, sondern in dem Sinne, ernst zu nehmen, was er gewollt hat. Ich habe nicht zufällig in meiner Rede zitiert, daß er sagte: »Diese Sinngebung organischer Krankheiten erwartet einen Genius und muß noch auf ihn warten. Die Großmacht der Genialität war mir nicht verliehen.« Er findet, daß er das, was er als notwendig bezeichnet hat, nicht zu leisten vermocht hat. Und ich finde, das Bekenntnis eines solchen Nichtleistens ist ja doch sehr wichtig.

Ich habe gestern die Frage gestellt, ob es vielleicht so sei, daß man sagen soll, seine Forderung war die falsche Forderung und sie war uneinlösbar. So ist nun heute mehreres gesagt worden, und ich würde nur gerne auf die Frage, die aus dieser Diskussion gestellt wurde, noch einen Moment quasi wissenschaftstheoretisch eingehen. Ob es richtig ist zu sagen, die Forderung war wissenschaftlich unerfüllbar, denn Wissenschaft meint immer das Allgemeine, und es handelt sich doch in der Forderung einer biographisch orientierten Medizin essentiell um das Einzelne. Nicht nur um das Besondere, sondern um das Einzelne. Nicht nur um den einzelnen Menschen, sondern auch um die einzelnen Stationen auf seinem Lebensweg. Darauf würde ich antworten: Ich glaube nicht, daß das ein zwingender Einwand ist. Es bezeichnet nur eine natürliche Schwierigkeit. Viktor Weizsäcker hat sich gern als den Nachkommen von Juristen und Theologen bezeichnet, die man in unserer etwas grobschlächtigen Einteilung zu den Geisteswissenschaftlern rechnet. Und in der Geisteswissenschaft ist Hermeneutik ein Grundbegriff. Jedenfalls so, wie man heute zu reden pflegt. Und Hermeneutik bedeutet die Übung im Verstehen und Auslegen des Individuellen. Daß nicht zwei Dichter gleich sind, nicht zwei historische Ereignisse gleich sind, auch nicht zwei Krankheitsfälle gleich sind, ist das, was in jeder hermeneutischen Anstrengung als bekannt vorausgesetzt wird. Und nun kommt die große Aufgabe, einerseits den Allgemeinbegriff so gut auszunützen, wie man es vermag, und andererseits die Wahrnehmung, jetzt nicht das begriffliche Denken, sondern die Wahrnehmung des Partners, des Gegenübers, sei es ein Dichter oder Philosoph lang vergangener Jahrhunderte oder der Kranke, der dem Arzt begegnet, diese Wahrnehmung auszubilden und zu pflegen. Und das kann man nicht ohne begriffliches Denken. Deshalb ist die Begrifflichkeit der anthropologischen Medizin unerläßlich, aber es ist kein Einwand gegen sie, daß sie hier etwas zu leisten sucht, was eben traditionell zu den intellektuellen Leistungen des Menschen gehört. Damit habe ich aber noch nicht gesagt, daß es geht. Ich habe nur gesagt, warum ich nicht glaube, daß es nicht geht. Wie es gehen soll, darüber haben wir nun in den Gesprächen sehr viel gelernt. Und vermutlich ist es zu einfach zu meinen, das »Warum gerade hier?« ließe die Antwort zu, jedes Leberleiden habe dieselbe psychische Ursache, oder wie immer sonst. Sondern es sind z. B. die sozialen Voraussetzungen, die Viktor ja gerade immer betont hat. Dies ist hier auch ausdrücklich besprochen worden. Also die hermeneutische Anstrengung muß sich dann auf diese Details wenden.

Damit ist es aber noch nicht getan. Was ist Krankheit – darüber haben wir gestern mal kurz gesprochen –, und was ist Sinn? Was heißt es, wenn wir fragen: »Nichts Organisches ist ohne Sinn?« Ich will nicht versuchen, darauf mit einer selbst begrifflichen Antwort zu antworten, sondern ich erzähle zuerst nur eine Geschichte. Und sage dann ganz wenig noch dazu. Das Wort Sinn wird im Englischen wiedergegeben mit »meaning«. Und »meaning« kann auch Absicht heißen in gewissen Fällen. The »meaning of an action« kann bedeuten, die Absicht, die man damit verfolgt. Ähnlich ist es im Dänischen, Norwegischen. Und ich habe einmal in Oslo, ich glaube im Jahre 1930, also vor mehr als fünfzig Jahren, ein in Norwegen damals sehr berühmtes, wohl auch heute noch berühmtes Theaterstück auf der Bühne gesehen, von Björnstjerne Björnson, *Over aevne* (in Deutsch, *Über die Kraft*). Ich erzähle kurz, was das Thema dieses Stücks ist, denn es ist ein Stück über eine bestimmte Seite der Medizin. Ein gesundbetender Pfarrer macht ringsherum die Menschen gesund durch die Kraft der geistigen Heilung, die ihm gegeben ist. Aber seine Frau ist gelähmt, ist im Rollstuhl, und er hilft ihr nicht. Er wird gedrängt, daß er ihr helfen muß, und er entschließt sich zu dem schweren Werk. Er tut, was er zu tun pflegt in solchen Fällen. Sie steht aus dem Rollstuhl auf, geht herum und fällt tot um. Und dann endet das Stück mit dem Satz: »Men det var ikke meningen.« »Aber das war nicht die Meinung.« Und nun als ich dort war, wurde mir gesagt, der Schauspieler, der diesen Mann zu spielen pflegte, hat diesen Satz schon seit Jahrzehnten immer in dem Sinne gesprochen, des Entsetzens darüber, was er getan hat. In der Aufführung, die ich gesehen habe, hat er es gesagt im Klang einer Hoffnung: »Ach, war das die Lösung?« So komplex ist die Interpretation des Wortes Sinn. Und wenn wir nicht im Stande sind, auch einen Tod als Lösung zu betrachten, dann können wir nicht behaupten: »Nichts Organisches hat keinen Sinn.« Mehr will ich dazu jetzt nicht sagen. Nur das wenigstens noch als Ergänzung desjenigen, was gesagt worden ist.

Nun ja. Das zweite, das sind die politischen Fragen, die aufgekommen sind. Ich möchte nicht viel sagen, über diese eigentümlichen Dokumente aus Kattowitz oder wo es war, denn es scheint mir, Herr Janz hat die Fragen, wenn ich richtig sehe, ganz präzise beantwortet. Es scheint mir, daß wir erstens davon zu wenig wissen, daß wir aber zweitens jeden Grund haben anzunehmen, daß Viktor Weizsäcker nicht als arbeitender Forscher an der Sache beteiligt war. Es ist nicht auszuschließen, daß er mit der üblichen Verantwortung eines Klinikdirektors an der Sache beteiligt war. Dies kann ich nicht beurteilen. Aber ich möchte, wenn ich ein öfters zitiertes Wort ins Gegenteil umdrehen darf, für mich hier die Gnade der frühen Geburt in Anspruch nehmen. Ich habe, ebenso wie mein Bruder, diese Zeit wirklich selbst als erwachsener Mensch miterlebt. Und ich kenne so genau die unauflösliche Mischung, in der man lebte, wenn man einerseits das, was vorging, entsetzlich fand, wenn man andererseits der Verführung dadurch sich selbst keineswegs unzugänglich wußte und wenn man drittens überleben und auch andere Menschen schützen wollte.

Wilhelm Kütemeyers Freund Werner v. Trott trat im Jahr 1940 in mein Haus. Ich kannte ihn vorher nicht. Ich kannte Kütemeyer damals auch nicht, und Trott, ich glaube, er hatte sich noch nicht gesetzt, sagte (er war uns durch einen gemeinsamen Freund empfohlen): »Sie stimmen gewiß mit mir darin überein, daß die einzige Rettung unseres Volkes ist, daß es diesen Krieg radikal verliert.« Bitte, hätte ich das ausgeplaudert, so wäre es mit seinem Leben zu Ende gewesen. So war es aber, daß man sich so etwas sagen konnte. Auf der anderen Seite muß ich sagen, ich habe Viktor auch erlebt im Jahre 1933. Ich habe ihn damals wie auch sonst nicht kontinuierlich im vollen Zusammenhang gesehen; aber ich kann sagen, ich war im Jahre 1933 sehr in Versuchung, den Nationalsozialismus für die Lösung unseres Problems zu halten. Was mich davor gerettet hat, war die frühe Warnung meines Vaters und war die Freundschaft mit Juden. Ich erinnere mich, daß mein Onkel Viktor in Gesprächen damals auch so etwas sagen konnte. Ich erinnere mich an eine sehr harte Äußerung, die er getan hat, als das Entsetzen über all die Dinge, die geschahen, im Familienkreis besprochen wurde, in der Art, wie man sich es eben leisten kann, entsetzt zu sein, und er dann sagte: »Der liebe Gott hat keinen so schwachen Magen.« Auch ein solcher Gedanke konnte ihm kommen. »Wenn Ihr mit Geschichte zu tun habt, bitte betrachtet, daß Geschichte eine Abfolge von Entsetzlichkeiten ist.« Wahrscheinlich war die Frage gestellt worden, warum läßt Gott das zu? Wenn die Menschen sich zutrauen, ihre Theologie so weit zu treiben, daß sie Gott verantwortlich machen für den Gang der Geschichte, die sie irgendwie ja selber gemacht haben, dann muß man so antworten. Das Empfinden, das ist vorhin in der Diskussion gesagt worden, das Empfinden, daß die Welt einer radikalen Veränderung entgegengeht, die völlig unvermeidlich ist, ist ein Empfinden, das in den zwanziger Jahren sehr stark war. Dieses Empfinden hatte Viktor auch. Das kann man auch sehr gut aus seinen späteren autobiographischen Schriften sehen. Und jemand, der dieses Empfinden auch hatte, war Adolf Hitler. Deshalb gab es eine gewisse Attraktivität von Hitler für die Menschen, die die Krise als Krise wahrnahmen. Das hebt dann nicht auf, daß man darüber belehrt wurde, was Hitler wirklich tat, und dann in das Dilemma kam, daß man nicht in der selbstzufriedenen Weise der Leute, die sowieso fanden, die Welt sei ja in Ordnung, sich dann darüber empören konnte, sondern daß man sich darüber entsetzen mußte, daß die notwendige Veränderung auf solche Weise pervertiert wurde. Das alles muß mitgedacht werden, wenn man sehen will, was damals alles getan worden ist und geschehen ist. Ich erinnere mich nur, daß ich also immer wieder in Versuchung war zu sagen, Hitler habe eben historisch wahrscheinlich doch recht, und daß ich andererseits nicht einen Tag ohne Schuldgefühle gelebt habe.

Die Schwierigkeit heute ist, daß die Verdrängung des Schuldgefühls im Krieg und nach dem Krieg ungeheuer stark gewesen ist. Ich habe diese Verdrängung direkt nach dem Krieg sogar begrüßt, indem ich sagte, nach entsetzlichen Erlebnissen braucht man einen Heilschlaf. Aber der Heilschlaf hat zu lange gedauert, er hört z. T. überhaupt nicht auf, und dann kam begreiflicherweise der Protest. Die Schwierigkeit des Protestes ist, daß gerade die Jungen, die heute sehr gutes Recht haben, dagegen zu protestieren, andererseits die Erlebnisse, die man hatte, wenn man diese Zeit durchgelebt hat, nicht selbst erfahren haben. Und es scheint, daß keine Phantasie der Welt ausreicht, sich klarzumachen, wie man gelebt hat, wenn man es wirklich durchgelebt hat. Das ist eben so. Und nun müssen wir uns verständigen, denn unser ganzer menschlicher Kontakt beruht darauf, daß wir auch mit den uns Allernächsten immer wieder über Erlebnisse uns auszutauschen haben, die im Grunde unübertragbar sind. Wer weiß denn schon, wie der unmittelbar Nächste, mit dem er lebt, in Wirklichkeit erlebt. Also, hier besteht natürlich wieder eine Schwierigkeit für die Hermeneutik.

Aber die Anstrengung soll gemacht werden. Die Anstrengung, doch etwas davon zu merken.

Jetzt möchte ich noch etwas sagen zur Einführung des Subjekts, und dann muß ich aufhören. Das ist jetzt eine theoretische Frage. Ich habe Martin Heidegger kennengelernt in Todtnauberg im Jahre 1935 in einer Zusammenkunft, die Achelis veranlaßt hatte, und zwar hatte Heidegger zwei Einführer des Subjekts in die Naturwissenschaft eingeladen, nämlich Viktor Weizsäcker und Werner Heisenberg, damit die miteinander darüber reden sollten, ob das, was sie eigentlich machen, dasselbe sei oder etwas verschiedenes. Jeder durfte noch einen mitbringen. Viktor Weizsäcker brachte den Prinzen Alfred Auersperg mit, einen hochbedeutenden Schüler, den er hatte und den ich dort kennengelernt habe. Heidegger brachte den Kunsthistoriker Bauch mit, Achelis war als einzelner da, und Werner Heisenberg brachte mich mit. Ich war 23 Jahre alt. Da wurde also geredet, und der äußere Hergang in der kleinen Stube in Todtnauberg war so: Heidegger saß mit einem kleinen Zipfelmützchen auf dem Kopf am einen Ende des ganz engen Tisches und die anderen an beiden Seiten des Tisches, auf der einen Seite zwei Leute, auf der anderen drei. Direkt neben Heidegger, einander gegenüber, die zwei Kontrahenten Heisenberg und Weizsäcker, und ich als jüngster ihm gegenüber und sah das nun also alles mit an. Ich hörte es an. Und der Hergang war, daß die beiden miteinander redeten, etwa eine Stunde, dann hatten sie sich komplett verheddert. Dann sagte Heidegger: »Also, Herr von Weizsäcker, was Sie sagen, scheint doch folgendes zu bedeuten.« Drei Sätze. »Ja, so habe ich es gemeint.« An Heisenberg: »Herr Heisenberg, Sie scheinen mir folgendes zu meinen.« »Ja, so stelle ich es mir vor.« »Dann scheint es mir« – wieder vier Sätze –, »so könnte es zusammenhängen.« Beide sagten: »Ja, so könnte es sein«, und es ging weiter. Also dies nur eine kleine Abschweifung über die Art, wie ich Heidegger kennengelernt habe, als einen Menschen, der in vollkommen klar verständlichen Sätzen ausdrücken konnte, daß er verstand, was die beiden streitenden Seiten meinen. Aber sie stritten.

Und sie mußten sich streiten. Der Unterschied war der, das kann man ganz leicht sagen, Heisenberg sprach davon, daß die Begriffe der Quantentheorie, der Quantenmechanik, wie er sie acht Jahre vorher entwickelt hatte, nur einen interpretierbaren Sinn erhalten, wenn man davon spricht, daß sie das Wissen von Menschen, also z. B. Experimentatoren über gewisse Phänomene, beschreiben, daß man diese aber nicht zurückverwandeln kann in die Form von an sich gültigen ontischen Aussagen über Gegenstände. Diese Verwandlung gelingt nicht. Und das war die Aufhebung der Subjekt-Objekt-Trennung, wie man sagte, innerhalb der Quantentheorie. Viktor Weizsäcker sagte sofort: »Ja, gewiß, aber ist das dann wichtig, wer da beobachtet?« »Nein, das Entscheidende ist, daß nicht wichtig ist, wer beobachtet. Der Beobachter wird nur als Beobachter ernstgenommen, aber nicht als die spezielle Person Hänschen Müller oder wie er sonst heißt.« Hingegen bei Weizsäcker war das ganze Anliegen, das Subjekt in dem Sinne einzuführen, daß derjenige Mensch ernstgenommen wird, der mir in diesem Augenblick gegenübersteht und der mich nötigt, daß ich mich als Mensch ernster nehme, als ich mich vorher genommen habe. Also eine ganz verschiedene Intention. Trotzdem möchte ich glauben, daß die beiden Schritte etwas miteinander zu tun haben. Es ist wahrscheinlich nicht zufällig, daß in zwei sehr verschiedenen Wissenschaften dieselbe Bewegung in einem bestimmten Augenblick historisch möglich wird, daß man so etwas überhaupt denken konnte. Über die Auflösung der Frage, insbesondere des ganzen Leib-Seele-Verhältnisses im Rahmen der Quantentheorie, habe ich in meinem Vortrag schon gesprochen.

Erlauben Sie mir aber nach all diesen etwas gespannten Dingen, mit einer freundlichen Erinnerung zu schließen. Etwa im Jahre 1948, Herr Christian hat gestern davon gesprochen, hat mein Onkel Viktor gearbeitet über Farbwahrnehmung. Und zwar über etwas, was man terminologisch gewöhnlich subjektive Farben nennt, nämlich Farben, die, wie man so sagt, objektiv als Wellenlängen gar nicht vorkommen im Licht, die aber wahrgenommen werden. Zum Beispiel durch einen rotierenden Sektor wird aus einem monochromatischen Licht, sagen wir, Natriumlicht, eine einzige Spektrallinie, ein Phänomen erzeugt, das der Beobachter so sieht, daß er nicht nur das Natriumgelb sieht, dies vielleicht sogar gerade nicht, sondern anderes Licht, andere Farbe. Das ist natürlich sehr interessant.

Wie entstehen überhaupt Farben, haben wir eigentlich begriffen, was die erlebte Farbe ist? Ich habe selbst den Versuch mitgemacht, aber, das war genau der, von dem ich gestern sagte, daß ich nicht ganz die Phänomene gesehen habe, die ich eigentlich hätte sehen sollen. Und dann sagte mir der Onkel Viktor, als ich mal wieder kam, oder vielleicht an diesem Tage: »Du, ich habe heute nacht geträumt, daß der Goethe gekommen ist und mir einen Kuß gegeben hat.« Vielleicht darf ich damit schließen.

2. Sigmund Freud
(Februar 1991)

»Bewußtsein ist ein unbewußter Akt.«

So lehrten schon Eduard v. Hartmann (1869)* und William James (um 1900)**. Mir kam der Satz im Mai 1932 wie das Erwachen zu »meiner Philosophie«, als ein unbewußter Akt meines Bewußtseins***. Er ist der Hintergrund des einleitenden Kapitels I, 2 des vorliegenden Buches.

Die Tiefenpsychologie unseres Jahrhunderts, eröffnet durch Sigmund Freud****, thematisiert die tragende Rolle des Unbewußten für unser Bewußtsein. Der jetzige Aufsatz behandelt nicht die deskriptive Seite dieser Psychologie und noch nicht ihre volle philosophische Einordnung. Er ist der vierte in einer Reihe von Texten, die sich in einer gewissen Logik auseinander ergeben haben:

Notizen zur Religionsphilosophie von Georg Picht (II 11.9).

Goethes Farbentheologie – heute gesehen (II 9.1).

Konflikt als Form der Theologie und Philosophie (I 10.3).

Pichts vorletzter Aufsatz handelte über das Böse, dessen Undenkbarkeit in der Metaphysik und Herkunft aus der Natur. Goethe erfuhr seinen Konflikt mit Newton als Gegensatz einer religiösen Vorentscheidung gegen die Vorentscheidung der

---

* Den Hinweis auf ihn verdanke ich Michiko Franklin.
** Den Hinweis hierauf verdanke ich Klaus M. Meyer-Abich.
*** Vgl. *Wahrnehmung der Neuzeit*, S. 140–142, 359–362.
**** Dazu *Der Garten des Menschlichen*: »Gespräch mit Sigmund Freud«, S. 269–282.

klassischen Physik. Der dritte Aufsatz thematisiert den Konflikt als Figur der Theologie und Philosophie unter den zwei Ja-Nein-Entscheidungen von Gut und Böse und von Wahr und Falsch. Diese werden auf die Evolution, also auf die Natur zurückgeführt. Versteht aber unsere Naturwissenschaft, unter der Herrschaft des cartesischen Dualismus, die Natur?

Die Tiefenpsychologie wurde so, wie wir sie kennen, erst nach der Evolutionslehre möglich. Was lehrt sie uns über die Herkunft von Gut und Böse? Ich werde mich hier zuerst mit Freud, dann mit Jung beschäftigen.

Zuerst also zu Freud. In der abendländischen Wissenschaft ist er als der Eröffner des Zugangs zum Unbewußten eine große Gestalt, ich wage zu sagen, von welthistorischer Bedeutung, und er wußte das. Er war stärker als alle seine Nachfolger, auch wo er, verglichen mit den Wegen, die sie einschlugen, bornierter blieb. Nach meinem Empfinden war er ein genialer Beobachter des einzelnen, als Theoretiker aber phantasievoll und eher ein nichtrastender Mythenbildner. Auch dies wußte er und versuchte, sich dann streng an beobachtete Realitäten zurückzubinden. Ich habe seine Krankengeschichten höchst instruktiv gefunden, habe jedoch seine Theorien zwar fasziniert, aber mit heiterer Reserve gelesen.

Um nicht nur Allbekanntes zu wiederholen, zitiere ich hier aus einem mir plausiblen graphologischen Gutachten über ihn von Lucy Weizsäcker*: »... Der Charakter ist vielmehr ein träumerischer, weicher, gefühlsbetonter, der nur durch eine gewaltsame Willensanspannung in fast widernatürlicher Weise geschärft wird ... Eine wichtige Stütze ist sein feinspürendes, taktvolles Auftreten, das sich bis in eine so innig eindringende und dicht auftreffende Handhabung anderer Menschen hineinerstreckt, daß sich aus diesem völligen Ergreifen des Partners eine weitreichende Macht suggestiven Lenkens ergeben mußte. Man muß vom Schreiber zunächst einmal gleichsam ein lücken-

---

* Lucy Weizsäcker, geb. Bierich, war die erste Frau von Adolf Weizsäcker, einem Enkel des Historikers Julius W., eine begabte Graphologin und bemerkenswerte Frau. Das Gutachten ist 1926 entstanden, 1950 in der *Psyche* (4, S. 161–179) gedruckt. Als sie es verfaßte, wußte sie, wer der Schreiber war, kannte ihn aber nicht persönlich und hatte keines seiner Werke gelesen.

loses Decken der fremden Individualität bis in erhebliche Tiefen zurück mit seinem Verständnis erwarten, das die feinsten Erhabenheiten ihres Reliefs beachtet und ihnen Raum gibt ... Bei der späteren Ausdeutung dieser Intuition muß allerdings in einem so stark gefühlsbetonten Menschen, der zugleich geistig so eigenwillig und so zäh in seinem Eigenwillen ist, mit der Kraft derselben Inbrunst die subjektive Färbung einer Erwartung hineingebracht werden, denn die Inbrunst ist nun nicht mehr ausschließlich auf das Erfassen des Gegenstandes der Beobachtung gerichtet wie zu Anfang, wo das eine divinatorische Erfassen zustande kam, sondern sie dient jetzt dem Entdecker.«

Nun zum Inhaltlichen. Wenn ich im Aufsatz über Konflikt als Form der Theologie und Philosophie durchgehend betont habe, man müsse bei Meinungen nie nur die Argumente, sondern insbesondere die Motive sehen, die sich in ihnen aussprechen, so ist dies wohl für einen später als Freud schreibenden Autor wie mich eine verfügbare Einsicht und eine Pflicht. Für die psychoanalytische Schule und ihre inneren Konflikte ist es dann eine naheliegende Figur, sich nicht nur mit den Argumenten, sondern den Motiven des jeweiligen Gegners auseinanderzusetzen; das gilt deutlich auch für den Konflikt zwischen Freud und Jung. Zunächst aber: was lehrt uns Freud über den Hintergrund der Konflikte im abendländischen Denken, die mein Thema waren?

In der Entwicklung seiner Trieblehre kam Freud dazu, dem für ihn von früh an fundamentalen Sexualtrieb später den ebenso fundamentalen Todestrieb hinzuzufügen, und zwar beide schon in der Evolution der Tiere. Was ist dies anderes, als, sowohl auf den Partner wie auf sich selbst bezogen, Anziehung und Abstoßung? Früh in der Figur des Ödipus-Komplexes: Vatermord, um die Mutter zu heiraten. Generell gesagt, erinnert es an Goethes: »Magnetes Geheimnis, erkläre mir das! Kein größer Geheimnis als Lieb' und Haß.« Die Natur schon ist von dieser Dualität durchzogen. Diese Trieblehre wurde dann freilich von der Verhaltensforschung einer detaillierten empirischen Kritik unterzogen, der ich mich im »Gespräch mit Sigmund Freud« seinerzeit schlicht angeschlossen habe. Es gibt nicht einen oder zwei große Triebe, sondern es gibt eine Vielzahl spezialisierter Verhaltensschemata, verschieden in den verschiedenen Tierspezies und wiederum spezifisch beim Menschen. Unter ihnen findet sich das Sexualverhalten und das Konfliktverhalten neben vielen anderen vor wie Orientierung, Ernährung, Brutpflege etc. Deskriptiv dürfte dies unanfechtbar sein. Der Anwalt Freuds aber wird erwidern: die Verhaltensforschung beschränkt sich, in der dualistischen Tradition der naturwissenschaftlichen Forschungsmethodik, auf das von außen beobachtbare Verhalten der Lebewesen, als Objekte unserer Erkenntnis. Freuds Ausgangspunkt aber ist – unabhängig davon, was für methodische Ansichten er als Naturwissenschaftler des 19. Jahrhunderts hatte – das empathische Miterleben des erlebenden Subjekts. Hier nun findet er nicht die eher automatisch ablaufenden speziellen Verhaltensmuster als Erlebnis vor, sondern als die großen, aus der unbewußten Psyche ins Bewußtsein tretenden Affektklassen eben die zwei für die Evolution allgemeingültigen und darum universal erlebten, die wir nennen können: Liebe und Tod.

Hier stellen sich einige spezielle Fragen. Im Konflikt-Aufsatz habe ich erläutert, inwiefern die Evolution funktional Konflikt und Sozialverhalten erzeugt. Dabei ist das affektiv am stärksten gestützte Sozialverhalten in der Tat das sexuelle. Auch dies ist evolutionstheoretisch einsehbar. Denn die Erzeugung von Nachkommen ist die einzige für die Erhaltung der Spezies nötige Leistung, die nicht zur Selbsterhaltung der Individuen nötig ist, also nicht aus den selbsterhaltenden Verhaltensantrieben folgt; sie bedarf eines übermächtigen anderen Verlangens. Darum Liebe. Warum aber Tod? Der Konflikt um den Lebensraum kann den Tod des Konkurrenten erfordern. Aber in Freuds »Todestrieb« ist ein Trieb zum eigenen Tod impliziert. Warum das? Hier kann eine evolutionistische Betrachtung beitragen, die ich schon in der *Geschichte der Natur* (1948) angestellt habe und die in dem Vortrag zur Evolution (I 8.2) ausgeführt ist. Es ist evolutionistisch vorteilhaft, daß die Individuen sterben, wenn sie ihre Nachkommen in die Welt gesetzt und, falls es soziales Zusammenleben gibt, großgezogen haben. Das Altern ist deshalb nicht einfach eine »Verschleißerscheinung«, sondern es ist genetisch vorprogrammiert. Es ist nun zum mindesten nicht undenkbar, daß dem somatisch programmierten Alternsprozeß ein seelischer Todesdrang entspricht, der dann freilich notwendigerweise mit dem zur Selbsterhaltung nötigen Lebensdrang in Konflikt gerät.

All dies sind noch kausale Detailerwägungen, allenfalls mit jeweils begrenztem Erklärungswert. Freuds elementare Empathie, sein Mitfühlen, zusammen mit seinem mythenbildenden Drang zu großen Gesamtentwürfen, nötigt ihn jedoch, in den Raum einzudringen, den traditionell die Religion oder zum mindesten die Philosophie besetzt hält. Er war aber fixiert an das Weltbild der klassischen Naturwissenschaft. Dort kann man noch sagen: »Der Tod ist eine Erfindung des Lebens.«* Aber wie steht der Konflikt von Liebe und Tod zur jüdischen Schöpfungstheologie? Freud verstand sich rational als areligiös, weil er Wissenschaftler war. Aber dahinter lauerte ein tieferer Konflikt.

Freud hatte ein jüdisches Wissen vom Bösen in unserer Seele. Ich habe ihn darin einmal mit Paulus verglichen.** Paulus: »Das Gute, das ich will, das tue ich nicht. Das Böse, das ich nicht will, das tue ich« (Röm. 7, 19). Freud: Die Neurose kann nur geheilt werden, wenn ich meine unbewußten Strebungen als von mir gewollt anerkenne. Nach Freud also habe ich mich nicht stoisch oder modern-intellektualistisch von meinem Unbewußten als einer mir fremden Macht zu unterscheiden; ich bin es selbst.

Mit dem Anspruch der Wissenschaftlichkeit durfte er dies nur »psychologisch«, nicht »theologisch« denken. Es gibt Berichte über Gespräche mit ihm, die ihn den Eindruck einer panischen Angst vor der Religion erwecken ließen. Dies war wohl eher ein Ausdruck dafür, wie tief ihn die Religion, von der Kindheit bis ins hohe Alter, anging. Doch ging ihn eben damit der in der Tiefe der Theologie wurzelnde Konflikt an: Jung berichtet von einem Gespräch 1910***: »Freud: ›Mein lieber Jung, versprechen Sie mir, nie die Sexualtheorie aufzugeben. Das ist das Allerwesentlichste. Sehen Sie, wir müssen daraus ein Dogma machen, ein unerschütterliches Bollwerk.‹ ... Etwas er-

---

*   *Der Garten des Menschlichen*, »Der Tod«, S. 146–154.
**   *Bewußtseinswandel*, S. 162–165.
***   Aniela Jaffé (Hrsg.), *Erinnerungen, Träume, Gedanken von C. G. Jung*, Olten 1971, S. 155.

staunt fragte ich ihn: ›Ein Bollwerk – wogegen?‹ Worauf er antwortete: ›Gegen die schwarze Schlammflut‹, hier zögerte er einen Moment, um beizufügen: ›des Okkultismus‹.« Jung fährt
fort: »Was Freud unter ›Okkultismus‹ zu verstehen schien, war
so ziemlich alles, was Philosophie und Religion, einschließlich
der in jenen Tagen aufgekommenen Parapsychologie, über die
Seele auszusagen wußten.« Dies ist freilich ebenso symptoma-
tisch für Jung wie für Freud; ich vermute, daß zumal die Jung
am Herzen liegende Parapsychologie auf Freud den Eindruck
der »Schlammflut« machte. Viktor v. Weizsäcker* berichtet von
seinem sehr gut verlaufenen Besuch bei Freud 1926, daß er
selbst beim Abschied, schon in der Türe stehend, zum letzten
Gesprächspunkt erläuternd sagte: »Ich bin nämlich im Neben-
amte auch etwas Mystiker«, worauf Freud mit dem Ausdruck
tiefsten Entsetzens antwortete: »Das ist ja furchtbar!«

Freud hatte die Tendenz, nicht strukturell, sondern eher geschichtlich zu denken, also Seelenhaltungen auf Ereignisse der
Vergangenheit zurückzuführen. Das hatte er wohl in der Hei-
lung der Neurosen gelernt. Diese Ereignisse mußten aus ihren
Wirkungen erschlossen werden. So führte er die religiösen
Schuldgefühle hypothetisch, aber doch wohl subjektiv überzeugt, auf den von ihm erfundenen Mythos von der Ermordung des Urvaters in der Urfamilie (*Jenseits des Lustprinzips*
und *Totem und Tabu*, 1912–13) zurück: Vatermord als Grundfigur. Die Stärke seiner Motive zeigt sich vielleicht am deutlichsten in seinem letzten großen Buch *Der Mann Moses und die
monotheistische Religion* (1934 begonnen, 1938 vollendet, beim
Übergang von der Lebensgefahr in Österreich zum rettenden
Exil in London)**. Durch Hitlers Machtergreifung bedroht,
fragt er nach der Herkunft der das christliche Abendland
durchziehenden Psychose der Judenfeindschaft, seit der
2. Hälfte des 19. Jahrhunderts in rassistischer Umdeutung »Antisemitismus« benannt. Im ersten Entwurf gibt er dem Buch

*   V. v. Weizsäcker, *Natur und Geist*, Göttingen 1954, S. 181.
**   Ich stütze mich hier auf zwei Aufsätze: Hermann Beland, *Überlegungen
und Fragen zu den religiösen Wurzeln des Antisemitismus* (Manuskript) und
Ilse Grubrich-Simitis, *Freuds Moses-Studie als Tagtraum* (*Psyche* XLIV, 1990,
S. 479–515), welche beide ich Herrn G. R. Gfäller verdanke.

den Untertitel »Ein historischer Roman«. Als er Thomas
Manns *Die Geschichten Jaakobs* gelesen hat, verzagt er an seiner Begabung als Romancier* und kehrt zum Wunsch wissenschaftlicher Belegbarkeit zurück.

Der Inhalt des Buchs: Moses war ein vornehmer Ägypter. Er
hing Echnatons (Amenophis IV.) hochrationaler monotheisti-
scher Religion an. Aber nach dem Tode des Königs kehrte
Ägypten zum alten Aberglauben zurück. Moses beschloß, ein
Volk zu schaffen, das dieser Religion folgen würde. Er führte in
Ägypten unterjochte Semiten nach Kanaan, schuf so die Juden.
Aber in den Wirren des Exodus erschlugen ihn die Juden; deshalb konnte er das verheißene Land nicht betreten. Erst nach
Jahrhunderten setzte sich seine Religion unter den Juden
durch, dem »auf Sinai hausenden Vulkangott Jahve« zugeschrieben. Daher das für die Juden charakteristische Schuld-
erlebnis: sie haben ihren Vater Moses erschlagen und mit ihm
ihren göttlichen Vater. An die gewaltsame Tötung eines anderen
großen Mannes, Jesus von Nazareth, knüpfte dann Paulus die
Fortsetzung der Urgeschichte an. Freud fand es auch psychologisch naheliegend, daß Paulus die Deutung seines Schuldgefühls »nicht anders erfassen konnte als in der wahnhaften Ein-
kleidung der frohen Botschaft … In dieser Formulierung war
die Tötung Gottes natürlich nicht erwähnt, aber ein Verbrechen, das durch einen Opfertod gesühnt werden mußte, konnte
nur ein Mord gewesen sein«. Nun aber konnten die Christen
ihre Schuldgefühle externalisieren: die Juden hatten Gott getö-
tet. Daher der Judenhaß. Beland verweist auf Luthers schreckliche Spätschrift *Von den Juden und ihren Lügen* (1543), als ihm
die Hoffnung gescheitert war, durch Reinigung des Christentums die Juden zu bekehren.

Lese ich diese Darstellung und erinnere mich dabei an meine
Erfahrungen mit dem Konflikt in der Theologie, so kann ich

---

* Giovanni Papini, *Gog* (1931), gibt eine boshaftere Darstellung von Freuds
Lebenswerk. Ein amerikanischer Milliardär führt private Interviews mit berühmten Zeitgenossen unter dem Motto »Mir können Sie ja die Wahrheit sagen«. Freud sagt ihm: »Als ich jung war, wollte ich in die Literatur; Sie wissen,
wie ich z. B. Goethe liebe. Aber als armer, junger Jude hatte ich in Wien keine
Chance. Mir blieb nur der Weg in die Wissenschaft. – Aber ich hab's doch ge-
schafft! Ich habe die Wissenschaft in Literatur verwandelt!«

mich während des Lesens nicht von der Obsession freimachen, in der Tat sei die Religion nichts als der Ausdruck dieser Konflikte in unserer Seele. Dieses Erlebnis läßt sich noch einmal iterieren, d. h. wiederholend steigern. Für die heutige psychoanalytische Freud-Biographie ist wichtig, daß Freud seine theoretischen Schriften mit seiner durch fast sein ganzes Leben weitergeführten Selbstanalyse verband. Er identifiziert sich, im Wach- wie im Traumleben, mit mythologischen und historischen Figuren.* »Neben Joseph war Moses die andere, im späteren Leben wohl zentrale *biblische* Gestalt unter den Identifikationsfiguren des Ungläubigen.« (Grubrich-Simitis, S. 495) Sein und seiner Lehre drohendes Schicksal in der siegenden Hitler-Ära gab der Identifikation die Stärke. Dann aber ist das Erlebnis der Wirklichkeit der Religion eben als die Wirklichkeit der von ihm in seiner eigenen Seele entdeckten Konflikte zu deuten. Hat Freud selbst, der in der Jugend die Thora las, als er dann areligiös wurde, seinen eigenen Vatergott erschlagen? Mußte er darum die Religionen vom Vatermord her deuten? Jedenfalls: Gibt es nun noch ein Recht, naiv an Gott zu glauben? Oder umgekehrt: Ist die Religion nicht gerade dadurch in ihrer nicht zu brechenden Kraft gerechtfertigt, daß sie uns so tiefe Aufschlüsse über uns selbst gewährt? Wahrnehmung von Gestalt durch Schaffung von Gestalt? Wie aber haben wir das so Wahrgenommene rational vertretbar zu beschreiben?

3. Carl Gustav Jung
(Februar 1991)

Freud hatte Jung für kurze Zeit als seinen legitimen Nachfolger angesehen. Die freundschaftliche Beziehung zwischen ihnen ist aber für immer zerbrochen. Manifest spielte dabei das Verhältnis zur Religion eine vielleicht entscheidende Rolle. Jung schildert Freuds Grauen vor der »schwarzen Schlammflut«. Freud umgekehrt »erkannte relativ intuitiv, daß Jung eine persönlichkeitsbedingt fast grenzenlose Religiosität entwickelte, was evtl.

* Dazu in: *Wahrnehmung der Neuzeit*, »Der deutsche Titanismus«, S. 30.

mit seiner ungeklärten Mutterbeziehung zusammenhänge, die
so grenzenlos war, daß mit Jung der aufkommende Nationalsozialismus in seiner Judenfeindlichkeit Unterstützung gefunden
habe« (Brief von R. G. Gfäller an mich, 1. Mai 1990, CFW).
Hier begegnet uns das Phänomen, daß zwei bedeutende Männer ihre sachliche Differenz dadurch entkräften, daß jeder die
Position des anderen nur psychologisch zu erklären weiß.

– Ich habe im Schreiben dieser Aufsätze mehrere Tage pausiert.
Ich habe C. G. Jungs *Erinnerungen, Träume, Gedanken* noch
einmal fast durchgelesen. Ich habe eine vierzehntägige Fasten-
kur beendet, habe mich in der Schneelandschaft körperlich bewegt. Ich habe meditative Gedanken kommen lassen. Aber all
dies beschreibt den Seelenzustand unzureichend. Denn all dies
geschieht im zitternden Abwarten, ob der Golfkrieg, nach
Zehntausenden von Luftangriffen, in den Bodenkrieg um-
schlägt. Krieg ist das Schicksal, das uns die ungelösten Spannungen unserer Seele bereiten. Im verfrühten Aufwachen, im
Dunkel der Nacht, höre ich mich vor mich hin sagen: »Jetzt
gang i ans Brünnele, trink aber net...« Es geht weiter: »da such
i mein' herztausigen Schatz, find ihn aber net.« Dies wahrnehmend, schreibe ich weiter. –

Wenn aber die Motive noch glaubwürdiger sind als die Meinungen, so könnte jeder der beiden Psychologen im Motiv des anderen gerade die Stärke von dessen Erfahrung wahrgenommen
haben. In Freuds »panischer Angst vor Religion« scheint sich
seine tiefe Erfahrung von der Furchtbarkeit des Konflikts im
Unbewußten zu manifestieren, aus dem er sich in die Welt des
rationalen Bewußtseins rettete. In Jungs »fast grenzenloser Religiosität« lag für ihn der einzige Weg, durch sein persönliches
Unbewußtes hindurch die Inhalte des »kollektiven Unbewußten« – in seiner Auffassung also Gottes – zu erfahren, deren
Kenntnis ihm erst die »Individuation«, das Bewußtwerden des
Selbst ermöglichte.
Erinnerungen, Träume, Gedanken, sein – von Aniela Jaffé erzähltes – Buch, auf das ich mich hier ausschließlich beziehe,
schildert die Geschichte dieser Erfahrung. Ich gestehe, daß ich
in früheren Jahren seine theoretischen Schriften nur höchst un-

vollständig angesehen habe und daß sie mich zwar interessiert, aber vielfach nicht überzeugt haben; sie in meinem jetzigen Alter erstmals gründlich zu lesen, wird mir die Zeit fehlen. Aber diese Schilderung seiner Selbsterfahrung geht mich in dem, worum sich meine Gedanken bewegen, direkt an. Er hat mehr gewußt, als ich ahnte.

Die Autobiographie schildert Phasen: Kindheit und Schuljahre, Psychiatrie, Begegnung mit Freud, Auseinandersetzung mit dem Unbewußten, Entstehung des Werks, Reisen und Visionen, späte Gedanken.

Kindheit und Schuljahre sind – neben den »Späten Gedanken« – für mich der eindrucksvollste Teil seiner Erfahrung. Mein Empfinden ist allgemein (auch auf mich selbst bezogen): das Kind weiß schon alles, was der Erwachsene wissen wird; es weiß nur noch nicht, was es weiß. Er wußte etwas, was er keinem Menschen erzählen konnte. Gott war das Unzweifelhafte, Gewisse und das Geheimnis, das er niemandem erzählen konnte; und die Erfahrung war, daß Gott furchtbar war, daß er das Böse gewollt hatte.

Ich kann seine Geschichte in ihrer Differenziertheit hier nicht nacherzählen, muß also beim Lesen Kenntnis des Textes oder Einfühlung voraussetzen. Ich gehe alsbald zu einer mir naheliegenden Reflexion über: Wie verhält sich Jungs Denken zu den vier Aspekten der Religion, die ich zu unterscheiden suche? Religion als Träger der Kultur ist noch die Welt, aus der er stammt. Sein Vater war ein Pfarrer, die mütterliche Familie besteht nur aus Pfarrern und deren Frauen. Aber der Vater, der sich das Denken verbietet, um den Glauben zu retten, geht daran zugrunde. Der Sohn grenzt sich spontan, durch das Geheimnis, gegen diese Welt ab; »dr hèr Jesus« ist ihm fremd, äußerlich. Die radikale Ethik ist für ihn auch nicht das eigentliche Motiv. Er nimmt sie als Lehrinhalt der kulturtragenden Religion wahr und erkennt die Unwahrhaftigkeit dieser Lehren angesichts der Lebenspraxis. Radikal ethisch empfindet er selbst die Wahrheitspflicht; daher die bitteren Erfahrungen mit der Umwelt, die ihn zum Geheimnis nötigen. Das Grundproblem der radikalen Ethik bleibt die Herkunft des Bösen. Innere Erfahrung ist für ihn der einzige reale Inhalt der Religion, ihr Wesen. Theologie, wie sie gelehrt wird, wird ihm notwendigerweise unglaubwürdig. Aber dann entdeckt er in ihr zunehmend den Mythos, der die innere Erfahrung als Gestalt darstellt. So gesehen, ist sein eigenes Werk Theologie. Und er unterwirft sich in ihr auch, wenigstens bewußt, der Forderung der Rationalität, ja, der Wissenschaftlichkeit in der Reflexion und Tatsachenerhebung.

Ein Stück Theologie im Alter von 15 Jahren (S. 44): Adam und Eva, von Gott geschaffen, konnten sich nicht anders verhalten, als sie es angesichts der auch von Gott geschaffenen Schlange taten. »*Es war also die Absicht Gottes, daß sie sündigen mußten.*« (Von Jung kursiv gesetzt.) Und darum der gegen tiefsten seelischen Widerstand zuletzt zugelassene visionäre Gedanke (S. 45): »Vor meinen Augen stand das schöne Münster, darüber der blaue Himmel, Gott sitzt auf goldenem Thron, hoch über der Welt, und unter dem Thron fällt ein ungeheures Exkrement auf das neue bunte Kirchendach, zerschmettert es und bricht die Kirchenwände auseinander. – Das war es also. Ich spürte eine ungeheure Erleichterung und eine unbeschreibliche Erlösung. An Stelle der erwarteten Verdammnis war Gnade über mich gekommen und damit eine unaussprechliche Seligkeit, wie ich sie nie gekannt hatte. Ich weinte vor Glück und Dankbarkeit, daß sich mir die Weisheit und Güte Gottes enthüllt hatten, nachdem ich Seiner unerbittlichen Strenge erlegen war.« Es handelt sich um »den lebendigen unmittelbaren Gott, der allmächtig und frei über Bibel und Kirche steht, den Menschen zu seiner Freiheit aufruft und ihn zwingen kann, auf seine eigenen Ansichten und Überzeugungen zu verzichten, um Seine Forderung unbedingt zu erfüllen« (S. 46). Dies erinnert mich an meine eigene Erfahrung. Im selben Lebensalter von 15 Jahren ging ich (mit der Familie Curtius-Picht, in Heidelberg, Ostern 1928) in eine an einem Tag zweiteilige Aufführung der Matthäus-Passion. Im ersten Teil, in der tiefen Bewegung der gläubigen Musik, wurde mir mit tiefem Schrecken klar, daß diese Glaubensinhalte für mich nicht mehr verbindlich waren. Ich ging nicht mehr in den zweiten Teil, wissend, daß ich nun auf eigene Erfahrung angewiesen sei.

Jung wird Mediziner, Psychiater, begegnet wissenschaftlich und therapeutisch dem Unbewußten, begegnet Freud und entzweit sich mit ihm, geht in die rund zehnjährige Krise der inneren Erfahrung in der Begegnung mit dem eigenen Unbewußten, studiert Gnosis und Alchemie, schreibt sein Werk und reflektiert als alter Mann in diesem Buch, zumal in den »Späten Gedanken« auf das, was er gelernt hat. Was hat er gelernt?

Die »Späten Gedanken« beginnen im Abschnitt I: »Das Bemerkenswerte am Christentum ist die Tatsache, daß es in seiner Dogmatik einen Veränderungsprozeß in der Gottheit antizipiert, also eine historische Wandlung auf der ›anderen Seite‹.« Themen also: Gottheit, Wandlung, Christentum.

Was meint der späte Jung mit »Gottheit«? »Unsere Psyche ist von der Weltstruktur her angelegt, und was im Großen geschieht, ereignet sich auch im Kleinsten und Subjektivsten der Seele. Darum ist das Gottesbild immer eine Projektion der inneren Erfahrung eines mächtigen Gegenüber ... Solche Erfahrungen haben einen hilfreichen oder vernichtenden Einfluß auf den Menschen ... In der richtigen Erkenntnis, daß sie nicht seiner bewußten Persönlichkeit entspringen, bezeichnet er sie als Mana, Dämon oder Gott. Die wissenschaftliche Erkenntnis bedient sich des Terminus ›das Unbewußte‹ und gibt damit zu, daß sie darüber nichts weiß, denn sie kann über die Substanz der Psyche darum nichts wissen, weil sie ja nur mittels der Psyche überhaupt erkennen kann« (S. 338–339).

Was er hier »das Unbewußte« nennt, ist, was er unter dem Namen des »kollektiven Unbewußten« in die Psychologie eingeführt hat. Es gibt nicht zunächst mich und in mir ein Unbewußtes, dessen mir mit anderen Menschen gemeinsame Inhalte dann als kollektiv bezeichnet würden. Das kollektive Unbewußte ist die große umfassende seelische Realität, aus welcher Personen erst durch den Prozeß der »Individuation« heraustreten.

Ich mache hier eine erkenntnistheoretisch-wissenssoziologische Bemerkung. Jung beruft sich für seinen Sprachgebrauch auf die Wissenschaft. »Ich ziehe daher den Terminus ›das Unbewußte‹ vor, wohl wissend, daß ich ebensogut von ›Gott‹ und ›Dämon‹ reden könnte, wenn ich mich mythisch ausdrücken wollte« (S. 339). Ich gebe gerne zu, daß in der psychoanalytischen Schule und in weitem Umfang in der wissenschaftlichen Welt (in der »Zunft«) seit Freud der Begriff »das Unbewußte« als wissenschaftlich anerkannt gilt und daß es üblich ist, »wissenschaftliche« und »mythische« Sprache zu unterscheiden. Aber zweierlei ist dabei anzumerken. Das eine: In der Schule Freuds ist das Unbewußte stets der unbewußte seelische Bereich einer Person. Jungs Vorstellung eines großen, alle Personen umfassenden kollektiven Unbewußten als fundamentale Wirklichkeit ist aber, soweit ich sehe, auf seine Schule, vielleicht mit einigen Ablegern, beschränkt geblieben; in der Freud-Schule und in der wissenschaftlichen Zunft wird ein solcher Begriff als »metaphysische« Spekulation, also doch als mythisch empfunden. Das zweite: Was ist »Mythos«? Ich verstehe ihn gern als eine umfassend wirksame »Kunstschöpfung«, Wahrnehmung von Gestalt durch Schaffung von Gestalt. So allgemein gesagt, trifft diese Definition aber auch auf die Wissenschaft zu. Sind »Atom«, »Leben«, »Bewußtsein« nicht ebenso künstlerisch geprägte Begriffe? Ich unterscheide dann die Künste* nach den Medien, in denen sie gestalten. Ich nenne Wissenschaft gern die Kunst gemäß der Tanzschule der Logik. Picht nennt das Medium der wissenschaftlichen und philosophischen Kunst den Begriff oder, prinzipieller, die Identität (die ihm, in seinem vorletzten Aufsatz, auch als Träger des Bösen erscheint). Fundamental ist hier die Ja-Nein-Entscheidung der griechischen Mathematik: Wahr und Falsch. Jung fragt mit Recht auch noch nach dem Hintergrund dieser Denkweisen, aber vielleicht nicht ganz konsequent. Während Picht das wissenschaftliche Denken als solches kritisch in Frage zieht, beruft sich Jung oft auf seine spezifische Rolle als wissenschaftlicher Psychologe. Er brauchte wohl einerseits diesen sozialen Halt in seiner gefährdeten Karriere, andererseits den Halt im eigenen Prozeß der Bewußtwerdung.

Mit seiner Sprechweise vom Unbewußten steht Jung nun vor einer fundamentalen Frage. Das persönliche Unbewußte im Sinne Freuds bin ich, soweit ich mich nicht kenne. Das »Unbewußte«, das Jung auch »Gott« oder »Dämon« nennen darf, heißt »unbewußt« als »mir als Wissenschaftler nicht bewußt«; aber ist es sich selbst unbewußt? Ist, halb mythisch gesagt, Gott unbewußt? Ich weiche zunächst nochmals in Erkenntniskritik aus. Jung sagt in der zitierten Stelle, die wissenschaftliche Erkenntnis könne über die Substanz der Psyche darum nichts

---

* Vgl. G. Picht, *Kunst und Mythos.*

wissen, weil sie »ja« nur mittels der Psyche überhaupt erkennen kann. »Alles Begreifen und alles Begriffene ist an sich psychisch, und insofern sind wir in einer ausschließlich psychischen Welt hoffnungslos eingeschlossen.« (S. 354) Der Physiker Wolfgang Pauli, mit Jung zuerst als Patient, dann als dankbarer und kritischer Gesprächspartner, auch Autor eines gemeinsamen Buchs, verbunden, sagte mir einmal: »Ich sage zu Jung: Herr Jung, Sie haben einen Midas-Effekt; was Sie anrühren, wird psychisch.« Jung meint: »Davon, daß es ein nicht psychisches, transzendentes Objekt gibt, ist die Naturwissenschaft stillschweigend überzeugt« (S. 353). Mit unzureichender philosophischer Begrifflichkeit – was heißt »psychisch«, was heißt »transzendent« –, die eigentlich durch seine eigene Psychologie entkräftet wird, rührt er hier an das Interpretationsproblem der Quantentheorie, das nicht Gegenstand meines jetzigen Aufsatzes werden kann, das aber dazu beigetragen hat, mich zu erneuter Beschäftigung mit Jung zu bewegen.

Ich verfolge weiter Jungs Entfaltung seiner späten Gedanken. »Der große Vorteil der Begriffe ›Dämon‹ und ›Gott‹ liegt darin, daß sie eine viel bessere Objektivierung des Gegenüber, nämlich die *Personifikation* (von Jung kursiv gesetzt) ermöglichen … Der ganze Mensch wird herausgefordert und tritt mit seiner ganzen Wirklichkeit in den Kampf. Nur auf diese Weise kann er ganz werden und kann ›Gott geboren‹ werden, d. h. in die menschliche Wirklichkeit eintreten und dem Menschen in der Gestalt des ›Menschen‹ sich zugesellen. Durch diesen Akt der Inkarnation wird der Mensch, d. h. sein Ich, innerlich durch ›Gott‹ ersetzt, und Gott wird äußerlich zum Menschen, entsprechend dem Logion: ›Wer mich sieht, siehet den Vater‹.« (S. 339–340)

Hier spricht Jung vom zentralen christlichen Dogma. Wir kehren damit zum Eingangssatz über das Christentum zurück. Was ist die »Wandlung« in der Gottheit, die Jung dort meint? »Dies geschieht in der Form des neuen Mythus von einer Spaltung im Himmel…« (S. 330) Jung sieht ihn in drei Stufen. »… erstmals angedeutet im Schöpfungsmythus, wo ein schlangenartiger Widersacher des Schöpfers auftritt, der die ersten Menschen zum Ungehorsam verführt, mit dem Versprechen vermehrter Bewußtheit (scientes bonum et malum).« Hier also, in der Einleitung der »Späten Gedanken«, geht Jung, erneut oder unverändert, vom Thema der Theologie seiner Schuljahre aus: Gut und Böse ist eine Spaltung in der Gottheit selbst. »Die zweite Andeutung ist der Engelsturz, eine ›überstürzte‹ Invasion der Menschenwelt durch unbewußte Inhalte.« »Die dritte und entscheidende Stufe des Mythus aber ist die Selbstverwirklichung Gottes in menschlicher Gestalt.« (noch S. 330)

Nun wird die Geschichte des Christentums als Fortführung dieser Wandlung beschrieben. Das erste christliche Jahrtausend steht unter dem Bilde des Schöpfers: »In den Augen der aus der Dunkelheit Erlösten streifte Er Seine dunkeln Eigenschaften ab und wurde zum Summum Bonum.« Im zweiten Jahrtausend »mehrten sich die Symptome der Unrast und des Zweifels ... Hybris des Bewußtseins: ›Nichts ist größer als der Mensch und seine Taten.‹ Die Jenseitigkeit des christlichen Mythus ging verloren und damit die christliche Anschauung der im Jenseits erfüllten Ganzheit.« Zum 20. Jahrhundert: »Das Böse ist bestimmende Wirklichkeit geworden ... wir müssen lernen, damit umzugehen, denn *es will mitleben* (von Jung kursiv gesetzt). Wie das ohne größten Schaden möglich sein sollte, ist vorderhand nicht abzusehen« (S. 331).

Ich habe im Aufsatz über Konflikt (I 10.3) dieselbe Geschichte in anderer Nuancierung beschrieben. Es ist mir zur Selbstklärung wichtig, den Unterschied meiner Wahrnehmungsweise von derjenigen Jungs zu verstehen. Wer ist Jesus Christus? Für Jung war in der Kindheit »dr hèr Jesus« eine wenig glaubwürdige äußere Gestalt der Familienfrömmigkeit, gegenüber der elementaren inneren Gewißheit von Gott. Später wird ihm Christus als leidende Inkarnation Gottes eine bestimmende Figur des Mythos; davon redet er. Über den Menschen Jesus sagt er, eher konzessiv: »Er muß eine Persönlichkeit von begnadetem Ausmaß gewesen sein, daß er imstande war, die allgemeine, wenn auch unbewußte Erwartung seiner Zeit so vollkommen auszudrücken und darzustellen. Niemand anderer hätte der Träger einer solchen Botschaft sein können als eben dieser Mensch Jesus« (S. 215). Mir waren hingegen seit der Kindheit die realen Worte Jesu, zumal in der Bergpredigt, auch den Gleichnissen und Gerichtsreden, der Anstoß einer unleugbaren Wahrheit, also die Aufforderung, unser Leben, unsere Gesellschaft radikal zu ändern. Die Trinitätslehre konnte ich mir nur als eine philosophische Denkform zurechtlegen, die »christliche Anschauung der im Jenseits erfüllten Ganzheit« als den Trost in einer unveränderten diesseitigen Welt, eine Bildersprache, die, wie ich oft gesagt habe, uns wohl zwei Drittel der wirklichen Botschaft von Jesus noch verbirgt. So sah ich in der realistischen Wendung des 2. Jahrtausends einen echten Schritt in die Wirklichkeit, und in der politischen Aufklärung als wenigstens mitwirkendes Motiv den Willen, mit dem, was die Christen stets verkündet und fast nie getan haben, endlich Ernst zu machen. Ich treffe mich aber mit Jung darin, daß dies die Wirklichkeit des Bösen aus der tröstlichen Verhüllung befreit und zum lebensbedrohenden Phänomen, also zur unausweichlichen Aufgabe gemacht hat. Apokalyptische Erwartungen haben Wirkungskraft auf meine Seele.

Wie aber soll nach Jung die notwendige »Integration des Schattens« geschehen? Ich kann seinen Heilungsweg für das Individuum hier nicht verfolgen; es wäre ein neues Thema, und mir fehlt die konkrete therapeutische Erfahrung. Die Grundbegriffe »Bewußtsein«, »Freiheit«, »Selbst«, »Ganzheit« treten auf. Man darf dem sogenannten Guten sowenig verfallen wie dem Bösen – das erst ist Freiheit. Nach Bewußtsein sehnt sich die Menschheit seit Jahrtausenden und mit Recht; dazu z. B. wichtige Schlußbemerkungen zu Jungs Besuch in Kenia (S. 272–273, 277). Ich wende mich jetzt nur noch einmal seiner Spiegelung dieser Zusammenhänge im Bilde »des Unbewußten« zu. »Es ist ein erklärender Mythus, der langsam im Lauf der Jahrzehnte in mir gewachsen ist« (S. 341), nämlich »wäre der Schöpfer Seiner selbst bewußt, so brauchte Er keine bewußten Geschöpfe; auch ist es nicht wahrscheinlich, daß die höchst indirekten Wege der Schöpfung, die Jahrmillionen auf die Erzeugung ungezählter Arten und Geschöpfe verschwendet, aus zweckgerichteter Absicht hervorgehen ... Hier schiebt sich das Wunder des reflektierenden Bewußtseins ein, der zweiten Kosmogonie« (S. 341). Das heißt: Das Bild Gottes als bewußter Person spiegelt das, was nun durch den Menschen erstmals in der Evolution geschieht.

Auf diese Fragen muß ich unter meinen eigenen Voraussetzungen zurückkommen.

Abschnitt III in den »Späten Gedanken« geht auf Jungs eigene Erfahrung des Eros ein, wovon zu schweigen eine Tradition der bürgerlichen Wissenschaft geboten zu haben scheint. Es ist nur noch ein Wink in eine andere Landschaft.

4. Der Horizont der Neuzeit
Ein Ausblick aus der
geschichtlichen Anthropologie*

Dieses Buch versteht sich als ein Ausblick auf den Menschen und auf die Gegenwart, als ein Ausblick von der Gegenwart und vom Menschen her. Wir leben heute, wir denken heute. Deshalb sehen wir den Menschen von der Gegenwart her. Wir sehen ihn innerhalb des Horizonts, in den die Gegenwart unseren Ausblick einschließt. Dieser Horizont aber wird sich vermutlich demnächst radikal verändern. Eine Katastrophe wird ihn sprengen. Bedrängt von dieser Vorahnung, versuchen wir die Gegenwart zu verstehen. Wir wollen nicht weissagen. Wir wollen die Gegenwart und ihre Zukunft als Werk des Menschen, als unser eigenes Werk verstehen.

Es sei dem Autor erlaubt, einzugrenzen, was dieses neue Buch anstrebt und was nicht. Sein Thema ist nicht die politische Aktualität. Meine Versuche, zur aktuellen Politik Stellung zu

---

*   Geschrieben im September 1980, also wenige Wochen nach meiner Emeritierung am 30. Juni 1980. Mit dieser Emeritierung wurde gleichzeitig meine Abteilung des Max-Planck-Instituts zur Erforschung der Lebensbedingungen der wissenschaftlich-technischen Welt (MPIL) aufgelöst und der anderen Abteilung unter Leitung von Jürgen Habermas der Name »Max-Planck-Institut für soziologische Forschung« gegeben. Über die Arbeit des Instituts vgl. den Aufsatz »Erforschung der Lebensbedingungen« in: *Der bedrohte Friede* (1981).

Dieser Text trug den Untertitel »Vorbemerkung« und war gemeint als Einleitung eines Buchs, für welches auch der zwei Jahre frühere Aufsatz »Anthropologische Begriffe« bestimmt war, der im ersten Teil, Kapitel 8, des jetzigen Buches abgedruckt ist. 1980 erwog ich für das Buch den Titel *Der Horizont der Neuzeit*. 1983 gab ich einem damals fertiggestellten Buch, das die mehr historischen Teile des ursprünglichen Plans enthielt, den Titel *Wahrnehmung der Neuzeit*.

nehmen,* haben mich zwangsläufig zur Überlegung geführt, wie der Mensch beschaffen ist, dessen gegenwärtige Kultur die Erfolge und Krisen der heutigen Politik hervorbringt. Eine solche Überlegung, systematisch angestellt, kann man einen Schritt geschichtlicher Anthropologie nennen.

Zur geschichtlichen Anthropologie sah ich mich zugleich auch von scheinbar ganz anderer Seite her geführt. Die Wissenschaft unserer Zeit hat die überlieferten Orientierungsschemata unserer Kulturen relativiert, ja zerstört. Die Suche nach Orientierung ist unvermeidlich. Die Suche, systematisch betrieben, heißt Philosophie. Das Ziel meiner eigenen wissenschaftlichen Arbeit in den vergangenen Jahrzehnten war philosophisch. Diese Arbeit aber konnte und wollte nicht den Anspruch erheben, in der Ewigkeit zu philosophieren. Wir philosophieren heute. Der Versuch, diesen Satz zu verstehen, führt zum Bemühen, den Menschen, der sich zu orientieren sucht, und seine heutige Gegenwart zu verstehen. Eine Materialsammlung hierzu war das Buch *Der Garten des Menschlichen***. Einiges neuere Fallobst aus diesem Garten habe ich in das gegenwärtige Buch aufgenommen. Das neue Buch aber verfolgt insbesondere ein systematisches Ziel.

Zu den anthropologischen Voraussetzungen der traditionellen Philosophie gehört die Unterscheidung von Theorie und Praxis, von Denken und Handeln, die Gegenüberstellung des Verstandes und des Willens. Der Versuch, diese Anthropologie zu begreifen, führte zu der Vermutung, daß sie eine nur historisch verständliche Vereinigung, eine zweispitzige Pointierung ist. Es ist, als hätte die Willens- und Verstandeswelt der neuzeitlichen Zivilisation den Horizont gezogen, innerhalb dessen nur diese Gipfel sichtbar sind, und neben ihnen nur einige nicht recht deutbare Bereiche wie der Gipfel der Kunst, am Rande das uralte Gebirge der Religion, und schließlich der Abgrund des Irrationalen, über dem all diese künstlichen Landschaften errichtet sind.

---

* *Wege in der Gefahr*, München 1976, weiterhin zitiert als *WG*; *Der letzte Friede*, München 1981, weiterhin zitiert als *LF*. (Anmerkung 1992: Diesen Titel erwog ich damals für das Buch, das dann unter dem Titel *Der bedrohte Friede* 1981 herauskam.)

** München 1977, weiterhin zitiert als *GM*.

Im Garten-Buch hatte ich versucht, das Verhalten des Menschen in seiner Kultur zu beschreiben, ohne die Gestaltwahrnehmung durch systematische Ansätze zu pressen. Als Kriterium der Wahrheit des Behaupteten konnte und kann ich nur an die Gestaltwahrnehmung des Lesers appellieren. Unter philosophischem Aspekt habe ich damals diese Beschreibungen durchgehend durch das ganze Buch als bloße Propädeutik bezeichnet. Jetzt versuche ich einen begrenzten, aber entschiedenen Schritt zur systematischen Verarbeitung hin zu tun. Ich behandle meine eigenen Wahrnehmungen als Material einer Reflexion, die aus ihnen die immer wiederkehrenden Züge herauszuheben sucht. Das Ergebnis dieser Arbeit ist noch immer kein systematischer Bau, sondern eher ein zum Wiederabreißen bestimmtes »Baugerüst«. Vielleicht ist der zu errichtende Bau einer Brücke zu vergleichen, die den Strom überqueren soll, der im Horizont der Neuzeit die zwei Ufer des menschlichen Subjekts und des dem Menschen gegenüberstehenden Objekts trennt. Dem Baugerüst dieses Buchs, das von der Seite des Menschen her errichtet wird, soll ein anderes, von der Seite der exakten Naturwissenschaft her erbautes entgegenkommen.

Man wird den Autor fragen, was er in einer lebensgefährlichen Weltlage mit derart theoretischen Überlegungen bezweckt. Es handelt sich hier nicht um das Abwehren der Gefahr, sondern um das Überleben. Wenn, wir mir scheint, unsere Kultur die heutige Gefahr selbst hervorbringt, so hilft weder Beharren noch Flucht. Beharren steigert die Gefahr, Flucht ist nicht möglich. Vielleicht wird die außerordentliche Steigerung menschlicher Möglichkeiten, welche die zeitweilige Einschließung in den Horizont der Neuzeit mit sich gebracht hat, die Entfaltung der Fähigkeiten des Willens und des Verstandes, ihre Bedeutung erst erweisen, wenn dieser Horizont durch die Dynamik, die er einschließt, gesprengt sein wird. Die Versuchung wird dann aber groß sein, den naiven Optimismus der Neuzeit durch eine Verwerfung der Werte abzulösen, die die Neuzeit geleitet haben. Die gegenwärtige Arbeit möchte zur Öffnung des Horizonts in Treue zu den neuzeitlichen Werten beitragen.

5. Geschichtliche Anthropologie im MPIL*

Diese Notizen erörtern eine Möglichkeit, die ich nicht zum Vorschlag erhebe.

1. Voraussetzungen im Max-Planck-Institut zur Erforschung der Lebensbedingungen der wissenschaftlich-technischen Welt (MPIL). Der Anstoß zur Gründung des Instituts kam von den strategischen Studien der Forschungsstelle der Vereinigung Deutscher Wissenschaftler (VDW). Während der Gründungsphase des Instituts (1967–70) wurde mir klar, daß ich das Vertrauen auf Friedenssicherung durch Außenpolitik und Abschreckungsstrategie, das mir stets problematisch war, verloren hatte. Ich paßte meine Absichten daher gern dem damals sehr stark gewordenen Trend gesellschaftlicher Fragestellungen an. Ich wollte wenigstens zu begreifen suchen, wieweit der Friede von Gesellschaftsstrukturen abhängt.

Die Studien über Krisenpotentiale führen m. E. auf eine anthropologische Fragestellung. Ökonomische Krisen können mit rein ökonomischen Methoden nur soweit analysiert werden, bis klar würde, welche Handlungsweisen notwendig wären, um sie zu überwinden. Ob staatliche Administrationen solche Handlungen ausführen können, hängt von der Legitimation ab, die sie ihrem Handeln verschaffen können. Das wissenschaftliche Urteil hierüber ist, auch wenn es als empirisch-analytisch auftritt, meinem Eindruck nach in Wahrheit stets normativ gesteuert. Es ist ein Urteil nicht über empirische Legitimation, sondern über wahre Legitimität. Soll diese Urteilsweise gerechtfertigt werden, so kommt man zur Frage der Wahrheitsfähigkeit des Normativen.

Eine Wissenschaft, die hierüber etwas aussagen könnte, wäre Wissenschaft vom Menschen, Anthropologie.

2. Eigene Meinungen über Anthropologie. Um in ihr zu den relevanten Fragen und Antworten vorzustoßen, müßte derjenige, der sie betreibt, frei sein von dreierlei Scheuklappen: gegen naturwissenschaftliche Biologie, gegen linke Gesellschafts-

---

* Institutsinterne Arbeitsnotiz, etwa 1975 geschrieben.

theorie, gegen religiöse Erfahrung. Scheuklappen sind beim Pferd ein Mittel, es gegen Wahrnehmungen abzuschirmen, die seine Fluchtinstinkte auslösen und es hindern, auf der Straße zu trotten. Wer gegen einen der drei genannten Bereiche keine Scheuklappen hat, hat sie eben darum meist um so mehr gegen die beiden anderen. Das Erkenntnisziel liegt aber im Schnittbereich der drei Scheinwerferkegel.

Naturwissenschaftliche Biologie, auf den Menschen angewandt, nimmt ihn als »Kind der Natur« ernst. Die Gegensätze Bewußtsein-Materie, Sollen-Sein, Geschichte-Gesetzmäßigkeit, Existenz-Natur, Dialektik-Mathematik spalten die Wirklichkeit so, daß keine der beiden resultierenden Hälften mehr verständlich ist. Die Wichtigkeit der Medizin wird unverständlich. Der Dualismus entspringt der Unvereinbarkeit eines teleologischen Weltbilds (Gott als Hausvater) mit der Wirklichkeit des Leidens. Der Darwinismus macht die Zweckmäßigkeit verständlich, ohne sie zu verabsolutieren. Sieger im Kampf ums Dasein sind zum Untergang bestimmt. Macht ist tragisch. Die Naturwissenschaft öffnet den Blick auf die Wirklichkeit, die Buddha beschreibt.

Linke, d.h. radikal progressive Gesellschaftstheorie zeigt, daß Anthropologie nicht Beschreibung einer konstanten Spezies, sondern wesentlich geschichtlich ist. Ihr Mangel liegt meist in der Abstraktheit ihrer utopischen Vorstellungen.

Religion hat die vierfache Rolle als soziale Wirklichkeit, als radikale Ethik, als Mystik (meditative Erfahrung), als Reflexion (Theologie). Die bisherigen sozialen Formen der Religion sind von der Aufklärung überholt. Radikale universalistische Ethik, isoliert genommen, wäre die Rechtfertigung des »linken« Ansatzes. Aber, ernst und isoliert genommen, kann sie sensible Selbstkritiker nur zur Verzweiflung führen. Religiöse Erfahrung ist der Indikativ der Seligpreisungen: selig *sind* die Friedensmacher ... Sich für religiöse Erfahrung öffnen ist Meditation.

Ich kenne heute niemanden, der in der dreifachen Scheuklappenfreiheit wissenschaftliche Anthropologie betreibt. Deshalb die Versuchung, dies als eine Zukunftshoffnung jenseits meiner Planungsmöglichkeiten fürs Institut anzusehen. Freilich würde ich festhalten: politische Theorie ohne die dreifache Offenheit wird scheitern.

3. Reale Möglichkeiten im MPIL. Das Institut ist ein wissenschaftliches Institut im sozialen Gefüge der Wissenschaft unserer Zeit. Sowenig es geeignet war, eine politische Aktionsgruppe im Sinne von »action research« zu sein, sowenig könnte es ein Meditationszentrum sein. Seine politischen Wirkungsmöglichkeiten gehen durch das Medium objektivierbarer Erkenntnis. Deshalb schlage ich eine Ergänzung des bisher weitgehend theoretischen Instituts durch pragmatisch orientierte Wissenschaft vor. Ich würde aber jeder aussichtsreichen Initiative, das Weisheitsniveau des Instituts in anthropologischer Hinsicht zu heben, sehr gerne entgegenkommen.

Die Forschungsrichtung von Habermas bezüglich der Kommunikationstheorie ist ein Schritt in dieser Richtung.

Mit einem Psychoanalytiker wie Loch (Tübingen) habe ich vor ein paar Jahren Gespräche geführt, in denen keine der drei Scheuklappen fühlbar war.

Die Vertiefung der geschichtlichen Fragestellungen im Sinne reeller traditioneller Geschichtswissenschaft könnte der Erschütterung der gegenwartsbezogenen Naivität der Sozial- und Naturwissenschaftler dienen; ein Blick auf die Realität fremder Kulturen wäre dem Entwicklungs-Optimismus und -Pessimismus gleich heilsam.

Ich habe nie etwas unternommen, einen Theologen oder Religionswissenschaftler ins Institut zu bringen, ohne doch dagegen zu sein.

Jedenfalls möchte ich nichts betreiben, was dem Institut nicht auch nach meiner Emeritierung noch willkommen sein könnte.

6. Die Schwäche der heutigen Sozialwissenschaften*

Sie behandeln ein lebenswichtiges Thema mit unzureichenden begrifflichen Hilfsmitteln. Ihre Begriffe haben schätzungsweise fünf Arten von Quellen:

1. die jedem intelligenten Menschen zugängliche praktische Erfahrung,

* Geschrieben 1974.

2. die überlieferte, d. h. griechische, politische Philosophie,
3. das methodische Vorbild der Naturwissenschaften,
4. Rudimente einer Anthropologie,
5. politische Parteinahme.

1. ist notwendige Basis alles anderen, ist aber inkonsistent und steht unter berechtigtem Ideologieverdacht.

2. ist grandios, aber veraltet. Muß explizit neu durchdacht werden. Dazu 4.

3. ist ein Maßstab, den man aber nicht erreicht. Gefahr: man sucht den Schlüssel im Licht der Straßenlaterne, nicht dort, wo man ihn verloren hat.

4. wäre, wenn es nicht nur Rudimente wären, das A und O. Wie kann man Gesellschaft studieren, wenn alle Begriffe vom Menschen, sowohl als Individuum wie als Sozialwesen, sowohl als biologische Spezies wie als Kulturträger, sowohl als naturgegeben wie als essentiell geschichtliches Wesen, völlig im Schwimmen sind? Die Sozialwissenschaften leisten auch in ihrem heutigen Zustand einen unerläßlichen Beitrag zur Anthropologie. Aber dieser Beitrag muß eingeschmolzen werden, und erst die Begriffe, die dann resultieren, werden in den Sozialwissenschaften Licht aufgehen lassen.

5. hat den Vorteil, daß Schwächen von Begriffssystemen manchmal durch den Aufschrei einer Parteinahme bloßgestellt, gebrochen werden können. Auch führt Parteinahme manchmal zu praktischer Erfahrung. Andererseits ist sie, isoliert, der sicherste Produzent von Vorurteilen.

7. C. P. Snows Zwei Kulturen*

Herr Coing hat vorgeschlagen, daß wir über die Entstehung des Phänomens sprechen, das C. P. Snow den Gegensatz der zwei Kulturen in unserer Gesellschaft nennt, der humanistischen und der naturwissenschaftlichen. Ich habe übernommen, ein kurzes Einführungsreferat zu geben. Ich beginne mit drei

---

* Vortrag vor dem Orden Pour le Mérite für Wissenschaften und Künste, Oettingen, 30. September 1985.

Vorbemerkungen, einer methodischen, einer psychologischen und einer biographischen.

Methodisch: Das Thema ist groß und m. E. für unseren Kreis sehr lohnend. Es ist unmöglich, es in den anderthalb Stunden der heutigen Sitzung angemessen zu behandeln. Ich verstehe Herrn Coing so, daß er in dieser Sitzung eine Art Probegalopp sieht für eine spätere, gründlichere Erörterung.

Psychologisch: Es scheint mir plausibel, daß derjenige, der einen Dualismus aufstellt, damit etwas über sich selbst aussagt. Entweder beschreibt er die zwei Seelen in seiner Brust, oder er beschreibt sich und seine äußeren Gegner.

Biographisch: Ich vermute, daß C. P. Snow die zwei Seelen in seiner Brust beschrieben hat. Er war ein guter Naturwissenschaftler, im Zweiten Weltkrieg als solcher Regierungsberater, und er hat später sehr gut beobachtete Romane aus dem Universitätsmilieu geschrieben. Er vereinte in sich beide Kulturen, aber als verschiedene Seiten seiner Produktivität.

Zur Sache: Das Phänomen, das Snow mit der Rede von den zwei Kulturen bezeichnet, läßt einerseits eine kulturhistorische Beschreibung zu und fordert andererseits eine philosophische Reflexion. Unser Kreis ist herausgefordert, daß jeder von uns aus seiner eigenen Wahrnehmung seine eigene Version der kulturhistorischen Beschreibung gebe. Danach könnten wir uns an die philosophische Reflexion wagen.

Ich folge der Herausforderung und gebe meine ganz subjektive Wahrnehmung des Phänomens. Ich bin selbst durch die zwei Kulturen, durch drei große Wissenschaftsgruppen gewandert. Ich war fast dreißig Jahre lang Physiker. Dann hatte ich zwölf Jahre einen philosophischen Lehrstuhl, in einer geisteswissenschaftlichen, von Philologen und Historikern dominierten Fakultät. Schließlich hatte ich zehn Jahre lang ein Institut für politische Analyse, bevölkert von Sozialwissenschaftlern in den Feldern der Ökonomie, Soziologie, Politik. Wie habe ich auf diese Umgebungen reagiert?

Ich beginne mit dem, was für mich am Ende stand. Für uns Menschen als Menschen am wichtigsten dürfte der Gegenstand der Sozialwissenschaften sein. Krieg und Friede, Gerechtigkeit und alle Formen des Zusammenlebens, Brot und Arbeit. Das politische Institut habe ich, wenn man so sagen darf, aus

Pflichtgefühl gegründet, nicht aus theoretischem, sondern aus praktischem Interesse. Die Geisteswissenschaften überliefern uns, was die bedeutendsten Menschen gesagt, gebildet, getan haben; ein Jahrzehnt in ihrer Mitte war reine Freude. Physik und Astronomie liegen weitab von den vitalen Bedürfnissen des Menschen; sie habe ich gewählt, weil ich sie von der Kindheit an am meisten geliebt habe.

Ein charakteristischer Unterschied: Galilei und Sokrates. Als Galilei der Erdbewegung abgeschworen hatte, hat er gedacht, aber gewiß nicht hörbar gesagt: Eppur si muove. Er war kein Narr und er wußte, daß er nicht die Pflicht hatte, zum Märtyrer zu werden. Es ist der Erde vermutlich eher gleichgültig, ob die Menschen zugeben, daß sie um die Sonne kreist; und Galilei andererseits durfte erwarten, daß die Menschen diese Erkenntnis nicht verlieren würden. Sokrates aber hatte die Athener darüber belehrt, warum sie den Gesetzen gehorchen sollen. Darum durfte er nicht aus dem Gefängnis fliehen. Für wissenschaftliche Wahrheit stirbt man nicht, für ethische muß man zu sterben vermögen.

Fragen Sie mich aber, wie mein wissenschaftliches Herz auf die drei Wissenschaftsbereiche reagiert hat, dann verzeihen Sie mir bitte das ehrliche Bekenntnis meiner Parteilichkeit; nur das kann informativ sein. Ich bin mir vorgekommen wie der Junge im Märchen, der zuerst die Goldprinzessin, dann die Silberprinzessin und zuletzt die Blechprinzessin geheiratet hat.

Das Gold der Naturwissenschaft: Verblüffenderweise läßt sich in diesem Felde etwas beweisen, gibt es ganz einfache Gesetze, die bei jedem Fortschritt noch einfacher werden. Wer weiß, warum?

Das Silber der Geisteswissenschaft: Was andere Menschen gedacht und getan haben, nicht zu beweisen oder zu widerlegen, nicht zu tadeln oder zu loben, sondern in deren eigenem Kontext zu verstehen, das ist eine wunderbare Aufgabe und erweitert unseren Horizont und damit unser Selbstverständnis. Hier ist gerade die unter kein Gesetz zu zwingende Vielgestalt das Geschenk der Wissenschaft.

Das nützliche walzbare Blech der empirischen Sozialwissenschaften: Diese Wissenschaften, vom Gegenstand her so unermeßlich wichtig, haben unter der Faszination der herrschenden

Naturwissenschaft begonnen, empirisch beweisbare Gesetze zu suchen. Das ist streckenweise gewiß möglich, aber meinem Empfinden nach im ganzen nicht chancenreicher als die langfristige Wetterprognose. Und fehlende Gesetze durch Gesinnung zu ersetzen, ist nicht angängig. Das Verdienst der Sozialwissenschaft ist, uns die Phänomene sozialen Lebens vor Augen zu führen und sie der rationalen Reflexion zum Thema zu machen. Wo es Meßbares gibt, wie das erstaunliche kulturelle Phänomen des Geldes, kann sie methodisch der Naturwissenschaft ähnlich werden.

Meine Aufzählung ist unvollständig und pluralistisch. Jura, Medizin, Philosophie, Theologie, d. h. die alten Fakultäten, fallen nicht unter meine Trias. Jura: das Fassen sozialer Realität in verallgemeinerbare Normen. Medizin: Heilkunst, von naturwissenschaftlicher Empirie unterstützt. Philosophie: die Reflexion, die nachträgliche Frage »weißt du denn, was du sagst?«. Theologie: Abbildung religiöser Wirklichkeit auf Begriffe, etwas ganz anderes als Prophetie.

All dies ist Wissenschaft, eine einzige kulturelle Pointierung. Neben der Theorie steht die Praxis, aristotelisch gesehen, ein Handeln, das seinen Zweck in sich selbst trägt, und steht die Poiesis, die ihr Produkt außerhalb ihrer selbst hat, so das Handwerk und die moderne Technik, so die Kunst. Theorie ist nach Aristoteles höchste Praxis; Technik war Promotor und ist Nutznießer der Naturwissenschaft; Kunst wird in der Moderne eine Heimat, eine Zuflucht dessen, was die Wissenschaft progressiv vergißt.

C. P. Snow hat darunter gelitten, daß die Vertreter der überlieferten Kultur das naturwissenschaftliche Denken nicht mitvollziehen und dadurch in einer wissenschaftsdominierten Welt unfähig zu adäquaten Entscheidungen werden; und darunter, daß die Naturwissenschaftler ein Denkschema haben, das menschlichem Leben nicht angemessen ist. Warum ist das so? Diese Frage führt uns zum zweiten Schritt, zur philosophischen Reflexion.

Ich kann dies, in wenigen Minuten, nur in Thesenform vortragen.

Ich beginne mit dem Versuch einer Definition von Kunst. Ich sage: Kunst ist Wahrnehmung von Gestalt durch Schaffung von Gestalt. So gehören Wahrnehmen und Tun zusammen.

Nach dieser Definition ist auch Wissenschaft eine Kunst.

Ich definiere in zirkelhafter Weise Logik und Mathematik. Mathematik ist die Kunst gemäß der Tanzschule der Logik, die Kunst des Beweisbaren und Widerlegbaren. Mathematisch wahrgenommene Gestalt kann man Struktur nennen. Logik aber ist die Mathematik des Wahren und Falschen, also der durch die Unterscheidung von Wahr und Falsch selbst gesetzten Strukturen.

Philosophie ist griechische Philosophie. Sie ist eine singuläre Erfindung der Griechen, von der Weisheit und Klugheit aller anderen Kulturen unterschieden durch die Kenntnis des Paradigmas der beweisenden Mathematik. Sie hat einen kulturhistorisch neuen Anspruch auf rationale Ausweisbarkeit eines Wissens vom Ganzen in die Welt gebracht.

Physik im neuzeitlichen Sinne ist Suche nach mathematischen Gesetzen im Felde der Erfahrung. Daß man solche Gesetze finden kann, empfinde ich wie ein Wunder. Ich kann es mir nur zurechtlegen durch den Kantischen Gedanken, daß die Grundgesetze sich *in* der Erfahrung stets bewähren, weil sie Bedingungen der Möglichkeit *von* Erfahrung aussprechen. Warum aber soll Erfahrung möglich sein? Schöpferische Naturforscher haben in ihrer Forschung meist eine Art Gottesdienst gesehen.

Die Sprache, in der man oft den Unterschied von Geistes- und Naturwissenschaft formuliert, entstammt der cartesischen Unterscheidung von Bewußtsein und Materie, res cogitans und res extensa. Dies ist eine, wie ich überzeugt bin, irrige Ontologisierung der nützlichen methodischen Unterscheidung des Wissenden vom Gewußten. Das Paradigma objektiven Wissens ist für Descartes die Mathematik, zeitgebunden die Geometrie. Die Geometrie bietet sich an, um die damals fällige Stufe der fundamentalen Naturwissenschaft, die klassische Mechanik, zu formulieren. Deshalb res extensa, ein Spezialgedanke des 17. Jahrhunderts.

Deshalb auch die Hoffnung, die Wissenschaft werde uns zu »maitres et possesseurs de la nature« machen. Das Machtprogramm ist mehr eine Idee von Philosophen wie Bacon und Descartes als von Naturforschern wie Kepler und Newton. Freilich, Wissen gewährt Macht, und die Resistenz der Naturforscher gegen die Versuchung der Macht ist nicht größer als die anderer Menschen.

Die zwei Kulturen sind, so scheint mir, Ausprägungen zweier Typen menschlichen Verhaltens: Ist uns der Mitmensch wichtiger in Umgang und Verstehen, Liebe und Haß, oder die Welt, in der wir alle leben? Ein Astronom, den ich kannte, sagte einem Freund, der Soziologe und Philosoph war: »Lieber Freund, Sie sagen, wir Naturwissenschaftler pflegten ein Herrschaftswissen. Wenn Sie aber von der Gesellschaft reden, so werden Sie immer zornig und wollen sie ändern. Haben Sie mich schon auf die Sterne schimpfen gehört oder bei mir eine Absicht entdeckt, die Sterne zu ändern?«

Die große Chance, die Ontologisierung der zwei Kulturen philosophisch zu überwinden, ist die Evolutionstheorie. Wir Menschen sind Kinder der Natur, manchmal rebellische Kinder. Die heutige Physik hat keine Schwierigkeit, Schellings Formel als Hoffnung auf tiefere künftige Einsicht anzuerkennen, die Natur sei der Geist, der sich nicht als Geist kennt. Daß Wissenschaft vom Menschen nicht Gesetzeswissenschaft, sondern primär hermeneutisch sein muß, folgt dann schon aus der Informationstheorie: der Empfänger einer Botschaft kann nicht weniger komplex sein als der Sender, wenn er die Botschaft aufnehmen soll. Nur Menschen können Menschen verstehen. Naturgesetze sind stets Vereinfachungen, Stilisierungen eines komplexen Zusammenhangs, Wahrnehmung einer Gestalt durch Schaffung einer Modellgestalt, Kunst unter der Tanzschule der Logik.

Unser wahres Problem ist die Verantwortung für die Ausübung der erworbenen Macht. Die Entstehung der Hochkulturen, der Städte und Staaten, war ein Abenteuer, dessen Konsequenzen noch nicht ausgestanden sind. Sie nötigte zur Objektivierung der menschlichen Beziehungen durch Macht, Geld, Wissen. Das ist kein Ruhekissen. Heute ist die Atomwaffe eines der Weckersignale. Wir müssen die Gesellschaft verändern, z. B. die Institution des Kriegs überwinden, wenn wir überleben wollen. Die zwei Kulturen, etwas polemisch gesagt, sind dann eher diejenigen, die dies sehen und die, die es nicht sehen. Aber das ist eine andere Gruppierung.

Nochmals: Verzeihen Sie meine Subjektivität!

Unter einem Ridinger-Bild von 1749
im Gastzimmer von Schloß Oettingen

So viel Vergnügen man bei Reiger Jagden findet;
　　Weil Aug und Gaum erquiket wird;
So groß ist die Gefahr, die man doch überwindet,
　　Wenn sich auch schon das Herz verirrt.

Denn dieses muß dabei bald sein Gefühl verleugnen,
　　Wenn der Verstand auf Lüste sinnt;
Dem Menschen gab Gott zwar die Thier' als Herrn zu eigen;
　　Darum, daß er sie lieb gewinnt;

Dazu gab er sie nicht, daß er sie mördrisch quäle
　　Und sich bei ihrem Blute freu.
Nein, soweit hat er nur von der Natur Befehle
　　Im Fall ihm eines schädlich sei.

(Der Stich ist von 1777, vielleicht also auch der Vers. Ich habe
ihn bei einem Besuch in Oettingen abgeschrieben, um ihn gelegentlich in einen Text von mir aufnehmen zu können.)

Vice Versa

Vice versa

　　Ein Hase sitzt auf einer Wiese,
　　des Glaubens, niemand sähe diese.

　　Doch, im Besitze eines Zeißes,
　　betrachtet voll gehaltnen Fleißes

　　vom vis-à-vis gelegnen Berg
　　ein Mensch den kleinen Löffelzwerg.

　　Ihn aber blickt hinwiederum
　　ein Gott von fern an, mild und stumm.

　　　　　　Christian Morgenstern

Vice reversa

Es sitzt ein Mensch in einer Krise,
des Glaubens, niemand sähe diese.

Doch, im Besitze eines Freudes,
betrachtet voll verdrängten Neides,

weil ihm der schöne Fall entrann,
ein Psycholog den Unglücksmann.

Ihn aber blickt hinwiederum
ein Gott von fern an, mild und stumm.

CFW

Neuntes Kapitel
Künstler. Verse

1. Goethes Farbentheologie – heute gesehen*

Indem ich an den auf meine Arbeit zurückblickenden Büchern schreibe – dem kurzen Rundritt *Der Mensch in seiner Geschichte* und dem Wälzer *Zeit und Wissen* –, kommt mir Albrecht Schönes Buch *Goethes Farbentheologie* in die Hand. Es stellt in aller Klarheit, mit philologischer Sachkenntnis und mit hermeneutischer Einsicht, eine Frage, auf die ich vielleicht eine Antwort anbieten könnte. Eine Antwort, die herauszuarbeiten für meine eigene philosophische Bemühung der jetzigen Monate klärend sein kann.

Mit Goethes Naturwissenschaft habe ich mich immer sympathetisch verbunden gefühlt, ohne sie doch je genau studiert zu haben. 1954 habe ich einen Aufsatz geschrieben: »Über einige Begriffe aus der Naturwissenschaft Goethes«. Er war mein Beitrag zu einer Festschrift für Robert Boehringer und wurde dann in den 13. Band, *Naturwissenschaftliche Schriften*, der Hamburger Goethe-Ausgabe als Nachwort aufgenommen. Seine letzten Sätze lauteten: »Uns hat der Strom weit an dem Kontinent, auf dem er noch wurzeln konnte, vorbeigetrieben. Den Boden, auf dem wir stehen könnten, bietet er uns nicht. Aber, wenn es erlaubt ist, das Gleichnis abzuwandeln: erst aus der Ferne erkennen wir, daß sein Licht nicht das des Leuchtturms ist, der den Hafen anzeigt, sondern das eines Sterns, der uns auf jeder Reise begleiten wird.« Einleitend sage ich, anläßlich der Farbenlehre und seines durch vierzig Jahre durchgehaltenen Mißverstehens des »klaren Sinns der Worte und Versuche Newtons«: »Wie konnte ein so großer, so umfassender Geist so irren? Ich weiß nur eine Antwort: er irrte, weil er irren wollte. Er wollte irren, weil er eine entscheidende Wahrheit nur durch den Zorn zu verteidigen vermochte, dessen Ausdruck dieser Irrtum war.«

---

* Gedruckt in den Nachrichten der Göttinger Akademie der Wissenschaften, Nr. 9, Jahrgang 1991.

Schöne zitiert im letzten Kapitel seines Buchs (XII, Apokalyptisches) zwei Versuche, Goethes Farbenlehre mit der neuzeitlichen Naturwissenschaft dadurch zu versöhnen, daß beiden verschiedene Bereiche zugeschrieben werden. Rudolf Steiner sagt (Schöne, S. 121–122), es sei »vollständig unrichtig, wenn man glaubt, Goethe habe mit dem Licht etwa das konkrete Sonnenlicht, das gewöhnlich ›weißes Licht‹ genannt wird, gemeint ... Das Licht, wie es Goethe auffaßt und wie er es der Finsternis als seinem Gegenteil gegenüberstellt, ist eine rein geistige Entität, einfach das allen Farbempfindungen Gemeinsame«. Werner Heisenberg sagt (Schöne, S. 122–124): »Am richtigsten kann man vielleicht den Unterschied der Goetheschen und der Newtonschen Farbenlehre bezeichnen, wenn man sagt, daß sie von zwei ganz verschiedenen Schichten der Wirklichkeit handelten.« Er bezieht sich auf Goethes Stufenfolge: »Zufällig, Mechanisch, Physisch, Chemisch, Organisch, Psychisch, Ethisch, Religiös, Genial«. Auf die Quantentheorie bezogen, sagt er: »Durch die Art der Beobachtung wird erst entschieden, welche Züge der Natur bestimmt werden und welche wir durch unsere Beobachtungen verwischen.«

Ich stehe den beiden, in ihrer inhaltlichen Tendenz verschiedenen Lösungsversuchen mit Sympathie gegenüber, empfinde sie aber noch als zu glatte Harmonisierungen, welche die eigentliche Fruchtbarkeit des Gesprächs zwischen Goethe und der Physik eher noch behindern. Schöne kritisiert beide. Meinem Empfinden nach steht mein Satz »Er irrte, weil er irren wollte«, der ja Respekt vor Goethe bekundet, Schönes eigener Deutung näher. Zunächst aber einige Bemerkungen über beide Versuche.

Neben Steiners zweiten Satz habe ich beim ersten Lesen in Schönes Buch spontan mit Bleistift geschrieben: »Gar nicht so dumm«. Schöne entgegnet Steiner: »Goethe hat in der ›Farbenlehre‹ das Licht ... keineswegs als eine rein geistige Entität, sondern durchaus als das konkrete, sinnhaft wahrnehmbare Licht verstanden« (S. 122). Daneben habe ich ebenso spontan geschrieben: »Stimmt auch«. Ich kann mir nicht vorstellen, daß Steiner, der jahrelang Goethes naturwissenschaftliche Schriften herausgegeben hat, das nicht wußte. Was Steiner letztlich wollte, war, eine ihm selbst in innerer Erfahrung evident ge-

wordene Wahrheit auszusprechen und Goethe als Kronzeugen
für diese Wahrheit in Anspruch zu nehmen. Das konnte man
1890 leichter, wenn man das sichtbare Licht wenigstens im Problem seiner Zerlegbarkeit der siegreichen neuzeitlichen Physik
zum Fraße hinwarf. Ein wenig erinnert mich Steiners Verfahren
hier an die von Schöne (S. 111–112) geschilderten frommen Fäl-
schungen des Mittelalters.

Wie Steiner oder heutige Anthroposophen sich den Zusammenhang zwischen Licht als geistiger Entität und dem, was unsere Augen sehen, zurechtlegen, weiß ich nicht und studiere es
hier nicht. Ich will nachher davon reden, wie sich das Problem
heute, in Kenntnis der Quantentheorie, darstellt. Dies hatte
schon Heisenberg im Auge. Schöne ist hier mit der Kritik zurückhaltender, bleibt aber skeptisch. Er zitiert Max Born: »Farben sind keine Mikrophänomene, sondern grobe, alltägliche
Erfahrungen. Sie haben mit den logischen und philosophischen
Subtilitäten der Atomtheorie nichts zu tun.« Ich finde Borns
Kritik unzutreffend und werde sagen, warum. Aber mir scheint
in der Tat, daß Heisenberg den Weg der Lösung gespürt, aber
nicht adäquat ausgearbeitet hat.

Nun zu Goethe selbst. Glanzvoll ist Schönes, auf präzisem
Textstudium beruhende Analyse davon, wie Goethe sich hier
genau wie ein religiös Erweckter in der christlichen Tradition
verhält. Arnolds *Kirchen- und Ketzer-Historie*, die Nähe des
Pietismus zur mystischen Erfahrung, demgegenüber die von eigenem Auftrag zutiefst überzeugte Ketzerverfolgung der herrschenden Kirche – all diese Strukturen finden sich in Goethes
Empfindungsweise wieder, wenn man einmal auf den Sinn seiner Vokabeln aufmerksam geworden ist. Goethe hat eine Wahrheit zu verteidigen, die ihm in einer Sekunde der Gnade geoffenbart worden ist. Es ist undenkbar, daß er sie opfern,
ja, nur für einen Augenblick zur Disposition stellen könnte.

Auf die Einzelheiten gehe ich hier nicht ein; weder auf sein
sorgfältig-korrektes Studium der »physiologischen Farben«
noch auf seine Unbelehrbarkeit in der simplen Analyse der
spektralen Vorgänge. Mich beschäftigt hier die Frage: Was war,
in heutiger Sprache ausdrückbar, die Wahrheit, die ihn ergriffen
hat?

Es handelt sich, zuerst negativ gesagt, darum, daß das »Weltbild der klassischen Physik« falsch ist. Descartes dogmatisierte den substantiellen Unterschied von Materie und Bewußtsein, um Materie, die »res extensa«, der nicht irrenden Mathematik zu unterwerfen. Descartes war nicht der Urheber dieser Unterscheidung, er brachte sie nur auf die knappste Formel. Eine Konsequenz war die Unterscheidung der »primären« und »sekundären« Qualitäten der Körper. Raumerfüllung ist eine primäre Qualität; sie kommt dem Körper selber zu. Farbe ist eine sekundäre Qualität; sie ist die Reaktion des Bewußtseins auf eine andere, noch zu erforschende, mechanische, also primäre Qualität der Körper. Schöne zitiert (S. 13) Newton: »For the Rays to speak properly are not coloured. In them there is nothing else than a certain Power and Disposition to stir up a Sensation of this or that Colour.« Diese Auffassung beherrscht die Naturwissenschaft bis in unser Jahrhundert. Sie erzeugt für Biologie und Medizin das unlösbare »Leib-Seele-Problem«. Am Beispiel des Farbensehens erläutert: wie erweckt (stir up) die Kraft des Strahls die Farbempfindung? Man stellt sich den Lichtstrahl als einen Teilchenstrom oder eine Ätherwelle (später: Welle im elektromagnetischen Feld) vor. Er wird von einem Körper ausgesandt, tritt ins Auge, veranlaßt eine chemische Reaktion auf der Netzhaut und dadurch einen elektrischen Strom durch den Sehnerv ins Sehzentrum des Gehirns. Alles materielle Vorgänge. Und dann? Wie soll aus einer elektrischen Entladung in einem Nervenbündel das Erlebnis »Rot« werden? Wie im Bewußtsein eines Menschen das Bild der Rose im Garten? Die Frage kann keine Antwort finden. Man muß erkennen, daß sie falsch gestellt ist.

Goethe hat nie an den Dualismus der Substanzen geglaubt. Schöne schreibt (S. 103): »Darin eben, ›daß alles, was innen ist, auch außen sei‹, lag für Goethe der eigentliche Wahrheitsbeweis seiner Farbenlehre: ›nur ein Zusammentreffen beider Wesenheiten‹ ließ er ›als Wahrheit gelten‹.« Dazu die Anmerkung 297, S. 157: Als Eckermann am 1. 2. 1827 die ersten Paragraphen über »Physiologische Farben« las, sagte Goethe zu ihm: »Sie sehen, es ist nichts außer uns, was nicht zugleich in uns wäre, und wie die äußere Welt ihre Farben hat, hat sie auch das Auge.« Ich zitiere hier vier kleine Gedichte: Über Licht und Finsternis (Schöne, S. 215):

> Die beiden lieben sich gar fein,
> Mögen nicht ohne einander sein.
> Wie eins ins andere sich verliert,
> Manch buntes Kind sich ausgebiert,
> Im eignen Auge schaue mit Lust,
> Was Plato von Anbeginn gewußt;
> Denn das ist der Natur Gehalt,
> Daß außen gilt was innen galt.

Ein zweites (S. 217):

> Müsset im Naturbetrachten
> Immer eines wie alles achten;
> Nichts ist drinnen, nichts ist draußen:
> Denn was innen das ist außen.
> So ergreifet ohne Säumnis
> Heilig öffentlich Geheimnis.

Dasselbe gilt nicht nur von den Farben:

> »Magnetes Geheimnis, erkläre mir das!«
> Kein größer Geheimnis als Lieb' und Haß.*

Darum war ihm Spinoza unter den Philosophen der Neuzeit am nächsten: Es gibt nur eine Substanz, Gott; Ausdehnung und Denken sind nur zwei Attribute dieser Substanz. Ein Vers, wohl zu Spinoza, der später noch kommentiert werden soll:

> Der Philosoph, dem ich so gern vertraue,
> Lehrt, wo nicht gegen alle, doch die meisten,
> Daß unbewußt wir stets das Beste leisten:
> Das glaubt man gern und lebt nun frisch ins Blaue.

Ich will aber hier nicht ins Blaue leben. Läßt sich mit der Kenntnis der heutigen Physik eine echte Versöhnung finden, die nicht nur Goethe und der Physik verschiedene Wirklichkeitsbereiche zuweist? Wir müssen uns dafür an die Quantentheorie wenden. Eine kleine physikalische Darlegung wird hier unvermeidlich.

In der klassischen Physik, wie sie Planck 1900 vorfand, war

---

* Diese zwei Zeilen habe ich oft aus dem Gedächtnis zitiert und dabei, unbewußt verschärfend, gesagt: »Kein ander Geheimnis als Liebe und Haß«. Offenbar ist dies die mir naheliegende Version.

das sichtbare Licht ein Wellenlängenbereich unter den möglichen Wellen des von Maxwell mathematisch beschriebenen elektromagnetischen Feldes; andere Wellenlängen sind Radiowellen, Wärmestrahlung, Ultraviolett, Röntgenstrahlung, Gammastrahlung. Die Auswahl des sichtbaren Lichts hängt nur an der Empfindlichkeit des menschlichen Auges. Diese Auswahl ist aber nicht zufällig, sondern durch die Evolution lebensfähiger Wesen kausal erklärlich: es ist gerade der Wellenbereich, in dem die elektromagnetische Strahlung der Sonne das Maximum ihrer Intensität hat, das also dem sehenden Lebewesen ein Maximum an Information über seine Umwelt liefern kann; wer dieses Licht sehen kann, wird am erfolgreichsten überleben. Das menschliche Auge ist nun faktisch so gebaut, daß es die Gleichzeitigkeit aller dieser Wellen als einen ausgezeichneten Sinnenreiz, als Weiß, gleichsam als reines, unmodifiziertes Licht sieht. Prismatisch zerlegen aber kann man das weiße Licht nicht nur in sieben, sondern in ein Kontinuum von Farben. Wie jedoch die Empfindungsqualitäten Weiß, Blau, Grün, Gelb, Rot mit all ihren Schattierungen als Erlebnis eines Bewußtseins zustande kommen, blieb schon als Frage außerhalb der Physik.

Planck aber erkannte 1900, daß dieses klassische Bild des elektromagnetischen Feldes bereits das Spektrum der Sonne (oder irgendeines warmen Körpers) nicht erklären kann. Einstein (1905) und, radikaler, Bohr (1913) erkannten, daß eine klassische Dynamik eines solchen Kontinuums prinzipiell unmöglich ist. Ich skizziere deshalb die von Heisenberg und Schrödinger (1925 und 1926) gefundene endgültige Fassung der Theorie im Blick auf unsere jetzige Fragestellung, in der von Born, Bohr und Heisenberg (1926–1927) ausgearbeiteten »statistischen« Deutung und in einer von mir (z. B. im *Aufbau der Physik*, 1985) benutzten Darstellungsweise.

Quantentheorie, so verstanden, ist eine Theorie über mögliches menschliches Wissen in der Zeit. (Das bedeutet auch die von Schöne, S. 123, zitierte These Heisenbergs, daß »die Einteilung der Welt in einen subjektiven und einen objektiven Bereich als eine allzu große Vereinfachung der Wirklichkeit« erscheine.) Was man durch eine real vollzogene Beobachtung eines Objekts, z. B. des uns soeben umgebenden elektromagnetischen

Feldes, konkret weiß, sind »Fakten«. Fakten erweisen sich aber nie als kontinuierlich ausgebreitet, sondern als diskret; z.B. »120 Lichtquanten haben bisher die aufgestellte photographische Platte getroffen«. Fakten gehören, sobald man sie durch reale Erfahrung weiß, stets schon der Vergangenheit an. Die Entstehung eines Faktums nennen wir ein »Ereignis«. Das kontinuierlich ausgebreitete Feld gibt nur die von Ort zu Ort und von Zeit zu Zeit gesetzmäßig variierenden Wahrscheinlichkeiten für mögliche Ereignisse an. Das Kontinuum, so können wir sagen, ist ein Kontinuum von zukünftigen »Möglichkeiten«. Die Quantentheorie, wie wir sie seit 1927 kennen, ist die Theorie der Gesetze der Verbreitung und Veränderung dieser Möglichkeiten.

Was nützt uns dies für das Gespräch mit Goethe? Die Quantentheorie steht Goethes Grunderfahrung keineswegs näher als vorher die klassische Physik. Sie weiß nur genauer, was sie tut. Nicht eine »an sich seiende« ausgedehnte Materie (res extensa) beschreibt sie, sondern das, was man durch mathematisierbare Operationen, »mit Hebeln und mit Schrauben«, von der Natur erfolgreich abfragen kann. Wie es aber manchmal geschieht, macht gerade die strenge methodische Bewußtheit über das eigene Verfahren die Ideologie überflüssig, mit welcher man früher dieses Verfahren rechtfertigte. Wie geschieht das hier? Kontinuierlich den Raum durcheilende Teilchen, kontinuierlich im Raum verteilte Wellen brauchen nicht als »an sich seiende« Gegenstände verstanden zu werden. Sie beschreiben die Gesetze der Möglichkeit von Ereignissen.

Was aber sind Ereignisse? Diese Frage beantwortet die bisher vorliegende Deutung der Quantentheorie nicht. Man könnte das Gespräch mit Goethe schon mit diesem unerklärten Ereignisbegriff beginnen. Ich erlaube mir, meine weitergehende subjektive Interpretation wenigstens als Beitrag anzudeuten. Fakten, so möchte ich sagen, sind real entstandene »Gestalten«. »Gestalt« ist ein Begriff Goethes, nahe dem Begriff »Idee« bei Platon. Nichts anderes als das Schicksal von in der Zeit realisierten Gestalten beschreibt die Physik. Der Raum selbst erweist sich als ein Schema möglicher Gestalten und nicht als eine faktisch seiende Wirklichkeit. Die Unterscheidung einer ausgedehnten von einer denkenden Substanz wird auf diesem Niveau der Abstraktion überflüssig. Die Quantentheorie wäre begrifflich ohne weiteres vereinbar mit einer spiritualistischen Metaphysik, etwa, wie Schelling, der Gesprächspartner Goethes, sagte: »Die Natur ist der Geist, der sich nicht als Geist kennt.« Gemäß der Evolutionstheorie, die bei Goethe und Schelling gedanklich schon entworfen ist, taucht das Bewußtsein im Lauf der biologischen Geschichte langsam aus dem Meer des Unbewußten auf. So kann es geschehen, daß bis heute »wir unbewußt das Beste leisten«:

> All unser redliches Bemühn
> Glückt nur im unbewußten Momente.
> Wie möchte denn die Rose blühn,
> Wenn sie der Sonne Herrlichkeit erkennte?

Hier ist nun eine der philosophisch wichtigsten Eigenschaften der Quantentheorie zu nennen: ihr »Holismus«. »Körper«, allgemeiner, »Objekte« im Sinne der klassischen Physik, bestehen, quantentheoretisch gesprochen, aus »Teilchen«, die man auch selbst als »Objekte« bezeichnet. Die durch die Wahrscheinlichkeitsdeutung vermittelte »Komplementarität von Wellen- und Teilchenbild« (Bohr) reduziert, wie oben gesagt, diese klassischen Vorstellungen auf Gesetzmäßigkeiten für Ereignisse. Nun ist aber die Zusammensetzung eines Objekts aus kleineren Objekten – einfachstes Beispiel, eines Wasserstoffatoms aus Proton und Elektron – quantentheoretisch stets nur eine genäherte Beschreibung. Das Wasserstoffatom ist ein Ganzes. Man kann es in Proton und Elektron zerlegen (»ionisieren«), aber damit zerstört man es. Im unzerstörten Atom, etwa in seinem »Grundzustand«, sind seine »Teile« nicht selbst in wohldefinierten Zuständen. (Für den Physiker gesagt: von den Zuständen des Ganzen ist nur eine Menge vom Maß Null als Produkt von Zuständen der Teile zu beschreiben.) Ebenso ist ein makroskopischer Körper, wie ihn die klassische Physik genähert beschreibt, nach der Quantentheorie ein Ganzes, das nur gewaltsam in Atome zerlegt werden kann. (Deshalb ist Borns Einwand gegen Heisenbergs Gedanken zur Farbentheorie falsch: auch die »makroskopische« Farbe ist ein »Ganzes«, das in einer konsistenten Physik erst durch die Quantentheorie adäquat beschrieben werden kann; Born denkt hier noch nicht konsequent quantentheoretisch.) Konsequent gedacht, ist dann eben auch die Welt ein Ganzes, dessen Zerlegung in Teile, wie unsere Wissenschaft sie betreibt, nur das Werk menschlicher Begrifflichkeit ist. Dies nennen neuere Autoren den Holismus der Quantentheorie (»holon«: das Ganze). Die Quantentheorie ist selbst eine konsequent begriffliche Maßnahme. Sie faßt nicht das Ganze intuitiv auf. Sie beginnt mit den Teilen, bietet aber ein begriffliches Verfahren der schrittweisen Selbstkorrektur durch Übergang zu immer umfassenderen Objekten, also umfassenderen Gesetzmäßigkeiten für Ereignisse. Deshalb sagte ich oben, sie sei »vereinbar« mit einer Schellingschen Sicht der Natur als Geist.

Diese Sicht ist in der heutigen Naturwissenschaft nicht durchgeführt. Sie gestattet aber das Gespräch mit Goethe. Goethe beginnt mit einem in der Erweckung erfahrenen Glauben an das Ganze; im Falle des Lichts an das weiße Licht. Das erkenntnistheoretische Problem illustriert Schöne, S. 109, mit Goethes Worten über das Vorurteil: »Im Wissen wie im Handeln entscheidet das Vorurteil alles, und das Vorurteil, wie sein Name wohl bezeichnet, ist ein Urteil vor der Untersuchung. Es ist eine Bejahung oder Verneinung dessen, was unsre Natur anspricht oder ihr widerspricht; es ist ein freudiger Trieb unseres lebendigen Wesens nach dem Wahren wie nach dem Falschen, nach allem, was wir mit uns im Einklang fühlen.« So wagt Goethe bewußt, sein Vorurteil gegen das Vorurteil Newtons zu stellen. Goethe versuchte den Streit durch Argumente zu entscheiden, die wir als falsch erkennen und die schon seine Zeitgenossen nicht überzeugten. Aber der Streit der Vorurteile wird nicht durch Argumente entschieden. Anschließend an Viktor v. Weizsäckers Begriff der Einheit von Wahrnehmen und Bewegen (*Der Gestaltkreis*, 1949) sage ich gern: Die elementare, affektive Wahrnehmung im Leben ist früher als der Begriff und leitet direkt in das Handeln. Das begriffliche Urteil wird möglich in einer zweckrationalen zeitweiligen Askese von Handeln. Es ist zweckrational, »wertfrei« zu urteilen. Erst hierdurch wird das Handeln nicht mehr Reagieren, sondern Agieren. Aber das Urteil bleibt Interpret der Wahrnehmung und, unbewußterweise, ihrer Affekte. Das fortschreitende Bewußtwerden verlangt auch eine Askese von den vielen Urteilen; das nennen asiatische Meditationsschulen »das Anbinden der Affen«.

Zunächst noch einmal zur Optik. Die Farben sind für Goethe nicht Teile, aus denen das weiße Licht zusammengesetzt wäre, sondern sie sind »Taten und Leiden des Lichts«. Das Verhältnis von Teil und Ganzem in der Quantentheorie ließe sich sehr wohl so aussprechen, daß die isolierbaren Teile stets »Taten und Leiden des Ganzen« sind. Im Detail freilich sieht die heutige Physik die optischen Farben in lehrreich weiterführender Weise anders als Goethe. Das uns Menschen sichtbare Licht ist ein durch unsere Natur und damit indirekt durch das Spektrum unserer Sonne bestimmter Ausschnitt aus der viel größeren Fülle von Wellen im elektromagnetischen Feld. Das Licht, von Steiner als »rein geistige Entität« beschrieben, die sich in den Farbempfindungen darstellt, ist viel umfassender als die menschliche Sinneswahrnehmung. Es gibt Insekten, die ultraviolettes Licht sehen. Unser Körper nimmt infrarote Strahlung als Wärme wahr. Was wir von dieser weiten Wirklichkeit »mit Hebeln und Schrauben«, also mit Radio-Antennen und Röntgen-Spektroskopen noch dingfest machen können, nennen wir das elektromagnetische Feld. Hinter ihm steht, wenn ich die Quantentheorie richtig lese und wenn Platon im *Timaios* recht hat, das Reich lebendig bewegter reiner Gestalten. Materie und Bewußtsein sind dann jeweils eine Weise des Geistes, die Gestalten, also sich selbst, wahrzunehmen.

Damit führt uns das Anschauen des Lichts mit Konsequenz zu Goethes Theologie. Der 81jährige Goethe beobachtet auf einer Spazierfahrt mit Eckermann noch einmal Licht und farbige Schatten, und sie sprechen »von der hohen Bedeutung der Urphänomene, hinter welchen man unmittelbar die Gottheit zu gewahren glaube« (Schöne, S. 96–97). Schöne macht deutlich, daß die polemischen Entsetzlichkeiten der theologischen Herrschaftsdebatte –

> Glaubt nicht, daß ich fasele, daß ich dichte,
> Geht hin und findet mir andre Gestalt!
> Es ist die ganze Kirchengeschichte
> Mischmasch von Irrtum und von Gewalt.
>
> (Schöne S. 70)

– daß diese Entsetzlichkeiten von Goethe in seiner Polemik nicht nur stilistisch übernommen sind, sondern ihren Grund auch bei ihm in der Unausweichlichkeit des religiösen Engagements haben. Goethe erkennt in Newtons Lehre und seiner eigenen zwei Religionen, die sich im Namen Gottes bekämpfen müssen. Man darf wohl sagen, daß die Leidenschaft kirchlicher Debatte und tödlicher Gewaltausübung, ja, schon das Insistieren auf der »reinen Lehre«, auf dem »rechten Glauben« ein Ausdruck der Angst ist, der Angst, die das Leben gestaltende Offenbarung der Wahrheit durch Konzessionen zu verlieren. Auch Goethe war seiner Sache nicht sicher genug, um auf die Polemik verzichten zu können. Der Konflikt zwischen Goethe und Newton konnte freilich mit den Kenntnissen der Physik von 1800 nicht ausgetragen, nicht einmal im Detail artikuliert werden. Aber uns ist jetzt der Kern wichtig, auf den auch Schönes Darstellung zielt.

Was ist Goethes Theologie, seine Gotteslehre? Er ist Arianer, er ist Spinozist, er fühlt sympathisch mit dem Islam.[*] Er folgt Plotin im platonischen Aufstieg über Weltseele, ewigen Geist bis zum unaussprechlichen Einen, und er vollzieht, soweit er vermag, den Wiederabstieg vom Einen über das eine Licht, in die Farben. Und die Farbensymbolik erläutert die Liebe, so in Goethes Schöpfungslied »Wiederfinden«, von Schöne als letztes Gedicht zur Farbenlehre, S. 226–227, aufgenommen. Die Schöpfung hat Licht und Finsternis getrennt,

> Als das All mit Machtgebärde
> In die Wirklichkeiten brach.

Gott erschuf Morgenröte.

> Sie entwickelte dem Trüben
> Ein erklingend Farbenspiel
> Und nun konnte wieder lieben
> Was erst auseinander fiel.

Und so trifft Hatem noch einmal Suleika

> Allah braucht nicht mehr zu schaffen,
> Wir erschaffen seine Welt

---

[*] Vgl. Katharina Mommsen, *Goethe und die arabische Welt*, Frankfurt/M. 1988.

Und:

> Und ein zweites Wort: Es werde!
> Trennt uns nicht zum zweitenmal.

Goethe hat Marianne nach dem Tag dieses Gedichts nie wieder-
gesehen. So unterscheidet sich auch in seiner Biographie die
höchste Erfahrung vom lebbaren Leben.

Die Einheit Gottes ist es, die sich in der Einheit des Lichtes
ausspricht; seine schöpferische Gegenwart ist in der Vielfalt der
Farben, der Liebe der Menschen. Darum ist Goethe Pantheist –
genauer: Alles ist in Gott, Gott ist in Allem. Dem braucht die
heutige Physik nicht zu widersprechen.

Aber alle klassische Theologie hat Not, das Böse zu verstehen. Ist Schöpfung Trennung, und ist Trennung »Machtge-
bärde« und Leiden? Ich versuche hier nicht, das theologische
Problem des Bösen zu lösen. Aber Schöne kennzeichnet im
letzten Kapitel (XII, Apokalyptisches) Goethes Erfahrung
vom Gang der Geschichte unserer Kultur. Dies kann man heute
nachvollziehen. Die trennende Physik hat uns Macht in die
Hand gegeben, mit der wir das Leben zerstören können; genügt es, dagegen theoretisch eine holistische Physik zu entwerfen? Zu Eckermann sagte der alte Goethe: »Ich sehe die Zeit
kommen, wo Gott keine Freude mehr an ihr [der Menschheit]
hat und er abermals alles zusammenschlagen muß zu einer
verjüngten Schöpfung. Ich bin gewiß, es ist alles danach angelegt, und es steht in der fernen Zukunft schon Zeit und Stunde
fest, wann diese Verjüngungsepoche eintritt.« (Schöne, S. 136)
Apokalypse aber bedeutet theologisch die Enthüllung des
gnädigen Willens Gottes, der das Falsche zerstören muß, damit
das Gute geschehen kann. Und die Tradition fordert zur Mitarbeit an Gottes Werk auf, an der Schaffung des Guten.

2. Notizen zu einer neuen Goethe-Ausgabe*

Wozu eine nach Lebensaltern geordnete Ausgabe? Wozu noch
einen Goethe? Wozu überhaupt Klassiker?

Was wir erleben, ist glaubwürdiger, als was wir behaup-

---

* *Sämtliche Werke nach Epochen seines Schaffens*, Münchner Ausgabe, ab 1985.

ten. Es sei daher erlaubt, mit persönlichen Erlebnissen zu beginnen.

Werner Heisenberg hat mir erzählt, wie er die Pfingstferien 1925 in Helgoland verbracht hat. »Geschlafen hab' ich sehr wenig. Ein Drittel der Zeit habe ich die Quantenmechanik ausgerechnet, ein Drittel bin ich in den Klippen herumgeklettert, ein Drittel habe ich Gedichte aus dem Westöstlichen Diwan auswendig gelernt.« Die Grunddisziplin der heutigen Physik, die Quantenmechanik, entstand rechnend am Tisch eines winzigen Pensionszimmers, dazwischen in starker leiblicher Bewegung, in jenen kurzen Frühsommernächten zwischen Abendstern und Morgenrot, wenn »die Strohwitwe, die Aurora, ist in Hesperus entbrennet« (Sommernacht, Diwan). Goethe redet eben die Natur an, in deren Formgesetze Heisenberg damals einen tiefen Einblick tat: »In tausend Formen magst du dich verstekken, doch, Allerliebste, gleich erkenn' ich dich ... Und wenn ich Allahs Namenhundert nenne, mit jedem klingt ein Name nach für dich.«

Wenn ich von mir selbst sprechen darf: Goethe hat mich begleitet, seit unser alter kurzgewachsener, stämmiger, belächelter und verehrter Deutschlehrer den rechten Fuß auf die Stufe seines Katheders setzte, kurz die kahle Stirn in der Hand verbarg und dann losdonnerte: »Bedecke deinen Himmel, Zeus! mit Wolkendunst...«

Wozu Goethe? Die Frage stellte sich nie: Wozu Atemluft?

Wozu Klassiker? Als Schüler hatte ich eine altkluge Überlegung: Die Wahrscheinlichkeit, einen lesenswerten, einen großen Autor, eine Antwort auf meine ewigen Fragen zu finden, ist hundertmal größer in dreitausend als in dreißig Jahren. Zeitgenossen zu lesen, wird es früh genug sein, wenn sie klassisch geworden sein werden.

Freilich, sind meine Fragen nicht doch eine Gestalt der Probleme unserer Zeit? Wer, wenn nicht die Zeitgenossen, könnte diese verstehen? Ob man nun an Fortschritt oder an Krisen glaubt: sind nicht die Krisen Folgen falscher Festlegungen der Vergangenheit? Erzeugt der Klassizismus der Schule nicht mit Recht einen Klassikerhaß?

Aber gerade wo es wirklichen Fortschritt gibt, ist die Konfrontation von Fortschritt und Bewahrung oberflächlich. Bewahrung bewahrt dann vergangenen Fortschritt und sichert das Sprungbrett zu neuem Fortschritt. Zudem schreitet die Weltgeschichte in der Abwechslung von Ebenen und Krisen fort. Die Selbstwidersprüche einer Ebene erzeugen eine Krise; die teilweise gelingende Lösung ermöglicht eine neue Ebene. Welches Niveau aber von einer neuen Lösung verlangt ist, das läßt uns am besten der Blick auf die vergangenen Lösungen erkennen. Erreicht sie dieses Niveau nicht, so bleibt die erhoffte neue Lösung stets nur eine verderbliche Selbsttäuschung. Deshalb hat die Menschheit von jeher Klassiker anerkannt, nicht um sie zu kopieren, sondern um sich an ihnen zu messen.

Wenn die Politik, die das Schicksal ist, uns noch Zeit läßt, dann haben für uns Deutsche nach 1945 die deutschen Klassiker eine bisher unausgeschöpfte Bedeutung. Hitler hat uns den direkten seelischen Zugang zu unserer eigenen Geschichte verschlossen, denn wir ertragen es nicht, ihn als Konsequenz dieser Geschichte zu begreifen. Die Adenauer-Ära, deren Träger noch in der Vor-Hitler-Zeit, ja z. T. vor 1914 wurzelten, konnte versuchen, Hitlers Reich als bloßen Fehltritt abzutun. Diese Restauration bot aber keine seelische Nahrung für die Jüngeren. Die zuerst technokratische und später linke Dynamik der jüngeren Generationen sah ihre eigenen Wurzeln im Deutschland des 19. Jahrhunderts weniger deutlich als ihren Anteil an den Weltproblemen. Diese Sichtweise könnte inzwischen sogar eine Stärke sein, gegenüber dem heute zunehmenden defensiven Provinzialismus, der sich in Frankreich und England an die Großmachtvergangenheit, in Rußland an Kader und Dogmen, in der Weltmacht Amerika an Selbstgerechtigkeit klammert. Aber Deutschland wird in eine erneute nationale Identitätskrise, also in einen noch tieferen Provinzialismus taumeln, wenn ihm der Zugang zu seiner eigenen universalistischen Tradition verschüttet bleibt. Hitler war eine geistfeindliche Konsequenz des deutschen Titanismus. Dieser Titanismus spiegelte jedoch, solange er geistig war, von Luther bis Nietzsche, die realen Probleme der Kultur des neuzeitlichen Europa. Die Deutschen könnten heute vielleicht die Weltprobleme denken, wenn sie ihre eigene Tradition verstünden.

Goethe steht eigentümlich ambivalent im Strom dieser Tradition. Als einziger nach Luther hat er den Deutschen eine neue Sprache, ein weites geistiges Selbstverständnis gegeben. Die mythischen Bilder seiner Jugend, Faust und Prometheus, wurden die Symbole des deutschen titanischen Strebens. Er selbst wandte sich vom Titanismus ab. Seiner mittleren Phase, der Freundschaft mit Schiller, entnahm das deutsche Bürgertum sein großes Bildungsideal. Der späte Goethe war einsam in seiner geistigen Wirklichkeit wie der alte Merlin; in einer Umwelt von Spießern und Radikalen war er beiden gleich fremd. In der Galerie dieser drei Spiegel sollten wir heutigen Deutschen unserer unfertigen Vergangenheit begegnen können.

Eine nach Lebensaltern gegliederte Werkausgabe kann dieser Begegnung dienen. Anders als die geringeren Titanen war Goethe nicht der Vollstrecker eines selbstgemachten Programms. Das Programm der Klassik war eine freiwillig übernommene kulturpädagogische Pflicht, der Olympier war die Schutzmaske einer tiefen Verletzlichkeit. In seinen Lebensaltern begegnen wir dem, was ihm selbst immer neu begegnet ist.

Dabei kann sich dem Spätergeborenen die Reihenfolge umkehren. Der 23jährige Heisenberg, der deutschen Jugendbewegung und der neuen Physik zugehörig, las spontan die Gedichte des alten Goethe. Mir ging es ähnlich. Seine Lyrik sprach mich zuerst an. Bald öffnete sich mir die blühend-sparsame Direktheit des lyrischen Altersstils – jenseits von revolutionärem Pathos und klassischer Absicht. Das, so meinte ich, verstehe ich unmittelbar. Noch heute, wenn ich aus dem Gedächtnis Goethe zitiere, ist es meist aus dem *Diwan*. Als ich vierzig war, begannen sich mir die *Wahlverwandtschaften* zu erschließen. Den *Werther* hatte ich als Primaner (da wir ihn lesen sollten) für einen sentimentalen Reißer gehalten; ich mußte sechzig werden, um zu entdecken, was für ein großer Roman er ist. Unlängst, siebzigjährig, war ich hingerissen von der Genialität des *Urfaust*, vielleicht Goethes einziger Tragödie, der Tragödie eines 23jährigen.

Im alten japanischen Theater, so hat man mir erzählt, mußte der Schauspieler fünfzig werden, ehe er den jugendlichen Liebhaber spielen durfte.

Der Leser verzeihe – wenn er mag – die nochmalige Rück-

kehr zu subjektiven Erlebnisschilderungen. Sie sollen dazu er-
muntern, nicht »gebildet«, sondern spontan zu reagieren. Erst
das ist gebildet.

3. George, Derleth, Schuler in der deutschen Geschichte

Am Neujahrsmorgen 1985, vor Sonnenaufgang, beginne ich
diese Aufzeichnung. Sie würde, wenn sie vollendet würde, eine
Lücke meiner Besinnung auf die deutsche Vergangenheit schließen. 1945 habe ich den Aufsatz »Zur Beurteilung des deutschen
Geistes« mit der in Klammern gesetzten Notiz unvollendet gelassen: »Es sollten Abschnitte über Derleth, George und Schuler folgen.« 1952 nahm der ebenfalls unvollendete »Brief über
den Nationalsozialismus«* das Thema erst nach diesen dreien
wieder auf, bei Hitler. Die Lücke war nicht zufällig. Beide
Aufsätze waren zugleich eine Auseinandersetzung mit meiner
eigenen Vergangenheit, Gegenwart und Zukunft; eine Auseinandersetzung, die ich noch nicht im direkten Blick auf mein eigenes Leben zu führen vermochte, sondern nur als Besinnung
durch Distanz, als Besinnung auf die Rolle Deutschlands in der
Neuzeit. Erst in der Rede über den deutschen Titanismus
(1978) vermochte ich diese Besinnung wieder aufzunehmen,
wenn auch durch manche Zwischenschritte vorbereitet. Auch
dort treten Derleth und George fast nur als Namen am Ende
auf. Die drei Namen bezeichnen die Stelle, an welcher die deutsche Geschichte sich mit den schmerzhaftesten Prägungen meiner Jugend verflicht; zugleich die Stelle, welche die Deutschen
noch kaum je anzusehen vermocht haben: die Geisterbewe-
gung, die auch Hitler ermöglicht hat. Ich muß hier subjektiver
schreiben als zuvor.

Seit vielen Jahrzehnten habe ich am Neujahrstag einen Brief
an meine Mutter geschrieben. Kurz nach Neujahr 1983 ist sie
gestorben. Der Brief hat keinen sichtbaren Adressaten mehr.

Ina Seidel folgt in ihrem Buch *Lennacker* der schon vorchristlichen Tradition der Zwölf Nächte, in denen die Geister

---

* Beide Texte in *Wahrnehmung der Neuzeit*.

emportauchen. Sie läßt den Kriegsheimkehrer von 1918 in zwölf Träumen die Geschichte der lutherischen Kirche erleben, in den Lebensläufen seiner zwölf Vorfahren, die Pastoren waren. Ein schönes Buch. Ich habe oft in den zwölf Tagen kommen lassen, was sich meldete: 1974 die »Selbstdarstellung«, 1978 den Blick auf Jesus, nur unvollständig im Text »Kirchenlehre und Weltverständnis«* gespiegelt, 1980 die Erschütterung der Notiz, die ich als Anfang und als »Rechenschaft im Selbstgespräch« in die *Wahrnehmung der Neuzeit* aufgenommen habe. Nur in der Erschütterung des Katastrophenbewußtseins kann ich von George, Derleth, Schuler sprechen.

Für wen schreibe ich das? Wie wenige meinen heute noch, Stefan George sei eine Schlüsselgestalt der deutschen Geschichte? Wer kennt heute auch nur die Namen Ludwig Derleth und Alfred Schuler? Und doch schreibe ich nicht nur für mich, nicht nur, um mich zu verstehen. Ich bleibe auch für mich noch in der Besinnung durch Distanz – notwendig mitten in der intensiven Arbeit am *Aufbau der Physik*, denn nicht nur Hitler, auch Einstein, Bohr und Heisenberg gehören in jene Verflechtung der deutschen mit der Weltgeschichte. Soeben lese ich Pais' Biographie von Einstein. Die Thematik ist scheinbar eine ganz andere, die Intensität des geistigen Umbruchs ist dieselbe.

Daß die drei Namen unbekannt sind, ist kein Zufall. Die drei Männer haben es, in gewisser Weise, so gewollt. Alle drei wandten sich an eine ganz kleine Auswahl von Menschen, an diejenigen freilich, denen allein sie zutrauten, Träger der Geschichte zu sein. Odi profanum vulgus et arceo. 1945 schrieb ich nach der Klammer: »Jeder der drei zuletzt genannten versuchte auf seine Weise die Arche zu bauen, auf der der Keim des zukünftigen Lebens durch das Chaos des Jahrhunderts gerettet werden könne. Dieses Chaos aber wußte von sich nicht, daß es Chaos war; es hielt sich für glücklich wachsende Ordnung.«

Stefan George wurde mir durch Robert Boehringer und Georg Picht nahegebracht. Boehringer hat mich dreimal persönlich zu ihm geführt. Ludwig Derleth und Alfred Schuler habe ich nie gesehen. Derleth aber war eine wichtige Person im Leben Alastairs und trat mir durch diese Vermittlung mit der

---

* In *Deutlichkeit*, 1978.

ganzen Wucht seines Wesens gegenüber. Schuler war am fern-
sten. Boehringer erzählte mir, Schuler habe gesagt: »Ich bin die
Muttersau. Sie trinken alle aus mir, und dann lassen sie mich liegen.« Durch Frau Bruckmann vermittelt, könnte aber Adolf
Hitler aus ihm getrunken haben.

Ich beginne nicht mit der großen Programmatik, sondern mit
der persönlichen Erinnerung an Stefan George. Ich habe das öfter mündlich erzählt, auch zwei- oder dreimal in Briefen aufgeschrieben, so in einem Brief an Boehringer, wohl in den frühen
Fünfzigerjahren, der vielleicht noch in seinem Nachlaß liegt.

Im Alter von vier Jahren wollte ich Lokomotivführer werden, mit sechs Jahren Forschungsreisender, mit acht Jahren und
seitdem Astronom. Als Zehnjährigen lernte mich Robert Boehringer in Basel kennen. Er war ein Jugendbekannter meiner
Mutter aus Stuttgart, jetzt Direktor bei Hoffmann-La Roche in
Basel, wohin mein Vater als deutscher Konsul gekommen war.
»Der Herr Boehringer« spielte für uns Kinder eine große Rolle.
»Nein, es war der Nikolaus, nicht der Herr Boehringer«, hielt
meine Mutter zu unser aller Vergnügen vom 6. Dezember 1923
bis in ihr Greisenalter fest.

Eines Tages, vielleicht im Winter 1923/24, kam der Herr
Boehringer zu uns und fragte mich, ob ich mit ihm einen Spaziergang machen möge. Wir gingen durch die Stadt, an den
Rhein, zum Schaffhauser Rheinweg. »Ich habe hier im Haus
eine halbe Stunde zu tun; vielleicht magst du solang bei einem
Freund von mir bleiben.« In einem nicht großen, eckigen, kar-
gen Zimmer traf ich einen alten Mann mit langen grauen Haaren, in hochgeschlossener dunkler Jacke. Ich dachte: »Es muß
ein Priester sein.« Aber er hatte eine sehr nasse Zigarette in einem Mundwinkel hängen. »Also kann es doch kein Priester
sein.« Er sprach freundlich mit mir, fragte, was ich tue und
denke. Ich erzählte von meiner Phantasiewelt Piklön. Er fragte,
ob ich etwas darüber aufgeschrieben habe. »Ja.« »Was denn?«
»Z. B. eine Liste der Kriegsflotten aller Länder.« Ich habe die
dumpfe Erinnerung, daß die Antwort mit Schweigen quittiert
wurde. Boehringer kam und holte mich wieder ab.

Ein halbes Jahr später wiederholte sich der Besuch. Auf
Boehringers Schreibtisch, in seiner Wohnung, hatte ich inzwi-

schen das Bild des alten Mannes entdeckt. Meine Eltern wußten, es sei ein Dichter namens George, den Boehringer sehr ver-
ehre.

Nach sieben Jahren, wohl 1930, kam ich aus Leipzig, vom
Studium, zu meinen Eltern nach Berlin in die Fasanenstraße 57.
Meine Geschwister Adelheid und Heinrich erzählten, der Herr
Boehringer habe sie zu George gebracht. Boehringer kam und
fragte mich, ob ich mit ihm einen Spaziergang machen wolle.
Ich wußte, worum es ging. Inzwischen hatte ich George gele-
sen und empfand befangen: ich gehe zu *dem* Dichter unserer
Zeit. Wir gingen in die Albrecht-Achilles-Straße, in ein Bild-
haueratelier; ich glaube, der Name Thormaelen stand an der
Tür. Zwei junge Männer waren da. In der Mitte des Raumes
stand ein jugendlicher Porträtkopf. Wir sahen ihn an. Dann
kam, durch eine andere Tür, George herein. Ich bemerkte, daß
er fast einen Kopf kleiner war als ich. »Das Gesicht eines alten
Bauern«, dachte ich, »aber ein Bauer hätte nicht so lange
Haare.« Er begrüßte mich: »Wir haben uns lang nicht gesehen«, in stark fränkischer Dialektfärbung, fast etwas betont,
schien mir. Verlegen antwortete ich: »Ja.« Alle Augen waren auf
ihn gerichtet. Ich empfand, in die große, aufrechte, hagere Gestalt Boehringers sei im Augenblick, als George eintrat, ein kleiner Knick gekommen, ein Gestus der Abhängigkeit.

George lenkte unsere Aufmerksamkeit auf den Porträtkopf.
»Was ist das für ein Mensch?« Die erwarteten Klischees wurden
von den Jungen geäußert: »Ein Dichter? Oder vielleicht ein Tä-
ter? Doch ein Künstler.« »Man kann ... auch sein Leben zum
Kunstwerk machen ... wie Goethe«, sagte George langsam und
etwas betonter, als mir der Inhalt zu rechtfertigen schien. Boehringer sagte: »Es könnte auch ein Mörder sein.« Später erfuhr
ich, daß es Claus Stauffenberg war.

George wendete sich an mich: »Was hat man sich denn nun
fürs Leben vorgenommen?« Wie der Blitz schoß es mir durch
den Kopf: »Ich muß sparsam die reine Wahrheit sagen.« Befangen, wohl mit etwas vorgehaltenem Kopf, sagte ich: »Philosophie.« »So – Philosophie.« Und es war zu Ende.

Auf dem Heimweg fragte mich Boehringer: »Was haben Sie
denn mit Philosophie gemeint?« Ich fing an, von Platon zu reden. »Aber hätten Sie das doch gesagt! Es klang, als wollten Sie

so ein akademischer Philosophieprofessor werden.« Ich weiß nicht mehr, was ich geantwortet habe, wohl aber, was ich, durch alle Verlegenheit hindurch, empfand: »Das war die Probe, ob er selber merkt, worum es mir geht.« Mein Gefühl war: »Wohl der größte Mann meiner Zeit, eingeschlossen in eine stilisierte Einsamkeit, aus der er, bis hin zum fränkischen Dialekt, vergebens den Ausweg in menschlichen Kontakt sucht. Ich könnte in dieser Luft nicht atmen.« Michael Stettler sagte mir fünfzig Jahre später, als ich ihm den Hergang erzählte: »Er hat gewiß sofort gemerkt, daß Sie nicht zu ihm wollten. So hat er Ihre Antwort provoziert.« Das wird wahr sein. Mein Weg war die Physik, dazu wartete eine politische Versuchung. Ich war an Heisenberg gebunden, und später ergriff mich, ohne mich je ganz binden oder loslassen zu können, Alastair.

Was bedeutet Stefan George heute?

Für mich ist er zunächst noch immer der größte deutsche Dichter der letzten hundert Jahre.

> Komm in den totgesagten park und schau:
> Der schimmer ferner lächelnder gestade,
> Der reinen wolken unverhofftes blau
> Erhellt die weiher und die bunten pfade.
>
> Dort nimm das tiefe gelb, das weiche grau
> Von birken und von buchs, der wind ist lau.
> Die späten rosen welkten noch nicht ganz,
> Erlese küsse sie und flicht den kranz.
>
> Vergiß auch diese letzten astern nicht,
> Den purpur um die ranken wilder reben
> Und auch was übrig blieb von grünem Leben
> Verwinde leicht im herbstlichen gesicht.

> Mein kind kam heim.
> Ihm weht der seewind noch im haar,
> Noch wiegt sein tritt
> Bestandne furcht und junge lust der fahrt.

Vom salzigen sprühn
Entflammt noch seiner wange brauner schmelz:
Frucht schnell gereift
In fremder sonnen wildem duft und brand.

Sein blick ist schwer
Schon vom geheimnis das ich niemals weiß
Und leicht umflort
Da er vom lenz in unseren winter traf.

So offen quoll
Die knospe auf daß ich fast scheu sie sah
Und mir verbot
Den mund der einen mund zum kuß schon kor.

Mein arm umschließt
Was unbewegt von mir zu anderer welt
Erblüht und wuchs –
Mein eigentum und mir unendlich fern.

Weltabend lohte … wieder ging der Herr
Hinein zur reichen stadt mit tor und tempel
Er arm verlacht der all dies stürzen wird.
Er wußte: kein gefügter stein darf stehn
Wenn nicht der grund, das ganze, sinken soll.
Die sich bestritten nach dem gleichen trachend:
Unzahl von händen rührte sich und unzahl
Gewichtiger worte fiel und Eins war not.
Weltabend lohte … rings war spiel und sang
Sie alle sahen rechts – nur Er sah links.

In stillste ruh
Besonnenen tags
Bricht jäh ein blick
Der unerahnten schrecks
Die sichre seele stört.

So wie auf höhn
Der feste stamm
Stolz reglos ragt
Und dann noch spät ein sturm
Ihn bis zum boden beugt.

So wie das meer
Mit gellem laut
Mit wildem prall
Noch einmal in die lang
Verlassne muschel stößt.

Den Anstoß, gerade jetzt einmal wieder über George nachzudenken, gab ein Gedenkheft der Carl-Zuckmayer-Gesellschaft
für George von 1983*, das mir zugesandt wurde.

Auf einen guten, abgewogenen Aufsatz von Fritz Usinger
folgt eine sehr sorgfältige Studie von Robert Wolff über Georges Verhältnis zur katholischen Religion (»Der Gott und sein
Künder«). George hat in seinen letzten Schuljahren aufgehört,
praktizierender Katholik zu sein, und weder an seinem Sterbe-
lager noch bei seinem Begräbnis war ein katholischer Priester
zugegen; aber er hat nie den Schritt des Kirchenaustritts vollzogen (S. 179). Der Verfasser zeigt, völlig zutreffend, in Georges
Dichtung vom Anfang bis zum Ende die Nähe des Dichters
zum katholischen Leben und zur Gestalt Christi. Er folgert,
man habe George zu Unrecht für »Neuheidentum« in Anspruch genommen. Er sieht in Georges früher Distanzierung
von der Kirche nur »den Widerstreit seines persönlichen religiösen Bekenntnisses mit einer schon sechzig Jahre später revi-
dierten traditionellen Intoleranz«. (S. 183) Die Kirche nach
dem zweiten Vatikanum hätte für ihn Raum. Trotz des hohen
Niveaus aller vorgebrachten Textdeutungen möchte ich mich
von dieser Folgerung um eine kleine Spanne entfernen.

Heidnische, zumal griechische Religiosität ist der großen
deutschen Literatur spätestens seit dem jungen Goethe erschlossen. Es war das Erlebnis, das sich den deutschen Dichtern jener Zeit erschloß, daß man, um fromm zu sein, nicht
Christ sein mußte. Das Wort »Natur« stand damals für diese Erfahrung. Als unfromm wurde die christliche Naturfeindschaft
erlebt (man denke an Goethes *Braut von Korinth*). Diese Empfindungsweise ist mir noch aus der Jugendbewegung der zwanziger Jahre unseres Jahrhunderts gegenwärtig; und dort wie nirgends sonst wurde George gelesen. »Heidnische Frömmigkeit«

---

* *Blätter der Carl-Zuckmayer-Gesellschaft*, 9. Jahrgang, Heft 4, 1.11.1983.

ist mir seit den Schuljahren ein selbstverständlicher Ausdruck.
Vor diesem Hintergrund möchte ich die zwei vom Verfasser ge-
nannten Komponenten der Nähe Georges zum katholischen
Christentum deuten.

Einerseits erfuhr George in seinem europäisch-lateinischen
Lebensraum die täglich wirksame, leibliche Magie religiösen
Volkslebens nur in der ungebrochenen, zumal ländlichen ka-
tholischen Kirche. Dies steigt auf bis zu dem Segen, den der
Papst Leo XIII. dem Erdball spendet:

> So sinken wir als gläubige zu boden
> Verschmolzen mit der tausendköpfigen menge
> Die schön wird wenn das wunder sie ergreift.

Das Andere ist der wiederkehrende Herr. Davon spricht das
dritte der oben zitierten Gedichte. Das ist aber ein ganz anderes
Bild als das traditionell katholische.

Die Menschheit lebt in »Ewen« (ein altdeutsches Wort gleichen Stammes wie Aion, bei uns nur in »Ewigkeit« noch präsent), das sind Jahrtausendspannen. »In jeder ewe ist nur Ein
Gott und Einer nur sein künder.« Der Gott kommt, in leiblicher Gestalt, um den zur Lüge gewordenen alten Äon zu zerstören und in Strenge einen neuen zu errichten. Für dieses
Grundereignis des menschlichen Lebens ist uns Christus die
sichtbare Bewährung in der Vergangenheit. »Drum ist es für
uns kein opfer und kein zugeständnis wenn wir mit den jüngern
ausrufen: du bist Gottes Sohn, du bist Gott« (S. 177). Heute haben wir die Wiederkehr des Herrn zu erwarten, denn die bisherige Welt gräbt sich im Taumel ihrer technischen Macht sichtbar
ihr Grab. Aber wenn der Herr wiederkommt, wird er ganz anders sein, als die Christen sich ihn vorstellen.

In der Tradition deutscher literarischer Wiederbelebung des
Griechentums sieht George die vorchristlichen Götter:

> Ahnung gesellt mich zu euch
>   kinder des Inselgebiets
> Die ihr in anmut die tat
>   bilder in hoheit ersannt
> ------------------------------.
> Die ihr in reigen und rausch
>   unsere Götter gebart.

> Weh! ruft der tausende schrei:
> daß dies mußt untergehn!
> Daß nach dem furchtbaren fug
> leben am leben erstirbt!
> Weh! auf des Syrers gebot
> stürzte die lichtwelt in nacht.

Der »Syrer« aber ist nur, was die christliche Verdüsterung am Herrn ihres eigenen Äons wahrnehmen konnte. Den Reigen, der mit der Gottheit eint, schlang Christus »nach dem liebesmahl« – so im »Gespräch des Herrn mit dem römischen Hauptmann«:

> Mein wesen brauchen sie nicht ganz – nur meine glut.
> Des Sohnes banner mag im erdrund siegend wehn
> Äonenlang sein sinnbild ob den völkern stehn
> Eh wer des bundes fülle schaut: den Christ im tanz.

Dem Aufsatz von Wolff folgt ein Vortrag von Leonhard Fischer, »Stefan George – Dichter der Nähe«. Sein Mittelpunkt ist das Gedicht »Lobgesang« auf den Eros. Mit diesem Thema tut sich unsere psychologisierende Zeit fast noch schwerer als die vorangegangene moralisierende. Was ist schlimmer: Verbilligung oder Verdrängung? Wir müssen uns aber diesem Thema widmen, das für Derleth und Schuler nicht minder zentral ist als für George.

Seit Jahrtausenden bewegt der Eros die menschliche Kultur und läßt sie vibrieren zwischen Rausch und Askese*. Die stets erregbare, zumal männliche Sexualität scheint Erbe der Affen zu sein. Ihr Daseinsgrund – im Unterschied zu den Brunstzeiten anderer Tiere – verbirgt sich uns im Dunkel der Evolution. Harte Lebensbedingungen einer menschlichen Kultur halten sie in Fesseln. Muße, zumal nach der Entstehung der Stadtkulturen, öffnet ihr das Feld. Soweit wir in der Menschheitsgeschichte zurückschauen können, finden wir sie mit göttlicher Weihe belegt. Funktional stiftet sie die Sozialordnungen der Ehe, der Familie. Aber sie erschöpft sich nicht in der Funktion.

---

* Ich möchte hier nicht wiederholen, was ich im *Garten des Menschlichen* II.4, »Die Vernunft der Affekte«, im Abschnitt 3 über Liebe gesagt habe.

Ihr Überschuß ritualisiert sich und eröffnet ganz neue Erlebensformen. Im Ackerbau verbindet sie sich mit Fruchtbarkeitsriten. Dann wird Eros ein Vater der Kunst. Askese erweist sich nicht nur als Verzicht, sondern als Sammlung und Umwandlung der Liebesfähigkeit bis hin zur mystischen Erfahrung.

Das Verhältnis der abendländischen Kultur zur Erotik ist durch viele Phasen gegangen. Die strikte Sexualmoral, zu der sich die Kirche bekannte, stand in ständiger Spannung zu wechselnden Formen der Libertinage. Der Übergang von einer feudal bestimmten zu einer bürgerlich bestimmten Gesellschaft im 19. Jahrhundert war, wenn ich es richtig wahrnehme, mit einer Verstärkung der Prüderie verbunden.* Vermutlich bedurfte das Bürgertum von jeher eines exakteren Moralkodex als der Adel. Die große Revolte der Künstler gegen die bürgerliche Welt, die etwa mit Baudelaire beginnt, thematisiert alsbald die »Blumen des Bösen«. In Deutschland macht Nietzsche die Moral zum Problem. Die drei Männer, von denen ich rede, stehen in dem Sturm, der durch das von Nietzsche geöffnete Fenster weht. Aber allen dreien geht es um nichts weniger als um Libertinage. Es geht ihnen, in drei sehr verschiedenen Formen, darum, sich von Eros in die höchsten menschlichen Möglichkeiten führen zu lassen. Es geht ihnen um Eros, den Gott.

Georges Eros ist die Liebe des Mannes zum jungen Mann. Bei den Griechen seit Orpheus selbstverständlich, im Orient verbreitet, von der Kirche streng verworfen und doch nie ganz unterdrückt, hat diese Liebe eine naheliegende Beziehung zur Pädagogik und, oft, zum kultur- und politiktragenden Männerbund. Ihre geschlechtliche Gestalt wird von George weder verurteilt noch gepriesen (»Da zuckte ich nur lächelnd: sohn! o sohn!«, Teppich VIII). Zu Shakespeares Sonetten sagt er: »Zumal verstofflichte und verhirnlichte zeitalter haben kein recht an diesem punkt worte zu machen da sie nicht einmal etwas ahnen können von der weltschaffenden kraft der übergeschlechtlichen Liebe.«

Den Kreis jüngerer Männer, den George um sich gesammelt hatte, nannte er in seinen späteren Jahren den »Staat«.

---

* Ein katholischer Gelehrter sagte mir einmal: »Seit die Kardinäle keine Mätressen mehr haben, ist mit der Kirche nichts mehr los.«

Was bedeutet Stefan George heute?

Ich habe versucht, ihn zu Wort kommen zu lassen, und fürchte, daß die meisten heutigen Leser sagen werden: Und was soll das uns angehen? Ich habe über George geschwiegen, weil ich diese Reaktion erwarten mußte. Aber ich habe jetzt spontan zu schreiben begonnen, weil er für mich wichtig war und weil ich selbst zu ihm wie in ein Haus meiner Jugend jederzeit zurückkehren kann. Kann ich heute sagen, was das Wichtige an ihm war?

Ich beginne mit etwas vordergründig Nachweisbarem: George gehört zu jenen europäischen Dichtern fast aller Nationen, die den Ersten Weltkrieg vorausgesagt haben. Die Vorhersagen, die ich anderswo zitiert habe, wiederhole ich hier nicht. Ich führe hier ein paar Zeilen an aus seinem großen Gedicht »Der Krieg«, das er mitten im Weltkrieg, 1917, veröffentlicht hat (das konnte man im kaiserlichen Deutschland!):

> Lang hab ich roten schweiß der angst geschwitzt
> Als man mit feuer spielte … meine tränen
> Vorweg geweint … heut find ich keine mehr.
> Das meiste war geschehn und keiner sah ..
> --
> Zu jubeln ziemt nicht: kein triumf wird sein,
> Nur viele untergänge ohne würde.

Was gab ihm die Gewißheit des kommenden Krieges? Keine Analyse der politischen Schachpartien; obgleich er auch politisch illusionslos klug war. Er sah. Er konnte nicht anderes als sehen: Die Hohlheit der Welt, die ihn umgab, den Feuerschein des Weltabends am Horizont.

Indem ich so spreche, sage ich mehr als das heute Nachweisbare. Ich nehme damit Partei. Alle beruhigten Konservativen und alle Fortschrittsgläubigen: Liberale und Sozialisten, Industrielle und Wissenschaftler, waren anderer Meinung. Die dreißig Jahre von 1914 bis 1945 haben diese Zuversicht nicht widerlegt. Das imperialistische Deutschland, das desorganisierte Europa ist gemäß dieser Zuversicht nur an seinen Fehlern, eigentlich an seinen Rückständigkeiten gescheitert. Ich glaube aber, daß George mehr als eine bloße Machtverschiebung in die Außenposten der abendländischen Kultur gesehen hat. Als

1928 sein *Neues Reich* erschien, war ich erstaunt, daß ein Freund mich verwundert fragte, was George mit dem Wort »der erste« im Gedichttitel »Einem jungen Führer im ersten Weltkrieg« gemeint habe. Der Sinn war klar: weitere Kriege werden folgen.

George war aber mit seiner Sicht nicht allein. Jakob Burckhardt und Nietzsche hatten schon dasselbe gesehen, Burckhardt schmerzlich skeptisch, Nietzsche in der Hoffnung auf einen radikalen Wandel der Geschichte. Die produktive Kunst wurde seit Baudelaire zeitkritisch; so hat sie Picht 1972 im Rückblick in seiner Vorlesung »Kunst und Mythos« dargestellt. Der Generation, der George, Derleth und Schuler angehörten, war diese Zeitkritik in selbstverständlicher Weise zugänglich. Nicht daß man kritisch war, war das Problem, sondern wie man sich verhalten sollte.

Die *Blätter für die Kunst*, die radikale ästhetische Isolierung einer kleinen Gruppe von Künstlern, war Georges erster Griff nach der Macht. Nur wer sich unbefleckt hielt vom politischen und vom Kunstbetrieb, konnte der einzigen Zukunft dienen. Der Weg zum Gestus des Propheten trennte ihn dann von vielen früheren ästhetischen Weggenossen. Aber wer die Härte der anfänglichen Programmatik der Blätter für die Kunst ernst nimmt, der sieht den Weg von Anfang an so orientiert. Auf diesem Wege lag dann die unglaublichste und unnachvollziehbarste Tat seines Willens: das Maximin-Erlebnis, die Erklärung eines geliebten Jünglings zum Gott:

> Riß ich nicht ins enge leben
> Durch die stärke meiner liebe
> Einen stern aus seiner bahn?

Alastair sagte mir dazu: »Was blieb dem unglücklichen Jungen anderes übrig, als zu sterben?« George aber verarbeitete die Erschütterung. Er gab ihr eine Stilisierung, die er seitdem nicht mehr verließ, und nun war er frei, all das zu sagen, was ich oben, meist zustimmend, zitiert habe. Das Gedicht »In stillste ruh…« aber zeigt, welche Erschütterbarkeit er sich bewahrt hatte.

Zeitweilige Weggenossen anderer Art waren Derleth und Schuler.

Ludwig Derleth wurde am 3. November 1870 in Gerolzhofen in Unterfranken geboren; er war somit zwei Jahre jünger als George. Der Großvater war Lehrer, der Vater Jurist. Wichtig aus der Familie ist die um vier Jahre jüngere Schwester Anna Maria, die einen großen Teil des Lebenswegs mit dem Bruder gegangen ist. Derleth studierte und war dreizehn Jahre Gymnasiallehrer an wechselnden Orten. Er wohnte dann zwei Jahrzehnte in München hoch unter dem Dach eines Hauses am Marienplatz, später wieder an wechselnden Orten, zuletzt, bis zu seinem Tod 1948, im Tessin.

Nachwort 1992

Der Aufsatz brach hier ab und wurde nicht wieder aufgenommen. Zu Derleth habe ich an anderen Stellen nur zwei kurze Notizen geschrieben: In *Deutlichkeit* (1978), S. 15, zitiere ich seinen Satz von »dem Schrecken, der von der blitzenden Energie kleiner Divisionen ausgeht«; in »Der deutsche Titanismus« (*Wahrnehmung der Neuzeit*, 1983, S. 31) nenne ich seine Bücher *Proklamationen* und *Der fränkische Koran*. Auf Schuler bin ich anderswo wohl nicht eingegangen.

Zu Maximin schrieb mir, nach der Veröffentlichung der Gedichte M. Kronbergers, Katharina Mommsen am 16. Juli 1988:

»Schon Verwey, dann Claude David und manche andere behaupteten, Georges Maximinbild sei wesentlich eine dichterisch fiktive Schöpfung. All das wird widerlegt, wenn man wahrnimmt, wie M. K. selbst ein Dichter hohen Ranges war, der Zeugnis ablegt von dem am meisten Bezweifelten: einem unvergleichlichen Gefühl der Gottnähe im Gebet und seinem Wunsch, sich mit dem Numinosen so bald wie möglich durch Tod wieder zu vereinigen. Um das Rätsel des Todes von Maximin besser zu verstehen, das von Rationalisten am schwierigsten zu begreifen war, ist ein Ausspruch Karl Wolfskehls hilfreich. Er schrieb nämlich am 27. August 1943 an Herbert Steiner, den Herausgeber der zweiten Gedichtausgabe von M. Kronberger: mit dessen Georgebesprechung in der *NZZ* stimme sein Erlebnis nicht überein: ›Sachlich glaube ich nicht, daß die Apotheosis Maximins der Erschütterung durch den Todesfall entstammt. Sie wissen ja auch durch M's Tagebuch, daß

ich den entscheidenden Winter [1903–1904] kenne. Weiteres
möchte ich nicht zusetzen, es könnte nur auf metapsychischem
Wege geschehen.‹ (K. W., *Zehn Jahre Exil*, S. 152)

   Mit andern Worten: das Ereignis ist durch irdische Parallelen
nicht zu erklären. Den besten Kommentar bietet der Nachlaß
Kronbergers. Sogar George erschien seine dichterische Deutung nicht absolut hinreichend:

> So schien mir daß aus meinem besten blute
> Das bild nur abglanz sei der kraft und würde
> Daß ich von unsrem schauer deiner nähe
> Beter und Schöner! nicht genug gedeutet...
> (*Gebete I*, erschienen 1914, Zehnte Folge der *Blätter für
> die Kunst*)«

4. Eine Erinnerung an Fritz Münch*

Das kulturelle Leben Straßburgs in den letzten Jahren des Zweiten Weltkriegs war eine Insel. Es war eine zeitweilige Windstille
inmitten des Wirbelsturms.

   In der Musik gab es zwei Dirigenten: Hans Rosbaud und
Fritz Münch. Der Glanz fiel auf Rosbaud. Er war mit den
»Reichsdeutschen« ins Land gekommen und dirigierte Sym-
phoniekonzerte und Opern. Er hatte eine hohe, moderne Intel-
lektualität. Er wollte dem Publikum nicht nur »Erlebnis«,
sondern Verstehen vermitteln. So nahm er die Gewohnheit
an, seine Konzerte, vor versammeltem Orchester, mit kleinen
Vorträgen über die Stücke einzuleiten, die wir alsbald hören
würden. Wir, sein Publikum, dankten ihm das; er hat uns gebildet. Mit Recht hatte er nach dem Krieg noch eine große Wirkung als Dirigent.

   Münch war Elsässer, aus der berühmten Straßburger kir-
chenmusikalischen Dynastie. Er leitete das Konservatorium
und den Bach-Chor der Wilhelmer Kirche, in der mit Albert
Schweitzer verknüpften Tradition. Er war der deutschen Kul-
turtradition des Elsaß tief verbunden und blieb im Lande, als

---

* Geschrieben etwa 1980.

1940 die Deutschen kamen. Als sie da waren, entsetzte ihn ihr Verhalten so tief, daß er kein »reichsdeutsches« Privathaus mehr betrat. Wir waren stolz, daß er, als er uns kennengelernt hatte, mit uns eine Ausnahme machte. Gegen Ende des Kriegs verlor er seine Frau und einen Sohn durch einen alliierten Luftangriff auf Straßburg. Nach dem Kriege machten die zurückgekehrten résistence-gesonnenen Franzosen ihm, der geblieben war, das Leben schwer.

Ich möchte hier nur eine Erinnerung an ihn erzählen. Er führte das *Musikalische Opfer* auf. Rosbauds Vorbild folgend, leitete er die Darbietung mit einem Vortrag über das Werk ein. Er war kein Redner. Zögernd, inhaltreich, wie schwere Tropfen kamen die Sätze. »Bachs Musik kann man nicht verstehen, wenn man sie nur formal, nur musikantisch auffaßt. Man muß ihren Inhalt begreifen. Dieser Inhalt ist religiös. Er ist nämlich mathematisch.«

Als Dank für dieses »nämlich« habe ich ihm nach dem Konzert einen Brief geschrieben.

Gibt es einen Menschen, der dieses »nämlich« angemessen auslegen kann? Musikgeschichtlich, geistesgeschichtlich ist es bekannt, daß für Bach der mathematische Aufbau seiner Kompositionen Ausdruck einer gottgewollten Ordnung war. Die angebbare mathematische Architektur der Werke ist ein Ausdruck seiner Frömmigkeit. Aber mir scheint, als sei dies noch nicht die tiefste Schicht, in der das »nämlich« gilt. Diese Architektur ist willentlich. Sie ist für große Musik weder hinreichend noch notwendig. Aber auch im kreativen, nicht aus der willentlichen Planung geborenen Detail, dem Detail, in dem nach einem Wort André Gides Gott steckt, ist die Mathematik bei Bach allgegenwärtig. Diese Mathematik ist spontan.

Ich las damals Keplers *Weltharmonik*. Für Kepler ist das mathematische Naturgesetz Gottes Schöpfungsgedanke, und der Mensch kann es erkennen, weil er nach Gottes Bilde geschaffen ist. Auch hier also ist die Mathematik ein schöpferisches Prinzip. Später lernte ich den Platonismus dieser Lehren verstehen. Das Naturgesetz ist die Teilhabe der Erscheinung an der Idee, der Urgestalt.

Wenn Kunst das Schaffen von Gestalt ist und Mathematik das Schaffen intellektueller Gestalten, so ist mathematische Wissenschaft intellektuelle Kunst. Die spontane Mathematik in der Musik ist dann intellektuell nachlesbares Schaffen von Gestalt. Religion kann als Ehrfurcht vor dem Schöpferischen beschrieben werden. In der christlichen Religion Bachs und Münchs hatte diese Ehrfurcht eine Heimat. Deshalb hatte in ihr das Mathematische eine Heimat.

5. Wolfgang Hoffmann-Zampis

Zwei Nachworte zu seiner *Erzählung aus den Türkenkriegen*.

Nachwort zur ersten Auflage, Suhrkamp 1947

Wolfgang Hoffmann wurde am 30. Oktober 1915 in Hirschberg im Riesengebirge geboren. Seine Mutter, deren aussterbenden Familiennamen Zampis er später mit dem seines Vaters verband, stammte aus Österreich, durch sie führt ein Zweig seines Stammbaumes in den Kreis der Personen, von denen die hier abgedruckte Erzählung handelt. Als Schüler gehörte er zur bündischen Jugend. Zum Studienfach wählte er Jura. Leidenschaft und die Überzeugung einer Berufung drängten ihn zur Politik. Aber er gehörte nicht einem einzelnen Bezirk des menschlichen Lebens an. Er war dem Diesseits in seiner Fülle zugewandt, seit frühen, entscheidenden Erlebnissen spürte er zugleich hinter jedem Geschehen das Jenseitige und wußte sein Leben von ihm bestimmt.

In den Jahren des eigenen Werdens erlebte er den Aufstieg eines politischen Systems, das seinem Bilde einer lebendig geordneten Gemeinschaft von Menschen entgegengesetzt war. Gab es für ihn einen gangbaren Weg? Er fand Freunde, disziplinierte seinen Willen und bereitete sich auf eine noch unbekannte Zukunft vor. Im Krieg suchten ihn Ältere, die seinen Wert kannten, in Tätigkeiten hinter der Front festzuhalten. In diesen Bereichen sah und lernte er viel, aber er drängte fort aus ihrer Unwahrheit. Im Frühsommer 1942 kam er zur Front und fiel am 16. Juni 1942 auf der Krim.

Seit der Schulzeit schrieb er Gedichte. Später plante er eine historische Arbeit über den Prinzen Eugen. Ein Aufsatz über den Prinzen ist nach seinem Tode in der *Neuen Rundschau* (Winterheft 1943) veröffentlicht worden. In den letzten Monaten, ehe er zur Front ging, schrieb er die Novelle, die hier gedruckt vorliegt. Er gab ihr nur den Titel *Erzählung*. Sie spiegelt die Entscheidungen, die er damals in sich durchkämpfte. Vielleicht hat er geahnt, daß sie sein letztes Wort sein würde.

Einen Privatdruck hat er selbst noch vorbereitet. Eine Kriegsausgabe, die nicht in den Buchhandel kam, erschien unter anderem Titel. Seine Freunde und der Verleger, der sie heute herausbringt, wünschten sie noch im Kriege zu veröffentlichen, Widerstände dagegen und die äußeren Umstände des Kriegsendes haben das verhindert.

Göttingen, den 25. Oktober 1946

Nachwort zur zweiten Auflage, Suhrkamp 1987

Die Leidens- und Hungerjahre gleich nach dem Ende des Zweiten Weltkriegs gehörten in Deutschland zu den menschlich reichsten Zeiten. Direktheit der Qual, der gegenseitigen Hilfe, der Hoffnung; geistiges Suchen, offene Horizonte zur Geschichte und zur unbekannten Zukunft, unverstellte Möglichkeiten. In dieser Lage brachte der Suhrkamp Verlag die hinterlassene Erzählung meines im Kriege gefallenen Freundes Wolfgang Hoffmann-Zampis heraus. Bald aber zogen sich die politischen Fronten fest, Erfolg und Kritik wurden die Maßstäbe, ein anderer literarischer Stil setzte sich durch; die kleine Erzählung war vergessen. Jetzt, vierzig Jahre später, hat mich von mehreren Seiten die Bitte erreicht, die Erzählung wieder herauszugeben, und der Suhrkamp Verlag war in freundlicher Weise dazu bereit. Es schien mir richtig, das damalige Nachwort stehenzulassen, es aber durch ein etwas ausführlicheres zweites zu ergänzen. Vieles, was damals noch in der Erinnerung der Altersgenossen präsent war und was zum Verständnis der Erzählung beitragen mag, ist für die heute Jungen schwer entzifferbare Vergangenheit und könnte dem Vergessen anheimfallen.

Ich erzähle ein paar Vorgänge aus meiner Freundschaft mit Wolfgang Hoffmann. Wohl 1938 habe ich ihn bei seinem Lehrer und Freund Albrecht Haushofer kennengelernt, einen Zweiundzwanzigjährigen bei einem Fünfunddreißigjährigen. Haushofer kannte ich durch die Familie meiner Frau; die Urgroßväter hatten sich bei Schopenhauer kennengelernt, und in der Familie Haushofer pflegte man Traditionen. Albrechts Vater Karl Haushofer, erst General, dann Professor, hat den Begriff der Geopolitik erfunden, des Studiums der geographischen Bedingtheit politischer Vorgänge, für Deutsche der Nach-Bismarck-Zeit ein lebenswichtiges Thema. Er war ein nobler, rechtlicher Mann, national denkend, wie es in seiner Generation fast selbstverständlich schien. Er war aus dem Ersten Weltkrieg ein Mentor von Rudolf Hess und kam so später zu Hitler in Beziehung. Anders als sein Vater hatte Albrecht Haushofer über Hitler nie Illusionen. »Als Hitler an die Macht kam, habe ich als erstes meine historischen Kenntnisse über das Funktionieren absoluter Herrschaft aufgefrischt.«

Wir verglichen Albrecht Haushofer gerne mit einem Elefanten. Körperlich groß und schwer, klug, sehr klug, mit einem, wie es schien, lückenlosen historischen Gedächtnis, fähig zu langer Treue und langem Haß. Er dozierte an der Hochschule für Politik, hatte als Generalsekretär der Gesellschaft für Erdkunde eine fast unzugängliche Dienstwohnung im Dachgeschoß eines Hauses in der Wilhelmstraße, in der politischen Mitte von Berlin. Von niemandem habe ich so präzise politische Prognosen gehört. »Hitler wird nicht ruhen, bis er die Situation von Compiègne 1918, die ihn psychisch geprägt hat, wiederhergestellt haben wird; die Niederlage im Zweifrontenkrieg. Nach dem Krieg wird die Grenze zwischen Amerika und Rußland am Rhein oder an der Elbe verlaufen.« So 1939. Haushofer hat seine Verbindung mit dem Widerstand gegen Hitler mit dem Leben bezahlt. Seine *Moabiter Sonette*, in der Hand des hinterrücks Erschossenen 1945 vorgefunden, sind eines der großen literarischen Dokumente jener Zeit.

Drei schwer vereinbare Züge prägten Albrecht Haushofers politisches Verhalten, seine Person: ein unbändiger Handlungswille, eine große Vorsicht mit Neigung zu indirektem Spiel und die tiefe Melancholie aller echten Konservativen. Er war Europäer, aber er empfand, Zeitgenosse des Endes Europas zu sein. »Wir sind die Letzten.« Und doch mußte gehandelt werden, gegen alle Erwartungen. Um sich hatte er einen Kreis von

Schülern, deren Urteil er ausbildete, deren Willen er wach erhielt. Unter ihnen fühlte er sich wohl, keinem so nahe wie Wolfgang Hoffmann. Eines der *Moabiter Sonette* gilt ihm.

Wolfgang Hoffmann stammt, wie im ersten Nachwort gesagt, aus Hirschberg in Schlesien. Die mütterliche Familientradition berichtete, daß der Stammvater Zampis ein natürlicher Sohn des Kaisers Leopold I. war, des Kaisers dieser Erzählung; es war meinem Freunde Wolfgang nicht unlieb, solches Blut in seinen Adern zu wissen. Er war mittelgroß, hatte einen eher schmächtigen, disziplinierten Körper, einen schmalen Kopf, dunkelbraunes Haar, eine leicht geschwungene Nase, einen vollen Mund, ein Gesicht, durch das Freude und Leidenschaft blitzte. Als Haushofer uns zusammen eingeladen hatte, weil er wollte, daß wir uns kennenlernten, entstand fast momentan ein Bündnis gegen die bedrückende Atmosphäre des Haushoferschen Pessimismus. Daß Hitler sich zugrunderichten würde, das mußten wir für möglich, ja wahrscheinlich halten; aber das Ende Europas, das Ende unserer Kultur, daran glaubten wir nicht. Anders sollte Europa werden, aber um zu überleben. Aber wie? Ins Ungewisse der Zukunft hinein schlossen wir ein Bündnis künftigen politischen Zusammenwirkens.

Hoffmann hatte Militärdienst geleistet. Von der Pfadfindertradition her waren ihm die Anforderungen an körperliche Leistung und seelische Zucht mühelos, ja willkommen. Mancher ging damals gern ins Militär, weil man gegen den Zugriff der Nazis dort besser geschützt war als in den meisten zivilen Bereichen und weil die Waffe in der Hand vielleicht dienlich werden konnte. Eugen Gerstenmaier, damals evangelischer Pfarrer, sagte mir, als ich ihn, auch 1938, kennenlernte: »Aber wenn gegen die Nazi geschossen wird, will ich auch ein Maschinengewehr haben.« Eine der wichtigsten Zellen des Widerstands war das Militär, und in ihm zumal Angehörige der alten militärischen Familien. In dieses Milieu wurde Wolfgang Hoffmann durch den Krieg geführt.

Als Reserveoffizier wurde er mit Kriegsbeginn eingezogen. Er hatte ein mir unheimliches Vertrauen, ein Wissen, wie er meinte, ihm werde nichts passieren. Er nahm am Frankreichfeldzug teil. Er fand die Frau, mit der er, wenn der Krieg vorbei sei, die Ehe schließen wollte, eine Französin. Widerstandsgesonnene Offiziere, wohl durch Haushofer aufmerksam gemacht, beriefen ihn in Stabspositionen, schließlich ins »Führerhauptquartier«. Leute wie ihn suchte man so für den entscheidenden Augenblick zu schützen, bereitzuhalten. Im Hauptquartier lernte er u. a. Claus Stauffenberg kennen; er hat mir von offenen Gesprächen mit ihm erzählt.

Aber die durch ständiges Lügen gesicherte Position wurde ihm unerträglich. Eines Tages, wohl schon 1942, besuchte er mich und bat mich, meine verwandtschaftlichen Beziehungen zur Familie Bodelschwingh nach dem Kriege zu einer Vermittlung nach Bethel auszunützen. »Durch meine Hand ist ein Befehl an die vor Leningrad stehende Armee gegangen, alle Menschen, auch Frauen und Kinder, die sich unseren Linien näherten, in die eingeschlossene Stadt zurückzutreiben; die Stadt soll als ganze ausgehungert werden. Ich hätte die Weitergabe verweigern müssen. Um der Zukunft willen, für die wir uns bereithalten, habe ich mich nicht exponiert, sondern habe den Befehl weitergegeben. Ich habe beschlossen, wenn ich den Krieg überlebe, jedes Jahr statt Ferien einige Wochen lang Kranke zu pflegen; daher die Bitte. Ich weiß, das macht mich nicht unschuldig. Es ist der Versuch einer Sühne.« Er drängte nun fort aus dem Stab, an die Front.

In einer nicht abreißenden Kette des Schrecklichen, wie jene Jahre es brachten, gibt es eine Abstumpfung zum seelischen Überleben. Aber es gibt einzelne Augenblicke, in denen der volle Schmerz durchbricht. Die Verzweiflung meines Vaters, im Juli 1939, als er erkannte, daß jetzt nichts mehr Hitler vom Kriegsbeginn abzuhalten vermochte. Der Tod meines Bruders Heinrich am zweiten Tage des Polenfeldzugs. Aus dem Kriegsverlauf erinnere ich mich an zwei Augenblicke dieses Schmerzes, als seien sie heute gewesen. Der eine, später, war, als es mir nicht gelungen war, der Mutter eines jüdischen Schulfreundes, der seit 1931 in Israel lebte, zur Einreise in die Schweiz zu verhelfen, und ich die Nachricht von ihrer Deportation erhielt. Der andere war die Nachricht vom Tode Wolfgang Hoffmanns bei Balaklava auf der Krim. »Es ist mir leid um dich, mein Bruder Jonathan« (2. Samuel 1, 26).

Seine Erzählung spiegelt die Entscheidungen, in denen es uns Menschen, eingespannt in unsere Gesellschaft und unsere persönliche Anlage, nicht gelingt, das Rechte zu tun. Aber er transponiert sie in die Welt, der er sich zugehörig fühlte, ins alte Österreich. So strahlt sie, neben der Qual der Entscheidung, zugleich ständig das Glück einer Kultur aus, die mit der Natur noch im Bunde ist. Wie der Stil der Erzählung heute auf junge Leser wirken wird, weiß ich nicht. Er ist, literargeschichtlich gesehen, wohl altmodisch. Nach 1945 hat man begonnen, den Autoren ihre Wahrhaftigkeit nur zu glauben, wenn sie sich unablässig des kritischen Zynismus fähig erweisen. Hoffmann ist essentiell nichtzynisch. Er ist sich der Ambivalenz des Handelns aller beteiligten Personen bewußt; er spricht sie selbst, als Autor, aus. Aber er liebt fast alle von ihnen; und selbst die wenigen, die das ihm Unerträgliche verkörpern, versteht er von ihren gesellschaftlichen Voraussetzungen her. Es ist die Erzählung eines jungen Menschen, im Urteil vielleicht da oder dort altklug, aber – so empfinde ich – auch darin liebenswert.

Die Erzählung ist freilich zugleich eine Geschichtsphilosophie, und als solche hat sie Anteil an der Melancholie des echten Konservativen. Was heraufkommt, ist der Heerwurm der gesichtslosen Wesen aus dem Traum des Kaisers (Abschnitt 7). Es ist die gefühlskalte Rationalität, geschichtlich gesagt, das Bündnis des absoluten Staats mit dem Besitzbürgertum. So empfanden damals viele Angehörige des Widerstands; in diesem Empfinden konnten sich preußische Konservative mit Sozialisten treffen. Man wollte aber dieses Schicksal nicht akzeptieren, man wollte ein neues Leben bauen, das nicht von den funktionalen Imperativen beherrscht ist. Ich habe durch sechzig Jahre meines Lebens diese Hoffnung bei immer neuen jungen Generationen in immer neuen Verkleidungen erlebt: bei der bündischen Jugend der zwanziger Jahre, der Werner Heisenberg und Wolfgang Hoffmann entstammten, bei idealistischen Nationalsozialisten um 1933 (man lerne dies sehen, wenn man die Geschichte der zwölf Jahre verstehen will!), bei den gereiften Kriegsheimkehrern nach 1945, bei den Revolutionären von 1968, bei den Alternativen unseres Jahrzehnts. Sie sind einander ähnlicher, als sie jeweils hören mögen. Mein Freundschaftsbündnis mit Wolfgang Hoffmann beruhte auf einer solchen Hoffnung. Vielleicht konnte Wolfgang Hoffmann nicht überleben, weil ihn doch der Schmerz tiefer traf, als ihn die Hoffnung tragen konnte.

Noch leben wir. Was in der Hoffnung war unzureichend?

Starnberg, den 22. September 1986

6. Verse aus jungen Jahren

Zeit der Haft

1945

I

Farm Hall

Mein Fenster ist bedeckt vom wilden Grün
Des Rosenstrauches, wuchernd bis zur Decke.
Kastanien schatten unsres Hauses Ecke,
Das Dorf verhüllend und der Menschen Mühn.

Der Rasen ist in Wind und Sonnenglühn
Täglicher Spiele abgemessne Strecke.
Den Weg und Blick begrenzt die Brombeerhecke.
Ich weiß nicht, welche Blumen jenseits blühn.

Doch rinnt bei Nacht das Mondlicht durch die Ranken,
So strömt herein das Leiden ohne Ende,
Hunger, Verzweiflung, Rache, falsches Wähnen,

Tod auf dem Weg, Schrei der verlassnen Kranken –
Die Stirn gepreßt auf die verschränkten Hände
Harr ich vergebens auf den Trost der Tränen.

II

Fahrt durch England

Die strohgedeckten Häuser schmückt die Rose,
Der Efeu und das rote Laub des Weins.
Es säumt den Weg das fette Gras des Rains,
Auf grünen Wiesen blüht die Herbstzeitlose.

Hier reift die Birne und die Aprikose
Im Schutz der Hecken und des warmen Steins.
Der Schatten Wechsel und des Sonnenscheins
Eilt drüber hin und zieht ins Grenzenlose.

Des Städtchens Straßen ziert das graue Tor,
Die schmale Brücke, die der Vorzeit nützte,
Ihr Turmgewirr erhebt die Kathedrale.

Die alten Hymnen füllen noch den Chor.
Doch ferne rauscht das Meer, das dich beschützte,
Du schönes Land, vielleicht zum letzten Male.

III

Altes Japan

In tiefem Sinnen zwingt sein Herz der Fechter,
Bis daß es ruht in seines Schwertes Spitze.
Die Stöße seien knapp und rein wie Blitze,
Tödlich ein jeder, jeder ein gerechter.

Verschlossnes Land! Dich schützten deine Wächter
Vor deines eignen Bluts maßloser Hitze,
Gläubig verehrend auf dem höchsten Sitze
Göttlicher Ahnen ewige Geschlechter.

Die Grenze sprengten wir, die ihr bewahrt.
Not zwang euch unsre Waffen in die Hände.
Da riß euch hin der Rausch von Blut und Macht.

Nun blieb kein Leiden uns und euch erspart,
Zum Himmel rauchen eurer Städte Brände.
Wie sühnen wir, was wir an euch vollbracht?

IV

Die deutschen Gefallenen

Bei euch und uns war es derselbe Tod.
Doch ihr baut euren Söhnen Ruhmeshallen,
Für eure Freiheit sind sie euch gefallen.
Was wißt ihr Glücklichen von unserer Not!

O seht und werfet tiefer euer Lot:
Uns werden niemals Dankeslieder schallen.
Was wahrten wir dem Volk, gehaßt von allen?
Nicht Freiheit und nicht Hoffnung und nicht Brot.

Die Ehre selbst hat unser Volk verloren,
Und was verhüllt im Schoß der Zukunft ruht,
Kann es der Friede sein, für den wir starben?

Vielleicht weiß einer, der nach uns geboren,
Daß wir, wie ihr, ein unschätzbares Gut
Vor jenem, der die Herzen prüft, erwarben.

V

Heinrich

Mein Geist war oft in seinem Suchen blind,
Mein Herz von Schuld und Hoffnung hingerissen.
Du schautest Gott an, ohne es zu wissen,
Denn selig sind, die reines Herzens sind.

Noch seh ich dich als unberührtes Kind,
Dein grader Blick war unsres Tuns Gewissen.
Ich seh dich deines Bundes Wimpel hissen,
Dein widerspenstig Haar stand hell im Wind.

Du warst ein Mann, da nahm der erste Tag
Des Kriegs dich von mir, mein geliebter Bruder.
Soll ich dich nie mehr sehn auf allen Wegen?

Doch du gehst jung, wie ich auch altern mag
Am andern Ufer, dem nie naht ein Ruder,
Mit mir stromauf, demselben Ziel entgegen.

VI

Wolfgang

Auch deiner Jugend Reichtum war der Bund.
Dein Fuß hat früh gegrüßt im Wanderstaube
Der Ahnen Heimat in dem Land der Traube,
Friaul und Östreich, Franken und Burgund.

Dein früh verletztes Herz blieb immer wund.
Doch unbezwingbar war in dir der Glaube,
Daß dir des Himmels Feuer sei zum Raube
Bestimmt, und doch ein Fußbreit fester Grund.

Du wolltest mit mir trotzen dem Gericht.
Längst sahest du sich seine Fluten türmen,
Sahst der Verheißung Schimmer über ihm.

Ein Jahr der Liebe blieb dir, ein Gedicht,
Und, schon zerstört vielleicht in neuen Stürmen,
Ein Kreuz bei Balaklava auf der Krim.

VII

Wolfgang

Ich meinte vor dem Tod nicht mehr zu beben,
Der furchtbar in der Freundschaft Gärten bricht.
Dein Tod traf mich ins Herz. Denn so verflicht
Die Fäden einmal nur des Schicksal Weben.

Gleich wie ein junger Wein aus alten Reben,
Der köstlich ist und köstlicher verspricht
Dereinst zu sein, warst du mir, Freund. Du Licht,
Das leuchten sollte meinem ganzen Leben.

Verdoppelt ist nun meines Schiffes Fracht.
Blieb mir nicht dazu nur die Lebensfrist,
Daß ich vollende, was der Freund begann?

Doch unter Tränen wach ich auf bei Nacht:
Ich bin bereit – und doch, und doch, es ist
Mir leid um dich, mein Bruder Jonathan.

VIII

20. Juli 1944

Ihr Alten, deren zögernd klugen Händen
Ein Stärkerer die Zügel längst entwunden,
Die dienend hofften, durch die Pflicht gebunden,
Ein unaufhaltsam Unheil abzuwenden,

Ihr Jungen, die ihr in den Bränden
Der Zeit des Meineids und der tausend Wunden
Wohl einen Glauben und ein Ziel gefunden,
Doch keinen Weg, die Schrecken zu beenden,

Zu spät wars, als Verzweiflung euch gebot,
Das fast vollendete Geschick zu beugen,
Mit Menschenkraft zu treffen die Dämonen.

Doch unvergeßlich macht euch euer Tod.
Verleumdet und gemartert bliebt ihr Zeugen.
Nun tragt auch ihr die Kostbarste der Kronen.

IX

Schuld

O bricht denn niemals der Dämonen Kraft?
Sieht niemand denn: die Schuld ist in uns allen?
Wo Unrecht fiel, seh ich sich Unrecht ballen,
Und Schuldige von Schuldigen bestraft.

Wer Schuld geduldet, ist in ihrer Haft,
Wer Schuld mit Schuld vergilt, ist ihr verfallen.
O wollen wir, der Finsternis Vasallen,
Den Himmel nicht, den nur die Liebe schafft?

Ich ließ mit sehendem Aug in dunklen Jahren
Schweigend geschehn Verbrechen um Verbrechen.
Furchtbare Klugheit, die mir riet Geduld!

Der Zukunft durft ich meine Kraft bewahren,
Allein um welchen Preis! Das Herz will brechen.
O Zwang, Verstrickung, Säumnis! Schuld, o Schuld!

X

Deutschland

Seitdem erloschen unsrer Kaiser Pflicht,
Der Christen Schirm zu sein in allen Gauen,
Vermochten wir kein festes Haus zu bauen,
Doch durch die Risse schien des Himmels Licht.

Wir Zeugen von Erlösung und Gericht
Vollbrachten nie, was uns vergönnt, zu schauen.
Wir sprengten, unserer Nachbarn Spott und Grauen,
Europas klug gefügtes Gleichgewicht.

O hätten wir ein Höheres vollendet!
Allein da wir das Schwert erhoben haben,
Traf uns das Schwert. Uns hat der Tod gestreift.

Ist das der Sturz, der unsren Lauf beendet?
Ist es die grausamste der Gnadengaben,
Die Not, die endlich unsre Früchte reift?

XI

Richard

Du hieltest, fast noch Kind, die Totenwache
Bei unsrem Bruder in des Ostens Heide.
Du kamst als Mann zurück, vertraut dem Leide,
Und eingeweiht schon in der Toten Sprache.

Die Freunde fielen. Da ward ihre Sache
Zum schweren, schönen Erbteil für uns beide.
Die Saat reift langsam. Wer ist, der sie schneide,
Und wer, der einst das Feuer neu entfache?

Ich habe nie gezittert wie um dich
In dieses Krieges letzten Schreckenstagen.
Fällt alle Hoffnung denn zum Raub der Zeit?

Du lebst, du lebst! Wohlan, der Nebel wich!
Was hindert uns, daß wirs noch einmal wagen,
Deutschland zu bauen? Auf, ich bin bereit.

Gang der Jahre

1931

Schweigsame Nacht
Zieht durch die Kronen der Bäume
Und von den Zweigen tropft Nebel
Langsam herab.

Müde vom Tag
Geht deine Seele, noch klingend,
Aber schon spielend in Träumen
Still durch den Wald.

Streichst mit dem Haar
Durch die gebogenen Äste
Und durch die Träume dir wirbelt
Stäubender Schnee.

Nirgends ein Laut.
Nur deine einsamen Schritte
Tönen, im Takte verhallend,
Durch das Gesträuch.

1932–34

Und wieder umfängt mich der Duft deiner Stadt
Und wieder entflammt das betörende Hoffen,
Und wieder vom kündenden Strahle getroffen
Erzittre ich in dir wie im Sturme das Blatt.

Und wieder ist Himmel und Tod in dir neu.
Es sucht dich mein Blick bis in Traumes Ermatten
Es folgt dir mein Sinn wie ein wandelnder Schatten,
Es bleibt dir mein Stern, der erkürende, treu.

Vergangen ruht die reine Zeit,
Da ich um deinen Glanz gefreit,
Die weißen Rosen sind verschneit,
Der Schatten sank, der Wind weht weit.

Die Nacht umfängt mich kühl und klar,
Die einst voll Duft und Dunkel war,
Als mir in ihrer Winde Schar
Den Rausch gebracht dein Hauch und Haar.

Gekostet ist der bittre Kern,
Nun scheid ich unsre Wege gern:
Mein Segen geht mit deinem Stern,
Gewitter leuchten mir von fern.

Noch sind die Nächte nah, da ihr mich weinend fandet,
Doch nun für einen Tag wehn alle Winde milder,
Nur selten zittr ich noch im Glanz versunkner Bilder
Und leis im Widerhall der Welt, die mich umbrandet.

Ich weiß, daß du mich suchst,
Wenn mir Erinnrung, wie die wilde Rose,
Die ungehegt
Doch jeden Sommer neu am Waldrand blüht,
Durch wilder Träume Schattenspiel
Mit stetem Glanze leuchtet.
Suchst du mich nicht im Morgenwind,
Und bist du nicht bei mir
Im leisen Wanderschritte jeder Nacht?

1940

Traumbilder

I

Ursprung:
Eine kristallhelle Träne
Schwebend inmitten der Welt.
Rings der Raum: ein Meer von Tränen.

II

Die rote Amme, bebend, legt mein Kind
– Sie liebt es heiß – ans Herz mir: »Rasch, verbirg es!
Schon überfällt mich unsres Stammes Wut,
In der wir alles Weiße töten müssen.«

III

Eine geknickte Blüte
Abwärts treibend im Bach.
Vorüber, vorüber –
O Strom, von Blüten ganz bedeckt!

IV

November 1940
Stadt im Osten. Fremde Helme im Nachtnebel.
Warten verborgen im Trümmerfeld.
Schützenlinie der Moskowiter.

Kartentisch. Heere von Ost und West
Stoßen der Heimat ins Herz.
Drei Wochen müßt ihr warten,
Eh das Geheimnis innigster Kraft sich enthüllt.

Nächtlich endloser Kessel zerstörter Stadt meiner Eltern.
Du und ich in Mäntel gehüllt im grellen Sternlicht am
   Boden.
Ich warte nicht länger, erheb mich vom Hang.
Glut, Glut, Glut tausendfarbigen Morgenhimmels.

1941

Kopenhagen

I

Grüßt mich der seidene Schleier,
Den immer dein Licht um mich zog.
Leuchten die grüngoldnen Türme,
Flattert der Danebrog –

Weht wie von Fischen und Blumen
Durch deine Straßen der Duft
Wenn die verklingenden Stunden
Vom Turme das Glockenspiel ruft –

Schlagen an träumende Schiffswand
Wellen im endlosen Lauf,
Zittern am nächtlichen Himmel
Funkelnde Nordlichter auf –

Warum doch süßer als Heimat
Streichst du die Stirne mir glatt?
Welch einen Zauber verbirgst du,
O du geliebteste Stadt?

Welches Geheimnis verrätst du
Heut meinem suchenden Schritt?
Bringst du vergangenes Glück mir?
Teilst du zukünftiges mit?

II

Die letzte Welle ließ vom Tanze.
Es ruht der Spiegel, klar besonnt,
Eins mit des Himmels reinem Glanze
Im lichtverhüllten Horizont.

Die Inseln stehn, vom Staub gereinigt,
Wie Burgen der Glückseligkeit.
So ahnt die Seele, was sie einigt
Dem, der sie sänftigt und befreit.

Hier lebt ich einst, mein selbst vergessen,
Vergessen Sehnsucht, Leid und Glück.
Schwer schied ich, denn wann wird durchmessen
Der Weg ins Paradies zurück?

Ich kam zurück für einen Morgen
Und öffnete mein Herz so weit –
Wie kehr ich nun ins Land der Sorgen,
Der Schmerzen und der Grausamkeit?

Doch siehe, fern bleibt mir die Wehmut,
Tief ruht die Seligkeit in mir.
Herr, lehr mich tragen, was Du schenkst, in Demut
Und nimm mein Herz einst auf in Dir.

1943

Die Entstehung der Planeten

O aufgestoßnes Tor ins Reich der Sage!
Treibende Nebel – göttliches Gesetz.
Du meine Hand knüpfst wissenlos das Netz.
O Glanz, vergib mir, daß ich dich ertrage!

Ist nun nicht Schweigen einziges Gebot?
Wer Auge war, wie kehr er je zurück?
Tun ist Befleckung. Täuschung ist das Glück.
O tausendfache Müh! O Bruder Tod!

»So wisse: Du wirst gehn der Wege längsten.
Nicht Schuld, nicht Glanz beirre deinen Tritt.
Du Fremdling bist, seit dir die Welt entglitt
Allein gefeit in allen ihren Ängsten.

Und trage, trage nun der Liebe Last!
Sie hält dich aufrecht, wenn dein Herz erzittert.
Und wenn vom Axthieb einst dein Stamm zersplittert,
Weist sie den Weg zum Ort der letzten Rast.«

1944

El Escorial

Des Himmels Adler senkt erblassend seine Schwingen,
Ein Schimmer fern am Bergrand schreckt der Sterne Heer.
Mit Purpur will der Tag die weite Nacht durchdringen,
Kastiliens Ebne ruht vor mir, ein blaues Meer.

Der Mönche frühes Licht verlischt im helleren Scheine
Die graue Kuppel trifft der Sonne erster Strahl.
Dich grüß ich – ach was hält mein Aug, daß es nicht weine
O königlicher Bau, o reiner – Escorial!

Uraltes Land um mich, so grausam wie die Wahrheit,
Gezeichnet schon vom Licht, das täglich dich verzehrt,
Rührt wie Erinnrung mich nicht deines Himmels Klarheit?
Bist du ein Teil von mir, in den ich heimgekehrt?

König, dich grüß ich hier, den nie dein Volk vergessen,
Einsamer Nüchterner im Rausch der neuen Zeit,
Der du des Menschen Recht dem Gottes angemessen,
Wie Stein auf Stein dein Bau in grader Fuge reiht.

Du wußtest: Nie zugleich wird Glück und Heil gegeben.
Du wähltest das Gesetz und opfertest den Sieg.
Indessen träumten wir den tiefsten Traum: das Leben,
Aus dem uns spät erst weckt die Schuld, das Leid, der Krieg.

Wohin führt unser Weg? Soll uns die Not erst reifen?
Ins Ungeahnte fliegt noch unsres Schicksals Pfeil.
Nimmt ihn der Abgrund auf? Darf er den Himmel streifen?
Sehen wir vom letzten Berg einst das verheißne Heil?

Stets bleibt mit uns dein Bild, wie du, ins Knie gesunken,
Mönch in der Mönche Schar, täglich zu Gott gefleht.
Uns bleibt, wenn wir den Kelch, der uns bestimmt, getrunken,
Mit dir vor dem Altar, O König, Ein Gebet.

1947

Halde

Der Träume trüben Wanderweg begleitet
Stetiger Tropfen Fall. Rauscht leis, o Sorgen!
Zwielichtig hebt den schweren Blick der Morgen:
Auf feuchtem Gras sie ersten Schnee gebreitet.

*

Wie Wasser in der Schale steigt
Füllst du mein Zimmer, goldnes Licht!
Die traumbeladne Seele schweigt.
O laß ihr Raum! Vertreib sie nicht!

*

Stets wache Liebe, tief bewahrtes Leid,
Schönheit, erwachsen aus der Zeiten Grimme –
Ich wußte alles. Doch mein Herz ward weit
Seit du mir sprachest, schwesterliche Stimme!

*

Der windbewegte See im lichten Grau
Scheint wider wie aus mattem Zinn gehämmert –
Heut trägt er mich zu dir, geliebte Frau –
Ob je ein letzter Trennungsmorgen dämmert?

Mariafeld

Herbstgraues Haus, das heut mein Glück vereint,
Schweigsam hat dich der junge Schnee geschmückt,
In dem die Böschung sanft, der Schritt entrückt,
Die Erde lichter als der Himmel scheint.

*

Gelber Herbst und Immergrün,
Wind auf feuchten Wegen,
Nebelwald voll Laubesglühn,
Schnee und warmer Regen.

Ein Hund ruft. Nebel deckt die fernen Häuser.
Gleich weißem Wachsstock tropft der Strunk der Weide.
Ein Busch, gebückt ein betender Kartäuser.
Die jungen Buchen gehn in grauer Seide.

*

Sieh zwischen Bäumen den Rauch
Sonnbeglänzt schweben!
Uns ist, den Träumenden, auch
Wahrheit gegeben.

Zu einigen französischen Gedichten

Da die Woge über uns zusammenschlug,
Wiegt ein Schmerz noch, wie ihn einst der Dichter trug?
Doch er litt für alle. Präludiert sein Klang
Leis nicht Welterlösung und Weltuntergang?

*

Dichten ist Traum, Traum Wahrheit. Glanz der Attik,
Du bist ein Spiegel nur im dunklen All.
Ist nicht der Reim der Bilderschrift Grammatik?
Ist nicht das tiefste Rätsel der Kristall?

*

O Schönheit, dursterregend – durstzerstörte!
O, in der Leidenschaft um Liebe flehn!
O Flügelschlag! O Herzen, rauschbetörte!
O Höllensturz!   O Rimbaud, o Verlaine!

*

Dichtende Seele, o Tantalus, sehend entfremdet dem Glücke,
Als das Sein dir entglitt, wuchs dir der Sinn.
Abgrund blieb dir das Leben, doch du wurdest Brücke.
Wandle den Liebesverlust ewig in Liebesgewinn!

Meinem Vater

Als deiner Väter Haus in Rauch sich hüllte,
Gingst du hinein, zu retten. Wer darf nun
Dich tadeln, weil das Schicksal sich erfüllte?
Du weißt auch heut: ich müßt es wieder tun.

Dein sterblich Leben reißt der Strom der Rache
In seine Wirbel, und im tiefsten Schmerz
Kämpfst du noch einmal für des Friedens Sache.
Doch tieferer Friede füllt bereits dein Herz.

Zehntes Kapitel
Religion und Konflikt

1. Eugen Rosenstock: Die europäischen Revolutionen

Eugen Rosenstock (1888–1973), der später seinem Familiennamen den Namen seiner Schweizer Frau Huessy hinzufügte, veröffentlichte 1931 das Buch *Die europäischen Revolutionen*. Das
Vorwort beginnt: »Dies Buch entstammt dem Kriege. Damals
revoltierte der Kriegsteilnehmer in mir gegen das eigene Ge-
schichtsbild und gegen die Geschichtsbilder der verschiedenen
Kriegsparteien.« Das Buch ist ein Dokument der Intensität
deutschen Nachdenkens in den zwanziger Jahren. Hitlers
Machtergreifung nötigte den Verfasser zur Emigration. Das
Buch hat bei uns nie die Wirkung gehabt, die es verdient hätte.
Ich selbst bin dem Verfasser einmal vor 1933 und einmal nach
1945 persönlich begegnet. Aber erst Gespräche um das Thema
meines jetzigen Buches haben mir sein Buch in die Hand gebracht. Zur vollen Auseinandersetzung mit ihm fehlt mir nun
die Kraft. Es gehört jedoch thematisch genau an die Stelle von
»Konflikt als Form der Theologie«.

»Revoltieren« ist das Verbum des zweiten Satzes im Vorwort
des Buchs. In knappen Sätzen pointiert der Verfasser, stets
Zustimmung oder Widerspruch herausfordernd, sowohl allgemeine Thesen wie jedes der unzählbaren Details von knapp
tausend Jahren europäischer Geschichte, die er auf 536 Seiten
großen Formats als gelehrter Jurist, Soziologe und Historiker
durchgeht. Er findet in der beschriebenen Geschichte die Intensität des Wollens wieder, die ihn selbst erfüllt. Biographisch
sei gesagt, daß er in den zwanziger Jahren Schöpfer des Gedankens des Freiwilligen Arbeitsdienstes war, den er nach der Emigration noch 1965 in Amerika im Blick auf Kennedys Peace
Corps zum Thema eines Buches macht.* Die Geschichte des
zweiten christlichen Jahrtausends in Europa sieht er als das
»Sechstagewerk (S. 535) von Revolutionen, die fünf Natio-

---

* *Dienst auf dem Planeten*, Stuttgart 1965.

nen geprägt haben und zugleich von umfassender Bedeutung
waren:

1. die Papstrevolution seit Gregor VII., die das Italien der Renaissance hinterließ,

2. die deutsche Reformation Luthers,

3. die englische Parlamentsrevolution,

4. die Französische Revolution von 1789, »la grande révolu-
tion«,

5. die Prägung der deutschen Großmächte, im 18. und 19.
Jahrhundert,

6. die russische Weltrevolution unseres Jahrhunderts.

Was ist für ihn das Gemeinsame der Revolutionen? Es geht
um Herrschaft, um soziale Gerechtigkeit, also um die stets wiederkehrenden Themen, aber immer um deren tiefe, umstrittene
Legitimation. »Das Wunderbare an der Geschichte ist daher
nicht, daß große und außerordentliche Ereignisse uns bestür-
zen, erheben oder entsetzen. Das Wunderbare ist, daß wir
durch diese großen Ereignisse umgewandelt und erneuert wei-
terleben dürfen. Das Außerordentliche geschieht als Ursprung,
damit sich das Ordentliche daraus ausbreite und verallgemei-
nere und entwickle.« (S. 535)

Als Ursprung und Modell sei hier nur die erste, vielleicht erst
von Rosenstock als solche deklarierte, die Revolution des Pap-
stes im Mittelalter besprochen. Ich erlaube mir, sie alsbald auch
im Rahmen meines Aufsatzes über Konflikt als Form der Theologie anzuschauen.

Rosenstock beginnt mit dem sächsischen und salischen Kaisertum des 11. Jahrhunderts, zumal dem heiliggesprochenen
Heinrich II. und dem Gipfel der Kaisermacht unter Heinrich III. Karl der Große hatte zweihundert Jahre zuvor mit der
Zustimmung des Bischofs von Rom den römischen Kaisertitel
für sein germanisch-lateinisches Frankenreich wiederhergestellt: ein weströmischer Kaiser neben dem griechischen By-
zanz. Aber das Frankenreich zerfiel, das Kaisertum kam an den
Herzog der Sachsen. Die sächsischen Kaiser des 10. Jahrhunderts stabilisierten und legitimierten ihre Herrschaft gegen den
lokalen Adel durch die Kirche: die Bischöfe wurden Beauf-
tragte des Kaisers, Träger des Reichs. Damit trat die Kirche in
die Aufgabe und das Leiden einer politischen Rolle. Rosen-

stock: »Wenn die Kirche des ersten Jahrtausends den Himmel eröffnet hat, so sehen die Völker des zweiten Jahrtausends als ihre Zeit das Purgatorio an. Der Aufenthalt im Fegefeuer ist so die Zeit der Völker Europas geworden.« (S. 113) »Das Reich des Kaisers ist im Jahre 1000 nicht von dieser Welt. Geistliches Ornat umgibt den Kaiser. Er kann nicht zur Welt gehören. Denn diese Welt ist vom Teufel. So wird in jenem Zeitalter die Reichskirche den Stämmen verkünden, daß der Kaiser sie für das künftige Leben zubereite.« (S. 115)

Ich erlaube mir hier einen Rückblick auf die Sichtweise meines jetzigen Buchs; dazu *Der Mensch in seiner Geschichte*, Kap. 3. Das erste Jahrtausend der Kirche sieht Rosenstock als Jubel angesichts des ewigen Jenseits. Dieser Jubel »verstummt in dem Unglück des ›eisernen‹ Jahrhunderts, des Zehnten. Wer soll die Feste auch nur richtig feiern, wenn Ritter und Grafen Bistümer und Abteien verwalten, wenn die wenigen Geistlichen, die in diese Ämter kommen, jahraus, jahrein Geschäfte des Königs in Krieg und Frieden wahrnehmen müssen?« (S. 107). Ein ähnliches Bild vom Unterschied des zweiten vom ersten Jahrtausend zeichnet C. G. Jung (II 8.3). Ich bin nicht genug Historiker, um das Zutreffen dieses Bilds zu überprüfen. Aber anschließend an Jung habe ich gesagt, daß ich in diesem Übergang, wenn er denn so war, einen Fortschritt im Selbstverständnis des Christentums sehe. Jesus verkündigte ein diesseitiges Reich Gottes, das schon begonnen hat. Das Unerwartete geschah: das Römische Reich brach nicht zusammen, die Christen jedoch wurden seine Herren. Aber das Leben der Menschen wurde unter den christlichen Kaisern nicht besser als unter den heidnischen. Dem Kaiser konnte es gut gefallen, als Statthalter des kommenden Reiches zu herrschen und die Christen auf Christi Wiederkunft und auf ein ewiges Leben im Jenseits der Seelen warten zu lassen. Nur die mystische Erfahrung war in dieser Lage möglich. Die Liturgie vermittelte der Gemeinde den Anteil an ihr. Darum der Jubel des eröffneten Jenseits: der Trost im furchtbaren Diesseits.

Das Diesseits aber nimmt nun die geistlich gestützte Kaisermacht ernst. Doch eben damit ruft sie die Kirche wach, ihrerseits das Diesseits prägend zu verwandeln, und zwar im Protest gegen die ihr auferlegte Rolle im Dienste weltlicher Interessen.

Als Simonie (Ämterkauf) wird diese weltliche Rolle verurteilt. Die Priesterehe wird verurteilt, welche den Priester von weltlichen Bedürfnissen abhängig macht. Wenn »die Kaiser ihre deutsche Sippe auf den Papstthron setzen und so die antike Lokalordnung aller Kirchenämter sogar in Rom selbst verletzen«, so »kreuzigte der Kaiser die Kirche«. Dreißig Jahre nach den deutschen Päpsten erhob Gregor VII. als Papst den Anspruch der Investitur aller Bischöfe und des Rechtes, Kaiser abzusetzen. Und der Investiturstreit war nicht nur ein Konflikt zwischen dem weltlichen und dem geistlichen Oberherrn, sondern, wie neue Forschungen bestätigen, eine tiefe revolutionäre Bewegung durch die Völker hindurch.

Doch pflegen Revolutionen sehr anders zu enden, als sie sich selbst anfangs verstanden haben. Der Kampf wurde ausgetragen in den beiden Kernländern des Reiches, die seitdem Deutschland und Italien heißen. In Italien wurde daraus der Streit der Ghibellinen und Guelfen (Waiblinger = Staufer, und Welfen), den die Stadtkultur der Guelfen gewann. Der staufische Kaiser unterlag schließlich dem Papst, der Papst aber, der das politische Ideal der Kreuzzüge geschaffen hatte, unterlag nach dem Ende der Kreuzzüge dem König von Frankreich. In Italien blühten die Städte auf. Ihr geistliches Selbstverständnis prägte Franziskus von Assisi; Bettelmönch kann man, in unserem Klima, nur in der städtischen Wirtschaftsform sein. Die italienische Renaissance ist schließlich der Erbe der päpstlichen Revolution.

Die Revolutionen – so Rosenstock – prägen die Nationen. Die nächste Revolution aber, jeweils in einer anderen Nation wurzelnd, wendet sich gegen den Sieger ihrer Vorgängerin. So Luthers Reformation in Deutschland gegen den Papst und die Bischöfe, nicht aus weltlichen, sondern von neuem aus geistlichen Motiven. Rosenstock schildert dann anschaulich, wie der Professor Luther im Effekt einen deutschen geistigen Stil geprägt hat. Aber die Kirche braucht ein Oberhaupt, und dies wird nun, nachdem die Bischöfe besiegt sind, der Landesherr. Auch hier ein diesseitiges Ergebnis der geistlich motivierten Revolution.

In England hat die Monarchie unter Heinrich VIII. ihren Gewinn aus der Kirchenreformation gezogen. Es sind die frommen Puritaner, die unter Cromwell dagegen revoltieren. Sie hinterlassen, nach der Restauration, nach der unblutigen »glorious revolution« von 1688 und dem Parteienkampf der Whigs und Tories schließlich das parlamentarische System, in dem die Industriegesellschaft entsteht. Dieser letzte Prozeß heißt auf englisch bis heute »the industrial revolution«.

Die Französische Revolution schildert Rosenstock von vorneherein im Zuge der französischen Rationalität und der Aufklärung. Ein Totalitätsanspruch der Vernunft, der von hier aus ganz Europa durchdringt. Freiheit, Gleichheit, Brüderlichkeit. Sozial der Sieg des besitzenden Bürgertums. Und das 19. Jahrhundert wird das Jahrhundert der Weltherrschaft Europas. Ihrem Stil fügen sich dann die deutschen Großmächte Österreich und Preußen, in je eigener Form, ein.

Die Weltrevolution, die erst im 20. Jahrhundert konzipiert werden kann, findet die Basis ihrer Wirksamkeit im sozial rückständigsten Reich, in Rußland. Rosenstock schildert die Schärfe der Analyse und des Hasses des Besitzbürgersohns Marx und den abstrakt-willensstarken Anspruch Lenins und der bolschewistischen Führung, aus der richtigen Theorie heraus eine ihr zunächst völlig fremde Wirklichkeit umzugestalten – mich als Leser erinnert dies an die Schilderung des zu Beginn ebenso abstrakt-willensstarken Anspruchs von Gregor VII. im weit vorausgegangenen Kapitel, 850 Jahre früher. In dieser bolschewistischen Theorie aber ist die Wirklichkeit nicht mehr das Seelenheil und nicht mehr die Vernunft des Individuums, sondern die Wirtschaft. Es ist bewegend, dies heute, sechzig Jahre später, zu lesen, da die Herrschaft jener Revolutionäre zerbrochen, die Armut der Menschheit aber, Motiv einer Weltrevolution, nicht behoben ist.

Ein rascher Überblick, wie ich ihn hier gebe, kann die dezidierte Subtilität im Detail, die Rosenstock anwendet, nicht wiedergeben, welche den Leser ständig zum Nachdenken zwingt. Ich ende mit einem Zitat: »Die Kultur unseres Erdteils ruht auf diesen erfolgreichen Aufrufen zur Revolution aus dem Geist. Dreimal hat ein Mönch, dreimal hat ein Edelmann im Zentrum einer solchen Revolution gestanden. Es sind diese sechs: Der Mönch (d. h. der Papst Gregor VII.) Hildebrand, der Mönch Franz von Assisi, der Mönch Luther, der Gentleman Cromwell, der adlige Korse Napoleon Bonaparte, der Edelmann Wladimir Iljitsch Uljanow (Lenin) aus Simbirsk. Dem entspricht es, daß dreimal die katholisch-theologische Ordnung der Kirche und dreimal die zivile weltliche des Staates revolutioniert worden ist. Die Periode der kirchlichen Umwälzungen heißt gewöhnlich Mittelalter, die der staatlichen Neuzeit. Mittelalter und Neuzeit zusammen bilden das Jahrtausend der Revolutionen.« (S. 515–516)

2. Säkularisierung

Aber sind die Motive der Revolutionen der Mönche und der gesellschaftskritischen Edelleute in der Tiefe so verschieden? Sind die Motive der staatlichen Umwälzungen nicht nur Säkularisierungen der älteren Motive der Umwälzungen in der Kirche? Sind Freiheit, Gleichheit, Brüderlichkeit nicht die Themen des Evangeliums?

Als ich einmal vor Jahren in einem Kreise von Historikern in diesem Sinne über die drei Ideale der Französischen Revolution sprach, wurde mir erwidert: »Das ist eine Verwechslung der geistlichen Bedeutung dieser Worte im Christentum mit der politisch-konkreten Bedeutung im Paris von 1789. Freiheit heißt da die Wiederherstellung verbürgter ständischer Rechte. Gleichheit heißt Sturz der Kommandogewalt des Adels und des Klerus. Brüderlichkeit eint die Kämpfer für Freiheit und Gleichheit.«

Ich konnte die mit viel historischem Detail geführte Debatte nicht zu Ende führen. Aber ich wurde nicht überzeugt. Ich leugnete keine der angeführten Einzelheiten. Aber ich sah in der Entwicklung seit dem späteren Mittelalter eben eine Säkularisierung ursprünglicher christlicher Motive. Den Sinn dieser Meinung möchte ich hier erläutern.

Eine ausführliche Erläuterung würde den Rahmen des anschwellenden Buches sprengen. Und ich kann auf zwei frühere Bücher verweisen, in denen ich in Breite hiervon gesprochen habe. Das Buch *Wahrnehmung der Neuzeit* (1983, *WN*) enthält einen 1945 geschriebenen, vorher nicht publizierten Aufsatz, »Versuch einer Geschichtskonstruktion«, dessen detaillierte

Nähe zu der mir damals im Text unbekannten Darstellung von Rosenstock mich jetzt, bei erneutem Durchlesen, zutiefst verblüfft hat. Mein damaliger Aufsatz war geschrieben unter dem Eindruck von Vorlesungen, Seminaren und Gesprächen von und mit Hermann Heimpel, der wohl eine damals unter Historikern sich herausarbeitende Sicht vertrat. Ein Aufsatz, »Zur Beurteilung des deutschen Geistes«, auch von 1945, schließt daran an. Die »Geschichtskonstruktion« habe ich dann, in etwas mehr säkularer Sprache, 1959 in Glasgow in den Gifford Lectures dargestellt, die 1964 im ersten Band der *Tragweite der Wissenschaft* abgedruckt wurden; dort vor allem am Ende der 5. Vorlesung »Christentum und Geschichte« und in der 10. Vorlesung »Was ist Säkularisierung?«. Im Buch *Wahrnehmung der Neuzeit* komme ich schließlich, erläuternd und selbstkritisch, auf das Thema zurück im für das Buch neu geschriebenen Abschnitt »Begriffe«. Der Inhalt dieser Texte sei hier skizziert.

Auch der Aufsatz »Versuch einer Geschichtskonstruktion« beginnt im Mittelalter, und zwar genau beim sächsischen Kaisertum. Dies war wohl ein für Heimpel und Rosenstock aus guten Gründen gemeinsamer Ausgangspunkt. Heimpel hielt 1934 seine Leipziger Antrittsvorlesung über die deutschen Kaiser des Mittelalters in einer Deutung, welche damals herrschenden Nazi-Doktrinen strikt widersprach; privat auf seinen Mut angesprochen, sagte er: »Wer nicht bereit ist, für seine mittelalterlichen Kaiser ins KZ zu gehen, soll nicht Historiker werden.« Als ich ihn später fragte, welchen Kaiser er für den wichtigsten halte – und ich erwartete, Karl den Großen oder einen der großen Staufer zu hören –, nannte er ohne Zögern Heinrich II. den Heiligen.

Mein Aufsatz, und ebenso später die Gifford Lecture, artikulierte sich unter den drei Leitbegriffen *Natur, Christentum, Realität*. Ich gebe nun ausführliche Zitate. »Natur« ist, so mein späterer Kommentar, »zunächst einfach der jeweils gerade vorfindliche Zustand der Gesellschaft ... ein Zustand, der sich für selbstverständlich und insofern für natürlich hält«. »Im Zusammenhang der ›Geschichtskonstruktion‹ aber bedeutet ›Natur‹ einen spezifischen geschichtlichen Zustand, den der von Antike und Christentum erst unvollkommen durchdrungenen nordalpinen germanischen Völker. Es ist ein Zustand, der von dem rasenden geistigen Prozeß noch nicht ganz erreicht ist, der einmal Griechentum und Römerreich hieß und später Neuzeit heißen sollte.« (*WN*, S. 365–366) »Die politische Macht lag damals fast in ganz Europa in den Händen des germanischen Adels. Er ist wesentlich Blutsadel.« (Text der »Geschichtskonstruktion«, *WN*, S. 222)

»Der Adel ist heidnisches Erbe. Verglichen mit dem Christentum ist er Natur. Das Christentum ist Geist. Christus ist in die Welt gekommen, ein Feuer zu entzünden. Es ist das Feuer des Geistes, das die Natur verzehrt. Christus ist nicht gekommen, den Frieden zu bringen, sondern das Schwert. Christentum und natürliche Adelswelt sind letzten Endes unvereinbar. Das Drama des Mittelalters ist die Enthüllung dieser Unvereinbarkeit. Die Neuzeit ist das Abrollen ihrer Konsequenzen.« (*WN*, S. 222)

»Der Papst war stärker als der Kaiser, aber der französische König war stärker als der Papst. Damit ist das mittelalterliche Drama entschieden. Der Versuch, die Welt in einem Anlauf zu christianisieren, ist mißlungen. Was folgt, ist der Gehalt der Neuzeit: die Entfaltung der Realität. Die Realität ist die Natur.« (S. 227) »Die Realität ist aber nicht die Natur schlechthin. Sie ist nicht die Natur, die wir ursprünglich sind, sondern diejenige, die uns als Objekt gegenübersteht. Soweit man Realität haben will, muß man aufgehört haben, Natur zu sein. So ist die Realität das Erbe des christlichen Angriffs auf die Natur.« (S. 228) Aus dem späteren Kommentar hierzu: »Es gibt eine Zeichnung von Leonardo, ›Der Kampf des Löwen mit dem Drachen‹. Der gewaltig fauchende, naturhaft starke Löwe unterliegt dem metallischen Drachen. Es ist notwendig, den Drachen zu verstehen.« (S. 366)

»Auf Zeiten nur verhüllter Weiterbildung folgen Augenblicke des Durchbruchs: die großen Revolutionen. Die Revolution ist das typische politische Elementarereignis des neuzeitlichen Europa. In ihrer Maßlosigkeit wird etwas von den sonst verborgenen Hintergründen der Entwicklung sichtbar. Sie führt das Erbe jener christlichen Radikalisierung des Mittelalters fort. Keine Revolution wäre möglich, wenn nicht religiöse Kräfte in ihr eingefangen wären. Und es sind nicht allgemein re-

ligiöse Tendenzen, sondern spezifisch christliche Inhalte. Die
englische Revolution des 17. Jahrhunderts hat das noch klar
ausgesprochen. Aber was sind Freiheit, Gleichheit, Brüderlichkeit oder die modernen Gemeinschaftspostulate anderes als
was dem Christen in der Liebe gegeben ist und was die vorgeb-
lich christliche Welt doch so furchtbar vermissen läßt? Jetzt,
endlich, soll es Ernst damit werden. In jeder Revolution ist die
Möglichkeit des Himmelreichs. Aber sie ist nur der eine Pol der
äußersten Polarisierung. Unweigerlich geht von ihr der Weg
über die Zweideutigkeit des Chiliasmus* zur eindeutigen Position des Antichrist. Ist diese aber erreicht, so ist die Revolution
zu Ende. Diese Enthüllung erträgt die Welt noch nicht. Das Pathos der Revolution muß unterliegen. Sieger bleibt aber auch
nicht die gleichwohl ins Herz getroffene Reaktion, sondern der
unaufhaltsame Fortschritt der Realität.« (S. 232–233)

»Was ist das Ziel des ungeheuren Prozesses, den wir die Entfaltung der Realität genannt haben? ... Vor einiger Zeit glaubten die meisten Menschen naiv an die Selbststabilisierung der
Realität. Heute werden wir in Versuchung geführt, nur die
Selbstvernichtung von ihr zu erwarten. Und doch ist nicht einzusehen, warum dieses gewaltige Instrument, in die richtigen
Hände gelegt, nicht, wo nicht Segen, so doch Nutzen stiften
sollte. Sie ist an sich selbst ein wertfreier Machtapparat; eben
die Realität und sonst nichts. Nach dem Menschen, der dieses
Instrument bedient, haben wir deshalb zu fragen.« (S. 234)

Diese letzte Frage wird in dem Aufsatz, der in den letzten
Monaten des Zweiten Weltkriegs geschrieben wurde, begreiflicherweise zwar erwogen, aber nicht beantwortet.

In der Arbeit am Versuch einer Antwort half mir wenige
Jahre später der Gesprächskontakt mit dem Theologen Friedrich Gogarten über seinen Begriff der Säkularisierung. »Gogar-
tens Geschichtstheologie verstand die neuzeitliche Bewegung
als eine Säkularisierung christlicher Inhalte. Er bot mir damit
eine Antwort auf mein Problem, wie die Bewegung des Christentums hatte die ›Realität‹ hervorbringen können. Er unterschied Säkularisierung und Säkularismus. Säkularisierung hieß,

---

* der Lehre vom nun beginnenden »Tausendjährigen Reich Christi«. (Anmerkung 1992)

in christlicher Diktion gesagt, den Willen Gottes in der geschichtlichen Wirklichkeit, im ›Säkulum‹, wirklich zu tun. Dies war nach seiner Auffassung die Tat der mündig gewordenen Christen, der erwachsenen ›Söhne Gottes‹ im paulinischen Sinne, die zu freien, verantwortlichen Verwaltern der Schöpfung geworden sind. Säkularismus aber war die Ersetzung des freimachenden christlichen Glaubens durch die quasireligiöse Bindung an die Inhalte der säkularen Welt, an politischen und technischen Fortschritt, also in Wahrheit an eine neue Unfreiheit unter undurchschauten Idealen. Als Säkularismus konnte ich meine ›Realität‹ verstehen. Die geschichtliche Erzeugung der Realität aus dem Christentum erschien nun wie eine christliche Häresie, wie der Übergang von der geforderten Säkularisierung zum selbstbestätigenden Säkularismus.« (*WN*, S. 371–372)

Soweit die Zitate. In der Vorlesung »Tragweite der Wissenschaft« habe ich versucht, die hier unter dem Titel der Säkularisierung angedeuteten Gedanken auszuführen. Für einen heutigen Leser muß ich am dort Gesagten eine Korrektur anbringen (vgl. auch *WN*, S. 372–376). Ich faßte damals auch die präzise mathematische Beschreibung der Naturgesetze als eine Säkularisierung des christlichen Schöpfungsglaubens auf, anschließend z. B. an den von mir sehr geliebten Johannes Kepler. Das ist aber ein historischer Irrtum. Ich hatte Platon in diesem Punkte noch nicht verstanden. Meine heutige Auffassung von Platons Theorie der Natur habe ich in *Der Mensch in seiner Geschichte*, 6. Kapitel, und im jetzigen Buch (II 11) dargestellt. Die moderne Naturwissenschaft läßt sich direkt an diejenige der Antike anschließen, auch wenn christlicher Schöpfungsglaube sie nach anderthalb Jahrtausenden dazu noch einmal ermutigt hat.

Auch die künstlerische und die politische Entwicklung der Neuzeit ist ohne den bewußten Rückgriff auf die Antike nicht zu verstehen, einen Rückgriff, den schon die Selbstbezeichnung einer Ära als Renaissance, als Wiedergeburt anspricht. Hier vermischen und verbinden sich griechisch-römische mit biblischen Inhalten. So ist z. B. Demokratie ein griechischer Begriff, der Gottesreichgedanke der britischen Puritaner aber knüpft explizit an die klaren politischen Forderungen des Alten Testaments an (Rosenstock: Cromwells Soldaten gaben sich alttestamentliche Namen). Und ich wiederhole hier meine Meinung, daß die Jenseitigkeit des historischen Christentums, auch wo sie sich auf reale mystische Erfahrung berufen dürfte, der diesseitigen Verkündigung des Reichs Gottes durch Jesus nicht gerecht wird. Ich sehe nicht, wie die konkreten politischen und sozialen Probleme unserer Zeit lösbar werden sollten ohne eine praktische Vernunft, welche für die christliche Erfahrung offen ist. Deshalb habe ich mich gerne dem »konziliaren Prozeß« zur Verfügung gestellt, von dem im nächsten Abschnitt die Rede sein wird.

Ich ende hier nicht mit einem Programm, sondern, noch einmal aus dem alten Aufsatz zitierend, mit dem Bekenntnis zu einem Gleichnis. »Dem Christen ist diese Welt nicht als der Ort seiner Siege bestimmt«. (S. 233) Und die erste Fassung jenes Aufsatzes endete, von diesen Christen sprechend, mit den Sätzen (S. 237): »Vielleicht ist das Wissen um dieses Scheitern der Zoll, den sie zahlen, um sich über die anderen nicht zu überheben. An dem Tag, der wie der Blitz leuchtet vom Aufgang bis zum Niedergang, wird ihre Arbeit nicht vergeblich gewesen sein.« (Dazu Matth. 24, 27.)

3. Gerechtigkeit, Friede, Bewahrung der Schöpfung

A. Zum Hergang

Auf der Vollversammlung des Ökumenischen Rats der Kirchen (ÖRK; auch Weltrat der Kirchen genannt) in Vancouver 1983 stellten die Vertreter des Bundes der evangelischen Kirchen in der DDR den Antrag, ein ökumenisches Konzil des Friedens einzuberufen. Im ÖRK einigte man sich im folgenden Jahr, eine Weltversammlung (Konvokation) für Gerechtigkeit, Frieden und die Bewahrung der Schöpfung einzuberufen. Die Einladung der ÖRK an die christlichen Kirchen erging im Jahr 1987. Die Vorbereitung der Versammlung wurde offiziell »konziliarer Prozeß für Gerechtigkeit, Frieden und Bewahrung der Schöpfung« genannt; es gab eine verbreitete Meinung, der Prozeß als solcher sei der wesentliche Vorgang und die Versamm

lung solle nur ein Schritt im Prozeß sein. Die Versammlung
fand statt vom 5. bis 12. März 1990 in Seoul (Korea).*
    Zur Vorbereitung fanden u. a. in Deutschland zwei parallele
Versammlungsreihen statt. In der Bundesrepublik lud die
Arbeitsgemeinschaft Christlicher Kirchen, der die katholische,
die evangelische und die von beiden unabhängigen Kirchen angehören, zu einem »Forum Gerechtigkeit, Frieden und Bewahrung der Schöpfung« ein, das 1988 zuerst in Königstein und
dann in Stuttgart stattfand.** In der DDR lud die entprechende
Arbeitsgemeinschaft zu einer »Ökumenischen Versammlung
für Gerechtigkeit, Frieden und Bewahrung der Schöpfung« ein,
deren endgültiger Text in Dresden 1988 verabschiedet wurde.*** Für Europa luden gemeinsam ein die Konferenz Europäischer Kirchen und der (katholische) Rat der Europäischen
Bischofskonferenzen. Die »Europäische Ökumenische Versammlung für Frieden und Gerechtigkeit« fand vom 15. bis
21. Mai 1989 in Basel statt.**** Zur Weltversammlung in Seoul
lud jedoch die katholische Kirche nicht mit ein und entsandte
nur Beobachter.
    Die im folgenden abgedruckten Texte entstammen meiner
Beteiligung an diesen Vorgängen. Der deutsche Evangelische
Kirchentag in Düsseldorf 1985 veranstaltete ein Podiumsge-
spräch über einen Aufruf zu einem Konzil des Friedens. Ich war
eingeladen, auf dem Podium zu sitzen. Da mir der ursprüngliche Entwurf des Aufrufs nicht ganz befriedigend vorkam, verfaßte ich einen neuen Entwurf, der dann angenommen wurde
(unten, Abschnitt B). 1986 veröffentlichte ich eine Broschüre
über das Thema.***** Aus diesem Buch werden hier unter C.

---

*   Schlußdokument: IPIC-Büro des ÖRK, Postfach 2100, CH-1211
Genf 2.
**   Text: EKD-Texte »Frieden in Gerechtigkeit für die ganze Schöpfung«,
Kirchenamt der Evangelischen Kirche in Deutschland, Herrenhäuserstr. 12,
3000 Hannover 12.
***   Dokumentation: Aktion Sühnezeichen / Friedensdienste, Jebenstr. 1,
1000 Berlin 12.
****   *Frieden in Gerechtigkeit, Dokumente der Europäischen Ökumeni-
schen Versammlung*, Zürich 1989.
*****   *Die Zeit drängt*, München 1986. Dazu *Das Ende der Geduld, Diskus-
sion von 15 Autoren*, München 1987. Beide inzwischen auch in einem gemeinsamen Taschenbuchband erhältlich.

16 Thesen abgedruckt. Ich nahm dann als Delegierter der Evangelischen Kirche in Deutschland (EKD) an den Versammlungen in Königstein und Stuttgart, in Basel und in Seoul teil.*

Die nachfolgenden Texte D., E. und F. sind bisher nicht veröffentlicht. D. und E. hatte ich zwischen Basel und Seoul nur zur Klärung meiner eigenen Gedanken geschrieben. E. reagiert u. a. auf einen Entwurf (»Draft«) für das endgültige Dokument von Seoul, den der ÖRK einer Reihe von Teilnehmern mit der Bitte um Vorschläge zur Verbesserung oder Alternativen zugesandt hatte. Ein solcher Vorschlag war mein Text F., von dem jedoch sehr wenig in das Enddokument eingegangen ist.

Der Sinn des Abdrucks der Texte D. und E. ist, die grundsätzlichen Fragen in einer Weise deutlich zu machen, die ich damals nicht in dieser Härte öffentlich aussprechen wollte. F. ist ein Beispiel dessen, was ich innerhalb des Prozesses zu sagen vorschlug.

Ob die Versammlung von Seoul eine weitere sichtbare Folge haben wird, kann ich in dem Augenblick, in dem ich dies schreibe, nicht erkennen. Zunächst ist eher ein Erlahmen des Prozesses zu beobachten. Doch möchte ich glauben, daß man aus sachlicher Notwendigkeit auf seinen Gehalt zurückkommen wird.**

B. Aufruf

Deutscher Evangelischer Kirchentag, Düsseldorf, Juni 1985.

»Wir bitten die Kirchen der Welt, ein Konzil des Friedens zu berufen.

Der Friede ist heute Bedingung des Überlebens der Menschheit. Er ist nicht gesichert. Auf einem ökumenischen Konzil, das um des Friedens willen berufen wird, müssen die christlichen Kirchen in gemeinsamer Verantwortung ein Wort sagen, das die Menschheit nicht überhören kann.

Die Zeit drängt. Wir bitten die Kirchenleitungen, alles zu tun, damit das Konzil so rasch wie möglich zusammentritt.

Wir bitten die Gemeinden, dem Aufruf zu einem Konzil durch ihre ausdrückliche Unterstützung Kraft zu verleihen.«

---

*   Hierzu Beiträge in *Bedingungen der Freiheit*, München 1990.
**   Dazu: *Ein Schritt auf dem Weg*, in: *Bedingungen der Freiheit*, München 1990.

C. Thesen (1986)

I. Name und Sache

1. Eine Weltversammlung der Christen für Gerechtigkeit, Frieden und Bewahrung der Schöpfung soll einberufen werden.

2. Die Menschheit befindet sich heute in einer Krise, deren katastrophaler Höhepunkt wahrscheinlich noch vor uns liegt. Deshalb ist entschlossenes Handeln nötig.

3. Die Krise ist sichtbar in den drei Themenbereichen Gerechtigkeit, Friede, Natur. Es gibt ethisch konsensfähige, politisch realisierbare Forderungen zum Verhalten in diesen Bereichen.

4. In bezug auf die drei Bereiche ist eine Einigung der Christen und eine Übereinstimmung der Weltreligionen möglich und geboten. Eine weltweite politisch wirksame Rechtsordnung ist zu fordern.

II. Gerechtigkeit

1. Kein Friede ohne Gerechtigkeit, keine Gerechtigkeit ohne Frieden. Keine Gerechtigkeit ohne Freiheit, keine Freiheit ohne Gerechtigkeit.

2. Gerechtigkeit meint sowohl Legalität, d. h. nationales und internationales Recht einschließlich der Menschenrechte, wie soziale Gerechtigkeit, ohne welche dem Armen seine legalen Rechte nichts nützen.

3. Die Versammlung wird konkrete Aussagen über Themen wie Rassismus, Frauenrechte, Gewaltausübung, Arbeitslosigkeit machen wollen und müssen.

4. Eine gemeinsame christliche Sozialethik ist möglich. Eine durchsetzbare Weltwirtschaftsordnung ist politisch nötig.

III. Friede

1. Die Zeit ist gekommen, in der die politische Institution des Krieges überwunden werden muß und kann.

2. Die Gefahr eines dritten Weltkrieges ist nicht gebannt. Die nukleare Abschreckung hat uns eine Atempause gewährt. Sie ist moralisch problematisch und bietet keine permanente Gewißheit. Sie hat die über hundert nichtnuklearen Kriege seit 1945 nicht verhindert. Der Friede kann permanent nicht technisch, sondern nur politisch gesichert werden.

3. Die Versammlung muß, wenn sie dazu noch zurecht-kommt, eine gemeinsame Politik der Großmächte für Entspan-nung, Rüstungsabbau, wirtschaftliche und kulturelle Zusam-menarbeit dringend fordern.

4. Eine gemeinsame christliche Friedenstheologie wird erst-mals seit 1700 Jahren möglich. Politisch verlangt die Überwin-dung des Krieges als Institution den Verzicht der Staaten auf das Souveränitätsrecht der Kriegführung.

IV. Schöpfung

1. Kein Friede unter den Menschen ohne Frieden mit der Na-tur. Kein Friede mit der Natur ohne Frieden unter den Men-schen.

2. Es ist ein untechnisches Verhalten, alles zu realisieren, was technisch möglich ist. Wir sind heute in Gefahr, die Existenzba-sis der Pflanzen, Tiere und Menschen im Ablauf einiger Jahr-zehnte zu zerstören.

3. Die Versammlung wird sich auf Fragen der internationalen Energiepolitik, der Landwirtschaft, des Schutzes der Wälder, zumal in den Tropen, einlassen müssen.

4. Eine Wissenschaft, die sich für ihre Folgen nicht verant-wortlich weiß, und eine Technik, die nicht bewußt fehler-freundlich geplant ist, sind moralisch und politisch unreif. Die großen Umweltprobleme müssen im Rahmen einer Weltwirt-schaftsordnung behandelt werden.

D. Konvokation

Eine Aufzeichnung für Freunde über die Rolle der Christen in der heutigen Welt
Geschrieben im Herbst 1989

Die beiden Versammlungen, die ich 1988 und 1989 mitge-macht habe, das Forum in Königstein und Stuttgart, und dann die europäische Versammlung in Basel, sind besser geglückt, als fast alle Teilnehmer vorher erwartet hatten. Mit Sorge fragen sich viele, ob die Konvokation in Seoul ebenso glücken kann oder vielleicht ein schrecklicher Fehlschlag wird.

Die jetzige Aufzeichnung versucht, meine subjektive Weise, diesen Erfolg und diese Gefahr wahrzunehmen, zuerst mir

selbst, aber dann auch, wenn das glücken sollte, meinen Freunden darzustellen. Subjektiv: denn ich habe in den letzten vier
Jahren zunehmend erfahren, wie weit sich meine Weise, wahrzunehmen, zu denken und zu sprechen, von der in der Kirche
vorherrschenden Weise unterscheidet. Egozentrisch gesagt: Ich
bin unfähig, die »Sprache Kanaans« anders als mit tiefem
schlechtem Gewissen mitzusprechen. Ich kann nicht glauben,
daß diese Sprache das ausspricht, was Jesus gewollt hat, selbst
oder sogar gerade dort, wo sie seine Vokabeln übernimmt. Das
schließt nicht aus, daß diese Sprache, wo sie in aufrichtig nai-
vem Glauben gesprochen wird, die Hilfe bietet, welche die sie
sprechenden Menschen brauchen, um ihren guten Willen in
gute Taten umzusetzen. Ich will im »konziliaren Prozeß«
darum gewiß nicht gegen diese Sprache und die sie tragenden
Meinungen polemisieren. Ich rede, soweit ich es vermag,
ebenso mit; dabei versuche ich, leise, wo ich selbst an Hand-
lungsentscheidungen oder Textformulierungen beteiligt bin,
die Handlung oder den Text in eine mir selbst glaubwürdigere
Richtung zu lenken. Aber ich glaube, daß diese in der Kirche
noch herrschende Denk- und Handlungsweise die von ihr Geleiteten objektiv in die Gefahr bringt, die Realität ungenau, verzerrt wahrzunehmen und eben daher das gute Ziel, das sie verfolgen, nicht zu erreichen.

Inwiefern waren »Stuttgart« und »Basel« geglückt? Es war
wohl die Empfindung der Mehrzahl der Teilnehmer: die verabschiedeten Dokumente waren nicht ganz schlecht, das Entscheidende aber war die Erfahrung unserer christlichen Gemeinsamkeit. Man wagt zu meinen, man habe einen kleinen
Hauch dessen erfahren, was die alte Kirche in der Überzeugung
ausdrückte, der Heilige Geist stehe ihren Versammlungen bei.
Aber wir alle wissen, daß man den Heiligen Geist nicht für die
Dokumente der Versammlungen rechtfertigend in Anspruch
nehmen darf. Subjektiv sage ich hier: das »anathema sit«, das
»er sei verdammt« am Ende der Konzilsentscheidungen alter
Zeit gegen diejenigen, welche diese Entscheidungen nicht glauben, war das Unchristlichste, was die Konzilien überhaupt tun
konnten – gerade weil es zur kirchenpolitischen Durchsetzung
sehr zweckmäßig war. Niemand wird auf die Idee kommen, solche Unfehlbarkeit für unsere Dokumente in Anspruch zu neh-

men. Gewiß gibt es keinen einzigen Delegierten einer der Versammlungen, der jeden Satz im verabschiedeten Dokument als seine eigene Meinung ansieht. Die Verabschiedung – in Basel mit mehr als 95 Prozent der noch Anwesenden – drückte nicht wörtliche Zustimmung, sondern den Willen zum gemeinsamen Handeln im gemeinsamen Geist aus. Aber mir wird zutiefst unwohl, wenn ich die hämmernde Sprache gewisser Entwürfe für solche Texte lese. Ihr Pathos ist genau das verdammende: »Glaubt und unterschreibt dies, oder ihr seid keine Christen!« Dies ist moralisierende Selbstgerechtigkeit, und *weil* es unmoralisch ist, nimmt die außenstehende Welt es als unseriös und belanglos wahr.

Aber auch dort, wo nicht gehämmert und verdammt wird, bleibt mir die der Kirche selbstverständliche Sprache fremd, tiefer fremd, als ich vor meinem Eintritt in den »konziliaren Prozeß« erwartet hätte. Ich hatte nicht gewußt, in wie tiefem Maße die Kirche bisher – ich vermute: aus Angst – die Aufklärung nicht vollzogen hat. Meine Begegnung mit der Theologie betraf seit langem vorzugsweise die alt- und neutestamentliche Exegese. Seit dem 19. Jahrhundert ist diese Exegese, zuerst wohl im protestantischen, heute aber auch im katholischen Bereich, eine aufgeklärte Wissenschaft. Um nur einige Beispiele zu nennen: Die Lektüre der ersten drei Kapitel der *Genesis* enthüllt die Tiefe des Ausgesagten, gerade seit uns selbstverständlich ist, daß die Welt nicht vor 6000 Jahren in sechs Tagen geschaffen ist, daß Garten Eden und Sündenfall eine alles Menschliche erhellende Legende sind. Die Bücher Samuel sind Stücke bester Geschichtsschreibung, gerade weil sie ihren Helden David so ohne Verherrlichung zeichnen. Die Propheten werden für uns zum großen Vorbild, sobald wir sie an ihrem historischen Standort verstehen lernen; das aber setzt voraus, daß wir ihre in der Kirche klassisch gewordene, christologische Deutung als Vorhersage des Jesus von Nazareth als christliche Legende erkennen. Auch gerade die Messias-Erwartung findet ihre Erfüllung in Jesus Christus erst, wenn wir die Diesseitigkeit der Apokalyptik und der Botschaft Jesu verstehen lernen. Ich gehe so weit, zu vermuten, daß die Christologie uns bis heute zwei Drittel der Wirklichkeit Jesu verdeckt. Die Trinität ist, soweit ich sehen kann, einer der großen Gedanken spätgriechischer Philosophie, der den Christen eine Sprache lieferte, in der sie tief eindrucksvoll ihre Erfahrungen aussprechen konnten.

Und nun auf den konziliaren Prozeß bezogen: Die Jenseitigkeit, welche der christlichen Eschatologie seit dem Verdämmern der Parusie-Erwartung anhaftet, dient, meist aufrichtig, als ein Hauptargument der Kritiker des Prozesses: sie verschiebt das, was von uns selbst gefordert ist, in eine jenseitige Hand Gottes. Aber das Reich Gottes ist freilich nicht *von* »dieser« Welt, doch ist es *in* »der« Welt. »Diese« Welt ist die Welt der herrschenden Mächte. Ohne die uns führende Hand Gottes können wir in der Welt nicht handeln. Aber handeln müssen wir selber, und zwar jetzt. Ich erzähle immer wieder die Geschichte von Karl Barth (der an sich nicht einer meiner Heiligen war): Ich fragte ihn: »Von Galilei führt ein schnurgerader Weg zur Atombombe. Darf ich die von mir geliebte Physik weitertreiben?« Er: »Wenn Sie glauben, was alle Christen bekennen und keiner glaubt, daß nämlich Christus wiederkommt, dann dürfen Sie, ja dann sollen Sie weiter Physik treiben. Glauben Sie es nicht, so müssen Sie sofort aufhören.« Ich habe nach dieser dankbar gehörten Antwort die Physik mehr als zuvor zum Mittelpunkt meiner Arbeit gemacht.

Dies gegen das konservative Ausweichen der Kirche aus der drängenden Aufgabe. Es gibt aber auch zwei Radikalismen, die strukturell eben denselben Fehler machen, den fundamentalistischen und den »konziliaren« Radikalismus.

Der Fundamentalismus begegnet uns im konziliaren Prozeß kaum. Die »Evangelikalen« halten sich bewußt von diesem Prozeß fern. Aber ich muß sie hier zur Klärung meiner »aufgeklärten« Position nennen. Ich wußte, daß Barth eine Gleichnisrede benutzte. Was die Erwartung der Wiederkunft Christi in der realen Geschichte bedeuten wird, weiß ich nicht und wußte er nicht, und er beanspruchte nicht, es zu wissen. Einem Aufklärer würde ich sagen: Eine radikale Veränderung der Menschheitsgeschichte ist notwendig, ist möglich und ist zu erwarten, die einen Bewußtseinswandel enthält, in dem das, was Jesus gelebt und gelehrt hat, tiefer und vollständiger verstanden werden wird als in der Kirchengeschichte oder im Radikalismus der neuzeitlichen Revolution. Die Unwahrscheinlichkeit dieser Veränderung des Bewußtseins rechtfertigt die schreckliche Erwartung des ihr vorangehenden Gerichts. Christliche Fundamentalisten haben davon eine Ahnung, die der konservativ werdenden Aufklärung abgeht. Aber sie merken nicht, daß sie die Bibel, gerade indem sie sie »wörtlich« nehmen, im Effekt nicht ernst genug nehmen.

Den »konziliaren Radikalismus« fühle ich in Ausdrucksweisen wie »ein Nein ohne jedes Ja« oder in der Beschreibung des heutigen ökonomischen Systems als »Herrschaft der Sünde«. Hier dienen der legitime moralische Zorn und die legitime real-eschatologische Hoffnung als Rechtfertigung des Verzichts auf rational sorgfältige Analyse des rational Verstehbaren. Von dieser seelischen Flutwelle überrollt zu werden, ist nach meinem Eindruck die gegenwärtige Gefahr für die Konvokation von Seoul. Gott hat uns den Verstand gegeben, um ihn zu benützen, nicht um ihn durch Zorn und Begeisterung lahmzulegen. Und die leicht verfügbare christliche Sprache dient dann dazu, die rationale Selbstkritik zum Verschwinden zu bringen.

Zur konkreten Lage: Der anscheinend in der Vorbereitung für Seoul obwaltende konziliare Radikalismus ist, nach meiner jetzigen Beobachtung, der Grund, welcher der katholischen Kirche die Teilnahme nahezu unmöglich macht. Ich habe bedauert, daß Rom 1987 sich nicht dazu hat durchringen können »mit-einzuladen« (»to co-invite«). Ich war der Meinung, genau durch Beteiligung an der Einladung hätte die katholische Kirche den Einfluß auf den weiteren Hergang gewonnen, den sie jetzt vermißt. Ich beginne aber zu verstehen, daß man in Rom schon damals hierfür zu mißtrauisch war gegen das Abhängigwerden von dem, was ich hier konziliaren Radikalismus nenne. Die katholische Hierarchie mag zu angstvoll konservativ sein, aber sie kann ein einigermaßen berechenbarer Partner werden. Und ein Verhalten des ÖRK, das sie verprellt, ist eine ungeheure Torheit. Nimmt sie teil, so wird sie nicht umhin können, sich weiter und weiter zu bewegen. Bleibt sie fern, so haben beide Seiten Anlaß zum falschen guten Gewissen unversöhnter Gegner, und man vollzieht von neuem eine der Spaltungen, welche aus der christlichen Kirchengeschichte »Mischmasch von Irrtum und von Gewalt« (Goethe) gemacht haben.

Zum Grundsätzlichen: Was ich in dieser Art der Betrachtung von den Christen erhoffe, ist der entschlossene Vollzug der Aufklärung; und was ich von der modernen Aufklärung erhoffe, ist der entschlossene Vollzug der christlichen Wahrheit. Der naheliegende Einwand ist, daß dies beide Seiten überfordert. Leiste ich es denn selbst? Bin ich nicht in erster Linie ein Intellektueller, der die Gabe und Ausbildung hat, solche Dinge nur zu *denken*? Und muß man nicht, wenn man mehrere Menschen zum Handeln bewegen will, ihnen einen ganz *einfachen* Glauben anbieten? Damit aber ist der Konflikt, den ich soeben zwischen katholischer Hierarchie und konziliarem Radikalismus geschildert habe, schon vorprogrammiert. Beide bedürfen der naiv-christlichen Sprache, um ihre Gefolgschaft führen zu können. Aber auch wenn sie in der Tiefe nahe verwandte Motive haben mögen, so sind doch ihre Vereinfachungen miteinander unvereinbar. Dabei sehe ich die höhere Rationalität und daher eben auch Berechenbarkeit auf katholischer Seite. Aber diese Rationalität in der überlieferten Form entstammt älteren Phasen der Aufklärung, zumal der Rezeption der griechischen Philosophie, der Stoa und des Neuplatonismus in der Patristik, dann des Aristoteles in der Scholastik. Pius IX. und was er vertrat, war die angstvolle Flucht vor der modernen Aufklärung, und das Zweite Vatikanum ist noch ein Programm. Der konziliare Radikalismus ist viel tiefer von der modernen Aufklärung durchdrungen. Aber diese ist selbst unvollendet, folglich voll von inneren Konflikten, und aus diesen Konflikten flieht dann die intendierte konziliare Sprache in eine dieser Aufgeklärtheit unwürdige bombastische Verwendung unverstandener christlicher Formeln.

Was also sollen wir tun, meine Freunde, die wir mit diesem Problem konfrontiert sind?

E. Vorstudie zu einer Neufassung der Affirmationen (Trinität)

Oktober 1989

Ich habe den Auftrag, eine Neufassung der Nr. 115–122 des »First Draft« zu entwerfen, so wie ich persönlich sie schreiben würde. Hierzu frage ich mich zunächst, wie ich selbst die behandelten Fragen ansehe.

Alle acht Abschnitte beginnen, in drei Absätzen, mit den Formeln:
We affirm
We call upon churches and Christians
We challenge churches and Christians.
In Hannover schlug ich vor, eine vierte Formel hinzuzufügen:
Wir verpflichten uns.

Die acht Themen sind:
115. Macht
116. Die Armen
117. Das Land
118. Jesus Christus
119. Alle Rassen und Völker
120. Frauen und Männer
121. Friede
122. Schöpfung

Der theologische Leitbegriff des Textes ist der dreieinige Gott.

Ich muß mich zu jedem dieser Themen fragen:
a. Wie kann ich einigermaßen guten Gewissens zu einer christlichen Versammlung hierüber sprechen?
b. Was meine ich selbst darüber?

Die Dreieinigkeit ist in christlicher Sprache:
der Vater und Schöpfer
der Sohn: Christus
der heilige Geist.

Wie sind mir diese drei Wirklichkeiten begegnet?

Zu Gott zu beten, hat mich meine Mutter gelehrt. Ich habe es immer getan. Etwa seit dem zehnten oder elften Lebensjahr erinnere ich mich, im Stillen leidenschaftlich gebetet zu haben, wie zu der einzigen Wirklichkeit. Das Erlebnis des 1. August 1924, der Sternhimmel: Hier ist Gott gegenwärtig, die Sterne sind Gaskugeln. D. h. Astronomie ist Gottesdienst. Daher später die elementare Nähe zu Kepler, daher meine Arbeit in der Physik bis heute. Unlängst habe ich darüber den kleinen Aufsatz geschrieben: »Quantentheorie als Physik der Ganzheit«.*

---

* Jetzt I 7.D2.

Aber das Gebet ging nie in der Physik auf. Keine Arbeit, keinen Tag beginne ich ohne wenigstens ein Stoßgebet.

Jesus begegnete mir, wohl im zwölften Lebensjahr, bei der ersten spontanen Lektüre des Neuen Testaments, in der Bergpredigt, den Gleichnissen, den Gerichtsreden. Das ist wahr – so empfand ich damals, so empfinde ich heute. Daß Jesus der fleischgewordene Logos, der fleischgewordene Christus sei, habe ich, seit ich darüber nachzudenken begonnen hatte, spätestens im 16. Lebensjahr, nur als eine Gleichnisrede empfinden können, vielleicht eine sehr tiefe, deren wahre Bedeutung ich gerne verstände. Aber in späteren Jahren haben mir zwei spiegelbildliche Kritiken am Christentum Eindruck gemacht. Juden: »Jesus war der größte Rabbi. Daß die Christen ihn zum Gott gemacht haben, ist Gotteslästerung.« Inder: »Jesus war eine der größten göttlichen Inkarnationen. Daß die Christen ihn zur einzigen Inkarnation gemacht haben, ist jüdischer Fanatismus.«

So wichtig es wäre, die Wahrheit in der Christologie zu verstehen, ich werde doch das Empfinden nicht los, daß die kirchliche Christologie uns zwei Drittel der Wirklichkeit Jesu verhüllt. Aber auch keine sektiererische oder philosophische Christologie hat mir imponiert. Allenfalls Schelling, den ich gleichwohl nie gründlich gelesen habe.

Der heilige Geist blieb mir in der Kindheit eine unverstandene Vokabel. Aber so, wie ich ihn später zu verstehen meinte, habe ich ihn schon als Kind erlebt. Das stille, leidenschaftliche Gebet findet eine Antwort. Spätestens in der Midlife crisis des 41. Lebensjahrs erfuhr ich, daß eine in allem Ernst, mit intensiver Selbstprüfung an Gott gestellte Frage eine Antwort erhalten kann, oft in Worten und Sätzen, die mir auftauchen, die völlig überraschend und unmittelbar als zutreffend erfahren werden. Und dies ist nicht nur privat. In Königstein, Stuttgart, Basel empfand ich einen Hauch dessen, was die Christen die Führung ihrer Versammlungen durch den heiligen Geist nannten. Aber die Skepsis gegen gemeinsame Erleuchtungen ist mir nicht abhanden gekommen, seit ich die »Pseudo-Ausgießung des Heiligen Geistes« bei der Wirkung Hitlers 1933 erlebt habe. Niemand kann über Hitler urteilen, der dieses Phänomen nicht sieht. Sonst wäre Alastair, der auf das Kommen des Zeitalters des Geistes rechnete, nicht durch Hitler verführbar gewesen.

Was ist nun aber der objektive Gehalt der christlichen Drei-
faltigkeitslehre? Als Doktrin scheint sie mir eine Projektion
christlicher Erfahrungen auf ein Grundschema spätgriechischer Philosophie. Die Lehre vom Logos ist stoisch und dann
auch gnostisch. Plotin kennt die Trias: das Eine, der Geist (nus),
die Seele (psyche). Was aber sind die christlichen Erfahrungen?

Der Schöpfer: Dies ist jüdische Theologie. Der Gott des Sinai erweist sich im sittlichen Gebot an sein Volk als der einzig
wahre Gott. Also hat er auch die Welt gemacht. Die Spannung
gegen die Realität des Bösen habe ich im 3. Kapitel von *Der
Mensch in seiner Geschichte* zu beschreiben gesucht. Sie ist intellektuell unaufgelöst; Hiob löst sie durch Rückkehr in den
Glauben, ins Vertrauen zu dem unerkannten Gott. Ein Erlö-
sungsbedarf bleibt. Politisch erwartet man den Messias.

Christus: Die Gegenwart Gottes in Jesus wurde wahrgenommen. Er wurde zuletzt als Auferstandener erfahren. Dies ließ
die Christologie als eine mögliche Deutung zu. So Johannes,
Kap. 1.

Der heilige Geist: Auch er war Erfahrung. Ich habe gehört, er
sei früh als weiblich verstanden worden. Er wurde auf ein Versprechen Jesu zurückgeführt. Der christliche Chiliasmus
hoffte, nach dem Volk Israel als Reich des Vaters und der Kirche
als Reich des Sohnes, nun auf ein Reich des Geistes. Ist Bewußtseinswandel etwas anderes?

Was aber kann ich heute, als »Kind der Aufklärung« dazu
denken?

Was ist Aufklärung? »Ausgang des Menschen aus seiner
selbstverschuldeten Unmündigkeit.« So meinte Gogarten Aufklärung als Säkularisierung, als mündiges Wirklichmachen des
Willens Gottes im Diesseits, im Säkularen; im Gegensatz zum
Säkularismus, zur Ersetzung des Willens Gottes durch das Säkulum. Ich nehme »Freiheit, Gleichheit, Brüderlichkeit« als
christliche Inhalte ernst. Aber wie denke ich die trinitarischen
Erfahrungen als heutiger Naturwissenschaftler, mit heutiger
Geschichtsforschung und Psychologie?

Der Schöpfer: Das Reden der Texte des konziliaren Prozesses von der Harmonie der Schöpfung, die wir zu zerstören begonnen haben, ist naturwissenschaftlich unscharf. Schon lange
sage ich: Buddhas Lehre, daß Leben Durst und Leiden ist, ist

der Wirklichkeit der Evolution näher als christliche und aristotelische Harmonismen. Ein Hinweis auf die Selbstprovinzialisierung der christlichen Redeweise. Aber man kann sagen, daß der Garten Eden ein Stück der Selbstwahrnehmung der Bewohner eines Biotops richtig wiedergibt. Die Austreibung aus Eden, nach Scholem gesagt, »rin in die Geschichte«, ist genau: die menschliche Fähigkeit, Geschichte zu erfahren, eröffnet erst den Blick in den Abgrund von Durst und Leiden. Die biblische Schöpfungsgeschichte ist, verglichen mit älteren Schöpfungsmythen, ein großer Fortschritt der Rationalität, ein Stück Aufklärung; so konnte die Scholastik sie mit der Naturbeschreibung des Aristoteles vereinbaren. Aber sie erzeugt zugleich das Problem solcher Rationalität: die immanente Wildheit der wirklichen Welt, im frühen Mythos gespiegelt, wird nun gegenüber dem vernünftigen Schöpferwillen erklärungsbedürftig. Der Mythos des Sündenfalls wird nötig, in dem das Böse unerklärt auftritt.

In der heutigen Evolutionstheorie bedarf der Abgrund von Durst und Leiden keiner Erklärung; er ist ihr Erklärungsprinzip für die Evolution. Daß der Untergang der Individuen und Arten erlebt, empfunden wird, ist freilich erst einer Naturwissenschaft zugänglich, welche das Scheinproblem der zwei Substanzen überwunden hat, also der nachquantentheoretischen. Das »Böse« im biblischen Sinn gibt es freilich erst für denjenigen, der das »Geschenk der Juden an die Menschheit«, eben die Unterscheidung von Gut und Böse, akzeptiert hat. Dies ist nicht mehr allgemeine Naturgeschichte, sondern spezielle Menschheitsgeschichte. Und dann kann man sagen, daß schon die ersten elf Kapitel der Bibel eine Kulturkritik sind, welche auch die heutige Technik trifft.

Mit welchem Recht aber könnte man Kosmogonie und Evolution als Schöpfung bezeichnen? Heutige Christen, die keine Fundamentalisten mehr sind, tun sich damit beunruhigend leicht. Den Gefühlsinhalt dieser Redeweise finde ich vollkommen richtig. Aber was daran Gleichnis, was rational präzise ist, bleibt dunkel, und eben darum kommt man zu keiner präzisierten ökologischen Forderung. Ich ziehe vor, hier rein mundan, also naturwissenschaftlich und politisch zu reden und nur die Nächstenliebe zu fordern, die sich aber auf alle Ge-

schöpfe bezieht. Wollte ich Schöpfungstheologie naturwissenschaftlich versuchen, so müßte ich wieder an den Schluß des
neuen Quantentheorie-Aufsatzes anknüpfen. Nicht im jetzigen Text.

Christus: Hier sind zwei Fragen: die zweite Person der Gottheit und Jesus in der Geschichte.

Die zweite Person der Gottheit: persona heißt wörtlich
Maske (im Theater), also Darstellungsform. Spekulativ gab es
bei den Griechen Gründe hierfür. Plotin, den ich als einzigen
der Späten selbst gelesen habe, unterscheidet das unaussprechbare Eine vom Nus, der das Eine ewig anschaut, höchste Bewegung und höchste Ruhe zugleich. Solche Konstruktionen betrachte ich bewundernd als Philosophiehistoriker. Für die
Christen war wesentlich die Inkarnation des Logos. Sie gewinnt für mich einen verständlichen Sinn in der Rede von Jesus
als zweitem Adam. Adam – d. h. hebräisch Mensch – ist nach
Gottes Bild geschaffen, der Mensch, als Mann und Weib, Bild
Gottes als einziges unter den Geschöpfen. So dachte Kepler:
der Mensch, als Gottes Bild , kann Gottes Schöpfungsgedanken nachdenken. Dann aber muß er auch gemäß diesem Gedanken handeln. Nach Paulus ist Jesus der Erstgeborene von vielen
Brüdern. Ob man hier jüdisch Abbildlichkeit oder indisch Inkarnation sagt, ist eher ein Sprachunterschied. Wesentlich die
Gegenwart Gottes im Menschen.

Jesus in der Geschichte: Die Reden Jesu bei den Synoptikern
treffen mich direkt. Die bei Johannes sind, nach klassischer Hi-
storikertradition (man denke an Thukydides), ihm in den
Mund gelegt; sie sind johanneische Theologie. Die Reden
Buddhas haben mich fast ebenso tief getroffen, aber anders.
Nichts anderes mit gleicher Stärke. Es geht nicht um einen Synkretismus, sondern um Lernen und Zusammenleben, bis sich
mehr offenbart. Unterschiede: Hinduismus und Konfuzianis-
mus sind Gesellschaftsordnungen, Buddhismus und Vedanta
sind Erlösungslehren für das Individuum, die jüdisch-christ-
lich-islamische Tradition ist politisch. Deshalb wurde Jesus gekreuzigt, Buddha nicht. Politisch freilich im umfassenden Sinn;
undenkbar ohne Metanoia.

Der heilige Geist: Ihm entspricht bei Plotin die Psyche, die
Weltseele, die das Überzeitliche in die Zeit hinausträgt. Er ist

Träger der Metanoia im christlichen Sinne. Sein Wirken ist erfahrbar. Was er psychologisch oder metaphysisch ist, darf man fragen; aber man braucht keine Antwort auf die Frage vorauszusetzen, um ihm zu trauen.

Wie soll man vor dem Hintergrund einer solchen Theologie eine christliche Weltversammlung ansprechen?

115. Macht. Ich definiere Macht als Humanum, als Bereitstellung von Mitteln für freigehaltene Zwecke. Dann argumentiere ich, wie in meiner Stellungnahme zum Draft bezüglich der Technik: alles zu tun, was man tun kann, ist untechnisch, also widersinnig im Sinne vernünftiger Macht. Wenn man sich Gott als Vorbild des Menschen vorstellt, so sagt man, Gott sei mächtig, ja allmächtig. Dann ist der unbegrenzte Machtdrang von Menschen ein Versuch, wie Gott zu werden, ohne zugleich gut wie Gott zu sein. Babylonischer Turm, vorher die Gottkönige. Aber im Draft wird grenzenloses Machtstreben verurteilt, als ob es das gäbe. Machtkonkurrenz ist unvermeidlich, solange die Gesellschaft um knappe Güter kämpft. Machtstreben ist Sicherungsbedürfnis. Das ist viel wichtiger als die Polemik gegen grenzenloses Machtstreben.

116. Die Armen. Jesus ist zu den Armen gekommen. Das ist das Wesentliche. Man muß aber nicht aus affektiver Nächstenliebe die ökonomische Vernunft vergessen. Große Vorbilder wie Bodelschwingh haben das nicht getan.

117. Das Land. Das Problem des Privateigentums. Nennt es, wenn ihr es anschneiden wollt, beim Namen.

118. Jesus Christus. Weicht nicht aus seiner geschichtlichen Wirklichkeit in die Christologie aus!

119. Alle Rassen und Völker. Die Gleichheit des Rechts, ungleich zu sein.

120. Frauen und Männer. Verdient tiefste Sorgfalt, gerade darum kein billig-zorniges Moralisieren!

121. Friede. Das große Thema. Bitte genau!

122. Schöpfung. Ebenso.

F. Affirmationen

(Vorschlag für einen alternativen Text.)
November 1989

Dieser Text wurde auf Verlangen dem ÖRK in englischer und deutscher Fassung zugestellt. Seine Gliederung sei hier erläutert.

Jede Nummer ist in drei Absätze geteilt. Der erste Absatz bringt, im Rahmen einer an der Trinität orientierten Gliederung, biblische Grundlagen. Der zweite Absatz analysiert die konkrete Situation. Der dritte Absatz enthält zunächst eine Selbstverpflichtung und anschließend Forderungen an Kirchen und Welt.

Die Reihenfolge der Nummern weicht von derjenigen des »Draft« (s. oben, E.) ab. Sie sei hier genannt:

115. Der Schöpfer. Schöpfung.

116. Der Schöpfer. Macht.

117. Jesus Christus.

118. Jesus Christus. Friede.

119. Heiliger Geist. Gerechtigkeit.

120. Jesus. Die Armen. Das Land.

121. Der Schöpfer. Die Rassen.

122. Der Schöpfer. Frauen und Männer.

115. Wir glauben als Christen an Gott, den Schöpfer des Himmels und der Erde. Gestirne, Pflanzen und Tiere verdanken ihm ihr Dasein. Die Bibel berichtet, daß er die Menschen, als Frau und Mann, nach seinem Bilde geschaffen hat und daß er sie aufgefordert hat, Nachkommen zu haben und Sorge zu tragen für alle lebenden Geschöpfe auf der Erde (1. Mos. 1, 27–28).

Seit den Anfängen der Hochkulturen erliegt die Menschheit immer wieder der Versuchung, nicht Fürsorge, sondern ausbeutende Herrschaft über die Erde zu üben. Die Bibel spricht hiervon in den Erzählungen von den Gewaltherrschern vor der Sintflut (1. Mos. 6, 4) und vom babylonischen Turmbau (1. Mos. 11, 1–9). Heute gibt uns die Technik die Macht, alles Lebende auf der Erde zu zerstören. Dies ist nicht unsere Absicht, aber es wird eine Folge unserer Leichtfertigkeit sein, wenn wir fortfahren, in Jahrmillionen entstandene Brennstoffe in Jahrzehnten zu verbrennen, giftige Abfälle zu verbreiten und Kriege mit modernen Waffen zu führen. Leichtfertig vernichten wir damit zugleich die Grundlage unseres eigenen Lebens.

Wir, die in Seoul versammelten Christen aus der ganzen Erde, verpflichten uns, jeder an seiner Stelle, das äußerste uns Mögliche zu tun, um der Zerstörung zu wehren und sie durch Vorsorge zu ersetzen. Wir fordern alle unsere Mitchristen und alle unsere Mitmenschen auf der Erde auf, ebenso zu handeln. Persönliche und politische Schritte sind notwendig und möglich: bescheidenere Lebensführung der Besitzenden, Verzichtleistung und Verbot auf giftige Chemikalien, verminderter Verbrauch und Ersatz fossiler Brennstoffe durch technisch bessere Ausnützung und durch erneuerbare Energiequellen, Schutz aller Pflanzen und Tierarten, zurückhaltender Umgang mit dem Erbgut. Politisch ist all dies zu sichern durch Gesetzgebung und durch internationale Übereinkunft. Es ist Pflicht der Christen, persönlich nach diesen Regeln zu leben und das öffentliche Bewußtsein für ihre unbedingte Notwendigkeit zu stärken.

116. Wir beten zu Gott als dem Allgütigen und Allmächtigen. Als Gottes Kinder sollen wir gütig sein nach allen unseren Kräften (3. Mos. 19, 2; Matth. 5, 48). Als Gottes Kinder haben wir auch die Fähigkeit, Macht auszuüben. Macht ohne Güte aber verzerrt das Abbild Gottes. Macht ohne Güte ist Sünde, und sie ist in ihren Folgen tödlich. Das gilt nicht nur von der Macht über die Natur, sondern besonders von der Macht von Menschen über Menschen.

Der Macht von Menschen über Menschen wohnt seit dem Beginn der größeren Gesellschaften ein fast unwiderstehlicher Drang zu ständigem Wachstum inne, zum Wettlauf in der Machtkonkurrenz. Das gilt in der Privatwirtschaft als Verfügung über ökonomische Güter, in der feudalen und Staats-Wirtschaft als Zugang zu Privilegien, in allen bisherigen Wirtschaftsformen als Verfügung über die Arbeitskraft der Mitmenschen, in der Konfrontation der Staaten als Rüstungswettlauf. Gegenseitige Angst ist der Motor dieses Wettlaufs: wer nicht mithält, der unterliegt. Alle höheren Religionen durchschauen diesen Vorgang und fordern, sich von ihm abzuwenden. Nur sehende

Güte kann die Macht in Schranken halten; der Versuch, Macht nur durch Macht einzuschränken, fällt stets von neuem der Versuchung zur egoistischen Übermacht anheim. Jesus sagt: »Liebet eure Feinde, tut wohl denen, die euch hassen, betet für die, die euch verfolgen, auf daß ihr Kinder seid eures Vaters im Himmel!« (Matth. 5, 44–45).

Wir hier Versammelten verpflichten uns, soweit es in unserer Kraft steht, unsere Feinde zu lieben. Wir bitten unsere Mitchristen und alle Mitmenschen, zu sehen, daß dies notwendig ist, und danach zu streben. Dann werden wir imstande sein, der ungerechten Macht zu widerstehen und die Menschenrechte zu verteidigen, welche die Machthaber aus Angst um ihre eigene Macht ständig verletzen. Wir werden für eine kontrollierbare Rechtsordnung eintreten. Die Rechtsordnung ist eine moralische Notwendigkeit. Denn es steht menschlichen Richtern zu, über die Rechtmäßigkeit der Handlungen ihrer Mitmenschen zu urteilen, nicht aber über deren Moralität, denn Gott allein sieht das Herz. Gott wird jeden von uns in seinem Herzen lehren, wo wir Leiden auf uns nehmen müssen, um für das Recht einzutreten.

117. Wir bekennen Jesus Christus als unseren Herrn, als Sohn Gottes und Erstgeborenen vieler Brüder und Schwestern (Röm. 8, 29). Er hat uns gelehrt: »Kehrt um! Denn das Reich der Himmel ist gekommen« (Matth. 4, 17). Das Himmelreich ist wie ein Senfkorn, das zum Baum wächst (Matth. 13, 31–32), wie der Sauerteig, der das ganze Mehl durchsäuert (Matth. 13, 33). Selig sind die Armen durch den Geist, denn für sie ist das Himmelreich gekommen (Matth. 5, 3), selig die Friedensmacher, denn sie werden Gottes Kinder heißen (Matth. 5, 9).

Viele Menschen, auch Christen, meinen, das Reich, von dem Jesus redet, sei in der menschlichen Geschichte unmöglich, es sei jenseits der Geschichte, jenseits des Todes. Das ist ein Irrtum. Er selbst hat nicht so geredet. Alle seine Gebote sind hier und jetzt gemeint. Der Satz »Mein Reich ist nicht von dieser Welt« (Joh. 18, 36) heißt: es stammt nicht aus dieser Welt der Machtkämpfe. Die frühen Christen, die den religiösen Kult des Kaisers verweigerten, wuchsen heran zur bedeutendsten Minderheit des Römischen Reiches. Die Bekehrung des Kaisers öffnete ihnen zugleich zwei Wege: einerseits den Weg in die Gestaltung der Gesellschaft in einer christlichen Kultur, andererseits den Weg der Versuchung, nur noch nach den Regeln »dieser Welt« zu handeln und den Glauben an das Reich Gottes in die Jenseitigkeit zu verbannen. Die christliche Geschichte ist darum auch heute nicht vollendet. Die Lebensprobleme der Gegenwart sind von neuem die Herausforderung, mit dem Wort und Vorbild Christi Ernst zu machen.

Wir hier Versammelten verpflichten uns, den Weg Christi, jeder nach seiner besten Einsicht und seinen besten Kräften, und wenn es nötig wird, einen Schritt über unsere Kraft hinaus, zu gehen. Wir bitten alle unsere Mitchristen, dasselbe zu tun. Von den frühen Christen sagten die Menschen ihrer Umwelt: »Sehet, wie sie einander lieben!« Wir wollen die Mitmenschen lieben und ihnen so Christus nahebringen. Und die getrennten christlichen Kirchen werden einander nahekommen nicht durch theologische Debatten, sondern durch gemeinsam getane Werke, die unsere Augen öffnen, so daß wir unsere Partner verstehen lernen.

118. Wir bekennen uns zum Frieden Jesu Christi. Krieg soll nach Gottes Wille nicht sein. »Stecke dein Schwert in die Scheide. Denn wer das Schwert aufhebt, wird durch das Schwert umkommen.« (Matth. 26, 52) Sie werden ihre Schwerter zu Pflugscharen umschmieden.

Krieg ist eine der ältesten und entsetzlichsten Gestalten des Machtkampfs. In allen höheren Religionen gab es Formen, wie einzelne sich von der Beteiligung an diesem Unrecht fernhielten, als Mönche, Priester, Heilige. Aber den Krieg als Institution zu überwinden, war erst eine Hoffnung des Fortschrittsglaubens der Aufklärung. In unserer Zeit greift das Bewußtsein dafür um sich, daß die Selbsterhaltung der Menschheit fordert, den Krieg zu überwinden. Die Atombombe war ein Weckersignal für die Schlafenden. Vermutlich hat die Angst vor ihr bisher den Dritten Weltkrieg verhindert; Kriege, die nicht nuklear zu werden drohten, hat man aber ständig weiterhin geführt. Die nukleare Abschreckung ist jedoch nicht mit Sicherheit zuverlässig. Und die Drohung wahrzumachen, wäre ein unverzeihliches Verbrechen, schon gemäß der klassischen Lehre, daß

Krieg, wenn überhaupt, nur mit gerechtem Ziel und gerechten Mitteln erlaubt sei. Kann die Drohung mit diesem Verbrechen den wahren Frieden erzeugen? Sind nicht schon die Atombombentests, die ganze Inselgruppen des Pazifik unbewohnbar machen, ein Symbol des Unerlaubten? Daß Krieg als Mittel des Konfliktaustrags überwunden werden kann, zeigen viele Beispiele einst kriegerischer Nachbarn, die heute friedlich nebeneinander wohnen. Der so entstehende Kriegsverzicht ist noch nicht die innere Umkehr, zu der Jesus uns auffordert. Aber der Kriegsverzicht wird zur Lebensbedingung des technischen Zeitalters. Er wird zur Forderung der schlichten Vernunft. Wird aber die Menschheit die Vernunft bewahren, wenn nicht die seelische Macht der Nächstenliebe ihr zu Hilfe kommt? Christen sollen von sich die Feindesliebe fordern, die Christus gelehrt und vorgelebt hat.

Wir hier Versammelten sind einig darin, jede Anstrengung persönlicher und gemeinsamer Art zu machen, um Konflikte beizulegen und Kriege zu verhindern. Einige unter uns, sowohl einzelne wie, gemeinsam, die Angehörigen der seit langem bestehenden Friedenskirchen, haben sich verpflichtet, in keinem bewaffneten Konflikt mitzukämpfen. Nur so glauben sie Jesu Gebot zu erfüllen und eine Haltung heute schon zu verwirklichen, welche einmal die Haltung aller Menschen sein soll. Gemeinsam erklären wir uns bereit, in der Überwindung der Konflikte mit den nichtchristlichen Religionen aktiv zusammenzuwirken. Gemeinsam fordern wir die Vereinten Nationen und die großen Mächte auf, den Krieg als Institution rechtlich und praktisch zu überwinden. Wir sichern ihnen unsere Hilfe zu, wenn es sich darum handelt, der Menschheit diesen Weg verständlich zu machen.

119. Wir glauben an den Heiligen Geist, das ist die wirksame, Gemeinschaft stiftende Gegenwart Gottes in den menschlichen Herzen. »Und ich will den Vater bitten, und er soll euch einen anderen Tröster geben, daß er bei euch bleibe ewiglich.« (Joh. 14, 16)

Die Christen haben seit dem Tag von Pfingsten den Heiligen Geist als Erfahrung gekannt. Vor jeder Kirchenversammlung wurde und wird er um Beistand angerufen. Er ist Gnade. Er kann auch Gericht über uns verkünden. Wir verfügen nicht über ihn. Wir können uns nicht in einer Debatte darauf berufen, er habe uns belehrt. Er hat, nach dem alten Glaubensbekenntnis, durch die Propheten gesprochen. Prophetische Rede kann nicht durch menschliche Absicht entstehen. Sie ist Rede Gottes durch den meist widerstrebenden Mund von Menschen, denn es ist schrecklich, zum Propheten berufen zu sein (Jer. 1, 4–10). Die Kirche vertraut aber zugleich auf die leise Führung des Geistes, auf seine stille, nicht aussetzende Gegenwart, welche Gemeinschaft stiftet und erhält. Diese seine Wirkung setzt unsere ständige, nicht nachlassende Bemühung voraus, das Rechte zu tun, Gottes Willen und die Bedingungen der konkreten Wirklichkeit zu erkennen. Er schenkt die Antwort auf die Fragen, die diese Bemühung stellt. Von den drei Themen unserer Versammlung: Gerechtigkeit, Frieden, Schöpfung, haben wir im jetzigen Text dem Vater und Schöpfer unsere Erwägungen über die Bewahrung der Schöpfung anvertraut, Jesus Christus die Suche nach dem Frieden. Die Gerechtigkeit sollte in besonderem Maße ein Werk des Heiligen Geistes sein.

Wir hier Versammelten sind willens, auf den Geist zu hören. Unser Bemühen soll sein, in stets wiederholter Anstrengung von einzelnen, in steter Zusammenarbeit von Gemeinschaften seiner Führung zu folgen, daß Gerechtigkeit wirklich werde. Wir werden uns dabei nicht scheuen, Unrecht öffentlich als Unrecht zu bezeichnen. Doch werden wir uns stets bemühen, dabei nicht moralisierend selbstgerecht zu werden. Drei Gruppen von Menschen bedürfen der Gerechtigkeit heute am meisten: die Armen, die unterdrückten Rassen, die Frauen.

120. Jesus ist zu den Armen gekommen. »Verkaufe alles, was du hast, und gib es den Armen!« (Mark. 10, 21) Jesus sagt das dem Reichen, der nach dem ewigen Leben begehrte und den er liebgewonnen hatte, und es schmerzt Jesus, zu sehen, wie schwer es dem Reichen fällt, auf seinen Schatz zu verzichten. Muß der Gegensatz von Reichtum und Armut immer bestehen?

Der Gegensatz von Armut und Reichtum ist uralt. Ökonomische Güter waren knapp. Reichtum gewährte nicht nur Luxus. Er war von jeher ein Instrument der Macht und eine Sicherung gegen die Lebensangst. Die moderne Technik bietet zum erstenmal die Möglichkeit, hinreichend viele Güter für alle Menschen zu produzieren. Heute könnte die Produktion noch alle lebenden Menschen ausreichend ernähren; dies gilt noch, trotz der zunehmenden Zerstörung fruchtbaren Landes und trotz des bisher unaufhaltsamen Bevölkerungswachstums, das alle ökonomischen Probleme immer schwerer lösbar werden läßt. Man könnte die Menschen ernähren, aber in unserer Zeit sterben mehr Menschen an Hunger oder an Folgen der Unterernährung als in den Kriegen. Ein ökonomisches System, das solche Folgen hat, muß eindeutig als ungerecht bezeichnet werden. Wir können freilich nicht glauben, daß der bloße Übergang von einem ökonomischen System zu einem anderen diese Probleme löst. Der Markt erzeugt mehr Güter als jedes bisher bekannte staatswirtschaftliche System, aber er verteilt sie nicht von sich aus gerecht. Verschiedene ökonomische Systeme sind verschiedene Weisen, die Macht zu verteilen. Macht ohne Güte bringt keine Gerechtigkeit hervor. Das Maß an Gerechtigkeit, das bisher in Nationalstaaten demokratisch herbeigeführt wurde, beruhte auf einer Rechtsordnung, an welche die Schwächeren appellieren konnten. Das Fehlen einer entsprechenden effektiven internationalen Rechtsordnung schließt bisher dieselbe Gerechtigkeit auf dem Weltmarkt aus. Von der Schaffung größerer sozialer Gerechtigkeit hängt aber auch ab, ob in internationaler Übereinkunft die Schöpfung gerettet und die Kriege überwunden werden können.

Wir hier Versammelten sehen daher in der Schaffung sozialer Gerechtigkeit die vordringliche Aufgabe für die heutige Menschheit. Ohne persönlichen Einsatz gibt es keine Güte. Aber wir fordern zugleich strukturelle Änderungen. Wir fordern eine strukturell stabile Lösung der Schuldenkrise. Die Krise nötigt die Schuldner, für Exportüberschüsse statt für das Wohl ihrer eigenen Bevölkerung zu produzieren. Sie ist, wie Krisen oft, nicht böswillig, sondern durch leichtfertiges Handeln erzeugt, hier in der Vergabe und Annahme von Krediten ohne präzise Kontrolle ihrer Wirkung. Heute verlangt ihre Überwindung unausweichlich gewisse, genau zu bestimmende Verzichtleistungen. Nicht nur um der Überwindung der Kriege willen, sondern um die Mittel für wirtschaftlichen Aufbau zu gewinnen, ist eine drastische Reduktion der Rüstungen und der

Rüstungsproduktion in den Gläubigerländern zu fordern. Rüstungsexporte sollten durch internationale Vereinbarung vermindert und im Ergebnis verboten werden. Weltbank und IWF bedürfen freiwerdender Gelder für Entwicklung. Die Eigeninitiative in alternativen Entwicklungsprojekten ist zu fördern. Die Betroffenen müssen an der Planung beteiligt werden. Jede Situation bedarf einer besonderen, ihr angepaßten Lösung. Unsere Aufgabe hier ist nur, auf die absolute Dringlichkeit von Lösungen hinzuweisen.

121. Die biblische Schöpfungserzählung läßt alle Menschen von einem einzigen Elternpaar abstammen (1. Mos. 1, 28). Der Missionsbefehl Christi sagt: »Gehet hin und lehret alle Völker und taufet sie!« (Matth. 28, 19) So lehrt Anfang und Ziel der biblischen Botschaft den gleichen Rang aller Völker, aller Rassen. Zwischen Anfang und Ziel stellt die Bibel die Trennung der Völker, die ihre Sprachen gegenseitig nicht mehr verstehen, als Strafe für den Hochmut des Turmbaus von Babel (1. Mos. 11, 8).

In der profanen Geschichte finden wir die Völker und die Rassen seit sehr alter Zeit getrennt vor. Den Fremdling betrachtet man dann oft mit Mißtrauen. Man geht lieber mit Menschen um, die einem selbst ähnlicher und vertrauter sind. Das ist zunächst eine natürliche Reaktion jedes Lebewesens. In der menschlichen Geschichte hat man aber früh gelernt, die Hilfsbedürftigkeit des Fremdlings zu sehen und ihm beizustehen. In der hebräischen Bibel ist dies eine oft wiederholte Forderung. Das Unrecht, das man heute Rassismus nennt, entsteht, wenn zwei oder mehrere Nationen oder Rassen zusammenleben und eine von ihnen eine Herrschaft über die anderen mit Unterdrückung und Gewalt aufrechterhält. Auch dies ist Macht ohne Güte. Christlich gesehen, ist es Sünde. Keine sachliche Notwendigkeit spricht für diese Sünde. Sie muß und kann überwunden werden.

Wir hier Versammelten sind entschlossen, uns an keinen rassistischen Handlungsweisen zu beteiligen und sie auch außerhalb unseres Lebenskreises nicht zu unterstützen. Wir fordern unsere Mitchristen in allen Ländern auf, ebenso zu handeln, und bitten auch die Mitmenschen aller anderen Lebensgemeinschaften darum.

122. »Gott schuf den Menschen ihm zum Bilde, zum Bilde Gottes schuf er ihn, und schuf sie einen Mann und ein Weib.« (1. Mos. 1, 22) Jesus nahm, in einer männlich bestimmten Gesellschaft lebend, Frauen in seine Jüngerschaft auf. Es wird berichtet, daß Frauen ihn zum Kreuz begleiteten (Joh. 19, 25) und als erste dem Auferstandenen begegneten (Joh. 20, 14).

Die menschliche Gesellschaft besteht von Natur her aus Männern und Frauen. Deren biologische Rollen sind verschieden, und so werden es auch meist die sozialen Rollen. So beschreibt es die Bibel nach dem Sündenfall. Zur Frau sagt Gott: »Mit Schmerzen sollst du Kinder gebären«, zum Mann: »Im Schweiße deines Angesichts sollst du den Acker bebauen« (1. Mos. 3, 16–19). In einfachen Jäger- oder Ackerbauergesellschaften kann sich eine fast paritätische Rollenverteilung herausbilden: das Haus ist das Reich der Frau, der Außenraum Reich des Mannes. Stadt- und Reichskultur aber geben dem Außenraum das entscheidende Übergewicht. Die höhere Zivilisation ist in ihrer Organisation vom Manne beherrscht. Ihre Fehler, von denen wir hier unter vielen Aspekten geredet haben, sind fast durchweg typisch männliche Fehler. In unserem Jahrhundert ist die berechtigte Forderung entstanden, den Frauen einen gleichen Anteil an dem Leben dieser Außenkultur zu geben. Niemand weiß, ob es nicht gerade die Frauen sein werden, deren Einfluß unsere Gesellschaft retten wird.

Die hier Versammelten sind eine Gemeinschaft von Männern und Frauen, noch immer mit einem zahlenmäßigen Übergewicht der Männer. Die Männer unter uns sind entschlossen, auf die Frauen zu hören und sich dafür einzusetzen, daß die Frauen auf allen Ebenen des kirchlichen und gesellschaftlichen Lebens den gleichen Anteil der Verantwortung wie die Männer erhalten. Die Frauen unter uns vereinigen sich auch in gesonderten weiblichen Gruppen, um ihre gemeinsame Aufgabe bewußt herauszuarbeiten. Wir wollen alle unsere Mitchristen unterstützen, bei denen dasselbe geschieht, und darin auch den traditionellen nichtchristlichen Kulturen und den der Religion entfremdeten modernen Menschen als Partner zur Verfügung stehen.

4. Hans Küng: Projekt Weltethos

Der konziliare Prozeß, so wie er vom Ökumenischen Rat der Kirchen eingeleitet war, wandte sich nur an die Christen. Als ich im August 1985 anläßlich einer Tagung die Gelegenheit bekam, dem Papst über den Stand des Plans zu berichten, stellte er mir unter anderem die Frage: »Warum wendet man sich nur an die Christen und nicht an alle Religionen der Welt?« Ich antwortete: Der Entwurf stammt vom Ökumenischen Rat und nicht von mir; ich habe mich entschlossen, ihn so zu unterstützen, wie er vorliegt, um mögliche Kontroversen zu vermeiden. Ich selbst würde sehr gerne alle Religionen um ihren Anteil bitten. Aber vielleicht, so sagte ich, ist es schwer genug, auch nur die Christen so zusammenzuführen, und man sollte dann vielleicht die Anfrage an die anderen Religionen erst als nächsten Schritt ins Auge fassen. Der Papst antwortete: »Ich verstehe Ihr Argument; gleichwohl …« Und im folgenden Winter lud er die Weltreligionen zu einem Weltgebetstag für den Frieden nach Assisi ein. Auch ich wurde eingeladen und war glücklich, dabeizusein.

In Assisi beteten die Religionen je für sich und kamen zu einer gemeinsamen öffentlichen Kundgebung zusammen. Einen gemeinsamen Text zu verabschieden, war nicht vorgeschlagen und wurde gar nicht versucht. Das Beisammensein dauerte genau einen Tag. Diese Regelung war klug. Das Bekenntnis zum Frieden war der Welt sichtbar. Die sonst unvermeidlichen Streitigkeiten um wörtliche Formulierungen fanden keinen Anlaß auszubrechen.

Im konziliaren Prozeß war man dann ehrgeiziger. Aber nach meinem Urteil war unter dieser Voraussetzung ein Hauptmangel der Weltversammlung ihre kurze Dauer von acht Tagen. Einen Text zu formulieren, »den die Menschheit nicht überhören kann«, mag einem einzelnen einmal gelingen; eine Versammlung braucht dazu Zeit, um jedes Wort gründlich zu diskutieren. Nach meiner Schätzung vielleicht vier Monate. Das Zweite Vatikanische Konzil dauerte vier Jahre, mit je etwa anderthalb Monaten Plenarsitzung in jedem dieser Jahre und mit Kommissionsarbeit in der Zwischenzeit. Sein Text ist heute und noch für lange Zeit lesenswert.

Aber die größere Aufgabe ist deshalb, weil sie schwierig ist, doch weder überflüssig noch unerfüllbar. Die Frage ist nur, ob man sie *will*.

Hans Küng hat die Aufgabe in seinem Buch *Projekt Weltethos* (München 1990) beschrieben. Das Buch beginnt mit den Sätzen: »Kein Überleben ohne Weltethos. Kein Weltfriede ohne Religionsfrieden. Kein Religionsfriede ohne Religionsdialog.« Einen Aufruf zur Einleitung dieses Dialogs nicht nur zwischen den Religionen, sondern zwischen allen, auch nicht religiös argumentierenden Menschen, welche die Notwendigkeit eines Weltethos erkennen, hat im November 1991 eine Gruppe von Autoren veröffentlicht: Küng selbst stellte den Aufruf im November 1991 in Paris vor. Ich habe ihm eine Äußerung dazu zur Verfügung gestellt, die ich hier abdrucke.

Zum Aufruf für eine »Universale Erklärung eines globalen Ethos«

Eine Reihe vorwiegend amerikanischer Autoren verschiedener Religionszugehörigkeit hat am 15. November 1991 einen Aufruf des oben genannten Titels erlassen. Sie waren dazu angeregt durch das Buch von Hans Küng, *Projekt Weltethos*.

Ich bin aufgefordert worden, dazu Stellung zu nehmen, und erkläre ausdrücklich, daß ich den Gedanken, so wie er dort vorgetragen wird, für grundlegend wichtig halte und voll unterstütze. Es handelt sich um das Ethos des Friedens zwischen den Menschen. Die Autoren sind überzeugt, daß alle größeren Religionen, unbeschadet ihrer fortdauernden tiefen theologischen Unterschiede, sich zu einem ihnen gemeinsamen Ethos bekennen können und sollen, auch in Gemeinschaft mit Ethiken, die ihre Überzeugung nicht auf einen religiösen Glauben stützen. »Kein Überleben ohne Weltethos. Kein Weltfriede ohne Religionsfrieden. Kein Religionsfriede ohne Religionsdialog.« (Küng)

Die »Universale Erklärung eines globalen Ethos« soll in intensivem Gespräch erarbeitet werden. Konkret werden vier Arbeitsschritte gefordert:

1. Jede größere Religion soll ihre Sachverständigen veranlassen, ein globales Ethos vom Standpunkt ihrer eigenen Religion auszuarbeiten – dies im Dialog mit allen anderen Religionen.

2. Jede religiöse und ethische akademische Institution soll ihre Sachverständigen zum Dialog mit anderen Institutionen hierüber auffordern.

3. Interreligiöse ethische »Arbeitsgruppen« mit diesem Ziel sollen entstehen.

4. Ein größeres permanentes Forschungszentrum für das globale Ethos soll geschaffen werden, an dem Sachverständige für Jahre an dem Thema arbeiten können.

Die Hoffnung ist, auf diesem Wege eine interreligiöse universale Erklärung eines globalen Ethos zu schaffen, welche in Parallele zu der 1948 von den Vereinten Nationen verabschiedeten »Universalen Erklärung der Menschenrechte« treten könnte.

Im christlichen Raum ist eine Vorarbeit geleistet worden durch den »konziliaren Prozeß«, der bisher zu der »Weltversammlung für Gerechtigkeit, Frieden und Bewahrung der Schöpfung« (1990) geführt hat. Der jetzt vorgelegte Entwurf, der thematisch bescheidener, global umfassender und arbeitstechnisch gründlicher sein soll, wäre, wenn sich die Religionen auf ihn einigen könnten, ein wichtiger Schritt auf dem unerläßlichen Weg.

Dazu noch erläuternde Worte.

Hans Küng hat sich in einer Reihe ausführlicher Publikationen, in Gemeinschaft mit präzisen Sachkennern, gründlich mit den großen Weltreligionen befaßt. Er weiß, wovon er spricht. Er betont, daß die reale Gemeinsamkeit des zum Überleben notwendigen Ethos keineswegs eine Verwischung der tiefen Unterschiede zwischen den Religionen bedeutet. Er achtet die großen Religionen, aber er hebt hervor, daß er dabei selbst Christ ist und Christ bleibt. Das ist für das konkrete Ziel, das er anstrebt, kluge Diplomatie, die Erfolg verspricht. Genau weil sie ehrlich ist.

Küngs Vorschlag bezieht sich zentral auf das Thema, das ich zum Titel des jetzigen Kapitels gewählt habe: Religion und Konflikt. Ich versuche, das noch einmal in meiner Sprache zu erläutern. Konflikt ist ein Grundphänomen allen gesellschaftlichen Zusammenlebens, schon von Tieren, und ganz besonders von Menschen. Im ersten Teil ist dies im Abschnitt 3 des 10. Kapitels besprochen. Biologische Individuen überleben, weil sie spontane Verhaltensweisen der Selbsterhaltung haben. Gesellschaften überleben, wenn sie Verhaltensweisen des Zusammenlebens der Individuen haben. Diese sind bei sozialen Tieren und folglich in gewissem Umfang auch beim Menschen angeboren. Beim Menschen aber werden sie notwendigerweise auch als Moral ritualisiert. Das moralische Verhalten innerhalb einer Gesellschaft wird weitgehend durch in dieser Gesellschaft überlieferte Normen erzwungen. Diese Normen beschützt meist die in der Gesellschaft herrschende Religion. Der Streit um solche Normen kann, gerade wegen ihrer Wichtigkeit, besonders heftige und fortdauernde Konflikte erzeugen. Ebenso das gegenseitige Verhältnis der Gesellschaften – der Familien, der Stämme, der Nationen, der großen Kulturen, auch der sichtbar unterschiedenen Rassen. Ein fundamentales Thema der Hochreligionen ist die Wahrnehmung des Mitmenschen und als deren Folge oder Bedingung die Moral, die ebendiese Konflikte der Normen und Gesellschaften überwindet oder doch erträglich eingrenzt. Nun treten aber die verschiedenen Hochreligionen oft untereinander in einen Konflikt. Dieser Konflikt widerspricht im Grunde der tiefsten Einsicht jeder von ihnen.

An diese Einsicht appelliert der Aufruf zum Projekt Weltethos. Es ist nicht der Aufruf eines Propheten alten Stils, der sich auf göttliche Inspiration beruft. Es ist der Aufruf eines Gelehrten unseres Jahrhunderts, eines Theologen und Religionswissenschaftlers, der die Einsichten aller großen Religionen und der säkular denkenden Ethiker studiert hat und ihre Übereinstimmung im zum Überleben Notwendigen zugleich mit ihrer legitimen Verschiedenheit kennt und anerkennt. Der Erfolg des Dialogs hängt daran, ob man ihn *will*, ob eine hinreichende Anzahl von Menschen ihn wollen wird.

Wovon hängt es ab, ob man erkennt, daß man ihn wollen soll? Wovon hängt es ab, daß man ihn wollen kann? Was ist der Weg zum Willen?

5. Dalai Lama

Der Vierzehnte Dalai Lama, Tenzin Gyatso, 1935 geboren, seit
1959 in der Verbannung lebend, ist heute für den Westen vielleicht der sichtbarste Repräsentant der buddhistischen Erfahrung. 1989 erhielt er den verdienten Friedensnobelpreis. Seine
Schriften sind zugänglich.* Anscheinend zufällig bin ich ihm
vor rund sieben Jahren ein erstes Mal und seitdem, von ihm und
mir gewünscht, regelmäßig begegnet. Ich erlaube mir, über ihn
und den Buddhismus, den er vertritt, zunächst in persönlicher
Erinnerung zu sprechen.

Als Student in Leipzig, seit 1932, las ich, angeregt durch eine
Vorlesung von Joachim Wach, die Buddha-Reden des Pali-Kanon, wohl die ältesten und am ehesten genuinen Texte. Ihre
Wirkung auf mein Gemüt war kaum geringer als die der Bergpredigt, aber von ganz anderer Art. Mit einem Buddha-Zitat
sagte ich: diese Reden, deren Anfang begütigt, deren Mitte begütigt, deren Ende begütigt.

Persönlichen Kontakt mit dem Buddhismus als einer lebendigen Kultur, durch viele bedeutende Menschen vertreten, bekam
ich vierzig Jahre später, 1974, beim Besuch in Japan. Aber schon
länger hatte eine Reihe von drei andauernden menschlichen Begegnungen begonnen, die mich belehrten. Es waren Martin
Steinke, mit dem in China verliehenen Mönchsnamen Tao
Chün, Pater Hugo M. Lassalle, mit dem ihm als Zen-Meister in
Japan verliehenen Namen Enomiya, und nun der Dalai Lama.
Tao Chün und Enomiya Lassalle waren deutscher Herkunft.

Martin Steinke-Tao Chün, 1882–1967, erwarb die Kenntnis
des Buddhismus, neben einem kaufmännischen Beruf, aus Büchern. Fünfzigjährig wurde er, auf Grund seiner Schriften, ins
Kloster nach China eingeladen und nach einem Jahr zum
Mönch geweiht. Er kehrte zurück, um in der Heimat zu lehren.
1949 besuchte er mich, nach einem Briefwechsel, und die Verbindung blieb bis zu seinem Tode bestehen. Ich habe zu seinen
zwei deutschen Büchern der Spätjahre Vorworte geschrieben,

---

* Deutsch z. B. *Das Buch der Freiheit* (Autobiographie), Bergisch Gladbach
1990; *Der Schlüssel zum Mittleren Weg* (Weisheit und Methode im tibetischen
Buddhismus), Hamburg 1991; *Die Vorträge in Harvard*, Grafing 1991.

die im *Garten des Menschlichen*, IV. 7–8, abgedruckt sind und auf die ich hier wohl verweisen darf.

Enomiya Lassalle lernte ich etwa 1972 in der Katholischen Akademie in München kennen. Mit meiner Frau besuchte ich ihn 1974 in seinem Meditationszentrum bei Tokio; wir nahmen an einigen seiner Sitzungen teil. Der Aufsatz »Meditation und Wahrnehmung« (I 10.5) ist ihm zu seinem 80. Geburtstag gewidmet. Zuletzt begegnete ich ihm beim Kongreß »Geist und Natur« in Hannover 1988. 1991 ist er, 92jährig, gestorben. Ich verweise auch hier auf sein spätes, bebildertes Buch *Zen-Unterweisung* (München 1987).

Dem Dalai Lama begegnete ich zuerst, nach meiner Erinnerung, 1984. Er kam nach München zur Eröffnung einer tibetischen Forschungsstelle der Bayerischen Akademie der Wissenschaften. Die Teilnehmer am Empfang gingen zuerst durch einen großen Saal, der leer blieb, in einen benachbarten Saal, in dessen Mitte für den erwarteten Gast ein thronartiger Sitz bereitstand. Er kam mit dem Präsidenten der Akademie, dem Sinologen Franke, und wurde zu seinem Sitz geleitet. Franke hielt eine kenntnisreiche und würdige Begrüßungsansprache. Der Dalai Lama antwortete, auf englisch, und begann etwa so: »Ich danke der Akademie für ihre Einladung und den ehrenvollen Empfang. Ich darf sagen, daß ich nicht zum erstenmal hier bin. Vor zwei Jahren war ich hier schon einmal Ihr Gast. Aber man macht doch Fortschritte. Letztesmal bin ich nur in jenen Saal gekommen, durch den wir soeben gegangen sind, diesmal aber hierher in diesen Saal.« Und nach dieser kleinen selbstironischen Captatio benevolentiae kam eine knappe, kluge Rede. Ich wurde gleich nach Abschluß des offiziellen Teils zu ihm geholt. Eine Viertelstunde lang – mehr Zeit blieb nicht angesichts des Programmes – befragte er mich über das Weltbild der modernen Physik.

Ein oder zwei Jahre später ergab sich bei einer Tagung am Eibsee, zu der wir beide als Redner geladen waren, auf unser beider Wunsch die Gelegenheit, jeden Tag etwa zwei Stunden zu zweit, nur mit einem Dolmetscher, zu reden, und gründlich wünschte er die moderne Physik kennenzulernen. Der Dolmetscher, ein jüngerer buddhistischer Mönch deutschsprachiger Herkunft, hatte eine naturwissenschaftliche Vorbildung. Gab

ich auf eine Frage dem Dolmetscher eine fachlich detaillierte
Antwort, so folgte eine mir nur in ein paar Fremdwörtern verständliche tibetische Rede des Dolmetschers an den Dalai
Lama, eine ebenso lange tibetische Antwort des Dalai Lama,
und als der Dolmetscher sie mir auf deutsch wiedergab, traf sie,
mit einer neuen Frage, ins Schwarze. »Hier kann der Buddhismus von der Physik noch lernen«, hieß es einmal aus seinem
Munde. Gemeinsam führten am Schluß die Veranstalter uns mit
der Seilbahn auf die Zugspitze, 500 m tiefer an Meereshöhe als
seine Heimat Lhasa. Es folgten noch mehrere Begegnungen, in
Offenburg, in Hamburg. Stets war er freundlich, den Gesprächspartner wahrnehmend, anspruchslos, mit leisem Hu-
mor und nie dominant.

Über den Buddhismus, den er vertritt, spreche ich im ersten
Teil, I 10.6. Aber er ist zugleich eine zentrale Gestalt unserer
Zeit zum Thema »Religion und Konflikt«. Seine Autobiographie ist eines der lesenswertesten, z.T. reizvollsten Bücher, die
in meine Hand gekommen sind. Er schildert, wie er als Dreijäh-
riger in einem nordosttibetischen Dorf, in einem einfachen
Bauernhaus, als Reinkarnation seines Vorgängers von einer aus
dem fernen Lhasa gekommenen Kommission »entdeckt« wird,
wie er nach Lhasa in den alten Riesenpalast des Potala gebracht
wird und sich als lebhaftes Kind mit seinen Dienern spielend
zurechtfinden muß. Ich kann einen kleinen Beitrag dazu liefern. Eine deutsche Frau, die damals in Männerkleidern nach
Lhasa gekommen war, erzählte mir Jahrzehnte später, er, damals Kind, habe gesagt: »Ich möchte mit Kindern zusammensein. Ich weiß, ihr Erwachsenen seid eigentlich auch Kinder.
Aber ich möchte doch richtige Kinder um mich haben.« Es
folgt die ernsthafte Ausbildung in buddhistischer Meditation
und Lehre; noch heute verbringt er viereinhalb Stunden jeden
Tag meditativ.

Was bedeutet solche Herkunft für den heutigen Schreiber
dieses, im Original von ihm selbst auf englisch verfaßten, für
westliche Leser bestimmten Buchs? Ich zitiere aus S. 18:

»Mich sieht man als die Reinkarnation eines jeden der voran-
gegangenen dreizehn Dalai Lamas von Tibet, einer Linie, die im
Jahre 1351 begann. Diese wiederum sind Verkörperungen von
Avalokiteshvara, auf tibetisch Chenrezig, dem Bodhisattva

des Mitgefühls, des liebevollen Sich-Hinwendens, und Träger der weißen Lotosblüte. So glaubt man auch von mir, daß ich eine Inkarnation von Chenrenzig bin, und zwar die vierundsiebzigste in einer Linie, die man bis zu einem Brahmanenjungen, einem Zeitgenossen des Buddha Shakyamuni, zurückverfolgen kann.

Ich wurde oft gefragt, ob ich das wirklich glaube. Die Antwort darauf ist nicht leicht. Doch wenn ich als Sechsundfünfzigjähriger auf meine Erfahrungen in diesem Leben zurückblicke und hinzunehme, was ich als Buddhist glaube, dann fällt es mir nicht schwer zu akzeptieren, daß es zwischen mir und den früheren dreizehn Dalai Lamas, Chenrenzig und selbst Buddha eine spirituelle Verbindung gibt.«

Im Vorwort des Buchs (S. 7) schildert er nicht ohne Ironie, wofür man ihn in seinen wechselnden Lebensschicksalen gehalten hat, und endet: »Für mich bezeichnet ›Dalai Lama‹ das Amt, das ich innehabe. Ich selbst sehe mich in erster Linie als einen Menschen und dann erst als einen Tibeter, der es sich ausgesucht hat, ein buddhistischer Mönch zu sein.«

Ich kehre zur Erzählung zurück. Es folgt der Einmarsch der Chinesen, als er 15 Jahre alt ist. Vor der Zeit wird er nun, um seinem Lande besser beistehen zu können, mündig erklärt. Es folgt ein vergeblicher Besuch in Indien bei Nehru, ein Aufenthalt in Peking, mit einer eindrucksvollen Schilderung der Person Mao Tse Tung; all dies, um die Beziehung zu den Chinesen möglichst von Gewalt beim immer wachsenden Protest der tibetischen Bevölkerung frei zu halten. Gerade weil er, als überzeugter Buddhist, auch den Chinesen stets gerecht, letztlich liebend gegenübersteht, wird die unausweichliche, abgründige gewaltsame Verlogenheit des kommunistischen Herrschaftssystems sichtbar. 1959, vierundzwanzigjährig, flieht er unter größter Gefahr nach Indien. Bis heute aber arbeitet er an Plänen der Versöhnung.

Wir sehen hier nicht nur einen gütigen und klugen Menschen, sondern einen glaubwürdigen Buddhisten. Die Meditationsschule seines Mahayana-Buddhismus beginnt mit dem Wunsch nach Erleuchtung aus Mitleid mit allen Menschen, allen lebenden Wesen. Und dies bleibt nicht ein privates Motiv. Das Amt des Dalai Lama, das ihm zugefallen ist, ist ein politisches Amt. Er betont, Religion sei wesentlich zugleich politisch. Ihn schmerzt, daß er Mahatma Gandhi nie persönlich kennenlernen konnte. »Er ist für mich ein vollkommener Politiker, ein Mensch, dessen höchstes Prinzip die Nächstenliebe war. Ich bin davon überzeugt, daß seine Hingabe an die Sache der Gewaltlosigkeit der einzig sinnvolle Weg ist, Politik zu betreiben.« (S. 136)

Niemand weiß heute, ob sein Versuch einer Versöhnung zwischen Tibet und China Erfolg haben wird. Aber er ist ein Teil dessen, das heute nötig ist, in der ganzen Menschheit.

Elftes Kapitel
Philosophen

1. Rückblick auf frühere Texte

Wer Philosophie verstehen will, sollte die Geschichte der Philosophie verstehen. Im jetzigen Buch, das zum überwiegenden Teil den mathematischen Wissenschaften – Mathematik, Logik, Physik – gewidmet ist, sei dies zuerst erläutert am Verhältnis der philosophischen Reflexion zum historischen Fortschritt der Physik (I 7.B). In den Phasen der »normalen Wissenschaft« (Kuhn), in denen eine »abgeschlossene Theorie« (Heisenberg) unangefochten herrscht, wird philosophische Reflexion auf Sinn und Berechtigung der herrschenden Theorie eher als Hindernis der Forschung erfahren; die Theorie funktioniert ja. Die »wissenschaftlichen Revolutionen« aber geschehen nicht ohne ein gewisses Maß philosophischer Reflexion. Zentral ist dabei das Problem der semantischen Konsistenz. Der mathematische Apparat einer neuen Theorie wird nur anwendbar, wenn er in physikalischer Semantik gedeutet wird. Hierfür dient zunächst die Alltagssprache oder die Sprache der vorhergehenden Theorie. Aber ebendiese Sprache wird durch die neue Theorie partiell entwertet; einige in ihr selbstverständlich erscheinende Aussagen werden falsch. Klassische Beispiele aus unserem Jahrhundert sind Einsteins Relativierung des Begriffs der Gleichzeitigkeit entfernter Ereignisse und andererseits die »Trauerarbeit« der Deutung der Quantentheorie. Die philosophische Arbeit ist hier die Einführung einer neuen Sprache in expliziter Diskussion der Stärken und Schwächen der alten Sprache. Ist die neue Sprache eingeführt, so pflegt man nach einiger Zeit ihre philosophische Rechtfertigung zu vergessen. Man löst immer neue Spezialprobleme.

Philosophie selbst nun ist der Versuch, das Ganze der Wirklichkeit zu denken. Sie darf die Reflexion auf den Sinn ihrer Sprache nie vergessen. Und Philosophie hat sich in den zweieinhalb Jahrtausenden ihrer bisherigen Geschichte als unvollendet erwiesen. Jeder große Philosoph gibt jedem Wort seiner Sprache einen Sinn, der nur in der Reflexion auf das Ganze dieser seiner Sprache erläutert werden kann. Deshalb kann man Geschichte der Philosophie nicht direkt als Geschichte ihrer Begriffe schreiben (*MsG*, S. 178). Um die Begriffe zu verstehen, muß man jeweils das Ganze der Philosophie, in der sie soeben verwendet werden, im Blick haben. Da wir aber eben über keine »abgeschlossene Philosophie« verfügen, führt uns diese Frage unweigerlich in die Geschichte der Philosophie, in der sich der heutige Gebrauch der Begriffe herausgebildet hat.

Ich erläutere hier noch einmal, wie ich selbst diese Erfahrung gemacht habe. (Dazu: *Die Einheit der Natur* IV.1: »Die Rolle der Tradition in der Philosophie«.) Ich studierte Physik: klassische Mechanik, Relativitätstheorie, Quantentheorie. Ich konnte dann mit den Methoden dieser Theorien rechnen, aber ich wußte, daß ich den Sinn ihrer Begriffe nicht verstand. Ich wandte mich an die Philosophen. Die damals in Deutschland noch dominierenden Neukantianer verstanden offenkundig die moderne Physik selber nicht und kritisierten sie zu Unrecht. Eine Ausnahme war Cassirer; er verwies auf Kant, aber auch er konnte mir nicht voll genügen. Ich wandte mich an die Positivisten. Sie akzeptierten die neue Physik gleichsam ohne Nachdenken, weil sie ja Erfahrung war. Wie aber solche Erfahrung, wie überhaupt Erfahrung möglich ist, fragten sie nicht effektiv. Ich wandte mich Kant zu. Er stellte die Frage nach der Möglichkeit von Erfahrung, aber im Rahmen einer heute veralteten Physik. Und ich verstand keinen seiner Grundbegriffe: Was heißt Begriff, Verstand, Vernunft, Urteilskraft? Für den Sinn seiner Sprache mußte ich mich an seine Vorgänger wenden: an Leibniz, Descartes, an die Scholastik, also an Aristoteles, also an Platon. Diese beiden Griechen waren schließlich die ersten, bei denen ich das Erlebnis hatte, sie zu verstehen, denn sie prägten ihre Begriffe noch in direktem Bezug zur Sprache ihres täglichen Lebens, nicht, wie alle späteren, in bezug zu ihren philosophischen Vorgängern. Nur Griechisch mußte man dazu einigermaßen gut gelernt haben. Die Gunst des Schicksals hat mir dann gewährt, zwölf Jahre lang als berufliche Pflicht Geschichte der Philosophie zu lehren, also zu lernen; docendo discimus.

Was ich damals gelernt habe, muß ich im jetzigen Kapitel

voraussetzen. Der mit leichter Hand, »gleichsam aus dem Gedächtnis« geschriebene Abschnitt I 11.A2 gibt davon eine Skizze. Aber die große Mehrzahl der Texte zur Geschichte der Philosophie, die ich früher geschrieben habe, kann ich hier nicht abdrucken. Deshalb folgt nun ein kurzer Überblick über die Stellen, an denen diese Texte nachgelesen werden können, noch einmal dem Gang der Geschichte der Philosophie folgend. Dabei benütze ich Abkürzungen, die ich hier alphabetisch anordne:

AP	: *Aufbau der Physik*, 1985
bF	: *Der bedrohte Friede*, 1981
BF	: *Bedingungen der Freiheit*, 1990
BP	: *Ein Blick auf Platon*, 1981
Bw	: *Bewußtseinswandel*, 1988
D	: *Deutlichkeit*, 1978
EN	: *Die Einheit der Natur*, 1971
FW	: *Fragen zur Weltpolitik*, 1975
GK	: mit Gopi Krishna, *Der biologische Hintergrund religiöser Erfahrung*, 1971
GM	: *Der Garten des Menschlichen*, 1977
GN	: *Die Geschichte der Natur*, 1948
MsG	: *Der Mensch in seiner Geschichte*, 1991
PL	: mit Pinchas Lapide, *Die Seligpreisungen*, 1980
TW	: *Die Tragweite der Wissenschaft*, I, 1964; II, 1990
WG	: *Wege in der Gefahr*, 1976
WH	: mit B. L. v. d. Waerden, *Werner Heisenberg*, 1977, Neuausgabe 1992
WN	: *Wahrnehmung der Neuzeit*, 1983
WP	: *Zum Weltbild der Physik*, Ausgabe 1957
Zd	: *Die Zeit drängt*, 1986
ZW	: *Zeit und Wissen*, 1992.

Der Text ZW I 11.A2: »Geschichte der Philosophie« beginnt mit dem Mythos. Dazu ZW I 9.4. Höchst lesenswert ist Georg Pichts Vorlesung »Kunst und Mythos«. Dazu hier, ZW II 11.8.

Zur »vorsokratischen« griechischen Philosophie habe ich kaum geschrieben. Ich habe mir zur Beurteilung dieser unvollständig überlieferten Texte die philologische Sachkenntnis nicht zugetraut. Zu Parmenides verweise ich wieder auf Picht,

»Die Epiphanie der ewigen Gegenwart« in: *Wahrheit, Vernunft, Verantwortung*. Bei mir *TW* I.4: Thales, Parmenides und die Atomisten.

Platon, Aristoteles und Kant waren die Philosophen, die ich im akademischen Unterricht am ausführlichsten behandelt habe. In der zeitlichen Reihenfolge der Vorlesungen und Seminare, meinem eigenen Weg entsprechend, waren es nach einem Einleitungsjahr zuerst etwa drei Jahre Kant, dann etwa vier Jahre Platon, dann Aristoteles; dazwischen stets moderne Logik und Physik.

1981 habe ich das Reclam-Bändchen *Ein Blick auf Platon (BP)* herausgegeben, das fünf schon anderswo publizierte Texte enthielt. In den anderen Büchern standen Texte über Platon: *TW* I.4, *EN* IV.5 und IV.6 (in *BP* aufgenommen), ferner *EN* I.4 ein »platonischer Dialog« über Sprachrelativismus (auch in *BP*); *GM* III.1 (auch in *BP*). Im wesentlichen enthält also *BP*, was ich über Platon vor 1981 geschrieben habe. Dazu seither *MsG* 6 und die Texte im jetzigen Kapitel. Der mir wichtigste Philosoph.

Über Aristoteles habe ich thematisch nur einmal geschrieben: *EN* IV.4: »Möglichkeit und Bewegung. Eine Notiz zur aristotelischen Physik«. Das Thema nehme ich wieder auf in *ZW* II 7.C: »Das Kontinuum«. Auch habe ich oft die Physik des Aristoteles als historischen Hintergrund der Physik der Neuzeit besprochen, so *AP* 12.1 und 14.3, auch in der Biologie *TW* I.8, S. 138–141.

Die andere Quelle des abendländischen Denkens, die Bibel, habe ich in *TW* I.3 und *Bw* IV.3 unter der Schöpfungsgeschichte besprochen. Ferner allgemeiner das Alte Testament *GM* IV.2 und *MsG* 3. Auf die grundlegende Wahrheit von Jesus, zumal der Bergpredigt, bin ich immer wieder zurückgekommen. So *TW* 5, *GM* IV.2, IV.5, autobiographisch in der »Selbstdarstellung« *GM* IV.2, ab S. 553, in *Zd* vielfach, in *PL* durchgehend, schließlich in *ZW* I 10.7. Paulus in *Bw* IV.5 und IV.12. Augustinus *TW* I.5, S. 85–87.

Mit der Spätantike und dem Mittelalter habe ich mich leider nie gründlich beschäftigt. Meine Kraft reichte zu diesem Thema von mehr als einem Jahrtausend nicht aus. Und mir waren einerseits die Quellen der Philosophie in der klassischen Antike und die Quellen meiner Religion im Alten Testament und bei Jesus wichtiger, und andererseits dann wieder die neuzeitlichen Ursprünge der Naturwissenschaft und des geschichtlichen Denkens. Neben Augustinus kann ich aus der Spätantike nur Plotin nennen: *ZW* I 10.5, im meditativen Zusammenhang.

Eine andere Welt, die mir elementar von höchster Wichtigkeit war und die ich doch nicht habe adäquat studieren können, waren die großen asiatischen Kulturen, besonders Indien, China, Japan, und die Erfahrungen des Buddhismus und des Vedanta. Im 10. Kapitel beider Teile von *ZW* komme ich darauf zu sprechen. Hier nenne ich *GM* IV.7, IV.8 und in der »Selbstdarstellung« S. 593–596. Ferner *bF* IV mit einer Fülle von Reiseerfahrungen, und das ganze Buch *GK*.

Indem ich mich nun der Neuzeit zuwende, bleibe ich zunächst im Fragenbereich des Christentums. Davon ist im jetzigen Buch die Rede in I 10.2 und 7–8, und im II 10.1–4. Die politischen Konflikte in unserer Geschichte hatten anfangs eine tiefe religiöse Selbstdeutung. Und in den jetzigen Jahrzehnten kann christlicher Glaube seine Rolle nur erfüllen, wenn er zum Frieden leitet. Die Geschichte dieser Konflikte ist Gegenstand von *TW* I.5 und I.10, dann wieder von *WN* II.1 und II.4, des ganzen Buchs *Zd*, und von *Bw* VI.10. Spreche ich von Personen, so ist zunächst von Martin Luther zu reden *GM* IV.4, und aus unserer Zeit von Karl Barth und Dietrich Bonhoeffer *GM* IV.3, von Friedrich Gogarten *WP*, S. 258–265, *TW* I.10, *WN* II.4, S. 371–375, von Reinhold Schneider *FM*, S. 126–148, *GM* II.5, S. 282–283. Schließlich in *D* 5. Die Bodelschwingh-Tradition und die mehr theologischen Texte *D*6 und *D*7.

Die neuzeitliche Naturwissenschaft ist der hauptsächliche Gegenstand der Bücher *GN, WP, TW, EN, AP*. Hier seien nur die Texte über Personen genannt. Kopernikus, Kepler, Galilei *TW* I.6, auch *GM* III.1, Newton *TW* I.7, Darwin *TW* I.8. Zu all diesen schon *GN*. Aus unserem Jahrhundert Einstein, über den ich keinen der in den früheren Büchern zugänglichen Texte noch zusätzlich in *ZW* II 7.A aufgenommen habe: *WP*, S. 200–210, *WN*, S. 121–133, *AP* 11.1.i und *AP* 11.3.d., Bohr *WP*, S. 200–210, *WN*, S. 134–146, *AP* 11.1.g., Heisenberg das ganze Buch *WH*, das soeben wesentlich erweitert herauskommt, dazu *WN*, S. 134–146 und S. 147–170, *AP* 11.1.f. Er war mein Lehrer und

Freund. Soweit die Physiker, die auch in *ZW* II 7.A vorkommen. Aus der Biologie Konrad Lorenz *GM* II.2, II.6, *EN* IV.5. Der physikalische Techniker Werner Siemens *WN*, S. 53–69. Und der große Dichter, der zugleich Naturforscher und von höchster philosophischer Bedeutung war, Goethe: *TW*, im Nachtrag des Buchs; *GM* III.2; *WN*, S. 36–52; nun *ZW* II 9.1–2.

Schließlich kommen wir zu den Fachphilosophen der Neuzeit. Diese Reihe eröffnet Cusanus: *WP*, S. 129–131. Das naturwissenschaftliche Machtdenken und eben damit die Bewußtseinsphilosophie begründet systematisch Descartes: *TW* I.7, S. 118–123 und im Anhang des Buches; *MsG* 2.2.C und 6.6, S. 189–192; sein Dualismus wird in *MsG* und *ZW* unter »Quantentheorie« kritisch besprochen. Leibniz *WP*, S. 158–168, *TW* I.7, S. 128–131; und in dem von mir mit E. Rudolph herausgegebenen Band *Zeit und Logik bei Leibniz*, Stuttgart 1989, ein Beitrag von mir.

Kant wurde für mich der zentrale neuzeitliche Philosoph: *EN* II.3.2, IV.2, IV.3; *TW* I.7, S. 131–134, *TW* II.4. All dies ist noch Interpretation von Kants Lehre. Die Auseinandersetzung mit seinem Begriff der Erkenntnis a priori durchzieht die Bücher, so *AP* 14.2, S. 623, *GM* II.2, *MsG* IV und VI.6, S. 190–192, *ZW* I 6.7.6.

Schelling habe ich leider unzureichend gelesen; eine Notiz in *ZW* II 7.C8. Hegel hätte ich wohl, wäre ich länger im philosophischen Lehramt geblieben, zum nächsten Gegenstand breiterer Studien gemacht. Nun liegt nur ein ausführlicher Aufsatz vor: *GM* III.3, und einzelne Notizen: *TW* I.10e, S. 190–193; *WN*, S. 26. Hegel führte notwendigerweise auch zu Marx *TW* I.10.f, S. 193–194; *WG* IV; *BF* 7.5–6. Einen Schritt hoher Wichtigkeit tat Nietzsche *WN*, S. 70–107, S. 398–399. Unter die Philosophen erlaube ich mir hier auch den Tiefenpsychologen Freud zu rechnen: *GM* II.5.III, *ZW* II 8.2. In seinem Gefolge und über ihn hinausdenkend Viktor v. Weizsäcker, fast ein geistiger Vater für mich: *WP*, S. 332–366, *GM* II.3, *ZW* II 8.1. Unter den akademischen Philosophen unserer Zeit wurde mir am wichtigsten Martin Heidegger: *WP*, S. 243–245, *GM* III.4 und III.5, *WN*, S. 147–170. Mein philosophischer Weggefährte, der Freund als Lehrer und Partner, war Georg Picht: *WP*, S. 266–280; *WN*, S. 33–35, S. 185–189, und nun am Ende dieses Kapitels.

2. Eine Notiz zu Platons Philosophie des Abstiegs*

Μηδεὶς ἀγεωμέτρητος εἰσίτω
Kein Geometrieloser darf eintreten

Der Auftrag zur Mitarbeit an dieser Sammlung platonischer Miniaturen lautete locker und unscholastisch: »Was ich mit Platon erlebte.« Dies gibt mir den Mut, eine Notiz niederzuschreiben, die ich nicht mehr hoffen kann, in wissenschaftlicher Interpretation zu begründen.

Platon habe ich schon in der Schule gelesen, und ich habe mich von Anbeginn in seiner Philosophie heimatlich gefühlt wie in keiner anderen. Freilich etwa so wie wenn man als Kind zu einem Großvater kommt, der offenbar alles versteht, was man selbst gerne wissen möchte – und doch ahnt man, daß man selbst Großvater werden muß, ehe man weiß, was er eigentlich gesagt hat.

Ich lernte dann Physik und machte mir klar, daß ich sie nicht verstand. Der Weg zur Deutung ihrer Begriffe führte über die zeitgenössische Philosophie, die sich bewußt oder unbewußt in überlieferten Fragestellungen bewegt, zurück zum Ursprung dieser Fragen. Erst als ich über Kant, Descartes und die nur ahnungsweise aufgenommene Scholastik zu Aristoteles zurückgegangen war und ihn als Platon-Interpreten lesen lernte, hatte ich das Erlebnis: »Das kann man verstehen, das ist direkt gedacht.« Ohne Georg Pichts Anleitung hätte sich mir diese Direktheit der griechischen Philosophie wohl nicht erschlossen.

Aber ich schildere hier, was ich mir später, im akademischen Lehrfach der Philosophie auf mich selbst gestellt, um das platonische Alter der fünfzig Jahre herum, in direkter nachdenkender Lektüre zurechtgelegt habe. Das Gespräch hierüber mit Picht ist, wie so vieles, worauf wir beide einen langen Weg angelegt hatten, nicht mehr zustande gekommen.

---

* Aus: Ilse Tödt, Hrsg., *Platon-Miniaturen für Georg Picht*, Heidelberg, Texte und Materialien der Forschungsstätte der Evangelischen Studiengemeinschaft, 1987.

Der neue Theätet

Ich hatte in den frühen sechziger Jahren einen literarischen Plan, der das, was hier zu sagen ist, sorgfältig hätte darstellen sollen. Der Titel hätte sein können: *Der neue Theätet.* Ich erlaube mir, die Schilderung dieses Plans nochmals abzudruk-ken.* Im Café Cron und Lanz in der Weenderstraße in Göttingen sollten sich zwei Wissenschaftler begegnen, zwei alte Bekannte, nämlich ein junger Mathematiker, soeben von einem dreijährigen Amerika-Aufenthalt zurückgekehrt, und ein älterer Philosoph. In der Wiedersehensfreude gestehen sie einander, was sie immer gewußt haben, nämlich, daß in ihnen Theätet und Sokrates reinkarniert sind. Diese Wiederverkörperungen geschahen alle 800 Jahre, und so waren sie einander seit Athen schon zweimal wiederbegegnet, im spätantiken Alexandrien und im Paris der Scholastik; denn ihnen ist Ruhe nicht vergönnt, bis sie ihr Gespräch über das Wesen der Erkenntnis zum Ziel geführt haben. Theätet sagt nun in Göttingen: »Dreimal hast du, Sokrates, mir grünem Jungen meine These, Erkenntnis sei Wahrnehmung, mit unzureichenden Argumenten aus der Hand geschlagen. Heute, in der vierten Runde, habe ich zum erstenmal die Argumente, die ich brauche. Heute gibt es, was es damals nicht gab, die Abstammungslehre, die empirische Psychologie, die Linguistik, die mathematische Logik, die empiristische Wissenschaftstheorie, die Kybernetik. Heute kann ich argumentieren.« Sokrates antwortet: »Ja, du Wunderbarer, dreimal habe ich dich nur überredet, denn du hattest nichts zu antworten. Heute kennst du die wahren Argumente, heute werde ich dich überzeugen.«

Kritik

Dieser Entwurf enthält zunächst einige hintereinandergestaffelte Kritiken an gängigen Arten, Platon zu lesen.

Vorerst kritisiert er offensichtlich die Meinung, wir hätten es nun so weit gebracht und Platon sei eben überholt. Diese Kritik

---

* Die Aktualität der Tradition: *Platons Logik* (1973), in: C. F. von Weizsäcker, *Ein Blick auf Platon. Ideenlehre, Logik und Physik*, 1981, 76–110; 85.

besteht selbst aus mehreren hintereinandergestaffelten Bemerkungen. Im akademischen Unterricht entsprach ihr ein herme-
neutisches Prinzip, das ich auf alle lesenswerten Philosophen
anwandte: »Der Autor hat recht.« Wenn die begabten Studenten alsbald sahen, daß die gerade zur Interpretation stehende
Meinung des Autors durch unser heutiges Wissen überholt sei,
so war es ein Kriterium ihrer Befähigung zum Lesen, wie
schnell sie einsehen lernten, daß sie den Autor schlicht noch
nicht verstanden hatten. Im längeren Lernen mußten sie begreifen, daß die seit zweitausend Jahren weitergeschleppten Vokabeln bei jedem bedeutenden Philosophen einen ihm eigentümlichen begrifflichen Sinn annehmen und nur im Zusammenhang
seines ganzen Denkens gedeutet werden können. Sie mußten
einsehen lernen, daß dies nicht die Folge der bedauerlichen
Egozentrik des jeweiligen Autors ist, sondern die Folge des
überschweren Unternehmens der Philosophie, das Ganze zu
denken. Im philosophischen Zunftjargon unterscheidet man
die historische und die systematische Interpretation eines Autors. Dies nun war zunächst die Abdressur der törichten Art systematischer Interpretation, welche sich das System von den
sachlichen Meinungen unserer Zeit vorgeben läßt und dann
fragt, ob der Autor das auch schon gewußt hat.

Ebenso kritisch ist der Entwurf freilich gegenüber der Über-
nahme einer historisch überlieferten Systematik. »Der Autor
hat recht« heißt hier gewiß nicht: »Der Platonismus hat recht«.
»Heute kennst du die wahren Argumente«, sagt der neue
Sokrates. Darin spiegelt sich eine Erfahrung, die wir im Hamburger Diskussionskreis machten – wir, das heißt Patzig,
Wieland, Scheibe, Specht, Oehler, Plaaß, Meyer-Abich, Schind-
ler, Böhme, Zucker, Miller, um nur einige zu nennen. Der
Autor, hier also Platon, enthüllte die Struktur seiner Sicht des
Ganzen ganz neu, gleichsam taufrisch, wenn wir ihn nicht als
die große Autorität der Geschichte befragten, sondern ihn
frech, wie es in der heutigen Wissenschaft Umgangsstil ist, zur
Rede stellten. Die Interpretation der griechischen Mathematiker durch van der Waerden war mir ein lehrreiches Beispiel: als
Mathematiker, das heißt als Kollege, verstand er ihre Probleme.
Aber die Mathematik braucht nicht das Ganze zu denken; sie
ist gerade die Entdeckung, daß Einzelnes unbestreitbar erkannt

werden kann. Deshalb ist der Dialog mit griechischen Mathematikern um einen Grad problemloser als der mit griechischen
Philosophen.

Hier kommt, als nächste Kulisse, ein nicht ganz unkritischer
Dank an die Geisteswissenschaft. Zuerst der Dank, aus vollem
Herzen. Ich beginne wieder mit einer Unterrichtserfahrung.
Ich verlangte von meinen Doktoranden, daß sie Griechisch
konnten, auch wenn sie über Kant, Bohr oder moderne Logik
arbeiteten. Wenn ich diese neuzeitlichen Themen nicht ohne die
Griechen verstehen konnte, wie hätte ich mir zutrauen dürfen,
sie meinen Studenten ohne die Griechen zu erklären. Und kann
man Autoren verstehen, wenn man nicht einmal ihre Sprache
kennt? Ich habe mich daher immer geweigert, Arbeiten über indische oder chinesische Philosophie zu beurteilen, so nahe ihre
Themen meinem Herzen standen. Wenn nun der Student auf
meine Zumutung sagte: »Aber ich will doch Philosophie machen, nicht Griechisch«, so war es, blieb er dabei, mit seiner
Philosophie auch nicht weit her; das lehrte die Unterrichtserfahrung. »Ich will Schuhe machen, nicht Pfriem und Ahle
bedienen.« Sagte er aber: »Ach so, das hatte ich nicht verstanden. Gut, ich lerne Griechisch«, so konnte man ihm auch die
Philosophie zutrauen.

Es bleibt nicht bei der Sprache, so lehrt uns die Geisteswissenschaft. Wer ἀρετή verstehen will, muß sich in das Leben
griechischer Aristokraten und Handwerker einfühlen lernen
und muß begreifen, daß Phidias ein Handwerker war. Wer das
urbane gesprochene Attisch der platonischen Dialoge gedanklich nachvollziehen will, muß wissen, was Urbanität ist. Wer
das religiöse Pathos des *Timaios* oder der *Nomoi* begreifen will,
muß fähig sein, Götter zu verehren; und er muß die Götter von
Gott zu unterscheiden gelernt haben.

Die Geisteswissenschaft lehrt Kulturen verstehen, indem sie
sie relativiert. Sie lehrt, eine Kultur in ihrer unzugänglichen
Ferne von uns zu sehen. Aber einen Schritt vollbringt sie mei-
stens nicht mehr: die Relativierung unserer eigenen Kultur, in
der sie selbst wurzelt; die Entdeckung der unzugänglichen
Ferne, in der wir zu uns selbst stehen. Das können Künstler
besser.

Die heutige Geisteswissenschaft kann meist nicht einmal aus

der einen der beiden C. P. Snowschen Kulturen heraustreten, deren Paradigma sie selbst ist. Deshalb wollte ich einen neuen *Theätet* schreiben, nicht eine neue *Politeia* oder ein neues *Symposion*. Platon bleibt unbegreiflich, wenn man ihn nicht als den Gesprächspartner der Mathematiker sieht. Μηδείς ... Das haben die Neuplatoniker noch gewußt, das haben Kepler und Galilei begriffen, das war für Kant noch selbstverständlich. Insofern ist es ein Unglück, daß die neuere Platon-Interpretation, weil ihr Pfriem und Ahle der Hermeneutik unentbehrlich sind, in die Hände der Geisteswissenschaftler gefallen ist, denen eines der platonischen Herzensanliegen, die Mathematik, selbst kein Herzensanliegen ist. Wie kann man verstehen, was man nicht liebt?

Platon der Darsteller

Das eben Gesagte hängt mit den Fragen zusammen, ob Platons Philosophie Aufstiegs- oder Abstiegsphilosophie war und ob er eine ungeschriebene Lehre besaß. In beiden Punkten scheint mir der Streit um ein unzureichend definiertes Problem zu gehen.

Die Philologie hat uns mit den von ihr entwickelten, bewunderungswürdigen Kriterien (die banalsten sind fast die schönsten, nämlich zwingendsten, wie zum Beispiel die Vermeidung des Hiatus von einer literarischen Phase an) eine ungefähre zeitliche Anordnung der Dialoge kennen gelehrt. Als neugebackener Philosophieprofessor und ergo gehorsamer Schüler habe ich in dieser Reihenfolge von vorne angefangen; so ist es gekommen, daß ich im Seminar zweimal den *Laches* und nie die *Nomoi* traktiert habe.

Zum *Laches* gab es einen – leider noch immer unpublizierten – Kommentar von Picht. Aus ihm habe ich, wie ich meine, unwidersprechlich, gelernt, daß die beiden Antworten des Laches und des Nikias auf die Frage nach der Männlichkeit (ἀνδρεία) ein sorgfältig gebautes Kreuzworträtsel sind, dessen wörtliche Lösung im vierten Buch der *Politeia* steht. Männlichkeit ist nicht »eine Stärke der Seele« und nicht »das Wissen, was zu fürchten ist und was nicht«, sondern »die Bewahrung (Stärke!) der richtigen Meinung darüber, was zu fürchten ist und was

nicht«. Picht sagte dazu: »Deshalb ist sie die Tugend des wahrheitssuchenden Philosophen.« Es scheint mir undenkbar, daß
Platon, als er den *Laches* schrieb, die wörtliche Lösung noch
nicht kannte; eine so präzise unbewußte Führung hat selbst ein
Genie wie Platon nicht.

Die Philologen legen den *Laches* etwa in Platons vierzigstes
Lebensjahr. Er hat also spät angefangen, die bekannten Dialoge
zu schreiben. Er hat nicht, wie Hegel über Schelling spottete,
»seine Entwicklung vor dem Publikum gemacht«. Und Platon
hatte ein gutes Gedächtnis; sonst hätte er schwerlich gewagt,
das gute Gedächtnis als eine notwendige Begabung des Philosophen zu bezeichnen. Aus Erfahrungen, wie ich sie mit dem *Laches* gemacht habe, habe ich mir daher eine heuristische Regel
abgeleitet: Man soll wörtliche Anklänge zwischen verschiedenen Dialogen immer als beabsichtigt, als planvoll angebrachte
Haken und Ösen ansehen. Und man soll immer versuchen, wieweit man in der Zeitfolge der Dialoge mit der Hypothese
kommt, daß sich nicht die Meinungen des Verfassers geändert
haben, sondern der Grad ihrer expliziten Darstellung. Daß
wachsende Explizitheit stets auch neue Horizonte öffnet und
so den Sinn des Gesagten verändert (da aller Sinn auf einen Horizont bezogen ist), darf dabei nicht vergessen werden, ist aber
etwas anderes als angebliche »Selbstkorrekturen«.

Hat Platon außerdem eine ungeschriebene Lehre besessen?
Wolfgang Wieland sagte mir unlängst: »Einzelwissenschaftliche
Thesen kann man verborgen halten. Ein Philosoph kann, wenn
er überhaupt schreibt, seine Philosophie nicht verbergen.« Das
ist ein wunderschönes heuristisches Prinzip; auch ein stolzes,
denn nur dem Verstehenden wird der Philosoph unverborgen
bleiben, und dem Verstehenden wird er sich auch nicht verbergen wollen. Ich habe in der dilettantischen Manier meiner
eigenen Platon-Interpretation, die neben Physik, Politik und
neuzeitlicher Philosophie nur einen Bruchteil meiner Zeit beanspruchen konnte, doch gerade aus den Dialogen auf unpublizierte Lehren Platons geschlossen; aus Ösen, für die der in sie
passende Haken erschlossen, aber nirgends in den Dialogen explizit gefunden werden konnte.

Was heißt Aufstieg und Abstieg?

Für Goethe, wie fast für die ganze Tradition, war Aristoteles »ein Mann, ein baumeisterlicher« auf dieser Erde, Platon eine zum Himmel zurücksteigende Flamme. So hat Raffael die beiden gemalt. Günter Ralfs hat dieses Bild auf Platons *Sophistes* zurückgeführt, wo der aufsteigende Ideenfreund ebenso relativiert wird wie der absteigende Materialist. Ich habe Ralfs noch als Kollegen in Hamburg kennengelernt, und in diesem Punkte habe ich ihm spontan und vorbehaltlos zugestimmt. Später wies Wyller darauf hin, daß die platonischen Dialoge nach dem Schema »Aufstieg – Höhenwanderung – Abstieg« komponiert sind. Was bedeutet das inhaltlich?

Wenn Philosophie Liebe des Menschen zur Weisheit ist, so ist sie Aufstieg. Solche Liebe lehren alle Kulturen; so stellt das *Symposion* die Philosophie dar. Der Abstieg von der höchsten Höhe ist Sache des Gottes: die Gesetzgebung auf dem Sinai, die Inkarnation. Für die griechische Philosophie gab es *ein* strenges Modell menschlichen Abstiegs: die deduktive Mathematik. Ich bin überzeugt, daß die griechische Philosophie, dieses in allen Weltkulturen einzigartige Kunstwerk, ohne das mathematische Paradigma undenkbar gewesen wäre. Ich behaupte nicht eine Priorität der deduktiven Mathematik vor der Philosophie, sondern eine Zwillingsgeburt. Jede der beiden wäre ohne das Motiv zur andern unmöglich gewesen; eben die philosophierenden Griechen haben das deduktive System erfunden; eben die mathematisierenden Griechen lernten die Strenge einer Argumentation würdigen.

Einer weniger pittoresken als systematischen Betrachtung erschien Aristoteles als Philosoph des Abstiegs, weil er in den *Analytica Posteriora* die Theorie der deduktiven Wissenschaft entworfen hat. Seine eigene Philosophie aber ist de facto Philosophie des Aufstiegs, Suche nach den ersten Prinzipien. In drei Anläufen, in der *Physik*, in *De Anima* und in der *Metaphysik*, strebt sie demselben Gipfel, dem göttlichen Nous, zu. Die allgegenwärtige Empirie ist Ausgangspunkt, nicht Ziel. Platon gilt als Philosoph des Aufstiegs. Zum Aufstieg fordern seine Dialoge stets am Anfang auf. Was lehrt aber das Höhlengleichnis? Umwendung der ganzen Seele, Aufstieg, Anschauung des Seienden, Wiederabstieg, Leben mit den Gefangenen, Tod.

Erläuterung

Will man den Inhalt dieser Wanderung exoterisch erläutern, so bieten sich drei Deutungen an, eine politisch-moralische, eine physikalisch-mathematische, eine liebend-mystische. Wer aus dem Elend der Politik zum ewig Gerechten aufgestiegen ist, muß zurückkehren; als letztes Werk entwirft Platon die Gesetze einer real möglichen Stadt. Den mystischen Weg beschreibt Plotin: wer seine Seele gereinigt hat, kann das Schöne selbst sehen, kann in die Unio mystica eingehen; aber auch er lebt unter Menschen, erzieht Schüler, berät einen Kaiser. Die Sinnesempfindungen sind die Erscheinungen der Elemente, diese sind geometrische Gestalten, und zuoberst geht die Zahl aus dem Einen und (wie Aristoteles berichtet) der unbegrenzten Zweiheit hervor; diesem Hervorgang folgt der Abstieg über die theoretische Physik bis zur physikalischen Medizin des *Timaios*.

Sind dies nur dichterische Gleichnisse? Ich habe versucht, jeden Schritt als gedanklich streng vollziehbaren nachzudenken. Dann ist der Aufstieg das fortschreitende Gewahrwerden der ursprünglichen Gestalten; die Höhenwanderung ist das Vertrautwerden mit ihnen; der Abstieg aber ist der strenge philosophische Vollzug, der Nachweis, daß der Aufstieg nicht in die Verblendung, sondern in die Alles bestimmende Wahrheit geführt hat.

Hans-Georg Gadamer hat mir gegen die These, der Abstieg sei Platons »eigentliche« Philosophie, eingewandt, die Teilhabe des Sinnlichen an der Idee sei eine platonische Selbstverständlichkeit, das Verhältnis der Ideen zueinander aber das platonische Thema. So steht es im *Parmenides*, so vollzieht es der *Sophistes*. Aber ich sehe hier keinen Widerspruch. Aristoteles bezeichnet die Teilhabe als bloße Metapher; zu Recht, wenn Platon sie nicht erklären kann. Es scheint mir undenkbar, daß Platon diesen Einwand nicht gekannt hätte. Meine Antwort wäre: der Abstieg zeigt, daß die Sinnendinge selbst vielheitliche Ideen *sind*. Hierzu die abschließende Bemerkung, die dieser Miniatur den Titel gibt.

Notiz

Mir war die Parallele zwischen den vier Stufen des Liniengleichnisses und den vier Stufen des *Theätet* aufgefallen; im *Theätet* ist die oberste Stufe die Episteme selbst, die (wie im Liniengleichnis ausgesprochen) vom Mathematiker nicht mehr definiert werden kann. In diesem Augenblick kam mir Gaisers Buch über Platons ungeschriebene Lehre in die Hand. Es bot alles philologische Material, um die vermutete Philosophie des mathematischen Abstiegs wenigstens in einem Modell vorstellbar zu machen. Ob Platon sich die Sache genau so gedacht hat, konnte ich mit meinen unzureichenden Kenntnissen nicht versuchen zu entscheiden. Ich mache deshalb hier nur *eine* Bemerkung, die vielleicht von systematischer Wichtigkeit ist.

Für Aristoteles wie für Euklid ist die Deduktion ein Fortschreiten von Sätzen zu Sätzen. Die ὑποθέσεις des Mathematikers im Liniengleichnis sind aber, in späterer Sprechweise gesagt, nicht Urteile, sondern Begriffe; sie sind etwas wie Ideen. Deshalb sprechen Krämer und Gaiser zu Recht nicht von Deduktion, sondern von Derivation. Nun geht der Weg von Zahl und Punkt über Strecken und Flächen zu Körpern in innermathematischen Begriffen. Man wird dem platonischen Timaios erwidern: »Du hast den Begriff mit den Sinnesdingen, die unter ihn fallen (oder an ihm teilhaben), verwechselt. Die Atome des Feuers *sind* nicht mathematische Tetraeder, sondern haben genähert die Gestalt von Tetraedern.« Damit wäre die Relation der Teilhabe beibehalten; sie wäre durch die Derivation gerade nicht erklärt.

Meine Hypothese ist, daß Platon in der Tat die Atome des Feuers für vielheitliche mathematische Tetraeder angesehen haben wollte. Hier muß man den *Sophistes* ernst nehmen. Wenn die obersten Genē an der Bewegung Anteil haben, so sind sie bewegt. Wenn die mathematischen Gestalten an der Vielheit Anteil haben, so gibt es sie vielfach. Keine mathematische Konstruktion wäre möglich, wenn man nicht sagen könnte: »Zeichne *ein* Dreieck«, »schlage *zwei* sich schneidende Kreise«. Die Zeit ist ein Derivat der Bewegung. Sinnendinge sind in der Zeit bewegt. Nichts spricht gegen die Annahme, eben als solche seien sie vielheitliche Ideen.

Diese Auffassung kann ich aus keinem platonischen Wortlaut beweisen, aber auch durch keinen platonischen Wortlaut widerlegen. Daß Platon den Einwand nirgends nennt, ist plausibel, denn im Rahmen ebendieser Auffassung ist der Einwand abwegig; er wäre lediglich ein Zeichen mangelnden Verständnisses. Also konnte Platon die Kurzformel der Teilhabe unbedenklich gebrauchen. Daß Aristoteles am Vorwurf, sie sei nur eine Metapher, festhielt, ist ebenso konsequent, denn er glaubte die ganze Naturphilosophie des *Timaios* nicht.

Philosophisch wäre diese Auffassung aus zwei zusammenhängenden Gründen folgenreich. Sie würde erstens die Meinung bestätigen, daß sich erst im Abstieg die Philosophie Platons eigentlich erklärt. Und sie würde zweitens insbesondere zeigen, daß der Dualismus von Sinnending und Idee kein letztes Wort, sondern eine erklärungsbedürftige und vom Wesen der Idee her erklärbare Struktur ist. Das Pathos dieses Dualismus im Anfang des Aufstiegs ist dann das propädeutische, pädagogische Pathos der Aufforderung, die ganze Seele umzuwenden: wende dich vom Vergänglichen zum Bleibenden! Platon als »metaphysischen Dualisten« zu verstehen, wie es die tun, die nur den Aufstieg sehen, bleibt dem spekulativen Niveau der Ideenlehre fremd. Alle solchen »Lehrmeinungen« kann man nur haben, ehe man den Aufstieg vollendet hat; im Abstieg wird man dann über ihr relatives Recht belehrt. Das Pathos des Aufstiegs ist freilich Platons eigenes Pathos, noch im *Timaios*; man kann nicht pädagogisch wirken, wenn man ein Pathos simuliert. Platon ist die zum Himmel zurückstrebende Flamme. Aber er ist pflichtbewußt. Die Pflicht ist der Abstieg. Es wäre Gotteslästerung, diese sinnliche Welt nicht für das beste Bild des besten Vorbilds zu halten. Es wäre Mangel an Menschenliebe, nicht die beste Form menschlicher Gemeinschaft (πολιτεία) real herstellen zu wollen.

Ist dies nun eine ungeschriebene Lehre? Wieland hat mit Nachdruck darauf hingewiesen, daß es Wissen gibt, das nicht aufgeschrieben werden kann; nicht nur das letzte Wissen vom Einen, sondern schon alltäglich handwerkliches Wissen. Platon war diese Tatsache voll bewußt; ständig weist er auf sie hin. Aber ich habe persönlich keine Schwierigkeit, das im *Timaios* skizzierte Derivationssystem, etwa im Sinne Gaisers ausgeführt, für eine platonische Hypothese zu halten. Dies ist dann »Einzelwissenschaft« im Sinne der oben skizzierten Äußerung Wielands. Es ist insbesondere hypothetisch, und Platon konnte sich über seinen hypothetischen Charakter nicht täuschen. Schon zu seiner Zeit gab es unter Mathematikern, Astronomen, Ärzten die Anfänge einer Scientific community, die im einzelnen kritisch und philosophisch unbedarft war. Sollte er sich vor ihr durch die Publikation unausgereifter Hypothesen blamieren? Gerade ein solches Verhalten aber konnte Gerüchte über seine ungeschriebene Lehre erzeugen. Ich habe keine Schwierigkeit, die aristotelischen Berichte über diese Lehre in der referierten Struktur für etwa richtig zu halten; Berichte über etwas, das der Referent nicht für wahr hält und darum von seiner eigenen Sichtweise her darstellt. Eine Schwierigkeit entsteht erst durch die Nichtunterscheidung zweier Gründe der Zurückhaltung Platons: der Vorsicht gegenüber Hypothesen und des großen Pathos des Unsagbaren.

3. Der neue Theätet
Geschrieben etwa 1963

Der Ältere: Wer sitzt da? Drei Jahre hat man dich bei Cron und Lanz vermißt. Warst du die ganze Zeit drüben?

Der Jüngere: Ja, drei Jahre in Amerika.

Der Ältere: Das Land verlockt unsere mathematischen Wunderkinder.

Der Jüngere: Danke für das Kompliment. Ich bin aber nicht wegen der Mathematik so lange geblieben.

Der Ältere: Was hat dich gehalten?

Der Jüngere: Ich würde es die Philosophie nennen.

Der Ältere: Die Philosophie? Welche?

Der Jüngere: Die es drüben an der Quelle gibt. Logischer Positivismus und Kybernetik.

Der Ältere: Ja, beides ist Philosophie, und Kybernetik ist drüben an der Quelle. Logischer Positivismus – da hat Amerika, seit die Wiener Quelle versiegt ist, wenigstens die größte Zisterne von dem köstlichen Naß.

Der Jüngere: So kann man auch sagen.

Der Ältere: Und hast du erfahren, was du erfahren wolltest?

Der Jüngere: Ja.

Der Ältere: Dann ist es an der Zeit, die Maske fallen zu lassen und dir zu sagen, wer du bist.

Der Jüngere: Ich bin gespannt, ob ich richtig rate.

Der Ältere: Du bist Theätet.

Theätet: Als ob ich das nicht längst wüßte. Und aus allem sehe ich, daß du Sokrates bist.

Sokrates: Wenn du es aus allem siehst, will ich es nicht leugnen. Das Rad der Geburten hat sich seit unserem denkwürdigen Gespräch am Tag, an dem ich die Anklageschrift entgegennahm, dreimal ganz herumgedreht. Heute nehmen wir das Gespräch zum viertenmal auf.

Theätet: Und heute zum erstenmal im Ernst.

Sokrates: Du meinst, was wir damals in Athen gesprochen haben, habe Freund Platon etwas zu großartig dargestellt. Es ist ja wahr, was ich neulich sagen hörte: Wenn einer über 50 ist und seine Schüler noch versteht, so hat er keine guten Schüler. Ich war 70, und Platon war ein guter Schüler.

Theätet: Er war ein sehr guter Schüler. Ich finde, er hat uns beide unsere Rollen ganz richtig spielen lassen, nur etwas deutlicher, als wir es gekonnt hätten. Ich meine, wir sollten in unserer neuen Existenz bei den Rollen bleiben, die er uns gegeben hat.

Sokrates: Was mißfällt dir dann an unserem alten Dialog?

Theätet: Nimm mir's nicht übel, du hast mich etwas zu sehr als grünen Jungen behandelt. Alle meine nützlichen Ansätze zu einer empiristischen Erkenntnistheorie hast du mir ausgeredet. Das war nicht fair, denn du warst mir natürlich überlegen.

Sokrates: War ich nicht fair? So, so. Gehörst du auch zu den Leuten, die meinen, ich und meine Schüler hätten die Entstehung einer griechischen Naturwissenschaft verhindert?

Theätet: Ich muß bitten. Heute weiß man mehr von der Geschichte der Wissenschaft. Aber gerade weil dein Platon der einzige Philosoph war, der die Strenge der Mathematik verstand, hätte er einer strengeren Erkenntnistheorie Raum lassen sollen.

Sokrates: Und da bist du natürlich bei den seitherigen Wiederaufnahmen des Gesprächs nicht auf deine Kosten gekommen.

Theätet: Ich bin mit dem Kreislauf der Geburten nicht so vertraut wie du.

Sokrates: Ja, das Hin und Her zwischen Hier und Drüben hast du mehr im Raum praktiziert. Nimm einmal an, das Rad drehe sich in achthundert Jahren.

Theätet: Es dämmert mir. Als wir uns in Alexandria wiedertrafen, waren wir sehr gelehrt, aber es ging nur um das Eine und das Gute und darum, ob ein Philosoph den mythischen Gott der Christen annehmen konnte.

Sokrates: Wir sind spekulativ schwächer und doch viel reicher geworden, als wir ihn annahmen.

Theätet: Wieder acht- bis neunhundert Jahre später in Paris wußten wir viel weniger, und doch war es eine Freude, zu leben. Aristoteles kam über's Mittelmeer zu uns und lehrte uns wieder die Dinge selbst ansehen. Ich war ein Nominalist und wagte mich zu meinen alten Meinungen zurück.

Sokrates: Und meinst du heute, du hättest damals das Problem verstanden?

Theätet: Eben nicht. Ich fing an, es zu erfassen. Seitdem ist aber das Nötige geschehen.

Sokrates: Was?

Theätet: Spätmittelalterliche Logik, neuzeitliche Naturwissenschaft, empiristische Philosophie, strenge Mathematik, mathematische Logik, evolutionistische Biologie und der Bau von Rechenmaschinen. Jetzt endlich haben wir das positive Wissen, das mir bei allen früheren Argumentationen fehlte.

Sokrates: Du hast recht. Erst heute kann ich hoffen, dir wirklich klarzumachen, was ich meine.

Theätet: Ich meinte, ich dir.

Sokrates: Ich weiß. Weil du dich nicht mehr mit deiner Unwissenheit im Faktischen vor dir selbst entschuldigen kannst, besteht heute Hoffnung, daß du gezwungen wirst, zu verstehen, wovon ich rede.

Theätet: Wait and see!

Sokrates: On verra. Ich schlage vor, daß wir das Buch vornehmen, in dem unser altes Gespräch aufgeschrieben ist. Geh es mit mir durch und sag mir, wo ich unrecht hatte.

Theätet: Hast du es bei dir?

Sokrates: Ich lade dich in meine Wohnung ein.

Theätet: Ich komme gern.

*

Sokrates: Ein Glas Wein?

Theätet: Sehr gerne.

Sokrates: Da ist das Buch.

Theätet: Da bringt mich also mein Lehrer Theodoros zu dir, und du sagst mir Komplimente ins Gesicht und verpflichtest mich dann, mich deiner Prüfung auf Herz und Nieren zu stellen, damit wir sehen, ob die Komplimente berechtigt waren.

Sokrates: Ja, die Menschen konnten meiner Prüfung nicht entgehen. Heute prüft man nur das Wissen. Theodoros aber hatte von dir gesagt, du seist scharfsinnig, gelassen und von männlicher Ausdauer. Letzteres ist die Tugend des philosophischen Gesprächs. Sie wird im Gespräch selbst geprüft.

Theätet: Du stellst fest, daß ich bei Theodoros das Quadrivium der mathematischen Wissenschaften lerne. Nun fragst du nach der Kleinigkeit, was denn eigentlich Lernen sei. Das muß man doch wissen, wenn man lernt. Eine spitzbübische Frage.

Sokrates: Muß man es etwa nicht wissen? Woher weiß man sonst, daß man lernt?

Theätet: Du weißt – und ich habe, wie ich gern zugebe, von dir gelernt –, daß hier das Kernproblem der ganzen Philosophie steckt: was ist das, was man immer schon weiß, wenn man imstande ist, über sein Wissen Auskunft zu geben?

Sokrates: In der Tat.

Theätet: Folgen wir dem alten Gespräch. Was man lernt, ist Wissen oder Erkenntnis. Unsere Frage geht also darauf hinaus, was Wissen oder Erkenntnis sei.

Sokrates: Du bietest zwei Vokabeln an, durch »oder« verbunden. Meinst du mit ihnen dasselbe?

Theätet: Auch das möchte ich herausbringen. Du berührst das Problem der Sprache. Was wir, wie ich sagte, beim Auskunftgeben über unser Wissen immer schon wissen, ist uns in sprachlicher Form verfügbar. So hier, da wir über das Wissen selbst Auskunft geben wollen, in den deutschen Worten »Wissen« und »Erkenntnis«. Man könnte noch mehr solche Worte anbringen. Es fragt sich – so kann man die Frage stellen –, was sie bedeuten.

Sokrates: Das war dir auch klar. Ich habe damals zwei griechische Worte angeboten: Episteme und Sophia.

Theätet: Und du hast mich einfachheitshalber verführt, zuzugeben, sie bedeuteten dasselbe. Dabei hattest du sicher eine Privattheorie im Hinterhalt, die du aber in unserem Gespräch nicht erklärt hast.

Sokrates: So ist es. Wir kommen später darauf zurück. Für jetzt wollen wir im Deutschen ebenso verfahren. Wir fragen also, was Wissen ist.

Nachwort 1992
Hier endet das Manuskript aus meinen Platon-Studien vor etwa dreißig Jahren. Die letzte Frage: »was Wissen ist« zeigt, daß der Dialog thematisch etwa den Inhalt des jetzigen Buchs hätte umfassen müssen. Das war damals nicht reif. Zehn Jahre später bin ich auf das Problem des Wissens bei Platon zurückgekommen in dem Aufsatz über Platons Logik, der in *BP* abgedruckt ist.

4. Aus einem Briefwechsel mit
Konrad Gaiser und Hans Krämer

1. *Konrad Gaiser an Carl Friedrich von Weizsäcker, 23.3.1988*

Daß und wie Sie in der immer noch umstrittenen und sicher noch lange nicht zu Ende diskutierten Frage der mündlichen Lehre Platons so viel Sympathie für den »Tübinger« Ansatz zeigen, hat natürlich – weil Sie etwas von der Sache, um die es geht, verstehen – besonderes Gewicht und ist gerade auch für mich ebenso instruktiv wie ermutigend.

Wo es darum geht, ob und inwiefern heutige naturwissenschaftliche Erkenntnisse bei einem alten Philosophen wie Platon vorbereitet sind, ist ja der Philologe überfordert, weil er die komplizierten naturwissenschaftlichen Theorien der Gegenwart nur aus vereinfachenden Beschreibungen kennt. Um so wichtiger also, wenn ein auf beiden Gebieten kompetenter Forscher wie Sie die Ahnung des Philologen bestätigt, daß die angeblichen Begründer der modernen Naturwissenschaft – die Atomisten und Aristoteles – heute eher überholt sind als Platon, der immer noch ein ernst zu nehmender Diskussionspartner ist.

Überzeugend finde ich auch, daß Sie bei Platon – im Sinne

des Autors – auf den »Abstieg« besonderen Wert legen: Erst auf diesem Weg zeigt sich ja so richtig, was die Ideen und Prinzipien für die Erklärung unserer Welt leisten. Ganz aus dem Herzen gesprochen sind mir auch die hermeneutischen Grundsätze in dem neuen Beitrag (S. 84 und 87): der Appell »Der Autor hat recht« (innerhalb seines eigenen Horizonts, den es erst einmal zu verstehen gilt) und die für die »Entwicklungsfrage« wichtige Maxime: »Man soll wörtliche Anklänge zwischen verschiedenen Dialogen immer als beabsichtigt ansehen.«

Was nun die Frage Ihres Briefes angeht (die gewiß einen der schwierigsten Punkte des Platonischen Weltsystems berührt), so glaube ich, bei Platon doch stärker differenzieren zu sollen, als Sie es mit der Formulierung von den »bewegten Ideen« und den Feueratomen als »vielheitlichen mathematischen Tetraedern« tun. Ich hoffe, Platon richtig auszulegen und an Ihren Gedanken nicht vorbeizureden, wenn ich meine Bedenken folgendermaßen expliziere:

Es trifft sicher zu, daß in der »Philosophie des Aufstiegs« zunächst nicht nach dem eigenen Sein der Dinge unserer Welt gefragt wird, sondern nach dem, was ihr Sein gleichbleibend begründet, also nach den Ideen. Ebenso klar ist, daß Platon dann auch das Verhältnis der Ideen zueinander untersucht und »absteigend« versucht, die Welt der Erscheinungen von den Ideen her zu erklären. Dies bedeutet in der Tat, daß die körperlichen Dinge, die werden und vergehen, erst zuletzt – soweit dies überhaupt möglich ist – erkannt werden.

Nach dem Bild des Höhlengleichnisses sind wir beim Aufstieg vom Licht des Feuers zuerst so geblendet, daß wir die schattenwerfenden Dinge selbst nicht erkennen können; und wir halten uns auch nicht bei ihnen auf, sondern werden gezwungen, die Höhle zu verlassen und uns an den Anblick der wahren Welt zu gewöhnen. Auch bei der Beschreibung der Rückkehr ist hier von den Dingen, die in der Höhle vorbeigetragen werden, nicht weiter die Rede. Klar ist hier nur, daß sie gegenüber den Schatten (= Sinneseindrücken, Vorstellungen) in höherem Grade real, gegenüber den Ideen aber doch abbildhaft sind.

Erst im *Timaios* werden dann Dinge unserer Welt genauer analysiert: Die kleinsten Teile der Körperwelt sind Körper,

ebenso wie alle zusammengesetzten und sinnlich-wahrnehmbaren körperlichen Dinge. Das Körperliche hat »vor« sich als
formgebende »Grenzen« die Flächen, Linien und Zahlen.
Gleichsam von »unten« her ist die Voraussetzung der körperlichen Dinge die »Chora«. Diese ist bekanntlich nicht mit der
Hyle (Materie, Stoff) des Aristoteles gleichzusetzen, aber auch
nicht bloß leerer Raum, sondern ein tragendes Substrat. Vielleicht kann man die Platonische »Chora« am ehesten mit dem
modernen Begriff des »Feldes« verdeutlichen, weil sich in ihr
Kräfte, Bewegungen und Strukturen manifestieren. Jedenfalls
ist Platon der Ansicht, daß es so etwas wie kompakte Materie
nicht gibt und daß unsere Welt somit »immateriell« ist, was ja
heute naturwissenschaftlich leicht nachvollziehbar ist.

Mit der Überwindung des Gegensatzes von Materiell-Imma-
teriell tendiert Platon nun aber, wie ich meine, nicht zu einem
einfachen ideellen Seinsbegriff, sondern er nimmt an, daß die
immaterielle Realität dreifach gestuft ist. Der Unterschied zwischen diesen drei Seinsweisen wird auch beim Abstieg nicht aufgehoben. Nicht alles Immaterielle ist für Platon auch gleich geistig und ideenhaft. Zwar gebraucht er das Wort »Eidos« auch
unterminologisch in dem einfachen Sinn von »Form«. Aber
wenn wir unter den »Ideen« die noetischen Urformen
verstehen, die Platon der Erscheinungswelt gegenübergestellt
hat, müssen wir von der Ideenwelt zwei andere Seinsstufen unterscheiden: das Mathematische und das konkret Körperliche.

Wie Sie selbst festgestellt haben (*Platonische Naturwissenschaft*, S. 122) beginnt der *Timaios* mit der feierlichen Betonung
des Unterschiedes zwischen dem, was immer ist und niemals
wird und vergeht, und dem, was immer wird und vergeht und
niemals ist. Das ist doch wohl nicht nur eine Erinnerung an die
Philosophie des Aufstiegs, die dann im Lauf der Untersuchung
relativiert und aufgehoben wurde, sondern bleibt gültig.

Für die Frage nach der Seinsweise der atomaren Elementarkörper bedeutet dies: Erstens gibt es nur *eine* (eigentliche) Idee
des Tetraeders. Zweitens gibt es das Tetraeder als mathematische Form, die unendlich oft und in verschiedenen Größen
angesetzt werden kann. Drittens gibt es das physikalische Tetraeder, das wird und vergeht und niemals ist, weil sich seine Dreiecke zu anderen Körpern zusammenschließen und in kleinste

Einheiten auflösen können. Die mathematischen Formen nehmen dabei eine Mittelstellung ein (wie Aristoteles berichtet, wo er von der Metaxy-Stellung des Mathematischen bei Platon spricht, bes. *Metaphysik* A6, 987b 14–18): Gegenüber der einen Idee gibt es jeweils viele mathematische Ausprägungen, zum Unterschied von den Sinnesdingen sind sie aber unvergänglich. Immateriell sind auch die Mathematiká und auch noch die Elementarkörper und somit die aus ihnen aufgebauten sinnlich-wahrnehmbaren Gebilde.

Das Prinzip der Vielheit wirkt auf jeder dieser drei Stufen verschieden: Eine Idee entfaltet durch Spezifizierung alle in ihr liegenden Möglichkeiten (als Unterarten); eine mathematische Form vervielfacht sich nach Anzahl und durch Größenunterschiede; in der Sinnenwelt ergibt sich eine unendliche Vielheit durch Abweichung von der Idee im Sinne der Entstellung, Verschlechterung, Zurückbleiben hinter der Form (polygame Graugänse!).

Vermutlich wird Sie diese meine Platon-Interpretation etwas enttäuschen. Soweit ich es verstehe, ist Ihr Anliegen die Einheit der Natur, die sowohl die subatomaren Prozesse als auch Bewußtseinsvorgänge umfaßt und sich in einer einheitlichen Theorie darstellen läßt. Bei Platon scheint es mir eine derart konsequente und umfassende Einheit nicht zu geben. Die Struktur der Realität stellt sich ihm, wie ich meine, als geordneter Stufenbau dar. Es ist möglich, den Zusammenhang des in sich gestuften Ganzen im Denken zu erkennen, und Platon ist offenbar über das Seiende hinaus zum Einen selbst gelangt. Aber er konnte wohl nicht denkerisch begründen, warum und wie aus dem absolut Einen das Seiende Eine und weitere Seinsstufen wie das Mathematische und die Welt des Werdens hervorgehen. In der Idee, wie Platon sie versteht, liegt ja nicht auch schon die Möglichkeit ihrer Auflösung und Entartung beschlossen.

Vielleicht darf ich noch ganz kurz auf etwas anderes – das Problem der Zeit – eingehen: den einzigen Punkt, wo mir beim Lesen Ihrer mich im ganzen so sehr beeindruckenden und überzeugenden Platoninterpretationen bisher schon Zweifel gekommen sind. Hier scheinen Sie mir mit Ihrer eigenen Auffassung Platon näher zu sein, als es Ihre interpretierenden Äußerungen erkennen lassen. Wenn Platon die Zeit zyklisch versteht, so ist damit, glaube ich, nichts Statisches gemeint und keine Wiederkehr des ewig Gleichen (*Platonische Naturwissenschaft*, 136) – wie bei anderen antiken Philosophen. Bei Platon ergibt sich eher das Bild einer spiraligen Verlaufsform, bei der trotz aller Periodizität niemals eine bloße Wiederholung stattfindet, sondern jede »freie« Entscheidung zum Guten oder Schlechten fortdauernde Konsequenzen hat. Im *Timaios* beruht die »umgekehrte Evolution« vom Menschen bis hinab zu den niedrigsten Wassertieren jeweils auf der Entscheidung einer Seele zum Schlechteren hin. Und auch die mögliche Rückkehr zum ursprünglichen Zustand geschieht auf individuell verschiedenen Wegen. Die großen Weltperioden des *Politikos*-Mythos beginnen nicht mit einem neuen Schöpfungsakt, sondern folgen jeweils aus den früheren Zyklen. Es ergibt sich also keine auf gleichem Niveau kreisende Zeit, sondern eher eine auf- und abschwingende Spirale sowohl für den Kosmos im ganzen als auch für die Lebensperioden der Einzelwesen. Selbst wenn der ursprüngliche Zustand der vollkommen guten Schöpfung unter tätiger, bewußter Mitwirkung aller Seelen wieder einmal erreicht werden sollte und also ein neuer Anfang möglich wäre, würde sich nicht einfach dasselbe wiederholen (ebensowenig wie sich nach einem neuen »Urknall« die Elemente noch einmal in völlig gleicher Weise gruppieren würden). Ich meine also, daß der Unterschied zwischen der modernen Zeitauffassung und der Platonischen nicht so groß ist. Es bleibt nur – unabhängig von geradlinig-progredierender oder zyklisch-periodischer Zeit – der allerdings fundamentale Unterschied, daß man heute, wo uns Mythos und Metaphysik fremd geworden sind, nicht so einfach von einem Anfangs- oder Endzustand göttlicher, gottgeschenkter Vollkommenheit reden kann.

2. Carl Friedrich von Weizsäcker an Konrad Gaiser, 27. 4. 1988

Ich beginne mit etwas ganz Äußerlichem: Mit Vergnügen sehe ich, daß Sie in Nehren bei Tübingen wohnen. Der Name dieses Orts ist mir seit meiner Kindheit geläufig, weil meine Großeltern Weizsäcker eine jahrzehntelang bei ihnen wirkende Hausangestellte hatten, die aus Nehren stammte. Sie hieß Luise Schelling und verbindet mich dadurch in ihrem Familiennamen sozusagen von Kindheit an mit dem schwäbischen Philosophen. Gescheit war sie.

Nun zur Sache. Ihr Brief, der mir ja nach seiner ausdrücklichen Selbstdeutung in meiner These, nach der ich Sie gefragt habe, widerspricht, erscheint mir gleichwohl subjektiv eher wie eine Bestätigung dessen, was ich gemeint habe. Das muß ich aber versuchen auszulegen.

Zunächst ist Ihr Brief natürlich eine sehr viel deutlichere, abgewogenere Darstellung der platonischen Philosophie, als ich sie jemals gegeben habe. Ich würde sagen, ich habe mich immer bemüht, Platons Philosophie etwa so darzustellen, wie Sie es tun, habe es aber nicht mit der Sicherheit gekonnt, die Sie als genauer Kenner zur Verfügung haben. Hätte ich noch einmal ein Platonkolleg zu halten, so würde ich mich für den Aufbau vermutlich genau an das anschließen, was Sie sagen.

Ich könnte dann vielleicht sagen, daß diese Ihre Darstellung meines Erachtens nicht eigentlich eine Gegendarstellung gegen die meinige ist, sondern daß sie das, was ich mit meiner Darstellung im Grunde habe sagen wollen, ausführt – oder man kann auch sagen, vorführt. Zunächst – wenn ich in Ihrem Brief weitergehe: Es ist nicht meine Meinung, daß Platon die »komplizierten naturwissenschaftlichen Theorien der Gegenwart« gewissermaßen schon vorweg gehabt habe, sondern meine eigene Intention an dieser Stelle war nur, Platon selbst so, wie er es gemeint hat, auszulegen. Der Unterschied gegen ihn bleibt in unserer Naturwissenschaft deutlich. Darauf komme ich noch einmal zurück, wenn ich von der Zeit spreche. Ich meine nur, durch mein eigenes Nachdenken im Umkreis der Physik dazu gekommen zu sein, daß man Platon in einer Weise lesen kann, die – wie mir scheint – sozusagen niemals jemandem ganz genau in dieser Schärfe eingefallen ist, die mir aber in seinem eigenen Denken doch konsistent erscheint.

Ich darf vielleicht das Problem, vor dem der Platoninterpret steht, wenn er sich auf einen Weg begibt, wie ich ihn versucht habe, zunächst erläutern durch das, was ich auf Seite 89 unter dem Titel »Erläuterung« in meiner von Ilse Tödt herausgegebe-

nen Platonminiatur sage. Der Interpret steht – wenn er das
Höhlengleichnis anschaut –, wie mir scheint, zunächst vor drei
exoterischen Deutungsmöglichkeiten des Höhlengleichnisses
und damit doch der ganzen platonischen Philosophie. Ich
nenne sie eine politisch-moralische, eine physikalisch-mathematische und eine liebend-mystische Deutung. Ich nenne diese
drei Deutungen exoterisch insofern, als eine eigentlich konsistente Deutung der platonischen Philosophie gerade darin bestehen müßte, die Einheit der drei Deutungen zu zeigen. Ich
erinnere mich, einmal mit Georg Picht über Platon geredet zu
haben, und er hat mir – als ich die drei Deutungen nannte – genau diese Antwort gegeben: Die platonische Philosophie ist ja
eben die Einheit der drei. Ich würde wagen zu sagen, die drei
Deutungen seien gewissermaßen drei in Platons Biographie an-
gelegte Motive für seine Philosophie. Die politisch-moralische
Deutung entspricht – so scheint mir – seiner Herkunft und der
Leidenschaft, die ihn durchs ganze Leben begleitet hat. Die
physikalisch-mathematische Deutung entspricht dem, was er
von den großen mathematischen Zeitgenossen und z. T. auch
aus der pythagoreischen Tradition gelernt hat, was vielleicht
nicht seine größte Stärke war, aber doch einer elementaren Begabung in ihm entsprach. Die liebend-mystische Deutung
schließlich scheint mir eine innere Erfahrung auszudrücken,
die – wie ich annehmen möchte – in seiner Person von Kindheit
an angelegt war und die sich, wie es oft im menschlichen Leben
geschieht, relativ spät erfüllt hat. Die Rede davon, daß man
50 Jahre alt werden muß, um das Eine oder die Idee des Guten
zu sehen, hängt wohl hiermit zusammen. An dies letztere hat
dann ja die neuplatonische Mystik insbesondere angeschlossen.
Biographisch gesehen, ist die Aufgabe einer derart vielfach angelegten philosophischen Natur, die Einheit in dieser Vielheit
wirklich zu denken. Ich wage nicht zu behaupten, daß ihm dies
vollständig gelungen wäre. Das wäre übermenschlich. Ich wage
die Vermutung, daß in der ungeschriebenen Lehre diese Einheit
in höherem Grade präsent war als in irgendeinem explizit vorgelegten Text. In den sechziger Jahren hat mir Ihr Buch Mut
gemacht, der Vermutung zu folgen, daß die physikalisch-mathematische Darstellung im *Timaios* gewissermaßen das begriffliche Modell des Denkens dieser Einheit anbietet.

Bei meinem Versuch habe ich zunächst selbstverständlich anzuerkennen, was Sie sagen, wenn Sie auf Seite 3 Ihres Briefs hervorheben, daß Platon nicht einen einfachen ideellen Seinsbegriff hat, sondern annimmt, daß die immaterielle Realität dreifach gestuft ist. Überhaupt folge ich Ihrer Darstellung philologisch deskriptiv ohne jede Mühe und ohne jeden Einwand. Meine Vermutung wäre nur, daß ebendiese Stufung selbst etwas ist, was nach Platons Intention aus dem Aufbau des Ganzen mit Notwendigkeit folgt, also selbst noch einmal einer Erklärung fähig.

Das stärkste Argument gegen meine Tendenz, den sogenannten Dualismus Platons nur in die Philosophie des Aufstiegs, d. h. in die Propädeutik, zu legen, ist vielleicht die von Ihnen ebenfalls auf Seite 3 genannte feierliche Betonung des Unterschieds zwischen dem, was immer ist und niemals wird und vergeht, und dem, was immer wird und vergeht und niemals ist. Dabei liegt mir an dem Wort »feierlich«. Diese Feierlichkeit hat in jeder der drei Deutungen einen etwas verschiedenen Sinn. In der politisch-moralischen Deutung ist es der Hinweis darauf, daß das Elend der Politik niemals aufhören wird, solange nicht die Politik orientiert wird an dem, was niemals vergeht. Deshalb die Lehre von den Philosophenkönigen. Deshalb die Bewunderung für Sokrates, der hierfür in den Tod gegangen ist. Von daher die gesamte politische Wirksamkeit Platons. Dieses Pathos – in der Tat – ist fundamental. In der mystischen Deutung ist die Feierlichkeit eben die Anerkennung dessen, daß es einen Aufstieg bis zum Einen gibt und daß von dort her alles sich völlig anders ansieht, als man es sonst angesehen hätte. Meine eigene mystische Erfahrung ist sehr begrenzt, und doch hat sie ausgereicht, um genau dieses Pathos nachzuvollziehen. Vom Augenblick einer Erfahrung an sieht alles völlig anders aus, als man es vorher gesehen hat, nämlich genauso, wie man nachträglich weiß, daß es immer war. Diese Erfahrung hat dann die Philosophie des Abstiegs – soweit das uns Menschen möglich ist – mit Ausdrücklichkeit zu denken.

Für diese gedankliche Leistung ist mir nun der *Sophistes* sehr wichtig. Wenn ich richtig sehe, sind die materialistischen Giganten dort diejenigen, die die grundlegende Erfahrung gar nicht ahnen. Die Ideenfreunde hingegen erscheinen mir als diejenigen, die von der Suche nach dieser Erfahrung so erfüllt sind, daß sie alles Werdende und Vergehende für immer hinter sich zu lassen hoffen. Aber auch die Ideenfreunde haben ja nicht recht, denn sie sehen nicht, daß unter den fünf obersten Genē ein zentrales die Kinesis ist, die Bewegung. Deshalb kommt für den, der den gedanklichen Weg Platons nachvollziehen will, alles darauf an, diese zentrale Bedeutung der Bewegung zu verstehen. Ich darf in diesem Zusammenhang vielleicht darauf hinweisen, daß zu der Zeit, als ich in den sechziger Jahren solche Überlegungen anstellte, Scheibe, der damals bei mir war, einen Aufsatz über »Relativbegriffe bei Platon« geschrieben hat, der den Versuch machte, die Bewegung des *Sophistes* noch um einen Schritt weiterzuführen, d. h. über die Fünfzahl der dort aufgezählten Prinzipien noch einen Schritt weiterzugehen im Abstieg. Mir war dies damals recht einleuchtend. Ich habe es jetzt nicht zur Hand und nicht mehr deutlich genug im Kopf. Aber ungefähr so, wie Scheibe es unternahm, hätte ich es mir gedacht.

In einer vielleicht noch immer ein wenig exoterischen Version kann man dann wohl davon reden, wie es Aristoteles überliefert, daß Platon zwei Prinzipien gehabt habe, das Eine und die unabgegrenzte Zweiheit – wenn ich es einmal ins Deutsche zu übersetzen versuche. Der Einwand gegen diese Darstellung ist, daß zwei Prinzipien ja offenbar keine Prinzipien sind, sondern daß dann ein Überprinzip da sein müßte, das diese Zweiheit noch erklärt. Ich bin nicht imstande zu sagen, wie Platon sich genau dieses gedacht habe. Und vielleicht übersteigt dies menschliche Möglichkeiten. Vielleicht hat es aber auch etwas mit dem Problem der Zeit zu tun, auf das ich dann noch komme. Mir hat sich seinerzeit das Empfinden aufgedrängt, daß der *Philebos* eigentlich der methodische Kommentar zu dem gemalten Bild des *Timaios* sei. Dort treten nun in der Tat zunächst zwei Prinzipien auf, Peras und Apeiron, und alles Weitere läßt sich von diesen her sagen. Geht man von diesen Prinzipien aus und geht man die Derivation durch, wie Sie sie in Ihrem Buch dargestellt haben, dann würde ich sagen, daß ihre Stufung selbst die in dem ins Unbegrenzte fortschreitenden Prozeß des Abstiegs angebbaren Stationen bezeichnet, in denen sich, nachdem einmal das Eine in eine Vielheit zerlegt worden ist, diese Vielheit wiederum von neuem als Eines darstellt gegenüber einer anderen danach folgenden Vielheit. Die Chora wäre in einer solchen Auffassung dann diejenige Gestalt des Apeiron, welche es annimmt, wenn man bis zu der untersten Stufe des *Timaios* vordringt. Meine Ausdrucksweise, die Feuer-atome seien selbst vielheitlich bewegte Ideen, ist eine sehr ver-kürzte Art, das zu sagen. Natürlich sind sie nicht flatternde höchste Ideen, sondern insofern sie flattern, sind sie das, was den mathematischen Gestalten geschieht, wenn die Kinesis, durch welche sie selbst zuwege gebracht worden sind, ihnen nun immer neue Auflösung und Neugestaltung zumutet.

Das Problem einer solchen Deutung läßt sich vielleicht mit einer in gewissem Umfang nicht aus der griechischen, sondern aus der jüdischen Tradition stammenden Ausdrucksweise am besten so fassen: Ist es Platon gelungen, in seinem Denken ei-nerseits die göttliche Einheit und andererseits das Böse als Bö-ses zu denken? Für die politisch-moralische Deutung ist die Kennzeichnung des Bösen als böse, die Kennzeichnung dessen, was aus dem Staat der Athener geworden ist, als »Entartung« unerläßlich. In der naturwissenschaftlichen Deutung gewinnt man den Eindruck, daß es fast nicht vorkommt; und eigentlich sehe ich nur in der mystischen Deutung die Versöhnung dieses, in Platons Person und Denken angelegten Konflikts. Immerhin ist nicht gleichgültig, daß der *Timaios* in Medizin ausläuft, d. h. doch in den Versuch, auch in den leiblichen Widerfahrnissen des Menschen genau dieselbe Spannung wieder zu entdecken, die das Weltall durchzieht. Modern gesprochen: psychosomati-sche Medizin hat etwas Wesentliches zu tun mit leiblicher Hei-lung aus dem Geiste.

Nun zum Problem der Zeit. Auch hier folge ich zunächst na-türlich Ihrer Darstellung. Es handelt sich ganz gewiß nicht um eine sture Wiederholung derselben Geschehnisse. Ich erinnere mich an eine Stelle bei Simplikios (wenn meine Erinnerung mich nicht täuscht), wo er den Eudemos bei der Lehre von der steten Wiederkehr der Gestalten sagen läßt: »Wenn freilich die Pythagoreer recht haben und alles arithmo wiederkehrt, dann habe ich schon unendlich oft hier vor Euch gestanden, dieses Stöckchen in der Hand haltend, und Euch Märchen erzählt.« Das heißt doch, einerlei wer die dort apostrophierten Pythagoreer gewesen sind, daß man in der aristotelischen und ich meine auch platonischen Tradition die sogenannte zyklische Zeit nicht so verstanden hat, als wiederhole sich alles in physischen Ereignissen. Nicht so, wie es gelegentlich bei Nietzsche im *Zarathustra* auszusehen scheint, sondern nur so, daß die Grundgestalten immer wieder kommen, aber in immer neuen Ausprägungen. Nur so meine ich es, wenn ich von einer zyklischen Zeit der griechischen Philosophie rede. Aber dann sage ich, genau dies ist ganz anders, als die heutige Naturwissenschaft die Zeit sieht, auch als die heutige Geschichtserfahrung sie sieht, und ich wage zu sagen, anders, als fast alle ursprünglichen Mythen die Zeit gesehen haben. Mir liegt immer daran zu sagen, daß nicht etwa die Griechen Leute waren, die ihrer Natur nach an eine zyklische Zeit glaubten und deshalb auch ihre Philosophen das taten, sondern daß die Griechen Mythen des Anfangs und des Endes hatten, wie alle anderen Völker auch; daß aber die griechische Philosophie durch einen inneren Systemzwang genötigt war, diese sogenannte zyklische Zeit einzuführen. Einen in manchem vielleicht vergleichbaren Systemzwang mag es in der indischen Vedanta-Philosophie geben. Aber da ich kein Sanskrit kann und diese Philosophie nie wirklich studiert habe, bleibt das ein wenig eine Vermutung. Ich rede da nach, was andere Leute sagen. Bei den Griechen scheint mir hingegen das Singuläre die paradigmatische Rolle der Mathematik zu sein, und die Mathematik verführt ja nun in der Tat dazu, Wahrheiten, die man rational aussprechen kann, gleichzeitig als überzeitlich gültig anzusehen; etwas, was – wenn ich recht sehe – bei den Indern so nicht vorkommt, im Buddhismus schon gar nicht. Für uns Heutige aber ist die Irreversibilität, die Evolution, der radikale Unterschied zwischen der Seinsform der Zukunft als Möglichkeit und der Seinsform der Vergangenheit als Faktizität (wenn ich hier mein eigenes Vokabular einbringen darf) grundlegend. Die Evolution – so, wie wir sie jetzt verstehen – zerstört die Möglichkeit, die ewige Präsenz des Eidos in der immer wiederholten Folge von Lebewesen derselben Spezies darzustellen, wie dies Aristoteles tut. Wir sind hier gezwungen, die Eidosphilosophie radikal umzudenken. Noch Hegel hat dies in Wirklichkeit nicht getan. Ich zitiere: »Es ist eine ungeschickte Vorstellung älterer, auch neuerer Naturphi-

losophie gewesen, die Fortbildung und den Übergang einer Na-
turform und Sphäre in eine höhere für eine äußerlich-wirkliche
Produktion anzusehen, die man jedoch, um sie *deutlicher* zu
machen, in das *Dunkel* der Vergangenheit zurückgelegt hat«
(*Naturphilosophie*, Einleitung IX, 59. Ich zitiere das in meinem
Aufsatz über Hegel in dem Buch *Der Garten des Menschlichen*,
S. 399). Genau zu dieser »ungeschickten Vorstellung« sind wir
aber heute genötigt. Das ist doch etwas fundamental anderes als
eine auf- und abschwingende Spirale.

Sie sehen hieraus, in welchem Maße ich davon entfernt bin,
mich für einen Platoniker zu halten oder Platoniker zu sein für
eine heute mögliche Philosophie zu halten. Ich würde annehmen, daß dies, teils durch die Naturwissenschaften, teils auch
schon durch die christliche Welterfahrung, auch durch die heutige Politik sich ergibt. In der Philosophie ist es wohl schon
recht radikal von Nietzsche gedacht worden, dann von Heidegger und – wie ich meine – sehr gut von Picht. Wenn aber die
Wahrheit in dieser Richtung liegt, dann darf man nicht annehmen, daß ein so großer konsequenter Denker wie Platon ein
völlig konsistentes System auf seine Prämissen hätte gründen
können. Genau die Wahrhaftigkeit hindert ihn daran. Worauf es
mir aber ankam, war, zu sagen, daß meinem Gefühl nach die Intention seines Denkens eben die Einheit enthält, die ich in meinen etwas leichtfertigen Formulierungen anzudeuten suchte.
Deshalb wäre es mir sehr interessant, ob Sie meine Darlegung
als Antwort auf Ihren Brief verständlich und vielleicht sogar akzeptabel finden oder was Sie konkret dagegen einzuwenden
hätten.

P. S. Diesen Brief habe ich in frühen Morgenstunden auf Band
diktiert. Jetzt, da ich ihn wieder durchlese, habe ich das Bedürfnis, das, was ich eigentlich habe sagen wollen, wenn ich die
Feueratome bewegte Ideen nannte, noch einmal zu formulieren.

In der philosophischen Tradition von den antiken Atomisten
über Descartes bis zu den heutigen Naturwissenschaftlern gibt
es eine populäre Unterscheidung zwischen Materialisten und
Dualisten. Die Materialisten sagen: »Es gibt Materie, also z. B.
ausgedehnte Atome, und sonst nichts. Natürlich können die

Atome infolgedessen empfinden und denken, zumindest wenn sie sich zu einer so komplizierten Gestalt wie einem Gehirn zusammenballen.« Die Dualisten sagen: »Es ist doch absurd, Materie durch Ausdehnung zu definieren und ihr dann die völlig andere Fähigkeit des Empfindens und Denkens zuzuschreiben. Nein, es gibt zwei Substanzen, einerseits die Materie, andererseits das Denken.« Wenn man nur diese zwei Formen der Metaphysik als möglich kennt, ist Platon natürlich ein Dualist, dann sind seine Feueratome Materie, die in schlechter Form die mathematische Gestalt des Tetraeders annehmen und immer wieder verlieren.

Meine Meinung ist nun, daß Platon kein Dualist ist, sondern daß er genau dasjenige leugnet, was beide Parteien annehmen, nämlich die selbständige Existenz dessen, was sie Materie nennen. Um dies zu können, muß er aber gegen Parmenides oder jedenfalls gegen die traditionelle Interpretation des Parmenides die Bewegung in den Bereich der Ideen aufnehmen. Das ist die Botschaft des *Sophistes*. Die Ideenfreunde dort sind meiner Vermutung nach nicht, wie manche Leute geglaubt haben, Vertreter einer älteren Phase von Platons eigener Lehre, so daß der *Sophistes* eine Selbstkritik Platons wäre. Sie sind vielmehr einfach ein naheliegendes Mißverständnis der platonischen Philosophie.

Wenn aber Bewegung selbst in den Bereich der obersten Prinzipien gehört, dann steht doch nichts im Wege, die Feueratome als bewegte Mathematika anzusehen. Dann entsteht nur die Schwierigkeit, daß für die griechische Mathematik und damit auch für Platon Mathematika gerade als zeitlos erscheinen. Hierzu noch ein hypothetischer Kommentar.

Aristoteles betrachtet die Mathematika als Resultat einer Abstraktion von der Bewegung. Für ihn ist also ihre Unbewegtheit gerade ein Ausdruck der Unvollkommenheit der mathematischen Erkenntnis. Die wahre Unbewegtheit haben nicht die Mathematika; sie hat nur der unbewegte Beweger, der Gott. Als ich mit Picht einmal über diese Auffassung des Aristoteles sprach, sagte er: »Diese Interpretation ist gut platonisch.« Ich habe damals versäumt, Picht im Detail nach den Platonstellen zu fragen, auf die er sich dabei bezog. Deshalb kann ich nur hypothetisch sagen, daß mit der Verlegung der Bewegung in den

Bereich der obersten Ideen in der Tat bewegungslose Mathematika, verglichen mit den obersten Ideen, an einer Armut zu leiden scheinen. Nur ist die Bewegung im Bereich der obersten Ideen nicht eine entstehende und vergehende, sondern wird im geometrischen Gleichnis höchstens durch ein ewiges Kreisen in sich selbst symbolisiert. Dann aber ist das Entstehen und Vergehen der Feueratome eben diejenige Gestalt, die die ewige Bewegung annehmen kann, wenn die Ideen in die Vielheit entlassen sind. Materie im Sinne der Materialisten und der Dualisten gibt es dann überhaupt nicht.

Das etwa wäre meine These, für die ich nach nochmaliger Darstellung Ihre nochmalige Kritik erbitten würde.

Notiz 1992: Konrad Gaiser ist etwa eine Woche nach der Absendung meines Briefes gestorben. Ich weiß nicht, ob er ihn noch hat zur Kenntnis nehmen können. 1991 sandte mir Hans Krämer die englische Ausgabe seines (Krämers) Buchs *Plato and the Foundations of Metaphysics*, State University of New York Press, Albany, 1990. Daraufhin übersandte ich ihm meinen Briefwechsel mit Gaiser mit der Bitte um sein Urteil. Er antwortete:

3. Hans Krämer an Carl Friedrich von Weizsäcker, 3. 5. 1991

Seien Sie angelegentlich bedankt für Ihre Reaktion auf meine Sendung und das Vertrauen, das Sie mir entgegenbringen, wenn Sie den vor drei Jahren mit Konrad Gaiser geführten und dann abgerissenen Dialog mit mir fortsetzen wollen.

Ich habe mehr aus Neugier zuerst Gaisers Antwortbrief gelesen und ihm – abgesehen von dem abschließenden Punkt über Zeit und Geschichte, wo ich *Ihnen* uneingeschränkt recht gebe – auf Anhieb spontan zugestimmt, obwohl ich mit ihm über diese Fragen kaum direkten Kontakt hatte.

Auch ich stimme Ihnen gerne darin zu, daß die platonische Philosophie qua »Wissenschaft« sich erst in der Deszendenz der Seinsordnung erfüllt und daß sich die Aszendenz der Erkenntnisordnung (des »Aufstiegs«) dazu propädeutisch verhält (davon abgesetzt die *reinen* Prinzipientheoretiker der Akademie bei Theophrast *Metaphysik*, cap. III fin.).

Was die Überwindung des Chorismos angeht, so war ich in den letzten Jahren genötigt, in der Auseinandersetzung mit italienischen Kritikern mich des Vorwurfs des »Immanentismus« (à la Spinoza) des Tübinger Platonbildes zu erwehren. Ich habe damals die Position vertreten, daß der Chorismos zwischen idealen, mathematischen und wahrnehmbaren Entitäten selbst in der Perspektive der Elementen-Denkform (die Prinzipien als ideale elementa prima) erhalten bleibt, daß es sich also um ontologisch (und gnoseologisch) verschiedene Ebenen handelt. Dies möchte ich auch für die verschiedenen Bedeutungen des Bewegungsbegriffs annehmen, der im *Timaios* anders (und eigentlich) zu verstehen ist als im *Sophistes*. (Sie weisen auf Seite 8 Ihres Schreibens vom 27.4.1988 selbst sehr treffend auf die »Symbolik« hin.) Man muß wohl zwischen der Idee (Gattung, Kategorie) der Bewegung, der metaphorischen Bewegtheit der intelligibilia und der realen Bewegung der Kosmologie unterscheiden. Trotzdem halte ich es für möglich, das hier waltende Abbildverhältnis so aufzufassen, daß die ontologisch höheren Stufen von den abgeleiteten mitrepräsentiert seien, und demgemäß – Platon weiterdenkend – an Hand der letzteren eine einheitliche Theorie zu entwickeln.

Platon näher bleibt der Versuch, Politisch-Moralisches, Mathematisches und Erotisch-Mystisches (und weiterhin: Religiös-Ontologisches) zusammenzudenken. Vielleicht darf ich hier auf G. Reales *Storia della Filosofia antica* verweisen, der seinerseits die drei Aspekte metaphysischer Dialektik, religiöser Mystik und des Politischen unterscheidet und zu verbinden sucht (Vol. II[5], 1987).

Schwierigkeiten bereiten mir nur drei modern anmutende Gesichtspunkte, die mir aber nicht im Zentrum Ihrer Platon-Exegese zu stehen scheinen: der Hypothesen-Charakter (immerhin abgedeckt durch die generellen Aussagen *Phaidon* 85C, 101D f), das Unsagbare (qua Nichtlautierbares, nicht nur Inkommunikables oder schwer Vermittelbares) und die Ur-Einheit jenseits des Prinzipien-Dualismus (uns von der neuplatonisch-christlichen Tradition her selbstverständlich geworden gegenüber dem Prinzipien-Pluralismus des Älteren bis zum Hellenismus einschließlich). Natürlich kann – und muß man heute – Platon in dieser Richtung weiterzudenken versuchen.

Was mein amerikanisch-italienisches Buch angeht, so findet sich im 6. Kapitel die erste systematische Darstellung der gesamten Ungeschriebenen Lehre (mit Auf / Abstieg S. 82, einem Vergleich mit den Dialogen S. 113 unten sowie mit modernen Vergleichen S. 135: Wissenschaftstheorie, S. 152; Kant, S. 162 ff.: Hegel). In mathematischen Fragen kann ich mit K. Gaiser in keiner Weise konkurrieren: Hier bleibt er wirklich unersetzlich.

5. Ausdehnung und Denken
Geschrieben 1973

Die Einheit der Natur umfaßt auch den Menschen. Aber das scheint unerträglich. Bedeutet es nicht »l'homme machine« oder »l'homme système«?

Wenden wir die Frage geschichtlich. Als der harte Kern, als das kennzeichnende Merkmal der neuzeitlichen europäischen Kultur, die sich heute in der ganzen Welt durchsetzt, stellt sich die Naturwissenschaft dar. Sie ist am Werk von Keplers mathematischem Gottesdienst über die Wohlstandsgesellschaft bis zur Atombombe. Wie weit reicht sie?

Die Kybernetik setzt das metaphysische Programm des alten Materialismus in die Tat um: die Natur ist essentiell mechanisch, der Mensch ist substantiell Natur, also muß er mechanisch erklärbar sein. Die Ersetzung der Mechanik durch Elektronik oder Chemie ist eine philosophisch belanglose Verfeinerung. Psychoanalyse, Behaviorismus, empirische Sozialforschung beanspruchen, methodisch von der Art der Naturwissenschaft zu sein.

Die neuzeitliche Philosophie hat freilich nicht nur das Objekt, sondern auch das Subjekt »entdeckt«. Dies hat ihr zu einer Maginotlinie gegen die Naturwissenschaft verholfen. Naturwissenschaft wird regionalisiert. Innerhalb ihrer Region gibt man ihre Ansprüche zu, außerhalb ihrer Region gilt ein ganz anderes Denken. Es ist sinnvoll, wenige dieser Defensivpläne rasch Revue passieren zu lassen. Descartes trennt die res cogitans von der res extensa, Pascal den esprit de finesse vom esprit géometrique, Vico das menschliche Verstehen des Menschen

von der Methode der Mathematik, Kant die Freiheit des intelli-
giblen Ich von der Naturnotwendigkeit des empirischen, die
Methodologie der deutschen Geisteswissenschaft trennt das
Verstehen vom Erklären.

Tatsächlich scheinen beide streitenden Seiten gleich unbefriedigend. Die mechanistischen und szientistischen Erklärungen des Menschen erweisen sich immer von neuem als eng und
oberflächlich. Sie erklären das Höhere so, als wäre es ein Nied-
rigeres. Sie verletzen damit insbesondere immer von neuem die
Forderungen eines hinreichend sensiblen moralischen Bewußtseins; ihre Illusion, den Menschen verstanden zu haben, ist die
ideologische Rechtfertigung immer neuer Formen der Unmenschlichkeit. Die Defensivphilosophien hingegen erweisen
sich immer von neuem als hinhaltender Widerstand, dem die
Niederlage am Ende gewiß ist. Ihre positiven Aussagen über
den Menschen werden von der fortschreitenden Wissenschaft
entweder abgeleitet oder widerlegt oder in die Irrelevanz der
zur Welt der Erfahrung beziehungslosen »Transzendenz« abgedrängt.

Beide Schwächen erweisen sich einem genauen Nachdenken
als innere Inkonsequenz des jeweils eigenen Ansatzes. Im naturwissenschaftlichen Denken ist es ein naturwissenschaftlicher Fehler, das Höhere (etwa das Differenziertere oder das
Umfassendere) so zu behandeln, als sei es von der Struktur des
Niederen. Im philosophischen Denken ist es ein philosophischer Fehler, Dualismen absolut zu setzen; nur das Eine ist absolut. Der methodische Ansatz, beide Kurzschlüssigkeiten zu
überwinden, ist in der Philosophie der Einheit der Natur die
Kreisbewegung, die die beiden Teilansätze als »Halbkreise« zusammensetzt.

Auch in dieser Philosophie der Einheit bleibt aber die legitime Frage, wieso es überhaupt zu der Spaltung von Mensch
und Natur kommen kann. Warum überhaupt zwei Halbkreise
und nicht die ungetrübte Einheit? Diese Frage läßt wie jede
Warum-Frage mehrere Antworten zu, deren keine isoliert ausreicht.

Geschichtsphilosophisch haben wir es mit der Doppel-»Entdeckung« der europäischen Neuzeit, dem Objekt und dem
Subjekt, zu tun. Das neuzeitliche Subjekt ist herausgelöst aus

den Ordnungen, die wir in der Neuzeit objektive Ordnungen nennen. Das neuzeitliche Objekt ist herausgelöst aus dem Sinn, den wir in der Neuzeit als eine subjektive Sinngebung ansehen. Diese Herauslösung des Einzelnen aus seinen Zusammenhängen bedeutet wachsende Freiheit, wachsende Komplexität, geschichtliche Veränderung. Für den, der die Einheit dieser Vielheit noch zu denken vermöchte, würde sie eine neue Art von Einheit bedeuten. Neben die Singularien »die Welt«, »die Natur«, »der Mensch« treten neue: »die Geschichte«, »die Zeit«. »Sein und Zeit« ist der Titel unseres Problems. Aber diese Geschichtlichkeit erklärt noch nicht den Dualismus von Subjekt und Objekt. Sie wäre vielmehr leicht pluralistisch zu deuten, und ihre Spannungen heißen eher »das Eine und das Viele«, wie von der antiken Philosophie geerbt, und »das Alte und das Neue«.

In der strengen neuzeitlichen Philosophie sind jedoch Subjekt und Objekt keineswegs in einer pluralistischen Beliebigkeit gedacht.

Das Objekt der Naturwissenschaft ist primär gerade nicht »sinnloses Faktum«, sondern Glied eines umfassenden gesetzlichen Zusammenhangs. Die »Wertfreiheit« ist die Entfernung der für diesen großen Zusammenhang irrelevanten anthropomorphen, »subjektiven« Überbewertung von Einzelheiten. Trotzdem stößt dem naturwissenschaftlichen Objektivismus der Sinnverlust zu, da er das Subjekt aus seinem Gegenstandbereich entweder ganz oder in der Phase der Begriffsbildung ausstößt. So wird ihm das Subjekt zu einem außerwissenschaftlichen oder einem mechanischen Gebilde.

Das Subjekt der Philosophie ist primär gerade nicht der Ort »subjektiver Willkür«, sondern es ist dasjenige, was die Objektivität zu denken vermag. Das Wesen des empirischen Subjekts ist das transzendentale Subjekt. Trotzdem stößt dem transzendentalen Subjektivismus die Irrelevanz zu, denn das, worüber es keine empirischen Aussagen gibt, erweist sich im empirischen Geschichtsfortschritt als belanglos.

Der geschichtliche Rückblick auf das neuzeitliche Denken erklärt also den Dualismus nicht hinreichend. Vielleicht darf man sagen: Da es nun einmal Menschen als empirische Subjekte und den weiten objektivierbaren Bereich der nichtmenschlichen, ja, der unbelebten Natur gibt, macht eine bestimmte Geschichtsepoche von diesem Unterschied zur Lösung oder Stilisierung ihrer Probleme Gebrauch. Aber dieses »nun einmal« wollten wir doch wohl erklärt bekommen. Warum gibt es denn menschliche Subjekte und die objektivierbare Natur? Eine Philosophie der Einheit der Natur darf vor einer solchen Frage nicht in Anerkennung einer Faktizität kapitulieren.

Der Gedanke liegt nahe, es handle sich nur um eine Anthropozentrik, um die Einteilung: »Wir und der Rest.« »Wenn die Dreiecke räsonieren könnten, würden sie Gott für ein eminentes Dreieck halten.« »Für die Mäuse gibt es nur Mäuse und die Mäuseumwelt.« Aber dieses Argument ist eine vom Thema abführende Halbwahrheit. Es handelt sich vielmehr gerade um das »Räsonierenkönnen«. Soweit unsere im heutigen Bewußtsein als allgemein verbindlich anerkannte Erfahrung reicht, können nur Menschen räsonieren. Nur Menschen können sagen, für Mäuse gebe es nur Mäuse und die Mäuseumwelt; Mäuse sagen und – so dürfen wir behaupten – denken dergleichen nicht, weder über die Menschen noch über sich. Dreiecke sagen nicht, die Menschen müßten Gott für einen eminenten Menschen halten. Auch wenn wir der Existenz nichtmenschlicher vernünftiger Wesen gewiß wären, bliebe die Frage: warum finden wir uns in einer weiten Welt vor, in der es Dinge und Lebewesen gibt, die kein Verhalten zeigen, das uns als das Verhalten eines zur Reflexion fähigen Wesens erscheinen kann? Cartesisch formuliert: Warum gibt es überhaupt einen Unterschied von Ausdehnung und Denken?

In der Philosophie der Einheit der Natur ist Ausdehnung, als Raum, die Erscheinungsweise jeder Vielheit, an der Alternativen empirisch entschieden werden können, »der Raum ist der Plural«. Wenn Denken selbst zum Gegenstand des Denkens werden kann, und zwar so, daß an ihm Alternativen empirisch entschieden werden können (»was denke ich?«, »was motiviert mich?«), so ist das so gedachte Denken ausgedehnt. Ausdehnung ist, so verstanden, die Form des Gedachtwerdens. Soweit das Denken objektivierbar gedacht werden kann, muß es selbst ausgedehnt sein. Das erklärt den Maginot-Charakter aller defensiven Philosophien, ihr Scheitern.

Man baue nicht eine neue Maginot-Linie hinter dem Prädikat »objektivierbar«. »Objektivierbar« heißt, wenn ich die Tragweite der naturwissenschaftlichen Methode richtig verstehe, soviel wie »begrifflich«. Dies mag in zwei Schritten deutlicher werden. »Objektivierbar« heißt »entscheidbar«, also »eindeutig«. Nun ist begriffliches Denken gewiß nicht stets de facto eindeutig. Aber es dürfte schwer halten, dem Begriff des Begriffs einen Sinn zu geben, der nicht eine Intention auf Eindeutigkeit enthielte. Grenzen der Objektivierbarkeit enthält schon die heutige Physik unter dem Namen Komplementarität. Aber gerade in Bohrs Sinn ist das keine Verwerfung der Intention der Objektivierbarkeit. Es ist eine Grenze des Denkens selbst, deshalb mit der grundsätzlichen Offenheit der Zukunft und, platonisch gesehen, mit dem widerspruchsvollen Wesen des Einen zu verknüpfen. Um diese Verhältnisse deutlich zu machen, muß die Auseinandersetzung mit Hegel hart geführt werden. Ich beanspruche nicht, die Verhältnisse zu durchschauen. Aber der Anspruch z. B. einer Methodologie der Geisteswissenschaften, nicht-objektivierend zu denken, scheint mir eine Verwechslung der Komplikationen der Geschichtlichkeit mit einem grundsätzlichen Anspruch zu bedeuten.

Ich würde also gegen Descartes sagen: Denkbares Denken ist eo ipso ausgedehnt. Warum aber ist nicht alles Ausgedehnte Denken? Es ist vielleicht mit dem Denken genetisch verwandt, aber wir wagen nicht zu sagen, es sei Denken. Selbst falls wir eine Weltseele als notwendige Hypothese der Naturphilosophie statuierten, bliebe das Problem erhalten. Denn dann ist unser Bewußtsein Teil der Weltseele; warum sind dann einige Teile der Weltseele als Teile selbstbewußt, andere aber allem Anschein nach nicht?

Die Kybernetik weiß hier eine banale Antwort: Denken ist kompliziert. Die Denkbarkeit – also Ausgedehntheit – der Welt heißt, daß die Welt in einer Näherung in Einfaches zerlegt werden kann. Dieses Einfache aber kann als dieses nicht denken. Die Zeit ist ihrer Struktur nach das Medium der Entwicklung vom Einfachen zum Komplizierten. Wenn das Denken zum erstenmal in der Zeit, d. h. in der Geschichte der Natur auftritt, so muß es im Raum einsam, ein Ding sui generis, sein. Deshalb müssen die Menschen, indem sie sich als denkend erkennen, sich als Fremdlinge in der Welt erfahren. Der philosophische

Dualismus spricht in hypostasierender Symbolik die Jugend des Denkens in der Geschichte der Natur aus.

Wenn Ausdehnung Denkbarkeit ist, so muß es andererseits auch erlaubt sein, zu sagen, es gebe Ausdehnung (einschließlich der Zeitkoordinate, vgl. »Zeit und Messung in der Quantentheorie«) erst, seit es Denken gebe; oder: Ausdehnung entstehe stets dort, wo Denken entstehe. Es ist denkbar, daß denkende Wesen dahin kommen können, sich klarzumachen, wie das, was sich ihnen selbst als Ausdehnung darstellt, den Wesen erscheint, die evolutiv früher sind als das Denken; d.h. daß wir lernen können, das Erleben der Tiere zu verstehen. Es ist auch denkbar, daß denkenden Wesen ein Bewußtsein über das begriffliche Denken hinaus zugänglich ist, für welches Ausdehnung nicht mehr das leitende Prädikat der Wirklichkeit ist. Die Einschränkung einer Kultur auf begriffliches Denken und Ausdehnung wäre dann nicht eine Regionalwahrheit, gegen die ein Schutzwall gebaut werden müßte, sondern die Naturwissenschaft als *die* Philosophie dieser Kultur wäre ein Läufer, der die Stafette in der Geschichte eine endliche Strecke weit trägt.

6. Notizen zu Kant
Etwa 1970 geschrieben

1. Allgemeines

Kants Begriffe sollen mit denen verglichen werden, die ich bei der Beurteilung der Quantentheorie verwende.

Ich vermute, die Quantentheorie sei die allgemeinste *Theorie von Objekten* in *der Zeit*. Breiter könnte man sagen: Theorie des gesetzmäßigen Verhaltens von Objekten in der Zeit. Aber ohne Gesetzmäßigkeit ohnehin keine Theorie, und Verhalten ist eben zeitliches Sein.

Dies entspricht nun Kants Lehre von *Anschauung* und *Denken*. Angeschaut-Werden ist In-der-Zeit-Sein. Theorie ist Denken. Wie bei Kant verbindet der Objektbegriff beide Seiten: das Objekt ist das Angeschaute, insofern es gedacht wird, oder bei mir: das in der Zeit Seiende, insofern es davon Theorie gibt.

Wie geht es im Detail weiter?

2. Zeit. Zeitargumente der Ästhetik

1. Zeit kein empirischer Begriff, sondern Bedingung von Erfahrung. Bei mir ebenso, nur hebe ich die Zeitstruktur schon im Erfahrungsbegriff hervor (aus der Vergangenheit für die Zukunft lernen).

2. Man kann die Erscheinungen aus der Zeit wegnehmen, aber nicht die Zeit aufheben. Asymmetrie bei mir ebenso. Jedoch muß physikalische bzw. mathematische Zeit von Zeitlichkeit unterschieden werden; an jeder Stelle hat obiges einen verschiedenen Sinn. Zeitlichkeit *erzeugt* die Erscheinungen; so ist sie ihnen primär, aber die Erscheinungen »aufheben« hieße, ihren Grund, die Zeitlichkeit leugnen. Mathematische bzw. physikalische Zeit ist schon Zeit »als Gegenstand vorgestellt« (B 160/161, Fußnote). Diesen Gegenstand kann man ohne seinen »Inhalt«, die Erscheinungen, denken; physikalische Erscheinungen aber nur »in« ihm.

3. Zeit begründet Mathematik. Dazu die Kategorien der Quantität. Ich glaube insofern Kant zu folgen, als ich den Intuitionisten folge und dort die Intuition des Zählens als Intuition von der Zeitstruktur deute.

4. Zeit als *eine* reine Anschauung. Auch dies zweideutig im Sinne der unter 2. angegebenen Unterscheidung. Zeitlichkeit ist insofern kein Begriff, als sie auch Begriffe erst erzeugt; hier nur das spekulative Problem, daß »Zeitlichkeit« in einer philosophischen Theorie ein Begriff ist. »Struktur der Zeit« ist das »Zeitlose« an der Zeit. Zeit und Struktur verhalten sich bei mir wie das Eine und Viele in der 2. Hypothese des platonischen *Parmenides*. Darauf reflektiert Kant hier nicht, und anderswo nicht durchsichtig (Rechtfertigung des Fichteschen Schritts). Die mathematische bzw. physikalische Zeit ist wiederum ein allumfassendes Ganzes, insofern einzeln, also nicht Allgemeinbegriff. Aber um zu sehen, was das bedeutet, muß man ins Einzelne der Mathematik und Physik gehen. Z. B. Relativitätstheorie: das allumfassende Ganze ist eher Minkowskis »Welt«; ebendiese aber nach der allgemeinen Relativitätstheorie von der Materie abhängig. Vielleicht hat Kant hier insofern doch Newtons Hypostasierung mitgemacht.

5. Die Unendlichkeit der Zeit, insofern Zeit ursprünglicher

ist als alle »bestimmte Größe der Zeit«. Unendlichkeit bei mir ein Modus der Möglichkeit, diese ein Merkmal der Zukunft, also der Zeitstruktur. Zeit ist als zukunfthaltig Ursprung aller aussprechbaren Unendlichkeit und so selbst unendlich. Die unmittelbare Anschauung ist hier wieder die Zeitlichkeit. Der Gegenstand »Zeit« ist freilich, wenn überhaupt, dann so zu konstruieren, daß er die Zukunft zuläßt. Also muß er als unendlicher Gegenstand gedacht werden. Nach Met. Anf., Phoronomie (A 3; vgl. Phänomenologie Lehrsatz 1, A 140–141), ist der absolute Raum »an sich nichts und gar kein Objekt«; er wird genau wie eine Idee beschrieben. Ebenso ist die Zeit als Gegenstand gedacht eine Idee. Darin liegt schon die Unendlichkeit. Auch hier müssen wir heute wie unter 4. weiterdenken.

Transzendentale Idealität der Zeit: Dies führt zur *Ding-an-sich-Lehre.* In der Quantentheorie wird der Objektbegriff selbst ein wesentlich auf Erscheinungen in der Zeit bezogener Begriff, genau wie bei Kant. Dem, was an sich selbst sein mag, den Namen »Ding« zu geben, ist also eo ipso dann unstatthaft, wenn darunter ein Gebrauch der das Objekt konstituierenden Kategorien verstanden wird. (Ich würde mich hier vermutlich von Kants Unterscheidung von Denken und Erkennen, die er in der *Kritik der praktischen Vernunft* gebraucht, um Kausalität durch Freiheit als denkbar zu bezeichnen, vorsichtig distanzieren; aber das ist jenseits der Reichweite der Theorie der Wissenschaft.) Von der Quantentheorie aus liegt es nahe, das, was an sich selbst sein mag, als das nicht in Objekte zerspaltene Ganze zu denken. Dieser Weg führt nicht wie Fichtes Weg zum Ich, eher zum absoluten Geist. Das transzendiert wiederum die Theorie der Wissenschaft. Wissenschaft jedenfalls ist Wissenschaft für uns, d. h. für den »endlichen Verstand«. Hierin sind wir in Bohrs Schule so kantisch wie möglich.

3. Raum

Der Raum entspringt in meinem Projekt aus dem Plural »Objekte« und, insofern Vielheit eine Kategorie der Zeitlichkeit ist (s. u.), aus der Zeit. Mehrere Objekte sind nur in *einer* Welt, insofern sie wechselwirken. Der veränderliche Parameter, von dem ihre Wechselwirkung abhängt, heißt ihr Ort (das ist der

Sinn von »Ort«). »Veränderliche Parameter« ist ein Prädikabile der Substanzkategorie. Unsere Physik denkt insofern gemäß dem Schema des kategorischen Urteils, als sie Objekte primär für sich (als πρώτη οὐσία) mit Akzidentien bestimmt sein läßt. Es ist denkbar, daß man die Wechselwirkung besser beschreiben wird, wenn man die Objekte von vornherein nur als Partner von *Relationen* auffaßt (wie Wittgenstein im *Tractatus*). Wahrscheinlich bedeutet dies aber keine sehr wesentliche Modifikation des Objektbegriffs (Russell hat die Bedeutung der Einführung der Relationen überschätzt). Jedenfalls ist der Raum der Inbegriff der möglichen Parameterwerte, die die Wechselwirkung bestimmen. Insofern ist der Raum die rein formal (ohne Angabe des kontingenten Vorliegens bestimmter Objekte) vorgestellte Einheit der Welt als einer zusammenhängenden Vielheit. Da ich von den Objekten nicht anders als durch Wechselwirkung weiß, ist diese Einheit zugleich Bedingung der Möglichkeit des Gegebenseins der Objekte für mich, also Form aller äußeren Anschauung. »Äußere«, insofern ich Objekte anschaue, die von mir verschieden sind. (Hier entsteht das Problem, inwieweit ich mir selbst Objekt sein kann und inwiefern ich mir damit notwendig äußeres Objekt sein muß: Körper, Kybernetik.)

All dies kommt dem Kantschen Raumbegriff sehr nahe. Zu den Argumenten der Ästhetik:

1. Kein empirischer Begriff: vielmehr Bedingung des Daseins wechselwirkender Objekte. Frage natürlich: muß alle Erfahrung Erfahrung von Objekten sein? Dies ist erst aufgrund der transzendentalen Deduktion und der Grundsätze des reinen Verstandes zu beantworten: der Objektbegriff faßt die sukzessiven Empfindungen in einer gemeinsamen Vorstellung zusammen. Also Objekt Bedingung der Möglichkeit der Einheit der Apperzeption in der Zeit. Bei mir geht der Objektbegriff aus dem Begriff der zeitüberbrückenden Alternative hervor und wird näher bestimmt durch die Gesetze der Wechselwirkung. Also derselbe Ansatz.

2. Raum nicht wegdenkbar, wohl aber Gegenstände im Raum. Hier wie bei Zeit Räumlichkeit und Gegenstand Raum zu unterscheiden. Räumlichkeit ist, daß es überhaupt wechselwirkende Objekte geben kann. Raum als Gegenstand wird

mathematisch bestimmt durch die Theorie der mehrfachen Quantelung, die eine Theorie der Vielheit von elementaren Gegenständen ist. Weitere Argumentation wie bei der Zeit.

3. (nach A): Raum ermöglicht Geometrie. Geometrie beruht auf Konstruktion der Begriffe im Raum. Dies hat der Intuitionismus nicht mitgemacht, m. E. zu Unrecht. Doch muß man hier sehr viel differenzierter werden sowohl als Kant wie als die modernen Empiristen und Konventionalisten. Der Raum als Gegenstand ist selbst schon ein Constructum, konstruiert in der Zeit mit Hilfe der Zahl. Das sieht die neuere Mathematik richtig. Kants euklidische Konstruktionen sind gleichwohl Konstruktionen in der reinen Anschauung, d.h. im Gegenstand Raum (der formalen Anschauung Raum), jedoch mit den Euklid und Kant unbewußten darin schon steckenden Hypothesen. Hier wird nur sichtbar, was ich auch für die Analysis meine, für die Arithmetik vermute: daß es keine physikfreie Mathematik gibt. Es gibt nur eine »sehr reine« Physik, die zugleich Grundlage der Mathematik ist. Früheste faßbare Struktur sei die Zahl. Man kann dann keine adäquate Theorie der Geometrie ohne Theorie der Arithmetik machen. Ist die Zahl schon gegeben, so ist Geometrie arithmetisierbar. Aber Konstruktion im Raum setzt Einsicht ins Kontinuum voraus, also in Möglichkeit, also in Zukunft. »Um aber irgend etwas im Raum zu erkennen, z.B. eine Linie, muß ich sie *ziehen*.« (B 137) Insofern sind Arithmetik (man *kann* zählen) und Geometrie gleich ursprünglich fundiert, eben in der Zukünftigkeit der Zeit.

4. Raum *eine* Anschauung und 5. Raum unendlich analog zur Zeit. Unendlichkeit beim Constructum Raum bestenfalls Unbegrenztheit, also kein Gegensatz gegen Einsteinsche Weltmodelle.

Transzendentale Idealität mutatis mutandis wie bei der Zeit.

4. Kategorien und Urteilstafel

Kants Theorie des Begriffs setzt die traditionelle Lehre von der Begriffspyramide voraus (»Katze« ist *unter* »Raubtier«, »Raubtier« als Teilvorstellung *in* »Katze« enthalten). Ich habe bisher nicht hinreichend über Sinn und Recht dieses Schemas nachgedacht (Platons dihairetischer Aufbau). Kant geht aber über diese Lehre, ohne sie aufzugeben, hinaus, indem er Begriffe als Funktionen zu Urteilen versteht. Dies, konsequent verfolgt, führt, so scheint mir, in die essentielle Zeitlichkeit des Denkens selbst. All dies steht noch als Aufgabe vor mir. Hier nur einige, z. T. disparate, Anmerkungen.

Zusammenhang von Urteil und Begriff. Er folgt aus Kants Ansatz. Ich habe von meinen Prämissen aus keinen Anlaß, ihm zu widersprechen. Ich neige eher dazu, ihn zu radikalisieren. Für Kant ist die Logik und mit ihr die Kategorie zeitlos, und daher bedarf die Kategorie der Schematisierung. Ich würde dahin streben, alle Kategorien von vorneherein zeitlich zu verstehen. Das Problem ist *nur*, daß Theorie als solche »zeitlos« ist. Aber das hindert uns nicht, die Theorie des Begriffs an die Theorie der Zeit anzuschließen; das Problem ist nur, daß es überhaupt Theorie der Zeit gibt.

Die vier Titel: Ich behaupte: Die Kategorien der *Quantität* begründen die *Arithmetik*, die der *Qualität* die *Logik*, die der *Relation* die *Physik*, die der *Modalität* den *Bezug aufs Bewußtsein*. Dies ist außer für die Qualität manifest kantisch. Die »Qualität«, von der in der Logik (und daher in der Kategorientafel) die Rede ist, ist die Negation, von der aus die Position erst als etwas Nichtselbstverständliches erscheint, und jedenfalls nicht die Qualität im Sinne der Empfindungen. Die Negation ist das, wodurch die Logik sich von einer formalen Ontologie unterscheidet; Negation und nichtausschließende Disjunktion sind nicht »ontisch«, sondern »epistemisch«. Ein quantitativ allwissendes Wesen, das ebenso wie wir Objekte kennt, aber alles an den Objekten (also ein allwissend-endlicher Verstand), könnte die formale Ontologie brauchen, aber nicht die Logik. Das durch die logische Position in zeitlichen Aussagen (also den elementaren Aussagen von Objekten möglicher Erfahrung) Behauptete ist Dasein in der Zeit. Hierin folge ich Kant und insofern auch der Anknüpfung an die Empfindungen. Deren Quantifizierung im Grad der Intensität ist dann schon eine weitere Stufe der Verfeinerung.

Um all dies unmittelbar an die Zeitlichkeit anzuknüpfen, brauche ich z. T. nur Kants eigener Darstellung zu folgen.

Quantität: Man hat hier den Aufbau der Arithmetik zu vollziehen. Platon-Frege-Brouwer in ihrem Verhältnis sehen. Der ständige Schritt: Eines, Vieles, das Viele als Eines. So »erzeuge ich die Zeit selbst in der Apprehension der Anschauung« (A 143, B 182). Was erzeugt wird, ist die formale Anschauung (der Gegenstand) Zeit als mathematische Zeit aus Zeitlichkeit überhaupt als bloßer Form aller Anschauung und Begrifflichkeit überhaupt, nämlich dem Verhältnis des Einen zum Vielen.

Qualität: Hier muß man die Logik aufbauen. Darauf hat Kant nicht mehr reflektiert. Ich folge hier gern Lorenzen. Konstruktion bzw. Dialog sind wesentlich zeitlich. Der Dialog beruht gerade auf der Negation: man kann sich streiten, weil man Falsches behaupten kann. Wahres und Falsches verhalten sich wie Position und Negation; die Aufgabe des Disputs ist, die Zuordnung des Paars wahr-falsch zu zwei antithetischen Behauptungen zu finden. Logik ist die Lehre von dem, was schon aus dem Begriff der Antithese selbst folgt. Insofern Satz vom Widerspruch der Grundsatz der Logik. Er ist kein Satz der Ontologie der Gegenstände, da negativen Urteilen kein Sachverhalt entspricht.

Tiefere Frage: Wieso ist Negation, also Logik möglich? G. Günther: Sinn umfassender als Sein. Ich würde sagen: Auch dies geht auf Möglichkeit der Zukunft zurück. Vom Zukünftigen rede ich legitim in formal-möglichen Alternativen. Der Gegensatz von Ontologie und Logik, von ontisch und epistemisch, geht primär auf Fakten, also Vergangenes. Hier eine Aufgabe, die, soviel ich sehe, Kant transzendiert. δύναμις bei Platon-Aristoteles. Pichts Zeittheorie.

Relation: Für Kant selbst stellt die Substanz die Dauer, die Kausalität die Folge, die Wechselwirkung das Zugleichsein dar. Dunkel ist mir, woher Kant gerade diese drei Modi der Zeit hat. Zusammenhang mit Zeitstruktur, wie wir sie denken (Picht, Böhme), aufsuchen! Einzelnes:

Substanz: Vgl. meinen König-Aufsatz. Das Schema des kategorischen Urteils gewinnt bei Aristoteles seine fundamentale Rechtfertigung (*Physik*, A 7) gerade aus der κίνησις. In meinem Aufbau komme ich zum kategorischen Urteil aus der Theorie der zeitüberbrückenden Alternativen: »Die Alternative $\{p_k\}$ ist jetzt mit w_k belegt, die Alternative $\{q_1\}$ mit w_1 etc.« Hier treten Subjekte (die Alternativen) und Prädikate (die Bele-

gungen) auf. Das Zentrale habe ich durch den Begriff der zeitüberbrückenden Alternative präjudiziert. Kann man sagen:
ohne zeitüberbrückende Alternativen gäbe es keine Struktur,
also nicht einmal Struktur der Zeit? Andererseits fragt sich, ob
nichts wesentlich Neues entstehen kann. Hier ist die Quantentheorie konservativ (Erhaltung voraussetzend; das Meßbare,
was erhalten bleibt, ist die Energie als Frequenz, d. h. Zeitmaß).
Moderne Kosmologie, Evolutions-Biologie, Bergsonsche und
Pichtsche Zeittheorie deuten wohl darüber hinaus. Biblisches
Zeitverständnis. Gott ist nicht Substanz, sondern schafft Substanz.

Kausalität: Vgl. »Zeit und Wahrscheinlichkeit«. Kausalität
und Zeitrichtung, §9. Kausalität und statistische Gesetzlichkeit, §8, und Studie zur Quantentheorie (Abschnitt 4).

Wechselwirkung: Vgl. Mittelstaedts (noch unzureichende)
Diskussion. Niemand ist so nahe an Einstein herangekommen
wie Kant. Jetzt sagen wir aber, mit Einstein und umgekehrt wie
Kant: Da es keine Fernkraft gibt, gibt es keine absolute Gleichzeitigkeit. Deshalb nur Feldphysik. Also keine klassische
Physik möglich (Ultraviolettkatastrophe). Es wird sehr wichtig, aus der Elementarteilchenphysik einzusehen, daß die
Ausbreitungsgeschwindigkeit der Kräfte beschränkt sein muß.
Vermutlich: Es gibt nur eine elementare Alternative. Diese definiert genau eine Geschwindigkeit. Damit Lorentz-Invarianz
der Theorie (Ruhmasse Null). Dann kann aus Invarianzgrün-
den Wechselwirkung nur zu langsamerer Fortpflanzung (endlicher Ruhmasse) führen.

Modalität: Hier möchte ich gerne den Bezug aufs Bewußtsein in einen Bezug auf die Zeit überführen. D. h. Modalitäten
primär zeitlich deuten, wie ich es ohnehin tue. Dazu muß die
von Plaass dargestellte Möglichkeitstheorie Kants auf Zeitlichkeit abgebildet werden.

5. Analytische und synthetische Urteile

Kants Definition (A 6/7, B 10), daß im analytischen Urteil der
Prädikatbegriff im Subjektbegriff (»versteckterweise«) enthalten sei, beim synthetischen nicht, führt in manche Schwierigkeiten. Die Definition paßt nur auf kategorische Urteile; wenn

den Charakter solcher »Folgesätze« hinsichtlich seiner Einteilung analytisch-synthetisch scheint Kant sich nicht zu interessieren. Die Grundsätze jedoch, und jeder direkt durch Konstruktion in der Anschauung gezogene Schluß, sind synthetisch, eben weil sie (reine) Anschauung zum Denken hinzubringen. Insofern werden auch »direkte zoologische Urteile« wie »Walfische sind Säuger« legitim als synthetisch zu bezeichnen sein.

Was folgt nun in meiner Denkweise? Evidentermaßen wird zunächst der Unterschied a priori – a posteriori modifiziert. Vgl. »Die Einheit der Physik als konstruktive Aufgabe«. »Alle Körper sind schwer« wird am Ende ebenso a priori gewiß wie »die Quantität der Materie bleibt erhalten«. All dies hängt nun aber an Bedingungen, deren unbedingte Geltung, sei es auch für einen endlichen Verstand, nicht schlechthin behauptet wird. Der Aufbau bleibt hypothetisch. Die Aufgabe, die Bedingungen der Möglichkeit solcher Hypothesen noch zu erkennen, ist nicht mehr »reine Physik« und involviert uns wiederum im Gespräch mit Platon und dem deutschen Idealismus.

Die Synthesis, die in den synthetischen Urteilen steckt, ist bei Kant stets das Denken des in der Anschauung Gegebenen. Hier weiche ich nicht zurück. Synthesis ist wesentlich zeitlicher Akt; das, was in ihr verbunden wird, ist selbst von der Zeit geliefert. Also ist Zeit die höhere Einheit von Anschauung und Denken und die Bedingung der Möglichkeit von Synthesis. Aber damit wird der Begriff des Analytischen zum Problem. Erst in einer Theorie der Logik wird man sagen können, was »analytisch« heißt. Die Welle der Kantschen Philosophie überschlägt sich gleichsam. Kant wollte zeigen, daß es ursprüngliche Synthesis gibt, gegen die Meinung, alles Notwendige sei logisch notwendig. Er konzedierte die logische Notwendigkeit und nannte sie analytisch. Nun wird die Logik selbst als Werk der Synthesis verstanden, und die Konzession an die vor-Kantische Denkweise wird zum problematischen Teil der Lehre.

Jedenfalls geht all dies in der Richtung des Satzes »die analytische Einheit der Apperzeption ist nur unter der Voraussetzung irgendeiner synthetischen möglich« (B. 133).

später (A 150 f, B 189 f) der Satz vom Widerspruch als ober
Grundsatz aller analytischen Urteile eingeführt wird, so v
er wieder nur mit kategorischen Urteilen formuliert, obwol
auch das beherrschen sollte, was man heute Aussagenlo
nennt. Dieses Problem lasse ich hier beiseite, bleibe also bei
tegorischen Urteilen. Hier ist nun die Frage, wie der Subjekt
griff zu verstehen sei. Ist »Mimi ist eine Katze« synthetis
oder analytisch? Hilmar Lorenz entschließt sich zu syntl
tisch, während er »alle Katzen sind Raubtiere« analytis
nennt. Der empirische Begriff Katze enthält demnach den ei
pirischen Begriff Raubtier. »Alle Wale sind Säugetiere« – das
synthetisch, solange man die Wale empirisch als »Walfische
kennt; für die fertige zoologische Systematik ist es analytisch

Das zoologische Beispiel mag unangebracht sein, da Zool
gie nicht eigentliche Wissenschaft ist. Wählen wir Kants eigen
Beispiele aus Physik und Mathematik. Nach meinem Pr
gramm zunächst die Physik: »Alle Körper sind ausgedehnt« is
analytisch (A 7, B 11), »alle Körper sind schwer« synthetisc
(A 7, B 11), die Erhaltung der Quantität der Materie und di
Gleichheit von Wirkung und Gegenwirkung sind synthetisc
(B 17–18). Synthetisch ist schon der Satz »Alles was geschieh
hat seine Ursache« (A 9, B 13). Von diesen ist »alle Körper sin
schwer« empirisch (»Erfahrungsurteile, als solche, sind insge
samt synthetisch« B 11), die andern sind a priori; die zwei in
hinzukommenden Beispiele stammen aus den MA.

»Die Quantität der Materie bleibt erhalten« ist synthetisch
da der Begriff der Materie (»das Bewegliche im Raume«) de
Anschauung entstammt (der reinen seiner Möglichkeit nach
der empirischen der objektiven Realität nach; vgl. jedoch da
letzte Problem von Plaass), die bloße Anschauung aber kein
Quantität und keine Substantialität liefert. Demgegenüber mag
»alle Katzen sind Raubtiere« als analytisch hingehen, weil wi
ohne diejenige Erfahrung, die auch die Katzen als Raubtiere
ausweist, überhaupt keinen Begriff »Katze« bilden könnten
während »Materie« allerdings *ohne* die Grundsätze des reinen
Verstandes als bloßer Begriff möglich ist.

Heutige Mathematiker neigen dazu, die Mathematik im axiomatischen Aufbau als analytisch anzusehen. Analytisch mögen
deduzierbare Lehrsätze bei gegebenen Axiomen sein. Aber für

6. Mathematik

Hier möchte ich nur eine These im Sinne meiner Auffassung
formulieren: Mathematik ist die Theorie aller möglichen Strukturen im Bereich von Objekten. »Möglich« heißt hier: grundsätzlich in der Zeit konstruierbar. Der zu benutzende Kon-
struktionsbegriff muß dann natürlich präzisiert werden. Damit
ergibt sich automatisch und genau im Sinne Kants (Axiome der
Anschauung) die Erklärung der »Mathematisierbarkeit der Natur«. Sie ist die Objektivierbarkeit. Dazu kommt die Einfachheit der Naturgesetze als Konsequenz der Existenz letzter Alternativen. Was aus diesen zusammengesetzt ist, ist für uns um
so weniger einfach, je wichtiger uns das individuelle Zusammenspiel vieler Alternativen ist; die Gesetze sind im selben
Maß komplizierter wie die Gegenstände.*

7. L. E. J. Brouwer

Brouwers Grundlegung der Mathematik wird in diesem Buch
dreimal besprochen: I 5.1; I 6.7.7; I 11.B2. Mehrmals, ausdrücklich I 5.1, wird dabei auf den tieferen philosophischen Grund
seiner Lehre verwiesen. Auf diesen Grund wollen wir hier wenigstens einen Blick werfen. Ich stütze mich dabei auf einen einzigen Text von Brouwer, den Vortrag »Consciousness, Philosophy and Mathematics«**.

Brouwers Vortrag beginnt mit den Sätzen:

»First of all an account should be rendered of the phases
consciousness has to pass through in its transition from its

---

*   Ein Engel erzählte: Hegel kam in den Himmel und durfte nun alle Wahrheit sehen. Sie war aber sehr anders, als er gedacht hatte, und er ärgerte sich. Petrus sagte ihm: »Herr Professor, Sie sind auch noch gar nicht im Himmel. Sie
sind im Fegefeuer.« Hegel: »Zeig mir einen, der im Himmel ist!« Petrus zeigte
ihm ein gebrechliches altes Männlein, das auch alle Wahrheit sah und auch sah,
daß sie sehr anders war, als er gedacht hatte. Aber nichts anderes erfüllte ihn als
die Seligkeit, nun die Wahrheit zu sehen. Es war Kant.
** *Proceedings of the Xth International Congress of Philosophy* (Amsterdam,
August 11–18, 1948), Vol. I Fasc II. ed. by E. W. Beth, H. J. Pos, J. H. A. Hollak,
Amsterdam 1949.

deepest home to the exterior world in which we cooperate and seek mutual understanding. This account does not imply mutual understanding and in some way may remain a soliloquy. The same can be said of some other parts of this lecture too.« (S. 1235)

Ich maße mir nicht an, Brouwers Selbstgespräch adäquat zu interpretieren. Zu den vielen Wünschen, die ich im Lauf des Lebens nicht mir zu erfüllten Zeit oder Kraft gefunden habe, gehört das Studium der Philosophie Brouwers. Aber ich möchte auf die Wahrnehmungen hinweisen, die sich offenkundig in seinem Text spiegeln.

»Consciousness« wird im Text stets im Singular geschrieben. Ich zitiere den zweiten Absatz des Vortrags (kursive Schreibweise in diesen Zitaten ist stets von Brouwer selbst angewandt):

»*Consciousness* in its deepest home seems to oscillate slowly, will-lessy and reversibly between stillness and sensation. And it seems that only the status of sensation allows the initial phenomenon of the said transition. This initial phenomenon is a *move of time*. By a move of time a present sensation gives way to another present sensation in such a way that consciousness retains the former one as a past sensation, and moreover, through this distinction between present and past, recedes from both and from stillness, and becomes *mind*.«

Hier wird die Zeit in ihrem Fortschreiten und damit den Modi von Gegenwart und Vergangenheit als fundamental beschrieben. Das Bewußtsein erfährt: »As mind it takes the function of a subject experiencing the present as well as the past sensation as object.« Diese Zweiheit, stets im Fortschreiten der Zeit wiederholt, dehnt das Objekt in eine Welt der »sensations« von bunter Vielfalt aus. Die Struktur dieser Welt lehrt uns zeitlich stabile Dinge (»things«) kennen. »For instance *individuals*, i.e. human bodies, the home body of the subject included, are things. Things may be, or may not be, indissolubly connected with egoic sensations. The whole of egoic sensations indissolubly connected with an individual is called the *soul* of the corresponding human being. The soul connected with the subject-individual is rather latent, but manifest in sensations of vocation and of inspiration. The whole of things is called the *exterior world of the subject*.« (S. 1235–1236)

In dieser äußeren Welt des Subjekts nun gibt es zweckmäßiges Handeln in Kommunikation der Individuen, gibt es Technik, gilt Wissenschaft, insbesondere die Mathematik, die auf dem Fortschreiten der Zeit in den Zahlen beruht. »The question arises, whether and when, on and after this exodus of consciousness, *beauty, mutual understanding, wisdom* and *truth* can be found« (S. 1238). Schönheit wird zuerst thematisiert. Sie ist kaum im kausalen Denken und Handeln zu finden. Aber sie zeigt sich in den fortschreitenden Phasen des »exodus«, zuerst »in the joyful miracle of the self-revelation of consciousness«, »in remembrance of the miracle of bygone naivety« »or by certain kinds of science. Such science evoking beauty reveals or playfully mathematizes naively perceptible forms and laws of nature, after having approached them with attentive reverence, and with a minimum of tools. And such science evoking beauty, through its very reverence, rejects expansion of human domination over nature« (S. 1238). Es folgt »constructional beauty«. »But the fullest constructional beauty is the *introspective beauty of mathematics*, when instead of elements of playful causal acting, the basic intuition of mathematics is left to free unfolding.« (S. 1239)

Nun kommt die für das klassische Weltbild verblüffende Wendung. In der Sprache der Kooperation »the part assigned to the subject individual ... is analogous to those assigned to object individuals, whereas the subject itself is ignored in it. In this way civilized languages, mostly being cooperative languages, suggest a sameness for such totally different phenomena as acts of the subject and acts of object individuals are« (S. 1239). Es ist fiktiv, den »object individuals« einen individuellen »mind« zuzuschreiben. »There is no plurality of mind.« (S. 1240) Bewußtsein wird niemals »fremdes Bewußtsein« kennenlernen. »Only through the sensation of the other's soul sometimes a deeper approach is experienced. And when wisdom revealed by the beauty of this sensation finds expression in the antiphony of words exchanged, then there may be mutual understanding.« Und nun folgt ein Lob der Weisheit, der Güte zum Mitmenschen, eine Reihe von Zitaten aus der Bhagavad-Gita. »A man should not hate any living creature. Let him be friendly and compassionate to all. He must free himself of the delusion of

I and mine...« (S. 1241) »... perhaps at the end of the journey
the deepest home vaguely beckons.« Das Heim des einen Bewußtseins, vor der Subjekt-Objekt-Spaltung, winkt.
  Diese Philosophie ist, intellektuell genommen, ein Selbstgespräch. Sie strebt wohl, ein Gespräch des einen Bewußtseins
mit sich selbst zu sein. Sie erläutert den Sinn ihrer Worte durch
ihren Gebrauch. Es gibt nur *ein* Bewußtsein, nur *einen* »mind«,
aber es gibt die Seelen der Partner. So dachten wohl Vedanta und
Neuplatonismus (I 10.5). Hieran wird die moderne Mathematik geknüpft, über ihre Schönheit. Das Schöne ist der Glanz des
Wahren.
  Können wir, nach der Quantentheorie, ähnliche Fragen stellen?

8. Georg Picht als Philosoph*

Georg Picht als Erzieher, Georg Picht als Philosoph, Georg
Picht in der Kirche – das sind die Themen der drei heutigen Vorträge. Allen drei Themen haftet ein Element der Verborgenheit
an. Pichts öffentliche Wirkung war groß. Aber er konnte die
Wirkung nur ausüben, weil er anders war, als man ihn meist gesehen hat. Den vielbeschrieenen Bildungspolitiker kann man
nur begreifen, wenn man den Erzieher sehen gelernt hat. Seine
Wirkung in der Kirche entsprang einer fast verborgenen elementaren Frömmigkeit, die ihn in kritisch leidender Distanz zu
aller gutgemeinten öffentlichen Kirchlichkeit hielt. Daß er einen philosophischen Lehrstuhl innehatte und beachtete philosophische Aufsatzsammlungen veröffentlicht hat, verrät fast
nichts darüber, was für ein Philosoph er war; weder die politische Öffentlichkeit noch die gelehrte Zunft hat ihn wirklich als
Philosophen wahrgenommen. Quantitativ gesprochen liegt
dies an der Verborgenheit seines Werks. Die Veröffentlichung
seiner ausgearbeiteten Manuskripte, vorwiegend Texte seiner
akademischen Vorlesungen, würde den vier Bänden, die er

---

* Vortrag, gehalten im Juni 1983 in der Forschungsstätte der Evangelischen
Studiengemeinschaft in Heidelberg. Veröffentlicht in: C. Eisenbart, Hrsg.,
Georg Picht – Philosophie der Verantwortung, Stuttgart 1985.

allein veröffentlicht hat, und den zahlreichen Beiträgen zu Sammelbänden wohl noch wenigstens vierzehn Bände hinzufügen. Und erst aus den Vorlesungen, in denen seine Philosophie epische Breite gewinnen durfte, ist voll abzulesen, was hinter den öfter wiederholten Kurzformeln der Aufsatzsammlungen steht.

Ursprünglich wollte ich meinem heutigen Vortrag den Titel geben: »Georg Picht hier und heute«. Dies ist ein leicht verändertes Zitat seines letzten Buchtitels *Hier und Jetzt*, mit dem Untertitel »Philosophieren nach Auschwitz und Hiroshima«. Das »hier und heute« meinte ich zunächst ganz wörtlich: hier, in der Forschungsstätte der Evangelischen Studiengemeinschaft, die er, der Philosoph, ein Vierteljahrhundert lang gestaltet und geleitet hat; heute, ein knappes Jahr nach seinem Tod, da wir zu lernen begonnen haben, daß uns seine leibliche Gegenwart nicht mehr trägt, daß selbst die Erinnerung an diese Gegenwart eines Tages nicht mehr unter den Menschen sein wird und daß nun das, was er gedacht hat, durch sich selbst allein wird wirken müssen. Ich meinte es aber auch im Sinne seines Buches: hier, mitten in Europa, wo die moderne Kultur entstanden ist, die die Welt völlig verändert; jetzt, nach den zwei Tötungsereignissen, die zu den Signalen der beginnenden Krise dieser Kultur geworden sind.

Als wir uns kennenlernten, er elfjährig, ich zwölfjährig, wußte er und wußte er nicht, daß er ein Philosoph sei. Er wußte es nicht: er hielt sich wohl für einen Künstler, am ehesten einen Musiker; so wie ich mich für einen Astronomen hielt. Er wußte es: unsere Phantasien träumten sich vom bubenhaften Indianer- und Baukastenspiel bis in die Erkenntnis der tiefen Geheimnisse und bis in die Verantwortung der großen Politik hinein. Als Sechzehnjährigem geschah es ihm, einige lange Gedichte zu schreiben, die ihm ein Berufungserlebnis bedeuteten. Für einen schöpferischen Menschen kann ein solches Erlebnis eine notwendige Bestätigung sein, angesichts der lauernden Sorge des Scheiterns einer gespürten, aber unverfügbaren Begabung. Für den selbstkritischen Menschen ist es zugleich die fast unerträgliche Last, das Versprochene einlösen zu müssen. Daß der Auftrag nicht Dichtung, sondern Philosophie meinte, arbeitete sich in den folgenden Jahren heraus. Unsere Vorstellungen von Philosophie waren schon damals charakteristisch verschieden. Ich wollte, so meinte ich wenigstens, die Wirklichkeit so verstehen, wie sie ist. Er schrieb mir einmal in einem Brief, in dem der damaligen Jugend erlaubten etwas bombastischen Ton, der Philosoph habe »geballte Lebenskräfte in dichtester Form in die ihrer so bedürftige Welt zu schleudern«. Das lag mir fern. Aber ich hörte den fast verzweifelten Klang des Rufs nach dem Helfer.

Der reale Weg in die Philosophie führte für ihn über die klassische Philologie. Wenn ich heute in seinen Schriften lese, zwischen Staunen, Zustimmung und Widerspruch schwankend, so wird mir stets unmittelbar wohl, sobald der Philologe in breiter Sachkenntnis die historischen Zusammenhänge zu entfalten, die Texte in ihrer Komplexität zu interpretieren beginnt. Nachdem er die Schule Birklehof als altsprachliches Gymnasium neugegründet hatte, richtete er dort ein Platon-Archiv ein und faßte den übergroßen Plan, mit den Lehrern der Schule ein Platon-Lexikon zu erstellen. Nie habe ich Platon so sorgfältig interpretieren hören wie von ihm in den dieser Arbeit gewidmeten Seminaren.

Heute soll ich Ihnen aber nicht seine philosophische Biographie, sondern im knappen Abriß seine Philosophie darstellen. Natürlich ist eine akademische Stunde dafür nicht zureichend. Man kann in das Denken eines Philosophen entweder einführen, indem man an seiner Hand eine Einzelfrage stellt und in ihre Konsequenzen verfolgt; das will ich in einem Monat in der Theologischen Fakultät tun, deren Mitglied er war. Oder man wagt einen andeutenden Überblick über das Ganze mit den unvermeidlichen offenen Enden; das versuche ich heute.

Ich greife aus seinen Schriften sechs Titel heraus:
1. Theologie – was ist das?
2. Die Epiphanie der ewigen Gegenwart
3. Kunst und Mythos
4. Mut zur Utopie
5. Philosophie und Völkerrecht
6. Theorie und Meditation.

Schon in der Auswahl und Anordnung der Titel soll sich die Struktur seiner Philosophie spiegeln. Er war überzeugt, daß wir nicht in der Ewigkeit philosophieren, sondern hier und jetzt, in Europa und in der zweiten Hälfte des zwanzigsten christlichen Jahrhunderts. Jetzt sprechen wir in einer Sprache, die in der Vergangenheit unserer Kultur geprägt wurde. Also kann die heutige Philosophie sich selbst nur verstehen, wenn sie ihre Herkunft versteht. Interpretation der Geschichte der Philosophie war deshalb für ihn ein zentraler Teil der eigenen philosophischen Arbeit. Die drei großen Epochen dieser Geschichte deutete er im Titel seines ersten rein philosophischen Buchs durch drei Leitworte an: Wahrheit, Vernunft, Verantwortung. Wahrheit ist der Leitbegriff der griechischen Philosophie, deren Mitte, Platon, für ihn nicht der Meister war, auf dessen Worte man schwört, aber der eine Lehrer, der vorführt, wie man philosophiert. Vernunft ist der Leitfaden der neuzeitlichen Philosophie des Subjekts, die Picht vor allem von Kant in einer nur durch Redlichkeit möglichen Konsequenz durchgeführt sah. Verantwortung ist der Leitbegriff der Philosophie hier und jetzt, deren Orientierung an der Zukunft der Menschheit Picht zuerst bei Nietzsche ins volle Licht treten sah.

Die sechs Titel, die ich herausgreife, zerfallen in zwei Dreiergruppen. Eingeleitet werden sie durch zwei Themen aktueller Verantwortung für unsere Zukunft: Theologie – was ist das für uns? und: Mut zur politisch-ökologischen Utopie. Beide Leitfragen führen dann zu einer jeweils zweistufigen Reflexion auf ihre Voraussetzungen.

Christliche *Theologie* war das Durchdenken der biblischen Offenbarung mit den Mitteln der griechischen Philosophie. Der den Christen verborgenere ihrer beiden Ursprünge war die *Epiphanie* eines neuen Gottes im archaischen Zeitalter der Griechen, des Gottes der ewigen Gegenwart im Lehrgedicht des Parmenides von Elea; die Religion dieses Gottes bekam später den Namen »Philosophie«. Was Epiphanie, das heißt Erscheinung eines Gottes bedeutet, kann nur begreifen, wer die Wahrheit des Mythos versteht; die Sprache dieser Wahrheit kann heutigen Menschen fast nur auf dem Wege über die Kunst erschlossen werden – deshalb *Kunst und Mythos*.

Zu der unerläßlichen *Utopie* unseres Zeitalters gehört der Weltfriede; hier in der Studiengemeinschaft ist Friedensforschung eines der zentralen Themen. Friede ist nicht möglich ohne Recht; *Völkerrecht* als Basis internationaler Legalität ist die bescheidenste Forderung der notwendigen neuen politischen Ethik. Kants Philosophie des Völkerrechts ist die Krönung seiner Philosophie der Vernunft; Pichts Darstellung übersetzt Kants Fragen in die Sprache einer Philosophie der Verantwortung. Was aber zukunftsbezogene Verantwortung bedeutet, läßt sich nur in einer Philosophie der Zeit auseinanderlegen; das versucht der knappe Text »*Theorie und Meditation*«.

1. Theologie – was ist das?

Das unter diesem Titel erschienene Buch war für mich die aufregendste theologische Publikation des letzten Jahrzehnts. Es dokumentiert eine von Picht veranstaltete Ringvorlesung. Sie zeigt, was ein Professor von ausreichendem Kraftgefühl sich zutrauen kann und soll. Es ist ein bekannter Trick politischer Debatten, daß ein Redner die ihm erwünschte Thematik durch anfängliche Behauptungen dem Gegner aufzwingt und so gleichsam selbst das Schlachtfeld der Debatte bestimmt; umgekehrt ist in wahrheitssuchenden Gesprächen nichts so eindrucksvoll, als wenn der Redende sich vom Gesprächspartner die Thesen, über die zu reden ist, vorschreiben läßt und wenn er dann gerade auf dem Felde des Partners seinen Mann steht. Picht lud fünfzehn prominente Theologen ein, um über ihr jeweiliges Fachgebiet je zwei Vorlesungsstunden zu halten; man ließ danach jeweils ein Wochenende verstreichen, und in der nächsten Woche antwortete Picht genau auf das, was der letzte Redner gesagt hatte.

Inhaltlich kann ich heute nur von Pichts Einleitung zu der ganzen Vorlesungsreihe sprechen. Sie ist fast ein Resümee seiner gesamten Philosophie. Sie besteht aus sieben Abschnitten, deren erste vier ich hier jeweils knapp charakterisieren will, vorwiegend durch wörtliche Zitate.

I. »Die gegenwärtige Krise der Theologie erklärt sich nicht zuletzt daraus, daß Theologie, insofern sie ›Wissenschaft‹ sein will, sich in die universale Krise der modernen Wissenschaft verstrickt und an sie ausgeliefert hat ... Zugleich aber kann kein Christ bezweifeln, daß es, vom Evangelium her gesehen, Auftrag der Theologie sein müßte, die Wissenschaften dieser Welt

in Frage zu stellen und sie an Maßstäben zu prüfen, die wissenschaftsimmanent nicht zu entdecken sind.« (12) Das Stichwort
»Krise« ist gefallen, Krise der Wissenschaft. Kann Theologie,
statt ihr zu verfallen, sie verstehen?

II. Dies ist der entscheidende Abschnitt: »Jene Form der
Erkenntnis, die wir in Europa ›Wissen‹ oder ›Wissenschaft‹
nennen, [ist] in einer Auffassung des Wesens der Wahrheit begründet …, die mit der Epiphanie einer neuen Gestalt des Göttlichen in der griechischen Philosophie unmittelbar identisch
ist. Der sogenannte ›Gott der Philosophen‹ manifestiert sich in
jener Form der Erkenntnis, die wir bis heute als ›Theorie‹ bezeichnen … Wissen ist – allgemein gesagt – die Erkenntnis davon, wie das unveränderliche und nicht zu erschütternde Sein
des Einen Gottes in allem, was wir ›seiend‹ nennen, zur Erscheinung kommt.« (13 f.) »Die Vernunft des europäischen
Denkens ist als Projektion des Gottes der griechischen Philosophie bis in ihre innersten Elemente vom Mythos durchtränkt.
Es ist ein Zeichen mangelnder Aufklärung, wenn wir das nicht
wissen.« (15) »Das Problem der Theologie steckt also nicht in
den sogenannten ›Inhalten‹ theologischer Erkenntnis; es steckt
vielmehr in der Unvereinbarkeit des Gottes, auf den der Name
Theos verweist, mit den *Formen* des Denkens, die seit Aristoteles Europa beherrschen, weil sich in diesen Formen des Denkens ein anderer Gott manifestiert. Wir müssen die *Formen* des
Denkens untersuchen, wenn wir den unaufhebbaren Antinomien europäischer Theologie auf die Spur kommen wollen.«
(14) In der europäischen Metaphysik gilt »Gott *ist*. Die Welt *ist*.
Der Mensch *ist*.« (17) Picht verfolgt dieses Gefüge durch die
Geschichte der Metaphysik von Platon bis zum späten Schelling. Auf diesen Sinn von Sein ist die Logik bezogen. »Wann immer Theologie in den Formen der Logik argumentiert, schiebt
sich notwendig der Gott der Philosophen vor den Gott Abrahams, Isaaks und Jakobs.« (22) Wir sind von der Metaphysik
nicht frei, wenn wir sie leugnen. Der Abschnitt endet mit Heideggers Frage: »Offenbart sich die *Zeit* selbst als Horizont des
Seins?«

III. Hier skizziert Picht seine Philosophie der Zeit. Auf diese
möchte ich am Ende meines Vortrags, unter dem Thema »Theorie und Meditation«, nochmals eingehen, denn wir werden sie

erst würdigen können, wenn wir ihre konkreten Anwendungen vor Augen haben. Ich zitiere daher hier nur kommentarlos einige bei Picht immer wiederkehrende Kernsätze. Alles, was ist, ist in der Zeit. Die Einheit der Zeit ist der universale Horizont für alles, das ist, das gewesen ist und das sein wird (*Hier und Jetzt* I, 399). Anders als das Tier weiß der Mensch, daß er in der Zeit ist. Er weiß es, weil er weiß, daß er sterben muß. Der Tod ist der Austritt aus der Zeit. Der Gott, von dem die Theologie reden soll, ist nicht in der Zeit, auch nicht in der ewigen Gegenwart. »Es ist dann eine Leugnung Gottes, wenn wir den Satz aussprechen: ›Gott *ist*‹.« (24)

»Da ... Verantwortung stets auf die Folgen unseres Verhaltens, Denkens und Handelns bezogen ist, verweist sie in allen ihren möglichen Formen auf Zukunft, und zwar so, daß im Gedanken der Rechenschaft zugleich auf Vergangenheit zurückverwiesen wird.« (27) »Das mythische Bild vom Jüngsten Gericht begegnet uns nicht nur im christlichen Glauben.« (27) »Das Bewußtsein der Verantwortung steigt auf aus der unser ganzes Leben bewußt oder unbewußt durchdringenden Antizipation des Todes ... Die Idee einer Weltverantwortung der gesamten Menschheit für ihre eigene Geschichte verbreitet sich heute auf allen Kontinenten, weil wir seit der Mitte dieses Jahrhunderts wissen, daß der Mensch über Machtmittel verfügt, die einen kollektiven Selbstmord möglich machen. Angesichts dieser Lage wird die Antizipation des Todes zu einem beherrschenden Motiv der Weltpolitik.« (28)

IV. Hier verfolgt Picht die Geschichte der christlichen Theologie unter dem Gesichtspunkt der im jeweiligen einmaligen geschichtlichen Augenblick erkennbaren Weltverantwortung. »Die großen theologischen Entwürfe unserer bisherigen Geschichte sind, wenn ich recht sehe, aus einer solchen Erkenntnis der geschichtlichen Wirklichkeit hervorgegangen.« (31) Dies beginnt mit den jüdischen Propheten und hält durch über Paulus, Augustinus, Thomas, Luther, Schleiermacher bis zu Barth.

V.–VII. Die Folgerungen für den Begriff heutiger Theologie in den verbleibenden Abschnitten kann ich warm zur Lektüre empfehlen, aber hier nicht mehr referieren.

Wir müssen uns zum Verständnis dieses Entwurfs den Beispielen zuwenden, ohne die er nie hätte entwickelt werden können.

2. Die Epiphanie der ewigen Gegenwart

Dies ist der Titel einer für die philosophische Entwicklung Pichts entscheidenden Arbeit, die 1960 erschien, einer Interpretation des Lehrgedichts des Parmenides. Ihre wesentliche These habe ich schon zitiert: das Gedicht ist selbst die Epiphanie des Einen Gottes, den man seit Pascal, heute oft in verstandlos abschätziger Form, den Gott der Philosophen nennt. Der wesentliche Inhalt der Arbeit ist aber nicht Religionsgeschichte, sondern die harte Interpretation des Gedichts als eines konsistenten philosophischen Textes von höchstem gedanklichen Rang. Ich möchte dazu nur aus meiner eigenen Erfahrung als Philosophiedozent ein Wort sagen. Ich habe nie gewagt, eine Lehrveranstaltung über das Gedicht des Parmenides anzukündigen. Mir fehlte die philologische Vorbildung, um mich durchzukämpfen durch den Wust einander widersprechender moderner Deutungen[*]. Andererseits sah ich, daß die griechischen Klassiker, zumal Platon und Aristoteles, wie immer sie den großen Parmenides kritisieren mochten, doch als selbstverständlich voraussetzten, daß »man« weiß, was Parmenides hat sagen wollen. Die Pichtsche Deutung war die einzige, die mir dieses Urteil der Klassiker verständlich machte. Es wäre unglaublich verlockend, an dieser Stelle in den Kern der philosophischen Theologie einzutreten. Aber wir würden ihn heute nicht wieder verlassen.

Ich bemerke statt dessen, daß Pichts Arbeit mit zehn Seiten über die Vorgeschichte der Epiphanie von Homer bis zu Xenophanes beginnt. Was heißt es überhaupt, daß ein Gott erscheint? Dies führt uns zur Frage nach dem Wesen des Mythos.

3. Kunst und Mythos

1972–73 hielt Picht eine zweisemestrige, bisher ungedruckte Vorlesung über »Kunst und Mythos«.[**] Über sie will ich im Juli in der Theologischen Fakultät sprechen.

Der Blick auf Kunst und Mythos eröffnet einen viel weiteren Horizont als den der an die Logik gebundenen Wissenschaft

---

[*]   Vgl. dazu *Die Einheit der Natur*, München 1971, S. 471.
[**]   Inzwischen gedruckt (1986).

und den des einen aus der Antike übriggebliebenen Gottes. Eben darum kann man über Kunst und Mythos nur sehr unvollkommen in der Form der logisch allgemeinen Aussage reden. Man muß das einzelne Kunstwerk, den einzelnen Mythos wahrnehmen. Deshalb sind die reflektierend-erzählenden Passagen dieser Vorlesung fast die wichtigsten: 42 erhellende Seiten »Notizen zum Entwicklungsgang der modernen Kunst«, 56 Seiten über den Mythos von Theseus und Ariadne, 61 Seiten über Apollon und die Musen. Gleichwohl kann ich heute nur ein paar allgemeine Sätze sagen.

Kunst versteht Picht als Darstellung der Phänomenalität der Phänomene. Diese Sprechweise setzt philosophisch als Elemente der Wirklichkeit *Phänomene* voraus. Also nicht, wie die klassische Naturwissenschaft, Objekte als identisch bleibende Träger der Phänomene, und nicht, wie die Philosophie des Bewußtseins, Subjekte als identisch bleibende Empfänger von Phänomenen. Dies ist ein fundamentaler philosophischer Ansatz. Gewiß taucht dieser Gedanke nicht zum erstenmal bei Picht auf. Aber der Gedanke ist der Popularphilosophie der neuzeitlichen Wissenschaft fremd, sowohl der Natur- wie der Geisteswissenschaft, also auch der wissenschaftlichen, ästhetischen, religionsphilosophischen Reflexion über Kunst und Mythos. Und Picht hält diesen Gedanken mit unerbittlicher philosophischer Konsequenz durch. Ich erlaube mir die Bemerkung, daß man nach meinem Urteil auch die Quantentheorie nur in diesem Rahmen interpretieren kann.

Der Horizont, der durch den Begriff der Darstellung gekennzeichnet ist, nimmt auch die Wissenschaft in sich auf, aber nicht umgekehrt. Auch Wissenschaft ist Darstellung, aber, wie ich gerne sage, gemäß der Tanzschule der Logik. Picht hebt in den theoretischen Teilen seiner Vorlesung die schon antike, speziell stoische Trennung des Urteils von Wahrnehmung und Affekt wieder auf. »Die Sinne denken«, sagt er anläßlich der Malerei; »die Affekte stellen sich als die primären Formen des Wahrnehmens heraus«, sagt er anläßlich der Musik. Auch Mythos ist Darstellung. Sprache selbst ist Darstellung. Im Rahmen eines solchen Entwurfs ist die Rede von der Wahrheit der Kunst, von der Wahrheit des Mythos, von der Wirklichkeit der Götter ebenso, ja, besser gerechtfertigt als die Rede von der Wahrheit der Wissenschaft, von der Wirklichkeit der Objekte, von den Gegebenheiten des Bewußtseins. Picht hat mir einmal geschrieben: »Unsere Bilder von den Göttern sind anthropomorph; daraus zu schließen, die Götter selbst seien anthropomorph, ist ein Ausdruck jener ›titanistischen‹ Verblendung, mit der wir die bisherigen Formen der Aufklärung erkauft haben ... Ich bin gewiß, daß die Götter – nicht (nur) ihre Bilder – wirkliche Phänomene in der wirklichen Natur sind.«* Aber die Götter sind selbst, als Phänomene, in der Geschichte, denn die Natur ist in der Zeit. Deshalb ist die Vernunft des europäischen Denkens bis in ihre innersten Elemente vom Mythos durchtränkt und nur so zu verstehen.

4. Mut zur Utopie

Wir setzen nun zum zweitenmal bei der heutigen Verantwortung an; diesmal nicht bei der geistigen Verantwortung der Theologie, sondern bei der Weltverantwortung der Politik. »Mut zur Utopie« ist die bei uns und im Ausland meistgelesene Schrift Pichts. Sie ist aus zwölf Radiovorträgen vom Sommer 1968 hervorgegangen. Picht konnte sie, mit wenigen zurechtrückenden Anmerkungen, 1981 in *Hier und Jetzt* wörtlich wieder abdrucken. Sie ist dem heutigen öffentlichen Bewußtsein sehr viel näher als dem von 1968. Inzwischen hat der Klub von Rom eine viel größere Wirkung gehabt als Pichts Schrift, aber zum Teil doch, weil seine mathematischen Modelle einer futurologischen Moderichtung entgegenkamen, die inzwischen mit Recht wieder versunken ist, und weil seine Fragestellungen zwar legitim, aber primitiver waren als diejenigen Pichts. Liest man Pichts Schrift heute wieder, so schwankt man, ob man sie lieber den Grünen oder den Sachlichen unter den Gegnern der Grünen als vernünftiges Parteiprogramm anbieten möchte. Ich sage das, obwohl ich – natürlich – manche Einzelheiten anders ansehe als Picht und obwohl, wie ich es ihm gegenüber gelegentlich scherzhaft ausgedrückt habe, in meiner Instrumentationstechnik die Pauke eine geringere Rolle spielt als in der seinen. Die Weite seines Blicks ist unübertroffen.

---

*   Abgedruckt in: Carl Friedrich von Weizsäcker, *Wahrnehmung der Neuzeit*, München 1983, S. 33 f.

Auf den politischen Inhalt der Schrift kann ich mich im jetzigen, philosophischen Vortrag nicht einlassen.

5. Philosophie und Völkerrecht

Dieser Aufsatz entstammt einem Kommissionsbericht der Evangelischen Studiengemeinschaft »Frieden und Völkerrecht« (1973). Der Aufsatz enthält gleichsam die philosophische Reflexion zum wichtigsten, nämlich friedenspolitischen Teil von »Mut zur Utopie«. In die ökologischen Grundfragen wird die Reflexion weitergeführt in dem späteren Kommissionsbericht »Humanökologie und Frieden« (1979).

Picht ist, wenn ich nicht irre, der erste, der seit Hegels und Schellings Tod die Philosophie Kants als ganze, das heißt von der unlöslichen Zusammengehörigkeit der drei Kritiken, der Religionsschrift und der geschichtsphilosophischen Aufsätze her interpretiert hat. Wie ich hoffe, werden seine zwei Kant-Vorlesungen nun als erste in der geplanten Vorlesungs-Publikation gedruckt werden. Kants Philosophie gipfelt in seiner wunderbaren Spätschrift »Zum ewigen Frieden« (1795), die noch einmal seine reife Reflexion mit der schriftstellerischen Eleganz vereinigt, über welche er als junger Mann verfügte. Picht zeigt nun einerseits, daß die Konsistenz dieser Philosophie des geforderten Völkerrechts völlig auf Kants Interpretation der klassischen Metaphysik als System der Vernunft beruht. Picht zeigt andererseits, daß Kants Fragen in eine heutige Philosophie der Weltverantwortung hinüberführen. Es ist mir schmerzlich, diese Pichtsche Philosophie des notwendigen Rechts hier nicht, in kritischer Zustimmung, vortragen zu können.

6. Theorie und Meditation

Dies ist ein knapper, streng komponierter Vortrag, den Picht 1973 vor einem philosophischen Forum in Kyoto gehalten hat. Gerade in Japan empfand er das Bedürfnis, Konsistenz und Grenzen der europäischen Philosophie und Wissenschaft im ganzen darzustellen. Die beiden Titel »Theorie« und »Meditation« sind hier in einem terminologischen Sinn eingeführt. »Theorie« bezeichnet das europäische Denken im Bannkreis

der Metaphysik, zu dem Picht, vermittelt durch die Geltung
der Logik, auch die ganze europäische Wissenschaft bis zum
heutigen Tage rechnet. »Meditation« meint hier nicht die überlieferte Schule geistig-seelischer Erfahrung. Picht wählt diesen
»ehrwürdigen« Titel vielmehr »für eine *neue* Form des Denkens ..., die es unternimmt, die Wahrheit der Theorie in Frage
zu stellen« (*Hier und Jetzt* I, 391), also für seine Philosophie der
Zeit, in der Zeit.

Wiederum kann ich den Inhalt des Vortrags nur andeuten.
Picht spricht hier, wie an anderen Stellen, von einer doppelten
Transzendenz. »Der Mensch ist durch das Wissen, in der Zeit
zu sein, immer und unaufhebbar aus seiner bloßen Gegenwart
hinausversetzt.« (400) Das ist die erste Transzendenz, aus dem
naiven Sein in der Gegenwart in das Wissen der Geschichte.
Aber in der Gegenwart, in der sich der Mensch jeweils befindet,
hat er seinen einzigen Halt. Die Metaphysik projiziert diesen
Halt in die Einheit der Zeit als ewige Gegenwart. Dies aber hebt
die Geschichte wieder auf, deren Erfahrung doch das Menschsein ausmacht. »Aller Trug der Metaphysik ist darin begründet,
daß sie wähnt, die Einheit der Zeit zeitlos denken zu können.«
(401)

»Meditation« nennt Picht das Denken der Zeit als Zeit in der
Zeit, ein Denken im Horizont der Zeit. »Im Horizont der Zeit«
sollte der Titel seines zusammenfassenden Hauptwerks sein, zu
dem neunhundert Schreibmaschinenseiten Material vorliegen,
bei dessen endgültiger Redaktion ihn jedoch über der Einleitung die Krankheit ereilte. Meditation in diesem Sinne ist noch
diesseits der zweiten Transzendenz, aber nur in deren Lichte
möglich. Die zweite Transzendenz ist der Austritt aus der Zeit,
auf den uns das Wissen, daß wir sterben müssen, hinweist. Dieser Austritt verweist uns, wie Picht sich ausdrückt, in das
»Nichts des Denkens«, denn denken können wir nur, was in
der Zeit ist. Aber dieses Nichts ist nicht »das Brett, mit dem die
Welt vernagelt ist« (404). Ich beende das Referat mit einem
wörtlichen Zitat, auf das ich heute nicht mehr antworten
werde.

»In Wahrheit ist das Nichts, obwohl es sich nicht denken
läßt, im Denken als jene Offenheit enthalten, über der alles, was
in der Zeit ist, schwebt. Durch den Ausblick in diese Offenheit

erfahren wir die unendliche Transparenz der Zeit, die alles Zeitliche durchdringt. Wofür die Zeit transparent ist, bleibt unerkennbar. Es offenbart sich jenseits aller Vernunft für die Erfahrung des Glaubens im Gleichnis. Aber die Philosophie kann dort, wo die Schranken des Denkens erreicht sind, weder positiv noch negativ etwas behaupten. Sie kann nur schweigen.« (404)

9. Notizen zur Religionsphilosophie von Georg Picht

Eine erste Fassung dieses Textes wurde im Dezember 1990 für das jetzige Buch geschrieben. Ihr folgten die Aufsätze »Goethes Farbentheologie – heute gesehen« (II 9.1), »Konflikt als Form der Theologie und Philosophie« (I 10.3) und schließlich, unter dem gemeinsamen Titel »Zur Tiefenpsychologie«, die beiden Texte über S. Freud und C. G. Jung (II 8.2 und 3). Nach ausführlichen Gesprächen mit Edith Picht-Axenfeld, mit Constanze Eisenbart, mit Enno Rudolph und mit Walter Schindler schrieb ich 1992 die hier vorgelegte neue Fassung. Ich danke den Gesprächspartnern für wesentliche Belehrung, auch wenn die Verantwortung für den jetzigen Text nur bei mir liegt.

Georg Picht hatte von 1965 bis zu seiner Emeritierung 1978 den Lehrstuhl für Religionsphilosophie an der Evangelisch-Theologischen Fakultät der Universität Heidelberg inne. Diesen vierzehn Jahren verdanken wir seine jetzt erscheinenden großen philosophischen Vorlesungen; er benutzte die Vorlesungspflicht, um sich zur Abfassung ausführlicher schriftlicher Texte zu zwingen. Auf diese Texte beziehen sich, ausdrücklich oder unausdrücklich, bewußt oder unbewußt, wesentliche Teile von *Zeit und Wissen* (ZW). Deshalb entsteht für mich das Bedürfnis, direkt zu ihnen wenigstens Notizen vorzulegen. »Bewußt oder unbewußt«, denn ich habe vieles, was er dort schreibt, im Gespräch von ihm gelernt, oft lange ehe er es niederschrieb. Ich habe ihm aber in gewissen Fragen permanent widersprochen. Beides, Belehrung und Widerspruch, sollte, soweit heute Zeit und Kraft noch reichen, artikuliert werden.

Ich habe Georg Picht kennengelernt, als er elf und ich zwölf Jahre alt waren. Meine Mutter sagte damals über ihn: »Er singt wie ein Adorant.« Musik und Gebet lagen tief in seinem Wesen. Er wurde dann nicht Musiker und nicht, wie er ein paar Jahre wohl glaubte, Dichter, auch nicht direkt Politiker. Er wählte das Studium der klassischen Philologie und erkannte bald die Philosophie als seine Aufgabe. Einen Lehrstuhl an der Universität hat er nie angestrebt, nachdem er als Student 1933 die moralische Kapitulation der deutschen Universität gegenüber dem Nationalsozialismus miterlebt hatte. 1945 übernahm er die Leitung der Schule Birklehof und gestaltete sie neu. Die erzieherische Pflicht sah er als vordringlich. Die Öffentlichkeit nahm ihn zuerst als Bildungspolitiker wahr. Nach zehn Jahren der Schulleitung zog er sich zur zentralen philosophischen Arbeit zurück. Aber eine tief begründete andere Aufgabe kam bald auf ihn zu.

Günther Howe veranstaltete mit mir, bald nach Kriegsende beginnend, etwa zehn Jahre lang ein »Physiker-Theologen-Gespräch«, einmal im Jahr je ein paar Tage. Nach einigen Jahren schlug ich vor, stets auch einen Philosophen einzuladen, um den Physikern und Theologen die Zufriedenheit mit ihrer jeweiligen philosophischen Naivität auszutreiben. Nach Gadamer und Krüger kam, auf meinen Vorschlag, im dritten Jahr Georg Picht. Gogarten sagte nach diesem Treffen zu seiner Frau: »Ich habe einen Mann kennengelernt, der mich vielleicht verstehen würde.« Picht hielt den für seine spätere Zeit-Philosophie fundamentalen Vortrag »Die Erfahrung der Geschichte«*. Ich hatte einige Jahre vorher *Die Geschichte der Natur* geschrieben und bekam damit Lust, den Kreis der drei Begriffe zu schließen und »Die Natur der Erfahrung« zu schreiben, was jetzt *Zeit und Wissen* heißt. Als dann die Forschungsstätte der Evangelischen Studiengemeinschaft (FEST) gegründet wurde, schlug Howe ihn als Leiter vor. So geriet er in den kirchlichen Dienst und dann, sechs Jahre später, noch in die Theologische Fakultät. Nicht die Gläubigkeit der Kirche und der Theologie war sein Hemmnis gegen den Gedanken an eine solche Karriere gewesen, sondern beider Ungläubigkeit.

---

* Abgedruckt in: *Wahrheit, Vernunft, Verantwortung*, 1969.

Ich folge dem, was er in diesem Lehramt gesagt hat, entlang sechs Texten:

Platons Dialoge »Nomoi« und »Symposion« (erschienen 1990),

Aufzeichnung über Heidegger (unveröffentlicht),

Glauben und Wissen (erschienen 1991),

Theologie – was ist das? (Kreuz-Verlag 1977),

Über das Böse (Hier und Jetzt II, 1981),

Die Zusammengehörigkeit von Physik, Politik und Philosophie (in: K. M. Meyer-Abich, Hrsg., *Physik, Philosophie und Politik*, München 1982).

Platon

Platon war »der große Lehrer«; nicht der Meister, auf dessen Worte man schwört, sondern der Lehrer, von dem man das Fragen lernt. 16jährig lernten Georg Picht und Edith Axenfeld einander im Januar 1930 kennen. Als er Philologie zu studieren begann, schenkte er ihr die griechische Platon-Ausgabe; daraufhin lernte sie Griechisch und las Platon mit ihm. Ich gehe auf Platon an anderen Stellen im vorliegenden Buch ein; dafür habe ich Entscheidendes von Picht gelernt. Die beiden Vorlesungen über die *Nomoi* und das *Symposion* stellen die unvergleichliche Konsistenz des platonischen Denkens dar. Der *Symposion*-Vorlesung freilich stößt ein für Pichts Vorlesungen typisches Schicksal zu. Der ganze Text läuft, in vielen ausdrücklichen Hinweisen, auf die Diotima-Rede als Gipfel zu; akademische Wirren des Wintersemesters 1968/69 verhinderten, daß der Text über die Diotima-Rede geschrieben und vorgetragen wurde; er wurde auch nie nachgetragen, sondern fehlt nunmehr. Ebenso lief die Vorlesung »Kunst und Mythos« auf die Darstellung der griechischen Mythen von Apollon und Dionysos zu (natürlich auch im Blick auf Nietzsche); der Teil über Apollon wurde geschrieben, der Teil über Dionysos fehlt. So fehlt in der Vorlesung über »Glauben und Wissen« nach langer Erörterung des Wissens und einem erleuchtenden Kapitel über Mythos der theologisch zentrale Teil über Offenbarung. Das Entscheidende, so scheint mir, entzog sich jeweils der Sagbarkeit – auch wenn äußere Umstände sich zur Erklärung anboten.

Religionsphilosophisch steht Platon für Picht in der parmenideischen Tradition der »Epiphanie der Ewigen Gegenwart«[*]. Epiphanie heißt Erscheinung eines Gottes. Es ist der »Gott der Philosophen«. Ich wage, Pichts Religionsphilosophie auf die – freilich in dieser Kürze unverständliche – Formel zu bringen, daß dieser Gott wirklich ist und daß er nicht der Gott der christlichen Offenbarung ist. Dieser Gott ist der Gott der gesamten griechischen, scholastischen und neuzeitlichen Rationalität; er ist die – nicht als Person gedachte – Wahrheit des Seins. Picht wendet in seinen philosophie-geschichtlichen Vorlesungen immer neue detailliertere Mühe daran, die Konsistenz dieser Wahrheit darzustellen. Als Schüler Heideggers (darauf komme ich alsbald) sieht Picht die Zeit als den Horizont des Seins. Die Weise, wie Zeit in der abendländisch-philosophischen Tradition, in der Metaphysik, gesehen wird, ist vom Modus der Gegenwart her bestimmt; die Wahrheit ist in ihr Ewige Gegenwart. Dies ist die Wahrheit dessen, was ich »Eidos-Philosophie« nenne, und noch von deren Verkürzung im »klassischen Weltbild«.

Die Formel »Epiphanie der Ewigen Gegenwart« entspricht der Form des parmenideischen Lehrgedichts als Erscheinung eines Gottes. Dies aber erlaubt Picht, das Grundereignis der abendländischen Metaphysik als ein mythisches Geschehen zu bezeichnen. Mythos, wie Kunst, erscheint in Pichts Vorlesung »Kunst und Mythos« als »Darstellung«. Ich sage dafür »Wahrnehmung von Gestalt durch Schaffung von Gestalt«. Er folgert (»Theologie – was ist das?«, S. 15): »Die Vernunft des europäischen Denkens ist als Projektion des Gottes der griechischen Philosophie bis in ihre innersten Elemente vom Mythos durchtränkt. Es ist ein Zeichen mangelnder Aufklärung, wenn wir das nicht wissen.«

---

[*] Abgedruckt in: *Wahrheit, Vernunft, Verantwortung*.

Heidegger

Der Text, der bisher nicht publiziert wurde, ist eine relativ knappe Auslegung der Grundgedanken von Heideggers *Sein und Zeit*. Ich wage nur eine Bemerkung dazu.

Zentral (S. 27–29) der Satz aus *Sein und Zeit*, § 9: »Das ›Wesen‹ des Daseins liegt in seiner Existenz.« Dasein ist hier der Name für den Menschen. In der scholastischen Tradition, also in der abendländischen Metaphysik, ist essentia (was wir mit Wesen wiedergeben) der Inbegriff der zeitlosen, existentia hingegen der Inbegriff der zeitlichen Bestimmungen eines Seienden. Wenn nun die essentia in die existentia gelegt wird, so wird die Zeitlichkeit als der Horizont des wahren Seins freigelegt. Diese Zeitlichkeit aber wird von der Sorge, der Erwartung der Zukunft, letztlich als »Sein zum Tode« bestimmt. In »Glaube und Wissen« wird die so bestimmte Zeit als »transzendentale Zeit« bezeichnet. »Transzendental« im Sinne Kants, d. h. entdeckt in der Frage nach den Bedingungen der Möglichkeit von Sein und Wissen, bei Kant also in der Philosophie der Subjektivität. Picht sieht hier Heidegger als Fortsetzer von Kant. Heidegger fragt freilich nach dem »Sinn von Sein« überhaupt. Seine Einschränkung auf »Eigentlichkeit« als das, was dem einzelnen in seinem Sein zu seinem eigenen Tode zu eigen ist, sieht Picht im unüberwundenen Gegensatz zu dieser umfassenden Frage. So bleibt bei Heidegger das Sein der Natur ausgeklammert und auch das Sein der Gesellschaft. Picht will in der Richtung, in der Heidegger seine entscheidenden Schritte getan hat, über Heidegger hinausgehen. So will er insbesondere die Natur einbeziehen. In dieser Richtung hat auch der späte Heidegger gefragt, hat aber nach Pichts Meinung dabei ein zentrales Stück von *Sein und Zeit* nicht fortzuführen vermocht.

In meinem Ansatz des »Kreisgangs« ist die transzendentale Frage insofern nur relativ auf Transzendenz bezogen, als die Möglichkeitsbedingungen der Subjektivität in der Evolution als objektive Vorgänge beschrieben werden. Wenn Heidegger Dasein als dasjenige Seiende beschreibt, dem es in seinem Sein um sein Seinkönnen, seine Möglichkeit geht, so ist ebendies in der Evolutionstheorie als Eigenschaft des Individuums darwinistisch gefordert. Daß der von Kierkegaard herkommende,

also letztlich christliche Existenzbegriff damit noch nicht erfaßt ist, hebt die Strukturanalogie nicht auf und schließt nicht
a priori aus, daß eine Geschichte der menschlichen Kultur auch
diese »Eigentlichkeit« als Resultat versteht. Dieser letzte Gedanke steht freilich quer zu dem Weg, den Picht weiterhin ein-
schlägt.

Glauben und Wissen

Im kompositorischen Mittelpunkt dieser Vorlesung steht Jean
Pauls »Rede des toten Christus vom Weltgebäude herab, daß
kein Gott sei«. Picht interpretiert sie wohl zutreffend als parallel zur Äußerung des jungen Hegel und dann als Ursprung des
berühmten Nietzsche-Satzes vom Tod Gottes. Als ihren direkten Inhalt sieht Picht den Sieg des neuzeitlichen astronomi-
schen Weltbildes, also letztlich der klassischen Naturwissenschaft. Ich gestehe, daß mich dieses Weltbild niemals als religiös
negativ berührt hat, wohl weil ich niemals an den Gegensatz
von Ausdehnung und Denken habe glauben können. In der ersten Fassung meines Textes schrieb ich dazu: »Picht hat wohl
elementar viel eher wie Jean Paul empfunden. Daß er das Problem einer milderen Version zuführt, mag sehr wohl durch unsere frühe Freundschaft bedingt sein. Jeder von uns fand sich
bereit, Züge im Empfinden des anderen, die ihm selbst elementar ganz fremd waren, als menschliche Möglichkeiten ernst zu
nehmen und daher ein Bild der Wirklichkeit zu entwerfen, in
dem solche Möglichkeiten Platz fanden. Voll ausgetragen
wurde die Spannung nicht.«

Edith Picht schrieb mir dazu: »Ich habe Unbehagen: Georgs
Erfahrungen sind Blitzen ähnlich, wenn es erlaubt ist zu sagen,
auch Nietzsche ähnlich. ›Mildere Version‹ entspricht nicht
Georgs Wesen. Die Gnade und das Wunder Eurer frühen und
lebenslangen Freundschaft und Auseinandersetzung hat ihm
Kräfte geschenkt, ohne ›Milderungen‹ die Spannungen, Dissonanzen nicht nur auszuhalten, sondern aus ihnen allen Simplifi-
kationen standzuhalten, ins Offene der Zukunft zu fragen. Weil
ihr Euch liebtet, konntet ihr Eure Konstellation leben.« Ich
kann nur zustimmen. Sie hat gesehen, wie unsere Konstellation
war.

Wollte ich als der Überlebende diesem lebenslangen Gespräch inhaltlich gerecht werden, so müßte ich versuchen, den inhaltlichen Zusammenhang des Pichtschen Denkens umfassend darzustellen. Das übersteigt meine Kraft, wie es vielleicht auch die seine übersteigen mußte. Sehr mit Recht spricht Edith Picht von seinen Erfahrungen als »Blitzen«. Hier und heute, an der Darstellung des Zusammenhangs meiner eigenen Gedanken fast verzagend, kann ich nur ein paar solche Blitze unter dem Titel von Motiven seines Denkens herausgreifen und mit meinen Motiven vergleichen.

Im Anfang meines Vortrags »Kunst-Mythos-Wissenschaft« (I 9.4) spreche ich von der vierfachen Dissonanz in der Einleitung zu Pichts Vorlesung »Kunst und Mythos«, aus welcher Dissonanz das harmonische Material der ganzen Vorlesung entwickelt ist: zwischen der Wahrheit der Offenbarung, der Wahrheit des Denkens, der Totalität der Gesellschaft und der Phänomenalität der Kunst. Der Titel »Glauben und Wissen« bezieht sich auf die Dissonanz zwischen Offenbarung und Denken. »Offenbarung« ist Quelle und Inhalt des christlichen Glaubens, »Denken« ist Quelle und Inhalt des Wissens von Metaphysik und Wissenschaft. Schon der Knabe Georg Picht empfand tief die Spannung zwischen beiden. In der Vorlesung nun zitiert er (S. 13) als »neue und nun wirklich radikale Skepsis« Nietzsches Satz: »Das Neue an unserer jetzigen Stellung zur Philosophie ist eine Überzeugung, die noch kein Zeitalter hatte: *daß wir die Wahrheit nicht haben.*« Er fährt kommentierend fort: »Zunächst möchte ich Sie nur darauf aufmerksam machen, daß dieser Satz die empirisch festzustellende, die faktische Haltung der gegenwärtigen Geschichtsepoche zum Glauben wie zum Wissen beschreibt. Glauben ist für die heutige Zeit der Oberbegriff für das, was niemand weiß, Wissen der Oberbegriff für das, was niemand glaubt.« Dies beschreibt die »Totalität der modernen Gesellschaft«, in der z. B. ökologisches Wissen politisch undurchsetzbar ist, weil es faktisch nicht die Kraft des gemeinsamen Glaubens erwirbt. In diese Gesellschaft müßte, so meinte der junge Georg Picht (vgl. den vorigen Vortrag, S. 1128) der Philosoph »geballte Lebenskräfte schleudern«. Die Vorlesung des reifen Mannes nimmt die Wahrheiten von Glauben und Wissen ernst und leugnet eben darum nicht ihre fortdauernde Dissonanz. Läßt sich aus der Dissonanz eine Melodie entwickeln? So fragt nun der Leser des Textes.

Picht versteht die Zeit als Horizont des Seins. In der Mitte der Vorlesung über Glauben und Wissen führt er die für seine Philosophie zentrale Unterscheidung der phänomenalen von der transzendentalen Zeit ein. Beide sind dieselbe Zeit. Aber die phänomenale Zeit ist die Weltzeit, wie Metaphysik und Wissenschaft sie sehen, um die Gegenwart erstreckt. Die transzendentale Zeit ist die Zeit der wesentlichen Erfahrung des Menschen, in der Antizipation der Zukunft sich zeigend. Alles was ist, ist in der Zeit. Aber der Mensch ist das einzige Wesen auf der Erde, das weiß, daß es in der Zeit ist. Er sieht die Gegenwart *in* der Zeit, weil er Zukunft und Vergangenheit denken kann. So sieht er die phänomenale Zeit. Aber er weiß auch, daß er nicht vollständig in der Zeit ist. Er weiß, daß er sterben muß; er antizipiert seinen Austritt aus der Zeit. So erfährt er die transzendentale Zeit. In ihr versteht er seine Verantwortung. In dieser Unterscheidung zeigt sich ein Raum für beide Erfahrungen: das Wissen und das Glauben, und für ihren Zusammenhang.

Dies aber kann ich nicht diskutieren, ohne vorher einen detaillierteren Blick auf die Weise getan zu haben, in der Picht beide Erfahrungen sieht. Ich beginne mit den Erfahrungen des Glaubens. Ich greife noch einmal auf die Vorlesungsreihe »Theologie – was ist das?« zurück, die ich im Nachruf »Georg Picht als Philosoph« schon einmal besprochen habe.

Theologie – was ist das?

Die Vorlesungsreihe hieß »Was ist Theologie?«. Für die Buchausgabe mußte der Titel geändert werden, denn diese natürlichere Sprechweise war schon für einen anderen Autor urheberrechtlich geschützt. So wird es sozial erschwert, sich menschlich auszudrücken.

Die Vorlesungsreihe – eine Einleitung von Picht, und dann 15 Autoren mit je einer direkten Antwort von Picht – empfinde ich noch immer als das interessanteste theologische Buch der letzten zwei Jahrzehnte, das mir in die Hand gekommen ist.

Pichts Grundthese habe ich oben, am Ende des Abschnitts über Platon, schon zitiert. Der Gott der Metaphysik ist wirklich, aber er ist nicht der Gott der christlichen Offenbarung, und unsere Theologie ist sich dessen durch fast zwei Jahrtausende nicht voll bewußt. Das Wort »Gott« bedeutet in beiden Fällen nicht dasselbe, und seine Bedeutung als Allgemeinbegriff für die Götter des Mythos ist eine dritte, wiederum ganz andere Bedeutung. Die logische Form der Aussage, des wahr oder falsch sein könnenden Urteils ist eine Folge der Epiphanie des Gottes der Metaphysik und nur auf seine Sphäre anwendbar. Soweit dies assertorisch und kritisch dargestellt wird, stimme ich ohne Schwierigkeit zu. Ich füge nur an, daß die Metaphysik ohne die zu ihr schwesterlich entstandene deduktive Mathematik nicht erklärbar wäre. Dies freilich heißt, daß ich eine von ihr philosophisch unterscheidbare Rationalität in zeitlicher Logik, Intuitionismus, Quantentheorie zu finden meine.

Wie aber spricht man von den anderen Bedeutungen des Namens »Gott?« Im Mythos gibt es Götter, und Picht hat mir in zwei Briefen* darüber geschrieben. Ich fasse dies kurz als Wahrnehmung von Gestalt durch Schaffung von Gestalt. Die Götter sind Wirklichkeiten. Anschließend an den Holismus der Quantentheorie kann ich von ihnen sprechen.

Die Frage des Buchs aber ist die Frage nach der christlichen Theologie, die Picht auch die Theologie der Offenbarung nennt. Hier ist die Ausdrucksweise bald von erstaunlicher Direktheit des Affekts, bald von erstaunlicher Vorsicht der Aussage. Und ab und zu der für Picht so kennzeichnende assertorisch-verurteilende Paukenschlag. Hier äußert sich ein Mensch mitten im Leben.

Pichts ausführliche Einleitung stellt zunächst die Dominanz des Gottes der Metaphysik in der christlichen Theologie zweier Jahrtausende dar. Was aber können wir über den »Gott Abrahams, Isaaks und Jakobs« (Pascal, hier S. 22) sagen? »Die uns mögliche und aufgetragene Erkenntnis der Wahrheit« erschließt sich uns nur, »wenn wir in unsere wirkliche Gegenwart als den Bereich unserer Verantwortung eintreten« (S. 31). So sieht Picht »die großen theologischen Entwürfe unserer Geschichte«, die Propheten des Alten Testaments, Paulus, Augu-

---

* Abgedruckt in: *Wahrnehmung der Neuzeit*, S. 33–35; und teilweise nochmals in: *Der Mensch in seiner Geschichte*, S. 221.

stinus, Thomas, Luther, auch Schleiermacher und noch Karl
Barth. Um die Verantworung unserer eigenen Gegenwart ging
es ihm selbst in aller seiner Arbeit. Und »der Geschichtsraum
der christlichen Botschaft« kann »nur die Universalgeschichte
sein« (aus der Antwort an Peters, S. 210).

Wie aber hängt dieser Verweis auf unsere jeweilige Gegenwart mit dem biblischen Glauben zusammen? Wie reden wir
von Gott?

Der erste theologische Beitrag, von Westermann über das
Alte Testament, beginnt und endet mit dem Satz: »Von Gott reden heißt vom Ganzen reden.« Das Ganze aber ist, so Westermann, nicht »das Seiende«, sondern »das Geschehende«. Dies
illustriert er durchgehend an der Sprechweise des Alten Testaments. Der Text ist höchst lesenswert. Die gute Exegese des Alten Testaments spricht für sich selbst. Picht findet in seiner Antwort die in der Tat verblüffende Analogie dieser Auslegung des
Alten Testaments mit seiner eigenen, aus der kritischen Betrachtung der Metaphysik in der Theologie resultierenden Auffassung der Theologie. »Nun hat aber diese Vorlesung selbst eine
Voraussetzung, die für das Geschichtsverständnis unserer Zeit
keineswegs als selbstverständlich gelten kann. Sie setzt als unbe-
dingtes Fundament, hinter das nicht zurückgefragt wird, den
biblischen Kanon voraus.« (S. 70) Picht kritisiert mit Recht,
hier und später (z. B. S. 100) die dogmatische Bindung an den
Kanon. Aber Westermann enthüllt gerade den auf die jeweilige
Gegenwart bezogenen Sinn der später kanonisierten Texte.
Und ich weiß nicht, ob Picht im ganzen Buch letztlich weiter
kommt als zu einer ebensolchen Auslegung oder Verwendung
der neutestamentlichen Texte, der Berichte von Jesus.

Der zweite Beitrag, von Thyen über das Neue Testament, gibt
dafür eine Basis. Er stellt, für mich überzeugend, dar, daß Jesus
selbst, nicht der Text der Evangelien und Episteln, als das »Wort
Gottes« zu verstehen ist. Aber beim ersten Lesen, vor nun mehr
als zehn Jahren, war die Lektüre von Westermann für mich beglückend, die von Thyen qualvoll. Das lag eigentlich nicht an
den Verfassern. Christen scheinen heute zur Exegese des Alten
Testaments innerlich frei zu sein. Die Exegese des Neuen Testaments aber stürzt sie in die Qual der Auslegung. Dies, weil man
hier etwas als Grundlage des eigenen Glaubens feststellen

möchte, was weder historisch noch durch Verzicht auf die Historie zu ermitteln ist. Picht sieht (S. 97) in seiner Antwort die methodologische Besessenheit heutiger Wissenschaft allgemein in der Angst vor der Wahrheit begründet. »Es drängt sich die Frage auf, ob nicht ein guter Teil der Methodenprobleme der neutestamentlichen Wissenschaft in der gleichen Angst vor der Wahrheit ihren Ursprung hat. Wer möchte schon ernsthaft sein eigenes Leben und unsere öffentlichen Verhältnisse unter der Perspektive der Bergpredigt betrachten?« Genau so scheint es mir zu sein.

Nun eine Bemerkung zu Pichts Argumentationsweise. Viele seiner Antworten leitet er mit einer Selbstzurücknahme auf seine Stellung als Philosoph ein. So S. 207, zum Referat von A. Peters über »Die Lehre vom christlichen Glauben«: »... sind die zentralen Gestalten christlichen Glaubens in ihrem Zusammenhang zur Sprache gekommen. Wir haben damit einen Raum betreten, in dem ich als Philosoph zu schweigen habe.« Überall, wo er so redet, wird eine wertvolle Stufe methodischer Deutlichkeit erreicht, und doch um den Preis, daß mir dabei tief unwohl wird. Explizit erläutert er seine Haltung in der Antwort an Thyen, S. 96: »Alle Theologie steht unter der Überschrift: ›Mein Reich ist nicht von dieser Welt.‹ Die Wahrheit dieses Reiches offenbart sich dem Glauben, und der Glaube ist, wie Thyen sagt, die unabdingbare Voraussetzung der Theologie. Die Philosophie hingegen hat diese Welt und die Möglichkeit ihrer Erkenntnis zum Thema. Sie kann die Grenzen dieser Welt nicht überschreiten ... Die Differenz zwischen der Wahrheit der Offenbarung und der Wahrheit der Welt ist deshalb für jede mögliche Theologie konstitutiv.«

Als ich seinerzeit diesen Text zum erstenmal las, schrieb ich ans Ende der dann folgenden Antwort Pichts an Thyen: »Das eigentliche Hemmnis für Georg Picht, seine eigenen Einsichten positiv zu sagen, ist, daß er für die ›alte‹ Kirche akzeptabel sprechen muß.« Meine in den letzten fünf Jahren, im »konziliaren Prozeß« gesammelte Erfahrung mit gemeinkirchlicher Theologie bestärkt das Empfinden, das ich damals hatte. Gleichwohl spricht Picht mit seinen Sätzen sowohl eine eigene tiefe Wahrnehmung wie eine philosophie-historisch zutreffende Beobachtung aus. Doch hätte ich beides nie in dieser apodiktischen

Form gesagt. Ich hätte vielleicht gesagt: Philosophie, die sich von den Worten der Bergpredigt, von der Erfahrung von Gebet und Meditation, von der Kreuzigung Jesu und seiner lebendigen Gegenwart bei allen, die ihm zu folgen bereit waren, nicht wesentlich bestimmen läßt, ist keine heute noch glaubwürdige Philosophie. Und Philosophie, die ich in der Tradition der Metaphysik anbieten kann, leistet dies nicht. Wir philosophieren heute, nicht in der ewigen Gegenwart.

Die Frage ist, wie weit Picht in seinem eigenen Denken die Zurückhaltung übt, die er ankündigt. Mir scheint, daß er hier nur das Ausgangsproblem des Denkens seiner späteren Lebensjahrzehnte angekündigt hat.

Zunächst ist schon vordergründig klar, daß er auch »als Philosoph« in dieser Vorlesungsreihe unablässig über Theologie spricht. »Was ist Theologie?« – das ist ein zentrales Thema seiner Philosophie. Dem soeben von mir zitierten Satz (S. 96) von der für jede überhaupt mögliche Theologie konstitutiven Differenz zwischen den Wahrheiten der Offenbarung und denen der Welt geht der Satz voraus: »Wenn Theologie nicht bloßes Zungenreden sein will, muß sie den Glauben in die Sprache des Denkens übersetzen, in dem wir kommunizieren, weil wir durch dieses Denken die Welt verstehen, in der wir leben.« Auf diesen Sachverhalt bezieht sich das »deshalb«, das die Differenz der beiden Wahrheiten als konstitutiv begründet. Es folgt: »Daraus erklärt sich, daß die Ehe zwischen Theologie und Philosophie selbst dann nicht geschieden werden kann, wenn, wie heute, beide Partner entschlossen sind, sie aufzulösen. Durchdenkt man diese Differenz auf ihren Grund, so stellt sich heraus, daß sie identisch ist mit der Differenz zwischen dem Menschen Jesus von Nazareth und dem Auferstandenen. Das will sagen, daß wir eine Antwort auf die Frage ›Wer ist Jesus Christus?‹ so lange nicht finden werden, als wir versuchen, die Wahrheit entweder zum Monopol der Theologen oder zum Monopol der Philosophen zu machen. Die Erkenntnis, um die es geht, beginnt nämlich damit, daß wir die Unaufhebbarkeit der Differenz anerkennen und zu unserem Ausgangspunkt nehmen.« Deshalb will Picht dann das Neue Testament »entschlossen von außen«, »als geschichtliches Phänomen in dieser Welt ins Auge fassen«.

Damit ist ein methodischer Ausgangspunkt bezeichnet, aber nicht mehr. Die soeben zitierten Sätze enthalten zwei Metaphern: »Ehe« und »Monopol«. Eine Ehe wird zwischen sterblichen Menschen geschlossen, ein Monopol ist ein zeitweiliger Rechtsanspruch einer Firma im Geschäftsleben. Tatsächlich ist Picht, wo es ihm ernst wird, eben so sehr Theologe wie Philosoph; oder, genauer, er internalisiert die jahrtausendealten ungelösten inneren Differenzen der christlichen Theologie als zentrale Probleme seiner eigenen Philosophie. Dies nötigt ihn zur Unterscheidung von phänomenaler und transzendentaler Zeit. Seine Philosophie der Verantwortung ist hochmodern in ihren konkreten Fragestellungen, so schließlich in der Humanökologie. Den Begriff »Verantwortung« aber bezieht er ausdrücklich auf die christliche Verantwortung des Gewissens vor Gott. Diese Verantwortung meint für den einzelnen der Blick auf den Tod als Austritt aus der Zeit, meint für die Menschheit der für den geschichtlichen Jesus unausweichliche Hintergrund der Apokalyptik, für die christliche Kirche die Erwartung der Wiederkunft Christi: Seine Philosophie *ist* die Ehe von Theologie und Philosophie, so wie der philosophische Partner sie vollzieht. In dieser Ehe, mit diesem heutigen Wissen vollzogen, verändern sich aber beide Partner in der Tiefe ihres Wesens. Der Weg geht heute für beide ins Unbekannte.

Pichts Wahrnehmung der Theologie erzeugt dabei Stellungnahmen, die von den Theologen heute noch nicht rezipiert sind. Ich nenne hier zwei sehr verschiedene Beispiele.

Der Beitrag von Peters geht aus von der vor der konziliaren Festlegung des Credo schon lebendigen trinitarischen Regula fidei (S. 280). In seiner Antwort erläutert Picht (S. 209f.) die drei Artikel des Glaubens nicht als Dogma, sondern als Teile der Taufliturgie, damit als »drei Stufen der Erfahrung, die irreversibel durchlaufen werden« (S. 210). Er deutet sie später (S. 258) durch die drei Modi der Zeit: den Schöpfer durch die unaufhebbare Vergangenheit, Jesus Christus als die gegenwärtige Einheit der drei Modi, den Heiligen Geist im Horizont der Zukunft. Dies aber ist eine Deutung der überlieferten Struktur christlicher Theologie durch Pichts Philosophie der transzendentalen Zeit. Hier ist Picht Theologe, *weil* er Philosoph ist, und die Gestalt seiner Philosophie ist anders als von der Theologie her nicht zu deuten. Die geschichtlichen Ursprünge sind verschieden, die Ehe aber ist in Wahrheit noch nicht vollzogen, sie ist jetzt zu vollziehen.

Das andere Beispiel ist Pichts kritischer Blick auf die Lehre von Gott als dem Herrn der Geschichte. In einem Brief an mich, 1979 (*Wahrnehmung der Neuzeit*, S. 35, zitiert in meinem Vortrag »Religion und Aufklärung«, 1990), schreibt er: »... es ist die Quintessenz der Geschichte des jüdischen Volkes, wie sie im Alten Testament erzählt wird, daß die Geschichte immer so verläuft, wie Gott *nicht* will ... Die Götter sind Mächte, er ist Ohnmacht.« So auch hier S. 174: »Die Form, in der Gott an der Geschichte teilhat, ist nicht die der Herrschaft, sondern die der Passion.«

Ich muß mir versagen, hier auf den Aktualitätsbezug des späteren Teils des Buches einzugehen, in K. Raisers Beitrag »Europäische Theologie und Kirche im Rahmen der Ökumene« und R. Bohrens Beitrag »Lehre und Praxis der Kirchen in der industriellen Gesellschaft«, mit Pichts relevanten Antworten.

Die theologischen Fragen sind eröffnet; sie bleiben offen.

Über das Böse

Der Aufsatz »Über das Böse« ist der vorletzte Text zur Philosophie, den Picht selbst veröffentlicht hat; geschrieben und gedruckt 1981, im Jahr vor seinem Tod. Er steht als letzter Beitrag in *Hier und Jetzt II*, getrennt von den Kapitelüberschriften, unter welchen die anderen Aufsätze dieses Bandes zusammengefaßt sind. Der Untertitel des Buchs aber lautet: »Philosophieren nach Auschwitz und Hiroshima«.

»Das Böse ist das Undenkbare schlechthin.« (S. 484) Mit diesem Paukenschlag beginnt der Text. Der erläuternde Trommelwirbel aber folgt zwei Seiten später: »Die europäische Kunst und Literatur hat das Böse denkbar gemacht; die europäische Philosophie und Wissenschaft hat sich dessen, was hier gedacht wurde, dadurch erwehrt, daß sie einen Begriff des Denkens dogmatisierte, der das Böse aus dem Bereich des Denkbaren ausschloß. Wenn aber das Böse eine wirkliche Macht ist, so haben Philosophie und Wissenschaft sich durch diese Entscheidung der Möglichkeit beraubt, das Wirkliche so, wie es ist, also in seiner Wahrheit, zu erkennen.« (S. 486)

Der zentrale Gedanke des Aufsatzes folgt darauf: »Falsch verstandene religiöse und philosophische Traditionen haben in Europa das Vorurteil begründet, das Böse sei ein Privileg des Menschen, die außermenschliche Natur sei hingegen gut.« Aber: »Alle Lebewesen leben von der Vernichtung oder Verdrängung anderer Lebewesen; dieses Grundgesetz, das zur Definition des Lebens selbst gehört, ist in den Prinzipien der Evolution und Selektion impliziert. Der Ursprung des Bösen in allen seinen Gestalten liegt im Leben selbst.« (S. 487) »Nach der Bibel (1. Mose 2, 8 ff.) tritt der Mensch erst dadurch aus der Natur heraus, daß er vom Baum der *Erkenntnis* des Guten und Bösen ißt. So distanziert er sich vom Leben ... Was das Böse ist, wird dadurch nur noch rätselhafter.« (S. 488–489) »... eine Konsequenz, die allen unseren Vorurteilen widerspricht. Sie besagt nämlich, daß ›böse‹ kein moralischer Begriff ist. Die Menschen könnten Moral nicht haben, wenn es nicht in der Natur das Böse gäbe.« (S. 489)

Ich referiere den weiteren Inhalt des Aufsatzes nicht, der in *Hier und Jetzt* nachgelesen werden kann. Er stellt zuletzt Identität, in Pichts Sprechweise den Zentralbegriff der Metaphysik, als »Signatur des Bösen«, als »Negation der Zeit und des Todes« in Gegensatz zur Hoffnung, welche »Herz und Geist für das Gute öffnet«. »Das Freund-Feind-Schema ist als solches böse.« (S. 499–500)

Zitiert habe ich den Aufsatz, weil er die Konsequenz offenlegt, zu der wir geführt werden, wenn wir mit Picht das Verständnis von Sein als Existenz, über Heidegger hinausgehend, auch auf die Natur beziehen. Mag die »transzendentale« Zeit dem Menschen in der Reflexion auf menschliches Sein sichtbar werden, sie erweist sich doch als die Zeit auch der Natur, sobald wir beginnen, unser Bild der Natur aus seiner Sklaverei unter dem Objektbegriff zu befreien. Philosophie und Theologie des Abendlands haben das nicht vermocht. Hier öffnen sich gleichzeitig zwei Wege. Wenn der Geschichtsraum der christlichen Botschaft nur die Universalgeschichte sein kann (s. oben, Antwort an Peters, S. 210), so gehören zu ihm auch die außerchristlichen Religionen in ihrer Wahrheit. Buddha vermochte hier zu denken, was Metaphysiker und Christen nicht gedacht haben. Und andererseits öffnet sich die Natur. Ich habe seinerzeit das Physikstudium gewählt, weil Heisenberg mir diese Hoffnung in der Naturwissenschaft selbst eröffnete. Ich meine hier, am Ende von Pichts sichtbarem Weg, mit ihm geeinigt zu sein.

Die Zusammengehörigkeit von Physik, Politik und Philosophie

Bis hierher hatte ich im Dezember 1990 geschrieben. Der Aufsatz über das Böse war der vorletzte Text, den Georg Picht zur Veröffentlichung gebracht hatte. Der letzte war ein Beitrag zu einer Festschrift zu meinem 70. Geburtstag* unter dem obigen Titel. Ich möchte mit einem Dank für diesen Aufsatz schließen.

Zur Person schrieb er, mit Recht, nur eine kurze Einleitung aus der ich mir erlaube zu zitieren: Mit einem höchst ehrenvollen Blick auf die Lebensprobleme von Platon und von Leibniz meint er, in anderen Epochen hätte mich die Konfiguration meiner Natur zur Synthese prädestiniert. »Es wäre ihm auch dann widerfahren ...: er wäre für die Physiker ein Außenseiter, für die Politiker ein schlechter Vertreter der von ihnen zu verwaltenden partikularisierten Interessen geblieben und von den Philosophen nicht verstanden worden. Aber spätere Generationen hätten in seinem Werk ein Modell gefunden, in dem sich wie von selbst zusammenordnet, was in Wahrheit zusammengehört. Die Epoche hingegen, in die Carl Friedrich von Weizsäcker versetzt worden ist, erfährt die Einheit der Welt nicht als ›System‹, sie erfährt sie nicht als ewige Ordnung; die alles durchgreifende Einheit dessen, was ist, zeigt sich im 20. Jahrhundert in der Gestalt der Krise.« (S. 38) Diese Krise nun schildert er, »in bewußter Distanz von den Arbeiten, die wir beide vorgelegt haben«, im Blick auf Physik, Politik und Philosophie und ihre Zusammengehörigkeit in der Welt, in der wir leben (S. 39).

Physik. Über Physik waren wir nie ganz einig gewesen. Zum maschinenschriftlichen Text seiner großen Vorlesung »Der Begriff der Natur und seine Geschichte« (gehalten 1973–74, ge-

---

* K. M. Meyer-Abich, Hrsg., *Physik, Philosophie und Politik*, München 1982.

druckt 1989) hatte ich seinerzeit 124 Bleistiftnotizen gemacht,
etwa die Hälfte davon nochmals in einem ausführlichen Brief
an ihn formuliert, auch den Rest ihm handschriftlich zugestellt.
Die Notizen waren teils zustimmend, teils kritisch. Er wäre sicher auf sie eingegangen, wenn er selbst die Vorlesung noch
hätte zum Druck bringen können. Nun habe ich die Themen in
meiner Einführung zum gedruckten Text, 1989, wenigstens angedeutet. Als ich vor kurzem seinen jetzt zu besprechenden
letzten Aufsatz wieder las, sah ich, wie tief er – bei Fortdauer
mancher elementarer Differenzen des Empfindens – nun das
ihm Entscheidende so gesagt hatte, daß meine Bedenken berücksichtigt waren.

Er führt Physik auf Aristoteles zurück als die Wissenschaft
von der bewegten Natur. Natur, das heißt dort Kosmos, und
Picht definiert den griechischen Kosmos mit einem Zitat aus
Platons *Timaios*: »das sichtbare Lebewesen, welches das Sichtbare umschließt, Abbild des Intelligiblen, wahrnehmbarer
Gott...« (S. 39) Den Übergang zum neuzeitlichen mechanischen Weltbild charakterisiert er mit einem Satz von J. R.
Ravetz[*]: »Although this is frequently called the scientific
revolution, it was a revolution about science rather than in it.«
(S. 40) Die Inhalte änderten sich nur kontinuierlich, aber das
Bild der Natur wollte die Philosophie der neuzeitlichen Wis-
senschaft anders sehen als die antike. Ich kann hier nur zustim-
men. »Wissen ist Macht« ist eine Philosophenthese. Die wirk-
lich guten Physiker, die ich gekannt habe, suchten den Glanz
des Wahren (oben, Abschnitt 7, habe ich Brouwer dazu zitiert).
Freilich gilt das heute von der wachsenden sozialen Gruppe der
Physiker nur unvollkommen. Picht sagt: »Physik ist verdrängte
Metaphysik. Physik ist verdrängter Wille zur Macht.« (S. 42)
Jedenfalls hat Physik sich als Macht ausgewirkt. Picht endet:
»Es ist heute nicht mehr möglich, die Physik als unpolitische
Wissenschaft oder die Politik als ›ungebrochene‹, gegen wissen-
schaftliches Denken immune Praxis zu betreiben.« (S. 44) Das
ist die schlichte Wahrheit.

Politik. »Die gesamte Erdoberfläche ist seit der Mitte des
20. Jahrhunderts in Territorien souveräner Staaten parzelliert

[*] *Encyclopedia Britannica*, 15. Aufl. XVI 369.

worden. Nun hat sich aber im selben Zeitraum durch die direkte Einwirkung von Physik und Technologie eine Entwicklung vollzogen, die das Modell des souveränen Territorialstaats aus den Angeln hebt. Der moderne Staat vermag die Zwecke, für die er konstituiert worden ist, nicht mehr zu erfüllen.« (S. 44–45) Eine Wissenschaft, die selbst nicht mehr das Ganze anschaut, vermag die notwendig werdende Ganzheit der Menschenwelt nur zu desorganisieren.

Philosophie. »Erkennt man dies, so vollzieht man den Übergang von Physik und Politik zur Philosophie.« (S. 47) Hier tritt Picht in seine philosophischen Themen ein, die ich schon vorher angedeutet habe. Das Verhältnis von Metaphysik und Zeit wird zentral. »Die Basis der Metaphysik ist das sogenannte Prinzip der Identität ... Identität heißt: ewige Gegenwart ... Die Idee der ewigen Gegenwart steht in einer unüberbrückbaren Antinomie zum Wesen der Zeit.« (S. 52) Er kehrt damit zu seinem Blick auf das Wesen der Zeit zurück, so wie wir es im Zeitalter der Verantwortung denken müssen.

Unter seinem Text fand ich beim jetzigen Wiederlesen eine neun Jahre alte Bleistiftnotiz von mir: »Wunderbar«.

Zwölftes Kapitel
Die Aufgabe

Mit dem Staunen haben wir begonnen. Wir enden mit der Aufgabe.

Wir begannen mit einem Blick auf die großen Entwürfe der Metaphysik, der Religion, der Wissenschaft (I 1). Dann ließen wir uns auf einen Rundgang durch die Wissenschaft unserer Zeit ein. Der staunende Weg in diese Wissenschaft wurde mehr persönlich noch einmal angedeutet im Kapitel II 1. Das Ziel: Wir möchten wissen. Die Wissenschaft unserer abendländisch-neuzeitlichen Kultur ist geprägt durch die Hoffnung und Erfahrung des Fortschritts. Diesen Fortschritt hat unser Rundgang zum Teil nachvollzogen. Aber der Ausblick am Ende des Rundgangs (I 12) schloß mit der Aussage: Der Fortschritt ist ambivalent. Wissenschaft ist Macht. Macht ist Bereitstellung von Mitteln für unsere Zwecke. Aber ebendies ist zweischneidig. Die Macht der heutigen Wissenschaft bedroht, zunächst unwissentlich, unser Leben. Vor welche Aufgabe stellt uns diese Selbstbedrohung?

Die speziellen Forderungen und Möglichkeiten des Handelns sind nicht Gegenstand des jetzigen Buchs. Von diesen Aufgaben habe ich in früheren Büchern vielfach geredet. Ich nenne hier einige Titel: *Wege in der Gefahr* (1976), *Der bedrohte Friede* (1981), *Die Zeit drängt* (1986), *Bewußtseinswandel* (Kap. 7, 1988), *Bedingungen der Freiheit* (1990). Im jetzigen Buch wird der Hintergrund dieser Fragen berührt in I 8.3 und II 8.4–6 im Blick auf die Arbeit des Max-Planck-Instituts zur Erforschung der Lebensbedingungen der wissenschaftlich-technischen Welt, in II 10.3–5 im Blick auf religiöse Bemühungen (3. christliche, 4. interreligiöse, 5. buddhistische), in II 11.8–9 im Gespräch mit Georg Pichts Forderungen. Hier soll nur die grundsätzliche Natur der Aufgabe noch einmal angeschaut werden.

Die Ambivalenz der Macht ist ein Thema der Religionen und

Philosophien seit wenigstens zweieinhalb Jahrtausenden. Einzelne Menschen, die ihr Heil suchten, hatten Anlaß, sich dem Bereich der Macht in einsamer Meditation, in stillem Gebet zu entziehen. Aber die Wahrnehmung der Mitmenschen, die Nächstenliebe, trieb Erfahrene immer wieder in die Arbeit an den Machtstrukturen, in die Politik, in die Ethik der konkreten Verantwortung. Die Probleme blieben letztlich ungelöst, aber zeitweilige Lebensformen wurden geschaffen, und ihr Ungenügen rief immer neue Anstrengungen wach. Für das zweite christliche Jahrtausend habe ich das in II 10.1−2 anzudeuten versucht. Die moderne Welt des Abendlandes kann insofern als zeitweiliges Ergebnis einer Säkularisierung, d. h. einer speziellen radikalen Verwirklichung christlicher Anliegen verstanden werden.

Aber unser Jahrhundert gibt dem Problem eine weltweite Dimension, die es so vorher nicht hatte. Die Macht der modernen Technik verändert die Lebensformen der gesamten Menschheit in globalem kausalen Zusammenhang, bereichernd für viele, verarmend für viele, lebensgefährlich für alle. Dreierlei müssen wir uns als Aufgabe angesichts dieses Vorgangs klarmachen: die notwendigen *Ziele* unseres Handelns, die anwendbaren *Mittel* und den *Weg* zur Anwendung der Mittel.

Die *Ziele* sind in den »Thesen« (II 10.3C) zusammengefaßt. Wir sagen kurz:

Weltweite soziale und legale Gerechtigkeit,
Überwindung der Institution des Kriegs,
Bewahrung der Natur.

Alle drei Themen sind strukturell uralt. Weltweit einheitlich wurden sie erst heute zu notwendigen und eben wegen ihrer Notwendigkeit realistischen Zielen. Ich wiederhole hier nicht ihre Darlegung, sage nur zu jedem der Ziele ein Wort über seine Notwendigkeit.

Gerechtigkeit. Legalität ist das Prinzip des modernen liberalen Rechtsstaats. Wenngleich mit Unvollkommenheiten ist es immerhin vielfach realisiert. Es ist eine *moralische* Forderung: der weltliche Richter hat nicht über die Moral, aber eben über die Legalität des Handelns zu befinden. Soziale Gleichheit hat in größeren Staaten wohl nie bestanden. Der Markt schafft Güter, aber er verteilt sie nicht automatisch gerecht; deshalb die Forderung einer staatlich garantierten Sozialordnung. In unserer Zeit ist die fundamentale soziale Ungleichheit die zwischen Nord und Süd. Sie erzeugt nur wegen der militärischen Überlegenheit der Besitzenden bisher keinen Weltkrieg, aber sie wird die Ursache der größten politischen Konflikte der kommenden Jahrzehnte.

Friede. Die Institution des Kriegs ist seit Jahrtausenden nicht überwunden. Aber seit der Erfindung moderner Waffen wird dies eine unabdingbare Forderung. Es wäre lebensgefährlich für uns alle, den Zusammenbruch eines der bisher konkurrierenden Imperien schon für die Lösung des Problems zu halten. Krieg ist heute wahrscheinlicher als noch vor zehn Jahren.

Natur. Nach heutigen klimatologischen Kenntnissen ist die Zerstörung der Natur (z.B. der in der Evolution lebenswichtigen Artenvielfalt) schon im Gange. Die Zeitskala, die uns bleibt, wird auf wenige Jahrzehnte geschätzt.

Die *Mittel* stehen im Prinzip zur Verfügung. Ich habe öfter gesagt, alle genannten Probleme wären in gemeinsam angewandter Vernunft lösbar. Daß friedliches Zusammenleben souveräner, aber gemeinsame Programme durchführender Staaten möglich ist, zeigt das West- und Mitteleuropa der letzten Jahrzehnte. Im Staatsinnern fordert die soziale Gerechtigkeit neben dem Marktprinzip staatlich bindende Regelungen. Dasselbe müßte weltweit möglich sein, wenn eine politisch starke internationale Organisation vorhanden wäre, in welcher, wie im demokratischen Rechtsstaat, sozial abhängige Schichten eine politische Vertretung ihrer Interessen durchsetzen könnten. Dasselbe gilt für die unerläßliche Umwelt-Gesetzgebung.

Der *Weg* dahin aber ist heute noch ungangbar. Die Partikularinteressen stehen dem Interesse des Ganzen noch unüberwindlich im Wege. Es fragt sich, was das Schädlichste ist: die egoistische Gleichgültigkeit der Saturierten, die Wut der Gruppeninteressen, die Resignation der Opfer. Viele Menschen glauben, es widerspreche der menschlichen Natur, diese Hemmnisse jemals zu überwinden. Und diese Ansicht wird dann zur stärksten Stütze der Gleichgültigkeit, der Privatwut, der

Resignation. Wäre diese Ansicht aber wahr, so wäre unbegreiflich, daß überhaupt in der menschlichen Geschichte große Gemeinwesen haben gegründet werden können, die über Jahrhunderte stabil waren.

Nötig ist, eine Weise der Wahrnehmung zu lernen. In überlieferten Problemen wissen wir seit langem, daß wir die Folgen unseres Tuns so weit als irgend möglich wahrnehmen müssen, ehe sie eingetreten sind. Hier nun geht es um Folgen nicht des Tuns eines Individuums, auch nicht einer Gruppe, die sich zur Vorsicht oft genug durch ein Feindbild belehren läßt, also durch den Blick auf eine konkurrierende Gruppe. Es geht jetzt um das gemeinsame, regulierte Tun der Menschheit. Intellektuell ist das so gut erlernbar wie die vorangegangenen Stufen, durch Einsicht, Gewohnheit, Gehorsam. Aber gemeinsames Lernen hatte wohl immer zugleich einen emotionalen Hintergrund, wie auch das persönliche Lernen. Wahrnehmung ist affektiv. Wir lernen das Wahrnehmen hinreichend erst durch die Affekte, durch Freude und Leiden. Die Religionen haben einst die Wahrnehmung der Gemeinsamkeit in liturgisch ritualisierten Affekten ermöglicht, in unerklärt geltenden ethischen Normen, in intellektueller Bildersprache. Nicht voll ausreichend, wie die Geschichte des Kampfs der Reiche und des Streits der Propheten lehrt. Wir müssen zulernen.

Diese neue gemeinsame Erfahrung wird vielleicht erst durch unsägliches Leiden möglich werden. Auch unsägliche Freude ist uns prophezeit. Beides liegt nicht in unserer Macht. Aber den Weg zur Wahrnehmung zu öffnen, darauf sollte die intellektuelle Anstrengung zielen; dem sollte die meditative Bereitschaft dienen; dies sollte die Gemeinsamkeit des Handelns lehren.

Namenregister

Sachregister

Literatur

Antes, P., *Christentum – eine Einführung*, Stuttgart 1985
–, *Der Islam als politischer Faktor*, Hannover 1991
Aspect, A., et al. In: *Phys. Rev. Lett. 49* (1982), 91, 1804
Austin, J. L., *How to Do Things with Words* (1955), Oxford 1962, dt. Stuttgart 1972
Beierwaltes, W., *Plotin. Über Ewigkeit und Zeit*, Frankfurt / M. 1967
Bekenstein, J. D. In: *Phys. Rev. D 7* (1973), 2333–2346; *D 9* (1974), 3292–3300
Bell, J. S. In: *Physics*, Vol. I. (1964), 195
–, *Speakable and Unspeakable in Quantum Mechanics*, Cambridge 1987
Birkhoff, G., and J. v. Neumann, »The Logic of Quantum Mechanics«. In: *Annals of Mathematics 37* (1936), 823–843
Bocheński, J. M., *Formale Logik*, Freiburg / Br. 1956
Bohm, D., »A Suggested Interpretation of the Quantum Theory in Terms of Hidden Variables«. In: *Phys. Rev. 85* (1952), 166–179, 180–193
–, and B. J. Hiley, »Measurement Understood Through the Quantum Potential Approach«. In: *Found. Phys. 14* (1984), 255–274
Bohr, N., »On the Constitution of Atoms and Molecules«. In: *Phil. Mag. 26* (1913), 1–25, 476–502, 857–875
–, Das Quantenpostulat und die neuere Entwicklung der Atomistik, Como 16. 9. 1927. In: *Naturwiss. 16* (1928), 245
– In: *Nature 128* (1931), 691
–, »Can quantum-mechanical description of physical reality be considered complete?«. In: *Phys. Rev. 48* (1935), 696–702
–, »Discussion with Einstein on Epistemological Problems in Atomic Physics«. In: Schilpp, P. A. (ed.), *Albert Einstein: Philosopher – Scientist*. The Library of Living Philosophers, Vol. VII, Evanston, Ill. 1949
Born, M., »Quantenmechanik der Stoßvorgänge«. In: *Z. f. Phys. 38* (1926), 803–827
–, und P. Jordan, *Elementare Quantenmechanik*, Berlin 1930
Brouwer, L. E. J., »Consciousness, Philosophy and Mathematics«. In: *Proceedings of the Xth International Congress of Philosophy*, (Amsterdam, August 11–18, 1948), Vol I. Fasc. II, ed. by E. W. Beth, H. J. Pos and J. H. A. Hollak, Amsterdam 1949
Burkert, W., *Homo Necans*, Berlin 1972
–, »Anthropologie des religiösen Opfers. Die Sakralisierung der Gewalt«, Carl Friedrich von Siemens Stiftung, München 1983. Als Manuskript gedruckt, 2. Aufl. 1987
Carnap, R., *Logical Foundations of Probability*, Chicago 1950, 1962
Cassirer, E., *Philosophie der symbolischen Formen*, 3 Tle., Darmstadt 1987–1990
Castell, L., »Quantum theory of simple alternatives«. In: *QTS II* (1975), 147–162

Castell, L., M. Drieschner, and C. F. v. Weizsäcker (Hrsg.), *Quantum Theory and the Structures of Time and Space (QTS)*, 6 Bde., München 1975 ff

Dalai Lama (Tenzin Gyatso), *Das Buch der Freiheit*, Bergisch Gladbach 1990

–, *Der Schlüssel zum Mittleren Weg*, Hamburg 1991

–, *Die Vorträge in Harvard*, Grafing 1991

Deutsch, D. In: *Intern. Journ. Theoret. Phys. 24* (1985), 1

Dingler, H., *Aufbau der exakten Fundamentalwissenschaft*, München 1964

–, *Die Methode der Physik*, München 1938

– In: *Zeitschrift f. d. ges. Naturw. 6* (1940), 75

Dirac, P. A. M. »The cosmological constants«. In: *Nature 139* (1937), 323

–, *The Principles of Quantum Mechanics*, Cambridge 1930

Drieschner, M., *Quantum Mechanics as a General Theory of Objective Prediction*. Dissertation (1967), Hamburg 1970

–, *Voraussage – Wahrscheinlichkeit – Objekt. Über die Grundlagen der Quantenmechanik*, Berlin, Heidelberg, New York 1979

–, Th. Görnitz und C. F. v. Weizsäcker (zit. DGW), »Reconstruction of Abstract Quantum Theory«. In: *Intern. Journ. Theoret. Phys. 27* (1987), 289–306

Dürr, H.-P., E. Feinberg, B. L. van der Waerden und C. F. v. Weizsäcker, *Werner Heisenberg*, München 1992

Ebbinghaus, H.-D., *Einführung in die Mengenlehre*, Darmstadt 1977

Ehrenfest, P., »Einige die Quantenphysik betreffende Erkundigungsfragen«. In: *Z. f. Physik 78* (1932), 555–559

–, und T. In: *Phys. Zeitschrift 8* (1907), 311–314

Einstein, A., »Über einen der Erzeugung und Verwandlung des Lichts betreffenden heuristischen Gesichtspunkt«. In: *Ann. d. Phys. 17* (1905[1]), 132–148

–, »Elektrodynamik bewegter Körper«. In: *Ann. d. Phys. 17* (1905[2]), 891–921

–, mit B. Podolsky und N. Rosen, »Can quantum-mechanical description of physical reality be considered complete?« In: *Phys. Rev. 47* (1935), 777–780

–, »Autobiographisches«. In: Schilpp, P. A. (Hrsg.), *Albert Einstein: Philosopher – Scientist*. The Library of Living Philosophers, Vol. VII, Evanston, Ill. 1949, 46

Englert, B.-G., M. O. Sculli, G. Süssmann, and Herbert Walther, »Surrealistic Bohm Trajectories«. In: *Ann. d. Phys.*, Leipzig (eingereicht)

Enomiya-Lassalle, H. M., *Zen-Unterweisung*, München 1987

Everett, H., »Relative state formulation of quantum mechanics«. In: *Rev. Mod. Phys. 29* (1957), 454–462

– In: Bryce S. de Witt and Neill Graham (eds.), *The Many-Worlds Interpretation of Quantum Mechanics*, Princeton, NJ 1973

Felscher, W., *Naive Mengen und abstrakte Zahlen I*, Mannheim, Wien, Zürich 1978

Feynman, R. P., »Space-time approach to non-relativistic quantum mechanics«. In: *Rev. Mod. Phys. 20* (1948), 367–387

de Finetti, B., »La prévision: ses lois logiques, ses sources subjectives«. In: *Annales de l'Institut Henri Poincaré 7* (1937), 1–68

–, *Probability, Induction and Statistics*, New York 1972

Frede, D., *Aristoteles und die »Seeschlacht«*, Hypomnemata 27, Göttingen 1970

Frege, G., *Begriffsschrift und andere Aufsätze*, hrsg. v. I. Angelelli, Hildesheim ²1971

–, *Kleine Schriften*, hrsg. v. I. Angelelli, Darmstadt 1967

–, *Grundlagen der Arithmetik*, hrsg. v. C. Thiel, Hamburg 1988

Freud, S., *Werke*, hrsg. v. A. Mischerlich, Frankfurt/M 1982

Gedenkheft der Carl-Zuckmayer-Gesellschaft für Stefan George, mit Beiträgen von F. Usinger, R. Wolff, Leonhard Fischer u.a.: *Blätter der Carl-Zuckmayer-Gesellschaft 9*, H.4, 1.11.1983

Ghirardi, G.C., A. Rimini, and T. Weber, »Unified dynamics for microscopic and macroscopic systems«. In: *Phys. Rev. D 34* (1986), 470–491

Glansdorff, P., and I. Prigogine, *Thermodynamic Theory of Structure, Stability and Fluctuation*, New York 1971

Görnitz, Th., and C.F. v. Weizsäcker, »De-Sitter Representations and the Particle Concept in an Ur-Theoretical Cosmological Model«. In: Barut, A.O., and H.D. Doebner (eds.), *Conformal Groups and Related Symmetries, Physical Results and Mathematical Background*, Lect. Notes in Physics 261, Berlin, Heidelberg, New York 1986

–, and C.F. v. Weizsäcker, »Remarks on S. Kochen's Interpretation of Quantum Mechanics«. In: P. Lahti and P. Mittelstaedt (eds.), *Proc. of the Symposium on the Foundations of Mod. Phys.*, Joensuu 1987, World Scientific

–, and C.F. v. Weizsäcker, »Quantum Interpretations«. In: *Intern. Journ. Theoret. Phys. 26* (1987), 921

–, and C.F. v. Weizsäcker, »Copenhagen and Transactional Interpretations«. In: *Intern. Journ. Theoret. Phys. 27* (1988), 237–250

–, and C.F. v. Weizsäcker, »Steps in the Philosophy of Quantum Theory«. In: J. Hennig, W. Lücke, J. Tolar (eds.), *Differential Geometry, Group Representations, and Quantization*, Lect. Notes in Physics 379, Berlin, Heidelberg, New York 1991

–, D. Graudenz, and C.F. v. Weizsäcker, »Quantum Field Theory in the Framework of Quantized Binary Alternatives«. In: *Intern. Journ. Theoret. Phys. 31* (1992)

–, E. Ruhnau, and C.F. v. Weizsäcker, »Temporal Asymmetry as Precondition of Experience – the Foundation of the Arrow of Time«. In: *Intern. Journ. Theoret. Phys. 31* (1992), 37–46

Gopi Krishna, »Professor von Weizsäcker as a Thinker of the Future«. In: K.M. Meyer-Abich (Hrsg.), *Physik, Philosophie, Politik*, München 1982, S. 211–228

–, *Biologische Basis der religiösen Erfahrung*, Weilheim 1971

–, *Kundalini, die Erweckung der geistigen Kraft im Menschen*, Weilheim 1968

Green, H.S., »A generalized method of field quantization«. In: *Phys. Rev. 90* (1953), 270–273

Grubrich-Simitis, I., »Freuds Moses-Studie als Tagtraum«. In: *Psyche XLIV* (1990), 479–515

Haag, R., »Fundamental irreversibility and the concept of events«. In: *Commun. Math. Phys. 132* (1990), 245

–, *Local Quantum Physics*, Berlin, Heidelberg, New York 1992

Habermas, J., »Was heißt Universalpragmatik?«. In: K. O. Apel (Hrsg.), *Sprachpragmatik und Philosophie*, Theorie-Diskussion, Frankfurt/M. 1976

Hartmann, E. v., *Philosophie des Unbewußten* (1869), Hildesheim 1989

Hawking, S. W. In: *Commun. Math. Phys. 43* (1915), 199–220

Heidegger, M., *Die Zeit des Weltbildes* (1938); gedruckt in: M. H., *Holzwege*, Frankfurt/M. 1977

–, *Sein und Zeit*, Frankfurt/M. 1977

Heidenreich, W., *Die dynamischen Gruppen SO (3,2) und SO (4,2) als Raum-Zeit-Gruppen von Elementarteilchen*, Dissertation, TU München 1981

Heisenberg, M., »Über Universalien der Wahrnehmung und ihre genetischen Grundlagen«. In: H. v. Ditfurth und E. P. Fischer (Hrsg.), *Mannheimer Forum 89/90*, München 1990

Heisenberg, W., »Über quantentheoretische Umdeutung kinematischer und mechanischer Beziehungen«. In: *Z. f. Phys. 33* (1925), 879–893

–, »Über den anschaulichen Inhalt der quantentheoretischen Kinematik und Mechanik«. In: *Z. f. Phys. 43* (1927), 172–198

–, *Die physikalischen Prinzipien der Quantentheorie*, Leipzig 1930

–, »Die Grenzen der Anwendbarkeit der bisherigen Quantentheorie«. In: *Z. f. Phys. 110* (1938[1]), 251

–, »Über die in der Theorie der Elementarteilchen auftretende universelle Länge«. In: *Ann. Physique 32* (1938[2]), 20

–, *Der Teil und das Ganze*, München 1969

–, »Die Bedeutung des Schönen in der exakten Naturwissenschaft«. In: ders., *Schritte über Grenzen. Gesammelte Reden und Aufsätze*, München 1971

Hermann, G., *Die naturphilosophischen Grundlagen der Quantenmechanik*, Berlin 1935

Hilbert, D., *Die Grundlagen der Geometrie*, 1899

–, und W. Ackermann, *Grundzüge der theoretischen Logik*, Berlin 1928

Hume, D., *An Enquiry Concerning Human Understanding*, (1748); dt. *Eine Untersuchung über den menschlichen Verstand*, Hamburg [11]1984

Husserl, E., *Zur Phänomenologie des inneren Zeitbewußtseins* (1893–1917), hrsg. E. Boehm, Haag 1966 (Husserliana X)

Jacob, P., *Konform invariante Theorie exklusiver Elementarteilchen-Streuungen bei großen Winkeln*, Dissertation MPI Lebensbedingungen, Starnberg 1977

Jaffé, A. (Hrsg.), *Erinnerungen, Träume, Gedanken von C. G. Jung*, Olten 1971

Jauch, J. M., *Foundations of Quantum Mechanics*, Reading, Mass. 1968

Kapp, E., *Greek Origins of Classical Logic* (1942); dt. *Der Ursprung der Logik bei den Griechen*, Göttingen 1965

Keynes, J. M., *A Treatise on Probability*. The Collected Writings of J. M. Keynes, Vol. VIII, London, Basingstoke 1973

Kluge, F., *Etymologisches Wörterbuch der deutschen Sprache*, 18. Aufl. (bearb. W. Mitzka), Berlin 1960

Kneale, W., and M., *The Developement of Logic*, Oxford 1962

Kochen, S., »A new interpretation of quantum physics«. In: *Symp. on the Foundations of Modern Physics*, P. Lahti and P. Mittelstaedt (eds.), 1985, World Scientific

–, and E. P. Specker, »The Problem of Hidden Variables in Quantum Mechanics«. In: *Journ. of Mathematics and Mechanics 17* (1967), 59–87

Kolmogoroff, A. N., »Grundbegriffe der Wahrscheinlichkeitsrechnung«. In: *Ergebnisse der Mathematik*, 1933

Krämer, H., *Plato and the Foundations of Metaphysics*, Albany, NY 1990

Krohn, W., *Francis Bacon*, München 1987

–, *Die Selbstorganisation der Wissenschaft*, Frankfurt/M. 1989

–, Einleitung zu Francis Bacon, *Neues Organon* (Philosophische Bibliothek), Hamburg 1990

Kuhn, Th. S., *The Structure of Scientific Revolutions*, Chicago 1962; dt. *Die Struktur wissenschaftlicher Revolutionen*, Frankfurt/M. 1973

Künemund, Th., *Dynamische Symmetrien in der Elementarteilchenphysik*, Diplomarbeit, TU München 1982

Küng, H., *Das Judentum*, München 1981

–, *Projekt Weltethos*, München 1990; dazu: Aufruf einer Gruppe von Autoren zur Einleitung eines Dialogs, November 1991

–, und J. Ching, *Christentum und chinesische Religion*, München 1988

–, J. van Ess, H. v. Stietencron und H. Bechert, *Christentum und Weltreligionen: Islam, Hinduismus, Buddhismus*, München 1984

Kyburg jr., H. E., *Probability and the Logic of Rational Belief*, Middletown 1961

–, *Studies in Subjective Probability*, New York, London, Sidney 1974

Lapide, Pinchas, und C. F. v. Weizsäcker, *Die Seligpreisungen*, Stuttgart und München 1980

Lorenz, Konrad, »Gestaltwahrnehmung als Quelle wissenschaftlicher Erkenntnis« (1959). In: ders., *Über tierisches und menschliches Verhalten*, Gesammelte Abhandlungen II, München 1965

–, *Die Rückseite des Spiegels*, München 1973

Lorenz, Kuno, »Dialogspiele als semantische Grundlage von Logikkalkülen«. In: *Archiv für mathematische Logik und Grundlagenforschung II* (1968), 32–55, 73–100

Lorenzen, P., *Einführung in die operative Logik und Mathematik*, Berlin, Heidelberg, New York 1955

Luz, Ulrich, *Das Evangelium nach Matthäus*, 1. Teilband, Neukirchen-Vluyn 1985

Mach, E., *Die Analyse der Empfindungen und das Verhältnis des Physischen zum Psychischen*, Darmstadt 1991 (Nachdr. d. 9. Aufl. 1922)

March und Foradori, »Ganzzahligkeit in Raum und Zeit«. In: *Z.f.Phys. 114* (1939), 215, 653; *115* (1940), 245, 522

Meyer-Abich, A., *Ideen und Ideale der biologischen Erkenntnisse*, 1934

Meyer-Abich, K. M., *Korrespondenz, Individualität und Komplementarität*, Wiesbaden 1965

– (Hrsg.), *Physik, Philosophie und Politik*. Festschrift für C. F. v. Weizsäcker zum 70. Geburtstag, München 1982

Mittelstaedt, P., *Philosophische Probleme der modernen Physik*, Mannheim ²1966

–, *Quantum Logic*, Dordrecht 1978

Mommsen, K., *Goethe und die arabische Welt*, Frankfurt/M. 1988

Neumann, J. v., *Mathematische Grundlagen der Quantenmechanik*, Heidelberg, Berlin 1932

Nishitani, K., *Was ist Religion?*, mit einer Einführung von D. Fischer-Barnicol, Frankfurt/M. 1982

Pais, A. *Subtle Is the Lord. The Science and the Life of Albert Einstein*, Oxford 1982

Papini, G., *Gog*, Berlin 1931

Pauli, W., und V. Weißkopf. In: Helv. Phys. Acta 7 (1934), 709–731

–, »Die allgemeinen Prinzipien der Wellenmechanik«. In: Geiger-Scheel, *Handbuch der Physik*[2], Bd. XXIV, I, Quantentheorie, 1932

Penrose, R., *The Emperor's New Mind*, Oxford 1989

Picht, G., »Die Epiphanie der ewigen Gegenwart«. In: ders., *Wahrheit, Vernunft, Verantwortung*, Stuttgart 1969

–, »Die Erfahrung der Geschichte« (Teil VI; 1958). In: ders., *Wahrheit, Vernunft, Verantwortung*, Stuttgart 1969

–, »Die Zusammengehörigkeit von Physik, Politik und Philosophie«. In: Meyer-Abich, K. M. (Hrsg.), *Physik, Philosophie und Politik*, München 1982

–, Mut zur Utopie«. In: ders., *Hier und Jetzt*, Stuttgart 1980/81

–, »Philosophie und Völkerrecht«. In: ders., *Hier und Jetzt*, Stuttgart 1980/81

–, »Theorie und Meditation«. In: ders., *Hier und Jetzt*, Stuttgart 1980/81

–, »Über das Böse«. In: ders., *Hier und Jetzt*, Stuttgart 1980/81

–, *Naturwissenschaft und Bildung*, Würzburg 1953

–, *Wahrheit, Vernunft, Verantwortung. Philosophische Studien*, Stuttgart 1969

– (Hrsg.), *Theologie – was ist das?* Stuttgart 1977

–, *Hier und Jetzt. Philosophieren nach Auschwitz und Hiroshima*, Stuttgart Bd. I 1980, Bd. II 1981

–, *Der Begriff der Natur und seine Geschichte*, Stuttgart 1989

–, *Kunst und Mythos*, Stuttgart 1986; [3]1990

–, *Platons Dialoge »Nomoi« und »Symposion«*, Stuttgart 1990

–, *Glauben und Wissen*, Stuttgart 1991

Plaass, P., *Kants Theorie der Naturwissenschaft*, Göttingen 1965; dazu C. F. v. Weizsäcker, »Kants Theorie der Naturwissenschaft nach P. Plaass«. In: ders., *EN*

Planck, M. In: *Mitteilungen d. Berl. Akad. d. Wiss.* 1899

Popper, K., *Logik der Forschung*, Tübingen [9]1989

Porkert, M., *China – Konstanten im Wandel*, Stuttgart 1978

Primas, H., *Chemistry, Quantum Mechanics and Reductionism*, Berlin 1981

Rad, G. v., *Weisheit in Israel*, Neukirchen-Vluyn 1970

Ramsey, F. P., »Truth and Probability« (1926) und »Further Considerations« (1928). In: *The Foundations of Mathematics and Other Logical Essays*, New York 1931

Reale, G., *Storia della Filosofia antica*, Vol. II[5], 1987

Revetz, J. R. In: *Encyclopedia Britannica*, 15. Aufl., XVI, 369

Rosenstock, E., *Die europäischen Revolutionen*, 1931

–, *Dienst auf dem Planeten*, Stuttgart 1965

Rudolph, E., *Zeit und Gott bei Aristoteles*, Stuttgart 1986

–, (Hrsg.), *Zeit, Bewegung, Handlung. Studien zur Zeitabhandlung des Aristoteles*, Stuttgart 1988

Russell, B., *The Philosophy of Leibniz*, 1900

–, and A. N. Whitehead, *Principia Mathematica* (1910–1913), Cambridge 1962

Savage, L. J., The Foundations of Statistics, New York 1954

Scheibe, E., *The Logical Analysis of Quantum Mechanics*. New York, Oxford 1973

–, »Über Relativbegriffe in der Philosophie Platons«. In: *Phronesis 12* (1967), 28–49

Schilpp, P. A. (ed.), *Albert Einstein: Philosopher-scientist*. The Library of Living Philosophers, Vol. VII, Evanston, Ill. 1949

– (ed.), *The Philosophy of Rudolf Carnap*. The Library of Living Philosophers, Vol. XI, La Salle, Ill., and London 1963

Schlüter, A., »Quantenmechanische Minimalmessung und der Kosmos«. In: *Werner Heisenberg als Physiker und Philosoph*, hrsg. v. B. Geyer, H. Herwig und H. Rechenberg, Heidelberg (ersch. Herbst 1992)

Schmidt, E. In: *Math. Annal. 63* (1906), 433; *64* (1907), 161

Schöne, A., *Goethes Farbentheologie*, München 1987

Scholem, G., *Von Berlin bis nach Jerusalem*, Frankfurt/M. 1977

Schrödinger, E., *Naturwissensch. 22* (1934), 518; *23* (1935) 807 ff.

Searle, J. R., *Sprechakte*, Frankfurt/M. 1984

Seidel, I., *Lennacker*, Frankfurt/M. 1985

Smuts, J. C., *Holism and Evolution*, [3]1936; dt. *Die holistische Welt*, 1938

Snell, B., *Die Entdeckung des Geistes*, Hamburg [4]1975; Göttingen [1]1952

Sommerfeld, A., *Geheimrat Sommerfeld – Theoretischer Physiker*, Dokumentation aus dem Nachlaß, M. Eckert, W. Pricha, H. Schubert, G. Torkav, Dt. Museum München 1981

Strawson, P. F., *Individuals*, London 1964

Tsujimura, K., R. Ohashi, W. Rombach, *Sein und Nichts. Grundbilder westlichen und östlichen Denkens*, Basel 1981

Tugendhat, E., *Vorlesungen zur Einführung in die sprachanalytische Philosophie*, Frankfurt/M. 1976

Wackernagel, J., *Vorlesungen über Syntax I*[2], Basel 1926 (Neudruck Basel 1950)

Waerden, B. L. van der, *Erwachende Wissenschaft*, Basel Bd. 1 [2]1966, Bd. 2 [2]1980

Weizsäcker, C. F. v. (1931), »Ortsbestimmung eines Elektrons durch ein Mikroskop«. In: *Z. f. Phys. 70*, 114–130

– (1937/38), »Über Elementumwandlungen im Innern der Sterne«. In: *Phys. Z. 38*, 176–191 und *39*, 633–646

– (1939), »Der zweite Hauptsatz und der Unterschied von Vergangenheit und Zukunft«. In: *Ann. d. Phys. (5)36*, 275–283

– (1941), »Zur Deutung der Quantenmechanik«. In: *Z. f. Phys. 118*, 489–509

– (1943), *Zum Weltbild der Physik (WP)*, Leipzig (Stuttgart [7]1957)

– (1948), *Die Geschichte der Natur (GN)*, Stuttgart

– (1951), »Kontinuität und Möglichkeit«. In: *Festschrift für Werner Heisenberg*, 1952

– (1955[1]), »Über einige Begriffe aus der Naturwissenschaft Goethes« (1954); Nachwort in Bd. 13: *Naturwissenschaftliche Schriften* der Hamburger Goethe-Ausgabe; und in: *Festschrift für Robert Boehringer*, hrsg. v. E. Boehringer und W. Hoffmann, Tübingen 1957

– (1955[2]), »Komplementarität und Logik I«. In: *Natwiss. 42*, 521–529, 545–555

– (1958[1]), »Komplementarität und Logik II«. In: *Z. f. Naturforschung 13a*, 245–253

– (1958[2]) mit E. Scheibe u. G. Süssmann, »Mehrfache Quantelung, Komplementarität und Logik III«. In: *Z. f. Naturforschung 13a*, 705–721

– (1964), *Die Tragweite der Wissenschaft (TW)*, Bd. 1: *Schöpfung und Weltentstehung*. Die Geschichte zweier Begriffe, Stuttgart; erneut gedruckt 1990

– (1967), »Möglichkeit und Bewegung. Eine Notiz zur aristotelischen Physik«. In: *Festschrift für Josef Klein zum 70. Geburtstag*, Göttingen

– (1971[1]) *Die Einheit der Natur*. Studien *(EN)*, München

– (1971[2]), und Gopi Krishna, *Biologische Basis religiöser Erfahrung (GK)*, Weilheim

– (1973), »Classical and Quantum Descriptions« (Triest 1972), 4–5. In: J. Mehra (ed.), *The Physicist's Conception of Nature*, Dordrecht

– (1974), »Evolution und Entropiewachstum«. In: Weizsäcker, E. v. (ed.), *Offene Systeme I*, Stuttgart

– (1975), *Fragen zur Weltpolitik (FW)*, München

– (1976), *Wege in der Gefahr*. Eine Studie über Wirtschaft, Gesellschaft und Kriegsverhütung *(WG)*, München

– (1977), *Der Garten des Menschlichen*. Beiträge zur geschichtlichen Anthropologie *(GM)*, München

– (1977/78), »Deskriptive zeitliche Logik«. In: *Philosophische Rundschau*

– (1978[1]), »Meditation und Wahrnehmung«. In: *Munen musô. Ungegenständliche Meditation*. Festschrift für Pater Hugo M. Enomiya-Lassalle SJ zum 80. Geburtstag, hrsg. v. G. Stachel, Mainz

– (1978[2]), *Deutlichkeit*. Beiträge zu politischen und religiösen Gegenwartsfragen *(D)*, München

– (1979) *Diagnosen zur Aktualität*. Beiträge, München

– (1980), und Pinchas Lapide, *Die Seligpreisungen*, Stuttgart und München

– (1981[1]), *Ein Blick auf Platon*. Ideenlehre, Logik und Physik *(BP)*, Stuttgart

– (1981[2]), *Der bedrohte Friede (bF)*, München

– (1983), *Wahrnehmung der Neuzeit (WN)*, München

– (1984), »Paul Adrien Maurice Dirac«, Nachruf, DIE ZEIT

– (1985[1]), *Aufbau der Physik (AP)*, München

– (1985[2]), »Georg Picht als Philosoph« (1983). In: Eisenbart, C. (Hrsg.), *Georg Picht – Philosophie der Verantwortung*, Stuttgart

– (1986), *Die Zeit drängt*. Eine Weltversammlung der Christen für Gerechtigkeit, Frieden und die Bewahrung der Schöpfung *(Zd)*, München

– (1987[1]) »Viktor v. Weizsäcker zwischen Physik und Philosophie«. In: Hahn, P., und W. Jacob (Hrsg.), *Viktor von Weizsäcker zum 100. Geburtstag*, Berlin, Heidelberg

– (1987²), »Kunst – Mythos – Wissenschaften«. In: Borchmeyer, *Wege des Mythos*, München
– (1988), *Bewußtseinswandel (Bw)*, München
– (1989), und E. Rudolph (Hrsg.), *Zeit und Logik bei Leibniz*, Stuttgart
– (1990¹), *Bedingungen der Freiheit (BF)*, München
– (1990²), *Die Tragweite der Wissenschaft (TW)*, Bd. 2: *Philosophie der modernen Physik*, Stuttgart
– (1991), *Der Mensch in seiner Geschichte (MsG)*, München
– (1992¹), Nachruf auf W. Heisenberg, in: H.-P. Dürr, E. Feinberg, B. L. van der Waerden und C. F. v. Weizsäcker, *Werner Heisenberg*, München
– (1992²), *Zeit und Wissen (ZW)*, München
Weizsäcker, E. v., und C. v. (1972). In: Weizsäcker, E. v. (Hrsg.), *Offene Systeme I*, Stuttgart 1974
Weizsäcker, E. v. (Hg.), *Offene Systeme I*, Stuttgart 1974
Weizsäcker, L., Graphologisches Gutachten (von 1926) über Sigmund Freud. In: *Psyche* 4, A. 161–179
Weizsäcker, V. v., *Begegnungen und Entscheidungen*, Stuttgart 1949
–, *Der Gestaltkreis*, Frankfurt/M. 1973
–, *Der Arzt und der Kranke* (Gesammelte Schriften, hrsg. v. P. Achilles, D. Janz, M. Schrenk und C. F. v. Weizsäcker, Bd. 5, Frankfurt/M. 1987)
–, *Natur und Geist. Erinnerungen eines Arztes,* Göttingen 1954 (und in: Ges. Schriften, Bd. 1, a.a.O., 1986)
–, *Pathosophie*, 1956
–, *Wahrnehmen und Bewegen* (Ges. Schriften, Bd. 3, a.a.O., 1992)
Welzk, S., *Die Einheit der Erfahrung*, München, Wien 1976
Wer war Kant? Drei zeitgenössische Biographien von Borowski, Jachmann und Wasianski, hrsg. v. S. Drescher, Pfullingen 1974
Wolff, M., *Fallgesetz und Massebegriff. Zwei wissenschaftshistorische Untersuchungen zur Kosmologie des Johannes Philoponus*, Berlin 1971
Zucker, F. J., »Information, Entropie, Komplementarität und Zeit«. In: Weizsäcker, E. v. (Hrsg.), *Offene Systeme I*, Stuttgart 1974